Inhaltsverzeic

Alphabetisches Ortsverzeichnis

Towns listed for

Contents

	Amsterdam	Antwerpen	Bruxelles/Brussel	Luxembourg	Rotterdam
Barcelona	1594	1435	1398	1135	1538
Basel	745	676	578	367	761
Berlin	669	725	782	766	735
Bern	840	771	673	462	856
Birmingham	349	536	528	746	640
Bordeaux	1084	925	888	949	1028
Brindisi	2172	2020	1922	1711	2188
Burgos	1574	1415	1378	1439	1519
Cherbourg	755	596	569	732	700
Clermont-Ferrand	891	732	696	602	836
Frankfurt	442	395	400	245	459
Genève	901	748	701	490	845
Glasgow	763	1009	1001	1219	715
Hamburg	471	544	632	616	511
Hannover	385	441	499	482	451
København	768	841	929	913	808
Lille	284	124	116	312	228
Lisboa	2315	2156	2119	2180	2259
London	202	329	321	539	154
Lyon	964	805	768	506	909
Madrid	1817	1658	1621	1682	1761
Málaga	2364	2205	2168	2121	2308
Marseille	1280	1121	1085	821	1224
Milano	1092	1023	925	713	1108
München	828	764	770	519	845
Nantes	879	720	683	744	823
Napoli	1965	1813	1715	1504	1981
Oslo	1351	1424	1512	1496	1391
Palermo	2675	2523	2425	2214	2691
Paris	504	345	308	374	448
Porto	2144	1985	1948	2009	2088
Praha	926	892	898	734	942
Roma	1752	1600	1502	1291	1768
San Sebastián	1328	1169	1132	1193	1272
Stockholm	1398	1471	1559	1543	1438
Strasbourg	634	480	432	220	576
Torino	1154	1085	987	775	1170
Toulouse	1211	1052	1015	1040	1155
Valencia	1941	1782	1745	1482	1885
Venezia	1326	1213	1188	975	1342
Wien	1153	1105	1111	936	1169
Zagreb	1401	1353	1359	1104	1417

Exemple Beispiel

Voorbeeld Example

Bruxelles/Brussel – Madrid

1621 km

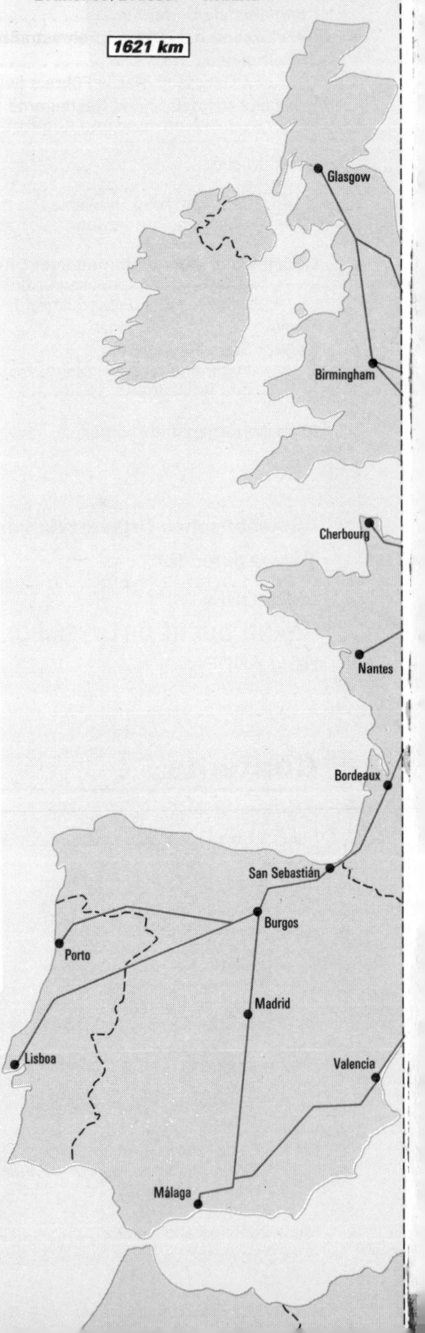

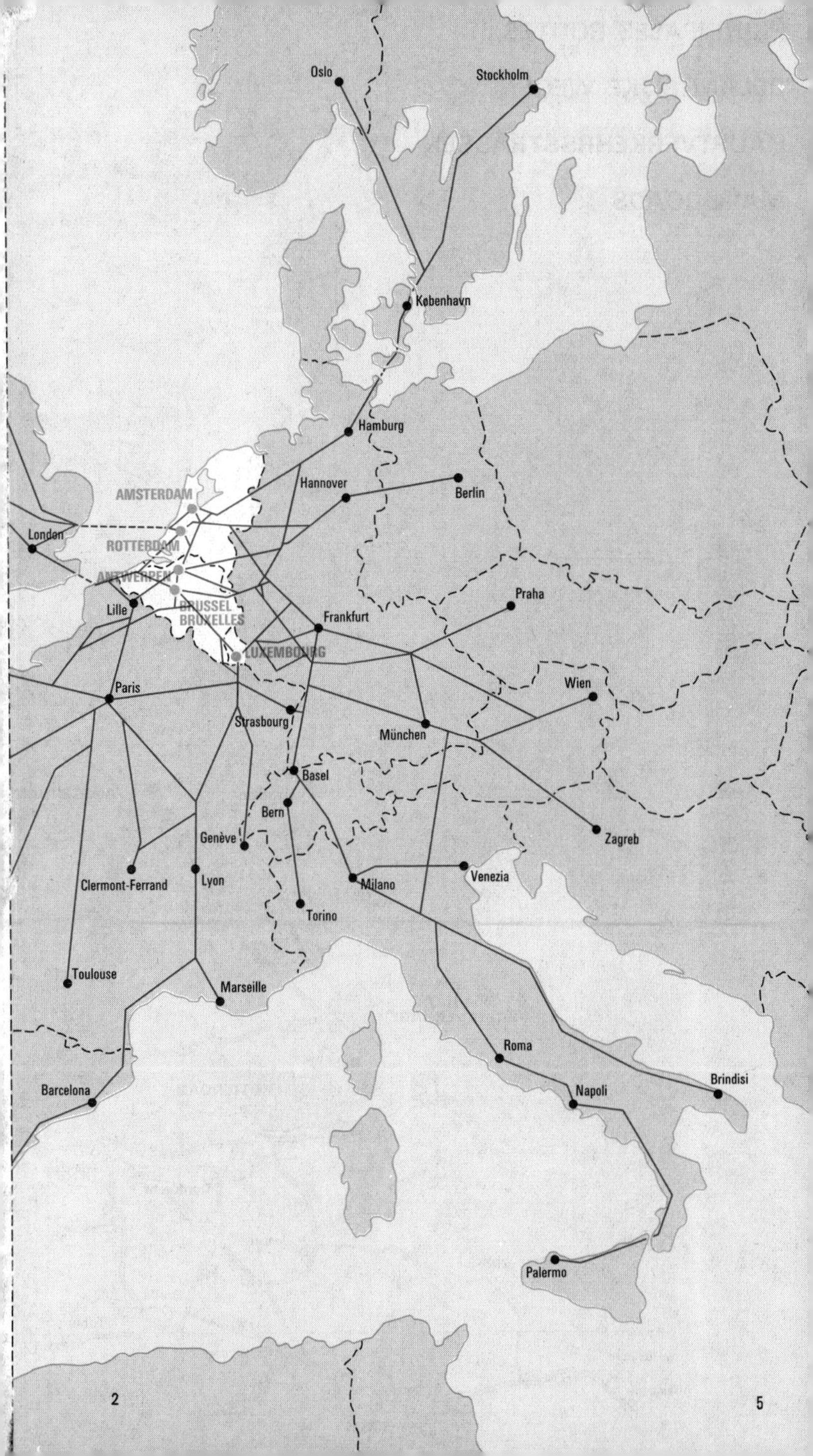

Oslo
Stockholm
København
Hamburg
Hannover
Berlin
AMSTERDAM
London
ROTTERDAM
ANTWERPEN
BRUSSEL
BRUXELLES
Lille
Frankfurt
Praha
LUXEMBOURG
Paris
Wien
Strasbourg
München
Basel
Bern
Zagreb
Genève
Venezia
Milano
Clermont-Ferrand
Lyon
Torino
Toulouse
Marseille
Roma
Brindisi
Napoli
Barcelona
Palermo

PRINCIPALES ROUTES

BELANGRIJKE WEGEN

HAUPTVERKEHRSSTRASSEN

MAIN ROADS

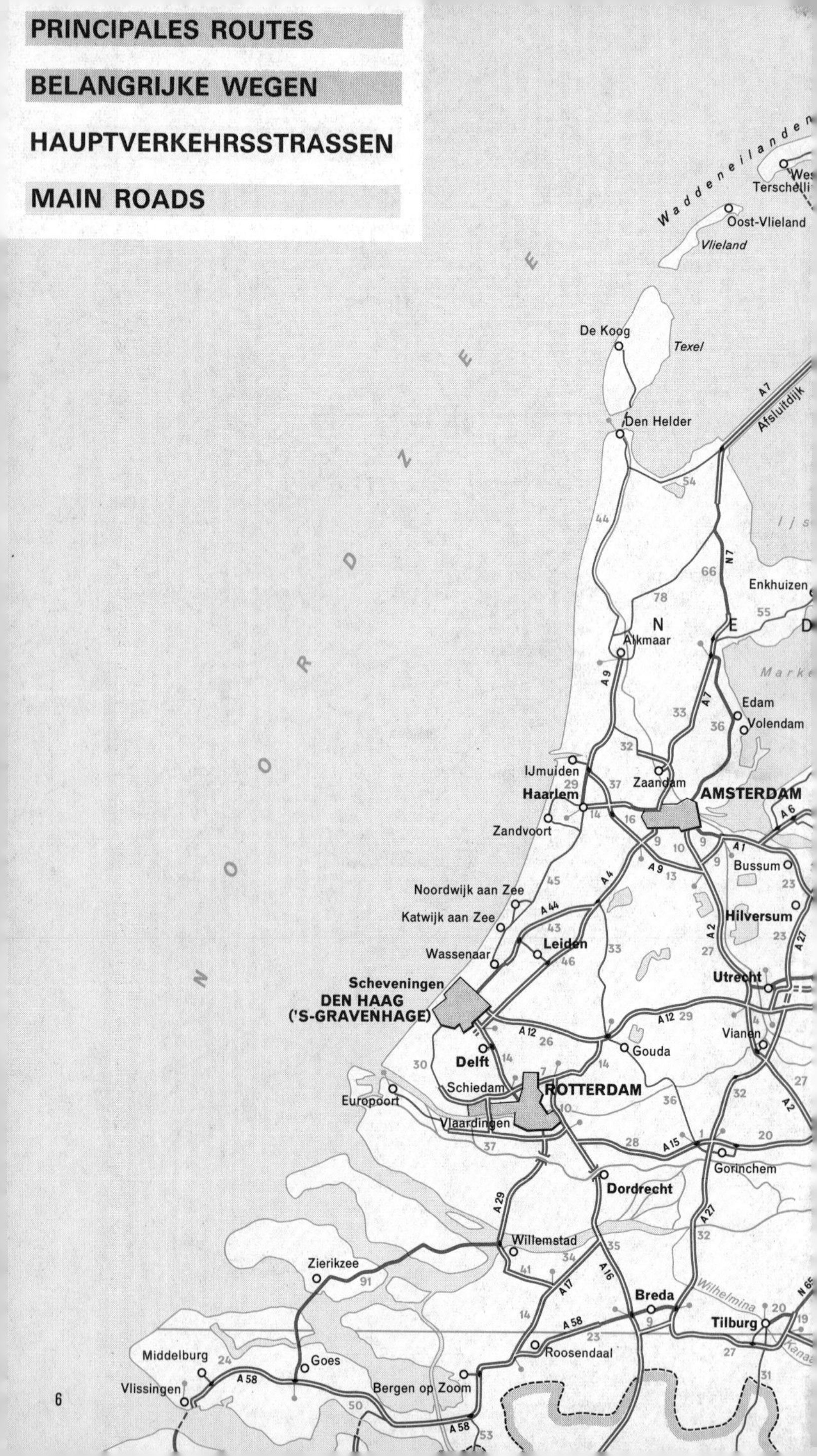

Schiermonnikoog
Ameland
Nes
Terschelling
Holwerd
Dokkum
Delfzijl
Groningen
Leeuwarden
Harlingen
Winschoten
Drachten
Bolsward
Sneek
Assen
Heerenveen
Ter Apel
Ems
Emmen
Steenwijk
Meppen
Emmeloord
Meppel
Hoogeveen
E R L A N D
Kampen
Ommen
Vecht
Zwolle
Lelystadhaven
Almelo
Oldenzaal
Epe
Hengelo
Rheine
Harderwijk
Deventer
Enschede
Apeldoorn
Berkel
Amersfoort
IJssel
Groenlo
Ede
Arnhem
WAAL
Bocholt
RHEIN
Nijmegen
Gennep
Wesel
s-Hertogenbosch
MAAS
Essen
Duisburg
Helmond
Eindhoven
Venlo

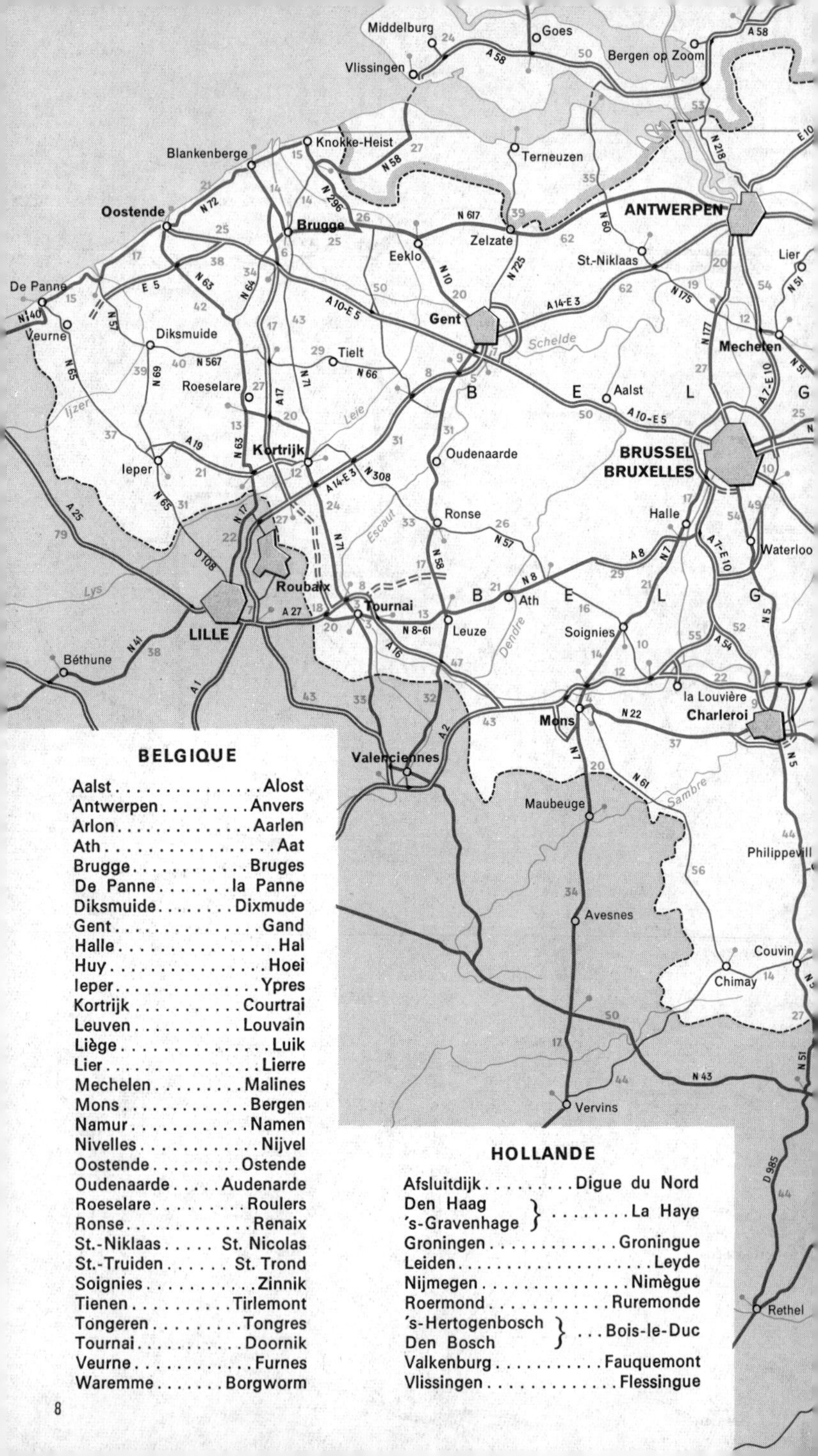

BELGIQUE

Aalst	Alost
Antwerpen	Anvers
Arlon	Aarlen
Ath	Aat
Brugge	Bruges
De Panne	la Panne
Diksmuide	Dixmude
Gent	Gand
Halle	Hal
Huy	Hoei
Ieper	Ypres
Kortrijk	Courtrai
Leuven	Louvain
Liège	Luik
Lier	Lierre
Mechelen	Malines
Mons	Bergen
Namur	Namen
Nivelles	Nijvel
Oostende	Ostende
Oudenaarde	Audenarde
Roeselare	Roulers
Ronse	Renaix
St.-Niklaas	St. Nicolas
St.-Truiden	St. Trond
Soignies	Zinnik
Tienen	Tirlemont
Tongeren	Tongres
Tournai	Doornik
Veurne	Furnes
Waremme	Borgworm

HOLLANDE

Afsluitdijk	Digue du Nord
Den Haag / 's-Gravenhage	La Haye
Groningen	Groningue
Leiden	Leyde
Nijmegen	Nimègue
Roermond	Ruremonde
's-Hertogenbosch / Den Bosch	Bois-le-Duc
Valkenburg	Fauquemont
Vlissingen	Flessingue

Eindhoven
Helmond
Venlo
Turnhout
Weert
Mönchengladbach
Roermond
Geel
Hechtel
Albert Kanaal
BUNDESREPUBLIK
Aarschot
Diest
Demer
Genk
Hasselt
Heerlen
Maastricht
Valkenburg
Leuven
St.-Truiden
Tienen
Tongeren
Aachen
DEUTSCHLAND
Hannut
Waremme
Liège
Eupen
Verviers
Meuse
Huy
Spa
Malmédy
Namur
Stavelot
Ourthe
St. Vith
Ciney
Dinant
Marche-en-Famenne
la Roche-en-A.
Prüm
Rochefort
Houffalize
Givet
Bre de Champion
Wellin
Bastogne
Esch
Diekirch
Ettelbruck
Echternach
Semois
Sûre
Our
Neufchâteau
LUXEMBOURG
Bouillon
Charleville-Mézières
Sedan
Arlon
LUXEMBOURG
Longwy
Dudelange
Montmédy
Moselle
Thionville
F R A N C E
I Ë
I Q U E

DISTANCES
AFSTANDEN
ENTFERNUNGEN

Quelques précisions :

Au texte de chaque localité vous trouverez la distance de sa capitale d'état et des villes environnantes. Lorsque ces villes sont celles du tableau ci-contre, leur nom est précédé d'un losange ♦. Les distances intervilles du tableau les complètent.

La distance d'une localité à une autre n'est pas toujours répétée en sens inverse : voyez au texte de l'une ou de l'autre. Utilisez aussi les distances portées en bordure des plans.

Les distances sont comptées à partir du centre-ville et par la route la plus pratique, c'est-à-dire celle qui offre les meilleures conditions de roulage, mais qui n'est pas nécessairement la plus courte.

Toelichting :

In de tekst van elke plaats vindt U de afstand tot de hoofdstad en tot de grotere steden in de omgeving. Als deze steden vermeld zijn op de lijst hiernaast, wordt hun naam voorafgegaan door een ruit ♦. De afstandstabel dient ter aanvulling.

De afstand tussen twee plaatsen staat niet altijd onder beide plaatsen vermeld ; zie dan bij zowel de ene als de andere plaats. Maak ook gebruik van de aangegeven afstanden rondom de plattegronden.

De afstanden zijn berekend vanaf het stadscentrum en via de gunstigste (niet altijd de kortste) route.

Einige Erklärungen :

Die Entfernungen zur Landeshauptstadt und zu den nächstgrößeren Städten in der Umgebung finden Sie in jedem Ortstext. Sind diese in der nebenstehenden Tabelle aufgeführt, so wurden sie durch eine Raute ♦ gekennzeichnet. Die Kilometerangaben der Tabelle ergänzen somit die Angaben des Ortstextes.

Da die Entfernung von einer Stadt zu einer anderen nicht immer unter beiden Städten zugleich aufgeführt ist, sehen Sie bitte unter beiden entsprechenden Ortstexten nach. Eine weitere Hilfe sind auch die am Rande der Stadtpläne erwähnten Kilometerangaben.

Die Entfernungen gelten ab Stadtmitte unter Berücksichtigung der günstigsten (nicht immer kürzesten) Strecke.

Commentary :

The text on each town includes its distances to the capital and to its neighbours. Towns specified in the table opposite are preceded by a lozenge ♦ in the text. The distances in the table complete those given under individual town headings for calculating total distances.

To avoid excessive repetition some distances have only been quoted once, you may, therefore, have to look under both town headings. Note also that some distances appear in the margins of the town plans.

Distances are calculated from centres and along the best roads from a motoring point of view - not necessarily the shortest.

DISTANCES ENTRE PRINCIPALES VILLES

AFSTANDEN TUSSEN DE BELANGRIJKSTE STEDEN

ENTFERNUNGEN ZWISCHEN DEN GRÖSSEREN STÄDTEN

DISTANCES BETWEEN MAJOR TOWNS

	Amsterdam	Antwerpen	Apeldoorn	Arlon	Arnhem	Bastogne	Breda	Brugge	Bruxelles/Brussel	Charleroi	Den Haag	Dinant	Eindhoven	Enschede	Gent	Groningen	Haarlem	Hasselt	's-Hertogenbosch	Kortrijk	Leeuwarden	Liège	Luxembourg	Maastricht	Mechelen	Middelburg	Mons	Namur	Nijmegen	Oostende	Rotterdam	Tilburg	Tournai	Turnhout	Utrecht
Antwerpen	158																																		
Apeldoorn	89	196																																	
Arlon	386	234	371																																
Arnhem	98	174	27	350																															
Bastogne	348	196	332	39	311																														
Breda	103	57	141	285	120	247																													
Brugge	263	104	301	293	279	255	162																												
Bruxelles/Brussel	204	48	242	187	220	149	103	96																											
Charleroi	255	103	293	170	271	132	154	151	61																										
Den Haag	60	131	133	359	118	321	80	191	177	228																									
Dinant	305	153	343	119	323	81	204	212	106	55	278																								
Eindhoven	122	86	124	242	103	203	62	191	132	183	141	215																							
Enschede	160	267	73	363	93	398	212	372	313	364	204	410	190																						
Gent	218	59	256	252	234	214	117	44	55	110	191	171	146	327																					
Groningen	179	315	145	512	168	473	260	420	361	412	252	462	265	148	375																				
Haarlem	23	177	117	405	117	367	122	244	223	274	69	324	140	187	237	207																			
Hasselt	184	77	186	169	165	130	128	182	82	103	202	104	59	252	137	327	202																		
's-Hertogenbosch	82	106	91	282	70	243	52	211	152	203	102	255	35	157	166	239	101	97																	
Kortrijk	257	98	295	279	273	241	156	41	90	122	230	175	185	366	45	414	276	176	205																
Leeuwarden	137	296	137	524	160	486	241	401	342	393	196	443	257	165	356	59	141	319	220	395															
Liège	242	119	244	127	223	88	170	195	96	92	244	74	115	236	155	385	260	42	155	189	377														
Luxembourg	419	266	402	28	381	70	317	325	219	202	391	151	273	394	285	543	437	200	313	311	556	158													
Maastricht	213	113	215	160	194	121	151	222	123	122	232	133	86	205	173	356	231	36	126	216	348	33	191												
Mechelen	180	28	218	206	196	168	79	111	28	75	153	125	95	289	66	337	199	79	128	105	318	108	238	115											
Middelburg	202	91	240	319	218	281	99	50	137	188	141	238	160	311	59	359	194	162	150	91	321	204	351	198	113										
Mons	270	114	308	204	286	166	169	123	67	36	243	100	198	379	95	427	289	137	218	77	408	126	236	156	93	154									
Namur	263	111	301	126	281	88	162	170	64	38	236	28	173	294	129	420	282	69	166	147	401	61	158	91	83	196	72								
Nijmegen	118	151	46	327	19	288	97	256	197	248	138	300	80	112	211	187	137	142	47	250	179	200	358	171	173	195	263	258							
Oostende	282	123	320	312	298	274	181	28	115	170	214	231	210	391	63	439	301	201	230	60	420	214	344	241	130	73	142	189	275						
Rotterdam	76	103	129	331	114	293	52	156	149	200	26	250	115	200	163	248	79	174	79	202	206	216	363	204	125	106	215	208	115	179					
Tilburg	110	83	112	281	91	242	29	188	129	180	110	230	36	178	143	253	128	96	23	182	245	154	312	125	105	127	195	188	68	207	82				
Tournai	282	123	320	250	298	212	181	73	86	93	255	146	210	391	70	439	301	183	230	27	420	172	282	202	117	123	48	118	275	92	227	207			
Turnhout	142	44	147	226	126	187	37	149	90	141	128	178	44	213	104	298	160	57	58	143	279	99	257	93	53	129	156	136	103	168	100	31	168		
Utrecht	35	127	70	355	62	317	72	232	173	224	61	274	90	141	187	189	54	152	51	226	166	210	387	181	149	171	239	232	83	251	57	78	251	110	
Zwolle	111	218	44	410	66	371	163	323	264	315	155	365	163	72	278	101	138	225	130	317	93	283	442	254	240	262	330	323	85	342	151	151	342	186	92

Exemple Beispiel

Voorbeeld Example

Gent — Rotterdam **163 km**

Découvrez le guide...

et sachez l'utiliser pour en tirer le meilleur profit. Le Guide Michelin n'est pas seulement une liste de bonnes tables ou d'hôtels, c'est aussi une multitude d'informations pour faciliter vos voyages.

La clé du Guide

Elle vous est donnée par les pages explicatives qui suivent.

Sachez qu'un même symbole, qu'un même caractère, en rouge ou en noir, en maigre ou en gras, n'a pas tout à fait la même signification.

La sélection des hôtels et des restaurants

Ce Guide n'est pas un répertoire complet des ressources hôtelières, il en présente seulement une sélection volontairement limitée. Cette sélection est établie après visites et enquêtes effectuées régulièrement sur place. C'est lors de ces visites que les avis et observations de nos lecteurs sont examinés.

Les plans de ville

Ils indiquent avec précision : les rues piétonnes et commerçantes, comment traverser ou contourner l'agglomération, où se situent les hôtels (sur de grandes artères ou à l'écart), où se trouvent la poste, l'office de tourisme, les grands monuments, les principaux sites, etc.

Pour votre véhicule

Au texte de la plupart des localités figure une liste de représentants des grandes marques automobiles avec leur adresse et leur numéro d'appel téléphonique. En route, vous pouvez ainsi faire entretenir ou dépanner votre voiture, si nécessaire.

Sur tous ces points et aussi sur beaucoup d'autres, nous souhaitons vivement connaître votre avis. N'hésitez pas à nous écrire, nous vous répondrons.

Merci d'avance.

S.A. Société Belge du Pneumatique Michelin
Service Tourisme
Quai de Willbroek 33, B 1020 BRUXELLES

Bibendum vous souhaite d'agréables voyages.

Le choix d'un hôtel, d'un restaurant

Notre classement est établi à l'usage de l'automobiliste de passage. Dans chaque catégorie les établissements sont cités par ordre de préférence.

CLASSE ET CONFORT

	Grand luxe et tradition	XXXXX
	Grand confort	XXXX
	Très confortable	XXX
	De bon confort	XX
	Assez confortable	X
	Simple mais convenable	
M	Dans sa catégorie, hôtel d'équipement moderne	
sans rest	L'hôtel n'a pas de restaurant	
	Le restaurant possède des chambres	avec ch

L'INSTALLATION

Les hôtels des catégories , , possèdent tout le confort et assurent en général le change, les symboles de détail n'apparaissent donc pas au texte de ces hôtels.

Dans les autres catégories, les éléments de confort indiqués n'existent le plus souvent que dans certaines chambres.

30 ch, **30 ch**	Nombre de chambres (voir p. 17 : le dîner à l'hôtel)
	Ascenseur
	Air conditionné
TV	Télévision dans la chambre
wc	Salle de bains et wc privés, Salle de bains privée sans wc
wc	Douche et wc privés, Douche privée sans wc
	Téléphone dans la chambre relié par standard
☎	Téléphone dans la chambre, direct avec l'extérieur (cadran)
♿	Chambres accessibles aux handicapés physiques
	Repas servis au jardin ou en terrasse
	Piscine : de plein air ou couverte
	Jardin de repos
	Tennis à l'hôtel
	Chevaux de selle
	Salles de conférences (25 places minimum)
	Garage gratuit (une nuit) aux porteurs du Guide de l'année
	Garage payant
Ⓟ	Parc à voitures réservé à la clientèle
	Accès interdit aux chiens : dans tout l'établissement
rest	au restaurant seulement
ch	dans les chambres seulement
mai-oct.	Période d'ouverture communiquée par l'hôtelier
	Les établissements ouverts toute l'année sont ceux pour lesquels aucune mention n'est indiquée
✉ 9411 KL	Code postal de l'établissement (Grand Duché et Hollande seulement).

L'AGRÉMENT

Le séjour dans certains hôtels se révèle parfois particulièrement agréable ou reposant.

Cela peut tenir d'une part au caractère de l'édifice, au décor original, au site, à l'accueil et aux services qui sont proposés, d'autre part à la tranquillité des lieux.

De tels établissements se distinguent dans le guide par les symboles rouges indiqués ci-après.

🏨🏨🏨🏨🏨 ... 🏨	Hôtels agréables
✗✗✗✗✗ ... ✗	Restaurants agréables
« Jardin »	Élément particulièrement agréable
🐦	Hôtel très tranquille ou isolé et tranquille
🐦	Hôtel tranquille
< vallée	Vue exceptionnelle
<	Vue intéressante ou étendue

Consultez les cartes placées au début de chaque pays traité dans ce guide, elles faciliteront vos recherches.

Nous ne prétendons pas avoir signalé tous les hôtels agréables, ni tous ceux qui sont tranquilles ou isolés et tranquilles.

Nos enquêtes continuent. Vous pouvez les faciliter en nous faisant connaître vos observations et vos découvertes.

LA TABLE

Les étoiles : voir p. 44 à 46, 202, 218 et 219.

Parmi les nombreux établissements recommandés dans ce Guide, certains méritent d'être signalés à votre attention pour la qualité de leur cuisine. C'est le but des étoiles de bonne table.

Nous indiquons presque toujours pour ces établissements, trois spécialités culinaires et, au Grand-Duché de Luxembourg, des vins locaux. Essayez-les, à la fois pour votre satisfaction et pour encourager le chef dans son effort.

✿ **Une très bonne table dans sa catégorie**

L'étoile marque une bonne étape sur votre itinéraire.

Mais ne comparez pas l'étoile d'un établissement de luxe à prix élevé avec celle d'une petite maison où à prix raisonnables, on sert également une cuisine de qualité.

✿✿ **Table excellente, mérite un détour**

Spécialités et vins de choix, attendez-vous à une dépense en rapport.

✿✿✿ **Une des meilleures tables, vaut le voyage**

Table merveilleuse, grands vins, service impeccable, cadre élégant... Prix en conséquence.

Le choix d'un hôtel, d'un restaurant

LES PRIX

Les prix que nous indiquons dans ce guide ont été établis en fin d'année 1983. Ils sont susceptibles d'être augmentés ou modifiés si le coût de la vie subit des variations importantes. Ils doivent, en tout cas, être considérés comme des prix de base.

Entrez à l'hôtel le Guide à la main, vous montrerez ainsi qu'il vous conduit là en confiance.

Les hôtels et restaurants figurent en gros caractères lorsque les hôteliers nous ont donné tous leurs prix et se sont engagés à les appliquer aux touristes de passage porteurs de notre guide.

Prévenez-nous de toute majoration paraissant injustifiée. Si aucun prix n'est indiqué, nous vous conseillons de demander les conditions.

Les exemples suivants sont donnés en francs belges.

Repas

R 450/800	**Repas à prix fixe** — minimum 450 et maximum 800 des repas servis aux heures normales (12 h à 14 h 30 et 19 h à 21 h 30 en Belgique - 12 h à 14 h et 18 h à 21 h en Hollande).
◆	Etablissement proposant un menu simple à moins de 500 francs ou 25 florins.
R carte 700 à 1000	**Repas à la carte** — Le premier prix correspond à un repas simple comprenant : entrée, plat du jour garni, dessert. Le deuxième prix concerne un repas plus complet (avec spécialités) comprenant : hors-d'œuvre, un plat, fromage et dessert.
☕ 150	Prix du petit déjeuner servi dans la chambre.
☕ 120	Prix du petit déjeuner servi en salle.

Chambres

ch 800/1200	Prix minimum 800 pour une chambre d'une personne et prix maximum 1200 pour la plus belle chambre occupée par deux personnes.
ch ☕	Le prix du petit déjeuner servi dans la chambre est inclus dans le prix de celle-ci.
ch ☕	Le prix du petit déjeuner servi en salle est inclus dans le prix de la chambre.

Pension

P 1200/1500	Prix minimum et maximum de la pension complète par personne et par jour en saison (voir détails p. 17).
AE ⓓ E	**Cartes de crédit.** — Principales cartes de crédit acceptées par l'établissement : American Express — Diners Club — Eurocard.

QUELQUES PRÉCISIONS UTILES

A l'hôtel

Le symbole indique que le petit déjeuner est servi uniquement dans la salle et le symbole la possibilité de se faire servir le petit déjeuner dans la chambre.

Dans l'un et l'autre cas, le prix du petit déjeuner peut être inclus dans le prix de la chambre. Ex. : 30 ch 800/1200.

Le dîner à l'hôtel

Lorsque l'hôtelier accepte de vous loger une nuit sans que vous dîniez chez lui, nous indiquons ses chambres en caractères gras : **30 ch.**

La pension

Elle comprend la chambre, le petit déjeuner et deux repas. Les prix de pension sont donnés à titre indicatif et sont généralement applicables à partir de trois jours, mais il est indispensable de s'entendre à l'avance avec l'hôtelier pour conclure l'arrangement définitif.

Pour les personnes seules, occupant une chambre pour deux personnes, les prix indiqués peuvent parfois être majorés.

Les réservations

Chaque fois que possible, la réservation est souhaitable. Demandez à l'hôtelier de vous fournir dans sa lettre d'accord toutes précisions utiles sur la réservation et les conditions de séjour.

A toute demande écrite, il est conseillé de joindre un coupon-réponse international.

Certains hôteliers demandent parfois le versement d'arrhes. Il s'agit d'un dépôt-garantie qui engage l'hôtelier comme le client.

Service et taxes

En Belgique, au Grand-Duché de Luxembourg et en Hollande, les prix s'entendent service et taxes compris.

LA VOITURE, LES PNEUS

Au texte de la plupart des localités figure une liste de concessionnaires automobiles pouvant éventuellement vous aider en cas de panne.

Pour vos pneus, consultez les pages bordées de bleu ou adressez-vous à l'une de nos Agences Régionales.

Pour visiter une ville et ses environs

LES CURIOSITÉS

	Intérêt
★★★	Vaut le voyage
★★	Mérite un détour
★	Intéressant
	Situation
Voir	Dans la ville
Env.	Aux environs de la ville
Exc.	Excursions dans la région
N, S, E, O	La curiosité est située : au Nord, au Sud, à l'Est, à l'Ouest
①, ②	On s'y rend par la sortie ① ou ② repérée par le même signe sur le plan du Guide et sur la carte
3 km	Distance en kilomètres

LES VILLES

1000	Numéro postal à indiquer dans l'adresse avant le nom de la localité
✉ 4880 Spa	Bureau de poste desservant la localité
☎ 053	Indicatif téléphonique de zone (De l'étranger, ne pas composer le 0).
P	Capitale de Province
C Herve	Siège administratif communal
409 ⑤	Numéro de la Carte Michelin et numéro du pli
G. Belgique-Lux.	Voir le guide vert Michelin Belgique-Luxembourg
4 283 h	Population
BX **A**	Lettres repérant un emplacement sur le plan
18	Golf et nombre de trous
☀, ←	Panorama, point de vue
✈	Aéroport
☎ 425214	Localité desservie par train-auto. Renseignements au numéro de téléphone indiqué
	Transports maritimes
	Transports maritimes pour passagers seulement
i	Information touristique

Pour visiter une ville et ses environs

LES PLANS

Voirie

Autoroute, route à chaussées séparées
échangeur : complet, partiel, numéro
Grande voie de circulation
Sens unique - Rue impraticable
Rue piétonne - Tramway
Pasteur — Rue commerçante - Parc de stationnement
Porte - Passage sous voûte - Tunnel
Gare et voie ferrée
Bac pour autos - Pont mobile

Curiosités — Hôtels Restaurants

Bâtiment intéressant et entrée principale
Édifice religieux intéressant :
Cathédrale, église ou chapelle
Mosquée
Synagogue
Château - Ruines - Moulin à vent - Curiosités diverses
B — Lettre identifiant une curiosité
e — Hôtel, restaurant. Lettre les identifiant

Signes divers

MICHELIN — Information touristique - Agence Michelin
Hôpital - Marché couvert - Château d'eau - Usine
Jardin, parc, bois - Cimetière - Calvaire
Stade - Golf - Piscine de plein air, couverte - Patinoire
Aéroport - Hippodrome - Vue - Panorama
Funiculaire - Téléphérique, télécabine
Monument, statue - Fontaine - Port de plaisance - Phare
Transport par bateau :
passagers et voitures, passagers seulement
Bâtiment public repéré par une lettre :
G — Gendarmerie
H — Hôtel de ville
J — Palais de Justice
M T — Musée - Théâtre
P — Préfecture
POL. U — Police (commissariat central) - Université, grande école
③ — Repère commun aux plans et aux cartes Michelin détaillées
Bureau principal de poste restante - Téléphone
Station de métro

Les plans de villes sont disposés le Nord en haut.

Ontdek de gids...

en zorg dat u weet hoe u hem moet gebruiken om er zoveel mogelijk van te profiteren. De Michelingids is niet alleen een gids voor hotels en voor de fijne keuken ; er staat ook heel veel informatie in die bedoeld is om u het reizen te vergemakkelijken.

Wegwijs in de gids

Dit wordt u door de bladzijden met verklarende tekst hierna te lezen.

Vergeet niet dat een zelfde teken of letter, wanneer deze rood of zwart, dik of dun gedrukt is, niet helemaal dezelfde betekenis heeft.

De selektie hotels en restaurants

Deze gids is geen opsomming van alle hotels, maar een selektie die opzettelijk beperkt is. De uiteindelijke keuze wordt gemaakt nadat de bedrijven door ons bezocht zijn en na onderzoek ter plaatse. Bij die gelegenheden worden ook de meningen en opmerkingen van onze lezers bestudeerd.

De stadsplattegronden

Hierop is nauwkeurig aangegeven : waar zich de winkelstraten en voetgangersgebieden bevinden, hoe men door een stad of eromheen kan rijden, de ligging van de hotels (zowel aan hoofd- als aan zijstraten), het postkantoor, het informatiebureau voor toeristen, de belangrijkste gebouwen, toeristische bezienswaardigheden, enz.

Voor uw auto

Bij de meeste plaatsen worden adressen en telefoonnummers van dealers van de bekendste automerken opgegeven. Zo kunt u onderweg uw auto laten nazien of repareren.

Uw op- of aanmerkingen zijn altijd hartelijk welkom. Aarzel niet, schrijf ons. Wij zullen uw brief beantwoorden.

Bij voorbaat dank.

N.V. Belgische Bandenmaatschappij
Michelin Afdeling Toerisme
Willebroekkaai 33, B 1020 BRUSSEL

Bibendum wenst u een goede reis.

Keuze van een hotel, van een restaurant

Onze selektie van bedrijven is samengesteld voor de automobilist op doorreis. In iedere categorie worden de bedrijven in volgorde van voorkeur opgegeven.

KLASSE EN COMFORT

	Grote luxe en traditie	
	Eerste klas	
	Zeer comfortabel	
	Geriefelijk	
	Vrij geriefelijk	
	Eenvoudig, correct	
M	Moderne inrichting	
sans rest	Hotel zonder restaurant	
	Restaurant met kamers	avec ch

INRICHTING

Voor de hotels , , geven wij geen specificatie van de inrichting daar deze hotels van alle comfort voorzien zijn en meestal geld kunnen wisselen.

Voor de overige klassen geven wij het comfort aan, ofschoon dit soms in een gedeelte van de kamers niet aanwezig is.

30 ch. **30 ch**	Aantal kamers (zie blz. 25 : Dineren in het hotel)
	Lift
	Airconditioning
TV	Televisie op de kamer
wc	Privé bad met wc, privé bad zonder wc
wc	Privé douche met wc, privé douche zonder wc
	Telefoon op de kamer met buitenlijn op aanvraag
	Telefoon op de kamer met rechtstreekse buitenlijn
	Kamers toegankelijk voor lichamelijk gehandicapten
	Maaltijden geserveerd in tuin of op terras
	Zwembad : openlucht, overdekt
	Tuin
	Tennis bij het hotel
	Rijpaarden
	Vergaderzalen (minimum 25 plaatsen)
	Garage kosteloos (voor een nacht) voor bezitters van de gids van het lopende jaar
	Garage wordt berekend
P	Parkeerplaats gereserveerd voor gasten
	Honden worden niet toegelaten : in het gehele bedrijf
rest	alleen in het restaurant
ch	alleen in de kamers
mai-oct.	Openingsperiode door de hotelhouder aangegeven. Zonder nadere aanduiding is het bedrijf het gehele jaar geopend.
✉ 9411 KL	Postcode van het bedrijf (alleen voor Luxemburg en Nederland)

AANGENAAM VERBLIJF

In bepaalde bedrijven is het bijzonder aangenaam of rustig verblijven.

Dat kan betrekking hebben op het bedrijf, de bijzondere inrichting, de ligging, de ontvangst en de service die er geboden wordt, of op de rustige omgeving.

Deze bedrijven worden in de gids aangeduid door onderstaande tekens.

...	Aangename hotels
XXXXX ... X	Aangename restaurants
« Jardin »	Bijzonder aangenaam gegeven
	Zeer rustig hotel of afgelegen en rustig hotel
	Rustig hotel
← vallée	Prachtig uitzicht
←	Interessant of weids uitzicht

De in het rood aangeduide bedrijven, b.v. , XX avec ch, of zeer rustige bedrijven , zijn op de kaarten voor de betreffende landen aangegeven.

Wij beweren niet alle aangename hotels noch alle rustige of afgelegen en rustige hotels te hebben genoemd.

Ons speuren wordt voortgezet. U kunt ons werk vergemakkelijken door ons Uw opmerkingen en ontdekkingen te laten weten.

KEUKEN

Sterren : zie kaarten blz. 44 tot 46, 202, 218 en 219.

Van de talrijke in onze gids aanbevolen bedrijven, verdienen sommige Uw bijzondere aandacht door de kwaliteit van hun keuken. Sterren geven deze zeer verzorgde keuken aan.
Bij deze bedrijven vermelden wij meestal drie culinaire specialiteiten en in Luxemburg lokale wijnen. Doe daar eens een keuze uit.

✿ **Een uitstekende keuken in zijn klasse**

De ster geeft een zeer goede keuken aan, maar vergelijk niet de ster van een luxueus bedrijf met hoge prijzen met die van een klein restaurant waar men eveneens een verzorgde keuken biedt tegen matige prijzen.

✿✿ **Verfijnde keuken : een omweg waard**

Uitstekende menu's en wijnen... verwacht geen lage prijzen.

✿✿✿ **Uitzonderlijke keuken : de reis waard**

Voortreffelijke keuken, beroemde wijnen, onberispelijke bediening, stijlvol interieur. Overeenkomstige prijzen.

PRIJZEN

De prijzen in deze gids zijn eind 1983 genoteerd en onderhevig aan veranderingen als de kosten van levensonderhoud belangrijke wijzigingen ondergaan. Zij dienen in ieder geval als basisprijzen te worden beschouwd.

Ga met de gids in de hand een hotel of restaurant binnen. U laat dan zien dat U er door onze aanbeveling terecht bent gekomen.

De naam van een hotel of restaurant staat dik gedrukt als de hotelhouder ons al zijn prijzen heeft opgegeven en zich heeft verplicht deze te berekenen aan toeristen die onze gids bezitten.

Breng ons op de hoogte van elke prijsverhoging welke U onbillijk voorkomt. Indien geen prijzen vermeld worden, adviseren wij U naar de condities te vragen.

Onderstaande voorbeelden zijn in Belgische franken gegeven.

Maaltijden

R 450/800 — **Vaste menu-prijzen** — Laagste 450 en hoogste 800 prijs van maaltijden welke op de normale uren worden geserveerd (12-14.30 uur en 19-21.30 uur in België ; 12-14 uur en 18-21 uur in Nederland).

◆ — Restaurant dat een eenvoudig menu van minder dan 500 franken of 25 gulden voorstelt.

R carte 700 à 1000 — **Maaltijden « à la carte »** — De eerste prijs betreft een eenvoudige maaltijd bestaande uit : voorgerecht, hoofdgerecht. De tweede prijs betreft een meer uitgebreide maaltijd (in het algemeen met specialiteit) bestaande uit : hors-d'œuvre, 1 hoofdgerecht, kaas, dessert.

☕ 150 — Prijs van het ontbijt geserveerd op de kamer.

☕ 120 — Prijs van het ontbijt geserveerd in de ontbijtzaal.

Kamers

ch 800/1200 — Laagste prijs 800 voor een eenpersoonskamer en hoogste prijs 1200 voor de mooiste kamer voor gebruik door twee personen.

ch ☕ — De prijs van het ontbijt geserveerd op de kamer is bij de kamerprijs inbegrepen.

ch ☕ — De prijs van het ontbijt geserveerd in de ontbijtzaal is bij de kamerprijs inbegrepen.

Pension

P 1200/1500 — Laagste en hoogste prijs voor volledig pension, per persoon en per dag in het hoogseizoen (voor bijzonderheden zie blz. 25).

AE ⓓ E — **Creditcards.** — Voornaamste creditcards die door het bedrijf geaccepteerd worden : American Express — Diners Club — Eurocard.

ENKELE NUTTIGE GEGEVENS

In het hotel

Het symbool ☕ geeft aan dat het ontbijt alleen in de ontbijtzaal wordt geserveerd en het symbool ☕ dat het mogelijk is het ontbijt op de kamer te laten brengen.

In beide gevallen kan de prijs van het ontbijt bij de kamerprijs inbegrepen zijn, voorbeeld : 30 ch ☕ 800/1200.

Dineren in het hotel

Indien U in het hotel een kamer voor een nacht kunt verkrijgen zonder er te moeten dineren, wordt het aantal kamers vet gedrukt **30 ch.**

Pension

Dit bestaat uit de kamer, het ontbijt en twee maaltijden. De pensionprijzen dienen als basistarieven te worden beschouwd en worden meestal toegepast bij een verblijf vanaf 3 dagen, maar het is wel noodzakelijk dit van tevoren met de hotelhouder te regelen.

Soms worden de aangegeven prijzen verhoogd bij gebruik van een tweepersoons-kamer door een persoon.

Reservering

Het is wenselijk om zoveel mogelijk van tevoren te reserveren. Vraag de hotelhouder alle nodige gegevens over de reservering en de verblijfsvoorwaarden in zijn brief te vermelden.

Bij iedere schriftelijke aanvraag is het aan te bevelen een internationale antwoordcoupon in te sluiten.

Sommige hotelhouders verlangen soms een aanbetaling. Een zekere garantie zowel voor hotelhouder als gast.

Bediening en belasting

In België, in Luxemburg en in Nederland zijn bediening en belasting bij de prijzen inbegrepen.

UW AUTO, UW BANDEN

Bij de meeste plaatsen worden adressen van dealers van verschillende automerken gegeven die U eventueel kunnen helpen als U pech heeft.

Voor Uw banden, zie de bladzijden van de gids met de blauwe rand of wendt U tot onze Michelin-filialen.

Bezichtiging van een stad en haar omgeving

BEZIENSWAARDIGHEDEN

Classificatie

★★★	De reis waard
★★	Een omweg waard
★	Interessant

Ligging van de bezienswaardigheden

Voir	In de stad
Env.	In de omgeving van de stad
Exc.	Excursies in de streek
N, S, E, O	De bezienswaardigheid ligt : ten noorden (N), ten zuiden (S), ten oosten (E), ten westen (O)
①, ②	Men komt er via de uitvalsweg ① of ②, met hetzelfde teken aangegeven op de plattegrond, in de gids en op de kaart
3 km	Afstand in kilometers

STEDEN

1000	Postcodenummer, steeds te vermelden in het adres voor de plaatsnaam
✉ 4880 Spa	Postkantoor voor deze plaats
☎ 053	Netnummer (uit het buitenland : de eerste 0 weglaten).
P	Hoofdstad van de Provincie
C Herve	Gemeentelijke administratieve zetel
409 ⑤	Nummer van de Michelinkaart en nummer van het vouwblad
G. Belgique-Lux.	Zie de groene Michelingids België-Luxemburg
4 283 h	Totaal aantal inwoners
BX **A**	Letters die de ligging op de plattegrond aangeven
⛳18	Golf en aantal holes
☼, ≤	Panorama, uitzicht
✈	Vliegveld
🚗 ☎ 425214	Plaats waar de auto-slaaptrein stopt. Inlichtingen bij het aangegeven telefoonnummer
⛴	Bootverbinding
🚤	Bootverbinding (uitsluitend passagiers)
ℹ	Informatie voor toeristen - VVV

PLATTEGRONDEN

Wegen

Autosnelweg, weg met gescheiden rijbanen

verkeerswisselaar/knooppunt, volledig, gedeeltelijk, nummer

Hoofdverkeersweg

Eenrichtingsverkeer - Onbegaanbare straat

Voetgangersgebied - Tramweg

Pasteur — Winkelstraat - Parkeerplaats

Poort - Onderdoorgang - Tunnel

Station, Spoorweg

Auto-veerpont - Beweegbare brug

Bezienswaardigheden — Hotels — Restaurants

Interessant gebouw met hoofdingang

Interessant kerkelijk gebouw :

- Kathedraal, kerk of kapel
- Moskee
- Synagoge

Kasteel - Ruïne - Windmolen - Andere bezienswaardigheden

B — Letter die een bezienswaardigheid aanduidt

e — Hotel, restaurant - Letter die de ligging aangeeft

Overige tekens

MICHELIN — Informatie voor toeristen, VVV - Michelin filiaal

Ziekenhuis - Overdekte markt - Watertoren - Fabriek

Tuin, park, bos - Begraafplaats - Kruisbeeld

Stadion - Golf - Zwembad : openlucht, overdekt - IJsbaan

Luchthaven - Renbaan - Uitzicht - Panorama

Kabelbaan - Kabelspoor, (ski)lift

Gedenkteken, standbeeld - Fontein - Jachthaven - Vuurtoren

Vervoer per boot :

passagiers en auto's, uitsluitend passagiers

Openbaar gebouw, aangegeven met een letter :

- G — Marechaussee/rijkswacht
- H — Stadhuis
- J — Gerechtshof
- M T — Museum - Schouwburg
- P — Provinciehuis
- POL. — Politie (in grote steden, hoofdbureau)
- U — Universiteit, hogeschool

3 — Verwijsteken uitvalsweg ; identiek op plattegronden en Michelinkaarten

Hoofdkantoor voor poste-restante - Telefoon

Metrostation

Der Michelin-Führer...

Er ist nicht nur ein Verzeichnis guter Restaurants und Hotels, sondern gibt zusätzlich eine Fülle nützlicher Tips für die Reise. Nutzen Sie die zahlreichen Informationen, die er bietet.

Zum Gebrauch dieses Führers

Die Erläuterungen stehen auf den folgenden Seiten.
Beachten Sie dabei, daß das gleiche Zeichen rot oder schwarz, fett oder dünn gedruckt verschiedene Bedeutungen hat.

Zur Auswahl der Hotels und Restaurants

Der Rote Michelin-Führer ist kein vollständiges Verzeichnis aller Hotels und Restaurants. Er bringt nur eine bewußt getroffene, begrenzte Auswahl. Diese basiert auf regelmäßigen Überprüfungen durch unsere Inspektoren an Ort und Stelle. Bei der Beurteilung werden auch die zahlreichen Hinweise unserer Leser berücksichtigt.

Zu den Stadtplänen

Sie informieren über Fußgänger- und Geschäftsstraßen, Durchgangs- oder Umgehungsstraßen, Lage von Hotels und Restaurants (an Hauptverkehrsstraßen oder in ruhiger Gegend), wo sich die Post, das Verkehrsamt, die wichtigsten öffentlichen Gebäude und Sehenswürdigkeiten u. dgl. befinden.

Hinweise für den Autofahrer

Bei den meisten Orten geben wir Adresse und Telefonnummer der Vertragshändler der großen Automobilfirmen an. So können Sie Ihren Wagen im Bedarfsfall unterwegs warten oder reparieren lassen.

Ihre Meinung zu den Angaben des Führers, Ihre Kritik, Ihre Verbesserungsvorschläge interessieren uns sehr. Zögern Sie daher nicht, uns diese mitzuteilen... wir antworten bestimmt.

S.A. Société Belge du Pneumatique Michelin
Service Tourisme
Quai de Willebroek 33, B 1020 BRUXELLES

Vielen Dank im voraus und angenehme Reise !

Wahl eines Hotels, eines Restaurants

Unsere Auswahl ist für Durchreisende gedacht. In jeder Kategorie drückt die Reihenfolge der Betriebe eine weitere Rangordnung aus.

KLASSENEINTEILUNG UND KOMFORT

	Großer Luxus und Tradition	
	Großer Komfort	
	Sehr komfortabel	
	Mit gutem Komfort	
	Mit ausreichendem Komfort	
	Bürgerlich	
	Moderne Einrichtung	
sans rest	Hotel ohne Restaurant	
	Restaurant vermietet auch Zimmer	avec ch

EINRICHTUNG

Für die , , geben wir keine Einzelheiten über die Einrichtung an, da diese Hotels im allgemeinen jeden Komfort besitzen. Außerdem besteht die Möglichkeit, Geld zu wechseln.

In den Häusern der übrigen Kategorien nennen wir die vorhandenen Einrichtungen, diese können in einigen Zimmern fehlen.

30 ch. **30 ch**	Anzahl der Zimmer (siehe S. 33 : Abendessen im Hotel)
	Fahrstuhl
	Klimaanlage
TV	Fernsehen im Zimmer
wc	Privatbad mit wc, Privatbad ohne wc
wc	Privatdusche mit wc, Privatdusche ohne wc
	Zimmertelefon mit Außenverbindung über Telefonzentrale
	Zimmertelefon mit direkter Außenverbindung
	Für Körperbehinderte leicht zugängliche Zimmer
	Garten-, Terrassenrestaurant
	Freibad, Hallenbad
	Liegewiese, Garten
	Hoteleigener Tennisplatz
	Reitpferde
	Konferenzräume (mind. 25 Plätze)
	Garage kostenlos (nur für eine Nacht) für die Besitzer des Michelin-Führers des laufenden Jahres
	Garage wird berechnet
P	Parkplatz reserviert für Gäste des Hauses
	Das Mitführen von Hunden ist unerwünscht : im ganzen Haus
rest	nur im Restaurant
ch	nur im Hotelzimmer
mai-oct.	Öffnungszeit, vom Hotelier mitgeteilt
	Die Häuser, für die wir keine Schließungszeiten angeben, sind ganzjährig geöffnet.
9411 KL	Angabe des Postbezirks (hinter der Hoteladresse, nur Niederlande und Luxemburg)

ANNEHMLICHKEITEN

In manchen Hotels ist der Aufenthalt wegen der schönen, ruhigen Lage, der nicht alltäglichen Einrichtung und Atmosphäre und dem gebotenen Service besonders angenehm und erholsam.

Solche Häuser und ihre besonderen Annehmlichkeiten sind im Führer durch folgende Symbole gekennzeichnet :

⌂⌂⌂⌂⌂ … ⌂	Angenehme Hotels
XXXXX … X	Angenehme Restaurants
« Jardin »	Besondere Annehmlichkeit
	Sehr ruhiges oder abgelegenes und ruhiges Hotel
	Ruhiges Hotel
< vallée	Reizvolle Aussicht
<	Interessante oder weite Sicht

Die Karten in der Einleitung zu den einzelnen Ländern geben Ihnen einen Überblick über die Orte, in denen sich mindestens ein angenehmes, sehr ruhiges Haus befindet.

Wir wissen, daß diese Auswahl noch nicht vollständig ist, sind aber laufend bemüht, weitere solche Häuser für Sie zu entdecken ; dabei sind uns Ihre Erfahrungen und Hinweise eine wertvolle Hilfe.

KÜCHE

Die Sterne : siehe Karten S. 44 bis 46, 202, 218 und 219.

Unter den zahlreichen, in diesem Führer empfohlenen Häusern verdienen einige wegen der Qualität ihrer Küche Ihre besondere Aufmerksamkeit. Auf diese Häuser weisen die Sterne hin.

Bei den mit „ Stern " ausgezeichneten Betrieben nennen wir drei kulinarische Spezialitäten (mit Landweinen in Luxemburg), die Sie probieren sollten.

✽ **Eine sehr gute Küche : verdient Ihre besondere Beachtung**

Der Stern bedeutet eine angenehme Unterbrechung Ihrer Reise. Vergleichen Sie aber bitte nicht den Stern eines teuren Luxusrestaurants mit dem Stern eines kleinen oder mittleren Hauses, wo man Ihnen zu einem annehmbaren Preis eine ebenfalls vorzügliche Mahlzeit reicht.

✽✽ **Eine hervorragende Küche : verdient einen Umweg**

Ausgesuchte Spezialitäten und Weine... angemessene Preise.

✽✽✽ **Eine der besten Küchen : eine Reise wert**

Ein denkwürdiges Essen, edle Weine, tadelloser Service, gepflegte Atmosphäre... entsprechende Preise.

PREISE

Die in diesem Führer genannten Preise wurden uns Ende 1983 angegeben. Sie können sich 1984 erhöhen, wenn die allgemeinen Lebenshaltungskosten steigen. Sie können aber in diesem Fall als Richtpreise angesehen werden.

Halten Sie beim Betreten des Hotels den Führer in der Hand. Sie zeigen damit, daß Sie aufgrund dieser Empfehlung gekommen sind.

Die Namen der Hotels und Restaurants, die ihre Preise genannt haben, sind fett gedruckt. Gleichzeitig haben sich diese Häuser verpflichtet, diese Preise den Benutzern des Michelin-Führers zu berechnen.

Informieren Sie uns bitte über jede unangemessen erscheinende Preiserhöhung. Wenn keine Preise angegeben sind, raten wir Ihnen, sich beim Hotelier danach zu erkundigen.

Die folgenden Beispiele sind in belgischen Francs angegeben.

	Mahlzeiten
R 450/800	**Feste Menupreise** — Mindest- 450 und Höchstpreis 800 für die Mahlzeiten, die zu den normalen Tischzeiten serviert werden (12-14.30 Uhr und 19-21.30 Uhr in Belgien, 12-14 Uhr und 18-21 Uhr in Holland).
◆	Restaurant, das ein einfaches Menu unter 500 belgischen Francs oder 25 Gulden anbietet.
R carte 700 à 1000	**Essen „ à la carte "** — Der erste Preis entspricht einer einfachen, aber doch mit Sorgfalt zubereiteten Mahlzeit bestehend aus : kleiner Vorspeise, Tagesgericht mit Beilage, Nachtisch. Der zweite Preis entspricht einer viel reichlicheren Mahlzeit (meistens mit einer Spezialität des Hauses) bestehend aus : Vorspeise, Hauptgericht, Käse, Nachtisch.
☕ 150	Preis des Frühstücks, auf dem Zimmer serviert.
☕ 120	Preis des Frühstücks, im Frühstücksraum serviert.
	Zimmer
ch 800/1200	Mindestpreis 800 für ein Einzelzimmer und Höchstpreis 1200 für das schönste Doppelzimmer (mit Bad) für zwei Personen.
ch ☕	Übernachtung mit Frühstück, auf dem Zimmer serviert.
ch ☕	Übernachtung mit Frühstück, im Frühstücksraum serviert.
	Pension
P 1200/1500	Mindest- und Höchstpreis für Vollpension pro Person und Tag in der Hochsaison (s. S. 33).
AE ◑ E	**Kreditkarten.** — Von Hotels und Restaurants akzeptierte Kreditkarten : American Express — Diners Club — Eurocard.

EINIGE NÜTZLICHE HINWEISE

Im Hotel

Das Zeichen ☕ bedeutet, daß das Frühstück ausschließlich im Frühstücksraum serviert wird, das Zeichen ☕ weist auf die Möglichkeit hin, sich das Frühstück im Zimmer servieren zu lassen.

In beiden Fällen kann der Frühstückspreis im Zimmerpreis enthalten sein. Beispiel : 30 ch ☕ 800/1200.

Abendessen im Hotel

Wenn der Hotelier bereit ist, Sie für eine Nacht zu beherbergen, ohne daß Sie abends bei ihm speisen müssen, geben wir die Zahl der Zimmer in Fettdruck an : **30 ch.**

Pension

Der Pensionspreis schließt das Zimmer, das Frühstück und 2 Hauptmahlzeiten ein und gilt im allgemeinen ab 3 Tagen. Die angegebenen Preise sind lediglich Richtpreise : wir empfehlen Ihnen dringend, sich zuvor mit dem Hotelier über die endgültigen Preise zu einigen.

Für Personen, die ein Doppelzimmer allein belegen, können die angegebenen Preise gelegentlich erhöht werden.

Zimmerreservierung

Sie sollte, wenn möglich, rechtzeitig vorgenommen werden. Lassen Sie sich dabei vom Hotelier noch einmal die endgültigen Preise und sonstigen Bedingungen nennen.

Bei schriftlichen Zimmerbestellungen empfiehlt es sich, einen internationalen Antwortschein (beim Postamt erhältlich) beizufügen.

Einige Hoteliers verlangen gelegentlich eine Anzahlung. Diese ist als Garantie sowohl für den Hotelier als auch für den Gast anzusehen.

Bedienungsgeld und Gebühren

In Belgien, im Großherzogtum Luxemburg und in den Niederlanden gelten Inklusivpreise, sie enthalten Bedienungsgeld und MWSt.

DAS AUTO, DIE REIFEN

Bei den meisten Orten geben wir die Adressen der Kfz-Vertragswerkstätten bzw. Reparaturdienste an.

Hinweise für Ihre Reifen finden Sie auf den blau umrandeten Seiten oder bekommen sie direkt in einer unserer Niederlassungen.

HAUPTSEHENSWÜRDIGKEITEN

	Bewertung
★★★	Eine Reise wert
★★	Verdient einen Umweg
★	Sehenswert
	Lage
Voir	In der Stadt
Env.	In der Umgebung der Stadt
Exc.	Ausflugsziele
N, S, E, O	Im Norden (N), Süden (S), Osten (E), Westen (O) der Stadt
①, ②	Zu erreichen über Ausfallstraße ①, ②, die auf dem Stadtplan und auf der Karte durch das gleiche Zeichen gekennzeichnet ist
3 km	Entfernung in Kilometern

STÄDTE

1000	Postleitzahl, bei der Anschrift vor dem Ortsnamen anzugeben
✉ 4880 Spa	Postleitzahl und zuständiges Postamt
☎ 053	Ortsnetzkennzahl, Vorwahl (bei Gesprächen vom Ausland wird die erste Null weggelassen)
P	Provinzhauptstadt
C Herve	Sitz der Kreisverwaltung
409 ⑤	Nummer der Michelin-Karte und Faltseite
G. Belgique-Lux.	Siehe Grüner Michelin-Reiseführer Belgique-Luxembourg
4 283 h	Einwohnerzahl
BX **A**	Markierung auf dem Stadtplan
18	Golfplatz und Lochzahl
☼, <	Rundblick, Aussichtspunkt
✈	Flughafen
☎ 425214	Ladestelle für Autoreisezüge. Nähere Auskünfte unter der angegebenen Telefonnummer
⛴	Autofähre
⛴	Personenfähre
i	Informationsstelle

STADTPLÄNE

Straßen

Autobahn, Straße mit getrennten Fahrbahnen
Anschlußstelle : Autobahneinfahrt und/oder -ausfahrt, Straßen-Nummer
Hauptverkehrsstraße
Einbahnstraße - nicht befahrbare Straße
Fußgängerzone - Straßenbahn
Pasteur — Einkaufsstraße - Parkplatz
Tor - Passage - Tunnel
Bahnhof und Bahnlinie
Autofähre - Bewegliche Brücke

Sehenswürdigkeiten — Hotels — Restaurants

Sehenswertes Gebäude mit Haupteingang
Sehenswerter Sakralbau :
Kathedrale, Kirche oder Kapelle
Moschee
Synagoge
Schloß - Ruine - Windmühle - Sonstige Sehenswürdigkeiten
B — Referenzbuchstabe einer Sehenswürdigkeit
e — Hotel, Restaurant - Referenzbuchstabe

Sonstige Zeichen

MICHELIN — Informationsstelle - Michelin-Niederlassung
Krankenhaus - Markthalle - Wasserturm - Fabrik
Garten, Park, Wäldchen - Friedhof - Bildstock
Stadion - Golfplatz - Freibad - Hallenbad - Eisbahn
Flughafen - Pferderennbahn- Aussicht - Rundblick
Standseilbahn - Seilschwebebahn
Denkmal, Statue - Brunnen - Jachthafen - Leuchtturm
Schiffsverbindungen : Autofähre - Personenfähre
Öffentliches Gebäude, durch einen Buchstaben gekennzeichnet :
G — Gendarmerie
H — Rathaus
J — Gerichtsgebäude
M T P — Museum - Theater - Präfektur
POL. — Polizei (in größeren Städten Polizeipräsidium)
U — Universität, Hochschule
③ — Straßenkennzeichnung (identisch auf Michelin-Stadtplänen und -Abschnittskarten)
Hauptpostamt (postlagernde Sendungen) - Telefon
U-Bahnstation

Discover the guide...

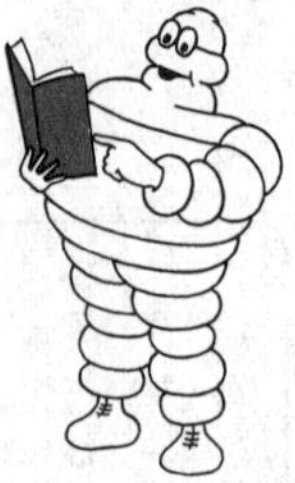

To make the most of the guide know how to use it. The Michelin Guide offers in addition to the selection of hotels and restaurants a wide range of information to help you on your travels.

The key to the guide

...is the explanatory chapters which follow.

Remember that the same symbol and character whether in red or black or in bold or light type, have different meanings.

The selection of hotels and restaurants

This book is not an exhaustive list of all hotels but a selection which has been limited on purpose. The final choice is based on regular on the spot enquiries and visits. These visits are the occasion for examining attentively the comments and opinions of our readers.

Town plans

These indicate with precision pedestrian and shopping streets ; major through routes in built up areas ; exact location of hotels whether they be on main or side streets ; post offices ; tourist information centres ; the principal historic buildings and other tourist sights.

For your car

In the text of many towns is to be found a list of agents for the main car manufacturers with their addresses and telephone numbers. Therefore even while travelling you can have your car serviced or repaired.

Your views or comments concerning the above subjects or any others, are always welcome. Your letter will be answered.

Thank you in advance.

S.A. Société Belge du Pneumatique Michelin
Service Tourisme
Quai de Willebroek 33, B 1020 BRUXELLES

Bibendum wishes you a pleasant journey.

Choosing your hotel or restaurant

We have classified the hotels and restaurants with the travelling motorist in mind. In each category they have been listed in order of preference.

CLASS, STANDARD OF COMFORT

	Luxury in the traditional style	
	Top class comfort	
	Very comfortable	
	Good average	
	Quite comfortable	
	Modest comfort	
M	In its class, hotel with modern amenities	
sans rest	The hotel has no restaurant	
	The restaurant has bedrooms	avec ch

HOTEL FACILITIES

Hotels in categories , , usually have every comfort and exchange facilities : details are not repeated under each hotel.

In other categories, we indicate the facilities available, however they may not be found in each room.

30 ch. **30 ch**	Number of rooms (see page 31 : Dinner at the hotel)
	Lift (elevator)
	Air conditioning
TV	Television in room
wc	Private bathroom with toilet, private bathroom without toilet
wc	Private shower with toilet, private shower without toilet
	Telephone in room : outside calls connected by the operator
	Telephone in room : direct dialling for outside calls
	Rooms accessible to the physically handicapped
	Meals served in garden or on terrace
	Outdoor or indoor swimming pool
	Garden
	Hotel tennis court
	Horse-riding
	Equipped conference hall (minimum seating : 25)
	Free garage (one night) for those having the current Michelin guide
	Charge made for garage
P	Car park, customers only
	Dogs are not allowed : in any part of the hotel
rest	in the restaurant
ch	in the bedrooms
mai-oct.	Dates when open, as indicated by the hotelier
	Where no date or season is shown, establishments are open all year round.
9411 KL	Postal code (Netherlands and Luxembourg only)

AMENITY

Your stay in certain hotels will be sometimes particularly agreeable or restful.

Such a quality may derive from the hotel's fortunate setting, its decor, welcoming atmosphere and service.

Such establishments are distinguished in the Guide by the red symbols shown below.

🏨🏨🏨 ... 🏨	Pleasant hotels
XXXXX ... X	Pleasant restaurants
« Jardin »	Particularly attractive feature
🐦	Very quiet or quiet secluded hotel
🐦	Quiet hotel
⋞ vallée	Exceptional view
⋞	Interesting or extensive view

By consulting the maps preceding each country, you will find it easier to locate them.

We do not claim to have indicated all the pleasant, very quiet or quiet, secluded hotels which exist.

Our enquiries continue. You can help us by letting us know your opinions and discoveries.

CUISINE

The stars : refer to the maps on pp. 44 to 46, 202, 218 and 219.

Among the numerous establishments recommended in this Guide certain of them merit being brought to your particular attention for the quality of their cooking. That is the aim of the stars for good food.

For these establishments we show 3 speciality dishes (and some local wines in Luxembourg). Try them, both for your pleasure and to encourage the chef in his work.

✿ **An especially good restaurant in its class**

The star indicates a good place to stop on your journey.

But beware of comparing the star given to a « de luxe » establishment with accordingly high prices, with that of a simpler one, where for a lesser sum one can still eat a meal of quality.

✿✿ **Excellent cooking, worth a detour**

Specialities and wines of first quality... do not expect such meals to be cheap.

✿✿✿ **Some of the best cuisine, worth a journey**

Superb food, fine wines, faultless service, elegant surroundings... One will pay accordingly !

PRICES

Valid for late 1983 the rates shown may be revised if the cost of living changes to any great extent. They are given in the currency of the country. In any event they should be regarded as basic charges.

Your recommendation is self-evident if you always walk into a hotel Guide in hand.

Hotels and restaurants whose names appear in bold type have supplied us with their charges in detail and undertaken to abide by them if the traveller is in possession of this year's Guide.

If you think you have been overcharged, let us know. Where no rates are shown it is best to enquire about terms in advance.

The following examples are given in Belgian francs.

Meals

R 450/800	**Set meals** — Lowest price 450 and highest price 800 for set meals served at normal hours (noon to 2.30 pm and 7 to 9.30 pm in Belgium — noon to 2 pm and 6 to 9 pm in Holland).
◆	Establishment serving a plain menu for less than 500 francs or 25 florins.
R carte 700 à 1000	**" A la carte" meals** — The first figure is for a plain meal and includes : " entrée", main dish of the day with vegetables, dessert. The second figure is for a fuller meal (generally with specialities) and includes : hors-d'œuvre, main course, cheese and dessert.
☕ 150	Price of continental breakfast served in the bedroom.
☕ 120	Price of continental breakfast served in the dining room.

Rooms

ch 800/1200	Lowest price 800 for a comfortable single room and highest price 1200 for the best double room (including bathroom where applicable) for two persons.
ch ☕	Breakfast served in the bedroom, is included in the price of the room.
ch ☕	Breakfast served in the dining room, is included in the price of the room.

Full-Board

P 1200/1500	Lowest and highest prices per person, per day, in the season (see p. 41).
AE ⓓ E	**Credit cards.** — Principal credit cards accepted by establishments : American Express — Diners Club — Eurocard.

There is no paid publicity in this Guide.

SOME USEFUL INFORMATION

In the hotel

The symbol ☕ indicates that breakfast is only served in the dining room and the symbol ☕ that breakfast may be served in the bedroom.

In either case the price of breakfast may be included in the price of the room. Ex : 30 ch ☕ 800/1200.

Dinner in the hotel

When the hotelier allows you to stay a night without taking dinner at his hotel, his rooms appear in heavy type : **30 ch.**

Full Board

It includes the room, breakfast and two meals. Prices for full board are shown and generally apply for three days or more, but it is necessary to make definite arrangements in advance with the hotelier.

For one person occupying a room for two people prices may be increased.

Reservations

Wherever possible, reservation in advance is advised. Ask the hotelier to give you full details concerning the reservation and terms in his letter of confirmation.

It is advisable to enclose an international reply coupon with all written enquiries.

Certain hotels sometimes ask for a deposit. This constitutes a mutual guarantee of good faith.

Service and taxes

In Belgium, Luxembourg and Holland prices include service and taxes.

CAR, TYRES

In the text of many towns are to be found the names of motor agents with a breakdown service.

For your tyres, refer to the pages bordered in blue or contact one of the Michelin Branches.

Seeing a town and its surroundings

SIGHTS

Star-rating

★★★	Worth a journey
★★	Worth a detour
★	Interesting

Finding the sights

Voir	Sights in town
Env.	On the outskirts
Exc.	In the surrounding area
N, S, E, O	The sight lies north, south, east or west of the town
①, ②	Sign on town plan and on the Michelin road map indicating the road leading to a place of interest
3 km	Distance in kilometres

TOWNS

1000	Postal number to be shown in the address before the town name
✉ 4880 Spa	Postal number and name of the post office serving the town
☎ 053	Telephone dialling code. Omit 0 when dialling from abroad
P	Provincial capital
C Herve	Administrative centre of the " commune"
409 ⑤	Number of the appropriate sheet and section of the Michelin road map
G. Belgique-Lux.	See Michelin Green Guide Belgique-Luxembourg
4 283 h	Population
BX **A**	Letters giving the location of a place on the town map
18	Golf course and number of holes
☼, ≤	Panoramic view, viewpoint
✈	Airport
☎ 425214	Place with a motorail connection ; further information from telephone number listed
⛴	Shipping line
⛴	Passenger transport only
i	Tourist Information Centre

TOWN PLANS

	Roads
	Motorway, dual carriageway
	Interchange : complete, limited, number
	Major through route
	One-way street - Unsuitable for traffic
	Pedestrian street - Tram
Pasteur	Shopping street - Car park
	Gateway - Street passing under arch - Tunnel
	Station and railway
F B	Car ferry - Lever bridge
	Sights — Hotels — Restaurants
	Place of interest and its main entrance
	Interesting place of worship :
	Cathedral, church or chapel
	Mosque
	Synagogue
	Castle - Ruins - Windmill - Other sights
B	Reference letter locating a sight
e	Hotel, restaurant with reference letter
	Various signs
MICHELIN	Tourist Information Centre - Michelin Branch
	Hospital - Covered market - Water tower - Factory
	Garden, park, wood - Cemetery - Cross
	Stadium - Golf course
	Outdoor or indoor swimming pool - Skating rink
	Airport - Racecourse - View - Panorama
	Funicular - Cable-car
	Monument, statue - Fountain
	Pleasure boat harbour - Lighthouse
	Ferry services : passengers and cars, passengers only
	Public buildings located by letter :
G	Gendarmerie
H	Town Hall
J	Law Courts
M T	Museum - Theatre
P	Prefecture
POL.	Police (in large towns police headquarters)
U	University, colleges
3	Reference number common to town plans on large scale Michelin maps
	Main post office with poste restante - Telephone
	Underground station

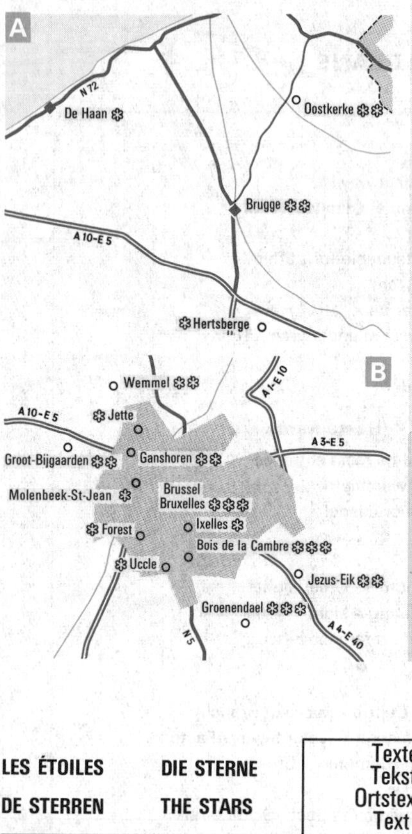

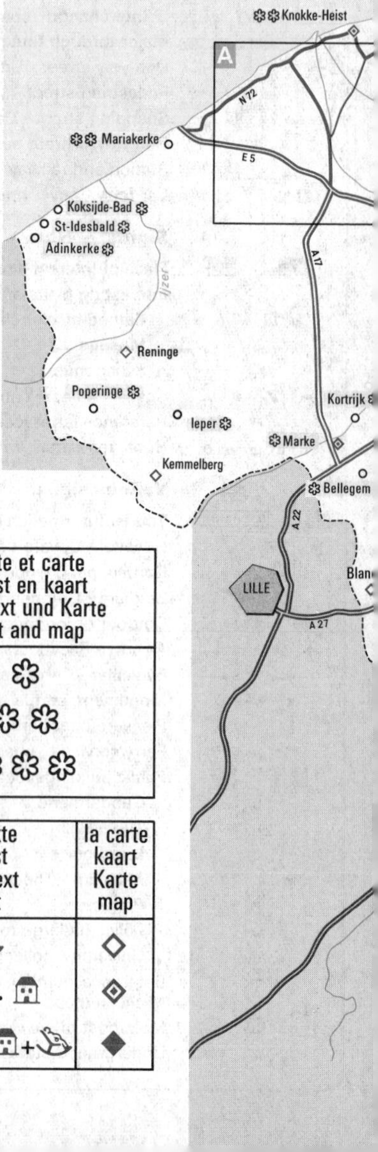

LES ÉTOILES **DIE STERNE**
DE STERREN **THE STARS**

	Texte et carte Tekst en kaart Ortstext und Karte Text and map
	✿ ✿✿ ✿✿✿

L'AGRÉMENT **ANNEHMLICHKEIT**
AANGENAAM VERBLIJF **AMENITY**

	le texte tekst Ortstext text	la carte kaart Karte map
		◇
		◈
		◆

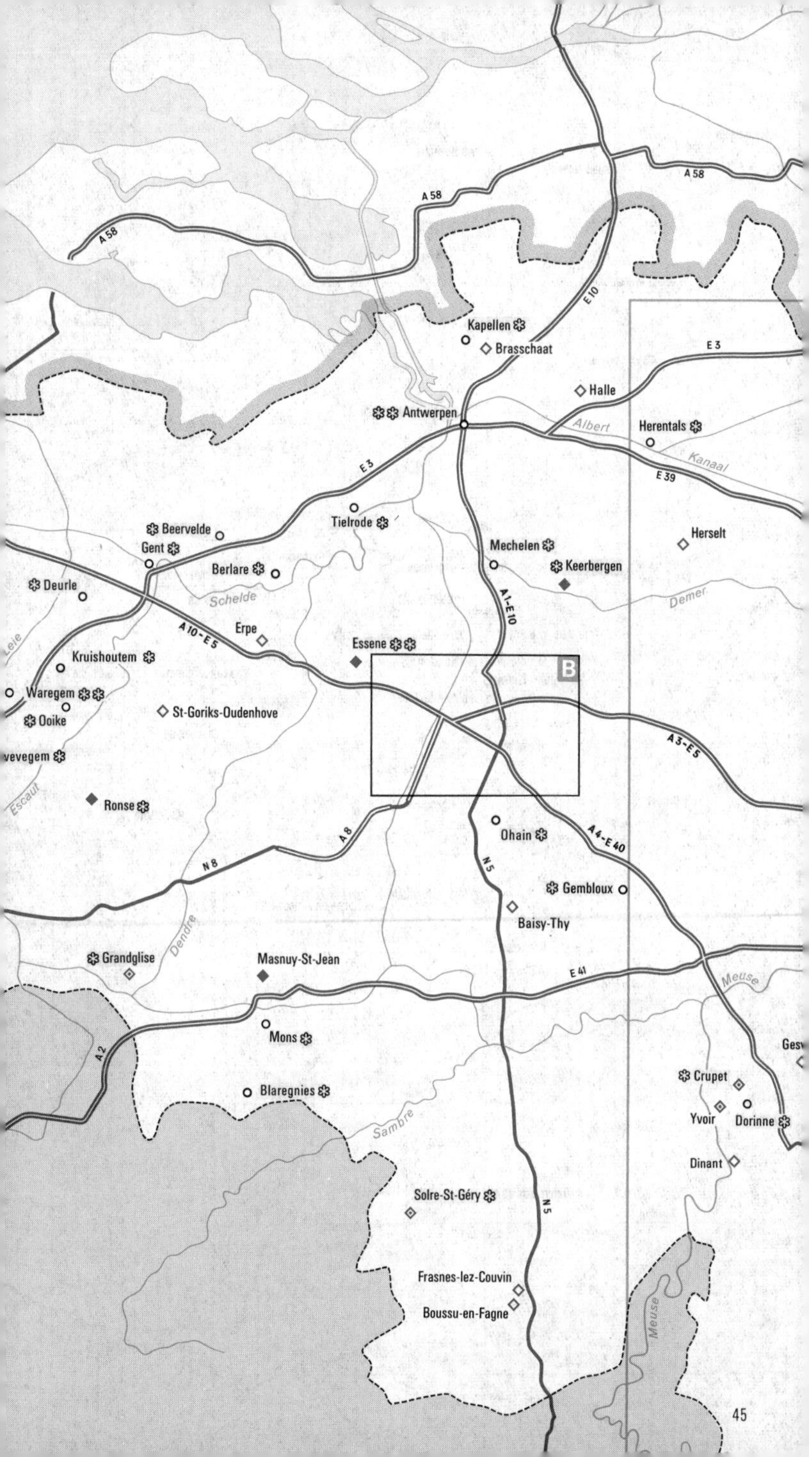
A 58
A 58
A 58
E 10
Kapellen
Brasschaat
E 3
Halle
Antwerpen
Albert
Kanaal
Herentals
E 3
E 39
Tielrode
Beervelde
Gent
Berlare
Mechelen
Keerbergen
Herselt
Deurle
Schelde
Demer
A 1-E 10
A 10-E 5
Erpe
Leie
Essene
B
Kruishoutem
Waregem
St-Goriks-Oudenhove
Ooike
vevegem
A 3-E 5
Escaut
Ronse
Ohain
A 8
A 4-E 40
N 8
N 5
Gembloux
Baisy-Thy
Dendre
Grandglise
Masnuy-St-Jean
E 41
Meuse
Mons
A 2
Gesv
Crupet
Blaregnies
Yvoir
Dorinne
Sambre
Dinant
Solre-St-Géry
N 5
Frasnes-lez-Couvin
Boussu-en-Fagne
Meuse

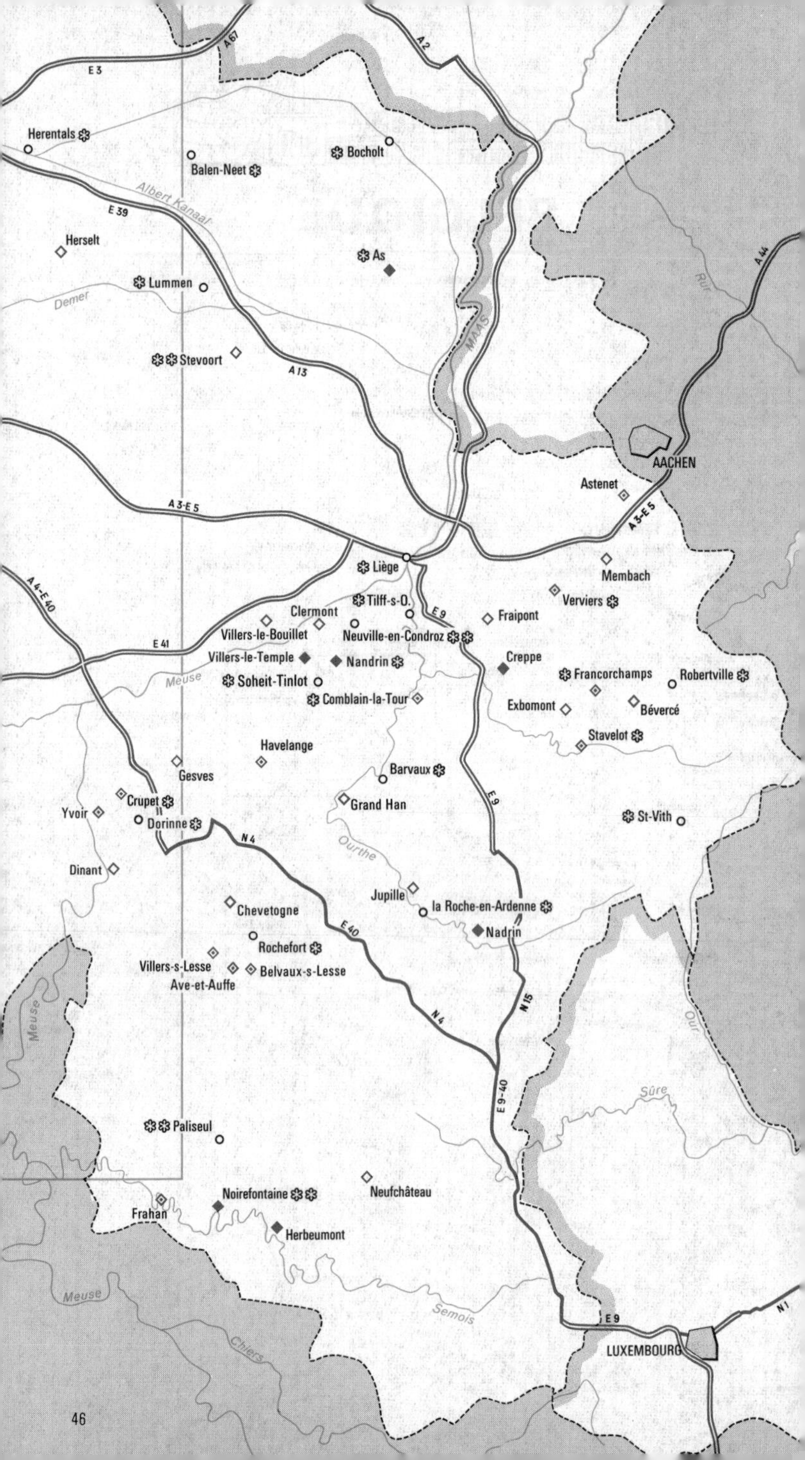
E 3
A 67
A 2
Herentals
Balen-Neet
Bocholt
Albert Kanaal
E 39
Herselt
As
Lummen
Demer
MAAS
Stevoort
A 13
A 44
Rur
AACHEN
Astenet
A 3-E 5
Liège
A 4-E 40
Tilff-s-O.
Clermont
E 9
Fraipont
Membach
Verviers
Villers-le-Bouillet
Neuville-en-Condroz
E 41
Villers-le-Temple
Nandrin
Creppe
Meuse
Soheit-Tinlot
Comblain-la-Tour
Francorchamps
Robertville
Exbomont
Bévercé
Stavelot
Havelange
Gesves
Barvaux
Crupet
Yvoir
Grand Han
Dorinne
N 4
St-Vith
Ourthe
Dinant
Jupille
Chevetogne
la Roche-en-Ardenne
E 40
Nadrin
Rochefort
Villers-s-Lesse
Belvaux-s-Lesse
Ave-et-Auffe
N 15
Our
Sûre
E 9-40
Paliseul
Neufchâteau
Noirefontaine
Frahan
Herbeumont
Semois
Chiers
N 1
LUXEMBOURG

BELGIQUE

Les prix sont donnés en francs belges

AALBEKE **8511** West-Vlaanderen Ⓒ Kortrijk **213** ⑮ et **409** ⑪ – 75 731 h. – ☎ 056.
♦Bruxelles 100 – ♦Kortrijk 6 – ♦Tournai 26 – ♦Brugge 49.

XX **St. Cornil,** Plaats 15, ☎ 413523, Grillades
fermé sam., dim., jours fériés et 6 août-2 sept. – **R** 800.

BMW Moeskroensesteenweg 219 ☎ 413620 FIAT Kortrijkstraat 5 ☎ 413768

AALST **(ALOST) 9300** Oost-Vlaanderen **213** ⑤ et **409** ③ – 78 707 h. – ☎ 053.
Voir Nef★, transept★, tabernacle★ de la collégiale St-Martin (Sint-Martinuskerk) BY **A.**
♦Bruxelles 28 ④ – ♦Gent 33 ⑦ – ♦Antwerpen 52 ①.

AALST

Kattestraat . . . . **BY**
Korte Zoutstraat . . . . **BZ** 26
Lange Zoutstraat . . . . **BY** 29
Molendries . . . . **BY** 32
Molenstraat . . . . **BY**
Nieuwstraat . . . . **BY**

Albrechtlaan . . . . **AZ** 2
Alfred Nichelsstraat . . . . **BZ** 3
Burgemeesterspl. . . . . **BZ** 5
Brusselsesteenweg . . . . **AZ** 6
Dendermondsesteenweg . . . **AZ** 8
Dirk Martensstraat . . . . **BY** 9
Esplanade . . . . **BY** 10
Esplanadestraat . . . . **BY** 12
Fritz de Wolfkaai . . . . **BY** 13
Gentsesteenweg . . . . **AZ** 15
Geraardsbergsestraat . . . . . . **AZ** 16
de Gheeststraat . . . . **BZ** 17
Graanmarkt . . . . **BY** 19
Grote Markt . . . . **BY** 20
Heilig Hartlaan . . . . **AZ** 21
Houtmarkt . . . . **BZ** 23
Josse Ringoirkaai . . . . **BY** 24
Kapellestraat . . . . **BY** 25
van Langenhovestraat . . . . . . **BZ** 28
Leopoldlaan . . . . **AZ** 30
Moorselbaan . . . . **AZ** 33
Moutstraat . . . . **BY** 34
Pieter Daensplein . . . . **BY** 35
Schoolstraat . . . . **BY** 37
Vaartstraat . . . . **BY** 38
Varkensmarkt . . . . **BY** 39
Vlaanderenstraat . . . . **BY** 41
Vredeplein . . . . **BY** 42
Vrijheidstraat . . . . **BY** 43
1 Meistraat . . . . **BY** 45

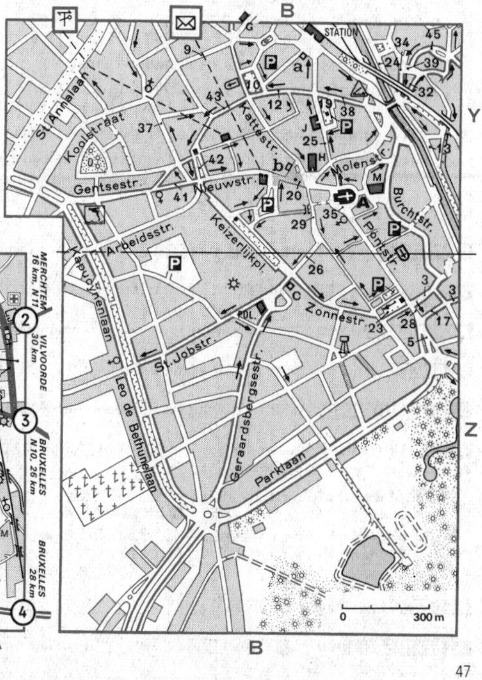

Graaf van Vlaanderen sans rest, avec repas rapide, Stationsstraat 37, ☎ 789851 – TV wc ☎ – AE E. BY a
fermé dim. – **6 ch** 1230/1910.

Borse van Amsterdam avec ch, Grote Markt 26, ☎ 211581, Maison flamande du 17e s. – AE E BY b
fermé jeudi et 1re quinz. juil. – **R** 350/900 – 130 – **6 ch** 420/875.

Meiboom, Korte Zoutstraat 58, ☎ 778567 – AE. BZ c
fermé dim.soir, lundi et du 15 au 31 juil. – **R** carte 575 à 1130.

à Erondegem C Erpe-Mere, par ⑧ : 5 km – 18 955 h. – ✉ 9411 Erondegem – ☎ 053 :

Bovendael, Kuilstraat 1, ☎ 789366, – wc ☎ P. AE. ch
R *(fermé dim. soir, lundi et du 10 au 30 juil.)* carte 600 à 1140 – **12 ch** 1050/1450.

à Erpe C Erpe-Mere, par ⑧ : 3 km puis route de Lede – 18 955 h. – ✉ 9410 Erpe – ☎ 053 :

Molenhof sans rest, Molenstraat 7, ☎ 703961, ≤, « Parc ombragé avec pièce d'eau », – wc ☎ P. AE
fermé 21 déc.-5 janv. – **12 ch** 975/1405.

Cottem, Molenstraat 13, ☎ 214190, ≤, « Belle demeure dans un parc ombragé avec pièce d'eau » – P. AE
fermé du 8 au 31 juil., du 13 au 19 fév., dim. soir et mardi – **R** carte 770 à 1300.

ALFA-ROMEO, TOYOTA Valerius de Saedeleerstraat 97 ☎ 215993
BMW O.L. Vrouwplaats 17 ☎ 213261
BMW Eendrachtstraat 4 ☎ 212724
CITROEN Werf 7 ☎ 214249
FORD Albrechtlaan 50 ☎ 702315
GM (OPEL) Kareelstraat 2 ☎ 216011
HONDA Moorselbaan 448 ☎ 215287
LADA Geraardsbergsesteenweg 47 à Erembodegem ☎ 702003
MAZDA Pontstraat 59 ☎ 213765
MERCEDES-BENZ 3de Industriezone à Erembodegem ☎ 216751
MITSUBISHI Ninovesteenweg 84 à Erembodegem ☎ 210989
NISSAN Wijngaardveld 4-Industriepark ☎ 215552
PEUGEOT, TALBOT Eendrachtstraat 2 ☎ 773400
RENAULT G. Papestraat 53 ☎ 213707
TALBOT Albrechtlaan 54 ☎ 215882
VAG Gentsesteenweg 87 ☎ 217728
VOLVO Koolstraat 32 ☎ 214464

AALTER 9880 Oost-Vlaanderen 213 ③ et 409 ② – 15 768 h. – ☎ 091.

♦Bruxelles 73 – ♦Gent 25 – ♦Brugge 25.

Capitole sans rest, Stationsstraat 95, ☎ 741029 – wc.
33 ch 650/1150.

Memling sans rest, Markt 11, ☎ 741013 – wc wc. AE E
fermé jeudi – **9 ch** 800/1400.

Greenpark, Lovelddreef 7, ☎ 741270 – P. AE E
fermé dim. soir, lundi et du 9 au 23 juil. – **R** carte 1100 à 1400.

au Sud-Ouest : 2,5 km par route Aalter-Tielt :

Biezemhof, Kattewegel 1, ☎ 742703 – P. AE E
fermé mardi soir, merc. et 23 janv.-8 fév. – **R** carte 640 à 1060.

à Lotenhulle C Aalter, S : 3 km sur N 310 – ✉ 9856 Lotenhulle – ☎ 091 :

Den Ouwe Prins, Steenweg op Deinze 65, ☎ 744666 – P
fermé lundi, mardi, 1re quinz. juin, 1re quinz. sept. et 1re quinz. fév. – **R** 1180.

FORD Brugstraat 198 ☎ 745775
RENAULT Brugstraat 194 ☎ 745789
VAG Brouwerijstraat 38 ☎ 741002

AARTSELAAR Antwerpen 212 ⑮ et 409 ④ – voir à Antwerpen, environs.

ACHEL Limburg 213 ⑩ et 409 ⑥ – voir à Hamont-Achel.

ADINKERKE West-Vlaanderen 213 ① et 409 ① – voir à De Panne.

AFSNEE Oost-Vlaanderen 213 ④ – voir à Gent.

ALBERT-STRAND (ALBERT-PLAGE) West-Vlaanderen 212 ⑪ et 409 ② – voir à Knokke-Heist.

ALLE 6848 Namur C Vresse-sur-Semois 214 ⑮ et 409 ㉔ – 2 682 h. – ☎ 061.

♦Bruxelles 163 – ♦Namur 104 – Bouillon 22.

Fief de Liboichant, r. Liboichant 99, ☎ 500333 – wc P
fermé 5 janv.-fév. – **R** 495/860 – **30 ch** 550/995 – P 1365.

Aub. Alle avec ch, r. Liboichant 46, ☎ 500357, ≤, – wc P. AE. rest
fermé fév. – **R** *(fermé mardi soir et merc. sauf en juil.-août)* carte 750 à 1340 – 165 – 10 ch 1000/1200 – P 1600/1950.

ALOST Oost-Vlaanderen – voir Aalst.

ALSEMBERG Brabant 213 ⑱ et 409 ⑬ – voir à Bruxelles, environs.

AMBLÈVE (Vallée de l') ** Liège 213 ㉓, 214 ⑦⑧ et 409 ⑮⑯ G. Belgique-Luxembourg.

AMEL (AMBLÈVE) 4770 Liège 214 ⑨ et 409 ⑯ – 4 868 h. – ☎ 080.
♦Bruxelles 174 – ♦Liège 78 – ♦Luxembourg 96 – Malmédy 21.

- **Kreusch,** Auf dem Kamp 179, ☎ 349050, – wc .
  fermé lundi et oct. – **R** carte 670 à 1040 – ☕ 170 – 11 ch 500/930 – P 1030.

BMW Deidenberg 46 ☎ 349125 — VAG r. Heppenbach 72 a ☎ 349290

ANDENNE 5220 Namur 213 ㉑, 214 ⑤ et 409 ⑭ – 22 418 h. – ☎ 085.
♦Bruxelles 75 – ♦Namur 21 – ♦Liège 48.

- XX **Barcelone,** r. Brun 14, ☎ 223268 – AE
  fermé lundi et du 10 au 30 janv. – **R** 525/1200.
- X **Condroz** avec ch, r. Léon-Simon 1, ☎ 222265
  fermé merc. et 3 prem. sem. juil. – **R** 350/475 – ☕ 90 – **5 ch** 435 – P 900.

FORD av. Roi-Albert 53 ☎ 221771
LADA av. Roi-Albert 198b ☎ 222945
MITSUBISHI r. Frère Orban 35 ☎ 222269
TOYOTA av. Roi-Albert 271 ☎ 221989

ANDERLECHT Brabant 213 ⑱ et 409 ⑱ – voir à Bruxelles, agglomération.

ANDERLUES 6500 Hainaut 214 ③ et 409 ⑬ – 11 567 h. – ☎ 071.
♦Bruxelles 59 – Binche 9 – ♦Charleroi 11 – ♦Mons 25.

- **Roi des Belges,** rte de Thuin 2, ☎ 528325 – . E
  fermé du 13 au 31 juil. – **R** *(fermé sam.soir et dim.soir)* 395/695 – ☕ 250 – **10 ch** 510/1010 – P 1110/1310.

MITSUBISHI chaussée de Charleroi 154 a ☎ 524470 — VOLVO chaussée de Charleroi 145 ☎ 524840

ANGLEUR Liège 213 ㉒ et 409 ⑱ – voir à Liège.

ANNEVOIE-ROUILLON 5181 Namur Ⓒ Anhée 214 ⑤ et 409 ⑭ – 6 446 h. – ☎ 082.
Voir Parc** du Domaine* – Intérieur* du château.
Env. N : Route de Profondeville ≤* – Furnaux : fonts baptismaux* dans l'église, SO : 12 km.
♦Bruxelles 79 – ♦Namur 16 – ♦Dinant 12.

- XX **Le Blute Fin,** rte des Jardins d'Annevoie 32, ☎ 612833, « Rustique » – .
  fermé jeudi, vend. midi, 17 sept.-4 oct. et janv. – **R** carte 1070 à 1520.

ANS Liège 213 ㉒ et 409 ⑮ – voir à Liège.

ANSEREMME Namur 214 ⑤ et 409 ⑭ – voir à Dinant, environs.

ANTWERPEN (ANVERS) 2000 Ⓟ 212 ⑮ et 409 ④ – 183 025 h. – ☎ 03.
Voir Quartier ancien*** (p. 6) : Cathédrale*** et Grand Place* (Grote Markt) FY – Maison de Rubens** (Rubenshuis) GZ – Maison des Bouchers* (Vleeshuis) : musée FY D – Chapelle funéraire de Rubens* dans l'église St-Jacques (St-Jacobskerk) GY – Le port*** (Haven) (p. 6) FY – Jardin zoologique** (Dierentuin) (p. 5) EU.
Musées : Royal des Beaux-Arts*** (Koninklijk Museum voor Schone Kunsten) (p. 4) CV – Plantin-Moretus*** (ancienne imprimerie) (p. 6) FZ – Mayer Van den Bergh** (Brueghel) (p. 6) GZ – Marine "Steen"* (Nationaal Scheepvaartmuseum Steen) (p. 6) FY M¹.
18 9 Kapellenbos par ② : 22 km, Georges Capiaulei 2 ☎ 6668456.
Suikerrui 19 ☎ 2320103 et 2322284 – Koningin Astridplein ☎ 2330570 – Fédération provinciale, Karel Oomsstraat 11 ☎ 2162810.
♦Bruxelles 48 ⑩ – ♦Amsterdam 158 ④ – ♦Luxembourg 266 ⑨ – ♦Rotterdam 103 ④.

Plans pages suivantes

Les prix de chambres risquent d'être majorés d'une taxe locale de 6 %

Partie centrale *plan p. 4 et 5 sauf indication spéciale :*

- **Plaza** Ⓜ sans rest, Charlottalei 43, ✉ 2018, ☎ 2395970, Télex 31531 – TV . AE E
  ☕ 230 – **79 ch** 1900/3560. EV **v**
- **De Keyser** Ⓜ, De Keyserlei 66, ✉ 2018, ☎ 2340135, Télex 34219 – rest TV – . AE E EU **b**
  R *(fermé sam. midi et dim.)* carte 930 à 1430 – **117 ch** ☕ 2630/3780 – P 3880.
- **Waldorf** Ⓜ avec appartements, Belgiëlei 36, ✉ 2018, ☎ 2309950, Télex 32948 – TV – . AE E. EV **a**
  R carte env.900 – **95 ch** ☕ 1550/2300.
- **Eurotel Antwerpen** Ⓜ, Copernicuslaan 2, ✉ 2018, ☎ 2316780, Télex 33965, , – rest TV – . AE E EV **k**
  R 725/795 – ☕ 220 – **350 ch** 1950/3150.

Carnotstr. . . . . p. 5 **EU**
Dambruggestr. . . . . p. 5 **ETU**
Gemeentestr. . . . . p. 5 **EU** 33
Groenplaats . . . . p. 6 **FZ**
De Keyserlei. . . . . p. 4 **DU** 55
Klapdorp. . . . . p. 6 **GY**
Leysstr. . . . . p. 4 **DU** 67
Meir. . . . . p. 6 **GZ**
Nationalestr. . . . . p. 6 **FZ**
Offerandestr. . . . . p. 5 **EU**
Paardenmarkt . . . . p. 6 **GY**
Pelikaanstr. . . . . p. 5 **EUV** 81
Quellinstr. . . . . p. 4 **DU**
Schoenmarkt . . . . p. 6 **FZ**
Turnhoutsebaan
(BORGERHOUT) . . . p. 5 **EU**

van Aerdtstr. . . . . p. 4 **DT** 2
Amerikalei . . . . p. 4 **CVX**
Amsterdamstr. . . . . p. 4 **CDT**
Ankerrui . . . . p. 4 **DT**
Anselmostr. . . . . p. 4 **DV**
Antwerpsesteenweg . . p. 2 **AS**
Antwerpsestr. . . . . p. 3 **BS** 3
Arenbergstr. . . . . p. 6 **GZ**
Aug. van de Wielelei . . p. 3 **BR** 4
Autolei . . . . p. 3 **BR** 5
Ballaerstr. . . . . p. 4 **DX**
Beatrijslaan . . . . p. 3 **BR**
Belgiëlei . . . . p. 4 **DX, EV**
Berkenlaan. . . . . p. 3 **BS** 6
Binnensingel . . . . p. 3 **BRS** 7
Bisschoppenhoflaan . . p. 3 **BR**
Blancefloerlaan. . . . . . . p. 2 **AR**
Bleekhofstr. . . . . p. 5 **EV**
Blindestr. . . . . p. 6 **GY**
Bolivarplaats . . . . p. 4 **CX**
Boomsesteenweg . . . . p. 3 **BS**
Borsbeeksesteenweg . p. 3 **BS**
Borzestr. . . . . p. 6 **GY**
Bosuilbaan. . . . . p. 3 **BQ** 8
Bredabaan . . . . p. 3 **BQ**
Brederodestr. . . . . p. 4 **CX**
van Breestr. . . . . p. 4 **DV** 10
Brialmontlei . . . . p. 5 **EV** 12
Britselei . . . . p. 4 **DV**
Broederminstr. . . . . p. 4 **CX**
Brouwersvliet . . . . p. 4 **CT** 13
Brusselstr. . . . . p. 4 **CX**
de Bruynlaan . . . . p. 3 **BS** 15
Calesbergdreef . . . . p. 3 **BQ** 16
Cassiersstr. . . . . p. 4 **DT**
Charles de Costerlaan . p. 3 **ABR**
Charlottalei . . . . p. 5 **EV** 17
Churchilllaan . . . . p. 3 **BQ** 18
Delbekelaan . . . . p. 3 **BQ** 19
Deurnestr. . . . . p. 3 **BS** 21
Diepestr. . . . . p. 5 **ET**
Diksmuidelaan . . . . p. 3 **BS** 23
Drakenhoflaan . . . . p. 3 **BS** 24
Edegemsestr. . . . . p. 3 **BS** 25
Eethuisstr. . . . . p. 3 **BQ** 27
Eiermarkt . . . . p. 6 **FZ**
Elisabethlaan. . . . . p. 3 **BS** 28
Ellermanstr. . . . . p. 4 **DT**
Emiel Banningstr. . . . . . p. 4 **CX** 29
Ernest van Dijckkaai . . . p. 6 **FY**
van Eycklei . . . . p. 4 **DV**
Falconplein . . . . p. 4 **DT**
F. Rooseveltplein . . . . . p. 4 **DU** 31
Frankrijklei . . . . p. 4 **DUV**
Frans Beirenslaan. . . . . p. 3 **BS**
Gallifortlei. . . . . p. 3 **BR** 32
Gildekamersstr. . . . . p. 6 **FY**
Gitschotellei. . . . . p. 3 **BS**
Graanmarkt . . . . p. 6 **GZ**
Graaf van Egmontstr. . . p. 4 **CV** 35
Groenenborgerlaan . . . p. 3 **BS** 36
Groenendaallaan . . . . . p. 3 **BQ** 37
Grote Markt . . . . p. 6 **FY**
Grote Steenweg . . . . . . p. 3 **BS**
Groot Hagelkruis. . . . . . p. 3 **BQ** 39
Guido Gezellelaan. . . . . p. 3 **BS** 40
Halenstr. . . . . p. 5 **ET**
Handelsstr. . . . . p. 5 **ET**
Handschoenmarkt . . . . p. 6 **FY**
H. Conscienceplein . . . p. 6 **GY**
's Herenstr. . . . . p. 5 **EV**
Herentalsebaan . . . . . . p. 3 **BR**
Hessenplein . . . . p. 4 **DT** 41
Hofstr. . . . . p. 6 **FY**
Hollandstr. . . . . p. 5 **ET** 43
Hoogstr. . . . . p. 6 **FZ**

Horstebaan . . . . p. 3 **BQ**
Hoverstr. . . . . p. 3 **BS** 44
Huidevettersstr. . . . . . . p. 6 **GZ**
Ing. Menneslaan . . . . . . p. 3 **BQ** 47
Italielei . . . . p. 4 **DTU**
Jan van Rijswijcklaan . . p. 3 **BS** 48

Jan de Voslei . . . . p. 3 **BS** 49
Jeurissensstr. . . . . p. 3 **BQ** 50
Jezusstr. . . . . p. 4 **DU** 51
Jordaenskaai . . . . p. 6 **FY**
Justitiestr. . . . . p. 4 **DV**
Juul Moretuslei . . . . p. 3 **BS**

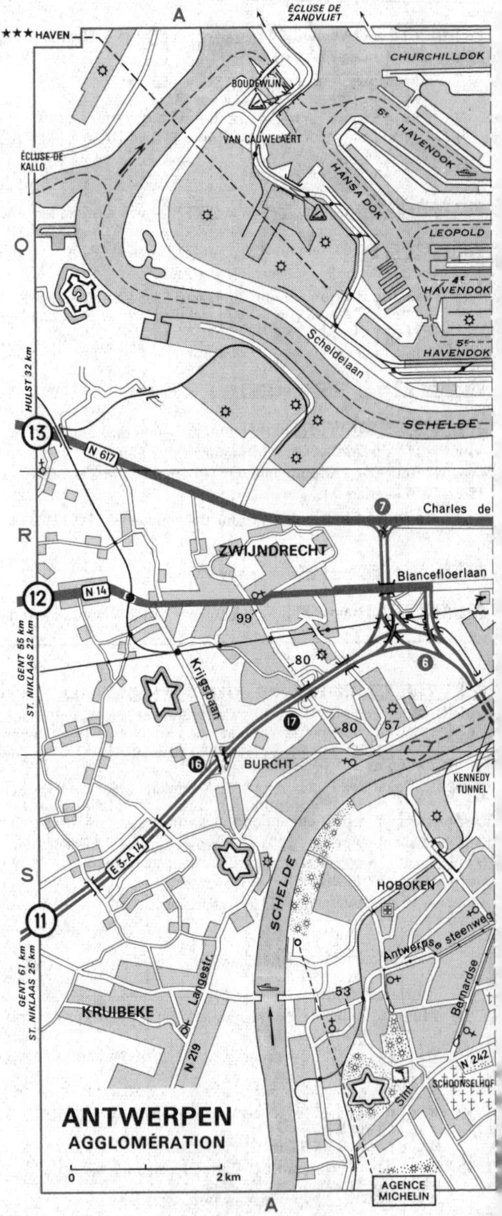

Suite page 5

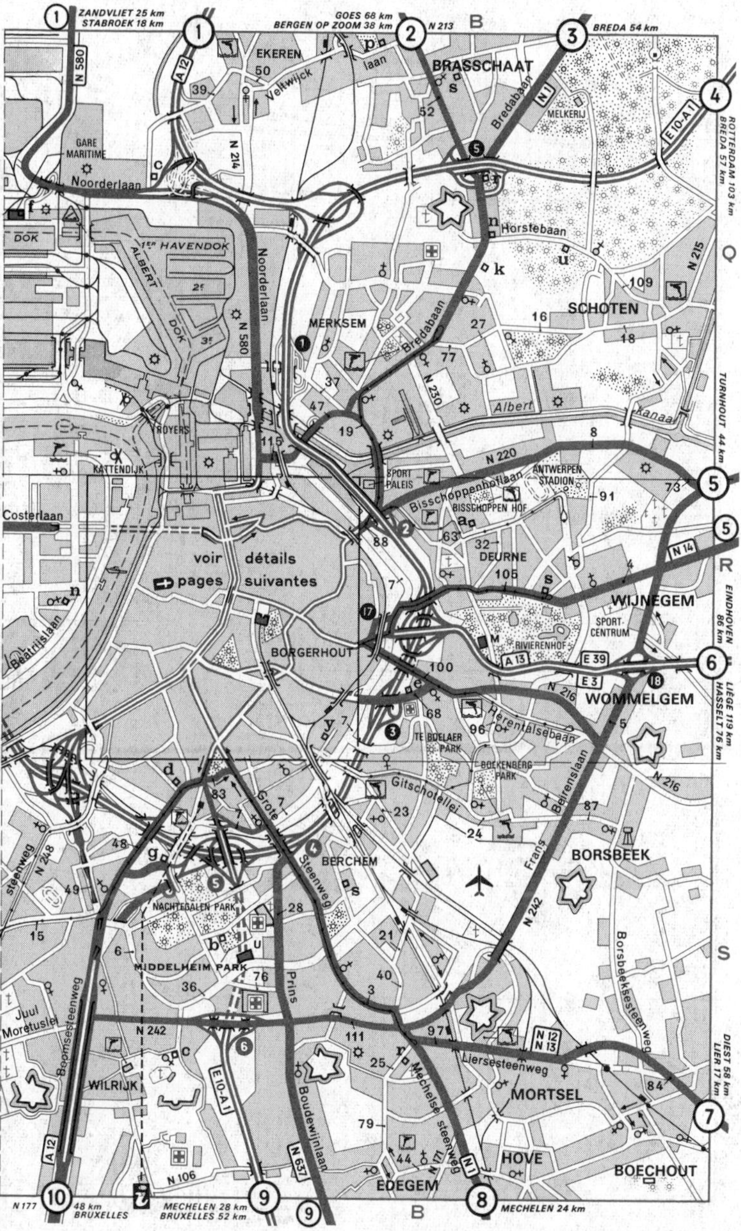

ZANDVLIET 25 km
STABROEK 18 km
GOES 68 km
BERGEN OP ZOOM 38 km
N 213
BREDA 54 km
ROTTERDAM 103 km
BREDA 57 km
TURNHOUT 44 km
EINDHOVEN 86 km
LIÈGE 119 km
HASSELT 76 km
DIEST 58 km
LIER 17 km
MECHELEN 24 km
MECHELEN 28 km
BRUXELLES 52 km
48 km
BRUXELLES
N 177
EKEREN
BRASSCHAAT
Veltwijck
laan
MELKERIJ
Bredabaan
GARE MARITIME
Noorderlaan
DOK
1ER HAVENDOK
ALBERT
Horstebaan
MERKSEM
SCHOTEN
Albert
Kanaal
ROYERS
KATTENDIJK
SPORT PALEIS
ANTWERPEN STADION
Bisschoppenhoflaan
BISSCHOPPEN HOF
Costerlaan
voir détails
pages suivantes
DEURNE
WIJNEGEM
SPORT-CENTRUM
RIVIERENHOF
BORGERHOUT
WOMMELGEM
TE BOELAER PARK
BOEKENBERG PARK
Herentalsebaan
Gitschotellei
Beatrijslaan
BORSBEEK
BERCHEM
Grote Steenweg
NACHTEGALEN PARK
MIDDELHEIM PARK
Frans Beirenslaan
Borsbeeksesteenweg
Juul Moretuslei
Boomsesteenweg
WILRIJK
Prins Boudewijnlaan
Liersesteenweg
MORTSEL
Mechelse steenweg
HOVE
EDEGEM
BOECHOUT
N 106

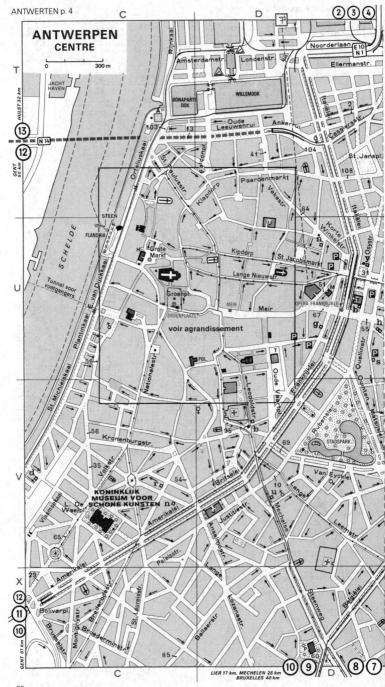

ANTWERPEN
CENTRE
0
300 m
C
D
T
U
V
X
JACHT HAVEN
HULST 32 km
GENT 55 km
N 14
SCHELDE
Tunnel voor voetgangers
STEEN
FLANDRIA
Rijnkaai
Amsterdamstr.
Londenstr.
Noorderlaan
E 10
N 1
Ellermanstr.
BONAPARTE DOK
WILLEMDOK
Oude Leeuwenrui
Ankerrui
Italiëlei
Cassiersstr.
St. Janspl.
Falconpl.
St. Paulusstr.
Orteliuskaai
Paardenmarkt
Klapdorp
Vekestr.
Korte Winkelstr.
Osystr.
Kipdorp
St. Jacobsmarkt
Grote Markt
Lange Nieuwstr.
Groenpl.
GROENPLAATS
MEIR
Meir
OPERA
FRANKRIJKLEI
voir agrandissement
E. van Dijckkaai
Plantinkaai
St. Michielskaai
Nationalestr.
POL.
Leopoldstr.
Oude Vaartpl.
Frankrijklei
Quellinstr.
Quinten Matsijslei
Rubenslei
STADSPARK
Kronenburgstr.
Volkstr.
Britselei
Van Eycklei
Lange
KONINKLIJK MUSEUM VOOR SCHONE KUNSTEN
L. De Waelpl.
Vlaamsekaai
Amerikalei
Justitiestr.
Anselmostr.
Mechelse
Leemstr.
Paleisstr.
Lange
Lozanastr.
Steenweg
Belgiëlei
Bolivarpl.
Bredérodestr.
Montignystr.
St. Laureisstr.
Broederminstr.
Brusselstr.
Ballaerstr.
GENT 61 km
LIER 17 km, MECHELEN 28 km
BRUXELLES 48 km

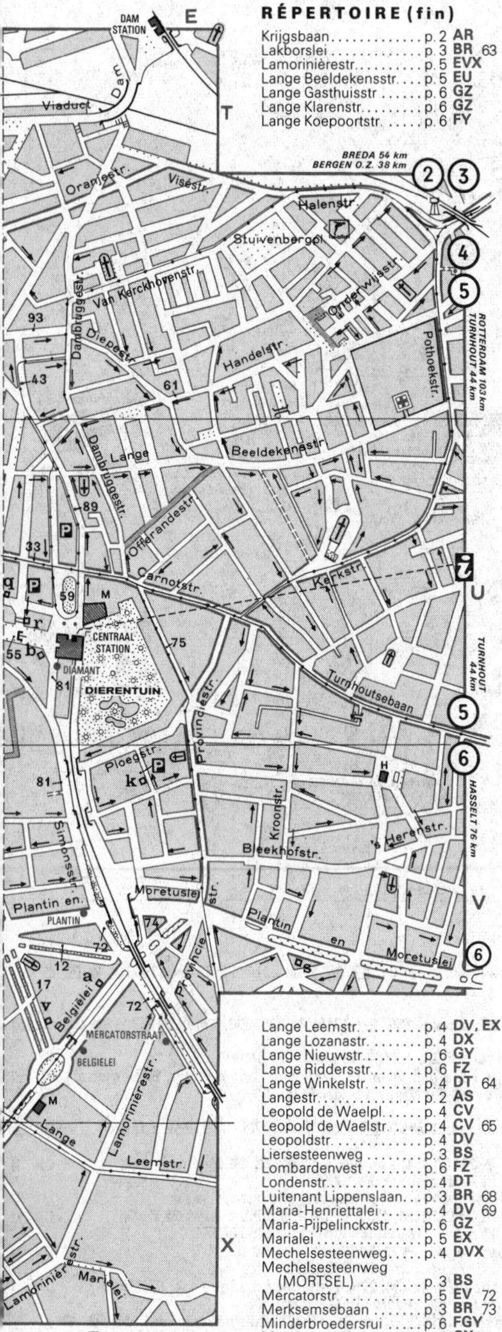

RÉPERTOIRE (fin)

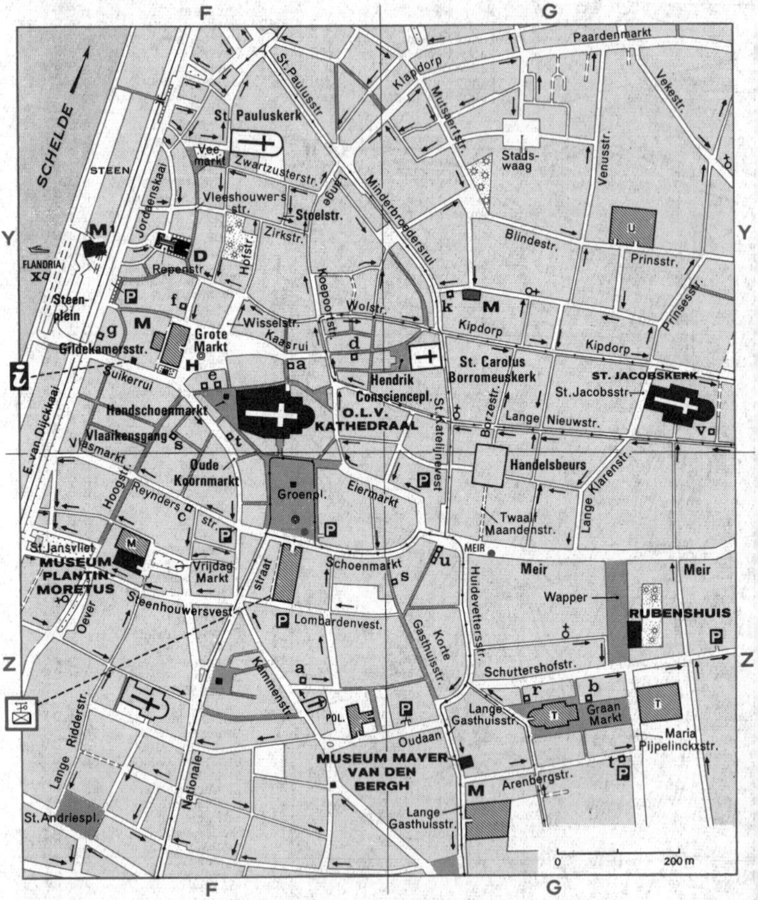

Empire sans rest, Appelmansstraat 31, ✉ 2018, ☎ 2314755, Télex 33909 – ⬛ TV ⇔wc ☎. AE ⓞ E — DU **s**
69 ch ☐ 1950/2970.

Congress, Plantin en Moretuslei 136, ✉ 2018, ☎ 2353000, Télex 31959 – ⬛ ▤ rest TV ⇔wc ☎ Ⓟ – ♿. AE ⓞ E — EV **s**
R *(fermé sam. et dim. midi)* carte 580 à 1200 – **62 ch** ☐ 1610/1980.

Antwerp Tower Hotel sans rest, avec 11 studios en annexe, Van Ertbornstraat 10, ✉ 2018, ☎ 2340120, Télex 34478 – ⬛ TV ⇔wc ☎. AE ⓞ E. ✻ — DU **b**
40 ch ☐ 2000/2500.

Terminus sans rest, F. Rooseveltplaats 9, ✉ 2008, ☎ 2314795 – ⬛ ⇔wc ☎ — DU **y**
42 ch ☐ 870/1740.

XXX ✿ **Vateli,** Kipdorpvest 50, ☎ 2331781, Classique – ▤ Ⓟ. AE ⓞ E — DU **g**
fermé dim., jours fériés et juil. – **R** carte 1050 à 1800
Spéc. Caneton à la rouennaise, Filet de barbue au coulis de poireaux, Pâtisserie maison.

XXX **Relais Estérel,** Tolstraat 70, ☎ 2373261, Ouvert jusqu'à minuit – ▤. AE E. ✻ — CV **n**
fermé jeudi, juil. et du 5 au 15 mars – **R** (dîner seult) carte 1450 à 1900.

XXX **Romantica,** Mechelsesteenweg 41, ☎ 2315435 – ▤. AE ⓞ E — DV **u**
fermé sam. midi, dim., jours fériés et août – **R** 1350/2000.

XXX **De Lepeleer,** Lange St-Annastr. 8, ☎ 2342225, « Intérieur rustique » – Ⓟ. AE ⓞ — DU **n**
fermé sam.midi, dim. et jours fériés – **R** carte 1390 à 1800.

XXX **Liang's Garden,** Markgravelei 141, ✉ 2018, ☎ 2372222, Cuisine chinoise – AE ⓞ. ✻
fermé merc. – **R** carte 630 à 1450. — plan p. 3 BS **d**

XX **Epicurus,** Verbondstraat 44, ☎ 2373699 – 🐕 CV **r**
fermé sam.midi, dim., lundi et août – **R** 1095/1475.

XX **Panaché,** Statiestr. 17, ✉ 2018, ☎ 2326905, Ouvert jusqu'à 1 h 30 du matin – ▤. AE ⓓ EU **q**
fermé août – **R** carte 520 à 1000.

XX **Gourmet sans Chiqué,** Vestingstraat 3, ✉ 2018, ☎ 2329002, Cadre alsacien – ⓓ E DU **h**
fermé vend., sam. midi, 2e quinz. janv. et du 1er au 21 août – **R** 1000.

XX **La Moule Parquée,** Wapenstraat 18, ☎ 2384908, Produits de la mer – ⓓ E CV **d**
fermé lundi et du 1er au 15 mai – **R** carte 840 à 1190.

X **Solmar,** Breidelstraat 23, ✉ 2018, ☎ 2325053, Cuisine portugaise, Ouvert jusqu'à 24 h – ▤. AE ⓓ E. 🐕 EU **r**
fermé mardi et fév. – **R** carte 830 à 1160.

X **Rimini,** Vestingstraat 5, ✉ 2018, ☎ 2314290, Cuisine italienne DU **h**
fermé merc. et fin juil.-fin août – **R** carte 710 à 1170.

Quartier Ancien *plan p. 6 :*

🏨 **Theater** Ⓜ sans rest, Arenbergstraat 30, ☎ 2311720, Télex 33910 – 🛗 📺 ☎ – 🧑‍🏫. AE ⓓ E
83 ch ☕ 1820/2770. GZ **t**

XXXX ✿✿ **La Pérouse,** Steenplein (ponton), ✉ 2600, ☎ 2323528, ≤, « Bateau amarré » – ▤ Ⓟ. AE ⓓ E. 🐕 FY **x**
15 sept. - fin mai sauf dim., lundi, jours fériés, 25 déc. - 7 janv. et Vend. Saint – **R** (nombre de couverts limité - prévenir) carte 1320 à 1850
Spéc. Cassolette de moules et de petits coquillages, Galettes de langoustines aux liserons et gingembre frais, Pot-au-feu à la flamande.

XXX ✿✿ **Sir Anthony Van Dijck** (Paesbrugghe), 1er étage, Oude Koornmarkt 16, dans le Vlaeykensgang, ☎ 2316170, « Dans une ruelle du 16e s., intérieur rustique » – AE ⓓ E. 🐕 FY **s**
fermé du 24 au 29 avril, du 1er au 15 août, 24 déc.-1er janv., sam. midi, dim. et jours fériés – **R** carte 1300 à 1780
Spéc. Salade d'huîtres au saumon et au witloof (oct.-mars), Selle de lotte au cerfeuil et coulis de tomates, Rognon de veau à la bière de Rodenbach.

XXX **La Rade,** 1er étage, Van Dijckkaai 8, ☎ 2334963, « Intérieur ancien » – AE ⓓ E FY **g**
fermé sam.midi, dim., jours fériés et 21 juil.-20 août – **R** 900.

XXX **Cigogne d'Alsace,** Wiegstraat 9, ☎ 2339716 – AE ⓓ E. 🐕 GZ **u**
fermé dim. et jours fériés – **R** carte 1100 à 1830.

XXX **Le Relais,** Kelderstraat 1, ☎ 2311083, « Rustique » – ▤. AE ⓓ. 🐕 GZ **r**
fermé sam. midi, dim., jours fériés et août – **R** carte 1075 à 1525.

XX **'t Fornuis,** Reyndersstraat 24, ☎ 2336270, « Rustique » – AE. 🐕 FZ **c**
fermé sam., dim., 3 dern. sem. août et Noël-Nouvel An – **R** carte 1400 à 1800.

XX **De Zeven Schaken,** Braderijstraat 24, ☎ 2337003 – AE ⓓ E FY **f**
fermé sam.midi, dim. et 13 août-2 sept. – **R** 680/1300.

XX **Manoir,** Everdijstraat 13, ☎ 2327697 – AE ⓓ E FZ **a**
fermé merc. soir et juil. – **R** carte 1190 à 1800.

XX **Koperen Ketel,** Wiegstraat 5, ☎ 2311014 – AE ⓓ GZ **u**
fermé sam. midi, dim., jours fériés et juil. – **R** 900/1650.

XX **Meirbrug,** 1er étage, Wiegstraat 1, ☎ 2336700 – AE ⓓ E GZ **u**
fermé juil. – **R** carte 1040 à 1450.

XX **De Twee Atheners,** Keizerstraat 2, ☎ 2320851, Cuisine grecque – ▤. ⓓ GY **k**
fermé merc. non fériés et juil. – **R** carte 640 à 1110.

XX **V.I.P. Diners,** Lange Nieuwstraat 95, ☎ 2331317 – AE ⓓ E GY **v**
fermé sam. midi, dim., jours fériés, Pâques et du 16 au 29 juil. – **R** 900/1050.

X **Peerdestal,** Wijngaardstraat 8, ☎ 2319503, Ouvert jusqu'à 24 h – AE ⓓ E FY **d**
fermé dim. – **R** carte 570 à 1430.

X **Rooden-Hoed,** Oude Koornmarkt 25, ☎ 2332844 – ▤. AE. 🐕 FY **t**
fermé merc. et 14 juin-13 juil. – **R** carte 840 à 1170.

X **A l'Ombre de la Cathédrale,** Handschoenmarkt 17, ☎ 2324014 – AE ⓓ E FY **e**
fermé mardi et du 3 au 17 mai – **R** carte 600 à 1040.

X **Henri,** Graanmarkt 3, ☎ 2329258 – ▤. AE ⓓ E. 🐕 GZ **b**
fermé sam. midi, dim. et sept. – **R** carte 590 à 1220.

X **Bistro 15,** Schrijnwerkerstraat 15, ☎ 2337826 – AE ⓓ. 🐕 GZ **s**
fermé dim. et 13 août-2 sept. – **R** (déjeuner seult du lundi au jeudi, dîner seult vend. et sam.) carte 995 à 1250.

X **'t Boerenbrood,** Torfbrug 3, ☎ 2326798 FY **a**
fermé lundi, jeudi et juil.-14 août – **R** carte env. 750.

X **Metropole,** Handschoenmarkt 7, ☎ 2329248 – AE ⓓ E FY **e**
◆ *fermé 20 déc.-14 janv.* – **R** 300/950.

Rive Gauche (Linker Oever) *plan p. 3 :*

XX **Lido,** Hanegraefstraat 8, ✉ 2050, ☎ 2193590, Cuisine chinoise – ▤. AE ⓓ E BR **n**
fermé mardi et merc. – **R** carte 500 à 1000.

Périphérie *plan p. 2 et 3 :*

au Nord – ✉ 2030 :

🏨 **Novotel** Ⓜ, Luithagen-Haven 6, ☎ 5420320, Télex 32488, ⛱ chauffée, 🎾 – 🛗 ▤ rest 📺 ⛟wc ☎ ♿ Ⓟ – 🏢. AE ⓓ E BQ c
R carte 460 à 1020 – ☕ 220 – **119 ch** 1650/2090.

XXX **Terminal,** Leopolddok 214, ☎ 5412680, ≤ port – Ⓟ BQ f
fermé sam., dim. et août – **R** (déjeuner seult) carte 960 à 1420.

au Sud – ✉ 2020 :

🏨 **Crest H. et Rest. Landjuweel** Ⓜ, G. Legrellelaan 10, ☎ 2372900, Télex 33843 – 🛗 ▤ 📺 ☎ ♿ Ⓟ – 🏢. AE ⓓ BS g
R carte 1200 à 1750 – **306 ch** ☕ 2350/2750.

XXX **Kasteel Middelheim,** Middelheimlaan 63, ☎ 8272037, ≤, 🏞 – Ⓟ. 🐕 BS b
fermé dim. soir, lundi et mi-déc.-mi-janv. – **R** carte 1180 à 1730.

à Berchem – 45 128 h. – ✉ 2600 Berchem – ☎ 03 :

XX Ten Weyngaert, Rooiplein 6, ☎ 2304733, « Ancienne ferme restaurée » BS s

X **Euterpia,** Generaal Capiaumontstraat 2, ☎ 2368356, 🏞 BR y
fermé lundi, mardi et 1re quinz. nov. – **R** (dîner seult) carte 870 à 1350.

à Borgerhout – 43 556 h. – ✉ 2200 Borgerhout – ☎ 03 :

🏨 Holiday Inn Ⓜ, Luitenant Lippenslaan 66, ☎ 2359191, Télex 34479, ⛱ – 🛗 ▤ 📺 ☎ ♿ Ⓟ – 🏢 – 179 ch. BR e

à Deurne – 76 744 h. – ✉ 2100 Deurne – ☎ 03 :

XXX **Den Uyl,** Bosuil 1, ☎ 3243404, « Fermette aménagée » – Ⓟ. AE ⓓ E BR a
fermé sam. midi, dim. et juil. – **R** carte 1040 à 1490.

XX **Périgord,** Turnhoutsebaan 273, ☎ 3255200 – AE ⓓ E. 🐕 BR s
fermé mardi soir, merc., sam. midi et juil. – **R** 995/1375.

à Mortsel – 26 551 h. – ✉ 2510 Mortsel – ☎ 03 :

🏨 **Bristol International** sans rest, Edegemstraat 1, ☎ 4498049 – 🛗 ⛟wc ☎. AE ⓓ E BS r
fermé 22 déc.-6 janv. – **22 ch** ☕ 790/1190.

à Wilrijk – 42 349 h. – ✉ 2610 Wilrijk – ☎ 03 :

XXX **Kasteel Steytelinck,** St. Bavostraat 20, ☎ 8287875, « Château en lisière d'un parc » – AE ⓓ E. 🐕 BS c
fermé sam.midi, lundi et 5 juil.-4 août – **R** carte 985 à 1640.

Environs

à Aartselaar : par ⑩ : 10 km – 12 512 h. – ✉ 2630 Aartselaar – ☎ 03 :

XXX **Lindenbos,** Boomsesteenweg 139, ☎ 8880965, « Château dans un parc avec pièce d'eau » – Ⓟ. AE ⓓ. 🐕
fermé lundi et août – **R** carte 1300 à 1880.

à Brasschaat : par ④ : 11 km – 32 583 h. – ✉ 2130 Brasschaat – ☎ 03 :

🏨 **Kasteel van Brasschaat** 🐴, Miksebaan 40, ☎ 6518537, ≤, « Château dans un vaste parc » – 🛗 ⛟wc Ⓟ. AE ⓓ
fermé janv. – **R** carte env. 1200 – **12 ch** ☕ 770/1540 – P 1250/1500.

XXX **Halewijn,** Donksesteenweg 212 (Ekeren-Donk), ☎ 6450490 – ▤. AE ⓓ E BQ s
fermé lundi – **R** carte 1180 à 1530.

à Ekeren : par ② : 11 km – 30 271 h. – ✉ 2070 Ekeren – ☎ 03 :

XX **Hof de Bist,** Veltwijcklaan 258, ☎ 6646130 – Ⓟ. AE E BQ p
fermé dim. – **R** carte 1000 à 1350.

à Kapellen : par ② : 15,5 km – 14 484 h. – ✉ 2080 Kapellen – ☎ 03 :

XXX ✿ **De Bellefleur** (Buytaert), Antwerpsesteenweg 253, ☎ 6646719 – Ⓟ. AE
fermé sam., dim. et juil. – **R** (nombre de couverts limité - prévenir) carte 1390 à 1800
Spéc. Langoustines à la citronelle, Chevreuil aux cèpes (oct.-mars), Pâtisserie.

XX **De Graal,** Kapellenboslei 11 (au N : 5 km par N 222 direction Kalmthout), ☎ 6665510, « Terrasse et jardin » – AE ⓓ E
fermé mardi – **R** carte 1120 à 1430.

XX **De Pauw,** Antwerpsesteenweg 48, ☎ 6642282 – AE ⓓ E
◆ *fermé mardi soir et merc.* – **R** 350/1000.

X **Cappelleke,** Dorpstraat 70, ☎ 6646728 – AE
fermé mardi et merc. – **R** 800.

à Kontich : par ⑨ : 12 km – 17 876 h. – ✉ 2550 Kontich – ☎ 03 :

XXX **Alexander's,** Mechelsesteenweg 318, ☎ 4572631 – Ⓟ. AE ⓓ E. 🐕
fermé dim. soir et lundi – **R** 1095.

XX **Boudewijn,** Prins Boudewijnlaan 24, ☎ 4575187, Taverne restaurant – Ⓟ. ⓓ E
fermé lundi et juil. – **R** 550/1600.

à Schelle : par ⑩ : 10 km – 7 174 h. – ✉ 2621 Schelle – ☎ 03 :

XXX **Tolhuis-Veer,** Tolhuisstraat 325 - O : 2 km près du Rupel, ☎ 8876578, « Près de la riv. Rupel, Cadre rustique » – Ⓟ. AE ⓓ E
fermé sam.midi et lundi – **R** carte env. 1600.

à Schoten : 10 km - BQ – 31 032 h. – ✉ 2120 Schoten – ☎ 03 :

XXX **Kleine Barreel,** Bredabaan 1147, ☎ 6458584 – Ⓟ. ⓓ BQ **n**
R carte 880 à 1470.

XXX **Uilenspiegel,** Brechtsebaan 277, ☎ 6516145, « Terrasse et jardin » – Ⓟ. AE ⓓ E
fermé sam. midi et lundi – **R** carte 990 à 1400. par N 215 BQ

XX **Witte Raaf,** Horstebaan 97, ☎ 6588664, – Ⓟ. AE ⓓ E BQ **u**
fermé merc.soir, sam.midi, dim. et 22 août-12 sept. – **R** carte 1020 à 1700.

XX Ten Weyngaert, Winkelstapstraat 151, ☎ 6455516, « Ferme du 17e s. aménagée » – ▤ Ⓟ BQ **k**

XX **Calamares,** Brechtsebaan 264, ☎ 6518597 – ▤ Ⓟ. AE par N 215 BQ
fermé merc. – **R** carte 840 à 1630.

XX **Peerdsbos,** Bredabaan 1293, ☎ 6457469 – Ⓟ. ⓓ. ✂ BQ **r**
fermé 26 janv.-5 fév., du 6 au 18 sept. et lundis, mardis non fériés – **R** carte env. 1000.

Voir aussi : *Schilde* par ⑤ : 15 km.

MICHELIN, Agence régionale, Zaatlaan 41 à Hoboken-Antwerpen AS – ✉ 2710 Hoboken, ☎ (03)8284111

BRITISH LEYLAND Mozartstraat 16 ☎ 2377897
BRITISH LEYLAND Noorderlaan 133 ☎ 5425050
CITROEN Generaal Lemanstraat 47 ☎ 2379990
CITROEN Noorderlaan 85 ☎ 5412140
FIAT Plantin en Moretuslei 113 ☎ 2313764
FIAT Generaal Lemanstraat 51 ☎ 2162909
FORD Boomsesteenweg 441 ☎ 8277910
GM (OPEL) Noorderlaan 32 ☎ 2311880
HONDA Slachthuislaan 74 ☎ 2350111
LADA Nationalestraat 38 ☎ 2329470
LADA Marialei 11 ☎ 2305850
MAZDA Lange Leemstraat 206 ☎ 2393112
NISSAN Tunnelplaats 3/7 ☎ 2339928
NISSAN Katwilgweg 9 ☎ 2192498
NISSAN Lange Elzenstraat 63 ☎ 2387300
NISSAN Handelstraat 107 ☎ 2361803
PEUGEOT, TALBOT Karel Oomsstraat 47 b ☎ 2385810
PEUGEOT, TALBOT Noorderlaan 111 ☎ 5422000
RENAULT Oude Vaartplaats 18 ☎ 2327985
TALBOT Haantjeslei 67 ☎ 2385313
VAG Kempisch Dok-Westkaai 101 ☎ 2315930

Agglomération et environs

BMW Bredabaan 1165 à Schoten ☎ 6467000
BMW, BRITISH LEYLAND Herentalsebaan 146 à Deurne ☎ 3223830
BMW Boomsesteenweg 427 à Wilrijk ☎ 8273866
BRITISH LEYLAND Bredabaan 274 à Brasschaat ☎ 6518137
BRITISH LEYLAND Kapelsesteenweg 905 à Ekeren ☎ 6644077
FIAT Boomsesteenweg 72 à Aartselaar ☎ 8880189
FIAT A. Jeurissenstraat 19 à Ekeren ☎ 5411412
FIAT De Bruynlaan 127 à Wilrijk ☎ 8279393
FORD Bisschoppenhoflaan 515 à Deurne ☎ 3247830
FORD Antwerpsesteenweg 118 à Kontich ☎ 4573535
FORD Kapelsesteenweg 76 à Brasschaat ☎ 6453890
GM (OPEL) Augustijnslei 25 à Brasschaat ☎ 6517751
GM (OPEL) Antwerpsestraat 223 à Mortsel ☎ 4493845
LADA Hoge Weg 117 à Hoevenen ☎ 6642077
LADA Palinckstraat 124 à Deurne ☎ 3247681
MAZDA Bredabaan 733 à Merksem ☎ 6458281
MAZDA Liersesteenweg 266 à Mortsel ☎ 4554544
MAZDA Churchilllaan 261 à Schoten ☎ 6584519
MERCEDES-BENZ Dascottelei 143 à Deurne ☎ 3215283
MERCEDES-BENZ Industriepark-Terbekehofdreef 10 à Wilrijk ☎ 8878030
MERCEDES-BENZ Plantin en Moretuslei 321 à Borgerhout ☎ 2361900
MERCEDES-BENZ Bredabaan 1205 à Schoten ☎ 6458207
MITSUBISHI Grote Steenweg 571 à Berchem ☎ 4497180
MITSUBISHI Lakborslei 81 à Deurne ☎ 3244516
NISSAN Turnhoutsebaan 19 à Deurne ☎ 3241436
PEUGEOT, TALBOT Steenstraat 26 à Ekeren ☎ 5410469
RENAULT Bredabaan 1285 à Schoten ☎ 6455971
RENAULT Groeningerplein 1 à Borgerhout ☎ 2354381
RENAULT Eethuisstraat 103 à Schoten ☎ 6458634
RENAULT Boekenberglei 1 à Deurne ☎ 3217810
RENAULT Antwerpsestraat 144 à Mortsel ☎ 4492840
TOYOTA Bredabaan 142 à Brasschaat ☎ 6518962
TOYOTA Driehoekstraat 28 à Ekeren ☎ 5410115
TOYOTA Groene Wandeling 6 à Kontich ☎ 4571693
TOYOTA Secret. Meyerlei 81 à Merksem ☎ 6458375
VAG Groeningelei 23 à Kontich ☎ 4570530
VAG Kapelsesteenweg 685 à Kapellen ☎ 6641688
VAG Carettestraat 17 à Merksem ☎ 6454815
VAG Bredabaan 1209 à Schoten ☎ 6453895
VAG O.L.Vrouwstraat 8 à Berchem ☎ 2393875
VOLVO Uitbreidingstraat 94 à Berchem ☎ 2309999
VOLVO Schijnpoortweg 137 à Merksem ☎ 3249800

ARBRE **5631** Namur Ⓒ Profondeville 214 ⑤ et 409 ⑭ – 8 770 h. – ☎ 081.
♦Bruxelles 80 – ♦Namur 17 – ♦Dinant 19.

XXX **Host. de Marteau-Longe** avec ch, rte de Floreffe 9, ✉ 5170 Profondeville, ☎ 412748, « Ferme du 17e s. » – ⇌wc ☎ Ⓟ – 🏛. AE ⓓ
fermé 2 janv.-19 fév. – **R** *(fermé lundi soir et mardi)* 950/1800 – ☕ 145 – **10 ch** *(fermé lundi et mardi)* 870/1480 – P 1900/2250.

ARCHENNES Brabant 213 ⑲ et 409 ⑭ – voir à Grez-Doiceau.

ARDOOIE 8850 West-Vlaanderen 213 ③ et 409 ② – 9 360 h. – ☎ 051.
•Bruxelles 97 – •Brugge 30 – •Gent 45 – Roeselare 7.

XX **Prinsenhof,** Prinsendreef 6, ☎ 745031 – **P**. ✻
fermé dim.soir, lundi soir, 9 juil.-1er août et après 20 h 30 – **R** carte 900 à 1340.

Ne faites pas de bruit à l'hôtel, vos voisins vous en sauront gré.

ARLON 6700 **P** Luxembourg belge 214 ⑱ et 409 ㉖ – 22 364 h. – ☎ 063.
Voir Musée luxembourgeois★ : section lapidaire gallo-romaine★★ AY **M.**
ℹ Place Léopold ☎ 216360.
•Bruxelles 187 ① – •Luxembourg 28 ④ – •Namur 126 ①.

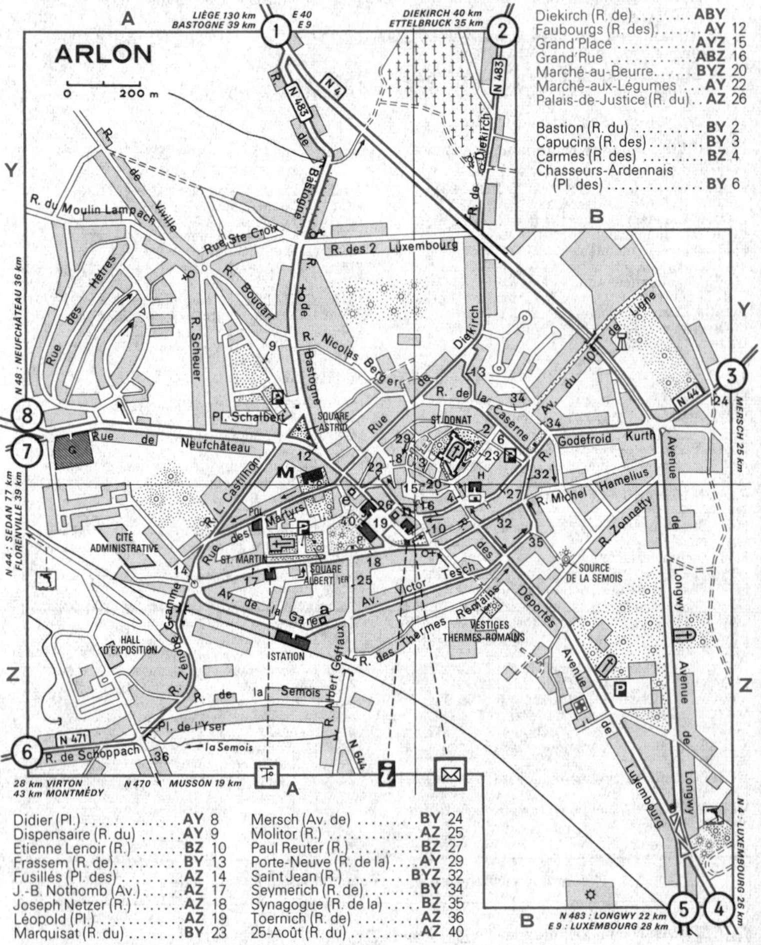

Diekirch (R. de) .... ABY
Faubourgs (R. des) .... AY 12
Grand'Place .... AYZ 15
Grand'Rue .... ABZ 16
Marché-au-Beurre ...... BYZ 20
Marché-aux-Légumes ... AY 22
Palais-de-Justice (R. du) .. AZ 26

Bastion (R. du) .... BY 2
Capucins (R. des) .... BY 3
Carmes (R. des) .... BZ 4
Chasseurs-Ardennais (Pl. des) .... BY 6

Didier (Pl.) .... AY 8
Dispensaire (R. du) ...... AY 9
Etienne Lenoir (R.) .... BZ 10
Frassem (R. de) .... BY 13
Fusillés (Pl. des) .... AZ 14
J.-B. Nothomb (Av.) ...... AZ 17
Joseph Netzer (R.) .... AZ 18
Léopold (Pl.) .... AZ 19
Marquisat (R. du) .... BY 23

Mersch (Av. de) .... BY 24
Molitor (R.) .... AZ 25
Paul Reuter (R.) .... BZ 27
Porte-Neuve (R. de la) .... AY 29
Saint Jean (R.) .... BYZ 32
Seymerich (R. de) .... BY 34
Synagogue (R. de la) ..... BZ 35
Toernich (R. de) .... AZ 36
25-Août (R. du) .... AZ 40

Écu de Bourgogne sans rest, pl. Léopold 9, ☎ 220222 – wc ✻ — AZ **n**
fermé 20 déc.- 4 janv. – **19 ch** 595/1255.

Nord sans rest, r. Faubourgs 2, ☎ 220283 – **P**. — AZ **e**
fermé 15 déc.-2 janv. et sam., dim. de déc. à avril – **24 ch** 655/1260.

X **L'Europe,** av. Gare 25, ☎ 212590 – AE — AZ **a**
fermé sam. soir, dim. et du 10 au 31 août – **R** carte env. 800.

ALFA-ROMEO rte de Longwy 44b ℱ 212542
BMW rte de Bastogne 328 à Bonnert ℱ 220268
CITROEN rte de Bastogne 178 ℱ 211692
FORD av. Longwy 163 ℱ 220389
GM (OPEL) av. Luxembourg ℱ 212345
HONDA Zone Industrielle ℱ 218189
LADA, MAZDA rte de Bastogne 235 à Bonnert ℱ 212011
MERCEDES-BENZ Zone Industrielle ℱ 220590
NISSAN rte de Bastogne 254 ℱ 218290
PEUGEOT, TALBOT Zone Industrielle ℱ 220593
RENAULT rte Luxembourg 94 ℱ 220292
TOYOTA rte de Bastogne 224 à Bonnert ℱ 211723
VAG r. Thermes-Romains 73 ℱ 211101

AS **3668 Limburg 213 ⑩ et 409 ⑥ – 6 265 h. – ☎ 011.**
♦Bruxelles 98 – ♦Hasselt 22 – ♦Antwerpen 93 – ♦Maastricht 29.

Mardaga (Tenten) **, Stationstraat 89, ℱ 657034, « Jardin ombragé en lisière de forêt »** – TV P – . AE E. rest
fermé merc., 2 sem. en août et fin déc.-début janv. – **R** 750/1650 – **18 ch** 1200/1800 – P 2000/2400
Spéc. Ecrevisses farcies Nantua (sauf mai-juin), Foie de canard poêlé aux concombres confits, Poitrine de pigeonneaux Prince Rainier.

XX **Overeinde** avec ch, **Overeindestraat 8 (Leyssenberg), ℱ 657305, « Cadre de verdure »** – wc P – .
fermé dim. soir et lundi d'oct. à avril – **R** 450/1100 – **6 ch** 620/730 – P 850/1500.

ASSE **1700 Brabant 213 ⑥ et 409 ④ – 26 542 h. – ☎ 02.**
♦Bruxelles 14 – Aalst 12 – Dendermonde 17.

XX **Hof ten Eenhoorn,** Keierberg 80 (direction Enghien puis route à droite), **ℱ 4529515, « Ancienne ferme-brasserie dans un site pittoresque »** – **P**.
fermé dim. soir, lundi, mardi et 3 sem. en juil. – **R** carte env. 1200.

BMW Steenweg op Gent 80 ℱ 4527140
MITSUBISHI Steenweg op Brussel 19 ℱ 4526659
NISSAN, BRITISH LEYLAND Nerviërstraat 61 ℱ 4526944
PEUGEOT, TALBOT Louwijnstraat 143 ℱ 5823105
TOYOTA Mollestraat 4 ℱ 4526404

ASSENEDE **9960 Oost-Vlaanderen 213 ④ et 409 ③ – 13 424 h. – ☎ 091.**
♦Bruxelles 88 – ♦Brugge 41 – ♦Gent 28 – Sint-Niklaas 38.

X **Den Hoed, Kloosterstraat 3, ℱ 445703, Moules en saison.**

FIAT Kloosterstraat 42 ℱ 440595
RENAULT Burgstraat 19 ℱ 446276
TOYOTA Zelzatestraat 13b ℱ 447516
VAG Meulekensstraat 28 ℱ 445033

ASSESSE **5330 Namur 214 ⑤ et 409 ⑭ – 5 243 h. – ☎ 083.**
♦Bruxelles 77 – ♦Namur 16 – Marche-en-Famenne 31.

XXX **Truite d'Argent** avec ch, **chaussée de Marche 89, ℱ 655444,** – wc wc **P**. AE E. rest
fermé 15 janv.-14 fév. et mardi soir, merc. sauf en juil.-août – **R** carte 760 à 1080 – 7 ch 950/1150.

ASTENE **Oost-Vlaanderen 213 ④ – voir à Deinze.**

ASTENET **Liège C Lontzen 213 ㉔ et 409 ⑯ – 4 083 h. – ✉ 4711 Astenet – ☎ 087.**
♦Bruxelles 132 – ♦Liège 43 – Aachen 10.

XX **Château Thor** avec ch, **Nierstrasse 5, ℱ 659037, « Ferme-château du 18e s. »** – wc **P**. AE.
fermé lundi et 15 déc.-janv. – **R** *(fermé après 20 h 30)* 1000/1500 – 4 ch 800/1800 – P 1100/1300.

ATH **7800 Hainaut 213 ⑯ et 409 ⑫ – 24 103 h. – ☎ 068.**
♦Bruxelles 57 – ♦Mons 21 – ♦Tournai 29.

XX **L'Hennepin,** r. Brantignies 23 a, **ℱ 221171** – **E**
fermé dim. soir, lundi et du 8 au 30 sept. – **R** carte 1100 à 1780.

X **Le Saint-Pierre,** Marché aux Toiles 18, **ℱ 225174**
fermé lundi soir, mardi et du 14 au 30 sept. – **R** carte 720 à 1130.

à Ghislenghien **C Ath NE : 8 km – 24 103 h. – ✉ 7822 Ghislenghien – ☎ 068 :**

XX **Relais de la Diligence,** chaussée de Bruxelles 401 sur N 8, **ℱ 551241** – **P**. **E**
fermé merc. soir, jeudi, dim. soir et 27 août-13 sept. – **R** 550/1200.

CITROEN r. Brantignies 38 ℱ 222297
FIAT chaussée de Valenciennes 44 ℱ 221075
FORD Zoning des Primevères ℱ 223728
GM (OPEL) chaussée de Tournai 178 ℱ 221971
HONDA chaussée de Mons 83 ℱ 225352
MAZDA Grand'Place 30 ℱ 222932
MERCEDES-BENZ chaussée de Tournai 82 ℱ 223286
MITSUBISHI chaussée de Bruxelles 45 ℱ 224283
NISSAN Gd'Rue des Bouchers 10 ℱ 222729
RENAULT chaussée de Tournai 159 ℱ 223877
VAG chaussée de Tournai 103 ℱ 221490

AUDENARDE **Oost-Vlaanderen – voir Oudenaarde.**

AUDERGHEM (Oudergem) Brabant 213 ⑱⑲ et 409 ⑬ – voir à Bruxelles, agglomération.

AUVELAIS 5700 Namur C Basse-Sambre 214 ④ et 409 ⑭ – 27 682 h. – 071.
♦Bruxelles 72 – ♦Namur 23 – ♦Charleroi 22.

XX **Yang-Ming,** r. Falisolle 55, ☎ 772099, Cuisine chinoise
fermé merc., jeudi, avril et juil.-août – **R** *(dîner seult sauf dim.)* 385/495.

BRITISH LEYLAND rte de Falisolle 84 ☎ 775574
MERCEDES-BENZ r. Dr. Romedenne 12 ☎ 771205
NISSAN rte de Falisolle 73 ☎ 776825
RENAULT rte d'Eghezée 46 ☎ 771405
VAG r. Saint-Sang 18 ☎ 773226

AVE ET AUFFE 5435 Namur C Rochefort 214 ⑥ et 409 ⑭ – 10 819 h. – 084.
♦Bruxelles 114 – ♦Namur 55 – ♦Dinant 29 – Rochefort 10.

Host. Ry d'Ave, Sourd'Ave 2, ☎ 388220, ←, « Cadre champêtre », – TV wc wc P. AE O E
fermé 9 janv.-16 fév. et mardi soir, merc. du 15 sept. au 15 juin – **R** 750/1300 – 140 – 15 ch 1050/1375 – P 1600/1900.

AVELGEM 8580 West-Vlaanderen 213 ⑮ et 409 ⑪ – 8 476 h. – 056.
♦Bruxelles 72 – ♦Kortrijk 13 – ♦Tournai 23.

X **Karekietenhof,** Scheldelaan 20, ☎ 644411, ← – P
fermé mardi soir, merc. et du 16 au 31 août – **R** carte 580 à 850.

BRITISH LEYLAND Stijn Streuvelslaan 41 ☎ 644179
MAZDA Leynseelstraat 66 ☎ 644650
MITSUBISHI Oudenaardesteenweg 84 ☎ 644551
NISSAN Driesstraat 54 ☎ 644026

AWANS Liège 213 ㉒ et 409 ⑮ – voir à Liège.

AYWAILLE 4070 Liège 213 ㉓, 214 ⑦ et 409 ⑮ – 8 155 h. – 041.
r. N.-Lambercy 1 ☎ 844133 – ♦Bruxelles 123 – ♦Liège 29 – Spa 16.

XXX **Villa des Roses** avec ch, av. Libération 4, ☎ 844236 – wc P. AE O E
fermé fév., 27 août-20 sept., lundi soir du 26 sept. au 22 avril et mardi – **R** carte 930 à 1430 – 150 – 10 ch 670/1040.

CITROEN r. Chalet 79 ☎ 844042
MITSUBISHI r. Chalet 58 ☎ 844616

BAARLE-HERTOG Antwerpen 212 ⑯ et 409 ⑤ – voir Baarle-Nassau, Hollande.

BAASRODE 9350 Oost-Vlaanderen C Dendermonde 213 ⑥ et 409 ④ – 42 295 h. – 052.
Env. Dendermonde : œuvres d'art* dans l'église Notre-Dame** (O.L. Vrouwekerk) E : 7,5 km.
♦Bruxelles 33 – ♦Antwerpen 40 – ♦Gent 39.

XX **Gasthof ten Briel,** Brielstraat 63, ☎ 334451, ← – O
fermé lundi et juil. – **R** carte env. 1300.

CITROEN Baasrodestraat 113 ☎ 212562

BAISY-THY 1475 Brabant C Genappe 213 ⑲ et 409 ⑬ – 11 711 h. – 067.
♦Bruxelles 32 – ♦Charleroi 21 – ♦Mons 53 – ♦Namur 35.

XXX **Host. Falise** avec ch, r. Falise 5, ☎ 773511, « Intérieur aménagé avec recherche », – wc P. AE O
fermé du 16 au 27 juil. et du 9 au 27 janv. – **R** *(fermé dim. soir et lundis non fériés)* 975/1695 – 190 – **7 ch** 1250/1550 – P 2250.

MAZDA r. Chant des Oiseaux 15 ☎ 771407
TOYOTA r. Longchamps 10 ☎ 772303
VAG chaussée de Charleroi 5 ☎ 772871

BALEGEM 9510 Oost-Vlaanderen C Oosterzele 213 ④⑤ et 409 ③ – 11 862 h. – 091.
♦Bruxelles 49 – Aalst 27 – ♦Gent 23 – Oudenaarde 20.

à l'Est **sur N 56 :**

XXX **'t Parksken** avec ch en annexe, **Geraardsbergsesteenweg 233,** ☎ 625220, ←, « Jardin » – TV wc wc P. AE O E.
fermé du 9 au 30 juil., du 1er au 12 janv., dim. soir et lundi – **R** 975/1400 – 200 – 6 ch 1350/2500.

MERCEDES-BENZ Vrijhem 26 ☎ 626283

BALEN-NEET 2490 Antwerpen 212 ⑰ et 409 ⑤ – 18 187 h. – 014.
♦Bruxelles 82 – ♦Antwerpen 58 – ♦Hasselt 38 – ♦Turnhout 27.

XXX ✿ **De Engel** (De Boeck), Steegstraat 8, ☎ 311396, « Rustique flamand » – AE O E
fermé dim., lundi, 28 août-1er sept. et fév. – **R** carte 1160 à 1640
Spéc. Filets de sole farcis au pistou, Huîtres Alice (sept.-avril), Râble de lapin à la crème de basilic.

MAZDA Kerkstraat 42 ☎ 311736
MERCEDES-BENZ Molsebaan 65 ☎ 316888
RENAULT Gerheide 91 ☎ 313776

BALMORAL Liège 213 ㉓ et 409 ⑯ – voir à Spa.

BARAQUE DE FRAITURE Luxembourg belge Ⓒ Vielsalm 214 ⑧ et 409 ⑯ – 6 747 h. – ✉ 6690 Vielsalm – ☎ 080.

♦Bruxelles 154 – ♦Arlon 71 – ♦Bastogne 32 – ♦Liège 60.

Fougères, Baraque de Fraiture 39, ☎ 418707, ≤, – wc wc ☎ P. AE E
fermé 1 sem. en sept. et 30 nov.-26 déc. – **R** carte 500 à 1095 – **15 ch** 595/1100 – P 1070/1220.

Aub. du Carrefour, Carrefour 38, ☎ 418747, ≤, – wc P. rest
fermé merc. et du 1er au 25 mars – **R** 450/800 – 130 – 11 ch 810/1220 – P 910/1210.

BARVAUX 5470 Luxembourg belge Ⓒ Durbuy 214 ⑦ et 409 ⑮ – 7 869 h. – ☎ 086.

♦Bruxelles 121 – ♦Arlon 99 – ♦Liège 47 – Marche-en-Famenne 19.

Le Cor de Chasse, rte de Tohogne 29, ☎ 211498, – P
fermé lundi d'oct. à juin – **R** 375/1250 – **16 ch** 630/1640 – P 1090/1480.

XXX ✿ **Poivrière** (Darquenne), Grand'rue 28, ☎ 211560 – AE ⓓ E.
fermé dim. soir, lundis non fériés, fév. et 2e quinz. sept. – **R** carte 1120 à 1430
Spéc. Selle de chevreuil au citron vert (oct.-déc.), Foie gras frais truffé, Assiette des trois poissons.

XX **Le Grillon** avec ch, Grand'rue 73, ☎ 211537 – ☎ P
R 500/1350 – 11 ch 670/1340 – P 1320.

X **Le Vieux Puits,** r. Petit Barvaux 10, ☎ 211710 – P. AE E
fermé merc. et 23 août-3 sept. – **R** (de nov. à avril déjeuner seult sauf week-ends) 480/1200.

FORD rte de Marche 47 ☎ 211534
MERCEDES-BENZ rte de Marche 104 ☎ 212079
MITSUBISHI rte de Marche 100 ☎ 211946

BASTOGNE 6650 Luxembourg belge 214 ⑱ et 409 ㉕㉖ – 11 469 h. – ☎ 062.

Voir Intérieur* de l'église St-Pierre* – Bastogne Historical Center* – Le Mardasson* E : 3,5 km.

♦Bruxelles 149 – ♦Arlon 39 – ♦Liège 88 – ♦Namur 88.

Lebrun, r. Marche 8, ☎ 211193 – wc – . AE E
fermé déc.-26 fév. et jeudi sauf en juil.-août – **R** 550/1250 – 25 ch 620/1650 – P 1720/2350.

XX **Au Luxembourg,** pl. Mac-Auliffe 25, ☎ 211226 – AE ⓓ.
fermé du 14 au 20 juin, du 20 au 30 sept., merc. soir et dim. – **R** carte env. 1100.

ALFA-ROMEO chaussée d'Arlon 33a ☎ 211081
CITROEN chaussée de Houffalize 46 ☎ 212448
FIAT r. Marche 137 ☎ 213184
FORD chaussée d'Arlon 29 ☎ 213401
GM (OPEL) rte de Wiltz 80 ☎ 211198
MAZDA r. Marche 73 ☎ 211515
MITSUBISHI Nationale 15, rte de Houffalize 100 ☎ 213316
RENAULT rte de Wiltz 88 ☎ 213939
TOYOTA rte de Marche 153 ☎ 211205
VAG r. Neufchâteau 17 ☎ 211092

BATTICE 4651 Liège Ⓒ Herve 213 ㉓ et 409 ⑯ – 14 518 h. – ☎ 087.

♦Bruxelles 117 – ♦Liège 27 – Aachen 31 – Verviers 9.

XX **Quatre Bras,** pl. Marché 31, ☎ 664156 – AE ⓓ
fermé dim., lundi soir et juil. – **R** carte 800 à 1095.

FORD Outre-cour 11, rte de Liège ☎ 664910
MITSUBISHI r. Verviers 30 ☎ 664191
RENAULT r. Herve 95 ☎ 664539

BEAUMONT 6570 Hainaut 214 ③ et 409 ⑬ – 5 927 h. – ☎ 071.

♦Bruxelles 80 – ♦Mons 32 – ♦Charleroi 26 – Maubeuge 25.

X **Commerce,** Gd-Place 7, ☎ 588052
fermé merc. et 25 juin-13 juil. – **R** 380/750.

X **Suisse,** Gd-Place 3, ☎ 588070
fermé lundi soir et mardi – **R** (en hiver déjeuner seult sauf week-ends) 360/660.

à Grandrieu Ⓒ Sivry-Rance, SO : 7 km – 4 239 h. – ✉ 6575 Grandrieu – ☎ 060 :

XX **Grand Ryeu,** r. Goëtte 1, ☎ 455210, « Ancienne ferme » – P. AE ⓓ E
fermé mardi, merc., 15 janv.-14 fév. et après 20 h 30 – **R** 1250/1700.

à Solre-St-Géry S : 4 km – ✉ 6574 Solre-St-Géry – ☎ 071 :

XXX ✿ **Prieuré-St-Géry** (Huntziger) avec ch, r. Lambot 9 (Centre Village), ☎ 588571, « Intérieur rustique » – wc wc P. AE ⓓ E.
fermé merc., dim. soir et 15 janv.-14 fév. – **R** 1020/1750 – 5 ch 850/1175
Spéc. Cassolette d'écrevisses et grenouilles au dill, Lapereau à la Trappiste.

FIAT rte de Mons 18 à Solre-St-Géry ☎ 455173
FORD r. G.-Michiels 8 ☎ 588073

De Michelinkaarten worden steeds bijgewerkt.
Zij voorkomen onbekendheid met de weg.

BEAURAING 5570 Namur 214 ⑤ et 409 ⑭ – 7 699 h. – ☎ 082.
Voir Lieu de pèlerinage*.
♦Bruxelles 111 – ♦Namur 48 – ♦Dinant 20 – Givet 10.

Aubépine, r. Gendarmerie 5, ☎ 711159 – |$| ⇔wc ⋒
avril-déc. – **R** *(fermé lundi et mardi d'oct. à janv.)* 450/800 – ☐ 115 – **72 ch** 480/1025 – P 1075/1275.

HONDA Allée du Nondeux 11 a ☎ 711597

BEERSE 2340 Antwerpen 212 ⑯ et 409 ⑤ – 12 865 h. – ☎ 014.
♦Bruxelles 87 – ♦Antwerpen 41 – ♦Turnhout 6.

XX **Hof ter Eycken,** Bisschopslaan 3, ☎ 612609 – ℗. AE ⓪
fermé dim. et du 15 au 31 juil. – **R** carte 830 à 1410.

MITSUBISHI Beemdenstraat 5 ☎ 612610

BEERSEL Brabant 213 ⑱ et 409 ⑬ – voir à Bruxelles, environs.

BEERVELDE Oost-Vlaanderen 213 ⑤ et 409 ③ – voir à Gent.

BELLEGEM West-Vlaanderen 213 ⑮ et 409 ⑪ – voir à Kortrijk.

BELOEIL 7970 Hainaut 213 ⑯ et 409 ⑫ – 13 588 h. – ☎ 069.
Voir Château*** : collections***, parc***.
Env. Moulbaix : moulin de la Marquise*, N : 10 km.
♦Bruxelles 70 – ♦Mons 22 – ♦Tournai 28.

Hôtels et restaurants voir : Mons SE : 22 km

BELVAUX-SUR-LESSE 5436 Namur Ⓒ Tellin 214 ⑥ et 409 ㉕ – 1 975 h. – ☎ 084.
♦Bruxelles 118 – ♦Namur 59 – ♦Dinant 33 – Rochefort 10.

XX **L'Auberge des Pérées** avec ch, r. Pérées 175, ☎ 366277, – TV ⇔wc ☎ ℗. AE ⓪ E. ※ ch
fermé 15 janv.-15 mars, mardi d'oct. à juin et lundi soir – **R** 600/975 – ☐ 120 – 5 ch 935/1100 – ½ p 1655/1820.

BERCHEM Antwerpen 212 ⑮ et 409 ④ – voir à Antwerpen, périphérie.

BERCHEM-STE-AGATHE (SINT-AGATHA-BERCHEM) Brabant 213 ⑱ et 409 ⑬ – voir à Bruxelles, agglomération.

BERGEN Ⓟ Hainaut – voir Mons.

BERLARE 9290 Oost-Vlaanderen 213 ⑤ et 409 ③ – 12 471 h. – ☎ 052.
♦Bruxelles 38 – ♦Antwerpen 43 – ♦Gent 26 – Sint-Niklaas 24.

XXX ✿ **'t Laurierblad** (Van Cauteren), Dorp 4, ☎ 422848, « Intérieur rustique » – AE ⓪ E
fermé dim. soir, lundi et du 17 au 30 sept. – **R** carte 1040 à 1570
Spéc. Terrines de foie d'oie et de canard, Poularde braisée au vin jaune d'Arbois.

MITSUBISHI Gaver 15 ☎ 422299
VAG Brugstraat 33 ☎ 423042

BÉVERCÉ Liège 213 ㉔, 214 ⑧ et 409 ⑯ – voir à Malmédy.

BEVEREN 2750 Oost-Vlaanderen 213 ⑥ et 409 ④ – 40 892 h. – ☎ 03.
♦Bruxelles 56 – ♦Gent 49 – ♦Antwerpen 13 – Sint-Niklaas 10.

à l'Ouest sur N 14 :

XXX **Ter Waes,** Gentseweg 377, ✉ 2758 Haasdonk, ☎ 7757052 – ℗. ⓪. ※
fermé merc. et juil. – **R** carte 900 à 1100.

GM (OPEL) Oude Zandstraat 25 ☎ 7758149
MITSUBISHI Kogebeertstraat 65 ☎ 7754619
TOYOTA A. Panisstraat 71 ☎ 7759513
VOLVO Vesten 90 ☎ 7757727

BILZEN 3740 Limburg 213 ㉒ et 409 ⑥ – 25 809 h. – ☎ 011.
♦Bruxelles 97 – ♦Hasselt 17 – ♦Liège 29 – ♦Maastricht 15.

XXX **Bevershof,** Hasseltsestraat 72, ☎ 412301 – ▤ ℗. AE ⓪ E
fermé lundi, mardi et du 1er au 15 sept. – **R** carte 1020 à 1380.

XX **Ter Beuke,** O. L. Vrouwstraat 8, ☎ 414647 – AE ⓪ E
fermé merc. et du 1er au 18 août – **R** carte 860 à 1280.

ALFA-ROMEO Tongersestraat 80 ☎ 411248
FIAT Nieuwstraat 23 ☎ 411080
GM (OPEL) Tongersestraat 56 ☎ 411777
RENAULT Hasseltsestraat 6 ☎ 411729
VAG Maastrichterstraat 51 ☎ 411190

BINCHE 7130 Hainaut 214 ③ et 409 ⑬ – 33 574 h. – ☎ 064.

Voir Carnaval★★★ (Mardi gras) – Vieille ville★ Z – Musée International du Carnaval et du Masque★ Z M.

ℹ Hôtel de Ville, Grand'Place ☎ 333721.

♦Bruxelles 62 ① – ♦Mons 16 ⑤ – ♦Charleroi 20 ② – Maubeuge 24 ④.

BINCHE

Albert-1er (Av.) . . . . **YZ**
Gaieté (R. de la) . . . . **Z** 5
Notre-Dame (R.) . . . . **Z** 9
Robiano (R. de) . . . . **Z**

Boussart (R.) . . . . **Z** 2
Charleroi (R. de) . . . . **Z** 4
G. Dehavay (R.) . . . . **Z** 6
Grand Place . . . . **Z** 7
Ressaix (R. de) . . . . **Y** 12
Station (R. de la) . . . . **Z** 13

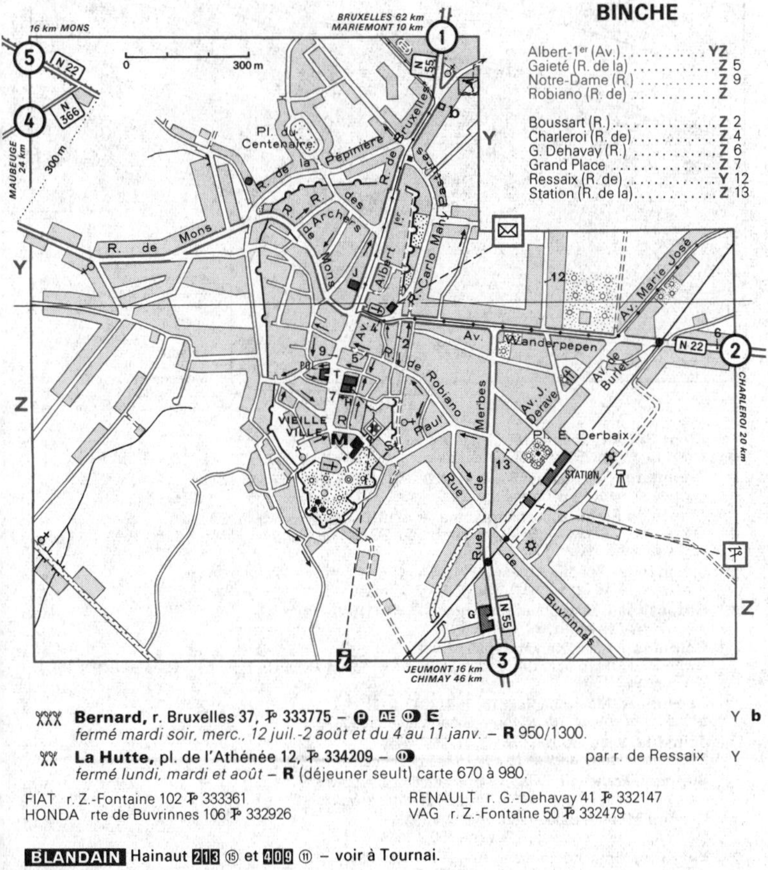

ᐧ✕✕✕ **Bernard,** r. Bruxelles 37, ☎ 333775 – P. AE ⓓ E — Y **b**
fermé mardi soir, merc., 12 juil.-2 août et du 4 au 11 janv. – **R** 950/1300.

✕✕ **La Hutte,** pl. de l'Athénée 12, ☎ 334209 – ⓓ — par r. de Ressaix Y
fermé lundi, mardi et août – **R** (déjeuner seult) carte 670 à 980.

FIAT r. Z.-Fontaine 102 ☎ 333361
HONDA rte de Buvrinnes 106 ☎ 332926
RENAULT r. G.-Dehavay 41 ☎ 332147
VAG r. Z.-Fontaine 50 ☎ 332479

BLANDAIN Hainaut 213 ⑮ et 409 ⑪ – voir à Tournai.

BLANDEN Brabant 213 ⑲ – voir à Leuven.

BLANKENBERGE 8370 West-Vlaanderen 213 ② et 409 ② – 14 878 h. – ☎ 050 – Station balnéaire★.

ℹ Koning Leopold III plein ☎ 412971.

♦Bruxelles 111 ② – ♦Brugge 14 ② – Knokke-Heist 12 ① – ♦Oostende 21 ③.

Plan page suivante

Azaert, Molenstraat 31, ☎ 411599, « Intérieur bien aménagé » – 🛗 ⛀wc ☎. ✗ — A **t**
14 avril-22 sept.; fermé du 2 au 25 mai – **R** *(fermé merc. soir)* 600/950 – ☕ 300 – **39 ch** 1400/2200.

Albatros Ⓜ sans rest, Consciencestraat 45, ☎ 416077 – 🛗 TV ⛀wc ⛆wc ☎. ✗ — A **h**
fermé 10 janv.-14 fév. – **18 ch** ☕ 1350/2200.

Petit-Rouge, Bakkersstraat 1 (Zeedijk), ☎ 411006, ← – 🛗 ▤ rest ⛀wc ☎. AE. ✗ rest
avril-sept. – **R** *(fermé après 20 h)* carte 730 à 1400 – **60 ch** ☕ 975/2450 – P 1270/1600. — A **c**

Marie-José, Marie-Josélaan 2, ☎ 411639 – 🛗 ⛀wc ⛆wc. ✗ rest — B **n**
Pâques-19 sept. – **R** *(fermé après 19 h)* 500 – **45 ch** ☕ 625/1450 – P 1025/1125.

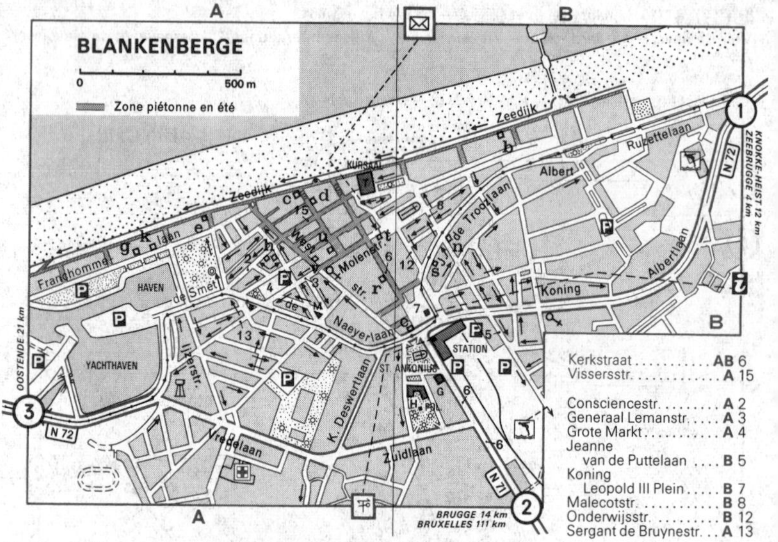

Riant Séjour, Zeedijk 188, ℙ 411014, ← – |♦| ⌂wc ⌂wc — B **b**
fermé du 1er au 25 oct. – **R** *(fermé merc.)* 480 – **20 ch** ☐ 950/1800 – P 1500/1600.

Commerce, Weststraat 64, ℙ 411430 – |♦| ⌂wc ⌂wc. AE ⓘ. ✻ rest — A **v**
Pâques-fin sept. – **R** *(fermé après 20 h)* 480 – **27 ch** ☐ 660/1550 – P 1075/1255.

Comte de Flandre, Kerkstraat 149, ℙ 411613 – |♦| ⌂wc ⌂wc. ⓘ E — B **c**
fermé 5 nov.-14 déc. – **R** *(fermé après 20 h 30 et mardi sauf en juil.-août)* 350/1500 – **21 ch** ☐ 1230/1660 – P 1200/1600.

Strand Hotel, Zeedijk 86, ℙ 411671, ← – |♦| ⌂wc ⌂wc. ✻ rest — A **e**
avril-9 oct. – **18 ch** ☐ 1250/2800 – P 1600/1850.

Rotessa sans rest, Consciencestraat 47, ℙ 411349 – |♦|. ✻ — A **h**
avril-19 sept. – **24 ch** ☐ 700/1450.

XX **Colonies** avec ch, Kerkstraat 95, ℙ 411275 – ⌂wc ⌂. AE ⓘ E. ✻ ch — A **r**
fermé 20 sept.-25 oct., lundi, mardi, jeudi de nov. à Pâques et merc. – **R** carte 845 à 1360 – **16 ch** ☐ 900/1500.

XX **St-Hubert,** Manitobaplein 15, ℙ 412242 – AE — A **u**
fermé lundi soir, mardi et oct. – **R** carte 680 à 1090.

XX **Joinville,** J. de Troozlaan 5, ℙ 412269 – ⓘ — B **s**
fermé merc. soir, jeudi et 15 nov.-10 déc. – **R** carte env. 1200.

XX **Slipway,** Franchommelaan 94, ℙ 412086, ← – AE ⓘ E — A **g**
fermé dim. soir d'oct. à mai et lundi – **R** carte env. 1250.

X **Grande Marée,** Bakkersstraat 6, ℙ 413850 — A **d**
fermé lundi et merc. soir – **R** carte 650 à 1020.

X **Yachting,** Franchommelaan 102, ℙ 412368 – AE — A **k**
avril-sept. et week-ends; fermé lundi soir, mardi et 15 oct.-14 nov. – **R** carte 600 à 1000.

à Zuienkerke par ② : 6 km – 2 362 h. – ✉ 8372 Zuienkerke – ☎ 050 :

XX **Hoeve Ten Doele,** Nieuwesteenweg 1, ℙ 413104, « Cadre champêtre » – ℗
fermé mardi, 24 sept.-4 oct. et 30 janv.-9 fév. – **R** carte 720 à 1100.

CITROEN Leopold-III plein 10 ℙ 412400 — NISSAN Bruggesteenweg 51 ℙ 413230

BLAREGNIES 7291 Hainaut Ⓒ Quévy 214 ①② et 409 ⑫ – 7 325 h. – ☎ 065.

♦Bruxelles 80 – ♦Mons 13 – Bavay 11.

XX ✿ **La Fringale** (Decamps), r. Sars 13, ℙ 568632, « Intérieur élégant » – ℗. AE ⓘ E
fermé mardi, merc., 2 sem. en fév. et 3 sem. en juil. – **R** 1100/1800
Spéc. Agneau rôti, Pot-au-feu de ris de veau, Mille-feuille aux fruits.

XX **La Marelle,** rte Mons-Bavay 36, ℙ 568846 – ℗
fermé lundi – **R** 450/750.

BLEGNY 4570 Liège 213 ㉓ et 409 ⑮ – 11 015 h. – ☎ 041.

♦Bruxelles 106 – Aachen 39 – ♦Liège 16 – ♦Maastricht 31 – Verviers 16.

X **Au Petit Vatel,** r.Institut 6, ℙ 874005
fermé lundis, mardis non fériés et 11 juil.-5 août – **R** carte 550 à 910.

BOCHOLT 3598 Limburg 213 ⑩ et 409 ⑥ – 10 180 h. – ☎ 011.
♦Bruxelles 106 – ♦Hasselt 42 – ♦Antwerpen 91 – ♦Eindhoven 38.

XXX ✿ **Kristoffel,** Dorpstraat 28, ☎ 471591, « Intérieur bien aménagé » – ▤. AE ⓓ E. ✗
fermé lundis non fériés et du 2 au 24 janv. – **R** carte 1180 à 1660
Spéc. Salade de homard aux truffes et foie d'oie chaud, Lapin au miel et vinaigre de framboises, Selle d'agneau aux légumes de saison.

au Nord-Est : 4 km :

XXX **Roekeshof,** Weerterweg 52, ☎ 461902, « Fermette aménagée » – Ⓟ. ⓓ. ✗
fermé lundi, 20 août-2 sept. et du 6 au 20 fév. – **R** carte 955 à 1310.

FIAT Kaulillerweg 48 ☎ 461550

BOHAN-SUR-SEMOIS 6868 Namur Ⓒ Vresse-sur-Semois 214 ⑮ et 409 ㉔ – 2 682 h. – ☎ 061.
♦Bruxelles 161 – ♦Namur 102 – Bouillon 34 – Charleville-Mézières 30.

XX **Aub. du Printemps** ⛰ avec ch, rte de France 185, ☎ 500172, ≤, « Jardin ombragé au bord de la Semois » – ▤ rest Ⓟ. AE. ✗ rest
fermé dim. soir et lundi – **R** *(fermé après 20 h 30)* carte 880 à 1440 – 6 ch ☕ 710/985 – P 1275.

FIAT r. Hérissart 195 ☎ 500186

BOIS DE LA CAMBRE Brabant 213 ⑱ et 409 ㉑ – voir à Bruxelles, agglomération.

BOIS-DE-VILLERS 5740 Namur Ⓒ Profondeville 214 ⑤ et 409 ⑭ – 8 770 h. – ☎ 081.
♦Bruxelles 74 – ♦Namur 11 – ♦Dinant 23.

X **La Crémaillère** ⛰ avec ch, r. Léopold Crasset 20g, au Sud 1,5 km sur route d'Arbre, ☎ 433785, ≤, ☂, ⛱ – Ⓟ. AE
fermé du 1er au 15 oct. – **R** *(fermé jeudi)* carte 670 à 1330 – **6 ch** ☕ 800/1000 – P 1200/1500.

BOKRIJK Limburg Ⓒ Genk 213 ⑩ et 409 ⑥ – 61 643 h. – ✉ 3600 Genk – ☎ 011.
Voir Musée de plein air** (Openluchtmuseum), Domaine récréatif* : arboretum*.
♦Bruxelles 84 – ♦Hasselt 8 – ♦Maastricht 29.

XX **'t Koetshuis,** Bokrijklaan (dans le domaine provincial), ☎ 224305, « Rustique flamand » – Ⓟ payant. AE ⓓ E. ✗
fermé fév. et mardi de sept. à mai – **R** carte 600 à 1215.

XX **Kasteel Bokrijk,** Bokrijklaan 8 (dans le domaine provincial), ☎ 225564, ≤ – Ⓟ payant. AE ⓓ E
fermé lundi et janv. – **R** 450/720.

BOLDERBERG Limburg 213 ⑨ et 409 ⑥ – voir à Zolder.

BOMAL-SUR-OURTHE 5490 Luxembourg belge Ⓒ Durbuy 214 ⑦ et 409 ⑮ – 7 869 h. – ☎ 086.
Env. N : route de Vieuxville ≤* – ♦Bruxelles 125 – ♦Arlon 104 – ♦Liège 45 – Marche-en-Famenne 24.

XX **La Potinière,** r. de Fleurie 43, ☎ 211116 – Ⓟ. AE ⓓ E
fermé 24 janv.-21 fév. et merc. sauf du 10 juil. au 15 août – **R** 875/1400.

à Juzaine Ⓒ Durbuy, E : 1,5 km – ✉ 5490 Bomal – ☎ 086 :

🏠 **Vieux Moulin,** rte des Ardennes 154, ☎ 211636, ≤, « Parc » – Ⓟ
avril-sept. et week-ends sauf du 12 nov. à mars – **R** 425/950 – ☕ 160 – 12 ch 460/745 – P 990/1030.

XXX **St-Denis,** rte Ardennes 164, ☎ 211179, « Jardin-terrasse au bord de l'Aisne » – ▤ Ⓟ. AE ⓓ
fermé lundis soirs, mardis non fériés, 9 déc.-3 fév. et du 3 au 7 sept. – **R** carte 790 à 1125.

HONDA rte de Barvaux 3 ☎ 211105
VAG rte de Liège 47 ☎ 211263

BONCELLES Liège 213 ㉒ et 409 ⑮ – voir à Liège.

BONHEIDEN Antwerpen 213 ⑦ et 409 ④ – voir à Mechelen.

BOOISCHOT 3150 Antwerpen Ⓒ Heist-op-den-Berg 213 ⑧ et 409 ⑤ – 34 786 h. – ☎ 015.
♦Bruxelles 52 – ♦Antwerpen 35 – ♦Hasselt 51.

XX **Breughel,** Pleinstraat 2, ☎ 222075 – Ⓟ. ✗
fermé lundi et 21 juil.- 9 août – **R** carte 940 à 1040.

BOOM 2650 Antwerpen 213 ⑥ et 409 ④ – 14 592 h. – ☎ 03.
♦Bruxelles 31 – ♦Antwerpen 16 – ♦Mechelen 13.

X **Bellon,** Leopoldstraat 36, ☎ 8880462 – E. ✗
fermé mardi, 1re quinz. sept. et 1re quinz. fév. – **R** carte 570 à 910.

FORD Antwerpsestraat 12 ☎ 8880891
GM (OPEL) Antwerpsestraat 480 ☎ 8880111
PEUGEOT, TALBOT Velodroomstraat 206 ☎ 8880423
VAG Van Leriuslaan 99 ☎ 8880571

BORGERHOUT Antwerpen 212 ⑮ et 409 ④ – voir à Antwerpen, périphérie.

BORNEM 2680 Antwerpen 213 ⑥ et 409 ④ – 18 099 h. – ☎ 03.
♦Bruxelles 36 – ♦Antwerpen 31 – ♦Gent 46 – ♦Mechelen 21.

XX **Eyckerhof,** Spuystraat 21 (Eikevliet), ✉ 2671, ☎ 8890718, ≤, « Auberge dans un cadre champêtre » – P. AE ⓓ
fermé sam. midi, dim., lundi soir, jours fériés et 2 sem. en juil. – **R** carte 1000 à 1250.

XX **Gasthof De Luzze,** Reek 82 - Buitenland (NE), ☎ 8892768, « Cadre de verdure » – P. ⓓ
fermé lundi soir, mardi et 2 sem. en mars – **R** carte 550 à 1060.

CITROEN Puursesteenweg 319 ☎ 8893955
FIAT Hingenesteenweg 22 ☎ 8890677
MAZDA Branstsedreef 29 ☎ 8892501

BOUGE Namur 213 ⑳, 214 ⑤ et 409 ⑭ – voir à Namur.

BOUILLON 6830 Luxembourg belge 214 ⑮ et 409 ㉔ – 5 450 h. – ☎ 061.
Voir Château★★ : Tour d'Autriche ≤★★ – Musée Ducal★ Y **M.**
Env. Corbion : Chaire à prêcher ≤★ par ③ : 8 km.
ℹ Pavillon, Porte-de-France ☎ 466289 (saison) au Château ☎ 466257.
♦Bruxelles 161 ① – ♦Arlon 64 ② – ♦Dinant 63 ① – Sedan 18 ②.

BOUILLON

Collège (R. du) .... YZ
Maladrerie (Q. de la) .... Y 14
Maladrerie (R. de la) .... Y 15
Rempart (Q. du) .... YZ

Ange-Gardien (R. de l') .... Y 2
Augustins (R. des) .... Y 3
Château (R. du) .... Y 4
Ducale (Pl.) .... Y 5
Écoles (R. des) .... Y 6
Faubourg de France .... Z 7
France (Pt de) .... Z 8
France (Pte de) .... Z 9
Georges Lorand (R.) .... Y 10
Hautes-Voies (R. des) ..... Y 11
Laitte (R. de) .... Z 12
Liège (Pt de) .... Y 13
Moulin (R. du) .... Z 16
Nord (R. du) .... Y 18
Paroisse (All. de la) ...... Z 19
Petit (R. du) .... YZ 20
Poste (R. de la) .... Z 22
Poulie (Pt de la) .... Y 23
Poulie (R. de la) .... Y 24
Prison (R. de la) .... Y 26
St. Arnould (Pl.) .... Y 27
Sauls (Q. des) .... Y 28

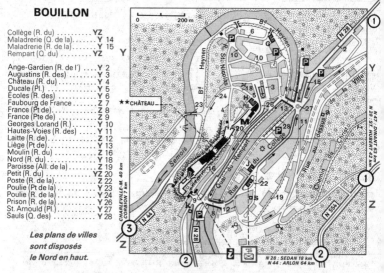

Les plans de villes sont disposés le Nord en haut.

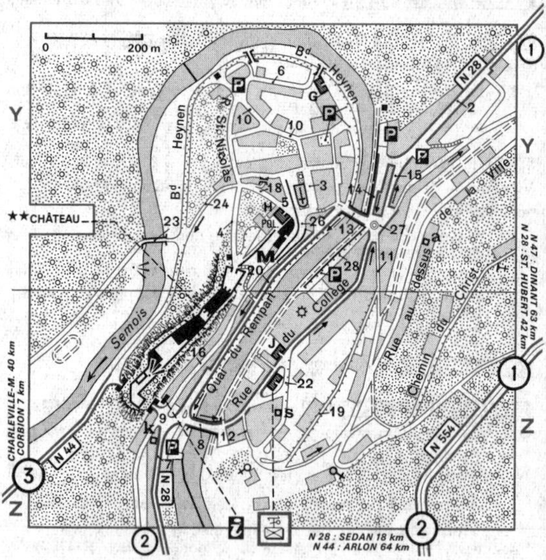

Aux Armes de Bouillon, r. Station 11, ☎ 466079, – ⫶ TV wc. AE ⓓ E — Z **s**
fermé du 2 au 20 janv., du 20 au 25 août et jeudi d'oct. à avril – **R** 530/1500 – **60 ch** 670/2020 – P 1370/2020.

Tyrol, r. Au-dessus-de-la-Ville 23, ☎ 466293, ≤ – TV wc. AE ⓓ E — Y **a**
avril-nov. – **R** (dîner seult) 550/695 – 10 ch 1115/1330.

France, Faubourg de France 1, ☎ 466068, ≤ – ⫶ wc. AE E — Z **k**
fermé janv. – **R** *(fermé après 20 h 30)* 450/1500 – **17 ch** 595/1320 – P 1050/1355.

au Sud-Est : par ② : 9 km sur N 44 – ✉ 6830 Bouillon – ☎ 061 :

Host. du Cerf ⛰, rte de Florenville, ☎ 467011, ≤, – wc P. AE ⓓ E. rest
R carte 920 à 1450 – **13 ch** 570/1185.

à Corbion C Bouillon, par ③ : 7 km – ✉ 6838 Corbion – ☎ 061 :

Ardennes ⛰, r. Abattis 43, ☎ 466621, ≤, « Jardin ombragé », – ⫶ rest P. AE
fermé début janv.-mi-mars – **R** 550/1350 – 30 ch 865/1880 – P 1415/1865.

Le Relais, r. Abattis 5, ☎ 466613 – . rest
R *(fermé après 20 h 30)* 450/650 – 100 – **9 ch** 475/635 – P 925/1045.

à Ucimont C Bouillon, par ① : 10 km – ✉ 6833 Ucimont – ☎ 061 :

Saule ⛰, r. Village 39, ☎ 466442, – TV P.
fermé 10 janv.-1er fév. – **R** *(fermé après 20 h 30 et merc. du 3 fév. au 15 avril)* 750/1200 – 180 – **14 ch** 935/1855 – P 1515/1915.

FIAT Point du Jour ☎ 466755

BOUSSU-BOIS 7360 Hainaut 214 ① et 409 ⑫ – 21 248 h. – ☎ 065.

♦Bruxelles 81 – ♦Mons 15 – Valenciennes 24.

XX **Chez Rocco,** r. A.-Delattre 71, ☎ 653282 – ⓓ. ✻
fermé dim. soir, mardi et 10 août-9 sept. – **R** carte 620 à 1100.

FIAT rte de Valenciennes 355 ☎ 779672
HONDA rte de Valenciennes 430 ☎ 773831
MAZDA r. M. Brohée 93 a ☎ 775740

BOUSSU-EN-FAGNE 6374 Namur Ⓒ Couvin 214 ⑭ et 409 ㉓ – 12 970 h. – ☎ 060.

♦Bruxelles 104 – ♦Namur 64 – ♦Charleroi 44 – Couvin 4,5 – ♦Dinant 47.

XX **Manoir de la Motte** ⚘ avec ch, r. Motte 15, ☎ 344013, ≤, Manoir du 14e s. – ⇔wc Ⓟ.
✻ rest
fermé 24 déc.-2 janv. – **R** *(fermé après 20 h)* 750/1100 – ☕ 110 – **7 ch** 570/785 – P 825/980.

BOUVIGNES Namur 214 ⑤ et 409 ⑭ – voir à Dinant, environs.

BRAINE-LE-COMTE 7490 Hainaut 213 ⑱ et 409 ⑫⑬ – 16 475 h. – ☎ 067.

♦Bruxelles 34 – ♦Mons 25.

XX **Au Gastronome,** r. de Mons 1, ☎ 552647, Cadre rustique – E
fermé dim. soir, lundi et du 4 au 30 juil. – **R** 600/900.

FIAT r. Bruxelles 84 ☎ 552040
NISSAN r. Mons 57 ☎ 552555
RENAULT r. E.-Etienne 48 ☎ 552409

BRASSCHAAT Antwerpen 212 ⑮ et 409 ④ – voir à Antwerpen, environs.

BRECHT 2160 Antwerpen 212 ⑮ et 409 ④ – 16 534 h. – ☎ 03.

♦Bruxelles 73 – ♦Antwerpen 25 – ♦Turnhout 25.

XX **E 10 Hoeve,** Kapelstraat 8a (près de l'E 10), ☎ 3138285, Ferme aménagée, grillades – Ⓟ.
ⓓ
R carte 750 à 1050.

MITSUBISHI Molenstraat 100 ☎ 3138522

BREE 3690 Limburg 213 ⑩ et 409 ⑥ – 13 389 h. – ☎ 011.

♦Bruxelles 108 – ♦Hasselt 38 – ♦Antwerpen 87 – ♦Eindhoven 43.

X **The Winston,** Kloosterpoort 36, ☎ 464140 – AE. ✻
fermé lundi et du 15 au 31 juil. – **R** 290/540.

BMW Peerderbaan 94 ☎ 461826
FORD Peerderbaan 136 ☎ 461610
GM (OPEL) Opitterpoort 1 ☎ 461153
MERCEDES-BENZ Gruitroderkiezel 39 ☎ 462510
NISSAN Peerderbaan 132 ☎ 463186
PEUGEOT, TALBOT Bocholterkiezel 77 ☎ 462336
RENAULT Bruglaan 37 ☎ 461365
VAG Meeuwerkiezel 116 ☎ 462416

BRUGGE (BRUGES) 8000 Ⓟ West-Vlaanderen 213 ③ et 409 ② – 118 048 h. agglomération – ☎ 050.

Voir Promenade en barque*** CY – Procession du Saint Sang*** – Beffroi et Halles*** CY – Grand-Place** (Markt) CY – Place du Bourg** (Burg) CY – Béguinage** (Begijnhof) CZ – Basilique du Saint Sang* CY **A** – Église Notre-Dame : tour**, statue de la Vierge et l'Enfant**, tombeau de Marie de Bourgogne** CZ **S** – Rozenhoedkaai (Quai du Rosaire) ≤** CY – Dyver ≤** CZ – Pont St-Boniface : cadre** CZ – Cheminée du Franc de Bruges* dans le Palais de Justice (Gerechtshof) CY **J**.

Musées : Groeninge*** CZ – Memling (Hôpital St-Jean)*** CZ – Gruuthuse* CZ **M**1.

Env. Zedelgem : fonts baptismaux* dans l'église St-Laurent par ⑥ : 10,5 km.

ℹ Markt 7 ☎ 330711 – Fédération provinciale de tourisme, Vlamingstraat 55 ☎ 337344.

♦Bruxelles 96 ③ – ♦Gent 44 ③ – Lille 72 ⑪ – ♦Oostende 28 ⑤.

Les numéros de téléphone à Brugge sont susceptibles de modification.

Plans pages suivantes

Park H. Ⓜ sans rest, Vrijdagmarkt 5, ☎ 333364, Télex 81686 – 🛗 TV – 🏛. AE ⓓ E — CZ **v**
61 ch ☕ 1700/2200.

Pand H. ⚘ sans rest, Pandreitje 16, ☎ 334434 – 🛗 TV ⇔wc ☎. AE ⓓ E — CY **u**
17 ch ☕ 1210/1785.

Europ H. ⚘ sans rest, Augustijnenrei 18, ☎ 337975 – 🛗 ⇔wc ⛲wc ☎. E. ✻ — CY **b**
mars-14 nov. – **28 ch** ☕ 1620/2360.

Bryghia ⚘ sans rest, Oosterlingenplein 4, ☎ 338059 – 🛗 ⇔wc ⛲wc ☎. AE E. ✻ — CY **f**
18 ch ☕ 1250/1850.

Erasmus Ⓜ sans rest, Wollestraat 35, ☎ 335781 – 🛗 ⇔wc ☎. AE E. ✻ — CY **a**
10 ch ☕ 2400/5200.

Bourgoens Hof ⚘ sans rest, Wollestraat 39, ☎ 331645, ≤ sur canaux et vieilles maisons flamandes – 🛗 ⇔wc ⛲wc ☎. ✻ — CY **a**
fermé du 15 au 30 janv. – **12 ch** ☕ 1700/3700.

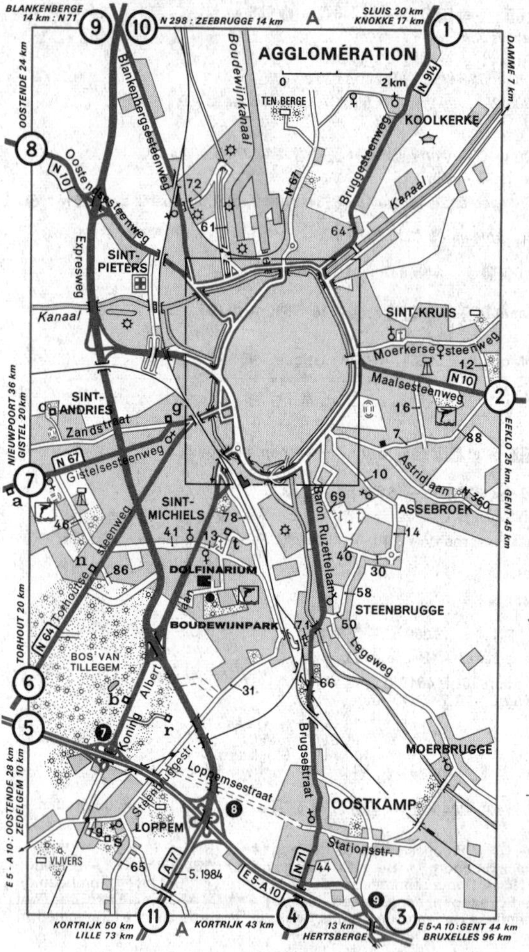

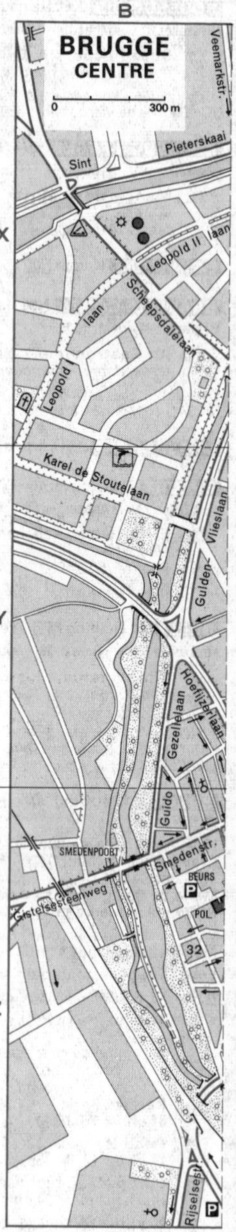

Breidelstr. . . . . CY 8
Geldmuntstr. . . . . CY
Noordzandstr. . . . . CZ 55
Philipstockstr. . . . . CY 62
Steenstr. . . . . CY 82
Vlamingstr. . . . . CY 85
Wollestr. . . . . CY 90
Zuidzandstr. . . . . CZ 93

Academiestr. . . . . CY 2
Augustijnenrei. . . . . CY 3
Balstr. DY 4
Boomgaardstr. . . . . DY 5
Bossuytlaan . . . . A 7
Daverloostr. . . . . A 10
Doornhut. . . . . A 12
Dorpsstr. . . . . A 13
Dries . . . . A 14
Eeckhoutstr. . . . . CZ 15
Fortuinstr. . . . . A 16
Freren Fonteinstr. . . . . DY 17
Garenmarkt . . . . DZ 19
Gentpoortstr. . . . . DZ 22

Goezeputstr. . . . . CZ 23
Groene Rei . . . . DY 26
Groeninge. . . . . CZ 28
Gruuthusestr. . . . . CZ 29
's Heer Boudewijnsburg. . . . . . . A 30
Heidelbergstr. . . . . A 31
Hendrik Consciencelaan . . . . . BZ 32
Hoedenmakersstr. . . . . CX 33
Jeruzalemstr. . . . . DY 35
Julius en M. Sabbestr. . . . . CX 36
Kastanjeboomstr. . . . . CZ 38
Kongostr. . . . . A 40
Koningin Astridlaan. . . . . A 41
Koningstr. . . . . CY 43
Kortrijksestr. . . . . A 44
Leopold III Laan . . . . A 46
Mallebergpl. . . . . CY 47
Meestr. . . . . DY 49
Meulestee. . . . . A 50
Minderbroedersstr. . . . . DY 52
Nieuwe Gentweg. . . . . CZ 53
Noorweegse Kaai . . . . DX 57
Odegemstr. . . . . A 58

Oude Burg. . . . . CY 60
Pathoekeweg . . . . A 61
Pottenmakersstr. . . . . CY 63
van Praetstr. . . . . A 64
Rijselsestr. . . . . A 65

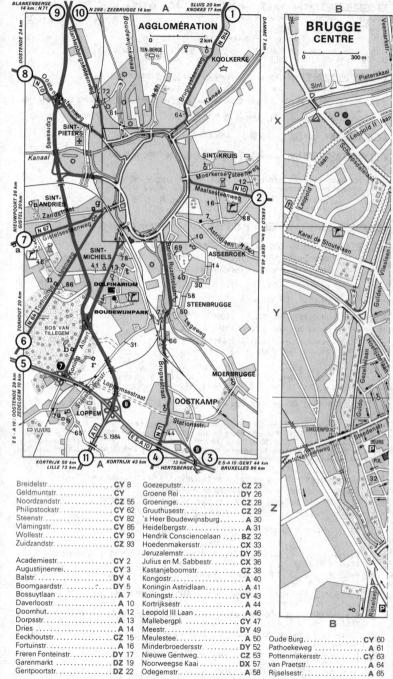

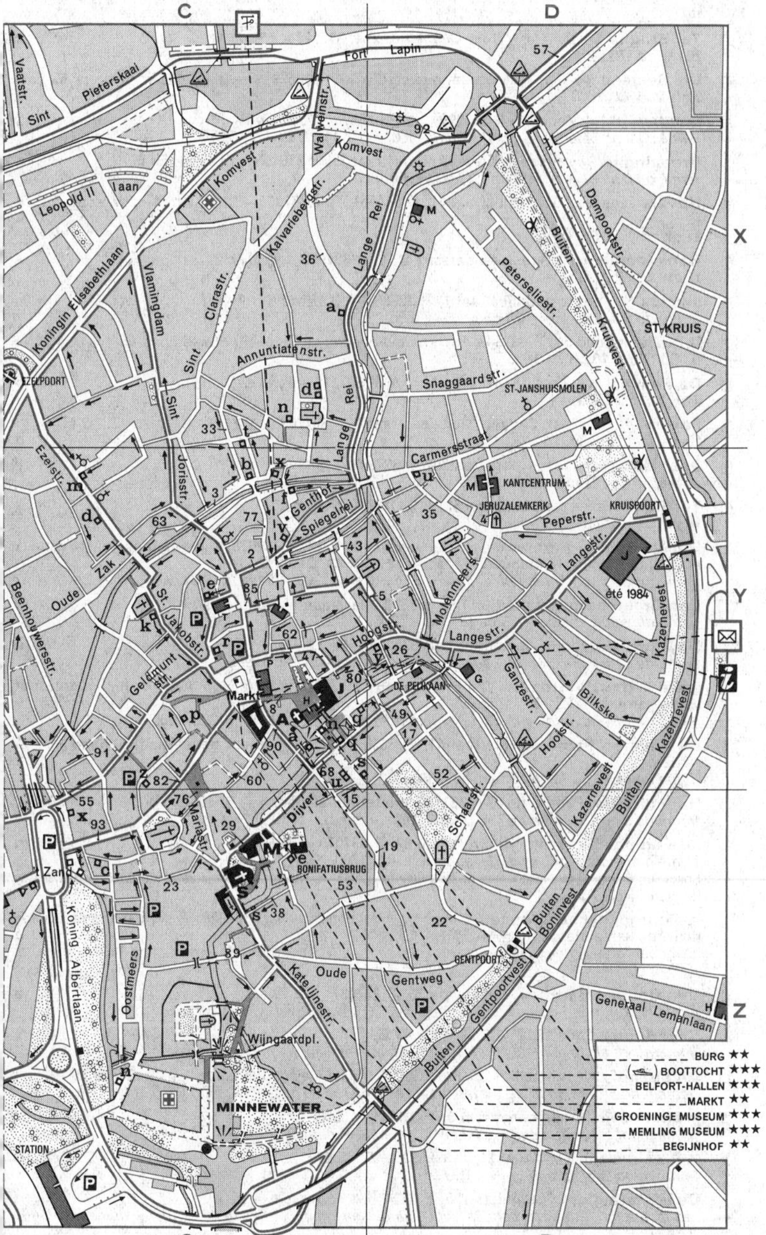
C
D
X
Y
Z
Fort Lapin
Pieterskaai
Vaartstr.
Sint
Komvest
Walweinstr.
Leopold II laan
Kalvarieberg str.
Lange Rei
Dampoortstr.
Buiten
Kruisvest
Peterseliestr.
ST-KRUIS
Koningin Elisabethlaan
Vlamingdam
Clarastr.
Sint
Annuntiatenstr.
Snaggaardstr.
ST-JANSHUISMOLEN
EZELPOORT
Ezelstr.
Jorisstr.
Carmersstraat
KANTCENTRUM
JERUZALEMKERK
KRUISPOORT
Genthof
Spiegelrei
Peperstr.
Langestr.
Zak
Oude
Beenhouwersstr.
St. Jakobstr.
Molenmeers
été 1984
Kazernevest
Hoogstr.
Langestr.
Geldmunt str.
Markt
DE PELIKAAN
Ganzestr.
Bilkske
Hooistr.
Kazernevest
Buiten
Kazernevest
Mariastr.
Dijver
Schaarstr.
BONIFATIUSBRUG
Zand
Koning Albertlaan
Oostmeers
Buiten Boninvest
GENTPOORT
Katelijnestr.
Oude
Gentweg
Gentpoortvest
Buiten
Generaal Lemanlaan
Wijngaardpl.
MINNEWATER
STATION
BURG ★★
BOOTTOCHT ★★★
BELFORT-HALLEN ★★★
MARKT ★★
GROENINGE MUSEUM ★★★
MEMLING MUSEUM ★★★
BEGIJNHOF ★★

Ter Brughe sans rest, Oost-Gisthelhof 2, ☏ 340324 – wc ☎ — CY **x**
20 ch 1700/2100.

Die Swaene sans rest, Steenhouwersdijk 1, ☏ 339629, ≤ – TV wc wc ☎. AE E — CY **g**
9 ch 1350/2800.

Boudewijn I, 't Zand 21, ☏ 336999 – TV wc ☎. AE ⓓ E. ⛝ ch — CZ **t**
fermé 23 nov.-8 déc. – **R** *(fermé mardi)* 450/900 – **11 ch** 1265/2075.

Groeninghe sans rest, Korte Vuldersstraat 29, ☏ 336495 – wc ☎. AE E — CZ **c**
fermé du 5 au 31 janv. – **8 ch** 1300/1550.

Navara sans rest, St-Jacobstraat 41, ☏ 340561, Télex 81035 – wc wc ☎ – . AE ⓓ E — CY **k**
64 ch 1150/2800.

Hans Memling sans rest, Kuipersstraat 18, ☏ 332096 – wc ☎ — CY **e**
17 ch 1450/2500.

Jacobs sans rest, Baliestraat 1, ☏ 339831 – wc ☎. ⛝ — CX **n**
fermé du 9 au 31 janv. – **28 ch** 800/1585.

't Putje, 't Zand 31, ☏ 332847, Taverne avec repas rapide – TV wc wc. AE — CZ **t**
R 395/595 – **10 ch** 1850/2500.

De Pauw sans rest, St-Gilliskerkhof 8, ☏ 337118 – wc ☎ — CX **d**
8 ch 780/1365.

Fevery sans rest, Collaert Mansionstraat 3, ☏ 331269 – wc wc ☎. AE ⓓ E — CX **d**
10 ch 1120/1390.

Post Hotel sans rest, Hoogstraat 18, ☏ 337889 – wc — DY **y**
fermé janv. – **22 ch** 1450/1700.

Ter Duinen sans rest, Langerei 52, ☏ 330437 – wc — CX **a**
10 ch 1075/1550.

XXX **Duc de Bourgogne** avec ch, Huidenvettersplaats 12, ☏ 332038, « Intérieur ancien, ≤ canaux et vieilles maisons flamandes » – ▤ rest wc ☎. AE ⓓ E. ⛝ — CY **n**
fermé lundi, mardi midi, juil. et janv. – **R** carte env. 1700 – **9 ch** 2100/3600.

XXX **Den Braamberg,** Pandreitje 11, ☏ 337370, Classique-élégant – AE ⓓ — CY **u**
fermé dim. soir et jeudi – **R** carte 1150 à 1500.

XXX **De Karmeliet,** Jeruzalemstraat 1, ☏ 338259 – AE ⓓ. ⛝ — DY **u**
fermé du 8 au 21 juil. et dim. soir, lundis non fériés – **R** 1350/1900.

XXX ✿ **De Witte Poorte,** Jan Van Eyckplein 6, ☏ 330883, « Aménagé dans un ancien entrepôt voûté, jardin » – AE ⓓ — CY **v**
fermé dim., lundi midi, 4 mars-12 avril et du 8 au 19 juil. – **R** carte 1320 à 2050.

XXX **De Zilveren Pauw,** Zilverstraat 41, ☏ 335566, , « Intérieur belle-époque, patio » – AE ⓓ E — CY **z**
fermé merc. et du 15 au 29 fév. – **R** 980/2000.

XX **'t Pandreitje,** Pandreitje 6, ☏ 331190, « Intérieur élégant » – AE ⓓ E. ⛝ — CDY **s**
fermé du 3 au 18 juin, du 16 au 30 déc., dim. et lundi – **R** 1050/1750.

XX ✿ **De Snippe** (Huysentruyt), Ezelstraat 52, ☏ 337070 – AE ⓓ — CY **m**
fermé dim., lundi midi et du 1er au 27 juil. – **R** 1500/2500
Spéc. Suprême de turbot aux queues de langoustines, Coquilles St.Jacques aux pointes vertes (oct.-avril), Bécasse façon De Snippe (15 nov.-31 déc.).

XX **'t Bourgoensche Cruyce** avec ch, Wollestraat 41, ☏ 337926, ≤ sur canaux et vieilles maisons flamandes – TV wc wc. AE. ⛝ — CY **a**
fermé fév., mardi de mai à oct. et dim., lundi midi d'oct à mai – **R** carte 1240 à 1400 – **6 ch** 1050/1550.

XX **Den Gouden Harynck,** Groeninge 25, ☏ 337637 – AE ⓓ — CZ **e**
fermé dim., lundi, 17 juil.-7 août et du 19 au 30 déc. – **R** carte 1250 à 1500.

XX **Criterium,** 't Zand 12, ☏ 331984 – AE ⓓ E — CZ **x**
fermé du 1er au 15 juil., du 1er au 10 oct., mardi soir sauf en juil.-août et merc. – **R** 625/995.

XX **Ghistelhof,** Westgistelhof 23, ☏ 336290, « Vieille maison flamande » – ▤. AE ⓓ E — CXY **t**
fermé lundi, mardi midi, 19 mars-1er avril et du 10 au 30 déc. – **R** 1350.

X **'t Lammetje,** Braambergstraat 3, ☏ 332495 – AE E — CY **q**
fermé jeudi, 30 août-6 sept. et 23 fév.-11 mars – **R** carte 990 à 1350.

X **'t Presidentje,** Ezelstraat 21, ☏ 339521 – AE ⓓ E — CY **d**
fermé merc. soir, dim. et juin – **R** 550/1200.

X **De Watermolen,** Oostmeers 130, ☏ 332448, « Terrasse » – E — CZ **n**
fermé lundi, jeudi soir d'oct. à avril, mardi soir, merc., 1re quinz. oct. et 2e quinz. fév. – **R** 455/950.

X **Malpertuus,** Eiermarkt 9, ☏ 333038 – ▤. AE — CY **r**
fermé merc. et 28 juin-26 juil. – **R** 380/710.

X Van Eyck, Korte Zilverstraat 7, ☏ 335267 — CY **p**

X **Postiljon,** Katelijnestraat 3, ☏ 335616 – AE ⓓ E — CZ **s**
fermé dim. soir, mardi et 20 nov.-4 déc. – **R** carte 690 à 1030.

au Sud – ✉ 8200 – ☎ 050 :

🏨 **Novotel** Ⓜ, Chartreuseweg 20, ☎ 382851, Télex 81507, chauffée, – rest TV wc – AE ⓓ E — A r
R carte 620 à 1000 – 225 – **101 ch** 1800/2250.

XXXX ✿✿ **Weinebrugge** (Galens), Koning Albertlaan 242, ☎ 384440 – Ⓟ — A b
fermé merc., jeudi et sept. – **R** (week-ends nombre de couverts limité - prévenir) carte 1900 à 2250
Spéc. Homard rôti au four, Blanc de turbot au beurre de foie d'oie et poireaux truffés, Foie d'oie frais en gelée au vieux Porto.

XXX **Casserole** (École hôtelière), Groene Poortdreef 17, ☎ 383888, « Cadre de verdure » – Ⓟ. AE
fermé 30 juin-17 août – **R** (déjeuner seult sauf vend. et sam.) carte 960 à 1320. — A t

au Sud-Ouest – ✉ 8200 – ☎ 050 :

🏨 **Pannenhuis** Ⓜ, Zandstraat 2, ☎ 311907, « Jardin-terrasse » – TV Ⓟ. AE ⓓ E. rest
R *(fermé du 15 au 31 janv., du 1er au 15 juil., mardi soir d'oct. au 15 juil. et merc.)* carte 625 à 1225 – **21 ch** 1075/2200 – ½ p 1550/1650. — A g

XXX **Ter Heyde** avec ch, Torhoutsesteenweg 620 (par ⑥ : 8 km sur N 64), ☎ 323758, ←, « Confortable demeure, cadre de verdure » – TV wc Ⓟ. ⓓ E. ch
fermé merc. soir, jeudi et 15 déc.-18 janv. – **R** 1650 – 5 ch 1750/2500.

XX **Vossenburg** avec ch, Zandstraat 272, dans le domaine Coude Ceuken, ☎ 317026, « Château au milieu d'un parc » – wc Ⓟ. — A c
fermé du 15 au 30 nov. – **R** *(fermé mardi)* 495/795 – 7 ch 875/1250.

X **De Boekeneute,** Torhoutsesteenweg 380, ☎ 382632 – AE ⓓ E — A n
fermé dim. soir, lundi et du 16 au 31 août – **R** carte 600 à 1000.

à Hertsberge par ④ : 12,5 km – ✉ 8042 Hertsberge – ☎ 050 :

XXX ✿ **Manderley** (Teerlinck), Kruisstraat 13, ☎ 278051, « Cadre de verdure, terrasse et jardin » – Ⓟ. AE ⓓ.
fermé dim. soir, dim. en hiver, lundi, 2e quinz. août et 1re quinz. janv. – **R** carte 1350 à 1870
Spéc. Langoustines à la mousse de persil, Agneau cuit dans le foin.

à Loppem C Zedelgem, Sud : 5 km – 19 331 h. – ✉ 8021 Loppem – ☎ 050 :

XX **Bakkershof,** Parklaan 16, ☎ 824987 – Ⓟ — A s
fermé mardi soir du 15 oct. au 15 mars et merc. – **R** carte 960 à 1500.

à Sint-Kruis par ② : 6 km – ✉ 8310 Sint-Kruis – ☎ 050 :

🏨 **Lodewijk van Male,** Malesteenweg 488, ☎ 355763, « Vaste parc avec étang » – wc wc Ⓟ.
R *(fermé lundi)* carte 540 à 1370 – **14 ch** 825/1200 – P 1375/1680.

XX **Jonkman,** Malesteenweg 438, ☎ 360767, – AE
fermé dim., lundi midi et du 15 au 30 sept. – **R** carte 1150 à 1500.

à Varsenare par ⑦ : 6,5 km – ✉ 8202 Varsenare – ☎ 050 :

XX **Stuivenberg,** Gistelsteenweg 27, ☎ 318402, — A a
fermé lundi – **R** carte 900 à 1300.

à Waardamme C Oostkamp, par ④ : 11 km – 19 786 h. – ✉ 8041 Waardamme – ☎ 050 :

XXX **Ter Talinge,** Rooiveldstraat 46, ☎ 279061, « Cadre champêtre, terrasse » – Ⓟ. AE ⓓ
fermé merc. soir et jeudi – **R** carte 925 à 1170.

à Zedelgem par ⑥ : 10,5 km – 19 331 h. – ✉ 8210 Zedelgem – ☎ 050 :

🏨 **Bonne Auberge,** Torhoutsesteenweg 201, ☎ 209525, Télex 81227, – wc Ⓟ. AE ⓓ E. rest
R *(fermé dim. non fériés)* carte 840 à 1380 – **27 ch** 1200/1800 – P 1725.

XX **Ter Leepe,** Torhoutsesteenweg 168, ☎ 200197 – Ⓟ. AE ⓓ
fermé merc. soir, dim. et 2e quinz. juil. – **R** carte 880 à 1250.

Voir aussi : ***Damme*** NE : 7 km, ***Lissewege*** par ⑩ : 10 km, ***Zeebrugge*** par ⑩ : 14 km.

ALFA-ROMEO Oostendesteenweg 157 ☎ 319598
BMW Waggelwaterstraat 27 ☎ 314037
BRITISH LEYLAND Damse Vaart 42 à St.Kruis ☎ 360991
CITROEN Lieven Bauwensstraat 31 à St.Kruis ☎ 314695
FIAT Guldenvlieslaan 44 ☎ 331222
FIAT Fort Lapin 31 ☎ 339877
FIAT Brugsestraat 166 à Oostkamp ☎ 822073
FORD Scheepsdaelelaan 47 ☎ 313313
FORD St.Pieterskaai 15 ☎ 317370
GM (OPEL) Koning Albertlaan 84 à St.Michiels ☎ 314275
HONDA, MAZDA Oostendesteenweg 259 ☎ 317675
LADA Gistelsteenweg 90 à Varsenare ☎ 314987
LADA Astridlaan 204 à Assebroek ☎ 355733
MERCEDES-BENZ Lieven Bauwensstraat 1 ☎ 311801
MITSUBISHI Torhoutsesteenweg 399 à St.Michiels ☎ 318044
MITSUBISHI Dudzelesteenweg 84 ☎ 333712
NISSAN K. Albertlaan 102 à St.Michiels ☎ 314579
NISSAN Brugsestraat 161 à Zedelgem ☎ 209233
PEUGEOT, TALBOT Dudzelesteenweg 23 ☎ 334276
RENAULT Gen. Lemanlaan 184 a Assebroek ☎ 353205
RENAULT Dirk Martensstraat 7 ☎ 320150
TOYOTA Malesteenweg 215 à St.Kruis ☎ 351927
VAG St-Pieterskaai 78 ☎ 337371
VAG Torhoutsteenweg 191 à Zedelgem ☎ 209381
VOLVO Gistelsteenweg 276 à St.Andries ☎ 313096

BRUSTEM Limburg 213 ㉑ et 409 ⑮ – voir à Sint-Truiden.

BRUXELLES
BRUSSEL

BRUXELLES (BRUSSEL) 1000 P Brabant 213 ⑱ et 409 ⑬ – 994 774 h. agglomération – ☎ 02.

Voir Grand-Place★★★ (p. 10) LZ – Manneken Pis★★ (p. 10) KZ – Rue des Bouchers (p. 10) LZ – Cathédrale St-Michel★★ (p. 8) FU – Place du Grand Sablon★ et église N.-D. du Sablon★ (p. 8) FVD – Anderlecht : maison d'Erasme★ (p. 6) AQ **B**.
Musées : d'Art ancien★★★ (Brueghel) p. 8 FV – Royaux d'Art et d'Histoire★★★ (antiquités, arts décoratifs belges) p. 5 CQ **M7** – Instrumental★★ (p. 8) FV **M18**.

Env. Forêt de Soignes★★ (p. 7) CDS – Tervuren : Musée Royal de l'Afrique Centrale★ par ⑥ : 13 km – Beersel : château fort★ S : 11 km (p. 6) AS **C** – Gaasbeek : domaine★ SO : 12 km par rue de Lennick (p. 6) AR – Meise : domaine de Bouchout★ : Palais des Plantes★★ par ① : 13 km – Grimbergen : confessionnaux★ dans l'église St-Servais (St. Servaaskerk) par ① : 18 km – Vilvoorde : stalles★ dans l'église Notre-Dame (O.L.-Vrouwkerk) p. 5 CN

18 9 Château de Ravenstein à Tervuren par ⑥ : 13 km ☎ 7675801.

✈ **National** NE : 12 km (p. 5) DN ☎ 7518080 – **Aérogare :** Air Terminus, r. du Cardinal-Mercier 35 (p. 10) LZ ☎ 5119060.

🚗 ☎ 2186050 ext. 4106.

ℹ r. du Marché-aux-Herbes 61 ☎ 5138940 – Fédération provinciale de tourisme r. Marché-aux-Herbes 61 ☎ 5130750.

Paris 308 ⑨ – ♦ Amsterdam 204 ① – Düsseldorf 222 ⑤ – Lille 116 ⑫ – ♦ Luxembourg 219 ⑦.

HOTELS et RESTAURANTS

Liste alphabétique : Bruxelles p. 10 et 11

Les prix de chambres risquent d'être majorés d'une taxe locale de 6 %

Centre

Nord (Porte d'Anvers, Place Rogier) *plan* FT :

Brussels-Sheraton M, pl. Rogier 3, ✉ 1000, ☏ 2193400, Télex 26887, ⛆ – ▮ ≡ TV ☎ ♿ ⇔ – 🏛. AE ⓞ FT **e**
R carte 580 à 1200 – ☕ 430 – **483 ch** et **43** appartements 3050/5000.

New Hotel Siru et Rest. Le Couvert, pl. Rogier 1, ✉ 1000, ☏ 2177580, Télex 21722 – ▮ ⛀wc ⛆wc ☎. AE ⓞ E. ✂ rest FT **f**
R *(fermé sam. midi et dim.)* 925 – ☕ 165 – **102 ch** 1550/2400.

Nord (Botanique, Porte de Schaerbeek) *plan* GHT :

Hyatt Regency Brussels M, r. Royale 250, ✉ 1030, ☏ 2194640, Télex 61871 – ▮ ≡ TV ☎ ♿ ⇔ – 🏛. AE ⓞ E. ✂ rest GT **r**
R 650/1450 – ☕ 380 – **320 ch** 3750/5650.

XX **Den Botaniek,** r. Royale 328, ✉ 1030, ☏ 2184838, ☂, « Jardin-terrasse » – AE ⓞ E
fermé sam. midi et dim. – **R** carte 1150 à 1600. GT **n**

Centre Ville (Bourse, Grand'Place, Pl. de Brouckère, Ste-Catherine) *plan p. 10* :

Amigo, r. Amigo 1, ✉ 1000, ☏ 5115910, Télex 21618, « Bel aménagement intérieur » – ▮ ≡ rest TV ♿ ⇔ – 🏛. AE ⓞ E. ✂ rest KZ **h**
R carte 800 à 1120 – **183 ch** ☕ 3000/4250.

Royal Windsor H. M, r. Duquesnoy 5, ✉ 1000, ☏ 5114215, Télex 62905 – ▮ ≡ TV ☎ – 🏛. AE ⓞ E. ✂ LZ **k**
R carte 1300 à 1650 – **270 ch** ☕ 4400/5400.

Jolly H. Atlanta sans rest, bd A.-Max 7, ✉ 1000, ☏ 2170120, Télex 21475 – ▮ TV ☎ ⇔ – 🏛. AE ⓞ E LY **a**
239 ch ☕ 3050/4500.

Président Nord sans rest, bd A.-Max 107, ✉ 1000, ☏ 2190060, Télex 61417 – ▮ TV ☎. AE ⓞ E LY **b**
63 ch ☕ 2090/2540.

Bedford, r. Midi 135, ✉ 1000, ☏ 5127840, Télex 24059 – ▮ ≡ rest TV ☎ – 🏛. AE ⓞ E. ✂
R 600 – **250 ch** ☕ 2460/3060. KZ **r**

Arenberg M, r. d'Assaut 15, ✉ 1000, ☏ 5110770, Télex 25660 – ▮ ⛀wc ⛆wc ☎ LZ **p**
156 ch ☕ 2500/3000.

Arcade Sainte-Catherine M sans rest, r. Joseph Plateau 2 (Pl. Ste-Catherine), ✉ 1000, ☏ 5137620, Télex 22476 – ▮ ⛆wc ☎ ♿ KY **s**
☕ 140 – **234 ch** 1390/1620.

Queen Anne sans rest, bd Émile-Jacqmain 110, ✉ 1000, ☏ 2171600 – ▮ ⛀wc ☎. AE ⓞ E
59 ch ☕ 1250/1650. LY **y**

La Légende, r. Etuve 33, ✉ 1000, ☏ 5128290 – ▮ ⛀wc ☎. ✂ KZ **p**
fermé 13 déc.-janv. – **R** *(fermé merc.)* carte 470 à 660 – **31 ch** ☕ 880/1180.

La Madeleine, r. Montagne 22, ✉ 1000, ☏ 5132675 – ▮ ⛀wc ⛆ ☎ LZ **b**
R *(fermé dim.)* carte 800 à 1200 – **29 ch** ☕ 700 à 1350.

XXXX ✿✿ **Maison du Cygne,** Grand'Place 9, ✉ 1000, ☏ 5118244, « Belle demeure ancienne, intérieur élégant » – AE ⓞ E. ✂ LZ **q**
fermé du 13 au 18 août, Noël-Nouvel An, sam. midi et dim. – **R** carte 1400 à 1850
Spéc. Feuilleté de turbot et homard, Agneau de lait à l'estragon, Faisan aux chicons (saison).

XXX ✿ **Huîtrière,** quai aux Briques 20, ✉ 1000, ☏ 5120866, Produits de la mer – AE ⓞ E KY **v**
R carte 1150 à 1950
Spéc. Petite mousse de rougets, Fricassée de homard et turbot, Papillote de St Pierre aux herbes.

XXX **Cheval Marin,** Marché-aux-Porcs 25, ✉ 1000, ☏ 5130287, « Décor ancien » – AE ⓞ E
fermé dim. soir – **R** carte 1100 à 1750. KY **u**

AGGLOMÉRATION DE BRUXELLES

Adolphe-Max (Bd) .... p. 10 **LY**
Anspach (Bd) .... p. 10 **KYZ**
Beurre (R. au) .... p. 10 **KLZ**
Etuve (R. de l') .... p. 10 **KZ**
Fripiers (R. des)....... p. 10 **LZ**
Grand-Sablon (Pl. du) . p. 8 **FV**
Ixelles (Chaussée d') .. p. 9 **GX**
Marché-aux-Herbes
(R. du) .... p. 10 **LZ**
Marché-aux-Poulets
(R. du) .... p. 10 **KZ**
Midi (Bd du) .... p. 8 **EVX**
Midi (R. du) .... p. 10 **KZ**
Neuve (R.) .... p. 10 **LY**
Toison-d'Or (Av.) ..... p. 8 **FX**

Abattoir (Bd de l') ..... p. 8 **EU**
Adolphe-Buyl (Av.).... p. 7 **CR**
Albert (Av.) .... p. 6 **BR**
Alfred-Madoux (Av.) .. p. 7 **DR** 2
Alsemberg
(Chaussée d') ...... p. 6 **BR**
Ambiorix (Square) .... p. 9 **HU**
Anderlecht (R. d') ..... p. 8 **EU**
Antoine-Dansaert (R.) . p. 10 **KY**
Anvers (Bd d') .... p. 8 **FT**
Anvers (Chaussée d').. p. 4 **BP**
Archiducs (Sq. des) ... p. 7 **CR**
Archimède (R.) .... p. 9 **HUV**
Arenberg (R. d') ...... p. 10 **LZ**
Argent (R. d')......... p. 10 **LY**
van Artevelde (R.)..... p. 10 **KZ**
Arts (Av. des)......... p. 9 **GUV**
Astronomie (Av. de l') . p. 9 **GT**
Auderghem (Av. d') ... p. 5 **CQ** 5
Auguste-Orts (R.)..... p. 10 **KZ**
Auguste-Reyers (Bd).. p. 5 **CQ** 7
Avenir (R. de l') .... p. 8 **ET**
Baeck (Av.) .... p. 4 **AQ** 8
Bara (R.)............. p. 4 **BQ**
Baron-Horta (R.) ...... p. 8 **FU** 9
Barthélemy (Bd) ...... p. 8 **ETU**
Baudoin (Bd).......... p. 8 **FT**
Belliard (R.) .... p. 9 **GHV**
Berlaimont (Bd de).... p. 8 **FU**
Birmingham (R. de) ... p. 4 **BQ**
Bisschoffsheim (Bd) .. p. 9 **GU**
Blaes (R.) .... p. 8 **EX**
Bodenbroek (R.) ...... p. 8 **FV** 13
Boechoutlaan .... p. 4 **BN** 14
Bois (R. au) .... p. 7 **DR**
Bois-à-Brûler
(Quai au) .... p. 10 **KY**
Bois-de-la-Cambre
(Av. du) .... p. 7 **CR** 15
Boitsfort (Chée de).... p. 7 **CR**
Bouchers (R. des)..... p. 7 **LZ**
Boulevard (Av. du) .... p. 8 **FT** 16
Bourse (Pl. de la) ..... p. 10 **KZ**
Brabant (R.) .... p. 4 **BP**
Braemt (R.) .... p. 9 **HT**
Brand-Whitlock (Bd) .. p. 5 **CQ** 18
Bréderode (R.) .... p. 9 **GV**
Briques (Quai aux) .... p. 10 **KY**
Broqueville (Av.)...... p. 5 **CQ** 21
Brouckère (Pl. de)..... p. 10 **LY**
Brugmann (Av.) .... p. 6 **BR**
Bruxelles (Chée de) ... p. 6 **BR**
Canal (R. du) .... p. 10 **KY**
Caporal (Drève du).... p. 7 **CS**
Charleroi (Chée de) ... p. 8 **FX** 24
Charles-Quint (Av.) ... p. 4 **AP**
Charles-Woeste (Av.) . p. 4 **BP** 26
Chartreux (R. des)..... p. 8 **EU**
Chasse (Av. de la)..... p. 7 **CR** 27
Chazal (Av.) .... p. 5 **CP** 28
Cirque (R. du) .... p. 10 **LY**
Clovis (Bd) .... p. 9 **HU**
Coghen (Av.) .... p. 6 **BR**
Colonies (R. des) ..... p. 9 **GU** 29
Commerce (Quai du) .. p. 8 **EFT**
Comte (Drève du)..... p. 7 **CS**
Congrès (R. du)....... p. 9 **GU**
Cortenberg (Av. de) ... p. 5 **CQ** 31
Couronne (Av. de la) .. p. 7 **CR**
Croix-de-Fer (R.) ...... p. 9 **GU**
Croix-du-Feu
(Av. des) .... p. 5 **CP**
Démosthène-
Poplimont (Av.) .... p. 4 **AP** 32
Dieweg............... p. 6 **BS**
Dolez (Av.) .... p. 6 **BS**
Ducale (R.) .... p. 9 **GUV**
Duquesnoy (R.)....... p. 10 **LZ**
Eburons (R. des) ..... p. 9 **HU**
Ecuyer (R. de l') .... p. 10 **LZ**
Edith-Cavell-
Houzeau (R.) .... p. 6 **BR** 34
Edmond-de-
Parmentier (Av.) .... p. 7 **DR** 36
Edmond-Machtens
(Bd) .... p. 4 **AP** 37
Egide-van-Ophem (R.) p. 6 **BS** 38
Eloy (R.) .... p. 4 **BQ** 39
Emile-Bockstael (Bd).. p. 4 **BP** 41
Emile-Bossaert (Av.) .. p. 4 **AP** 42
Emile-Jacqmain (Bd).. p. 10 **LY**
Emile-Vandervelde
(Av.) .... p. 5 **DQ**
Empereur (Bd de l') ... p. 8 **FV** 43
Ernest-Solvay (R.)..... p. 9 **GX** 45
Escalier (R. de l') ..... p. 8 **FV** 46
Esplanade (R. de l') ... p. 9 **GV** 47
Etoile (R. de l') .... p. 6 **AS**
Etterbeek (Chée d') ... p. 9 **HV**
Eugène-Flagey (Pl.) ... p. 7 **CR** 49
Europe (Bd de l')...... p. 8 **EX** 50
Evêque (R. de l') ...... p. 10 **KLY**
Exposition (Av. de l') .. p. 4 **AP**
Fabriques (R. des) .... p. 8 **EU**
Flandre (R. de) .... p. 10 **KY**
Fonsny (Av.) .... p. 8 **EX**
Fontainas (Pl.)........ p. 10 **KZ**
Foresterie (Av. de la) .. p. 7 **CS** 53
Fosse-aux-Loups (R.) . p. 10 **LY**
Franklin-Roosevelt
(Av.) .... p. 7 **CR**
Frans-van-Kalken (Av.) p. 6 **AR** 55
de-Fré (Av.) .... p. 6 **BR**
Froissart (R.) .... p. 9 **HV**
Galilée (Av.).......... p. 9 **GT**
Gallait (R.) .... p. 4 **BP**
Gand (Chaussée de) .. p. 8 **ET**
Gén.-Jacques (Bd) .... p. 7 **CR**
Gén.-Wahis (Bd)...... p. 5 **CP**
Georges-Marlow (Sq.). p. 6 **BR**
Goffart (R.) .... p. 9 **GHX**
Grand-Hospice (R. du) p. 10 **KY**
Grand-Place .... p. 8 **FU**
Haecht (Chaussée de). p. 5 **CP**
van-Haelen (Bd) ...... p. 6 **BR** 59
Haute (R.)............ p. 8 **EX**
Helmet (Chaussée de). p. 5 **CP**
de-Heyn (Av.) .... p. 4 **BN**
Hippodrome (Av.)..... p. 7 **CR** 60
Hôpital (R. de l') ...... p. 8 **FU** 61
Hôpital-Français
(Av. de l') .... p. 4 **AP** 62
Hospices (Av. des).... p. 6 **BS** 64
Hôtel-des-Monnaies
(R.) .... p. 6 **BR**
Houba-de-Strooper
(Av.) .... p. 4 **BN**
Humanité (Bd de l') ... p. 6 **AR**
Impératrice (Bd de l').. p. 10 **LZ**
Indringingsweg ...... p. 5 **CN**
Industrie (R. de l') ..... p. 9 **GUV**
Invalides (Bd des)..... p. 7 **CR**
Itterbeek (Av. d') ...... p. 4 **AQ**
Jamar (Bd)........... p. 8 **EV**
Jardin-Botanique
(Bd du)............ p. 8 **GT**
Jean-et-Pierre-
Carsoel (Av.) .... p. 6 **BS** 66
Jette (Av. de) .... p. 4 **BP**
Joseph-Bracops (Bd).. p. 6 **AQ**
Joseph-Lebeau (R.) ... p. 8 **FV** 67
Joseph-II (R.)......... p. 9 **HU**
Josse-Goffin (Av.) .... p. 4 **AP** 68
Jourdan (Pl.) .... p. 9 **HX**
Jubilé (Bd du) .... p. 4 **BP**
Laeken (R. de)........ p. 10 **KLY**
La-Hulpe
(Chaussée de) ..... p. 7 **CRS**
Lambermont (Bd)..... p. 5 **CP**
Lebon (Av.) .... p. 7 **CR** 72
Lemonnier (Bd)....... p. 8 **EUV**
Lennick (Rte de) ..... p. 6 **AR**
Léon-Lepage (R.) ..... p. 8 **ET** 73
Léon-Vanderkindere
(R.) .... p. 6 **BR**
Léopold (R.).......... p. 10 **LYZ**
Léopold-I (R.) .... p. 4 **BP**
Léopold-II (Av.)....... p. 7 **DS**
Léopold-II (Bd) .... p. 4 **BP**
Léopold-II (Square) ... p. 5 **CQ**
Léopold-III (Bd) ...... p. 5 **CP**
Liedts (Pl.) .... p. 4 **BP** 75
Ligne (R. de) .... p. 9 **GU**
Locquenghien (R.) .... p. 8 **ET**
Loi (R. de la)......... p. 9 **GU**
Lombard (R. du) ..... p. 10 **KLZ**
Lorraine (Drève de) ... p. 7 **CS**
Louise (Av.) .... p. 8 **FX** 78
Louise (Galerie) ...... p. 8 **FX**
Louis-Mettewie (Bd) .. p. 4 **AP**
Louvain (Chaussée de) p. 9 **GHU**
Louvain (R. de) .... p. 9 **GU**
Luxembourg (R. du) ... p. 9 **GV**
Madeleine (R. de la)... p. 8 **FU**
Madou (Pl.) .... p. 9 **GU**
Madrid (Av. de)....... p. 4 **BN** 79
Marais (R. du) .... p. 8 **FGT**
Marché-aux-Porcs .... p. 10 **KY**
Marie-Christine (R.) ... p. 4 **BP** 82
Marie-Louise (Square) p. 9 **HU**
Marnix (Av.) .... p. 9 **GV**
Martyrs (Pl. des) ...... p. 10 **LY**
Maurice-Lemonnier
(Bd) .... p. 10 **KZ**
Meir (Rond-Point du).. p. 4 **AQ** 83
Meise (Av. de)........ p. 4 **BN** 84
Méridien (R. du) ...... p. 9 **GT**
Merode (R. de) .... p. 6 **BR** 85
Minimes (R. des) ..... p. 8 **FVX**
Miroir (R. du) .... p. 8 **EFV**
Molière (Av.) .... p. 6 **BR**
Monnaie (Pl. de la).... p. 10 **LY**
Mons (Chaussée de) .. p. 8 **EU** 86
Montagne (R. de la) ... p. 8 **FU**
Montgoméry (Sq.) .... p. 5 **CQ**
Mont-St-Jean
(Rte de) .... p. 7 **DR**
Musée (R. du) .... p. 8 **FV** 88
Namur (R. de) .... p. 8 **FV** 89
Naples (R. de) .... p. 9 **GX**
Navez (R.)............ p. 4 **BP** 91
Neerpede (R. de) ..... p. 6 **AR** 92

ENVIRONS

BEERSEL (**AS**)

DIEGEM (**DN**)

DROGENBOS (**AR**)

HOEILAART (**DS**)

KRAAINEM (**DP**)

LINKEBEEK (**BS**)

LOT (**AS**)

MACHELEN (**DN**)

RUISBROEK (**AS**)

ST. GENESIUS-RODE (**CS**)

ST. PIETERS-LEEUW (**AR**)

ST. STEVENS-WOLUWE (**DP**)

STROMBEEK BEVER (**BN**)

VILVOORDE (**DN**)

WEMMEL (**AN**)

ZAVENTEM (**DP**)

ZELLIK (**AP**)

Michelinkaarten worden steeds bijgewerkt.

BRUXELLES
BRUSSEL
AGGLOMÉRATION NORD

Auderghem (Av. d') . . . . **CQ** 5
Auguste-Reyers (Bd) . . . . **CQ** 7
Baeck (Av.) . . . . **AQ** 8
Boechoutlaan . . . . **BN** 14
Broqueville (Av. de) . . . . **CQ** 21
Charles-Woeste (Av.) . . . . **BP** 26
Chazal (Av. de) . . . . **CP** 28
Cortenberg (Av. de) . . . . **CQ** 31
Demosthène-Poplimont (Av.) **AP** 32
Edmond-Machtens (Bd) . . . . **AP** 37
Eloy (R.) . . . . **BQ** 39
Emile-Bockstael (Bd) . . . . **BP** 41
Emile-Bossaert (Av.) . . . . **AP** 42
Hôpital-Français (Av. de l') . . **AP** 62
Josse-Goffin (Av.) . . . . **AP** 68
Liedts (Pl.) . . . . **BP** 75
Madrid (Av. de) . . . . **BN** 78
Marie-Christine (R.) . . . . **BP** 82
Meir (Rd-Pt du) . . . . **AQ** 83
Meise (Av. de) . . . . **BN** 84
Navez (R.) . . . . **BP** 91
Noyer (R. du) . . . . **CQ** 97
Plasky (Av.) . . . . **CQ** 101
Prince-de-Liège (Bd du) . . . **AQ** 103
Procession (R. de la) . . . . . . **AQ** 105
R.-Vander-Bruggen (Av.) . . **AQ** 108
St-Michel (Bd) . . . . **CQ** 114
Sermon (Av.) . . . . **AP** 117
Souvenir (R. du) . . . . **AQ** 119
Stiénon (Av.) . . . . **BN** 124
Tomberg (Pl. du) . . . . **DQ** 128
Veeweyde (R. de) . . . . **AQ** 131

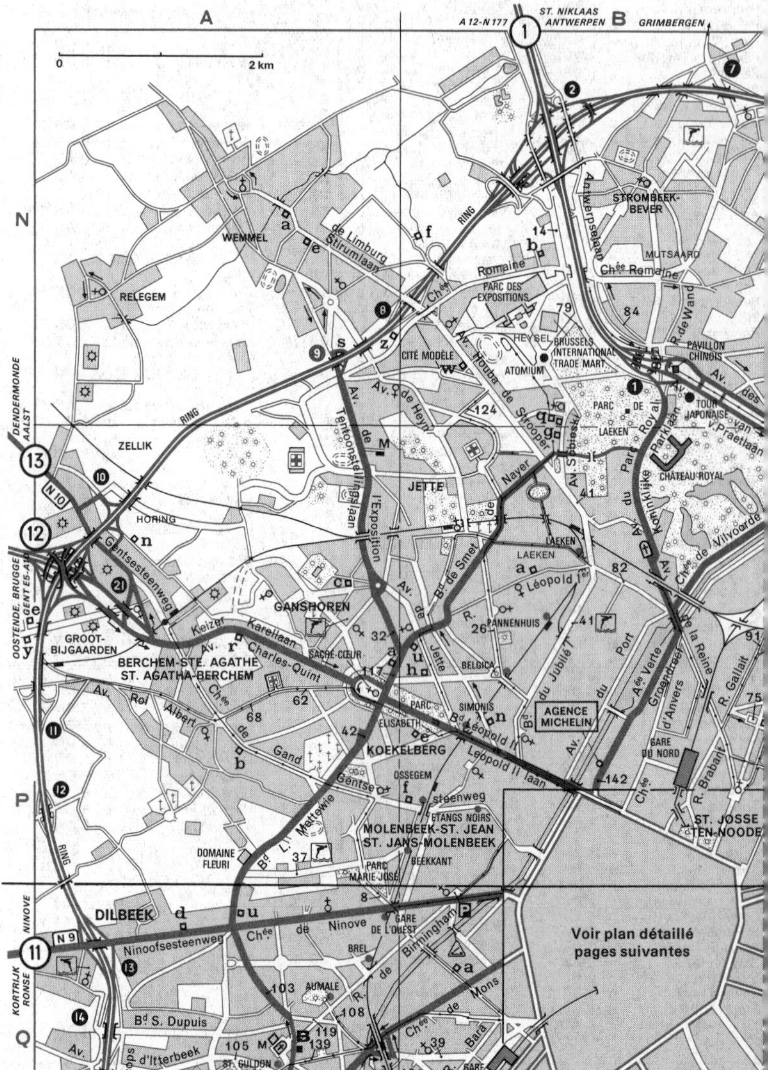

ENVIRONS

MACHELEN (**DN**)

VILVOORDE (**DN**)

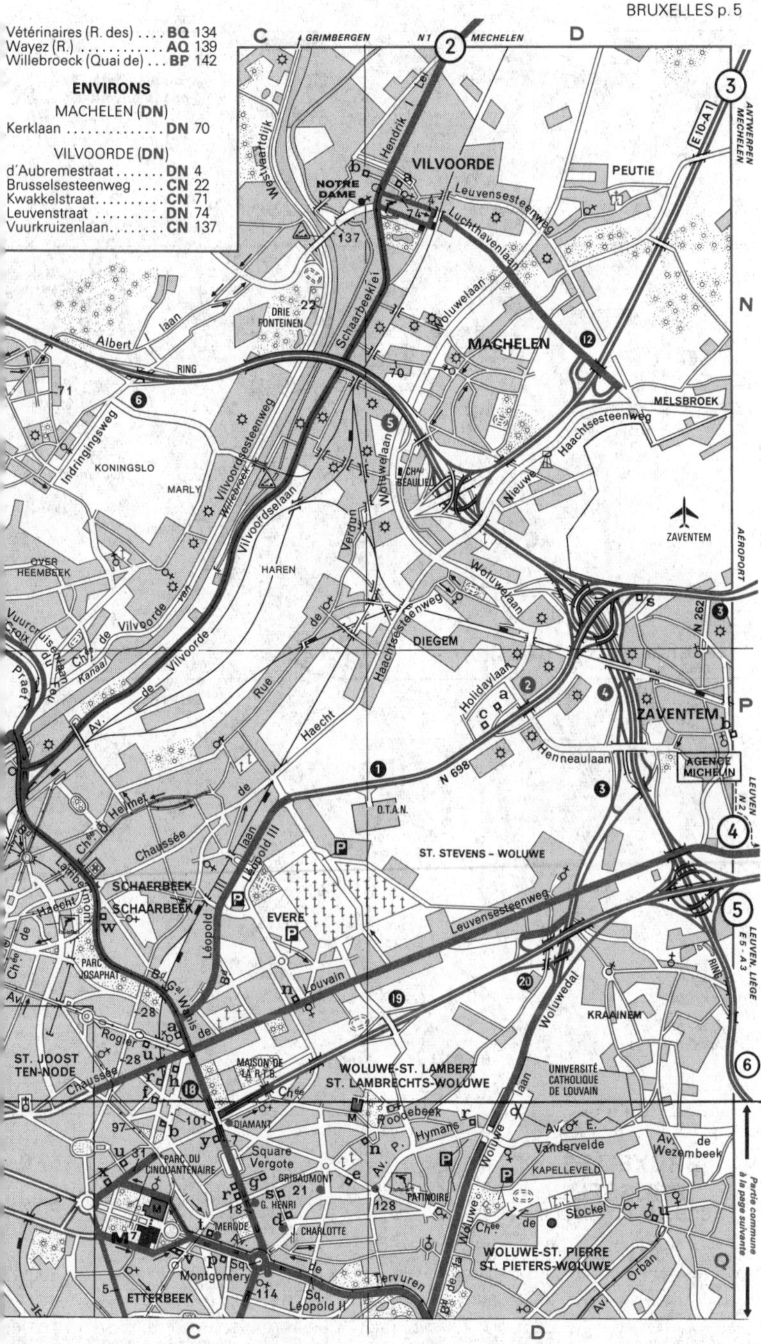

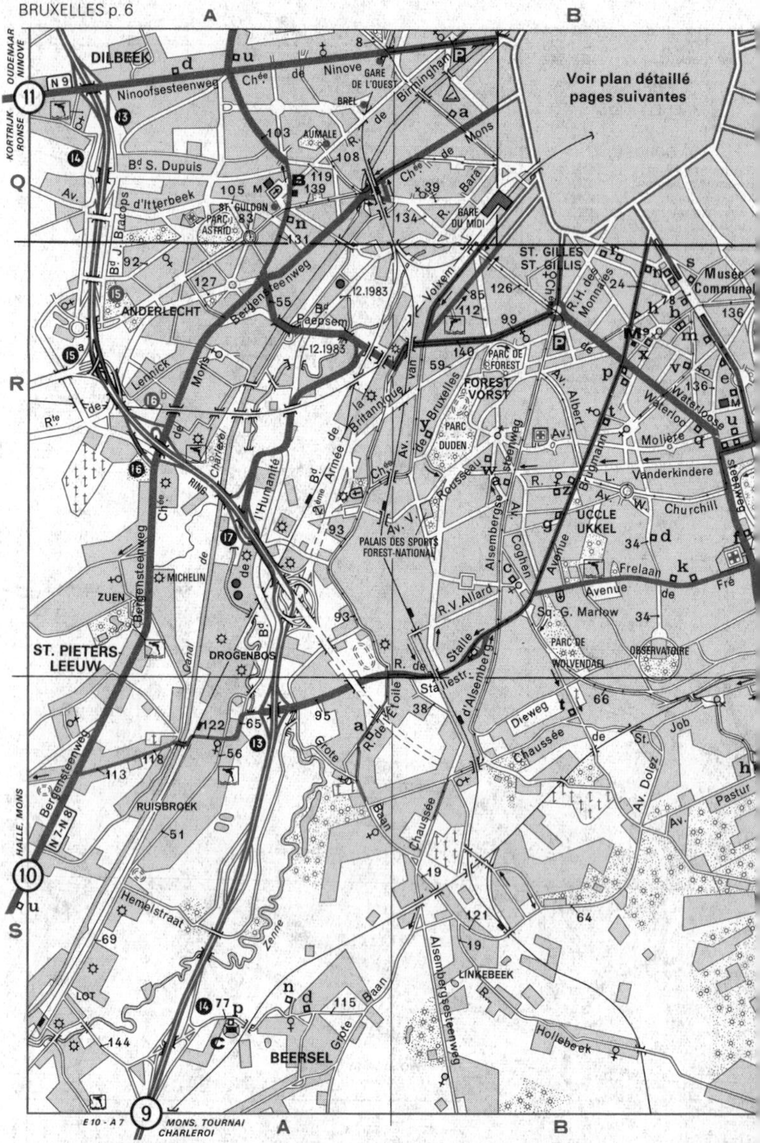

BRUXELLES BRUSSEL
AGGLOMÉRATION SUD

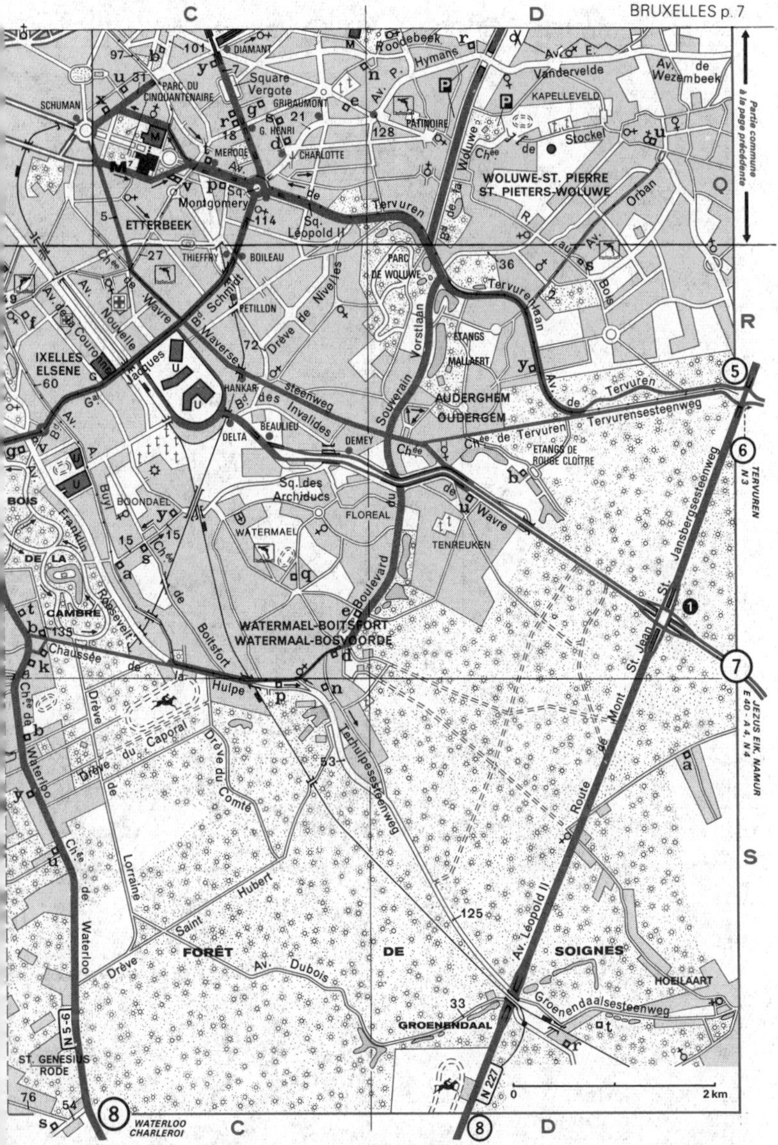
C
D
SCHUMAN
PARC DU CINQUANTENAIRE
DIAMANT
Square Vergote
GRIBAUMONT
G. HENRI
J. CHARLOTTE
MERODE
Sq. Montgomery
ETTERBEEK
Sq. Léopold II
Tervuren
PATINOIRE
KAPELLEVELD
Stockel
WOLUWE-ST. PIERRE
ST. PIETERS-WOLUWE
Partie commune à la page précédente
Q
THIEFFRY
BOILEAU
PETILLON
PARC DE WOLUWE
ETANGS MALLAERT
Tervurenlaan
R
IXELLES ELSENE
AUDERGHEM OUDERGEM
HANKAR
BEAULIEU
DELTA
DEMEY
Tervurensesteenweg
ETANGS DE ROUGE CLOITRE
TERVUREN N 3
BOIS DE LA CAMBRE
BOONDAEL
Sq. des Archiducs
FLOREAL
WATERMAEL
TENREUKEN
WATERMAEL-BOITSFORT
WATERMAAL-BOSVOORDE
Chaussée de la Hulpe
Jansbergsesteenweg
JEZUS EIK, NAMUR E 40 - A 4, N 4
Terhulpsesteenweg
Drève du Caporal
Drève du Comte
S
Route de Mont St. Jean
Av. Léopold II
FORÊT DE SOIGNES
Drève Saint Hubert
Av. Dubois
Chée de Waterloo
HOEILAART
Groenendaalsesteenweg
GROENENDAAL
ST. GENESIUS RODE
N 5-6
N 227
WATERLOO CHARLEROI
0
2 km

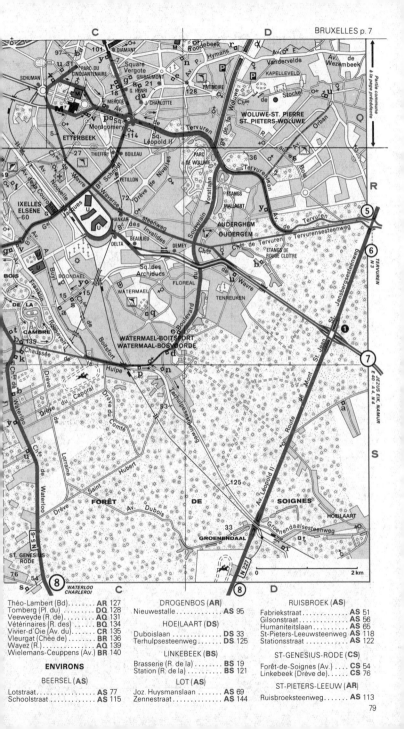

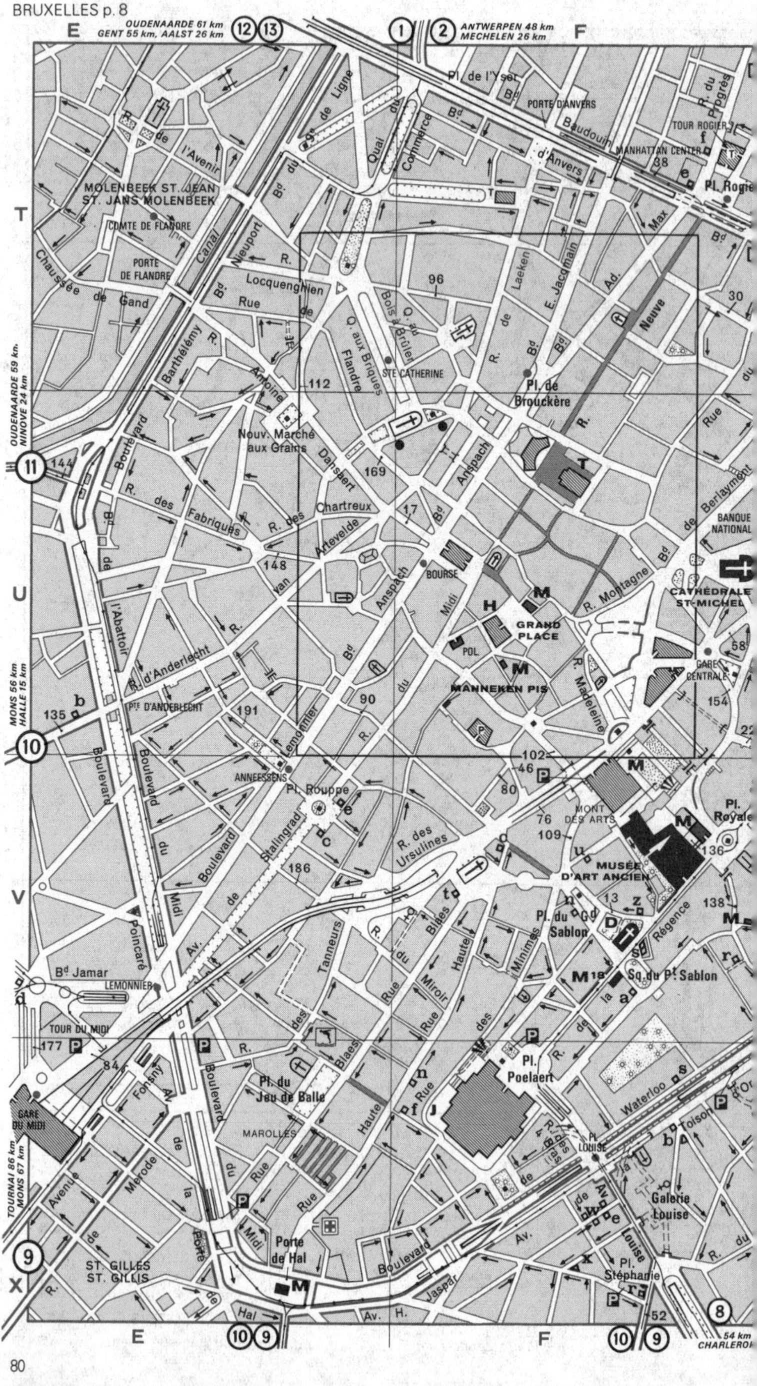
OUDENAARDE 61 km
GENT 55 km, AALST 26 km
ANTWERPEN 48 km
MECHELEN 26 km
Pl. de l'Yser
PORTE D'ANVERS
TOUR ROGIER
MANHATTAN CENTER
Pl. Rogier
MOLENBEEK ST. JEAN
ST. JANS MOLENBEEK
COMTE DE FLANDRE
PORTE DE FLANDRE
Chaussée de Gand
Canal
Locquenghien
STE CATHERINE
Pl. de Brouckère
Nouv. Marché aux Grains
OUDENAARDE 59 km
NINOVE 24 km
R. des Fabriques
Chartreux
BOURSE
R. Montagne
CATHÉDRALE ST-MICHEL
BANQUE NATIONALE
GRAND PLACE
MANNEKEN PIS
GARE CENTRALE
MONS 56 km
HALLE 15 km
R. d'Anderlecht
Pte D'ANDERLECHT
ANNEESSENS
Pl. Rouppe
MONT DES ARTS
MUSÉE D'ART ANCIEN
Pl. Royale
R. des Ursulines
Pl. du Grd Sablon
Sq. du Pt Sablon
Régence
Bd Jamar
LEMONNIER
TOUR DU MIDI
GARE DU MIDI
Pl. du Jeu de Balle
MAROLLES
Pl. Poelaert
Pl. LOUISE
Galerie Louise
Pl. Stéphanie
Porte de Hal
ST. GILLES
ST. GILLIS
TOURNAI 86 km
MONS 67 km
54 km
CHARLEROI

BRUXELLES
BRUSSEL
CENTRE

Baron-Horta (R.) .... FU 9
Bodenbroek (R.) .... FV 13
Boulevard (Av. du) .... FT 16
Charleroi
(Chaussée de)......... FX 24
Colonies (R. des)....... EGU 29
Empereur (Bd de l')........ FV 43
Ernest-Solvay (R.) .... GX 45
Escalier (R. de l') .... FV 46
Esplanade (R. de l') ...... GV 47
Europe (Bd de l')......... EX 50
Grand-Place............. FU 57
Hôpital (R. de l') .... FU 61
Joseph-Lebeau (R.) ...... FV 67
Léon-Lepage (R.) .... ET 73
Mons (Chée de) .... EU 86
Musée (R. du) .... FV 88
Namur (R. de)......... FGV 89

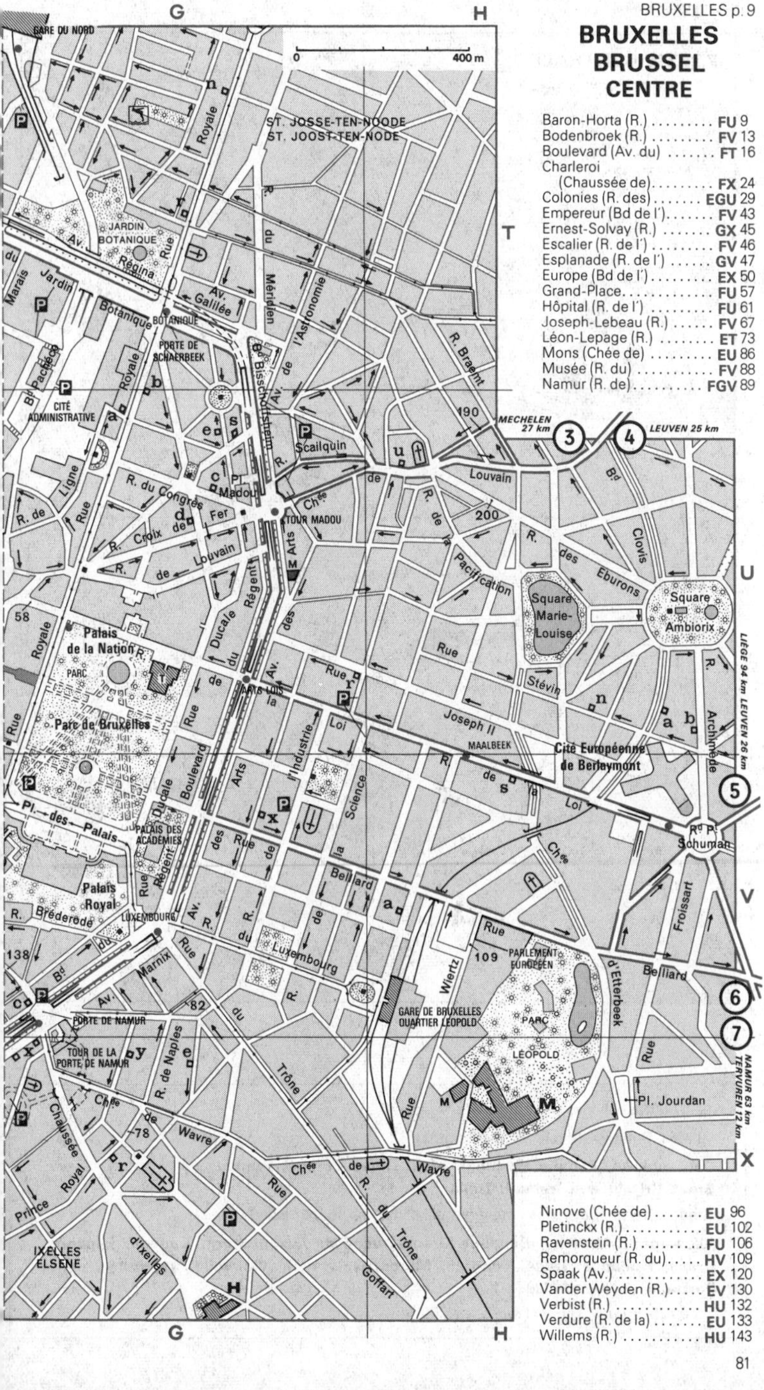

Ninove (Chée de)....... EU 96
Pletinckx (R.)........... EU 102
Ravenstein (R.).......... FU 106
Remorqueur (R. du)..... HV 109
Spaak (Av.)............. EX 120
Vander Weyden (R.)..... EV 130
Verbist (R.)............ HU 132
Verdure (R. de la)....... EU 133
Willems (R.)........... HU 143

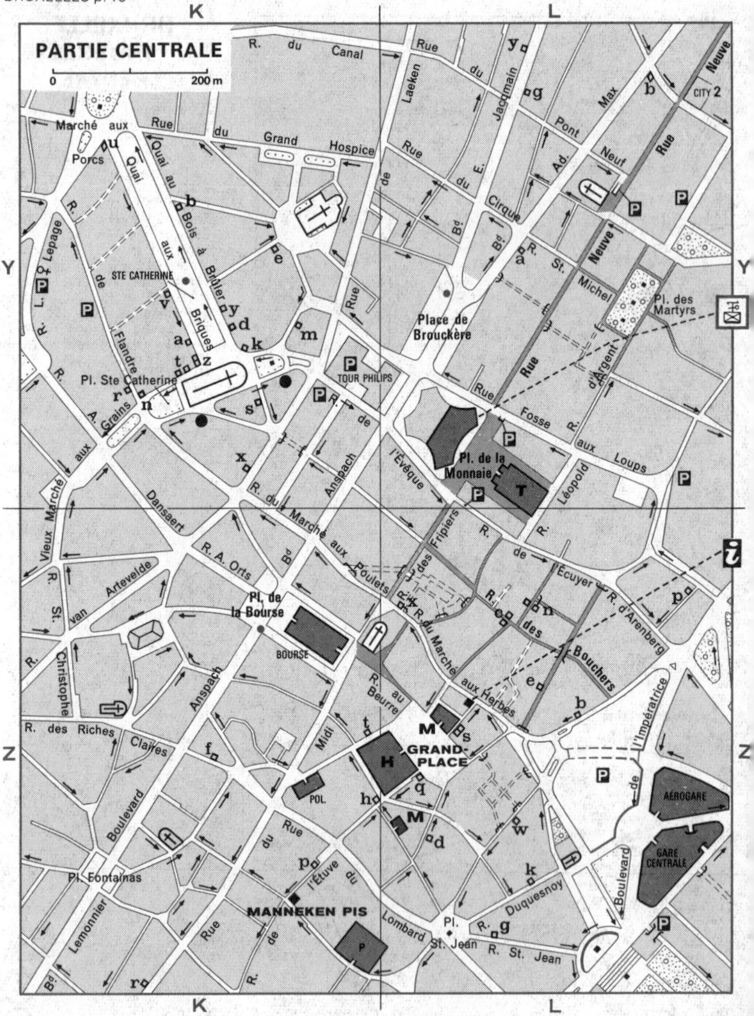

Les guides Michelin :

Guides Rouges (hôtels et restaurants) :

Deutschland, España Portugal, Main Cities Europe, France, Great Britain and Ireland, Italia

Guides Verts (paysages, monuments et routes touristiques) :

Allemagne, Autriche, Belgique Grand-Duché de Luxembourg, Canada, Espagne, Grèce, Hollande, Italie, Londres, Maroc, New York, Nouvelle-Angleterre, Portugal, Rome, Suisse

... et 19 guides sur la France.

LISTE ALPHABÉTIQUE HOTELS ET RESTAURANTS

LES BONNES TABLES... A ÉTOILES

GERENOMMEERDE KEUKENS... MET STERREN

DIE GUTEN RESTAURANTS... UND DIE STERNE

OUTSTANDING CUISINE... AND STARS

XXX **Perraudin,** r. St-Jean 49, ✉ 1000, ✆ 5111388 – AE ⓓ E LZ **g**
fermé lundi – **R** 875.

XXX **Tête d'Or,** r. Tête d'Or 9, ✉ 1000, ✆ 5110201, « Décor vieux Bruxelles » – AE ⓓ E KZ **t**
fermé sam., dim. et 15 juil.-14 août – **R** carte 1200 à 1850.

XXX **Filet de Boeuf,** r. Harengs 8, ✉ 1000, ✆ 5119559, « Décor vieux Bruxelles » – AE ⓓ E
fermé sam., dim. et août – **R** carte 1300 à 1670. LZ **s**

XXX **Bon Vieux Temps,** 1er étage, r. Marché-aux-Herbes 12 (dans l'impasse St-Nicolas), ✉ 1000, ✆ 2181546, « Ancienne demeure bruxelloise » – AE ⓓ E LZ **x**
fermé sam. midi, dim. et juil. – **R** 595/995.

XXX **Éperon d'Or,** r. Éperonniers 8, ✉ 1000, ✆ 5125239, Classique – AE ⓓ E LZ **w**
◆ *fermé sam., dim. et 21 juil.-14 août* – **R** 450/1000.

XXX Café de Paris, r. Vierge Noire 10, ✉ 1000, ✆ 5123940 KY **x**

XX L'Ermitage, pl. Ste-Catherine 6, ✉ 1000, ✆ 5131992 – ▤ KY **t**
fermé sam. midi, dim. et jours fériés.

XX ✿ **Sirène d'Or** (Van Duuren), pl. Ste-Catherine 1 a, ✉ 1000, ✆ 5135198 – AE ⓓ KY **n**
fermé dim., lundi et juil. – **R** carte 1240 à 1670
Spéc. Fricassée de sole et ris de veau aux jets de houblon (mars-avril), Bouillabaisse, Soupe de goujonnettes de sole homardière.

XX **Les Algues,** pl. Ste-Catherine 15, ✉ 1000, ✆ 2179012, Produits de la mer – AE ⓓ E KY **k**
R 675.

XX **Le Saint Jean des Prés,** quai au Bois-à-Brûler 5, ✉ 1000, ✆ 2185901, Ouvert jusqu'à 24 h – AE ⓓ E KY **d**
fermé dim. soir – **R** carte env. 800.

XX **Serge et Anne,** r. Peuplier 23, ✉ 1000, ✆ 2181662 – AE ⓓ KY **e**
fermé merc. et août – **R** carte 760 à 1080.

XX **Chapon Fin,** r. Chapeliers 16, ✉ 1000, ✆ 5120717 – AE ⓓ E LZ **d**
fermé lundi soir, mardi et du 1er au 15 sept. – **R** carte 830 à 1170.

XX **Épaule de Mouton,** r. Harengs 16, ✉ 1000, ✆ 5110594, « Décor vieux Bruxelles » – AE ⓓ E LZ **s**
fermé dim., lundi et du 8 au 31 juil. – **R** carte 1200 à 1500.

XX **Rôtiss. Au Cochon d'Or,** quai au Bois-à-Brûler 15, ✉ 1000, ✆ 2180771 – AE ⓓ E KY **y**
fermé dim. soir, lundi et sept. – **R** 550/1000.

XX **Le Chablis,** r. Flandre 6, ✉ 1000, ✆ 5124631 – AE ⓓ E KY **r**
fermé sam.midi, dim. et du 1er au 30 juil. – **R** 625/1360.

XX **Armes de Bruxelles,** r. Bouchers 13, ✉ 1000, ✆ 5115598, Ambiance bruxelloise – AE ⓓ E
fermé lundi et juin – **R** carte 730 à 1160. LZ **c**

XX **Taverne du Passage,** Galerie de la Reine 30, ✉ 1000, ✆ 5123731, Taverne-restaurant, Ambiance bruxelloise – AE ⓓ E LZ **e**
fermé merc. et jeudi en juin-juil. – **R** carte 640 à 1040.

XX **Crustacés,** quai aux Briques 8, ✉ 1000, ✆ 5131493, Produits de la mer – AE ⓓ E. ✻
R carte 750 à 1300. KY **a**

XX **Chez François,** quai aux Briques 2, ✉ 1000, ✆ 5116089, Produits de la mer – AE ⓓ E
fermé lundi et juin – **R** carte 1030 à 1410. KY **z**

XX **L'Ami Michel,** pl. du Samedi 17, ✉ 1000, ✆ 2175377, Produits de la mer – AE E KY **m**
fermé dim. soir, lundi et 15 juil.-14 août – **R** carte 1260 à 1570.

X ✿ **Belle Maraîchère** (Devreker), pl. Ste-Catherine 11, ✉ 1000, ✆ 5129759, Produits de la mer – AE ⓓ E KY **t**
fermé merc. et jeudi – **R** carte 850 à 1270
Spéc. Soupe de poissons, Fricassée de homard aux petits légumes, Turbot grillé.

X **Maggi,** r. Teinturiers 6, ✉ 1000, ✆ 5114792 KZ **f**
fermé jeudi, vend. et juil. – **R** 550/680.

X **Marie-Joseph,** quai au Bois-à-Brûler 47, ✉ 1000, ✆ 2180596, Produits de la mer – AE ⓓ
R carte 880 à 1150. KY **b**

X **Rôtiss. Vincent,** r. Dominicains 8, ✉ 1000, ✆ 5112302, Ambiance bruxelloise – AE ⓓ E
fermé août – **R** carte 550 à 1010. LZ **n**

X **Léon,** r. Bouchers 18, ✉ 1000, ✆ 5111415, Ambiance bruxelloise – AE ⓓ E LZ **c**
R carte 760 à 1030.

X **Ogenblik,** Galerie des Princes 1, ✉ 1000, ✆ 5116151, Ouvert jusqu'à minuit – AE ⓓ E
fermé dim. – **R** (jours fériés dîner seult) carte 890 à 1430. LZ **n**

X **Rugbyman,** quai aux Briques 4, ✉ 1000, ✆ 5125640, Crustacés – ▤. AE ⓓ E KY **z**
R carte 940 à 1420.

X **Al Buco,** bd E.-Jacqmain 89, ✉ 1000, ✆ 2171172, Cuisine italienne – ⓓ E LY **g**
fermé vend. soir, sam. et 31 juil.-28 août – **R** carte 510 à 770.

Centre Sud

Quartier Place Rouppe, Lemonnier : plan EV :

Windsor sans rest, pl. Rouppe 13, ✉ 1000, ☎ 5112014 – 24 ch ☐ 920/1490. EV e

XXX ✿✿✿ **Comme Chez Soi** (Wynants), pl. Rouppe 23, ✉ 1000, ☎ 5122921 – ▤. AE ⓓ EV c
fermé du 1er au 30 juil., Noël-Nouvel An, dim. et lundi – **R** (nombre de couverts limité - prévenir) carte 1550 à 2150
Spéc. Les mousses Wynants, Poëlée de langoustines au coeur de laitue et baies roses, Canette de barbarie souffle d'été.

XXX ✿ **Da Gesuino** (Todde), r. Fiennes 3, ✉ 1070, ☎ 5215163, Avec cuisine italienne – AE ⓓ E
fermé sam., dim. et 21 juil.-16 août – **R** carte 1180 à 1730 EV d
Spéc. Gamberetti citronelle, Ris de veau tagliatelle, Agneau de Pauillac (déc.-Pâques).

Quartier Sablon et Place Royale : plan FV :

XXX ✿✿ **L'Écailler du Palais Royal,** r. Bodenbroek 18, ✉ 1000, ☎ 5128751, Produits de la mer – AE ⓓ E FV z
fermé dim., jours fériés et 28 juil.-1er sept. – **R** (nombre de couverts limité - prévenir) carte 1250 à 1900
Spéc. Banc d'huîtres et coquillages (sept.-avril), Feuilleté de haddock au beurre de poireaux, Sole au plat beurre ciboulette.

XXX ✿ **Chez Christopher,** pl. Chapelle 5, ✉ 1000, ☎ 5126891, Décor rétro – AE ⓓ E FV t
fermé sam., dim., jours fériés et Noël-Nouvel An – **R** carte 1400 à 1950.

XXX **En Provence,** pl. Petit-Sablon 1, ✉ 1000, ☎ 5111208, Rustique – ▤. AE ⓓ E FV s
fermé dim. et 20 juil.-19 août – **R** carte 1350 à 1680.

XXX **Debussy,** pl. Petit Sablon 2, ✉ 1000, ☎ 5128041 – AE ⓓ E FV s
fermé sam. midi, dim., jours fériés et 14 juil.-16 août – **R** carte 960 à 1460.

XX **Au Duc d'Arenberg,** pl. Petit-Sablon 9, ✉ 1000, ☎ 5111475, Taverne-restaurant rustique – AE ⓓ FV a
R carte 1320 à 1720.

X **Trente rue de la Paille,** r. Paille 30, ✉ 1000, ☎ 5120715 – AE ⓓ E FV u
fermé sam.midi, dim., jours fériés et juil. – **R** carte 1200 à 1550.

X **J. et B.,** r. Baudet 5, ✉ 1000, ☎ 5120484, Ouvert jusqu'à 23 h. – AE ⓓ E FV r
fermé sam.midi et dim. – **R** 600/900.

X **Les Années Folles,** r. Haute 17, ✉ 1000, ☎ 5135858 – AE FV c
fermé sam. midi et dim. – **R** carte env. 920.

X **Au Vieux Saint-Martin,** Grand Sablon 38, ✉ 1000, ☎ 5126476, Taverne avec repas rapide, Ouvert jusqu'à 24 h. FV n
R carte 780 à 1080.

Quartier Porte Louise, Palais Justice, Place Stéphanie : plans FX et BR :

Hilton International Brussels Ⓜ, bd Waterloo 38, ✉ 1000, ☎ 5138877, Télex 22744, « Rest. au 27e étage avec ≤ sur ville » – ▤ TV ☎ ♿ – AE ⓓ E. ✗ rest FX s
R 1650 – ☐ 320 – **369 ch** 2800/5250.

Ramada-Brussels Ⓜ, chaussée de Charleroi 38, ✉ 1060, ☎ 5393000, Télex 25539 – ▤ TV ☎ – AE ⓓ E BR n
R carte 1190 à 1460 – ☐ 330 – **201 ch** 2870/3500.

Ascot sans rest, pl. Loix 1, ✉ 1060, ☎ 5388835, Télex 25010 – TV. AE ⓓ E. ✗ BR r
58 ch ☐ 1500/1880.

La Cascade sans rest, r. Source 14, ✉ 1060, ☎ 5388830, Télex 26637 – wc ☎ Ⓟ – AE ⓓ E. ✗ BR r
42 ch ☐ 1950/2420.

Diplomat Ⓜ sans rest, r. Jean-Stas 32, ✉ 1060, ☎ 5374250, Télex 61012 – TV wc ☎ FX x
68 ch ☐ 1980/2350.

Delta Ⓜ, chaussée de Charleroi 17, ✉ 1060, ☎ 5390160, Télex 63225 – wc wc ☎ – FX r
255 ch ☐ 2150/3350.

XX **La Closerie,** r. Jourdan 15, ✉ 1060, ☎ 5381448 – AE ⓓ E. ✗ FX w
fermé sam. midi, dim., 29 juil.-11 août et du 7 au 14 mars – **R** 600/1250.

XX **Al Piccolo Mondo,** r. Jourdan 19, ✉ 1060, ☎ 5388794, Avec cuisine italienne – AE ⓓ E. ✗ FX w
R carte 740 à 1170.

XX **Cheval Blanc,** r. Haute 204, ✉ 1000, ☎ 5123771, Ouvert jusqu'à 24 h. – AE ⓓ E FX n
fermé dim. soir – **R** carte 600 à 1000.

XX **Chez Adrienne,** r. Capitaine Crespel 1a, ✉ 1050, ☎ 5119339, Hors d'œuvre FX b
fermé dim., jours fériés et juil. – **R** 490/590.

XX **Meo Patacca,** r. Jourdan 20, ✉ 1060, ☎ 5381546, Cuisine italienne, Ouvert jusqu'à 24 h – AE ⓓ E FX w
R carte 800 à 1200.

X **Hippopotamus,** r. Capitaine Crespel 2, ✉ 1050, ☎ 5129362, Grillades, Ouvert jusqu'à 24 h. – AE ◑ E — FX **b**
R carte 590 à 850.

X **Au Beurre Blanc,** r.Faucon 2a, ✉ 1000, ☎ 5130111 – AE ◑ E — FX **f**
fermé sam. midi, dim., 12 août-2 sept. et 24 déc.-2 janv. – **R** carte 600 à 1600.

X **Uncle Joe's,** r. Jourdan 12, ✉ 1060, ☎ 5382525, Ouvert jusqu'à minuit – AE ◑ E — FX **e**
fermé dim. et du 15 au 30 juil. – **R** carte 750 à 1170.

Quartier Porte de Namur, Luxembourg, Palais des Académies : *plan* GV :

XXX **Bernard,** 1er étage, r. Namur 93, ✉ 1000, ☎ 5128821, Produits de la mer – AE — GV **c**
fermé dim., lundi soir, jours fériés et juil. – **R** carte 1150 à 1800.

XX **Marie-José "Chez Callens"** avec ch, r. Commerce 73, ✉ 1040, ☎ 5120843 – wc wc – AE ◑ E — GV **x**
R *(fermé sam.soir, dim. et jours fériés)* (ouvert jusqu'à 23 h.) 495/1340 – **17 ch** 800/1550.

Quartier Porte de Namur (côté Tour), Quartier St. Boniface : *plan* GX :

XXX **Old Mario,** r. Alsace Lorraine 44, ✉ 1050, ☎ 5116161, Cuisine italienne – P. AE ◑ E — GX **e**
fermé sam. et dim. – **R** carte env. 1300.

XX **Charles-Joseph,** r. E. Solvay 9, ✉ 1050, ☎ 5134390 – AE ◑. — GX **r**
fermé sam. midi, dim. et août – **R** 750/1300.

XX **Criterion,** av. Toison d'Or 7, ✉ 1060, ☎ 5123768, Taverne-restaurant — GX **x**
R carte 720 à 1030.

XX Maison d'Allemagne, 1er étage, av. Toison-d'Or 10, ✉ 1060, ☎ 5123354, Cuisine allemande, Taverne avec repas rapide au rez-de-chaussée — GX **x**

X **Yser,** r. Edimbourg 9, ✉ 1050, ☎ 5117459 — GX **y**
fermé dim. soir, lundi et 3 dern. sem. juil.-3 prem. sem. août – **R** 250/620.

Centre Est

Quartier Square Marie-Louise, Square Ambiorix, Cité Européenne : *plan* HU :

Charlemagne sans rest, bd Charlemagne 25, ✉ 1040, ☎ 2302135, Télex 22772 – wc ☎ – AE ◑ E — HU **a**
62 ch 1675/1900.

X **Sole di Capri,** r. Archimède 12, ✉ 1040, ☎ 2308208, Avec cuisine italienne – AE ◑ E. — HU **b**
fermé sam. et août – **R** carte 690 à 1050.

Rue de la Loi, Quartier Schuman, Quartier Léopold : *plan* HV :

Brussels Europa H. M, r. de la Loi 107, ✉ 1040, ☎ 2301333, Télex 25121 – TV ☎ P – AE ◑ E — HV **s**
R *(fermé sam. et août)* carte 1190 à 2290 – 300 – **245 ch** 3000/3900.

X **Maxevil,** r. de Trèves 66, ✉ 1040, ☎ 2301632 – AE — HV **a**
fermé lundi soir, mardi soir, jeudi soir, dim. et 20 juil.-19 août – **R** carte 860 à 1210.

Quartier Cité Administrative, Madou, Parc de Bruxelles : *plan* GU, HU :

Astoria et Rest. Palais Royal, r. Royale 103, ✉ 1000, ☎ 2176290, Télex 25040 – TV ☎ – AE ◑ E. rest — GTU **b**
R *(fermé sam., dim. et jours fériés)* 595/1050 – 290 – **125 ch** 2590/3350.

Président Centre M sans rest, r. Royale 160, ✉ 1000, ☎ 2190065, Télex 26784 – TV ☎. AE ◑ E — GU **a**
73 ch 2300/2540.

City Garden M sans rest, avec appartements, r. Joseph II 59, ✉ 1040, ☎ 2300945, Télex 63570 – TV ☎. AE. — GU **r**
150 – **96 ch** 1780/2250.

Congrès et Rest. Le Carrousel, r. Congrès 42, ✉ 1000, ☎ 2171890 – wc wc ☎. AE ◑ E — GU **c**
R *(fermé sam., dim. et 5 août-1er sept.)* carte 920 à 1300 – **38 ch** 650/1150 – P 1400/1690.

Résidence Sabina sans rest, r. Nord 78, ✉ 1000, ☎ 2182637 – wc ☎ — GU **e**
16 ch 650/990.

XXX **Astrid "Chez Pierrot",** r. de la Presse 21, ✉ 1000, ☎ 2173831, Classique – AE ◑ — GU **d**
fermé dim., Pâques et 15 juil.-14 août – **R** 625/1200.

X **Chambertin,** r. Cultes 36, ✉ 1000, ☎ 2187047, Taverne-restaurant — GU **s**
fermé dim. – **R** 350.

X **Le Belgica,** chaussée de Louvain 93, ✉ 1030, ☎ 2191587, Taverne-restaurant – AE ◑ — HU **u**
fermé dim. – **R** (jours fériés déjeuner seult) 490/900.

Centre Ouest

Quartier Porte de Ninove, Marché aux Grains, Porte d'Anderlecht : *plan* EU :

Van Belle, chaussée de Mons 39, ✉ 1070, ☎ 5213516, Télex 63840 – wc wc ☎. AE E. rest — EU **b**
R 580 – **139 ch** 780/1760.

Agglomération

Nord

Quartier Basilique (Koekelberg, Ganshoren, Jette) : *plan p. 4* :

XXX ✿✿ **Dupont,** av. Vital-Riethuisen 46, ✉ 1080, ✆ 4275450, Classique - élégant – AE ⓓ E
fermé lundi, mardi et juil. – **R** carte 1150 à 1880 AP **a**
Spéc. Saumon frais au pourpier et basilic (mai-sept.), Noix de St-Jacques à la purée de persil (oct.-avril), Râble de lièvre au thym frais (15 oct.-10 janv.).

XXX ✿✿ **Bruneau,** av. Broustin 73, ✉ 1080, ✆ 4276978, Classique-élégant – AE ⓓ E BP **h**
fermé jeudis fériés, mardi soir, merc., 19 juin-12 juil. et 23 déc.-3 janv. – **R** carte 1625 à 1925
Spéc. Gâteau de langoustines bretonnes, Côtelettes de pigeonneau aux champignons sauvages, Poire chaude en chemise.

XXX **Pannenhuis,** r. Léopold-1er 317, ✉ 1090, ✆ 4258373, « Ancien relais du 17e s. » – AE ⓓ E
R carte 930 à 1500. BP **a**

XXX **Au Chaudron d'Or,** Drève du Château 71, ✉ 1080, ✆ 4283737, « Fermette aménagée avec recherche » – Ⓟ. AE ⓓ E AP **c**
fermé dim. soir et lundi – **R** carte 940 à 1530.

XXX **Park Side,** av. Panthéon 4, ✉ 1080, ✆ 4242482, Classique-élégant – AE ⓓ E BP **e**
fermé dim. soir, merc. et du 15 au 31 août – **R** carte env. 1200.

XX ✿ **Le Sermon** (Kobs), av. Jacques-Sermon 91, ✉ 1090, ✆ 4268935 – AE BP **u**
fermé dim., lundi et 26 juin-30 juil. – **R** carte 1100 à 1540
Spéc. Moules au champagne (sept.-mars), Sole Sermon, Salade de foie de canard.

XX **Cambrils,** av. Charles-Quint 365, ✉ 1080, ✆ 4669582, – ▤ AP **r**
◆ *fermé dim. et 2 juil.-2 août* – **R** 425/750.

X **La Luna,** chaussée de Jette 233, ✉ 1020, ✆ 4273553, Cuisine italienne, Ouvert jusqu'à 24 h. – ⓓ BP **n**
fermé mardi soir – **R** carte 540 à 1230.

Quartier Centenaire et Atomium (Laeken, Wemmel, Strombeek-Bever) : *plan p. 4* :

XXX **De Kam,** chaussée de Bruxelles 7, ✉ 1810, ✆ 4600374, Rustique – Ⓟ. AE ⓓ AN **a**
fermé dim. soir, lundi, mardi soir, merc. soir et août – **R** 950/1425.

XXX ✿✿ **Eddie Van Maele,** chaussée Romaine 964, ✉ 1810, ✆ 4785445, Élégant, Jardin-terrasse – AE ⓓ. ✗ AN **z**
fermé dim.soir, lundi, jeudi soir, 2 sem. en juil. et 2 sem. en janv. – **R** (nombre de couverts limité, prévenir) carte 1550 à 1880
Spéc. Oeufs à la coque farcis d'anguille et de saumon fumé au caviar, Godiveau de volaille à l'escalope de foie d'oie, Pâtisserie maison.

XXX **Centenaire,** av. J.-Sobieski 84, ✉ 1020, ✆ 4786623 – AE ⓓ E BNP **g**
fermé dim.soir, lundi, juil. et du 24 au 31 déc. – **R** 950/1350.

XXX **Castel,** av. Houba-de-Strooper 96, ✉ 1020, ✆ 4784392 – AE ⓓ E BN **w**
fermé mardi soir et 16 août-1er sept. – **R** 650/950.

XX **Aub. Arbre Ballon,** chaussée de Bruxelles 416, ✉ 1810, ✆ 4789759 – Ⓟ. AE ⓓ. ✗ AN **s**
fermé lundi et du 10 au 31 juil. – **R** 540/920.

XX **Val Joli,** r. Leestbeek 16, ✉ 1820, ✆ 4783443, « Jardin-terrasse » – Ⓟ. AE BN **f**
fermé lundi soir et mardi – **R** 650/990.

XX **Figaro,** r. Émile-Wauters 137, ✉ 1020, ✆ 4786529 BNP **q**
fermé dim. soir, lundi et juil. – **R** carte 680 à 1280.

XX **Les Baguettes Impériales,** av. J. Sobieski 70, ✉ 1020, ✆ 4796732, Cuisine vietnamienne – AE. ✗ BP **g**
fermé dim. soir, mardi et août – **R** carte 720 à 1130.

X **Adrienne Atomium,** Parc Expositions, ✉ 1020, ✆ 4783000, ≤, Hors d'œuvre – AE ⓓ E
fermé dim., jours fériés et juil. – **R** 490/590. BN

X **Balcaen,** av. Limburg-Stirum 19, ✉ 1810, ✆ 4789564 – Ⓟ AN **e**
fermé lundi soir, mardi, merc. soir et 2 juil.-3 août – **R** carte 450 à 700.

X **Aub. de Strombeek** avec ch, Temselaan 6, ✉ 1820, ✆ 4788367 BN **b**
◆ *fermé juil.* – **R** *(fermé dim.)* 450/580 – **13 ch** ⊐ 645/1070.

Ouest

Anderlecht : *plan p. 6* :

XX **La Réserve,** chaussée de Ninove 675, ✉ 1080, ✆ 5222653 – AE ⓓ E. ✗ AQ **d**
fermé sam. midi, mardi et 15 juil.-2 août – **R** carte 940 à 1500.

X **Sporting,** r. Veeweyde 22, ✉ 1070, ✆ 5236003 – AE ⓓ E AQ **n**
fermé dim. soir, lundi et 9 juil.-6 août – **R** carte 540 à 1180.

X **La Paix,** r. Ropsy-Chaudron 49 (face Abattoirs), ✉ 1070, ✆ 5230958, Taverne-restaurant
fermé sam., dim. et jours fériés – **R** (déjeuner seult) carte 525 à 810. BQ **a**

Molenbeek St-Jean (Sint-Jans Molenbeek) : *plan p. 4 :*

XXX ✿ **Béarnais** (Dela Rue), bd Mettewie 318, ✉ 1080, ☎ 5231151, Classique – ▤. AE ⓓ E
fermé dim. et lundi soir – **R** carte 1500 à 1990 AQ **u**
Spéc. Aile de pigeonneau aux écrevisses, Ris de veau aux truffes, Huîtres au cidre et aux bigorneaux (sept.-avril).

XX **Michel Haquin,** chaussée de Gand 395, ✉ 1080, ☎ 4283961 – AE ⓓ E BP **f**
fermé mardi, merc. et juil. – **R** 1200/1600.

Berchem Ste Agathe (Sint-Agatha Berchem) : *plan p. 4 :*

XX **Saule,** chaussée de Gand 1110, ✉ 1080, ☎ 4656682 – AE ⓓ AP **b**
fermé dim. soir, lundi et juil. – **R** carte 740 à 1310.

Sud

Bois de la Cambre : *plan p. 7 :*

🏨 **Lloyd George** sans rest, av. Lloyd George 12, ✉ 1050, ☎ 6483072 – |$| ⇔wc ⋒ ☎. AE ⓓ E
fermé 2e quinz. août – **14 ch** ☐ 865/1910. CR **g**

XXXX ✿✿✿ **Villa Lorraine,** av. Vivier-d'Oie 75, ✉ 1180, ☎ 3743163, Classique élégant – Ⓟ. AE ⓓ E CR **b**
fermé dim. et du 2 au 24 juil. – **R** (réservation souhaitable) carte 1730 à 3300
Spéc. Suprême de turbot Ste-Alliance, Escalopes de foie de canard aux figues confites, Noisettes de chevreuil aux truffes (oct.-10 déc.).

Quartier "Ma Campagne" (Ixelles, St-Gilles) : *plan p. 6 :*

🏨 **Forum** Ⓜ sans rest, avec repas rapide le soir, av. Haut-Pont 2, ✉ 1060, ☎ 3430100, Télex 62311 – |$| ⇔wc ☎ – 🏊 BR **p**
78 ch ☐ 1950/2360.

XXX ✿ **Chouan** (Fleuvy), av. Brugmann 100, ✉ 1060, ☎ 3440999, Classique-Produits de la mer – ▤. AE ⓓ E BR **t**
fermé dim. de mai à sept., sam. midi et juil.-22 août – **R** carte 1150 à 1620
Spéc. Salade de homard, Sole aux quatre légumes, Huîtres et coquillages (15 sept.-avril).

XX **France,** chaussée de Charleroi 132, ✉ 1060, ☎ 5385975 – AE ⓓ E BR **h**
fermé sam., dim. et août – **R** (déjeuner seult sauf vend. et sam.) 760.

X **L'Auvergne,** r. Aqueduc 61, ✉ 1050, ☎ 5373125, Intérieur rustique – AE ⓓ E BR **x**
fermé lundi et 20 juil.-16 août – **R** 625.

X **Ecailler Jean-Pierre,** av. Haut-Pont 25, ✉ 1050, ☎ 3457118, Fruits de mer – AE ⓓ E
fermé dim., lundi et juil. – **R** (dîner seult) carte 700 à 1480. BR **p**

Quartier Avenue Louise et Bascule (Ixelles) : *plan p. 6 :*

🏨 **Mayfair** sans rest, avec repas rapide, av. Louise 381, ✉ 1050, ☎ 6499800, Télex 24821 – |$| TV 🚗 – 🏊. AE ⓓ E BR **e**
100 ch ☐ 3385/4255.

🏨 Brussels, av. Louise 315, ✉ 1050, ☎ 6402415, Télex 25075 – |$| TV ☎ 🚗. AE ⓓ E BR **e**
40 ch ☐ 2600/3180.

🏨 **L'Agenda** Ⓜ sans rest, r. Florence 6, ✉ 1050, ☎ 5390031, Télex 63947 – |$| TV ☎ 🚗. AE ⓓ E BR **n**
☐ 210 – **38 ch** 1725/2000.

🏨 **Arcade Stéphanie** Ⓜ sans rest, av. Louise 91, ✉ 1050, ☎ 5388060, Télex 25558 – |$| TV ☎. AE ⓓ E. ✗ BR **b**
142 ch ☐ 2500/3150.

🏨 **Alfa Louise** sans rest, r. Blanche 4, ✉ 1050, ☎ 5379210, Télex 62434 – |$| TV ⇔wc ☎. AE ⓓ E BR **n**
55 ch ☐ 1800/2200.

XXXX **Parc Savoy,** r. Emile Claus 3, ✉ 1050, ☎ 6401522 – ▤. AE ⓓ E BR **u**
fermé sam. et dim. – **R** carte 1080 à 1780.

XXX ✿✿ **Cravache d'Or,** pl. A.-Leemans 10, ✉ 1050, ☎ 5383746 – ▤. AE ⓓ E BR **v**
fermé sam. midi et 21 juil.-20 août – **R** carte 1980 à 2680
Spéc. Foie gras d'oie chaud aux carottes et au miel, Loup fumé chaud à la minute, Coquilles St-Jacques aux oursins.

XX **Tagawa,** av. Louise 279, ✉ 1050, ☎ 6405095, Cuisine japonaise – ▤. AE ⓓ E. ✗ BR **n**
fermé dim. – **R** 485/2280.

XX **Comme Ça,** r. Châtelain 61, ✉ 1050, ☎ 6496290 – AE ⓓ E BR **m**
fermé dim., lundi soir et juil. – **R** 490/950.

XX **Armagnac,** chaussée de Waterloo 591, ✉ 1060, ☎ 3457373 – AE ⓓ E BR **q**
fermé dim., lundi soir et 22 juil.-14 août – **R** 675/750.

tourner →

X **La Toscane,** r. Bailli 30, ✉ 1050, ☎ 6493991, Avec cuisine italienne – AE ① E — BR **m**
fermé dim., jours fériés et du 15 au 31 août – **R** 575/750.

X **Arche de Noé,** r. Beau-Site 27, ✉ 1050, ☎ 6475383 – AE ① E — BR **s**
fermé sam. soir et dim. – **R** carte 670 à 1570.

X **La Thailande,** av. Legrand 29, ✉ 1050, ☎ 6402462, Cuisine thailandaise — BR **u**
fermé dim. – **R** carte env. 600.

X **Anlo II,** chaussée de Waterloo 678, ✉ 1180, ☎ 6498899, Cuisine chinoise – ▤. AE E — BR **u**
R carte env. 700.

Forest (Vorst) : *plan p. 6 :*

XX ✻ **De Reu,** chaussée de Bruxelles 226, ✉ 1190, ☎ 3435460 – AE. ✻ — BR **y**
fermé mardi, sam. midi, fév. et 15 août-16 sept. – **R** (nombre de couverts limité - prévenir) carte 1100 à 2430
Spéc. Foie d'oie frais au naturel, Carré d'agneau sarladaise, Fraises Romanoff.

X **Au Saucier,** av. des Armures 53, ✉ 1190, ☎ 3448725 – AE ① E — BR **w**
fermé dim., lundi et juin – **R** 600/800.

Quartier Boondael (Ixelles) : *plan p. 7 :*

XXXX ✻ **L'Oasis,** Place Marie-José 9, ✉ 1050, ☎ 6484545 – ▤ P. AE ① E. ✻ — CR **a**
fermé sam. midi, dim. et 15 août-14 sept. – **R** carte 1780 à 2410
Spéc. Épinards farcis aux huîtres et au caviar, Ris de veau braisé aux grains de moutarde, Lièvre à la royale (15 oct.-10 janv.).

XXX La Pomme Cannelle, av. F.-Roosevelt 6, ✉ 1050, ☎ 6407788 — CR **v**

XXX Aub. de Boendael, square du Vieux-Tilleul 12, ✉ 1050, ☎ 6727055, Grillades, « Rustique » – P. AE ① E — CR **s**
fermé sam. et dim.

XX **Le Chalet Rose,** av. Bois de la Cambre 49, ✉ 1050, ☎ 6727864, ⛱ – P. AE ① E — CR **y**
fermé sam. midi, dim., jours fériés et du 15 au 31 août – **R** carte 1360 à 1720.

Uccle (Ukkel) : *plans p. 6 et 7 :*

XXX ✻ **Kolmer,** Drève de Carloo 18, ✉ 1180, ☎ 3755653, ⛱, **« Élégante installation avec jardin-terrasse »** – P. AE ① E — BS **h**
fermé dim., lundi, 3 prem. sem. fév. et 3 prem. sem. sept. – **R** carte 1370 à 1880
Spéc. Émincé de volaille à l'alsacienne, Ragoût de sole et de langoustines, Noix de ris de veau crème de cresson.

XXX **Prince d'Orange,** av. Prince-d'Orange 1, ✉ 1180, ☎ 3744871, Classique – P. AE ① E — CS **u**
fermé lundis non fériés – **R** 775/1175.

XXX **Le Taillis,** av. Floréal 47, ✉ 1180, ☎ 3455731 – AE ① E — BR **g**
fermé dim. soir, lundi, 28 août-24 sept. et 1 sem. en fév. – **R** 1190/1490.

XXX ✻ **Arcades,** chaussée de Waterloo 1441, ✉ 1180, ☎ 3743516 – AE ① E — CS **y**
fermé dim. soir et lundi – **R** carte 1040 à 1500
Spéc. Turbot à la façon du chef, Ris de veau aux morilles, Selle d'agneau Porte-Maillot.

XX **Villa d'Este,** r. Etoile 142, ✉ 1180, ☎ 3778646, ⛱ – P. ① — AS **a**
fermé du 2 au 31 juil., 23 déc.-3 janv., dim. soir et lundi – **R** carte 1000 à 1430.

XX **Les Pélerins,** av. de Fré 190, ✉ 1180, ☎ 3742046 – P AE ① E — BR **k**
fermé sam. et dim – **R** carte 570 à 1110.

XX **Dikenek,** chaussée de Waterloo 830, ✉ 1180, ☎ 3748346, ⛱, Auberge rustique – AE ① E — BR **f**
fermé merc. soir et sam. midi – **R** carte 950 à 1410.

XX **Pavillon Impérial,** chaussée de Waterloo 1296, ✉ 1180, ☎ 3746751, Cuisine chinoise – ▤. ① — CS **b**
fermé merc. et mi-juil.-mi-août – **R** 545/1400.

XX **Ventre-Saint-Gris,** r. Basse 10, ✉ 1180, ☎ 3752755 – AE ① E — BS **t**
fermé dim. soir – **R** 860/1020.

XX **L'Éléphant Bleu,** chaussée de Waterloo 1120, ✉ 1180, ☎ 3744962, Cuisine thailandaise – AE ① E — CR **k**
fermé merc. et 2 sem. en août – **R** carte 750 à 1060.

XX **Le Calvados,** av. de Fré 182, ✉ 1180, ☎ 3747098 – AE ① E — BR **k**
fermé dim. et juil. – **R** carte 1100 à 1440.

XX **L'Ascoli,** chaussée de Waterloo 940, ✉ 1180, ☎ 3755775, Cuisine italienne – P. AE ① E — CR **t**
fermé dim. et août – **R** carte 750 à 1260.

XX **Willy et Marianne,** chaussée d'Alsemberg 705, ✉ 1180, ☎ 3436009 – AE ① — BR **a**
fermé mardi soir, merc. et du 1er au 15 août – **R** carte 630 à 940.

X **De Hoef,** r. Edith-Cavell 218, ✉ 1180, ☎ 3743417, ⛱, Relais du 17e s. – AE ① — BR **d**
fermé du 11 au 31 juil., 24 et 31 déc. – **R** 510.

X **Le Brugmann,** av. Brugmann 261, ✉ 1180, ☎ 3448430 – AE ① E — BR **z**
fermé dim. soir, lundi et 20 sept.-14 oct. – **R** carte 800 à 1100.

X **Petits Pères,** r.Carmélites 149, ✉ 1180, ☎ 3456671 – AE E — BR **z**
fermé dim. et lundi – **R** carte 660 à 900.

X **L'Amuse Gueule,** av. Chênes 19a, ✉ 1180, ☎ 3751191 – AE ① — CR **k**
fermé sam. midi, dim. et juil. – **R** carte 980 à 1360.

X L'Oeuf de Canard, r. Xavier de Bue 52, ✉ 1180, ☎ 3436216, ⛱ — BR **c**

Est

Quartier Cinquantenaire (Etterbeek) : *plans p. 5, 7 et 9 :*

Chelton Concorde sans rest, r. Véronèse 48, 1040, 7364095, Télex 64253 – AE E. CQ **u**
200 – **41 ch** 2600/2800.

Derby sans rest, av. Tervuren 24, 1040, 7337581 – wc wc. AE E CQ **t**
110 – **28 ch** 965/1305.

Le Montgomery, av. Tervuren 105, 1040, 7336792 – AE E CQ **p**
fermé dim. soir et lundi – **R** carte 1100 à 1650.

Fontaine de Jade, av. Tervuren 5, 1040, 7363210, Cuisine chinoise – CQ **v**
fermé mardi – **R** 590/860.

Casse-Dalle, av. Celtes 37, 1040, 7336625 – AE CQ **v**
fermé sam. midi, dim., 26 mai-11 juin et 24 déc.-1er janv. – **R** carte 750 à 1170.

Charolais, av. Cortenberg 30, 1040, 2310656 – AE E CQ **x**
fermé sam., dim. et 21 juil.-1er sept. – **R** carte 560 à 860.

Gigotin, r. Stevin 102, 1040, 2303091 – AE E HU **n**
fermé sam., dim., jours fériés et 5 août-4 sept. – **R** carte 840 à 1080.

Quartier Place Eugène-Flagey (Ixelles) : *plan p. 7 :*

Piano à Bretelles, r. A.-Dewitte 40, 1050, 6476105 CR **f**
fermé sam. midi, dim. et août – **R** carte env. 1000.

Quartier Place Meiser (Schaerbeek) : *plan p. 5 :*

Lambermont sans rest, bd Lambermont 322, 1030, 2425595, Télex 62220 – AE E. CP **w**
42 ch 1700/2050.

Plasky sans rest, av. Eugène-Plasky 212, 1040, 7337518 – wc. AE E CP **h**
110 – **30 ch** 790/1335.

Le Meiser, bd Gén.-Wahis 55, 1030, 7353769, Classique – AE E CP **a**
fermé sam. et dim. – **R** carte 850 à 1530.

L'Armor, av. Milcamps 126, 1040, 7331981 – AE E. CPQ **f**
fermé sam. midi, dim. et juil. – **R** 725/1350.

Anak Timoer, av. Rogier 357, 1030, 7338987, Cuisine indonésienne et chinoise CP **u**
fermé dim. soir, merc., Pâques, juil.-mi-août et 18 déc.-4 janv. – **R** carte 520 à 1000.

Victor Hugo, r. Victor Hugo 167, 1040, 7354225, – AE E CQ **b**
fermé lundi – **R** 680/825.

La Sole, bd Aug. Reyers 165, 1040, 7364138 – AE E CQ **y**
fermé sam. de Pâques à oct., dim., 2e quinz. mai et 1re quinz. sept. – **R** carte 900 à 1430.

Au Cadre Noir, av. Milcamps 158, 1040, 7341445 – AE E CP **r**
fermé sam. midi, lundi et du 1er au 21 juil. – **R** carte 700 à 1050.

Auderghem (Oudergem) : *plan p. 7 :*

L'Abbaye de Rouge Cloître, Rouge Cloître 8, 1160, 6724525, ←, , « Cadre de verdure » – P. AE E DR **b**
fermé dim. soir, lundi et fév. – **R** 830/1095.

La Grignotière, chaussée de Wavre 2045, 1160, 6728185 – AE DR **u**
fermé dim., lundi et du 1er au 23 août – **R** 590/800.

Evere :

Belson sans rest, chaussée de Louvain 805, 1140, 7350000, Télex 64921 – AE E CP **n**
90 ch 2400/3400.

Woluwé-St-Lambert (Sint-Lambrechts-Woluwé) : *plans p. 5 et 7 :*

Armorial sans rest, bd Brand-Whitlock 101, 1200, 7345636 – wc . AE E CQ **r**
15 ch 800/1750.

Résidence Lambeau sans rest, av. Lambeau 150, 1200, 7338414 – CQ **g**
12 ch 890/1450.

Léopold III sans rest, square Jos.-Charlotte 11, 1200, 7628288 – CQ **d**
15 ch 750/1400.

Mon Manège à Toi, r. Neerveld 1, 1200, 7700238, « Aménagé dans une villa avec jardin fleuri » – P. AE E. DQ **r**
fermé sam., dim., jours fériés et juil. – **R** carte 1350 à 2400.

Coq en Pâte, r. Tomberg 259, 1200, 7621971 – AE E CQ **e**
fermé lundi et 20 juil.-24 août – **R** carte 760 à 1180.

Sugito, 1er étage, bd Brand-Whitlock 107, 1200, 7335045, Cuisine indonésienne – AE E CQ **r**
fermé lundi – **R** carte 580 à 930.

XX **Le Relais de la Woluwe,** av. Georges Henri 1, ✉ 1200, ☎ 7626636 – AE ⓓ E CDQ **n**
fermé sam. midi et dim. – **R** carte 850 à 1270.

XX **Le Chaplin,** av. Prince Héritier 22, ✉ 1200, ☎ 7713415 – AE ⓓ E CQ **s**
fermé dim. soir, lundi et sept. – **R** carte env. 1000.

Woluwé-St-Pierre (Sint-Pieters Woluwé) : *plan p. 7* :

XXX **Des 3 Couleurs,** av. Tervuren 453, ✉ 1150, ☎ 7703321 – ✻ DR **y**
fermé dim. soir, lundi et sept. – **R** carte 850 à 1490.

XX **La Salade Folle,** av. Jules Dujardin 9, ✉ 1150, ☎ 7701961 – AE ⓓ E DR **s**
fermé dim. soir, lundi, 1re quinz. fév. et 3 sem. en sept. – **R** carte 680 à 1200.

XX **La Madonette,** r. Eglise 92, ✉ 1150, ☎ 7310298 – AE ⓓ DQ **u**
fermé lundi et juin – **R** carte 640 à 980.

Watermael-Boitsfort (Watermael-Bosvoorde) : *plan p. 7* :

🏠 **Aub. du Souverain** sans rest, av. Fauconnerie 1, ✉ 1170, ☎ 6721601 – TV ⇔wc ⋒. AE
fermé 15 juil.-14 août – **12 ch** ☕ 1000/1300. CR **e**

XXX **Aub. Bécasse Blanche,** bd du Souverain 1, ✉ 1170, ☎ 6722761 – Ⓟ. AE ⓓ E CR **d**
fermé dim. sauf en mai – **R** 1175.

XXX **Trois Tilleuls** ⛰ avec ch, Berensheide 8, ✉ 1170, ☎ 6723014 – TV ⇔wc ☎. AE ⓓ E.
✻ ch CR **q**
R *(fermé dim.)* carte 830 à 1540 – **8 ch** ☕ 1020/2390.

XX **Samambaia,** r. Philippe Dewolfs 7, ✉ 1170, ☎ 6728720, Cuisine brésilienne, « Intérieur bien aménagé » – AE ⓓ E CS **p**
fermé dim., lundi et 22 juil.-22 août – **R** carte 800 à 1130.

X **Le Middelbourg,** r. Middelbourg 21, ✉ 1170, ☎ 6724565 – AE ⓓ E CS **n**
◆ *fermé mardi, merc. et août* – **R** 450/700.

Environs de Bruxelles

à Alsemberg Ⓒ Beersel, par chaussée d'Alsemberg BS : 14 km – 21 022 h. – ✉ 1641 Alsemberg – ☎ 02 :

XX **'t Hoogveld,** chaussée de Bruxelles 301, ☎ 3588264 (sera 3803030), ⛱, Jardin – Ⓟ. AE ⓓ E
fermé merc. soir, jeudi et fév. – **R** 750/995.

à Beersel : *plan p. 6* – 21 022 h. – ✉ 1650 Beersel – ☎ 02 :

🏠 **Du Centre** ⛰, Steenweg op Ukkel 11, ☎ 3762615, ⛱ – ⇔wc Ⓟ – 🏔 AS **n**
◆ *fermé du 1er au 15 oct.* – **R** *(fermé lundi)* 450/525 – **16 ch** ☕ 900/1750.

XX **New-Castle,** Schoolstraat 1, ☎ 3769933 – AE ⓓ AS **d**
fermé mardi soir, merc., 10 juil.-9 août et Noël – **R** carte 930 à 1500.

XX **Aub. Kasteel Beersel,** Lotstraat 65, ☎ 3762647, « Rustique » – Ⓟ. AE AS **p**
fermé merc. soir et jeudi – **R** 590/890.

à Diegem : *plan p. 5* Ⓒ Machelen – 11 280 h. – ✉ 1920 Diegem – ☎ 02 :

🏨 **Holiday Inn** Ⓜ, Holidaystraat 7, près de l'autoroute Bruxelles-Zaventem, ☎ 7205865, Télex 24285, 🏊, 🎾 – |♦| ▤ TV ☎ ♿ Ⓟ – 🏔. AE ⓓ E. ✻ rest DP **a**
R 625, le soir carte – **288 ch** ☕ 3475/4725.

🏨 **Sofitel** Ⓜ, Bessenveldstraat 15, autoroute Bruxelles-Zaventem sortie Diegem, ☎ 7206050, Télex 26595, 🏊 – ▤ TV ☎ Ⓟ – 🏔. AE ⓓ E. ✻ rest DP **c**
R *(fermé sam., dim. et jours fériés)* carte 900 à 1500 – ☕ 280 – **125 ch** 3135/3410.

🏨 **Novotel** Ⓜ, Olmenstraat (près de l'autoroute Bruxelles-Zaventem), ☎ 7205830, Télex 26751, 🏊 chauffée, ⛱ – |♦| ▤ TV ⇔wc ☎ Ⓟ – 🏔. AE ⓓ E DN **s**
R carte 630 à 1150 – ☕ 220 – **158 ch** 2365/2585.

à Dilbeek par ⑪ : 7 km – 35 258 h. – ✉ 1710 Dilbeek – ☎ 02 :

XX **Host. d'Arconati** ⛰ avec ch, d'Arconatistraat 77, ☎ 5693500, ≤, ⛱ – ▤ ch ⇔wc ☎ Ⓟ. AE. ✻ ch
fermé fév. – **R** *(fermé dim. soir et lundi)* 990/1155 – **6 ch** ☕ 1025/1500.

à Essene Ⓒ Hekelgem, par ⑫ : 18 km, par E 5 sortie Ternat – 11 165 h. – ✉ 1705 Essene – ☎ 053 :

XXXX ✿✿ **Host. Bellemolen** ⛰ avec ch, Stationstraat 11, SO : 1,5 km, ☎ 666238, ≤, « Ancien moulin du 12e s. aménagé avec recherche » – ▤ ⇔wc Ⓟ – 🏔. AE ⓓ E. ✻
fermé dim. soir, lundi, 9 juil.-2 août et 24 déc.-1er janv. – **R** carte 1040 à 1800 – 6 ch ☕ 1850/2500
Spéc. Petit ragoût de homard et goujonettes de sole, Feuilleté de ris et langue de veau, Filet de lapereau au salpicon de langouste.

à Grimbergen : *plan p. 4* – 32 055 h. – ✉ 1850 Grimbergen – ☎ 02 :

🏨 **Tower Bridge** ⛰, Heidebaan 98, lieu dit Verbrande Brug (près du Canal, Est : 3 km), ☎ 2520240 – ▤ rest TV ⇔wc ☎ Ⓟ. AE ⓓ E BN
R *(fermé 9 juil.-1er août)* carte env. 1000 – **12 ch** ☕ 965/1790.

à Groenendaal : *plan p. 7* – ✉ 1990 Hoeilaart – ☎ 02 :

XXXX ✿✿✿ **Romeyer,** chaussée de Groenendaal 109, ☎ 6570581, « Belle demeure, ≤ jardin avec pièce d'eau » – Ⓟ. AE ⓓ E DS **t**
fermé dim. soir, lundis non fériés, fév. et août – **R** carte env. 2200
Spéc. Homard aux escargots de mer, Turbot façon de Meaux, Ris de veau aux écrevisses.

XXX ✿ **Aloyse Kloos,** chaussée de la Hulpe 2, ☎ 6573737, Classique-élégant – Ⓟ. AE ⓓ E
fermé dim. soir, lundi et 20 août-9 sept. – **R** 780/1250. DS **r**

à Groot-Bijgaarden (Grand-Bigard) : *plan p. 4* Ⓒ Dilbeek, par ⑫ : 7 km – 35 258 h. – ✉ 1720 Groot-Bijgaarden – ☎ 02 :

XXXX ✿✿ **De Bijgaarden,** I. Van Beverenstraat 20 (près du château), ☎ 4664485, ≤ – AE ⓓ E
fermé dim. – **R** carte 1630 à 1950 AP **e**
Spéc. Saumon mariné à l'aneth, Blanc de turbotin farci à l'estragon, Ris de veau homardine.

XXX ✿ **Michel** (Coppens), Schepen Gossetlaan 31, ☎ 4666591 – AE ⓓ AP **y**
fermé dim. et lundi – **R** 1100/1450
Spéc. Langoustines farcies, Blanc de turbot en papillote, Faisan brabançonne (oct.-janv.).

à Hoeilaart par ⑦ et N 227 : 15 km – 8 898 h. – ✉ 1990 Hoeilaart – ☎ 02 :

XX **Fol Atre,** Gemeenteplaats 24, ☎ 6571363 – AE
fermé dim. soir, lundi, jeudi soir et 2ᵉ quinz. août – **R** 525/1050.

à Huizingen Ⓒ Beersel, par ⑨ : 14 km – 21 022 h. – ✉ 1511 Huizingen – ☎ 02 :

XXX **Terborght,** Oud Dorp 16 (près de l'E 10), ☎ 3801010 – Ⓟ
fermé dim. soir, lundi, 30 janv.-12 fév. et 20 août-2 sept. – **R** carte 1020 à 1500.

X **De Marmiet,** Torleylaan 49, ☎ 3566266 – E
fermé mardi soir, merc. et du 10 au 31 juil. – **R** carte 480 à 1120.

à Jezus-Eik par ⑦ : 12 km – ✉ 1900 Overijse – ☎ 02 :

XXXX ✿✿ **Barbizon** (Deluc), Welriekendedreef 95, à la lisière de la forêt de Soignes, ☎ 6570462 – Ⓟ. AE E DS **a**
fermé mardi, merc., 24 juil.-7 août et fév. – **R** (nombre de couverts limité - prévenir) 1650/2150
Spéc. Homard en chemise beurre Barbizon, Salade aux queues d'écrevisses (juil.-mars), Chariot de gourmandises.

XX **Aub. Bretonne,** Steenweg op Brussel 670, ☎ 6571111
fermé merc. et juil. – **R** 550/1300.

XX **Denaeyer,** Steenweg op Brussel 649, ☎ 6570509
fermé jeudi, vend. et août – **R** 640/1300.

XX **Les Jardins d'Agrippine,** Steenweg op Brussel 560, ☎ 6572748, « Jardin fleuri » – AE E
fermé dim. soir et lundi – **R** carte 950 à 1460.

X **Chinatown,** Steenweg op Brussel 667, ☎ 6572721, Cuisine chinoise – AE ⓓ
fermé lundi et oct. – **R** 450/1050.

à Kobbegem Ⓒ Asse, par ⑬ : 12 km – 26 542 h. – ✉ 1703 Kobbegem – ☎ 02 :

XXX **Chalet Rose,** Gentsesteenweg 1, ☎ 4526041 – Ⓟ. AE ⓓ E
fermé dim. soir, et lundi – **R** 750/1250.

XX **De Plezanten Hof,** Broekstraat 2, ☎ 4527245 – Ⓟ. E. ✻
fermé mardi soir, merc. et 16 août-7 sept. – **R** carte 860 à 1130.

à Kortenberg par ④ : 15 km – 14 820 h. – ✉ 3070 Kortenberg – ☎ 02 :

XXX **Hof te Linderghem,** Leuvensesteenweg 346, ☎ 7597264 – Ⓟ. AE
fermé lundi soir, mardi et juil. – **R** carte 950 à 1350.

à Meise par ① : 13 km – 15 349 h. – ✉ 1860 Meise – ☎ 02 :

XX **Aub. Napoléon,** Bouchoutlaan 1, ☎ 2693078 – Ⓟ. AE ⓓ E
fermé août – **R** carte 1200 à 1450.

X **Manke Vos,** Rondplein 11, ✉ 1881 Oppem-Meise, ☎ 2691923 – Ⓟ. ⓓ E
fermé merc. soir, jeudi et du 1ᵉʳ au 27 juil. – **R** carte 620 à 1100.

à Overijse par ⑦ : 14 km – 21 386 h. – ✉ 1900 Overijse – ☎ 02 :

🏨 Panorama Ⓜ, Hengstenberg 77 (près de l'E 40), ☎ 6877198, ✻ – |♦| ⊟wc ⋒wc ☎ Ⓟ – 🔬
52 ch.

XX **De Ouwe Schuur,** Terhulpensesteenweg 454 (au SO : 3 km à Maleizen), ☎ 6532986 – Ⓟ. AE ⓓ E
fermé dim. soir, lundi et du 13 au 31 août – **R** 625/925.

à Sint-Genesius-Rode (Rhode St-Genèse) par ⑧ : 10 km – 17 015 h. – ✉ 1640 Sint-Genesius-Rode – ☎ 02 :

🏨 **Aub. de Waterloo** sans rest, chaussée de Waterloo 212, ☎ 3585963, Télex 24042 – |♦| ⊟wc ⋒ ☎ Ⓟ – 🔬. AE ⓓ E
78 ch ⊒ 1100/2300.

XXX **Gérard Riveau,** av. Forêt-de-Soignes 361, ☎ 3581321, 🌳, « Jardin » – AE ⓓ E. ✻
fermé dim. de sept. à mai – **R** carte 1000 à 1550.

XX **Le Boccalino,** av. Brassine 2, ☎ 3584863, Cuisine italienne – ▤ Ⓟ. AE ⓓ E
fermé mardi – **R** carte 620 à 960.

à Sint-Pieters-Leeuw par ⑩ : 12 km – 27 828 h. – ✉ 1600 Sint-Pieters-Leeuw – ☎ 02 :

XX **Ten Brukom,** Steenweg op Bergen 711, ☎ 3561948, « Aménagé dans une ancienne ferme » – P. AE ⊙ E AS **u**
fermé lundi, mardi et 15 juil.-14 août – **R** carte 970 à 1160.

à Sterrebeek C Zaventem, par ⑤ : 14 km – 25 373 h. – ✉ 1960 Sterrebeek – ☎ 02 :

XX **Chasse des Princes,** av. Hippodrome 141, ☎ 7311964 – AE ⊙
fermé lundi et mardi – **R** carte 1150 à 1430.

à Vilvoorde : *plan p. 5* – 33 007 h. – ✉ 1800 Vilvoorde – ☎ 02 :

XXX **Hertog Jan,** Grote Markt 37, ☎ 2518943 – AE E. ✻ CDN **b**
fermé merc. soir, dim., 15 juil.-16 août et du 25 au 29 déc. – **R** 895/1350.

XX **'t Riddershof,** Riddersstraat 33, ☎ 2512379 – AE ⊙ E DN **a**
fermé dim. soir, lundi et juil. – **R** carte 900 à 1480.

à Vlezenbeek C Sint-Pieters-Leeuw, par ⑩ : 11 km – 27 828 h. – ✉ 1712 Vlezenbeek – ☎ 02 :

XX **Aub. St-Esprit,** Postweg 250, rte du Château de Gaasbeek, ☎ 5324218 – ✻
fermé dim. soir, lundi, sept. et 1re quinz. mars – **R** carte 900 à 1750.

XX **In de Kroon,** Schaliestraat 28, ☎ 5690525 – P. ⊙
fermé du 3 au 8 sept., 16 janv.-10 fév. et merc. – **R** carte 870 à 1160.

à Zaventem : *plan p. 5* – 25 373 h. – ✉ 1930 Zaventem – ☎ 02 :

🏨 **Hotel Z** sans rest, Kerkplein 19, ☎ 7206391 – 🛁 ⋒ DP **b**
10 ch ☕ 1100/1250.

à Zellik C Asse par ⑬ : 10 km – 26 542 h. – ✉ 1730 Zellik – ☎ 02 :

XX **Sandy,** Steenweg op Gent 527, ☎ 4651376 – P. ⊙ E
fermé mardi, dim. soir et du 1er au 15 sept. – **R** carte 830 à 1300.

X **Pallieter,** Jan Dekinderstraat 49, ☎ 4654443 AP **n**
fermé mardi soir, merc. et juil. – **R** carte 510 à 700.

Voir aussi : ***Waterloo*** par ⑧ : 17 km.

S.A. Société Belge du Pneumatique MICHELIN, quai Willebroek 33 BP – ✉ 1020, ☎ (02) 2186100, Télex 22408 MICHAG B

MICHELIN, Agence régionale, Leuvensesteenweg 516 à Zaventem DP – ✉ 1930 Zaventem, ☎ (02) 7208066

ALFA-ROMEO av. des Arts 46 ☎ 5137875
CITROEN pl. Yser 7 ☎ 2183030
FIAT quai des Charbonnages 80 ☎ 4277055

Agglomération

ALFA-ROMEO chaussée de Charleroi 92a à St-Gilles ☎ 5373110
ALFA-ROMEO chaussée de Zellik 65 à Molenbeek-St-Jean ☎ 4650064
ALFA-ROMEO chaussée de Helmet 113 à Schaerbeek ☎ 2161913
ALFA-ROMEO r. Moranville 66 à Jette ☎ 4254099
BMW r. Neufchatel 7 à St-Gilles ☎ 5375018
BMW av. Mommaerts 4 à Evere ☎ 7364020
BMW r. Escadron 35 à Etterbeek ☎ 7333761
BMW av. de la Couronne 330 à Ixelles ☎ 6488050
BMW av. de la Forêt 200 à Ixelles ☎ 6725781
BMW chaussée de Mons 711 à Anderlecht ☎ 5211717
BMW r. Bollinckx 267 à Forest ☎ 3776969
BMW av. Odon-Warland 226 à Jette ☎ 4268329
BMW r. Sombre 87 à Woluwé-St-Pierre ☎ 7708274
BRITISH-LEYLAND r. Hennin 18 à Ixelles ☎ 6492020
BRITISH-LEYLAND chaussée de Gand 708 à Molenbeek-St-Jean ☎ 4658513
CITROEN r. Malibran 113 à Ixelles ☎ 6488045
CITROEN chaussée d'Alsemberg 396 à Uccle ☎ 3435190
CITROEN r. A.-Van-Zande 15 à Berchem-Ste-Agathe ☎ 4666140
CITROEN Albert Biesmanslaan 3 à Hoeilaart ☎ 6570363
CITROEN av. de l'Armée 61 à Etterbeek ☎ 7346415
CITROEN r. St-Guidon 75 à Anderlecht ☎ 5220462
CITROEN av. Itterbeek 364 à Anderlecht ☎ 5695656
FIAT r. Simonis 27 à St-Gilles ☎ 5373014
FIAT bd Invalides 210-220 à Auderghem ☎ 6738120
FIAT av. Charles-Quint 106 à Berchem-Ste-Agathe ☎ 4262122
FIAT r. Alliance 16 à Schaerbeek ☎ 2194495
FORD av. Jacques-Georgin 11 à Schaerbeek ☎ 7349000
FORD av. Ch.-Quint 584 à Berchem-Ste-Agathe ☎ 4652255
FORD r. Brogniez 158 à Anderlecht ☎ 5225650
GM (OPEL) chaussée de Mons 1429 à Anderlecht ☎ 3769446
GM (OPEL) Arnold Sohiestraat 20 à Evere ☎ 2151099
GM (OPEL) chaussée de Gand 528 à Molenbeek-St-Jean ☎ 4272600
GM (OPEL) r. Moris 13 à St-Gilles ☎ 5382880
GM (OPEL) av. Général-Médecin-Derache 120 à Ixelles ☎ 6470780
HONDA r. Royale 267 à Schaerbeek ☎ 2178338
HONDA av. Alfred-Solvay 12 à Watermael-Boitsfort ☎ 6734852
HONDA av. F.-Malherbe 66 à Anderlecht ☎ 5239445
HONDA av. Ch.-Quint 281 à Berchem-Ste-Agathe ☎ 4654278
LADA r. Général Wangermé 6 à Etterbeek ☎ 7331016
LADA av. Van-Volxem 97 à Forest ☎ 3444403
LADA r. Luzerne 21 à Schaerbeek ☎ 7339183
LADA av. Georges-Henri 410 à Woluwé-St-Lambert ☎ 7355544
MAZDA r. Hôtel-des-Monnaies 139 à St-Gilles ☎ 5378808
MAZDA r. Ganshoren 52 à Berchem-Ste-Agathe ☎ 4652060
MAZDA place St-Pierre 30 à Etterbeek ☎ 7331238
MAZDA chaussée de Wavre 1745 à Auderghem ☎ 6726658
MAZDA Groenstraat 7 à Vilvoorde ☎ 2512148

MERCEDES-BENZ chaussée de Mons 1423a à Anderlecht ☎ 3762052
MERCEDES-BENZ chaussée de Louvain 770 à Schaerbeek ☎ 7354100
MERCEDES-BENZ chaussée de Charleroi 239 à St-Gilles ☎ 5386190
MERCEDES-BENZ chaussée de Waterloo 861 à Uccle ☎ 3743094
MERCEDES-BENZ av. Jette 4 à Ganshoren ☎ 4282027
MERCEDES-BENZ r. Stalle 15 à Uccle ☎ 3760942
MERCEDES-BENZ chaussée d'Etterbeek 25 à Etterbeek ☎ 2303371
MITSUBISHI chaussée de Charleroi 123 à St-Gilles ☎ 5384180
MITSUBISHI chaussée de Gand 294 à Molenbeek-St-Jean ☎ 4277090
NISSAN r. Ch. Ramaeckers 17 à Laeken ☎ 4780644
NISSAN av. R. Vanderbruggen 38 à Anderlecht ☎ 5205070
NISSAN r. de la Station 125 à Woluwé-St-Pierre ☎ 7713477
NISSAN, HONDA r. Vanderkindere 240 à Uccle ☎ 3434353
NISSAN r. Herkoliers 49 à Koekelberg ☎ 4280654
PEUGEOT, TALBOT quai Fernand-Demets 26 à Anderlecht ☎ 5236260
PEUGEOT, TALBOT chaussée de Louvain 542 à Schaerbeek ☎ 7354140
PEUGEOT, TALBOT av. J.-Georgin 15 à Schaerbeek ☎ 7358070
PEUGEOT, TALBOT r. Stalle 290 à Uccle ☎ 3774985
PEUGEOT, TALBOT r. Magistrat 22 à Ixelles ☎ 6486550
RENAULT chaussée de Mons 301 à Anderlecht ☎ 5229999
RENAULT r. Francs 79 à Etterbeek ☎ 7352000
RENAULT r. Aqueduc 118 à Ixelles ☎ 5384040
RENAULT chaussée de Waterloo 532 à St-Gilles ☎ 3471210
RENAULT chaussée de Louvain 662 à Schaerbeek ☎ 7356010
RENAULT bd Jubilé 138 à Molenbeek-St-Jean ☎ 4272770
TOYOTA r. Léopold-Ier 215 à Laeken ☎ 4255590
TOYOTA chaussée de Louvain 195a à Schaerbeek ☎ 7367709
TOYOTA chaussée de Mons 511 à Anderlecht ☎ 5210245
TOYOTA r. Vanderkindere 391 à Uccle ☎ 3437682
TOYOTA Culliganlaan 1 à Diegem ☎ 7205140
VAG r. Mail 50 à Ixelles ☎ 5386220
VAG chaussée de Mons 95 à Anderlecht ☎ 5222000
VAG chaussée de Louvain 510 à Schaerbeek ☎ 7339880
VAG r. Bataves 17 à Etterbeek ☎ 7339720
VOLVO chaussée d'Alsemberg 222 à Uccle ☎ 3441800
VOLVO av. d'Auderghem 70 à Etterbeek ☎ 7350190
VOLVO chaussée de Louvain 357 à Schaerbeek ☎ 7344734
VOLVO chaussée de Stockel 243 à Woluwé-St-Lambert ☎ 7703148
VOLVO r. Scheutveld 25 à Anderlecht ☎ 5240160

BUGGENHOUT **9360 Oost-Vlaanderen 213 ⑥ et 409 ④ – 13 274 h. – ☎ 052.**
♦Bruxelles 27 – ♦Gent 44 – ♦Antwerpen 32 – ♦Mechelen 22.

XX **Servaeshof,** Vidtstraat 49, ☎ 332915 – Ⓟ. ⓓ
fermé mardi soir, merc. et 16 août-1er sept. – **R** carte 650 à 1070.

MERCEDES-BENZ Beukenstraat 363 ☎ 335043

BULLINGEN **(BULLANGE) 4760 Liège 214 ⑨ et 409 ⑯ – 5 143 h. – ☎ 080.**
♦Bruxelles 169 – ♦Liège 77 – Aachen 57.

Dahmen, r. Principale 199, ☎ 647050, – wc. AE ⓓ E
fermé du 7 au 20 déc. – **R** *(fermé merc.)* 575/800 – **14 ch** 625/1500 – P 1150/1250.

X **Kreutz,** r. Principale 131, ☎ 647903 –
fermé lundi et 1re quinz. sept. – **R** 500/850.

BURNENVILLE **Liège 214 ⑧ – voir à Malmédy.**

BUTGENBACH **4750 Liège 214 ⑨ et 409 ⑯ – 5 072 h. – ☎ 080.**
♦Bruxelles 164 – ♦Liège 72 – Aachen 52.

à l'Ouest : 3 km sur N 32 (lieu-dit Weywertz)

XX **La Belle Époque,** r. Gare 85, ☎ 445543 – Ⓟ
fermé merc. – **R** 525/1600.

CASTEAU **Hainaut 213 ⑰ et 409 ⑫ – voir à Soignies.**

CELLES **Namur 214 ⑤ et 409 ⑭ – voir à Dinant, environs.**

CEREXHE-HEUSEUX **4632 Liège Ⓒ Soumagne 213 ㉓ et 409 ⑮ – 12 502 h. – ☎ 041.**
♦Bruxelles 105 – ♦Liège 16 – Verviers 22.

X **Grill Pont du Coche,** Rest. Pont sur autoroute E 5, ☎ 875411, ≤ – Ⓟ. AE ⓓ
R 525 (et repas rapide en libre service).

CHAMPLON **6971 Luxembourg belge Ⓒ Tenneville 214 ⑦ et 409 ⑮ – 2 133 h. – ☎ 084.**
♦Bruxelles 127 – ♦Arlon 61 – ♦Namur 66 – La Roche-en-Ardenne 15.

Bruyères, rte Barrière 78, ☎ 455185, ≤, – wc wc Ⓟ. AE ⓓ
R 600/880 – 140 – **20 ch** 505/1295 – P 1080/1710.

Host. de la Barrière, rte Barrière 31, ☎ 455155 – wc Ⓟ. AE E
R carte 750 à 1270 – **21 ch** 810/1200.

Au Bon Coin, r. Grande 92, ☎ 455279 – Ⓟ. rest
R 450/500 – 140 – 10 ch 430/750 – P 730.

CHARLEROI 6000 Hainaut **214** ③ et **409** ⑬ – 219 579 h. agglomération – ☎ 071.

Voir Musée du verre★ DYZ **M.**

Env. Abbaye d'Aulne★ : chevet et transept★★ de l'église abbatiale par ⑤ : 13 km.

☐ r. Joseph-Wauters 115, Administration Communale de Dampremy ☎ (071) 320164 – Pavillon d'accueil, Square Gare du Sud ☎ (071) 318218 – ♦Bruxelles 61 ⑧ – ♦Liège 97 ⑨ – Lille 123 ⑧ – ♦Namur 38 ⑨.

CHARLEROI

Albert-1er (Pl.) .... CDZ
Marcinelle (R. de) .... DZ 44
Montagne (R. de la) .... CDZ 45
Neuve (R.) .... DY 49
Régence (R. de la) .... DY 58

Arthur-Pater (R.) .... CZ 2
Basse-Sambre (Rte de la) .... BZ 3
Beaumont (R. de) .... AZ 4
Bomerée (R. de) .... AZ 5
Bruxelles (Chée de) .... AY 6
Calvaire (R. du) .... BYZ 7
Charleroi (Chée de) .... AZ 8
Charles-II (Pl.) .... DZ 10
Châtelet (Chée de) (GILLY) .... BY 12
Châtelet (Chée de) (LODELINSART) .... BY 13
Châtelet (R. de) .... BZ 15
Chaussée (R. de la) .... AY 16
Chavannes (R.) .... DY 17
Courcelles (Chée de) .... AY 19
Déversoir (R. du) .... BZ 20
Ecluse (R. de l') .... DZ 21
Emile-Buisset (Pl.) .... CZ 23
Emile-Devreux (Bd) .... DZ 24
Flandre (Quai de) .... CZ 25
Fleurus (Chée de) .... BY 27
Fleurus (R. de) .... BZ 29
Fr.-Dewandre (Bd) .... DY 30
Gilly (R. de) .... BZ 31
Gosselies (R. de) .... AY 32
Gozée (R. de) .... AZ 33
Joseph-Hénin (Av.) .... DY 37
Lebeau (R.) .... DY 38
Le Campinaire (R.) .... BY 39
Lodelinsart (Chée de) .... BY 40
Manège (Pl. du) .... DY 41
Marchienne (R. de) .... AZ 42
Montigny (Chée de) .... BZ 46
Namur (R. de) .... BZ 48
Orléans (R. d') .... DZ 50
Ph.-Monnoyer (R.) .... AY 52
Philosophe (R. du) .... BY 53
Prison (R. de la) .... CZ 54
Ransart (Rte de) .... BY 57
René-Delhaize (R.) .... BY 60
Solvay (Bd) .... DY 61
Staline (R.) .... AY 62
Station (R. de la) .... AY 64
Taillis-Prés (R. de) .... BY 65
Vandervelde (R.) .... AY 66
Vieux Campinaire (Rte du) .... BY 68
Waterloo (Av. de) .... DY 69
Winston-Churchill (R.) .... AY 72
Zenobe-Gramme (R.) .... DY 73

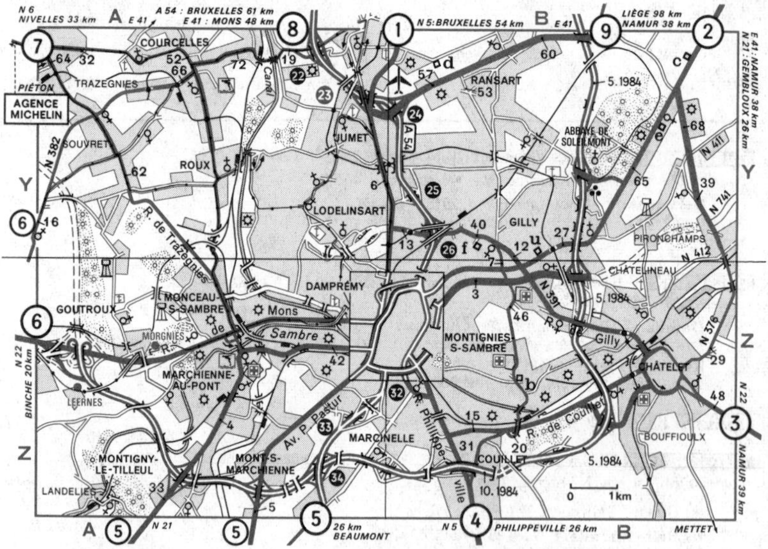

Les prix de chambres risquent d'être majorés d'une taxe locale de 6 %

Socatel Diplomat Ⓜ sans rest, bd Tirou 96, ☎ 319811, Télex 51597 – ⌂ TV ⇔ – AE ⓓ E DZ r
40 ch ☐ 1850/2300.

Le Méditerranée, av. Europe 20, ☎ 317423 – ⌂ ⇔wc ⇔wc ☎. ⓓ CY c
R *(fermé sam., dim. soir et 2e quinz. juil.)* carte 860 à 1200 – **19 ch** ☐ 1015/1795.

XXX **Solms,** passage Bourse 15, ☎ 320349 – ▤. AE ⓓ E CZ n
fermé dim. soir, lundi et du 10 au 30 juil. – **R** 560/1180.

XX **Au Provençal,** r. F.-Puissant 10, ☎ 312837 – ✻ CZ v
fermé dim., jours fériés, 10 juil.-19 août et 20 déc.-9 janv. – **R** carte 920 à 1430.

X **Europe,** av. Europe 18, ☎ 317245 CY c
fermé mardi soir, merc. et août – **R** 460/875.

X **La Castelnaudary,** av. Europe 62, ☎ 325519, Cassoulet – AE ⓓ E CY r
fermé dim. soir et lundi – **R** 580.

X **La Fleur,** bd P.-Janson 16, ☎ 322461 – AE ⓓ E DY a
fermé merc. soir – **R** carte 690 à 1160.

X **La Grosse Saucisse,** av. Waterloo 69, ☎ 323070, Choucroute – ✻ DY e
R carte env. 500.

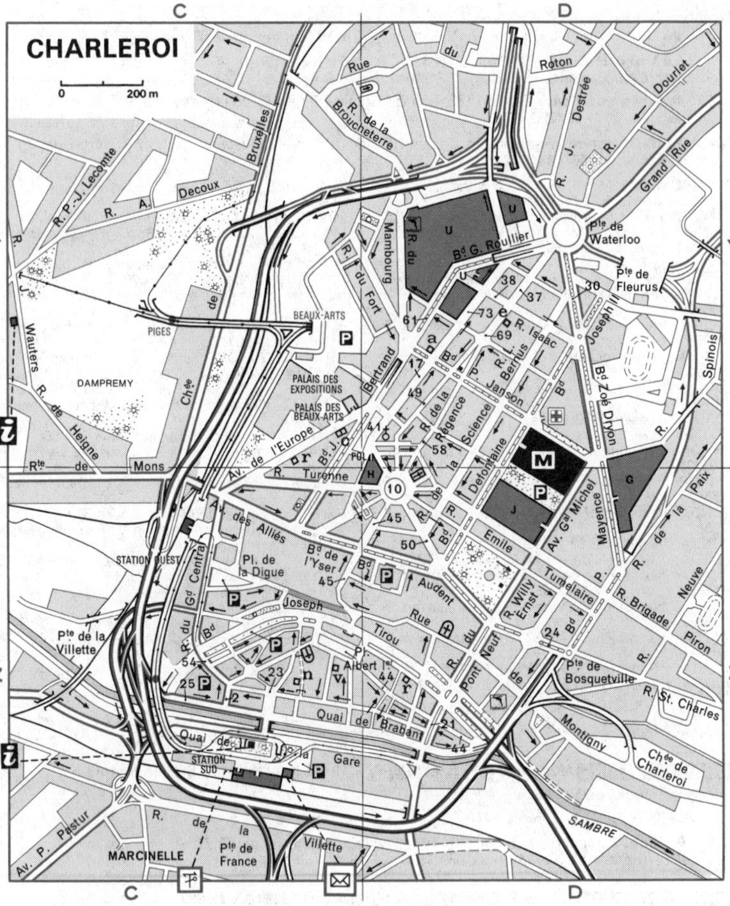

à Gilly Ⓒ Charleroi – ✉ 6060 Gilly – ☎ 071 :

XXX **Corderie Ligny,** r. Ste-Agnès 33, ☎ 414877 – Ⓟ. AE ① BY **f**
fermé vend. soir, sam. midi, lundi soir et août – **R** carte 1140 à 1400.

X **Dario,** chaussée de Fleurus 127, ☎ 414938, Cuisine italienne BY **u**
fermé mardi et août – **R** carte 400 à 820.

à Gosselies Ⓒ Charleroi – ✉ 6200 Gosselies – ☎ 071 :

XX **Le Saint Exupéry,** chaussée de Fleurus 181 (près du champ d'aviation), ☎ 355962, ≤, 🏛,
« Terrasse avec ≤ aéroport » – Ⓟ. ① BY **d**
fermé sam. midi et 2e quinz. juil. – **R** (déjeuner seult. sauf vend. et sam.) 600/1150.

à Loverval Ⓒ Gerpinnes, par ④ : 5 km – 10 993 h. – ✉ 6270 Loverval – ☎ 071 :

XX **La Crémaillère,** chaussée de Philippeville 102, ☎ 364585 – Ⓟ. ①
fermé mardi soir, merc. soir et 22 juil.-13 août – **R** carte 960 à 1180.

XX **Chardon,** rte de Philippeville 73, ☎ 369221, « Jardin » – Ⓟ. AE ① E
fermé dim. soir, lundi soir et mardi soir – **R** 970/1200.

à Montignies-sur-Sambre Ⓒ Charleroi – ✉ 6080 Montignies-sur-Sambre – ☎ 071 :

XX **Le Gastronome,** pl. Albert-1er 43, ☎ 321020 – ① BZ **b**
R (déjeuner seult sauf vend. et sam.) 750/950.

tourner →

au Sud-Ouest : 8 km par av. P.-Pastur – ✉ 6110 Montignies-le-Tilleul – ✆ 071 :

XXX **Le Val d'Heure,** r. Station 25 (N 373), ✆ 516535, ≤ – P
fermé lundi, mardi, sam. midi et 2e quinz. juil. – **R** 495/695.

XX **Auberge de l'M,** r.Station 188 (lieu-dit Bomerée), ✆ 516100, ≤ – P. ①

fermé sept. – **R** 1200.

MICHELIN, Agence régionale, r. Joseph-Francq 1, angle chaussée Bascoup à Piéton par ⑦ – ✉ 6158 Piéton, ✆ **(064) 444941**

ALFA-ROMEO r. Montignies 181 ✆ 310571
BMW rte de Mons 77 ✆ 326924
BMW chaussée de Bruxelles 268 à Jumet ✆ 358905
BRITISH LEYLAND r. Moulin 2 à Gilly ✆ 322340
BRITISH LEYLAND av. P.-Pastur 275 à Mont-sur-Marchienne ✆ 360257
CITROEN av. M.-Meurée 38 à Marcinelle ✆ 361798
CITROEN rte de Mons 9 à Monceau-sur-Sambre ✆ 319640
FIAT r. Trazegnies 72 à Monceau-sur-Sambre ✆ 312882
FIAT av. P.-Pastur 418 à Mont-s-Marchienne ✆ 360140
FORD chaussée de Bruxelles 268 à Lodelinsart ✆ 310145
FORD chaussée de Bruxelles 11 à Dampremy ✆ 320070
GM (OPEL) chaussée de Bruxelles 177 à Damprémy ✆ 322309
GM (OPEL) r. Station 71 à Montignies-le-Tilleul ✆ 515652
HONDA chaussée de Bruxelles 93 à Damprémy ✆ 320881
HONDA rte de Mons 68 ✆ 313844
HONDA r. Vandervelde 44 à Lodelinsart ✆ 322087
LADA r. Marchienne 64 à Montignies-le-Tilleul ✆ 516182
LADA chaussée de Bruxelles 330 à Lodelinsart ✆ 321386
MAZDA av. de Philippeville 159 à Marcinelle ✆ 360971
MAZDA r. Sablières 252 à Châtelet ✆ 390051
MAZDA r. Taillis-Pré 57 à Châtelineau ✆ 381436
MERCEDES-BENZ chaussée de Bruxelles 2 ✆ 314497
MITSUBISHI r. Station 220 à Châtelet ✆ 382030
MITSUBISHI chaussée de Bruxelles 134 à Damprémy ✆ 322370
MITSUBISHI r. Wattelar 17a à Jumet ✆ 355976
NISSAN bd J.-Bertrand 85 ✆ 326597
NISSAN chaussée de Gilly 393a à Châtelineau ✆ 380068
PEUGEOT, TALBOT r. Providence 17 à Marchienne-au-Pont ✆ 314550
PEUGEOT, TALBOT chaussée de Philippeville 113 à Couillet ✆ 364050
RENAULT av. P.-Pastur 21 à Marcinelle ✆ 362060
RENAULT chaussée de Bruxelles 391 à Lodelinsart ✆ 320110
RENAULT r. Couillet 165 à Châtelet ✆ 381100
RENAULT rte de Mons 72 à Marchienne-au-Pont ✆ 328446
TALBOT chaussée de Bruxelles 307 à Dampremy ✆ 310083
TOYOTA r. Couillet 158 à Châtelet ✆ 386075
TOYOTA chaussée de Châtelet 68 à Lodelinsart ✆ 321819
TOYOTA av. Philippeville 121 à Marcinelle ✆ 433646
VAG pl. Delveux 3 à Jumet ✆ 352393
VAG av. Millénaire 2 à Gosselies ✆ 352411
VAG r. Montignies 145 ✆ 322232
VAG r. Couillet 33 à Châtelet ✆ 391511
VAG rte de Mons 36 à Marchienne-au-Pont ✆ 320956
VOLVO chaussée de Namur 24 à Montignies-sur-Sambre ✆ 411734

Vous aimez les nuits tranquilles... participez à la lutte contre le bruit.

CHAUDFONTAINE 4930 Liège 213 ㉒ et 409 ⑮ – 19 615 h. – ✆ 041 – Station thermale.

i Maison Sauveur, parc des Sources ✆ 651834.

♦Bruxelles 104 – ♦Liège 10 – Verviers 22.

Palace, Esplanade 2, ✆ 650070 – ⫶ ⇔wc ⫛wc ☎ P – 🏔. AE E. ✻ ch
R carte 660 à 1050 – **25 ch** ⊐ 980/1510 – P 1800.

CHEVETOGNE 5395 Namur C Ciney 214 ⑤ et 409 ⑭ – 13 325 h. – ✆ 083.

Voir Domaine provincial Valéry Cousin ★.

♦Bruxelles 101 – ♦Namur 42 – ♦Dinant 20 – Rochefort 17.

X **Les Rhodos** avec ch au motel, **Domaine provincial Chevetogne,** ✆ 213721 – ⫛wc ☎ P. ✻ ch
fermé merc. et fév. – **R** *(fermé après 20 h)* 450/950 – ⊐ 150 – **16 ch** 1250 – P 1725.

CHIMAY 6460 Hainaut 214 ⑬ et 409 ㉓ – 9 259 h. – ✆ 060.

Env. Étang★ de Virelles NE : 5 km.

♦Bruxelles 110 – ♦Mons 56 – ♦Charleroi 50 – ♦Dinant 61 – Hirson 25.

Motel Fagnes, chaussée de Couvin 51c, ✆ 212789 – ⫛wc P. ① E. ✻ rest
R 580/1260 – ⊐ 135 – **12 ch** 850/1050 – P 1225/2035.

XX **Froissart,** pl. Froissart 8, ✆ 212619 – AE ① E
fermé mardis soirs, merc. non fériés et 16 août-7 sept. – **R** 500/900.

X **Napoléon,** r. Angleterre 17, ✆ 211868 – E
R carte 515 à 945.

à l'étang de Virelles NE : 3 km – ✉ 6461 Virelles – ✆ 060 :

XX **Host. Le Virelles** avec ch, r. Lac 28, ✆ 212803, ≤, 🌳 – TV ⇔wc ⫛wc ☎ P. AE ①
fermé début sept. et mardi, merc. sauf en juil.-août – **R** *(fermé après 20 h 30)* 550/950 – **8 ch** ⊐ 640/900 – P 1000/1100.

XX **Edgard et Madeleine,** r. Lac 31, ✆ 211071 – P
R carte 600 à 1200.

à Momignies SO : 12 km – 5 164 h. – ✉ 6590 Momignies – ☎ 060 :

XX **Host. de la Thiérache** avec ch, r. Station 426, ☎ 511093
fermé dim. soir et lundi – **R** *(fermé après 20 h 30)* 695/1100 – **3 ch** ☐ 600/960 – P 1100.

ALFA-ROMEO r. Faubourg 14 ☎ 211043
CITROEN chaussée de Couvin ☎ 211594
FIAT chaussée de Couvin 17 ☎ 211078
NISSAN r. Virelles 26b ☎ 211283
RENAULT chaussée de Couvin ☎ 212705
TOYOTA r. Chantrenne 527 à Momignies ☎ 511066
VAG chaussée de Mons 21 ☎ 211162
VOLVO chaussée de Couvin 29 ☎ 211295

CIERGNON 5421 Namur Ⓒ Houyet 214 ⑤ et 409 ⑭ – 3 951 h. – ☎ 084.
♦Bruxelles 106 – ♦Namur 47 – ♦Dinant 21 – Rochefort 11.

Aub. Collyre, r. Principale 64, ☎ 377146, – wc. **E**
R carte 1090 à 1310 – ☐ 175 – **13 ch** 950 – P 1560/1770.

CINEY 5300 Namur 214 ⑤ et 409 ⑭ – 13 325 h. – ☎ 083.
♦Bruxelles 91 – ♦Namur 32 – ♦Dinant 16 – ♦Liège 58.

X **Au Vieux Ciney,** pl. Monseu 27, ☎ 213257 –
fermé lundi soir, mardi et fév. – **R** carte 760 à 1090.

X **Le Petit chez Soi,** av. de Namur 76, ☎ 214602
fermé jeudi – **R** 850.

GM (OPEL) r. Commerce 106 ☎ 211523
HONDA r. Léon-Simon 18 ☎ 212407
NISSAN r. Tasiaux 11 ☎ 211168
PEUGEOT, TALBOT r. St-Gilles 41 ☎ 212405
RENAULT Parc Industriel de Biron ☎ 212911

CLERMONT-SOUS-HUY 4133 Liège Ⓒ Engis 213 ㉒ et 409 ⑮ – 5 877 h. – ☎ 041.
Env. Fonts baptismaux★ dans l'église ★ de St-Séverin-en-Condroz, SE : 6 km.
♦Bruxelles 96 – ♦Liège 20 – Huy 13.

au Sud : 3 km – ✉ 4133 Clermont-sous-Huy – ☎ 041 :

XXX **Host. du Château de Halledet** avec ch, r. Halledet 11, ☎ 753004 – wc.
R *(fermé dim. soir, merc. et après 20 h 30)* 1250/1600 – ☐ 225 – **9 ch** 1800/2350.

COMBLAIN-LA-TOUR 4171 Liège Ⓒ Hamoir 213 ㉒, 214 ⑦ et 409 ⑮ – 3 112 h. – ☎ 041.
Voir Grottes★ de Comblain-au-Pont N : 4,5 km.
♦Bruxelles 122 – ♦Liège 32 – Spa 29.

XXX ✿ **St-Roch** (Dernouchamps) avec ch, r. Parc 1, ☎ 691333, ≤, « Terrasse et jardin au bord de l'eau » – wc. **AE E**
fermé lundi soir sauf en juil.-août, mardi, janv.-fév., du 10 au 15 sept. et du 19 au 24 nov. – **R** 950/1400 – ☐ 200 – **15 ch** 875/1800 – P 1675/2100
Spéc. Rognon de veau au cidre, Escalope de saumon vinaigrette chaude au basilic, Sabayon froid à l'orange.

X **Repos des Pêcheurs,** r. de Fairon 79, ☎ 691021
fermé lundi soir, mardi et merc. – **R** carte 740 à 875.

COO Liège Ⓒ Stavelot 214 ⑧ et 409 ⑯ – 5 912 h. – ✉ 4970 Stavelot – ☎ 080.
Voir Cascade★ – Montagne de Lancre ★.
♦Bruxelles 148 – ♦Liège 54 – Stavelot 8,5.

à la cascade :

XX **Vieux Moulin,** r. Petit Coo 2, ☎ 684041, ≤ – **AE**
fermé merc. soir, jeudi et 15 nov.-14 déc. – **R** 650/1100.

HONDA av. P. Clerdent 6 ☎ 684307

Le COQ West-Vlaanderen – voir De Haan.

CORBION Luxembourg belge 214 ⑮ et 409 ㉔ – voir à Bouillon.

COURTRAI West-Vlaanderen – voir Kortrijk.

COUVIN 6400 Namur 214 ⑬⑭ et 409 ㉓ – 12 970 h. – ☎ 060.
Voir : Grottes de Neptune★.
♦Bruxelles 104 – ♦Namur 64 – ♦Charleroi 44 – Charleville-Mézières 46 – ♦Dinant 47.

XXX **Host. Au Petit Chef** Ⓜ avec ch, Dessus la Ville 6, ☎ 344175, « Villa aménagée avec recherche » – wc. **AE E** rest
fermé mardis soirs, merc. non fériés et 15 janv.-14 mars – **R** carte 1450 à 2220 – ☐ 200 – 7 ch 2300/2600 – P 3500/4000.

XX **Sacavin,** r. Marcelle 2, ☎ 344087 – **AE E**
fermé lundi et 6 sept.-7 oct. – **R** (déjeuner seult) 800/1000.

au Sud : 3 km par N 5 :

XX **Sapinière** avec ch, Vieille route de Rocroy 5 S : 2 km, ☎ 344381, ≤ – 🅟.
fermé janv. et lundi de sept. à juin – **R** carte 750 à 1000 – ☕ 250 – 8 ch 550/1000 – P 925/1275.

à Frasnes-lez-Couvin 🄲 Couvin, N : 5,5 km par N 5 – ✉ 6373 Frasnes-lez-Couvin – ☎ 060 :

Château de Tromcourt , lieu-dit Géronsart 11, ☎ 311870, « Ancienne ferme-château aménagée avec recherche », – 🅟. rest
fermé du 20 au 31 août et 15 janv.-14 fév. – **R** *(fermé merc. non fériés)* carte 950 à 1150 – ☕ 150 – **9 ch** 875/1185 – P 1200/1360.

MERCEDES-BENZ rte Axiale 6 à Frasnes-lez-Couvin ☎ 344572
MITSUBISHI rte de Rocroy 21 ☎ 344397
NISSAN r. de la Falaise 8 ☎ 344014
TOYOTA rte Axiale 5 à Frasnes-lez-Couvin ☎ 311494
VAG Grand'Route 54 à Frasnes-lez-Couvin ☎ 311001

COXYDE West-Vlaanderen – voir Koksijde-Bad.

CREPPE Liège 213 ㉓ et 214 ⑧ – voir à Spa.

CRUPET 5332 Namur 🄲 Assesse 214 ⑤ et 409 ⑭ – 5 243 h. – ☎ 083.
♦Bruxelles 79 – ♦Namur 20 – ♦Dinant 16.

XX ✿ **Les Ramiers** (Fieuw) avec ch en annexe, r. Basse 32, ☎ 699070, « Auberge avec terrasse dans un cadre de verdure » – TV 🅟. AE ⓓ E
fermé du 15 au 31 mars, du 20 au 30 sept., 28 nov.-22 déc., lundi soir et mardi – **R** (week-ends nombre de couverts limité - prévenir) carte 1150 à 1860 – ☕ 180 – 6 ch 850/1395
Spéc. Salade tiède de saumon et langoustines, Gratin de queues d'écrevisses à l'aneth (juin à mars), Agnelet grillé aux herbes (janv.-mai).

MAZDA r. Basse 17 ☎ 699099

CUESMES Hainaut 214 ② et 409 ⑫ – voir à Mons.

DADIZELE 8658 West-Vlaanderen 🄲 Moorslede 213 ⑭ et 409 ⑪ – 11 053 h. – ☎ 056.
♦Bruxelles 111 – ♦Brugge 41 – ♦Kortrijk 17.

XX **Daiseldaele,** Meensesteenweg 201, ☎ 509490 – 🅟
fermé lundi soir, mardi et 19 juil.-10 août – **R** 435/1100.

DAMME 8340 West-Vlaanderen 213 ③ et 409 ② – 9 989 h. – ☎ 050.
Voir Hôtel de Ville★ (Stadhuis) – Tour★ de l'église Notre-Dame (O.L. Vrouwekerk).
♦Bruxelles 103 – ♦Brugge 7 – Knokke-Heist 12.

XX **De Lieve,** Jacob van Maerlantstraat 10, ☎ 356630 – AE ⓓ E
fermé 12 nov.-6 déc. et dim. soir, lundi sauf en juil.-août – **R** carte 1200 à 1650.

XX **Drie Zilveren Kannen,** Markt 9, ☎ 355677, « Intérieur vieux flamand » – AE ⓓ E
fermé dim. soir, lundi et janv.-fév. – **R** 600/1500.

XX **Damsche Poort,** Kerkstraat 29, ☎ 353275 – AE ⓓ E
fermé dim. soir, lundi et 22 déc.-11 janv. – **R** carte 900 à 1410.

XX **Gasthof Maerlant,** Kerkstraat 21, ☎ 352952
fermé mardi soir, merc. et oct. – **R** carte 760 à 1250.

XX **De Gulden Kogge** avec ch, Damse Vaart Zuid 12, ☎ 354217 – ⓓ E
R 490/785 – **6 ch** ☕ 870/1090.

à Moerkerke 🄲 Damme, E : 8 km sur N 296 – ✉ 8350 Moerkerke – ☎ 050 :

XX **'t Galjoen,** Natienlaan 5, ☎ 500699, ≤, Rest. flottant – 🅟. AE ⓓ
R carte 740 à 1500.

à Oostkerke NE : 2 km par rive du canal – ✉ 8350 Oostkerke – ☎ 050 :

XX ✿✿ **Bruegel** (Fonteyne), Damse Vaart Zuid 26, ☎ 500346, ≤, « Intérieur rustique » – 🅟. AE E
fermé mardi, merc. et janv.-fév. – **R** (week-ends nombre de couverts limité - prévenir) carte 1530 à 2200
Spéc. Filets de sole au porto et truffes, Homard Elle et Lui, Soufflé chaud Maman Jenny.

XX **De Waterput,** Rondsaartstraat 1, ☎ 599256, ≤, « Fermette isolée dans les polders » – 🅟. AE ⓓ
fermé mardi soir de sept. à juil., merc. et 15 nov.-14 déc. – **R** 1650.

Les hôtels ou restaurants agréables sont indiqués dans le guide par un signe rouge.
Aidez-nous en nous signalant les maisons où, par expérience, vous savez qu'il fait bon vivre.
Votre guide Michelin sera encore meilleur.

XXXXX ... X

DAVERDISSE 6889 Luxembourg belge 214 ⑮⑯ et 409 ㉔ – 1 425 h. – ☎ 084.
♦Bruxelles 122 – ♦Arlon 72 – ♦Dinant 41 – Marche-en-Famenne 35 – Neufchâteau 36.

- **Moulin** ⛰, r. Moulin 61, ☎ 388183, ≤, 🚗 – 🛁wc Ⓟ
  fermé merc. et du 2 au 29 janv. – **R** *(fermé après 20 h 30)* carte 600 à 1150 – 38 ch.
- XX **Le Trou du Loup,** chemin du Corray 2, ☎ 389084, ≤, « Petite auberge dans un cadre champêtre » – Ⓟ
  fermé mardi soir d'oct. à mai, merc., du 1er au 16 sept. et 25 fév.-15 mars – **R** carte 860 à 1370.

DEINZE 9800 Oost-Vlaanderen 213 ③④ et 409 ② – 24 966 h. – ☎ 091.
♦Bruxelles 67 – ♦Gent 17 – ♦Brugge 38 – ♦Kortrijk 30.

- XXX **D'Hulhaege,** Karel Picquélaan 134, ☎ 865616 – Ⓟ. AE ⓓ. ✗
  fermé dim.soir, lundi et 2e quinz.juil.-1re sem.août – **R** 1150/1650.

*à **Astene** C Deinze, sur N 14 : 2 km* – ✉ 9800 Deinze – ☎ 091 :

- XXX **Wallebeke,** Emiel Clauslaan 141, ☎ 825149, ≤, « Elégante installation au bord de la Lys, terrasse et jardin fleuri » – Ⓟ. AE
  fermé 23 juil.-2 août, 31 janv.-16 fév., dim. soir et lundi – **R** 600/975.
- XX **Savarin,** Emiel Clauslaan 77, ☎ 861933 – Ⓟ
  fermé merc., jeudi, 27 juin-18 juil. et 25 janv.-1er fév. – **R** carte 710 à 1150.

BMW E. Clauslaan 56 ☎ 861068
CITROEN Kapellestraat 75 ☎ 861060
FIAT Gentsesteenweg 101 ☎ 861454
FORD Gentsesteenweg 31 ☎ 861059
GM (OPEL) Gentsesteenweg 88 ☎ 865111
HONDA Gentsesteenweg 63 ☎ 861173
MERCEDES-BENZ Gentsesteenweg 86 ☎ 862732
NISSAN E. Clauslaan 81 ☎ 862309
RENAULT Dorpstraat 56 ☎ 862740
VAG Gaveresteenweg 51 ☎ 861079
VAG E. Clauslaan 87 ☎ 862877

DEURLE 9831 Oost-Vlaanderen C Sint-Martens-Latem 213 ④ et 409 ③ – 7 664 h. – ☎ 091.
♦Bruxelles 59 – ♦Gent 11 – ♦Kortrijk 37.

- XXX ✿ **Rally St-Christophe,** Pontstraat 100, ☎ 823106, ≤, « Jardin » – Ⓟ. AE ⓓ
  fermé du 9 au 20 juil., du 17 au 30 déc., lundi soir et mardi – **R** carte 1330 à 1810
  Spéc. Goujonnette de sole et de homard, Turbot aux petits légumes, Agneau bouquetière.
- XX **D'Ouwe Hoeve,** Dorpstraat 48, ☎ 823252, , « Ferme du 17e s. »
  fermé lundis non fériés, 20 août-4 sept. et 16 janv.-fév. – **R** carte 860 à 1210.

MITSUBISHI Klapstraat 44 ☎ 824795

DEURNE Antwerpen 212 ⑮ et 409 ④ – voir à Antwerpen, périphérie.

DIEGEM Brabant 213 ⑦⑲ et 409 ⑬ – voir à Bruxelles, environs.

DIEPENBEEK 3610 Limburg 213 ⑩ et 409 ⑥ – 15 358 h. – ☎ 011.
♦Bruxelles 91 – ♦Hasselt 7 – ♦Liège 36 – ♦Maastricht 26.

- XX **De Baenwinning,** Grendelbaan 32, ☎ 336577, « Cadre rustique » – Ⓟ AE ⓓ E
  fermé lundi, merc. soir, 31 juil.-16 août et du 3 au 13 mars – **R** carte 890 à 1250.

MITSUBISHI Boomgaardstraat 1 ☎ 336209

DIEST 3290 Brabant 213 ⑧⑨ et 409 ⑤ – 20 695 h. – ☎ 013.
Voir Oeuvres d'art★ dans l'église St-Sulpice (St-Sulpitiuskerk) AZ **A** – Béguinage★ (Begijnhof) BY – Musée Communal★ (Stedelijk Museum) AZ **H.**
Env. Abbaye d'Averbode★ : église★ par ⑤ : 8 km.
ℹ Stadhuis, Zoutstraat 6 ☎ 332121 – ♦Bruxelles 59 ③ – ♦Antwerpen 60 ① – ♦Hasselt 25 ②.

Plan page suivante

- XXX **Gulden Valk,** Demerstraat 2, ☎ 332796, « Ancienne demeure aménagée avec recherche, jardin et terrasse » – ▤. AE ⓓ ✗ — AZ **c**
  fermé lundi et 2 sem. en sept. – **R** 775/1000.
- XXX **Empereur,** Grote Markt 24, ☎ 331465, « Intérieur vieux flamand » — AZ **a**
  fermé du 1er au 21 juil., du 15 au 28 fév., mardi soir et merc. – **R** 950/1600.
- XX **Modern** avec ch, Leuvensesteenweg 93, ☎ 331066 – 🛁wc 🚿wc Ⓟ ⓓ — AZ **u**
  fermé du 9 au 31 juil. – **R** *(fermé sam. midi, dim. soir et lundi midi)* 575/1450 – ☕ 100 – **13 ch** 600/1150.
- X **Gasthof 1618,** Begijnhof-Kerkstraat 18, ☎ 333240, Taverne-restaurant aménagé dans le béguinage, Avec cuisine régionale — BY **e**
  fermé lundis non fériés et janv. – **R** carte 510 à 720.
- X **Holle Griet,** Schotelstraat 1, ☎ 335482 – AE ⓓ. ✗ — AZ **n**
  R 795/1400.

*à **Molenstede** C Diest, par ⑤ : 6 km* – ✉ 3294 Molenstede – ☎ 013 :

- XX **Katsenberg,** Stalstraat 42, ☎ 771062, « Cadre champêtre » – Ⓟ. ⓓ. ✗
  fermé mardi soir, merc. et 16 juil.-6 août – **R** carte 750 à 1080.

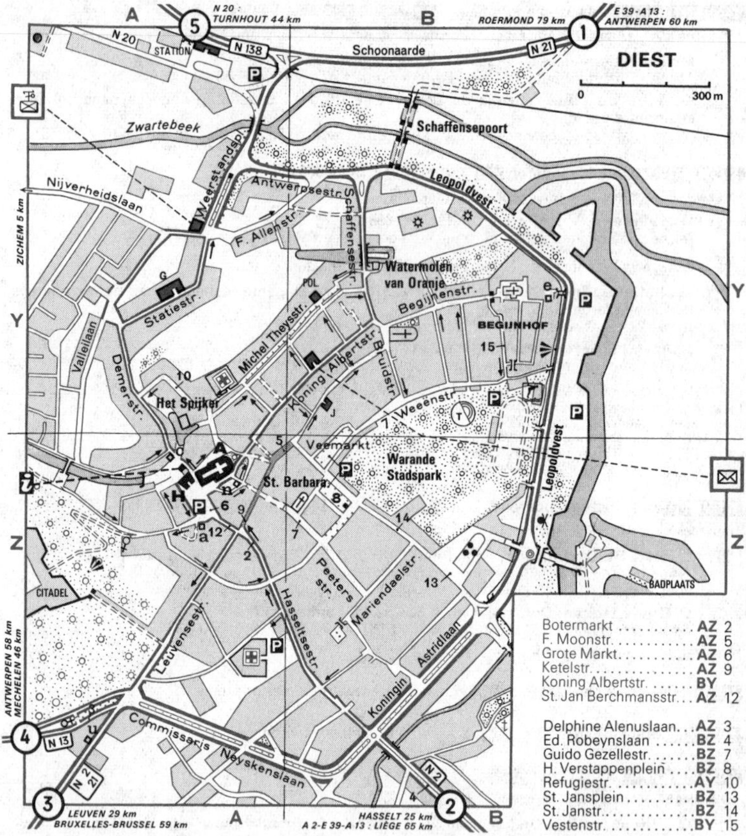

Botermarkt	AZ	2
F. Moonstr.	AZ	5
Grote Markt	AZ	6
Ketelstr.	AZ	9
Koning Albertstr.	BY	
St. Jan Berchmansstr.	AZ	12
Delphine Alenuslaan	AZ	3
Ed. Robeynslaan	BZ	4
Guido Gezellestr.	BZ	7
H. Verstappenplein	BZ	8
Refugiestr.	AY	10
St. Jansplein	BZ	13
St. Janstr.	BZ	14
Vestenstr.	BY	15

CITROEN Robeynslaan 51 ☎ 331341
FIAT Leuvensesteenweg 120 ☎ 332706
FORD Leuvensesteenweg 108 ☎ 333386
GM (OPEL) Leuvensesteenweg 26 ☎ 332101
HONDA Leuvensesteenweg 118 ☎ 332970
LADA Leuvensesteenweg 145 ☎ 334736
MERCEDES-BENZ Delphine Alenuslaan 39 ☎ 334131
MITSUBISHI Wezelbaan 49 ☎ 334632
RENAULT Robeynslaan 25 ☎ 333863
TOYOTA Halensebaan 150 ☎ 332236
VAG Leuvensesteenweg 101 ☎ 331109
VOLVO Leuvensesteenweg 112 ☎ 331554

Les principales voies commerçantes figurent en rouge au début de la liste des rues des plans de villes.

DIKKEBUS West-Vlaanderen **213** ⑬ et **409** ⑩ – voir à Ieper.

DIKSMUIDE (DIXMUDE) 8160 West-Vlaanderen **213** ①② et **409** ① – 15 295 h. – ✪ 051.

Voir Tour de l'Yser (IJzertoren) ☀★ – **ℹ** Stadhuis, Grote Markt, ☎ 501355.

♦Bruxelles 131 – ♦Brugge 44 – Ieper 23 – ♦Oostende 30 – Veurne 18.

- **St-Jan,** Bloemmolenkaai 1, ☎ 500274 – wc wc P
- **R** 500 – 160 – **16 ch** 650/1250.

BRITISH LEYLAND Woumenweg 3 ☎ 500242
CITROEN IJzerlaan 34 ☎ 500083
FORD Esenweg 72 ☎ 502501
GM (OPEL) IJzerlaan 2 ☎ 500191
HONDA Woumenweg 54 ☎ 500063
MAZDA Esenweg 48 ☎ 501382
NISSAN M. Doolaeghestraat 6 ☎ 500109
RENAULT Esenweg 205 ☎ 500490
VAG Esenweg 32 ☎ 500027

DILBEEK Brabant **213** ⑱ et **409** ⑬ – voir à Bruxelles, environs.

DINANT 5500 Namur 214 ⑤ et 409 ⑭ – 12 008 h. – ☎ 082.

Voir Site** – Citadelle* ≤** **M** – Grotte la Merveilleuse* **B** – Rocher Bayard* par ② – Château de Crèvecoeur ≤** à Bouvignes par ⑤ : 2 km – Anseremme : site* par ② : 3 km.

Env. Route de Falmignoul ≤* sur le cadre** du domaine de Freyr (château*, parc*) – Falmignoul : collection* du musée du Cycle, de la Moto et de l'Affiche 1900 – Rochers de Freyr* par ③ : 6 km – Furfooz : ≤* sur Anseremme, Parc naturel de Furfooz* par ② : 10 km – Vêves : château* par ② : 12 km – Celles : dalle funéraire* dans l'église romane St-Hadelin par ② : 10 km – Foy-Notre-Dame : plafond* de l'église par ① : 8,5 km – **Exc.** Descente de la Lesse* en bateau.

18 à Houyet par ② : 18,5 km ☎ 666228 – **ℹ** r. Grande 37 près du Casino ☎ 222870.

•Bruxelles 106 ⑤ – •Namur 28 ⑤ – Charleville-Mézières 78 ③ – •Liège 74 ①.

Couronne, r. A.-Sax 1, ☎ 222441 – wc **r**
R *(fermé jeudi)* 450/850 – **22 ch** 700/1420.

Thermidor avec ch, r. Station 3, ☎ 223135 – . AE E. ch **a**
fermé lundi soir de sept. au 16 avril et mardis non fériés – **R** 450/875 – 6 ch 460/810 – P 875.

Central, Grand'Place 7, ☎ 222229, Taverne-restaurant **n**
fermé du 15 au 27 nov. et merc. sauf en juil.-août – **R** 500/900.

De la Collégiale, r. A.-Sax 2, ☎ 222372, ≤ **v**
fermé 2e quinz. nov., janv.-fév. et merc. sauf en juil.-août – **R** 525/900.

à la Citadelle

Plateau ⑤, ☎ 222834, – wc **e**
Pâques-sept. – **R** *(fermé après 20 h)* 485 – **11 ch** 635/835 – P 790.

à Anseremme C Dinant, par ② : 3 km – ✉ 5500 Dinant – ☎ 082 :

Mosan, r. Dufrenne 2, ☎ 222450, ≤ – **P**. ch
fermé 1re quinz. fév. et mardi du 5 sept. au 12 juin – **R** 450/970 – 95 – **8 ch** *(fermé lundi et mardi du 5 sept. au 12 juin)* 770/925 – P 1140.

Freyr avec ch, Point de vue de Freyr, rte Dinant-Beauraing 22, ☎ 222575, ≤, – TV wc **P**. AE
fermé merc. et 25 janv.-24 fév. – **R** carte 980 à 1460 – 120 – 6 ch 1590 – P 2000.

La Crémaillère, r. Vélodrome 2, ☎ 222458
fermé 15 janv.-14 fév. et dim. soir, lundi sauf en juil.-août – **R** carte 640 à 1000.

à Bouvignes C Dinant, par ⑤ : 2 km – ✉ 5500 Dinant – ☎ 082 :

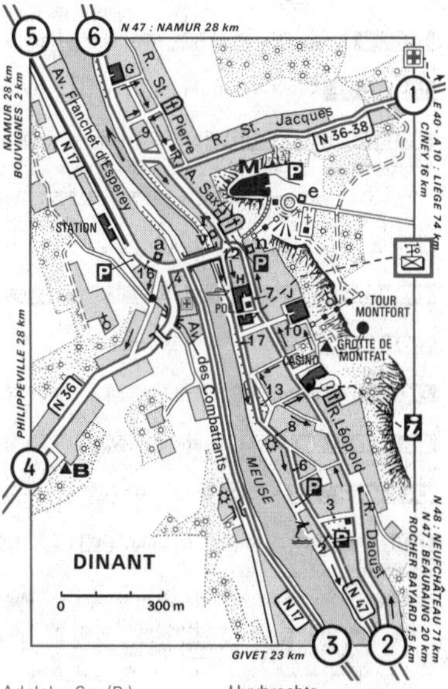

Adolphe-Sax (R.)
Grande (R.) 7
Station (R. de la) 16

Albeau (R. d') 2
Armes (Pl. d') 3
Bribosia (R.) 4
Cousot (R.) 6

Huybrechts (R.) 8
J.-B.-Culot (Quai) 9
Palais (Pl. du) 10
Reine-Astrid (Pl.) 12
Roi Albert (Pl.) 13
Winston-Churchill (Av.) 17

Aub. Bouvignes, r. Fétis 112, rte de Namur par N 17 - N : 2 km - rive gauche de la Meuse, ☎ 611600, « Intérieur rustique » – **P**. AE
fermé dim. soir et lundi sauf en juil.-août – **R** 790/1450.

à Celles C Houyet, par ② : 10 km – 3 951 h. – ✉ 5561 Celles – ☎ 082 :

Le Fenil ⑤ sans rest, r. Village 27, ☎ 666760, Rustique – TV wc **P**
7 ch 475/1550.

Host. Val Joli ⑤ avec ch, pl. de l'Église 8, ☎ 666363, Rustique – TV wc. AE . ch
fermé merc.soirs et jeudis non fériés de sept. à juil., merc. en juil.-août, 15 déc.-15 janv. et le 2e lundi soir de chaque mois – **R** carte 1220 à 1800 – 7 ch 870/1640.

Clochette avec ch, r. de Vêves 39, ☎ 666535 – wc **P**. AE . ch
fermé mardi soir et merc. sauf en juil.-août – **R** carte 930 à 1520 – 6 ch 415/875 – P 1600.

à Falmagne C Dinant, par ② : 10 km – ✉ 5507 Falmagne – ☎ 082 :

La Vénerie, rte de Beauraing 28, ☎ 744766 – **P**
fermé lundi soir et mardi – **R** carte 670 à 1190.

à Falmignoul C Dinant, par ② : 8 km – ✉ 5511 Falmignoul – ☎ 082 :

Cuves avec ch, rte de Dinant 38, ☎ 744359 – **P**
fermé merc. non fériés – **R** 450/600 – **6 ch** 545/840 – P 925.

à Lisogne Ⓒ Dinant, par ① : 7 km – ✉ 5501 Lisogne – ☎ 082 :

XXX **Moulin de Lisogne** ⛰ avec ch, r. Lisonnette 60, ☎ 223480, « Élégante auberge dans un cadre de verdure », – wc P. AE
fermé dim. soir, lundi et 23 déc.-1er fév. – **R** 900/1250 – **8 ch** 1000/1500 – P 2250.

à Payenne-Custinne Ⓒ Houyet, par ② : 13 km – 3 951 h. – ✉ 5562 Custinne – ☎ 082 :

XXX **Host. Grisons** avec appartements ⛰ en annexe, Gd-Route 2, ☎ 666355, ←, « Intérieur bien aménagé » – TV wc ☎ P. ch
fermé lundi soir, mardi sauf en juil.-août et 16 janv.-25 fév. – **R** 975/1450 – 180 – **6** appartements 1450/1750 – P 2000.

CITROEN av. Franchet-d'Esperey 22 ☎ 223456
GM (OPEL) rte de Bouvignes 53 ☎ 223026
HONDA quai J.-B.-Culot 18 ☎ 223007
LADA r. Cardinal-Mercier 19 à Bouvignes ☎ 224346
RENAULT chaussée d'Yvoir 1a ☎ 223545

DISON Liège 213 ㉓ et 409 ⑯ – voir à Verviers.

DIXMUDE West-Vlaanderen – voir Diksmuide.

DOLHAIN-LIMBOURG Liège Ⓒ Limbourg 213 ㉓ et 409 ⑯ – 5 325 h. – ✉ 4831 Bilstain – ☎ 087.
♦Bruxelles 126 – ♦Liège 36 – Aachen 23 – Eupen 7,5 – Verviers 7,5.

XX **Casino,** av. Reine-Astrid 7, ☎ 762374 – P.
fermé sam. midi, lundi soir, mardi et fév. – **R** carte 810 à 1020.

MAZDA av. Reine-Astrid 6 ☎ 762791
MITSUBISHI rte du Village 51a ☎ 762621

DONKMEER Oost-Vlaanderen 213 ⑤ et 409 ③ – voir à Overmere.

DOORNIK Hainaut – voir Tournai.

DORINNE Namur 214 ⑤ et 409 ⑭ – voir à Spontin.

DRANOUTER West-Vlaanderen 213 ⑬ et 409 ⑩ – voir à Kemmelberg.

DUINBERGEN West-Vlaanderen 212 ⑪ et 409 ② – voir à Knokke-Heist.

DURBUY 5480 Luxembourg belge 214 ⑦ et 409 ⑮ – 7 869 h. – ☎ 086.
Voir Site*.
♦Bruxelles 119 – ♦Arlon 99 – Huy 34 – ♦Liège 51 – Marche-en-Famenne 19.

Cardinal ⛰, r. Récollectines 66, ☎ 211088, « Demeure ancienne aménagée avec recherche », – TV P. AE O E
fermé jeudi et janv.-début fév. – **R (voir Sanglier des Ardennes)** – 215 – 7 ch 2520/3520.

Roches Fleuries, Grand'Place 96, ☎ 212882, Télex 42448 – TV P – AE O E
R 850/1500 – 170 – **29 ch** 600/1375 – P 1500/2200.

Prévôt ⛰, r. Récollectines 71, ☎ 212868 – wc wc. AE O E
fermé merc. et 15 fév.-1er mars – **R (voir Prévôté)** – 150 – **9 ch** 800/1200.

Au Vieux Durbuy ⛰, r. Jean-de-Bohême 80, ☎ 212023, « Rustique » – wc. AE O E
fermé jeudi et janv.-début fév. – **R (voir Sanglier des Ardennes)** – 215 – 14 ch 870/1520.

Relais du Vieux Pont, r. Comte-Th.-d'Ursel 85, ☎ 212167 – wc. AE O E
R 450/850 – **24 ch** 815/1380.

Clos des Récollets ⛰ sans rest, r. Prévôté 64, ☎ 211271 – wc. AE E
150 – **8 ch** 650/950.

XXX **Sanglier des Ardennes** avec ch, r. Comte Th. d'Ursel 99, ☎ 211088, ←, – P – AE O E
fermé janv.-début fév. – **R** *(fermé jeudi)* carte 950 à 1400 – 215 – 20 ch 870/1520 – ½ p 1715/1945.

X **Prévôté,** r. Prévoté 64, ☎ 212300, Grillades, Ouvert jusqu'à 24 h, « Rustique » – AE O E
fermé merc. et 15 fév.-1er mars – **R** carte 700 à 1000.

à Warre NE : 2 km – ✉ 5491 Warre – ☎ 086 :

XXX **La Fermette,** rte de Tohogne 2, ☎ 211722, ←, « Cadre rustique » – P
fermé mardi soir, merc. et fév. – **R** 1250.

ÉCAUSSINNES-LALAING 7191 Hainaut Ⓒ Écaussinnes 213 ⑱ et 409 ⑬ – 9 764 h. – ☎ 067.
♦Bruxelles 42 – ♦Mons 29.

X **Pilori,** r. Pilori 10, ☎ 442318 – O
fermé mardi soir, merc. 3 prem. sem. janv. et 3 dern. sem. août – **R** carte 880 à 1250.

EDINGEN Hainaut – voir Enghien.

EEKLO 9900 Oost-Vlaanderen 213 ④ et 409 ②③ – 19 428 h. – ☎ 091.
♦Bruxelles 89 – ♦Antwerpen 66 – ♦Brugge 25 – ♦Gent 20.

✗ **Peperloock,** Koning Albertstraat 50, ☎ 778302
fermé lundi et du 6 au 20 août – **R** carte 950 à 1250.

ALFA-ROMEO, MERCEDES-BENZ Gentsesteenweg 78 ☎ 774770
CITROEN Leopoldlaan 41 ☎ 772140
FORD Leopoldlaan 4 ☎ 771440
MAZDA Zuidmoerstraat 3 ☎ 771474
MITSUBISHI Zandvleuge 66 b ☎ 772556
NISSAN Peperstraat 97 ☎ 775050
RENAULT Zandvleuge 64 ☎ 771732
VAG Markt 85 ☎ 771285

EERNEGEM 8250 West-Vlaanderen Ⓒ Ichtegem 213 ② et 409 ② – 14 206 h. – ☎ 059.
♦Bruxelles 106 – ♦Brugge 20 – ♦Oostende 17 – Roeselare 24.

✗✗ **Landdrost,** Turkeyendreef 21, ☎ 299987 – AE ⓓ E
fermé mardi soir et merc. – **R** carte 1400 à 1800.

EISDEN Limburg 213 ⑩ et 409 ⑥ – voir à Maasmechelen.

EKEREN Antwerpen 213 ⑥ et 409 ④ – voir à Antwerpen, environs.

ELDEREN Limburg 213 ㉒ et 409 ⑮ – voir à Tongeren.

ELLEZELLES 7890 Hainaut 213 ⑯ et 409 ⑫ – 5 124 h. – ☎ 068.
♦Bruxelles 55 – ♦Gent 44 – ♦Kortrijk 39.

✗✗✗ **Château du Mylord,** r. St-Mortier 35, ☎ 542602, « Ancienne demeure dans un vaste parc » – Ⓟ. ⓓ E
fermé dim. soir et lundi – **R** 1200/1600.

ELSENBORN 4740 Liège Ⓒ Butgenbach 213 ㉔ et 409 ⑯ – 5 056 h. – ☎ 080.
♦Bruxelles 160 – ♦Liège 70 – Aachen 46 – Malmédy 19.

⌂ **Zum Trouschbaum,** r. Trèves 62, ☎ 446047, ⛱, 🚗 – ⫼ Ⓟ. AE E. ✗
fermé lundis non fériés, 25 juin-5 juil. et du 1er au 27 oct. – **R** *(fermé après 20 h 30)* carte 680 à 960 – 9 ch ☕ 470/935 – P 950/1050.

ELSENE Brabant – voir Ixelles à Bruxelles, agglomération.

ELVERDINGE West-Vlaanderen 213 ⑬ et 409 ⑩ – voir à Ieper.

ENGHIEN (EDINGEN) 1390 Hainaut 213 ⑰ et 409 ⑫ – 10 215 h. – ☎ 02.
♦Bruxelles 39 – ♦Mons 32 – Aalst 30 – ♦Tournai 50.

✗✗✗ **Aub. Vieux Cèdre** ⛰ avec ch, av. Elisabeth 1, ☎ 3952061, ≤, 🚗 – ⊟. AE. ✗ ch
fermé lundis non fériés, 2e quinz. août et fév. – **R** 500/1200 – ☕ 175 – **6 ch** 850/1250.

✗ **Le Paradis,** r. Château 25, ☎ 3955475 – ⓓ
fermé mardi soir, merc., sam. midi et 15 juil.-15 août – **R** carte 730 à 1200.

CITROEN r. Hoves 132 ☎ 3951509
FORD chaussée de Bruxelles 151 ☎ 3951425
MITSUBISHI chaussée d'Ath 89 ☎ 3952673
RENAULT r. Sambre 16 ☎ 3951097
TOYOTA pl. du Vieux-Marché 50 ☎ 3952276
VAG chaussée de Bruxelles 329 ☎ 3951312

EPRAVE 5433 Namur Ⓒ Rochefort 214 ⑥ et 409 ⑭⑮ – 10 819 h. – ☎ 084.
♦Bruxelles 123 – ♦Bastogne 60 – ♦Dinant 37.

✗✗ **Aub. Vieux Moulin** ⛰ avec ch, r. Église 2, ☎ 377318 – ⊟wc 🚗. AE. ✗
R 500/1300 – ☕ 150 – 12 ch 600/1100.

ERONDEGEM Oost-Vlaanderen 213 ⑤ – voir à Aalst.

ERPE Oost-Vlaanderen 213 ⑤ et 409 ③ – voir à Aalst.

ERPS-KWERPS 3071 Brabant Ⓒ Kortenberg 213 ⑦ et 409 ④ – 14 820 h. – ☎ 02.
♦Bruxelles 20 – Leuven 6 – ♦Mechelen 19.

✗✗✗ **Rooden Scilt,** Dorpsplein 7, ☎ 7599444, « Rustique » – AE ⓓ E
fermé dim. soir et lundi – **R** carte 1400 à 1730.

ERTVELDE 9068 Oost-Vlaanderen Ⓒ Evergem 213 ④ et 409 ③ – 29 281 h. – ☎ 091.
♦Bruxelles 86 – ♦Brugge 38 – ♦Gent 16 – Sint-Niklaas 36.

✗✗ **De Hoeve,** Holstraat 24 a, ☎ 449387 – Ⓟ. AE ⓓ E. ✗
fermé lundi, merc. soir, 2 sem. en août et 2 sem. en fév. – **R** *(fermé dim. après 20 h)* carte 825 à 1030.

ESNEUX 4050 Liège 213 ㉒ et 409 ⑮ – 12 003 h. – ☎ 041 – ◆Bruxelles 113 – ◆Liège 18 – ◆Namur 63.

XX **Le Relais de l'Ourthe,** r. Bruxelles 59, ☎ 804037, « Rustique » – ▤. AE ⓓ E
fermé du 2 au 17 juil., du 12 au 22 nov. et lundis non fériés – **R** carte 750 à 1070.

RENAULT r. Simonis 33 ☎ 801591

ESQUELMES Hainaut 213 ⑮ – voir à Tournai.

ESSENE Brabant 213 ⑱ et 409 ④ – voir à Bruxelles, environs.

ESTAIMBOURG 7731 Hainaut © Estaimpuis 213 ⑮ et 409 ⑪ – 9 546 h. – ☎ 069.
◆Bruxelles 100 – ◆Mons 62 – ◆Kortrijk 19 – Lille 34 – ◆Tournai 12.

XX **La Ferme du Château,** pl. de Bourgogne 2, ☎ 557213 – ⓓ
fermé du 1er au 22 sept., fév., lundi soir, mardi et merc. soir – **R** carte 760 à 1050.

TALBOT r. Tanneurs 23 ☎ 556190

ETALLE 6740 Luxembourg belge 214 ⑰ et 409 ㉕ – 3 620 h. – ☎ 063.
◆Bruxelles 189 – ◆Arlon 16 – ◆Luxembourg 46 – Neufchâteau 29.

X **H. de la Semois** avec ch, r. Moulin 30, ☎ 455141 – ⓟ.
fermé fév. – **R** carte 550 à 1040 – ☕ 175 – **10 ch** 495/1250 – P 1150/1500.

ETTERBEEK Brabant – voir à Bruxelles, agglomération.

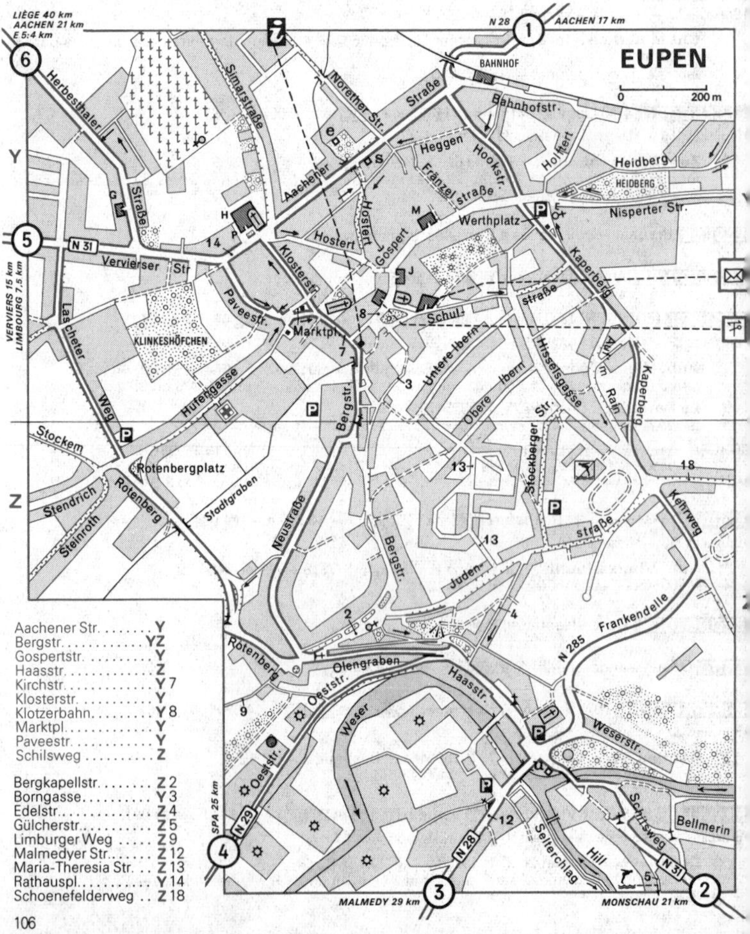

EUPEN 4700 Liège 213 ㉔ et 409 ⑯ – 16 788 h. – ☎ 087.
Voir Carnaval★★ (défilé : veille du Mardi gras) – Barrage★ par ② : 5 km.
Env. par ③ : Hautes Fagnes★★, Signal de Botrange ≤★.
ℹ Bergstrasse 6 ☎ 553450.
♦Bruxelles 131 ⑥ – ♦Liège 40 ⑥ – Aachen 17 ① – Verviers 15 ⑤.

Plan page ci-contre

XXX **Gourmet** avec ch, Haasstr. 81, ☎ 552598 – ▤ rest ⇔wc ⫷wc ⇔ – 🔬. ✂ Z u
R 600/1300 – **12 ch** ☕ 945/1450 – P 1200.

XXX Host. Chapeau Rouge, avec ch, Aachener Str. 38, ☎ 552111 – ⇔wc **P** – 🔬 Y e
6 ch.

XX **Le Brasier,** Aachener Str. 57, ☎ 554826 – AE ⓓ Y s
fermé sam. midi, dim. et 25 juil.-14 août – **R** carte env. 1100.

sur la route de Monschau par ② : 4 km :

XX **Rotterwäldchen,** Monschauer Str. 102, ☎ 553811 – **P**. AE ⓓ E
fermé merc. et fin août-début sept. – **R** 595/850.

à Kettenis Ⓒ Eupen, par ① : 2 km sur rte de Aachen – ✉ 4701 Eupen – ☎ 087 :

XXX **Château Libermé,** Aachener Str. 302, ☎ 554056, « Dans un château du 14e s. » – **P**. ⓓ E. ✂
fermé sam.midi, lundi et du 1er au 22 août – **R** carte 1295 à 1825.

à Membach Ⓒ Baelen par ④ : 3 km – 2 944 h. – ✉ 4833 Membach – ☎ 087 :

XXX **Host. Château St-Hubert** ⛰ avec ch, r. Station 22, ☎ 554251, « Belle demeure avec ≤ parc et Hertogenwald » – ⇔wc **P** – 🔬. AE ⓓ
fermé août et mardi soir, merc., dim.soir en hiver – **R** carte 900 à 1600 – ☕ 150 – 6 ch 970/1115 – P 1645/1815.

ALFA-ROMEO r. Bellemerin 44 ☎ 554059
BMW Herbesthalstr. 158 ☎ 740141
CITROEN Herbesthalstr. 263 ☎ 552488
FORD Herbesthalstr. 120 ☎ 552931
GM (OPEL) Herbesthalstr. 58 ☎ 553794
HONDA Aachenerstr. 324 à Kettenis ☎ 553174
LADA Aachenerstr. 139 à Kettenis ☎ 552210
MERCEDES-BENZ Gewerbestr. 4 ☎ 553713
NISSAN Herbesthalstr. 138 ☎ 553276
PEUGEOT, TALBOT Herbesthalstr. 265 ☎ 555941
RENAULT Herbesthalstr. 152 ☎ 555917
VAG Herbesthalstr. 132 ☎ 552915
VAG Schilsweg 50 ☎ 552775

EVERE Brabant 213 ⑱ et 409 ㉑ ㉒ – voir à Bruxelles, agglomération.

EXBOMONT Liège Ⓒ Stoumont 214 ⑧ et 409 ⑯ – 2 402 h. – ✉ 4981 La Gleize – ☎ 080.
♦Bruxelles 149 – ♦Liège 55 – Malmédy 21.

⌂ **Aub. Mont des Brumes** ⛰, Exbomont 10, ☎ 785421, ≤ vallée, 🌳 – ⇔ ⫷wc ⇔ **P**. ✂
Pâques, juil.-14 sept., Noël-Nouvel An et week-ends sauf du 15 sept. au 15 oct. – **R** *(fermé après 20 h 30)* carte 620 à 1030 – ☕ 150 – 16 ch 575/1050 – P 1015/1115.

FAGNES (Hautes) ★★ Liège 213 ㉔ et 409 ⑯ G. Belgique-Luxembourg.

FALAËN 5522 Namur Ⓒ Onhaye 214 ⑤ et 409 ⑭ – 2 643 h. – ☎ 082.
♦Bruxelles 94 – ♦Namur 31 – ♦Dinant 12 – Philippeville 21.

🏨 **Gd H. Molignée,** pl. Gare 87 N : 2 km, ☎ 699173, ≤ – ⇔wc ⫷wc **P**. AE ⓓ E
➔ *fermé janv.* – **R** *(fermé jeudis non fériés sauf en juil.-août)* 490/1100 – **26 ch** ☕ 605/1040 – P 1100/1350.

XX **La Fermette,** r. Château-Ferme 30, ☎ 699190, « Cadre champêtre » – **P**. AE ⓓ
fermé du lundi au vend. en fév. et mardi soir, merc. sauf en juil.-août – **R** carte 750 à 1320.

FALMAGNE Namur 214 ⑤ et 409 ⑭ – voir à Dinant, environs.

FALMIGNOUL Namur 214 ⑤ et 409 ⑭ – voir à Dinant, environs.

FANZEL 5460 Luxembourg belge Ⓒ Erezée 214 ⑦ et 409 ⑮ – 2 158 h. – ☎ 086.
♦Bruxelles 131 – ♦Arlon 88 – ♦Liège 52 – Marche-en-Famenne 24.

XX **Aub. du Val d'Aisne** ⛰ avec ch, r. Moulin 15, ☎ 499208, ≤, 🌂, « Ferme aménagée dans un cadre champêtre », 🌳 – ⇔wc **P**. ✂ rest
fermé 1re quinz. juil., déc. et mardis, merc., jeudis non fériés sauf en août – **R** carte 880 à 1300 – ☕ 200 – 7 ch 750/1200.

FELUY 6520 Hainaut Ⓒ Seneffe 213 ⑱ et 409 ⑬ – 9 653 h. – ☎ 067.
•Bruxelles 39 – •Mons 28 – •Charleroi 31.

au Sud : près de la sortie 20 de l'E 10 :

XX **Les Peupliers,** Chemin de la Claire Haie 109, ☎ 878205 – Ⓟ. ⓓ
fermé dim. soir, lundi, jeudi soir, 15 août-14 sept. et Noël-Nouvel An – **R** carte 1200 à 1635.

FLEMALLE-HAUTE Liège 213 ㉒ et 409 ⑮ – voir à Liège.

FLEURUS 6220 Hainaut 213 ⑲, 214 ④ et 409 ⑬ – 22 408 h. – ☎ 071.
•Bruxelles 62 – •Mons 48 – •Charleroi 12 – •Namur 26.

Voir plan d'Agglomération de Charleroi

X **Relais du Moulin,** chaussée de Charleroi 199 par ② : 5 km, ☎ 813450
fermé mardi soir, merc. et 20 août-11 sept. – **R** carte 600 à 965.

au Sud : 2,5 km par N 21 :

Rialto, chaussée de Charleroi 657, ☎ 811402 – wc Ⓟ BY c
fermé lundi et 15 juil.-août – **R** carte 610 à 1050 – **6 ch** ☐ 500/620.

au Sud : 3,5 km par N 21 :

XX **Maréchal Ney** avec ch, chaussée de Gilly 142, ☎ 381688 – wc ☎ Ⓟ. AE ⓓ E. ✻ ch
fermé du 15 au 31 juil. – **R** *(fermé sam. midi, dim. soir et après 20 h 30)* 995/1450 – 20 ch ☐ 560/720. BY e

RENAULT chaussée de Charleroi 734 ☎ 811575
VAG av. du Marquis 1 ☎ 815780

FLORENNES 6388 Namur 214 ④ et 409 ⑬ – 10 496 h. – ☎ 071.
•Bruxelles 88 – •Namur 37 – •Charleroi 28 – •Dinant 30.

X **Commerce,** pl. Verte 26, ☎ 688347 – ✻
fermé lundi – **R** (déjeuner seult) 450/800.

CITROEN r. Mettet 46 ☎ 688071
MAZDA r. Philippeville 10 ☎ 688725

FLORENVILLE 6820 Luxembourg belge 214 ⑯ et 409 ㉕ – 5 645 h. – ☎ 061.
Env. Route de Neufchâteau ≤★ défilé de la Semois N : 6,5 km et 10 mn à pied – Route de Bouillon ≤★ sur Chassepierre O : 5 km.

ℹ place Albert-1er - Pavillon ☎ 311229.

•Bruxelles 183 – •Arlon 39 – Bouillon 25 – Sedan 38.

France, r. Généraux-Cuvelier 28, ☎ 311032, – wc . AE
fermé 2 janv.-15 fév. et lundi du 15 oct. à mai – **R** 700/1600 – ☐ 135 – **38 ch** 705/1250 – P 1130/1355.

à Martué N : 1,5 km – ✉ 6821 Martué – ☎ 061 :

XXX **Host. Vieux Moulin** avec ch, ☎ 311076, ≤, « Jardin ombragé au bord de la Semois » – wc Ⓟ. AE ⓓ. ✻ rest
fermé 6 janv.-14 fév. et merc. sauf en août – **R** carte env. 1300 – ☐ 150 – **19 ch** 950/1600 – P 1600/1800.

CITROEN r. Station 32c ☎ 311055
RENAULT rte de France 62 ☎ 312991
VAG rte d'Arlon 20 ☎ 311056

FOREST (VORST) Brabant 213 ⑱ et 409 ㉑ – voir à Bruxelles, agglomération.

FOSSES-LA-VILLE 5660 Namur 214 ④ et 409 ⑭ – 7 689 h. – ☎ 071.
•Bruxelles 78 – •Namur 18 – •Charleroi 22 – •Dinant 30.

Le Castel, r. Chapitre 10, ☎ 711812, , – . AE ⓓ. ✻ ch
fermé vend. – **R** 530/1300 – 6 ch ☐ 645/1220 – P 1480.

FORD av. Albert Ier 37 ☎ 711196
RENAULT av. des Déportés 36 ☎ 711161
VAG av. des Déportés 32 ☎ 711158

FRAHAN Luxembourg belge Ⓒ Bouillon 214 ⑮ et 409 ㉔ – 5 450 h. – ☎ 061.
•Bruxelles 160 – •Arlon 77 – Bouillon 14 – •Dinant 64 – Sedan 23.

Roches Fleuries , r. Grande 38, ✉ 6839 Poupehan, ☎ (061) 466514, ≤, « Jardin avec terrasse » – wc Ⓟ. AE ⓓ
fermé 9 janv.-1er mars et du 12 au 31 mars; du 15 nov. au 20 déc. week-ends seult – **R** *(fermé après 20 h 30)* carte 920 à 1265 – **17 ch** ☐ 780/1485 – P 2040.

Beau Séjour , ✉ 6839 Poupehan, ☎ (061) 466521, ≤, – wc Ⓟ. ✻
fermé merc. non fériés d'oct. à avril – **R** 600/1150 – ☐ 150 – 16 ch 760/1190 – P 1465/1615.

FRAIPONT **4642** Liège [C] Trooz **213** ㉓ et **409** ⑮ – 7 686 h. – ✪ 087.
♦Bruxelles 119 – ♦Liège 18 – Spa 21 – Verviers 14.

à l'Est : 3 km sur rte de Nessonvaux-Banneux :

XX **Auberge de Halinsart** ⑤, avec ch, sur la Heid 154, ☎ 268532, ≤ vallée de la Vesdre, – wc P. AE ⓓ. ✱ ch
fermé mardi et merc. – **R** 590/1300 – 5 ch ☐ 970 – P 1400.

BRITISH LEYLAND r. F.-Roosevelt 249 ☎ 268201

FRAMERIES Hainaut **214** ② et **409** ⑫ – voir à Mons.

FRANCORCHAMPS **4878** Liège [C] Stavelot **213** ㉓, **214** ⑧ et **409** ⑯ – 5 912 h. – ✪ 087.
Env. S : parcours★ de Francorchamps à Stavelot – ♦Bruxelles 146 – ♦Liège 47 – Spa 9.

Hostellerie du Roannay [M], rte de Spa 155a, ☎ 275311, Télex 49031, ⊥ chauffée, – TV P. AE E. ✱
fermé 19 nov.-19 déc. et du 12 au 29 mars – **R** (voir Roannay) – ☐ 200 – 6 ch 1445/2245 – P 2600/3430.

Moderne, rte de Spa 129, ☎ 275026 – wc. AE E
fermé dern. sem. août et dern. sem. sept. – **R** carte 650 à 850 – ☐ 170 – **18 ch** 510/1310 – P 1210/1310.

XXX ✿ **Roannay** (Aubinet) avec ch, rte de Spa 155, ☎ 275311, Télex 49031, ⊥ chauffée, – rest TV wc ☎ P. AE E. ✱
fermé 19 nov.-19 déc. et du 12 au 29 mars – **R** carte 1200 à 1925 – ☐ 200 – 15 ch 1075/2245 – P 2450/3430
Spéc. Petite marmite homardine, Papillote de saumon au caviar de truite, Feuilleté glacé de poire caramelisée.

au circuit SE : 1 km :

XXX **L'Eau Rouge** avec ch, r.Eau Rouge 287, ☎ 275124, « Intérieur bien aménagé » – TV wc ☎ P. ✱
fermé dim. soir, lundi soir, mardi et 15 fév.-14 mars – **R** carte env. 1100 – 7 ch ☐ 1700 – P 1900.

RENAULT r. Eau Rouge 260 ☎ 275173

FRASNES-LEZ-COUVIN Namur **214** ③④ et **409** ㉓ – voir à Couvin.

FROIDCHAPELLE **6458** Hainaut **214** ③ et **409** ⑬ – 2 626 h. – ✪ 060.
♦Bruxelles 97 – ♦Charleroi 44 – Chimay 12 – ♦Mons 49.

X **Le Rouzet,** Champs de Rance 4, ☎ 411050 – P
fermé du 1er au 16 fév., mardi sauf en juil.-août et après 20 h 30 – **R** carte 560 à 800.

FROYENNES Hainaut **213** ⑮ et **409** ⑪ – voir à Tournai.

FURNES West-Vlaanderen – voir Veurne.

GAND Oost-Vlaanderen – voir Gent.

GANSHOREN Brabant **213** ⑱ et **409** ⑬ – voir à Bruxelles, agglomération.

GEEL **2440** Antwerpen **213** ⑧ et **409** ⑤ – 31 438 h. – ✪ 014.
Voir Mausolée ★ dans l'église Ste-Dymphne (St-Dimpnakerk).
♦Bruxelles 66 – ♦Antwerpen 43 – ♦Hasselt 38 – ♦Turnhout 18.

XX **De Waag,** Molseweg 2 (E : 1 km sur N 12), ☎ 586220 – AE ⓓ E
fermé dim. soir en hiver, dim. en été, lundi et 31 juil.-12 août – **R** carte 1000 à 1270.

BMW, RENAULT Pas 224 ☎ 588020
BRITISH LEYLAND Winkelom 77 ☎ 589811
FIAT Dr. Van de Perrelaan 6 ☎ 588104
FORD Rijnstraat 124 ☎ 588998
HONDA Antwerpseweg 91 ☎ 588371
MAZDA Elsum 140 ☎ 580051
MITSUBISHI Winkelomseheide 235 ☎ 308595
NISSAN Antwerpseweg 81 ☎ 588723
PEUGEOT, TALBOT Molseweg 88 ☎ 580426
VAG Antwerpseweg 73 ☎ 580271
VOLVO Molsesteenweg 2 ☎ 588286

GEMBLOUX **5800** Namur [C] Gembloux-sur-Orneau **213** ⑲⑳ et **409** ⑭ – 17 700 h. – ✪ 081.
♦Bruxelles 44 – ♦Namur 18 – ♦Charleroi 26 – Tienen 34.

Les 3 Clés [M], chaussée de Namur 17 (carrefour de la Croisée), ☎ 611617, Taverne avec repas rapide – wc P – . AE ⓓ E
R 450/1300 – **44 ch** ☐ 595/1860.

XXX ✿ **Prince de Liège** (Garin), av. des Combattants 95, ☎ 611244 – P. AE
fermé dim.soir, lundi, 30 juil.-23 août et fin fév.-début mars – **R** 650/1200
Spéc. Salade des pêcheurs, Homard à la nage, Escalopines chaudes de foie d'oie aux pommes.

FORD chaussée de Namur 18 ☎ 611626
MAZDA av. des Combattants 89 ☎ 612335
VAG chaussée de Charleroi 78 ☎ 610346
VOLVO chaussée de Wavre 259 ☎ 611902

GENK 3600 Limburg 213 ⑩ et 409 ⑥ – 61 643 h. – ☎ 011.

Voir Zoo★ de Zwartberg (Limburgse Zoo) N : 5 km.

ℹ Fédération provinciale de tourisme, Domein Bokrijk ☎ 222958.

♦Bruxelles 97 ⑥ – ♦Hasselt 12 ⑤ – ♦Maastricht 26 ③.

GENK

André Dumontlaan . . . Y 2
Bergbeemdstraat. . . . Y 3
Boektveldstraat. . . . . . Z 4
Emiel van Dorenlaan . . . . Y 5
Europalaan . . . . Y 6
Evans Coppeelaan. . . . Y 7
Fletersdel. . . . . Z 8
Gildelaan . . . . Z 10
Grotestraat. . . . . Z 12
Grotstraat (ZUTENDAAL) . . . . . Z 13
Guill. Lambertlaan . . . . Y 15
Hasseltweg . . . . Z 16
Kempensebaan (ZUTENDAAL) . . . . . Z 17
Koerweg . . . . Y 18
Kolderbosstraat . . . . . . Z 19
Langerloweg . . . . Z 20
Maaseikerbaan . . . . . . Y 21
Meeënweg . . . . Z 23
Mispadstraat. . . . . Y 24
Molenblookstraat. . . . . Z 25
Molenstraat. . . . . Z 27
Mosselerlaan . . . . Y 28
Nieuwstraat. . . . . Z 29
Noordlaan. . . . . Y 31
Onderwijslaan . . . . Y 33
Rozenkranslaan . . . . . . Z 35
Sledderloweg . . . . Z 36
Smeilstraat . . . . Z 37
Stalenstraat. . . . . Y 38
Terboekt. . . . . Z 39
Vennestraat . . . . YZ 40
Waterscheierbaan (ZUTENDAAL) . . . . . Z 41
Westerring . . . . Y 43
Wiemesmeerstraat . . . Y 44
Winterslagstraat. . . . . . Y 46
Zuiderring . . . . Z 47

Les plans de villes sont disposés le Nord en haut.

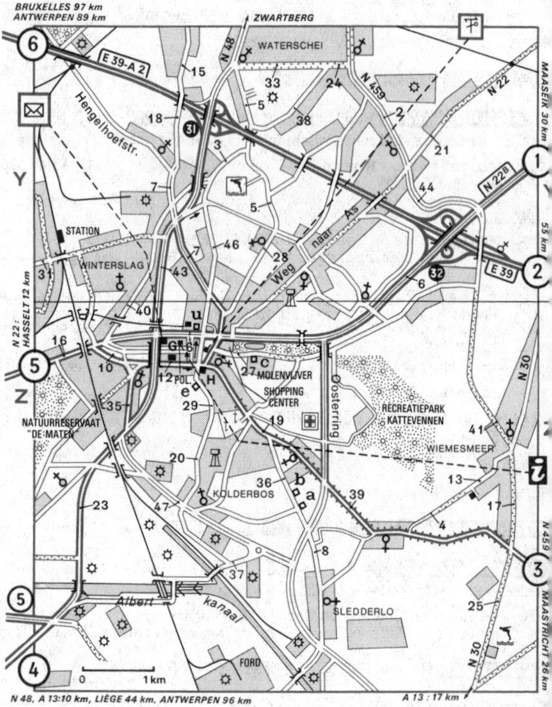

Atlantis Ⓜ 🐎, Sledderloweg 97 SE : rte de Sledderlo, ☎ 355450 – TV wc ☎ Ⓟ. AE E. 🐕 Z **a**
fermé dim. et 24 déc.-14 janv. – **R** *(fermé sam. midi et dim.)* 550 – **19 ch** ☕ 1100/1540 – P 1980.

Europa, Sledderloweg 85 SE : rte de Sledderlo, ☎ 354274, 🎾 – wc Ⓟ. 🐕 Z **b**
fermé dim. et 2e quinz. août – **R** carte env. 800 – **17 ch** ☕ 550/1040.

XX **Het Riet,** Molenstraat 68, ☎ 351207, ←, « Cadre de verdure » – Ⓟ. AE ⓓ E Z **c**
fermé dim. et 2e quinz. juil. – **R** 750/950.

XX **Ludo's Bistro,** Europalaan 81, ☎ 357467 – ▤. AE ⓓ Z **u**
fermé 15 juil.-4 août, dim. de mai à oct. et lundi – **R** carte 520 à 850.

à Zwartberg N : 5 km – ✉ 3600 Genk – ☎ 011 :

Uilenspiegel 🐎, Socialestraat 4, ☎ 380157 – wc Ⓟ – 🏞
R 450 – ☕ 125 – **14 ch** 600/1000 – P 1000.

BMW Grotestraat 63 ☎ 351627
CITROEN Evans Coppeelaan 40 ☎ 357731
FIAT Weg naar As 366 ☎ 382518
FORD Hasseltweg 131 ☎ 351030
GM (OPEL) Meeënweg 29 ☎ 358806
HONDA Onderwijslaan 105 à Waterschei ☎ 381916
LADA Nieuwe Kuilenweg 69 ☎ 350856
MAZDA A. Dumontlaan 48 à Waterschei ☎ 383451
MERCEDES-BENZ Stalenstraat 148 à Waterschei ☎ 380266
MITSUBISHI Evans Coppeelaan 6 ☎ 351117
NISSAN Weg naar As 256 ☎ 355976
PEUGEOT, TALBOT Hasseltweg 95 ☎ 357951
TOYOTA E. Vandorenlaan 51 à Waterschei ☎ 382417
VAG Hasseltweg 21 ☎ 355525
VAG André Dumontlaan 146 ☎ 352088
VOLVO Winterslagstraat 111 ☎ 352241

En Belgique et au Grand-Duché de Luxembourg,
les soulignés rouges sur les cartes Michelin nos 212, 213, 214, 8, 409,
signalent les localités ou sites qui figurent dans ce guide.

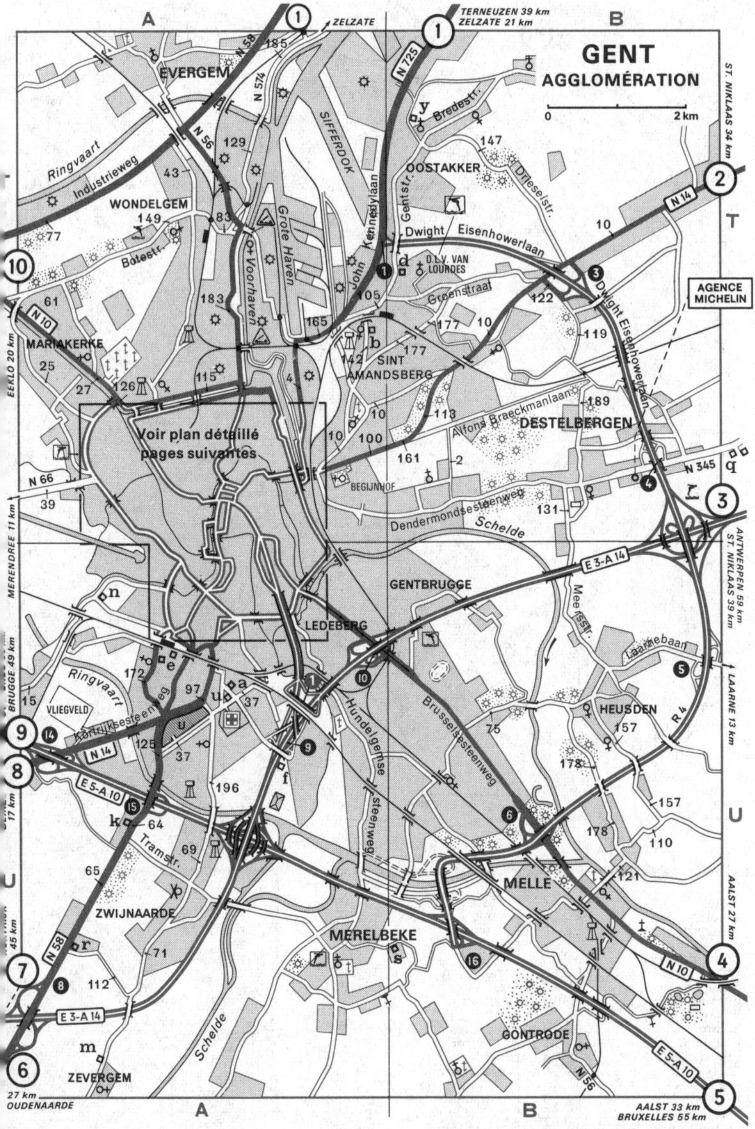
GENT
AGGLOMÉRATION
0
2 km
A
B
T
U
TERNEUZEN 39 km
ZELZATE 21 km
ZELZATE
ST. NIKLAAS 34 km
AGENCE MICHELIN
ANTWERPEN 59 km
ST. NIKLAAS 39 km
LAARNE 13 km
AALST 27 km
AALST 33 km
BRUXELLES 55 km
27 km
OUDENAARDE
EEKLO 20 km
MERENDREE 11 km
BRUGGE 49 km
EVERGEM
WONDELGEM
MARIAKERKE
OOSTAKKER
SINT AMANDSBERG
DESTELBERGEN
GENTBRUGGE
LEDEBERG
HEUSDEN
MELLE
MERELBEKE
ZWIJNAARDE
GONTRODE
ZEVERGEM
VLIEGVELD
BEGIJNHOF
O.L.V. VAN LOURDES
Voir plan détaillé pages suivantes
Ringvaart
Industrieweg
Botestr.
Voorhaven
Grote Haven
SIFFERDOK
John Kennedylaan
Gentstr.
Bredestr.
Drieselstr.
Dwight Eisenhowerlaan
Groenstraat
Alfons Braeckmanlaan
Dendermondsesteenweg
Schelde
Meersstr.
Laarnebaan
Brusselsesteenweg
Hundelgemse steenweg
Kortrijksesteenweg
Tramstr.
E 3-A 14
E 5-A 10
N 14
N 10
N 58
N 56
N 574
N 725
N 66
N 345
R 4

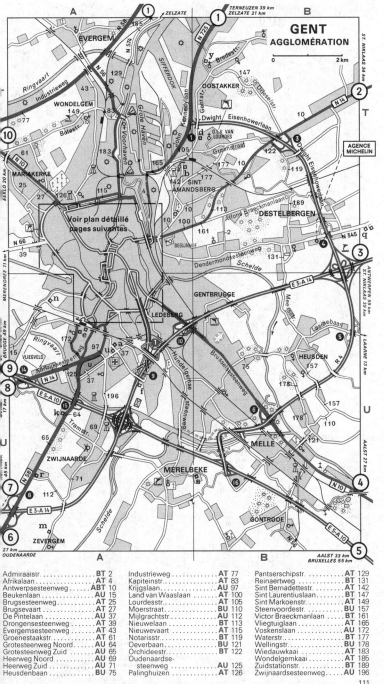

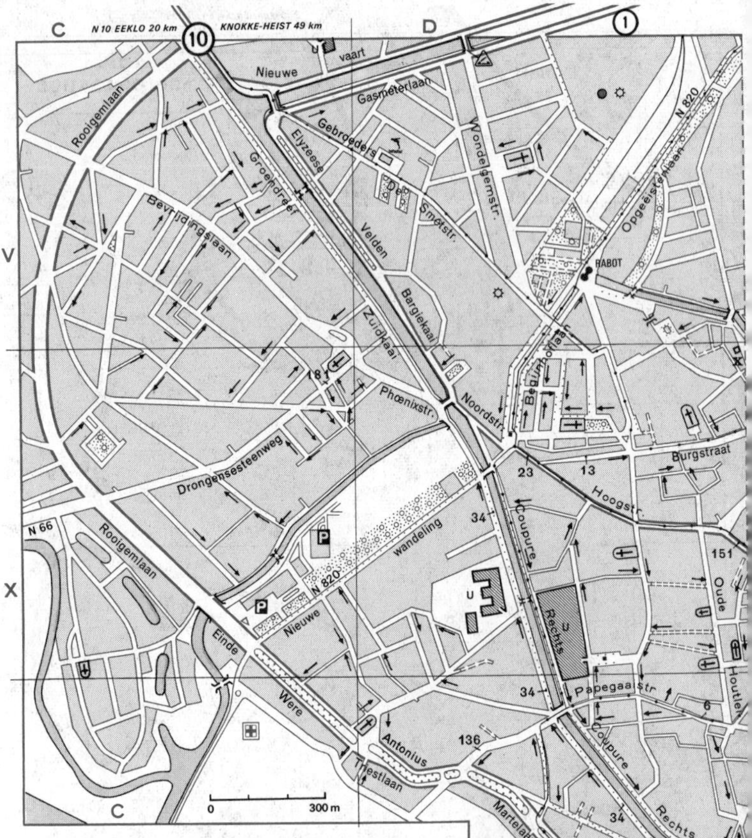
C
N 10 EEKLO 20 km
10
KNOKKE-HEIST 49 km
D
1
Nieuwe
vaart
Gasmeterlaan
Rooigemlaan
Gebroeders
Elyzeese
Groendreef
De Smetstr.
Wondelgemstr.
N 820
Opgeëistenlaan
Bevrijdingslaan
Velden
RABOT
V
Bargiekaai
Zuidkaai
Begijnhoflaan
18
Phœnixstr.
Noordstr.
Burgstraat
Drongensesteenweg
23
13
Hoogstr.
34
N 66
wandeling
Coupure
151
Rooigemlaan
Oude
X
N 820
U
Rechts
Nieuwe
Einde
Were
34
Papegaaistr
Houtlei
6
136
Antonius
Coupure
Trieslaan
Martelaarslaan
34
Rechts
0
300 m
C

Y
Groot Brittanniëlaan
Godshuizenlaan
LEIE
Albertlaan
Z
Koning
84
94
Kon. Fabiolalaan
SINT PIETERS STATION
8
7
D
8
7
OUDENAARDE 27 km

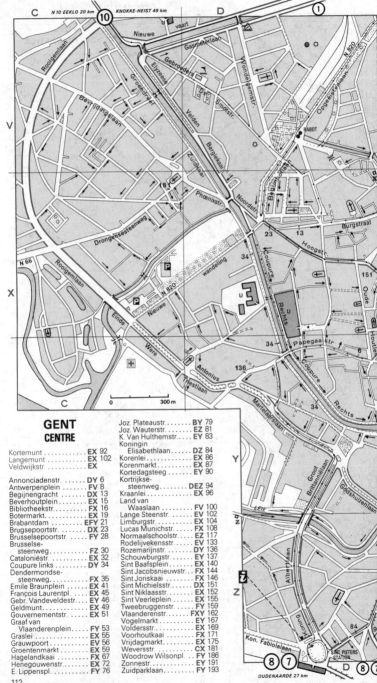

GENT
CENTRE

TERNEUZEN 39 km
'S GRAVENSTEEN ★★
GRASLEI ★★★
ST. MICHIELSBRUG ★★★
OUDE STAD ★★★
BELFORT ★★★
ST. BAAFSKATHEDRAAL ★★
Antoon
Sanderusstr.
Doornzelestr.
Stapelplein
Tolhuislaan
Sleepstr.
LEIE
Koopvaardijlaan
Handelsdok
Dok
Zuid
Spijkstr.
Ham
N 14
ST. NIKLAAS 34 km
Steendam
Dampoortstr.
OUDE STAD
DAMPOORT STATION
Kasteellaan
Belfortstr.
N 345
Keizer
Karelstr.
Lieven Bauwenspl.
Heernislaan
Veldwijkstr.
KorteMeer
Ferdinand
Kouter
BEURS
Sint Annapl.
Lindenlei
Nederkouter
Lousbergskaai
Coupure Rechts
Bagattenstr.
KONING
ALBERT
PARK
Franklin
Rooseveltlaan
Lange
Hubert
Frere
Violettestr.
Vlaamse
kaai
Schelde
Sint Pietersnieuwstr.
Kortrijksepoortstr.
POL.
Sint Pieters plein
Orbanlaan
Keizervest
AALST 27 km
N 10
N 56
Charles
de Kerchovelaan
Overpoortstr.
Citadellaan
Sint Lievenslaan
SPORTPALEIS
FLORALIA PALEIS
CONGRESPALEIS
CITADEL PARK
Hofbouwlaan
LEDEBERG
MUSEUM VOOR SCHONE KUNSTEN ★★
BIJLOKEMUSEUM ★★
E5
E3

GENT (GAND) 9000 Ⓟ Oost-Vlaanderen 213 ④ et 409 ③ – 237 687 h. agglomération – ☎ 091.

Voir Vieille ville*** (Oude Stad) : Beffroi*** (Belfort) – Cathédrale St-Bavon** (St-Baafskathedraal) : Polyptyque*** de Van Eyck – Quai aux Herbes*** (Graslei) et Pont St-Michel (St-Michielsbrug) ≤*** – Château des Comtes de Flandre** ('s Gravensteen) EX – Petit Béguinage* (Klein Begijnhof) FY B.

Musées : des Beaux-Arts** (Museum voor Schone Kunsten) EZ – de la Byloke** (Bijloke Museum) EY – du Folklore* (Museum voor Volkskunde) EX M¹.

Royal Latem Golf Club à St-Martens-Latem SO : 9 km par ⑧ ☎ 825411.

Belfortstraat 9 ☎ 253641 - Fédération provinciale de tourisme, Koningin Maria Hendrikaplein 64 ☎ 221637.

•Bruxelles 55 ⑤ – •Antwerpen 59 ③ – Lille 71 ⑦.

Plans pages précédentes

Europahotel, Gordunakaai 59, ☎ 226071, Télex 11547 – ⎮ TV – P – AE E DYZ z
R *(fermé dim.)* 600/850 – **39 ch** 1300/1650.

St. Jorishof, Botermarkt 2, ☎ 236791, « Rest. aménagé dans une salle flamande du 13e s. » – wc. AE E EX e
fermé du 14 au 31 juil. et 23 déc.-9 janv. – **R** *(fermé dim. et jours fériés)* 800/1500 – **69 ch** 1500/2160.

Eden sans rest, Zuidstationstraat 26, ☎ 235151 – wc wc P. AE FY f
28 ch 1300/2000.

XXX ✿ **Apicius** (Slawinsky), Koning Leopold II laan 43, ☎ 224600, « Intérieur élégant » – AE. EZ p
fermé sam. midi, dim., 18 juil.-15 août et 24 déc.-1er janv. – **R** carte 1520 à 2030.

XXX **Patijntje,** Gordunakaai 91, ☎ 223273 – P AU n
fermé dim., lundi, 2e quinz. juil. et 2e quinz. déc. – **R** carte 750 à 1400.

XX ✿ **Horse Shoe,** Lievekaai 12, ☎ 235517, « Intérieur rustique » – AE E DX x
fermé sam., dim. et juil. – **R** (nombre de couverts limité, prévenir) 1100/1975
Spéc. Ragoût de cuisses de grenouilles aux écrevisses (août-avril), Homard en papillote, Filet d'agneau à la mousse de persil.

XX **De Drabklok,** Drabstraat 30, ☎ 251110 – AE E EX f
fermé dim.soir, lundi, 24 janv.-6 fév. et 28 août-10 sept. – **R** 850.

XX **Parcifal,** Oudburg 4, ☎ 251641 – AE E EX n
fermé dim. et 15 juil.-24 août – **R** carte 1180 à 1650.

XX **Karel De Stoute,** Vrouwebroersstraat 5, ☎ 241735, – AE E. EV a
fermé dim., lundi et 23 juil.-15 août – **R** 850/1050.

XX **Cordial,** Kalandeberg 9, ☎ 257710, « Intérieur ancien » – AE E EX c
fermé merc. midi, dim. et 15 juil.-14 août – **R** carte 1080 à 1540.

XX **Georges,** Donkersteeg 27, ☎ 251918, Produits de la mer – AE E EX b
fermé lundi, mardi et 23 mai-20 juin – **R** carte 690 à 1390.

XX **De Beiaard,** E. Braunplein 1, ☎ 256886 – AE E EX s
fermé dim.soir, merc. et du 1er au 15 juil. – **R** 595/1275.

X **Lucky Inn,** Graslei 7, ☎ 250837 – AE E EX v
fermé du 7 au 28 août, dern. sem. déc., sam. midi et mardi – **R** carte 1250 à 1450.

X **Het Cooremetershuys,** Graslei 12, ☎ 250965 – AE EX v
fermé dim., lundi et 22 juil.-14 août – **R** carte env. 900.

X **Flor,** Oudburg 18, ☎ 238919 – AE E EVX u
fermé mardi, sam. midi et 15 janv.-14 fév. – **R** carte 750 à 1000.

X **Bij den Wijzen en den Zot,** Hertogstraat 8, ☎ 234230, Rustique – AE EV r
fermé sam. midi de juin au 15 sept., dim., jours fériés et 21 mai-11 juin – **R** carte 700 à 1150.

au Nord-Est :

XXX **Ter Toren,** Sint Bernadettestraat 626, ☎ 511129, « Parc ombragé » – P. AE. AT b
fermé dim. soir, merc. soir, lundi, sept. et après 19 h – **R** carte 800 à 1400.

au Sud :

Holiday Inn M, Hoek E 3 - Ottergemsesteenweg 600, ☎ 225885, Télex 11756, – TV P – AE E. rest AU f
R 535 – **120 ch** 2430/3330.

Ascona M sans rest, Voskenslaan 105, ☎ 212756 – P. AE E. AU e
170 – **38 ch** 1090/1360.

Adoma sans rest, St-Denijslaan 19, ☎ 226550 – wc . AU e
fermé 24 déc.-1er janv. – 140 – **10 ch** 900.

XX **Le Sommelier,** Koekoeklaan 13, ☎ 211133 – . AE E AU a
fermé dim.soir, lundi et juil. – **R** 750/1250.

X **Aton,** De Pintelaan 86, ☎ 216926 – E AU u
fermé dim. soir, lundi, 10 août-1er sept. et 1 sem. en mars – **R** carte 470 à 1030.

à Afsnee O : 6 km par Afsneelaan - DZ – ✉ 9821 Afsnee – ☎ 091 :

XXX **Nenuphar,** Afsnee dorp 28, ☎ 224586, ≤, « Au bord de la Lys (Leie) » – .
fermé mardi, merc., 21 août-12 sept. et du 3 au 18 avril – **R** carte 920 à 1410.

à Beervelde Ⓒ Lochristi – 16 381 h. – ✉ 9131 Beervelde – ☎ 091 :

XXX ✿ **Renardeau,** Dendermondsesteenweg 19, ☏ 557777 – Ⓟ. AE ⓓ BT **q**
fermé dim., lundi et 15 juil.-15 août – **R** carte 1075 à 1790
Spéc. Ris de veau à la fondue de jeune fenouil, Turbot aux fruits de la passion, Filets de lapereau aux petits oignons.

à Heusden Ⓒ Destelbergen – 15 929 h. – ✉ 9210 Heusden – ☎ 091 :

XX **La Fermette,** Dendermondsesteenweg 822, ☏ 556024 – Ⓟ. AE ⓓ E BT **q**
fermé dim. soir, lundi et 15 août-4 sept. – **R** carte 680 à 1130.

à Lovendegem par ⑩ : 10 km – 8 479 h. – ✉ 9920 Lovendegem – ☎ 091 :

XX **Peckton,** Grote Baan 234 (N 10), ☏ 728487, « Intérieur élégant » – Ⓟ. ✗
fermé 18 juil.-6 août, dim. soir, mardi, jours fériés et après 20 h 30 – **R** carte 720 à 1030.

à Merelbeke – 19 722 h. – ✉ 9220 Merelbeke – ☎ 091 :

XX **De Hoeve,** Roskamstraat 20, ☏ 307873, « Jardin » – Ⓟ. ⓓ. ✗ BU **s**
fermé merc., dim., 14 juil.-13 août et du 24 au 31 déc. – **R** 825/1450.

à Merendree Ⓒ Nevele – 10 454 h. – ✉ 9841 – ☎ 091 :

XX **Horlebecq,** Veldestraat 54, ☏ 715001 – AE ⓓ AT
fermé dim.soir, lundi et du 8 au 18 oct. – **R** carte 910 à 1340.

à Oostakker – ✉ 9040 Oostakker – ☎ 091 :

XX **St. Bavo,** Dorp 18, ☏ 513534 – ▤. AE ⓓ BT **y**
fermé jeudi soir, dim. soir, lundi et 15 juil.-14 août – **R** 795/1495.

XX **'t Boerenhof,** Gentstraat 2, ☏ 510314 – Ⓟ BT **d**
◆ *fermé lundi soir, mardi soir, merc. soir et jeudi soir d'oct. à Pâques* – **R** 450/900.

à De Pinte par ⑦ : 10,5 km – 8 835 h. – ✉ 9720 De Pinte – ☎ 091 :

XX **Gasthof den Duiver,** Baron de Gieylaan 124, ☏ 824200 – Ⓟ. AE ⓓ E
fermé merc. et 2 juil.-1er août – **R** carte 615 à 1320.

à Sint-Martens-Latem (Laethem-St-Martin) par ⑧ : 10 km – 7 664 h. – ✉ 9830 Sint-Martens-Latem – ☎ 091 :

XXX **De Kroon,** Kortrijksesteenweg 134, ☏ 823856 – Ⓟ. AE. ✗
fermé du 15 au 31 août, du 15 au 31 déc., merc. et sam. midi – **R** 1350/1850.

XXX **Paul,** Kortrijksesteenweg 9 sur N 14, ☏ 823617 – Ⓟ. AE ⓓ E
fermé dim. et 20 juil.-14 août – **R** 900/1350.

X **Marmiet,** Nelemeersstraat 2, ☏ 825895, Terrasse – Ⓟ. ✗
fermé lundi, jeudi soir et 16 août-début sept. – **R** carte 740 à 940.

à Zevergem Ⓒ De Pinte – 8 835 h. – ✉ 9721 Zevergem – ☎ 091 :

XX **Sparrenhof,** Grote Steenweg 130, ☏ 855669 – Ⓟ. AE ⓓ E. ✗ AU **m**
fermé mardi, dim. soir et du 10 au 30 juin – **R** carte 950 à 1350.

à Zwijnaarde – ✉ 9710 Zwijnaarde – ☎ 091 :

XXXX **Kasteel van Zwijnaarde,** Joachim Schayckstraat 6, ☏ 221334, ≤, « Demeure ancienne dans un parc avec pièce d'eau » – Ⓟ. AE ⓓ E AU
fermé dim. soir, lundi et 23 juil.-13 août – **R** 870/1150.

XXX **'t Schuurke,** Grote Steenweg Noord 63, ☏ 228755 – ▤ Ⓟ AU **k**
fermé du 1er au 23 août, 1 sem. en mars, mardi et merc. – **R** 500/1000.

X **Ouwe Klosse,** Grote Steenweg Zuid 49, ☏ 222174 – Ⓟ AU **r**
◆ *fermé merc. soir, jeudi et 12 juil.-1er août* – **R** 475/800.

Voir aussi : ***Deurle*** par ⑧ : 12 km, ***Laarne*** par Laarnebaan BU : 12 km, ***Kwatrecht*** par ④ : 13 km, ***Deinze*** par ⑧ : 17 km.

MICHELIN, Agence régionale, Dendermondsesteenweg 538 – ✉ 9120 Destelbergen BT, ☏ (091) 281944

ALFA-ROMEO Lange Violettestraat 172 ☏ 251230
BMW Fraterstraat 98 à Merelbeke ☏ 308013
BMW Dendermondsesteenweg 30 ☏ 287301
BMW Kortrijksesteenweg 1030 à St-Denijs ☏ 216111
BRITISH LEYLAND Doornzelestraat 31 ☏ 230384
CITROEN Kortrijksesteenweg 200 ☏ 221022
FIAT Meerhoutstraat 40 à Oostakker ☏ 513938
FIAT Nieuwe Wandeling 124 ☏ 252289
FORD Fievéstraat 26 ☏ 236723
GM (OPEL) Brugsepoortstraat 17 ☏ 255320
GM (OPEL) Brusselsesteenweg 155 à Ledeberg ☏ 305815
HONDA Elyseese Velden 12 ☏ 251394
HONDA Bruggravenlaan 219 ☏ 229303
LADA Kortrijksesteenweg 1178 à St-Denijs-Westrem ☏ 212196
LADA Brugsesteenweg 267 ☏ 271130
MAZDA Bagattenstraat 134 ☏ 231666
MERCEDES-BENZ Brusselsesteenweg 292 à Ledeberg ☏ 305681
MITSUBISHI Kromme Wal 5 ☏ 255050
MITSUBISHI Antwerpsesteenweg 651 à St-Amandsberg ☏ 283583
MITSUBISHI Meulesteedsesteenweg 15 ☏ 513817
NISSAN Doornzelestraat 21 ☏ 234567
NISSAN Vlaamse Kaai 84 ☏ 252493
NISSAN Ferrerlaan 106 ☏ 264300
PEUGEOT, TALBOT Einde Were 1 ☏ 257661
RENAULT Korianderstraat 12 ☏ 234631
TOYOTA Grote Steenweg Noord 7 à Zwijnaarde ☏ 222163
TOYOTA Gentbruggestraat 143 ☏ 286856
VAG Leiekaai 7 ☏ 261901
VAG Dendermondsesteenweg 90 à Destelbergen ☏ 281583
VAG Brusselsesteenweg 374 à Ledeberg ☏ 310189
VAG Zwijnaardesteenweg 33 à Merelbeke ☏ 306535
VAG Oudenaardsesteenweg 43 à Zwijnaarde ☏ 222325
VOLVO Bagattenstraat 43 ☏ 237291

GENVAL 1320 Brabant Ⓒ Rixensart **213** ⑲ et **409** ⑬ – 19 801 h. – ☎ 02.
♦Bruxelles 24 – ♦Charleroi 42 – ♦Namur 48.

au lac NE : 1 km :

XX **Ile d'Or,** r. Limalsart 8 (direction Rixensart), ☎ 6530671 – Ⓟ
fermé lundi, mardi et sept. – **R** carte 660 à 1050.

BMW av. Albert-Ier 277 ☎ 6538716
FIAT r. Tasnière 60 ☎ 6535695
NISSAN av. Albert-Ier 304 ☎ 6538703
RENAULT av. Albert-Ier 20 ☎ 6539961

GERAARDSBERGEN (GRAMMONT) 9500 Oost-Vlaanderen **213** ⑰ et **409** ⑫ – 30 432 h. – ☎ 054.
Voir Site★.
🅸 Stadhuis ☎ 414121.
♦Bruxelles 42 ① – ♦Gent 41 ① – ♦Mons 43 ③.

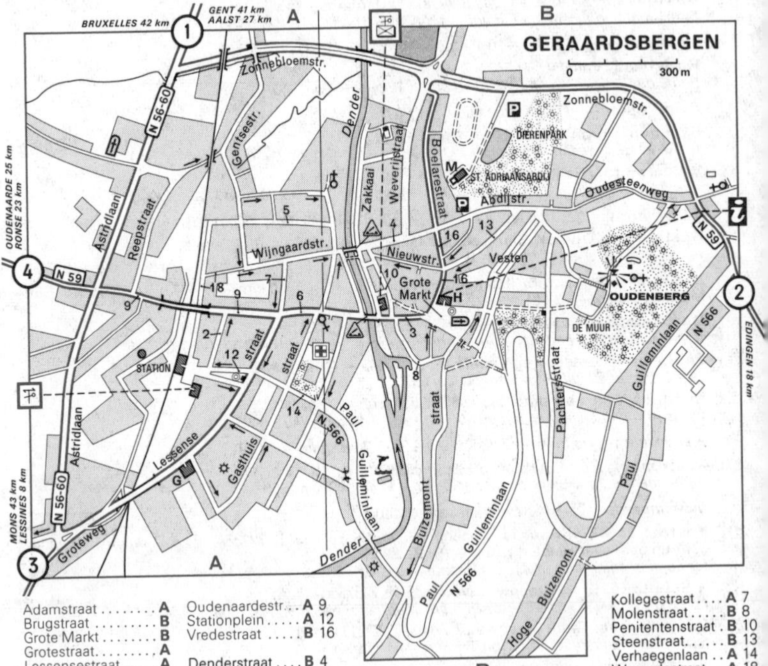

Adamstraat . . . . A
Brugstraat . . . . B
Grote Markt . . . . B
Grotestraat. . . . . A
Lessensestraat . . . . . A
Nieuwstraat. . . . . B
Oudenaardestr. . . . A 9
Stationplein . . . . . A 12
Vredestraat . . . . . B 16
Denderstraat . . . . B 4
Gaffelstraat . . . . . A 5
Kollegestraat . . . . A 7
Molenstraat . . . . . B 8
Penitentenstraat . B 10
Steenstraat. . . . . . B 13
Verhaegenlaan . . A 14
Warandestraat . . A 18

X **'t Abtenhuis,** Abdijstraat 10 (Dans le domaine de l'abbaye M1), ☎ 412063 – Ⓟ B
fermé 2e quinz. janv., mardi de nov. à avril et merc. – **R** carte 565 à 1040.

Voir aussi : ***Zarlardinge*** par ④ : 6 km.

CITROEN Astridlaan 143 ☎ 411539
FIAT Astridlaan 101 ☎ 413645
FORD Astridlaan 37 ☎ 413540
GM (OPEL) Grote Weg 51 ☎ 412616
MAZDA Stadsweg 42 ☎ 414347
MERCEDES-BENZ Astridlaan 66 ☎ 412010
MITSUBISHI Astridlaan 175 ☎ 414498
PEUGEOT, TALBOT Weverijstraat 121 ☎ 412450
VAG Astridlaan 98 ☎ 414401

GESVES 5340 Namur **214** ⑤ et **409** ⑭ – 4 341 h. – ☎ 083.
♦Bruxelles 81 – ♦Namur 20 – ♦Dinant 30 – ♦Liège 53 – Marche-en-Famenne 31.

Pichelotte, Pichelotte 5, ☎ 677053, <, « Cadre champêtre », – Ⓟ – . AE E
R 895/1245 – 175 – 63 ch 925/1320.

MERCEDES-BENZ r. Communale 15 ☎ 677102

Pas de publicité payée dans ce guide.

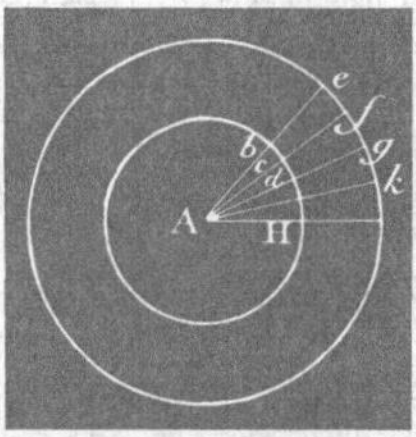

MICHELIN
est le créateur et le premier fabricant du pneu à **carcasse radiale à sommet ceinturé**

C'est, en effet, en 1948 que Michelin invente le premier pneu radial, le X, maintenant connu de tous les automobilistes.

Depuis, poursuivant ses recherches et développant ses productions, Michelin a mis à la disposition des automobilistes toute une gamme de pneus radiaux à sommet ceinturé.

Aujourd'hui, Michelin est en mesure de satisfaire aux exigences particulières de toutes les conditions de roulage et de tous les types de conduite.

Qu'est-ce qu'un pneu Michelin radial tubeless?

- C'est un pneu qui se monte sans chambre à air, sur une jante spéciale munie d'une valve appropriée. La valve est fixée sur la jante.
- Le pneu Michelin radial Tubeless se présente extérieurement comme un pneu avec chambre.

La mention "TUBELESS" est gravée sur chaque flanc.

- Sa fabrication est identique au point de vue architecture, mais, à l'intérieur de l'enveloppe, une couche de gomme spéciale assure l'étanchéité.

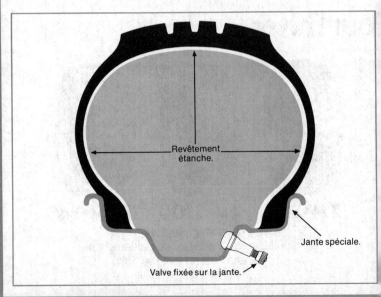

Les avantages du pneu Michelin radial tubeless:

• Le pneu Michelin radial Tubeless élimine les inconvénients de a chambre à air :

Au montage – plus de risque de pincer la chambre.

Au gonflage – pas d'air emprisonné entre la chambre et l'enveloppe : on évite ainsi les risques de sous-gonflage.

• Dans le cas d'une simple crevaison, le dégonflage est lent !

Dans la plupart des cas, on n'a donc pas besoin de changer de roue sur place, ce qui laisse le temps d'aller chez le réparateur.

• Le pneu Michelin Tubeless se répare aussi facilement qu'une chambre à air.

Ne montez pas de chambre dans vos pneus Tubeless.

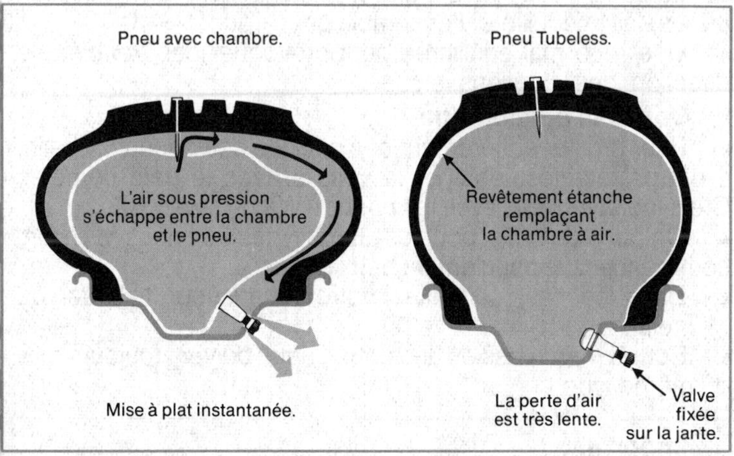

Pneu avec chambre.
L'air sous pression s'échappe entre la chambre et le pneu.
Mise à plat instantanée.
Pneu Tubeless.
Revêtement étanche remplaçant la chambre à air.
La perte d'air est très lente.
Valve fixée sur la jante.

• Autre avantage du pneu Michelin Tubeless : l'ensemble étant parfaitement étanche, on élimine le risque d'oxydation à l'intérieur de la jante.

quelques conseils de MICHELIN

Gonflage

- La pression de gonflage a une très grande importance pour votre sécurité, votre confort et la durée de vos pneus.
- Contrôlez la pression les pneus étant froids (c'est-à-dire après au moins une heure d'arrêt).
- Seul le bouchon de valve assure l'étanchéité.
- La pression augmente en cours de roulage, c'est normal.
- Ne dégonflez jamais des pneus chauds.

Le tableau de gonflage ci-contre donne par véhicule deux séries de pressions.

- Utilisation courante : ces pressions conviennent pour la majorité des cas d'utilisation.
- Autres utilisations : ces pressions sont à adopter dans les cas suivants : véhicule très chargé, roulage type autoroute (voiture à faible ou à pleine charge).
- Pour les véhicules à performances élevées, voir les renvois numérotés.
- Les pressions indiquées sont valables pour les pneus Tubeless comme pour les pneus Tube Type.

Équilibrage

- Lorsque vous faites équiper votre voiture de nouveaux pneus, faites équilibrer l'ensemble pneu-roue.
- Une roue mal équilibrée peut provoquer des troubles de direction, des vibrations, etc.

Conseils de montage

- Pour profiter entièrement des qualités des pneus Michelin, il est préférable d'équiper la voiture avec le train complet. C'est indispensable avec les pneus XWX, XDX et TRX.
- On peut toutefois, pour les autres types de pneus Michelin, commencer avec seulement deux pneus.
- Dans ce cas, consultez votre fournisseur habituel ou Michelin.
- Sur un même essieu, les deux pneus doivent toujours être du même type.

Important

Même à vitesse limitée, pour rouler en toute sécurité, monter le pneu qui convient aux possibilités maximales de la voiture.

Pressions de gonflage des pneus MICHELIN XZX, MX, MXL, MXV, XVS, XDX, XWX, TRX

Véhicules Marques et types	Pneus		Pressions (bar) *			
	Dimensions	Types	Utilisation courante		Autres utilisations	
			AV	AR	AV	AR
ALFA-ROMÉO						
Alfasud Sprint 1,3 - 1,5 - Ti 1,5 1983	165/70 SR ou HR 13	XZX 70, MXL, XVS	1,8	1,6	1,8	1,6
	185/60 R 14	MXV				
Alfasud - L - Sprint Coupé 7 CV Alfasud super 1,3 - "33"	145 SR 13	XZX, MX	1,9	1,5	1,9	1,5
Alfasud Ti (7CV), Ti 1,3 - 1,5	165/70 SR 13	XZX 70, MXL	1,8	1,6	1,8	1,6
Alfasud tous modèles	190/55 HR 340	TRX	1,8	1,6	1,8	1,6
Alfetta 1,6 - 1,8 - 1983	165 SR 14	XZX	1,6	1,8	1,6	1,8
	185/70 SR 14	XZX 70, MXL	1,8	1,8	1,8	1,8
Alfetta 2,0 1983	165 HR 14	XVS	1,8	1,8	1,8	2,2
	185/70 HR 14	XVS				
Alfetta 2000 GTV Coupé	185/70 HR 14	XVS	1,7	1,8	1,7	1,8
Alfetta 2000 Turbo Coupé	195/60 R 15	MXV	2,0	2,0	2,0	2,0
Alfetta tous modèles	180/65 HR 390	TRX	2,0	1,7	2,0	1,7
Giuletta 2000-2000 Super	185/65 R 14	MXV	1,8	2,0	1,8	2,0
Giuletta tous modèles	200/60 HR 365	TRX				
ALPINE						
A 310 V6	AV : 185/70 VR 13	XDX	1,4	...	1,6	...
	AR : 205/70 VR 13	XDX	...	2,6	...	2,7
A 310 V6 1981 à 1983	AV : 190/55 VR 340	TRX	1,5	...	1,5	...
	AR : 220/55 VR 340	TRX	...	2,0	...	2,0
AUDI						
80 GLE (1,6) - GTE (1,8)	175/70 SR ou HR 13	XZX 70, MXL, XVS	1,7	1,7	1,8	2,0
	185/60 R 14	MXV	1,6	1,6	1,7	1,8
80 CD (1,9) - GT 5S (1,9) GT 5E (2,2)	175/70 HR 13	XVS	1,8	1,8	1,9	2,1
	185/60 R 14	MXV				
80 1,6 tous types	190/55 HR 365	TRX	1,7	1,7	1,7	1,7
100 CC - CD - CS (1,8) 1983	165 SR 14	XZX	1,8	1,8	1,9	2,2
	185/70 SR 14	XZX 70, MXL	1,7	1,7	1,8	2,1
100 CC - CD - CS (1,9) 1983	165 SR 14	XZX	2,2	2,0	2,4	2,2
	185/70 SR 14	XZX 70, MXL				
100 CC - CD - CS (2,0 D) 1983	185/70 SR 14	XZX 70, MXL	2,2	1,9	2,4	2,1
100 CC - CD - CS (2,2) 1983	185/70 HR 14	XVS	2,3	2,0	2,6	2,3
100 tous modèles	190/65 HR 390	TRX	1,8	1,9	1,8	1,9
200 tous types	210/55 HR 390	TRX	1,8	1,9	1,8	1,9
Quattro Coupé	210/55 HR 390	TRX	1,8	1,7	1,8	1,7
AUSTIN						
Allegro 1300	145 SR 13	XZX, MX	1,8	1,7	1,8	1,7
	165/70 SR 13	XZX 70, MXL				
AUTOBIANCHI						
A 112 tous modèles	135 SR 13	XZX, MX	1,7	1,9	1,7	1,9
	155/70 SR 13	XZX 70, MXL				
BMW						
316 - 318i 1983	175/70 HR 14	XVS, MXV	1,8	2,0	2,0	2,4
	195/60 HR 14	MXV				
320i 4 cylindres	185/70 HR 13	XVS	1,9	1,9	2,0	2,1
320 - 323 6 cylindres	185/70 HR 13	XVS	2,0	2,0	2,2	2,4
315 à 323 tous modèles sortis en 13".	210/55 HR 365	TRX	1,5	1,5	1,5	1,5
320i 1983	195/60 HR 14	MXV	2,0	2,2	2,3	2,5
316 - 318i - 320i - 323i (1983) sortis en 14"	200/60 HR 365	TRX	1,5	1,5	1,5	1,5
518 - 520i 1982	175 SR ou HR 14	XZX, XVS	2,0	2,0	2,0	2,4
	195/70 HR 14	XVS				
	200/60 HR 390	TRX				
528i depuis 6/1981	195/70 VR 14	XDX, XWX	2,2	2,2	2,4	2,6
	200/60 VR 390	TRX				
628 CSi - 630 CS - 633 CSi	195/70 VR 14	XDX - XWX	2,3	2,3	2,4	2,6
	205/70 VR 14	XDX - XWX	2,2	2,2	2,3	2,5
	220/55 VR 390	TRX				
635 CSi - 735i 1983	205/70 VR 14	XDX, XWX	2,3	2,3	2,5	2,8
	220/55 VR 390	TRX				
728i 1983	195/70 HR 14	XVS	2,3	2,3	2,5	2,8
	205/70 VR 14	XDX - XWX	2,2	2,2	2,3	2,6
728 - 730 - 732 - 733 - 735 (i ou non i) (Avant 83)	220/55 VR 390	TRX	2,2	2,2	2,3	2,6

** Consulter la page "Quelques conseils" qui précède le tableau.*

Pressions de gonflage des pneus MICHELIN XZX, MX, MXL, MXV, XVS, XDX, XWX, TRX

Véhicules Marques et types	Pneus		Pressions (bar) *			
	Dimensions	Types	Utilisation courante		Autres utilisations	
			AV	AR	AV	AR
BMW (suite)						
745i - 745i Automatique	205/70 VR 14	XDX	2,5	2,8	2,6	3,3
	205/70 VR 14	XWX	2,5	2,5	2,6	3,0
	220/55 VR 390	TRX				
CHRYSLER (voir Talbot)						
CITROËN						
BX - BX 14E - 14 RE	145 R 14	MX	1,9	2,0	1,9	2,0
	165/70 R 14	MXL	1,8	1,8	1,8	1,8
	170/65 R 365	TRX AS	1,8	2,0	1,8	2,0
BX 16 RS - TRS	165/70 R 14	MXL	2,0	2,0	2,0	2,0
	170/65 R 365	TRX AS	1,9	2,1	1,9	2,1
BX 19D - RD - TRD, Diesel	165/70 R 14	MXL	2,1	2,1	2,1	2,1
	170/65 R 365	TRX AS				
CX Berlines Carburateur tous modèles	185 SR ou HR 14	XZX - XVS	2,0	2,1	2,0	2,1
	175 SR ou HR 14 (AR)	XZX - XVS	...	2,1	...	2,1
CX Prestige - GTi	185 HR 14	XVS	2,2	2,2	2,2	2,2
CX Berlines Diesel tous modèles sauf Turbo et Limousines	185 SR 14	XZX	2,2	2,1	2,2	2,1
	175 SR 14 (AR)	XZX	...	2,1	...	2,1
CX Limousines Diesel	185 SR ou HR 14	XZX - XVS	2,3	2,2	2,3	2,2
CX Berlines (sauf Turbo Diesel)	190/65 HR 390	TRX	2,2	1,4	2,2	1,4
CX Berlines Turbo Diesel	190/65 HR 390	TRX	2,4	2,0	2,4	2,0
CX Limousines Turbo Diesel	190/65 HR 390	TRX	2,5	2,0	2,5	2,0
GS - GSA - GSX tous modèles	145 SR ou HR 15	XZX - XVS	1,8	1,9	1,8	1,9
Visa 11E - RE 1984	145 SR 13	XZX - MX	1,8	2,0	1,8	2,0
Visa - Visa II Super E - L - West end :	145 SR 13	XZX - MX	1,8	2,0	1,8	2,0
Super - Super E - Sextant décapotable	170/65 R 340	TRX AS	1,7	1,7	1,7	1,7
Visa - Visa II Super X 1981	155/70 SR 13	XZX 70 - MXL	1,8	2,0	1,8	2,0
Visa II Super X 1982	160/65 R 340	TRX AS	1,7	1,7	1,7	1,7
Visa GT 1983	160/65 R 340	TRX AS	1,8	1,9	1,8	1,9
Visa Chrono	175/70 HR 13	XVS	1,7	1,7	1,7	1,7
	190/55 HR 340	TRX	1,5	1,6	1,5	1,6
DATSUN						
Cherry 1000 - 1200	155 SR 13	XZX - MX	1,7	1,7	2,0	2,0
Sunny 120 Y - 140 Y - 150 Y	155 SR 13	XZX - MX	1,7	1,9	1,9	2,1
	175/70 SR 13	XZX 70 - MXL	1,7	1,7	1,9	1,9
280 C tous modèles	195/70 HR 14	XVS	2,0	2,3	2,3	2,3
FERRARI						
308 GTB et GTS	220/55 VR 390	TRX	2,3	2,3	2,3	2,3
400 GTi et Automatic i	240/55 VR 415	TRX	2,5	2,5	2,5	2,5
Mondial 8 - 4 Valvole	240/55 VR 390	TRX	2,3	2,4	2,3	2,4
512 Injection	240/55 VR 415	TRX	3,0	3,0	3,0	3,0
FIAT						
131 Mirafiori 1300 1600/CL Super	165 SR 13	XZX - MX	1,8	1,8	2,0	2,2
	175/70 SR 13	XZX 70 - MXL				
131 Mirafiori 2000 Super	185/70 SR ou HR 13	XZX 70-MXL-XVS	1,9	2,0	2,0	2,2
131 Mirafiori Diesel - 2000 - 2500	165 SR 13	XZX - MX	2,2	2,0	2,2	2,0
	185/70 SR 13	XZX 70 - MXL				
Argenta 1600 - 2000/2000 IE	175/70 SR 14	XZX 70 - MXL	1,9	2,0	1,9	2,0
Argenta 2500 Diesel	175/70 SR 14	XZX 70 - MXL	2,2	2,1	2,2	2,1
Ritmo 60 - 65 - 75 L - CL	145 SR 13	XZX - MX	1,9	1,8	1,9	1,8
	165/70 SR 13	XZX 70 - MXL				
Ritmo 75-85 Super	165/70 SR 13	XZX 70 - MXL	2,0	1,9	2,0	2,2
Ritmo Diesel	155 SR 13	XZX - MX	2,0	1,8	2,1	2,1
Ritmo tous modèles	190/55 HR 340	TRX	1,7	1,6	1,7	1,6
FORD						
Escort tous modèles depuis 1981	145 SR 13	XZX - MX	1,8	1,8	2,0	2,3
	155 SR 13	XZX - MX				
	175/70 SR ou HR 13	XZX 70-MXL-XVS				
	185/60 R 14	MXV				
	190/55 HR 365	TRX	1,6	1,5	1,6	1,5
Fiesta XR2 (1984)	185/60 R 13	MXV	1,8	1,8	2,0	2,0
Granada Berlines tous modèles	175 SR ou HR 14	XZX - XVS	1,7	1,7	1,9	2,5
	185 SR ou HR 14	XZX - XVS				
	190/65 HR 390	TRX				
Orion 1300/1600 GL - 1600 Diesel	155 R 13	MX	1,8	1,8	2,0	2,3

** Consulter la page "Quelques conseils" qui précède le tableau.*

Pressions de gonflage des pneus MICHELIN XZX, MX, MXL, MXV, XVS, XDX, XWX, TRX

Véhicules Marques et types	Pneus Dimensions	 Types	Pressions (bar) * Utilisation courante AV	 AR	 Autres utilisations AV	 AR
FORD (suite)						
Orion 1600 Injection	175/70 R 13	MXL	1,6	1,6	2,0	2,3
Sierra Berlines tous modèles	165 SR ou HR 13 185/70 SR ou HR 13 195/60 HR 14	XZX - MX - XVS XZX 70-MXL-XVS MXV	1,8	1,8	2,0	2,5
	200/60 HR 365	TRX	1,8	1,8	1,8	1,8
Taunus Berlines et Coupés tous modèles	165 SR ou HR 13	XZX - MX - XVS	1,8	1,8	2,0	2,5
	185/70 SR 13	XZX 70 - MXL	1,6	1,6	2,0	2,5
	185/70 HR 13	XVS	1,6	1,6	1,8	2,1
	195/60 R 14	MXV	1,6	1,6	2,0	2,5
HONDA						
Accord tous modèles Prélude Coupés } 1983	165 SR 13 185/70 SR 13	XZX - MX XZX 70 - MXL	1,8	1,8	2,2	2,2
JAGUAR						
XJ6 : 3,4 - 4,2 1982/83	205/70 HR ou VR 15	XVS - XDX - XWX	2,0(1) 2,4(3)	1,9(1) 2,3(3)	2,0(1) 2,4(3)	2,2(1) 2,6(3)
XJ 12 - 12 L - 12 C tous modèles	205/70 VR 15	XDX - XWX	1,8	1,8	2,3	2,5
LADA						
1200 - 1300 Berlines	155 SR 13	XZX	1,7	2,0	2,0	2,3
1500 - 1600 Berlines	165 SR ou HR 13	XZX - XVS	1,8	2,0	2,1	2,3
LANCIA						
Beta et Beta Trevi tous modèles (sauf Monte-Carlo)	155 SR 14 175/70 SR ou HR 14	XZX - MX XZX 70 - MXL XVS - MXV	1,7	1,7	1,9	1,9
	185/65 R 14	MXV	1,9	1,9	2,2	2,2
	200/60 HR 365	TRX	2,0	2,0	2,0	2,0
MAZDA						
323 Berlines (T.A) depuis 1981	155 SR 13 175/70 SR 13	XZX - MX XZX 70 - MXL	1,8	1,8	1,8	1,8
626 Berlines et Coupés	165 SR 13 185/70 SR ou HR 13	XZX - MX XZX 70-MXL-XVS	1,8	2,0	1,8	2,0
MERCEDES						
Type 201 : 190 - 190 E	175/70 SR 14	MXL	1,8	2,0	2,0	2,3
	175/70 HR 14	XVS - MXV	2,0	2,2	2,2	2,5
Type 123 : 200-230-230E-250 200D-220D-240D-300D 230C-230CE-280C 280CE - 300CD Tous modèles	175 SR 14 P	ZX - XZX	2,0	2,2	2,0	2,2
	175 HR 14 P 195/70 HR 14 P	XVS XVS	2,0(1)	2,2(1)	2,3(3)	2,5(3)
	190/65 HR 390	TRX	1,9	2,5	1,9	2,5
Type 126 : 280 S - 300 SD	195/70 HR 14 P	XVS	2,2(2)	2,5(2)	2,2(2)	2,5(2)
	190/65 HR 390	TRX	1,9	2,1	1,9	2,1
Type 126 : 280 SE/SEL	195/70 VR 14	XDX - XWX	2,1(2) 2,4(3)	2,3(2) 2,6(3)	2,2(2) 2,5(3)	2,5(2) 2,8(3)
	220/55 VR 390	TRX	1,8	2,0	1,8	2,0
Type 107 : 350 SL/SLC	205/70 VR 14	XDX - XWX	2,2	2,5	2,4	2,7
	220/55 VR 390	TRX	1,8	2,0	1,8	2,0
Type 107 : 380 SL/SLC 450 SL/SLC 500 SL/SLC	205/70 VR 14	XDX - XWX	2,2(2)	2,5(2)	2,4(3)	2,7(3)
	220/55 VR 390	TRX	2,1	2,3	2,4	2,7
Type 116 : 450 SE/SEL - 4,5 L	205/70 VR 14	XDX - XWX	2,1(2) 2,4(3)	2,3(2) 2,6(3)	2,3(2) 2,6(3)	2,5(2) 2,8(3)
	220/55 VR 390	TRX	2,1	2,3	2,4	2,7
Type 116 : 450 SEL - 6,9 L	215/70 VR 14	XWX	2,2(2) 2,4(3)	2,2(2) 2,4(3)	2,4(2) 2,6(3)	2,4(2) 2,6(3)
Type 126 : 500 SE	205/70 VR 14	XDX - XWX	2,1(2) 2,5(3)	2,3(2) 2,7(3)	2,2(2) 2,6(3)	2,7(2) 3,1(3)
Type 126 : 500 SEL	205/70 VR 14	XDX - XWX	2,1(2) 2,4(3)	2,3(2) 2,6(3)	2,2(2) 2,5(3)	2,5(2) 2,8(3)
Type 126 : 500 SE/SEL	220/55 VR 390	TRX	2,1	2,3	2,4	2,7
OPEL						
Ascona C - sauf SR - L - CD	155 SR 13 165 SR 13	XZX - MX XZX - MX	1,9	1,7	2,2	2,4
	185/70 SR 13	XZX 70 - MXL	1,8	1,7	2,0	2,2

(1) Pressions jusqu'à 160 km/h **(2) Pressions jusqu'à 180 km/h**
(3) Pressions vitesse maxi

** Consulter la page "Quelques conseils" qui précède le tableau.*

Pressions de gonflage des pneus MICHELIN XZX, MX, MXL, MXV, XVS, XDX, XWX, TRX

Véhicules Marques et types	Pneus Dimensions	 Types	Pressions (bar) * Utilisation courante AV	 AR	 Autres utilisations AV	 AR
OPEL (suite)						
Ascona C - SR	195/60 R 14	MXV	2,0	2,0	2,2	2,4
Ascona C - L - CD	165 HR 13	XVS	2,0	1,8	2,2	2,4
	185/70 HR 13	XVS	1,9	1,8	2,1	2,3
Ascona C tous modèles	210/55 HR 365	TRX	1,7	1,7	1,7	1,7
Commodore C	175 HR 14 195/70 HR 14	XVS XVS	2,0	2,0	2,0	2,6
	200/60 HR 390	TRX	2,0	2,0	2,0	2,0
Corsa tous modèles	135 SR 13	XZX - MX	1,9	1,7	2,1	2,6
	145 SR 13	XZX - MX	1,6	1,6	1,8	2,4
	155/70 SR 13	XZX 70 - MXL	1,7	1,7	1,9	2,4
Kadett C : 1,9 GT/E - 2,0 E/EH 2,0 GT/E-GTE-Rallye	175/70 HR 13	XVS	1,7	1,7	1,9	2,2
Kadett D : L 1,0/1,0 S - 1,2/1,2 S 1,3/1,3 S	145 SR 13 155 SR 13	XZX - MX XZX - MX	1,8	1,8	2,0	2,3
	175/70 SR 13	XZX 70 - MXL	1,6	1,6	1,8	2,1
Kadett D : L 1,6 SH - 1,6 Diesel	155 SR 13	XZX - MXL	1,9	2,1	2,1	2,4
SR 1,3 S - 1,6 SH	175/70 SR 13	XZX 70 - MXL	1,8	1,8	2,0	2,3
Kadett D : SR 1,3 S	185/60 R 14	MXV	1,7	1,7	1,9	2,1
SR 1,6 SH - GT 1,8 E			1,9	1,9	2,1	2,3
Manta B et B - CC 1,3 S/1,8 S GT/J (1983)	185/70 SR 13 195/60 R 14	XZX 70 - MXL MXV	1,6	1,6	1,8	2,0
Manta B et B - CC 2,0 E/2,0 S GT/J (1983)	185/70 HR 13 195/60 R 14	XVS MXV	1,8	1,8	2,0	2,2
Rekord E - Essence tous modèles Berlines	175 SR ou HR 14 185/70 SR ou HR 14	XZX - XVS XZX 70-MXL-XVS	1,8	1,8	2,0	2,2
Rekord E - Diesel tous modèles Berlines	175 SR 14 185/70 SR 14	XZX XZX 70 - MXL	2,0	2,0	2,0	2,2
Monza, Senator A tous modèles	175 HR 14 195/70 HR ou VR 14	XVS XVS - XDX	2,2	2,2	2,5	2,8
	200/60 HR ou VR 390	TRX	2,2	2,2	2,2	2,2
PEUGEOT						
104 SR 1983	145 SR 13	XZX	2,0	2,0	2,0	2,0
104 ZS - ZS 2 - 1980/84	165/70 SR 13	XZX 70 - MXL	1,7	1,9	1,7	1,9
205 L - GL (954 cm³)	135 SR 13	XZX - MX	2,0	2,1	2,0	2,1
205 GL (1124 cm³) - GR	145 SR 13	XZX - MX	1,9	2,1	1,9	2,1
205 SR - GR - GT	165/70 SR 13	XZX 70 - MXL	1,7	1,9	1,7	1,9
205 Diesel SRD	165/70 R 13	MXL	1,9	1,9	1,9	1,9
205 Diesel GLD - GRD	145 SR 13	XZX - MX	2,0	2,0	2,0	2,0
305 - 305 GL - GR - SR	145 SR 14	XZX - MX	1,8	2,1	1,8	2,1
305 SR (depuis 81) GR - (depuis 83)	155 SR 14 P	XZX - MX	1,7	2,0	1,7	2,0
305 GT 1984	170/65 R 365	TRX AS	1,9	2,0	1,9	2,0
305 Diesel GLD - SRD (depuis 83)	155 SR 14 P	XZX - MX	1,8	2,0	1,8	2,0
305 Diesel SRD (depuis 83)	170/65 R 365	TRX AS	1,8	1,9	1,8	1,9
504 Berlines tous modèles	175 SR 14	XZX	1,8	2,1	1,8	2,1
sauf Injection/Ti	175 HR 14	XVS	1,5	1,8	1,5	1,8
504 Berlines, Injection/Ti	175 HR 14 185 HR 14	XVS XVS	1,6	1,9	1,8	2,1
504 Berlines tous modèles	180/65 HR 390	TRX	1,6	1,9	1,6	1,9
505 Berlines, Essence,	175 SR 14	XZX	1,8	2,0	2,0	2,2
tous modèles	175 HR 14	XVS	1,6	1,9	1,8	2,1
sauf Turbo Injection	180/65 HR 390	TRX	1,6	1,9	1,6	1,9
505 Turbo Injection	195/60 R 15	MXV	2,0	2,1	2,2	2,3
505 GTi - BVA - BV5 } 1984 505 SR - GR - BV5 } 1984	185/70 R 14 190/65 HR 390	MXL TRX	1,8	2,1	1,8	2,1
505 Berlines Diesel tous modèles	175 SR ou HR 14	XZX - XVS	1,8	2,0	1,8	2,0
505 SRD Turbo	185/65 HR 390	TRX	1,8	2,1	1,8	2,1
505 GTD Turbo - BVA - BV5	185/70 R 14 190/65 HR 390	MXL TRX	1,9	2,2	1,9	2,2
604 SL - Ti	175 HR 14 P	XVS	1,7	2,2	1,9	2,4
	195/70 HR 14	XVS	1,6	2,1	1,8	2,3
604 Diesel Turbo - GRD Turbo	175 HR 14 P	XVS	1,9	2,1	1,9	2,1
604 Essence - Diesel tous modèles	190/65 HR 390	TRX	1,6	2,1	1,6	2,1
604 GTi/GTD Turbo - BVA - BV5 1984	195/60 R 15	MXV	2,0	2,2	2,0	2,2

** Consulter la page "Quelques conseils" qui précède le tableau.*

Pressions de gonflage des pneus MICHELIN XZX, MX, MXL, MXV, XVS, XDX, XWX, TRX

Véhicules Marques et types	Pneus Dimensions	Pneus Types	Pressions (bar) * Utilisation courante AV	Utilisation courante AR	Autres utilisations AV	Autres utilisations AR
PORSCHE						
924 - 2,0 - Turbo	185/70 VR 15	XDX	2,0	2,5	2,0	2,5
924 - 924 Turbo - 924 Carrera GT	210/55 VR 390	TRX	2,0	2,0	2,0	2,0
RENAULT						
	135 SR 13	XZX - MX				
R5 - L - TL - GTL	145 SR 13	XZX - MX	1,7	1,9	1,9	2,1
R5 Le Car - LS - TS - TX	145 SR 13	XZX - MX	1,7	1,9	1,8	2,0
R5 Alpine Turbo	155/70 HR 13	XVS	1,7	1,9	1,9	2,2
R9 Essence - Diesel	145 SR 13	XZX - MX				
tous modèles	155 SR 13	XZX - MX	1,7	1,9	1,8	2,0
sauf Automatique	175/70 SR 13	XZX 70 - MXL				
R9 Automatique	155 SR 13	XZX - MX	1,8	1,9	1,9	2,0
R9 tous modèles	190/55 HR 365	TRX	1,6	1,7	1,6	1,7
R11 GTC - TC - TCE - TL (4 V)	145 SR 13	XZX - MX				
R11 TL (5 V) et R11	155 SR 13	XZX - MX	1,7	1,9	1,8	2,0
TSE Electronique	175/70 SR 13	XZX 70 - MXL				
R11 GTL-GTS-TSE-TSE Electron.	155 SR 13	XZX - MX				
R11 Automatique Electronique	175/70 SR 13	XZX 70 - MXL	1,8	1,9	1,9	2,0
R11 - GTX - TXE - TXE Electron.	175/70 SR 13	XZX 70 - MXL	1,7	1,9	1,8	2,0
R11 tous modèles en 155-13	190/55 HR 365	TRX	1,6	1,7	1,6	1,7
	145 SR 13	XZX				
R14 tous modèles	155 SR 13	XZX	1,8	1,9	1,8	2,0
	145 SR 13	XZX - MX				
R18 Base TL - GTL - TS	155 SR ou HR 13	XZX - MX - XVS	1,7	1,8	1,9	2,0
GTS (avant 10/1981)	175/70 SR 13	XZX 70 - MXL				
R18 GTS (1982/83)	165 SR 13	XZX - MX	1,9	2,1	2,0	2,2
GTX (1984)	210/55 HR 365	TRX	1,8	2,0	1,8	2,0
	165 SR 13	XZX - MX				
R 18 Diesel TD - GTD	185/70 SR 13	XZX 70 - MXL	2,1	1,9	2,2	2,0
	210/55 HR 365	TRX	1,8	2,0	1,8	2,0
	185/70 HR 13	XVS				
R 18 Turbo	185/65 R 14	MXV	2,0	2,2	2,1	2,3
	210/55 HR 365	TRX	1,8	2,0	1,8	2,0
	155 SR 13	XZX - MX				
Fuego TL - GTL	175/70 SR 13	XZX 70 - MXL	1,8	2,0	1,9	2,1
Fuego { GTS	175/70 SR 13	XZX 70 - MXL				
TX	185/70 HR 13	XVS	2,1	2,2	2,2	2,3
GTX - Turbo Diesel	185/65 R 14	MXV				
Automatique	210/55 HR 365	TRX	1,9	2,0	1,9	2,0
R20 - LS - TS (avant 1981)	165 SR 14	XZX - MX	1,9	2,0	2,1	2,2
	180/65 HR 390	TRX	2,0	2,3	2,2	2,5
R20 LS - TS - TS Automatique	165 SR 13	XZX - MX	2,3	2,0	2,4	2,1
depuis 1981	210/55 HR 365	TRX	1,8	2,0	1,8	2,0
	165 SR 14	XZX	1,9	2,0	2,1	2,2
R20 - TX - TX Automatique	190/65 HR 390	TRX	1,8	2,0	1,8	2,0
	165 SR 13	XZX - MX	2,2	2,0	2,3	2,1
R20 Diesel - TD - GTD	210/55 HR 365	TRX	1,8	2,0	1,8	2,0
	175 SR 13	XZX - MX	2,1	2,1	2,2	2,2
R20 et R30 Turbo Diesel	200/60 HR 365	TRX	1,8	2,0	1,8	2,0
	175 HR 14	XVS				
R30 TS - TX - TX Automatique	195/70 HR 14	XVS	1,9	2,0	2,1	2,2
	190/65 HR 390	TRX				
ROVER						
2000 - 2300 - 2300S - 2600S	175 HR 14	XVS	2,0	2,1	2,1	2,3
	185 HR 14	XVS				
3500S/SE - SDi	195/70 HR 14	XVS	1,8	1,8	1,8	2,1
2000-2300-2600-3500 tous mod.	190/65 HR 390	TRX	1,8	1,8	1,8	1,8
SAAB						
900 GL - GLE - GLS - EMS	175/70 HR 15	XVS	1,9	1,9	2,2	2,4
900 Turbo 3 CK - Turbo Lux 4 SN	195/60 R 15	MXV	1,9	2,0	2,1	2,2
99 et 900 tous modèles	180/65 HR 390	TRX	1,9	2,0	2,1	2,2
TALBOT						
Horizon 1,5 GLS - 1,5 SX Autom.	155 SR 13	XZX - MX				
1,5 GLS Perfo - 1,5 SPL - 1,6 Premium	175/70 SR 13	XZX 70 - MXL	1,8	1,8	2,0	2,0
	145 SR 13	XZX - MX	2,0	1,8	2,2	2,0
Horizon Diesel - 1,9 LD - EXD	165/70 R 13	MXL	1,9	1,9	2,1	2,1
1510-1,3-1,5 (80/81)- Solara 1,5 (80/81)-LS	155 SR 13	XZX - MX	1,8	1,8	1,9	2,0
1510-1,5 (82) - Pullman Exécutive - 1,6	165 SR 13	XZX - MX	1,8	1,8	1,9	2,0

** Consulter la page "Quelques conseils" qui précède le tableau.*

Pressions de gonflage des pneus MICHELIN XZX, MX, MXL, MXV, XVS, XDX, XWX, TRX

Véhicules Marques et types	Pneus		Pressions (bar) *			
	Dimensions	Types	Utilisation courante AV	Utilisation courante AR	Autres utilisations AV	Autres utilisations AR
TALBOT (suite)						
Murena 2,2	AV : 185/60 R 14	MXV	1,6	...	1,6	...
	AR : 195/60 R 14	MXV	...	2,0	...	2,0
	AV : 190/55 HR 365	TRX	2,2	...	2,2	...
	AR : 210/55 HR 365	TRX	...	2,4	...	2,4
Murena S 1984	AV : 185/60 VR 14	MXV	1,6	...	1,6	...
	AR : 195/60 VR 14	MXV	...	2,0	...	2,0
Rancho tous modèles	165 SR ou HR 14	XZX - XVS	1,9	2,2	1,9	2,7
	185/70 HR 14	XVS				
	180/65 HR 390	TRX	1,7	1,9	1,7	1,9
Samba GL - 1100	135 SR 13	XZX - MX	1,9	2,2	2,1	2,4
Samba AS - 1100	145 SR 13	XZX - MX	1,8	1,9	2,0	2,1
Samba GLS - Rallye	165/70 R 13	MXL	1,7	2,0	1,9	2,2
Tagora GL/GLS - 2,2	175 SR ou HR 14	XZX - XVS	1,7	2,0	1,8	2,2
Tagora DT2,3 Turbo Diesel	175 SR ou HR 14	XZX - XVS	1,8	2,1	1,9	2,3
Tagora tous modèles inclus SX 2,6 V6	210/65 R 365	TRX AS	1,6	2,0	1,7	2,1
TOYOTA						
Corolla TE 7i — 1600 Liftback	165 SR 13	XZX - MX	1,8	1,8	2,0	2,0
	185/70 SR 13	XZX 70 - MXL				
Corolla TE 7i — 1600 Coupé GT	185/70 HR 13	XVS				
Corolla TE 7i — 1600 Liftback GT	195/60 R 14	MXV	1,7	1,8	1,9	2,0
Tercel AL 11 - 1300 tous modèles	145 SR 13	XZX - MX	1,9	1,9	1,9	1,9
	165/70 SR 13	XZX 70 - MXL	1,7	1,7	1,8	1,8
VOLKSWAGEN						
Golf Essence tous modèles sauf GTi et 1,8 série spéciale	145 SR 13	XZX - MX	1,7	1,7	1,8	2,2
	155 SR 13	XZX - MX				
	175/70 SR ou HR 13	XZX 70-MXL-XVS				
Golf GTi et 1,8 série spéciale	185/60 R 14	MXV	1,7	1,7	1,8	2,2
Golf Diesel tous modèles sauf GT 1,6	145 SR 13	XZX - MX	1,8	1,8	1,9	2,3
	155 SR 13	XZX - MX				
	175/70 SR 13	XZX 70 - MXL				
Golf Diesel GT 1,6	175/70 SR 13	XZX 70 - MXL	1,9	1,9	2,0	2,4
Jetta Essence tous modèles	155 SR 13	XZX - MX	1,7	1,7	1,8	2,2
	175/70 SR ou HR 13	XZX 70-MXL-XVS				
Jetta Diesel tous modèles	155 SR 13	XZX - MX	1,8	1,8	1,9	2,3
	175/70 SR 13	XZX 70 - MXL				
Golf et Jetta Essence et Diesel tous modèles	190/55 HR 365	TRX	1,7	1,7	1,7	1,7
Passat Essence et Diesel 1,3 - 1,6 1,8, sauf Turbo	165 SR 13	XZX - MX	1,8	1,8	1,9	2,3
	185/70 SR 13	XZX 70 - MXL				
Passat Essence 1,9 LS 5 - GLS 5 CL 5 - GL 5	185/70 HR 13	XVS	1,9	1,9	2,0	2,3
	195/60 R 14	MXV				
Passat Ess., Diesel tous modèles	210/55 HR 365	TRX	1,8	1,8	1,8	1,8
Santana 1,9 — CL 5 - GL 5	185/70 HR 13	XVS	1,9	1,9	2,0	2,3
Santana 1,9 — LX 5 - GX 5	195/60 R 14	MXV				
Scirocco — 1,6 GLi - GTi	175/70 HR 13	XVS	1,8	1,8	1,8	1,8
Scirocco — 1,6-1,8 GTX série spéc.	185/60 R 14	MXV	1,8	1,8	1,9	2,2
Scirocco — tous modèles	190/55 HR 365	TRX	1,7	1,7	1,7	1,7
VOLVO						
240 — DL - GL/E	175 SR 14	XZX	1,8	1,9	1,9	2,3
	185/70 R 14	MXL				
240 — GLT	185/70 SR ou HR 14	XZX 70-MXL-XVS				
	195/60 R 15	MXV				
240 — Turbo	195/60 R 15	MXV				
240 — Tous modèles	190/65 HR 390	TRX	1,6	1,9	1,6	1,9
340 — L - DL - GL	155 SR 13	XZX - MX	1,9	2,1	1,9	2,4
	175/70 SR 13	XZX 70 - MXL				
340 — DLS - GLS	175/70 SR 13	XZX 70 - MXL				
	185/60 R 14	MXV				
343 - 345 - DLS - GLS	175/70 SR 13	XZX 70 - MXL	1,9	2,1	1,9	2,4
360 - GLS - GLT	185/60 R 14	MXV				
340-343-345-360 tous modèles	190/55 HR 365	TRX	1,7	2,1	1,7	2,1
760 GLE - GLE Turbo Diesel	195/60 R 15	MXV	1,9	1,9	2,1	2,3
	200/55 VR 390	TRX	1,9	1,9	1,9	1,9

* *Consulter la page "Quelques conseils" qui précède le tableau.*

Tous les renseignements figurant sur ces tableaux sont donnés sous réserve des modifications pouvant survenir après leur parution.

GHISLENGHIEN Hainaut 213 ⑰ et 409 ⑫ – voir à Ath.

GILLY Hainaut 214 ③ et 409 ⑬ – voir à Charleroi.

GISTEL West-Vlaanderen 213 ② et 409 ① – voir à Oostende.

GITS West-Vlaanderen 213 ② et 409 ② – voir à Roeselare.

GLABAIS 1473 Brabant C Genappe 213 ⑲ et 409 ⑬ – 11 739 h. – ☎ 067.
♦Bruxelles 29 – ♦Charleroi 26 – Nivelles 12.

à l'Ouest sur N 5 :

XX **Aub. Bonne Ferme,** chaussée de Bruxelles 41, ☎ 772107 – Ⓟ. AE ⓞ
fermé dim. soir, lundis non fériés et juil. – **R** 580/1100.

LA GLEIZE 4981 Liège C Stoumont 214 ⑧ et 409 ⑯ – 2 402 h. – ☎ 080.
♦Bruxelles 143 – ♦Liège 49 – Malmédy 20.

XX **Ecuries de la Reine,** r. Centre 11, ☎ 785796, Rustique – Ⓟ. AE ⓞ E
fermé jeudi et 2 sem. en sept. – **R** carte 700 à 910.

GOSSELIES Hainaut 214 ③ et 409 ⑬ – voir à Charleroi.

GOZÉE 6418 Hainaut C Thuin 214 ③ et 409 ⑬ – 13 905 h. – ☎ 071.
Voir Thuin : site★, O : 5 km.
♦Bruxelles 73 – ♦Mons 39 – Beaumont 13 – ♦Charleroi 13.

XX **La Villa Fleurie,** r. Bomerée 55, ☎ 510533 – Ⓟ. ⓞ
fermé sam. midi, jeudi et du 16 au 31 août – **R** 950/1650.

XX **Buissonnets,** r. Leernes 2, à l'abbaye d'Aulne NO : 6 km, ☎ 515185 – Ⓟ
fermé jeudi en fév.-mars, mardi soir, merc. et du 16 au 31 août – **R** 760/1085.

GRAMMONT Oost-Vlaanderen – voir Geraardsbergen.

GRAND BIGARD Brabant – voir Groot-Bijgaarden à Bruxelles, environs.

GRANDGLISE Hainaut 213 ⑯, 214 ① et 409 ⑫ – voir à Stambruges.

GRAND-HALLEUX 6698 Luxembourg belge C Vielsalm 214 ⑧ et 409 ⑯ – 6 747 h. – ☎ 080.
♦Bruxelles 161 – ♦Arlon 91 – Malmédy 23.

XX **Chalet du Val de Salm** avec ch, Rocher de Hourt 40 (rte de Vielsalm), ☎ 216207, ≤ – wc ☎ Ⓟ. AE ⓞ E. ✻ rest
fermé merc. non fériés – **R** carte 565 à 980 – 6 ch ☐ 715/1025 – P 1155.

GRAND-HAN 5481 Luxembourg belge C Durbuy 214 ⑥ et 409 ⑮ – 7 869 h. – ☎ 086.
♦Bruxelles 120 – ♦Arlon 95 – ♦Liège 54 – Marche-en-Famenne 15.

à l'Ouest : 1,5 km :

XX **Les Deux Tilleuls** avec ch, r. Tilleuls 4, ☎ 322754, ≤, ⚘, ✶ – wc Ⓟ. AE ⓞ E
fermé 2e quinz. fév. – **R** 475/1350 – ☐ 190 – **8 ch** 700/1000 – P 1550.

à Petit Han E : 2,5 km :

X **La Marmite** avec ch, r. Église 2, ☎ 211518, ⚘ – Ⓟ. ✻
R 400/875 – 6 ch ☐ 565/1030.

RENAULT r. de Barvaux 8 à Petit-Han ☎ 211255

GRANDRIEU Hainaut 214 ② et 409 ⑬ – voir à Beaumont.

GREZ-DOICEAU 5980 Brabant 213 ⑲ et 409 ⑭ – 8 892 h. – ☎ 010.
♦Bruxelles 34 – ♦Charleroi 52 – ♦Liège 69 – ♦Namur 45.

à Archennes C Grez-Doiceau NO : 3 km – ✉ 5981 Archennes – ☎ 010 :

XX **Aub. Les Saules,** chaussée de Wavre 143, ☎ 844967 – Ⓟ
fermé dim.soir, lundi, mardi et après 20 h 30 – **R** 980.

VOLVO chaussée de Wavre 306 à Archennes ☎ 840478

GRIMBERGEN Brabant 213 ⑥ et 409 ④㉑ – voir à Bruxelles, environs.

GROENENDAAL Brabant 213 ⑱⑲ et 409 ⑬ – voir à Bruxelles, environs.

GROOT-BIJGAARDEN (GRAND-BIGARD) Brabant 213 ⑱ et 409 ⑬ – voir à Bruxelles, environs.

GRUMELANGE Luxembourg belge 214 ⑱ – voir à Martelange.

De HAAN (Le COQ) 8420 West-Vlaanderen 213 ② et 409 ② – 8 763 h. – ✪ 059 – Station balnéaire.

18 Koninklijke baan 58 ☎ 233283.

♦Bruxelles 113 – ♦Brugge 22 – ♦Oostende 12.

Dunes sans rest, Leopoldplein 5, ☎ 233146 – |♦| TV. ✻
Pâques-sept. – **27 ch** ⊐ 1260/2020.

Carpe Diem M ⛮ sans rest, Prins Karellaan 12, ☎ 233220, « Confortable villa aménagée », ⛱ – TV ⇔wc ☎. ✻
15 mars-sept. – **15 ch** ⊐ 1550/2800.

Aub. des Rois, Beach H., Zeedijk 1, ☎ 233685, ← – |♦| TV ⇔wc ⋔ ☎. ⓓ E. ✻ rest
fermé 4 nov.-19 déc. et 5 janv.- 14 fév. – **R** carte 570 à 1070 – **28 ch** ⊐ 1620/1970.

Gd H. Belle Vue, Koningsplein 5, ☎ 233439 – |♦| ⇔wc ⋔wc Ⓟ
Pâques-sept. – **R** 450/825 – **50 ch** ⊐ 650/1500 – P 1050/1400.

Galjoen ⛮ sans rest, Jean d'Ardennelaan 24, ☎ 234701, ⛱ chauffée – TV ⇔wc ☎. ✻
6 ch ⊐ 1400/2500.

XX ✿ **Coeur Volant** (Le Bret), Normandielaan 25, ☎ 233567 – Ⓟ. AE
fermé merc. du 15 sept. à juin, mardi et 3 sem. en oct. – **R** (week-ends nombre de couverts limité - prévenir) carte 1150 à 1530
Spéc. Salade aux huîtres chaudes, Saumon à la vapeur aux épinards, Cassolette de homard beurre blanc.

XX **Strand Hotel** avec ch, Zeedijk 19, ☎ 233425, ← – ⋔
avril-sept. et week-ends sauf du 7 nov. au 10 déc. – **R** carte 560 à 1090 – ⊐ 125 – **12 ch** 650/850 – P 1000.

XX **Au Bien Venu,** Driftweg 14, ☎ 233254
fermé 1re quinz. oct., lundi soir, mardi en hiver et merc. de juin à oct. – **R** carte 1260 à 1800.

Au moment de chercher un hôtel ou un restaurant, soyez efficace.
Sachez utiliser les noms soulignés en rouge sur les cartes Michelin nos 408 et 409
Mais ayez une carte à jour.

HABAY-LA-NEUVE 6720 Luxembourg belge C Habay 214 ⑰ et 409 ㉕ – 5 730 h. – ✪ 063.

♦Bruxelles 185 – ♦Arlon 14 – ♦ Bastogne 37 – ♦Luxembourg 40 – Neufchâteau 22.

X **Tante Laure,** r. Emile-Baudrux 10, ☎ 422363 – ✻
fermé merc. soir d'oct. à juil., jeudi et fév. – **R** 450/600.

à l'Est : 2 km par N 475 :

XX **Les Forges du Pont d'Oye** ⛮ avec ch, r. Pont d'Oye 6, ☎ 422243, ←, « Cadre boisé » – Ⓟ. AE ⓓ. ✻ ch
fermé du 1er au 10 sept., du 4 au 31 janv. et mardi – **R** 595/1100 – **8 ch** ⊐ 660/860.

BRITISH LEYLAND av. de la Gare 11 ☎ 422238
TOYOTA av. de la Gare 83 ☎ 422216

HALLE 2241 Antwerpen C Zoersel 212 ⑮ et 409 ④ – 15 031 h. – ✪ 03.

♦Bruxelles 60 – ♦Antwerpen 23 – ♦Liège 109.

St. Martinushoeve ⛮, Sniederspad 133, ☎ 3840223, ⛱ – |♦| ⋔wc ☎ Ⓟ – 🏔. AE ⓓ E
fermé du 1er au 11 juil. et 24 déc.-1er janv. – **R** *(fermé sam. et dim.)* – **30 ch** ⊐ 1140/1880 – P 1600/3000.

HALLE (HAL) 1500 Brabant 213 ⑱ et 409 ⑬ – 32 249 h. – ✪ 02.

Voir Basilique ** (Basiliek) X.

♦Bruxelles 15 ① – ♦Charleroi 47 ② – ♦Mons 41 ④ – ♦Tournai 67 ⑤.

Plans page ci-contre

XXX **Eleveurs** avec ch, Basiliekstraat 136 (en face de la gare), ☎ 3565309 – TV ⇔wc ⋔wc ☎ Ⓟ – 🏔. AE E Y
fermé vend. – **R** *(fermé vend., sam. midi et dim. soir)* 1150 – 13 ch ⊐ 710/1550.

XXX **Willy Borghmans,** Theunckensstraat 8, ☎ 3568726 – AE ⓓ E Y
fermé lundi soir, mardi soir, merc. et juil. – **R** 625/1500.

ALFA-ROMEO Steenweg op Bergen 334 ☎ 3562393
BMW Steenweg op Brussel 510 ☎ 3567315
CITROEN Steenweg op Edingen 16 ☎ 3565130
FORD A. De Maeghtlaan 9 ☎ 3565231
GM (OPEL) Steenweg op Brussel 482 ☎ 3562926
LADA Steenweg op Nijvel 373 ☎ 3566254
MAZDA, FIAT Steenweg op Brussel 240 ☎ 3565223
MERCEDES-BENZ Steenweg naar Ninove 221 ☎ 3566045
NISSAN Steenweg op Nijvel 529 ☎ 3565356
PEUGEOT, TALBOT Van den Eeckhoudtstraat 44 ☎ 3567688
TOYOTA A. De Maeghtlaan 279 ☎ 3565402
VOLVO Steenweg op Brussel 186 ☎ 3565654

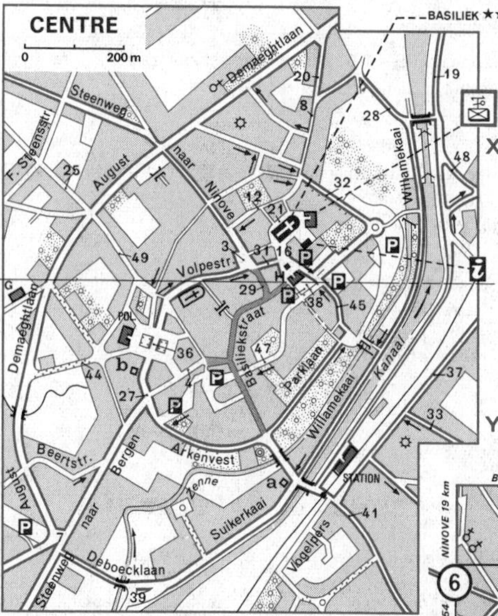

HALLE

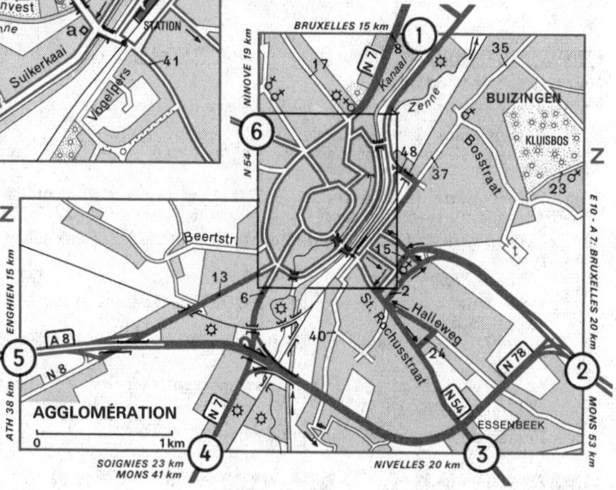

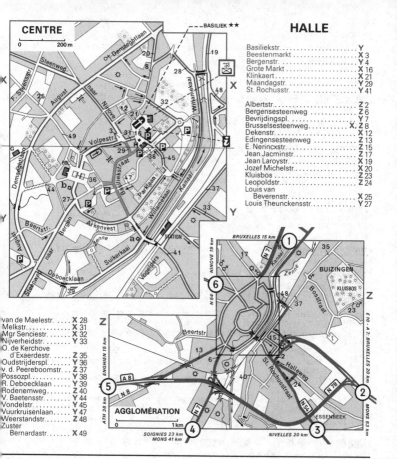

HAMME-MILLE 5990 Brabant Ⓒ Beauvechain 213 ⑲ et 409 ⑭ – 5 220 h. – ✆ 010.

♦Bruxelles 33 – ♦Charleroi 55 – Leuven 11 – ♦Namur 40.

XX **Grange Fleurie,** chaussée de Louvain 17a, ✆ 866432, ☂, « Jardin-terrasse » – AE ⓓ E. ✻
fermé dim. soir, lundis midis non fériés, mardi soir en hiver et 3 sem. en sept. – **R** carte 1060 à 1400.

FORD chaussée de Namur 3 ✆ 866092

HAMOIR 4180 Liège 214 ⑦ et 409 ⑮ – 3 547 h. – ✆ 086.

♦Bruxelles 111 – ♦Liège 44 – Huy 28.

XX **Bonne Auberge** avec ch, pl. Delcour 10, ✆ 388208, ☂ – ⇔ ⋒. ✻ ch
fermé du 1er au 15 oct. – **R** *(fermé merc. et dim. soir)* 1100/1400 – ☕ 160 – 6 ch 500/600.

XX **Poste,** r. Pont 32, ✆ 388324, « Collection d'armes »
fermé merc. de sept. à juin – **R** carte 760 à 1370.

HAMONT-ACHEL 3590 Limburg 213 ⑩ et 409 ⑥ – 11 940 h. – ✆ 011.

♦Bruxelles 107 – ♦Hasselt 43 – ♦Eindhoven 28.

X **Den Eik,** Stad 10, ✆ 446168 – ⓓ E. ✻
fermé mardi et merc. soir – **R** carte 550 à 750.

à Achel O : 4 km – ✉ 3590 Hamont-Achel – ✆ 011 :

⌂ **Koeckhofs,** Michielsplein 4, ✆ 643181 – ⇅ ⇔wc ⋒wc – ♣. ✻ rest
fermé dim. – **R** 450/650 – ☕ 175 – **19 ch** 750/1400 – P 1250.

à *Achel* N : 4 km, près de la Trappe (Kluis) – ✉ 3590 Hamont-Achel – ☎ 011 :

XX **De Zaren,** Kluizerdijk 172, ☎ 645914, « Cadre champêtre » – Ⓟ. ✻
fermé jeudi – **R** carte 560 à 850.

MAZDA Haagstraat 51 à Achel ☎ 643519

HAM-SUR-HEURE 6428 Hainaut Ⓒ Ham-sur-Heure-Nalinnes 214 ③ et 409 ⑬ – 11 640 h. – ☎ 071.
♦Bruxelles 77 – ♦Mons 42 – Beaumont 16 – ♦Charleroi 16.

XX **Le Pré Vert,** chemin de la Folie 24, ☎ 215609 – Ⓟ
fermé lundi, mardi et 2 sem. en sept. – **R** 595/1095.

HANNUT 4280 Liège 213 ㉑ et 409 ⑭ – 11 540 h. – ☎ 019.
♦Bruxelles 60 – ♦Hasselt 38 – ♦Liège 43 – ♦Namur 31.

XX **Le Basque,** rte de Landen 2, ☎ 512428 – AE ⓪
fermé mardi et 15 sept.-14 oct. – **R** carte 690 à 1080.

ALFA-ROMEO chaussée de Wavre 176 ☎ 511979
BMW rte de landen 151 ☎ 512440
CITROEN rte de Landen 72 ☎ 511004
FIAT chaussée de Tirlemont 100 ☎ 512386
MERCEDES-BENZ chaussée de Tirlemont 84 ☎ 511574
MITSUBISHI r. Huy 63 ☎ 511082
RENAULT r. Albert Ier 77 ☎ 513242
TOYOTA chaussée de Wavre 41 ☎ 511376
VAG rte de Landen 54 ☎ 511301

HAN-SUR-LESSE 5432 Namur Ⓒ Rochefort 214 ⑥ et 409 ⑭⑮ – 10 819 h. – ☎ 084.
Voir Grotte★★★ – Safari★.
♦Bruxelles 119 – ♦Namur 60 – ♦Dinant 33 – Rochefort 6.

Ardennes, r. Grottes 2, ☎ 377220, ⛱ – ⇔wc ☎ Ⓟ
fermé du 20 au 30 sept., début mars et merc. sauf en juil.-août – **R** 450/1195 – ☐ 145 – 26 ch 660/1415 – P 1150/1325.

Henri IV, rte de Rochefort 39, ☎ 377221, ⛱ – ⇔wc ⋒wc Ⓟ. AE. ✻ rest
fermé fév. – **R** *(fermé mardi soir et merc.)* 450/1000 – 9 ch ☐ 750/900 – P 1050/1150.

Voyageurs et Lesse, rte de Rochefort 1, ☎ 377237, Télex 42079 – |‡| ⇔wc ⋒wc Ⓟ. AE ⓪ E
15 mars-1er janv.; fermé lundi – **R** 450/950 – 40 ch ☐ 650/1200 – P 1750.

XX **Belle Vue,** r. Joseph-Lamotte 1, ☎ 377227, « Rustique ardennais, collection de tableaux » – Ⓟ. AE ⓪ E
fermé 12 janv.-14 mars et lundi sauf du 15 juil. au 20 août – **R** 495/1350.

La gratuité du garage à l'hôtel est souvent réservée aux usagers du guide Michelin
Présentez votre guide de l'année.

HARZÉ 4071 Liège Ⓒ Aywaille 214 ⑦ et 409 ⑮ – 8 155 h. – ☎ 041.
♦Bruxelles 128 – ♦Liège 34 – ♦Bastogne 59.

Ardennes, rte de Bastogne 78, ☎ 844157 – Ⓟ. AE ⓪
fermé merc. – **R** 450 – ☐ 100 – 7 ch 620 – P 910.

XX **Au Vieux Harzé,** rte de Bastogne 36, ☎ 844340 – Ⓟ. AE
fermé lundi, jeudi et 16 août-16 sept. – **R** carte 990 à 1340.

à *Paradis* Ⓒ Aywaille, S : 3 km par N 15 – ✉ 4071 Harzé – ☎ 086 :

XX **La Cachette,** ☎ 433266, « Petite auberge rustique » – Ⓟ. E
Pâques-déc. et week-ends; fermé dim. soir et merc. – **R** carte 1070 à 1400.

HASSELT 3500 Ⓟ Limburg 213 ⑨ et 409 ⑥ – 65 100 h. – ☎ 011.
⛳18 à Houthalen-Golfstraat 1 par ① : 12,5 km ☎ 383543.
ℹ Lombaardstraat 3 ☎ 225961.
♦Bruxelles 82 ④ – ♦Antwerpen 77 ⑥ – ♦Liège 42 ⑧ – ♦Eindhoven 59 ① – ♦ Maastricht 36 ⑧.

Plans page ci-contre

Parkhotel, Genkersteenweg 350 par ⑦ : 4 km sur N 22, ☎ 211652, Télex 39500, ✻ – TV ⇔wc ⋒ ☎ Ⓟ – 🔬. AE ⓪ E. ✻
fermé 15 juil.-9 août – **R** *(fermé sam.)* 450/900 – **26 ch** ☐ 800/1640.

XXX **'t Claeverblat,** Lombaardstraat 34, ☎ 222404 – ▤. AE ⓪ E. ✻ Y
fermé sam. midi, dim. et du 3 au 20 sept..

X **Savarin,** Dorpstraat 34, ☎ 228488 – AE Y
fermé lundi, jeudi soir, 1re sem. sept. et 2e quinz. janv. – **R** 475/850.

par ③ : 3,5 km :

XX **Figaro,** Mombeekdreef 30, ☎ 272556, « Cadre de verdure » – Ⓟ. AE ⓪ E X
fermé lundi, merc. et du 1er au 20 août – **R** 860/1300.

HASSELT

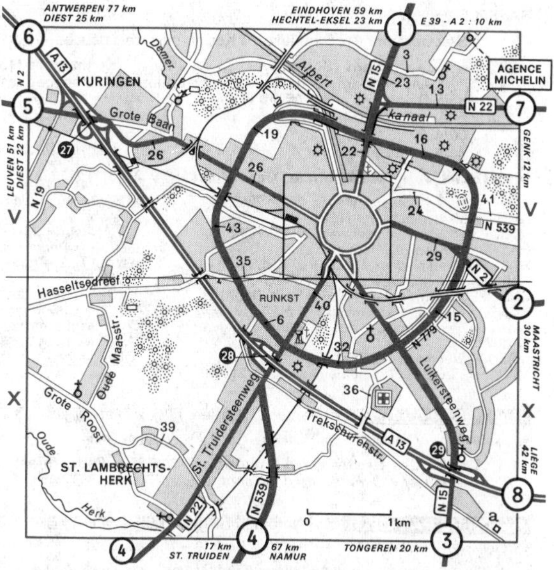

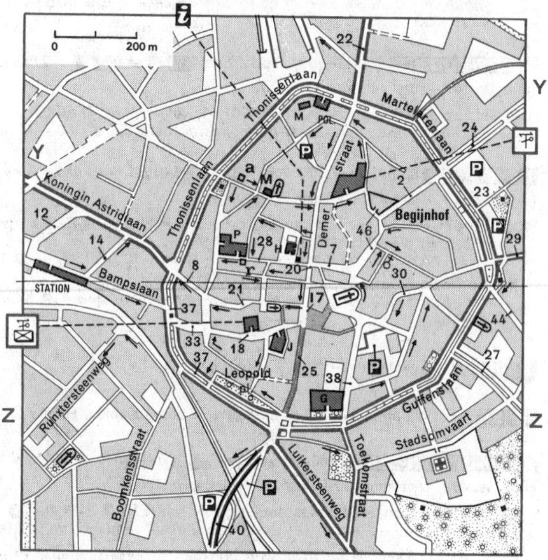

Pour visiter la **Belgique** utilisez le **guide vert Michelin**

à Herk-de-Stad par ⑤ : 12 km – 10 099 h. – ✉ 3910 Herk-de-Stad – ☎ 013 :

XX **De Blenk,** Endepoel 17, S : 1 km par rte de St. Truiden, puis rte de Rummen, ☎ 552010, 斧, Grillades au feu de bois, **« Fermette avec jardin-terrasse »** – **P**. AE ◑ E. ✈
fermé du 13 au 30 août, du 21 au 31 déc., jeudi et dim. – **R** carte 1010 à 1320.

à Lummen par ⑤ : 9 km – 11 939 h. – ✉ 3920 Lummen – ☎ 013 :

XXX ✿ **Kasteel St-Paul** (Robyns), Lagendalstraat 1, ☎ 551809, **« Dans un parc avec pièce d'eau »** – **P**. AE ◑ E
fermé lundi soir, mardi, jeudi soir, 16 juil.-2 août et du 1er au 10 janv. – **R** carte 1200 à 1700
Spéc. Panaché de foies maison, Saumon fumé à la minute, Homard farci aux asperges.

tourner →

à Stevoort par ⑤ : 5 km jusqu'à Kermt, puis rte à gauche – ✉ 3512 Stevoort – ☎ 011 :

XXXX ✿✿ **Scholteshof** (Souvereyns) M avec ch, **Kermtstraat 118, ☏ 250202, Télex 39684,** « Ancienne ferme du 18e s. confortablement aménagée, cadre champêtre », – wc wc ☎ P – . AE O E
fermé du 15 au 31 juil. et 23 déc.-8 janv. – **R** *(fermé merc.)* carte 1200 à 1800 – ☕ 300 – **18 ch** 1700/4300
Spéc. Asperges du pauvre et foie de canard, Ris de veau Vincent, Homard Jeannine.

MICHELIN, Agence régionale, Kiewitstraat 180 V, ☏ **(011) 211232**

ALFA-ROMEO Genkersteenweg 159 ☏ 221256
BMW Walenstraat 94 ☏ 211510
CITROEN St. Truidensteenweg 240 ☏ 272888
FIAT Grote Baan 20 à Herk-de-Stad ☏ 441226
FIAT St. Truidensteenweg 250 ☏ 271222
FORD Kuringersteenweg 293 ☏ 250909
GM (OPEL) Kempischesteenweg 72 ☏ 211810
HONDA St. Truidensteenweg 319 ☏ 272913
LADA Luikersteenweg 500 à Wimmertingen ☏ 376122
MAZDA Steenweg 195 ☏ 221112
MERCEDES-BENZ Trichterheideweg 9 ☏ 212666
MITSUBISHI Steenweg 109 à Herk-de-Stad ☏ 551545
NISSAN St. Truidensteenweg 150 ☏ 272433
RENAULT Demerstraat 66 ☏ 224911
RENAULT St. Truidensteenweg 8 à Herk-de-Stad ☏ 551205
TOYOTA Maastrichtersteenweg 140 ☏ 223540
TOYOTA Stevoortsekiezel 462 ☏ 311702
VAG Kempischesteenweg 136 ☏ 212026
VAG Steenweg 102 à Herk-de-Stad ☏ 551571
VOLVO Kempischesteenweg 114 ☏ 211780

HASTIÈRE-LAVAUX 5540 Namur C Hastière 214 ④⑤ et 409 ⑭ – 3 922 h. – ☎ 082.

♦Bruxelles 100 – ♦Namur 37 – ♦Dinant 9,5 – Givet 9 – Philippeville 25.

XX **Chalet des Grottes,** r. d'Anthée 52, ☏ 644186, « Cadre forestier » – P. AE O
fermé 9 janv.-8 fév. et mardi de sept. à juil. – **R** carte 880 à 1540.

HASTIERE-PAR-DELA 5541 Namur C Hastière 214 ④⑤ et 409 ⑭ – 3 922 h. – ☎ 082.

♦Bruxelles 101 – ♦Namur 38 – ♦Dinant 10 – Givet 10 – Philippeville 26.

Valmeuse, rte des Ardennes 8, ☏ 644548 – wc P. AE O E.
fermé du 10 au 31 janv. et merc. non fériés – **R** 670/1475 – ☕ 135 – **12 ch** 970/1500 – 1250/1980.

HAUTE-BODEUX 4983 Liège C Trois-Ponts 214 ⑧ et 409 ⑯ – 2 045 h. – ☎ 080.

♦Bruxelles 146 – ♦Bastogne 54 – ♦Liège 52.

Host. Doux Repos , ☏ 684207, ←, – wc P. AE
avril-déc. et week-ends – **R** *(fermé mardi)* carte 850 à 1100 – **17 ch** ☕ 685/1650 – P 1350/1820

HAVELANGE 5370 Namur 214 ⑥ et 409 ⑮ – 4 012 h. – ☎ 083.

♦Bruxelles 98 – ♦Namur 37 – ♦Dinant 30 – ♦Liège 44.

XXX **Host. Poste** avec ch, av. de Criel 26, ☏ 633090, « Relais rustique avec jardin fleuri » – wc P. AE O E. ch
fermé merc. soir, jeudi et 2 janv.-fév. – **R** carte 1070 à 1560 – ☕ 155 – 9 ch 800/1500.

X **Le Petit Criel,** av. de Criel 50, ☏ 633660 – AE
fermé du 6 au 24 fév., du 11 au 29 juin, jeudi soir et lundi – **R** 495/850.

BRITISH LEYLAND r. Station 155 ☏ 633220

HAVRÉ Hainaut 214 ② et 409 ⑫ – voir à Mons.

HEIST West-Vlaanderen 212 ⑪ et 409 ② – voir à Knokke-Heist.

HEIST-OP-DEN-BERG 3100 Antwerpen 213 ⑦ et 409 ⑤ – 34 786 h. – ☎ 015.

♦Bruxelles 48 – ♦Antwerpen 30 – Diest 32 – ♦Mechelen 18.

XXX **Mylène Center,** Liersesteenweg 203 : sur N 13, ☏ 244780 – P
fermé 15 juil.-13 août – **R** (déjeuner seult sauf vend. et sam.) carte 1060 à 1430.

ALFA-ROMEO, NISSAN Noordstraat 18 ☏ 241425
CITROEN Lostraat 39 ☏ 241528
FORD Stationstraat 95 ☏ 241442
GM (OPEL) Mechelsesteenweg 20 ☏ 241549
HONDA Hogebrugstraat 25 ☏ 241481
LADA Herentalsesteenweg 10 ☏ 244120
MITSUBISHI Liersesteenweg 175b ☏ 248928
PEUGEOT, TALBOT Liersesteenweg 260 ☏ 241255
RENAULT Industriepark 33 ☏ 246892

HEKELGEM 1790 Brabant 213 ⑤ et 409 ③④ – 11 165 h. – ☎ 053.

♦Bruxelles 26 – Aalst 6.

XXX **P. Van Ransbeeck,** Steenweg op Gent 82, ☏ 667335 – P. AE O E
fermé mardi soir, merc., juil. et du 24 au 27 déc. – **R** carte 980 à 1450.

XX **Oude Molen,** Molenberg 27, ☏ 669438 – P. AE E
fermé lundi, sam. midi et du 10 au 31 août – **R** carte 780 à 1400.

HELCHTEREN 3538 Limburg ☐ Houthalen-Helchteren 213 ⑨⑩ et 409 ⑥ – 25 179 h. – ☎ 011.
♦Bruxelles 85 – ♦Hasselt 15 – Diest 30.

XX **De Kempen,** Grote Baan Hasselt-Eindhoven 502, ☎ 533500 – Ⓟ. AE ⓞ E
fermé vend. soir, sam. midi et 23 déc.-1er janv. – **R** 395/795.

NISSAN Genkseweg 22a ☎ 535009

HENRI-CHAPELLE 4841 Liège ☐ Welkenraedt 213 ㉓ et 409 ⑯ – 8 031 h. – ☎ 087.
Voir Cimetière américain : de la terrasse ☼★.
♦Bruxelles 124 – ♦Liège 34 – Aachen 16 – Eupen 11 – Verviers 16.

XX **Le Vivier,** Le Vivier 308 E : 1,5 km, ☎ 880412, « Dans un parc avec étang » – Ⓟ. AE ⓞ E
fermé dim. soir, lundi et 15 fév.-14 mars – **R** carte 1140 à 1500.

TOYOTA chaussée de Liège 60 ☎ 880527

HERBEUMONT 6803 Luxembourg belge 214 ⑯ et 409 ㉕ – 1 377 h. – ☎ 061.
Voir Château : du sommet ≤★★.
Env. Roches de Dampiry ≤★ O : 11 km.
♦Bruxelles 170 – ♦Arlon 55 – Bouillon 23 – ♦Dinant 78.

Châtelaine, r. Bravy 127, ☎ 411422, « Jardin » – wc Ⓟ. ✻ rest
15 mars-4 janv. – **R** *(fermé après 20 h 30)* 475/1275 – **36 ch** ☐ 945/1495 – P 1275/1585.

Le Bravy, r. Bravy 128, ☎ 411035, – ☎ Ⓟ. AE. ✻ rest
15 mars-4 janv.; fermé jeudi – **R** 450/900 – **22 ch** ☐ 815/1490 – P 1195/1470.

La Renaissance, Grand'Place 71, ☎ 411083, – wc Ⓟ
fermé 15 sept.-4 oct., 15 déc.-14 fév. et merc., jeudi de sept. à juin – **R** 450/595 – ☐ 90 – **9 ch** 770/1015 – P 950/1155.

au Sud : 2,5 km :

Host. Prieuré de Conques ⑤, rte de Florenville 176, ☎ 411417, « Vaste parc au bord de la Semois », – Ⓟ. AE ⓞ E. ✻ rest
15 mars-1er janv. – **R** *(fermé mardi et après 20 h 30)* 920/1600 – 13 ch ☐ 1900/2400 – P 2600/2800.

HERENTALS 2410 Antwerpen 213 ⑧ et 409 ⑤ – 23 787 h. – ☎ 014.
♦Bruxelles 70 – ♦Antwerpen 30 – ♦Hasselt 48 – ♦Turnhout 24.

XXX ✻ **Snepkenshoeve** (Van Holderbeke), Lichtaartseweg 220 NE : 4 km, ☎ 213672, « Intérieur rustique flamand » – Ⓟ. AE E
fermé dim., lundi, 22 juil.-16 août et 23 déc.-3 janv. – **R** 850/1450
Spéc. Écrevisses Liesbeth (mai-déc.), Blanc de barbue au coriandre (mars-sept), Homard en rose.

XX **Golf Hotel** avec ch, Lierseweg 321 (O : 2 km sur N 12), ☎ 211836 – wc ☎ Ⓟ. AE ⓞ E
fermé du 1er au 20 juil. et du 26 au 31 déc. – **R** *(fermé dim.)* carte 990 à 1300 – **12 ch** ☐ 950/1750 – P 1750/2050.

BRITISH LEYLAND Herenthoutsesteenweg 235 ☎ 211373
CITROEN Zavelbosstraat 1 ☎ 211426
FORD E. Claesstraat 12 ☎ 212776
GM (OPEL) St. Janstraat 116 ☎ 212312
HONDA St. Janstraat 91 ☎ 211361
LADA Droge Broodstraat 19 à Olen ☎ 213709
MERCEDES-BENZ Toekomstlaan 1-Industriepark ☎ 210815
RENAULT Atealaan 9 ☎ 211133
TOYOTA Rossem 26 ☎ 212217
VAG Steenweg op Geel 8 ☎ 211986
VOLVO Liersesteenweg 308 ☎ 215591

HERK DE STAD Limburg 213 ⑨ et 409 ⑤ – voir à Hasselt.

HERMALLE SOUS ARGENTEAU Liège 213 ㉒ et 409 ⑮ – voir à Liège.

HERSEAUX Hainaut 213 ⑮ et 409 ⑪ – voir à Mouscron.

HERSELT 3170 Antwerpen 213 ⑧ et 409 ⑤ – 11 550 h. – ☎ 016.
♦Bruxelles 51 – ♦Antwerpen 43 – Diest 17 – ♦Turnhout 35.

XX **Agter De Weyreldt** ⑤ avec ch, Aarschotsebaan 2 SO : 4 km par N 53, ☎ 699851, ≤, « Auberge dans un cadre champêtre », – TV wc ☎ Ⓟ. AE ⓞ E. ✻
fermé lundi et du 1er au 7 janv. – **R** 675/1375 – **6 ch** ☐ 1175/1775 – P 2000.

NISSAN Westerlosesteenweg 91 ☎ 545149
MERCEDES-BENZ Dorp 63 ☎ 544298

HERSTAL Liège 213 ㉒ et 409 ⑮ – voir à Liège.

HERTSBERGE West-Vlaanderen 213 ③ et 409 ② – voir à Brugge.

HEUSDEN Limburg 213 ⑨ et 409 ⑥ – voir à Zolder.

HEUSDEN Oost-Vlaanderen 213 ④ et 409 ③ – voir à Gent.

HEUSY Liège 213 ㉓ et 409 ⑯ – voir à Verviers.

HEVERLEE Brabant 213 ⑲ et 409 ⑭ – voir à Leuven.

HOCKAY Liège Ⓒ Stavelot 213 ㉔ et 409 ⑯ – 5 912 h. – ✉ 4878 Francorchamps – ☎ 087.

♦Bruxelles 154 – ♦Liège 50 – Spa 12 – Verviers 22.

Beau Séjour 🐦, ☎ 275020, ← – wc P. 🐕
mai-sept., week-ends en hiver et Noël-Nouvel An; fermé juil. – **R** *(fermé après 20 h 30)* 600/750 – ☕ 110 – **23 ch** 600/750 – P 1150.

HOEI Liège – voir Huy.

HOEILAART Brabant 213 ⑲ et 409 ⑬ – voir à Bruxelles, environs.

HOOGSTRATEN 2320 Antwerpen 212 ⑯ et 409 ⑤ – 14 402 h. – ☎ 03.

♦Bruxelles 88 – ♦Antwerpen 37 – ♦Turnhout 18.

XXX **Tram,** Vrijheid 192, ☎ 3146565, « Intérieur rustique flamand » – ▤. AE
fermé lundi soir, mardi, 20 août-3 sept. et du 13 au 28 fév. – **R** carte 950 à 1420.

XXX **Noordland,** Lod. De Konincklaan 276, ☎ 3145340, « Jardin » – P. AE ⓓ. 🐕
fermé merc. soir, jeudi, 1re quinz. juil. et 2e quinz. janv. – **R** carte 880 à 1250.

BRITISH LEYLAND St. Lenaartsebaan 28 ☎ 3144426
FIAT St. Lenaartsebaan 30 ☎ 3144484
MERCEDES-BENZ Lod. De Konincklaan 393 ☎ 3146320
VOLVO Vrijheid 64 ☎ 3145301

HOTTON-SUR-OURTHE 5450 Luxembourg belge 214 ⑦ et 409 ⑮ – 3 849 h. – ☎ 084.

Voir Grottes★★.

♦Bruxelles 116 – ♦Liège 60 – ♦Namur 55.

XX **Le Seize Cors,** r. Écoles 15, ☎ 466290 – ▤. AE ⓓ E
fermé mardi soir, merc., 1re quinz. sept. et 1re quinz. janv. – **R** 780/1300.

LADA r. Simon 32 ☎ 466252

HOUFFALIZE 6660 Luxembourg belge 214 ⑧ et 409 ⑯ – 4 103 h. – ☎ 062.

Voir Site★.

♦Bruxelles 169 – ♦Arlon 56 – ♦Bastogne 17 – ♦Liège 75 – La Roche-en-Ardenne 25.

XX **Mathurin** avec ch, r. Pont 4, ☎ 289060 – wc ☎
mars-déc. et week-ends d'oct. à janv.; fermé merc. soir et jeudi – **R** 600/950 – ☕ 250 – **5 ch** 850/950 – P 2200.

sur la route de La Roche-en-Ardenne O : 2 km par N 560 :

Ermitage 🐦, rte de La Roche-en-Ardenne 32, ☎ 288140, ←, ← – wc P. 🐕
avril-nov. sauf sept. – **R** *(fermé après 20 h et merc. midi sauf en juil.-août)* 550/1050 – **12 ch** ☕ 500/1300 – P 1050/1300.

à Tavigny Ⓒ Houffalize, SE : 5,5 km – ✉ 6662 Tavigny – ☎ 062 :

Relax 🐦, Alhoumont 13, ☎ 288571, ← – TV wc wc ♿ P. E. 🐕 rest
fermé 15 janv.-fév. et mardi, merc. d'oct. à mars – **R** *(fermé après 20 h)* 450/650 – 13 ch ☕ 485/850 – P 1135/1220.

BRITISH LEYLAND rte de Liège 10 b ☎ 288035
VOLVO rte de Liège 12 ☎ 288122

HOUTHALEN 3530 Limburg Ⓒ Houthalen-Helchteren 213 ⑨⑩ et 409 ⑥ – 25 179 h. – ☎ 011.

Voir Kelchterhoef : Musée provincial d'automobiles★, E : 5,5 km.

🏌18 Golfstraat 1 ☎ 383543.

♦Bruxelles 83 – ♦Hasselt 12 – Diest 28.

à l'Est : 5,5 km :

XXX **Abdijhoeve,** Kelchterhoef 7, ☎ 380169, Taverne avec repas rapide, « Ancienne ferme restaurée dans un vaste parc » – P payant
fermé lundi – **R** 500/700.

MAZDA Stationsstraat 15 ☎ 535402
PEUGEOT, TALBOT Herenbaan-Oost 153 ☎ 534879
RENAULT Grote Baan 173 ☎ 534280
VAG Grote Baan 49 ☎ 535465

HOUYET 5560 Namur 214 ⑤ et 409 ⑭ – 3 951 h. – ☎ 082.

🏌18 ☎ 666228 – ♦Bruxelles 104 – ♦Namur 45 – ♦Dinant 18 – Givet 17 – Rochefort 21.

sur la route de Dinant NE : 4 km :

X **Marquisette** avec ch, Sanzinnes 1, ☎ 666429 – wc 🚿 P
fermé 20 juin-9 juil. et merc. soirs, jeudis non fériés sauf du 10 juil. au 31 août – **R** 500/900 – **10 ch** ☕ 775/900 – P 1100/1250.

PEUGEOT, TALBOT r. St-Roch 13 ☎ 666440

HUIZINGEN Brabant 213 ⑱ et 409 ⑬ – voir à Bruxelles, environs.

HUY (HOEI) 5200 Liège 213 ㉑ et 409 ⑮ – 17 451 h. – ☎ 085.

Voir Collégiale Notre-Dame★ : trésor★ Z **A** – Citadelle★ : ⩽★★ Z – Musée communal★ Z **M**.

Env. Amay : sarcophage mérovingien ★ dans la Collégiale St-Georges par ① : 7,5 km – Jehay-Bodegnée : collections★ dans le château par ① : 10 km.

ℹ quai de Namur 4 ☎ 212915.

♦Bruxelles 83 ⑤ – ♦Liège 33 ⑥ – ♦Namur 32 ④.

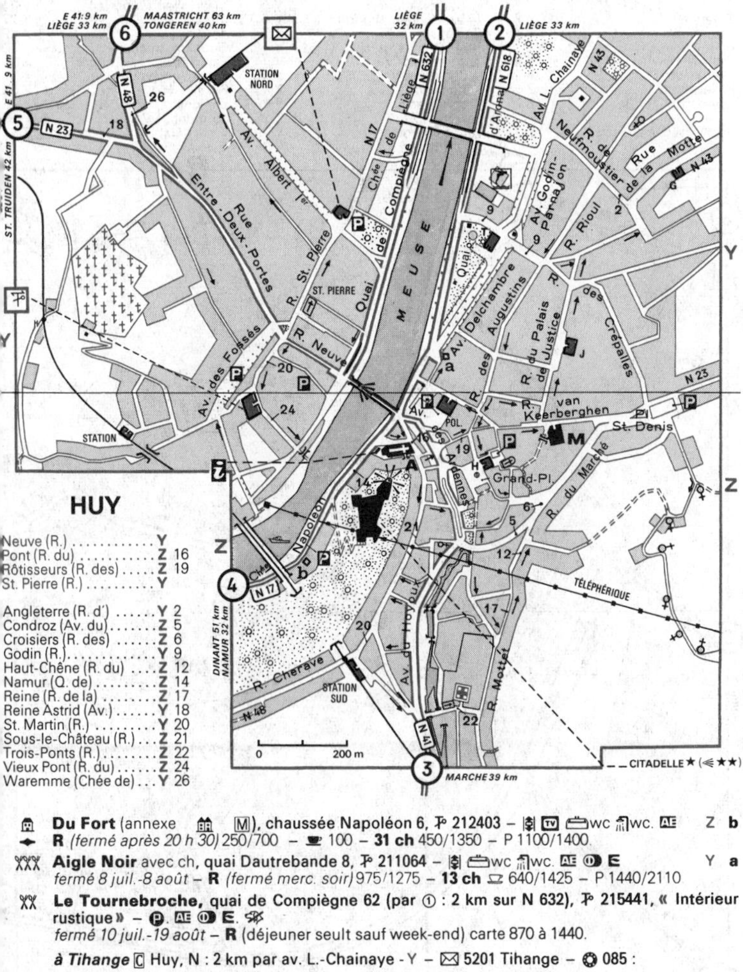

Neuve (R.)	Y	
Pont (R. du)	Z	16
Rôtisseurs (R. des)	Z	19
St. Pierre (R.)	Y	
Angleterre (R. d')	Y	2
Condroz (Av. du)	Z	5
Croisiers (R. des)	Z	6
Godin (R.)	Y	9
Haut-Chêne (R. du)	Z	12
Namur (Q. de)	Z	14
Reine (R. de la)	Z	17
Reine Astrid (Av.)	Y	18
St. Martin (R.)	Y	20
Sous-le-Château (R.)	Z	21
Trois-Ponts (R.)	Z	22
Vieux Pont (R. du)	Z	24
Waremme (Chée de)	Y	26

Du Fort (annexe 🏠 Ⓜ), chaussée Napoléon 6, ☎ 212403 – |♦| TV ⌂wc ⌂wc. AE — Z **b**
R *(fermé après 20 h 30)* 250/700 – ☕ 100 – **31 ch** 450/1350 – P 1100/1400.

XXX **Aigle Noir** avec ch, quai Dautrebande 8, ☎ 211064 – |♦| ⌂wc ⌂wc. AE ⓘ E — Y **a**
fermé 8 juil.-8 août – **R** *(fermé merc. soir)* 975/1275 – **13 ch** ☕ 640/1425 – P 1440/2110.

XX **Le Tournebroche,** quai de Compiègne 62 (par ① : 2 km sur N 632), ☎ 215441, « Intérieur rustique » – Ⓟ. AE ⓘ E. 🐕
fermé 10 juil.-19 août – **R** (déjeuner seult sauf week-end) carte 870 à 1440.

à Tihange C Huy, N : 2 km par av. L.-Chainaye - Y – ✉ 5201 Tihange – ☎ 085 :

XX **Le Gascon,** r. Campagne 41, ☎ 211318 – Ⓟ. AE ⓘ E. 🐕
fermé dim. soir, lundi soir et mardi soir – **R** 395/1450.

BMW Grand'Route 63 à Tihange ☎ 212950
CITROEN av. Albert-Ier 12 ☎ 213333
FIAT chaussée de Tirlemont 86 à Antheit ☎ 214045
FORD chaussée de Tirlemont 75 à Wanze ☎ 214864
GM (OPEL) r. de la Motte 23 ☎ 213735
LADA r. de la Motte 23 ☎ 213734
MERCEDES-BENZ chaussée de Tirlemont 1 à Wanze ☎ 213840
PEUGEOT, TALBOT chaussée de Liège 20 à Antheit ☎ 212180
RENAULT r. Bauduin-Pierre 3 ☎ 212057
TOYOTA chaussée de Tirlemont 123/1 à Antheit ☎ 211345
VAG r. Marché 2 ☎ 212401
VOLVO Grand'Route 58 à Tihange ☎ 213323

IEPER (YPRES) 8900 West-Vlaanderen **213** ⑭ et **409** ⑩ – 34 566 h. – ☎ 057.
Voir Halle aux draps★ (Lakenhalle) Y.

i Stadhuis, Grote Markt ☎ 202623.

♦Bruxelles 125 ② – ♦Brugge 52 ① – Dunkerque 48 ⑤ – ♦Kortrijk 32 ②.

IEPER

Boterstr. Y 8
Diksmuidsestr. Y
G. de Stuersstr. YZ
Grote Markt Y 9
Meensestr. Y 26
Rijselsestr. Z
Tempelstr. Z 38

Adj. Masscheleinlaan Y 2
Arsenaalstr. Z 4
A. Stoffelstr. Y 5
A. Vandenpeereboompl. Y 6
Bollingstr. Y 7
Hoge Wieltjesgracht Y 12
J. Capronstr. Y 14
J. Coomansstr. Y 15
Kanonweg Z 17
Kauwekijnstr. Y 18
Klaverstr. Z 20
Lange Torhoutstr. Y 22
Maarschalk Fochlaan Y 23
Maarschalk Frenchlaan Y 24
Meenseweg Y 27
de Montstr. Z 29
Oude Houtmarktstr. Y 30
Patersstr. Z 31
Poperingseweg Y 32
Rijselseweg Z 33
Stationstraat Z 35
Surmont de Volsbergestr. Y 36
Wateringstr. Z 40

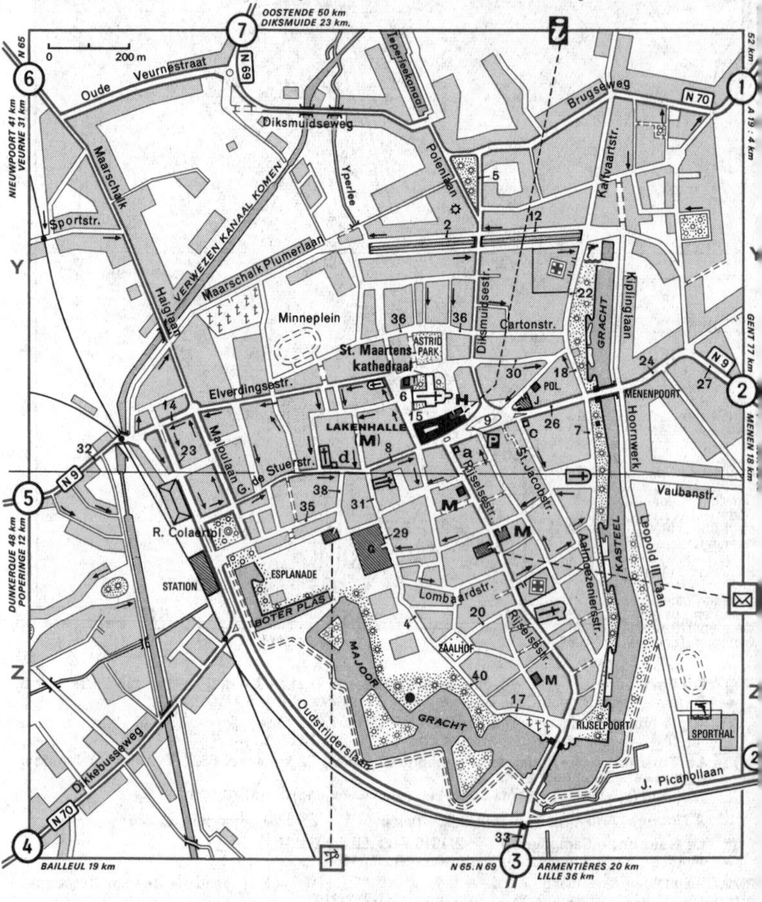

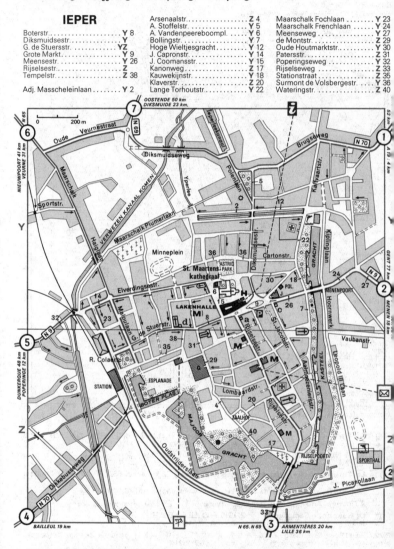

XXX ❁ **Ypérley,** St. Jacobsstraat 2, ☎ 205470, « Décor élégant » – AE ⓞ — Y **c**
fermé sam. midi, dim. soir, lundi, mardi et du 8 au 24 août – **R** 1250/1475
Spéc. Feuilleté d'asperges au beurre d'écrevisses, Filet de turbotin grillé à la cressonnière, Blanquette de poularde Yperley.

XXX **Host. St-Nicolas** avec ch, G. de Stuersstraat 6, ☎ 200622 – ⇔ – 🛉. AE ⓞ E. ✻ ch
fermé dim. soir, lundi et 17 juil.-5 août – **R** carte 750 à 1275 – **6 ch** ☕ 850/1200 – P 1500. — Y **d**

XX **Regina** avec ch, Grote Markt 45, ☎ 200165 – |♦| ▤ rest ⇔wc ⋒wc. AE ⓞ — Y **a**
fermé 22 juil.-4 août – **R** *(fermé dim. soir)* 675/1150 – ☕ 125 – **18 ch** 650/900 – P 1150.

à l'étang de Dikkebus par ④ : 4 km – ✉ 8904 Dikkebus – ☎ 057 :

✗ **Dikkebus,** Vijverdreef 31, ☎ 200085, ≤, « Au bord de l'étang » – Ⓟ. AE E
fermé fév. et merc. du 15 oct. au 15 avril – **R** 720/1300.

à Elverdinge C Ieper, par ⑥ : 7 km – ✉ 8938 Elverdinge – ☎ 057 :

✗✗✗ **'t Wilgenerf,** Elzendammestraat 1, ☎ 422541, « Ferme-chapelle du 17e s. » – Ⓟ. ✻
fermé lundi, mardi et du 16 au 31 août – **R** 450/1250.

ALFA-ROMEO Potijzestraat 61 ☎ 203221
BMW Augustijnenstraat 62 ☎ 200691
BRITISH LEYLAND Pilkemseweg 115 Industriezone ☎ 200108
CITROEN Rijselseweg 23 ☎ 200150
FORD Industrielaan 2 ☎ 200055
GM (OPEL) Menensteenweg 216 ☎ 201666
HONDA, MAZDA Rijselseweg 48 ☎ 200685
MERCEDES-BENZ Poperingseweg 125 ☎ 201827
MITSUBISHI Kruiskalsijdestraat 36 ☎ 202226
NISSAN Haiglaan 112 ☎ 200148
RENAULT Veurneseweg 6 ☎ 200097
TALBOT Poperingseweg 133 ☎ 200464
VAG Pilkemseweg 117 Industriezone ☎ 200537

INGELMUNSTER 8770 West-Vlaanderen 213 ③ et 409 ②⑪ – 10 500 h. – ☎ 051.
♦Bruxelles 95 – ♦Brugge 33 – ♦Gent 50 – ♦Kortrijk 10.

✗✗ **Dolfijn,** Stationsplein 43, ☎ 303528 – ▤
fermé lundi, merc. soir et 20 août-14 sept. – **R** carte 710 à 890.

HONDA Bruggestraat 257 ☎ 489006
RENAULT Kortrijkstraat 121 ☎ 301807
VAG Kortrijkstraat 116 ☎ 300372

ITTRE (ITTER) 1460 Brabant 213 ⑱ et 409 ⑬ – 4 833 h. – ☎ 067.
♦Bruxelles 32 – Nivelles 10 – Soignies 21.

🏨 **Host. Arbois** 🐦, r. Montagne 34, ☎ 646459, ≤, 🏊 – TV ⇌wc Ⓟ. AE ⓓ
R 725 – ☕ 100 – **9 ch** 810/1010 – P 1500.

✗✗ **Estaminet de la Couronne,** Grand'Place 5, ☎ 646385, « Rustique » – E
fermé lundi, mardi, juil. et 2e quinz. fév. – **R** carte 720 à 1230.

✗ **Le Tertre,** r. Rabots 6b, ☎ 646316 – Ⓟ. AE E
fermé mardi soir, merc. et fin juil.-début août – **R** carte 680 à 830.

IVOZ-RAMET Liège 213 ㉒ et 409 ⑮ – voir à Liège.

IXELLES (ELSENE) Brabant – voir à Bruxelles, agglomération.

IZEGEM 8700 West-Vlaanderen 213 ③⑮ et 409 ②⑪ – 26 526 h. – ☎ 051.
♦Bruxelles 103 – ♦Brugge 36 – ♦Kortrijk 12 – Roeselare 7.

✗✗✗ **De Mote,** Leenstraat 28 (au Sud par rte de Bosmolens), ☎ 305999 – ▤ Ⓟ. AE ⓓ E. ✻
fermé dim., lundi soir, 14 juil.-5 août et 28 janv.-5 fév. – **R** carte 920 à 1450.

✗✗ **Royal,** Stationsstraat 5, ☎ 302658
fermé lundi et 11 juil.-10 août – **R** (déjeuner seult) 750.

BMW Ingelmunsterstraat 75 ☎ 304236
FIAT Prinsesstraat 174 ☎ 300609
FORD Gentse Heerweg 54 ☎ 301656
GM (OPEL) Reperstraat 125 ☎ 303007
NISSAN Slabbaardstraat-Noord 102 ☎ 300538
PEUGEOT, TALBOT Roeselarestraat 208 ☎ 301195
VAG Roeselarestraat 343 ☎ 301088

JABBEKE 8220 West-Vlaanderen 213 ② et 409 ② – 10 712 h. – ☎ 050.
Voir Musée Permeke★ (Provinciaal Museum Constant Permeke).
♦Bruxelles 102 – ♦Brugge 11 – ♦Kortrijk 62 – ♦Oostende 16.

✗✗✗ **Haeneveld,** Krauwerstraat 1 (SE : 2 km par N 67), ☎ 812700, ≤, « Dans une ancienne ferme, jardin-terrasse » – Ⓟ. AE E. ✻
fermé dim.soir, lundi et 20 déc.-3 janv. – **R** 1150.

JALHAY 4804 Liège 213 ㉓㉔ et 409 ⑯ – 5 359 h. – ☎ 087.
♦Bruxelles 130 – ♦Liège 40 – Eupen 12 – Spa 13 – Verviers 8.

🏠 **La Couronne,** Place 49, ☎ 647055
fermé mardi, 21 août-11 sept. et du 2 au 11 janv. – **R** 750/1750 – ☕ 150 – **15 ch** 1000/1115.

✗✗ **Vieux Hêtre** avec ch, rte de Fagne 19, ☎ 647092 – 🏞 Ⓟ. ✻ ch
fermé jeudi et du 5 au 15 sept. – **R** carte 840 à 1020 – 6 ch ☕ 840.

Dans ce guide
un même symbole, un même mot,
imprimés en noir ou en rouge, en maigre ou en ***gras***
n'ont pas tout à fait la même signification.
Lisez attentivement les pages explicatives (p. 12 à 19).

JEMEPPE-SUR-MEUSE Liège 213 ㉒ et 409 ⑮ – voir à Liège.

JETTE Brabant – voir à Bruxelles, agglomération.

JEZUS-EIK Brabant 213 ⑲ et 409 ⑬ – voir à Bruxelles, environs.

JUPILLE Luxembourg belge 214 ⑦ et 409 ⑮ – voir à La Roche-en-Ardenne.

JUZAINE Luxembourg belge 214 ⑦ – voir à Bomal-sur-Ourthe.

KALMTHOUT 2180 Antwerpen 212 ⑮ et 409 ④ – 14 984 h. – ☎ 03.

♦Bruxelles 71 – ♦Antwerpen 25 – ♦Breda 47.

XX **'t Keienhof** avec ch, Putsesteenweg 105, ☎ 6668528 – TV ⋒wc P. AE ⓓ
fermé du 16 au 31 août – **R** *(fermé dim. soir et lundi)* carte 770 à 1740 – **6 ch** ☕ 500/1200.

BMW Brasschaatsesteenweg 36 a ☎ 6668469
FORD Dorpstraat 41 ☎ 6667535
RENAULT Kapellensteenweg 186 ☎ 6668000
VAG Dorpstraat 42 ☎ 6669306

KANNE 3778 Limburg C Riemst 213 ㉒ et 409 ⑮ – 14 993 h. – ☎ 012.

♦Bruxelles 118 – ♦Hasselt 37 – ♦Liège 30 – ♦Maastricht 5.

🏠 **Limburgia** 🐦, Op 't Broek 480, ☎ 451096 – ⋒wc ☎ P. ✻
fermé merc. et 3e sem. juil. – **R** 500/600 – **9 ch** ☕ 700/1000.

KAPELLEN Antwerpen 213 ⑥ et 409 ④ – voir à Antwerpen, environs.

KASTERLEE 2460 Antwerpen 212 ⑯⑰ et 409 ⑤ – 14 842 h. – ☎ 014.

♦Bruxelles 77 – ♦Antwerpen 49 – ♦Hasselt 47 – ♦Turnhout 9.

🏨 **Bosrand,** Geelsebaan 69, ☎ 556215 – ⛀wc ⋒ ☎ P – 🎳. AE ⓓ E. ✻ ch
R 625/1385 – ☕ 245 – **25 ch** 560/1470 – P 935/1420.

🏠 **Den en Heuvel,** Geelsebaan 72, ☎ 556097 – ⛀wc P. AE. ✻ rest
mars-nov. – **R** *(fermé merc.)* 450/780 – **30 ch** ☕ 580/1140.

au Sud-Ouest : sur N 223 :

XX **Sparrenhof** avec ch, Lichtaartsebaan 77, ☎ 556161, « Cadre forestier », 🏊 – TV ⛀wc ⋒wc P – 🎳. ✻ rest
fermé vend. et oct. – **R** 695/1250 – **15 ch** ☕ 695/2200.

XX **Kastelhof** avec ch, Lichtaartsebaan 33, ☎ 556360, « Terrasse et jardin » – ⋒wc P. ⓓ. ✻ ch
fermé lundi et 2e quinz. sept. – **R** 895/1500 – **12 ch** ☕ 650/1200 – P 1050.

XX **Dennen** avec ch, Lichtaartsebaan 79, ☎ 556107, « Cadre forestier », 🌳 – ⛀wc P. ✻ ch
fermé du 1er au 15 janv. et vend. d'oct. à juin – **R** 525/1100 – **12 ch** ☕ 610/1020 – P 945/1050.

KEERBERGEN 2850 Brabant 213 ⑦ et 409 ④ – 9 292 h. – ☎ 015.

⛳18 Vlieghavenlaan 50 ☎ 513461.

♦Bruxelles 33 – ♦Antwerpen 36 – Leuven 20.

XXX ✿ **Host. Berkenhof** (Koch) 🐦 avec ch, Valkeniersdreef 5, ☎ 234803, « Élégante installation avec jardin-terrasse » – ⛀wc ☎ P. AE E. ✻
fermé dim. soir, lundi, mardi et 20 déc.-9 fév. – **R** carte 1250 à 1930 – **7 ch** ☕ 1800/2500
Spéc. Asperges de Keerbergen (avril-juin), Homard au witloof (sept.-déc.), Filet de lièvre au poivre blanc et trappiste (oct.-déc.).

XXX **Paddock,** Haachtsebaan 107, ☎ 511934, « Villa aménagée, jardin et terrasse » – P
fermé merc. – **R** carte 1130 à 1460.

XX Rietenhof, Mechelsebaan 57, ☎ 513560, Taverne restaurant – P.

à l'Est : près du lac :

X **De Hoeve,** Vlieghavenlaan 53, ☎ 233776, Taverne-restaurant, Cadre de verdure – P. AE E. ✻
fermé merc., 2e quinz. sept. et 26 fév.-10 mars – **R** 595/950.

DATSUN Tremelobaan 252 ☎ 601317
TOYOTA Haachtsebaan 172 ☎ 601851
VAG Lindestraat 2 ☎ 515328

Donnez-nous votre avis sur les tables que nous recommandons, leurs spécialités... Voir p. 44 à 46.

KEMMELBERG (MONT KEMMEL) West-Vlaanderen Ⓒ Heuvelland 213 ⑬ et 409 ⑩ – 8 555 h. – ✉ 8948 Kemmel – ✆ 057.

♦Bruxelles 133 – ♦Brugge 63 – Ieper 11 – Lille 33.

XXX **Host. Mont Kemmel** avec ch, Berg 4, ☎ 444145, « Élégante installation avec ≤ sur plaine des Flandres » – wc ☎ P. AE ⓓ E
fermé lundi, 26 juil.-2 août et 15 janv.-fév. – **R** carte 1250 à 1600 – **16 ch** ▭ 1100/2000 – P 2200.

*à **Dranouter** SO : 4 km* – ✉ 8951 Dranouter – ✆ 057 :

X **Hollemeersch** avec ch, Lettingstraat 58, ☎ 444406, ≤ sur plaine des Flandres – wc P
fermé 2e quinz. sept. – **R** 450/1000 – ▭ 150 – **12 ch** 450/650 – P 1000/1100.

KESSEL-LO Brabant 213 ⑦⑲ et 409 ⑭ – voir à Leuven.

KETTENIS Liège 213 ㉔ et 409 ⑯ – voir à Eupen.

KLUISBERG Oost-Vlaanderen – voir Mont de l'Enclus.

KLUISBERGEN 9690 Oost-Vlaanderen 213 ⑯ et 409 ⑪ – 6 213 h. – ✆ 055.

♦Bruxelles 67 – ♦Gent 39 – ♦Kortrijk 24 – Valenciennes 75.

XX **Te Winde,** Parklaan 17 (Berchem), ☎ 389274 – P. ⓓ E
fermé dim. soirs, lundis non fériés et du 9 au 30 sept. – **R** carte 800 à 1570.

KNOKKE-HEIST 8300 West-Vlaanderen 212 ⑪ et 409 ② – 29 082 h. – ✆ 050 – Station balnéaire★★.

Voir le Zwin★ : réserve naturelle (flore et faune) EZ.

18 (2 parcours) Caddiepad 14 au Zoute ☎ 601227.

ℹ Lichttorenplein 657 à Knokke ☎ 601616 (Pâques -août et week-ends de sept. à Pâques) – à Heist, Heldenplein (juil.-août) ☎ 512059.

♦Bruxelles 108 ① – ♦Brugge 17 ① – ♦Gent 49 ① – ♦Oostende 33 ③.

Plans pages suivantes

*à **Knokke** :*

Malibu sans rest, Kustlaan 43, ☎ 611803 – TV wc wc ☎. AE ⓓ E — BY r
fermé du 1er au 12 oct., début fév. et merc.soir – **25 ch** ▭ 950/2100.

Eden sans rest, Zandstraat 18, ☎ 611389 – wc — BY n
fermé 2e quinz. janv. – **19 ch** ▭ 1300.

Nouvel H., Van Bunnenplaats 5, ☎ 601861, Télex 81272 – wc. AE ⓓ E. rest — BY t
avril-20 sept. – **R** 500/1000 – **59 ch** ▭ 1240/1780 – P 1700/2000.

Chalet Tinel, Elisabethlaan 83, ☎ 603653 – wc. rest — BY b
Pâques-fin sept., 1er nov. et Noël-Nouvel An – **27 ch** ▭ 700/1900.

Caroline, P.Parmentierlaan 252, ☎ 602930 – wc wc. AE. rest — AY f
Pâques-sept. et Nouvel-An – **R** (1/2 pension seult) – **14 ch** ▭ 850/1650 – ½ p 1200/1300.

XXX ✿✿ **Aquilon** (De Spae), 1er étage, Lippenslaan 306, ☎ 601274, « Décor élégant » – AE.
fermé déc.-14 fév., dim. soir, lundi et mardi du 15 sept. à Pâques, mardi soir de Pâques au 15 sept. et merc. – **R** (week-ends nombre de couverts limité-prévenir) carte 1400 à 2100 — BY g
Spéc. Langouste Marguerite, Loup de mer grillé maître chais, Tarte aux poires chaude à la crème d'amandes.

XXX **Toison d'Or,** Kustlaan 21, ☎ 608798 – AE ⓓ E — BY s
R carte 1160 à 1620.

XXX **Hippocampus,** Kragendijk 188, ☎ 604570, ≤, « Maisonnette flamande aménagée avec recherche » — DZ a
fermé dim.soir, mardi de sept. à Pâques, lundi et 15 nov.-14 déc. – **R** 1000/1350.

XX **La Croisette,** Van Bunnenplein 24, ☎ 612839 – AE ⓓ E — BY q
fermé merc. et nov. – **R** carte 1080 à 1250.

XX **Panier d'Or,** Zeedijk 659, ☎ 603189, ≤ – AE ⓓ E — BY a
fermé 11 nov.-23 déc., merc. du 15 sept. à avril et mardi – **R** carte 770 à 1230.

XX **Open Fire,** Zeedijk 658, ☎ 601726, ≤ – AE ⓓ E — BY a
fermé jeudi et 2 janv.-10 fév. – **R** 495/1375.

XX **Ambassador,** Van Bunnenplein 20, ☎ 601796 – ▤. AE E — BY a
fermé merc. soir, jeudi et nov. – **R** carte 770 à 1300.

XX **Castel Normand,** Swolfsstraat 13, ☎ 611484 – AE ⓓ — BY h
fermé lundi soir, mardi et 10 janv.-9 fév. – **R** 550/1200.

tourner →

XX **P'tit Bedon,** Zeedijk 672, ☎ 600664 – AE ⓓ E — BY **s**
fermé 15 janv.-14 fév. et jeudi du 15 sept. au 14 juin – **R** 360/980.

XX Casa Borghèse, Bayauxlaan 27, ☎ 603739, Cuisine italienne — AY **t**

X **Rogier,** Lippenslaan 249, ☎ 601530 – AE ⓓ E — BY **u**
fermé mardi et oct. – **R** 450/550.

X **New Alpina,** Lichttorenplein 12, ☎ 608985 – ✻ — BY **a**
fermé mardi – **R** (en hiver déjeuner seult sauf sam.) 450/695.

X **Freddy's,** P.Parmentierlaan 256, ☎ 609701 – AE ⓓ. ✻ — AY **f**
Pâques-oct. et week-ends; fermé merc. – **R** carte 560 à 1000.

au Zoute – ✉ 8300 Knokke-Heist – ☎ 050 :

Pauwels M, Kustlaan 353, ☎ 611617 – 🛗 TV ☎ 🚗. AE ⓓ E — CY **h**
fermé 2e quinz. nov. – **R** *(fermé merc. d'oct. à avril)* carte 820 à 1070 – **24 ch** ☕ 2300/2800.

Lugano, Villapad 14, ☎ 610471, « Petit jardin » – 🛗. AE. ✻ — BY **p**
Pâques-sept. – **R** *(fermé merc.)* 650 – **23 ch** ☕ 1300/2600.

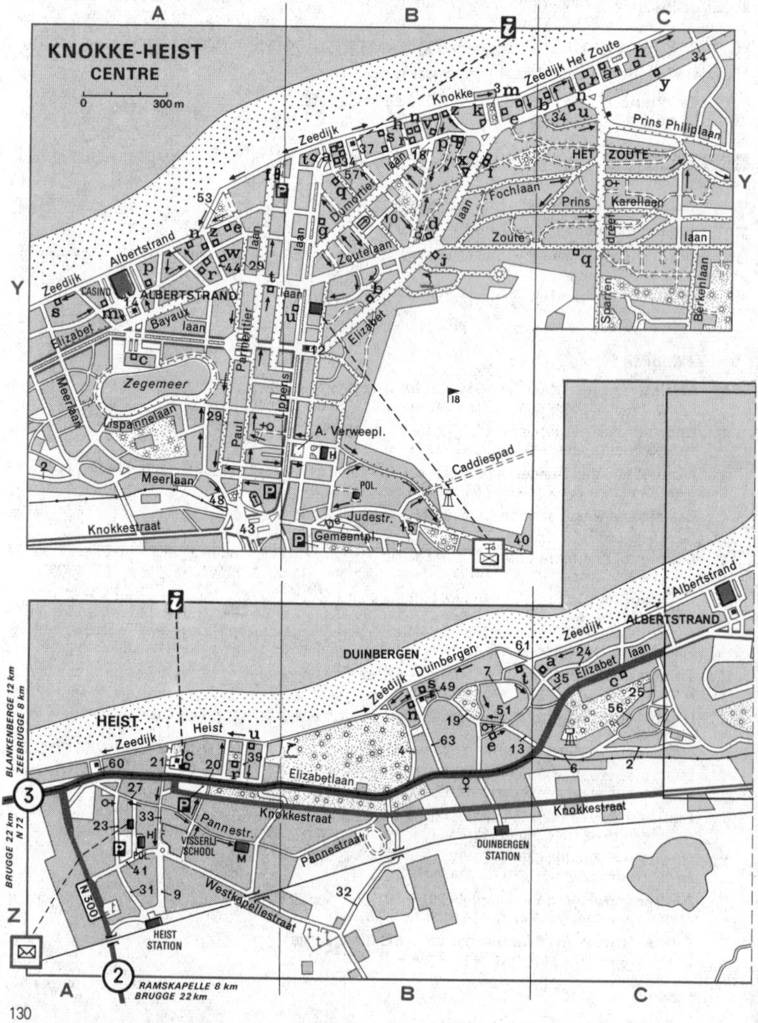

Dorint M sans rest, **Kustlaan 84, ☎ 610128,** – TV ☎. AE ◎ E — BY **p**
fermé 8 janv.-fév. – ☐ 260 – **41 ch** et **10** appartements 3300/4800.

Locarno M sans rest, **Generaal Lemanpad 5, ☎ 610121** – TV. AE. ✻ — BY **p**
fermé 15 nov.-14 déc. – **14 ch** ☐ 2100/2600.

Majestic, Zeedijk 697, ☎ 611144, ← – — BY **v**
avril-sept. – **R** 550/995 – **61 ch** ☐ 1175/2600 – P 2200/2375.

Shakespeare, Zeedijk 795, ☎ 601177, ← – TV. AE ◎ E. ✻ rest — CY **r**
R *(fermé janv.-fév.)* 630/750 – 40 ch ☐ 1200/2460 – P 1650/2000.

Balmoral, Kustlaan 148, ☎ 601620 – TV P. AE ◎ E — CY **u**
fermé 15 nov.-19 déc. – **R** 490/1005 – **23 ch** ☐ 1600/2800 – P 2075.

Gasthof Katelijne, Kustlaan 166, ☎ 601216, – TV wc ☎ P. AE E — CY **y**
R *(fermé merc. et jeudi)* carte 1100 à 1940 – **15 ch** ☐ 2600/2800.

Aub. St. Pol sans rest, Avec repas rapide le soir, **Bronlaan 23, ☎ 601521** – TV wc wc ☎ P. ✻ — EZ **d**
mars-13 nov., week-ends et jours fériés sauf du 14 nov. au 13 déc. – **16 ch** ☐ 1580/2430.

KNOKKE-HEIST DUINBERGEN ALBERT STRAND HET ZOUTE

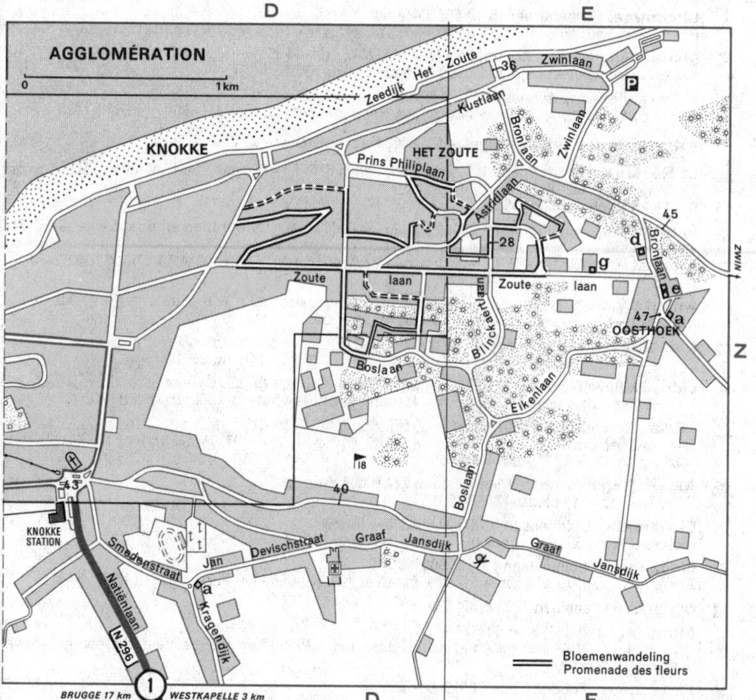

Ascot sans rest, Zoutelaan 130, ☎ 608471, « Jardin » – wc. AE — CY q
19 ch 1450/2350.

Charls Hotel M sans rest, Albertplein 18, ☎ 609051 – TV wc wc. AE — BY e
fermé 15 nov.-14 déc. et mardi, merc.,jeudi d'oct. à avril – **22 ch** 1540/2200.

Pavillon du Zoute, Bronlaan 4, ☎ 601210, – TV wc – . rest — EZ e
R 550/750 – **37 ch** 1300/1800 – P 1500/1600.

Elysée, Elisabethlaan 39, ☎ 611648 – TV wc. AE E. rest — BY x
fermé 15 nov.-21 déc. – **R** *(fermé lundi)* 1300/1500 – **10 ch** 1500/2600.

Des Nations, Zeedijk 704, ☎ 611569, ← – wc wc. rest — BY z
Pâques-sept. – **R** *(fermé après 20 h 30)* 550/750 – **17 ch** 1950/2200 – P 2100.

The Links H. sans rest, Elisabethlaan 69, ☎ 611473, – wc. AE — BY d
Pâques-sept. et Noël-Nouvel An – **33 ch** 1130/1860.

Les Arcades sans rest, Elisabethlaan 50, ☎ 601073 – wc — BY j
Pâques-15 sept. – **12 ch** 1600/1800.

Norfolk, Elisabethlaan 6, ☎ 610694 – TV wc wc. AE. rest — BY f
fermé janv. – **R** *(fermé mardi)* carte 870 à 1200 – **16 ch** 880/2110 – ½ p 1530/1705.

Victoria sans rest, Golvenstraat 6, ☎ 601420 – wc — BY m
Pâques-sept. – **33 ch** 690/1720.

Eldorado, Elisabethlaan 23, ☎ 601614 – wc. AE E. rest — BY x
avril-sept., Pâques, Noël-Nouvel An – **R** 750 – **34 ch** 750/1900.

Corner House, Oosthoekplein, ☎ 607619 – . AE E — EZ a
fermé merc. et fin déc.-fin janv. – 20 ch 450/800 – ½ p 850.

Cécil, Elisabethlaan 22, ☎ 601033 – wc wc. E. ch — BY f
4 mars-sept. – **R** *(fermé après 20 h 30)* 395/825 – **13 ch** 1150/1810 – P 1410/1585.

La Sapinière, Oosthoekplein 7, ☎ 602271 – AE — EZ e
fermé jeudi et fév. – **R** 875.

Perchoir, Kustlaan 57, ☎ 610667 – — BY v
fermé merc. et 14 nov.-23 déc. – **R** carte 600 à 1140.

Zomerlust, 1er étage, Kustlaan 133, ☎ 602074 – . AE — BY k
fermé merc. et 17 nov.-16 déc. – **R** 450/1100.

Chaumine, Strandstraat 16, ☎ 605604 – — CY b
fermé jeudi sauf en juil.-août ; en janv.-fév. ouvert week-ends seult – **R** carte 620 à 920.

Marie Siska avec ch, Zoutelaan 177, ☎ 601764 – . E — EZ g
avril-sept. et week-ends – **R** 450/850 – **6 ch** 950/1050.

Si Versailles ..., Kustlaan 279, ☎ 602850 – . AE — CY n
Pâques, juil.-début sept., Noël-Nouvel An, week-ends et jours fériés – **R** carte 750 à 1400.

*à **Albert-Strand*** (Albert-Plage) – ✉ 8300 Knokke-Heist – 050 :

La Réserve, Elisabethlaan 160, ☎ 610606, Télex 81657, « Terrasse face au lac », , – TV – . AE E — AY c
R 900 – **110 ch** 3200/3850.

Parkhotel M, Elisabethlaan 204, ✉ 8390, ☎ 600901, « Intérieur bien aménagé » – TV – . — CZ c
fermé 23 janv.-15 fév. – **R** *(fermé dim. soir et lundi)* carte 730 à 1240 – **12 ch** 1800/2710 – ½ p 1900.

Atlanta M sans rest (dîner pour résidents), J. Nellenslaan 162, ☎ 605500 – TV . AE — AY r
fév.-3 oct. et week-ends en oct.-nov. – **32 ch** 1300/1900.

Nelson's H., Meerminlaan 34, ☎ 606810 – TV wc. AE . rest — AY z
avril-sept., Noël-Nouvel An et week-ends en hiver – **R** 525 – **46 ch** 1800.

Lido, Zwaluwenlaan 18, ☎ 601925 – TV wc wc . AE. rest — AY r
Pâques-sept. et week-ends en hiver – **R** (pens. seult) – **40 ch** 1600/1800 – P 1900.

Midan, Zeedijk 564, ☎ 601267, ← – TV wc . AE E. rest — AY e
Pâques-sept. et week-ends en hiver sauf du 9 janv. au 17 fév. – **R** *(fermé après 20 h 30)* 595/750 – **36 ch** 1250/1700 – P 1495/1565.

Albert Plage sans rest, Meerminlaan 22, ☎ 605964 – wc. — AY w
Pâques-sept. – **16 ch** 1210/1320.

Esmeralda, J. Nellenslaan 161, ☎ 603366 – AE — AY p
fermé du 15 au 30 nov., lundi soir d'oct. à avril et mardi – **R** 650/975.

Lispanne, J. Nellenslaan 199, ☎ 600593 – AE — AY z
fermé lundi soir du 15 sept. à Pâques, mardi et 14 nov.-15 déc. – **R** carte 680 à 1810.

Olivier, J. Nellenslaan 159, ☎ 605570 — AY m

Mimosa, Zeedijk 493, ☎ 602371 – AE — AY s
Pâques-sept., Noël-Nouvel An et week-ends; fermé 15 nov.-fin déc. et mardi sauf en juil.-août – **R** carte 500 à 1200.

Flots Bleus, Zeedijk 538, ☎ 602710 – AE — AY n
avril-sept. et week-ends; fermé jeudi et du 12 au 31 déc. – **R** carte 585 à 1050.

à Duinbergen – ✉ 8390 Heist – ☎ 050 :

Bel Air, Patriottenstraat 26, ☎ 511300 – |‡| ⇔wc ⋒wc. AE. ✻ rest — BZ **s**
avril-9 nov. – **R** 395/495 – ☕ 150 – **33 ch** 650/1600 – P 1150/1550.

Soleil, Patriottenstraat 15, ☎ 511137 – |‡| TV ⇔wc ⋒wc. AE ⓓ. ✻ rest — BZ **n**
fermé du 1er au 25 oct. – **R** 450/1000 – **27 ch** ☕ 780/1960.

XXX **Wielingen** avec ch, De Wandelaar 7, ☎ 511202, ≤ mer et plage, Produits de la mer – TV ⇔wc ⋒ ☎. AE ⓓ E — BZ **t**
R 1100/1300 – 8 ch ☕ 2500.

XX **Pré Feuillet** avec ch, Leeuwerikenlaan 5, ☎ 511066, ≤, ⌂ – ⇔wc ⋒wc. AE ⓓ E. ✻ rest
avril-sept. et week-ends sauf du 1er au 20 oct.; fermé merc. – **R** 1000/1400 – **9 ch** ☕ 1900/2300 – P 2100/2300. — CZ **a**

X **Pingouins** avec ch, Duinendreef 52, ☎ 513340 – ⇔wc ⋒wc. AE E. ✻ rest — BZ **e**
fermé du 8 au 25 oct. – **R** 450/1000 – **11 ch** ☕ 860/1670 – P 1200/1500.

à Heist – ✉ 8390 Heist – ☎ 050 :

Bristol, Zeedijk 291, ☎ 511220 – |‡| ⇔wc ⋒wc. ✻ — AZ **u**
25 mai-15 sept., Pâques et week-ends en mai – **R** 450/625 – ☕ 200 – **30 ch** 1300/1600 – P 1425/1600.

Square H. sans rest, square De Kinkhoorn 21, ☎ 511237 – |‡| ⇔wc. AE. ✻ — AZ **r**
Pâques-15 sept. – **32 ch** ☕ 460/1000.

XX **Old Fisher** avec ch, Heldenplein 33, ☎ 511114 – AE ⓓ. ✻ ch — AZ **c**
fermé mardi soir, merc. et 24 sept.-25 oct. – **R** 975 – ☕ 125 – **4 ch** 660/880.

à Westkapelle par ① : 3 km – ✉ 8300 Knokke-Heist – ☎ 050 :

Ter Zaele ⛰ sans rest avec studios, Oostkerkestraat 40, ☎ 601237, Télex 55169, ≤, « Dans le cadre champêtre des polders », ⛱, ⌂ – ⇔wc ☎ ♿ Ⓟ – 🏃. AE ⓓ E
22 ch ☕ 1350/1950.

XXX **Ter Dijcken,** Kalvekeetdijk 137, ☎ 608023, ⌂, « Jardin-terrasse » – Ⓟ. AE ⓓ E
fermé janv. et lundi sauf en juil.-août – **R** carte 1280 à 1640.

BMW Natiënlaan 72 b ☎ 604162
FIAT Natiënlaan 106 ☎ 604632
FORD Lippenslaan 183 ☎ 601071
HONDA Koningslaan 31 ☎ 602750
MAZDA Knokkestraat 126 ☎ 512553
MERCEDES-BENZ Parmentierlaan 150 ☎ 601886
MITSUBISHI Natiënlaan 64 ☎ 606644
NISSAN Westkapellestraat 127 ☎ 512318
RENAULT Elisabethlaan 270 ☎ 511510
VAG Natiënlaan 144 ☎ 608282

KOBBEGEM Brabant **213** ⑥ et **409** ④ – voir à Bruxelles, environs.

KOKSIJDE-BAD (COXYDE) 8460 West-Vlaanderen **213** ① et **409** ① – 13 953 h. – ☎ 058 – Station balnéaire.

♦Bruxelles 138 ① – ♦Brugge 51 ① – Dunkerque 25 ③ – ♦Oostende 26 ① – Veurne 8 ②.

KOKSIJDE-BAD

Koninklijkebaan
Zeelaan

Albert Bliecklaan	2
Anemonenlaan	3
Begonialaan	4
Dorlododlaan	7
Duinenkranslaan	8
Fazantenparkstr.	9
Goudenboomstr.	10
Gulden Vlieslaan	12
Hagedoornstr.	14
Hoge Duinenlaan	15
Horizontlaan	16
Hostenstraat	17
Koninginnelaan	19
Koninklijke Prinslaan	20
Louise Hegerplein	23
Middenlaan	24
Overwinningslaan	25
Parnassiuslaan	27
Prof. Blanchardlaan	29
Ranonkellaan	31
Verdedigingslaan	33
Vlaanderenstr.	35
Westendestr.	36
Zavelplein	37

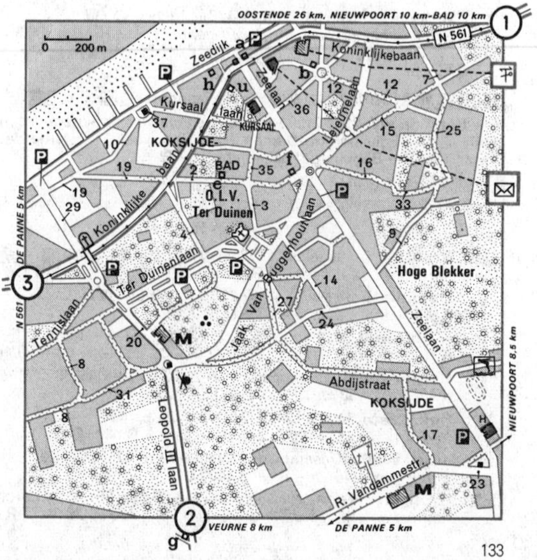

Florian ⛱, A. Bliecklaan 32, ☎ 516982 – ▯ ⇔wc ⋒wc ♿ Ⓟ **e**
15 fév.-15 sept. – **R** (résidents seult) 450 – **17 ch** ⊑ 850/1850.

Rivella, Zouavenlaan 1, ☎ 513167 – ▯ ⋒wc **b**
Pâques-sept., 1er nov. et Noël-Nouvel An – **R** 450/500 – **30 ch** ⊑ 650/1400 – P 1150/1500.

Terlinck, Zeedijk 66, ☎ 511694, ← – ▯ ⇔wc. AE ① E. ✻ **a**
15 fév.-14 nov.; fermé merc. soirs, jeudis non fériés du 15 fév. à Pâques et de sept. au 15 nov. – **R** 695/1150 – ⊑ 175 – **24 ch** 925/1525 – P 1550/1950.

Royal Plage, Zeedijk 65, ☎ 511300, ← – ▯ ⇔. ✻ rest **a**
Pâques-19 sept. – **R** 650/800 – **30 ch** ⊑ 600/1500 – P 1050/1600.

Penel, Koninklijkebaan 157, ☎ 517323, ← – ▯ ⇔wc ⋒wc Ⓟ. AE ① E **u**
avril-sept., week-ends, jours fériés et Noël-Nouvel An; fermé du 10 au 25 mars – **R** 450/825 – **12 ch** ⊑ 900/1600 – P 1400/1700.

XXX ✿ **Host. Le Régent** (Lambersy) Ⓜ avec ch, **Bliecklaan 10, ☎ 511210** – ▯ TV ⇔wc ☎ Ⓟ. AE ① E **f**
fermé du 10 au 30 oct. et dim. soir, lundi du 15 sept. au 15 mars – **R** carte 1420 à 1815 – **10 ch** ⊑ 1450/1950
Spéc. Terrine de ris de veau au foie gras, Arlequin de poissons.

XX **Atlanta,** Zeedijk 75, ☎ 513592, ← **h**
avril-14 sept., week-ends, jours fériés en mars et du 15 sept. au 2 nov.; fermé mardi sauf en juil.-août – **R** 525/1000.

à Sint-Idesbald **par ③ : 2 km – ✉ 8460 Koksijde-Bad – ☎ 058 :**

XXX ✿ **Aquilon** (Goderis), **Koninklijkebaan 318, ☎ 512267** – AE ① E
fermé 2 sem. en oct., 2 sem. en janv. et dim. soirs, lundis non fériés sauf Pâques, juil.-août et Noël-Nouvel An – **R** (week-end nombre de couverts limité - prévenir) carte 1230 à 1690
Spéc. Filets de sole sur le grill, Homard Aquilon, Saumon sous la cendre (mai-oct.).

XXX **Alberteum,** Koninklijkebaan 328, ☎ 511192 – Ⓟ. AE ① E
6 avril-sept., Noël-Nouvel An et week-ends sauf du 16 janv. au 17 fév. ; fermé merc. sauf en juil.-août et jeudi en avril-mai – **R** 750/1450.

XXX **Poudrière,** Koninklijkebaan 341, ☎ 513185 – Ⓟ. AE ①
fermé dim.soir en hiver, merc. et 2e quinz. fév. – **R** carte 920 à 1400.

X **De Kokkel,** Strandlaan 6 par ②, ☎ 511558, Rustique **g**
15 mars-7 janv., week-ends et jours fériés – **R** carte 870 à 1220.

BRITISH LEYLAND Ten Bogaerdelaan 1 ☎ 511533
RENAULT Zeelaan 131 ☎ 511706
VAG Koninklijkebaan 261 ☎ 513535

KONTICH Antwerpen **213** ⑥ et **409** ④ – voir à Antwerpen, environs.

KORTENBERG Brabant **213** ⑲ et **409** ⑬ – voir à Bruxelles, environs.

KORTESSEM 3720 Limburg **213** ㉑㉒ et **409** ⑮ – 7 005 h. – ☎ 011.
♦Bruxelles 82 – ♦Hasselt 9 – ♦Liège 30.

XX **Wibeca,** Reweg 96, ☎ 376064, Rustique – Ⓟ. ①
fermé dim.soir, merc. et 15 août-début sept. – **R** carte 860 à 1280.

MITSUBISHI Hasseltsesteenweg 105 ☎ 376213
TOYOTA O.L.H. Boomstraat 16 ☎ 376274

KORTRIJK (COURTRAI) 8500 West-Vlaanderen **213** ⑮ et **409** ⑪ – 75 731 h. – ☎ 056.
Voir Hôtel de Ville (Stadhuis) : salle des Échevins★ (Schepenzaal), salle du Conseil★ (Oude Raadzaal) CZ **H** – **Église Notre-Dame★ (O.L. Vrouwekerk) : statue de Ste-Catherine★, Élévation de la Croix★** DYZ **B** – **Béguinage★ (Begijnhof)** DZ **E**.
ℹ Stadhuis, Grote Markt ☎ 220034.
♦Bruxelles 90 ⑦ – ♦Brugge 41 ① – ♦Gent 45 ⑦ – Lille 28 ⑧ – ♦Oostende 60 ⑥.

Plans page ci-contre

Broel Ⓜ, Broelkaai 8, ☎ 218351, Télex 85865 – ▯ ☎ Ⓟ – 🏛. AE ① E CY **e**
fermé du 1er au 15 août – **R** *(fermé sam. midi)* carte 900 à 1300 – **49 ch** ⊑ 2150/2750.

Damier, Grote Markt 41, ☎ 221547 – ▯. AE ① E CZ **c**
R 900/1100 – ⊑ 210 – **38 ch** 520/1200.

H. du Nord, Stationsplein 2, ☎ 220303, Télex 86100 – ▯ TV ⇔wc ⋒wc ☎ – 🏛. AE ① E CZ **r**
R *(fermé dim. soir)* carte 920 à 1100 – ⊑ 200 – **30 ch** 1200/1600.

Center Broel, Graanmarkt 6, ☎ 219721, Télex 85865 – ▯ ▤ rest TV ⇔wc ⋒wc ☎. AE ① E CZ **a**
R 495/695 – **30 ch** ⊑ 1400/1850.

XXX **Boerenhof,** Walle 184, ☎ 213172 – Ⓟ. AE ① BZ **h**
fermé dim. soir, mardi et 21 juil.-14 août – **R** carte 810 à 1770.

XX ✿ **Oud Walle** (Desamblanx), **Walle 199, ☎ 226553** – ① BZ **v**
fermé dim. et lundi – **R** carte 1100 à 1770.

XX **'t Streuvelke,** A. Van Dijcklaan 118, ☎ 352105, ☂, « Jardin » – ① BY **s**
fermé dim. soir, mardi, 1re quinz. sept. et du 20 au 26 fév. – **R** carte 1280 à 1780.

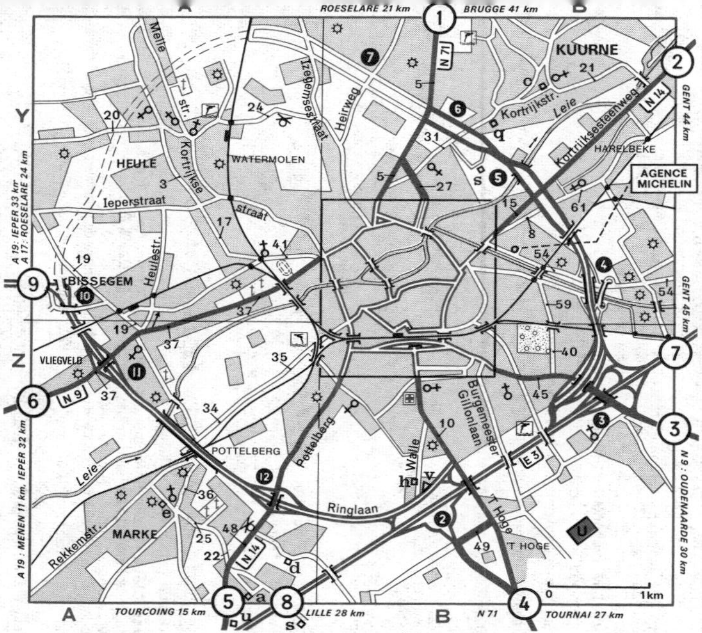

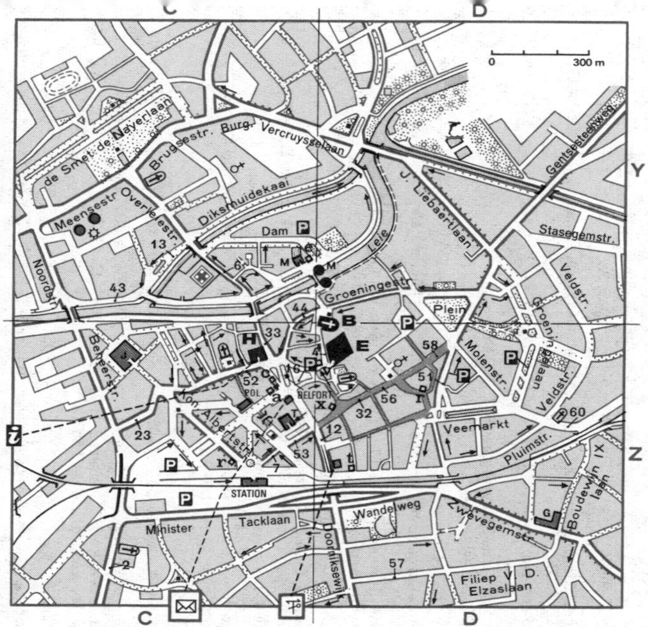

KORTRIJK

Budastr.	CY	6
Grote Markt	CZ	16
Lange Steenstr.	DZ	32
Leiestr.	CZ	33
Voorstr.	DZ	58
Aalbeksesteenweg	CZ	2
Albr. Rodenbachlaan	AY	3
Begijnhofstr.	CDZ	4
Brugsesteenweg	BY	5
Burg. Reynaertstr.	CZ	7
Deerlijksestr.	BY	8
Doorniksesteenweg	BZ	10
Doorniksestr.	DZ	12
Fabriekskaai	CY	13
Gentsesteenweg	BY	15
G. Gezellelaan	AY	17
Gullegemsesteenweg	AYZ	19
Gullegemsestr.	AY	20
Harelbeeksestr.	BY	21
Hellestr.	AZ	22
H. Consciencestr.	CZ	23
Hoge Dreef	AY	24
Kloosterstr.	AZ	25
Koning Leopold III laan	BY	27
Kuurnsesteenweg	BY	31
Markebekestr.	AZ	34
Markesteenweg	AZ	35
Marktstr.	AZ	36
Meensesteenweg	AYZ	37
Minister de Tayelaan	BZ	40
Moorseelsestr.	AY	41
Nijverheidskaai	CY	43
O. L. Vrouwestr.	CY	44
Oudenaardsesteenweg	BZ	45
Pres. Kennedylaan	BZ	49
Romeinselaan	DZ	51
Rijselsestr.	CZ	52
Schouwburgpl.	CZ	53
Stasegemsesteenweg	BY	54
Steenpoort	DZ	56
Toekomststr.	DZ	57
Vredelaan	BY	59
Wandelingstr.	DZ	60
Zandbergstr.	BY	61

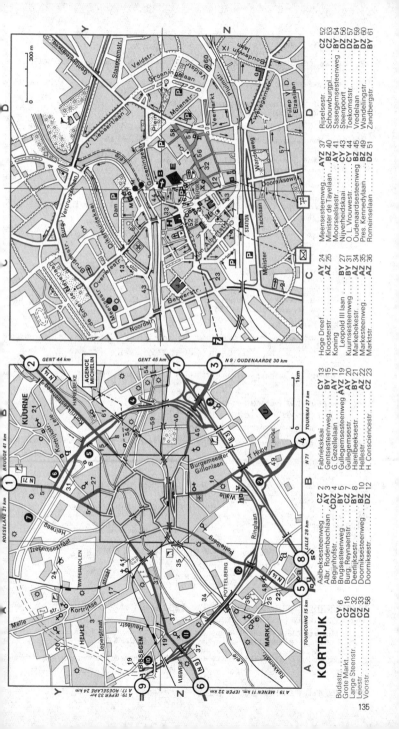

XX **Périgord,** 1er étage, Lange Steenstraat 23, ☎ 220818 – AE — DZ x
fermé merc.soir, jeudi, dim.soir et 25 juil.-15 août – **R** 600/1200.

XX **Al Garda da Gianni,** Grote Markt 9, ☎ 214195, Avec cuisine italienne – ▤. AE ⓓ E — DZ v
R carte 600 à 1500.

X **Torre di Pisa,** Sint Janstraat 27, ☎ 211820, Cuisine italienne – ⓓ — DZ r
fermé merc., 20 juil.-11 août et 1 sem. en janv. – **R** carte 620 à 900.

X **Gasthof Den Tuin,** Spoorweglaan 5, ☎ 215545 — DZ t
R (déjeuner seult sauf vend. et sam.) 450.

au Sud :

XXX **Eddy Vandekerckhove,** St-Anna 5, ☎ 224756, ≤, « Intérieur élégant » – ⓟ. AE ⓓ. ✻ — AZ s
fermé dim. soir, lundi et 23 juil.-6 août – **R** carte 1390 à 1850.

XXX **'t Klokhof,** St-Anna 2, ☎ 211557, « Ferme du 18e s. » – ⓟ. AE ⓓ E — AZ a
fermé dim.soir, lundi et 22 juil.-13 août – **R** carte env. 1250.

à Bellegem par ④ : 5 km – ✉ 8540 Bellegem – ☎ 056 :

H. Troopeird, Doornikserijksweg 74, ☎ 222685, 🚗 – ⓟ
fermé 20 déc.-9 janv. – **R** (résidents seult) 650/750 – ☕ 205 – **12 ch** 925/1275 – P 1850.

XX ✲ **Troopeird,** Doornikserijksweg 72, ☎ 216040 – ⓟ. AE
fermé dim.soir, lundi, 2e quinz. fév. et 1re quinz. juil. – **R** carte 1350 à 1830
Spéc. Soupe de langoustines aux morilles (sept.-janv.), Pigeonneau de Bresse aux petits oignons et lardons, Ragoût de homard aux petits légumes.

à Kuurne – 12 752 h. – ✉ 8720 Kuurne – ☎ 056 :

XXX **Triskel,** Kortrijksestraat 159, ☎ 350263, ≤, « Villa aménagée avec jardin ombragé » – ⓟ. AE ⓓ — BY q
fermé dim.soir, lundi, 28 janv.-5 fév. et 27 juil.-19 août – **R** carte 1000 à 1440.

XX **De Candelaere,** Kortrijksestraat 8, ☎ 711346, Jardin – AE ⓓ E — BY c
fermé dim. soir, lundi et août – **R** 650/1350.

à Marke par ⑤ : 6 km – ✉ 8510 Marke – ☎ 056 :

XXX ✲ **Marquette** (Malysse) avec ch, Kannaertstraat 45, ☎ 215522, « Terrasse et jardin fleuri » – 🛁wc ☎ ⓟ. AE ⓓ E — AZ d
fermé dim., août et prem.sem.fév. – **R** carte 1500 à 2000 – **8 ch** ☕ 1200/1400
Spéc. Salade de caille, Salade de chicon et foie de canard chaud, Saumon frais au sancerre.

XXX ✲ **Carlton** (De Jonghe), Toerkonjestraat 67, ☎ 214124 – ⓟ. AE ⓓ. ✻ — AZ u
fermé du 1er au 21 août, 2 sem. en fév., mardi soir et merc. – **R** carte 1350 à 1750
Spéc. Homard au four beurre à la ciboulette, Panaché de poissons au chablis et curry, Selle d'agneau.

XX **Ten Beukel,** Markekerkstraat 19, ☎ 215469 – AE ⓓ E — AZ e
fermé dim.soir, lundi et 21 juil.-14 sept. – **R** carte 1120 à 1560.

Voir aussi : ***Wevelgem*** par ⑥ : 7 km, ***Zwevegem*** par ③ : 5 km.

MICHELIN, Agence régionale, Dendermondsesteenweg 538 BY – ✉ 9120 Destelbergen, ☎ (091) 281944

ALFA-ROMEO Kortrijksesteenweg 413 à Harelbeke ☎ 200222
BMW G. Vercruysselaan 12 ☎ 356560
BRITISH LEYLAND Menensteenweg 121 ☎ 355011
CITROEN Beheerstraat 51 ☎ 224750
FIAT, NISSAN Kortrijksesteenweg 405 à Harelbeke ☎ 215175
FORD Noordstraat 13 ☎ 352820
GM (OPEL) Menensteenweg 19 ☎ 355449
HONDA Guldensporenlaan 14 ☎ 217279
HONDA Pottelberg 30 ☎ 222100
LADA Steenweg op Gent 141 ☎ 211966
MAZDA Damastweverstraat 3 ☎ 222798
MERCEDES-BENZ Steenweg op Gent 176 ☎ 220990
PEUGEOT, TALBOT Kuurnesesteenweg 107 ☎ 351000
RENAULT Meerstraat 20 ☎ 220492
TOYOTA Graaf Boudewijn IX-laan 32 ☎ 217511
VAG Brugsesteenweg 75 à Kuurne ☎ 353501
VOLVO Watermolenstraat 69 ☎ 355151

KRUIBEKE 2760 Oost-Vlaanderen 213 ⑥ et 409 ④ – 14 619 h. – ☎ 03.

♦Bruxelles 49 – ♦Gent 53 – ♦Antwerpen 12 – Sint-Niklaas 19.

XX **De Ceder,** Molenstraat 1, ☎ 7743052 – ⓓ. ✻
fermé dim. soir, lundi et 3 sem. en juil. – **R** 750/1200.

KRUISHOUTEM 9770 Oost-Vlaanderen 213 ⑯ et 409 ⑫ – 7 138 h. – ☎ 091.

♦Bruxelles 73 – ♦Gent 28 – ♦Kortrijk 23 – Oudenaarde 9.

XX ✲ **Hof van Cleve** (Buelens), Riemegemstraat 1, 0,7 km par rte d'Olsene, puis rte à gauche, ☎ 835848, ≤, « Fermette isolée dans les champs » – ⓟ. AE ⓓ E
fermé dim., lundi et sept. – **R** carte env. 1400
Spéc. Escalope de foie d'oie tiède en salade, Pigeonneau de Bresse au jus de truffes, Gratin de fruits exotiques.

RENAULT Hedekensdriesstraat 21 ☎ 835129
VAG Hoogstraat 10 ☎ 835338

KUURNE West-Vlaanderen 213 ⑮ et 409 ⑪ – voir à Kortrijk.

KWATRECHT Oost-Vlaanderen Ⓒ Wetteren 213 ⑤ et 409 ③ – 23 258 h. – ✉ 9200 Wetteren – ☎ 091.
♦Bruxelles 42 – ♦Gent 11 – Aalst 20.

XX **Locarno,** Brusselsesteenweg 281, ☎ 691188 – Ⓟ. ⚘
fermé dim. et du 1er au 30 juil. – **R** carte 650 à 1050.

La... - voir au nom propre de la localité (Ex : La Roche-en-Ardenne voir à Roche...).

LAARNE 9270 Oost-Vlaanderen 213 ⑤ et 409 ③ – 11 171 h. – ☎ 091.
Voir Château★ : collection d'argenterie★.
♦Bruxelles 51 – ♦Gent 13 – Aalst 29.

XXX **Host. Château,** dans le domaine du château, ☎ 307178, « Rustique flamand » – AE
fermé lundi et 7 juil.-2 août – **R** 850/1200.

MERCEDES-BENZ Heirweg 146 ☎ 690959 VAG Kasteeldreef 11 ☎ 690468

LACUISINE 6821 Luxembourg belge Ⓒ Florenville 214 ⑯ et 409 ㉕ – 5 645 h. – ☎ 061.
Voir Descente en barque★ de Chiny à Lacuisine, parcours 8 km.
♦Bruxelles 179 – ♦Arlon 43 – Bouillon 29 – Neufchâteau 19.

Aub. La Vallée ⚘, r. Fond des Nauds 7, ☎ 311140, « Jardin » – ⇔wc ☎ Ⓟ. AE ⓓ. ⚘ rest
fermé 2 janv.-14 fév. et dim. soir, lundi d'oct. à mars – **R** carte 1080 à 1380 – ☕ 200 – 12 ch 855/1105 – P 1075/1605.

LAEKEN Brabant 213 ⑱ et 409 ⑬ – voir à Bruxelles, agglomération.

LAETHEM-ST-MARTIN Oost-Vlaanderen 213 ④ et 409 ③ – voir Sint-Martens-Latem à Gent.

LANAKEN 3760 Limburg 213 ⑩ et 409 ⑥ – 20 300 h. – ☎ 011.
♦Bruxelles 108 – ♦Hasselt 29 – ♦Liège 34 – ♦Maastricht 7.

au Sud-Est : 2 km (lieu-dit Smeermaas) :

X **Bistro Rubens,** Maaseikersteenweg 186, ☎ 716294 – Ⓟ
fermé merc., sam. midi et 25 juil.-7 août – **R** carte 740 à 1160.

à Veldwezelt (au poste frontière) Ⓒ Lanaken – ✉ 3768 Veldwezelt – ☎ 011 :

XX **Aux Quatre Saisons,** 2de Carabinierslaan 154, ☎ 717560 – Ⓟ. AE ⓓ E
fermé merc. – **R** 750/1500.

CITROEN Koning Albertlaan 113 ☎ 714348 GM (OPEL) Steenselbergweg 20 ☎ 714022

LANGDORP 3240 Brabant Ⓒ Aarschot 213 ⑧ et 409 ⑤ – 26 144 h. – ☎ 016.
♦Bruxelles 45 – ♦Antwerpen 45 – ♦Hasselt 41.

XX **Ter Venne,** Diepvenstraat 2, ☎ 564395, « Cadre forestier » – Ⓟ. AE ⓓ E. ⚘
fermé Pâques – **R** (déjeuner seult sauf vend., sam. et dim.) 600/1400.

MAZDA Mouthorensteenweg 58 ☎ 772291

LANGEMARK 8920 West-Vlaanderen 213 ⑭ et 409 ⑩ – 7 092 h. – ☎ 057.
♦Bruxelles 124 – ♦Brugge 45 – ♦Kortrijk 33.

Munchenhof, Markt 32, ☎ 488313 – ⇅ ⋒wc Ⓟ
fermé août – **R** *(fermé merc.)* (déjeuner seult) 250 – **20 ch** ☕ 500/1000.

LANKLAAR Limburg 213 ⑩⑪ – voir à Dilsen.

LAUWE 8520 West-Vlaanderen Ⓒ Menen 213 ⑮ et 409 ⑪ – 33 212 h. – ☎ 056.
♦Bruxelles 100 – ♦Kortrijk 7 – Lille 22.

XXX **Ter Biest,** Kortrijksestraat 219a, ☎ 414749, « Rustique » – Ⓟ. AE ⓓ E
fermé dim. soir, merc. et du 1er au 15 sept. – **R** carte env. 1200.

XX **'t Hoveke,** Moeskroenstraat 206, ☎ 413584, « Fermette dans un cadre champêtre » – Ⓟ. AE ⓓ E
fermé dim. soir, mardi, 13 août-5 sept. et du 1er au 10 janv. – **R** carte 1050 à 1570.

LAVACHERIE 6973 Luxembourg belge Ⓒ Sainte-Ode 214 ⑦ et 409 ㉕ – 1 970 h. – ☎ 061.
♦Bruxelles 135 – ♦Arlon 56 – ♦Namur 74 – St-Hubert 11.

XX **Aub. Lavacherie** ⚘ avec ch, pl. Église 3, ☎ 688172, « Intérieur rustique, parc », ⚘ – ⇔wc Ⓟ. AE. ⚘
fermé janv. et merc. sauf en juil.-août – **R** carte 900 à 1400 – **8 ch** ☕ 1150/1450.

HONDA r. Amberloup 17 ☎ 688432

LAVOIR 5091 Liège Ⓒ Héron 213 ㉑ et 409 ⑭ – 3 547 h. – ☎ 085.

♦Bruxelles 75 – ♦Liège 36 – ♦Namur 24 – ♦Tienen 44.

✗ **Vieille Fermette,** r. Église 2, près de la sortie E 41, ☎ 711891, « Fermette aménagée » – AE ⓓ E
fermé lundi et 2 sem. en sept. – **R** carte 790 à 1040.

LÉAU Brabant – voir Zoutleeuw.

LEFFINGE West-Vlaanderen 213 ② et 409 ① – voir à Oostende.

LENS 7440 Hainaut 213 ⑰ et 409 ⑫ – 3 703 h. – ☎ 065.

Env. Château★ d'Attre, NO : 8,5 km – ♦Bruxelles 55 – ♦Mons 13 – Ath 13.

✗✗✗ **Aub. de Lens** avec ch, r. du Calvaire 23, NO : 1,5 km, ☎ 229041, ≤, « Intérieur rustique, terrasse et jardin » – ⇔wc Ⓟ. ⓓ. ✂ ch
fermé dim. soir et lundi – **R** carte env. 1200 – ☕ 120 – 7 ch 955/1170.

NISSAN r. de la Baille 28 ☎ 229180

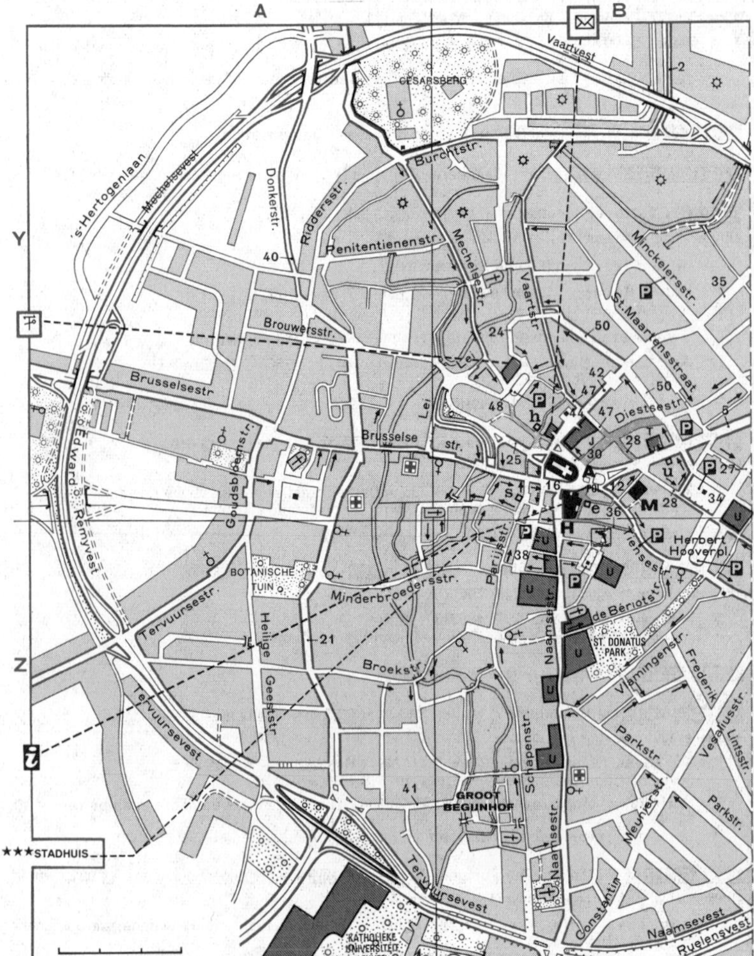

LE ROUX 5664 Namur 🄲 Fosses-la-Ville **214** ④ et **409** ⑬ – 7 689 h. – ☎ 071.

♦Bruxelles 81 – ♦Namur 23 – ♦Charleroi 15.

X **Aub. Long-Try,** r. Long-Try 7, ☎ 711191, Rustique – AE. ⚘
fermé merc. non fériés et juil. – **R** 780.

ALFA-ROMEO, NISSAN rte Provinciale 21 ☎ 711961

LESSINES (LESSEN) 7860 Hainaut **213** ⑰ et **409** ⑫ – 16 494 h. – ☎ 068.

♦Bruxelles 57 – ♦Mons 35 – Aalst 35 – ♦Gent 49 – ♦Tournai 45.

XX **Le Napoléon,** r. Lenoir-Scaillet 25, ☎ 333939
fermé merc. et 12 juil.-11 août – **R** (déjeuner seult sauf sam.) carte 630 à 1040.

FORD r. Hôtellerie 45 ☎ 332164
GM (OPEL) r. Général-Freyberg 35 ☎ 332166
MITSUBISHI Porte d'Ogy 78 ☎ 332396
NISSAN av. de l'Abattoir 31 ☎ 332721
RENAULT chaussée Gabrielle Richet 164 b ☎ 334615
TOYOTA r. Grammont 59 ☎ 332637
VAG r. Pont-d'Ancre 90 ☎ 332947

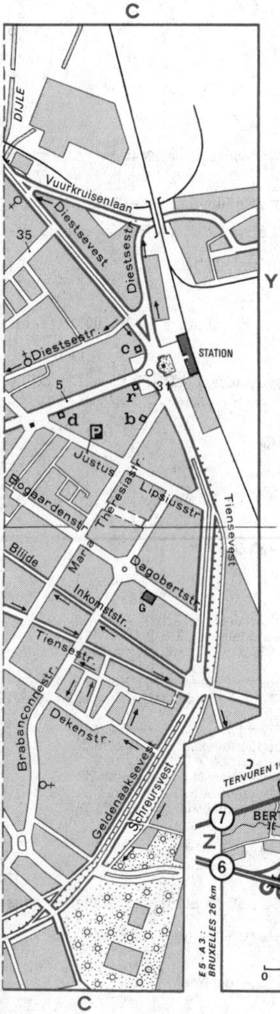

LEUVEN

Bondgenotenlaan	**BCY** 5
Brusselsestr.	**AY**
Fochpl.	**BY** 12
Naamsestr.	**BZ**
Tiensestr.	**BCY**
Aarschotsesteenweg	**BY** 2
Bierbeekpleindreef	**DZ** 3
Borstelstr.	**DZ** 6
Celestijnenlaan	**DZ** 8
Diestsesteenweg	**DZ** 9
Eenmeilaan	**DZ** 11
Fonteinstr.	**DZ** 13
Geldenaaksebaan	**DZ** 15
Grote Markt	**BY** 16
Grote Molenweg	**DZ** 18
Holsbeeksesteenweg	**DZ** 19
Kapucijnenvoer	**AZ** 21
Kard. Mercierlaan	**DZ** 22
Karel v. Lotharingenstr.	**BY** 24
Koning Albertlaan	**BY** 25
Leopoldstr.	**BY** 27
Leopold Vanderkelenstr.	**BY** 28
Margarethapl.	**BY** 30
Martelarenpl.	**CY** 31
Mechelsesteenweg	**DZ** 33
Mgr Ladeuzepl	**BY** 34
van Monsstr.	**BCY** 35
Muntstr.	**BY** 36
Naamsesteenweg	**DZ** 37
Oude Markt	**BZ** 38
Pakenstr.	**DZ** 39
Petermannenstr.	**BY** 40
Redingenstr.	**ABZ** 41
Rijschoolstr.	**BY** 42
Smolderspl.	**BY** 44
Tiensesteenweg	**DZ** 45
Vaartstr.	**BY** 47
Vismarkt	**BY** 48
Vital Decosterstr.	**BY** 50
Waversebaan	**DZ** 51

Les principales voies commerçantes figurent en rouge au début de la liste des rues des plans de villes.

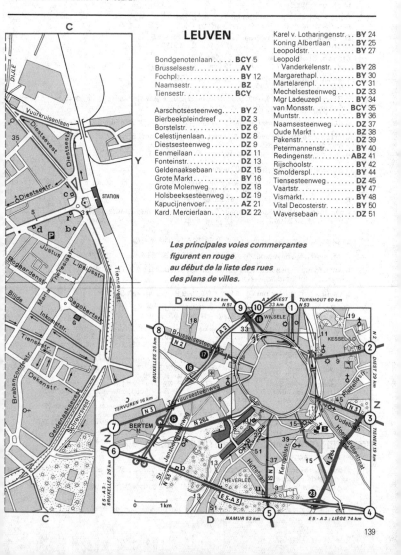

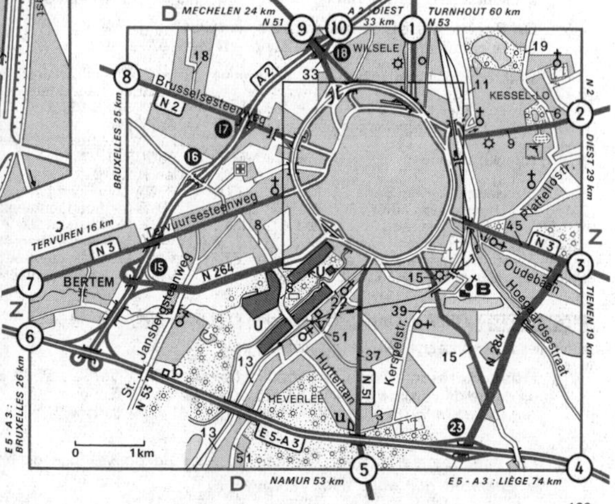

LEUVEN (LOUVAIN) 3000 Brabant 213 ⑦⑲ et 409 ⑬⑭ – 84 914 h. – ☎ 016.

Voir Hôtel de Ville★★★ (Stadhuis) – Collégiale St-Pierre★ (St-Pieterskerk) : musée d'Art religieux★★, Cène★★, tabernacle★, Tête de Christ★, jubé★ BY A – Grand béguinage★ (Groot Begijnhof) BZ – Abbaye du Parc★ (Abdij van't Park) DZ B – Façade★ de l'église St-Michel (St-Michielskerk) AY C – Musée communal Vanderkelen-Mertens★ (Stedelijk Museum) BY M.

Stadhuis, Naamsestraat 1a ☎ 234941.

♦Bruxelles 26 ⑥ – ♦Antwerpen 48 ⑨ – ♦Liège 74 ④ – ♦Namur 53 ⑤ – ♦Turnhout 60 ①.

Plans pages précédentes

Binnenhof M sans rest, Maria Theresiastraat 65, ☎ 236926, Télex 64242 – wc wc – . AE — CY b
57 ch 1180/1660.

La Royale, Martelarenplein 6, ☎ 221252 – wc. — CY r
fermé 23 juil.-7 août – **R** *(fermé sam. et après 20 h)* 450/690 – **23 ch** 600/1205.

Majestic sans rest, Bondgenotenlaan 20, ☎ 224365 – — BY u
14 ch 415/920.

XXX **Belle Epoque,** Bondgenotenlaan 94, ☎ 223389 – AE — CY d
fermé sam. midi, dim. soir et lundi – **R** carte 1350 à 1690.

XXX **De Zeester,** Mechelsestraat 22, ☎ 234401 – . E — BY h
fermé sam. midi, dim. et 24 juil.-21 août – **R** 900/1300.

XX **Suisse,** Boekhandelstraat 1, ☎ 223144 – AE E — BY e
fermé du 1er au 21 juil., du 1er au 10 janv., dim. et jours fériés – **R** 625/1500.

X **Blauwputois,** Tiensevest 10 (Station), ☎ 223152 — CY c
fermé mardi – **R** carte 630 à 870.

X **Y Sing,** Parijsstraat 18, ☎ 228052, Cuisine chinoise et thailandaise – AE E. — BY s
fermé merc. et 16 juil.-4 août – **R** 450.

*à **Blanden*** C Oud-Heverlee, par ⑤ : 7 km – 8 796 h. – ✉ 3045 Blanden – ☎ 016 :

XXX **Château de Namur** avec ch, Naamsesteenweg 68 sur N 51, ☎ 226095, « Relais rustique » – wc wc . AE E. ch
fermé merc. et 11 juil.-10 août – **R** carte 700 à 1130 – **11 ch** 1100/1600.

*à **Heverlee*** S : 6 km – ✉ 3030 Heverlee – ☎ 016 :

A.C. Relais Leuven M, St-Jansbergsteenweg 405, sur autoroute E 5, ☎ 200816, Télex 61119 – wc – . AE — DZ b
R (avec libre service) 450/525 – **41 ch** 1200/1350.

X **Arenberggasthof,** Kantieneplein 2, ☎ 200177, Taverne-restaurant – AE E — DZ v
fermé du 1er au 23 août, 24 déc.-1er janv., sam., dim., jours fériés et après 20 h 30 – **R** carte 680 à 1180.

X La Chasse, Naamsesteenweg 500, ☎ 223647, Grillades – — DZ u

*à **Kessel-Lo*** C Leuven par ③ : 3 km sur N 3 – ✉ 3200 Leuven – ☎ 016 :

XX **In den Mol,** Tiensesteenweg 331, ☎ 251182, « Rustique » – . AE E
fermé dim. soir et mardi – **R** carte 1040 à 1360.

*à **Winksele*** C Herent par ⑧ : 5 km – ✉ 3009 Winksele – ☎ 016 :

X **De Pachtenhoef,** Dorpstraat 29 b, ☎ 488541 – . .
fermé mardi, merc. et 16 août-7 sept. – **R** carte 670 à 1070.

ALFA-ROMEO Tervuursesteenweg 222 à Heverlee ☎ 227988
BMW Brusselsesteenweg 72 à Herent ☎ 488519
BRITISH LEYLAND Mechelsesteenweg 108 ☎ 223430
CITROEN Naamsesteenweg 158 à Heverlee ☎ 221430
FORD Brusselsesteenweg 57b à Winksele ☎ 223506
GM (OPEL) Brusselsesteenweg 3 à Herent ☎ 226592
HONDA Brusselsesteenweg 21 à Herent ☎ 228134
HONDA Diestsesteenweg 172 à Kessel-Lo ☎ 252125
LADA Aarschotsesteenweg 378 à Wilsele ☎ 445627
LADA Martelarenlaan 201 à Kessel-Lo ☎ 259881
MAZDA Parkstraat 80 ☎ 226981
MAZDA Tiensesteenweg 378 ☎ 250196
MERCEDES-BENZ Tiensesteenweg 200 à Heverlee ☎ 250139
NISSAN Brusselsesteenweg 74 à Herent ☎ 488168
PEUGEOT, TALBOT Geldenaaksebaan 422 à Heverlee ☎ 201400
RENAULT Bondgenotenlaan 169 ☎ 224015
TOYOTA Bondgenotenlaan 145 ☎ 227575
VAG Ridderstraat 260 ☎ 221240
VAG Tiensesteenweg 44 à Heverlee ☎ 221658
VAG Brusselsesteenweg 45 à Herent ☎ 202693
VOLVO Ambachtenlaan 48 à Haasrode ☎ 232411

LICHTAART 2451 Antwerpen C Kasterlee 213 ⑧ et 409 ⑤ – 14 842 h. – ☎ 014.

♦Bruxelles 72 – ♦Antwerpen 40 – ♦Turnhout 13.

XXX **Host. Keravic** avec ch, Herentalsesteenweg 72, ☎ 557801, , « Élégante installation dans un cadre de verdure », – wc . AE E.
fermé sam. midi, dim. et juil. – **R** carte 1250 à 1700 – **9 ch** 2250/2750 – P 3000/3500.

Prévenez immédiatement l'hôtelier si vous ne pouvez pas occuper la chambre que vous avez retenue.

LIÈGE (LUIK) 4000 Ⓟ 213 ㉒ et 409 ⑮ – 211 528 h. – ✆ 041.

Voir Vieille ville★★ (p. 5) – Cuve baptismale★★★ dans l'église St-Barthélemy (p. 4) DX – Citadelle ≤★★ (p. 4) DX – Trésor★★ de la Cathédrale St-Paul (p. 5) FZ – Palais des Princes-Évêques★ : grande cour★★ (p. 5) GY **J** – Le Perron★ (p. 5) GY **A** – Aquarium★ (p. 4) DY **D** – Église St-Jacques★ (p. 4) DY – Parc de Cointe ≤★ (p. 4) CZ – Retable★ dans l'église St-Denis GZ – Statues★ en bois du calvaire de l'église St-Jean FZ

Musées : de la Vie wallonne★★ (p. 5) GY – Curtius★ : évangéliaire★★★, collection★ du musée du Verre (p. 5) EX **M¹** – d'Ansembourg★ (p. 4) DX **M²** – d'Armes★ (p. 4) DX **M³**.

Env. Visé : Châsse★ de St-Hadelin dans la Collégiale par ① : 17 km – Fonts bapstismaux★ dans l'église★ de St-Séverin-en-Condroz par ⑥ : 23 km.

⛳18 rte du Condroz 541 à Ougrée par ⑥ : 7 km ☎ 362021.

🚘 ☎ 425214.

ℹ En Féronstrée 92 ☎ 322456 et Place des Guillemins ☎ 524419 – Fédération provinciale de tourisme, bd de la Sauvenière 77 ☎ 224210.

♦Bruxelles 96 ⑨ – ♦Amsterdam 242 ① – ♦Antwerpen 119 ⑫ – Köln 122 ② – ♦Luxembourg 158 ⑤.

Plans pages suivantes

Les prix de chambres risquent d'être majorés d'une taxe locale de 6 %

🏨 **Ramada-Liège et Rôtiss. Sauvenière** Ⓜ, bd Sauvenière 100, ☎ 325919, Télex 41896 – 🛗 ▤ 📺 ☎ 🚗 – 🏛. AE ◑ FY **u**
R carte 870 à 1240 – ☕ 320 – **105 ch** 2200/2600.

🏨 **Holiday Inn** Ⓜ sans rest, Esplanade de l'Europe 2, ✉ 4020, ☎ 426020, Télex 41156, ≤, 🏊 – 🛗 ▤ 📺 ☎ ♿ 🚗 Ⓟ – 🏛. AE ◑ E DY **n**
224 ch ☕ 2100/2840.

🏨 **Couronne,** pl. Guillemins 11, ☎ 522168, Télex 41374 – 🛗 🛁wc 🚿wc ☎. AE ◑ E CZ **p**
◆ **R** *(fermé week-end)* 450/650 – ☕ 160 – **79 ch** 840/2550 – P 1900.

🏠 **Cygne d'Argent** 🐦 sans rest (dîner pour résidents), r. Beeckman 49, ☎ 237001 – 🛗 🚿wc ☎. AE ◑ E CY **c**
☕ 125 – **19 ch** 965/1565.

XXX ✿ **Vieux Liège,** quai Goffe 41, ☎ 237748, « Beau décor ancien dans une maison du 16ᵉ s. » – ▤. AE ◑ E GY **c**
fermé 24, 25 avril, 23 juil.-août, 24, 26, 27 déc., dim. et jours fériés – **R** carte 1120 à 1750
Spéc. Turbot farci aux légumes, Homard en papillote au sauternes, Flan d'écrevisses et de foie gras aux trois légumes.

XXX **Héliport,** bd Frère Orban, ☎ 521321, ≤ – Ⓟ DY **q**
fermé dim., lundi soir et juil. – **R** carte 960 à 1570.

XXX **Lion Dodu,** r. Surlet 37, ✉ 4020, ☎ 410505 – ▤. AE ◑. ✻ DX **y**
fermé sam. midi, dim. et lundi midi – **R** carte env. 1000.

XXX **Ile de Meuse,** Esplanade de l'Europe 2 (Palais des Congrès), ✉ 4020, ☎ 431552, ≤ – Ⓟ. AE ◑ E DY **r**
fermé dim. soir – **R** carte 690 à 1010.

XXX **Rôtiss. de l'Empereur,** pl. du 20-Août 15, ☎ 235373, Grillades – AE ◑ E GZ **n**
fermé mardis non fériés et août – **R** carte 630 à 900.

XX **Dauphin,** r. du Parc 53, ✉ 4020, ☎ 434753 – AE ◑ E DY **s**
fermé lundi et juil. – **R** carte 940 à 1380.

XX **As Ouhès,** pl. Marché 21, ☎ 233225, Produits de la mer, Ouvert jusqu'à 23 h 30 – AE ◑ GY **r**
fermé sam. midi et dim. – **R** carte 610 à 1100.

XX **Romantique,** r. Pot-d'Or 54, ☎ 235036 – ▤. ✻ FZ **f**
◆ *fermé mardi, merc. et 21 août-19 sept.* – **R** 475/550.

XX **La Bécasse,** r. Casquette 21, ☎ 231520, Ouvert jusqu'à 23 h 30 – AE ◑ E FZ **b**
fermé merc., jeudi midi et du 1ᵉʳ au 15 sept. – **R** 750/1200.

XX **Beaujolais,** pl. Saint-Séverin 46, ☎ 230006 – AE ◑ E. ✻ CX **a**
fermé dim. et du 1ᵉʳ au 16 août – **R** 495/1090.

XX **Borgia,** r. Mouton-Blanc 10, ☎ 236464 – AE ◑ E. ✻ FZ **s**
fermé jeudi et juin – **R** 490.

XX **Le Mas,** r. d'Outremeuse 55, ✉ 4020, ☎ 435701 – AE ◑ E EX **u**
fermé lundi – **R** carte 660 à 960.

X **Le Bistroquet,** r. Serbie 73, ☎ 531641 – AE ◑ CZ **y**
fermé mardi, merc. et 15 oct.-14 nov. – **R** carte 600 à 1000.

X **Le Picotin,** pl. des Béguinages 8, ☎ 231763 – AE ◑. ✻ CX **b**
fermé sam. midi, dim. et 15 juil.-14 août – **R** carte 750 à 1100.

X **La Ripaille,** r. Goffe 12, ☎ 221656 – AE ◑ E GY **k**
fermé dim., lundi midi et 15 juil.-15 août – **R** carte 640 à 1030.

X **Chambord,** r. Pont-d'Avroy 25, ☎ 237011 – AE FZ **t**
◆ *fermé lundi, mardi et août* – **R** 450/830.

X **Écu de France,** r. Vinâve-d'Ile 9, ☎ 233917, Avec taverne, tea-room – AE ◑ E FZ **d**
fermé mardi, merc. soir et du 15 au 31 juil. – **R** 495/725.

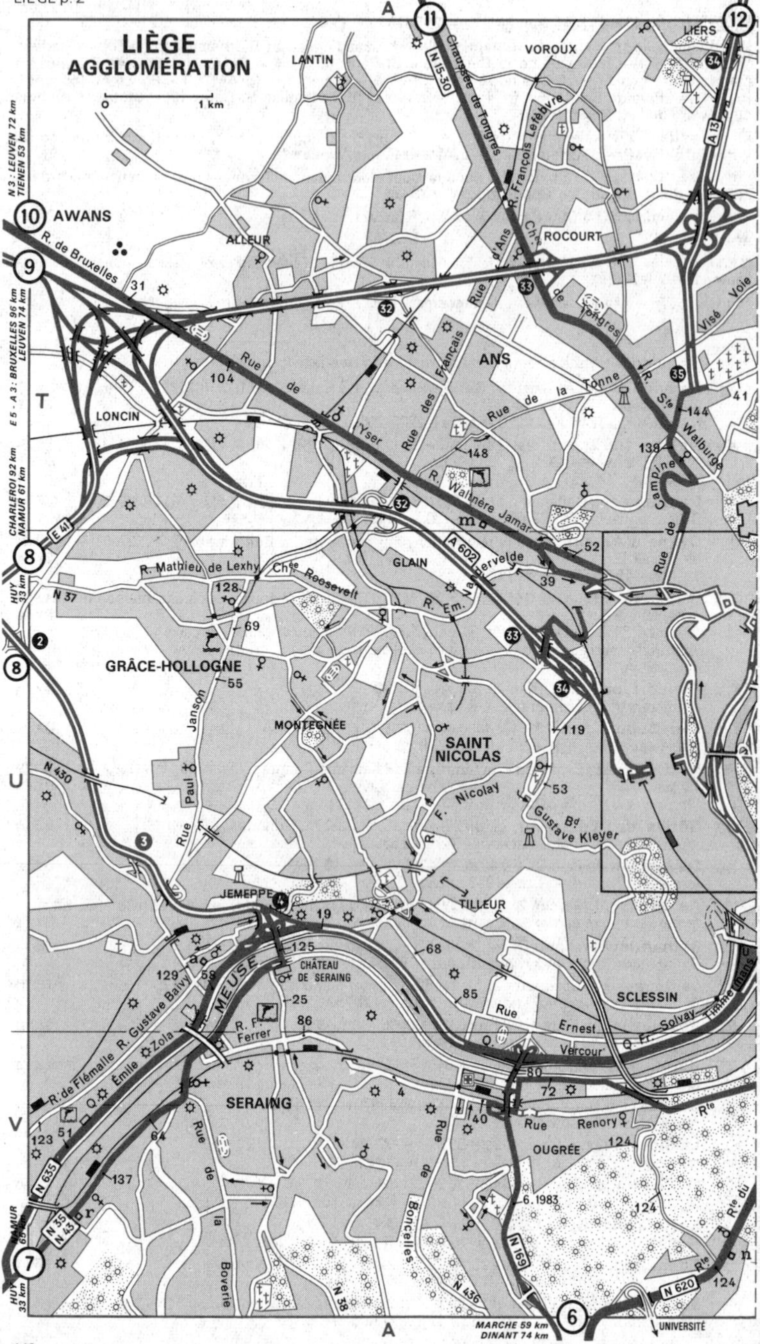
LIÈGE
AGGLOMÉRATION
0
1 km
A
T
U
V
N 3 : LEUVEN 72 km
TIENEN 53 km
E 5 - A 3 : BRUXELLES 96 km
LEUVEN 74 km
CHARLEROI 92 km
NAMUR 61 km
HUY 33 km
NAMUR 65 km
HUY 33 km
MARCHE 59 km
DINANT 74 km
UNIVERSITÉ
LANTIN
VOROUX
LIERS
AWANS
ALLEUR
ROCOURT
ANS
LONCIN
GLAIN
GRÂCE-HOLLOGNE
MONTEGNÉE
SAINT NICOLAS
JEMEPPE
TILLEUR
SCLESSIN
CHÂTEAU DE SERAING
SERAING
OUGRÉE
MEUSE
Chaussée de Tongres
R. François Lefebvre
Chée de Tongres
Rue d'Ans
R. de Bruxelles
Rue de l'Yser
Rue des Français
Rue de la Tonne
R. Ste Walburge
Rue de Campine
Visé Voie
R. Walthère Jamar
R. Em. Vandervelde
R. Mathieu de Lexhy
Chée Roosevelt
Rue Paul Janson
R. F. Nicolay
Bd Gustave Kleyer
R. Gustave Baivy
R. de Flémalle
Q. Émile Zola
R. F. Ferrer
Rue Ernest Solvay
Q. Vercour
Q. Fr. Timmermans
Rue Renory
Rue de la Boverie
Rue de Boncelles
Rte du
N 15-30
A 13
E 41
A 602
N 37
N 430
N 635
N 35
N 43
N 38
N 436
N 169
N 620
6. 1983

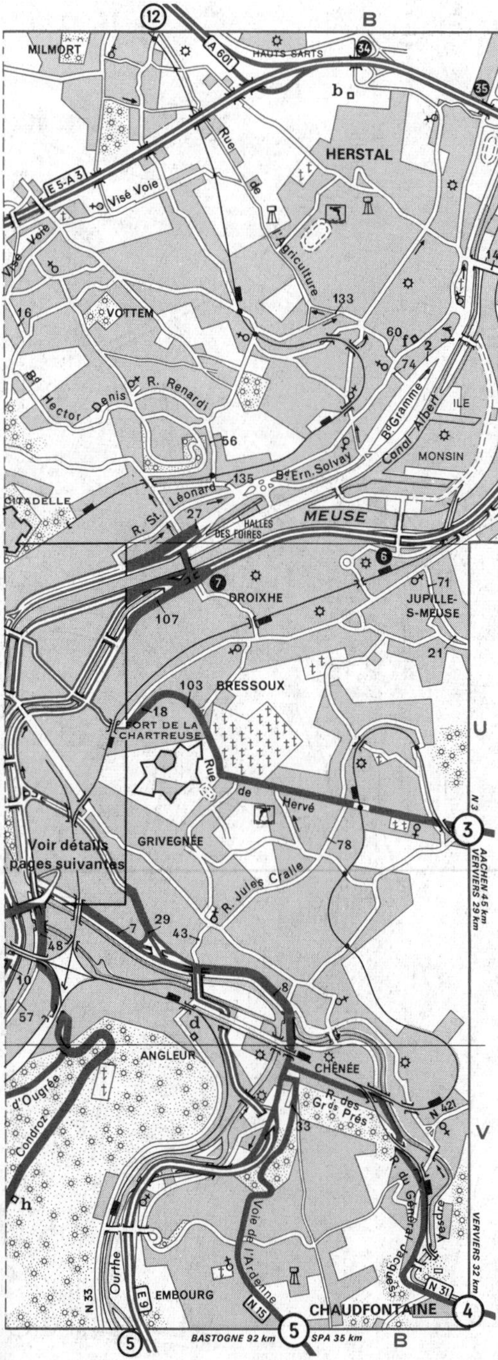

Abattoir (R. de l')	BT	2
Acier (R. de l')	AV	4
Ardennes (Quai des)	BU	7
Ardennes (Quai des) (CHENEE)	BU	8
Banning (Quai)	BU	10
Bonnier-du-Chêne (R.)	BT	16
Carmel (R. du)	BU	18
Carmes (Quai des)	AU	19
Chafnay (R.)	BU	21
Cockerill (R.)	AU	25
Coronmeuse (Quai de)	BT	27
Douai (Bd de)	BU	29
Edouard-Colson (R.)	AT	31
Embourg (Rte d')	BV	33
Eugène-Houdret (R.)	AU	39
Fernand-Nicolay (R. de)	AV	40
Fosse-Crahay (Bd)	AT	41
Fourneau (R. du)	BU	43
Gloesener (Quai)	BU	48
Halage (Quai du)	AV	51
Hesbaye (R. de)	AU	52
Hillier (Bd)	AU	53
Hôtel-Communal (R. de l')	AU	55
Jolivet (R.)	BT	56
Joseph-Wauters (Quai)	BU	57
Jules-Destrée (Quai)	AU	58
Laixhaut (R.)	BT	60
Many (R. du)	AV	64
Martyrs (R. des)	AU	68
Mattéoti (R.)	AU	69
Meuse (R. de)	BU	71
Mickiels (Quai)	AV	72
Mineurs (R. des)	BT	74
Mutualité (R. de la)	BU	78
Ougrée (Nouveau Pont d')	AV	80
Pasteur (R.)	AU	85
Paul-Janson (R.)	AU	86
Robermont (R. de)	BU	103
Roi-Albert (Chaussée du)	AT	104
Roi-Albert (Quai du)	BU	107
Ste-Beuve (Bd)	AU	119
Samuel-Donnay (R.)	AV	123
Sart-Tilman (R.)	AV	124
Seraing (Pont de)	AU	125
Simon (2.)	AU	128
Station (R. de la)	AU	129
Thier-des-Monts (R.)	BT	133
Tir (R. du)	BT	135
Val-St-Lambert (R. du)	AV	137
Victor-Hugo (Av.)	AT	139
Wandre (Pont de)	BT	143
Wilde (Bd de)	AT	144
15-Août (R. du)	AT	148

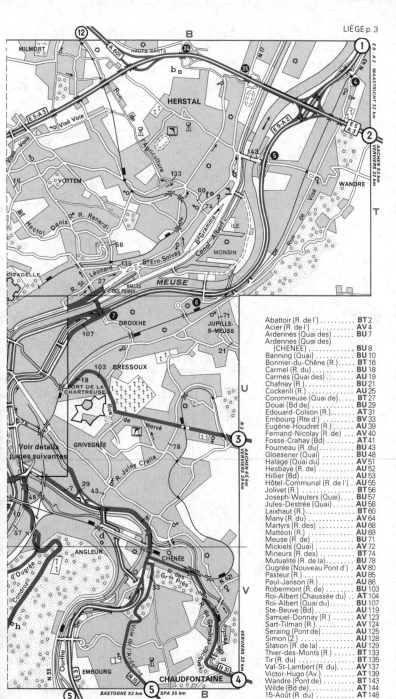

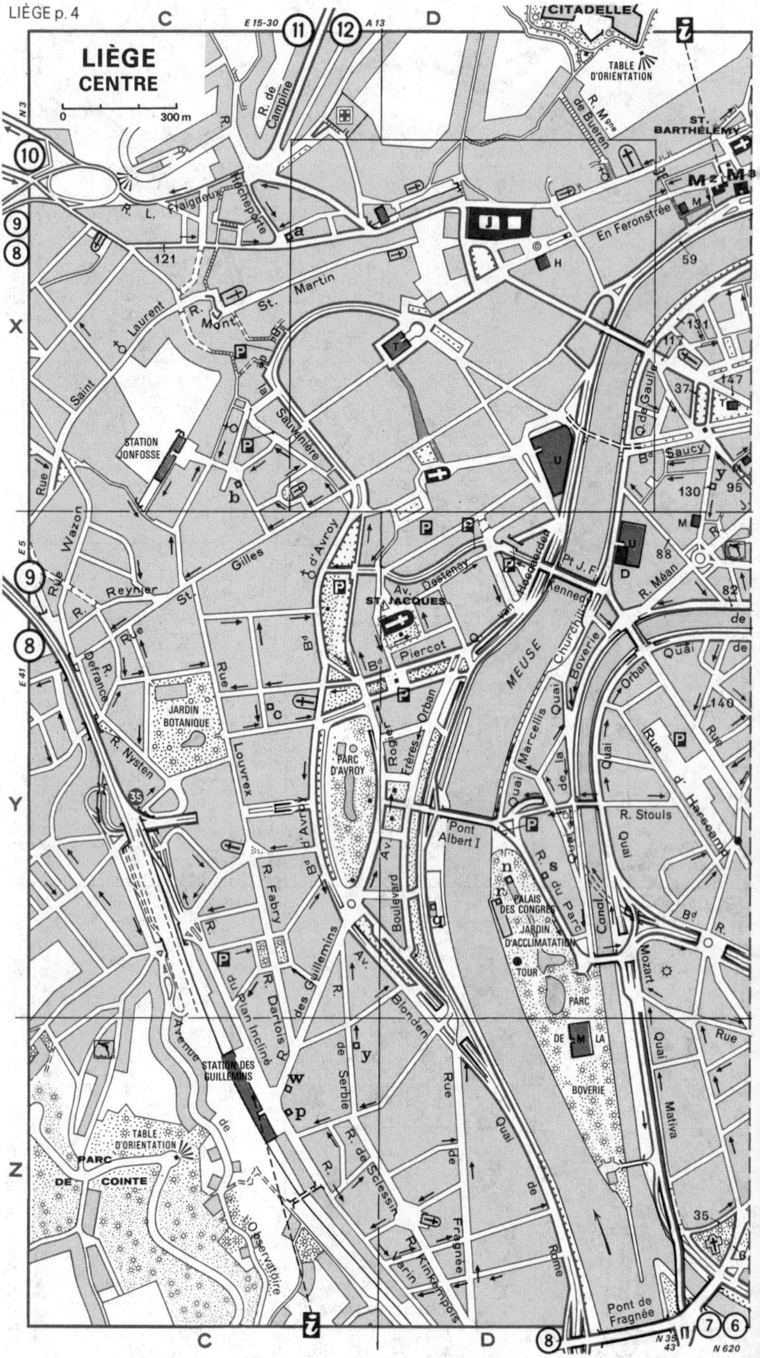
LIÈGE
CENTRE
0
300 m
C
D
X
Y
Z
E 15-30
A 13
E 5
E 41
N 3
N 620
CITADELLE
TABLE D'ORIENTATION
ST. BARTHÉLEMY
R. Mgne de Bueren
R. de Campine
R. L. Fraigneux
Hocheporte
En Feronstrée
R. Mont St. Martin
Saint Laurent
STATION JONFOSSE
Sauvenière
Rue Wazon
Rue Reynier
St. Gilles
Bd d'Avroy
Av. Destenay
ST JACQUES
Bd Piercot
Pt J. F. Kennedy
Q. van Hoegaerden
MEUSE
Quai Churchill
Boverie
Quai Marcellis
Quai de la Boverie
R. Méan
Bd Saucy
Q. de Gaulle
Quai Orban
Rue d' Harscamp
R. Stouls
JARDIN BOTANIQUE
R. Defrance
R. Nysten
Rue Louvrex
PARC D'AVROY
Frères Orban
Rogier
Av. Rogier
Pont Albert I
R. du Parc
PALAIS DES CONGRÈS
JARDIN D'ACCLIMATATION
TOUR
PARC DE LA BOVERIE
Canal
Bd R. Mozart
Quai Mativa
R. Fabry
Boulevard
Av. Blonden
R. Dartois
R. du Plan Incliné
R. des Guillemins
R. de Serbie
Avenue de l'Observatoire
STATION DES GUILLEMINS
TABLE D'ORIENTATION
PARC DE COINTE
R. de Sclessin
R. Varin
R. Kinkempois
Rue de Fragnée
Quai de Rome
Pont de Fragnée
N 35
43
121
59
131
117
37
147
130
95
88
82
140
35
a
b
c
n
r
s
q
w
y
p
H
J
U
D
M
T
P
i
1
2
3
5
6
7
8
9
10
11
12

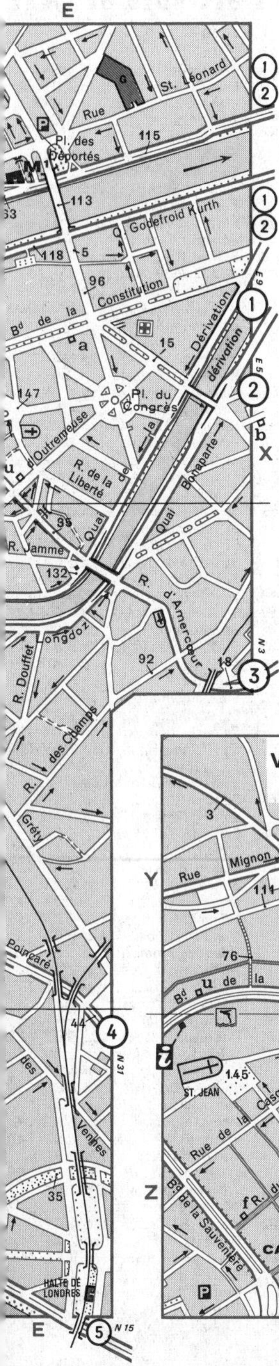
E
St. Léonard
Rue
Pl. des Déportés
115
113
Q. Godefroid Kurth
118
96
Constitution
Bd de la
Dérivation
dérivation
Pl. du Congrès
d'Outremeuse
R. de la Liberté
Quai Bonaparte
R. Jamme
132
R. d'Amercoeur
Longdoz
R. Douffet
92
18
des Champs
Grétry
Poincaré
44
des Vennes
35
HALTE DE LONDRES
N 15
N 31
N 3
E 9
E 5
X
E

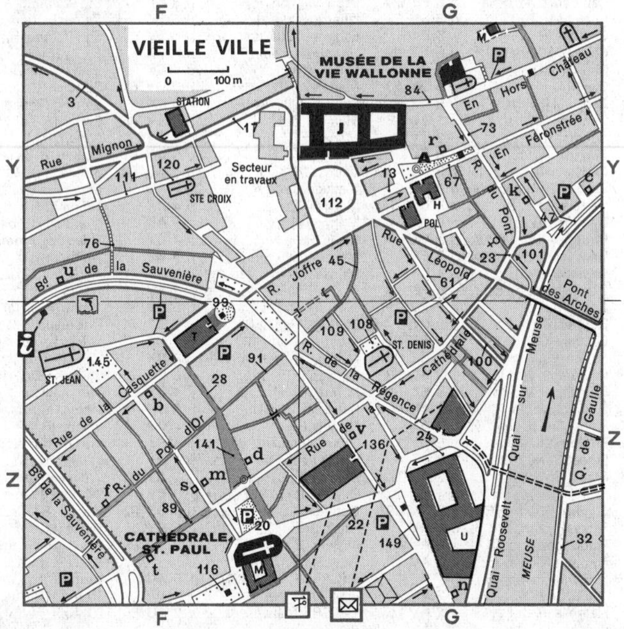
VIEILLE VILLE
0 100 m
F
G
MUSÉE DE LA VIE WALLONNE
STATION
Secteur en travaux
STE CROIX
Rue Mignon
En Hors Château
En Féronstrée
R. du Pont
Rue Léopold
R. Joffre
Bd de la Sauvenière
Pont des Arches
ST. JEAN
ST. DENIS
Rue de la Casquette
R. du Pot d'Or
Rue de la Régence
Cathédrale
Bd de la Sauvenière
CATHÉDRALE ST. PAUL
Quai sur Meuse
Quai Roosevelt
MEUSE
Q. de Gaulle
POL
Y
Z

RÉPERTOIRE DES RUES DE LIÈGE

X **Rôtiss. Province,** bd Constitution 54, ✉ 4020, ☎ 432108 – AE EX **a**
fermé lundi soir, mardi et sept. – **R** 550/750.

X **La Sardegna,** r. Université 33, ☎ 230913, Cuisine italienne – AE ①. ✻ GZ **v**
fermé mardi et 14 juil.-12 août – **R** carte 600 à 900.

X **Le Duc d'Anjou** avec ch, r. Guillemins 127, ☎ 522858, Moules en saison, Ouvert jusqu'à 23 h 30 – ▤ rest. AE ① E CZ **w**
fermé juin – **R** carte 550 à 900 – ☕ 80 – **9 ch** 425/820.

X **Chez Marcel,** r. Moulin 49, ✉ 4020, ☎ 432937 EX **b**
fermé dim., lundi, 15 juil.-14 août et Noël-Nouvel An – **R** carte 750 à 980.

à Angleur *plan p. 2 et 3* – ✉ 4900 Angleur – ✆ 041 :

XXX **Sart Tilman,** r. Sart Tilman 343, ☎ 654224 – ▤ ℗. AE ① E AV **n**
fermé dim. soir, lundi et 31 juil.-24 août – **R** carte 820 à 1490.

XXX **Orchidée Blanche,** rte du Condroz 457, ☎ 651148, ⌂ – ℗. AE ① E BV **h**
fermé mardi soir, merc. et juil. – **R** carte 760 à 1520.

X **Devinière,** r. Tilff 39, ☎ 650032 – AE BU **d**
fermé lundi soir, mardi et 20 juil.-4 août – **R** carte env. 800.

à Ans – 26 032 h. – ✉ 4300 Ans – ✆ 041 :

XX **Le Marguerite,** r. Walthère Jamar 171, ☎ 264346 – AE ① E AT **m**
fermé mardi, merc., sam.midi et 15 juil.-15 août – **R** carte 600 à 1080.

à Awans par ⑩ : 8 km par N 3 – 7 325 h. – ✉ 4341 Awans – ✆ 041 :

XXX **En Provence,** rte de Bruxelles 215, ☎ 638218 – ℗. AE ①
fermé dim., lundi et juil. – **R** carte 890 à 1360.

à Boncelles Ⓒ Seraing, par ⑥ : 8 km – 63 749 h. – ✉ 4208 Boncelles – ✆ 041 :

XXX **Franc Canard,** rte du Condroz 94, ☎ 367465 – ℗. AE ① E
fermé sam. midi et dim. – **R** 850/1200.

à Flémalle-Haute Ⓒ Flémalle, par rue Samuel-Donnay – 28 135 h. – ✉ 4110 Flémalle-Haute – ✆ 041 :

XX **Gourmet Gourmand,** Grand Route 399, ☎ 330756 – AE ①
fermé mardi soir, merc., jeudi soir et juil. – **R** carte 700 à 1190.

à Hermalle-sous-Argenteau Ⓒ Oupeye, par ① : 14 km – 22 709 h. – ✉ 4530 Hermalle-sous-Argenteau – ✆ 041 :

XXX **Au Comte de Mercy** ⛰ avec ch, r. Tilleul 5, ☎ 793535, « Intérieur rustique » – ⇔wc ☎ ℗ – 🏔. AE ① E. ✻ ch
fermé dim.soir, lundi et juil. – **R** 1150/1500 – ☕ 200 – **8 ch** 775/1135.

X **Le Pichet,** r. J.-Verkruijts 7, ☎ 792033 – AE ① E
fermé mardi soir, merc. et 11 juil.-2 août – **R** carte 600 à 1100.

à Herstal *plan p. 3* – 38 189 h. – ✉ 4400 Herstal – ✆ 041 :

🏨 **Post House et Rest. La Diligence** Ⓜ ⛰, r. Hurbise (par autoroute E 5 sortie Hermée-Hauts-Sarts NC 34), ☎ 646400, Télex 41103, ⛱ chauffée – |♦| ▤ rest TV ℗ – 🏔. AE ① E
R 550/1000 – ☕ 270 – **93 ch** 2135/2660 – P 2700/3505. BT **b**

XXX **Rôtiss. Mosane,** r. Large-Voie 47, ☎ 646529 – ▤. AE ① E BT **f**
fermé dim., lundi soir et du 16 au 31 juil. – **R** carte 895 à 1345.

à Ivoz-Ramet *plan p. 2* Ⓒ Flémalle – 28 234 h. – ✉ 4120 Ivoz-Ramet – ✆ 041 :

X **Chez Cha-Cha,** pl. François Gérard 10, ☎ 371843 – ℗. AE E AV **r**
fermé lundi, mardi soir et du 1er au 20 sept. – **R** carte 770 à 1050.

à Jemeppe-sur-Meuse *plan p. 2* Ⓒ Seraing – 63 749 h. – ✉ 4220 Jemeppe-sur-Meuse – ✆ 041 :

X **Crémaillère,** r. J.-Wettinck 28, ☎ 339628 AU **a**
◆ *fermé mardi et du 15 au 30 juil.* – **R** 450/625.

à Neuville-en-Condroz Ⓒ Neupré, par ⑥ : 18 km – 8 076 h. – ✉ 4121 Neuville-en-Condroz – ✆ 041 :

XXXX ✿✿ **Chêne Madame** (Tilkin), av. de la Chevauchée 70, dans le bois de Rognac SE : 2 km, ☎ 714127 – ℗. AE ①. ✻
fermé 1 sem. en avril, 12 août-12 sept., 22 déc.-5 janv., dim.soir et lundi – **R** carte 1180 à 1700
Spéc. Loup de mer farci en croûte beurre blanc, Homard au cerfeuil.

à Plainevaux Ⓒ Neupré, par ⑥ : 18 km – 8 076 h. – ✉ 4051 Plainevaux – ✆ 041 :

XXX **Vieux Moulin,** Grand Route 115, carrefour N 38-N 39 à Hout-si-Plout, ☎ 801144 – ℗. AE ①
fermé mardi et 23 juil.-13 août – **R** carte 790 à 1320.

à Rotheux-Rimière Ⓒ Neupré, par ⑥ : 16 km – 8 076 h. – ✉ 4051 Plainevaux – ✆ 041 :

XX **Vieux Chêne,** r. Bonry 146, près de la N 35 bis, ☎ 714651 – ℗. AE ① E. ✻
fermé mardi soir, merc. et 15 août-14 sept. – **R** carte 680 à 1140.

à Tilff-sur-Ourthe C Esneux, S : 12 km par N 33 – 11 517 h. – ✉ 4040 Tilff-sur-Ourthe – ☎ 041 :

Bains, av. Ardennes 96, ☎ 881254, – Ⓟ
fermé 1 sem. en sept. – **R** *(fermé vend. midi et après 20 h 30)* 450 – 130 – **11 ch** 540/750.

XXX ❀ **Casino** (Claes) avec ch, pl. Roi-Albert 3, ☎ 881015 – wc ☎. ch
fermé 15 déc.-14 janv. – **R** *(fermé lundi)* carte 1000 à 1580 – 200 – **6 ch** 1100/1500.

XX **Romeo et Michette,** r. Damry 11, ☎ 881869, , « Terrasse fleurie avec ≤ jardin » – AE ①
fermé lundi, mardi, fév. et 2e quinz. sept. – **R** carte 670 à 950.

Voir aussi : ***Chaudfontaine*** par ④ : 8,5 km, ***Clermont-sous-Huy*** par ④ : 23 km.

MICHELIN, Agence régionale, chaussée de Waremme-Zoning de Villers-le-Bouillet (20 km par ⑧ : E 41, N 48) – ✉ 5260 Villers-le-Bouillet, ☎ **(085) 214921**

ALFA-ROMEO av. Blonden 66 ☎ 529993
BMW, MAZDA bd Frankignoul 8 ☎ 420110
BRITISH LEYLAND r. Louis-Boumal 24 ☎ 526862
BRITISH LEYLAND quai St-Léonard 50 ☎ 271618
CITROEN r. Méan 24 ☎ 420042
CITROEN bd Sauvenière 37 ☎ 320032
FIAT quai des Ardennes 85 ☎ 423051
FIAT r. Ste-Walburge 478 ☎ 265039
HONDA r. Amercoeur 16 ☎ 420876
LADA r. Villette 31 ☎ 425891
LADA quai Coronmeuse 28 ☎ 271820
MERCEDES-BENZ r. du Laveu 24 ☎ 522063
MERCEDES-BENZ bd d'Avroy 92 ☎ 232190
MITSUBISHI av. Blonden 62 ☎ 529895
NISSAN av. Blonden 22 ☎ 527066
PEUGEOT, TALBOT bd d'Avroy 230 ☎ 522120
RENAULT bd Emile-de-Laveleye 65a ☎ 420130
TOYOTA r. Marengo 27 ☎ 270060
TOYOTA quai St-Léonard 39b ☎ 271259
TOYOTA r. Vertbois 11 ☎ 232823
VAG r. Fragnée 19 ☎ 525960
VAG r. Ste-Walburge 319 ☎ 261034

Environs

BMW r. Hayeneux 37 à Herstal ☎ 640140
BMW r. 6-Bonniers 10 à Seraing ☎ 361584
CITROEN r. Ferrer 132 à Seraing ☎ 374840
CITROEN r. Station 71 à Jemeppe-sur-Meuse ☎ 338971
FIAT rte du Condroz 485 à Angleur ☎ 652088
FIAT r. Molinay 67 à Seraing ☎ 371072
FIAT pl. Brouckère 6 à Grivegnée ☎ 436165
FORD r. Herve 542 à Grivegnée ☎ 650879
FORD quai des Ardennes 117 à Angleur ☎ 653990
FORD r. Grand-Puits 36 à Herstal ☎ 641242
FORD r. de Flémalle 196 à Jemeppe-sur-Meuse ☎ 337231
FORD Zoning de Boverie à Seraing ☎ 373810
GM (OPEL) r. Marexhe 64 à Herstal ☎ 640949
GM (OPEL) quai Vercour 106 à Ougrée-Sclessin ☎ 527130
GM (OPEL) r. J.-Jaurès 17 à Ans ☎ 637312
HONDA quai des Ardennes 86 à Angleur ☎ 670374
HONDA r. Hoyoux 68 à Herstal ☎ 641551
LADA r. Walthère-Jamar 102a à Ans ☎ 263812
LADA r. Hayeneux 71 à Herstal ☎ 646262
LADA r. Boverie 322 à Seraing ☎ 370564
MERCEDES-BENZ r. Herve 180 à Grivegnée ☎ 651286
MERCEDES-BENZ r. Station 71 à Jemeppe-sur-Meuse ☎ 338971
MITSUBISHI r. Walthère-Jamar 1 à Ans ☎ 266565
MITSUBISHI r. Eug. Vandenhof 82 à Grivegnée ☎ 426616
NISSAN r. Barrière 27 à Seraing ☎ 370531
NISSAN r. Marexhe 49 à Herstal ☎ 644304
NISSAN av. des Ardennes 22 à Tilff-sur-Ourthe ☎ 881020
RENAULT r. du Many 111 à Seraing ☎ 372929
RENAULT r. Val-Benoît 11 à Angleur ☎ 650727
TOYOTA r. Industrie 136 à Seraing ☎ 341605
VAG r. Juprelle 8 à Alleur ☎ 574235
VAG r. Basse-Campagne à Herstal ☎ 646500
VAG r. Hollogne 103 à Jemeppe-sur-Meuse ☎ 337864
VOLVO r. Français 429 à Ans ☎ 639930

When looking for a hotel or restaurant use the most efficient method.
Look for the names of towns underlined in red
on the Michelin Maps 408 and 409
But make sure you have an up to date map !

LIER (LIERRE) 2500 Antwerpen 213 ⑦ et 409 ④ – 31 300 h. – ☎ 03.

Voir Église St-Gommaire★★ (St-Gummaruskerk) : jubé★★, verrière★ Z – **Béguinage★ (Begijnhof)** Z – **Horloge astronomique★ de la tour Zimmer (Zimmertoren)** Z**A.**

ℹ Stadhuis, Grote Markt ☎ 4802233 (ext. 212).

♦Bruxelles 45 ④ – ♦Antwerpen 17 ⑤ – ♦Mechelen 15 ④.

Plan page ci-contre

à l'Est par ② : 3,5 km sur N 12 :

XX **Marnixhoeve,** Kesselsesteenweg 79, ☎ 4803310, « Aménagé dans une ferme » – Ⓟ. AE ① E
fermé mardi soir, merc., sam. midi et juil. – **R** carte 580 à 1190.

ALFA-ROMEO Hagenbroeksesteenweg 203 ☎ 4800597
BRITISH LEYLAND Antwerpsesteenweg 477 ☎ 4805555
GM (OPEL) Antwerpsesteenweg 72 ☎ 4808101
HONDA Antwerpsesteenweg 519 ☎ 4800691
LADA Fred. Pelzerstraat 67 ☎ 4800960
MAZDA Spoorweglei 2 ☎ 4801458
MAZDA Mechelsesteenweg 274 ☎ 4803802
MERCEDES-BENZ Steenweg op Berlaar 59 ☎ 4801542
NISSAN Mechelsesteenweg 270 ☎ 4808416
PEUGEOT, FORD Mechelsesteenweg 258 ☎ 4804099
RENAULT Antwerpsesteenweg 459 ☎ 4800603
TALBOT Antwerpsesteenweg 505 ☎ 4804447
TOYOTA Antwerpsesteenweg 11 ☎ 4801421
VAG Mechelsesteenweg 108 ☎ 4800504

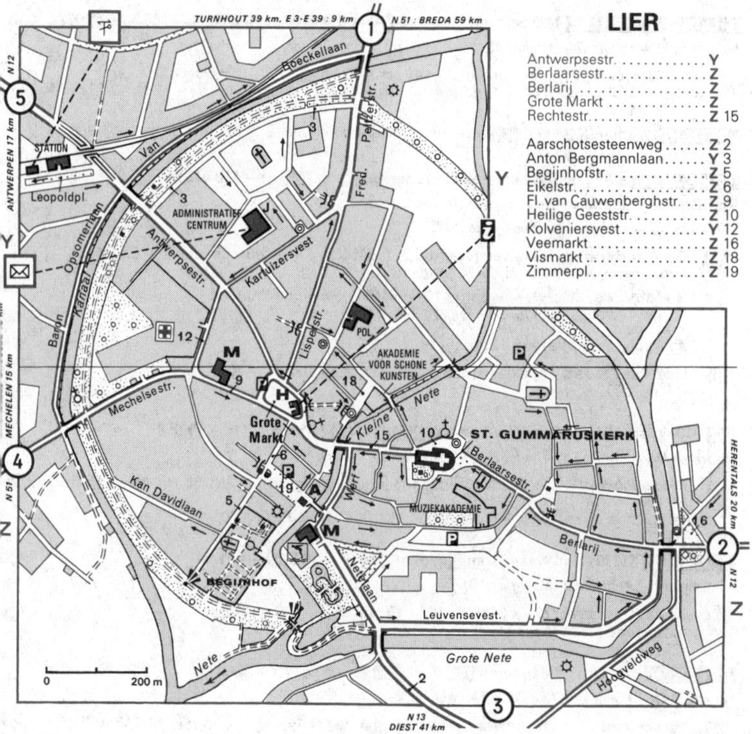

LIER

Antwerpsestr. .... Y
Berlaarsestr. .... Z
Berlarij .... Z
Grote Markt .... Z
Rechtestr. .... Z 15

Aarschotsesteenweg .... Z 2
Anton Bergmannlaan .... Y 3
Begijnhofstr. .... Z 5
Eikelstr. .... Z 6
Fl. van Cauwenberghstr. .... Z 9
Heilige Geeststr. .... Z 10
Kolveniersvest .... Y 12
Veemarkt .... Z 16
Vismarkt .... Z 18
Zimmerpl. .... Z 19

La **carte Michelin** 409 à 1/350 000 (1 cm = 3,5 km)
donne, en **une** feuille, une image complète de la Belgique et du Luxembourg.
Elle présente en outre trois agrandissements détaillés
des régions de Bruxelles, d'Anvers, de Liège et une nomenclature des localités.

LIERS **4450** Hainaut C Herstal 213 ㉒ et 409 ⑱ – 38 189 h. – ☎ 041.
♦Bruxelles 96 – ♦Liège 8 – ♦Hasselt 36 – ♦Maastricht 33 – Verviers 32.

XX **La Ville de Parme,** r. Provinciale 138, ☎ 785155 – AE ⓓ E
fermé lundi et du 15 au 31 juil. – **R** carte env. 1200.

LIGNEUVILLE **4892** Liège C Malmédy 214 ⑨ et 409 ⑯ – 10 063 h. – ☎ 080.
♦Bruxelles 165 – ♦Liège 65 – Malmédy 8,5 – Spa 27.

Moulin, r. Centre 91, ☎ 570081 – wc Ⓟ. AE ⓓ E
fermé 20 nov.-19 déc. – **R** carte 1030 à 1480 – 120 – 14 ch 500/1250 – P 1525/1825.

Georges, Grand' rue 107, ☎ 570003, « Jardin » – wc Ⓟ. E. rest
fermé 12 mars-13 avril et mardi soir, merc. sauf en juil.-août – **R** 600/1100 – 100 – **15 ch** 415/965 – P 1180/1810.

X **St-Hubert** avec ch, r. de St-Vith 124, ☎ 570122 – wc Ⓟ.
fermé 5 janv.-fév. – **R** *(fermé merc. et jeudi)* 450/850 – 105 – 7 ch 900 – P 1210.

LILLE **2418** Antwerpen 213 ⑧ et 409 ⑤ – 12 053 h. – ☎ 014.
♦Bruxelles 74 – ♦Antwerpen 33 – ♦Hasselt 56 – ♦Turnhout 16.

XXX **De Kemphaan,** Wechelsebaan 194 (près E 3 sortie Wechelderzande), ☎ 557318, « Fermette aménagée » – Ⓟ. AE ⓓ E
fermé lundi – **R** carte env. 1500.

BMW Poederleeseweg 45 ☎ 556507 NISSAN Wechelsebaan 107 ☎ 556336

7

LILLOIS-WITTERZEE 1428 Brabant Ⓒ Braine-l'Alleud 213 ⑱ et 409 ⑬ – 30 368 h. – ✆ 02.
♦Bruxelles 30 – ♦Mons 47 – ♦Namur 43.

Le Witter Zée, av. du Sabotier 40, ☎ 3846956, – wc P –
fermé du 10 au 30 sept. – **R** *(fermé dim. soir et lundis non fériés)* 775 – **11 ch** 1125/1450.

LISOGNE Namur 214 ⑤ et 409 ⑭ – voir à Dinant, environs.

LISSEWEGE 8381 West-Vlaanderen Ⓒ Brugge 213 ③ et 409 ② – 118 048 h. – ✆ 050.
Voir Grange Abbatiale* de l'abbaye de Ter Doest.
♦Bruxelles 107 – ♦Brugge 10 – Knokke-Heist 12.

XXX **De Goedendag,** Lisseweegsvaartje 2, ☎ 545335, « Intérieur rustique » – AE ① E
fermé merc. et janv.-14 fév. – **R** carte env. 1200.

XX **'t Hoeveke,** Lisseweegsvaartje 10, ☎ 544508, Rustique flamand
15 fév.-14 nov.; fermé lundi – **R** carte 835 à 1215.

à l'ancienne abbaye S : 2 km :

X **Hof Ter Doest,** Ter Doeststraat 4, ✉ 8380, ☎ 544082, ← – P
R 850/1800.

LO 8180 West-Vlaanderen Ⓒ Lo-Reninge 213 ① et 409 ① – 3 177 h. – ✆ 058.
♦Bruxelles 145 – ♦Brugge 60 – Ieper 24 – ♦Oostende 42 – Veurne 15.

XX **Oude Abdij** avec ch, Noordstraat 3 (derrière l'église), ☎ 288265, ←, – TV wc P.
AE ①
fermé dim. soir et lundi – **R** carte env. 1300 – **6 ch** 1250/2000.

LOCHRISTI 9130 Oost-Vlaanderen 213 ⑤ et 409 ③ – 16 316 h. – ✆ 091.
♦Bruxelles 61 – ♦Antwerpen 51 – ♦Gent 9.

XX **Leys,** Dorp West 87, ☎ 558620, – P. AE.
fermé lundis non fériés et 27 fév.-15 mars – **R** carte env. 1100.

LOKEREN 9100 Oost-Vlaanderen 213 ⑤ et 409 ③ – 33 534 h. – ✆ 091.
♦Bruxelles 41 – ♦Gent 21 – Aalst 25 – ♦Antwerpen 38.

XXXX **Parkhotel** avec ch, Antwerpsesteenweg 1 sur N 14, NE : 1 km, ☎ 482046, « Cadre vieux flamand » – rest TV wc wc P. AE ① E
fermé dim. soir, lundi et 15 juil.-3 août – **R** carte env. 1500 – 150 – **9 ch** 975/1725.

XXX **Brouwershof,** Zelebaan 180, ☎ 483333, « Relais de style flamand » – P.
fermé dim. et 15 juil.-11 août – **R** carte 850 à 1460.

au Nord-Ouest : 2 km sur N 14 :

XXX **Den Outer,** Gentsesteenweg 124, ☎ 482054 – P. AE ① E.
fermé sam. midi, dim. et du 1er au 15 août – **R** carte 1150 à 1570.

ALFA-ROMEO Spinnerslaan 2 ☎ 481166
BMW Weverslaan 14 ☎ 481400
CITROEN Dokter Vannestestraat 2 ☎ 482681
FIAT Gentsesteenweg 263 ☎ 555759
FORD Gentsesteenweg 45 ☎ 484011
GM (OPEL) Zelebaan 216 ☎ 481128
LADA Heirbrugstraat 81 ☎ 481081
MAZDA Hillarestraat 112 b ☎ 483807
MERCEDES-BENZ Oeverstraat 3 ☎ 484524
MITSUBISHI Antwerpsesteenweg 26 ☎ 481488
NISSAN Hillarestraat 138 ☎ 483697
RENAULT Weverslaan 32 ☎ 483588
TOYOTA Eksaardebaan 97 ☎ 483291
VAG Weverslaan 24 ☎ 482416
VOLVO Tweebruggenstraat 61 ☎ 484757

LOMMEL 3900 Limburg 213 ⑨ et 409 ⑥ – 25 781 h. – ✆ 011.
♦Bruxelles 93 – ♦Hasselt 37 – ♦Eindhoven 30.

Die Prince, Mezenstraat 1, ☎ 544461, Télex 39680 – wc wc P. AE ①.
R *(fermé dim.)* carte 730 à 1070 – 150 – **20 ch** 885/1185 – P 1740.

BMW Kerkhovensesteenweg 385 ☎ 341483
CITROEN Luikersteenweg 12 ☎ 641023
FIAT Molsekiezel 115 ☎ 544681
GM (OPEL) Dr Neeckxlaan 156 ☎ 544300
HONDA Stationstraat 178 ☎ 541185
MITSUBISHI Kerkhovensesteenweg 392 ☎ 343642
NISSAN Kattenbos 121 ☎ 541438
RENAULT Leopoldlaan 197 ☎ 544215
TOYOTA Dr Neeckxlaan 1 ☎ 540075
VAG Stationstraat 246 ☎ 544102

LOPPEM West-Vlaanderen 213 ③ et 409 ② – voir à Brugge.

LOTENHULLE Oost-Vlaanderen 213 ③ et 409 ② – voir à Aalter.

LOUVAIN Brabant – voir Leuven.

LOUVAIN-LA-NEUVE **1348** Brabant Ⓒ Ottignies-Louvain-la-Neuve **213** ⑲ et **409** ⑬ – **19 926 h.** – ☏ 010.

♦Bruxelles 33 – ♦Charleroi 40 – ♦Namur 38.

- **De Lauzelle** ⛴, av.de Lauzelle 61, ☏ 410751, Télex 59059, ≤, Avec rest. libre service, « Cadre de verdure » – ▯ TV ⇔wc ☎ Ⓟ – 🏛. AE ⓓ E
  R *(fermé après 20 h 30)* 680 – ☕ 185 – **77 ch** 1450/2030 – P 2475/2735.
- **La Grange,** Scavée du Biereau 2 (à la ferme du Biereau), ☏ 418809, ⛱, Cuisine italienne – AE ⓓ E. ⛔
  R carte 520 à 960.

La LOUVIÈRE **7100** Hainaut **213** ⑱, **214** ②③ et **409** ⑬ – **76 961 h.** – ☏ 064.

♦Bruxelles 52 ⑤ – ♦Mons 21 ④ – Binche 10 ③ – ♦Charleroi 26 ⑤.

LA LOUVIÈRE

Albert-1er (R.) X
Sylvain-Guyaux X

Bascoup (Rte de) ..... Y 3
Bouvy (R. de) .... Z 4
Champs (R. des) ...... Z 6
Communale (Pl.) ..... X 7
Conreur (R.) .... X 8
Cour d'Haine (Pl.) ..... Y 9
Déportation (R. de la) . Z 10
Émile-Herman (Av.) ... Y 12
Gustave-Boël (R.) ..... Y 16
Haine-St-Paul (R.) .... Z 17
Industrie (R. de l') ..... Y 19
Jolimont (R. de) .... Y 20
Joseph-II (R.) .... Y 23
Keuwet (Pl.) .... Y 24
Léopold-III (R.) .... Z 25
Loi (R. de la) .... X 26
Longtain (R. de) .... Y 27
Mairaux (Bd) .... X 28
Malbecq (R.) .... X 29
Maugrétout (Pl.) .... X 31
Max-Buset (R.) .... Y 32
Mons (Chée de) .... Y 33
Olive (R. de l') .... Z 35
Omer-Lefèvre (R.) ..... X 36
Paul-Houtart (Chée) ... X 37
Rivaux (R. des) .... Y 38
St. Guislain (R.) .... Z 39
Temple (R. du) .... X 41
Wallonie (Av. de) ..... X 43

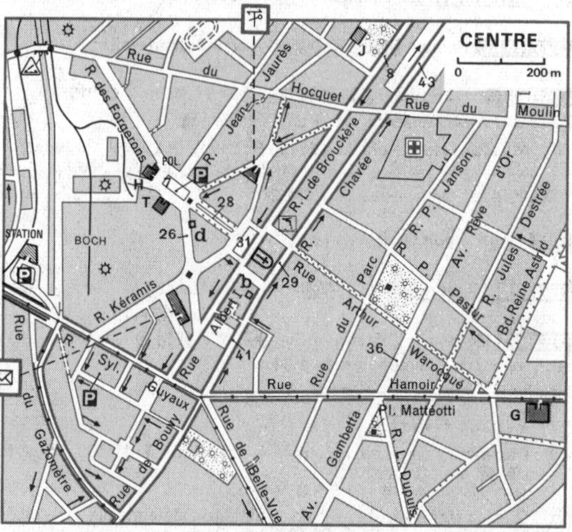

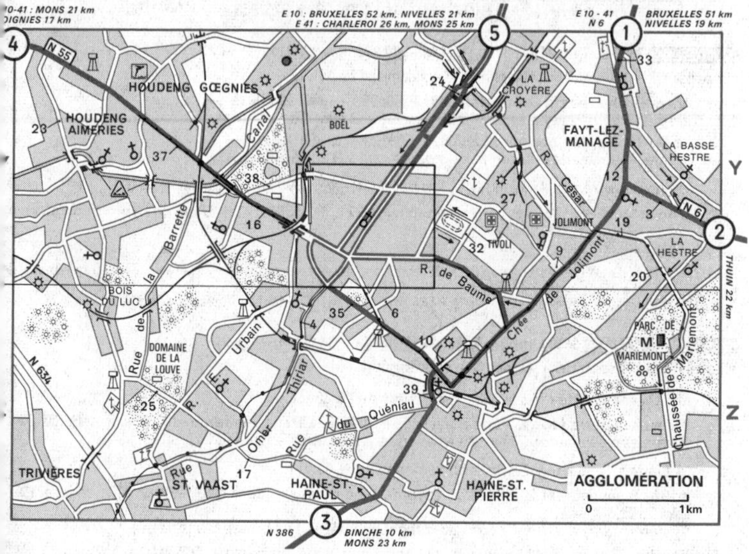

- **Vendôme** sans rest, r. Loi 3, ☏ 221350 – ⋒wc ☎ — X d
  7 ch ☕ 935/1350.

BMW r. A.-France 31 ☎ 222885
BRITISH LEYLAND r. Dupuis 10 ☎ 224031
CITROEN chaussée de Mons 476 à Haine-St-Paul ☎ 229181
FIAT r. Vandervelde 168 ☎ 213965
FORD r. Temple 54 ☎ 222157
GM (OPEL) r. Boël 23a ☎ 223104
MAZDA chaussée 289 à Haine-St-Pierre ☎ 222687
MERCEDES-BENZ r. Baume 23 ☎ 225555
MITSUBISHI bd Mairaux 25 ☎ 224666
NISSAN chaussée de Redemont 53 à Haine-St-Pierre ☎ 224025
PEUGEOT, TALBOT r. Déportation 73 à Haine-St-Paul ☎ 221781
PEUGEOT, TALBOT chaussée 267 à Houdeng-Goegnies ☎ 224846
RENAULT chaussée de Jolimont 68 à Haine-St-Paul ☎ 225719
RENAULT r. Cimetière 196 à Houdeng-Goegnies ☎ 222968
VAG r. Conreur 210 ☎ 222024
VOLVO chaussée de l'Olive 43 a ☎ 225615

LOVENDEGEM Oost-Vlaanderen 213 ④ et 409 ③ – voir à Gent.

LOVERVAL Hainaut 214 ③ et 409 ⑬ – voir à Charleroi.

LUBBEEK 3212 Brabant 213 ⑳ et 409 ⑭ – 11 345 h. – 016.
Bruxelles 32 – Antwerpen 57 – Liège 71 – Namur 59.

Maelendries, Heideken 28 (au S : 3 km), ☎ 734860, Grillades – P.
fermé merc., sam. midi, dim. midi, 23 juil.-19 août et 24 déc.-1er janv. – **R** carte 690 à 1010.

MITSUBISHI Gellenbergstraat 68 ☎ 634226
VAG Gellenbergstraat 13 ☎ 634352

LUIK Liège – voir Liège.

LUMMEN Limburg 213 ⑨ et 409 ⑤ – voir à Hasselt.

LUSTIN 5160 Namur C Profondeville 214 ⑤ et 409 ⑪ – 8 770 h. – 081.
Voir Rochers de Frênes★, ≤★ O : 1,5 km.
Bruxelles 79 – Namur 16 – Dinant 17.

à Lustin-Frênes :

Floraire avec ch, r. Eugène-Falmagne 51, ☎ 411199, « Petit parc ombragé » – P. AE ⓓ. ch
fermé lundi soir et mardi – **R** carte 950 à 1390 – 145 – 4 ch 550/950 – P 1550.

Chalet des Frênes avec ch, r. Eugène-Falmagne 38, ☎ 411456, du belvédère ≤ vallée de la Meuse (Maas) – P. AE ⓓ E. ch
fermé merc. soir et jeudi – **R** 450/895 – 170 – 8 ch 375/950 – P 1100/1250.

MAASEIK 3680 Limburg 213 ⑪ et 409 ⑦ – 20 229 h. – 011.
Bruxelles 118 – Hasselt 41 – Maastricht 33 – Roermond 20.

Van Eyck avec ch, Grote Markt 48, ☎ 564051 – . AE ⓓ E.
fermé 16 août- 2 sept. et sam. d'oct. à avril – **R** 495/750 – 7 ch 450/900 – P 1000.

't Luifeltje, Majoor Aertsplein 5, ☎ 566120 – AE ⓓ
fermé 3 dern. sem. janv. et merc. d'oct. à mai – **R** carte 920 à 1200.

à Neeroeteren C Maaseik, O : 4 km par N 21 – ✉ 3670 Neeroeteren – 011 :

Jagershof sans rest, Diestersteenweg 221, ☎ 865632, ≤, « Dans un cadre de verdure », – wc P. ⓓ.
7 ch 635/1140.

BRITISH LEYLAND Weertersteenweg 94 ☎ 564550
HONDA Koning Albertlaan 45 ☎ 564484
NISSAN Industrieterrein-Gremelsloweg 2 ☎ 564273
TOYOTA Maaseikersteenweg 67 à Smeermaas ☎ 713657
VAG Dokter Moorsplaats 4 ☎ 564154

MAASMECHELEN 3630 Limburg 213 ⑩ et 409 ⑥ – 33 651 h. – 011.
Bruxelles 106 – Hasselt 30 – Aachen 42 – Maastricht 15.

à l'Ouest par rte d'As N 463 : 2 km - près de l'E 39 :

Rôtiss. Ouwe Hoef, Oude Baan 546, ☎ 764846, « Dans une ferme du 18e s. » – P. AE ⓓ
fermé dim.soir, lundi, 2 sem. en janv. et 2 sem. en août – **R** 1200.

à Eisden N : 3 km – ✉ 3630 Maasmechelen – 011 :

Lika, Pauwengraaf 2, ☎ 760126, Taverne avec repas rapide – TV wc wc P – . AE E.
R *(fermé dim. soir, lundi et juil.)* (3e étage) 580/940 – **17 ch** 1050/1610.

ALFA-ROMEO Oude Baan 143 à Eisden ☎ 764179
BMW Jos. Smeetslaan 175 ☎ 764331
FIAT Koninginnelaan 102 ☎ 764178
GM (OPEL) Rijksweg 390 ☎ 764031
HONDA Rijksweg 90 ☎ 764400
MERCEDES-BENZ Rijksweg 343 ☎ 760252
PEUGEOT, TALBOT Jos. Smeetslaan 246 ☎ 764435
TOYOTA Industrielaan Postbus 26 ☎ 765171

MAISSIN 6852 Luxembourg belge Ⓒ Paliseul 214 ⑯ et 409 ㉕ – 4 835 h. – ☎ 061.
♦Bruxelles 135 – ♦Arlon 65 – Bouillon 23 – ♦Dinant 49 – St-Hubert 19.

Mathot, av. Bâtonnier-Braun 52, ☎ 655391, ≤, – wc P
avril-3 janv. – **R** 495/1400 – 150 – **30 ch** 585/1135.

Roly du Seigneur, av. Roly du Seigneur 10, ☎ 655049, ≤ – wc wc P. AE. rest
fermé janv.-14 fév. et merc. d'oct. à mai – 125 – 16 ch 800/1000.

MITSUBISHI r. Albert-Ier 48 ☎ 655288

MAIZERET Namur 214 ⑤ et 409 ⑭ – voir à Namur.

MALCHAMPS Liège 213 ㉓ 214 ⑧ et 409 ⑯ – voir à Spa.

MALINES Antwerpen – voir Mechelen.

MALMÉDY 4890 Liège 214 ⑨ et 409 ⑯ – 10 063 h. – ☎ 080.
Voir Site★ – Carnaval★ (dimanche avant Mardi-gras).
Env. N : Hautes Fagnes★★, Signal de Botrange ≤★ – Rocher de Falize★ SO : 6 km.
place de Rome ☎ 777250.
♦Bruxelles 156 – ♦Liège 57 – Clervaux 57 – Eupen 29.

International, pl. de Rome 1, ☎ 777097 – wc.
fermé jeudi et 15 mars-14 avril – **R** 450/895 – 105 – 12 ch 860 – P 1135/1500.

Au Saint Esprit, pl. de Rome, ☎ 777314 – wc. AE E. ch
R carte 810 à 1040 – 6 ch 1100/1300 – P 1400/1525.

Au Petit Louvain, Chemin-rue 47, ☎ 777415
fermé merc. soir – **R** 450/680.

Les Sans Soucis, pl. du Commerce 3, ☎ 338616 – AE E
fermé lundi soir et mardi – **R** carte 910 à 1280.

*à **Bévercé*** N : 3 km – ✉ 4891 Bévercé – ☎ 080 :

Maison Géron sans rest, Bévercé-Village 29, ☎ 777006, – wc P
9 ch 830/1610.

Ferme Libert, ☎ 777247, ≤ vallées, – wc wc P – . AE
R 450/750 – **42 ch** 605/1060 – P 1070/1525.

Trôs Marets avec ch, Mont 1 (N 28), ☎ 777917 (sera 337917), ≤ vallées, , « Résidence avec appartements de grand confort et » , – wc wc P. AE E.
fermé 15 nov.-21 déc. – **R** carte 1120 à 1750 – 240 – 7 ch et 4 appartements 1695/7030.

Chapelle, Bévercé-Village 30, ☎ 777865, « Intérieur bien aménagé » – P. AE E
fermé mardi soir, merc. et du 1er au 21 nov. – **R** 525/875.

*à **Burnenville*** O : 5 km – ✉ 4891 Bévercé – ☎ 080 :

Plein Vent avec ch, Burnenville 44 a (N 32), ☎ 777554, ≤ campagne – wc P.
fermé du 1er au 19 oct., du 2 au 20 janv. et jeudi – **R** 650/1050 – 8 ch 710/1110 – P 1175/1225.

*à **Xhoffraix*** N : 7 km par N 28 – ✉ 4891 Bévercé – ☎ 080 :

Tchession, r. Village 22, ☎ 777087, ≤ – rest wc P. AE E
fermé 2 sem. en oct. et 3 sem. en avril – **R** *(fermé merc.)* carte 750 à 1130 – 125 – 17 ch 810/1250 – P 1450/1700.

ALFA-ROMEO r. Neuve 51 ☎ 777285
FIAT, MERCEDES-BENZ av. Pont-Warche 12 ☎ 777773
GM (OPEL) av. Alliés 80 ☎ 777911
MITSUBISHI av. Monbijou 36 ☎ 777566
TOYOTA r. Baugnez 9 a ☎ 778301
VAG r. Côteaux 18 ☎ 777114
VOLVO av. Pont-Warche 30 ☎ 777579

MALONNE Namur 214 ④ et 409 ⑭ – voir à Namur.

MARCHE-EN-FAMENNE 5400 Luxembourg belge 214 ⑥ et 409 ⑮ – 14 132 h. – ☎ 084.
♦Bruxelles 107 – ♦Arlon 80 – ♦Liège 56 – ♦Namur 46.

Rôtiss. de la Famenne avec ch, r. Luxembourg 58, ☎ 311734 – wc P. AE
fermé jeudis non fériés, 28 juin-4 juil. et 8 fév.-8 mars – **R** 490/1250 – 8 ch 1100/1300 – P 1500.

Bergerie avec ch, Fond des Vaulx 17, ☎ 312133, « Cadre de verdure » – P.
R *(fermé merc. soir et jeudi)* 450/850 – 200 – **6 ch** 715/780 – P 1500.

ALFA-ROMEO r. Luxembourg 94 ☎ 312028
BMW chaussée de Liège 97 ☎ 312431
BRITISH LEYLAND rte de Liège 50 ☎ 311673
FIAT rte de Bastogne 43 ☎ 311582
FORD av. France 158 ☎ 312126
HONDA chaussée de l'Ourthe 95 ☎ 311023
MAZDA av. Monument 20 ☎ 311569
MERCEDES-BENZ rte de Bastogne 51 a ☎ 311582
MITSUBISHI Porte de Rochefort 123 a ☎ 312707
NISSAN chaussée de l'Ourthe 61 ☎ 311602
RENAULT chaussée de Liège 11 ☎ 311917
VAG av. France ☎ 311708

MARCOURT-SUR-OURTHE 6991 Luxembourg belge C Rendeux 214 ⑦ et 409 ⑮ – 1 918 h. – ☎ 084.

♦Bruxelles 126 – ♦Arlon 84 – Marche-en-Famenne 19 – La Roche-en-Ardenne 9.

Marcourt, Pont de Marcourt 7, ☎ 477088, – wc P. AE.
fermé 11 sept.-1er oct., du 3 au 15 janv. et merc. soir, jeudi d'oct. à juin – **R** *(fermé après 20 h 30)* carte 800 à 1240 – 130 – 9 ch 600/900 – P 1350/1450.

MARIAKERKE West-Vlaanderen 213 ② et 409 ① – voir à Oostende.

MARIEKERKE 2689 Antwerpen C Bornem 213 ⑥ et 409 ④ – 18 099 h. – ☎ 052.

♦Bruxelles 41 – ♦Antwerpen 35 – ♦Mechelen 25.

X **De Ster,** Jan Hammeneckerstraat 141, ☎ 332289, Taverne-restaurant – P
fermé mardi, merc. et du 2 au 20 juil. – **R** carte 750 à 1140.

MARILLES 5952 Brabant C Orp-Jauche 213 ⑳ et 409 ⑭ – 6 163 h. – ☎ 019.

♦Bruxelles 57 – ♦Liège 50 – ♦Namur 34 – Tienen 19.

X **La Bergerie,** Grand Route 1 sur N 37, ☎ 633241, « Intérieur rustique » – P. E
fermé lundis, mardis non fériés et 16 août-21 sept. – **R** carte env. 1400.

MARKE West-Vlaanderen 213 ⑮ et 409 ⑩ – voir à Kortrijk.

MARTELANGE 6630 Luxembourg belge 214 ⑰⑱ et 409 ㉖ – 1 493 h. – ☎ 063.

♦Bruxelles 168 – ♦Arlon 18 – ♦Bastogne 21 – Diekirch 40 – ♦Luxembourg 44.

Martinot, rte de Bastogne 2, ☎ 600122, – P. AE E
fermé mardi et 11 janv.-fév. – **R** carte env. 1000 – 160 – **16 ch** 665/1260.

au Nord : 2 km sur E 9-E 40 :

XX **An der Stuff** avec ch, r. Roche Percée 1, ☎ 600428, ≤, « Cadre boisé » – P. AE.
fermé 6 janv.-fév. et dim. soir, lundi sauf du 5 juil. au 14 août – **R** carte 970 à 1300 – 130 – **6 ch** 670/1020.

à Grumelange N : 2 km – ✉ 6630 Martelange – ☎ 063 :

X **La Haute Sûre** avec ch, Grumelange village, ☎ 600570 – P
fermé du 4 au 19 mars – **R** *(fermé lundi d'oct. à avril)* carte 470 à 900 – 140 – **10 ch** 600/845.

RENAULT rte de Bastogne 41a ☎ 600686

MARTUÉ Luxembourg belge 214 ⑯ – voir à Florenville.

MASNUY-SAINT-JEAN Hainaut 213 ⑰ et 409 ⑫ – voir à Mons.

MASSEMEN 9201 Oost-Vlaanderen C Wetteren 213 ⑤ et 409 ③ – 23 261 h. – ☎ 091.

♦Bruxelles 45 – ♦Gent 15.

XX **Geuzenhof,** Lambroekstraat 50, ☎ 698034, , « Aménagé dans l'ancienne ferme du château » – P. E.
fermé mardi soir, merc. et 19 juin-18 juil. – **R** carte 870 à 1250.

MECHELEN (MALINES) 2800 Antwerpen 213 ⑦ et 409 ④ – 77 067 h. – ☎ 015.

Voir Tour*** de la cathédrale St-Rombaut** (St. Romboutskathedraal) AY – Grand-Place* (Grote Markt) BY – Hôtel de Ville* (Stadhuis) BY H – Pont du Wollemarkt (Marché aux laines) ≤* ABY R – à Muizen : Parc zoologique de Plankendael** par ③ : 3 km.

Stadhuis ☎ 208511.

♦Bruxelles 28 ④ – ♦Antwerpen 28 ⑦ – Leuven 24 ③.

Plans page ci-contre

Alba H. M sans rest, Korenmarkt 24, ☎ 420303, Télex 23357 – – . AE E — AZ **s**
290 – **43 ch** 2360/3050.

Egmont M sans rest, Oude Brusselstraat 50, ☎ 413498 – . AE E. — BZ **e**
fermé 15 déc.-14 janv. – **19 ch** 1200/1650.

Claes sans rest, O.L. Vrouwstraat 51, ☎ 412866 – — AZ **v**
fermé dim. et 23 déc.-janv. – **15 ch** 720/1125.

XXX ❀ **D'Hoogh,** Grote Markt 19, ☎ 217553 – . — BY **r**
fermé dim. soir, lundi et 2 sem. en juil. – **R** 1300/1700.

XX **New City,** Kardinaal Mercierplein 1, ☎ 422866 – AE E. — BZ **n**
fermé sam.midi, dim. et du 15 au 31 juil. – **R** carte 840 à 1400.

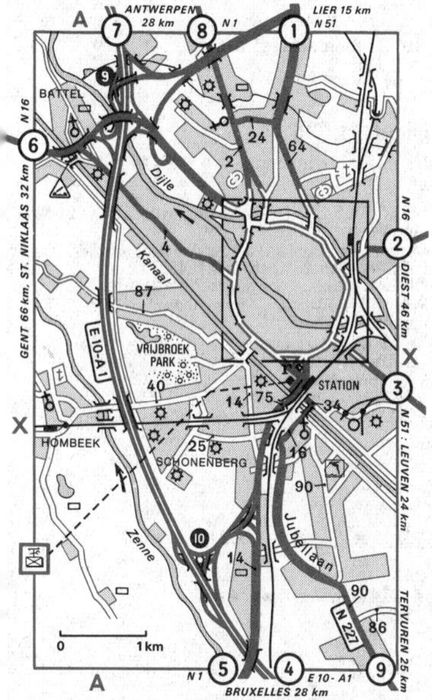

MECHELEN

Bruul . . . . **BZ**
Consciencestr. . . . . . . **BZ** 20
Frederik de
Merodestr. . . . . **BY**
Grote Markt . . . . **BY** 28
Hoogstr. . . . . **AY**
Korenmarkt . . . . **AY**
IJzerenleen . . . . **AYZ**

Antwerpsesteenweg . **AX** 2
Battelsesteenweg **AX,AY** 4
van Benedelei . . . . **AZ** 5
Botermarkt . . . . **BZ** 7
Brusselpoortstr. . . . . . **AZ** 12
Brusselsesteenweg . . **AX** 14
Colomalaan . . . . **AX** 16
Egmontstr. . . . . **BZ** 22
Eikstr. . . . . **AX** 24
Europalaan . . . . **AX** 25
Guldenstr. . . . . **AZ** 30
Hanswijkvaart . . . . **AX** 34
Haverwerf . . . . **AZ** 35
van Hoeystr. . . . . **BY** 38
Hombeeksesteenweg **AX** 40
Hoogstratenplein . . . . **BY** 41
Kardinaal Mercierpl. . . **BZ** 44
Karmelietenstr. . . . . . . **AZ** 45
Keizerstr. . . . . **BY** 48
Keldermansvest . . . . . **BY** 50
van Kesbeeckstr. . . . . **BY** 52
Korte Pennincstr. . . . . **AZ** 54
Lange Heergracht . . . **BY** 55
Lange Nieuwstr. . . . . . **BZ** 58
Leopoldstr. . . . . **AZ** 60
Leuvensesteenweg . . **BZ** 61
Liersesteenweg . . **AX,BY** 64
Maurits Sabbestr. . . . . **AY** 66
Nekkerspoelstr. . . . . . **BY** 69
Onder den Toren . . . . **AY** 71
Persoonshoek . . . . **AZ** 74
Postzegellaan . . . . **AX** 75
Raghenoplein . . . . **BZ** 78
St. Pietersberg . . . . . . **BY** 79
Stationstr. . . . . **BZ** 84
Steppeke . . . . **AX** 86
Stuivenbergbaan . . . . **AX** 87
Tervuursesteenweg . . **AX** 90
Veemarkt . . . . **BY** 91
Vismarkt . . . . **AZ** 92
Wollemarkt . . . . **AY** 94
Zoutwerf . . . . **AZ** 96

Les plans de villes sont orientés le Nord en haut.

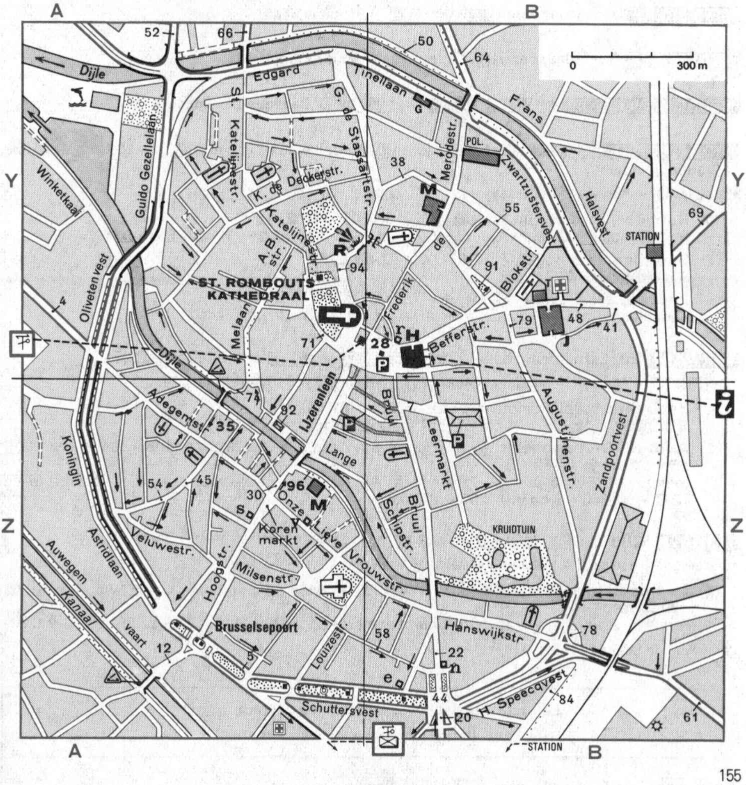

à Bonheiden par ② : 6 km – 12 216 h. – ✉ 2820 Bonheiden – ☎ 015 :

XX **'t Wit Paard,** Rijmenamseweg 85, ☎ 513220 – Ⓟ. AE ⓓ E. ✻
fermé jeudi et juil. – **R** 1025/1375.

à Rumst par ⑦ : 8 km – 13 509 h. – ✉ 2560 Rumst – ☎ 015 :

XXX **Potaerde,** Antwerpsesteenweg 96, ☎ 311374, « Élégante installation » – ▤ Ⓟ. AE ⓓ E
fermé sam. midi et 15 juil.-9 août – **R** 850/1700.

ALFA-ROMEO Leuvensesteenweg 101 ☎ 411898
BMW Gen. de Wittelaan 8 ☎ 203731
BRITISH LEYLAND Nijverheidstraat 45 ☎ 202160
CITROEN Oscar Van Kesbeeckstraat 7 ☎ 218964
FIAT M. Sabbestraat 123 ☎ 202752
FORD Neckerspoel 282 ☎ 216186
GM (OPEL) Oscar Van Kesbeeckstraat 17 ☎ 205320
HONDA Olivetenvest 12 ☎ 205438
HONDA Tervurensteenweg 206 à Hofstade ☎ 611323
LADA Battelsesteenweg 314 ☎ 202219
MAZDA Gentsesteenweg 141 ☎ 217386
MERCEDES-BENZ Brusselsesteenweg 359 ☎ 422911
MERCEDES-BENZ Liersesteenweg 175 à St-Katelijne-Waver ☎ 201609
MITSUBISHI Oscar Van Kesbeeckstraat 2 ☎ 206911
NISSAN Schonenberg 242 ☎ 415306
NISSAN Guido Gezellelaan 75 ☎ 216619
PEUGEOT, TALBOT Liersesteenweg 26 à St-Katelijne-Waver ☎ 208015
RENAULT Leuvensesteenweg 184 ☎ 411520
TOYOTA Battelsesteenweg 445 ☎ 202819
VAG Battelsesteenweg 220 ☎ 201803
VAG Schaliënhoevedreef 22 ☎ 219393
VOLVO Antwerpsesteenweg 273 ☎ 219994

MEISE Brabant **213** ⑥ et **409** ④ – voir à Bruxelles, environs.

MEIX-DEVANT-VIRTON **6750** Luxembourg belge **214** ⑪ et **409** ㉕ – 2 552 h. – ☎ 063.

♦Bruxelles 190 – ♦Arlon 35 – Bouillon 46 – Sedan 51.

🏠 **Au Fin Bec,** r. Virton 43, ☎ 577439, ⛱, 🌳, 🎾 – |\$| ⇔wc ☎ 🚗 Ⓟ. ✻
R 450/750 – ☕ 130 – **22 ch** 585/985 – P 855/1005.

MEMBACH Liège **213** ㉔ et **409** ⑯ – voir à Eupen.

MERELBEKE Oost-Vlaanderen **213** ④ et **409** ③ – voir à Gent.

MERENDREE Oost-Vlaanderen **213** ④ et **409** ② – voir à Gent.

MEUSE (Vallée de la) ** **213** ⑳㉑, **214** ⑤ et **409** ⑭ G. Belgique-Luxembourg.

MIDDELKERKE-BAD **8430** West-Vlaanderen Ⓒ Middelkerke **213** ① et **409** ① – 14 206 h. – ☎ 059 – Station balnéaire.

♦Bruxelles 124 – ♦Brugge 37 – Dunkerque 43 – ♦Oostende 8.

XXX **Bouquet,** Zeedijk, Kursaal (Casino), ☎ 300503 – ▤. AE ⓓ E
fermé lundi, mardi sauf Pâques, juil.-août et Noël-Nouvel-An – **R** carte 840 à 1500.

XX **Scorpion,** Zeedijk 223, ☎ 301614, ≤ – AE ⓓ E
R carte 770 à 1180.

XX **Littoral,** Zeedijk 79, ☎ 300754, ≤ – ⓓ. ✻
Pâques-sept. et sam., dim. midi en hiver; fermé 26 nov.-10 janv. – **R** 750/1350.

MIRWART **6932** Luxembourg belge Ⓒ St-Hubert **214** ⑯ et **409** ㉕ – 5 489 h. – ☎ 084.

♦Bruxelles 129 – ♦Arlon 71 – Marche-en-Famenne 26 – ♦Namur 68 – St-Hubert 11.

🏠 **Beau Site** 🐌, pl. Communale 5, ☎ 366227 – Ⓟ. AE
R 550/800 – ☕ 100 – **21 ch** 410/810 – P 1310/1410.

XX **Aub. du Grandgousier** 🐌 avec ch, r. Staplisse 6, ☎ 366293, « Intérieur rustique » – TV ⇔wc ⋒wc Ⓟ. AE ⓓ
fermé du 1er au 15 juin, du 1er au 15 fév., mardi sauf en juil.-août et lundi – **R** carte 870 à 1250 – ☕ 160 – **9 ch** 900/1200 – P 2000.

MODAVE **5271** Liège **214** ⑥ et **409** ⑮ – 3 175 h. – ☎ 085.

♦Bruxelles 97 – ♦Liège 38 – Marche-en-Famenne 25 – ♦Namur 46.

XX **La Roseraie** avec ch, r. Bonne 8, ☎ 411360, « Vaste parc ombragé » – ⇔wc ⋒wc Ⓟ. AE ⓓ. ✻ rest
fermé du 2 au 15 janv. – **R** *(fermé mardi et merc.)* carte 640 à 1210 – **5 ch** ☕ 750/950 – P 1350.

VAG Pont de Bonne 24 ☎ 411367

La carte Michelin est constamment tenue à jour
Elle bannit l'inconnu de votre route.

MOERKERKE West-Vlaanderen 213 ③ et 409 ② – voir à Damme.

MOERZEKE 9168 Oost-Vlaanderen © Hamme 213 ⑥ et 409 ④ – 22 707 h. – ☎ 052.

♦Bruxelles 36 – ♦Antwerpen 33 – ♦Gent 37.

XX **Wilgenhof,** Bootdijk 90, ☎ 470595, « Cadre champêtre » – Ⓟ
fermé mardi et fév. – **R** 650/1150.

HONDA Hammestraat 4 ☎ 477699
VAG Kasteellaan 15 ☎ 477989

MOESKROEN Hainaut – voir Mouscron.

MOL 2400 Antwerpen 213 ⑨ et 409 ⑤ – 29 970 h. – ☎ 014.

♦Bruxelles 78 – ♦Antwerpen 54 – ♦Hasselt 42 – ♦Turnhout 23.

🏨 **Molinas,** Turnhoutsebaan 46, ☎ 313764 – wc wc ☎ Ⓟ – . AE ⓓ E
R *(fermé sam. midi et dim.)* carte 790 à 1100 – ☕ 200 – **18 ch** 850/1500.

à Wezel E : 7 km – ✉ 2400 Mol – ☎ 014 :

XX **Da Leoncino,** St-Jozefslaan 73, ☎ 318245, Cuisine italienne, « Demeure ancienne dans un parc avec pièce d'eau » – Ⓟ. AE ⓓ E. ⚘
fermé dim., lundi et du 1er au 21 août – **R** carte 450 à 1200

BMW Kiezelweg 2 a ☎ 312671
CITROEN Rozenberg 85 ☎ 311304
FORD Kruisven 1 ☎ 311155
GM (OPEL) Borgerhoutsedijk 55 ☎ 311649
HONDA Ginderbroek 20 ☎ 313290
LADA Turnhoutsebaan 83 ☎ 311307
MAZDA Ezaart 194 ☎ 314722
MERCEDES-BENZ Ezaart 273 ☎ 311766
MITSUBISHI Apollonialaan 186 ☎ 318427
RENAULT Martelarenstraat 175 ☎ 311917

MOLENBEEK ST-JEAN Brabant – voir à Bruxelles, agglomération.

MOLENSTEDE Brabant 213 ⑧ et 409 ⑤ – voir à Diest.

MOMIGNIES Hainaut 214 ⑬ et 409 ㉓ – voir à Chimay.

MONS (BERGEN) 7000 Ⓟ Hainaut 214 ② et 409 ⑫ – 93 377 h. – ☎ 065.

Voir Collégiale Ste-Waudru★★ – Beffroi★ CY **D** – Musée de la Vie Montoise★ (Maison Jean Lescarts) DY **M**1.

⛳18 chemin de la Verrerie 2 à Erbisoeul par ① : 6 km ☎ 229610 et 229474.

ℹ Grand'Place 20 ☎ 335580 – Fédération provinciale de tourisme, rue des Clercs 31 ☎ 316101.

♦Bruxelles 67 ① – ♦Charleroi 36 ② – Maubeuge 20 ③ – ♦Namur 72 ① – ♦Tournai 48 ⑤.

Plans page suivante

Les prix de chambres risquent d'être majorés d'une taxe locale de 5 %

🏠 **Résidence H.** sans rest, r. A.-Masquelier 4, ☎ 311403 – wc — CZ **v**
6 ch ☕ 800/1100.

XXX ✿ **Devos,** r. Coupe 7, ☎ 331335 – ▤. AE ⓓ E. ⚘ — DY **r**
fermé dim. soir, merc. et 16 juil.-8 août – **R** carte 970 à 1380
Spéc. Mosaïque de lapereau et saumon, Roulade de sole à l'effilochée de saumon fumé, Rognon de veau à la Rodenbach.

XX **Le Vannes,** r. Nimy 10, ☎ 331443 – AE ⓓ E — DY **c**
fermé merc. – **R** carte 890 à 1050.

X **Saey,** Grand'Place 12, ☎ 335448 – ⓓ E — DY **e**
R 555/825.

X **Le Grill aux Herbes,** Marché aux Herbes 25, ☎ 312402 – AE ⓓ E — DY **s**
fermé dim. soirs et lundis non fériés – **R** carte 600 à 1060.

X **Robert,** bd Albert-Elisabeth 12, ☎ 335908 – AE ⓓ E. ⚘ — DZ **f**
fermé dim. soir, mardi et du 16 au 31 août – **R** 600.

à Cuesmes : 3 km au Sud-Ouest – ✉ 7210 Cuesmes – ☎ 065 :

XXX **Aquila,** r. Frameries 74, ☎ 312665 – Ⓟ. AE ⓓ — AZ **a**
fermé lundi soir, mardi et 16 juil.-13 août – **R** 550/750.

à Frameries : 6 km par ⑩ – 21 750 h. – ✉ 7240 Frameries – ☎ 065 :

XX **Le Vénitien,** r. Industrie 278, ☎ 661323 (sera 671323) – Ⓟ. ⚘
fermé merc. et jeudi soir – **R** 670/1450.

à Havré © Mons, par ② : 11,5 km – ✉ 7040 Havré – ☎ 065 :

XX **Le Rapois,** r. Beaulieu 101, ☎ 872147, « Fermette aménagée » – ⓓ
fermé dim., lundi soir, mardi et 10 juil.-9 août – **R** carte env. 1100.

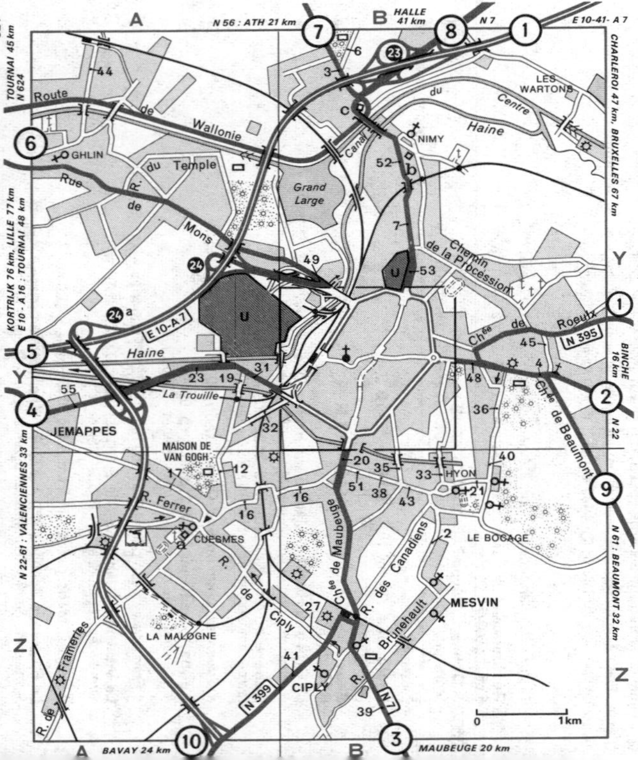

MONS

- Capucins (R. des) . . CZ 8
- Chaussée (R. de la) . CY 10
- Grand-Rue . . . . CZ 24
- Havré (R. d') . . . . . . DY 25
- Pte-Guirlande (R.) . . CZ 47

- Américains (R. des) BZ 2
- Ath (Rte d') . . . . BY 3
- Binche (Chée de) . . BY 4
- Bruxelles (Chée de) BY 7
- Chemin-de-Fer (R.) . AZ 12
- Clercs (R. des) . . . . CY 13
- E.-Vandervelde (R.) . . . . ABZ 16
- Etang-Derbaix (R.) . AZ 17
- Eugies (Rte d') . . . . AY 19
- Gaulle (Av. gén. de) BZ 20
- Genièvrerie (R.) . . . . BZ 21
- Grand-Route . . . . . . AY 23
- Héribus (R. de l') . . . . BZ 27
- Houssière (R. de la) . . . . CY 28
- Jean-d'Avesnes (Av.) . . . . . . CZ 29
- Jemappes (Av. de) . . . . AY 31
- Joseph-Wauters (Av.) . . . . . AY 32
- Jules-Hoyois (R.) . . . . BZ 33
- Lemiez (Av.) . . . . BZ 35
- Léon-Savé (R.) . . . . BY 36
- Léopold-II (R.) . . . . CY 37
- Licorne (R. de la) . . . . BZ 38
- Maubeuge (Chée de) . . . . . . BZ 39
- Maurice-Flament (R.) . . . . . . BZ 40

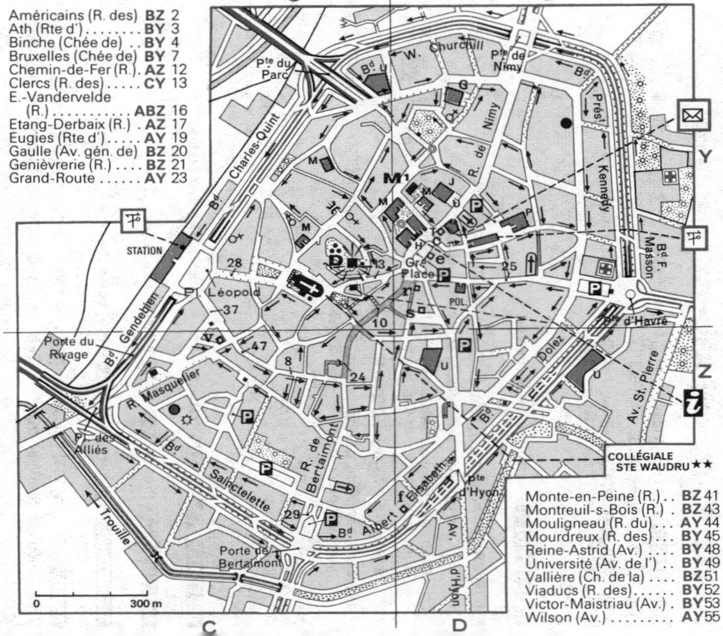

- Monte-en-Peine (R.) . . BZ 41
- Montreuil-s-Bois (R.) . BZ 43
- Mouligneau (R. du) . . . AY 44
- Mourdreux (R. des) . . . BY 45
- Reine-Astrid (Av.) . . . . BY 48
- Université (Av. de l') . . . BY 49
- Vallière (Ch. de la) . . . . BZ 51
- Viaducs (R. des) . . . . . . BY 52
- Victor-Maistriau (Av.) . BY 53
- Wilson (Av.) . . . . AY 55

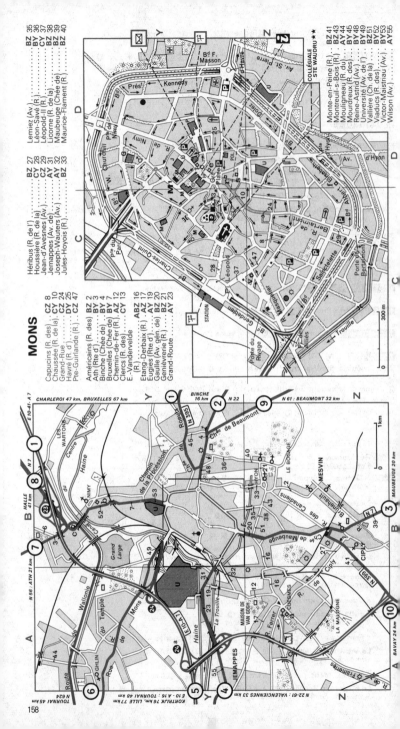

à Masnuy-St-Jean Ⓒ Jurbise, par ⑦ : 6 km – 7 733 h. – ✉ 7433 Masnuy-St-Jean – ☎ 065 :

Amigo ⛰, chaussée Brunehault 3, ☎ 728721, Télex 57313, ≤, « Cadre de verdure », 🏊 chauffée, 🎾 – 🛗 TV ♿ Ⓟ – 🏛. AE ⓞ E
fermé 24 déc.-1er janv. – **R** carte 530 à 890 – **57 ch** ☕ 1300/3200 – P 1950/2470.

à Nimy – ✉ 7450 Nimy – ☎ 065 :

XXX **Grillon,** r. Franche 7, ☎ 316447 – Ⓟ. AE ⓞ E BY **b**
fermé dim. soir, lundi et 22 juil.-13 août – **R** 1100/1450.

XX **Elberg,** r. Viaducs 259, ☎ 331240 – Ⓟ BY **c**
fermé lundi et 11 juil.-19 août – **R** 425/850.

MICHELIN, Agence régionale, r. Joseph-Francq 1, angle chaussée Bascoup à Piéton – ✉ 6158 Piéton – par ① : 35 km, E 10-41, ☎ **(064) 444941**

ALFA-ROMEO av. Jemappes 142 ☎ 312322
BMW av. Jemappes 137 ☎ 313100
BRITISH LEYLAND Zoning Industriel-r. Poire d'Or à Cuesmes ☎ 311127
CITROEN r. Chemin-de-Fer 235 à Cuesmes ☎ 347169
FIAT chaussée de Binche 50 b ☎ 337199
FORD r. Grand-Jour 3 ☎ 335173
GM (OPEL) r. Malplaquet 21 ☎ 334168
HONDA Grand'Route 136 ☎ 335012
HONDA r. Moulin 2 à Nimy ☎ 336194
LADA r. Chemin-de-Fer 12 à Cuesmes ☎ 311504
MAZDA r. Lamir 21 ☎ 311503
MERCEDES-BENZ r. Poire d'Or 159 à Wasmes ☎ 346590
MITSUBISHI chaussée du Rœulx 437 ☎ 313206
NISSAN r. Ste-Anne 1 à Ghlin ☎ 335852
NISSAN Zoning Industriel-r. Poire d'Or à Cuesmes ☎ 337154
PEUGEOT, TALBOT av. des Bassins 11 ☎ 335522
RENAULT r. Buisseret 52 ☎ 317361
TOYOTA av. de la Joyeuse-Entrée 11 à Nimy ☎ 314499
VAG pl. Alliés 3 ☎ 332947
VAG av. du Régent 5 à Ghlin ☎ 339266
VAG chaussée de Bruxelles 193c à Maisières ☎ 728454
VOLVO bd Sainctelette 120 ☎ 333162

MONTAIGU Brabant – voir Scherpenheuvel.

MONT DE L'ENCLUS (KLUISBERG) Oost-Vlaanderen et Hainaut 213 ⑯ et 409 ⑪ – 9 356 h. – ☎ 055 et 069.

♦Bruxelles 69 – ♦Gent 41 – ♦Kortrijk 24 – ♦Tournai 24.

XXX **Host. Le Bouquet,** Kluisberg 5, ✉ 7572 Orroir, ☎ (069) 454586, ≤, « Élégante installation, jardin » – Ⓟ. ⓞ E
R carte 500 à 1150.

MONTIGNIES-ST-CHRISTOPHE 6552 Hainaut Ⓒ Erquelinnes 214 ②③ et 409 ⑬ – 9 916 h. – ☎ 071.

♦Bruxelles 78 – ♦Charleroi 30 – ♦Mons 25.

XXX **Villa Romaine** avec ch, rte de Mons 52, ☎ 555622 – 🛁 Ⓟ. ⓞ
fermé lundi soir, merc. midi et sept. – **R** carte 770 à 1360 – ☕ 120 – **6 ch** 850.

MONTIGNIES-SUR-ROC 7383 Hainaut Ⓒ Honnelles 214 ① et 409 ⑫ – 4 935 h. – ☎ 065.

♦Bruxelles 93 – ♦Mons 27 – Valenciennes 20.

X **La Source,** r. Fontaine 4, ☎ 759550 – AE ⓞ E. 🐕
fermé dim. soir, mardi soir, merc. et du 16 au 31 août – **R** carte 750 à 1240.

MONTIGNIES-SUR-SAMBRE Hainaut 214 ③ et 409 ⑬ – voir à Charleroi.

MONT KEMMEL West-Vlaanderen – voir Kemmelberg.

MORLANWELZ 6510 Hainaut 214 ③ et 409 ⑬ Nord – 18 019 h. – ☎ 064.

Voir Domaine de Mariemont** : musée**, parc*.

♦Bruxelles 55 – ♦Mons 22 – Binche 7 – ♦Charleroi 25.

Hôtels et restaurants voir : Mons E : 22 km

MORTSEL Antwerpen 212 ⑮ et 409 ④ – voir à Antwerpen, périphérie.

MOUSCRON (MOESKROEN) 7700 Hainaut 213 ⑮ et 409 ⑪ – 54 562 h. – ☎ 056.

♦Bruxelles 101 ⑦ – ♦Mons 71 ② – ♦Kortrijk 11 ① – Lille 23 ⑦ – ♦Tournai 23 ②.

Plan page suivante

XXX **Cristal,** r. Roi-Baudouin 1, ☎ 332840 – ▤. AE ⓞ E A **e**
fermé lundi soir, mardi et 10 juil.-4 août – **R** 750/1250.

XX **Coq Faisan,** chaussée de Lille 291, ☎ 331222 – AE ⓞ E A **n**
fermé dim. soir, lundi et 26 juin-17 juil. – **R** 895/1395.

XX **Bois de Boulogne,** r. Christ (centre commercial), ☎ 338732 B **r**
fermé du 9 au 27 juil. – **R** (déjeuner seult sauf vend. et sam.) 990/1240.

MOUSCRON

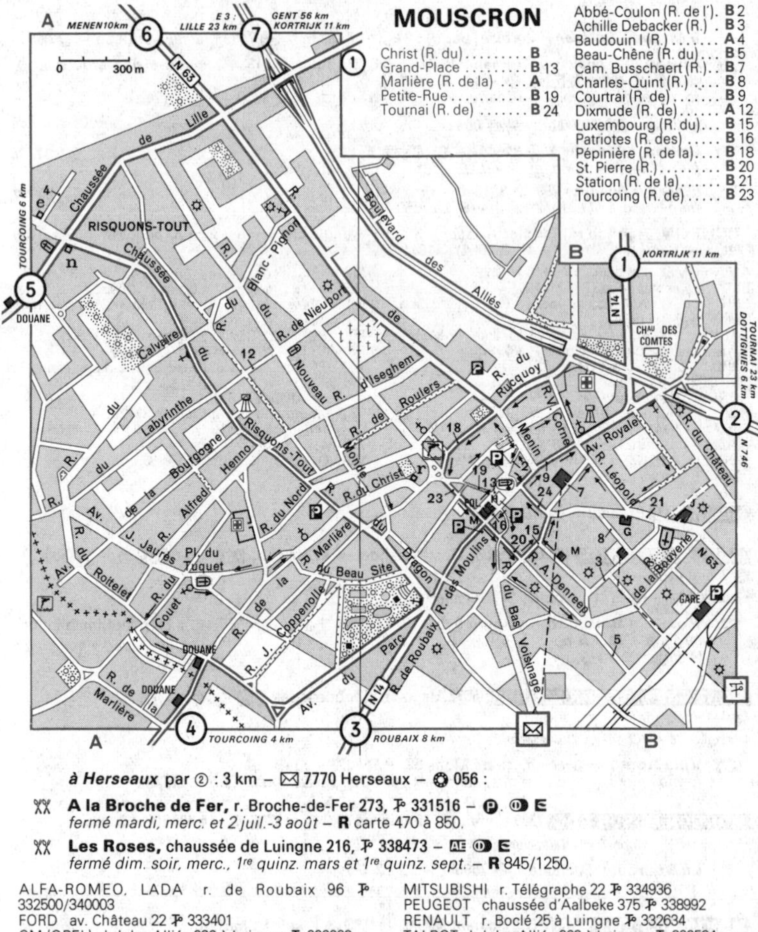

à Herseaux par ② : 3 km – ✉ 7770 Herseaux – ⊛ 056 :

XX **A la Broche de Fer,** r. Broche-de-Fer 273, ☎ 331516 – ℗. ⓓ E
fermé mardi, merc. et 2 juil.-3 août – **R** carte 470 à 850.

XX **Les Roses,** chaussée de Luingne 216, ☎ 338473 – AE ⓓ E
fermé dim. soir, merc., 1re quinz. mars et 1re quinz. sept. – **R** 845/1250.

ALFA-ROMEO, LADA r. de Roubaix 96 ☎ 332500/340003
FORD av. Château 22 ☎ 333401
GM (OPEL) bd des Alliés 286 à Luingne ☎ 333333
MAZDA av. Reine Astrid 13 ☎ 330615
MERCEDES-BENZ chaussée de Lille 63 ☎ 333681
MITSUBISHI r. Télégraphe 22 ☎ 334936
PEUGEOT chaussée d'Aalbeke 375 ☎ 338992
RENAULT r. Boclé 25 à Luingne ☎ 332634
TALBOT bd des Alliés 262 à Luingne ☎ 333584
VAG chaussée de Gand 2 ☎ 331926
VOLVO, HONDA r. Menin 146 ☎ 337777

Les plans de villes sont disposés le Nord en haut.

NADRIN 6665 Luxembourg belge © Houffalize 214 ⑦ et 409 ⑮ – 4 103 h. – ⊛ 084.

Voir Belvédère des Six Ourthe★★★, Le Hérou★★.

Env. O : Route de la Roche-en-Ardenne ≤★.

♦Bruxelles 140 – ♦Arlon 68 – ♦Bastogne 29 – La Roche-en-Ardenne 13.

Les Ondes ⑤, rte de La Roche-en-Ardenne 15, ☎ 444111, ≤, « Jardin », – wc wc ℗. rest
fermé 15 janv.-14 mars et lundi, mardi, merc. du 15 oct. à mars – **R** carte 600 à 920 – **13 ch** 640/1390 – P 1400/1600.

XX **Le Cabri** ⑤ avec ch, rte du Hérou 2d, ☎ 444185, « Élégante auberge avec ≤ sur vallées », – ℗. AE ⓓ. ch
fermé mardi sauf en juil.-août, merc., jeudi, 27 fév.-22 mars, 18 juin-5 juil. et du 3 au 21 sept. – **R** 570/1050 – 170 – 4 ch 705/1260 – P 1830.

XX **Panorama** ⑤ avec ch, r. Hérou, ☎ 444324, ≤ vallée de l'Ourthe, – wc wc ℗.
fermé 5 janv.-14 fév. et merc. non fériés; du 15 fév. à Pâques ouvert week-ends seult – **R** carte env. 1300 – 180 – 12 ch 1060/1400 – P 1540.

NAMUR (NAMEN) 5000 🅟 **213** ⑳ **214** ⑤ et **409** ⑭ – 102 075 h. – ☎ 081.

Voir Citadelle★ ☼★★ ABZ – Trésor★★ de la Maison des Soeurs de Notre-Dame BZ **K** – Église St-Loup★ AZ **E**.

Musées : Archéologique★ BZ **M³** – des Arts Anciens du Namurois★ BY **M⁴** – Diocésain et trésor de la cathédrale★ AYZ **M⁵** – de Croix★ AZ **M⁶**.

Env. Floreffe : stalles★ de l'église abbatiale par ⑤ : 11 km.

🅘 Pavillon, square Léopold ☎ 222859 – Fédération provinciale de tourisme, rue Notre-Dame 3 ☎ 222998.

♦Bruxelles 64 ① – ♦Charleroi 38 ⑥ – ♦Liège 61 ① – ♦Luxembourg 158 ③.

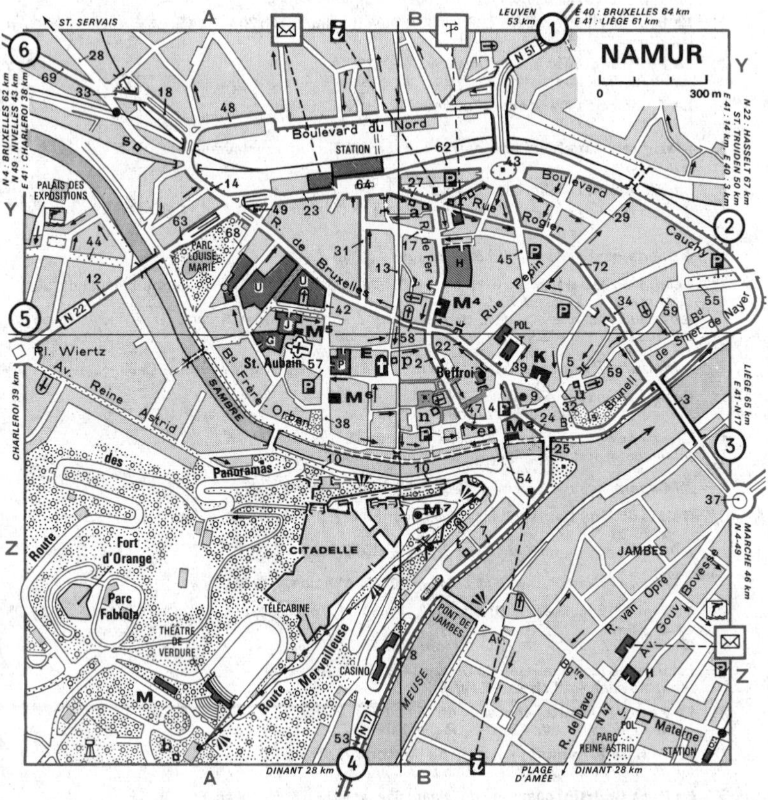

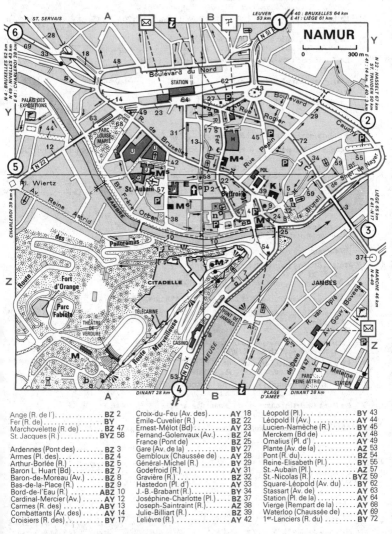

Ange (R. de l') . . . . **BZ** 2	Croix-du-Feu (Av. des) . . . . . . **AY** 18	Léopold (Pl.) . . . . **BY** 43
Fer (R. de) . . . . **BY**	Emile-Cuvelier (R.) . . . . **BZ** 22	Léopold II (Av.) . . . . **AY** 44
Marchovelette (R. de) . . . . . **BZ** 47	Ernest-Mélot (Bd) . . . . **AY** 23	Lucien-Namèche (R.) . . . . **BY** 45
St. Jacques (R.) . . . . **BYZ** 58	Fernand-Golenvaux (Av.) . . . . **BZ** 24	Merckem (Bd de) . . . . **AY** 48
	France (Pont de) . . . . **BZ** 25	Omalius (Pl. d') . . . . **AY** 49
Ardennes (Pont des) . . . . **BZ** 3	Gare (Av. de la) . . . . **BY** 27	Plante (Av. de la) . . . . **AZ** 53
Armes (Pl. des) . . . . **BZ** 4	Gembloux (Chaussée de) . . . **AY** 28	Pont (R. du) . . . . **BZ** 54
Arthur-Borlée (R.) . . . . **BZ** 5	Général-Michel (R.) . . . . **BY** 29	Reine-Elisabeth (Pl.) . . . . **BY** 55
Baron L. Huart (Bd) . . . . **BZ** 7	Godefroid (R.) . . . . **AY** 31	St.-Aubain (Pl.) . . . . **AZ** 57
Baron-de-Moreau (Av.) . . . . . **BZ** 8	Gravière (R.) . . . . **BZ** 32	St.-Nicolas (R.) . . . . **BYZ** 59
Bas-de-la-Place (R.) . . . . **BZ** 9	Hastedon (Pl. d') . . . . **AY** 33	Square-Léopold (Av. du) . . . . **BY** 62
Bord-de-l'Eau (R.) . . . . **ABZ** 10	J.-B.-Brabant (R.) . . . . **BY** 34	Stassart (Av. de) . . . . **AY** 63
Cardinal-Mercier (Av.) . . . . . . **AY** 12	Joséphine-Charlotte (Pl.) . . . . **BZ** 37	Station (Pl. de la) . . . . **AY** 64
Carmes (R. des) . . . . **ABY** 13	Joseph-Saintraint (R.) . . . . **AZ** 38	Vierge (Rempart de la) . . . . . . **AY** 68
Combattants (Av. des) . . . . . . **AY** 14	Julie-Billiart (R.) . . . . **BZ** 39	Waterloo (Chaussée de) . . . . . **AY** 69
Croisiers (R. des) . . . . **BY** 17	Lelièvre (R.) . . . . **AY** 42	1er-Lanciers (R. du) . . . . **BY** 72

Château de Namur ⚘, av. Ermitage 1 (citadelle), ☎ 222546, Télex 59097, ≤ sur vallée, 🏞, ✂ – 🛗 📺 🅟 – 🔔. AE ⓓ E AZ **b**
fermé 23 déc.-14 janv. – **R** carte 830 à 1620 – **30 ch** ☕ 1345/2020 – P 2750/2855.

Queen Victoria, av. Gare 11, ☎ 222971, Avec repas rapide, Ouvert jusqu'à 24 h – 🛗 ▤ rest 📺 🛁wc 🚿wc ☎. AE ⓓ E BY **a**
R carte 460 à 840 – **20 ch** ☕ 580/1300.

XX **Côté Jardin,** r. de la Halle 2, ☎ 230184 – AE ① E — BZ n
fermé dim. et août – **R** 820/1450.

XX **Rive Gauche,** bd Baron Huart 28, ☎ 220470 – AE ① — BZ t
fermé sam. midi, dim., jours fériés et juil. – **R** 580/880.

XX **Au Bon Vivant,** r.Borgnet 5, ☎ 222314 – AE ① E — BY r
fermé merc. et du 3 au 27 juil. – **R** 645/1115.

X **Le Colombier,** pl. l'Ilon 16, ☎ 227450 – AE — BZ u
fermé dim. soir, lundi et 24 juil.-18 août – **R** carte 730 à 910.

X **La Bruxelloise,** av. Gare 2, ☎ 220902, Ouvert jusqu'à 23 h 30 – ▤. AE ① E — BY a
R carte 490 à 1100.

X **Le Petit Bedon,** r. Armée Grouchy, ☎ 227235 — AY s
◆ *fermé lundi, jeudi soir, 15 juil.-14 août, Noël-Nouvel An et Pâques* – **R** 450/880.

X **Le Temps des Cerises,** r. Brasseurs 22, ☎ 225326 – E — BZ e
R carte 610 à 850.

X **Marignan,** carrefour Porte-de-Fer 1, ☎ 225960, Taverne-restaurant – AE ① E — BY r
R 500/750.

X **La Soupière,** r. Saint-Loup 8, ☎ 228485 – ✱ — ABZ p
fermé dim., jours fériés et du 9 au 29 juil. – **R** (déjeuner seult sauf vend. et sam.) carte 450 à 780.

à Bouge par ① : 3 km – ✉ 5004 Bouge – ☎ 081 :

XX **Ferme du Quartier** ⑤ avec ch, pl. Ste Marguerite 4, ☎ 211105, Ferme aménagée, ⛱ – ⋒wc ☎ **P** – ⛺. AE ① E. ✱
fermé juil., du 26 au 30 déc., dim. soir et jours fériés soirs – **R** carte 630 à 790 – **15 ch** ☕ 500/1000 – P 1100/1200.

à Maizeret C Andenne, par ③ : 11 km – 22 418 h. – ✉ 5133 Maizeret – ☎ 081 :

XX **Chalet Suisse,** r. Samson 2, ☎ 588611 – **P**. ①. ✱
fermé 1re quinz. sept. et mardi soir, merc. soir de sept. à juin – **R** carte 1100 à 1500.

XX **Chez Léon,** r. Gawday 1, ☎ 588651, ← – **P**. AE
fermé mardi soir, merc. et du 1er au 15 fév. – **R** 695/1350.

à Malonne par ⑤ : 3,5 km – ✉ 5730 Malonne – ☎ 081 :

XXX **Relais du Roy Louis,** chaussée de Charleroi 18, ☎ 444847, ⛱, « Ferme du 17e s., terrasse » – **P**. AE ①
fermé dim. soir, lundi et du 10 au 31 juil. – **R** 750/1250.

à Wépion C Namur, par ④ : 4,5 km – ✉ 5150 Wépion – ☎ 081 :

🏨 **Sofitel** M, chaussée de Dinant 1149, ☎ 460811, Télex 59031, ←, ⛱ – ▤ TV ♿ **P** – ⛺. AE ① E. ✱ rest
R carte 700 à 1040 – ☕ 260 – **118 ch** 2100/2450.

⌂ **Frisia** sans rest, chaussée de Dinant 1455, ☎ 411106, ←, ⛱ – ⛆wc **P**
fermé fin sept. – **10 ch** ☕ 700/1050.

XX **La Petite Marmite,** chaussée de Dinant 683, ☎ 460906, ← – AE ① E
fermé lundi et 12 mars-11 avril – **R** 795/1125.

XX **Moulin de Provence,** r. Adrien de Prémorel 23, ☎ 460420, ← – ①
fermé lundi et 5 sept.-7 oct. – **R** 550/900.

X **Le Père Courtin,** chaussée de Dinant 652, ☎ 461961 – AE ① E
fermé jeudi – **R** carte 920 à 1070.

MICHELIN, Agence régionale, chaussée de Waremme - zoning de Villers-le-Bouillet, 34 km : par ②, E 41, N 48 – ✉ 5260 Villers-le-Bouillet, ☎ **(085) 214921**

BMW r. Dewez 20 ☎ 221432
CITROEN av. Albert-Ier 137 ☎ 220106
FIAT r. d'Arquet 78 ☎ 222434
LADA chaussée de Charleroi 108 ☎ 227924
MAZDA av. Croix-de-Feu 1b ☎ 220411
PEUGEOT, TALBOT chaussée de Waterloo 75 ☎ 229151
RENAULT r. Fer 105 ☎ 223204
TOYOTA r. Dewez 42 ☎ 221577

Environs

ALFA-ROMEO av. Prince-de-Liège 81 à Jambes ☎ 302804
BMW chaussée de Marche 457 à Erpent ☎ 303894
BRITISH LEYLAND rte de Hannut 90 à Bouge ☎ 212711
FORD pl. Joséphine-Charlotte 18 à Jambes ☎ 301451
GM (OPEL) rte Gembloux 42 à St-Servais ☎ 713322
HONDA chaussée de Waterloo 490 à St-Servais ☎ 712321
LADA av. Prince-de-Liège 117 à Jambes ☎ 301018
MAZDA chaussée de Marche 555 à Erpent ☎ 304005
MERCEDES-BENZ chaussée de Marche 420 à Jambes ☎ 301861
MITSUBISHI chaussée de Louvain 329 à Bouge ☎ 214186
NISSAN r. Dave 276 à Jambes ☎ 301310
VAG av. Jean-Pochet 1 à Belgrade ☎ 229051
VOLVO chaussée de Marche 441 à Erpent ☎ 301981

NANDRIN 4150 Liège 213 ㉒ et 409 ⑮ – 3 599 h. – ✆ 085.
♦Bruxelles 99 – ♦Liège 26 – ♦Huy 16.

à l'Ouest : 2 km à Fraineux – ✉ 4151 – ✆ 085 :

XXX ✿ **Domaine du Château de Fraineux** avec ch, r. Chapelle 4, ✆ 511437, ←, « Parc », – wc ☎ P. AE ⓓ
fermé mardi soir et merc. – **R** carte 1150 à 1500 – ☕ 200 – 6 ch 1650/1950 – ½ p 2150/2850.

NANINNE 5140 Namur Ⓒ Namur 214 ⑤ et 409 ⑭ – 102 075 h. – ✆ 081.
♦Bruxelles 71 – ♦Namur 8,5 – Marche-en-Famenne 39.

XXX **Li Viye Cinse,** r. Chaudes-Voies 39, ✆ 400284, « Rustique » – P. AE
fermé mardi soir en hiver et merc. – **R** 800/1100.

VAG Parc Industriel ✆ 401351

NAZARETH 9730 Oost-Vlaanderen 213 ④ et 409 ③ – 9 281 h. – ✆ 091.
♦Bruxelles 63 – ♦Gent 18 – ♦Kortrijk 32 – Oudenaarde 18.

XX **'t Molenerf,** Heirweg Kortrijk 34, ✆ 854904, « Dans une ancienne ferme, terrasse au bord de l'eau » – P. AE ⓓ
fermé mardi soir d'oct. à mars, merc. et 15 fév-4 mars – **R** 875.

NEERHAREN 3761 Limburg Ⓒ Lanaken 213 ⑩ et 409 ⑥ – 20 300 h. – ✆ 011.
♦Bruxelles 111 – ♦Hasselt 32 – ♦Liège 37 – ♦Maastricht 8.

Nova, Staatsbaan 81, ✆ 714474 – ☎ P. E. ✻ rest
fermé 25 déc. – **R** *(fermé sam., dim. soir et après 20 h 30)* carte env. 600 – **19 ch** ☕ 450/1000 – P 850/1000.

NEEROETEREN Limburg 213 ⑩ et 409 ⑥ – voir à Maaseik.

NEERPELT 3580 Limburg 213 ⑩ et 409 ⑥ – 12 893 h. – ✆ 011.
♦Bruxelles 110 – ♦Antwerpen 81 – ♦Eindhoven 26 – ♦Hasselt 40.

à Sint-Huibrechts-Lille Ⓒ Neerpelt E : 4 km – ✉ 3582 Sint-Huibrechts-Lille – ✆ 011 :

X **Kompenhof,** Kompenstraat 13, ✆ 640547 – ⓓ. ✻
fermé mardi et du 10 au 25 sept. – **R** carte env. 700.

BMW Hamonterweg 100 ✆ 676678
HONDA 2de Carabinierslaan 40 à Veldwezelt ✆ 714287
MAZDA Kiezelweg 111 à Veldwezelt ✆ 714720
MITSUBISHI Herent 90 ✆ 642563
RENAULT Hamonterweg 4 ✆ 641393

NEUFCHATEAU 6620 Luxembourg belge 214 ⑰ et 409 ㉕ – 6 011 h. – ✆ 061.
♦Bruxelles 153 – ♦Arlon 36 – Bouillon 40 – ♦Dinant 71.

X **La Tour Griffon** avec ch, r. L. Burnotte 15, ✆ 278025 – ✻ rest
fermé lundi et oct. – **R** 425/950 – ☕ 150 – **4 ch** 450/800 – P 950.

X **Le Chalet** avec ch, au lac, ✆ 277437, ←, « Cadre de verdure » – P. AE ⓓ E
fermé janv. – **R** *(fermé jeudi midi d'oct. à Pâques)* carte 580 à 900 – ☕ 100 – 6 ch 605/705 – P 1055.

FORD av. Gare 43 ✆ 277444
GM (OPEL) rte de Bastogne 94 à Longlier ✆ 277865
HONDA av. Gare 131d ✆ 278150
VAG av. Victoire 66 ✆ 277520

NEUFCHATEAU-LEZ-VISÉ 4561 Liège Ⓒ Dalhem 213 ㉓ – 5 246 h. – ✆ 041.
♦Bruxelles 113 – Aachen 27 – ♦Liège 22 – Verviers 22.

XX **La Chaume** avec ch, r. Vicinal 17, ✆ 766564, ← vallée de la Berwinne et campagne, – wc P. AE E. ✻ ch
fermé 3 sem. en janv., du 9 au 30 juil. et dim. soirs, lundis, mardis soirs non fériés – **R** 700/930 – ☕ 150 – **6 ch** 635/805 – P 1750.

NEUVILLE-EN-CONDROZ Liège 213 ㉒ et 409 ⑮ – voir à Liège.

NIEUWMUNSTER West-Vlaanderen 213 ② et 409 ② – voir à Wenduine.

En dehors des établissements désignés par
XXXXX ... X,
il existe, dans de nombreux hôtels,
un restaurant de bonne classe.

NIEUWPOORT-BAD **(NIEUPORT-LES-BAINS) 8450 West-Vlaanderen 213 ① et 409 ① – 8 301 h. – ✪ 058 – Station balnéaire.**

Voir Musée K.R Berquin★ dans l'Hôtel de Ville.

♦Bruxelles 131 – ♦Brugge 44 – Dunkerque 31 – ♦Oostende 19 – Veurne 13.

Regina sans rest, Albert-I laan 137, ☎ 235692 – 🛗 📺 wc ☎. AE ⓓ
mars-14 nov. – **20 ch** 1000/1500.

Cosmopolite, Albert-I laan 141, ☎ 233366 – 🛗 wc wc. AE ⓓ
mars-15 nov. – **R** *(fermé mardi soir)* 450/750 – **30 ch** 500/950 – P 925/1100.

Le Phare, Albert-I laan 92, ☎ 233214 – wc wc. AE ⓓ E
mars-sept.; fermé lundi soir et mardi sauf en juil.-août – **R** *(fermé après 20 h 30)* 450/900 – **17 ch** 550/1300 – P 950/1300.

XXX **Jan Turpin,** Albert-I laan 68a, ☎ 233452, « Élégante installation » – Ⓟ. AE ⓓ E
R 725/1075.

XX **Ter Polder,** Victorlaan 17, ☎ 235666 – Ⓟ. AE ⓓ E
fermé dim. soir et lundi – **R** 675/1350.

X **Windhoek,** Albert-I laan 153, ☎ 235506 – AE ⓓ E
fermé mardi soir et merc. – **R** 425/925.

à Nieuwpoort-Stad :

X **Visserke,** IJzer 5, ☎ 233233 – Ⓟ. AE ⓓ
fermé merc. et du 2 au 23 oct. – **R** carte 530 à 1000.

FORD Kaai 44 ☎ 233152
LADA IJzer 45 ☎ 234449
TOYOTA Astridlaan 2 ☎ 233245

NIL-ST-VINCENT **5864 Brabant** © **Walhain 213 ⑲ et 409 ⑭ – 4 251 h. – ✪ 010.**

♦Bruxelles 39 – ♦Namur 27.

au Sud-Ouest **sur N 4 :**

XXX **Host. Le Manoir** avec ch, chaussée de Namur 18, ☎ 655325, « Jardin » – Ⓟ
fermé mardi, merc. et sept. – **R** 725/1225 – 150 – 6 ch 380/1020.

XXX Provençal, chaussée de Namur 11, ☎ 655184 – Ⓟ.

NIMY **Hainaut 214 ② et 409 ⑫ – voir à Mons.**

NINOVE **9400 Oost-Vlaanderen 213 ⑰ et 409 ⑫ – 33 544 h. – ✪ 054.**

Voir Boiseries★ de l'Abbaye de Prémontrés.

♦Bruxelles 24 – ♦Gent 46 – Aalst 15 – ♦Mons 47 – ♦Tournai 58.

De Croone, Gerardsbergsestraat 49, ☎ 333003, – rest ☎. AE
fermé 15 juil.-14 août – **R** 500 – **11 ch** 800/1200 – P 1400.

XX **De Hommel,** Kerkplein 2, ☎ 333197, « Rustique » – AE ⓓ E.
fermé lundi soir, mardi et 4 juil.-1er août – **R** carte 1100 à 1420.

XX **Sint-Joris,** Burchtdam 27, ☎ 333152 – AE ⓓ E
fermé merc. soir et jeudi – **R** 520/1200.

BMW Elisabethlaan 201 ☎ 331121
BRITISH LEYLAND Ringlaan 6 ☎ 331993
CITROEN Brakelsesteenweg 242 ☎ 311903
FORD Leopoldlaan 126 ☎ 331450
GM (OPEL) D. de Bodtkaai 19 ☎ 332232
MAZDA Denderhoutembaan 267 ☎ 331569
MITSUBISHI Elisabethlaan 47 ☎ 333171
TOYOTA Steenweg op Brussel 3a à Voorde ☎ 500777

NIVELLES **(NIJVEL) 1400 Brabant 213 ⑱ et 409 ⑬ – 21 535 h. – ✪ 067.**

Voir Collégiale Ste-Gertrude★.

Env. Plan incliné de Ronquières ★ O : 9 km.

♦Bruxelles 34 – ♦Charleroi 28 – ♦Mons 35.

Motel Nivelles-Sud Ⓜ, chaussée de Mons 22 sortie Sud E 10, ☎ 227460, Télex 57788, – 🛗 wc ☎ ♿ Ⓟ – . AE E
R carte env. 600 – 110 – **60 ch** 900/1000.

X **L'Haubergeon,** r. Brasseurs 14, ☎ 222914, Décor rétro
fermé sam. midi et dim. soir – **R** carte 690 à 1070.

X **De la Collégiale,** av. Jeuniaux 2 (face au parc), ☎ 222843 – Ⓟ. AE ⓓ E
fermé lundi, mardi et juil. – **R** 595/975.

CITROEN r. Seutin 11 ☎ 223109
FIAT Faubourg de Bruxelles 4 ☎ 222778
FORD chaussée de Namur 67 ☎ 225111
GM (OPEL) faubourg de Mons 68 ☎ 223023
LADA Faubourg de Namur 43 ☎ 223397
NISSAN chaussée de Braine-le-Comte 76 ☎ 223026
PEUGEOT, TALBOT chaussée de Charleroi 2 ☎ 223626
RENAULT chaussée de Namur 52 ☎ 222627
VAG faubourg de Soignies 42 ☎ 224445
VOLVO chaussée de Bruxelles 224 ☎ 224027

NOIREFONTAINE 6831 Luxembourg belge ⓒ Bouillon 214 ⑮⑯ et 409 ㉔ – 5 450 h. – ☎ 061.
Env. Belvédère de Botassart ≤ ** O : 7 km – E : Mont du Zatron ≤*.
•Bruxelles 154 – •Arlon 67 – Bouillon 4 – •Dinant 59.

⌂ ✿✿ **Aub. Moulin Hideux** ⑤, rte de Dohan 1, ☎ 467015, ≤, « Élégante installation dans un cadre boisé », ⌂, ✂ – TV ☎ P. AE E
15 mars-21 nov. – **R** *(fermé merc.)* carte 1720 à 2280 – **13 ch** ⊏ 2505/3010
Spéc. Hure de la mer, St-Pierre flanqué de homard et truffes, Effilée de poularde à la crème d'estragon.

NIJVEL Brabant – voir Nivelles.

OCQUIER 5292 Liège ⓒ Clavier 214 ⑥ et 409 ⑮ – 3 538 h. – ☎ 086.
•Bruxelles 107 – •Liège 41 – •Dinant 40 – Marche-en-Famenne 21.

XX **Castel Val d'Or - Dix Javelles** avec ch, Gd-Rue 62, ☎ 344103, Rustique, ⌂ – ⌂wc P – ✦ ⌂. AE ◑ E
fermé du 10 au 29 sept., 9 janv.-3 fév., mardi et merc. – **R** 450/1450 – 12 ch ⊏ 530/995.

NISSAN Grand-Rue Rowe 70 ☎ 344079

OHAIN 1328 Brabant ⓒ Lasne 213 ⑲ et 409 ⑬ – 11 114 h. – ☎ 02.
⛳18 (2 parcours) Vieux chemin de Wavre 50 ☎ 6331850.
•Bruxelles 24 – •Charleroi 39 – Nivelles 17.

XX **Ferme de la Brire,** rte de Renipont 70, ☎ 6539258, « Intérieur rustique » – P. AE ◑ E
fermé lundi, mardi et 4 juil.-8 août – **R** carte 800 à 1020.

XX **Croque en Bouche,** pl. Communale 5, ☎ 6331368 – AE ◑ E
fermé sam. midi, dim. soir, lundi, mardi et 2 sem. en juil. – **R** carte 1150 à 1700.

XX **Aub. de la Roseraie,** rte de la Marache 4, ☎ 6331374 – P. AE ◑ E
fermé merc., jeudi, 16 août-6 sept. et Noël-Nouvel An – **R** carte 1040 à 1400.

XX **Le Dernier Tri,** r. Try Bara 33, ☎ 6333420, ⌂ – AE ◑ E
fermé jeudi – **R** carte 770 à 1200.

X **Le Four à Pain,** r. de Genleau 70 (au Sud 1 km par N 53, puis rte à droite), ☎ 6331370 – P. AE ◑ E
fermé lundi, mardi midi, 20 août-14 sept. et Noël-Nouvel An – **R** carte 570 à 930.

au Nord : 2 km :

XXX ✿ **Aub. d'Ohain** (Bourguignon), chaussée de Louvain 709, ☎ 6536497 – P. AE
fermé mardi, merc., juil. et Noël-Nouvel An – **R** carte 1040 à 1520
Spéc. Salade de ris de veau tiède, Homard rôti au basilic, Râble de lapereau à l'échalote.

MAZDA r. Fleurs 1a ☎ 6532155

Au Benelux, pour toute correspondance utilisez les numéros postaux.

OIGNIES 6398 Namur ⓒ Viroinval 214 ⑭ et 409 ㉓㉔ – 5 581 h. – ☎ 060.
•Bruxelles 120 – •Namur 81 – Charleville-Mézières 40 – Chimay 30 – •Dinant 42.

XX **Sanglier des Ardennes** avec ch, r. J.-B.-Periquet 4, ☎ 399089
fermé fév.-14 mars, lundi du 15 sept. au 15 avril et mardi – **R** 550/1200, le soir carte – ⊏ 150 – **6 ch** 450/850 – P 1200.

OISQUERCQ Brabant 213 ⑱ – voir à Tubize.

OLSENE 9870 Oost-Vlaanderen ⓒ Zulte 213 ③ et 409 ② – 13 013 h. – ☎ 091.
•Bruxelles 73 – •Gent 28 – •Kortrijk 19.

XXX **Eikenhof,** Houtstraat 54 (par sortie n° ⑥ E 3), ☎ 889546 – P. ◑. ✻
fermé merc. et 2 sem. en juil. – **R** 790.

MITSUBISHI Oudenaardestraat 146 ☎ 889167 TALBOT Grote Steenweg 48 ☎ 888832

OMBRET-RAWSA 4142 Liège ⓒ Amay 213 ㉑ et 409 ⑮ – 12 807 h. – ☎ 085.
•Bruxelles 91 – •Liège 25 – Huy 8,5.

XXX **Val d'Ombret,** Gd-route 42, ☎ 312195 – P
R carte 730 à 1100.

O.L.V. LOMBEEK Brabant ⓒ Roosdaal 213 ⑰ et 409 ⑫⑬ – 9 896 h. – ✉ 1760 Roosdaal – ☎ 054.
•Bruxelles 19 – Halle 16 – Ninove 8.

XX **De Kroon,** Koning Albertstraat 64, ☎ 332381, « Ancien relais du 18e s., intérieur rustique » – P. ◑ E. ✻
fermé lundi soir, mardi et juil. – **R** carte 925 à 1465.

OOIKE Oost-Vlaanderen 213 ⑯ et 409 ⑪⑫ – voir à Oudenaarde.

OORDEGEM 9260 Oost-Vlaanderen © Lede 213 ⑤ et 409 ③ – 17 302 h. – ✆ 091.
♦Bruxelles 37 – ♦Gent 17 – Aalst 10.

- **Gasthof Tijl,** Gentsesteenweg 173, ✆ 692874 – E. ✻
  fermé mardi soir, merc. et 15 août-14 sept. – **R** carte 600 à 1200.
- **Norbert,** Varkensmarkt 1, ✆ 693405, Moules en saison
  fermé merc. soir, jeudi, 23 janv.-2 fév. et du 4 au 29 juin – **R** 470/990.

OOSTAKKER Oost-Vlaanderen 213 ④ et 409 ③ – voir à Gent.

OOSTDUINKERKE-BAD 8458 West-Vlaanderen © Koksijde 213 ① et 409 ① – 13 950 h. – ✆ 058.
Astridplein 6 ✆ 511389 (Pâques et juin-15 sept.), Oud Gemeentehuis Leopold II laan ✆ 511189 (hors saison).
♦Bruxelles 135 – ♦Brugge 48 – Dunkerque 28 – ♦Oostende 23 – Veurne 8,5.

- **Artan** sans rest, avec snack, IJslandplein 5 (Zeedijk), ✆ 515908, Télex 81956, ←, – TV wc ✆. AE ⓓ E
  25 ch 1600/2365.
- **Westland,** Zeedijk, ✆ 513197, ← – TV wc ✆. ✻
  fermé 15 nov.-14 déc. – 125 – **28 ch** 900/1200 – P 1150/1450.
- **La Péniche,** Albert-I laan 4, ✆ 511092 – wc wc P. AE ⓓ E. ✻ rest
  Pâques et 10 juin-8 sept. – **R** (1/2 pens. seult) – **14 ch** 830/1400 – ½ p 890/1060.
- **Bécassine,** Rozenlaan 20, ✆ 512013 – AE ⓓ E. ✻
  fermé jeudi, 15 sept.-14 oct. et après 20 h 30 – **R** 700/1000.

au Nord-Est : 5 km – ✉ 8458 Oostduinkerke – ✆ 058 :

- **Rayon d'Or - De Kotter** avec ch, Albert-I laan 177, ✆ 233379 – wc P. AE ⓓ E. ✻ rest
  fermé 15 nov.-28 déc. et mardi, merc. du 16 sept. à Pâques – **R** 350/850 – **9 ch** 600/1200 – P 950/1100.

FIAT Dorpplaats 46 ✆ 311464

OOSTENDE (OSTENDE) 8400 West-Vlaanderen 213 ② et 409 ① – 69 331 h. – ✆ 059 – Station balnéaire★★ – 18 à De Haan par ① : 9 km, Koninklijke baan 58 ✆ 233283.
Liaison maritime Oostende-Dover et Oostende-Folkestone : R.M.T. Sealink Oostende Natiënkaai 5 ✆ 707601 – Wapenplein ✆ 701199 et 706017.
♦Bruxelles 115 ③ – ♦Brugge 28 ③ – Dunkerque 55 ⑥ – ♦Gent 63 ③ – Lille 81 ④.

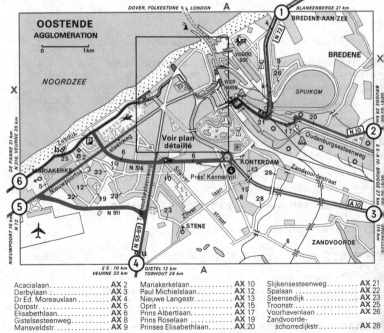

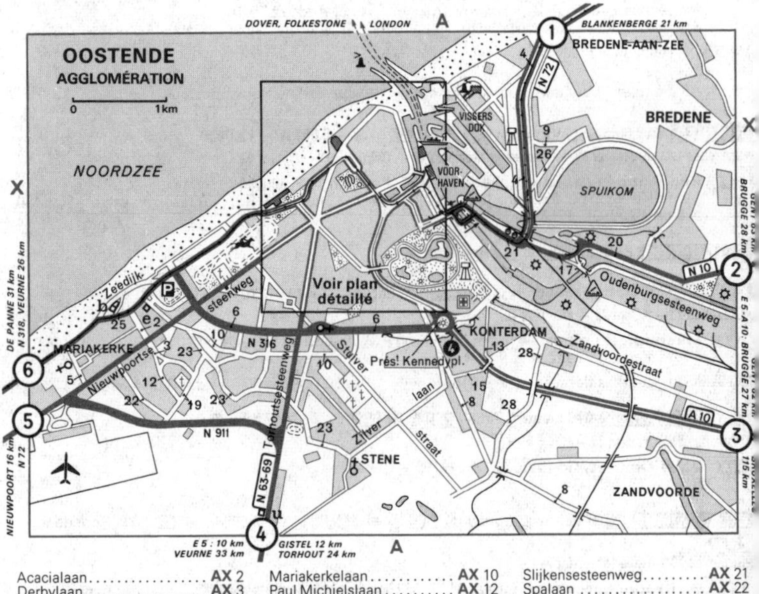

Acacialaan	AX 2	Mariakerkelaan	AX 10	Slijkensesteenweg	AX 21
Derbylaan	AX 3	Paul Michielslaan	AX 12	Spalaan	AX 22
Dr Ed. Moreauxlaan	AX 4	Nieuwe Langestr.	AX 13	Steensedijk	AX 23
Dorpstr.	AX 5	Oprit	AX 15	Troonstr.	AX 25
Elisabethlaan	AX 6	Prins Albertlaan	AX 17	Voorhavenlaan	AX 26
Gistelsesteenweg	AX 8	Prins Roselaan	AX 19	Zandvoorde-schorredijkstr.	AX 28
Mansveldstr.	AX 9	Prinses Elisabethlaan	AX 20		

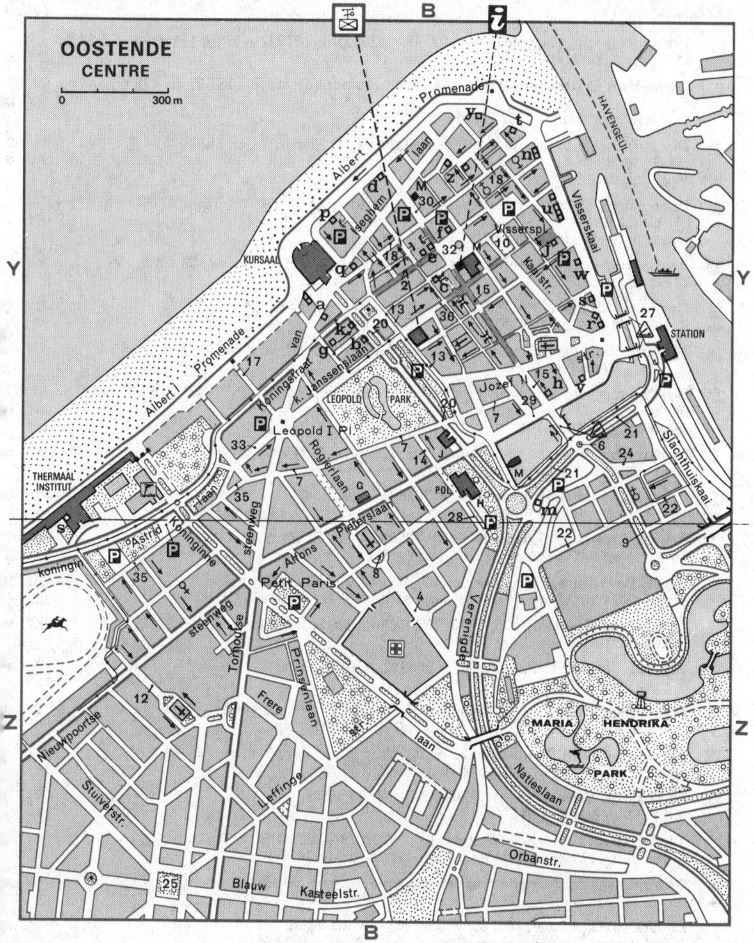

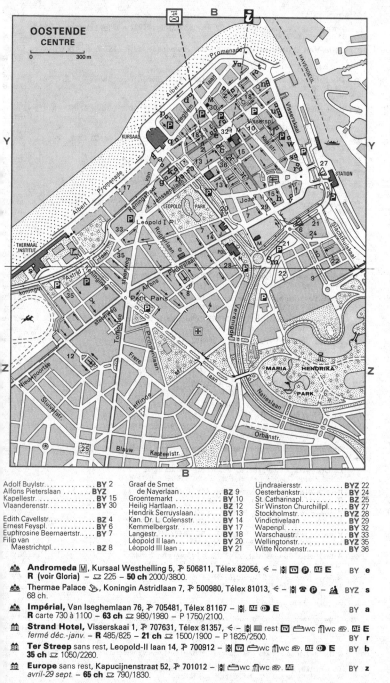

Adolf Buylstr. .... **BY** 2	Graaf de Smet de Nayerlaan .... **BZ** 9	Lijndraaiersstr. .... **BYZ** 22
Alfons Pieterslaan .... **BYZ**	Groentemarkt .... **BY** 10	Oesterbankstr. .... **BY** 24
Kapellestr. .... **BY** 15	Heilig Hartlaan .... **BZ** 12	St. Catharinapl. .... **BZ** 25
Vlaanderenstr. .... **BY** 30	Hendrik Serruyslaan .... **BY** 13	Sir Winston Churchillpl. ...... **BY** 27
Edith Cavellstr. .... **BZ** 4	Kan. Dr. L. Colensstr. .... **BY** 14	Stockholmstr. .... **BYZ** 28
Ernest Feyspl. .... **BY** 6	Kemmelbergstr. .... **BY** 17	Vindictivelaan .... **BY** 29
Euphrosine Beernaertstr. ..... **BY** 7	Langestr. .... **BY** 18	Wapenpl. .... **BY** 32
Filip van Maestrichtpl. .... **BZ** 8	Léopold II laan .... **BY** 20	Warschaustr. .... **BY** 33
	Léopold III laan .... **BY** 21	Wellingtonstr. .... **BYZ** 35
		Witte Nonnenstr. .... **BY** 36

Andromeda M, **Kursaal Westhelling 5, ☎ 506811, Télex 82056,** ← – |♦| TV **P**. AE E — BY **e**
R (voir Gloria) – ☕ 225 – **50 ch** 2000/3800.

Thermae Palace ♨, **Koningin Astridlaan 7, ☎ 500980, Télex 81013,** ← – |♦| ☎ **P** – 🏊 — BYZ **s**
68 ch.

Impérial, Van Iseghemlaan 76, ☎ 705481, Télex 81167 – |♦|. AE ◑ E — BY **a**
R carte 730 à 1100 – **63 ch** ☕ 980/1980 – P 1750/2100.

Strand Hotel, Visserskaai 1, ☎ 707631, Télex 81357, ← – |♦| ▤ rest TV 🛁wc 🚿wc ☎. AE E — BY **r**
fermé déc.-janv. – **R** 485/825 – **21 ch** ☕ 1500/1900 – P 1825/2500.

Ter Streep sans rest, **Leopold-II laan 14, ☎ 700912** – |♦| TV 🛁wc 🚿wc ☎. AE ◑ E — BY **b**
35 ch ☕ 1050/2260.

Europe sans rest, **Kapucijnenstraat 52, ☎ 701012** – |♦| 🛁wc 🚿wc ☎. AE — BY **z**
avril-29 sept. – **65 ch** ☕ 790/1830.

Prado sans rest, Leopold-II laan 22, ☎ 705306, Télex 82237 – 31 ch 1100/1800. BY k

Belle-Vue Britannia sans rest, Albert-I Promenade 55, ☎ 706373, ← – BY p
fermé 15 nov.-14 déc. – **57 ch** 1400/2200.

Die Prince sans rest, Albert-I Promenade 41, ☎ 706507, Télex 81283, ← – BY d
46 ch 800/1650.

Bero sans rest, (dîner pour résidents), Hofstraat 1a, ☎ 702335, Télex 82163 – BY z
fermé 1re quinz. déc. – **60 ch** 1100/1450.

Ambassadeur, Wapenplein 8a, ☎ 700941 – BY f
23 ch 1500/1800.

Danielle, IJzerstraat 5, ☎ 706349 – BY g
R 450 – **29 ch** 920/1890 – P 1350/1500.

Melinda sans rest, Mercatorlaan 21, ☎ 500888 – BY m
175 – **40 ch** 1100/1850.

Burlington sans rest, avec repas rapide, Kapellestraat 90, ☎ 701552 – BY h
39 ch 1100/1600.

Motor-Inn sans rest, Visserskaai 7, ☎ 706362 – BY s
fermé déc.-janv. – **23 ch** 500/1000.

Cardiff, St-Sebastiaanstraat 4, ☎ 702898 – BY c
fermé 15 nov.-14 déc. – **R** *(fermé après 20 h)* 270/765 – **14 ch** 930.

Prince Charles, Visserskaai 19, ☎ 705066 – BY w
fermé 14 nov.-17 déc. et mardi en hiver – **R** carte 1330/1650.

Host. Bretonne, Vindictivelaan 23, ☎ 704222 – BY v
fermé du 14 au 20 juin, 17 déc.-8 janv. et merc. – **R** carte 1140 à 1590.

Lusitania, Visserskaai 35, ☎ 701765, Collection de tableaux – BY u
R carte 680 à 1750.

Gloria, Albert-I Promenade 60, ☎ 506812 – BY a
R carte 900 à 1350.

Trios-Skindles, Van Iseghemlaan 60, ☎ 702805 – BY q
fermé merc., jeudi et 20 sept.-14 oct. – **R** carte 800 à 1245.

Marina, Albert-I Promenade 2, ☎ 703585, ←, Cuisine italienne – BY t
fermé jeudi et 14 nov.-13 déc. – **R** carte 820 à 1280.

Le Grillon, Visserskaai 31, ☎ 706063 – BY u
fermé jeudi et nov. – **R** 690/810.

Yacht-Grill, St. Franciscusstraat 61, ☎ 702979 – BY r
fermé dim. et lundi sauf en juil.-août – **R** carte env. 1400.

Chopin avec ch, A. Buylstraat 1a, ☎ 700837 – BY e
fermé 15 janv.-14 fév. – **R** *(fermé jeudi)* 350/895 – **13 ch** 550/1250.

La Crevette, Visserskaai 46, ☎ 702130 – BY n
fermé 21 nov.-9 janv. et vend. d'oct. à mai – **R** carte 750 à 1500.

Prince Albert avec ch, Visserskaai 44a, ☎ 702803 BY n
R carte 840 à 1250 – **8 ch** 490/710.

Richard, A.Buylstraat 9, ☎ 703237 – BY e
fermé merc. d'oct. à juil., mardi et 12 juin-5 juil. – **R** carte 620 à 1730.

Kwinte, Visserskaai 28, ☎ 701343 – BY u
fermé merc. et du 11 au 25 janv. – **R** 550/700.

Adelientje, Bonenstraat 9, ☎ 701367, Produits de la mer BY
fermé mardi soir, merc. et du 4 au 30 oct. – **R** carte 600 à 1000.

Hoeve, Visserskaai 27, ☎ 702677 BY u
fermé lundi et 10 janv.-10 fév. – **R** 320/755.

au Sud : 3 km par ④ :

Groeneveld avec ch, Torhoutsesteenweg 655, ☎ 500281 – AX u
fermé 2e quinz. fév. – **R** *(fermé merc. soir et après 20 h en hiver)* 460/1500 – **7 ch** 1010/1620 – P 1200/1300.

à Gistel par ④ : 11 km – 9 635 h. – ✉ 8240 Gistel – 059 :

Ten Putte, Stationstraat 9, ☎ 277044 –
R 450/900 – 90 – **7 ch** 630/1100 – P 880.

à *Leffinge* Ⓒ Middelkerke, par ④ : 5 km – 14 206 h. – ✉ 8432 Leffinge – ☎ 059 :

XX **Molenhuis,** Torhoutsesteenweg 3, ☎ 278609, Fermette aménagée – Ⓟ. ⓓ
fermé mardi, merc., 19 mars-1er avril et 15 oct.-15 nov. – **R** carte 800 à 1160.

X **Old Fisher,** Dorpstraat 70, ☎ 300138
fermé du 1er au 20 oct. et lundis, mardis non fériés – **R** 760/960.

à *Mariakerke* – ✉ 8400 Oostende – ☎ 059 :

Royal Albert, Zeedijk 167, ☎ 704236, ← – |‡| wc wc. rest — AX **b**
Pâques-4 nov. – **R** 550 – **20 ch** 975/1975 – P 1525/1775.

Primula, Raversijdestraat 48, ☎ 705191 – wc . rest — AX **b**
avril-sept. – **R** (pens. seult) – **15 ch** 550/1025 – P 875/1000.

XX ⊛⊛ **Au Vigneron** (Daue), Aartshertogstraat 80, ☎ 704816 – AE ⓓ E — AX **e**
fermé du 11 au 29 sept., 21 fév.-9 mars, dim. soir sauf en juil.-août et lundi – **R** (week-ends nombre de couverts limité - prévenir) carte 1380 à 1930
Spéc. Sole à la ciboulette, Turbot Edouard Nignon, Délice de poires.

Voir aussi : *Roksem* par ③ : 16 km.

ALFA-ROMEO Torhoutsesteenweg 54 ☎ 702472
BMW Torhoutsesteenweg 626 ☎ 707726
BRITISH LEYLAND Lindenlaan 59 ☎ 704040
CITROEN Frère Orbanstraat 279 ☎ 701917
FIAT Koninginnelaan 52 ☎ 707635
FORD Torhoutsesteenweg 529 ☎ 801503
GM (OPEL) Torhoutsesteenweg 415 ☎ 700904
HONDA Bosweg 8 ☎ 707424
MAZDA Torhoutsesteenweg 33 ☎ 707434
MERCEDES-BENZ Marconistraat 1 ☎ 702511
MITSUBISHI Warschaustraat 29 ☎ 701759
NISSAN Torhoutsesteenweg 485 ☎ 705575
PEUGEOT Van Iseghemlaan 83 ☎ 703240
RENAULT Torhoutsesteenweg 405 ☎ 705147
TOYOTA Oostendsebaan 2 à Gistel ☎ 278358
VAG Torhoutsesteenweg 473 ☎ 704840
VOLVO Ankerstraat 14 ☎ 320982

OOSTKERKE West-Vlaanderen 213 ③ et 409 ② – voir à Damme.

OPWIJK 1890 Brabant 213 ⑥ et 409 ④ – 11 484 h. – ☎ 052.

♦Bruxelles 23 – Aalst 13 – ♦Antwerpen 43.

XX **Lindenhof,** Steenweg op Dendermonde 41, ☎ 357570 – Ⓟ
R 450/1100.

BMW Steenweg op Vilvoorde 210 ☎ 356627
CITROEN Klei 201 ☎ 355342
MERCEDES-BENZ Heirbaan 38 ☎ 358011
PEUGEOT, TALBOT Dendermondsesteenweg 24 ☎ 355521
VAG Klei 192 ☎ 356322

OTTIGNIES 1340 Brabant Ⓒ Ottignies-Louvain-la-Neuve 213 ⑲ et 409 ⑬ – 19 926 h. – ☎ 010.

♦Bruxelles 31 – ♦Charleroi 36 – ♦Namur 44.

X **Le Saint-Martin,** bd Martin 6, ☎ 413948
fermé dim. soir, lundi, 16 août-3 sept. et du 2 au 16 janv. – **R** carte 630 à 940.

NISSAN r. Monument 33 ☎ 417094
VAG av. Combattants 117 ☎ 413432

OUDENAARDE (AUDENARDE) 9700 Oost-Vlaanderen 213 ⑯ et 409 ⑫ – 27 226 h. – ☎ 055.

Voir Hôtel de Ville* (Stadhuis) B – Église N.-D. de Pamele* (O.L. Vrouwekerk) B F.**

18 à Wortegem-Petegem, par ⑥, Kasteeldreef 5 ☎ 315481.

Stadhuis ☎ 311491.

♦Bruxelles 61 ② – ♦Gent 27 ① – ♦Kortrijk 33 ⑤ – Valenciennes 61 ④.

Plans page suivante

Da Vinci sans rest, Gentstraat 58, ☎ 311305, « Intérieur bien aménagé » – wc ☎ Ⓟ. AE ⓓ — A **n**
7 ch 950/2500.

Elnik H. sans rest, Deinzestraat 55, ☎ 313788 – |‡| wc wc ☎ — A **v**
120 – **14 ch** 570/1020.

XXX **Host. Pomme d'Or** avec ch, Grote Markt 62, ☎ 311900, chauffée – TV wc ☎. AE ⓓ E. — B **z**
fermé jeudi, vend. et du 9 au 30 août – **R** 425/1300 – 120 – **6 ch** 770/1025.

XX **Crombé,** 1er étage, Grote Markt 30, ☎ 311317 – ⓓ. — B **r**
fermé dim. soir, lundi, jeudi soir, 24 fév.-1er mars et du 3 au 24 sept. – **R** 500/1900.

XX **Keizer Karel,** Gelukstede 1, ☎ 312230 – AE ⓓ E — A **b**
fermé dim. soir, lundi soir, mardi et 28 août-21 sept. – **R** 550/1395.

XX **Clausenhof,** Steenweg op Ronse 37, ☎ 313898 — A **e**
fermé dim. soir, lundi, sept. et après 20 h 30 – **R** 450/675.

XX **Zalm** avec ch, Hoogstraat 4, ☎ 311314 – . AE ⓓ. — B **a**
fermé du 10 au 31 juil. – **R** *(fermé dim. soir et lundi)* carte 550 à 760 – 80 – **7 ch** 400/700 – P 750.

OUDENAARDE

Beverestr. .... B 3
Broodstr. .... B 9
Grote Markt. .... B 16
Hoogstr. .... B 17
Krekelput. .... B 23
Nederstr. .... B 35
Stationsstr. .... B
Tussenbruggen .... B 40
Achterburg .... B 2
Blekerijstr. .... B 6
Bourgondiëstr. .... B 7
Burg .... B 10
Deinzestr. .... A 12
Diependale .... A 13
Doornikstr. .... B 14
Einestr. .... B 15
Jezuïetenplein .... B 18
Jozef Braetstr. .... B 19
Kasteelstr. .... B 21
Kortrijkstr. .... A 22
Leupegemstr. .... A 25
Louise Mariekaai .... B 26
L. Vandefonteynelaan. .... A 27
Martijn van Torhoutstr. .... A 30
Matthijs Casteleinstr. .... B 32
Minderbroedersstr. .... AB 33
Parkstr. .... B 36
Ronseweg. .... A 37
Tacambaropl. .... B 38
Voorburg .... B 42

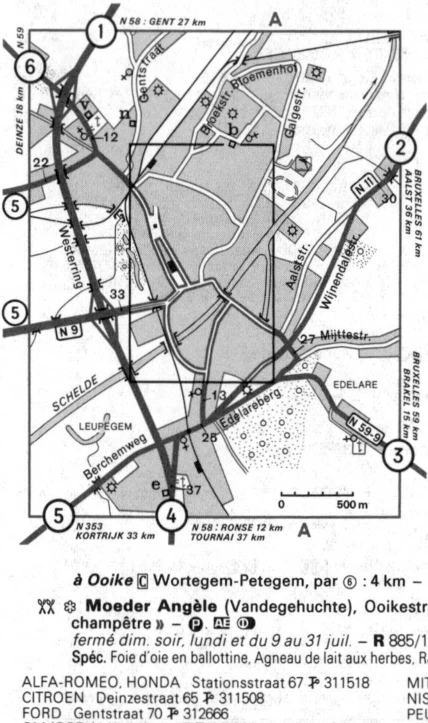

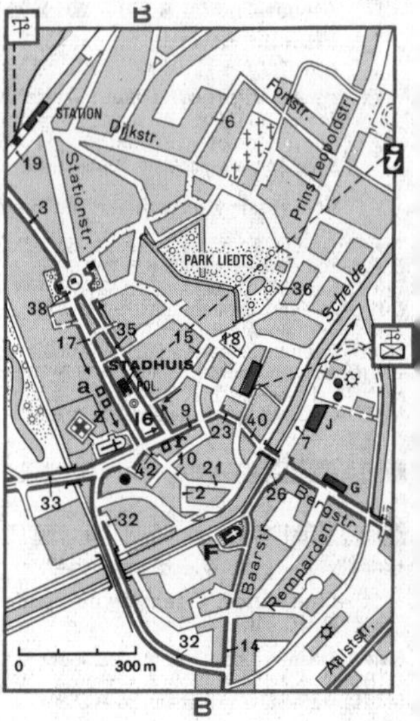

à Ooike Ⓒ Wortegem-Petegem, par ⑥ : 4 km – 5 774 h. – ✉ 9704 Ooike – ✆ 055 :

XX ✿ **Moeder Angèle** (Vandegehuchte), Ooikestraat 2, ✆ 313304, « Fermette dans un cadre champêtre » – Ⓟ. AE ⓪
fermé dim. soir, lundi et du 9 au 31 juil. – **R** 885/1285
Spéc. Foie d'oie en ballottine, Agneau de lait aux herbes, Râble de lièvre Arlequin (15 oct.-10 janv.).

ALFA-ROMEO, HONDA Stationsstraat 67 ✆ 311518
CITROEN Deinzestraat 65 ✆ 311508
FORD Gentstraat 70 ✆ 312666
GM (OPEL) Krekelput 17 ✆ 311522
GM (OPEL) Kraneveld 81 ✆ 315360
MAZDA Doornikstraat 19 ✆ 311488
MERCEDES-BENZ Ronseweg 114 ✆ 313355
MITSUBISHI Gevaertsdreef 1 ✆ 312739
NISSAN Gentstraat 198 ✆ 311320
PEUGEOT, TALBOT Lindestraat 32 ✆ 314985
RENAULT Wijngaardstraat 7 ✆ 311413
VAG Gevaertsdreef 36 ✆ 311311
VOLVO Beverestraat 106 ✆ 313573

La carte Michelin **408** *à 1/400 000 (1 cm = 4 km), donne, en une feuille, une image complète des Pays-Bas. Elle présente en outre deux agrandissements détaillés des régions d'Amsterdam et de Rotterdam et une nomenclature des localités.*

OUDERGEM Brabant – voir Auderghem à Bruxelles, agglomération.

OUD-TURNHOUT Antwerpen **212** ⑰ et **409** ⑤ – voir à Turnhout.

OUREN Liège Ⓒ Burg-Reuland **214** ⑨ et **409** ⑯ – 3 746 h. – ✉ 4790 Reuland – ✆ 080.
♦Bruxelles 189 – ♦Liège 97 – Clervaux 19 – Malmédy 47.

Waxweiler ⛰, r. Village 29, ✆ 329071, ≤, ⛱ – Ⓟ. ✗
fermé mardi et 31 déc.-9 fév. – **R** *(fermé après 19 h 30)* 450/700 – ☕ 230 – **16 ch** 400/600 – P 950/1000.

OURTHE (Vallée de l') ★★ **Luxembourg belge 213 ㉒, 214 ⑦ et 409 ⑮ G. Belgique-Luxembourg.**

OVERMERE 9280 Oost-Vlaanderen Ⓒ Berlare 213 ⑤ et 409 ③ – 12 471 h. – ☎ 091.
♦Bruxelles 43 – ♦Gent 18 – Aalst 16 – ♦Antwerpen 43.

aux étangs de Donkmeer E : 3 km :

XXX **Rolls,** Doncklaan 117, ✉ 9281 Berlare, ☎ 675869 – Ⓟ
fermé lundis, mardis non fériés et 15 nov.-1er déc. – **R** carte 870 à 1360.

XX **Breughelhof,** Donklaan 85, ☎ 675152, ← – Ⓟ. AE E. ✂
fermé merc. et 20 fév.-9 mars – **R** carte 720 à 1250.

XX **Aroma,** 1er étage, Donklaan 156, ☎ 676184, ← – Ⓟ. AE ⓓ. ✂
fermé lundi, vend. et du 1er au 25 mars – **R** carte 940 à 1340.

OVERPELT 3583 Limburg 212 ⑱ et 409 ⑥ – 11 210 h. – ☎ 011.
♦Bruxelles 102 – ♦Hasselt 38 – ♦Eindhoven 31.

à l'Ouest : 7 km sur rte de Eindhoven – ✉ 3583 Overpelt – ☎ 011 :

XX **Valkenhof** avec ch, Napoléonweg 51, ☎ 642342 – wc ☎ Ⓟ – ♿. AE ⓓ E. ✂
fermé dim. – **R** *(fermé sam.midi et dim.)* 425/850 – ☕ 100 – **25 ch** 725/1100 – P 1500/1775.

CITROEN Lindelsebaan 346 ☎ 641670
FORD Lindelsebaan 32 ☎ 642484
MAZDA Leopoldlaan 100 ☎ 641600
NISSAN Breugelweg 115 ☎ 643467
RENAULT Lindelsebaan 7 ☎ 641041
TOYOTA Lindelsebaan 284 ☎ 641503
VAG Astridlaan 109 ☎ 642389

OVERIJSE Brabant 213 ⑲ et 409 ⑬ – voir à Bruxelles, environs.

PAAL 3940 Limburg Ⓒ Beringen 213 ⑨ et 409 ⑤ – 34 540 h. – ☎ 013.
♦Bruxelles 65 – ♦Antwerpen 61 – ♦Liège 60.

XXX **'t Spinnewiel,** Steenweg op Tessenderlo 300, ☎ 663253, « Rustique » – Ⓟ. AE ⓓ. ✂
fermé dim. et lundi – **R** carte 1090 à 1520.

LADA Steenweg op Diest 65 ☎ 436046
TOYOTA Acacialaan 1 ☎ 436282

PALISEUL 6850 Luxembourg belge 214 ⑯ et 409 ㉔ – 4 835 h. – ☎ 061.
♦Bruxelles 146 – ♦Arlon 65 – Bouillon 15 – ♦Dinant 55.

à Paliseul-gare :

XXX ✿✿ **Gastronome** (Libotte) avec ch, r. Bouillon 2, ☎ 533064, « Jardin » – wc Ⓟ. AE ⓓ. ✂ ch
fermé du 2 au 7 juil., 16 janv.-17 fév. et dim.soirs, lundis non fériés – **R** (week-ends nombre de couverts limité - prévenir) carte 1230 à 1650 – ☕ 115 – 8 ch 1010 – P 2500
Spéc. Cassolette d'écrevisses au beurre de poivrons doux (juil.-déc.), Cochon de lait, Charlotte aux amandes.

HONDA rte de Maissin ☎ 533640
NISSAN rte Offagne 20 ☎ 533248

DE PANNE (LA PANNE) 8470 West-Vlaanderen 213 ① et 409 ① – 9 467 h. – ☎ 058 – Station balnéaire.
Voir Plage★.
ℹ Gemeentehuis, Zeelaan 19 ☎ 411302 et 411304.
♦Bruxelles 143 ① – ♦Brugge 55 ① – Dunkerque 20 ③ – ♦Oostende 31 ① – Veurne 6 ②.

Plan page suivante

Seahorse M ✈ sans rest, Toeristenlaan 7, ☎ 412747 – |♦| TV wc ☎ 🚗. AE ⓓ E — B a
fermé du 15 au 30 nov. et du 4 au 14 janv. – **19 ch** ☕ 1000/1600.

Terlinck, Zeelaan 175, ☎ 412622, ← – |♦| wc ☎. ✂ rest — A r
fermé 2e quinz. janv. – **R** 550/980 – **55 ch** ☕ 890/1500 – P 1320/1420.

Val Joli ✈, Barkenlaan 55, ☎ 412519, ☐ chauffée – TV wc wc ☎ Ⓟ. ✂ rest — B t
avril-sept.; pension seult de juin à sept. – **R** *(fermé après 20 h 30)* 725 – **21 ch** ☕ 950/1525 – P 1550.

Europe et Montana, Meeuwenlaan 60, ☎ 411487, ☐ chauffée – |♦| TV wc Ⓟ. ✂ rest — B c
mars-sept. – **R** (pens. seult) – **30 ch** ☕ 700/1300 – P 1100/1250.

Princes, Nieuwpoortlaan 46, ☎ 411091, ☐ chauffée – |♦| wc wc Ⓟ. ✂ rest — B n
mars-sept. – **R** (pens. seult) – **36 ch** ☕ 700/1300 – P 1100/1250.

Royal, Zeelaan 180, ☎ 411116 – |♦| wc wc. ⓓ — A m
fermé 15 nov.-14 déc. et 10 janv.-9 fév. – **R** 450/950 – **34 ch** ☕ 775/1425 – P 1325/1375.

Gai Séjour, Nieuwpoortlaan 42, ☎ 411303 – |♦| TV wc wc ☎. AE ⓓ E — AB t
fermé nov. – **R** *(fermé mardi de déc. au 15 mars sauf Noël-Nouvel An)* carte 690 à 1080 – **20 ch** ☕ 1200/1700 – P 1300/1700.

Astoria, Zeedijk 51, ☎ 411838, ← – wc. ✂ — A s
avril-20 sept. – **R** (pens. seult en juil.-août) 700/800 – **23 ch** ☕ 800/1300 – P 1100/1300.

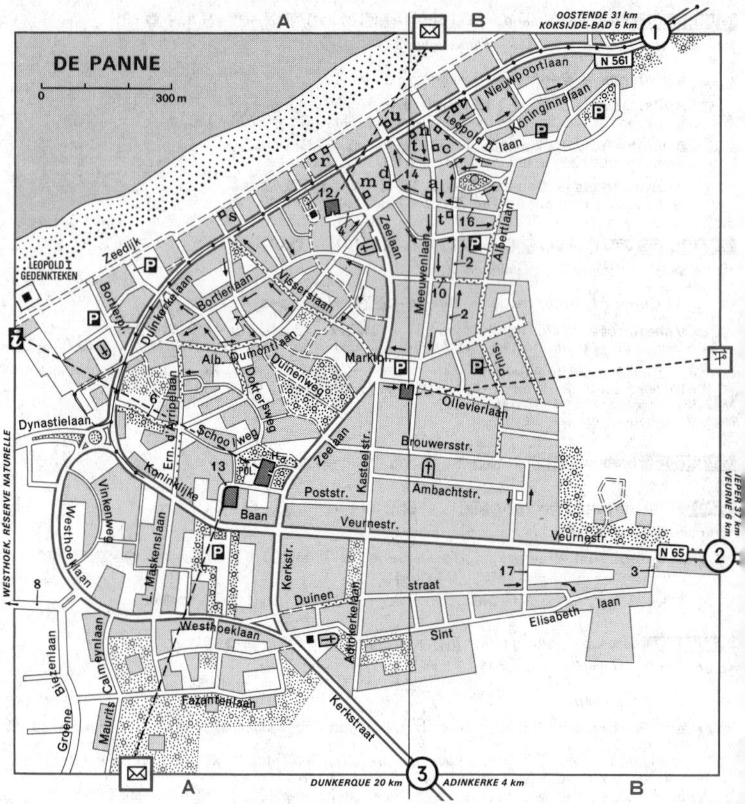

ℵℵ **Fox,** avec ch, **Walkierstraat 2, ☎ 412855** – |$| — A **u**
7 ch.

ℵℵ **Bonne Auberge,** Zeedijk 3, ☎ 411398 – AE ⓞ — A **r**
Pâques, juil.-août, Noël-Nouvel An et week-ends sauf du 15 au 30 oct. – **R** 580/985.

ℵ **L'Avenue** avec ch, **Nieuwpoortlaan 56,** ☎ **411370** — B **v**
fermé merc., oct. et 15 janv.-14 fév. – **R** *(fermé mardi soir et merc.)* 595/1100 – **10 ch** ☐ 950/1000.

ℵ **La Broche** avec ch, **Sloepenlaan 5,** ☎ **411590** – ⌂ ⫩. ⓞ — A **d**
fermé 15 nov.-janv. et jeudi, vend. d'oct. à avril – **R** *(fermé après 20 h)* 560/1000 – ☐ 125 – **10 ch** 600/850 – P 1000.

à Adinkerke ☐ De Panne, par ③ : 2 km – ✉ 8478 Adinkerke – ✪ 058 :

ℵ ✿ **La Souricière** (Claeys), Duinkerkekeiweg 28, le long du canal au delà du poste frontière, ☎ 411600 – Ⓟ
fermé mardi soir sauf en juil.-août, merc., dern.sem.sept.-prem.sem.oct. et fév. – **R** (week-ends nombre de couverts limité - prévenir) carte 580 à 1260
Spéc. Petite marmite du Westhoek, Foie d'oie chaud aux pommes, Filets de sole van 't Geultje.

BMW Veurnestraat 309 ☎ 412127 — NISSAN Duinkerkelaan 47 ☎ 411781

Bedienungsgeld und Gebühren

In Belgien, im Großherzogtum Luxemburg und in den Niederlanden gelten Inklusivpreise, sie enthalten Bedienungsgeld und MWSt.

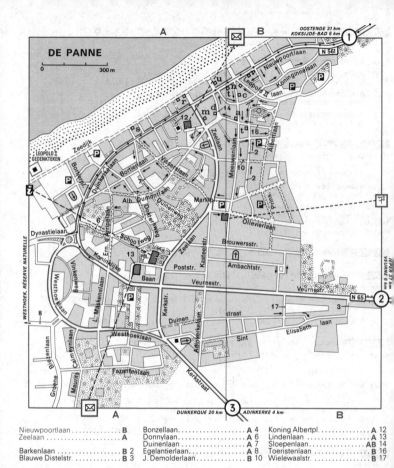

PARADIS Liège 214 ⑦ – voir à Harzé.

PARIKE 9661 Oost-Vlaanderen Ⓒ Brakel 213 ⑯⑰ et 409 ⑫ – 13 788 h. – ✆ 055.

♦Bruxelles 48 – ♦Gent 47 – ♦Mons 55 – ♦Tournai 42.

Molenwiek ⛫, Molenstraat 1, ☎ 422615, – wc Ⓟ.
R (pour résidents seult) – 120 – **7 ch** 600/800.

PAYENNE-CUSTINNE Namur 214 ⑤ et 409 ⑭ – voir à Dinant, environs.

PERWEZ 5920 Brabant 213 ⑳ et 409 ⑭ – 5 983 h. – ✆ 081.

♦Bruxelles 47 – ♦Charleroi 39 – ♦Namur 24 – Tienen 27.

XX **Le Bourbonnais,** av. Roseraie 9, ☎ 655031 –
fermé dim. soir et lundi soir – **R** carte 970 à 1130.

GM (OPEL) av. Wilmart 38 ☎ 655162
PEUGEOT, TALBOT chaussée de Wavre 57 ☎ 655021
TOYOTA av. Wilmart 77 ☎ 655319
VAG r. Station 63 ☎ 655842

PETIT-HAN Luxembourg belge 214 ⑦ et 409 ⑮ – voir à Grand-Han.

PHILIPPEVILLE 6340 Namur 214 ④ et 409 ⑬ – 6 982 h. – ✆ 071.

♦Bruxelles 86 – ♦Namur 46 – ♦Charleroi 26 – Charleville-Mézières 64 – ♦Dinant 28.

Croisée, r. France 45, ☎ 666231 – wc Ⓟ
fermé lundi, janv.-14 fév. et 1re quinz. sept. – **R** 450/795 – 130 – **10 ch** 690/975.

X **Grand Bonnet,** Place d'Armes 13, ☎ 666044, Taverne-restaurant
fermé lundi soir, mardi et 25 sept.-14 oct. – **R** 450/1000.

FORD r. Namur 54 ☎ 666022
HONDA r. France 74 ☎ 666040
LADA rte Gendarmerie 3 ☎ 666139
RENAULT Quatre-Bras ☎ 666137

DE PINTE Oost-Vlaanderen 213 ④ et 409 ③ – voir à Gent.

PITTEM 8870 West-Vlaanderen 213 ③ et 409 ② – 6 300 h. – ✆ 051.

♦Bruxelles 90 – ♦Brugge 26 – ♦Gent 38 – ♦Kortrijk 20.

XXX **St. Hubert,** Tieltstraat 167, ☎ 401515, « Intérieur élégant » – Ⓟ. AE
fermé sam.midi, dim. et 13 juil.-5 août – **R** carte env. 1500.

VAG Meulebekestraat 22 ☎ 466021

PLAINEVAUX Liège 213 ㉒ et 409 ⑮ – voir à Liège.

POMMEROEUL 7358 Hainaut Ⓒ Bernissart 214 ① et 409 ⑫ – 11 526 h. – ✆ 065.

♦Bruxelles 83 – ♦Mons 18 – ♦Tournai 32 – Valenciennes 23.

XXX **Relais** avec ch, rte de Mons 36, ☎ 620561 – wc Ⓟ. ch
fermé lundi, 30 août-10 sept. et 21 fév.-12 mars – **R** *(fermé dim. soir et lundi)* 560/880 – **6 ch** 905/1120.

POPERINGE 8970 West-Vlaanderen 213 ⑬ et 409 ⑩ – 19 892 h. – ✆ 057.

Stadhuis ☎ 334081.

♦Bruxelles 134 – ♦Brugge 64 – ♦Kortrijk 41 – Lille 45 – ♦Oostende 54.

Palace, Ieperstraat 34, ☎ 333093 – TV wc – AE.
fermé dim. soir et merc. – **R** 575/695 – 150 – **11 ch** 525/1050 – P 925/995.

X **De Kring,** Burg. Bertenplein 7, ☎ 333861 – E
fermé du 6 au 29 août, du 3 au 12 mars, dim.soir et lundi – **R** carte 540 à 870.

au Sud : 3 km par Zuidlaan (rte de contournement) :

XXX ✿ **D'Hommelkeete** (Debrabandere), Hoge Noenweg 3, ☎ 334365, « Fermette dans un cadre champêtre » – Ⓟ. AE E
fermé dim. soir, lundi, 2e quinz. juil. et 2e quinz. janv. – **R** carte 1050 à 1450
Spéc. Jets de houblon (fév.-avril), Foie d'oie des Landes, Assiette du pêcheur.

HONDA Casselstraat 227 ☎ 333747
MAZDA Duinkerkestraat 113 ☎ 333136
MITSUBISHI Ieperstraat 117 ☎ 334850
NISSAN Veurnestraat 117 ☎ 333415
PEUGEOT, TALBOT Reningelstseweg 11 ☎ 334643
RENAULT Europalaan 19 ☎ 333796
VAG Casselstraat 254 ☎ 333571

PORCHERESSE 6899 Luxembourg belge Ⓒ Daverdisse 214 ⑯ et 409 ㉔ – 1 425 h. – ✆ 061.

♦Bruxelles 132 – ♦Dinant 47 – Neufchâteau 37.

XX **Aub. les Rives** ⛫ avec ch, r. Moulin 2, ☎ 511229, – Ⓟ
fermé 2 janv.-14 fév. – **R** *(fermé après 20 h 30)* 525/900 – 6 ch.

PROFONDEVILLE 5170 Namur 214 ⑤ et 409 ⑭ – 8 770 h. – ☎ 081.
Voir Site★.
Env. S: route d'Annevoie-Rouillon ≤★.
ℹ Chalet du Golf (juin.-sept.) pl. Église ℘ 411889 – hors-saison : Maison communale ℘ 412718.
♦Bruxelles 74 – ♦Namur 11 – ♦Dinant 17 – Philippeville 36.

XX **Rhétorique,** rive de Meuse 27, ℘ 411050, ≤ – AE
fermé mardi soir, merc. et janv.-fév. – **R** carte 800 à 1350.

PUTTE 2870 Antwerpen 213 ⑦ et 409 ④ – 14 127 h. – ☎ 015.
♦Bruxelles 38 – ♦Antwerpen 33 – ♦Mechelen 11.

XX **Bistro Den Dok,** Leuvensebaan 2, ℘ 755229 – ▤ Ⓟ. AE. ✻
fermé lundi, mardi, merc., sam. midi et 15 juil.-5 août – **R** carte 700 à 1170.

RAEREN 4730 Liège 213 ㉔ et 409 ⑯ – 8 143 h. – ☎ 00 492471.
♦Bruxelles 139 – Aachen 12 – ♦Liège 47.

au SE : 13 km sur route Aix-Montjoie (258) :

XX **Fringshaus,** ℘ 2287 – Ⓟ. E
◆ *fermé du 18 au 30 juin, 26 nov.-10 janv. et merc. non fériés* – **R** 320/470.

MITSUBISHI Bergstrasse 40 ℘ (087)851494

RANCE 6478 Hainaut Ⓒ Sivry-Rance 214 ③ et 409 ⑬ – 4 239 h. – ☎ 060.
♦Bruxelles 92 – ♦Charleroi 39 – Chimay 12 – ♦Mons 44.

XX **La Braisière,** rte de Chimay 9, ℘ 411083 – Ⓟ. AE ⓓ E. ✻
fermé du 12 au 28 mars, du 10 au 26 sept., mardis, merc. non fériés et dim. soir – **R** 1050/1400.

REBECQ 1380 Brabant 213 ⑱ et 409 ⑬ – 8 941 h. – ☎ 067.
♦Bruxelles 31 – ♦Mons 33 – ♦Tournai 58.

XX **Aub. de Basse Cabecque,** Sentier du Borain 2, ℘ 636141, **« Petite auberge rustique avec jardin et terrasse »**
fermé lundi, mardi et 17 déc.-22 janv. – **R** (dîner seult sauf dim. et jours fériés) carte 1200 à 1600.

MITSUBISHI rte de Bruxelles 27 ℘ 636217

REDU 6914 Luxembourg belge Ⓒ Libin 214 ⑯ et 409 ㉔㉕ – 3 866 h. – ☎ 061.
♦Bruxelles 124 – ♦Arlon 67 – Bouillon 36 – ♦Dinant 43 – Neufchâteau 31.

⌂ **Le Fournil,** r. Daverdisse 58, ℘ 655632, **« Rustique, ambiance campagnarde »** – ✻
fermé mardi et fév. – **R** carte 640 à 910 – ☐ 130 – 5 ch 350/600 – P 950.

LA REID Liège 213 ㉓ et 409 ⑯ – voir à Spa.

REMOUCHAMPS Liège Ⓒ Aywaille 213 ㉓ et 409 ⑯ – 8 155 h. – ✉ 4068 Sougné-Remouchamps – ☎ 041.
Voir Grotte★★.
♦Bruxelles 122 – ♦Liège 28 – Spa 13.

⌂ **Aub. Cheval Blanc,** r. Louveigné 1, ℘ 844417 – ⇔wc ⫪. AE ⓓ
◆ *fermé lundi soir, mardi et 3 janv.-9 fév.* – **R** 450/1290 – **13 ch** ☐ 780/1500 – P 1195/1485.

XX **Royal H. des Etrangers** avec ch, r. Reffe 26, ℘ 844006, ⇐ – ⇔wc Ⓟ. AE. ✻ ch
fermé merc. et 15 nov.-9 déc. – **R** 775/875 – 12 ch ☐ 550/1330 – ½ p 1190/1310.

MERCEDES-BENZ rte de Louveigné 38 ℘ 845050

RENAIX Oost-Vlaanderen – voir Ronse.

RENINGE 8981 West-Vlaanderen Ⓒ Lo-Reninge 213 ① et 409 ① – 3 177 h. – ☎ 057.
♦Bruxelles 131 – ♦Brugge 54 – Ieper 22 – ♦Oostende 53 – Veurne 21.

au Sud-Ouest : 3 km sur N 321 :

XX **'t Convent** ⛫ avec ch, Halve Reningestraat 1, ℘ 400771, ≤, **« Auberge rustique aménagée avec recherche »** – ⇔wc ☎ Ⓟ. AE ⓓ E
fermé merc. et fév.-4 mars – **R** 900/1300 – **6 ch** ☐ 850/1400 – P 2500.

RESTEIGNE 6934 Namur Ⓒ Tellin 214 ⑥ et 409 ㉕ – 1 975 h. – ☎ 084.
♦Bruxelles 119 – ♦Dinant 34 – Neufchâteau 43.

⌂ **Host. de la Lesse,** Grand'rue 25, ℘ 388129, **« Jardin »** – ⇔wc Ⓟ
fermé fin janv.-fin mars et mardi, merc., jeudi d'oct. à avril – **R** carte 740 à 1120 – 16 ch ☐ 710/1510 – P 1210/1410.

RHODE ST-GENÈSE Brabant – voir Sint-Genesius-Rode à Bruxelles, environs.

RIXENSART 1330 Brabant 213 ⑲ et 409 ⑬ – 19 801 h. – ☎ 02.
♦Bruxelles 24 – ♦Charleroi 38 – ♦Namur 45.

✕ **Du Mayeur,** r. Haute 42 (à Bourgeois SO : 1,5 km), ☏ 6536310 – Ⓟ. AE ⓓ E
fermé mardi, merc. et 2 août-5 sept. – **R** carte 680 à 1075.

ROBERTVILLE 4898 Liège ☐ Waimes 213 ㉔, 214 ⑨ et 409 ⑯ – 5 691 h. – ☎ 080.
Voir Lac★, ≤★.
♦Bruxelles 154 – ♦Liège 58 – Aachen 40 – Malmédy 14.

❀ **Bains** (Solheid), Lac de Robertville 46, rte de Waimes S : 1,5 km, ✉ 4888 Waimes, ☏ (080) 679571, ≤ lac, « Jardin au bord de l'eau », ☐ – |♦| Ⓟ – ♟. AE ⓓ E. ✱
fermé 27 août-7 sept. et fév. – **R** *(fermé mardi soir de mai à oct., mardi d'oct. à mai et merc.)* 900/1800 – 15 ch ☐ 1360/2510 – P 2210/3010
Spéc. Foie d'oie au sauternes, Homard rôti au four, Chevreuil au thym (oct.-déc.).

International, r. Centre 76, ☏ 446258 – ⇔wc Ⓟ. ⓓ E. ✱ rest
fermé du 3 au 21 sept. et mars – **R** *(fermé mardi soir, merc. et après 20 h 30)* 515/750 – **14 ch** ☐ 715/1300 – P 1375/1595.

Au Vieux Hêtre, Andrifosse 24 N : 1 km, ☏ 446445, ⌂ – ⋒ Ⓟ. AE ⓓ E. ✱
fermé lundi – **R** 800/1300 – **8 ch** ☐ 800/1600 – P 1260.

Chaumière du Lac, r. du Barrage 4a, ☏ 446339, ≤ – ⇔wc Ⓟ. ✱ ch
fermé 15 nov.-19 déc. et jeudi – **R** 450/900 – 11ch ☐ 650/1300 – P 1350.

Utilisez le guide de l'année

La ROCHE-EN-ARDENNE 6980 Luxembourg belge 214 ⑦ et 409 ⑮ – 4 023 h. – ☎ 084.
Voir Site★ – Chapelle Ste-Marguerite ⁂★★ A B.
Env. Belvédère des Six Ourthe★★★, le Hérou★★ par ② : 14,5 km – SE par ② : route de Nadrin ≤★ – SE par ③ : Belvédère de Nisramont (du parking ≤★★, de la tour ≤★).
ℹ Hôtel de Ville, Place du Marché (saison et week-ends) ☏ 411342 ou en cas d'absence, Corniche de Deister ☏ 411201 – Fédération provinciale de tourisme, quai de l'Ourthe 9 ☏ 411012.
♦Bruxelles 127 ⑤ – ♦Arlon 75 ④ – ♦Liège 77 ① – ♦Namur 66 ⑤.

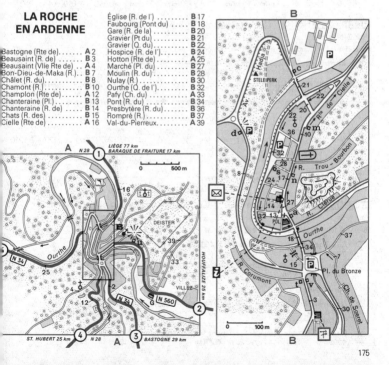

LA ROCHE EN ARDENNE

Bastogne (Rte de) . . . . A 2
Beausaint (R. de) . . . . B 3
Beausaint (Vlle Rte de) . . A 4
Bon-Dieu-de-Maka (R.) . . B 7
Châlet (R. du) . . . . B 8
Chamont (R.) . . . . B 10
Champlon (Rte de) . . . . . A 12
Chanteraine (Pl.) . . . . B 13
Chanteraine (R. de) . . . . . B 14
Chats (R. des) . . . . B 15
Cielle (Rte de) . . . . A 16
Église (R. de l') . . . . B 17
Faubourg (Pont du) . . . . . B 18
Gare (R. de la) . . . . B 20
Gravier (Pt du) . . . . B 21
Gravier (Q. du) . . . . B 22
Hospice (R. de l') . . . . B 24
Hotton (Rte de) . . . . A 25
Marché (Pl. du) . . . . B 27
Moulin (R. du) . . . . B 28
Nulay (R.) . . . . B 30
Ourthe (Q. de l') . . . . B 32
Pafy (Ch. du) . . . . A 33
Pont (R. du) . . . . B 34
Presbytère (R. du) . . . . . . B 36
Rompré (R.) . . . . B 37
Val-du-Pierreux . . . . A 39

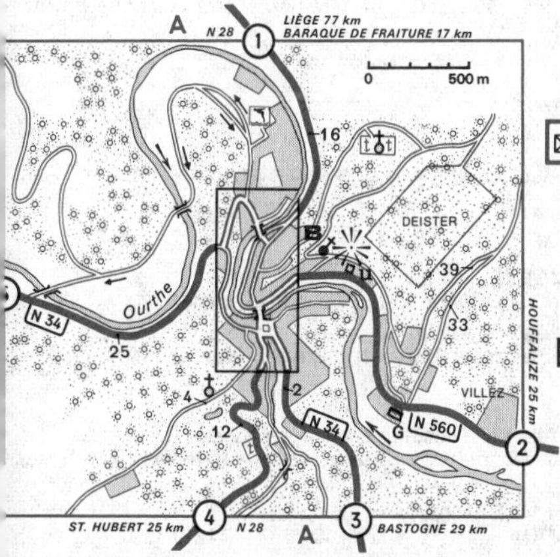

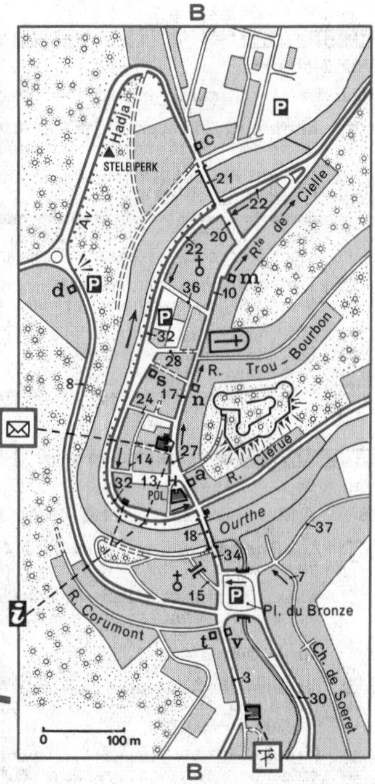

Ardennes, r. Beausaint 2, ☎ 411112 – wc. AE B
Pâques-nov. et 20 déc.-début janv. – **R** 600/1100 – 12 ch 1000/1450.

Belle-Vue, av. du Hadja 10, ☎ 411187 – wc. AE ⓓ E. rest B
fermé juin et 1re quinz. sept. – **R** *(fermé après 20 h et lundi, mardi, merc., jeudi sauf en juil.-août)* carte env. 800 – **20 ch** 800/1350 – P 1450/1560.

Beau Rivage, quai de l'Ourthe 26, ☎ 411235 – wc. rest B
R 350/950 – **10 ch** 465/1115 – P 940/1115.

Moderne, r. Châmont 26, ☎ 411124 – . rest B
fermé 15 déc.-14 janv. – **R** *(fermé après 20 h 30)* 225/495 – **12 ch** 555/840 – P 855/925.

XXX **Chalet** avec ch, rte de Marche-en-Famenne 61, ☎ 411197, ← – wc Ⓟ. AE ⓓ B
avril-nov.; fermé du 25 au 29 juin – **R** 900/1500 – **18 ch** 1065/1815 – P 1815/2385.

XXX ✿ **Vieux Château** (Linchet) avec ch, Pesserue 6, ☎ 411327, – wc. AE. ch B
fermé 2e quinz. mars, 1re quinz. juil., 2e quinz. janv., mardi et merc.; de déc. à Pâques ouver week-end seult – **R** carte 900 à 1490 – 10 ch 900/1500 – P 1400/1700
Spéc. Civet de marcassin à l'ardennaise, Filets de truite fumée, Biscuit merveilleux.

XX **Les Genêts** avec ch, Corniche de Deister 2, ☎ 411877, « Jardin-terrasse avec ← sur Ourthe » – wc. AE ⓓ E A
fermé du 19 au 30 mars, 25 juin-6 juil., du 10 au 20 déc., du 7 au 10 janv. et merc. midi, jeud midi sauf en juil.-août – **R** carte 1010 à 1470 – 9 ch 1015/1555 – P 1635/1825.

XX **La Huchette,** r. Église 6, ☎ 411333 – AE B
fermé du 17 au 29 sept. et mardi soir, merc. de sept. à juin – **R** 550/1350.

XX **Place** avec ch, r. Beausaint 1, ☎ 411252 – rest . AE ⓓ. B
fermé janv. et du 1er au 15 oct. – **R** *(fermé merc. du 16 sept. au 15 juin)* 440/940 – 7 ch *(de mars à janv.)* 780/980 – P 990/1200.

à l'Ouest **par ⑤ : 2 km :**

Host. Claire Fontaine, rte de Hotton 64, ☎ 411296, ←, « Jardin ombragé au bord de l'Ourthe » – wc Ⓟ. AE E. rest
fermé mars-début avril – **R** 490/1400 – 24 ch 875/2200.

à Jupille **Ⓒ Rendeux, par ⑤ : 5 km – 1 918 h. – ✉ 6987 Hodister – ☎ 084 :**

Tilleuls , Clos Champs 11, ☎ 477131, ← vallée de l'Ourthe – Ⓟ.
20 mars-13 nov. – **R** *(fermé après 20 h 30)* 450/650 – 14 ch 490/670 – P 810.

ROCHEFORT 5430 Namur 214 ⑥ et 409 ⑮ – 10 819 h. – ☎ 084.

Voir Grotte **.

♦Bruxelles 117 – ♦Namur 58 – Bouillon 49 – ♦Dinant 32 – ♦Liège 71.

Limbourg, pl. Albert-Ier 21, ☎ 211036 – wc. AE. ch
fermé du 1er au 16 sept. et merc. sauf en juil.-août – **R** carte 500 à 800 – 6 ch 1050 – P 1450.

XXX ✿ **Aub. Falizes** (Dehouck) avec ch, r. de France 70, ☎ 211282, « Jardin avec terrasse » – wc Ⓟ. AE ⓓ E
fermé du 27 au 31 août, 23 janv.-2 mars, lundis soirs non fériés sauf en juil.-août et mardis non fériés – **R** carte 890 à 1540 – 120 – 6 ch 745/900 – P 1950/2250
Spéc. Côte de boeuf aux échalotes, Fricassée de homard et langoustines aux concombres, Chariot de desserts.

XX **Trou Maulin** avec ch, rte de Marche 19, ☎ 213240 – wc Ⓟ. AE E
fermé janv., prem. sem. oct. et merc. sauf en juil.-août – **R** 500/1250 – 6 ch 1120 – P 1210.

CITROEN r. Libération 63 ☎ 211172
GM (OPEL) r. Libération 71 ☎ 211523
LADA r. Libération 12 ☎ 213297
MITSUBISHI Zoning Industriel-rte de Ciney ☎ 210456
RENAULT r. Libération 56 ☎ 211060
VAG r. Libération 61 ☎ 211732

ROCHEHAUT 6849 Luxembourg belge Ⓒ Bouillon 214 ⑮ et 409 ㉔ – 5 450 h. – ☎ 061.

Voir ←**.

♦Bruxelles 159 – ♦Arlon 76 – ♦Dinant 63 – Sedan 26.

Les Tonnelles, Grand'Place 30, ☎ 466900 – rest
fermé du 2 au 31 janv. – **R** *(fermé après 20 h 30)* carte env. 500 – **10 ch** 465/730.

XX **L'An 1600** avec ch, r. Palis 40, ☎ 466533 – wc Ⓟ
fermé 2 janv.-9 fév. et mardi soir, merc. d'oct. au 8 juil. – **R** 480/1400 – 6 ch 1150 – P 1300.

sur la route d'Alle O : 3,5 km :

Naturel des Ardennes , rte de Alle 19, ☎ 466516, ←, – Ⓟ. rest
fermé janv.-14 fév.; du 15 nov. au 20 déc. ouvert week-ends seult – **R** 460/630 – 14 ch 500/900 – P 890/1050.

X **Passage d'eau** avec ch, r. Laviot 14, ☎ 466532, ← – Ⓟ. rest
mars-nov. – **R** *(fermé après 20 h)* 450/700 – 110 – 12 ch 480/600 – P 1210/1330.

ROESELARE (ROULERS) 8800 West-Vlaanderen 213 ② et 409 ② – 51 866 h. – ☏ 051.
♦Bruxelles 111 ③ – ♦Brugge 34 ① – ♦Kortrijk 24 ③ – Lille 45 ③.

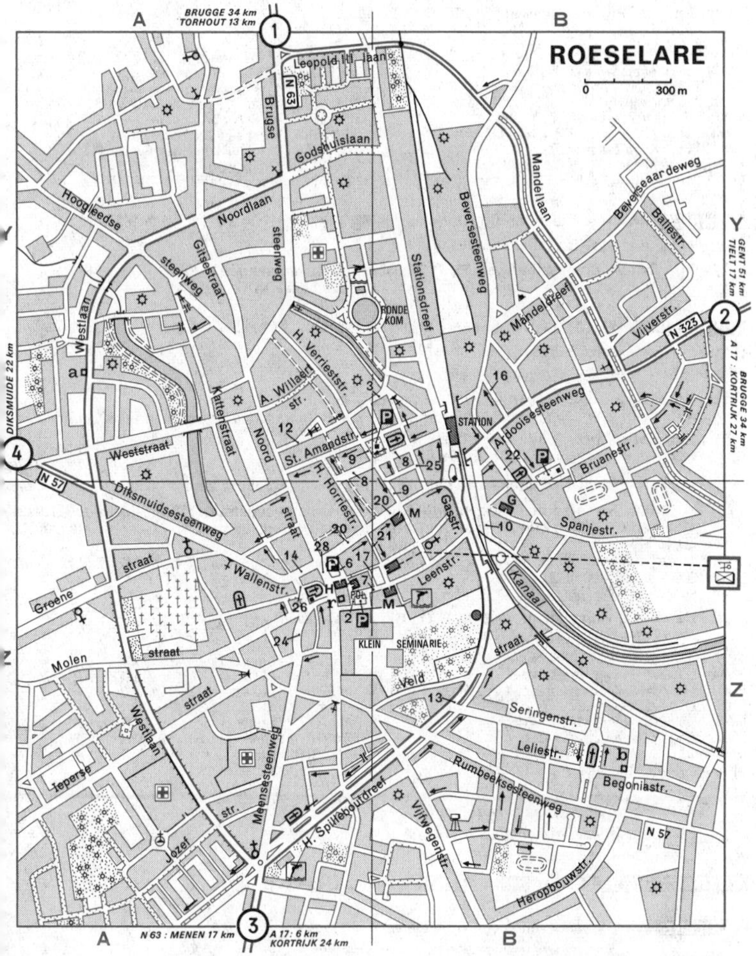

Grote Markt	AZ	6	Hazeltstr.	AZ	7	Mariastr.	BY	16
Noordstr.	AYZ		Hendrik Consciencestr.	ABY	8	Nonnenstr.	AZ	17
Ooststr.	ABZ	20	Jan Mahieustr.	ABYZ	9	Poststr.	BZ	21
Zuidstr.	AZ	28	Jules Lagaelaan	BZ	10	St. Hubrechtstr.	BY	22
			Kokelaarstr.	AY	12	St. Michielstr.	AZ	24
Botermarkt	AZ	2	Koning Albert I laan	BZ	13	Vlamingstr.	BY	25
Cichoreistr.	ABY	3	Manestr.	AZ	14	Vrouwenstr.	AZ	26

XXX **Savarin** avec ch, **Westlaan 359**, ☏ **225916** – wc wc. AE ⓓ E — AY **a**
fermé du 2 au 16 janv. et 27 juil.- 5 août – **R** *(fermé dim. soir et lundi)* carte 1080 à 1350 – **7 ch** ☕ 750/1200.

XX **Orchidée,** Begoniastraat 9, ☏ **202819, Au 12e étage avec < sur ville** – AE ⓓ — BZ **b**
fermé dim. soir et lundi – **R** carte 650 à 1150.

XX **Den Haselt,** Zuidstraat 19, ☏ **225240** – AE ⓓ E — AZ **r**
fermé mardi et merc. soir – **R** 900/1900.

à Gits C Hooglede, par ① : **5 km sur N 63 – 9 002 h. – ✉ 8840 Gits – ☏ 051 :**

Oasis M sans rest, avec cafetaria, **Bruggesteenweg 116d,** ☏ **220320** – TV wc ☎ P. AE.
fermé 7 juil.-5 août – **18 ch** ☕ 1275/1850.

XXX **Gitsdaele,** Bruggesteenweg 118, ☎ 200227 – Ⓟ. ⓓ
fermé sam. midi, dim. soir, lundi et 10 juil.-4 août – **R** carte 680 à 1170.

XXX **Epsom,** Bruggesteenweg 175, ☎ 202510 – Ⓟ
fermé du 8 au 30 juil. – **R** 900/1300.

ALFA-ROMEO Hortensiastraat 14 ☎ 200392
BMW Menensteenweg 86 ☎ 200432
BRITISH LEYLAND Ardooiesteenweg 410 ☎ 204544
CITROEN Menensteenweg 258 ☎ 201046
FIAT Bruggesteenweg 372 ☎ 207395
FORD Bruggesteenweg 333 ☎ 200798
GM (OPEL) Kermisstraat 5 ☎ 203456
HONDA Westlaan 102 ☎ 202208
LADA Bruanestraat 78 ☎ 202286
MAZDA, NISSAN Westlaan 263 ☎ 221222
MERCEDES-BENZ Bruggesteenweg 155 ☎ 200131
MITSUBISHI Ardooiesteenweg 301 ☎ 206173
NISSAN Hof van't Henneken 24 ☎ 201775
PEUGEOT, TALBOT Bruggesteenweg 377 ☎ 207801
RENAULT Westlaan 221 ☎ 203310
TOYOTA Oostnieuwkerkesteenweg 1 ☎ 201745
VAG Menensteenweg 287 ☎ 206601
VOLVO Vijfwegenstraat 95 ☎ 204777

ROKSEM 8242 West-Vlaanderen © Oudenburg 213 ② et 409 ② – 8 077 h. – ✆ 059.

♦Bruxelles 106 – ♦Brugge 15 – ♦Oostende 20.

XX **Ten Daele,** Brugsesteenweg 65, ☎ 268035, Fermette aménagée – Ⓟ
fermé dim. soir sauf en juil.-août et merc. – **R** carte 1160 à 1410.

RONSE (RENAIX) 9600 Oost-Vlaanderen 213 ⑯ et 409 ⑫ – 24 287 h. – ✆ 055.

ℹ Stadhuis, Grote Markt ☎ 212501.

♦Bruxelles 57 – ♦Gent 38 – ♦Kortrijk 32 – Valenciennes 49.

XX **Beau Séjour,** 4de Maartlaan 109, ☎ 213365 – E
fermé dim. soir, lundi, merc. soir et 1re sem. fév. – **R** (jours fériés déjeuner seult) 600/1350.

XX **Luc Belin,** Grote Markt 7, ☎ 213358 – E
fermé mardi soir, merc. et 16 août-6 sept. – **R** 625/990.

au Nord : **par rte d'Oudenaarde puis rte de Schorisse (N 735) : 6 km :**

XXX ✿ **Host. Shamrock** (Debeyter) avec ch, **Ommegangstraat 148 à Nukerke,** ✉ **9681 Maarkedal,** ☎ **(055) 215529,** ←, **« Confortable demeure dans un parc »,** – wc Ⓟ. AE ⓓ E. ✻
fermé dim. soir, lundi, mardi midi, 2e quinz. juil. et 1re quinz. janv. – **R** carte 1425 à 1850 – ☕ 200 – **6 ch** 1400/1800
Spéc. Homard au basilic, Émincé de saumon et salade du moment, Agneau aux trois gratins.

XX **Beaulieu,** Ommegangstraat 19, ☎ 211017, ← – Ⓟ. ✻
fermé mardi soir, merc. et 10 juil.-1er août – **R** 875/1250.

ALFA-ROMEO, HONDA Peperstraat 20 ☎ 213261
BMW Leuzesteenweg 10 ☎ 214295
BRITISH LEYLAND Kasteelstraat 84 ☎ 211000
CITROEN Van Hovestraat 14 ☎ 212760
FIAT Elzelesteenweg 133 ☎ 212845
FORD Engelsenlaan 21 ☎ 214085
GM (OPEL) Cesar Snoecklaan 40 ☎ 214173
MAZDA Zonnestraat 381 ☎ 211305
MAZDA J. Ferrantstraat 1 ☎ 212677
MERCEDES-BENZ O. Ponettestraat 31 ☎ 213326
MITSUBISHI Beekstraat 3 ☎ 212282
NISSAN Kruisstraat 233 ☎ 218367
RENAULT Oude Vestingstraat 47 ☎ 213568
TOYOTA Steenweg op Ninove 343 ☎ 212786
VAG Stationstraat 19 ☎ 212906

A l'hôtel, n'abusez pas de la radio, elle peut gêner vos voisins.

ROTHEUX-RIMIERE Liège 213 ㉒ et 409 ⑮ – voir à Liège.

ROULERS West-Vlaanderen – voir Roeselare.

RUMST Antwerpen 213 ⑥ et 409 ④ – voir à Mechelen.

SAINTE-CÉCILE-SUR-SEMOIS 6819 Luxembourg belge © Florenville 214 ⑯ et 409 ㉕ – 5 645 h. – ✆ 061.

♦Bruxelles 171 – ♦Arlon 46 – Bouillon 18 – Neufchâteau 30.

🏨 **Host. Sainte-Cécile,** r. Neuve 81, ☎ 313167, – wc Ⓟ. AE ⓓ
fermé 15 janv.-14 fév. – **R** *(fermé après 20 h 30)* 740/1400 – 15 ch ☕ 1100/1600 – P 1700/1900.

ST-GHISLAIN 7330 Hainaut 214 ① et 409 ⑫ – 21 682 h. – ✆ 065.

♦Bruxelles 75 – ♦Charleroi 57 – ♦Mons 9,5.

XX **Vieux Colmar** avec ch, Grand'rue 105, ☎ 775056 – ⋔. ⓓ E
fermé dim.soir, lundi et juil. – **R** carte 800 à 1125 – 8 ch ☕ 665/865.

RENAULT pl. des Combattants 15 ☎ 773356
VAG r. Port 60 ☎ 774530

ST-GILLES (SINT-GILLIS) Brabant – voir à Bruxelles, agglomération.

ST-HUBERT **6900 Luxembourg belge 214 ⑯⑰ et 409 ㉕ – 5 489 h. – ☎ 061.**
Voir Intérieur★★ de la Basilique St-Hubert★.
Env. Forêts★ entre St-Hubert et Fourneau N : 7 km.
🅸 pl.de l'Abbaye (en saison) ☎ 611299, r.Liberté 18 (hors saison) ☎ 612070.
♦Bruxelles 137 – ♦Arlon 60 – La Roche-en-Ardenne 25 – Sedan 59.

- **Borquin,** pl. Abbaye 6, ☎ 611456 – |$| TV (Wc)wc. Amex Diners E
  fermé merc. et 16 août-4 sept. – **R** 450/970 – ☕ 170 – 9 ch 610/1110.
- XX **Luxembourg** avec ch, pl. du Marché 7, ☎ 611093 – (Wc)wc ⋒. Amex Diners
  fermé jeudi – **R** carte 670 à 870 – ☕ 120 – 8 ch 550/950 – P 850/1050.
- X **La Petite Fringale,** r. St-Gilles 36, ☎ 612559
  fermé lundi de sept. à juil. – **R** carte 1050 à 1300.

MAZDA av. des Chasseurs Ardennais 8 ☎ 611007
MITSUBISHI rte de Poix ☎ 611248

ST-NICOLAS **Oost-Vlaanderen – voir Sint-Niklaas.**

ST-TROND **Limburg – voir Sint-Truiden.**

ST-VITH **(SANKT-VITH) 4780 Liège 214 ⑨ et 409 ⑯ – 8 414 h. – ☎ 080.**
Env. Reuland : donjon ≤★ S : 8 km.
♦Bruxelles 180 – ♦Liège 78 – Clervaux 36 – La Roche-en-Ardenne 51.

- **Pip-Margraff,** Hauptstrasse 7, ☎ 228663 – (Wc)wc ⋒wc. Amex E
  fermé lundi du 15 sept. au 15 juin – **R** 500/1200 – **15 ch** ☕ 665/1435 – P 1255/1430.
- XXX ✿ **Post** (Pankert) avec ch, Hauptstrasse 39, ☎ 228027, ≼ – TV (Wc)wc ⋒wc ☎. Amex Diners E. ✻
  fermé dim. soir, lundis non fériés, janv. et dern.sem. juin – **R** carte 1030 à 1690 – ☕ 180 – **8 ch** 955/1610 – P 1955
  Spéc. Feuilles de choux farcies aux écrevisses, St-Jacques en feuilletage aux pointes vertes (oct.-avril), Jardinière au foie de canard sauté.

ALFA-ROMEO r. Luxembourg 69 ☎ 228389
FIAT, MERCEDES-BENZ rte Malmédy 88 ☎ 228691
HONDA Prümerstr. 14 ☎ 228286
LADA r. Vielsalm 25 à Roth-St-Vith ☎ 228412
RENAULT rte Malmédy 14 ☎ 227367

SANKT-VITH **Liège – voir St-Vith.**

SART-LEZ-SPA **Liège 213 ㉓ et 409 ⑯ Est – voir à Spa.**

SCHAERBEEK **Brabant – voir à Bruxelles, agglomération.**

SCHELLE **Antwerpen 213 ⑥ et 409 ④ – voir à Antwerpen, environs.**

SCHERPENHEUVEL **(MONTAIGU) 3270 Brabant Ⓒ Scherpenheuvel-Zichem 213 ⑧ et 409 ⑤ – 20 637 h. – ☎ 013.**
♦Bruxelles 52 – ♦Antwerpen 52 – ♦Hasselt 31.

- **Zwaan,** Albertusplaats 12, ☎ 771369 – (Wc)wc ☎ 🚗 Ⓟ. Diners E. ✻
  R *(fermé sam. de sept. à avril)* 500/1300 – 8 ch ☕ 785/1570 – P 1800.

BMW Mannenberg 11 ☎ 771768
NISSAN Basilieklaan 38 ☎ 771322
VAG Basilieklaan 91 ☎ 771333

SCHILDE **2230 Antwerpen 213 ⑦ et 409 ④ – 16 820 h. – ☎ 03.**
♦Bruxelles 62 – ♦Antwerpen 13 – ♦Turnhout 28.

- XXX **Apicius,** A van de Sandelaan, ☎ 3834565, « Élégante installation dans un cadre de verdure » – Ⓟ. Amex Diners E
  fermé lundi – **R** carte 975 à 1375.
- XXX **Henri IV,** Louis Mariënlaan 5, ☎ 3831149 – Ⓟ. Amex Diners
  fermé mardi – **R** 995/1595.

MAZDA Turnhoutsebaan 100 ☎ 3537086
MITSUBISHI Turnhoutsebaan 305 ☎ 3833652
VOLVO Kerkelei 92 ☎ 3831576

SCHOONAARDE 9328 Oost-Vlaanderen © Dendermonde 213 ⑤ et 409 ③ – 42 295 h. – ☎ 052.
♦Bruxelles 39 – ♦Gent 26 – Aalst 11 – Dendermonde 7.

XX **Palinghuis,** Oude Brugstraat 16, ☎ 423246, ≤ – ▤ Ⓟ. ✂
fermé vend., sam. midi et 30 nov.-1er janv. – **R** carte env. 600.

SCHOTEN Antwerpen 212 ⑮ et 409 ④ – voir à Antwerpen, environs.

SEMOIS (Vallée de la) ** 214 ⑮⑯ et 409 ㉔㉕ G. Belgique-Luxembourg.

SINT-AGATHA-BERCHEM Brabant – voir Berchem-Ste-Agathe à Bruxelles, agglomération.

SINT-AMANDS 2688 Antwerpen 213 ⑥ et 409 ④ – 7 365 h. – ☎ 052.
♦Bruxelles 38 – ♦Antwerpen 32 – ♦Mechelen 23.

X **De Veerman,** Kaai 26, ☎ 333275, « Terrasse avec ≤ sur une boucle de l'Escaut » – ⓓ
fermé lundi, mardi et du 5 au 21 sept. – **R** carte 945 à 1160.

BMW Winkelstraat 61 ☎ 332547

SINT-ANTONIUS Antwerpen 212 ⑯ et 213 ⑦ – voir à Zoersel.

SINT-DENIJS-BOEKEL 9633 Oost-Vlaanderen © Zwalm 213 ⑯ et 409 ⑫ – 7 214 h. – ☎ 055.
♦Bruxelles 54 – ♦Gent 26 – Aalst 29 – Oudenaarde 12.

X **Ter Maelder,** Molenberg 7, ☎ 498326 – Ⓟ
fermé jeudi, vend. midi et du 1er au 16 mars – **R** 560/900.

SINT-GENESIUS-RODE Brabant 213 ⑱ et 409 ⑬ – voir à Bruxelles, environs.

SINT-GILLIS Brabant – voir St-Gilles à Bruxelles, agglomération.

SINT-GORIKS-OUDENHOVE Oost-Vlaanderen 213 ⑯⑰ – voir à Zottegem.

SINT-HUIBRECHTS-LILLE Limburg 213 ⑩ et 409 ⑥ – voir à Neerpelt.

SINT-IDESBALD West-Vlaanderen 213 ① et 409 ① – voir à Koksijde-Bad.

SINT-JAN-IN-EREMO 9982 Oost-Vlaanderen © Sint-Laureins 213 ④ et 409 ③ – 6 588 h. – ☎ 091.
♦Bruxelles 102 – ♦Brugge 38 – ♦Gent 33.

XX **'t Schuurke,** St-Jansstraat 56, ☎ 798661 – Ⓟ
fermé lundi et mardi – **R** carte 770 à 970.

SINT-JANS-MOLENBEEK Brabant – voir Molenbeek-St-Jean à Bruxelles, agglomération.

SINT-KATHERINA-LOMBEEK Brabant 213 ⑱ et 409 ⑬ – voir à Ternat.

SINT-KRUIS West-Vlaanderen 213 ③ et 409 ② – voir à Brugge.

SINT-LAMBRECHTS-WOLUWE Brabant – voir Woluwé-St-Lambert à Bruxelles, agglomération.

SINT-MARTENS-LATEM Oost-Vlaanderen 213 ④ et 409 ③ – voir à Gent.

SINT-NIKLAAS (ST-NICOLAS) 2700 Oost-Vlaanderen 213 ⑤⑥ et 409 ④ – 68 208 h. – ☎ 03.
ℹ Stadhuis, Grote Markt ☎ 7763471.
♦Bruxelles 47 ② – ♦Gent 39 ③ – ♦Antwerpen 25 ② – ♦Mechelen 32 ②.

Plan page ci-contre

🏨 **Serwir,** Koningin Astridlaan 49, ☎ 7765311, Télex 32422 – |♦| ▤ rest Ⓟ – 🏋. AE ⓓ E
fermé du 8 au 24 juil. – **R** carte 810 à 1180 – **28 ch** ☐ 960/1890. BZ **c**

🏨 **Flandres,** Stationsplein 5, ☎ 7761799, Télex 26937 – |♦| ▤ rest TV. AE ⓓ E AY **n**
R carte 770 à 1500 – **20 ch** ☐ 1400/2000 – P 2300/2425.

XXX **'t Mezennestje,** De Meulenaerstraat 2, ☎ 7762873, « Aménagé dans une villa » – AE ⓓ E.
✂ BZ **a**
fermé mardi, merc., 26 juin-22 juil. et 1 sem. en fév. – **R** carte 1170 à 1590.

XXX **'t Begijnhofken,** Kokkelbeekstraat 157, ☎ 7763844, « Rustique » – AE ⓓ E AZ **b**
fermé merc. et 2 sem. en août – **R** carte 1075 à 1600.

X **De Kardinaal,** Kardinaal Mercierplein 10, ☎ 7761802 – ✂ AY **e**
fermé lundi soir, mardi et 22 juil.-14 août – **R** carte 525 à 875.

Voir aussi : ***Tielrode*** par ② : 7 km.

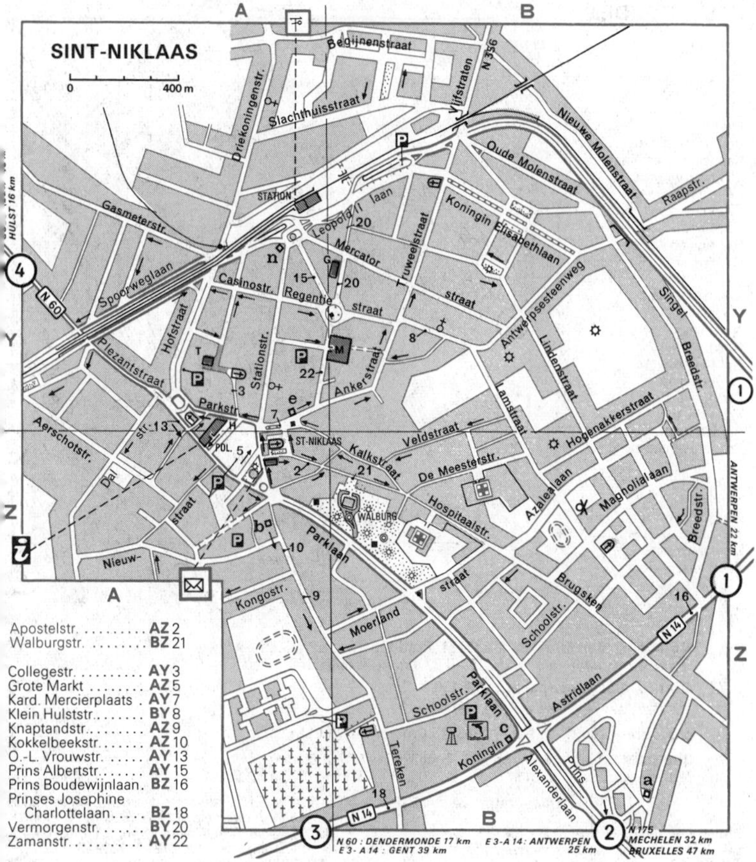

Apostelstr. . . . . AZ 2
Walburgstr. . . . . BZ 21

Collegestr. . . . . AY 3
Grote Markt . . . . AZ 5
Kard. Mercierplaats . AY 7
Klein Hulststr. . . . . . . BY 8
Knaptandstr. . . . . AZ 9
Kokkelbeekstr. . . . . . . AZ 10
O.-L. Vrouwstr. . . . . . AY 13
Prins Albertstr. . . . . . . AY 15
Prins Boudewijnlaan . BZ 16
Prinses Josephine Charlottelaan . . . . . BZ 18
Vermorgenstr. . . . . . . BY 20
Zamanstr. . . . . AY 22

ALFA-ROMEO Blokmakersstraat 11 ☎ 7761062
BMW Bellestraat 40 ☎ 7762452
BRITISH LEYLAND Wegvoeringstraat 88 ☎ 7761338
CITROEN Grote Baan 126a à Nieuwkerken-Waas ☎ 7764547
FORD Dalstraat 28 ☎ 7763830
GM (OPEL) Parklaan 87 ☎ 7763567
LADA Moleken 54 ☎ 7761875
MAZDA Blokmakersstraat 9 ☎ 7761062
MERCEDES-BENZ Gentsebaan 62a ☎ 7766407
MITSUBISHI Klingendijkstraat 108 à St-Gillis-Waas ☎ 7706403
NISSAN St-Niklaasstraat 100 à St-Gillis-Waas ☎ 7705742
NISSAN Raap 101 ☎ 7761124
PEUGEOT, TALBOT Prins Boudewijnlaan 95 ☎ 7763416
RENAULT Plezantstraat 290 ☎ 7761038
TOYOTA St-Niklaasstraat 92 à St-Gillis-Waas ☎ 7705783
TOYOTA Grote Baan 192 ☎ 7773122
VAG Parklaan 50 ☎ 7761280
VAG Verzusteringslaan 20 ☎ 7766382
VOLVO Bellestraat 48 ☎ 7760880

SINT-PIETERS-LEEUW Brabant **213** ⑱ et **409** ⑬ – voir à Bruxelles, environs.

SINT-PIETERS-WOLUWE Brabant – voir Woluwé-St-Pierre à Bruxelles, agglomération.

SINT-TRUIDEN (ST-TROND) 3800 Limburg **213** ㉑ et **409** ⑭ – **36 591 h.** – ☎ **011.**
♦**Bruxelles 63** ⑤ – ♦**Hasselt 17** ① – ♦**Liège 35** ③ – ♦**Maastricht 39** ② – ♦**Namur 50** ④.

Plan page suivante

🏨 **Cicindria** sans rest, Abdijstraat 6, ☎ 681344, Télex 39532 – |♦| TV ⇔wc ⫙wc ☎. AE ⓓ E **s**
☕ 160 – **19 ch** 1270/2015.

XXX **De Fakkels,** Stationstraat 33, ☎ 675634, « Belle demeure ancienne avec parc ombragé » – AE ⓓ **b**
fermé lundi, merc. soir et 3 prem. sem. sept. – **R** carte 870 à 1245.

ST. TRUIDEN

Grote Markt 13
Luikerstraat 17
Tiensestraat

Abdijstraat 2
Beekstraat 3
Breendonkstraat 4
Capucienessenstraat 6
Cl. Cartuyvelsstraat 7
Diestersteenweg 8
Gazometerstr. 10
Gootstraat 12
Grevensmolenweg 14
Houtmarkt 15
Kazernestraat 16
Minderbroeders straat 18
Naamsestr. 19
Naamsevest 20
Noord Oostelijke Omleiding 21
Parkstraat 22
Plankstraat 23
Ridderstraat 24
Schurhovensteenweg ... 25
Slachthuisstr. 27
Sluisberg 28
Stationsstraat 30
Tiensesteenweg 32
Tongersesteenweg 34
Vissegatstraat 35
Zoutstraat 38
2e Broekstraat 40

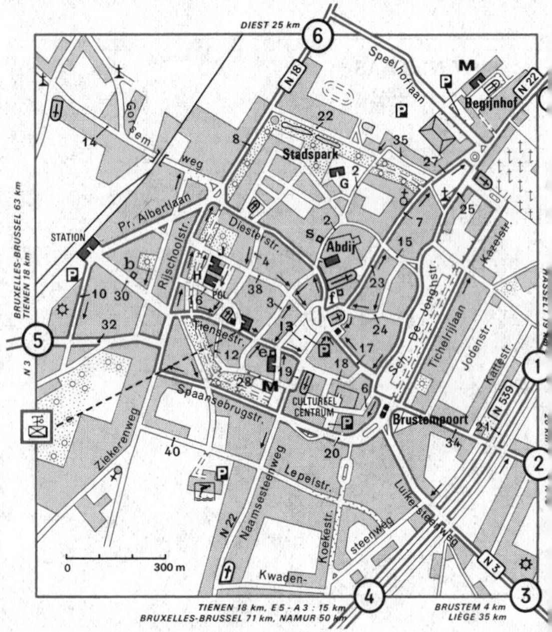

XX **De Mein,** Meinstraat 3, ☎ 677734, Produits de la mer – AE ⓓ f
fermé lundi, sam. midi et du 16 au 31 août – **R** 650/1150.

XX **Amico,** Naamsestraat 3, ☎ 676150 – AE e
fermé mardi et 23 juil.-9 août – **R** 450/650.

à Brustem par ③ : 4 km – ✉ 3815 Brustem – ☎ 011 :

XX **Jacques,** Luikersteenweg 268, ☎ 683965 – AE ⓓ E. ✻
fermé mardi, sam. midi et du 1er au 16 août – **R** carte 870 à 1320.

ALFA-ROMEO, NISSAN Hasseltsteenweg 69 ☎ 683387
BMW Diestersteenweg 120 ☎ 676678
BRITISH LEYLAND Luikersteenweg 253 à Brustem ☎ 683134
CITROEN Tongersesteenweg 1 ☎ 682276
FORD Luikersteenweg 131 ☎ 675531
GM (OPEL) Luikersteenweg 22 ☎ 675991
HONDA Tongersesteenweg 45 ☎ 675117
LADA Naamsesteenweg 21 à Kerkom ☎ 674016
MAZDA Tiensesteenweg 165 ☎ 682624
MERCEDES-BENZ Tongersesteenweg 133 ☎ 683126
MITSUBISHI Industrielaan 13 ☎ 682578
PEUGEOT, TALBOT Luikersteenweg 94 ☎ 682030
RENAULT Tiensesteenweg 121 ☎ 683941
RENAULT Tongersesteenweg 267 à Brustem ☎ 683139
TOYOTA Luikersteenweg 242 à Brustem ☎ 682933
VAG Luikersteenweg 75 à Brustem ☎ 683118
VAG Tiensesteenweg 176 ☎ 682656
VOLVO Naamsesteenweg 239 ☎ 677951

SOHEIT-TINLOT 4153 Liège Ⓒ Tinlot 213 ㉒, 214 ⑥ et 409 ⑮ – 1 769 h. – ☎ 085.
♦Bruxelles 96 – ♦Liège 29 – Huy 13.

XX ✿ **Coq aux Champs** (Horenbach), r. Montys 33, ☎ 512014, « Auberge ardennaise avec jardin-terrasse » – Ⓟ. ⓓ
fermé lundi soir, mardi, 25 juin-16 juil. et du 17 au 28 déc. – **R** carte env.1100
Spéc. Feuilleté de fruits de mer, Cuissot de caille au fumet de truffes.

SOIGNIES (ZINNIK) 7400 Hainaut 213 ⑰ et 409 ⑫ – 23 318 h. – ☎ 067.
Voir Collégiale St-Vincent★★.
♦Bruxelles 41 – ♦Mons 18 – ♦Charleroi 40.

à Casteau Ⓒ Soignies, S : 7 km par N 7 – ✉ 7460 Casteau – ☎ 065 :

Crest H., chaussée de Bruxelles 38, ☎ 728741, Télex 57164 – TV Ⓟ – 🏛. AE ⓓ E
R *(fermé 25 déc.)* 450/735 – **71 ch** ☕ 1475/2090.

à Thieusies Ⓒ Soignies S : 6 km par N 7 – ✉ 7461 Thieusies – ☎ 065 :

XX **La Saisinne,** r. Saisinne 43, ☎ 728663, « Dans un cadre champêtre » – Ⓟ. AE ⓓ E
fermé dim. soir, jeudi, 2e quinz. fév. et juil. – **R** carte 1080 à 1380.

ALFA-ROMEO r. Guelenne 40 ☎ 332389
FIAT chaussée de Mons 175 ☎ 332520
FORD chaussée de Mons 71 ☎ 333545
GM (OPEL) chaussée de Mons 26 ☎ 332819
HONDA r. Viaduc 3 ☎ 333696
LADA r. G.-Wincqz 90 ☎ 332676
MERCEDES-BENZ chaussée de Braine 153 ☎ 333038
MITSUBISHI bd Roosevelt 25 ☎ 334301
TOYOTA chaussée de Mons 126 ☎ 333238
VAG chaussée de Braine 74 ☎ 334228

SOLRE-ST-GÉRY Hainaut 214 ⑬ et 409 ⑬ – voir à Beaumont.

SOMME-LEUZE 5373 Namur 214 ⑥ et 409 ⑮ – 2 578 h. – ☎ 086.

♦Bruxelles 104 – ♦Liège 45 – ♦Namur 50.

Le Ry de Somme avec ch, r. de Liège 30, ☎ 322458 – 🛗 Ⓟ. 🚫 rest
fermé merc. – **R** 325/625 – ☕ 100 – **8 ch** 700/750 – P 830/900.

SPA 4880 Liège 213 ㉓ et 409 ⑯ – 9 636 h. – ☎ 087 – Station thermale.

Voir Station thermale★★ – Promenade des Artistes★ par ② – Musée de la Ville d'Eaux : collections★ de ''jolités'' AY M.

Env. Parc à gibier de la Reid★ par ③ : 9 km.

⛳18 à Balmoral par ① : 2,5 km ☎ 771613.

ℹ rue Royale 2 ☎ 771700 et 772913.

♦Bruxelles 139 ③ – ♦Liège 38 ③ – Verviers 16 ③.

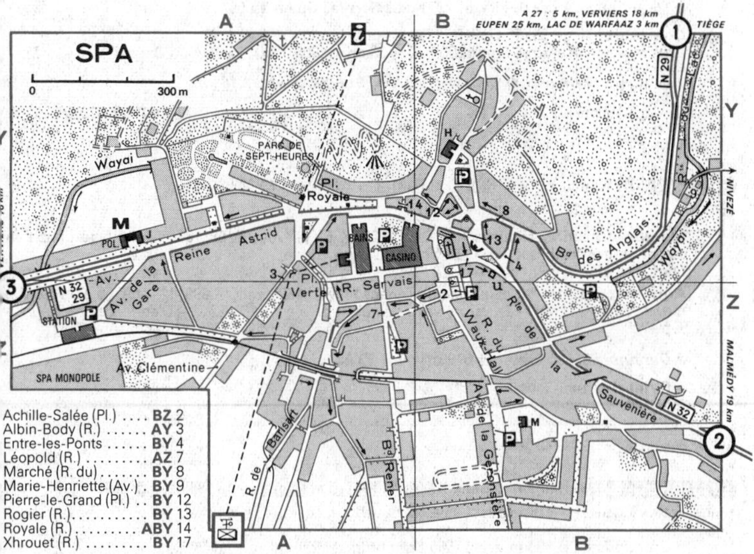

Achille-Salée (Pl.) .... **BZ** 2
Albin-Body (R.) ...... **AY** 3
Entre-les-Ponts ...... **BY** 4
Léopold (R.) .... **AZ** 7
Marché (R. du) .... **BY** 8
Marie-Henriette (Av.) . **BY** 9
Pierre-le-Grand (Pl.) .. **BY** 12
Rogier (R.) .... **BY** 13
Royale (R.) .... **ABY** 14
Xhrouet (R.) .... **BY** 17

Olympic avec appartements, av. Amédée-Hesse 13, à la piscine, ☎ 772548, ≤ – 📺 🛗wc ☎ Ⓟ – 🏊. AE ⓓ E. 🚫 rest — par la route du lac BY
fermé mardi, merc. et nov. – **R** (dîner seult) 450/950 – **32 ch** ☕ 1350/1950 – ½ p 1350/1550.

Le Grand Maur, r. Xhrouet 41, ☎ 773616, « Aménagé dans une maison du 18e s. » – AE ⓓ E. 🚫 — BYZ **u**
fermé lundis non fériés et du 5 au 28 fév. – **R** carte 1275 à 1575.

au Sud : 3 km par rue de Barisart - AZ :

Source de Barisart, rte de Barisart 297, ☎ 773298, ≤, « Cadre de verdure » – Ⓟ. AE
fermé lundi et du 16 au 31 août – **R** 450/1000.

à Balmoral par ① : 3 km – ✉ 4880 Spa – ☎ 087 :

Dorint H.Ardennes, rte de Balmoral 33, ☎ 772581, Télex 49209, « Dans un cadre boisé avec ≤ sur campagne », 🏊, 🌳 – 🛗 Ⓟ – 🏊. AE ⓓ E. 🚫 rest
R 475/750 – **96 ch** ☕ 1450/2700 – P 2000/2600.

à Creppe S : 4,5 km par av. Clémentine - AZ – ✉ 4880 Spa – ☎ 087 :

XXX **Manoir de Lebioles** ⛰ avec ch, ☎ 771020, ← jardin et collines boisées, « Demeure seigneuriale dominant la vallée boisée, terrasse et jardin » – 📺 ⛟wc ☎ 🚗 🅿. AE ⓓ E
fermé du 1er au 12 juil. et janv. – **R** *(fermé dim. soir, lundi et mardi midi)* 950/2150 – **4 ch** ☕ 3000/5600.

à Malchamps par ② : 5 km – ✉ 4880 Spa – ☎ 087 :

XX **Ferme de Malchamps,** r. Sauvenière 201 (N 32), ☎ 275273, « Ancienne métairie » – 🅿. AE ⓓ E
fermé mardi soir et merc. – **R** carte 930 à 1450.

à la Reid Ⓒ Theux, par ③ : 9 km – 9 249 h. – ✉ 4881 La Reid – ☎ 087 :

XXX **A la Retraite de Lempereur,** Basse Desnié 842, ☎ 376215, « Dans une ancienne ferme » – 🅿
fermé merc. et du 6 au 31 août – **R** 850/1325.

à Sart-lez-Spa Ⓒ Jalhay, par ① : 7 km – 5 359 h. – ✉ 4882 Sart-lez-Spa – ☎ 087 :

XX **Aub. les Santons** avec ch, Cokaifagne 39 a, rte de Francorchamps, ☎ 474315, 🌳 – 📺 ⛟wc ☎ 🚗 🅿. AE E
fermé merc. de sept. à juil. et mars – **R** carte 950 à 1500 – ☕ 190 – 6 ch 1020/1550.

X **Au Petit Normand,** Roquez 34 - Pont de Belleheid, SE : 3 km direction Francorchamps, ☎ 474004 – 🅿. AE
fermé du 8 au 27 janv. et mardi sauf en juil.-août – **R** 750/1100.

à Tiège-lez-Spa par ① : 5 km – ✉ 4882 Sart-lez-Spa – ☎ 087 :

🏨 **Charmille,** Tiège 38, ☎ 474313, « Terrasse et jardin », 🎾 – 🛗 🅿
avril-14 nov. – **R** *(fermé lundi)* 500/675 – **33 ch** ☕ 905/1330 – P 1570/1725.

Voir aussi : ***Francorchamps par ② : 9 km, Stavelot par ② : 16 km.***

ALFA-ROMEO r. Marteau 708 ☎ 771464
CITROEN bd Anglais 13 ☎ 772525
GM (OPEL) av. Reine-Astrid 228 ☎ 772567
MITSUBISHI av. Reine-Astrid 175 ☎ 773159
TALBOT bd Anglais 2 ☎ 772263
TOYOTA av. Reine-Astrid 50 ☎ 771172

SPONTIN 5311 Namur Ⓒ Yvoir 214 ⑤ et 409 ⑭ – 6 586 h. – ☎ 083.

♦Bruxelles 83 – ♦Namur 24 – ♦Dinant 11 – Huy 31.

XXX **Maison du Bailli,** chaussée de Dinant 6, ✉ 5190 Yvoir, ☎ 699193, « Aménagé dans l'ancienne ferme du château » – 🅿. AE E
fermé mardi soir, merc. et 20 déc.-31 janv. – **R** 650/1100.

XX **Aub. Nutons** avec ch, chaussée de Dinant 13, ✉ 5190 Yvoir, ☎ 699142 – AE ⓓ E. ✗ ch
fermé 15 janv.-14 fév. – **R** *(fermé vend.soir de sept. à avril)* 660/1250 – 6 ch *(1/2 pens. seult)* – ½ p 1200.

à Dorinne SO : 2,5 km – ✉ 5190 Yvoir – ☎ 083 :

XX ✿ **Vivier d'Oies** (Godelet), r. État 7, ☎ 699571 – 🅿. AE ⓓ
fermé merc. et 25 juin.-15 juil. – **R** carte 1225 à 1540
Spéc. Feuilleté d'anguilles aux chicons, Rouelles de sole et saumon homardine, Porcelet grillé au poivre.

BMW chaussée de Dinant 43 ☎ 699320

STAMBRUGES 7980 Hainaut Ⓒ Beloeil 213 ⑯, 214 ① et 409 ⑫ – 13 588 h. – ☎ 069.

♦Bruxelles 86 – ♦Mons 21 – ♦Tournai 29 – Valenciennes 27.

à Grandglise SO : 2 km – ✉ 7980 Stambruges-Grandglise – ☎ 069 :

XXX ✿ **Host. Vert Gazon** (Tjolle) ⛰ avec ch, rte de Mons 1 sur N 61, ☎ 575984, ←, « Parc », 🌳 – ⛟wc ☎ 🅿. AE ⓓ E
fermé dim. soir, lundi, 2e quinz. juin et 1re quinz. janv. – **R** carte 935 à 1255 – ☕ 160 – 6 ch 635/1290
Spéc. Sole et saumon au beurre blanc, Ris de veau à la fondue de poireaux, Tarte frangipane.

STAVELE 8991 West-Vlaanderen Ⓒ Alveringem 213 ① et 409 ① – 5 201 h. – ☎ 057.

♦Bruxelles 143 – ♦Brugge 66 – Ieper 23 – Veurne 19.

XX **Het Jachthuis van Eversam,** Eversamstraat 2, ☎ 400920 – 🅿
fermé dim. soir, lundi, 27 fév.-8 mars et 19 août-3 sept. – **R** carte 1100 à 1500.

Die im Michelin-Führer
*verwendeten Zeichen und Symbole haben - **fett** oder dünn gedruckt, in Rot oder **Schwarz** - jeweils eine andere Bedeutung. Lesen Sie daher die Erklärungen (S. 28-35) aufmerksam durch.*

STAVELOT 4970 Liège 214 ⑧ et 409 ⑯ – 5 912 h. – ☎ 080.

Voir Carnaval** (dimanche du Laetare) – Châsse de St-Remacle** dans l'église St-Sébastien – Musée de l'Ancienne Abbaye : section des Tanneries*.

Env. O : Vallée de l'Amblève** de Stavelot à Comblain-au-Pont – Trois Ponts : Circuit des panoramas* SO : 6 km.

Musée de l'ancienne Abbaye (en saison) ☎ 882339 et Bursiheids 17 (hors saison) ☎ 882343.

♦Bruxelles 158 – ♦Liège 59 – ♦Bastogne 64 – Malmédy 9 – Spa 18.

Val d'Amblève (Focquet), rte de Malmédy 7, ☎ 882353, ≤, ‹, ‹ – TV wc wc ☎ & ⟵ Ⓟ. AE ⓓ E. rest
fermé fin déc.-janv. – **R** *(fermé lundis non fériés)* 880/1490 – 150 – **19 ch** 760/1520
Spéc. Mousseline de grenouilles aux pistaches, Poularde aux écrevisses, Charlottes.

STERREBEEK Brabant 213 ⑲ et 409 ⑬ – voir à Bruxelles, environs.

STEVOORT Limburg 213 ⑨ et 409 ⑥ – voir à Hasselt.

STOUMONT 4984 Liège 214 ⑧ et 409 ⑯ – 2 402 h. – ☎ 080.

Env. O : Belvédère "Le Congo" ≤* – Site* du Fonds de Quarreux.

♦Bruxelles 139 – ♦Liège 45 – Malmédy 24.

XX **Les 7 Collines** avec ch, rte de l'Amblève 89, ☎ 785984, ≤ vallée de l'Amblève, « Jardin » – Ⓟ.
fermé lundi soir, mardi et 20 août-7 sept. – **R** 990/1250 – 110 – 8 ch 920/1060 – P 1900/2460.

SUXY 6812 Luxembourg belge Ⓒ Chiny 214 ⑰ et 409 ㉕ – 4 629 h. – ☎ 061.

♦Bruxelles 170 – ♦Arlon 40 – Bouillon 41 – ♦Bastogne 38.

XX **La Devinière** avec ch, r. Champs devant le Pont 1, ☎ 312671, ≤, « Petite auberge dans un cadre champêtre », – wc Ⓟ. AE ⓓ
fermé fév. – **R** *(fermé merc. et après 20 h 30)* 480/990 – 9 ch 900/1355 – P 1650.

SY Liège Ⓒ Ferrières 214 ⑦ et 409 ⑮ – 3 263 h. – ✉ 5492 Bomal – ☎ 086.

♦Bruxelles 116 – ♦Liège 47 – Marche-en-Famenne 31 – Spa 32.

Mésanges , r. de Luins 6, ☎ 388065, – Ⓟ
fermé merc. – **R** 495/1000 – **11 ch** 540/850 – P 920.

Keine bezahlte Reklame im Michelin-Führer.

TAMISE Oost-Vlaanderen – voir Temse.

TAVIGNY Luxembourg belge 214 ⑧ et 409 ⑯ – voir à Houffalize.

TEMSE (TAMISE) 2690 Oost-Vlaanderen 213 ⑥ et 409 ④ – 23 628 h. – ☎ 03.

♦Bruxelles 40 – ♦Gent 41 – ♦Antwerpen 26 – ♦Mechelen 25 – Sint-Niklaas 7,5.

Belle Vue, Wilfordkaai 37, ☎ 7710002, ≤ – TV wc wc ☎. AE ⓓ E
R carte 970 à 1350 – **12 ch** 1150/1800.

X **Pepermolen,** Nijverheidstraat 1, ☎ 7711241
fermé mardi soir, merc. et 15 juil.-4 août – **R** carte 680 à 990.

FORD Viadukt 5 ☎ 7710955
GM (OPEL) Krijgsbaan 172 ☎ 7710967
HONDA Oostjachtpark 6 ☎ 7760588
MITSUBISHI Jan de Malschelaan 6 ☎ 7710347
PEUGEOT, TALBOT Akkerstraat 55 ☎ 7710122
VAG Rozenlaan ☎ 7712840

TERNAT 1740 Brabant 213 ⑱ et 409 ⑬ – 12 327 h. – ☎ 02.

♦Bruxelles 16 – ♦Gent 38.

à Sint-Katherina-Lombeek Ⓒ Ternat, SO : 2 km – 12 327 h. – ✉ 1742 Sint-Katherina-Lombeek – ☎ 02

XX **'t Hoevetje,** Broekstraat 17, ☎ 5821488 – Ⓟ. ⓓ
fermé dim. soir, merc. soir, jeudi et 16 juil.-11 août – **R** carte 800 à 1040.

CITROEN Bodegemstraat 37 ☎ 5821439
FIAT Assesteenweg 271 ☎ 5822911
GM (OPEL) Stationstraat 90 ☎ 5822433
VAG Assesteenweg 101 ☎ 5821312

TERTRE 7340 Hainaut Ⓒ Saint-Ghislain 214 ① et 409 ⑫ – 21 682 h. – ☎ 065.

♦Bruxelles 77 – ♦Mons 12 – ♦Tournai 37 – Valenciennes 30.

XX **Cense de Lalouette,** rte de Tournai 188, ☎ 620870, Rustique – Ⓟ. AE ⓓ E
fermé dim. soir, lundi, 1re quinz. janv. et 2e quinz. août – **R** (déjeuner seult sauf sam.) carte 770 à 1680.

TESSENDERLO 3980 Limburg 213 ⑧⑨ et 409 ⑤ – 13 857 h. – ☎ 013.

Voir Jubé★ de l'église St-Martin (St. Maartenskerk).

♦Bruxelles 66 – ♦Antwerpen 57 – ♦Liège 70.

XX **La Forchetta,** Stationstraat 69, ☎ 664014, Cuisine italienne – AE. ✱
fermé lundi et du 11 au 31 août – **R** carte 820 à 1060.

à l'Ouest : 5 km par N 174 :

XX Lindehoeve, Zavelberg 12, ☎ 663167, ←, « Auberge dans un cadre champêtre » – Ⓟ.

CITROEN Hulsterweg 92 ☎ 661182

THEUX 4870 Liège 213 ㉓ et 409 ⑯ – 9 249 h. – ☎ 087.

♦Bruxelles 131 – ♦Liège 31 – Spa 7 – Verviers 12.

X **Relais du Marquisat,** r. Hocheporte 13, ☎ 542138, « Maisonette restaurée avec recherche » – AE ⓪ E. ✱
fermé jeudi et du 15 au 30 nov. – **R** 490/850.

THIEUSIES Hainaut 213 ⑰ et 409 ⑫ – voir à Soignies.

THOUROUT West-Vlaanderen – voir Torhout.

TIEGE-LEZ-SPA Liège 213 ㉓ et 409 ⑯ – voir à Spa.

TIELRODE 2698 Oost-Vlaanderen Ⓒ Temse 213 ⑥ et 409 ④ – 23 628 h. – ☎ 03.

♦Bruxelles 42 – ♦Antwerpen 27 – ♦Gent 40 – Sint-Niklaas 7.

XXX ✿ **Hof te Lande,** Moortelstraat 27 (par rte de Elversele puis rte à droite), ☎ 7712317, « Dans une villa, cadre champêtre » – ▤ Ⓟ. ⓪ E. ✱
fermé du 3 au 30 sept., du 24 au 30 déc., dim. soir, lundi soir et jeudi – **R** carte 1250 à 1800
Spéc. Foie d'oie au Porto, Suprême de turbot au champagne, Ris et rognon de veau Liégeoise.

Si vous devez faire étape dans une station ou dans un hôtel isolé, prévenez par téléphone, surtout en saison.

TIELT 8880 West-Vlaanderen 213 ③ et 409 ② – 19 141 h. – ☎ 051.

♦Bruxelles 85 – ♦Brugge 30 – ♦Gent 32 – ♦Kortrijk 21.

🏨 **Shamrock,** Euromarktlaan 24 (sur rte de ceinture), ☎ 401531 – |♦| ⇔wc ⋒wc ☎ Ⓟ – 🏔. ✈ AE ⓪ E
fermé dim. et 21 juil.-14 août – **R** *(fermé dim. et lundi)* 450/1050 – ☕ 110 – **17 ch** 650/1100 – P 1150.

Voir aussi : ***Pittem*** O : 4 km.

ALFA-ROMEO, TOYOTA Meulebeeksesteenweg 12 ☎ 401871
BMW Deinzesteenweg 12 ☎ 400188
CITROEN Deken Darraslaan 60 ☎ 400316
GM (OPEL) Steenweg op Pittem 22 ☎ 401780
HONDA Galgenveldstraat 2 ☎ 401972
MERCEDES-BENZ Steenweg op Pittem 40 ☎ 401175

TIENEN (TIRLEMONT) 3300 Brabant 213 ⑳ et 409 ⑭ – 32 537 h. – ☎ 016.

Voir Église N.-D. au Lac★ (O.L. Vrouw ten Poel-kerk) : portails★ ABY **D** – Hakendover : retable★ de l'église St-Sauveur par ② : 3 km.

🅸 Stadhuis ☎ 816137.

♦Bruxelles 46 ④ – ♦Charleroi 60 ④ – ♦Hasselt 35 ② – ♦Liège 57 ④ – ♦Namur 47 ④.

Plan page ci-contre

🏨 **Alpha Hotel,** Leuvensestraat 95, ☎ 816640 – |♦| ⇔wc ⋒wc ☎ Ⓟ. AE ⓪ E. ✱ rest AY **u**
R *(fermé lundi)* carte 650 à 1200 – ☕ 165 – **17 ch** 915/1310.

🏨 **Nouveau Monde,** 4 de Lansierslaan 75, ☎ 814321 – TV ⇔wc ⋒ – 🏔. AE ⓪ E AY **b**
R *(fermé sam. et dim.)* carte 800 à 1250 – **11 ch** ☕ 910/1330 – P 1200.

XX **Vigiliae,** Grote Markt 10, ☎ 817703 – AE ⓪ E. ✱ AY **n**
fermé lundi – **R** carte 660 à 1050.

CITROEN St-Martinusstraat 37 ☎ 812313
FIAT Leuvenselaan 517 ☎ 812975
FORD Hamelendreef 65 ☎ 814646
GM (OPEL) Leuvenselaan 474 ☎ 812842
HONDA Steenweg op Wulmersum 277 ☎ 814779
MAZDA Houtemstraat 653 à St-Margriete-Houtem ☎ 814144
MERCEDES-BENZ Leuvenselaan 466 ☎ 811898
MITSUBISHI Bergévest 11 ☎ 814647
NISSAN Slachthuisstraat 4 ☎ 816726
PEUGEOT, TALBOT Delportestraat 31 ☎ 813594
RENAULT Industriepark 5 ☎ 813485
TOYOTA Leuvensestraat 115 ☎ 811077
VAG St-Truidensteenweg 340 ☎ 813272
VOLVO, BMW Aarschotsesteenweg 547 ☎ 817025/812539

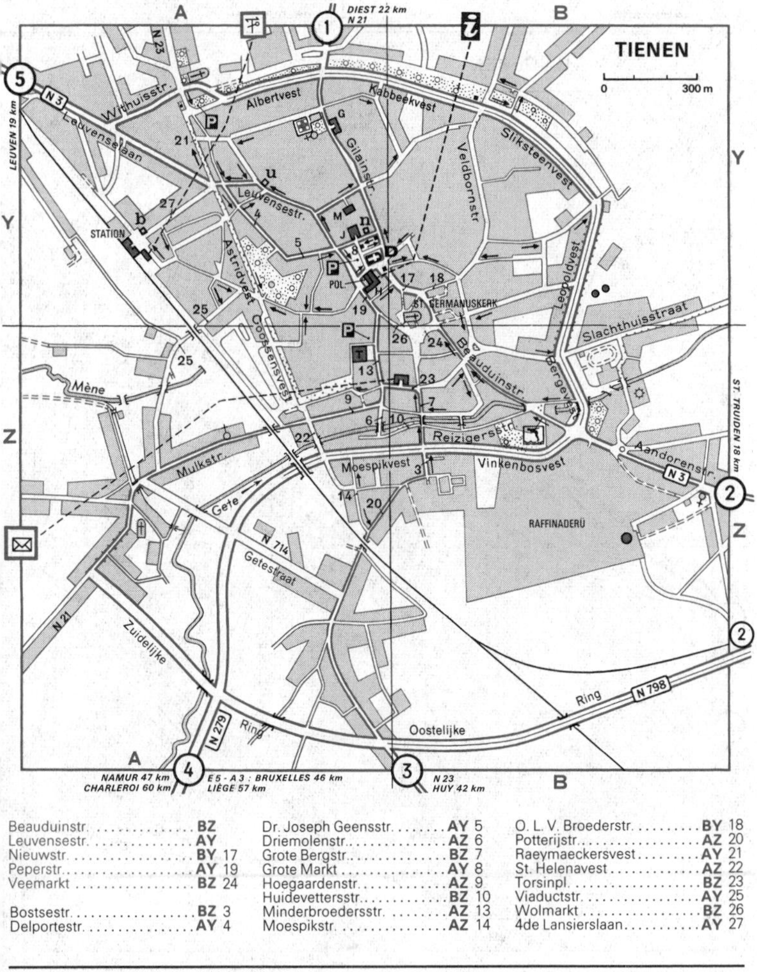

Beauduinstr. . . . . BZ
Leuvensestr. . . . . AY
Nieuwstr. . . . . BY 17
Peperstr. . . . . AY 19
Veemarkt . . . . BZ 24

Bostsestr. . . . . BZ 3
Delportestr. . . . . AY 4
Dr. Joseph Geensstr. . . . . AY 5
Driemolenstr. . . . . AZ 6
Grote Bergstr. . . . . BZ 7
Grote Markt . . . . AY 8
Hoegaardenstr. . . . . AZ 9
Huidevettersstr. . . . . BZ 10
Minderbroedersstr. . . . . AZ 13
Moespikstr. . . . . AZ 14
O. L. V. Broederstr. . . . . BY 18
Potterijstr. . . . . AZ 20
Raeymaeckersvest . . . . AY 21
St. Helenavest . . . . AZ 22
Torsinpl. . . . . BZ 23
Viaductstr. . . . . AY 25
Wolmarkt . . . . BZ 26
4de Lansierslaan . . . . AY 27

TIHANGE Liège 213 ㉑ et 409 ⑮ – voir à Huy.

TILFF-SUR-OURTHE Liège 213 ㉒ et 409 ⑮ – voir à Liège.

TIRLEMONT Brabant – voir Tienen.

TONGEREN **(TONGRES) 3700** Limburg 213 ㉒ et 409 ⑮ – **29 765 h.** – ☎ **012.**

Voir Basilique Notre-Dame★★ (O.L. Vrouwebasiliek) : trésor★★, retable★, statue polychrome★ de Notre-Dame.

i Stadhuis ☎ 232961.

♦Bruxelles 87 ④ – ♦Hasselt 20 ⑥ – ♦Liège 19 ③ – ♦Maastricht 19 ②.

Plan page suivante

XX **Pivolo,** St-Truiderstraat 8, ☎ 234709 – AE ⓓ E. ✻ Y **a**
fermé merc. soir, jeudi et 17 sept.-11 oct. – **R** carte 820 à 1260.

à Elderen © Tongeren, E : 3 km par ② – ✉ 3700 Tongeren – ☎ 012 :

XXX **Sir Charles,** Maastrichtersteenweg 447, ☎ 230209, « Classique-élégant » – **P**. AE E
fermé lundi, mardi et 18 juin-13 juil. – **R** 950/1350.

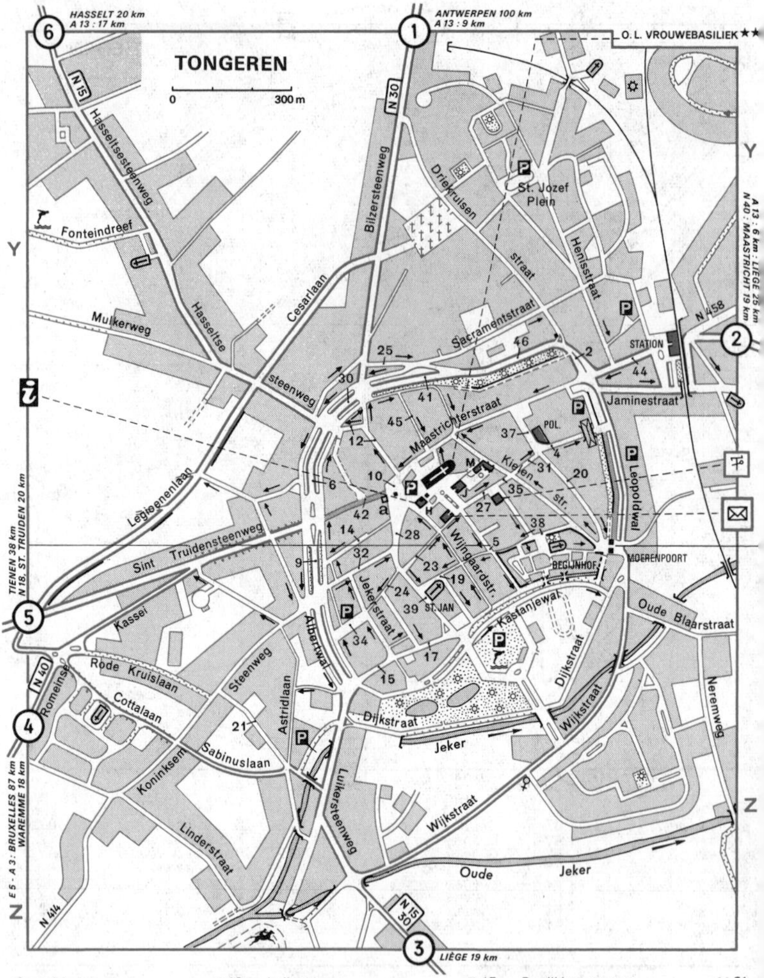

Grote Markt . . . . Y 10	Luikerstraat . . . . Z 15	Predikherenstraat . . . . Y 31
Hasseltsestraat . . . . Y 12	Looierstraat . . . . Z 17	Putstraat . . . . Z 32
Maastrichterstraat . . . . Y	Minderbroederstraat . . . . Z 19	Regulierenplein . . . . Z 34
St. Truidenstraat . . . . Y 42	Moerenstraat . . . . Y 20	Riddersstraat . . . . Y 35
	Molenstraat . . . . Z 21	de Schiervelstraat . . . . Y 37
Achttiende-Oogstlaan . . . . Y 2	Momberstraat . . . . Z 23	St. Catharinastraat . . . . Y 38
Clarissenstraat . . . . Y 4	Muntstraat . . . . Z 24	St. Jansstraat . . . . Z 39
Corversstraat . . . . YZ 5	Nevenstraat . . . . Y 25	St. Maternuswal . . . . Y 41
Eeuwfeestwal . . . . Y 6	Piepelpoel . . . . Y 27	Stationslaan . . . . Y 44
Elisabethwal . . . . Z 9	Pleinstraat . . . . Y 28	Vermeulenstraat . . . . Y 45
Hondsstraat . . . . Y 14	Pliniuswal . . . . Y 30	11 Novemberlaan . . . . Y 46

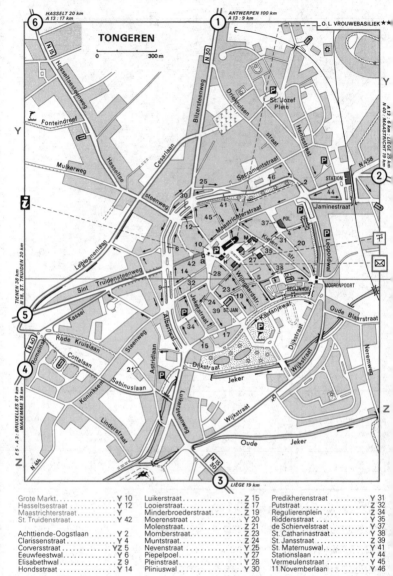

BMW Neremweg 151 ☎ 232227
CITROEN Bilzensteenweg 296 ☎ 231055
FIAT Luikersteenweg 267 ☎ 230329
FORD Henisstraat 121 ☎ 231291
GM (OPEL) Luikersteenweg 40 ☎ 231247
LADA Kraaibroek 32 à Lauw ☎ 231884
MERCEDES-BENZ Steenweg op St-Truiden 201 ☎ 232492
MITSUBISHI Maastrichtersteenweg 178 ☎ 237155
NISSAN Luikersteenweg 144 ☎ 231791
RENAULT Zagerijstraat 11 ☎ 231518
TOYOTA Bilzensteenweg 245 ☎ 231108
VAG Maastrichtersteenweg 347 ☎ 237137

En haute saison, et surtout dans les stations, il est prudent de retenir à l'avance.

TORHOUT (THOUROUT) 8100 West-Vlaanderen 213 ② et 409 ② – 17 344 h. – ☎ 050.
♦Bruxelles 107 – ♦Brugge 20 – ♦Oostende 25 – Roeselare 13.

X **De Zwaan,** Oostendestraat 3, ☎ 212658, Taverne-restaurant – Ⓟ
fermé lundi et du 1er au 13 août – **R** (déjeuner seult) carte 530 à 1070.

à l'Est 2,5 km sur route Torhout-Ruddervoorde – 7 876 h. – ✉ 8070 Lichtervelde – ☎ 050 :

XX **De Bietemolen,** Hogelaan 3, ☎ 213834 – Ⓟ. AE ⓓ
fermé du 1er au 15 août, du 2 au 12 mars, dim. soir et lundi – **R** carte env. 1300.

à Wijnendale NO : 3 km – ✉ 8100 Torhout – ☎ 050 :

XX **'t Gravenhof** avec ch, Oostendestraat 343, ☎ 212314, – wc wc ☎ Ⓟ. AE ⓓ E. ✱ rest
fermé 15 janv.-14 fév. – **R** *(fermé mardi et merc.)* carte 900 à 1300 – 8 ch 970/1190.

FORD Roeselaarseweg 10 ☎ 211458
GM (OPEL) Noordlaan 12 ☎ 212758
HONDA Vredelaan 69 ☎ 212623
MAZDA Oude Gentweg 61 ☎ 211810
MERCEDES-BENZ Roeselaarseweg 50 ☎ 722755
MITSUBISHI Pottebezemstraat 43 ☎ 212646
RENAULT Kortemarkstraat 65 à Lichtervelde ☎ 722345
TALBOT Vredelaan 11 ☎ 212413
VAG Oostendestraat 159 ☎ 212348

TOURNAI (DOORNIK) 7500 Hainaut 213 ⑮ et 409 ⑪ – 67 576 h. – ☎ 069.
Voir Cathédrale Notre-Dame★★★ : trésor★★ AZ – Pont des Trous★ : ≤★ AY **F** – Beffroi★ AZ **D**.
Musées : des Beaux-Arts : peintures anciennes★ AZ **M²** – d'Histoire et d'Archéologie : collection de tapisseries★ AY **M³**.
Env. Mont St-Aubert ✱★ N : 6 km par la rue du Viaduc AY.
ℹ Vieux Marché-aux-Poteries 14, au pied du Beffroi ☎ 222045.
♦Bruxelles 86 ② – ♦Mons 48 ② – ♦Charleroi 93 ② – ♦Gent 70 ⑥ – Lille 28 ⑥.

Plan page suivante

Aux Armes de Tournay sans rest, pl. de Lille 23, ☎ 226723 – |‡| wc ⋒ ☎. AE ⓓ E
20 ch 530/1460. AZ **u**

XX **Prandini,** r. Corriers 8, ☎ 225356 – AE ⓓ AY **s**
fermé mardi soir et merc. – **R** carte 740 à 990.

X **Charles-Quint,** Grand'Place 3, ☎ 221441 – ⓓ E. ✱ AZ **a**
fermé merc. soir, jeudi et fév. – **R** carte 810 à 1240.

X **Le Quai,** quai Notre-Dame 20, ☎ 232834 – ⓓ E AY **n**
fermé dim. soir et lundi – **R** carte 900 à 1200.

X **Au Carillon,** Grand'Place 64, ☎ 230379 – AE ⓓ E AZ **r**
fermé du 1er au 22 oct., 19 mars-1er avril, jeudi soir et lundi – **R** 495/760.

à Blandain par ⑥ et N 389 : 8,5 km – ✉ 7710 Blandain – ☎ 069 :

Prieuré , ☎ 352506, « Ancien monastère aménagé avec recherche » – wc ☎ Ⓟ – . AE ⓓ E
fermé 8 juil.-7 août – **R** *(fermé dim. soir et lundi)* carte 1290 à 1520 – 140 – **15 ch** 1100/2000 – P 2340/2740.

à Esquelmes C Pecq, par ⑥ : 8 km – 5 089 h. – ✉ 7743 Esquelmes – ☎ 069 :

XX **L'Escanguilles,** r. Marcel Delrœux 2, ☎ 556285, ≤ – Ⓟ
fermé merc. et fév. – **R** 490/690.

à Froyennes par ⑥ : 2 km – ✉ 7503 Froyennes – ☎ 069 :

XXX **L'Oustau du Vert Galant,** chaussée de Lannoy 106, ☎ 224484 – Ⓟ. AE ⓓ E. ✱
fermé lundi soir, mardi et 15 juil.-14 août – **R** carte 860 à 1390.

ALFA-ROMEO bd Delwart 16 ☎ 227111
BMW av. de Maire 135 ☎ 231855
BRITISH LEYLAND chaussée de Bruxelles 81 ☎ 221535
CITROEN r. Croisiers 37 ☎ 222131
FIAT r. Cygne 19 ☎ 227161
FORD av. Van-Cutsem 23 ☎ 221921
GM (OPEL) quai Staline 14 ☎ 222166
HONDA r. Jardins 18 ☎ 225314
MERCEDES-BENZ r. Guillaume-Charlier 11 ☎ 228186
MITSUBISHI chaussée de Bruxelles 392 ☎ 227102
NISSAN chaussée de Lille 48 ☎ 232397
PEUGEOT, TALBOT pl. Reine-Astrid 5 ☎ 222415
RENAULT r. Maire 9 à Froyennes ☎ 224921
VAG av. Maire 25 ☎ 233171
VOLVO bd Eisenhower 253 ☎ 229161

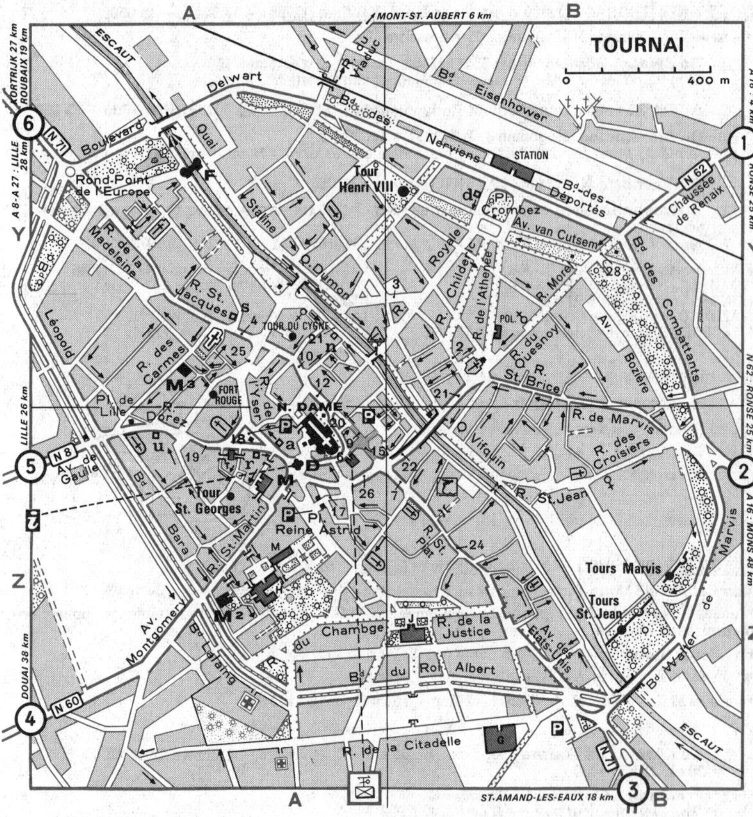

Chapeliers (R. des) .... AZ 6	Barre-St-Brice (R.) .... BY 2	Maux (R. des) .... AZ 19
Cordonnerie (R. de la) .... AZ 9	Becquerelle (R. du) .... BY 3	Paul-Emile-Janson (Pl.) ..... AZ 20
Gallait (R.) .... AZ 15	Bourdon-St-Jacques (R. du) AY 4	Pont (R. de) .... BY 21
Grand Place .... AZ 18	Clairisses (R. des) .... BZ 7	Ste-Catherine (R.) .... BZ 24
Puits-d'Eau (R. des) .... BZ 22	Courtrai (R. de) .... AY 10	Tête-d'Argent (R.) .... AY 25
Royale (R.) .... BY	Curé-Notre-Dame (R. du) ... AY 12	Tête-d'Or (R.) .... AZ 26
	Garnier (R.) .... AZ 17	Volontaires (R. des) .... BY 28

Michelin n'accroche pas de panonceau aux hôtels et restaurants qu'il signale.

TRANSINNE 6915 Luxembourg belge ☐ Libin **214** ⑯ et **409** ㉕ – **3 866 h.** – ☎ **061.**

♦Bruxelles 129 – ♦Arlon 64 – Bouillon 28 – ♦Dinant 44 – ♦Namur 73.

Barrière, carrefour N 47 et N 48, ☎ 655037 – wc – . AE . rest
fermé lundi soir, mardi, janv.-mi-mars et du 19 au 30 sept. – **R** carte 860 à 1250 – 200 – 16 ch 1100/1580.

TUBIZE 1360 Brabant **213** ⑱ et **409** ⑬ – **20 148 h.** – ☎ **02.**

♦Bruxelles 24 – ♦Charleroi 46 – ♦Mons 35 – ♦Tournai 65.

à Oisquercq ☐ Tubize, SE : 5 km – ✉ 1362 Oisquercq – ☎ 067 :

Petite Gayolle, r. Bon-Voisin 79, ☎ 646596, **Rustique** – AE
fermé lundi, mardi, merc. et 3 prem. sem. sept. – **R** carte env. 1200.

CITROEN r. de Mons 157 ☎ 3555565
FORD chaussée de Bruxelles 328 ☎ 3556717
GM (OPEL) r. de la Déportation 34 ☎ 3556875
HONDA chaussée de Bruxelles 224 ☎ 3556497
LADA chaussée de Mons 311 ☎ 3558051
MAZDA r. des Frères Taymans 206 ☎ 3555528
NISSAN r. de Mons 141 ☎ 3557442
RENAULT bd Georges-Deryck 114 ☎ 3556917
TALBOT chaussée de Mons 680 ☎ 3556567

TURNHOUT 2300 Antwerpen 212 ⑯⑰ 409 ⑤ – 37 567 h. – ☎ 014.

♦Bruxelles 90 – ♦Antwerpen 44 – ♦Breda 37 – ♦Eindhoven 44 – ♦Liège 99 – ♦Tilburg 31.

XXX **Ter Driezen** avec ch, Herentalsstraat 18, ☎ 418757 – wc. AE ⓓ E. ch
fermé dim. et du 10 au 31 juil. – **R** *(fermé sam. midi et dim.)* carte 1275 à 1780 – **7 ch** 1250/1850.

à Oud-Turnhout E : 2 km – ✉ 2360 Oud-Turnhout – ☎ 014 :

XXX **Alta Ripa II,** Engelstraat 6 (Est 4 km par route de Arendonk), ☎ 677461, « Intérieur rustique, cadre de verdure » – Ⓟ. AE ⓓ E
fermé dim. et 14 juil.-1er août – **R** carte 1375 à 1575.

BMW Rubensstraat 46 ☎ 411724
CITROEN Kempenlaan 67 ☎ 413888
FIAT Steenweg op,Gierle 228 ☎ 412183
FORD Antwerpsesteenweg 23 ☎ 411836
GM (OPEL) Parklaan 2 ☎ 411104
HONDA Begijnenstraat 41 ☎ 413672
LADA, ALFA-ROMEO Steenweg op Turnhout 61 à Oud-Turnhout ☎ 411221
MAZDA Korte Gasthuisstraat 85 ☎ 412847
MERCEDES-BENZ Steenweg op Gierle 355 ☎ 422431
MITSUBISHI Steenweg op Zevendonk 165 ☎ 413891
NISSAN Steenweg op Zevendonk 13 ☎ 411920
PEUGEOT, TALBOT Steenweg op Gierle 221 ☎ 415921
RENAULT Nieuwe Kaai 9 ☎ 413588
VAG Steenweg op Mol 24 ☎ 411765
VOLVO Parklaan 30 ☎ 412473

UCCLE (UKKEL) Brabant 213 ⑱ et 409 ⑬ – voir à Bruxelles, agglomération.

UCIMONT Luxembourg belge 214 ⑮ – voir à Bouillon.

VARSENARE West-Vlaanderen 213 ② et 409 ② – voir à Brugge.

VELDWEZELT Limburg 213 ㉒ et 409 ⑮ – voir à Lanaken.

Gute Küchen (siehe S. 31)

haben wir für Feinschmecker

durch ✿, ✿✿ oder ✿✿✿ kenntlich gemacht.

VERVIERS 4800 Liège 213 ㉓ et 409 ⑯ – 54 800 h. – ☎ 087.

Voir Musées des Beaux-Arts et de la Céramique★ CY **M¹**, d'Archéologie et du Folklore : dentelles★ CY **M²**.

Env. Barrage de la Gileppe★★, ←★★ par ① : 14 km – Pepinster : Tancrémont : Statue★ du Christ dans la chapelle par ④ : 6 km.

ℹ r. Vieille Xhavée 11 ☎ 330213.

♦Bruxelles 122 ⑤ – ♦Liège 32 ⑤ – Aachen 36 ⑤.

Plans page suivante

Amigo ⑤, r. Herla 1, ☎ 221121, Télex 49128, ←, – ♿ Ⓟ – . AE ⓓ E — BZ **b**
fermé du 23 au 31 déc. – **R** carte 600 à 1010 – **53 ch** 1700/3200.

XXX ✿ **Maison Moulan** (Crahay), Crapaurue 37, ☎ 312250, « Maison du 17e s. » – AE ⓓ E
fermé sam. midi, lundi et du 1er au 15 juil. – **R** carte 960 à 1400 — BCY **e**
Spéc. Boudin de homard, Pâté chaud de turbotin, Pied de porc farci aux truffes (oct.-mars).

XX **Chez Valentin,** r. Bruxelles 39, ☎ 221452, Avec cuisine italienne — ABZ **a**
fermé lundi et juil. – **R** carte 730 à 1070.

XX **A la Porte de Heusy,** r. Heusy 96, ☎ 221950 – AE ⓓ E — CY **n**
fermé merc., 2 sem. en mars et 2 sem. en sept. – **R** carte 870 à 1240.

sur la route de Jalhay par ② : 6 km – ✉ 4803 Polleur – ☎ 087 :

X **La Clairière,** rte du Bois-de-Jalhay 76, ☎ 220856 – Ⓟ. AE
fermé dim. soir, lundi et 4 sept.-3 oct. – **R** carte 535 à 820.

à Dison – 14 412 h. – ✉ 4820 Dison – ☎ 087 :

XX **Carlton** avec ch, r. Trauty 26, ☎ 335849 – . AE ⓓ E — BV **r**
fermé lundi et 10 juil.-5 août – **R** 590/990 – **9 ch** 950/1170 – P 1300.

à Heusy C Verviers – ✉ 4802 Heusy – ☎ 087 :

XXX **La Toque d'Or,** av. Fernand Nicolaï 43, ☎ 221111 – Ⓟ. AE ⓓ E. — BZ **u**
fermé dim. soir, jeudi soir et du 1er au 13 août – **R** 975/1350.

tourner →

VERVIERS

Brou (R. du) .... BY 4
Crapaurue .... BCY
Martyr (Pl. du) .... BY
St-Laurent (Pont) .... BY 39
Spintay (R.) .... BY
Verte (Pl.) .... BY

Albert-1er (R.) .... BV 2
Carmes (R. des) .... CY 6
Carrières (R. des) .... AZ 7
Collège (R. du) .... BY 8
Combattants (R. des) .... BX 12
Concorde (R. de la) .... BY 13
Duchesne (Av.) .... CZ 16
Grand'Ville (R.) .... BX 18
Grappe (R. de la) .... AY 21
Harmonie (R. de l') .... BY 22
Heid des Fawes .... AZ 23
Hodimont (R. de) .... BX 26
Léopold-II (Av.) .... BZ 28
Limbourg (R. de) .... CV 30
Moulin (R. du) .... BV 31
Palais-de-Justice (Pl. du) .... CY 32
Pépinster (Rte de) .... BX 33
Pisseroule (R.) .... BV 36
Raines (R. des) .... CY 37
Reine-Astrid (Av.) .... CX 38
Sécheval (R.) .... CY 41
Sommeleville (Pl.) .... CY 42
Sommeleville (Pont) .... CY 43
Sous-le-Château (R.) .... CV 46
Thier-Mère-Dieu (R.) .... CY 51
Tribunal (R. du) .... CY 52
Verviers (R. de) .... BV 53
Victoire (Pl. de la) .... BY 54
Vieuxtemps (Pl.) .... BZ 56

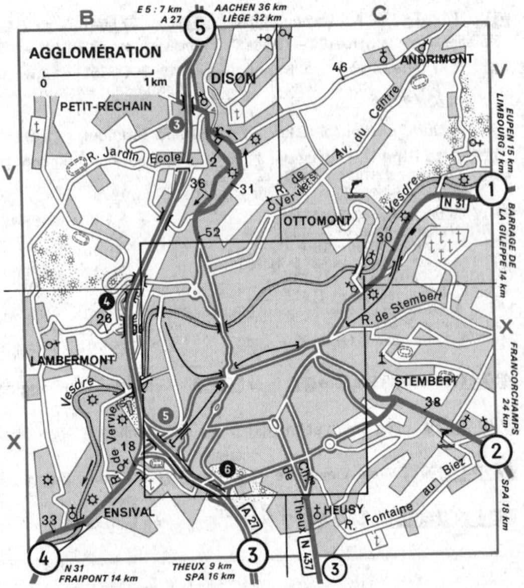

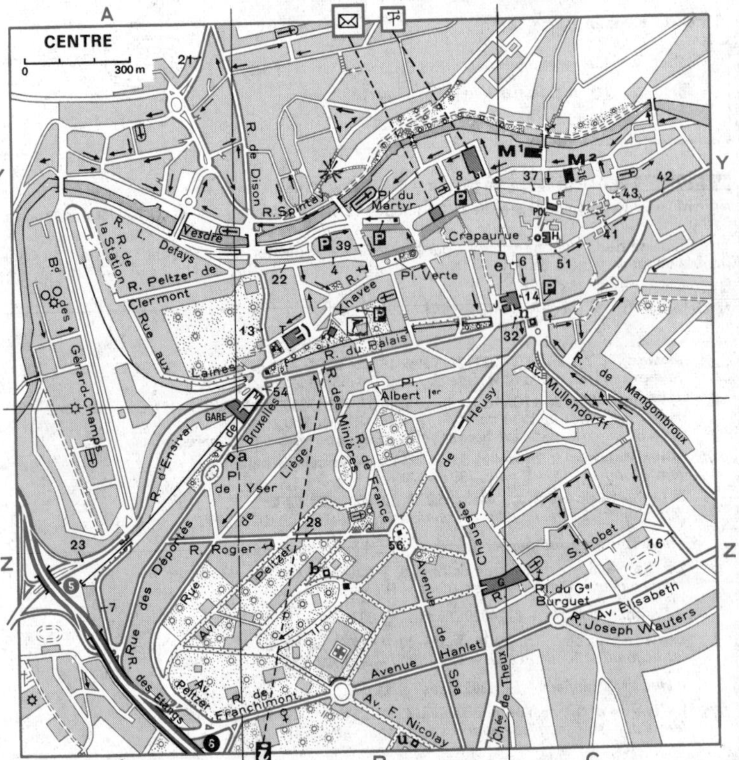

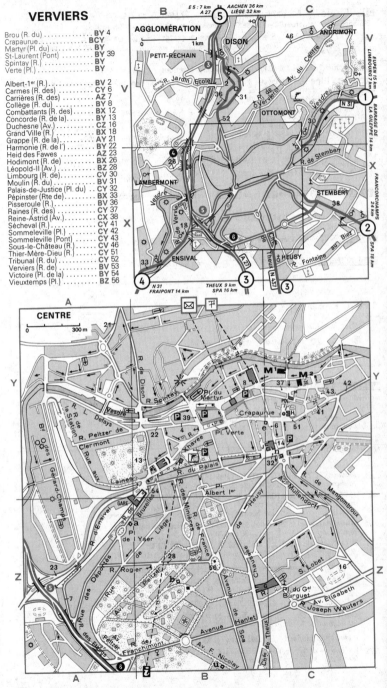

ALFA-ROMEO r. de Jehanster 44 ☎ 221169
BMW r. Mangombroux 351 ☎ 331832
BRITISH LEYLAND r. Chapelle 2 à Stembert ☎ 334853
CITROEN r. Dison 151 ☎ 338191
FIAT r. Mangombroux 209 ☎ 334322
FIAT av. Jardin-Ecole 74 à Dison ☎ 337626
FORD r. Pisseroule 276 à Dison ☎ 337126
FORD R. Simon-Lobet 62 ☎ 223111
GM (OPEL) chaussée de Heusy 165 ☎ 222188
LADA r. Haute-Grotte 12 à Stembert ☎ 337793
MERCEDES-BENZ r. Bruxelles 11 ☎ 223144
MITSUBISHI chaussée de Heusy 208 ☎ 224124
PEUGEOT, TALBOT r. Liège 19 ☎ 221187
RENAULT rte de Dolhain 46 ☎ 336879
TOYOTA r. Limbourg 83 ☎ 334179
VAG r. Cité 2 ☎ 333121
VOLVO r. Liège 30 ☎ 223205

VEURNE (FURNES) 8480 West-Vlaanderen 213 ① et 409 ① – 11 172 h. – 058.

Voir Grand-Place (Grote Markt) – Procession des Pénitents** – Cuirs* à l'intérieur de l'Hôtel de Ville (Stadhuis).**

Grote Markt 1 ☎ 312154.

♦Bruxelles 134 – ♦Brugge 47 – Dunkerque 21 – ♦Oostende 26.

XXX **'t Belfort** avec ch, Grote Markt 26, ☎ 311155, – rest wc
fermé lundi et 17 sept.-8 oct. – **R** *(fermé dim. soir d'oct. à juin et lundi)* 425/1150 – **8 ch** 750/1400.

XX **'t Croonhof,** Noordstraat 9, ☎ 313128 – E
fermé du 16 au 26 oct., merc. soir du 26 oct. à mai et jeudi – **R** 600/850.

ALFA-ROMEO De Pannestraat 231a ☎ 311006
CITROEN Brugsesteenweg 9 ☎ 311444
GM (OPEL) De Pannestraat 31 ☎ 311807
HONDA Vaartstraat 16b ☎ 311446
MAZDA Iepersteenweg 37 ☎ 312077
MERCEDES-BENZ Iepersteenweg 127b ☎ 311516
MITSUBISHI Albert I-laan ☎ 312676
NISSAN Zuidstraat 74 ☎ 311515
PEUGEOT, TALBOT St-Idesbaldusstraat 22 ☎ 311138
RENAULT Rodestraat 1 ☎ 311540
VOLVO Nieuwpoortkeiweg 28 ☎ 311243

VICHTE 8560 West-Vlaanderen C Anzegem 213 ⑮ et 409 ⑪ – 13 094 h. – 056.

♦Bruxelles 83 – ♦Brugge 49 – ♦Gent 38 – ♦Kortrijk 11 – Lille 37.

XXX **Rembrandt** avec ch, Oudenaardestraat 22, ☎ 777355 – TV wc – . AE
fermé sam. midi, dim. et 23 juil.-22 août – **R** carte 980 à 1450 – **10 ch** 950/2000.

VIELSALM 6690 Luxembourg belge 214 ⑧ et 409 ⑯ – 6 747 h. – 080.

♦Bruxelles 171 – ♦Arlon 86 – Clervaux 40 – Malmédy 28.

Belle Vue, r. Jean-Bertholet 5, ☎ 216261, ←, – .
R *(fermé après 20 h)* 450 – **14 ch** 650/1150 – P 1150.

BMW Fosse Roulette 25 ☎ 216260
RENAULT av. Salm 45 ☎ 216105

VIERVES-SUR-VIROIN 6383 Namur C Viroinval 214 ④⑭ et 409 ㉔ – 5 581 h. – 060.

♦Bruxelles 115 – ♦Namur 72 – ♦Charleroi 56 – Charleville-Mézières 49 – ♦Dinant 33.

Petit Mesnil, r. Chapelle 67, ☎ 399590,
fermé du 20 au 30 sept. – **R** *(fermé lundi)* 490/850 – 120 – 9 ch 450/550.

VIEUXVILLE 5492 Liège C Ferrières 214 ⑦ et 409 ⑮ – 3 263 h. – 086.

♦Bruxelles 120 – ♦Liège 42 – Marche-en-Famenne 27 – Spa 30.

XX **Vieux Logis,** r. Logne 1, ☎ 211460, « Auberge rustique dans un cadre champêtre » – . AE E
mars-nov.; fermé lundi et mardi – **R** carte 950 à 1370.

XX **Lido** 1er étage, avec ch, r. Logne 8, ☎ 211367, ←, , – . AE
fermé merc., jeudi, 3e sem. sept. et fév. – **R** carte 450 à 690 – **8 ch** 530/960 – P 980/1100.

X **Aub. de Logne** avec ch, r. Logne 17, ☎ 211363 – .
fermé du 3 au 28 janv., du 21 au 31 août, mardi soir et merc. – **R** carte 450 à 790 – **8 ch** 800/850 – P 980.

VILLERS-DEVANT-ORVAL 6823 Luxembourg belge C Florenville 214 ⑯ et 409 ㉕ – 5 645 h. – 061.

Voir Abbaye d'Orval N : 4 km.**

♦Bruxelles 194 – ♦Arlon 44 – Bouillon 36 – Sedan 35.

XX **Host. d'Orval** avec ch, ☎ 313444, – wc . AE . rest
fermé mardi et 3 janv.-18 fév. – **R** 450/650 – 160 – **7 ch** 885/990 – P 1160/1260.

Voir aussi : ***Florenville*** N : 11 km.

Une voiture bien équipée, possède à son bord
des cartes et guides Michelin à jour.

VILLERS-LA-VILLE 6320 Brabant 213 ⑲ et 409 ⑬ – 7 564 h. – ✆ 071.

Voir Ruines de l'abbaye**.

♦Bruxelles 36 – ♦Charleroi 28 – ♦Namur 33.

Hôtels et restaurants voir : Nivelles O : 17 km et *Fleurus* S : 13,5 km

VILLERS-LE-BOUILLET 5260 Liège 213 ㉑ et 409 ⑮ – 4 721 h. – ✆ 085.

♦Bruxelles 86 – ♦Liège 25 – Huy 8 – ♦Namur 37.

XX **Host. Château Béolette** avec ch, r. Theys 11, ☎ 216831, « Dans un cadre boisé avec < sur campagne » – wc P. AE ①. ✻
fermé merc. et 2 janv.-1er fév. – **R** 695/1000 – 110 – 6 ch 750/950.

MICHELIN, Agence régionale, chaussée de Waremme - zoning de Villers-le-Bouillet, ☎ 214921

GM (OPEL) rte Huy 29 ☎ 213501
MAZDA r. Féron 23 ☎ 566454
MITSUBISHI rte Huy 131 ☎ 217691

VILLERS-LE-TEMPLE 4155 Liège Ⓒ Nandrin 213 ㉒ et 409 ⑮ – 3 599 h. – ✆ 085.

♦Bruxelles 94 – ♦Liège 28 – Huy 11.

XXX **La Commanderie** avec ch, r. Joseph-Pierco 28, ☎ 511701, « Commanderie du 13e s., cadre médiéval, parc » – wc P – AE E. ✻ rest
fermé 10 janv.-fév. et merc. sauf en juil.-août – **R** carte 910 à 1100 – 250 – 12 ch et 2 appartements 1430/3000.

VILLERS-SUR-LESSE 5420 Namur Ⓒ Rochefort 214 ⑤⑥ et 409 ⑭ – 10 819 h. – ✆ 084.

♦Bruxelles 115 – ♦Namur 54 – ♦Dinant 25 – Rochefort 9.

Beau Séjour, r. Village 15, ☎ 377115, « Jardin fleuri », chauffée – wc wc P. AE
fermé du 24 au 28 sept., fév.-14 mars et lundi soir, mardi sauf en juil.-août – **R** 950/1550 – 140 – 22 ch 935/1390.

VILVOORDE Brabant 213 ⑦ et 409 ④ – voir à Bruxelles, environs.

VIRELLES Hainaut 214 ③ et 409 ㉓ – voir à Chimay.

VITRIVAL 5663 Namur Ⓒ Fosse-la-Ville 214 ④ et 409 ⑭ – 7 689 h. – ✆ 071.

♦Bruxelles 82 – ♦Namur 21 – ♦Charleroi 17.

XX **Le Mistral,** r. Giloterie 1a, ☎ 711538, < campagne – P
fermé lundi, mardi, merc. et fév. – **R** carte 780 à 900.

VLEZENBEEK Brabant 213 ⑱ et 409 ⑬ – voir à Bruxelles, environs.

VORST Brabant – voir Forest à Bruxelles, agglomération.

VRESSE-SUR-SEMOIS 6869 Namur 214 ⑮ et 409 ㉔ – 2 682 h. – ✆ 061.

Env. NE : Gorges du Petit Fays* – Route de Membre à Gedinne <** "Jambon de la Semois" O : 6,5 km.

♦Bruxelles 154 – ♦Namur 95 – Bouillon 27 – Charleville-Mézières 30.

Host. de la Semois, r. Grande 37, ☎ 500033 – wc P. AE
fermé lundi et 5 janv.-14 fév. – **R** 450/880 – **10 ch** 1155/1215.

XX **Au Relais** avec ch et appartements, r. Grande 45, ☎ 500046 – wc. AE ①
fermé 3 janv.-2 mars et merc. soir, jeudi d'oct. au 15 juin – **R** 450/690 – 7 ch 610/810 – P 960/1060.

WAARDAMME West-Vlaanderen 213 ③ et 409 ② – voir à Brugge.

WAARMAARDE 8581 West-Vlaanderen Ⓒ Avelgem 213 ⑮ et 409 ⑪ – 8 476 h. – ✆ 055.

♦Bruxelles 70 – ♦Kortrijk 19 – ♦Tournai 25.

XX **De Gouden Karper,** Trappelstraat 29, ☎ 388560 – P. AE ①. ✻
fermé du 1er au 15 oct., du 1er au 15 fév., lundi soir et mardi – **R** 890/1400.

WAASMUNSTER 9170 Oost-Vlaanderen 213 ⑤ et 409 ③ – 8 477 h. – ✆ 052.

♦Bruxelles 39 – ♦Gent 32 – ♦Antwerpen 30.

XXX **Gulden Schaduw,** Heide 6, ☎ 477244, Avec repas rapide à la taverne – P. ✻
fermé du 6 au 24 fév., jeudi de nov. à mars et merc. – **R** 600/1300.

au Nord-Ouest : 3 km par N 346 :

XXX **Mertens,** Schrijbergstraat 38a, ☎ (03)7724252, <, « Élégante auberge dans un cadre champêtre » – P. AE ① E. ✻
fermé lundi soir, mardi et du 13 au 29 juil. – **R** carte 1000 à 1500.

RENAULT Hoogstraat 76 ☎ 477423

WAIMES 4888 Liège 214 ⑨ et 409 ⑯ – 5 691 h. – ☎ 080.
♦Bruxelles 164 – ♦Liège 65 – Malmédy 8 – Spa 27.

X **Aub. de la Warchenne** avec ch, r. Centre 36, ☎ 679363 – P. AE E
fermé merc. et dern. sem. août – **R** 450/750 – ☕ 120 – **6 ch** 550/780 – P 980.

WALCOURT 6430 Namur 214 ③ et 409 ⑬ – 15 034 h. – ☎ 071.
Voir Basilique St-Materne★ : jubé★, trésor★.
Env. Barrage de l'Eau d'Heure★, Barrage de la Plate Taille★ S : 6 km.
♦Bruxelles 81 – ♦Namur 53 – ♦Charleroi 21 – ♦Dinant 43 – Maubeuge 44.

XX **Host. de l'Abbaye,** r. Jardinet 2, ☎ 611423 – P. ⓓ
fermé mardi soir sauf en juil.-août, merc. et fév.-9 mars – **R** 475/1190.

MITSUBISHI r. Forge 21 ☎ 612101

WAREGEM 8790 West-Vlaanderen 213 ⑮ et 409 ⑪ – 33 097 h. – ☎ 056.
♦Bruxelles 79 – ♦Brugge 47 – ♦Gent 34 – ♦Kortrijk 17.

Diana Pigeon d'Or, Zuiderlaan 60, ☎ 604312, Télex 85040, ≤, – rest TV ☎ & P – . AE ⓓ E. rest
R *(fermé dim. soir et 21 juil.-14 août)* 500/1250 – 315 – **39 ch** 1500/3000 – P 2080.

De Peracker , Caseelstraat 45 (O : 2 km sur rte de Desselgem, puis rte à gauche), ☎ 600331, ≤, « Cadre champêtre » – wc P.
fermé merc. et fév. – **R** 660/860 – **14 ch** 720/1550 – P 1250/1550.

Ambassade , Marcel Windelsstraat 15, ☎ 606212, Télex 85794 – rest TV wc wc P. AE ⓓ E. ch
R *(fermé sam. midi et dim. soir)* 575/995 – **14 ch** 1100/2500.

XX **Groenhove,** Henri Lebbestraat 1 (Sportstadion), ☎ 603145 – P. AE ⓓ E
fermé merc. – **R** 450/750.

X **De Likkebaard,** Gemeenteplein 4 ('t Pand), ☎ 606312 – ⓓ
R carte 740 à 1000.

au Sud : 2 km, près de l'autoroute :

XXX ✿✿ **'t Oud Konijntje** (Desmedt), Bosstraat 53, ☎ 601937, « Élégante auberge dans un cadre de verdure » – P. AE ⓓ E
fermé jeudi soir, vend., dim. soir, 22 juil.-12 août et 27 déc.-9 janv. – **R** carte 1000 à 1500
Spéc. Langouste Alexandre, Turbot à la moutarde, Ris de veau en feuilletage.

CITROEN Nijverheidstraat 24 ☎ 601331
MAZDA Vichtseweg 2 ☎ 602171
MERCEDES-BENZ Churchilllaan 1 ☎ 602911
MITSUBISHI Kortrijksesteenweg 169 ☎ 602581
NISSAN Westerlaan 54 ☎ 602178
PEUGEOT, TALBOT Vijfseweg 52 ☎ 602218
VAG Leopold-III laan 8a ☎ 603471
VOLVO Desselgemsteenweg 211 ☎ 601703

WAREMME 4370 Liège 213 ㉑ et 409 ⑮ – 12 000 h. – ☎ 019.
♦Bruxelles 76 – ♦Liège 27.

H. de Hesbaye et Rest. Le Phare, pl. Rongvaux 1 b, ☎ 323026 – – . AE ⓓ E. rest
R 450/590 – 125 – **10 ch** 850.

XXX **Jardins du Fond d'Or,** r. Porte de Liège 92, ☎ 325723, – P. AE ⓓ E
fermé mardi soir, merc. et du 15 au 31 juil. – **R** carte 1000 à 1350.

ALFA-ROMEO r. Porte de Liège 37 ☎ 323214
CITROEN r. Huy 56 ☎ 322723
GM (OPEL) r. Casino 17 ☎ 324567

WARRE Luxembourg belge 214 ⑦ – voir à Durbuy.

WATERLOO 1410 Brabant 213 ⑱ et 409 ⑬ – 24 936 h. – ☎ 02.
18 (2 parcours) à Ohain E : 5 km Vieux chemin de Wavre 50 ☎ 6331850.
♦Bruxelles 17 – ♦Charleroi 37 – Nivelles 15.

XX **Sphinx,** chaussée de Tervuren 178, ☎ 3548643, – P. AE ⓓ E
fermé merc., fév. et 29 août-4 sept. – **R** 675/1150.

X **Clos Joli,** chaussée de Tervuren 155, ☎ 3547781 – P. AE ⓓ E
fermé dim. soir, lundi et jours fériés soirs – **R** carte 910 à 1370.

à la Butte du Lion S : 3,5 km – ✉ 1410 Waterloo – ☎ 02 :

XX **Erik Verkarre,** rte du Lion 369, ☎ 3846843 – P. AE ⓓ
fermé lundi et du 1er au 15 juil. – **R** carte env. 1300.

au Nord-Est : 5 km sur N 227 – ✉ 1410 Waterloo – ☎ 02 :

XXX **Maison du Seigneur,** chaussée de Tervuren 389, ☎ 3540750, , « Ferme brabançonne du 17e s. » – P. AE ⓓ
fermé lundis, mardis non fériés et fév. – **R** carte 1250 à 2000.

BMW chaussée de Bruxelles 54 ☎ 3541167
BRITISH LEYLAND chaussée de Bruxelles 323 ☎ 3549542
CITROEN chaussée de Bruxelles 221 ☎ 3543463
FIAT chaussée de Bruxelles 465 ☎ 3545746
FORD chaussée de Bruxelles 63 ☎ 3547450
GM (OPEL) chaussée de Bruxelles 56 ☎ 3541140
HONDA r. Infante 108 ☎ 3548386
MAZDA chaussée de Bruxelles 376 ☎ 3547999
MERCEDES-BENZ chaussée de Bruxelles 305 ☎ 3541117
MERCEDES-BENZ chaussée de Bruxelles 482 ☎ 3548149
MITSUBISHI chaussée de Bruxelles 535 ☎ 3844885
VAG chaussée de Bruxelles 285 ☎ 3541130

WATERMAEL-BOITSFORT (WATERMAAL-BOSVOORDE) Brabant 213 ⑱⑲ et 409 ㉒ – voir à Bruxelles, agglomération.

WAVRE 1300 Brabant 213 ⑲ et 409 ⑬ – 25 065 h. – ✪ 010.

♦Bruxelles 27 – ♦Charleroi 45 – ♦Liège 87 – ♦Namur 38.

XX **La Cuisine des Champs,** Chemin des Charrons 14 (N 226), ☎ 225462 – AE ⓓ E
fermé dim. soir, lundi, 26 fév.-11 mars et du 17 au 30 sept. – **R** 680/980.

XX **Le Royal,** av. Princes 3, ☎ 225065
fermé mardi soir, merc. et juin – **R** 600/850.

ALFA-ROMEO pl. A. Bosch 23 ☎ 222823
BMW chaussée de Namur 250 ☎ 415795
BRITISH LEYLAND chaussée de Louvain 242 ☎ 223432
CITROEN av. Reine Astrid 6 ☎ 222658
FIAT r. Bruxelles 48 ☎ 222418
GM (OPEL) av. Mattagne 5 ☎ 222971
HONDA chaussée de Louvain 395 ☎ 223493
MAZDA chaussée de Bruxelles 40 ☎ 224470
MERCEDES-BENZ chaussée de Huy 10 ☎ 222458
MITSUBISHI rte Provinciale 2 ☎ 223158
RENAULT av. Princes 34 ☎ 222235
VAG av. Princes 31 ☎ 222923

WEERT 2681 Antwerpen Ⓒ Bornem 213 ⑥ et 409 ④ – 18 099 h. – ✪ 03.
Voir Le Vieil Escaut★ (Oude Schelde).

♦Bruxelles 42 – ♦Antwerpen 31 – Sint-Niklaas 12.

XX **Tempeliershof,** Molenstraat 2, ☎ 8891667, « Ferme du 17e s., cadre champêtre » – Ⓟ. AE
fermé dim. soir, lundi et 15 juil.-8 août – **R** carte 1000 à 1350.

WEMMEL Brabant 213 ⑥ et 409 ⑬ ㉑ – voir à Bruxelles, agglomération.

Ne cherchez pas au hasard un hôtel agréable et tranquille,
mais consultez les cartes p. 44 à 46.

Sie suchen ein angenehmes, ruhiges Hotel ?
Blättern Sie nicht wahllos im Führer, sondern benutzen Sie die Karte S. 44-46.

WENDUINE 8410 West-Vlaanderen Ⓒ De Haan 213 ② et 409 ② – 8 763 h. – ✪ 050.

♦Bruxelles 111 – ♦Brugge 16 – ♦Oostende 16.

Les Mouettes, Zeedijk 7, ☎ 411514, ← – |♦| ⇔wc ⋒wc
mars-26 sept. – **R** (pens. seult) – ☕ 125 – **32 ch** 800/1900 – P 950/1400.

XX **Odette** avec ch, Kerkstraat 34, ☎ 413690 – TV ⇔wc ☎. ✻ ch
fermé du 1er au 10 oct. et mardis soirs, merc. non fériés – **R** 500/1250 – ☕ 150 – 6 ch 1450.

X **Ensor Inn,** Zeedijk 63, ☎ 414159 – AE ⓓ E
avril-sept. et week-ends sauf du 15 nov. au 15 janv. – **R** 395/995.

à *Nieuwmunster* Ⓒ Zuienkerke, S : 3,5 km – ✉ 8411 Nieuwmunster – ✪ 050 :

XX **Lekkerbek,** Driftweg 10, ☎ 411218, ☂, « Auberge avec jardin-terrasse » – Ⓟ
fermé du 9 au 25 oct. et mardi de sept. à mai – **R** 600/900.

MITSUBISHI Bruggesteenweg 101 ☎ 412813

WÉPION Namur 214 ⑤ et 409 ⑭ – voir à Namur.

WERBOMONT 4080 Liège Ⓒ Ferrières 214 ⑦ et 409 ⑮ – 3 263 h. – ✪ 086.

♦Bruxelles 136 – ♦Liège 42 – ♦Bastogne 50.

X **Ardennais** avec ch, rte d'Aywaille 1, ☎ 433063 – ⋒ Ⓟ. ✻ ch
R *(fermé après 20 h)* 475/750 – ☕ 125 – 11 ch 850/1230 – P 1000/1250.

WERVIK 8670 West-Vlaanderen 213 ⑭ et 409 ⑪ – 18 161 h. – ✪ 056.

♦Bruxelles 111 – ♦Brugge 56 – ♦Kortrijk 19 – Lille 19.

XX **Datcha,** Hoogweg 78, ☎ 312094 – Ⓟ. ⓓ. ✻
fermé dim. soir, lundi, 15 fév.-3 mars et 23 juil.-7 août – **R** carte 850 à 1150.

BRITISH LEYLAND Kruisekestraat 87 ☎ 311591
MITSUBISHI Geluwesteenweg 88 ☎ 311395

WESTENDE-BAD 8440 West-Vlaanderen C Middelkerke 213 ① et 409 ① – 14 206 h. – ☎ 059 – Station balnéaire.

Bruxelles 127 – •Brugge 40 – Dunkerque 40 – •Oostende 11 – Veurne 14.

- **Host. Noble Rose,** Henri Jasparlaan 181, ☎ 300127 – AE. rest
  R 495/895 – **14 ch** 650/1400 – P 1100/1200.
- **Splendid,** Meeuwenlaan 20, ☎ 300032 – wc. E. ch
  avril-sept. – **R** *(fermé dim. soir et lundi)* 450/975 – **17 ch** 450/1400 – P 900/1100.
- XX **Melrose,** Henri Jasparlaan 127, ☎ 301867 – . AE
  fermé 24 sept.-4 oct., du 5 au 12 mars, merc. soir sauf en juil.-août, merc. du 20 nov. à avril et jeudi – **R** carte 990 à 1300.
- XX **Bristol,** Henri Jasparlaan 175, ☎ 300401 – AE E
  fermé mardi, merc. et janv. – **R** 720/950.

GM (OPEL) Nieuwpoortlaan 69 ☎ 233296 | VAG Nieuwpoortlaan 125 ☎ 233010

WESTERLO 3180 Antwerpen 213 ⑧ et 409 ⑤ – 19 560 h. – ☎ 014.

Bruxelles 57 – •Antwerpen 46 – Diest 20 – •Turnhout 30.

- XXX **Geerts** avec ch, Markt 50, ☎ 544017, « Jardin » – wc . AE
  fermé merc. et 20 sept.-19 oct. – **R** carte 900 à 1130 – **15 ch** 600/1600 – P 1000/1300.

  à l'Ouest : 3 km sur N 53 :
- XXX **Het Loo,** Bergveld 107, ☎ 545405, , « Intérieur rustique, terrasse » –
  fermé lundi, mardi et 16 août-9 sept. – **R** carte 1030 à 1450.

FORD Stippelberg 327 ☎ 698370
MITSUBISHI Meulemanslaan 40 ☎ 544211
RENAULT Boerenkrijglaan 142 ☎ 545299

WESTKAPELLE West-Vlaanderen 213 ③ et 409 ② – voir à Knokke-Heist.

WESTMALLE 2140 Antwerpen C Malle 212 ⑯ et 409 ⑤ – 11 098 h. – ☎ 03.

Bruxelles 73 – •Antwerpen 22 – •Turnhout 19.

- XX **Gasthof De Kroon,** Antwerpsesteenweg 333, ☎ 3121037 – .
  fermé lundi et du 1er au 15 sept. – **R** 575/950.

FIAT Antwerpsesteenweg 115 ☎ 3124056

WESTOUTER 8961 West-Vlaanderen C Heuvelland 213 ⑬ et 409 ⑩ – 8 555 h. – ☎ 057.

Bruxelles 136 – •Brugge 66 – Ieper 14 – Lille 39.

- X **Berkenhof,** Belsestraat 53, ☎ 444426
  fermé lundi soir, mardi et 15 sept.-14 oct. – **R** carte 450 à 850.

WEVELGEM 8610 West-Vlaanderen 213 ⑭⑮ et 409 ⑪ – 29 250 h. – ☎ 056.

Bruxelles 99 – •Brugge 54 – •Kortrijk 6,5 – Lille 23.

- **Parkhotel Cortina,** Lauwestraat 53, ☎ 412522, Télex 85203 – rest – . AE E
  fermé 29 juil.-19 août – **R** 695/935 – 100 – **20 ch** 440/1110.
- XX **St. Christophe,** Kortrijkstraat 219, ☎ 414943, « Intérieur bien aménagé, jardin-terrasse » – E
  fermé dim. soir, merc. et du 1er au 15 août – **R** carte 1260 à 1900.
- X **Posthoorn,** Menenstraat 428 (sur N 7), ☎ 401531 – .
  fermé dim. soir, lundi et dern. sem. sept. – **R** carte 780 à 1250.

MERCEDES-BENZ Kortrijksestraat 452 ☎ 352400
MITSUBISHI Kortrijksesteenweg 506 ☎ 353733
VAG Menenstraat 7 ☎ 411575

WEZEL Antwerpen 213 ⑨ et 409 ⑤ – voir à Mol.

WILLEBROEK 2660 Antwerpen 213 ⑥ et 409 ④ – 22 372 h. – ☎ 03.

Bruxelles 29 – •Antwerpen 22 – •Mechelen 10 – Sint-Niklaas 22.

- XX **Breendonck,** Dendermondsesteenweg 309, ☎ 8866163 – . AE
  fermé sam. – **R** carte env. 800.

FORD Steenweg op Dendermonde 115 ☎ 8867131
HONDA Floridastraat 36 ☎ 8869379
MERCEDES-BENZ Steenweg op Dendermonde 56 ☎ 8866892

In this guide,
*a symbol or a character, printed in red or **black**, in **bold** or light type,*
does not have the same meaning.
Please read the explanatory pages carefully (pp. 36 to 43).

WILRIJK Antwerpen 213 ⑥ et 409 ④ – voir à Antwerpen, périphérie.

WINGENE 8050 West-Vlaanderen 213 ③ et 409 ② – 12 131 h. – ☎ 051.
♦Bruxelles 91 – ♦Brugge 24 – ♦Gent 44 – ♦Kortrijk 29.

à l'Ouest : 6 km sur N 71 :

XX **De Moorkens,** Bruggesteenweg 4, ☎ 611945 – Ⓟ. AE ⓓ
fermé mardi soir, merc. et du 8 au 31 août – **R** carte 960 à 1410.

WINKSELE Brabant 213 ⑦⑲ et 409 ⑬ – voir à Leuven.

WOLUWE-ST-LAMBERT (SINT-LAMBRECHTS-WOLUWE) Brabant 213 ⑱⑲ et 409 ⑬ – voir à Bruxelles, agglomération.

WOLUWE-ST-PIERRE (SINT-PIETERS-WOLUWE) Brabant 213 ⑱⑲ et 409 ⑬ – voir à Bruxelles agglomération.

WOLVERTEM 1870 Brabant Ⓒ Meise 213 ⑥ et 409 ④ – 15 349 h. – ☎ 02.
♦Bruxelles 14 – ♦Antwerpen 36 – ♦Mechelen 28.

XX **Wolvenheem,** Steenweg op Merchtem 36, ☎ 2690582 – Ⓟ. AE ⓓ E
fermé mardi soir, merc. et 16 août-5 sept. – **R** carte 940 à 1220.

FIAT Driesstraat 90 b ☎ 2691818 MAZDA Steenweg op Merchtem 93c ☎ 2695706

WIJNENDALE West-Vlaanderen 213 ② – voir à Torhout.

Vous ferez toujours plaisir aux hôteliers en dînant à leur restaurant ; toutefois, certains vous logeront même si vous ne prenez pas de repas. Nous indiquons leurs ***chambres en caractères gras.***

U doet er de hotelhouders altijd een genoegen mee in hun restaurant te dineren ; toch kunt U in verscheidene hotels overnachten zonder er te eten. Hun ***kamers*** *worden* ***in vette letters*** *aangegeven.*

XHENDELESSE 4652 Liège Ⓒ Herve 213 ㉓ et 409 ⑯ – 14 518 h. – ☎ 087.
♦Bruxelles 115 – ♦Liège 18 – Verviers 8.

XX **Taillevent,** r. Village 40, ☎ 460002 – Ⓟ. ⓓ
fermé mardi – **R** carte 900 à 1420.

XHOFFRAIX Liège 213 ㉔, 214 ⑨ et 409 ⑯ Sud – voir à Malmédy.

YPRES West-Vlaanderen – voir Ieper.

YVOIR 5190 Namur 214 ⑤ et 409 ⑭ – 6 586 h. – ☎ 082.
Env. O : Vallée de la Molignée★.
♦Bruxelles 92 – ♦Namur 22 – ♦Dinant 8.

XXXX **Hostellerie Vachter** avec ch, chaussée de Namur 140, ✉ 5198 Anhée, ☎ (082) 611314, ≤ « Jardin au bord de la Meuse (Maas) » – ⇌wc Ⓟ. AE ⓓ E
fermé 14 janv.-21 fév. – **R** 1650 – **9 ch** ⊏ 1250/1750 – P 3000.

ZAFFELARE 9078 Oost-Vlaanderen Ⓒ Lochristi 213 ⑤ et 409 ③ – 16 381 h. – ☎ 091.
♦Bruxelles 53 – ♦Antwerpen 50 – ♦Gent 16.

XX **De Beurs,** Dam 5, ☎ 557308, « Décor rustique » – Ⓟ. ✻
fermé merc., jeudi, 3 prem. sem. sept. et prem. sem. fév. – **R** carte 920 à 1540.

ZANDBERGEN 9590 Oost-Vlaanderen Ⓒ Geraardsbergen 213 ⑰ et 409 ⑫ – 30 432 h. – ☎ 054.
♦Bruxelles 32 – ♦Gent 47 – Aalst 20 – ♦Tournai 57.

XX **Hof van Lier,** Hof van Lierstraat 2, ☎ 330444, « Ancienne ferme dans un cadre champêtre » – Ⓟ. AE ⓓ
fermé dim. soir, lundi, 30 janv.-12 fév. et du 3 au 17 sept. – **R** carte env. 1100.

ZAVENTEM Brabant 213 ⑲ et 409 ⑬ – voir à Bruxelles, environs.

ZEDELGEM West-Vlaanderen 213 ② et 409 ② – voir à Brugge.

ZEEBRUGGE West-Vlaanderen [C] Brugge 213 ③ et 409 ② – 118 048 h. – ✉ 8380 Brugge – ☎ 050.

⛴ Liaison maritime Zeebrugge-Dover et Zeebrugge-Felixstowe : Townsend Car Ferries Ltd (Belgium), Doverlaan 7 ☏ 545501 et 544873. Zeebrugge-Hull : North Sea Ferries, Prins Filipsdok, Lanceloot Blondeellaan ☏ 545601.

♦Bruxelles 111 ② – ♦Brugge 14 ② – Knokke-Heist 8 ① – ♦Oostende 25 ③.

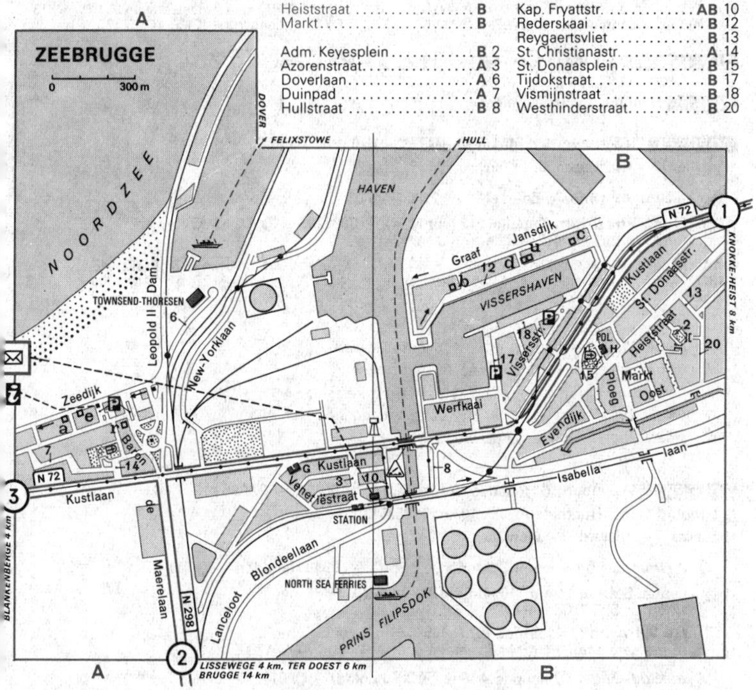

Heiststraat	B		Kap. Fryattstr.	AB	10
Markt	B		Rederskaai	B	12
			Reygaertsvliet	B	13
Adm. Keyesplein	B	2	St. Christianastr.	A	14
Azorenstraat	A	3	St. Donaasplein	B	15
Doverlaan	A	6	Tijdokstraat	B	17
Duinpad	A	7	Vismijnstraat	B	18
Hullstraat	B	8	Westhinderstraat	B	20

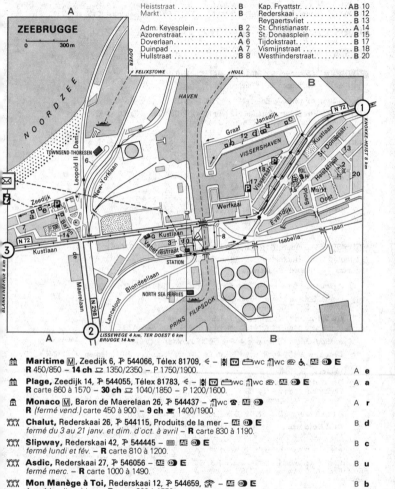

🏨 **Maritime** [M], Zeedijk 6, ☏ 544066, Télex 81709, ≤ – 🛗 TV ⛀wc ⛆wc ☎ ♿. AE ⓓ E — A **e**
R 450/850 – **14 ch** ☐ 1350/2350 – P 1750/1900.

🏨 **Plage,** Zeedijk 14, ☏ 544055, Télex 81783, ≤ – 🛗 TV ⛀wc ⛆wc ☎. AE ⓓ E — A **a**
R carte 860 à 1570 – **30 ch** ☐ 1040/1850 – P 1200/1600.

🏨 **Monaco** [M], Baron de Maerelaan 26, ☏ 544437 – ⛆wc ☎. AE ⓓ — A **r**
R *(fermé vend.)* carte 450 à 900 – **9 ch** ☐ 1400/1900.

XXX **Chalut,** Rederskaai 26, ☏ 544115, Produits de la mer – AE ⓓ E — B **d**
fermé du 3 au 21 janv. et dim. d'oct. à avril – **R** carte 830 à 1190.

XXX **Slipway,** Rederskaai 42, ☏ 544445 – ▤. AE ⓓ E — B **c**
fermé lundi et fév. – **R** carte 810 à 1200.

XXX **Asdic,** Rederskaai 27, ☏ 546056 – AE ⓓ E — B **u**
fermé merc. – **R** carte 1000 à 1490.

XXX **Mon Manège à Toi,** Rederskaai 12, ☏ 544659, 🌳 – AE ⓓ E — B **b**
fermé lundi en hiver – **R** carte 800 à 1550.

XX **'t Molentje,** Baron de Maerelaan 211, par ② : 1 km, ☏ 546164, Fermette aménagée – Ⓟ. AE ⓓ
fermé dim., merc.soirs non fériés et sept. – **R** carte env. 1600.

Ne confondez pas :

Confort des hôtels : 🏨🏨🏨 ... 🏨, ⌂
Confort des restaurants : XXXXX ... X
Qualité de la table : ✿✿✿, ✿✿, ✿

ZELLIK Brabant 213 ⑱ et 409 ⑬ – voir à Bruxelles, environs.

ZELZATE 9060 Oost-Vlaanderen 213 ④⑤ et 409 ③ – 13 047 h. – ☎ 091.
♦Bruxelles 76 – ♦Brugge 44 – ♦Gent 21.

XXX **Cosmos** avec ch, J. F. Kennedylaan 2, ☎ 446415 – wc ⓟ. ch
fermé 14 juil.-3 août – **R** *(fermé sam.)* carte 620 à 1320 – **13 ch** 1020/1430.

FORD Walderdonck 89 à Wachtebeke ☎ 450548
GM (OPEL) Wachtebekestraat 109 ☎ 445522
MITSUBISHI Assenedesteenweg 253 ☎ 447613
TOYOTA Leegstraat 101 ☎ 446256

ZEVERGEM Oost-Vlaanderen 213 ④ et 409 ③ – voir à Gent.

ZINNIK Hainaut – voir Soignies.

ZOERSEL 2153 Antwerpen 212 ⑯ et 409 ⑤ – 15 031 h. – ☎ 03.
♦Bruxelles 73 – ♦Antwerpen 26 – ♦Turnhout 19.

à Sint-Antonius C Zoersel – ✉ 2160 – ☎ 03 :

XXX **Host. Postiljon,** Kapellei 213 (sur N 14), ☎ 3832266 – ⓟ. AE ⓓ E
fermé lundi et mardi – **R** carte 1000 à 1480.

BMW Kapellei 132 ☎ 3831022
FORD Karel Uytroevenlaan 1 à St-Antonius ☎ 3830998
MAZDA Oostmallebaan 73 ☎ 3121048
NISSAN Handelslei 274 à St-Antonius ☎ 3830731

In het hoogseizoen en vooral in badplaatsen
is het raadzaam van tevoren te reserveren.

Es ist empfehlenswert, in der Hauptsaison und vor allem in Urlaubsorten,
Hotelzimmer im voraus zu bestellen.

ZOLDER 3540 Limburg C Heusden-Zolder 213 ⑨ et 409 ⑥ – 27 395 h. – ☎ 011.
Limburg Golf à Houthalen : NE : 10 km ☎ 353543.
♦Bruxelles 77 – ♦Hasselt 12 – Diest 22.

à Heusden C Heusden-Zolder NO : 6 km – ✉ 3550 Heusden – ☎ 011 :

Leana, Stationsstraat 110, ☎ 534029 – ⓟ.
12 ch 520/1705 – P 870.

XX **De Wijnrank,** Kooidries 10, ☎ 425557 – AE ⓓ E
fermé sam. midi, mardi et 3 sem. en août – **R** carte 700 à 1280.

au Sud-Ouest : 7 km par N 19 – ✉ 3540 Zolder – ☎ 011 :

Chicane M sans rest, Kerkstraat 105, Omloop (circuit) Terlamen, ☎ 421746 – wc
ⓟ – E
10 ch 730/1645.

XXX **De Gulden Schalmei,** Herderspad 153, Omloop (circuit) Terlamen, ☎ 251750, ≤,
Classique élégant – ⓟ. AE
fermé dim. soir, lundi, 2 sem. en fév. et 2 sem. en juil. – **R** carte 750 à 1400.

à Bolderberg SO sur N 19 : 8 km – ✉ 3540 Zolder – ☎ 011 :

XX **Oud Bolderberg,** St-Jobstraat 83, ☎ 253366 – ⓟ. AE ⓓ E
fermé lundi, merc. soir, 2 sem. en juil. et 2 sem. en fév. – **R** carte 790 à 1100.

ALFA-ROMEO Sint-Jobstraat 123 à Bolderberg ☎ 252026
ALFA-ROMEO Koolmijnlaan 28 à Heusden ☎ 533342
BRITISH LEYLAND Everselkiezel 119 à Heusden ☎ 422930
GM (OPEL) Brugstraat 20 à Heusden ☎ 422419
RENAULT Guido Gezellelaan 100 à Heusden ☎ 425298

ZOTTEGEM 9620 Oost-Vlaanderen 213 ⑯⑰ et 409 ⑫ – 25 013 h. – ☎ 091.
♦Bruxelles 46 – ♦Gent 28 – Aalst 24 – Oudenaarde 18.

XX **In Den Groenen Hond,** 1er étage, Markt 6, ☎ 601294 – AE ⓓ
fermé merc. soir, jeudi et 2e quinz. août – **R** 490/850.

à Sint-Goriks-Oudenhove SO : 4 km – ✉ 9620 Zottegem – ☎ 091 :

XXX **Host. St. Goriks** avec ch, Langen Dries 44, ☎ 600033, Aménagé dans une ancienne
ferme – ⓟ. AE E.
fermé lundi soir et mardi – **R** carte env. 1400 – 6 ch 1000/1500.

BMW Meerlaan 178 ☎ 602195
CITROEN Vestenstraat 13 ☎ 601500
FIAT Brakelstraat 52 ☎ 601030
GM (OPEL) Buke 25 ☎ 600400
HONDA Romeinsplein 34 ☎ 600011
NISSAN Langestraat 51 ☎ 601235

HET-ZOUTE West-Vlaanderen © Knokke-Heist 212 ⑪ et 409 ② – voir à Knokke-Heist.

ZOUTLEEUW (LEAU) **3440** Brabant 213 ㉑ et 409 ⑭ – 7 750 h. – ☎ 011.

Voir Église St. Léonard** (St. Leonarduskerk) : intérieur (musée d'art religieux**, tabernacle**).

♦Bruxelles 59 – Sint-Truiden 9,5 – Tienen 15.

X **Pannenhuis,** Grote Markt 25, ☎ 789485
fermé lundi soir, mardi et du 15 au 31 août – **R** carte 610 à 1100.

Voir aussi : ***Tienen*** SO : 15 km.

ZUIENKERKE West-Vlaanderen 213 ② et 409 ② – voir à Blankenberge.

ZUTENDAAL **3601** Limburg 213 ⑩ et 409 ⑥ – 5 222 h. – ☎ 011.

♦Bruxelles 104 – ♦Hasselt 20 – ♦Liège 38.

De Klok, Daalstraat 9, ☎ 358896 – ⋒. ✻
fermé du 10 au 30 sept. – **R** *(fermé merc. et sam. midi)* carte 740 à 1160 – **11 ch** ☕ 550/1160.

ZWARTBERG Limburg 213 ⑩ et 409 ⑥ – voir à Genk.

ZWEVEGEM **8550** West-Vlaanderen 213 ⑮ et 409 ⑪ – 22 787 h. – ☎ 056.

♦Bruxelles 91 – ♦Brugge 48 – ♦Gent 46 – ♦Kortrijk 5 – Lille 31.

XXX ✿ **Gambrinus** (Follet) avec ch, Otegemstraat 102a, ☎ 755566 – wc ☎ Ⓟ – 🏔. AE
fermé du 20 au 23 avril, 15 juil.-14 août et 23 déc.-1er janv. – **R** *(fermé sam. midi et dim.)* carte 1150 à 1680 – ☕ 180 – **13 ch** 650/1500
Spéc. Witloof au jus de truffes, Soupe d'anguilles fumées, Feuilleté de filets de sole farcis aux huîtres.

XX **De Zwaan,** Kortrijkstraat 15, ☎ 757171 – Ⓟ. ⓓ E. ✻
fermé dim. soir, lundi et du 1er au 26 août – **R** carte 860 à 1150.

XX **'t Huizeke,** Kortrijkstraat 151, ☎ 757000 – AE ⓓ
fermé dim. soir, jeudi et 30 août-19 sept. – **R** carte 860 à 1660.

X ✿ **'t Ovenbuur** (Winne), Kwadepoelstraat 51, ☎ 756440, Fermette aménagée – Ⓟ. AE
fermé dim., merc. soir et 22 juil.-18 août – **R** 1050/1450
Spéc. Huîtres au gratin de poireaux (sept.-fév.), Râble de lièvre (15 oct.-déc.), Turbot rôti au four.

ZWIJNAARDE Oost-Vlaanderen 213 ④ et 409 ③ – voir à Gent.

GRAND-DUCHÉ DE LUXEMBOURG

LES ÉTOILES DIE STERNE DE STERREN THE STARS	Texte et carte Tekst en kaart Ortstext und Karte Text and map
	✽ ✽✽ ✽✽✽

L'AGRÉMENT ANNEHMLICHKEIT AANGENAAM VERBLIJF AMENITY	le texte tekst Ortstext text	la carte kaart Karte map
	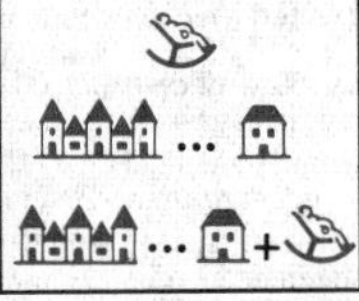	◇ ◈ ◆

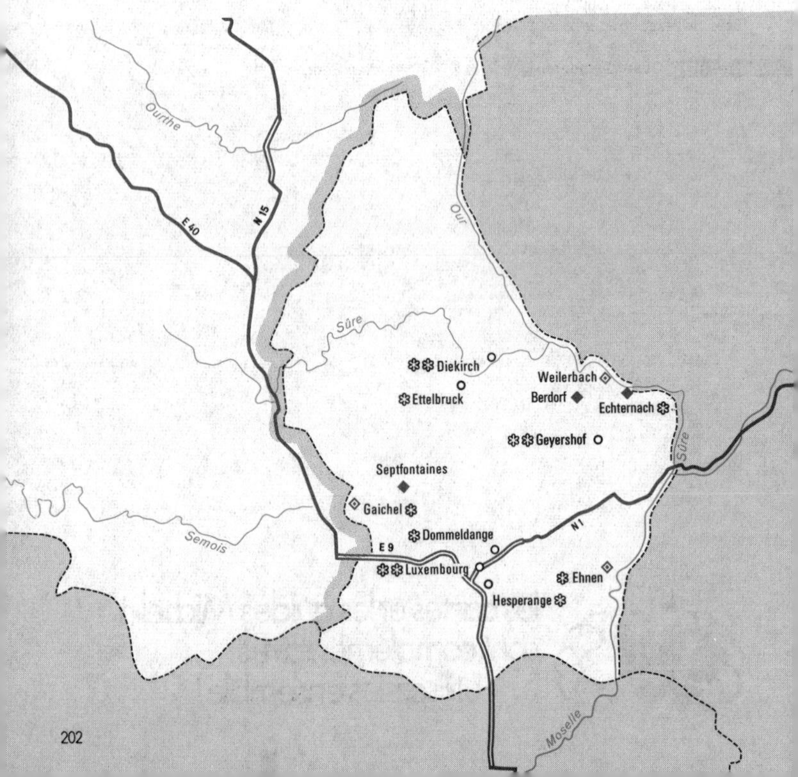

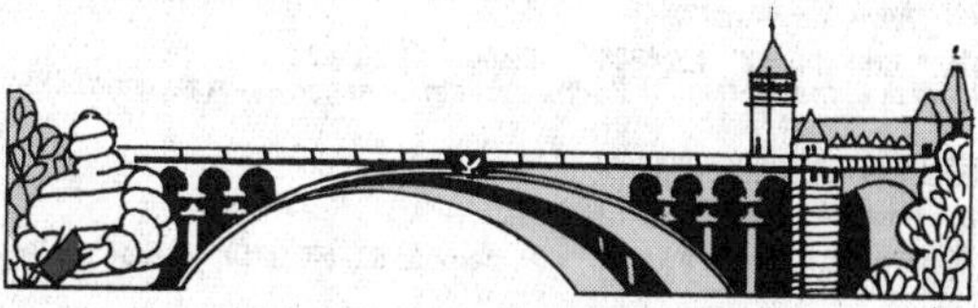

GRAND-DUCHÉ DE LUXEMBOURG

Les prix sont donnés en francs luxembourgeois

AHN C Wormeldange 214 ⑳, 8 ⑨ et 409 ㉗ – 2 012 h.

♦Luxembourg 26 – Remich 15 – Trier 27.

XX **Mathes,** rte du Vin 37, ✉ 5401, ☎ 76106, ≤ – Ⓟ. AE
fermé 6 déc.-7 janv., mardi du 15 oct. au 15 mars et lundi – **R** carte 940 à 1480.

BASCHARAGE 8 ⑦ et 409 ㉖ – 4 476 h.

♦Luxembourg 17 – ♦Arlon 24 – Longwy 14.

XXX **Le Pigeonnier,** av. Luxembourg 211, ✉ 4940, ☎ 502565, « Intérieur rustique » – Ⓟ
fermé lundi soir, mardi, 26 mars-9 avril et du 5 au 21 août – **R** carte env. 1500.

BEAUFORT 8 ④ et 409 ㉗ – 916 h.

Voir Ruines du château★ – Gorges du Hallerbach★ SE : 4 km et 30 mn AR à pied.

♦Luxembourg 35 – Diekirch 15 – Echternach 15.

Meyer ⛰, Gd-Rue 120, ✉ 6310, ☎ 86262, Télex 1524, ≤, – |‡| – Ⓟ – . AE. ✻ rest
fin mars-14 janv. – **R** *(fermé après 20 h 30)* carte env. 750 – **43 ch** 1000/2100 – P 1750.

Rustique, r. du Château 55, ✉ 6313, ☎ 86086 – ✻ rest
avril-sept. – **R** 340 – **7 ch** 540/980 – ½ p 800.

BERDORF 8 ④ et 409 ㉗ – 852 h.

Voir NO : Ile du Diable★★ : Zickzackschluff★ – N : Plateau des Sept Gorges★ (Sieweschluff), Kasselt★ – Werschrumschluff★ SO : 3 km.

♦Luxembourg 32 – Diekirch 24 – Echternach 6.

Parc et Rôtisserie M ⛰, rte de Grundhof 39, ✉ 6550, ☎ 79195, Télex 2916, ≤, « Parc ombragé avec terrasses et » – |‡| ☎ Ⓟ. AE ⓓ E. ✻
12 avril-21 oct. – **R** *(fermé après 20 h 30)* carte 900 à 1450 – **19 ch** 1800/3200 – P 2000/2700.

Bisdorff ⛰, Heisbich 2, ✉ 6551, ☎ 79208, ≤, , – |‡| ▤ rest TV wc ⋒wc ☎ Ⓟ. AE ⓓ. ✻ rest
9 avril-14 nov. – **R** *(fermé lundi soir, mardi et après 20 h 30)* carte 850 à 1630 – **26 ch** 1600/3000 – P 1900.

L'Ermitage ⛰, rte de Grundhof 44, ✉ 6550, ☎ 79184, ≤, « Cadre de verdure », – wc ⋒wc ☎ Ⓟ. AE ⓓ. ✻
14 avril-13 oct.; fermé mardi midi – **R** (1/2 pens. seult) – **16 ch** 1170/1970 – ½ p 1650/1750.

Kinnen, r. Echternach 34, ✉ 6550, ☎ 79183 – |‡| wc ⋒wc Ⓟ. ✻
avril-21 oct. – **R** 500/800 – **35 ch** 800/1600 – P 1350/1550.

Le Chat Botté, rte d'Echternach 36, ✉ 6550, ☎ 79186 – ✻ rest
fermé du 3 au 25 janv. et mardi d'oct. à Pâques – **R** carte 650 à 1010 – **21 ch** 700/1500 – P 1200/1400.

BERELDANGE-WALFERDANGE 8 ⑧ – voir à Luxembourg.

BETTBORN 8 ⑦ et 409 ㉖ – 809 h.
♦Luxembourg 32 – ♦Arlon 19 – Ettelbruck 16.

✗ **Rausch,** r. Principale 33, ✉ 8606, ☎ 62154 – ▤ Ⓟ. 🚫
fermé lundi soir, mardi, 16 août-2 sept. et prem. sem. janv. – **R** 520/900.

BIGONVILLE 8 ② et 409 ㉖ – 364 h.
♦Luxembourg 45 – ♦Arlon 24 – ♦Bastogne 26.

✗ **Host. Ancien Château** avec ch, r. Principale 52, ✉ 8814, ☎ 64203 – wc Ⓟ. AE ⓓ E. 🚫 rest
fermé lundi soir, mardi et 12 janv.-11 fév. – **R** 550/780 – ☕ 125 – 7 ch 650/1350 – P 1150/1250.

BOLLENDORF-PONT Ⓒ Berdorf 8 ④ et 409 ㉗ – 852 h. – ✉ Echternach.
♦Luxembourg 36 – Diekirch 21 – Echternach 7.

André, rte de Diekirch 9, ✉ 6555, ☎ 72393, ← – |‡| ▤ rest wc Ⓟ. 🚫
fermé 3 janv.-fév. et lundi, mardi, merc. du 15 nov. à janv. – **R** carte 695 à 1220 – 24 ch ☕ 775/1400 – P 1100/1400.

BOULAIDE 8 ② et 409 ㉖ – 533 h.
♦Luxembourg 56 – ♦Arlon 30 – ♦Bastogne 27.

Hames, r. Curé 2, ✉ 9640, ☎ 93007, – Ⓟ
fermé janv.-3 fév. et fin sept.-début oct. – **R** *(fermé mardi soir et merc.)* carte 430 à 910 – **15 ch** ☕ 650/1200 – P 950/1000.

BOUR Ⓒ Tuntange 8 ⑧ et 409 ㉖ – 626 h.
♦Luxembourg 16 – ♦Arlon 18 – Mersch 12.

✗✗✗ **Janin,** r. d'Arlon 2, ✉ 7412, ☎ 30378, ←, « Intérieur rustique » – Ⓟ
fermé lundis non fériés, mardi midi et 20 août-19 sept. – **R** carte 920 à 1575.

BOURSCHEID 8 ③ et 409 ㉖ – 924 h.
Voir Route du château ←** – Ruines du château*, ←*.
♦Luxembourg 37 – Diekirch 14 – Wiltz 22.

à Bourscheid-Moulin E : 4 km – ✉ Ettelbruck :

Moulin , ✉ 9164, ☎ 90015 – |‡| wc ☎ Ⓟ. 🚫
20 fév.-14 nov. – **R** *(fermé lundi, mardi et après 20 h 30)* 600/1200 – ☕ 140 – **18 ch** 1000/1400 – P 1250/1450.

à Bourscheid-Plage E : 4 km – ✉ Ettelbruck :

Week-end , ✉ 9164, ☎ 90020, ←, « Pelouse au bord de la Sûre », – wc Ⓟ. AE ⓓ E. 🚫
17 mars-22 oct. – **R** *(fermé après 20 h 30)* 430/800 – ☕ 150 – **14 ch** 700/1400 – P 1250/1450.

BRIDEL 8 ⑧ – voir à Luxembourg.

BROUCH Ⓒ Boevange-Attert 8 ⑧ – 1 126 h.
♦Luxembourg 21 – ♦Arlon 17 – Mersch 8.

✗ **Brucher Stuff,** rte d'Arlon 29, ✉ 7415, ☎ 639106 – AE ⓓ
fermé lundi, mardi midi et 10 janv.-9 fév. – **R** carte env. 1100.

CLERVAUX 8 ③ et 409 ㉖ – 1 422 h.
Voir Site** – Château* : exposition de maquettes* – S : route de Luxembourg ←**.
ℹ Château ☎ 92072.
♦Luxembourg 62 – ♦Bastogne 28 – Diekirch 30.

Gd H. Central et Rest. Corbeau, pl. Maria Theresia 9, ✉ 9711, ☎ 91105 – |‡| TV wc wc. AE ⓓ E. 🚫
22 mars-1er janv.; fermé merc. – **R** 500/1100 – **24 ch** ☕ 800/1600 – P 1200/1600.

Claravallis, r. Gare 3, ✉ 9707, ☎ 91034, Télex 3134 – |‡| TV wc ♿ Ⓟ. AE ⓓ
avril-9 janv.; fermé lundi soir et mardi – **R** *(fermé après 20 h 30)* 450/950 – **36 ch** ☕ 850/1850 – P 1200/1600.

Abbaye, Grand'rue 80, ✉ 9711, ☎ 91049 – |‡| wc wc Ⓟ. AE ⓓ E
avril-29 oct. – **R** carte 460 à 690 – **50 ch** ☕ 850/1800 – P 1100/1500.

à Reuler E : 1 km Ⓒ Clervaux – ✉ Clervaux :

Saint-Hubert, sur N 18, ✉ 9768, ☎ 92432, ←, – |‡| wc ☎ Ⓟ. AE ⓓ E
fermé 13 nov.-11 déc. et mardi d'oct. à mai – **R** *(fermé après 20 h 30)* carte 600 à 1050 – **30 ch** ☕ 600/1400 – P 1100/1300.

TOYOTA Grand'Rue 52 ☎ 91080

CONSDORF 8 ⑨ et 409 ㉗ – 1 194 h.

♦Luxembourg 27 – Echternach 9,5.

XX **Central,** rte d'Echternach 6, ✉ 6212, ☎ 79007
fermé merc. du 15 sept. au 30 avril et janv. – **R** 380/800.

DIEKIRCH 8 ③ et 409 ㉖ – 5 585 h.

Env. Falaise de Grenglay ≤ N : 8 km et 10 mn à pied.**

ℹ pl.Guillaume, ✉ 9201, ☎ 83023 (sera 803023).

♦Luxembourg 33 – ♦Bastogne 46 – Clervaux 30 – Echternach 28.

Parc Hôtel, av. Gare 28, ✉ 9233, ☎ 803472 – wc wc.
avril-10 nov. – **R** (1/2 pens. seult) – **50 ch** 800/1800 – ½ p 1150/1350.

XXX ✿✿ **Hiertz** avec ch, r. Clairefontaine 1, ✉ 9201, ☎ 803562, **« Intérieur aménagé avec recherche, terrasse et jardin fleuri »** – wc
fermé lundi soir, mardi, fin août-début sept. et 20 déc.-14 janv. – **R** (nombre de couverts limité - prévenir) carte 1100 à 1600 – 7 ch 1200/1700
Spéc. Salade d'épinards au foie gras et vinaigre chaud, Homard aux frisons de concombres et tomates. **Vins** Riesling.

FIAT rte d'Ettelbruck ☎ 803127
GM (OPEL) rte de Larochette 24 ☎ 83181
LADA Bamerthal 62 ☎ 809334
MERCEDES-BENZ r. de Stavelot 20 ☎ 83514
NISSAN rte d'Ettelbruck 28 ☎ 808152
PEUGEOT, TALBOT rte d'Ettelbruck 10 à Ingeldorf ☎ 819090
VAG rte d'Ettelbruck 12 à Ingeldorf ☎ 81194

DOMMELDANGE 8 ⑧ – voir à Luxembourg.

ECHTERNACH 8 ④ et 409 ㉗ – 4 159 h.

Voir Abbaye* – O : Gorge du Loup* (Wolfschlucht), 1 h 1/2 AR à pied – belvédère de Trooskneпchen* – belvédère de Bildscheslay*.**

ℹ Parvis de la Basilique, ✉ 6486, ☎ 72230.

♦Luxembourg 35 – Bitburg 21 – Diekirch 28.

✿ **Bel Air** 🌿, rte de Berdorf 1, ✉ 6409, ☎ 729383, Télex 2640, ≤, **« Dans un site boisé, parc »**, – ☎ Ⓟ – AE ⓓ E.
R *(fermé du 13 au 15 nov., du 4 au 27 janv. et après 20 h 30)* carte 1050 à 1600 – **42 ch** 1815/3330 – P 2425/2750
Spéc. Foie gras d'oie maison, Navarin de homard, Nougat glacé aux deux sauces. **Vins** Riesling, Pinot gris.

Grand Hôtel, rte de Diekirch 27, ✉ 6401, ☎ 729672, ≤, – ☎ Ⓟ. AE.
R *(fermé après 20 h 30)* carte 900 à 1200 – **30 ch** 1840/2480 – P 1950.

Ardennes, r. Gare 38, ✉ 6440, ☎ 72108 – wc ☎. AE.
fermé janv.-12 fév. – **R** 500/1000 – **35 ch** 1300/1650 – P 1450/1600.

Eden au Lac 🌿, au Lac près E 42, ✉ 6478, ☎ 728283, ≤, **« Cadre de verdure »** – rest TV wc ☎ Ⓟ – AE E.
fermé 5 janv.-fév. – **R** carte 600 à 1070 – **33 ch** 1200/1900 – P 1600/1900.

Parc sans rest, r. Hôpital 9, ✉ 6448, ☎ 729481, – wc wc ☎ Ⓟ. AE ⓓ E.
avril-14 nov. – **32 ch** 800/2000.

A la Petite Marquise, pl. du Marché 18, ✉ 6460, ☎ 72382 – wc . AE ⓓ E
mars-5 nov. – **R** carte env. 1000 – **20 ch** 680/1810 – P 1250/1800.

St-Hubert, r. Gare 21, ✉ 6440, ☎ 72306 – wc Ⓟ. AE ⓓ. rest
fermé fév. – **R** *(fermé après 20 h 30)* 395/650 – **35 ch** 1000/1800 – P 1180/1590.

Commerce, pl. Marché 16, ✉ 6460, ☎ 72301, – wc. AE E
avril-déc. – **R** carte 530 à 970 – **56 ch** 700/1400 – P 1300/1450.

Régine, r. Gare 53, ✉ 6440, ☎ 72077 – wc. AE
fermé janv. – **R** 240/600 – **11 ch** 700/1500 – P 950/1050.

Aigle Noir, r. Gare 54, ✉ 6440, ☎ 72383, – AE E
avril-19 sept. – **R** 450 – **23 ch** 490/950 – P 830/980.

XX **Aub. de l'Aiglon,** 1er étage, r. A. Duchscher, ✉ 6434, ☎ 729532 – AE.
fermé mardi et mars – **R** carte 860 à 1080.

X **Le Vésuve,** r. A. Duchscher, ✉ 6434, ☎ 729532, Avec cuisine italienne – AE
fermé mardi et mars – **R** carte 480 à 830.

à Geyershof SO : 7 km par E 42 au carrefour Michelshaff à gauche puis 1 km C Consthum – 278 h. – ✉ Echternach :

XXX ✿✿ **La Bergerie** (Phal), ✉ 6251, ☎ 79464, ≤, , **« Dans une ancienne ferme, cadre champêtre »** – Ⓟ. AE ⓓ E
fermé dim. soir, lundi, 2e quinz. sept., 2e quinz. nov. et 2e quinz. fév. – **R** carte 1000 à 1700
Spéc. St.Jacques aux choux (oct.-avril), Salade de homard, Piccata de volaille et veau. **Vins** Riesling.

Voir aussi : ***Weilerbach*** NO : 3 km.

RENAULT r. Luxembourg 17 ☎ 729045
VAG rte de Luxembourg 96 ☎ 72140

EHNEN C Wormeldange 8 ⑨ et 409 ㉗ – 2 012 h. – ✉ Wormeldange.
♦Luxembourg 21 – Remich 9,5 – Trier 32.

XXX ✿ **Simmer** avec ch, **rte de Moselle 115, ✉ 5416, ☎ 76030, ≤, « Intérieur ancien » –** wc ☎ **P**. AE. ✈
fermé mardis non fériés d'oct. à avril et 9 janv.-11 mars – **R** (week-ends nombre de couverts limité - prévenir) carte 850 à 1600 – 20 ch ☕ 1050/1950 – P 1600/1950
Spéc. Brochet au four, Feuilleté d'écrevisses (mai-sept.), Ris de veau au Pinot noir. **Vins** Riesling, Pinot blanc.

ERNZ NOIRE (Vallée de l') ★★★ 8 ④⑨ et 409 ㉗ **G. Belgique-Luxembourg.**

ERPELDANGE 8 ③ et 409 ㉖ – voir à Ettelbrück.

ESCHDORF C Heiderscheid 8 ② et 409 ㉖ – 945 h.
♦Luxembourg 43 – ♦Bastogne 30 – Diekirch 22.

Braas ⛰, **r. de Wiltz 7, ✉ 9151, ☎ 89213 –** ▮ TV wc wc **P**. ✈
fermé 5 janv.-14 fév. et lundi soir, mardi du 15 sept. à fin mai – **R** 400/900 – **25 ch** ☕ 1000/1500 – P 1300/1500.

ESCH-SUR-ALZETTE 8 ⑧ et 409 ㉕ – **25 142 h.**
ℹ Hôtel de Ville, ✉ 4138 ☎ 549071 (ext. 245) – ♦Luxembourg 19 ① – Longwy 26 ④ – Thionville 32 ③.

ESCH SUR-ALZETTE

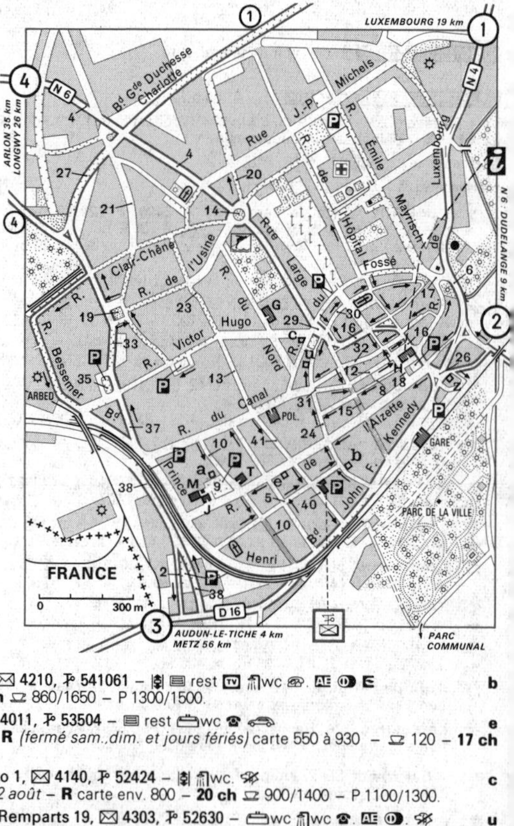

Acacia, r. Libération 10, ✉ 4210, ☎ 541061 – ▮ ▤ rest TV wc ☎. AE ① E — **b**
R carte 750 à 1330 – **28 ch** ☕ 860/1650 – P 1300/1500.

Poste, r. Alzette 107, ✉ 4011, ☎ 53504 – ▤ rest wc ☎ 🚗 — **e**
fermé Noël-début janv. – **R** *(fermé sam.,dim. et jours fériés)* carte 550 à 930 – ☕ 120 – **17 ch** 750/1000.

Carrefour, r. Victor-Hugo 1, ✉ 4140, ☎ 52424 – ▮ wc. ✈ — **c**
fermé merc. et du 1er au 22 août – **R** carte env. 800 – **20 ch** ☕ 900/1400 – P 1100/1300.

XXX **Aub. Royale** avec ch, r. Remparts 19, ✉ 4303, ☎ 52630 – wc wc ☎. AE ①. ✈ — **u**
fermé 17 juil.-3 août et du 9 au 26 janv. – **R** *(fermé lundi et mardi)* carte 850 à 1250 – ☕ 175 – **6 ch** 1100/1750.

XX **Bec Fin,** pl. Norbert-Metz 15, ✉ 4239, ☎ 52141 — **z**
fermé lundi et août – **R** 850/1050.

X **Quo-Vadis** avec ch, r. Pasteur 22, ✉ 4276, ☎ 52888, Avec cuisine italienne – ▮ wc ☎ — **a**
R *(fermé merc.)* carte 550 à 850 – ☕ 150 – **13 ch** 600/1200 – P 1200/1400.

BMW rte Ehlerange 60 ℗ 550231
FORD bd Kennedy 108 ℗ 52134
GM (OPEL) bd Kennedy 122 ℗ 544844
GM (OPEL) r. Libération 42 ℗ 545445
PEUGEOT, TALBOT r. Belvaux 190 ℗ 552323
RENAULT r. Luxembourg 32 ℗ 52929
TOYOTA rte de Differdange 308 ℗ 557373
VAG bd Prince-Henri 75 ℗ 555312

ESCH-SUR-SÛRE 8 ② et 409 ㉖ – 258 h.

Voir Site★ – Tour de Guet ≤★.

Env. O : route de Kaundorf ≤★ – O : Lac de la Haute-Sûre★, ≤★.

♦Luxembourg 45 – Bastogne 27 – Diekirch 24.

Ardennes, r. Moulin 1, ✉ 9650, ℗ 89108 – AE ⓓ
fermé fév. – **R** *(fermé lundi d'oct. à mars)* 510/700 – 95 – **26 ch** 1155/1250 – P 1200/1300.

ETTELBRUCK 8 ③ et 409 ㉖ – 6 455 h.

Grand'rue 13 (avril-sept.; déc.-janv. le matin), ✉ 9050, ℗ 82068.

♦Luxembourg 28 – ♦Bastogne 41 – Clervaux 34.

Central, r. Bastogne 25, ✉ 9010, ℗ 82116 – wc wc ☎. AE ⓓ E
fermé du 16 au 30 août et 22 déc.-16 janv. – **R** *(fermé dim. et jours fériés sauf en juil.-août)* (1er étage) carte 910 à 1380 – **21 ch** 900/1600 – P 1400/1800
Spéc. Feuilleté de sole à la ciboulette, Nage de St. Jacques gratinées (d'oct. à avril), Canard au poivre vert (d'oct. à avril). **Vins** Riesling, Gewürztraminer.

Cames sans rest, r. Prince-Henry 45, face à la gare, ✉ 9047, ℗ 82180 – wc wc ☎. AE ⓓ.
fermé sam. soir, dim. et 20 déc.-1er janv. – 130 – **15 ch** 800/1400.

à Erpeldange **NE : 2,5 km par N 27 – 1 160 h :**

Dahm, Porte des Ardennes 57, ✉ 9145, ℗ 818333 – wc wc ☎ Ⓟ. AE. rest
fermé lundi, jeudi soir et 13 fév.-16 mars – **R** *(fermé après 20 h 30)* carte 600 à 1140 – 150 – **14 ch** 875/1500 – P 1375/1450.

CITROEN rte d'Ettelbrück ℗ 819521
FORD av. Alliés 36 ℗ 82157
MITSUBISHI r. Bastogne 50 ℗ 82410
NISSAN Portes des Ardennes 2 à Erpeldange ℗ 82255
RENAULT r. Bastogne 170 ℗ 82684
TOYOTA r. Jean-Pierre Thill 51 ℗ 818204

The "Pension" prices given are intended as a rough guide.
If you are planning a stay, make enquiries of the hotel.

GAICHEL 8 ⑦ et 409 ㉖ – ✉ Eischen.

♦Luxembourg 26 – ♦Arlon 4,5 – Diekirch 35.

XXX **La Gaichel** (Jacquemin) avec ch, ✉ **8469,** ℗ **39129,** ≤, **« Grand parc aménagé avec jardin ombragé »** – wc Ⓟ – . AE E.
fermé janv. – **R** *(fermé dim. soir, lundis non fériés et après 20 h 30)* (week-ends nombre de couverts limité - prévenir) carte 1260 à 1800 – 13 ch 1500/2600.

XXX **Bonne Auberge** (Schwartz) avec ch, ✉ **8469,** ℗ **39140,** ≤, **« Parc aménagé avec pièce d'eau »** – wc wc ☎ Ⓟ. AE ⓓ
fermé déc.-10 janv. – **R** *(fermé mardi)* (week-ends nombre de couverts limité - prévenir) 875/1450 – 16 ch 1500/1700 – P 1700/1900
Spéc. Homard des gourmets, Noisettes de chevreuil Grand-Veneur, Carré d'agneau à la sauge. **Vins** Gewürztraminer, Riesling.

GEYERSHOF 8 ⑨ – voir à Echternach.

GOEBELSMÜHLE 8 ③ et 409 ㉖ – ✉ Ettelbruck.

♦Luxembourg 45 – Clervaux 24 – Diekirch 14.

Schroeder, r. Gare 9, ✉ 9153, ℗ 90157 – wc .
fév.-oct.; fermé merc. en fév.-mars et en oct. – **R** *(fermé après 20 h 30)* 450/550 – **12 ch** 900/1200 – P 1350.

GORGE DU LOUP (WOLFSCHLUCHT) ★★★ 8 ④ et 409 ㉗ **G. Belgique-Luxembourg.**

GREVENMACHER 8 ⑨ et 409 ㉗ – 3 000 h.

rte de Thionville 32, ✉ 6791, ℗ 758275.

♦Luxembourg 28 – Echternach 31 – Mondorf-les-Bains 33.

Roi Dagobert, r. Trèves 32, ✉ 6793, ℗ 75717 – wc ☎ – . AE.
fermé début fév.-début mars – **R** *(fermé jeudi)* carte 910 à 1470 – **18 ch** 1450/1800 – P 1600/2400.

GRUNDHOF 8 ④ et 409 ㉗ – ✉ Beaufort.

♦Luxembourg 32 – Diekirch 18 – Echternach 9,5.

Brimer, ✉ 6360, ☏ 86251, Télex 1308, « Terrasse à l'étage avec ≤ sur vallée de la Sûre » – |‡| wc ☎ P. AE. ✗
15 fév.-9 nov. – **R** *(fermé mardi du 15 sept. à mai et après 20 h 30)* carte 950 à 1360 – **22 ch** ☕ 1350/1850 – P 1700.

Ferring, rte de Beaufort 4, ✉ 6360, ☏ 86015 – |‡| wc ⋔wc ☏. AE. ✗
15 mars-15 nov. – **R** *(fermé après 20 h 30)* carte 650 à 990 – **27 ch** ☕ 1100/1700 – P 1330/1650.

MITSUBISHI rte de Beaufort 3 ☏ 86261

HALLER C Waldbillig 8 ④ et 409 ㉗ – 684 h.

♦Luxembourg 32 – Echternach 20 – Mersch 19.

Hallerbach ✈ (avec 11 studios M en annexe), r. Romains 2, ✉ 6370, ☏ 86151, « Jardin et terrasse avec ≤ campagne et forêt », ⛆, ✗ – |‡| TV wc ⋔wc ☏ P. ✗ rest
6 avril-5 janv. – **R** 550/1150 – **18 ch** ☕ 1150/2300 – P 1900/2100.

HESPÉRANGE 8 ⑧ et 409 ㉖ – voir à Luxembourg.

HOSTERT 8 ⑧ – voir à Luxembourg.

KAUTENBACH 8 ③ et 409 ㉖ – 208 h.

♦Luxembourg 58 – Clervaux 24 – Wiltz 11.

Hatz, ✉ 9663, ☏ 96561 – ⋔wc. E. ✗ rest
R *(fermé merc. d'oct. à avril)* carte 650 à 1190 – ☕ 140 – **11 ch** 800/900 – P 1120/1240.

KAYL 8 ⑧ et 409 ㉖ – 6 356 h.

♦Luxembourg 21 – Longwy 31 – Thionville 22.

XX **Thiel,** r. Commerce 50, ✉ 3616, ☏ 565638, ≤ – P
fermé lundi soir, mardi, 23 fév.-10 mars et du 8 au 24 août – **R** carte 850 à 1350.

VAG r. Schifflange 113 ☏ 566412

KLEINBETTINGEN C Steinfort 8 ⑦ – 2 843 h.

♦Luxembourg 17 – Arlon 10.

X **Bräilâffel,** r. Moulin 2, ✉ 8380, ☏ 39198 – ✗
fermé merc. et 23 juil.-8 août – **R** carte 770 à 1250.

LAMADELAINE C Pétange 8 ⑦ – 12 135 h.

♦Luxembourg 23 – ♦Arlon 17 – Longwy 8.

X **Lys Bleu,** r. Providence 22, ✉ 4885, ☏ 509805 – P. AE ⓓ E
fermé merc. soir, jeudi et août – **R** carte 690 à 1200.

LAROCHETTE 8 ⑧ et 409 ㉖㉗ – 1 283 h.

Voir Nommernlayen★ O : 5 km.

ℹ pl. de la Gare 2 (avril-sept.), ✉ 7616, ☏ 87676.

♦Luxembourg 26 – ♦Arlon 35 – Diekirch 12 – Echternach 20.

Gd H. Poste, pl. Bleiche 11, ✉ 7610, ☏ 87006 – wc ☏. AE. ✗ rest
fermé janv.-fév. – **R** 875/1575 – **33 ch** ☕ 970/1890 – P 1750/1925.

Château, r. Medernach 1, ✉ 7601, ☏ 87009 – |‡| wc. AE ⓓ E
fermé 3 janv.-mi-fév. – **R** 500/1200 – **45 ch** ☕ 600/1750 – P 1080/1500.

Résidence, r. Medernach 14, ✉ 7601, ☏ 87391 – wc ⋔wc P. ✗ rest
fermé 15 nov.-14 janv. – **R** 600/850 – **20 ch** ☕ 1150/1600 – P 1450.

LIPPERSCHEID C Bourscheid 8 ③ et 409 ㉖ – 924 h.

Voir Falaise de Grenglay ≤★★ E : 2 km et 10 mn à pied.

♦Luxembourg 43 – Clervaux 24 – Diekirch 10.

Leweck, rte N 7, ✉ 9378, ☏ 90022, ⛟ – TV ⋔wc ☎ P. ⓓ E
fermé 15 nov.-9 déc. – **R** *(fermé mardi)* carte 525 à 955 – ☕ 150 – **12 ch** 850/1300 – P 1475.

Les prix de pension sont donnés dans le guide à titre indicatif.
Pour un séjour, consultez toujours l'hôtelier.

De pensionprijzen zijn in de gids gegeven als leidraad.
Raadpleeg altijd de hotelhouder voor een langer verblijf.

LUXEMBOURG

LUXEMBOURG 8 ⑧ et 409 ㉖ – 78 724 h.

Voir Site** – La vieille ville** – Promenades rocheuses ≤** – Chemin de la Corniche ≤** DY – Le Bock ≤**, Casemates du Bock** DY – Place de la Constitution ≤** DY – Palais Grand-Ducal* DY **K** – Cathédrale Notre-Dame* DY **L** – Pont Grande-Duchesse-Charlotte* DY – Musée de l'État** DY

18 Höhenhof, près de l'Aéroport ☎ 34090.

Findel par ③ : 6 km ☎ 47981 et 47983 – Aérogare : pl. de la Gare ☎ 481820.

pl. d'Armes, ✉ 1136, ☎ 22809.

•Amsterdam 419 ⑧ – Bonn 190 ③ – •Bruxelles 219 ⑧.

Plans pages suivantes

Luxembourg-Centre :

Cravat, bd Roosevelt 29, ✉ 2450, ☎ 21975, Télex 2846, ≤ – |‡| TV ☎ – . AE ⓓ E. rest
R 850 – **59 ch** 2600/3400. DY **a**

Rix H. sans rest, bd Royal 20, ✉ 2449, ☎ 27545, Télex 1234 – |‡| TV wc wc ☎ P – CY **b**
fermé 23 déc.-1er janv. – **19 ch** 1190/2550.

Français et Rest. Kiosque, pl. d'Armes 14, ✉ 1136, ☎ 23009 – |‡| wc ☎. AE ⓓ E
R carte 510 à 1270 – **26 ch** 1600/1980 – P 2400. DY **p**

XXX Empereurs, av. Porte-Neuve 11, ✉ 2227, ☎ 28302, Classique – . AE ⓓ E. CY **d**
fermé dim.

XXX ✿✿ **St-Michel** (Guillou), 1er étage, r. Eau 32, ✉ 1449, ☎ 23215, Produits de la mer, « Bel intérieur rustique » – AE E DY **e**
fermé du 1er au 30 août, 24 déc.-4 janv., sam. et dim. – **R** (nombre de couverts limité-prévenir) carte 1290 à 1840
Spéc. Huîtres au beurre moussant, Cassolette Pleine Mer au jus d'huîtres, Pot au feu de foie d'oie chaud. **Vins** Riesling, Pinot gris.

XXX **Gourmet,** r. Chimay 8, ✉ 1333, ☎ 25561, Classique – AE DY **h**
fermé dim. soir, lundi, 23 janv.-15 fév. et 23 juil.-15 août – **R** carte 840 à 1410.

XXX **Alsacien,** r. du Curé 24, ✉ 1368, ☎ 28250 DY **r**
fermé dim., jours fériés et août – **R** carte 1100 à 1655.

XXX **Astoria,** av. du X-Septembre 14, ✉ 2550, ☎ 446223 – AE ⓓ E DY **s**
fermé sam., août et 22 déc.-1er janv. – **R** (déjeuner seult) carte 1020 à 1310.

XXX **Le Vert Galant,** 1er étage, r. Aldringen 23 (r. Poste), ✉ 1118, ☎ 470822 – AE ⓓ E CY **r**
fermé dim. – **R** carte 1180 à 1550.

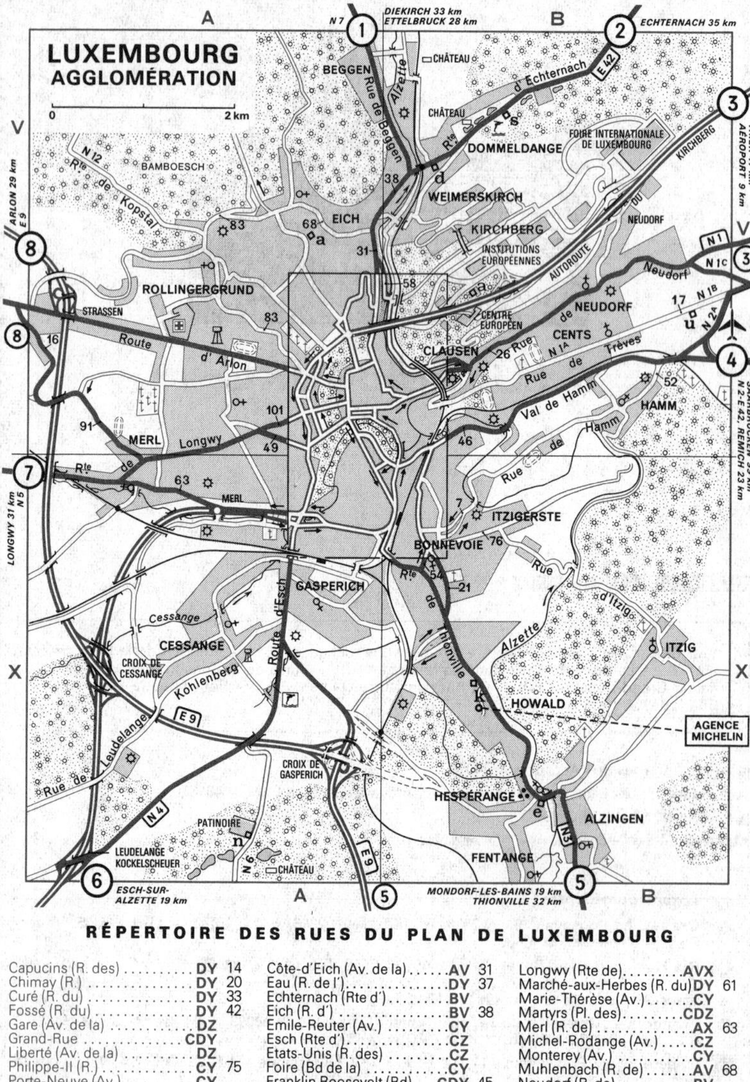

RÉPERTOIRE DES RUES DU PLAN DE LUXEMBOURG

Capucins (R. des)	DY	14
Chimay (R.)	DY	20
Curé (R. du)	DY	33
Fossé (R. du)	DY	42
Gare (Av. de la)	DZ	
Grand-Rue	CDY	
Liberté (Av. de la)	DZ	
Philippe-II (R.)	CY	75
Porte-Neuve (Av.)	CY	
Strasbourg (R. de)	CDZ	
Adolphe (Pont)	CYZ	
Anvers (R. d')	CDZ	
Arlon (Rte d')	AV	
Armes (Pl. d')	DY	4
Athénée (R. de l')	DY	6
Auguste-Charles (R.)	BX	7
Avranches (Bd d')	DZ	
Beggen (R. de)	ABV	
Bonnevoie (R. de)	DZ	
Boucherie (R. de la)	DY	12
Bruxelles (Pl. de)	CY	
Carrefours (R. des)	AV	16
Cents (R.)	BV	17
Cimetière (R. du)	BX	21
Clausen (Montée de)	DY	24
Clausen (R. de)	BV	26
Constitution (Pl. de la)	DY	28
Côte-d'Eich (Av. de la)	AV	31
Eau (R. de l')	DY	37
Echternach (Rte d')	BV	
Eich (R. d')	BV	38
Emile-Reuter (Av.)	CY	
Esch (Rte d')	CZ	
Etats-Unis (R. des)	CZ	
Foire (Bd de la)	CY	
Franklin Roosevelt (Bd)	CDY	45
Général-Patton (Bd du)	BV	46
Glacis (R. des)	CY	
Grande-Duchesse-Charlotte (Bd)	CYZ	
Grande-Duchesse-Charlotte (Pont)	DY	48
Guillaume (Av.)	AV	49
Guillaume (Pl.)	DY	51
Hamm (R. de)	BVX	
Hamm (Val de)	BV	
Haute (R.)	BV	52
Hespérange (R. d')	BX	54
Hollerich (R. de)	CDZ	
Itzig (R. d')	BX	
John-F.-Kennedy (Av.)	DY	
Kohlenberg	AX	
Kopstal (Rte de)	AV	
Laboratoire (R. du)	DZ	
Laurent-Ménager (R.)	BV	58
Longwy (Rte de)	AVX	
Marché-aux-Herbes (R. du)	DY	61
Marie-Thérèse (Av.)	CY	
Martyrs (Pl. des)	CDZ	
Merl (R. de)	AX	63
Michel-Rodange (Av.)	CZ	
Monterey (Av.)	CY	
Muhlenbach (R. de)	AV	68
Neudorf (R. de)	BV	
Notre-Dame (R.)	CDY	69
Paris (Pl. de)	DZ	
Pescatore (Av.)	CY	72
Pétrusse (Bd de la)	CDZ	
Pierre-Krier (R.)	BX	76
Prague (R. de)	DZ	
Prince-Henri (Bd du)	CY	
Robert-Schuman (Rd-Pt)	CY	
Robert-Schuman (R.)	CY	
Rollingergrund (R. de)	AV	83
Royal (Bd)	CY	
St. Ulric (R.)	DZ	
Sigefroi (R.)	DY	90
Strassen (R. de)	AV	91
Thionville (Rte de)	BX	
Trèves (R. de)	DY	93
Victor-Hugo (Av.)	CY	
Willy-Goergen (R.)	DY	98
10-Septembre (Av. du)	AV	101

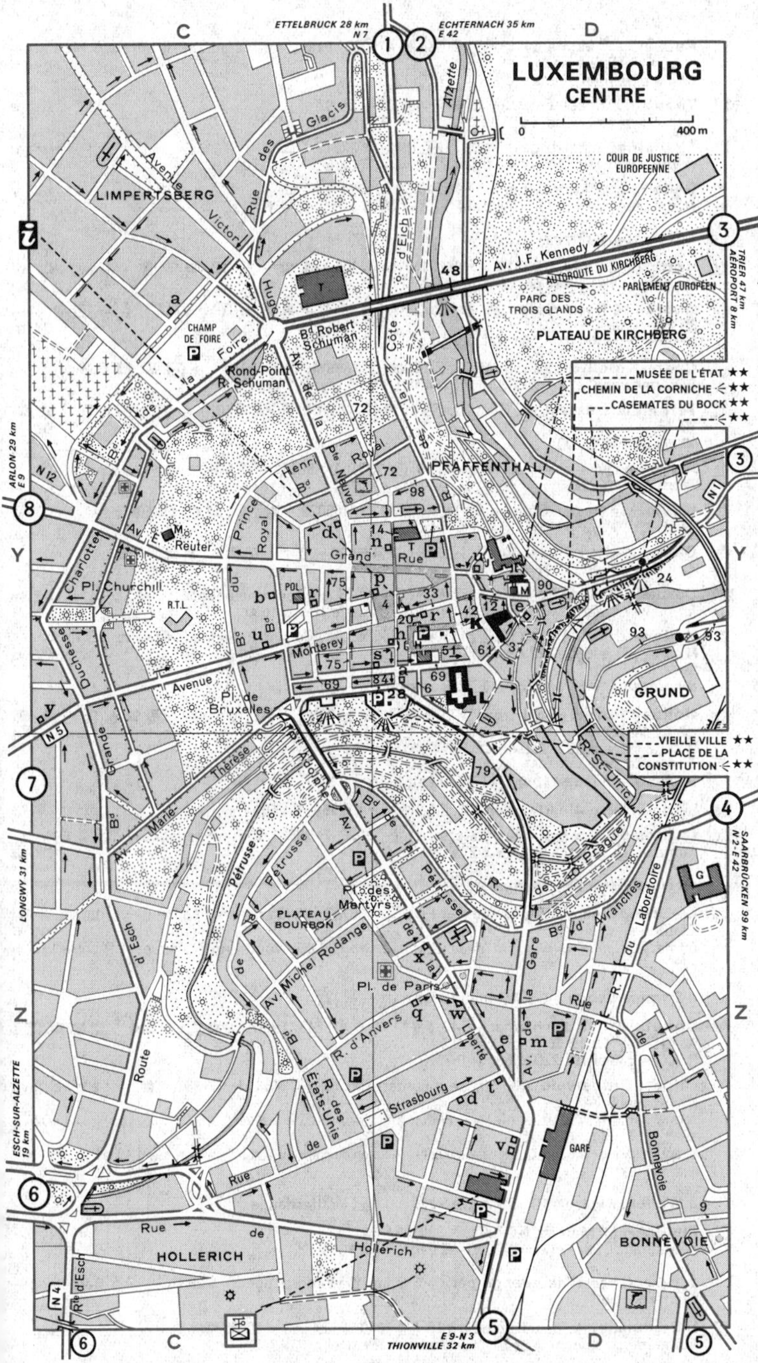

LUXEMBOURG
CENTRE
0
400 m
ETTELBRUCK 28 km
N 7
ECHTERNACH 35 km
E 42
C
D
Y
Z
COUR DE JUSTICE EUROPEENNE
TRIER 47 km
AÉROPORT 8 km
Av. J.F. Kennedy
AUTOROUTE DU KIRCHBERG
PARLEMENT EUROPÉEN
PARC DES TROIS GLANDS
PLATEAU DE KIRCHBERG
MUSÉE DE L'ÉTAT ★★
CHEMIN DE LA CORNICHE ★★
CASEMATES DU BOCK ★★
LIMPERTSBERG
Avenue Victor Hugo
Rue des Glacis
Côte d'Eich
Alzette
CHAMP DE FOIRE
Bd Robert Schuman
Rond-Point R. Schuman
Av. de la Porte Neuve
Rue de la Foire
PFAFFENTHAL
ARLON 29 km
E 9
N 12
Bd Royal
Bd Prince Henri
Av. E. Reuter
Grand' Rue
Pl. Churchill
R.T.L.
Bd Charlotte
Bd Grande Duchesse
Monterey
Avenue
Pl. de Bruxelles
GRUND
N 5
VIEILLE VILLE ★★
PLACE DE LA CONSTITUTION ★★
R. St-Ulric
Av. Marie-Thérèse
Pl. Adolphe
Bd de la Pétrusse
LONGWY 31 km
SAARBRÜCKEN 99 km
N 2-E 42
Pétrusse
Pl. des Martyrs
PLATEAU BOURBON
Av. de la Gare
Bd d'Avranches
R. du Laboratoire
Av. Michel Rodange
Rue de la Liberté
Pl. de Paris
R. d'Anvers
R. des États-Unis
Strasbourg
Route d'Esch
GARE
Bonnevoie
ESCH-SUR-ALZETTE 19 km
HOLLERICH
Rue de Hollerich
BONNEVOIE
N 4
Rte d'Esch
E 9-N 3
THIONVILLE 32 km

XX **Caesar,** av. Monterey 18, ✉ 2163, ☎ 470925, Brasserie-restaurant, « Intérieur bien aménagé » – AE E CY **u**
fermé dim. midi et jours fériés – **R** 460/1250.

XX **Theatre,** r. Beaumont 3, ✉ 1219, ☎ 40534 – AE. ✻ DY **n**
fermé dim. soir, lundi et 20 août-9 sept. – **R** carte 900 à 1450.

XX **L'Obernai,** r. Palais de Justice 1, ✉ 1841, ☎ 22212 – AE DY **u**
fermé sam. midi, dim. et du 1er au 21 sept. – **R** carte 840 à 1220.

X **Gëlle Fra,** r. Notre-Dame 10, ✉ 2240, ☎ 471794 – AE E CY **y**
fermé merc. soir, jeudi, 15 juil.-14 août et 23 déc.-5 janv. – **R** 410/700.

Luxembourg-Gare :

Kons, pl. Gare 24, ✉ 1616, ☎ 486021, Télex 2306 – ☰ ☎ – 🏛. AE ⓓ E. ✻ rest DZ **v**
R *(fermé dim.)* – **141 ch** ☐ 1670/2990.

Nobilis et Rest. Calao Ⓜ, av. Gare 47, ✉ 1611, ☎ 494971, Télex 3212 – ☰ ▤ TV ☎ 🚗. AE ⓓ DZ **m**
R carte 880 à 1510 – ☐ 220 – **43 ch** 2100/2350.

Central-Molitor, av. Liberté 28, ✉ 1930, ☎ 489911, Télex 2613 – ☰ TV. AE ⓓ E. ✻ rest
R *(fermé vend. et mi-déc.-mi-janv.)* 540/755 – **36 ch** ☐ 1750/2300. DZ **x**

Terminus sans rest, pl. Gare 32, ✉ 1616, ☎ 486161, Télex 1510 – ☰ TV ⊟wc ⫛wc ☎. AE ⓓ E DZ **v**
40 ch ☐ 2000/2700.

Ardennes Ⓜ sans rest, av. Liberté 59, ✉ 1931, ☎ 488141 – ☰ TV ⊟wc ⫛wc ☎. ✻ DZ **e**
21 ch ☐ 1700/2100.

Bristol sans rest, r. Strasbourg 11, ✉ 2561, ☎ 485829 – ☰ ⫛wc ☎ Ⓟ. AE ⓓ E. ✻ DZ **d**
29 ch ☐ 1000/2100.

City sans rest, r. Strasbourg 1, ✉ 2561, ☎ 484608 – ☰ ⊟wc ⫛wc ☎. AE ⓓ E DZ **t**
☐ 175 – **30 ch** 800/2145.

XXX **Cordial,** 1er étage, pl. Paris 1, ✉ 2314, ☎ 488538, « Intérieur élégant » – ✻ DZ **w**
fermé vend., sam. midi et 15 juil.-15 août – **R** carte 1060 à 1690.

XX **Italia** avec ch, r. Anvers 15, ✉ 1130, ☎ 486626, ☂, Cuisine italienne – ⫛wc ☎. AE ⓓ E
R carte 570 à 1080 – **22 ch** ☐ 1150/1450. DZ **q**

au plateau de Kirchberg – ✉ Luxembourg :

Holiday Inn Ⓜ, Kirchberg, ✉ 2015, ☎ 435051, Télex 2751, 🏊 – ☰ ▤ TV ☎ ♿ Ⓟ – 🏛. AE ⓓ E. ✻ rest BV **a**
R carte 420 à 1060 – **260 ch** ☐ 2900/3400.

au Nord, à Limpertsberg – ✉ Luxembourg :

XX Bouzonviller, r. Albert Unden 138, ✉ 2652, ☎ 472259, ≤ vallée AV **a**

XX **Osteria del Teatro,** Allée Scheffer 21, ✉ 2520, ☎ 28811, Cuisine italienne – AE ⓓ E
fermé lundi et juil. – **R** carte 560 à 980. CY **a**

au Nord-Est – ✉ Luxembourg :

XXX **Le Grimpereau,** r. Cents 140, ✉ 1319, ☎ 436787, « Villa dans un cadre de verdure » – Ⓟ. AE ⓓ BV **u**
fermé sam. midi, dim., jours fériés, 2 sem. en août, Noël-Nouvel An et Pâques – **R** carte 1370 à 1780.

à Dommeldange – ✉ Dommeldange :

Novotel Ⓜ, rte d'Echternach E 42, ✉ 1453, ☎ 435643, Télex 1418, 🏊, 🎾, 🐎 – ☰ ▤ rest TV ☎ Ⓟ – 🏛. AE ⓓ E BV **s**
R 400 – **230 ch** ☐ 2200/2600 – P 3000.

XX ✿ **Host. Grünewald** avec ch, rte d'Echternach 10, ✉ 1453, ☎ 431882 – ▤ rest ⊟wc ⫛wc ☎ Ⓟ. AE ⓓ. ✻ ch BV **d**
fermé sam. midi, dim. et fév. – **R** (week-ends nombre de couverts limité-prévenir) carte 1020 à 1570 – **17 ch** ☐ 1950/2500
Spéc. Mousse de jambon, Quenelles de brochet, Mignon de chevreuil au Chablis (sept.-avril). **Vins** Riesling, Pinot gris.

à Walferdange par ① : 5,5 km – 5 286 h. – ✉ Walferdange :

XX **Elvinger,** pl. Martyrs, ✉ 7201, ☎ 330105 – ✻
fermé mardi, août et après 20 h – **R** carte 640 à 1010.

à Bereldange-Walferdange par ① : 6 km 🄲 Walferdange – 5 286 h. – ✉ Bereldange-Walferdange

XX **L'Ecrevisse,** rte de Luxembourg 16, ✉ 7240, ☎ 339983 – AE E. ✻
fermé merc., sam. midi et 15 juil.-14 août – **R** carte 800 à 1340.

à Hespérange **– 9 093 h. – ✉ Hespérange :**

XXX ✿ **L'Agath** avec ch, **rte de Thionville 274, ✉ 5884, ☎ 488687,** ☂, **« Classique-élégant »**, ☘ – TV ⌂wc ⌂wc ☎ **P**. AE ⓓ BX **k**
fermé dim., lundi midi et mi-juil.-mi-août – **R** carte 1240 à 1690 – 7 ch ☕ 1250/2600.

XX **Klein, rte de Thionville 432, ✉ 5886, ☎ 36177,** ≤ – AE ⓓ BX **e**
fermé mardi, mi-juil.-début-août et Noël-Nouvel An – **R** carte 850 à 1180.

à la Patinoire de Kockelscheuer **– ✉ Luxembourg :**

XXX **Patin d'Or,** Patinoire de Kochelscheuer, **✉ 1899, ☎ 26499,** ≤ – ▤ **P**. AE **E** AX **n**
fermé dim.soir, lundi et août – **R** carte 1200 à 1670.

à l'Aéroport **par ③ : 8 km – ✉ Luxembourg :**

Aérogolf-Sheraton M ♨, **rte de Trèves, ✉ 1019, ☎ 34571, Télex 2662,** ≤ – ⇕ ▤ TV ☎ **P** – 🏃. AE ⓓ **E**. ✻ rest
R 550 – ☕ 285 – **148 ch** 2350/3600 – P 2740/3115.

à Bridel **NO : 6 km par N 12 C Kopstal – 3 019 h. :**

XX **Kruchten,** r. Luxembourg 82, **✉ 8140, ☎ 338217 – P**
fermé lundi soir, mardi et fin janv.-début fév. – **R** 1250.

à Hostert **par ③ : 12 km (près de Senningerberg) C Niederanven – 3 394 h. – ✉ Hostert :**

XXX **Gastronome,** r. Andethana 90, **✉ 6970, ☎ 34039 – P**. ✻
fermé sam., dim., Pâques, août et Noël-Nouvel An – **R** carte 1050 à 1500.

MICHELIN, Agence, r. Bruyères 15, Zone industrielle à Howald BX, **☎ 484131**

ALFA-ROMEO rte de Longwy 36 ☎ 319184
BMW rte de Thionville 184 ☎ 491941
BRITISH LEYLAND r. Jardiniers 13 ☎ 442324
CITROEN pl. Étoile ☎ 46811
FIAT rte de Mondorf à Bettembourg ☎ 518383
FIAT rte d'Arlon 290 à Strassen ☎ 3112611
FIAT rte de Luxembourg 87 à Bereldange ☎ 330813
FIAT av. du 10-Septembre 19 ☎ 41520
FORD Kirchberg ☎ 433030
GM (OPEL) rte d'Esch 70 ☎ 4464611
HONDA rte de Thionville 185 ☎ 495725
LADA rte d'Esch 106 ☎ 442555
LADA rte de Thionville 187 ☎ 482041
MAZDA r. Hollerich 77 ☎ 482008
MERCEDES-BENZ rte de Longwy 430 ☎ 441515
MERCEDES-BENZ r. Bouillon 45 ☎ 442121
MITSUBISHI rte du Vin 26 ☎ 698437
MITSUBISHI rte de Longwy 8a à Helfenterbrück- ☎ 311921
NISSAN rte d'Arlon 257 ☎ 444548
NISSAN rte d'Arlon 242 à Strassen ☎ 319257
NISSAN rte d'Esch 91 à Bettembourg ☎ 513387
PEUGEOT-TALBOT rte d'Arlon 54 à Strassen ☎ 3108411
RENAULT rte de Longwy 338 ☎ 441212
TOYOTA rte d'Arlon 1 à Strassen ☎ 318245
VAG rte de Thionville 88 ☎ 488121
VAG rte d'Arlon 12 à Strassen ☎ 318518
VAG rte d'Esch 292 ☎ 487101
VOLVO rte de Luxembourg 180 à Bereldange ☎ 338773

MACHTUM C Wormeldange 8 ⑨ et 409 ㉗ – 2 012 h. – ✉ Grevenmacher.

♦Luxembourg 32 – Grevenmacher 3,5 – Mondorf-les-Bains 29.

XX **Chalet de la Moselle, rte du Vin 35, ✉ 6841, ☎ 75046,** ≤ – **P**. AE
fermé 31 oct.-15 nov., 2 janv.-1er fév., jeudi midi de Pâques à nov., jeudi de nov. à Pâques et merc. – **R** 800/1280.

X **Aub. du Lac, rte du Vin 77, ✉ 6841, ☎ 75253,** ≤ – **P**
mars-14 nov.; fermé mardi – **R** carte 550 à 940.

MERSCH 8 ⑧ et 409 ㉖ – 4 818 h.

Voir Source du Hunnebour : cadre★ dans la vallée de l'Eisch★ S : 5 km.

ℹ Hôtel de Ville ☎ 32523 – ♦Luxembourg 16 – ♦Arlon 25 – Diekirch 17.

Marisca, pl. Étoile 1, **✉ 7525, ☎ 328456** – ⌂wc ⌂wc ☎ **P**. ✻ rest
fermé 18 août-14 sept. et sam. d'oct. à juin – **R** 480/800 – 19 ch ☕ 800/1900 – P 1300/1600.

BMW r. Gare ☎ 32247
FIAT rte de Colmar-Berg 63 ☎ 328755
VAG rte de Luxembourg ☎ 329235

MONDORF-LES-BAINS 8 ⑨ et 409 ㉗ – 2 513 h. – Station thermale.

Voir Parc★ – Mobilier★ de l'église St-Michel.

Env. E : Vallée de la Moselle Luxembourgeoise★ de Schengen à Wasserbillig.

ℹ av. des Bains (15 juin-15 sept., après-midi) ✉ 5610, ☎ 67575.

♦Luxembourg 19 – Remich 11 – Thionville 22.

Gd Chef ♨, **av. Bains 36, ✉ 5610, ☎ 68012, Télex 1840, « Élégante installation »**, ☘ – ⇕ TV **P** – 🏃. AE ⓓ **E**. ✻
21 avril-19 oct. – **R** *(fermé après 20 h 30)* carte 920 à 1480 – ☕ 205 – **45 ch** 950/2230 – P 1510/2250.

Casino 2000 M ♨, **r. Théodore Flammang, ✉ 5618, ☎ 661010, Télex 3652,** ☂, ☘ – ⇕ ▤ rest TV ☎ **P** – 🏃. AE **E**. ✻
R carte 840 à 1450 – **37 ch** ☕ 2200/3000.

tourner →

Welcome et Rest. Marie-Adelaïde, av. Marie-Adélaïde 4, ✉ 5635, ☎ 660785 – ⇅ ⇔wc ⋔wc ☎. ✻
R *(fermé merc.)* carte 890 à 1500 – **18 ch** ☕ 1150/1870 – P 1450/1800.

Rôtiss. Jeannot, rte de Remich 1, ✉ 5650, ☎ 68131 – Ⓟ. ✻
fermé lundi soir, mardi et 2 janv.-fév. – **R** carte 825 à 1370.

NIEDERANVEN 8 ⑨ et 409 ㉗ – 3 394 h.
•Luxembourg 12 – Grevenmacher 16 – Remich 19.

Host. Niederanven, r. Munsbach 2, ✉ 6941, ☎ 34061 – ✻
fermé lundi et janv. – **R** carte 950 à 1370.

OUR (Vallée de l') ★★ 8 ③ et 409 ㉖ G. Belgique-Luxembourg.

PERLE 8 ②⑦ et 409 ㉖ – 444 h.
•Luxembourg 42 – •Bastogne 25 – •Arlon 16.

Roder avec ch, r. Église 13, ✉ 8826, ☎ 64032 – ⋔ Ⓟ. E
R carte 740 à 1160 – ☕ 140 – **10 ch** 800/950 – P 1100.

PÉTANGE 8 ⑦ et 409 ㉖ – 12 135 h.
•Luxembourg 20 – •Arlon 21 – Longwy 11.

Hamer, av. de la Gare 32, ✉ 4734, ☎ 507007 – Ⓟ. AE ⓞ
fermé lundi et du 10 au 30 août – **R** 650/850.

REDANGE-SUR-ATTERT 8 ⑦ et 409 ㉖ – 1 701 h.
•Luxembourg 29 – •Arlon 13 – Esch-sur-Sûre 26 – Ettelbruck 22.

Arens avec ch, Grand'rue 37, ✉ 8510, ☎ 61012, 🌳 – ▤ rest ⇔wc. ✻
fermé mardi et du 10 au au 31 oct. – **R** carte 730 à 1240 – **11 ch** ☕ 800/1600 – P 1580.

REMICH 8 ⑨ et 409 ㉗ – 2 368 h.
Voir Vallée de l'Ernz Noire★★★.
ℹ Esplanade (gare routière) (juil.-août), ✉ 5533, ☎ 698488.
•Luxembourg 23 – Mondorf-les-Bains 11 – Saarbrücken 77.

St. Nicolas, Esplanade 31, ✉ 5533, ☎ 698333, Télex 3103, ≤ – ⇅ TV ⇔wc ⋔wc ☎. AE ⓞ E
fermé 2e quinz. nov. et 2e quinz. janv. – **R** carte 580 à 1050 – **25 ch** ☕ 700/1500 – P 1200/1550.

Beau Séjour, Quai de la Moselle 30, ✉ 5553, ☎ 698126, ≤ – ⇔wc ⋔ ☎ 🚗 – 🏛. AE ⓞ E. ✻ rest
fermé lundi – **R** carte 750 à 1290 – 10 ch ☕ 770/1470 – P 1390/1800.

Host. des Pêcheurs avec ch, rte de Stadtbredimus 13, ✉ 5570, ☎ 698067, ≤ – ⋔wc Ⓟ. AE ⓞ E
fermé lundi, janv. et 1re quinz. nov. – **R** carte 800 à 1250 – **5 ch** ☕ 800/1200.

Belle Époque 1er étage, Quai de la Moselle 32, ✉ 5553, ☎ 698489, ≤
fermé dim. soir, lundi et 18 déc.-5 janv. – **R** carte 930 à 1430.

FIAT r. Luxembourg 11 ☎ 698965

REULAND C Heffingen 8 ⑧⑨ – 654 h.
•Luxembourg 22 – Diekirch 18 – Echternach 19.

Reilander Millen, à l'Est à 2 km sur route Junglinster-Müllerthal, ✉ 7670, ☎ 87252, Aménagé dans un moulin de 1732 – Ⓟ. ✻
fermé mi-janv.-fév. et lundi de sept. à mai – **R** 1000.

REULER 8 ③ – voir à Clervaux.

ROODT-SUR-EISCH C Septfontaines 8 ⑧ et 409 ㉖ – 484 h. – ✉ Septfontaines.
•Luxembourg 17 – •Arlon 16 – Mersch 15.

Aub. Bon Lieu avec ch, vallée de l'Eisch, rte de Mersch 2, ✉ 8398, ☎ 30386, 🌳 – Ⓟ. ✻ ch
fermé lundis non fériés et 24 déc.-7 janv. – **R** carte 490 à 920 – **6 ch** ☕ 600 à 1000 – P 900.

Dans ce guide
un même symbole, un même mot,
imprimés en ***noir*** *ou en rouge, en maigre ou en* ***gras***
n'ont pas tout à fait la même signification.
Lisez attentivement les pages explicatives (p. 12 à 19).

ROSPORT 8 ④ et 409 ㉗ – 1 343 h.

•Luxembourg 42 – Echternach 7,5.

XXX **Poste,** rte d'Echternach 7, ✉ 6580, ☏ 73165 – ▤ Ⓟ. AE E
fermé fin août-mi-sept., janv. et lundis, mardis non fériés sauf en juil.-août – **R** 1800.

SAEUL 8 ⑧ et 409 ㉖ – 427 h.

•Luxembourg 21 – •Arlon 14 – Mersch 11.

XX **Maison Rouge,** r. Principale 10, ✉ 7470, ☏ 63221, ≤ – ✻
fermé lundi, mardi midi et janv.-fév. – **R** carte 660 à 1210.

SCHEIDGEN C Consdorf 8 ⑨ et 409 ㉗ – 1 194 h. – ✉ Consdorf.

•Luxembourg 29 – Echternach 8.

Station ⑤, rte d'Echternach 10, ✉ 6250, ☏ 79039, ≤ – |☰| ⊟wc ☎ Ⓟ. AE ⓓ E
15 mars-6 janv. – **R** *(fermé lundi soir et mardi)* carte 690 à 1250 – **31 ch** ☕ 1200/1800 – P 1600/1700.

SCHOUWEILER C Dippach 8 ⑧ et 409 ㉖ – 2 008 h.

•Luxembourg 13 – •Arlon 20 – Longwy 18 – Mondorf-les-Bains 29.

XXX **La Chaumière** ⑤ avec ch, r. Gare 67, ✉ 4999, ☏ 37566, ≤, ☂ – ⋒wc Ⓟ – ♙. AE ⓓ
fermé août et du 3 au 26 janv. – **R** *(fermé lundi soir et mardi)* carte env. 850 – 6 ch ☕ 750/1200.

SCHWEBSANGE C Wellenstein 8 ⑨ et 409 ㉗ – 1 023 h.

•Luxembourg 27 – Mondorf-les-Bains 10 – Thionville 28.

XX Rotonde, rte du Vin 11, ✉ 5447, ☏ 60151 – ✻
fermé lundis non fériés et janv..

SEPTFONTAINES 8 ⑦⑧ et 409 ㉖ – 484 h.

•Luxembourg 21 – •Arlon 13 – Diekirch 32.

à l'Est : 2 km :

XX **Host. du Vieux Moulin** ⑤ avec ch, Leesbach, ✉ 8363, ☏ 30527, ≤, ☂ – Ⓟ. AE ⓓ
fermé merc., jeudi midi et 20 janv.-24 fév. – **R** carte 980 à 1620 – 7 ch ☕ 700/1400.

STADTBREDIMUS 8 ⑨ et 409 ㉗ – 754 h.

Env. N : route de Greiveldange ≤★.

•Luxembourg 22 – Mondorf-les-Bains 14 – Saarbrücken 80.

Écluse, rte du Vin 29, ✉ 5450, ☏ 69546, ≤ – ⋒wc ⇔ Ⓟ. AE E. ✻
fermé mardi et 2 janv.-14 fév. – **R** carte 610 à 1010 – **18 ch** ☕ 900/1400 – P 1200/1400.

SUISSE LUXEMBOURGEOISE ★★★ 8 ③④⑧⑨ et 409 ㉗ **G. Belgique-Luxembourg.**

SÛRE (Haute vallée de la) ★★ 8 ②③ et 409 ㉖ **G. Belgique-Luxembourg.**

VIANDEN 8 ③ et 409 ㉖ – 1 500 h.

Voir Site★★, ✻★★ par le télésiège – Château★ : chemin de ronde ≤★ – Bassins supérieurs du Mont St-Nicolas (route ≤★★ et ≤★) NO : 4 km – Bivels : site★ N : 3,5 km.

Exc. N : Vallée de l'Our★★.

ℹ Maison Victor-Hugo, r. Gare 37 (avril-oct.), ✉ 9420, ☏ 84257.

•Luxembourg 44 – Clervaux 31 – Diekirch 11.

Heintz et Host. des Trinitaires, Gd-Rue 55, ✉ 9410, ☏ 84155, Intérieur ancien, terrasse, ☂ – |☰| ⊟wc ☎ Ⓟ. AE ⓓ E
14 avril-3 nov. – **R** 590/1200 – **30 ch** ☕ 1300/1900 – P 1700/1800.

Oranienburg et Rest. Le Châtelain, Gd-Rue 126, ✉ 9411, ☏ 84153 – |☰| ⊟wc ⋒wc. AE ⓓ
fermé janv.-14 fév. et lundis non fériés sauf en juil.-août – **R** carte 970 à 1240 – **40 ch** ☕ 1000/1300 – P 1250/1450.

Aub. du Château, Gd-Rue 74, ✉ 9410, ☏ 84574, ☂ – ⋒wc. E. ✻
fermé 11 mars-5 avril et mardi sauf en juil.-août – **R** carte 665 à 1275 – **30 ch** ☕ 850/1300 – P 1100/1300.

Victor Hugo, r. Victor-Hugo 1, ✉ 9414, ☏ 84160 – ⊟wc ⋒wc
avril-oct. – **R** carte 510 à 1050 – ☕ 120 – **36 ch** 520/1180 – P 1200/1360.

XX **Veiner Stuff,** r. Gare 26, ✉ 9420, ☏ 84174 – AE ⓓ E. ✻
fermé 21 déc.-14 janv. et mardi sauf en juil.-août – **R** carte 800 à 1550.

au Nord-Ouest : 6 km sur CR 322 :

XX **Mont St-Nicolas,** près bassin supérieur, ✉ 9423, ☏ 84282 – ▤ Ⓟ. AE ⓓ
mars-nov. – **R** carte 570 à 1330.

WALFERDANGE 8 ⑧ et 409 ㉖ – voir à Luxembourg.

WEILERBACH 8 ④ et 409 ㉗ – ✉ Echternach.

♦Luxembourg 39 – Diekirch 24 – Echternach 4,5.

Chalet Bois-Fleuri, rte de Diekirch 5, ✉ 6590, ☎ 72211, « Terrasse ≤ sur la Sûre » – wc wc Ⓟ.
8 avril-14 nov. et 20 déc.-4 janv. – **R** 750/1100 – 28 ch 980/1600 – P 1300/1600.

Schumacher, rte de Diekirch 1, ✉ 6590, ☎ 72133, ≤, – wc ☎ Ⓟ. rest
fermé 5 janv.-fév. – **R** *(fermé après 20 h 30)* carte 580 à 810 – **25 ch** 1000/1450 – P 1080/1300.

WEISWAMPACH 8 ③ et 409 ⑯ – 882 h.

♦Luxembourg 68 – Clervaux 16 – Diekirch 36.

XX **Host. du Nord** avec ch, rte de Stavelot 113, sur N 7, ✉ 9991, ☎ 98319, ≤, – wc Ⓟ. rest
fermé mardi, 14 fév.-16 mars et du 4 au 20 sept. – **R** carte 460 à 920 – 120 – 12 ch 500/950 – P 1000/1150.

WELSCHEID C Bourscheid 8 ③ et 409 ㉖ – 924 h. – ✉ Ettelbruck.

♦Luxembourg 35 – ♦Bastogne 38 – Diekirch 12.

XX **Reuter** avec ch, r. Wark 2, ✉ 9191, ☎ 82917, – wc ☎ Ⓟ. AE.
fermé mardi, 13 nov.-6 déc. et fév.-14 mars – **R** carte 800 à 1080 – **9 ch** 550/1100 – P 1100/1265.

WILTZ 8 ② et 409 ㉖ – 3 824 h.

Château ☎ 96199.

♦Luxembourg 54 – ♦Bastogne 21 – Clervaux 21.

Commerce, r.Tondeurs 9, ✉ 9570, ☎ 96220 – wc wc ☎.
fermé du 1er au 15 oct., du 1er au 15 mars et lundi de mars à oct. – **R** *(fermé après 20 h 30)* 500/1300 – 13 ch 850/1800 – P 1500/1700.

FIAT r. 10-Septembre 21a ☎ 96351

VAG rte d'Erpeldange 32 à Weidingen ☎ 96148

Hollande

MICHELIN BANDEN

De Boelelaan 30
1083 HJ AMSTERDAM
Tél. (020) 42 98 33

LES ÉTOILES DIE STERNE DE STERREN THE STARS	Texte et carte Tekst en kaart Ortstext und Karte Text and map
	✿ ✿ ✿ ✿ ✿ ✿

L'AGRÉMENT ANNEHMLICHKEIT AANGENAAM VERBLIJF AMENITY	le texte tekst Ortstext text	la carte kaart Karte map
		◇ ◈ ◆

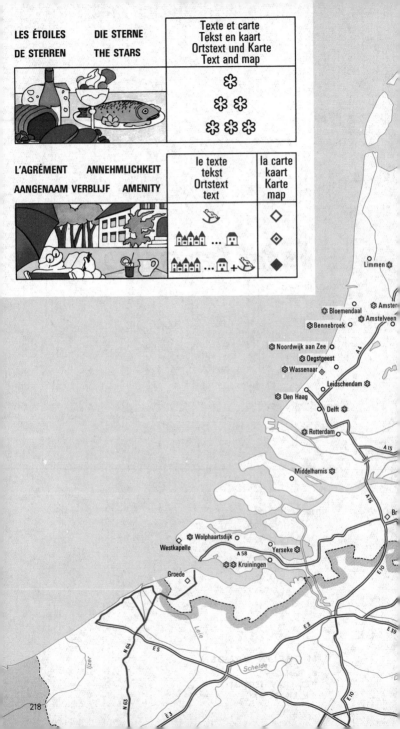

GRONINGEN
A 7
Zuidlaren
A 7
A 28
Ems
Blokzijl
A 28
Ootmarsum
Hellendoorn
Rijssen
Enter
Ijssel
Holten
Leuvenum
aren
Garderen
A 1
Delden
Apeldoorn
Lochem
Berkel
Leusden
Otterlo
osch en Duin
N 50
Wolfheze
Wijk bij Duurstede
Heelsum
Arnhem
Zeddam
mborg
A 15
WAAL
Groesbeek
RHEIN
s-Hertogenbosch
N 2
rwijk
Wellerlooi
A 58
Eindhoven
Geldrop
A 67
A 2
Heeze
Eersel
A 2
MAAS
A 44
Beek
A 13
Valkenburg
Wittem
Gulpen
AACHEN

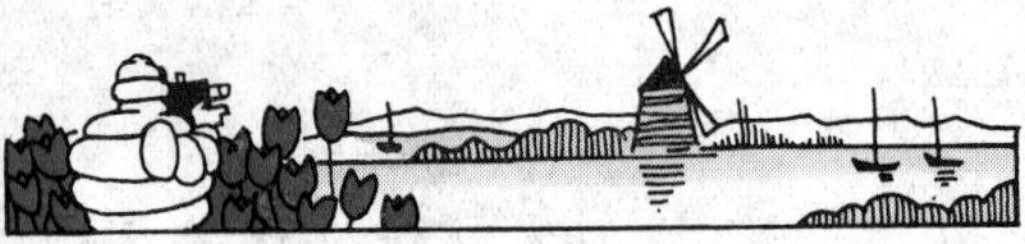

HOLLANDE

Les prix sont donnés en florins (guldens)

AALSMEER Noord-Holland 211 ③ et 408 ⑩ – 20 398 h. – ✆ 0 2977.
Voir Vente de fleurs aux enchères (Bloemenveiling).**
Stationsweg 8, ✉ 1431 EG, ✆ 25374.
♦Amsterdam 19 – Hilversum 31 – ♦Rotterdam 59 – ♦Utrecht 36.

- 't Schouwse Hof, Raadhuisplein 16, ✉ 1431 EH, ✆ 25551 – TV wc – 11 ch.
- XX **Wapen van Aalsmeer** avec ch, Dorpsstraat 15, ✉ 1431 CA, ✆ 24321 – rest TV wc. E
  fermé du 25 au 31 déc. – **R** carte 27 à 56 – **17 ch** 50/95 – P 55/75.
- XX **Hoge Wilgen,** Uiterweg 27, ✉ 1431 AA, ✆ 24606, ← – P. AE ⓓ.
  fermé lundi – **R** 33/43.
- X **Den Ouden Dorpshoek,** Dorpsstraat 93, ✉ 1431 CB, ✆ 24951 – P
  R carte 42 à 68.

*à **Kudelstaart*** S : 4 km – ✆ 0 2977 :

- XX **Kempers Roef,** Kudelstaartseweg 226, ✉ 1433 GR, ✆ 24145, ←, – P. AE ⓓ E
  fermé mardi et merc. midi – **R** carte 44 à 86.

ALFA-ROMEO, HONDA Oosteinderweg 335 ✆ 24696
BRITISH LEYLAND Oosteinderweg 220 ✆ 25667
FIAT Weteringstraat 2 ✆ 25230
GM (OPEL) Oosteinderweg 110 ✆ 29911
LADA Oosteinderweg 535 ✆ (0 20) 459258
MAZDA Kudelstaartseweg 71 ✆ 24247
MERCEDES-BENZ Lakenblekerstraat 9 ✆ 24364
MITSUBISHI Pontweg 3a ✆ 24380
NISSAN Machineweg 17 ✆ 24474
PEUGEOT, TALBOT Aalsmeerderweg 101 ✆ 21026
RENAULT Teelmanstraat 3 ✆ 29988
VAG Ophelialaan 92 ✆ 24550

AALST Gelderland 212 ⑦ et 408 ⑱ – 8 789 h. – ✆ 0 4185.
♦Amsterdam 82 – ♦Arnhem 77 – ♦'s-Hertogenbosch 20 – ♦Rotterdam 68 – ♦Utrecht 50.

- X **Herbergh De Fuik,** Maasdijk 1, ✉ 5308 JA, ✆ 247, ← – P. AE ⓓ E.
  fermé lundi et dern. sem. août – **R** 37/110.

AALTEN Gelderland 211 ⑱⑲ et 408 ⑬ – 17 906 h. – ✆ 0 5437.
Markt 3, ✉ 7121 CS, ✆ 3052.
♦Amsterdam 151 – ♦Arnhem 53 – ♦Enschede 47 – Winterswijk 11.

- **Kroon,** Dijkstraat 62, ✉ 7121 EW, ✆ 3051 – wc P. AE ⓓ
  R 17/37 – **13 ch** 35/88 – P 60/75.

FIAT Hogestraat 111 ✆ 2831
LADA Bredevoortsestraatweg 113 ✆ 2572
MAZDA Hogestraat 91 ✆ 2873
RENAULT Bredevoortsestraatweg 119 ✆ 1945
TALBOT, PEUGEOT Bredevoortsestraatweg 58 ✆ 2443
VAG Haartseweg 20 ✆ 3665
VOLVO Nijverheidsweg 1 ✆ 2202

AARDENBURG Zeeland 212 ⑫ et 408 ⑮ – 3 943 h. – ✆ 0 1177.
♦Amsterdam (bac) 226 – ♦Middelburg (bac) 28 – ♦Gent 37 – Knokke-Heist 16.

- **Roode Leeuw,** Kaai 31, ✉ 4527 AE, ✆ 1400
  R carte 30 à 43 – 15 ch 39/77.

MITSUBISHI Peurssenstraat 54 ✆ 1280

ABCOUDE Utrecht 211 ③ et 408 ⑩㉘ – 7 865 h. – ✆ 0 2946.
♦Amsterdam 14 – ♦Utrecht 25 – Hilversum 20.

- XX **Wakende Haan,** Kerkplein 7, ✉ 1391 GJ, ✆ 1271 – P. AE
  fermé sam. midi, dim. midi, lundi et dern. sem. août - prem. sem. sept. – **R** carte 32 à 61.

RENAULT Bovenkamp 8 ✆ 1206

AFFERDEN Limburg 212 ⑩ et 408 ⑲ – 2 253 h. – ☎ 0 8853.
♦Amsterdam 142 – ♦Eindhoven 61 – ♦Nijmegen 30 – Venlo 32.

XXX **Aub. De Papenberg,** Hengeland 1a, ✉ 5851 EA, ☎ 1475, « Intérieur décoré avec recherche » – Ⓟ. AE ⓓ E. ✻
fermé lundi – **R** (dîner seult) carte 50 à 77.

TOYOTA Gening 25 ☎ 1237

AFSLUITDIJK – voir Digue du Nord.

AKERSLOOT Noord-Holland 211 ③ et 408 ⑩ – 5 000 h. – ☎ 0 2513.
♦Amsterdam 31 – ♦Haarlem 23 – Alkmaar 13.

Motel Akersloot Ⓜ, Geesterweg 1a, ✉ 1921 MV, ☎ 19102, Télex 35462 – |$| ☎ Ⓟ – 🛉
R carte 31 à 48 – ☕ 8 – **155 ch** 60.

AKKRUM Friesland 210 ⑥ et 408 ⑤ – 2 880 h. – ☎ 0 5665.
♦Amsterdam 137 – ♦Leeuwarden 20 – ♦Groningen 60 – Zwolle 74.

sur l'ancienne route de Leeuwarden NO : 3 km :

XX **Oude Schouw** avec ch, Oudeschouw 6, ✉ 8491 MP, ☎ 2125, ≤, ⛵ – ▤ rest Ⓟ – 🛉. ⓓ E. ✻ rest
R 25/43 – **11 ch** ☕ 41/105 – P 65/75.

ALBLASSERDAM Zuid-Holland 211 ⑫⑬ et 408 ⑰ – 17 198 h. – ☎ 0 1859.
Voir Moulins de Kinderdijk**, ≤* (de la rive gauche du Lek) N : 5 km.
ℹ Cortgene 3, ✉ 2951 EA, ☎ 4300.
♦Amsterdam 92 – ♦Den Haag 46 – ♦Arnhem 101 – ♦Breda 45 – ♦Rotterdam 20 – ♦Utrecht 59.

Wapen van Alblasserdam, Dam 24, ✉ 2952 AB, ☎ 4711, Télex 29097 – ▤ rest TV ⇔wc Ⓟ. AE ⓓ E
R 20/60 – **30 ch** ☕ 40/115 – P 100/135.

sur la route de Kinderdijk NO : 3 km :

X **Bistro aux Moulins,** Molenstraat 230, ✉ 2961 AR, ☎ 2485, Avec crêperie – ▤ Ⓟ. AE ⓓ E
fermé lundi et mardi – **R** carte 37 à 65.

X **Kinderdijk** avec ch, West Kinderdijk 361, ✉ 2953 XV, ☎ 2425, ≤ moulins et rivière Noord – Ⓟ
R carte 23 à 35 – **13 ch** ☕ 38/55.

BRITISH LEYLAND van Eesterensingel 118 ☎ 3401
CITROEN Edisonweg 6 ☎ 3488
FORD Plantageweg 35 ☎ 3922
PEUGEOT West Kinderdijk 123 ☎ 8050
RENAULT Voltastraat 4 ☎ 2490
VAG Edisonweg 8 ☎ 8100
VOLVO Oost Kinderdijk 18 ☎ 4088

ALKMAAR Noord-Holland 211 ③ et 408 ⑩ – 77 761 h. – ☎ 0 72.
Voir Marché aux fromages** (Kaasmarkt) – Grandes orgues*, petit orgue* dans l'église St-Laurent (Grote- of St. Laurenskerk) Y **A**.
ℹ Waagplein 3, ✉ 1811 JP, ☎ 114284.
♦Amsterdam 40 ③ – ♦Haarlem 31 ③ – ♦Leeuwarden 109 ②.

Plan page suivante

XXX **Kinheim,** Stationsweg 58, ✉ 1815 CD, ☎ 156716, « Intérieur élégant » – ▤. AE ⓓ E — Y **r**
fermé sam. midi et dim. midi – **R** carte 68 à 83.

XX **Bistrot de Paris,** Waagplein 1, ✉ 1811 JP, ☎ 120023 – AE ⓓ E — Y **u**
fermé mardi – **R** (dîner seult) carte 39 à 61.

XX **Rôtiss. Rue du Bois,** Van den Boschstraat 3, ✉ 1811 KW, ☎ 119733 – ▤. AE ⓓ — Y **s**
R carte 58 à 74.

XX **Koekenbier,** Kennemerstraatweg 16, ✉ 1815 LA, ☎ 114386 – Ⓟ — Z **t**
R 26/43.

X **'t Stokpaardje,** Vrouwenstraat 1, ✉ 1811 GA, ☎ 128870 – ✻ — Z **e**
fermé lundi, mardi et merc. – **R** (dîner seult) carte 54 à 71.

X **Stationsrestaurant,** Stationweg 45, ✉ 1815 CB, ☎ 114286 — Y
fermé 25 déc. et après 20 h – **R** 23/35.

X **Nachtegaal,** Langestraat 100, ✉ 1811 JK, ☎ 112894 — Y **n**
R 17/33.

X **Ikan Mas,** Fnidsen 101, ✉ 1811 NE, ☎ 151785, Rest. indonésien – AE — YZ **a**
fermé mardi – **R** (dîner seult) carte 23 à 40.

à Stompetoren par ② : 6 km – 1 021 h. – ☎ 0 2203 :

X **Het Schermer Wapen,** Oterlekerweg 3, ✉ 1841 GP, ☎ 641 – Ⓟ
R carte 25 à 54.

Voir aussi : *Heiloo* par ④ : 5 km.

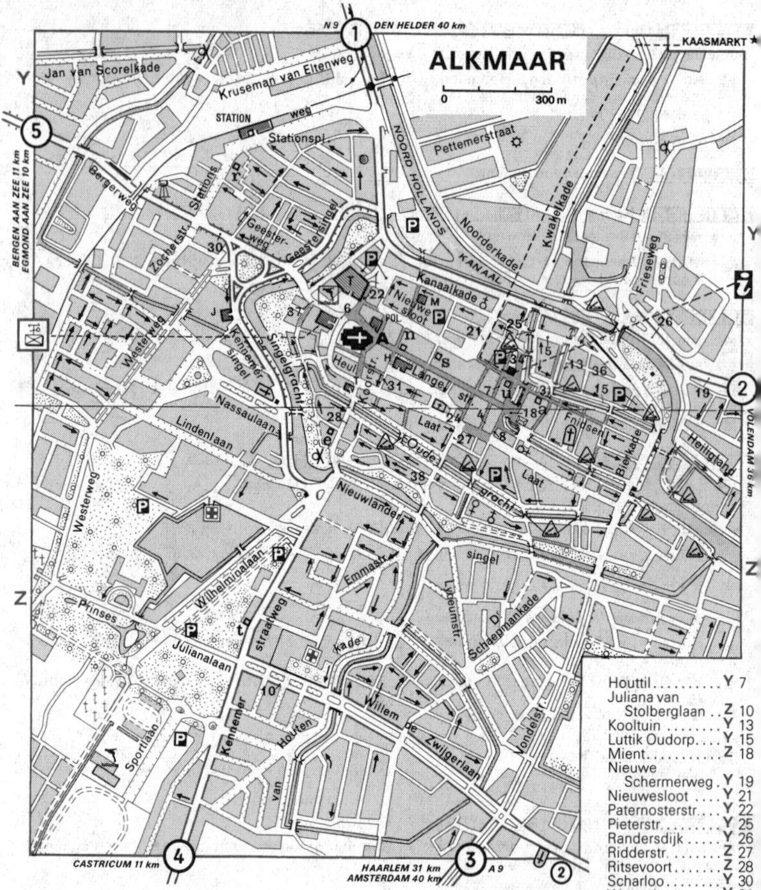

Houttil . . . . Y 7
Juliana van Stolberglaan . . Z 10
Kooltuin . . . . Y 13
Luttik Oudorp . . . . Y 15
Mient . . . . Z 18
Nieuwe Schermerweg . Y 19
Nieuwesloot . . . . Y 21
Paternosterstr. . . . Y 22
Pieterstr. . . . . . . Y 25
Randersdijk . . . . . Y 26
Ridderstr. . . . . . . Z 27
Ritsevoort . . . . . . Z 28
Scharloo . . . . Y 30
Waagpl. . . . . Y 34
Wageweg . . . . Y 36
Zevenhuizen . . . . Y 37
Zilverstr. . . . . . . Z 38

Boterstr. . . . . Z 4
Huigbrouwerstr. . . . . Z 8
Laat . . . . Z
Langestr. . . . . Y
Payglop . . . . Z 24
Schoutenstr. . . . . Y 31
Appelsteeg . . . . Y 3
Dijk . . . . Y 5
Gasthuisstr. . . . . Y 6

ALFA-ROMEO, FIAT Heilooërdijk 30 ☎ 127222
BMW Berenkoog 2 ☎ 617844
BRITISH LEYLAND Helderseweg 29 ☎ 127033
CITROEN Vondelstraat 200 ☎ 120824
FORD Nassauplein 1 ☎ 113545
GM (OPEL) Wageweg 17 ☎ 122322
HONDA Koelmalaan 318 ☎ 123384
LADA Pettemerstraat 45 ☎ 110761
MAZDA Berenkoog 5 ☎ 615659
MERCEDES-BENZ Robbenkoog 2 ☎ 611414
MITSUBISHI Kennemerstraatweg 110 ☎ 112088
NISSAN Ruysdaelkade 40 ☎ 124244
PEUGEOT Jan de Heemstraat 23 ☎ 118647
RENAULT Wolvenkoog 4 ☎ 612424
TOYOTA Robbenkoog 8 ☎ 610104
VAG L. van Velthemstraat 21 ☎ 115343
VOLVO Robbenkoog 6 ☎ 613644

Wenn Sie an ein Hotel im Ausland schreiben, fügen Sie Ihrem Brief einen internationalen Antwortschein bei (im Postamt erhältlich).

ALMELO Overijssel **211** ⑨ et **408** ⑬ – 63 313 h. – ✪ 0 5490.

🅘 et Fédération provinciale De Werf 1, ✉ 7607 HH, ☎ 18765.

♦Amsterdam 146 – ♦Zwolle 48 – ♦Enschede 23.

XX **King Hsing,** Grotestraat 129, ✉ 7607 CH, ☎ 16735, Rest. chinois – ▤. AE ⓓ E. ✂
fermé sam. midi, dim. midi, 24 et 31 déc. – **R** 33/90.

X **Estrofan,** Ootmarsumsestraat 186, ✉ 7603 AM, ☎ 62532 – ⓓ E
fermé mardi – **R** 18/51.

sur la route de Wierden O : 1 km :

Postiljon Motel Almelo, Aalderinkssingel 2, ✉ 7604 EG, ☎ 15261, Télex 44817 – wc –
50 ch.

au Nord Est : 3,5 km à Maria-Parochie :

Tibbe avec ch, **Almeloseweg 214, ✉ 7614 LC, ☎ 61520** –
fermé merc. et 23 déc.-2 janv. – **R** 20/75 – **7 ch** 40/120 – P 65/85.

ALFA-ROMEO, LADA Violierstraat 210 ☎ 17095
BMW Almeloseweg 175, Harbrinkhoek ☎ 61366
BRITISH LEYLAND Schoolstraat 61 ☎ 13063
FIAT Bornerbroeksestraat 349 ☎ 13070
FORD Sluiskade Z.Z. 37 ☎ 17069
GM (OPEL), HONDA Ootmarsumsestraat 240 ☎ 66661
MAZDA G. Breitnerstraat 1 ☎ 19707
MERCEDES-BENZ Plesmanweg 1 ☎ 63466
MITSUBISHI Wierdensestraat 107 ☎ 12472
NISSAN Violierstraat 170 ☎ 21000
PEUGEOT, TALBOT Bornsestraat 50 ☎ 10961
RENAULT Violierstraat 103 ☎ 15330
TOYOTA Paradijsweg 7a ☎ 27070
VAG H. Roland Holstlaan 1 ☎ 11064
VOLVO Fred. van Eedenstraat 1 ☎ 13803

ALMEN **Gelderland 211 ⑰⑱ et 408 ⑫ – 1 520 h. – 0 5751.**
Amsterdam 119 – Arnhem 43 – Apeldoorn 32 – Enschede 52.

Hoofdige Boer M, **Dorpsstraat 38, ✉ 7218 AH, ☎ 744, « Terrasse et jardin »** – wc wc – . AE . ch
fermé du 1er au 20 janv. – **R** *(fermé après 20 h)* 30/53 – **20 ch** 63/140.

ALPHEN **Noord-Brabant 212 ⑯ et 408 ⑰ – 3 761 h. – 0 4258.**
Amsterdam 122 – 's-Hertogenbosch 37 – Breda 25 – Tilburg 14.

Bunga Melati, Oude Rielseweg 2 (NE : 2 km), **✉ 5131 NN, ☎ 1728, Rest. indonésien** – AE E.
R carte 27 à 36.

ALPHEN AAN DEN RIJN **Zuid-Holland 211 ⑫⑬ et 408 ⑩ – 53 182 h. – 0 1720.**
Amsterdam 36 – Den Haag 32 – Rotterdam 35 – Utrecht 38.

Toor, Stationsplein 2, **✉ 2405 BK, ☎ 72118** – rest wc . AE E. ch
fermé 25 déc. – **R** carte 25 à 48 – **21 ch** 40/90.

's-Molenaarsbrug, 's-Molenaarsweg 2, **✉ 2401 LL, ☎ 32087,** ← – wc wc . AE E
R 42/75 – **9 ch** 50/98.

In de Blauwe Druif, Raadhuisstraat 273, ✉ 2406 AE, ☎ 94491 – AE
fermé lundi – **R** carte 46 à 79.

't Baarthuys, Hooftstraat 169, **✉ 2406 GH, ☎ 94754** – AE .
R carte 50 à 80.

Avifauna, Hoorn 65, ✉ 2404 HG, ☎ 31087, , « A l'entrée du parc Avifauna » –
R carte 19 à 31.

BMW Chr. Huygensweg 31 ☎ 22214
BRITISH LEYLAND Pr. Hendrikstraat 99 ☎ 92848
CITROEN Koperweg 1 ☎ 21600
FIAT Zaagmolenweg 2 ☎ 37414
FORD Tolstraat 78 ☎ 75641
GM (OPEL) Thorbeckestraat 1 ☎ 76141
HONDA Koperweg 6 ☎ 31311
LADA Hoorn 69a ☎ 32041
MAZDA Koperweg 2 ☎ 21191
MERCEDES-BENZ Gouwestraat 60a ☎ 75155
MITSUBISHI Pr. Hendrikstraat 39 ☎ 72212
NISSAN Fred. Hendrikstraat 2 ☎ 91344
PEUGEOT, TALBOT C. Huygensweg 2 ☎ 32911
RENAULT Hoorn 81 ☎ 29312
TOYOTA van Foreestlaan 17 ☎ 32234
VAG Hoorn 174 ☎ 29313
VOLVO W. de Zwijgerlaan 39 ☎ 92961

AMELAND (Ile de) **Friesland 210 ⑥ et 408 ④ – voir à Waddeneilanden.**

AMERSFOORT **Utrecht 211 ⑮ et 408 ⑪ – 88 024 h. – 0 33.**
Voir Vieille Cité : Muurhuizen★ (maisons) BZ – **Tour Notre-Dame★ (Onze Lieve Vrouwe Toren)** AZ **A** – **Koppelpoort★** AZ **D.**
Stationsplein 8, ✉ 3818 LE, ☎ 635151.
Amsterdam 51 ① – Utrecht 22 ④ – Apeldoorn 46 ① – Arnhem 51 ③.

Plans page suivante

De Witte avec ch, **Utrechtseweg 2, ✉ 3811 NB, ☎ 14142** – rest wc wc . AE E — AZ **s**
R *(fermé dim. midi)* 55/83 – **17 ch** 65/110.

Oude Tram, Stationsplein 4, ✉ 3818 LE, ☎ 17923 – — AY **e**
fermé dim. – **R** carte 34 à 71.

In den Vollen Pot, Lieve Vrouwekerkhof 8, **✉ 3811 BS, ☎ 632329** – AE E — AZ **v**
fermé 31 déc. – **R** (dîner seult) carte 29 à 74.

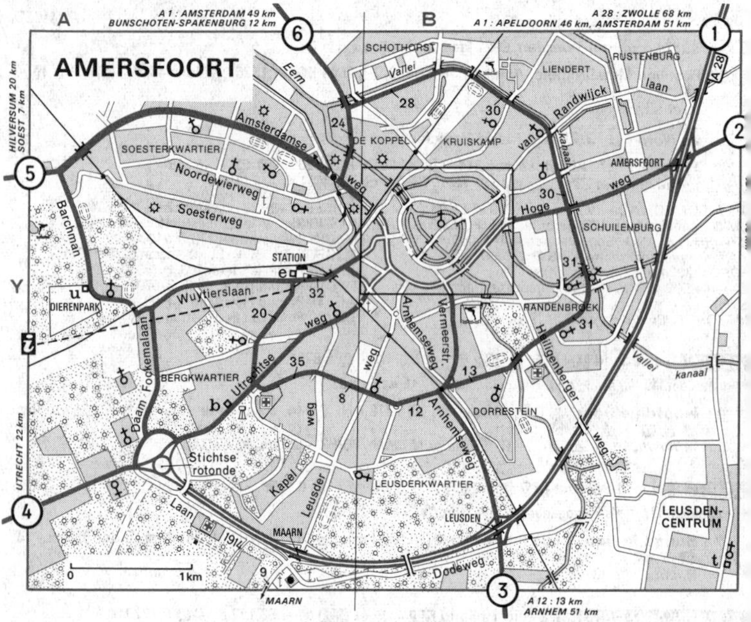

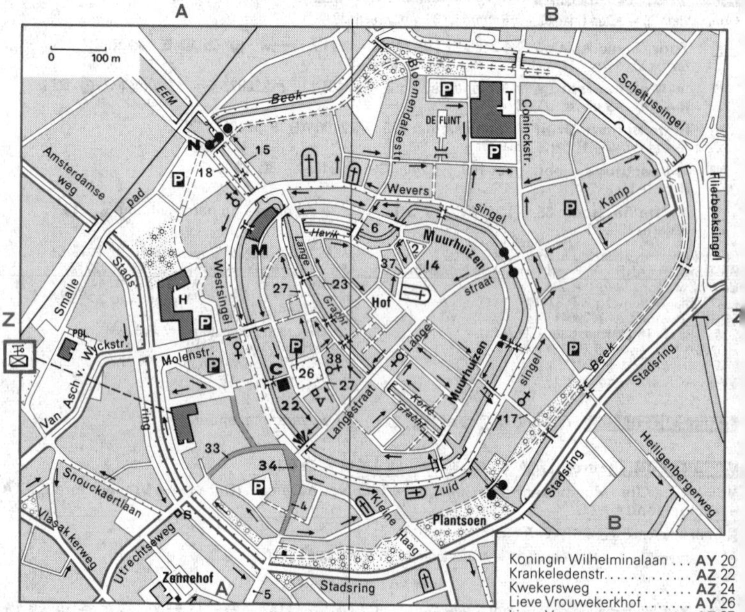

Arnhemsestr. . . . . **AZ** 4
Krommestr. . . . . **AZ** 23
Langestr. . . . . **ABZ**
Utrechtsestr. . . . . **AZ** 33

Appelmarkt . . . . **BZ** 2
Arnhemseweg. . . . . **AZ** 5
Bloemendalse Binnenpoort . **BZ** 6

van Campenstr. . . . . **AY** 8
Doornseweg . . . . **AY** 9
Everard Meysterweg . . . . **BY** 12
Gasthuislaan . . . . **BY** 13
Groenmarkt . . . . **BZ** 14
Grote Spui . . . . **AZ** 15
Herenstr. . . . . **BZ** 17
Kleine Spui . . . . **AZ** 18

Koningin Wilhelminalaan . . . **AY** 20
Krankeledenstr. . . . . **AZ** 22
Kwekersweg . . . . **AZ** 24
Lieve Vrouwekerkhof . . . . **AY** 26
Lieve Vrouwestr. . . . . **AZ** 27
Ringweg Koppel . . . . **BY** 28
Ringweg Kruiskamp . . . . **BY** 30
Ringweg Randenbroek . . . . . . **BY** 31
Stationsstr. . . . . **AY** 32
Varkensmarkt . . . . **AZ** 34
Vondellaan . . . . **AY** 35
Windsteeg . . . . **BZ** 37
Zwanenhalssteeg . . . . **AZ** 38

à l'entrée du zoo O : 1 km :

X **Dierenpark Amersfoort,** Barchman Wuijtierslaan 224, ✉ 3819 AC, ☎ 16658 – Ⓟ AY **u**
fermé 25, 26 déc. et après 20 h – **R** carte 35 à 75.

sur la route d'Utrecht SO : 1 km :

Berghotel Amersfoort, Utrechtseweg 225, ✉ 3818 EG, ☎ 620444, Télex 79213, – rest TV ☎ Ⓟ – AE ⓓ E AY **b**
R carte 23 à 51 – **52 ch** 84/140 – P 106.

Voir aussi : *Leusden* SE : 4 km.

ALFA-ROMEO, CITROEN, MITSUBISHI Monnikenpad 1 ☎ 631412
BMW Nijverheidsweg Noord 85 ☎ 621500
BRITISH LEYLAND B. Wuijtierslaan 196 ☎ 620224
CITROEN B. Wuijtierslaan 2 ☎ 630304
FIAT Amsterdamseweg 55 ☎ 17847
FIAT Kapelweg 30 ☎ 11524
FORD Fluorweg 49 ☎ 15548
GM (OPEL) Korte Bergstraat 28 ☎ 10644
HONDA Nijverheidsweg Noord 24 ☎ 630154
LADA Hamseweg 14 ☎ 801212
MAZDA Fluorweg 43 ☎ 622263
MERCEDES-BENZ Nijverheidsweg 65 ☎ 635174
MITSUBISHI Hogeweg 45 ☎ 724624
NISSAN Amsterdamseweg 20 ☎ 633114
PEUGEOT, TALBOT Neonweg 12 ☎ 13846
RENAULT Kapelweg 12 ☎ 635104
TOYOTA Meridiaan 14 ☎ 750168
VAG Arnhemseweg 2 ☎ 630574
VOLVO Leusderweg 158 ☎ 13043

AMSTELVEEN Noord-Holland 211 ③ et 408 ⑩㉗ – 69 745 h. – ☎ 0 20.

Plein 1960, ✉ 1180 AZ, ☎ 452020.

♦Amsterdam 11 – ♦Den Haag 54 – ♦Haarlem 20 – ♦Utrecht 33.

Voir plan d'Agglomération d'Amsterdam p. 2 et 3

XXXX ✿ **Molen De Dikkert,** Amsterdamseweg 104a, ✉ 1182 HG, ☎ 411378, « Aménagé dans un moulin du 17e s. » – Ⓟ AE ⓓ E BS **a**
fermé sam. midi, dim. midi, 20 juil.-9 août et 30 déc.-3 janv. – **R** 79/135
Spéc. Mariage de canard et foie gras, Pintade marbrée sauce aux truffes, Ris de veau Condorcet.

XXX ✿ **Rôtiss. Ile de France,** Pieter Lastmanweg 9, ✉ 1181 XG, ☎ 453509 – BS **r**
fermé sam. midi, dim., lundi et 23 déc.-14 janv. – **R** carte 57 à 75
Spéc. Avocat et ris de veau sauté, Truite saumonée pochée, Soufflé au gingembre.

X **Belle Auberge,** Kostverlorenhof 54, ✉ 1183 HG, ☎ 433100 – CS **b**
fermé sam., dim. et 3 dern. sem. juil. – **R** carte 45 à 88.

X **Koperen Rozenboom,** Kostverlorenhof 52, ✉ 1183 HG, ☎ 433350, Fondues seulement – AE CS **m**
fermé 5 et 31 déc. – **R** (dîner seult) 37/53.

X **Peking City,** 1er étage, Binnenhof 16, ✉ 1181 ZG, ☎ 419637, Rest. chinois – BS **f**
R carte 23 à 45.

sur la route de Uithoorn S : 4 km :

XXX **Kegelaire,** Bovenkerkerweg 81, ✉ 1187 XC, ☎ 455559 – Ⓟ AE
fermé lundi – **R** carte 47 à 58. par Bovenkerkerweg BS

à Bovenkerk – 3 561 h. – ☎ 0 20 :

XX **Quatre Vingts,** Noorddammerlaan 80, ✉ 1187 AD, ☎ 454881 – AE ⓓ BS **u**
fermé sam., dim. et du 1er au 22 juil. – **R** 45/65.

BMW Stationsstraat 7 ☎ 410051
BRITISH LEYLAND Heemraadschaplaan 18 ☎ 413759
CITROEN Amsterdamseweg 73 ☎ 471166
FORD Binderij 1 ☎ 434131
GM (OPEL) Vlielandstraat 1 ☎ 432680
MAZDA Amsterdamseweg 136 ☎ 413222
MERCEDES-BENZ Amsterdamseweg 188 ☎ 455755
MITSUBISHI Binderij 15 ☎ 433733
NISSAN Bovenkerkerweg 5 ☎ 413554
PEUGEOT, TALBOT Westelijk Halfrond 70 ☎ 455451
RENAULT Traviatastraat 2 ☎ 453251
VAG Newa 2 ☎ 414222
VOLVO van der Hooplaan 180 ☎ 414400

AMSTENRADE Limburg 212 ② et 408 ㉖ – voir à Brunssum.

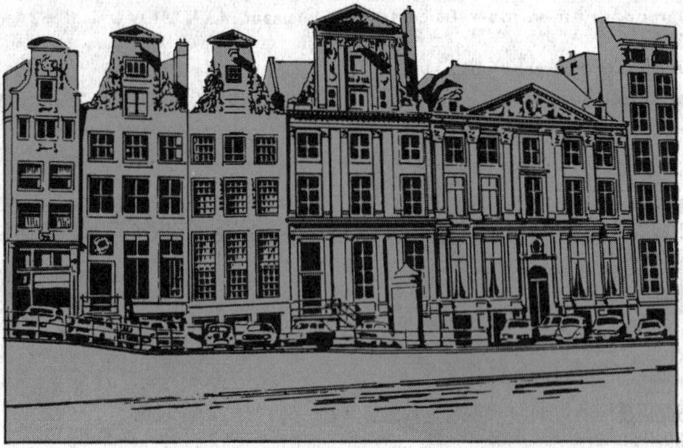

AMSTERDAM

AMSTERDAM Noord-Holland 211 ③ et 408 ⑩ ㉗ ㉘ – 700 759 h. – ✆ 0 20.

Voir Le vieil Amsterdam*** (p. 6 et 7) : les Canaux*** (Grachten) : Singel, Herengracht, Reguliersgracht, Keizersgracht, promenade en bateau* (Rondvaart) – Béguinage** (Begijnhof) p. 7 LY – Dam : Nouvelle église* (Nieuwe Kerk) p. 7 LXY – Marché aux fleurs* (Bloemenmarkt) p. 7 LY – Rembrandtsplein (place Rembrandt) p. 7 MY – Pont Maigre* (Magere Brug) p. 7 MZ.

Musées : Rijksmuseum*** (p. 6) KZ – Rijksmuseum Vincent van Gogh*** (p. 4) FV **M10** – Municipal** (Stedelijk Museum) : art moderne (p. 4) FV **M9** – Historique d'Amsterdam** (Amsterdams Historisch Museum) p. 7 LY – Madame Tussaud* : musée de cires (p. 7) LY **M1** – " Le Bon dieu au grenier "* (Museum Amstelkring Ons'Lieve Heer op Solder) : ancienne chapelle clandestine (p. 7) MX **M4** – Maison de Rembrandt* (Rembrandthuis) : œuvres graphiques du maître (p. 7) MY **M5** – Histoire maritime des Pays-Bas* (Nederlands Scheepvaart Museum) p. 5 HU **M8** – des Tropiques* (Tropenmuseum) p. 5 HU **M7** – Allard Pierson* : collections archéologiques (p. 5) LY **M2**.

18 Zwarte Laantje 4 à Duivendrecht (p. 3 DS) ✆ (0 20) 943650.

9 Sportpark Overamstel, Jan Vroegopsingel (p. 3 CS) ✆ (0 20) 651863.

✈ à Schiphol (p. 2 AS) : 9,5 km ✆ (0 20) 5110432 (renseignements) et (0 20) 434242 (réservations) – **Aérogare** : Gare Centrale (p. 5 GT) ✆ (0 20) 495575.

(départs de 's-Hertogenbosch) ✆ (0 20) 238383 et (0 20) 141959 (Schiphol).

Stationsplein (Koffiehuis), ✉ 1012 AB ✆ 266444 – Fédération provinciale Rokin 9-15, ✉ 1012 KK, ✆ 221016, Télex 12324.

Bruxelles 204 ③ – Düsseldorf 227 ③ – Den Haag 60 ④ – Luxembourg 419 ③ – Rotterdam 76 ④.

LISTE ALPHABÉTIQUE HOTELS ET RESTAURANTS

AMSTERDAM
AGGLOMÉRATION

Archimedesweg	DR	3
Bos en Lommerweg	BR	9
Bovenkerkerweg	BS	13
Buitenveldertselaan	CS	14
Burgemeester Amersfoordtlaan	AS	17
Burgemeester Roëllstr.	BR	20
Burgemeester de Vlugtlaan	BR	24
Dolingadreef	DS	37
Dorpsstr.	BS	39
Elsrijkdreef	DS	43
Europaboulevard	CS	46
Flevoweg	DR	49
Galileiplantsoen	DR	53
Geer Ban	AR	56
Gooiseweg	DS	61
Handweg	BS	64
Hartveldseweg	DS	66
van der Hooplaan	BS	79
Hugo de Vrieslaan	DR	81
Insulindeweg	DR	83
Jan van Galenstr.	BR	88
Johan van Hasseltweg	CR	93
Johan Huizingalaan	BR	95
Kamperfoelieweg	CR	98
Klaprozenweg	CR	105
Langsomlaan	AR	109
van Leijenberghlaan	CS	112
Meer en Vaart	AR	119
Molukkenstr.	DR	121
Mr. G. Groen van Prinstererlaan	CS	123

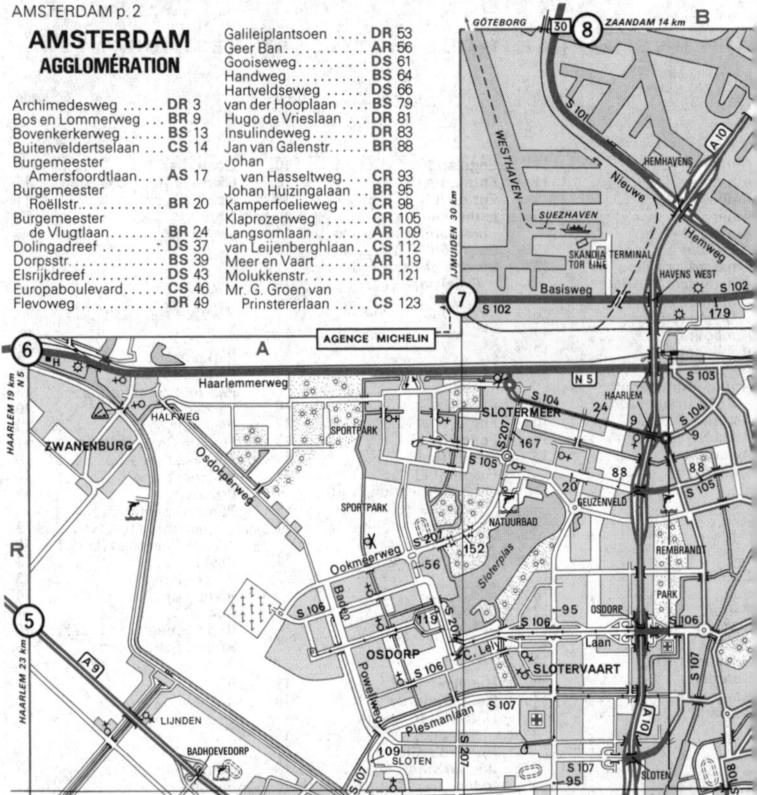

Muiderstraatweg	DS	126
van Nijenrodeweg	CS	135
Pa Verkuyllaan	AS	149
President Allendelaan	AR	152
Provincialeweg	DS	154
Rembrandtweg	BS	157
Ronde Hoep Oost	CS	160
Slotermeerlaan	BR	167
Spaarndammerstr.	CR	169
Transformatorweg	BR	179
Volendammerweg	DR	183
Zeeburgerdijk	DR	190

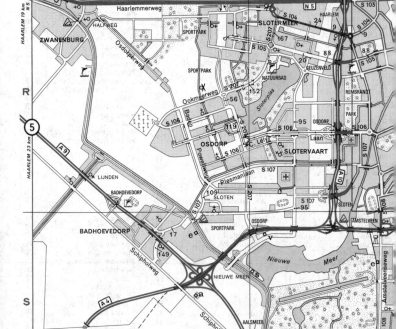

Répertoire des Rues voir Amsterdam p. 8

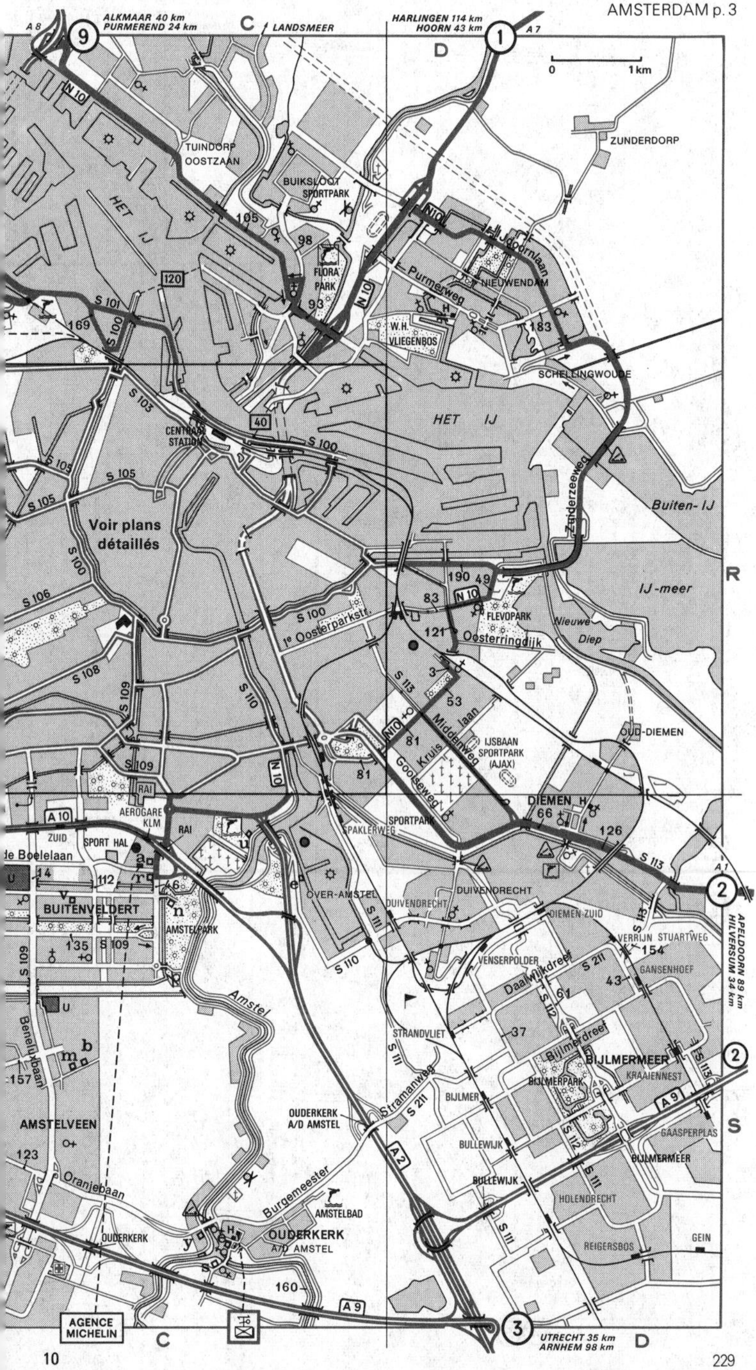
ALKMAAR 40 km
PURMEREND 24 km
LANDSMEER
HARLINGEN 114 km
HOORN 43 km
A 8
A 7
0
1 km
ZUNDERDORP
TUINDORP
OOSTZAAN
HET IJ
BUIKSLOOT
SPORTPARK
FLORA
PARK
Purmerweg
NIEUWENDAM
Ijdoornlaan
W.H.
VLIEGENBOS
SCHELLINGWOUDE
CENTRAAL
STATION
HET IJ
Buiten- IJ
Zuiderzeeweg
Voir plans
détaillés
IJ-meer
FLEVOPARK
Nieuwe
Diep
Oosterringdijk
1e Oosterparkstr.
Middenweg
Kruislaan
Gooiseweg
IJSBAAN
SPORTPARK
(AJAX)
OUD-DIEMEN
DIEMEN
AEROGARE
KLM
RAI
ZUID
SPORT HAL
de Boelelaan
BUITENVELDERT
AMSTELPARK
SPAKLERWEG
SPORTPARK
OVER-AMSTEL
DUIVENDRECHT
DIEMEN-ZUID
VENSERPOLDER
VERRIJN STUARTWEG
GANSENHOF
Daalwijkdreef
Amstel
Beneluxbaan
AMSTELVEEN
Oranjebaan
STRANDVLIET
Stramanweg
OUDERKERK
A/D AMSTEL
Bijlmerdreef
BIJLMERMEER
KRAAIENNEST
BIJLMERPARK
BIJLMER
BULLEWIJK
GAASPERPLAS
BIJLMERMEER
HOLENDRECHT
REIGERSBOS
GEIN
Burgemeester
AMSTELBAD
OUDERKERK
OUDERKERK
A/D AMSTEL
AGENCE
MICHELIN
UTRECHT 35 km
ARNHEM 98 km
APELDOORN 89 km
HILVERSUM 34 km
C
D
R
S

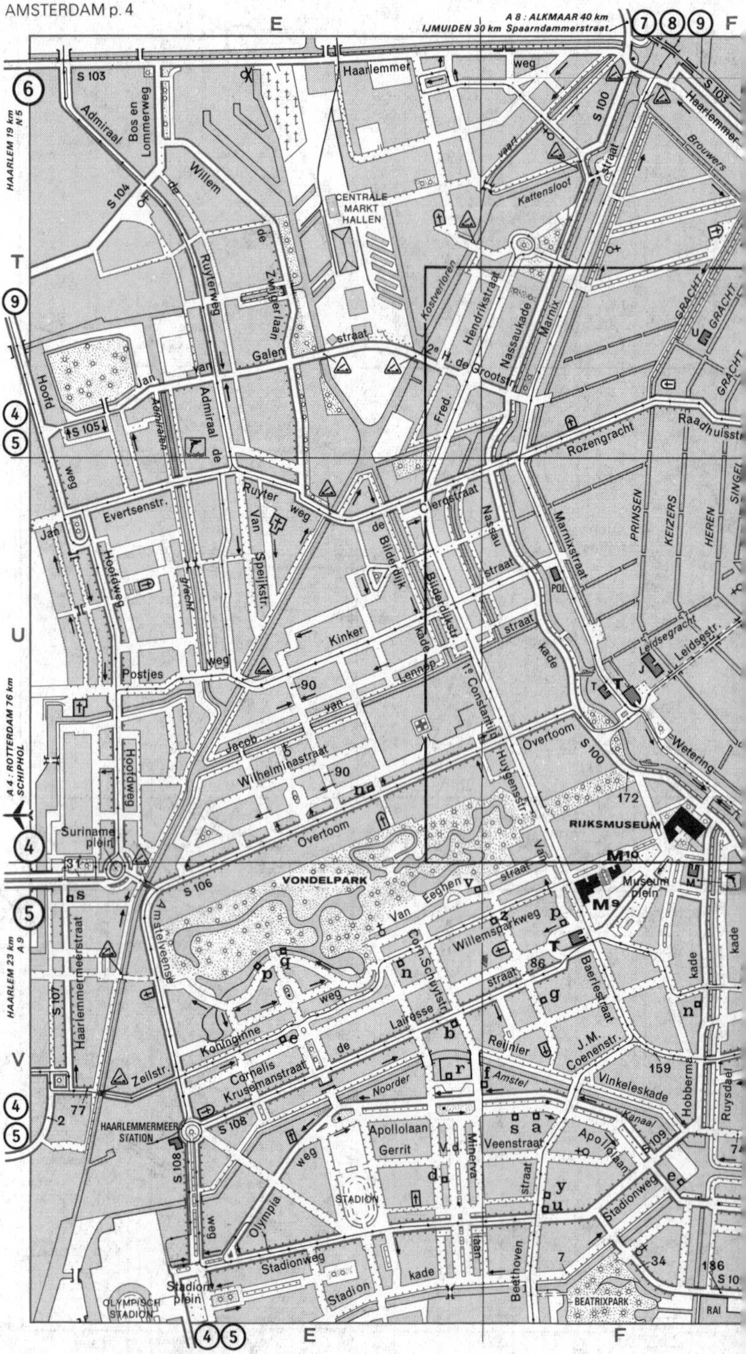
A 8 : ALKMAAR 40 km
IJMUIDEN 30 km Spaarndammerstraat
HAARLEM 19 km N 5
A 4 : ROTTERDAM 76 km SCHIPHOL
HAARLEM 23 km A 9
Haarlemmer weg
Admiraal de Ruyterweg
Bos en Lommerweg
Willem de Zwijger laan
CENTRALE MARKT HALLEN
Kostverloren vaart
Kattensloot
Jan van Galen straat
H. de Grootstr.
Fred. Hendrikstraat
Nassaukade
Marnixstraat
Hoofdweg
Admiralengracht
Rozengracht
Raadhuisstr.
PRINSEN
KEIZERS
HEREN
SINGEL
GRACHT
Evertsenstr.
Jan Evertsenstr.
Van Speijkstr.
Bilderdijkstr.
Bilderdijkkade
Clercqstraat
Nassaustraat
Kinkerstraat
Postjesweg
Jacob van Lennepstr.
1e Constantijn Huygensstr.
Wilhelminastraat
Overtoom
Leidsegracht
Leidsestr.
Wetering
RIJKSMUSEUM
Suriname plein
VONDELPARK
Van Eeghen straat
Willemsparkweg
Museum plein
Amstelveenseweg
Koninginneweg
Corn. Schuytstr.
De Lairessestraat
Baerlestraat
Reijnier
J.M. Coenenstr.
Vinkeleskade
Hobbemakade
Ruysdael
Haarlemmermeerstraat
Zeilstr.
Cornelis Krusemanstraat
Noorder Amstel Kanaal
HAARLEMMERMEER STATION
Apollolaan
Gerrit V.d. Veenstraat
Minervalaan
Olympiaweg
STADION
Stadionweg
Stadionkade
Stadion plein
OLYMPISCH STADION
Beethovenstraat
BEATRIXPARK
RAI
POL
E
F
T
U
V

AMSTERDAM

Répertoire des Rues voir Amsterdam p. 8

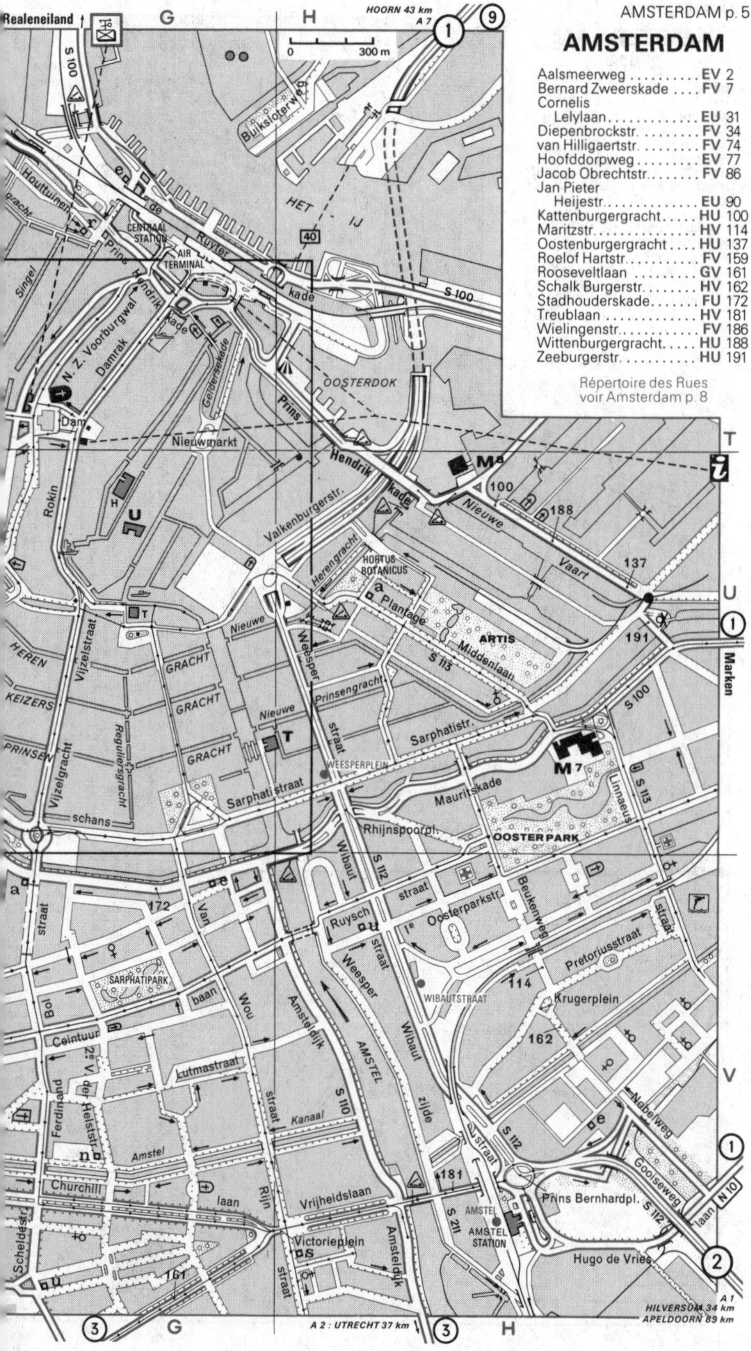

AMSTERDAM
CENTRE

van Baerlestr.	JZ	5
Damstr.	LMY	32
Constant Huygensstr. (1e)	JZ	28
Heiligeweg	LY	69
Hekelveld	MX	71
Kattengat	LX	102
Langebrugsteeg	LY	107
Martelaarsgracht	MX	116
Muntpl.	LY	127
Nieuwe Hoogstr.	MY	132
Oudebrugsteeg	MX	140
Oude Doelenstr.	MY	142
Oude Hoogstr.	MY	144
Oude Turfmarkt	LY	146
Reguliersbreestr.	LY	156
Stromarkt	LX	174
Thorbeckepl.	MZ	177

Répertoire des Rues voir Amsterdam p. 8

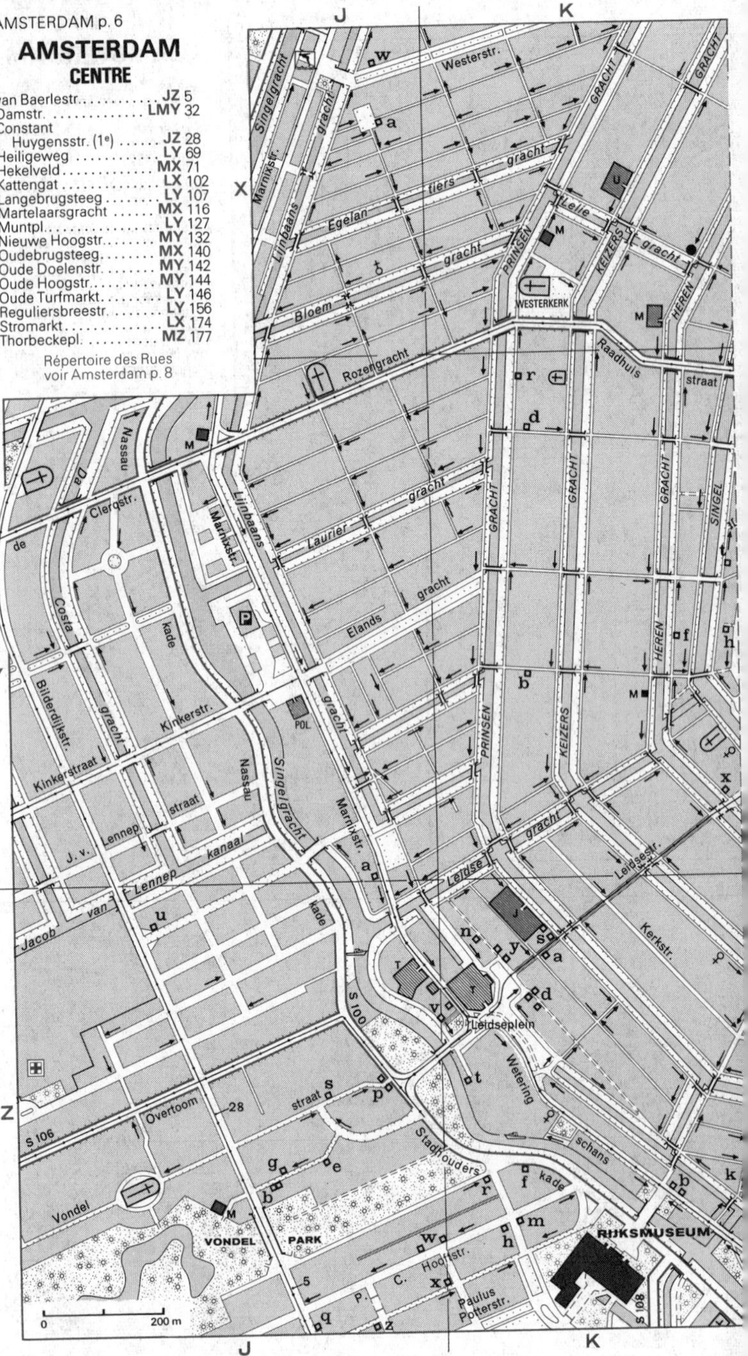

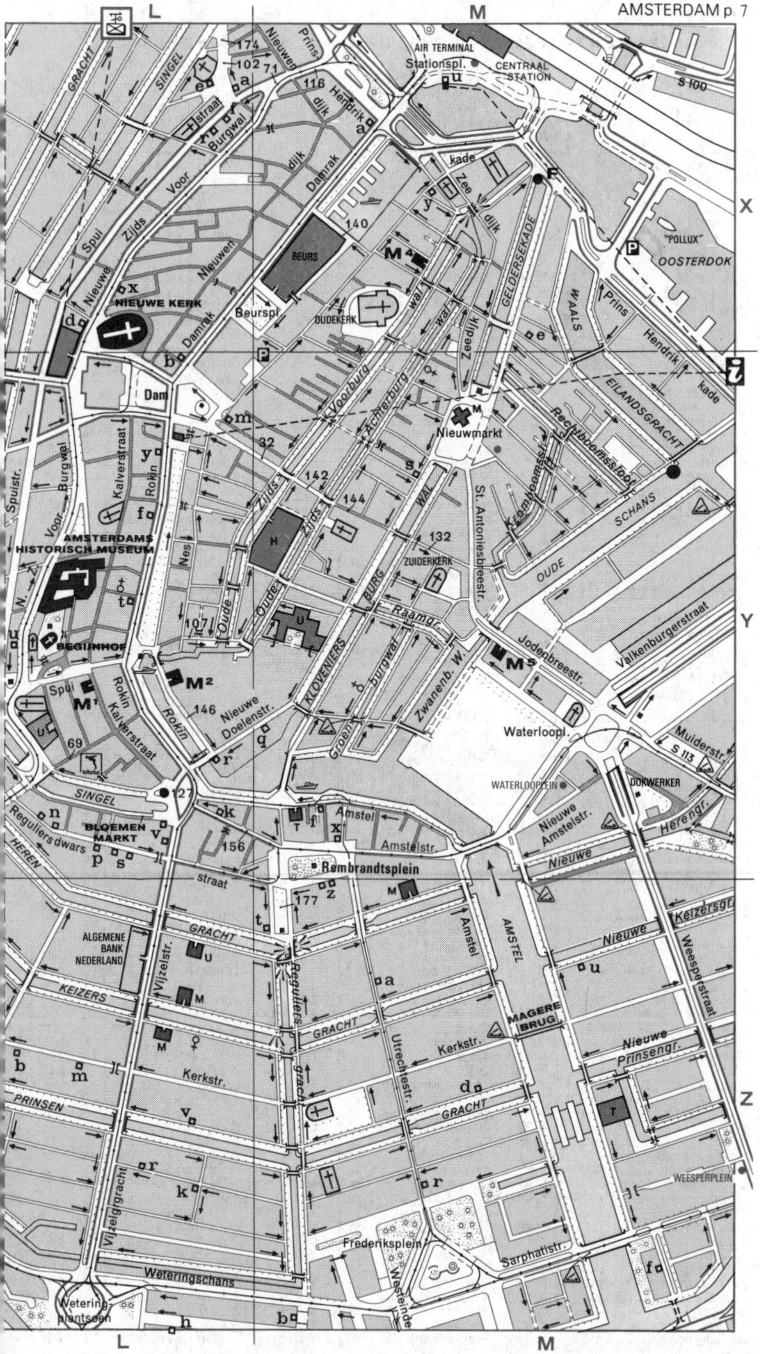
L
M
X
Y
Z
AIR TERMINAL
Stationspl.
CENTRAAL STATION
S 100
Prins
Nieuwen
Hendrik
dijk
Damrak
kade
Zee
dijk
GRACHT
SINGEL
Voor
Burgwal
Zijds
Spui
Nieuwe
Nieuwen
NIEUWE KERK
BEURS
Beurspl.
OUDEKERK
GELDERSEKADE
"POLLUX"
OOSTERDOK
WAALS
EILANDSGRACHT
Voorburg
Achterburg
wal
Zeedijk
Dam
Nieuwmarkt
Rechtboomssloot
Kromboomsst.
SCHANS
OUDE
Kalverstraat
Rokin
Spuistr.
AMSTERDAMS HISTORISCH MUSEUM
Nes
Oude
Zijds
St. Antoniesbreestr.
ZUIDERKERK
BURG
WAL
Raamgr.
KLOVENIERS
burgwal
Groen
Zwanenb. W.
Jodenbreestr.
Valkenburgerstraat
BEGIJNHOF
Spui
Kalverstraat
Nieuwe Doelenstr.
Waterloopl.
Muiderstr.
S 113
WATERLOOPLEIN
DOKWERKER
Herengr.
BLOEMEN MARKT
Reguliersdwars
HEREN
straat
Amstel
Amstelstr.
Nieuwe Amstelstr.
Nieuwe
Rembrandtsplein
GRACHT
ALGEMENE BANK NEDERLAND
Vijzelstr.
KEIZERS
Reguliers
Amstel
AMSTEL
Keizersgr.
Nieuwe
Weesperstraat
MAGERE BRUG
Kerkstr.
PRINSEN
Kerkstr.
Utrechtsestr.
GRACHT
Nieuwe Prinsengr.
WEESPERPLEIN
Vijzelgracht
Frederiksplein
Sarphatistr.
Weteringschans
Wetering-plantsoen
Westeinde

RÉPERTOIRE GÉNÉRAL DES RUES D'AMSTERDAM

HOTELS et RESTAURANTS

Liste alphabétique : Amsterdam p. 1 bis

Quartiers du Centre - plans p. 6 et 7 sauf indication spéciale :

Amstel et Rest. La Rive, Professor Tulpplein 1, ✉ 1018 GX, ☎ 226060, Télex 11004, « Terrasse ombragée avec ≤ l'Amstel » – AE E. – MZ **f**
R *(fermé sam. et dim. midi)* carte 90 à 150 – 21 – **116 ch** 310/550.

Sonesta et Rest. Rib Room M, Kattengat 1, ✉ 1012 SZ, ☎ 212223, Télex 17149 – rest – AE E. rest LX **a**
R 45 – 20 – **425 ch** 220/355.

Amsterdam Marriott et Rest. Port O'Amsterdam M, Stadhouderskade 21, ✉ 1054 ES, ☎ 835151, Télex 15087 – – AE E. rest JZ **p**
R 60 – 23 – **395 ch** 265/370.

Europe et Rest. Excelsior, Nieuwe Doelenstraat 2, ✉ 1012 CP, ☎ 234836, Télex 12081, ≤ – rest – AE E LY **r**
R 53/95 – 20 – **79 ch** 315/365.

Victoria, Damrak 1, ✉ 1012 LG, ☎ 234255, Télex 16625 – rest – AE E MX **a**
R *(fermé dim.)* 33/100 – **160 ch** 164/236 – P 183/229.

Pulitzer et Rest. Goudsbloem, Prinsengracht 323, ✉ 1016 GZ, ☎ 228333, Télex 16508 – rest – AE E. rest KY **r**
R carte 60 à 108 – 18 – **193 ch** 165/240.

Doelen et Rest. Café Savarin, Nieuwe Doelenstraat 24, ✉ 1012 CP, ☎ 220722, Télex 14399 – AE E MY **q**
R 28/48 – **85 ch** 165/212.

American, Leidsekade 97, ✉ 1017 PN, ☎ 245322, Télex 12545 – – AE E. rest JKZ **v**
R (Café Américain) carte env. 50 – 20 – **185 ch** 156/225.

Carlton sans rest, Vijzelstraat 2, ✉ 1017 HK, ☎ 222266, Télex 11670 – – AE E LY **v**
156 ch 178/242.

Caransa et Rest. Le Petit Café, Rembrandtsplein 19, ✉ 1017 CT, ☎ 229455, Télex 13342 – – AE E MY **x**
R 25/95 – **66 ch** 165/212 – P 225.

Gd H. Krasnapolsky et Rest.Le Reflet d'Or, Dam 9, ✉ 1012 JS, ☎ 5549111, Télex 12262 – – AE E LY **m**
R carte 39 à 74 – **356 ch** 150/470.

Port van Cleve, Nieuwe Zijds Voorburgwal 178, ✉ 1012 SJ, ☎ 244860, Télex 13129 – – AE E LX **d**
R carte 42 à 72 – **110 ch** 124/387 – P 160/176.

Arthur Frommer et Rest. Oranjehof, Noorderstraat 46, ✉ 1017 TV, ☎ 220328, Télex 14047 – AE E. LZ **k**
R (dîner seult) 28 – **90 ch** 130/170.

Centraal, Stadhouderskade 7, ✉ 1054 ES, ☎ 185765, Télex 12601 – – AE E. ch JZ **p**
R (Travellers Grill) carte 46 à 61 – **116 ch** 140/204.

Ambassade sans rest, Herengracht 341, ✉ 1016 AZ, ☎ 262333, Télex 10158 – wc. AE E KY **f**
39 ch 67/142.

Parkhotel, Stadhouderskade 25, ✉ 1071 ZD, ☎ 717474, Télex 11412 – rest wc – AE E. KZ **f**
R 25/55 – **184 ch** 149/212 – P 151/193.

Schiller, Rembrandtsplein 26, ✉ 1017 CV, ☎ 231660, Télex 14058 – wc wc. AE E MZ **z**
R carte 36 à 84 – **97 ch** 128/187 – P 151/174.

Owl Hotel sans rest, Roemer Visscherstraat 1, ✉ 1054 EV, ☎ 189484, Télex 13360 – wc wc. AE E JZ **e**
34 ch 81/122.

Choura sans rest, Marnixstraat 372, ✉ 1016 XX, ☎ 237524, Télex 15362 – wc wc. AE E JY **a**
22 ch 79/182.

🏠 **Asterisk** sans rest, Den Texstraat 16, ✉ 1017 ZA, ☏ 262396 – 🛁wc 🚿wc. E — LZ **h**
19 ch ☕ 120.

🏠 **Parklane** sans rest, Plantage Parklaan 16, ✉ 1018 ST, ☏ 224804 – 🚿wc. ✗
8 ch ☕ 100. — plan p. 5 HU **a**

🏠 **Nicolaas Witsen** sans rest, Nicolaas Witsenstraat 6, ✉ 1017 ZH, ☏ 236143 – 🛗 🛁wc 🚿wc — MZ **b**
32 ch ☕ 50/100.

🏠 **Linda** sans rest, Stadhouderskade 131, ✉ 1074 AW, ☏ 725668 – 🚿wc. ✗ — plan p. 5 GV **e**
mars-oct. – **17 ch** ☕ 50/115.

🏠 **Roode Leeuw,** Damrak 93, ✉ 1012 LP, ☏ 240396 – 🛗 🛁wc ☎ – 🏋. AE — LXY **b**
R carte 32 à 43 – **85 ch** ☕ 71/142 – P 91/126.

🏠 **Estheréa** sans rest, Singel 305, ✉ 1012 WJ, ☏ 245146, Télex 14019 – 🛗 🛁wc 🚿wc ☎. AE ① E. ✗ — KY **t**
72 ch ☕ 97/153.

🏠 **Stadhouder** sans rest, Stadhouderskade 76, ✉ 1072 AE, ☏ 718428 – 🛗 🚿wc
20 ch ☕ 70/94. — plan p. 5 GV **a**

🏠 **Fantasia** sans rest, Nieuwe Keizersgracht 16, ✉ 1018 DR, ☏ 238259 – 🚿wc — MZ **u**
fermé 15 nov.-24 déc. – **19 ch** ☕ 45/80.

🏠 **Engeland** sans rest, Roemer Visscherstraat 30a, ✉ 1054 EZ, ☏ 180862 – 🚿wc. AE — JZ **g**
fermé 5 janv.-fév. – **28 ch** ☕ 55/110.

🏠 **Parkzicht** sans rest, Roemer Visscherstraat 33, ✉ 1054 EW, ☏ 180897 – 🛁wc 🚿wc — JZ **b**
15 ch ☕ 50/110.

🏠 **Sipermann** sans rest, Roemer Visscherstraat 35, ✉ 1054 EW, ☏ 161866 – 🚿wc — JZ **b**
13 ch ☕ 55/90.

🏠 **Vondel** sans rest, Vondelstraat 28, ✉ 1054 GE, ☏ 120120 – 🛁wc 🚿wc ☎ — JZ **s**
24 ch ☕ 55/125.

XXXX **Dikker en Thijs et Alexander H.** avec ch, Prinsengracht 444, angle Leidsestraat, ✉ 1017 KE, ☏ 267721, Télex 13161 – 🛗 📺 🛁wc 🚿wc ☎. AE ① E. ✗ rest — KZ **s**
R *(fermé dim.)* (dîner seult) 65/105 – ☕ 15 – **25 ch** 132/180.

XXX ✿ **Boerderij** (Wunneberg), Korte Leidsedwarsstraat 69, ✉ 1017 PW, ☏ 236929, Rôtisserie dans un cadre rustique – ▤. AE ① E. ✗ — KZ **d**
fermé sam. midi, dim. et 23 juil.-5 avril – **R** 68/105
Spéc. Turbot aux anchois.

XXX **Martinn,** 12e étage, De Ruyterkade 7 (havengebouw), ✉ 1013 AA, ☏ 256277, ← – ▤. AE ① E — plan p. 5 GT **e**
fermé sam. et dim. – **R** 50/75.

XXX **Swarte Schaep,** 1er étage, Korte Leidsedwarsstraat 24, ✉ 1017 RC, ☏ 223021, « Intérieur 17e s. » – ▤. AE ① E — KZ **d**
fermé 5, 25, 26, 31 déc. et 1er janv. – **R** 55/88.

XXX **Lido,** Leidsekade 105, ✉ 1017 PP, ☏ 263300 – ▤. AE ① E — KZ **t**
fermé dim. et lundi – **R** (dîner seult) carte 40 à 70.

XXX **Bali,** 1er étage, Leidsestraat 89, ✉ 1017 NZ, ☏ 227878, Rest. indonésien – ▤. AE E — KZ **a**
fermé dim. – **R** 42/50.

XX **Prinsenkelder,** Prinsengracht 438, ✉ 1017 KE, ☏ 267721 – AE ① E. ✗ — KZ **s**
fermé sam. – **R** 40/75.

XX **Les Quatre Canetons,** Prinsengracht 1111, ✉ 1017 JJ, ☏ 246307 – AE ① E — MZ **d**
fermé sam. midi et dim. – **R** 57/74.

XX **Treasure,** Nieuwe Zijds Voorburgwal 115, ✉ 1012 RH, ☏ 234061, Rest. chinois – AE ① E. ✗ — LX **x**
R carte 31 à 75.

XX **L'Entrée,** 1er étage, Reguliersdwarsstraat 42, ✉ 1017 BM, ☏ 258788 – AE ① E — LY **s**
R carte 39 à 72.

XX **Dynasty,** Reguliersdwarsstraat 30, ✉ 1017 BM, ☏ 268400, 🏡, Cuisine orientale – ▤. AE ① E. ✗ — LY **p**
fermé fin déc.-mi-janv. – **R** (dîner seult) carte 49 à 75.

XX **Oesterbar,** Leidseplein 10, ✉ 1017 PT, ☏ 232988, Produits de la mer – ▤. AE — KZ **y**
fermé 25 et 26 déc. – **R** carte 42 à 81.

XX **Pêcheur,** Reguliersdwarsstraat 32, ✉ 1017 BM, ☏ 243121, Poisson seult – AE ① E — LY **s**
fermé sam. midi, dim. midi, 5, 24 et 31 déc. – **R** carte 41 à 78.

XX **Indonesia,** 1er étage, Singel 550, ✉ 1017 AZ, ☏ 232035, Rest. indonésien – ▤. AE ① E
R 25/38. — LY **v**

XX **Le Rêve,** Kerkstraat 148, ✉ 1017 GR, ☏ 241394, Exposition de peintures – AE ① E — LZ **b**
fermé mardi, 30 avril, du 5 au 22 août, 5 déc. et 23 déc.-15 janv. – **R** (dîner seult) carte 30 à 66.

XX **Le Musicien,** Amstel 100, ✉ 1017 AC, ☏ 228945 – AE ① E — MY **f**
fermé merc. – **R** (dîner seult) 65/88.

XX **Da Canova,** Warmoesstraat 9, ✉ 1012 HT, ☏ 266725, Cuisine italienne – AE ① — MX **y**
fermé dim. et lundi – **R** (dîner seult) carte 49 à 63.

XX **Camargue,** Reguliersdwarsstraat 7, ✉ 1017 BJ, ☎ 239352 – ▤. AE ⓓ E LY **n**
R carte 51 à 84.

XX **Tai-Pan,** Marnixstraat 406, ✉ 1017 PL, ☎ 254389, Rest. chinois – ▤. AE ⓓ E. ✻ JKZ **v**
fermé lundi – **R** (dîner seult) carte 31 à 62.

XX **Lotus,** Binnen Bantammerstraat 5, ✉ 1011 CH, ☎ 242614, Rest. chinois – ▤. AE ⓓ E
R carte 31 à 53. MX **e**

XX **Sancerre,** Reestraat 28, ✉ 1016 DN, ☎ 278794 – AE E. ✻ KY **d**
fermé 22, 23 avril, 10, 11 juin, 25, 26 et 31 déc. – **R** (dîner seult) 45/78.

XX **Vijff Vlieghen,** Spuistraat 294, ✉ 1012 VX, ☎ 248369, « Intérieur vieil hollandais » – AE ⓓ E KY **h**
fermé 5, 25 et 26 déc. – **R** (dîner seult) 60/80.

XX **Kopenhagen,** Rokin 84, ✉ 1012 KX, ☎ 249376, Avec cuisine danoise – ▤. AE ⓓ E LY **t**
◆ *fermé dim.* – **R** 23/55.

XX **Bacchus,** Spuistraat 3 e, ✉ 1012 SP, ☎ 230051 – ▤. AE ⓓ E LX **r**
fermé sam. et dim. midi – **R** carte env. 60.

XX **Les Trois Neufs,** Prinsengracht 999, ✉ 1017 KM, ☎ 229044 – AE ⓓ LZ **v**
fermé sam. midi, dim. midi, lundi et 2e quinz. juil. – **R** carte 37 à 74.

XX **Adrian,** Reguliersdwarsstraat 21, ✉ 1017 BJ, ☎ 239582 – ▤. AE ⓓ E LY **n**
R 37/55.

XX **Dorrius,** Nieuwe Zijds Voorburgwal 336, ✉ 1012 RX, ☎ 235675, Cuisine hollandaise – AE ⓓ E LY **u**
fermé dim. midi – **R** carte 41 à 63.

XX **Opatija,** Weteringschans 93, ✉ 1017 RZ, ☎ 225184, Cuisine balkanique KZ **b**
R (dîner seult) 26/43.

XX **Djawa,** 1er étage, Korte Leidsedwarsstraat 18, ✉ 1017 RC, ☎ 246016, Rest. indonésien – ▤. AE ⓓ E. ✻ KZ **n**
fermé 31 déc. – **R** (dîner seult de nov. à mars) 23/35.

X **Provençal,** Weteringschans 91, ✉ 1017 RZ, ☎ 239619 – AE ⓓ E KZ **b**
fermé dim., lundi et jours fériés – **R** (dîner seult) carte 54 à 72.

X **Cartouche,** Anjeliersstraat 177, ✉ 1015 NG, ☎ 227438 – AE ⓓ E JX **a**
fermé lundi et juin – **R** (dîner seult) carte 47 à 75.

X **Valentijn,** Kloveniersburgwal 6, ✉ 1012 CT, ☎ 242028 – ▤. AE ⓓ. ✻ MY **s**
fermé 5, 31 déc. et 1er janv. – **R** (dîner seult) 40/75.

X **Ardjuna,** 1er étage, Reguliersbreestraat 21, ✉ 1017 CL, ☎ 220204, Rest. indonésien – AE ⓓ E LY **k**
R 17/28.

X **Roma,** Rokin 18, ✉ 1012 KR, ☎ 245873, Cuisine italienne – AE LY **y**
fermé dim. – **R** carte 22 à 56.

X **Groene Lanteerne,** Haarlemmerstraat 43, ✉ 1013 EJ, ☎ 241952, Intérieur vieil hollandais – AE ⓓ E plan p. 5 GT **r**
fermé dim., lundi et mi-juin-mi-juil. – **R** carte 37 à 53.

X **'t Seepaerd,** 1er étage, Rembrandtsplein 22, ✉ 1017 CV, ☎ 221759, Avec produits de la mer – AE ⓓ E MZ **z**
R carte 33 à 85.

X **Albatros,** Westerstraat 264, ✉ 1015 MT, ☎ 279932, Produits de la mer – ▤. AE ⓓ E
fermé dim. et 25 déc.-1er janv. – **R** (dîner seult) carte 55 à 80. JX **w**

X **La Gaieté,** Utrechtsestraat 141, ✉ 1017 VM, ☎ 257977 MZ **r**
fermé sam. midi et dim. midi – **R** carte 34 à 72.

X **Tout Court,** Runstraat 17 d, ✉ 1016 GJ, ☎ 258637 – AE ⓓ E KY **b**
fermé lundi – **R** (dîner seult) 38/68.

X **Gijsbrecht van Aemstel,** Herengracht 435, ✉ 1017 BR, ☎ 235330, Taverne rustique – ▤. AE ⓓ KY **x**
fermé dim., 25 et 26 déc. – **R** carte 45 à 74.

X **Smits Koffiehuis,** Stationsplein 10, ✉ 1012 AB, ☎ 233777 – AE ⓓ E MX **u**
fermé 1er janv. et après 20 h 30 – **R** carte 26 à 41.

X **Bistro La Forge,** Korte Leidsedwarsstraat 26, ✉ 1017 RC, ☎ 240095 – AE E. ✻ KZ **d**
R (dîner seult) carte 48 à 70.

X **Pied de Cochon,** Noorderstraat 19, ✉ 1017 TR, ☎ 237677 LZ **r**
fermé mardi – **R** (dîner seult) carte 42 à 71.

X **Mangerie,** Spuistraat 3b, ✉ 1012 SP, ☎ 252218 LX **f**
R (dîner seult) carte 31 à 52.

X **Mirafiori,** Hobbemastraat 2, ✉ 1071 ZA, ☎ 723013, Cuisine italienne – AE KZ **r**
fermé mardi et mi-juin-mi-juil. – **R** 25/43.

X **Cave Internationale** avec ch, Herengracht 561, ✉ 1017 BW, ☎ 234371 – ⌸wc. AE ⓓ E
R (dîner seult) 29/70 – ☕ 8 – **8 ch** 70/125. MZ **t**

tourner →

Manchurian, Leidseplein 10a, ✉ 1017 PT, ☎ 231330, Rest. chinois – AE ⓓ E. ✻ KZ **y**
fermé fin déc.-mi-janvier – **R** carte 42 à 54.

Mandarijn, Rokin 26, ✉ 1012 KS, ☎ 230885, Rest. chinois – ▤. AE ⓓ E. ✻ LY **f**
fermé fin déc.-mi-janv. – **R** carte 32 à 45.

Holland's Glorie, Kerkstraat 222, ✉ 1017 GV, ☎ 244764 – E LZ **m**
R (dîner seult) carte 24 à 48.

Sluizer, Utrechtsestraat 45, ✉ 1017 VH, ☎ 263557, Poisson seult – AE ⓓ MZ **a**
fermé sam. midi, dim. midi et du 25 au 31 déc. – **R** carte 32 à 57.

Cacerola, Weteringstraat 41, ✉ 1017 SM, ☎ 265397, Cuisine espagnole KZ **k**
fermé dim. et 18 juin-8 juil. – **R** (dîner seult) carte 31 à 47.

Silveren Spiegel, 1er étage, Kattengat 4, ✉ 1012 SZ, ☎ 246589 – AE ⓓ LX **e**
fermé dim. – **R** (dîner seult) carte 31 à 60.

Quartiers Sud et Ouest - plans p. 4 et 5 sauf indication spéciale :

Amsterdam Hilton M avec rest. japonais **Kei, Apollolaan 138,** ✉ 1077 BG, ☎ 780780, Télex 11025 – ▤ rest ⊡ ☎ ♿ P – ⛰. AE ⓓ E. ✻ rest EV **r**
R carte 38 à 68 – **273 ch** ☕ 190/390.

Dikker en Thijs Garden Hotel et Rest. De Kersentuin M, Dijsselhofplantsoen 7, ✉ 1077 BJ, ☎ 642121, Télex 15453 – ▤ ⊡ ☎ P – ⛰. AE ⓓ E EFV **f**
R *(fermé dim., 24, 25, 31 déc. et 1er janv.)* 40/98 – **98 ch** ☕ 174/230.

Okura et Rest. Ciel Bleu M avec rest. japonais **Yamazato, Ferdinand Bolstraat 175,** ✉ 1072 LH, ☎ 787111, Télex 16182, ≤ – ▤ ⊡ ☎ ⇔ P – ⛰. AE ⓓ E. ✻ GV **n**
R (Ciel Bleu) (dîner seult) carte 60 à 94 – ☕ 22 – **402 ch** 260/300.

Apollohotel, Apollolaan 2, ✉ 1077 BA, ☎ 735922, Télex 14084, « Terrasse avec ≤ canal » – ⊡ ☎ ♿ P – ⛰. AE ⓓ E FV **e**
R *(fermé 24 et 31 déc.)* carte 59 à 83 – ☕ 21 – **217 ch** 205/295.

Crest H. Amsterdam M, De Boelelaan 2, ✉ 1083 HJ, ☎ 429855, Télex 13647 – ▤ ⊡ P – ⛰. AE ⓓ E plan p. 3 CS **a**
R 25/35 – **260 ch** ☕ 190/242.

Novotel Amsterdam M, Europaboulevard 10, ✉ 1083 AD, ☎ 5411123, Télex 13375 – ▤ rest ⊡ ☎ P – ⛰. AE ⓓ E plan p. 3 CS **r**
R carte 34 à 68 – **600 ch** ☕ 154/197 – P 207.

Jan Luyken sans rest, Jan Luykenstraat 58, ✉ 1071 CS, ☎ 764111, Télex 16254 – ⊡ ☎. AE ⓓ E. ✻ rest plan p. 6 JZ **x**
63 ch ☕ 143/175.

Memphis, De Lairessestraat 87, ✉ 1071 NX, ☎ 733141, Télex 12450 – AE ⓓ E. ✻ rest
R 25/55 – **81 ch** ☕ 154/222 – P 156/198. EV **b**

Delphi sans rest, Apollolaan 105, ✉ 1077 AN, ☎ 795152, Télex 16659 – ⊡ ⌂wc ☎. AE ⓓ E FV **a**
50 ch ☕ 110/153.

Apollofirst, Apollolaan 123, ✉ 1077 AP, ☎ 730333, Télex 13446 – ⊡ ⌂wc ☎. AE ⓓ E
R (dîner seult) carte 37 à 80 – **35 ch** ☕ 120/165 – P 136/193. FV **s**

Atlas H., Van Eeghenstraat 64, ✉ 1071 GK, ☎ 766336, Télex 17081 – ⊡ ⌂wc ☎. AE ⓓ E EV **v**
R carte 36 à 58 – **24 ch** ☕ 100/145 – P 120/150.

Casa 400, James Wattstraat 75, ✉ 1097 DL, ☎ 651171, Télex 14677 – ⌂wc ☎ – ⛰. AE
juin-sept. – **R** 26/30 – **400 ch** ☕ 93/142 – P 107/143. HV **e**

Zandbergen sans rest, Willemsparkweg 205, ✉ 1071 HB, ☎ 769321, Télex 16443 – ⊡ ⌂wc ⌂wc ☎. AE E EV **n**
17 ch ☕ 81/130.

Borgmann ⛰ sans rest, Koningslaan 48, ✉ 1075 AE, ☎ 735252 – ⌂wc ⌂wc ☎. AE ⓓ E EV **q**
fermé 2e quinz. déc. – **15 ch** ☕ 55/115.

Koningshof sans rest, Koninginneweg 169, ✉ 1075 CN, ☎ 793526 – ⌂wc ☎. AE ⓓ E
15 ch ☕ 50/100. EV **e**

Toro ⛰ sans rest, Koningslaan 64, ✉ 1075 AG, ☎ 737223 – ⌂wc ⌂ ☎. AE ⓓ E EV **p**
12 ch ☕ 55/115.

Fita sans rest, Jan Luykenstraat 37, ✉ 1071 CL, ☎ 790976 – ⌂wc plan p. 6 JZ **z**
20 ch ☕ 100.

Belfort, Surinameplein 53, ✉ 1058 GN, ☎ 174333 – ⊡ ⌂wc. AE ⓓ E EV **s**
R carte 27 à 57 – **20 ch** ☕ 84/135.

Savoy sans rest, Michelangelostraat 39, ✉ 1077 BR, ☎ 790367, Télex 18970 – ⌂wc. AE ⓓ E
27 ch ☕ 64/133. EV **d**

Sander sans rest, Jacob Obrechtstraat 69, ✉ 1071 KJ, ☎ 727574, Télex 18456 – ⌂wc ☎. ✻
mars-oct. – **15 ch** ☕ 80/125. FV **g**

XXX **Parkrest. Rosarium,** Europa boulevard, Amstelpark 1, ✉ 1083 HZ, ☎ 444085, « Au milieu d'un parc fleuri » – AE ⓓ E plan p. 3 CS **n**
fermé dim. – **R** carte 45 à 86.

XX Fong Lie, P.C. Hooftstraat 80, ✉ 1071 CB, ☎ 716404, Rest. chinois – plan p. 6 JZ **w**

XX **Henri Smits,** 1er étage, Beethovenstraat 55, ✉ 1077 HN, ☎ 791715 – AE ⓓ E FV **y**
fermé 25 et 26 déc. – **R** 28/49.

XX **Bistro Lapin,** 1er étage, Scheldeplein 3, ✉ 1078 GR, ☎ 642211 – GV **u**
fermé lundi – **R** (dîner seult) carte 31 à 53.

XX **Keijzer,** Van Baerlestraat 96, ✉ 1071 BB, ☎ 711441 – AE ⓓ E. FV **p**
fermé dim., 25, 26 déc. et 1er janv. – **R** carte 45 à 60.

XX **Miranda Paviljoen,** Amsteldijk 223, ✉ 1079 LK, ☎ 445768 – ⓟ. AE ⓓ E plan p. 3 CS **u**
fermé 1er janv. – **R** 38/82.

XX **Hamilcar,** Overtoom 306, ✉ 1054 JC, ☎ 837981, Rest. tunisien – AE ⓓ E EU **n**
fermé lundi – **R** (dîner seult) carte 30 à 50.

X **L'Entrecôte,** P.C. Hooftstraat 70, ✉ 1071 CB, ☎ 737776, Style 1920, Grillades
fermé dim., lundi et juil. – **R** carte 41 à 70. plan p. 6 JZ **w**

X **Rembrandt,** P.C. Hooftstraat 31, ✉ 1071 BM, ☎ 729011 – AE ⓓ E plan p. 6 KZ **h**
fermé lundi et 24 déc.-1er janv. – **R** 28/75.

X **Trechter,** Hobbemakade 63, ✉ 1071 XL, ☎ 711263 – AE ⓓ E. FV **n**
fermé merc. et du 4 au 19 juil. – **R** (dîner seult) carte 48 à 79.

X **Les Frères,** Bosboom Toussaintstraat 70, ✉ 1054 AV, ☎ 187905 plan p. 6 JZ **u**
fermé dim. et jours fériés – **R** (dîner seult) carte 39 à 48.

X **Sama Sebo,** P.C. Hooftstraat 27, ✉ 1071 BL, ☎ 728146, Rest. indonésien – AE E
fermé dim., jours fériés et 22 juil.-5 août – **R** 35. plan p. 6 KZ **m**

X **La Taverna Da Bruno,** 1e Oosterparkstraat 69, ✉ 1091 GW, ☎ 927800, Cuisine italienne
R carte 32 à 56. HV **u**

X **Oriënt,** Van Baerlestraat 21, ✉ 1071 AN, ☎ 734958, Rest. indonésien – AE JZ **q**
fermé du 27 au 31 déc. – **R** (dîner seult) carte 25 à 45.

X **Swart,** Willemsparkweg 87, ✉ 1071 GT, ☎ 760700, Cuisine juive – AE ⓓ E FV **z**
fermé lundi et mardi – **R** (dîner seult) 28/48.

X **Ravel,** Gelderlandplein 2, ✉ 1082 LA, ☎ 441643 – AE ⓓ E CS **v**
fermé dim. midi – **R** carte 31 à 62.

X **Merapi,** Rijnstraat 67, ✉ 1079 GW, ☎ 445377, Rest. indonésien HV **s**
R (dîner seult) carte 29 à 42.

X **Croq-O-Vin,** Stadionweg 100, ✉ 1077 SR, ☎ 711119 – FV **u**
fermé dim. et jours fériés – **R** carte 31 à 54.

Environs - plans p. 2 et 3 :

à Amsterdam-Sud par Amstelveenseweg :

X **Bosrand,** Amstelveenseweg 764, ✉ 1081 JK, ☎ 445814 – ⓟ BS **e**
fermé 5, 24 et 31 déc. – **R** carte 24 à 33.

à l'entrée de l'autoroute d'Utrecht A 2 :

Euromotel E 9 (annexe), Joan Muyskenweg 10, ✉ 1096 CJ, ☎ 658181, Télex 13382 – wc ⓟ – AE ⓓ E CS **e**
R carte 31 à 53 – **140 ch** 80/120.

à Badhoevedorp – 0 2968 :

Ibis Amsterdam, Schipholweg 181, ✉ 1171 PK, ☎ 1234, Télex 16491 – wc ⓟ – AE AS **a**
R 25 – **392 ch** 149.

XX **Rôtiss. Schuilhoeve,** Nieuwe Meerdijk 98, ✉ 1171 NE, ☎ 5500, Intérieur rustique – ⓟ. AE ⓓ E AS **e**
fermé sam. midi, dim. midi et 27 déc.-4 janv. – **R** carte 68 à 95.

à Landsmeer N : 6 km – 0 2908 :

XX **Meerpaal,** Noordeinde 78a, ✉ 1121 AG, ☎ 3381 – ⓟ. AE ⓓ E. CR
fermé merc. – **R** carte 48 à 74.

à Schiphol – 0 20 :

Aéroport, hall d'arrivée ☎ 175657.

Hilton International Schiphol M, Herbergierstraat 1, ✉ 1118 ZK (près de l'aéroport), ☎ 5115911, Télex 15186, – ⓟ – AE ⓓ E. rest AS **n**
R carte 52 à 100 – 17 – **204 ch** 245/285.

XXX **Aviorama,** 3e étage, à l'aéroport, ✉ 1118 AA, ☎ 152150, ← – AE ⓓ E. AS **r**
R carte 40 à 76.

près de l'autoroute de Den Haag A 4 :

Euromotel Amsterdam M, Oude Haagseweg 20, ✉ 1066 BW, ☎ 179005, Télex 15524 – 🛗 📺 ♿ 🅿 – 🏋. AE ⓓ E BS v
R carte 25 à 53 – **157 ch** ☕ 92/125.

De Boekanier, Oude Haagseweg 49, ✉ 1066 BV, ☎ 173525 – 🅿. AE ⓓ E BS s
fermé sam., dim., 28 juil.-19 août et 22 déc.-1er janv. – **R** 70/130.

sur l'autoroute de Den Haag A 4 par ④ : 15 km – ☎ 0 2503 :

Sheraton Schiphol Inn M, Kruisweg 495, ✉ 2132 NA, ☎ 15851, Télex 74546 – 🛗 ▤ rest 📺 ☎ ♿ 🅿 – 🏋. AE ⓓ E
R carte 37 à 103 – ☕ 18 – **166 ch** 200/280.

Voir aussi : ***Amstelveen*** S : 8 km, ***Ouderkerk a/d Amstel*** SE : 10 km.

N.V. Nederlandse Banden-Industrie MICHELIN, De Boelelaan 30 CS – ✉ 1083 HJ, ☎ (0 20) 429833, Télex 14119

MICHELIN, Agence régionale, Jarmuiden 60 AR – ✉ 1046 AE, ☎ (0 20) 134875

ALFA-ROMEO van der Madeweg 28 ☎ 934863
BMW 1e Ringdijkstraat 39 ☎ 943093
BMW Klaprozenweg 40 ☎ 372225
BMW Jan Rebelstraat 26 ☎ 195444
BRITISH LEYLAND Ceintuurbaan 219 ☎ 722204
BRITISH LEYLAND Stadionstraat 11 ☎ 719191
BRITISH LEYLAND Blasiusstraat 13 ☎ 943689
CITROEN Overtoom 184 ☎ 183788
CITROEN Stadionplein 26 ☎ 5701911
CITROEN Simon Stevinstraat 12a ☎ 932750
CITROEN Weesperzijde 71 ☎ 930456
CITROEN Meeuwenlaan 112 ☎ 323121
FIAT D. Goedkoopstraat 9a ☎ 936935
FIAT Beethovenstraat 39 ☎ 738811
FIAT Burg. de Vlugtlaan 19 ☎ 133579
FIAT Meeuwenlaan 120 ☎ 360166
FORD Slijperweg 5 ☎ 366247
FORD Postjesweg 527 ☎ 153266
FORD Weesperzijde 143 ☎ 946222
FORD Buitenveldertselaan 80 ☎ 424888
GM (OPEL) Overtoom 197 ☎ 182525
GM (OPEL) Schaafstraat 24 ☎ 272934
HONDA Overtoom 230 ☎ 181661
HONDA Waverstraat 8 ☎ 448668
HONDA Papaverweg 1 ☎ 367916
LADA Westerstraat 24 ☎ 241575
LADA Lippijnstraat 6 ☎ 861592
LADA C. Krusemanstraat 58 ☎ 725478
MAZDA Overamstelstraat 17 ☎ 651420
MAZDA Descartesstraat 101 ☎ 131775
MAZDA Meeuwenlaan 128 ☎ 369222
MERCEDES-BENZ Overtoom 116 ☎ 124876
MERCEDES-BENZ Donauweg 11 ☎ 134631
MERCEDES-BENZ Polderweg 98 ☎ 944155
MITSUBISHI van der Madeweg 23 ☎ 651076
MITSUBISHI Pilotenstraat 18 ☎ 155355
NISSAN van der Madeweg 1 ☎ 924755
NISSAN Linnaeuskade 7 ☎ 657666
NISSAN S. van Houtenstraat 199 ☎ 139988
NISSAN Stellingweg 347 ☎ 313131
PEUGEOT Klaprozenweg 40 ☎ 272727
PEUGEOT, TALBOT A. Fokkerweg 15 ☎ 178805
PEUGEOT Wibautstraat 139 ☎ 943131
RENAULT Asterweg 14 ☎ 372165
RENAULT Slotermeerlaan 105 ☎ 134962
RENAULT Wibautstraat 224 ☎ 931010
TALBOT Baarsjesweg 249 ☎ 121824
TALBOT J. Huizingalaan 132 ☎ 152778
TOYOTA Nassaukade 380 ☎ 128333
TOYOTA 2e Jan Steenstraat 42 ☎ 726842
TOYOTA Stephensonstraat 19 ☎ 920568
TOYOTA Condensatorweg 44 ☎ 865511
VAG Valschermkade 16 ☎ 174934
VAG Donker Curtiusstraat 6 ☎ 849505
VAG Ruysdaelkade 243 ☎ 768033
VAG Amsteldijk 10 ☎ 734666
VOLVO Banstraat 21 ☎ 723979
VOLVO Meeuwenlaan 128 ☎ 369222
VOLVO Kollenbergweg 13 ☎ 966811

Bediening en belasting

In België, in Luxemburg en in Nederland zijn bediening en belasting bij de prijzen inbegrepen.

ANKEVEEN Noord-Holland 211 ④ – voir à 's-Graveland.

ANLOO Drenthe 210 ⑨ et 408 ⑥ – 6 770 h. – ☎ 0 5922.

•Amsterdam 204 – Assen 12 – •Groningen 24.

De Hoeve, Brinkstraat 2, ✉ 9467 PE, ☎ 1216 – 🛁wc 🚿wc 🅿. AE ⓓ E. ✗
R *(fermé après 20 h 30)* carte 23 à 51 – **10 ch** ☕ 48/90.

ANNA PAULOWNA Noord-Holland 210 ⑬ – 10 228 h. – ☎ 0 2233.

•Amsterdam 72 – Alkmaar 33 – Den Helder 16.

De Smidse, Smidsweg 4, ✉ 1761 BJ, ☎ 1966
fermé mardi et du 16 au 30 sept. – **R** carte 40 à 65.

ANSEN Drenthe 210 ⑱ et 408 ⑫ – voir à Ruinen.

APELDOORN Gelderland 211 ⑥⑦ et 408 ⑫ – 142 367 h. – ☎ 0 55.

⛳ Hoogsoeren 57 à Hoog-Soeren O : 6 km par Soerenseweg X ☎ (0 5769) 275.

ℹ Stationsplein 6, ✉ 7311 NZ, ☎ 788421.

•Amsterdam 89 ⑦ – •Arnhem 27 ⑥ – •Enschede 73 ④ – •Groningen 145 ② – •Utrecht 70 ⑦.

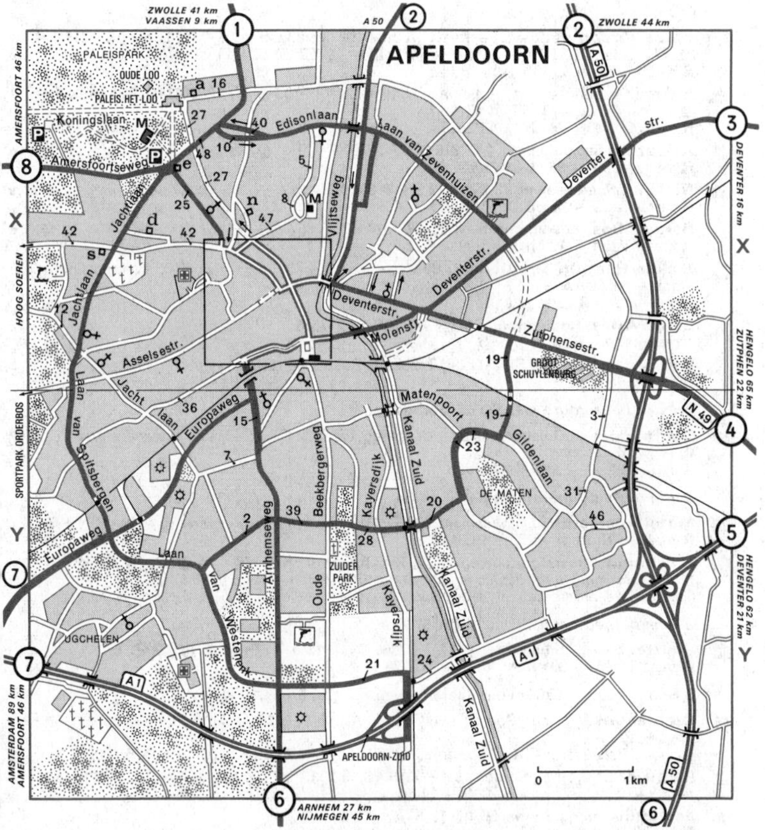

Hoofdstr. . . . . Z

Aluminiumweg . . . . Y 2
Barnewinkel . . . . Y 3
Boerhaavestr. . . . . X 5
Eendrachtstr. . . . . Y 7
Gen. van Heutszlaan . . . . X 8
Hertenlaan . . . . X 10
J. C. Wilslaan . . . . X 12
Kapelstr. . . . . Z 13
Koning Stadhouderlaan . . . . Y 15
Koningstr. . . . . X 16
Korenstr. . . . . Z 17
Laan van Erica . . . . X 19
Laan van Kuipershof . . . . . . Y 20
Laan van Malkenschoten . . . Y 21
Laan van Maten . . . . Y 23
Lange Amerikaweg . . . . Y 24
Loolaan . . . . X 25
Loseweg . . . . X 27
Marchantstr. . . . . Y 28
Marktpl. . . . . Z 30
Marskramersdonk . . . . Y 31
Molenstr. . . . . Z 32
Mr. van Rhemenslaan . . . . . . Z 34
Paul Krügerstr. . . . . Z 35
Prins W. Alexanderlaan . . . . Y 36
Prof. Rontgenstr. . . . . Z 38
Ravenweg . . . . Y 39
Reeënlaan . . . . X 40
Soerenseweg . . . . X 42
Sprengenweg . . . . Z 43
Stationspl. . . . . Z 44
Valkeniersdonk . . . . Y 46
Wilhelminapark . . . . X 47
Zwolseweg . . . . X 48

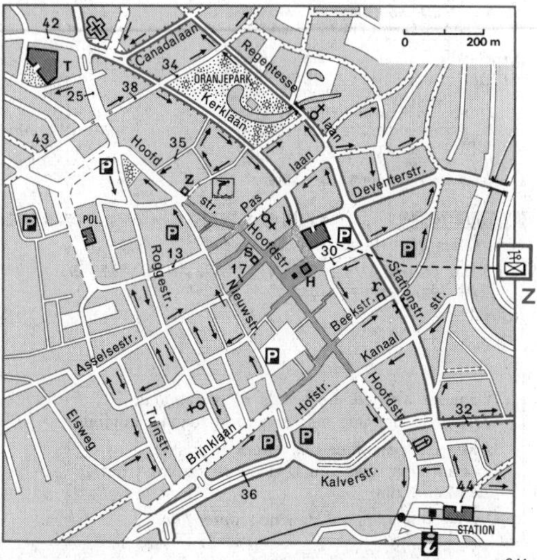

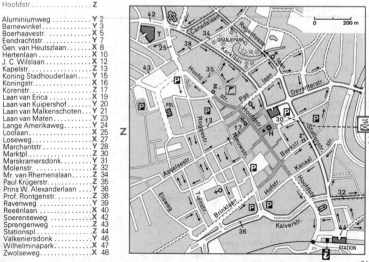

Keizerskroon et Rest.Le Petit Prince M, Koningstraat 7 (Het Loo), ✉ 7315 HR, ☎ 217744, Télex 49221, – rest – . rest X **a**
R 35/85 – **67 ch** 148/175 – P 142/155.

Bloemink (annexe), Loolaan 56 (Het Loo), ✉ 7315 AG, ☎ 214141, Télex 49253, – rest – . ch X **e**
R carte 44 à 90 – **79 ch** 42/262.

Astra, Bas Backerlaan 14, ✉ 7316 DZ, ☎ 223022 – wc . X **n**
R (pens. seult) – **26 ch** 35/69.

Nieland, Soerenseweg 73, ✉ 7313 EH, ☎ 554555 – wc . rest X **s**
R carte 33 à 58 – **45 ch** 55/95 – P 98/118.

Berg en Bos, Aquamarijnstraat 58, ✉ 7314 HZ, ☎ 552352 – wc wc. X **d**
R (pens. seult) – **17 ch** 43/98 – P 65/71.

Balkan Rest. Internationaal, Beekstraat 43, ✉ 7311 LE, ☎ 215640, Avec cuisine balkanique – . Z **r**
fermé lundi – **R** carte 25 à 61.

Bistro Ariës, Hoofdstraat 178, ✉ 7311 BD, ☎ 217086 Z **z**
fermé mardi – **R** carte 27 à 55.

Bali, Korenstraat 106, ✉ 7311 LP, ☎ 222515, Rest. indonésien Z **s**
R carte 27 à 55.

près de l'autoroute A 1, SO par Europaweg Y :

Cantharel, Van Golsteinlaan 20 à Ugchelen, ✉ 7339 GT, ☎ 414455, Télex 49550, – – . E
R carte 28 à 60 – 8 – **47 ch** 55.

sur la route d'Amersfoort par ⑧ : 4 km :

Motel Apeldoorn, J.C. Wilslaan 200, ✉ 7313 CK, ☎ 550855 – wc – .
R 23/40 – **32 ch** 75/95 – P 69/73.

✽ **Echoput,** Amersfoortseweg 86, ✉ 7346 AA, ☎ (0 5769) 248 – . E.
fermé sam. midi, lundi, 30 déc.-4 janv. et du 16 au 31 juil. – **R** carte 58 à 100
Spéc. Fumet de crustacés aux pistils de safran, Pleurottes et foie d'oie en feuilleté, Médaillon de cerf au basilic.

à Beekbergen par ⑥ : 5 km – 0 5766 :

Smittenberg, Arnhemseweg 537, ✉ 7361 CJ, ☎ 1331 – wc .
R carte 35 à 64 – **30 ch** 40/95 – P 62/75.

à Hoog Soeren O : 6 km par Soerenseweg X – 0 5769 :

Oranjeoord , Hoog Soeren 134, ✉ 7346 AH, ☎ 227, , « Au milieu des bois » – wc wc .
fermé 27 déc.-7 janv. – **R** *(fermé après 19 h 30)* 25/50 – **26 ch** 60/110 – P 75/100.

Ruimzicht , Hoog Soeren 18, ✉ 7346 AB, ☎ 233 – wc .
fermé du 1er au 8 janv. – **R** 20/44 – **14 ch** 41/108 – P 63/92.

Jachthuis, Hoog Soeren 55, ✉ 7346 AC, ☎ 397 –
fermé du 4 au 16 oct., lundi et après 20 h – **R** 25/48.

ALFA-ROMEO Kanaal Noord 200 ☎ 664400
BMW Kanaal Noord 114 ☎ 667464
BRITISH LEYLAND Duivenlaan 30 ☎ 336535
CITROEN Kanaal Noord 118 ☎ 667788
CITROEN Hoge Dries 4 ☎ 418484
FIAT Kanaalstraat 45 ☎ 215203
FORD Koninginnelaan 109 ☎ 213157
FORD Asselsestraat 234 ☎ 253222
GM (OPEL) Stationsstraat 40 ☎ 218313
HONDA Kayersdijk 57 ☎ 331122
LADA Deventerstraat 329 ☎ 664881
MAZDA Hattemseweg 61 ☎ 418833
MERCEDES-BENZ Sleutelbloemstraat 71 ☎ 660909
MITSUBISHI Adelaarslaan 71 ☎ 331899
NISSAN Sleutelbloemstraat 1 ☎ 665966
PEUGEOT, TALBOT Wagemakershoek 2 ☎ 414222
RENAULT Gazellestraat 21 ☎ 214208
RENAULT Arnhemseweg 242 ☎ 333085
TOYOTA Amersfoortseweg 15 ☎ 552323
VAG Koninginnelaan 128 ☎ 213218
VOLVO, HONDA Hoge Dries 2 ☎ 416333

APPELSCHA Friesland 210 ⑧ et 408 ⑤ – 4 262 h. – 0 5162.

♦Amsterdam 190 – ♦Leeuwarden 55 – Assen 19.

La Tourbe, Vaart Z.Z. 77, ✉ 8426 AH, ☎ 2481.
R *(fermé après 20 h)* carte 34 à 60.

ALFA-ROMEO Vaart Z.Z. 82 ☎ 1500
FIAT Vaart Z.Z. 36 ☎ 1429
MITSUBISHI Vaart Z.Z. 15 ☎ 1483

Bijzonder aangename hotels of restaurants worden in de gids met een rood teken aangeduid.
U kunt helpen door ons attent te maken op bedrijven, waarvan U uit ervaring weet dat zij uitstekend zijn.
Uw Michelingids zal dan nog beter zijn.

...

...

APPINGEDAM Groningen 210 ⑨ et 408 ⑥ – 12 837 h. – ✆ 0 5960.

Voir ≤★ de la passerelle.

ℹ Kniestraat 2, ✉ 9901 AD, ☎ 22072.

♦Amsterdam 208 – ♦Groningen 25.

Wapen van Leiden, Wijkstraat 44, ✉ 9901 AJ, ☎ 22963 – ⋔wc Ⓟ. ⓞ E. ✻ rest
R *(fermé après 20 h)* carte 24 à 60 – **27 ch** ☕ 55/85.

près de l'ancienne route de Groningen O : 3 km :

Ekenstein, Alberdaweg 70, ✉ 9901 TA, ☎ 28528 – TV ☎ – ♧. AE ⓞ E
R carte 37 à 74 – ☕ 9 – **30 ch** 68/125.

FIAT Koningstraat 45 ☎ 27280
LADA Koningstraat 57 ☎ 24187
MITSUBISHI Farmsumerweg 19 ☎ 22616
TOYOTA Fokke Ukenalaan 8 ☎ 23405
VAG Wijkstraat 67 ☎ 27600

ARCEN Limburg 212 ⑳ et 408 ⑲ – 8 241 h. – ✆ 0 4703.

ℹ Raadhuisplein 5, ✉ 5944 AH, ☎ 1247.

♦Amsterdam 167 – ♦Maastricht 88 – ♦Nijmegen 53 – Venlo 13.

Maashotel, Schans 18, ✉ 5944 AG, ☎ 1556, ≤ Maas (Meuse), ⛱ chauffée – ⛀wc ⋔wc Ⓟ. AE ⓞ E. ✻
mi-mars-mi-déc. – **R** carte 47 à 75 – **15 ch** ☕ 45/135 – ½ p 80/98.

ARNEMUIDEN Zeeland 212 ⑫ et 408 ⑮ – 3 974 h. – ✆ 0 1182.

♦Amsterdam 195 – ♦Middelburg 6 – ♦Antwerpen 82 – ♦Breda 93.

au bord du lac NE : 3 km :

Oranjeplaat, Muidenweg 1, ✉ 4341 PS, ☎ 1621, ≤ sur lac et port de plaisance, ⛱ – Ⓟ. AE ⓞ E
fermé lundi de juin à oct., mardi et 27 déc.-17 janv. – **R** carte 47 à 63.

ARNHEM P Gelderland 211 ⑯ et 408 ⑫ – 129 160 h. – ✆ 0 85.

Voir Parc de Sonsbeek★ (Sonsbeek Park) CY.

Musées : Néerlandais de plein air★★ (Nederlands Openluchtmuseum) – Municipal★ (Gemeentemuseum) AX **M¹**.

Env. NE : Parc National (Nationaal Park) Veluwezoom★, route de Posbank ☼★ par ②.

⛳18 Apeldoornseweg 450 par ① ☎ (0 85) 421438.

🚗 (départs de 's-Hertogenbosch) ☎ (0 85) 451457, 421458.

ℹ et Fédération provinciale, Stationsplein 45, ✉ 6811 KL, ☎ 452921, Télex 45308.

♦Amsterdam 98 ⑧ – ♦Apeldoorn 27 ① – ♦Enschede 93 ① – Essen 110 ④ – ♦Nijmegen 19 ⑥ – ♦Utrecht 62 ⑧.

Plans pages suivantes

Rijnhotel, Onderlangs 10, ✉ 6812 CG, ☎ 434642, Télex 45982, ≤ – ▤ rest TV Ⓟ – ♧. AE ⓞ E — AX **a**
R carte 48 à 72 – **27 ch** ☕ 86/201 – P 123/176.

Haarhuis, Stationsplein 1, ✉ 6811 KG, ☎ 427441, Télex 45357 – |♦| – ♧. AE ⓞ E. ✻ ch
R (Coq Rouge) 17/23 – **92 ch** ☕ 78/118. — CZ **b**

Rijnzicht sans rest, Utrechtseweg 123, ✉ 6812 AA, ☎ 420865, ≤ – ⋔ Ⓟ — AX **v**
mars-sept. – **9 ch** ☕ 35/90.

La Coquille, Jansplein 50, ✉ 6811 GD, ☎ 452494 – AE ⓞ E — CZ **n**
R 50/70.

Dorsvlegel, Hoogstraat 1, ✉ 6811 GZ, ☎ 430528 – AE ⓞ E — CZ **f**
fermé merc. – **R** (dîner seult) carte 45 à 69.

Mandarin, 1er étage, Velperplein 16, ✉ 6811 AH, ☎ 436577, Rest. chinois – ▤ — DZ **s**
R carte 14 à 46.

Surabaya, 1er étage, Korenmarkt 19b, ✉ 6811 GV, ☎ 513777, Rest. indonésien – AE ⓞ E
fermé dim. midi – **R** 28/45. — CZ **r**

dans le parc de Sonsbeek :

Boerderij, Parkweg 2, ✉ 6815 DJ, ☎ 424396, « Aménagé dans une ferme de 19e s. » – Ⓟ. AE ⓞ E — CY **b**
fermé lundi – **R** carte 43 à 71.

Begijnemolen, Zijpendaalseweg 28a, ✉ 6814 CL, ☎ 433963, ⛱, Intérieur rustique – Ⓟ. AE ⓞ E — CY **e**
fermé sam. midi et dim. midi – **R** carte 38 à 65.

Sonsbeek Paviljoen, Zijpendaalseweg 30, ✉ 6814 CL, ☎ 422131, ≤, ⛱ – Ⓟ — CY **z**
24 avril-sept. – **R** (déjeuner seult) carte 18 à 32.

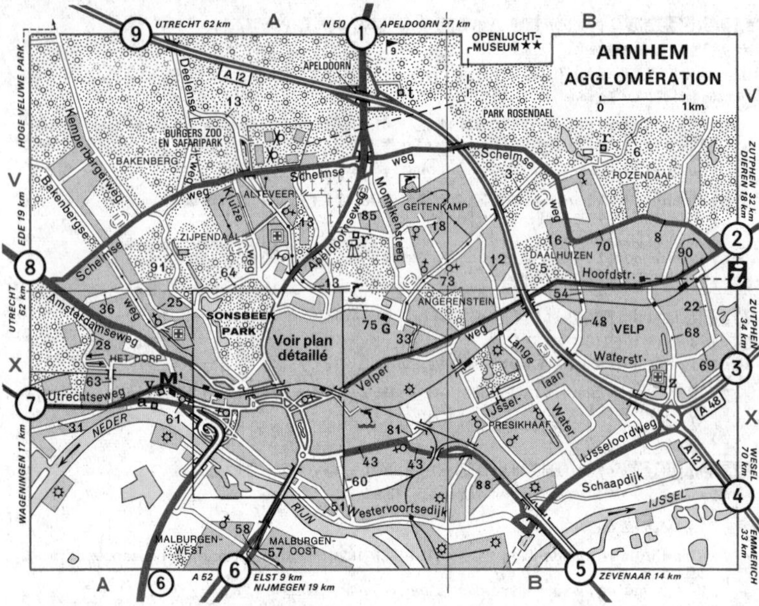

Arnhemseallee . . . . **BV** 3	Huyghenslaan . . . . **AX** 33	President Kennedylaan . . . . **BX** 68
Arnhemsestraatweg . . . . **BV** 5	Jacob Marislaan . . . . **AVX** 36	Reigerstr. . . . . **BX** 69
Beekhuizenseweg . . . . **BV** 6	Johan de Wittlaan . . . . **AX** 43	Ringallee . . . . **BV** 70
Beukenweg . . . . **BV** 8	Larensteinselaan . . . . **BX** 48	Rosendaalseweg . . . . **AV** 73
Bronbeeklaan . . . . **BV** 12	Nieuwe Kade . . . . **AX** 51	Thomas a Kempislaan . . . . **AX** 75
Cattepoelseweg . . . . **AV** 13	Nordlaan . . . . **BX** 54	Voetvislaan . . . . **AX** 81
Daalhuizerweg . . . . **BV** 16	Nijmeegseweg-Oost . . . . **AX** 57	Weg achter het Bos . . . . **AV** 85
Dr. Schaepmanlaan . . . . **AV** 18	Nijmeegseweg-West . . . . **AX** 58	Zevenaarseweg . . . . **BX** 88
Gasthuislaan . . . . **BX** 22	van Oldenbarneveldstr. . . . . . **AX** 60	Zutphensestraatweg . . . . **BV** 90
van Heemstralaan . . . . **AX** 25	Onderlangs . . . . **AX** 61	Zijpendaalseweg . . . . **AV** 91
Heijenoordseweg . . . . **AX** 28	Oranjestr. . . . . **AX** 63	
Hulkesteinseweg . . . . **AX** 31	Parkweg . . . . **AV** 64	

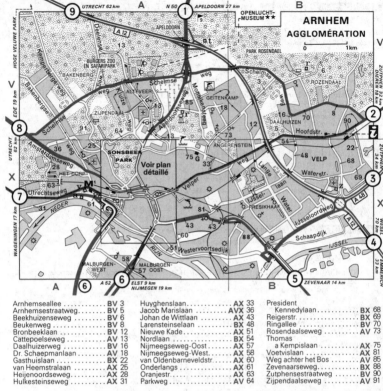

près de la route d'Apeldoorn N : 2 km :

XX **Steenen Tafel,** Weg achter het Bosch 1, ✉ 6822 LV, ☎ 435313 – Ⓟ. ⓓ E. ⚹ — AV **r**
fermé du 10 au 31 juil. – **R** carte 44 à 61.

sur l'autoroute d'Utrecht A 12 N : 3 km :

Postiljon Motel Arnhem, Europaweg 25, ✉ 6816 SL, ☎ 453741, Télex 45028 – wc ☎ ♿ Ⓟ – 🅰. AE ⓓ E — AV **t**
R 17/33 – ☕ 9 – **28 ch** 55/82.

sur la route d'Ede par ⑧ : 5 km :

Groot Warnsborn (Annexe), Bakenbergseweg 277, ✉ 6816 VP, ☎ 455751, Télex 45596, **« Au milieu des bois »** – ▤ rest ☎ Ⓟ – 🅰. AE ⓓ E. ⚹ rest
fermé 27 déc.-9 janv. – **R** carte 55 à 70 – **29 ch** ☕ 73/163 – ½ p 105/135.
par Bakenbergseweg AV

XX **Leeren Doedel** avec ch, **Amsterdamseweg 467,** ✉ **6816 VK,** ☎ **332344** – wc Ⓟ. AE ⓓ. ⚹ ch
fermé 22 déc.-6 janv. – **R** 40/75 – **10 ch** ☕ 38/95 – P 65/75.

à Schaarsbergen par Kemperbergerweg : 10 km – ☎ 0 85 :

XXX **Rijzenburg,** Koningsweg 17, ✉ 6816 TC, ☎ 436733, **« A l'entrée du parc national Hoge Veluwe (Haute Veluwe) »** – Ⓟ. AE ⓓ E
avril-oct. ; fermé lundi – **R** carte 34 à 81.

ALFA-ROMEO, MERCEDES-BENZ Velperbuitensingel 15 ☎ 435936
BRITISH LEYLAND Oude Kraan 34 ☎ 453845
CITROEN Velperweg 10 ☎ 649245
FIAT Boulevard Heuvelink 5a ☎ 435984
FORD Velperweg 10 ☎ 629033
FORD Overmaat 1 ☎ 229044
GM (OPEL) Eusebiusbuitensingel 19 ☎ 451951
HONDA, LADA Plattenburgerweg 2 ☎ 629028
MAZDA Sperwerstraat 2 ☎ 422912
MERCEDES-BENZ Oude Kraan 26 ☎ 451947
MITSUBISHI Amsterdamseweg 5 a ☎ 423204
NISSAN Distellaan 38 ☎ 218610
NISSAN Eusebiusbinnensingel 13 ☎ 218610
PEUGEOT, TALBOT Merwedestraat 1 ☎ 452888
RENAULT Kramersgildeplein 92 ☎ 612998
TOYOTA Amsterdamseweg 206 ☎ 431978
VAG Utrechtseweg 280 ☎ 511313
VOLVO P. Calandweg 19 ☎ 629323

ARNHEM
CENTRE

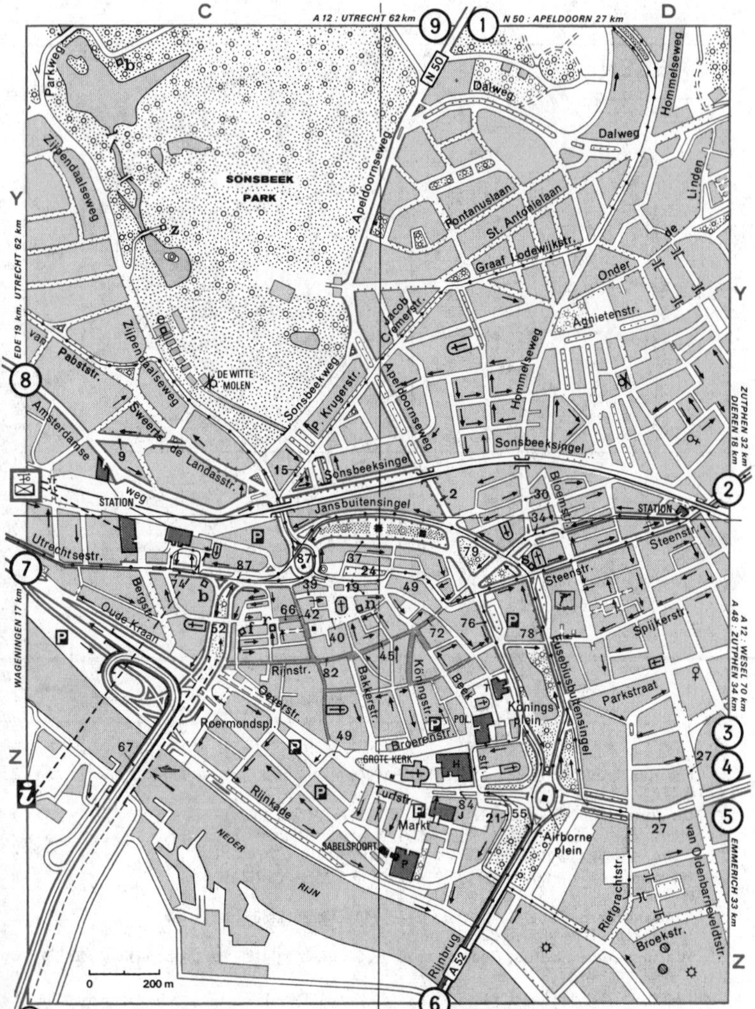

Do not lose your way in Europe, use the Michelin **Main roads** maps, scale : 1 inch : 16 miles.

ASSELT Limburg 212 ⑳ et 408 ⑲ – 320 h. – ☎ 0 4740.

♦Amsterdam 185 – ♦Maastricht 54 – Roermond 7 – Venlo 21.

✕ **Boei,** Asseltsestraat 63, ✉ 6071 BS, ☎ 1983 – Ⓟ. ✂
fermé jeudi – **R** 35/60.

ASSEN Ⓟ Drenthe 210 ⑱ et 408 ⑥ – 45 517 h. – ☎ 0 5920.

Voir Musée provincial de la Drenthe★ (Drents Museum) : section archéologique★ – Ontvangershuis★ (Brink 7) Y **M¹**.

ℹ et Fédération provinciale, Brink 42, ✉ 9401 HV, ☎ 14324.

♦Amsterdam 187 ④ – ♦Groningen 26 ① – ♦Zwolle 76 ④.

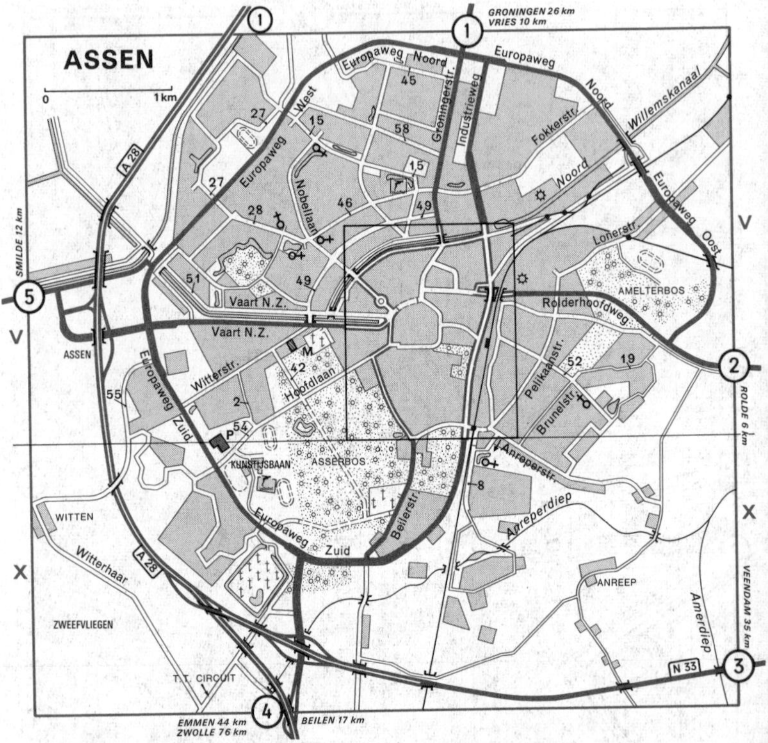

🏨 **Nieuwe Brink,** Brink 13, ✉ 9401 HS, ☎ 10046 – 🛗 ▤ rest 🚿wc ☎. AE ⓓ E — Y **c**
R 17/65 – **19 ch** ☕ 55/93 – P 79/108.

🏨 **De Jonge,** Brinkstraat 85, ✉ 9401 HZ, ☎ 12023 – 🛁wc 🚿wc ☎ — Y **r**
fermé 31 déc.-1er janv. – **R** 20/60 – **20 ch** ☕ 50/85 – P 56/64.

✕✕ Bistro La Belle Époque, Markt 6, ✉ 9401 GS, ☎ 15818 – ▤ — Y **s**

✕✕ **Hertenkamp,** Hertenkamp 10, ✉ 9401 HL, ☎ 17155 – Ⓟ. AE ⓓ — Z **b**
R 17/38.

✕ **Stadsherberg,** Oude Molenstraat 79, ✉ 9401 DB, ☎ 12136 – ▤. AE ⓓ — Y **u**
fermé dim. – **R** carte 31 à 58.

✕ **Warung Djawa Lotus,** Oudestraat 26, ✉ 9401 EK, ☎ 14180, Rest. indonésien – AE ⓓ. ✂ — Y **n**
fermé lundi – **R** 17/38.

ALFA-ROMEO Dr. A. Philipsweg 6 ☎ 13181
BMW Kloekhorststraat 31 ☎ 10127
CITROEN A.H.G. Fokkerstraat 6 ☎ 40946
FIAT Minervalaan 61 ☎ 12086
FORD van Vlissingenstraat 19 ☎ 41041
GM (OPEL) Vaart Z.Z. 31 ☎ 13441
HONDA van Vlissingenstraat 5 ☎ 43741
LADA W. Prinsstraat 19 ☎ 42029
MAZDA Industrieweg 9 ☎ 42222
MERCEDES-BENZ Lauwers 6 - Europaweg Zuid ☎ 55944
MITSUBISHI van Vlissingenstraat 7 ☎ 46850
PEUGEOT, TALBOT Tuinstraat 16 ☎ 15245
RENAULT Zeilmakersstraat 10 ☎ 43777
TOYOTA Industrieweg 8 ☎ 12135
VAG Industrieweg 44 ☎ 42942
VOLVO Dr. A. Philipsweg 25 ☎ 12847
VOLVO Industrieweg 42 ☎ 44046

Gedemptesingel .... Y 13
Kruisstr. .... Y 25
Marktstr. .... Y 30
Noordersingel .... Y 34
Oudestr. .... Y 37
Singelpassage .... Y 43

Arthur van Schendellaan .... V 2
Brinkstr. .... Y 3
Burg. Jollesstr. .... Z 4
Ceresstr. .... Y 5
Collardslaan .... Z 6
Dennenweg .... X 8
van de Feltzpark .... Z 12
Groen van Prinstererlaan .... V 15
Haarweg .... X 16
Havenkade .... Y 18
Homeruslaan .... V 19
Julianastr. .... Y 22
Kloekhorststr. .... Y 23
Kloosterstr. .... YZ 24
Maasstr. .... V 27
Maria in Campislaan .... V 28
Minervalaan .... Y 31
Nieuwe Huizen .... Y 33
Oude Molenstr. .... Y 36
Parkstr. .... Z 39
Prinses Beatrixlaan .... Z 40
Rode Heklaan .... V 42
Smetanalaan .... V 45
Thorbeckelaan .... V 46
Torenlaan .... Z 48
Troelstralaan .... V 49
Vaart .... V 51
Vredeveldseweg .... V 52
Westerlaan .... V 54
Witterhoofdweg .... V 55
Zuidersingel .... Z 57
Zwartwatersweg .... V 58

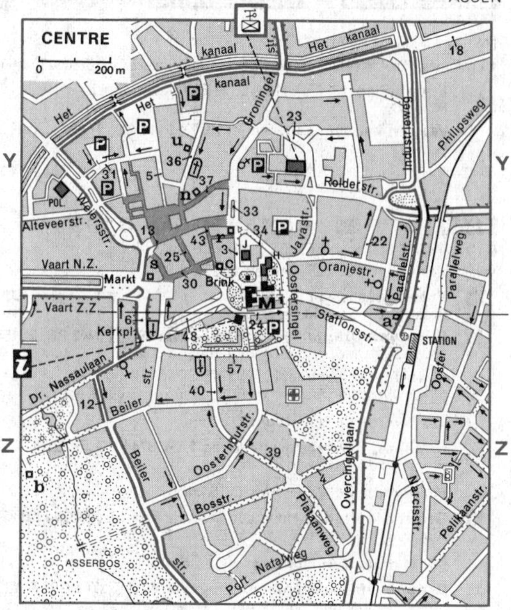

Gerenommeerde keukens (zie blz. 23)

Fijnproevers :

voor U hebben wij bepaalde restaurants aangeduid met ✿, ✿✿ of ✿✿✿.

ASTEN Noord-Brabant 212 ⑲ et 408 ⑲ – 14 151 h. – ☎ 0 4936.

Voir Musée National du Carillon★ (Nationaal Beiaardmuseum).

Env. SE : De Grote Peel★ (réserve naturelle d'oiseaux).

♦Amsterdam 152 – ♦'s-Hertogenbosch 63 – ♦Eindhoven 24 – Helmond 14 – Venlo 33.

XX **In't Eeuwig Leven,** Prins Bernhardstraat 22, ✉ 5721 GC, ☎ 3562 – AE ⊙ E
fermé sam. midi, merc. et du 8 au 12 juil. – **R** carte 33 à 64.

XX **Klot-Hoeve,** Reeweg 6, NO : 2 km, ✉ 5721 PD, ☎ 2406, Aménagé dans une ferme – Ⓟ. AE E
fermé lundi – **R** 41/73.

CITROEN Heesakkerweg 39 ☎ 1500
FIAT Hemel 30 ☎ 1618
FORD Floralaan 24 ☎ 2225
MAZDA Meyelseweg 62 ☎ 1314
MITSUBISHI Heesakkerweg 22 ☎ 1588
VAG Burg. Wijnenstraat 70 ☎ 1871

AXEL Zeeland 212 ⑬ et 408 ⑯ – 11 975 h. – ☎ 0 1155.

ℹ (fermé sam.) Stadhuis (Mairie), Markt 1, ✉ 4571 BG, ☎ 2220.

♦Amsterdam (bac) 193 – ♦Middelburg (bac) 50 – ♦Antwerpen 42 – ♦Gent 29.

XXX **Zomerlust,** Boslaan 1, ✉ 4571 SW, ☎ 1693, ⛱ – Ⓟ. AE ⊙ E. ✂
fermé sam. midi, merc. et 23 juil.-13 août – **R** carte 44 à 82.

XX **In d'Ouwe Baencke,** Kerkstraat 10, ✉ 4571 BC, ☎ 3373 – AE ⊙ E
fermé jeudi, vend. et juin – **R** 33/65.

BRITISH LEYLAND Nieuwendijk 1 ☎ 1774
MERCEDES-BENZ Vaartstraat 3 ☎ 1353
TALBOT Buitenweg 12 ☎ 2045
TOYOTA Vaartstraat 1 ☎ 1628

BAARLE-NASSAU et **BAARLE-HERTOG** Noord-Brabant 212 ⑯ et 408 ⑰ – 5 768 h. – ☎ 0 4257.

ℹ St-Annaplein 10, ✉ 5111 CA, ☎ 9921.

♦Amsterdam 126 – ♦'s-Hertogenbosch 43 – ♦Antwerpen 57 – ♦Breda 23 – ♦Eindhoven 54.

XXX **Engel,** Singel 3, ✉ 5110 AC, ☎ 9330 – ▤. AE ⓓ
R 26/60.

X **Wapen van Nassau,** Singel 16, ✉ 5111 CD, ☎ 9272
R 28/45.

FIAT Alphenseweg 33 a ☎ 9533
GM (OPEL) Hoogbraak 38 ☎ 9770
VAG Singel 14 ☎ 9398

BAARN Utrecht 211 ④ et 408 ⑪ – 24 822 h. – ☎ 0 2154.

ℹ (fermé sam.) Stationsplein 7, ✉ 3743 KK, ☎ 13226.

♦Amsterdam 38 – ♦Utrecht 25 – ♦Apeldoorn 53.

🏨 **Prom,** Amalialaan 1, ✉ 3743 KE, ☎ 12913 – 🛁wc 🚿wc. AE E. ✗ ch
R carte 30 à 68 – **43 ch** ☕ 63/88.

XX **Prins van Oranje,** Nieuw Baarnstraat 18, ✉ 3743 BR, ☎ 15407 – ▤. AE ⓓ E
fermé sam. midi et dim. midi – **R** carte 50 à 82.

X **Astoria,** Oranjestraat 8, ✉ 3743 GD, ☎ 12496 – Ⓟ
fermé dim. midi, lundi et du 7 au 30 juil. – **R** carte env. 50.

sur la route de Hilversum O : 2 km :

X **Roskam,** Hilversumsestraatweg 4, ✉ 3744 KC, ☎ 12588 – Ⓟ. AE ⓓ. ✗
fermé mardi – **R** carte 35 à 54.

sur la route de Hilversum O : 5 km :

XX **Groot Kievitsdal,** Hilversumsestraatweg 19, ✉ 3744 KB, ☎ (0 35) 833033 – Ⓟ AE
fermé lundi midi et 24 déc.-1er janv. – **R** 35/100.

sur la route d'Amsterdam NO : 2 km :

XX **Groeneveld,** Amsterdamsestraatweg 42, ✉ 3741 GS, ☎ 12576 – Ⓟ
fermé lundi et du 1er au 22 juil. – **R** carte 31 à 59.

à Lage-Vuursche SO : 7 km – ☎ 0 2156 :

🏨 **Kastanjehof,** Kloosterlaan 1, ✉ 3749 AJ, ☎ 248 – 🚿wc ☎ Ⓟ. AE
fermé 28 déc.-14 janv. – **R** *(fermé jeudi)* 38/75 – **12 ch** ☕ 42/103.

X **Lage Vuursche,** Dorpsstraat 2, ✉ 3749 AD, ☎ 351 – Ⓟ. AE ⓓ E
fermé lundi – **R** carte 46 à 80.

BRITISH LEYLAND Nieuwstraat 5 ☎ 14477
FIAT Stationsweg 1 ☎ 13326
FORD Eemnesserweg 20 ☎ 15555
PEUGEOT, TALBOT Leestraat 8 ☎ 13486
RENAULT Torenlaan 110 ☎ 13792
NISSAN Eemnesserweg 57a ☎ 12619
VAG Prinses Marielaan 21 ☎ 18633
VOLVO Amalialaan 41 ☎ 17547

BABBERICH Gelderland 211 ⑰ et 408 ⑲ – voir à Zevenaar.

BADHOEVEDORP Noord-Holland 211 ③ et 408 ⑩ – voir à Amsterdam.

BARNEVELD Gelderland 211 ⑮ et 408 ⑪ – 37 536 h. – ☎ 0 3420.

♦Amsterdam 61 – ♦Arnhem 32 – ♦Apeldoorn 33 – ♦Utrecht 43.

X **Diligence,** Emmastraat 2, ✉ 3771 BL, ☎ 12024 – ⓓ E
fermé après 20 h sauf week-end – **R** 17/48.

sur la route d'Amersfoort (près de Terschuur) – ☎ 0 3426 :

X **Kippen Rest.** (œufs et volailles), Rijksweg 85, ✉ 3784 LV, ☎ 1333 – Ⓟ. AE ⓓ
R 18/48.

CITROEN Thorbeckelaan 5 ☎ 16241
FIAT Schoutenstraat 72 ☎ 13415
GM (OPEL) Schoutenstraat 106 ☎ 14846
LADA Valkseweg 61 ☎ 90558
MERCEDES-BENZ Marconistraat 10 ☎ 15944
MITSUBISHI Nieuwe Markt 1 ☎ 13535
RENAULT Valkseweg 42 ☎ 14723
VAG van Zuylen van Nieveltlaan 59 ☎ 12837

BATHMEN Overijssel 211 ⑦⑧ et 408 ⑫ – 5 057 h. – ☎ 0 5704.

♦Amsterdam 113 – ♦Zwolle 48 – ♦Apeldoorn 29 – ♦Arnhem 48 – ♦Enschede 52.

XX **Klaverblad,** Dorpsstraat 15, ✉ 7437 AJ, ☎ 1285 – Ⓟ
✦ *fermé lundi* – **R** 20/60.

XX **Boode,** Brink 10, ✉ 7437 AM, ☎ 2600 – ▤ Ⓟ. AE E
fermé merc. – **R** carte 27 à 48.

PEUGEOT, TALBOT Holterweg 128 ☎ 1262
RENAULT Koekendijk 8 ☎ 1224

BAVEL Noord-Brabant 212 ⑥ – voir à Breda.

BECKUM Overijssel 211 ⑨ et 408 ⑬ – voir à Hengelo.

BEEK Limburg 212 ① et 408 ㉖ – 16 158 h. – ☎ 0 4402.

✈ ☎ (0 4402) 72640.

♦Amsterdam 201 – ♦Maastricht 15 – Aachen 32 – Roermond 34.

XXX ✿ **La Diligence,** Maastrichterlaan 29, ✉ 6191 AA, ☎ 71425 – Ⓟ. AE ⓓ E. ✻
fermé sam. midi, dim. non fériés, 5, 20 avril, 31 mai, 24, 31 déc. et 1er janv. – **R** carte 63 à 100
Spéc. Coquilles St.Jacques au safran (oct.-avril), Ragoût de homard, Agneau rôti aux herbes (avril-oct.).

XX **Les Quatres Pilastres,** Markt 13a, ✉ 6191 JH, ☎ 78556. ✻
fermé mardi et du 1er au 20 août – **R** 40/53.

XX **Kempener** avec ch, Prins Mauritslaan 22, ✉ 6191 EG, ☎ 71319 – ⋒. AE ⓓ E. ✻
fermé lundi et du 27 au 31 déc. – **R** carte 38 à 63 – **7 ch** ☕ 45/95 – P 63/70.

sur l'autoroute de Maastricht A 2 :

🏨 **Euromotel Limburg,** Vliegveldweg 19, ✉ 6191 SP, près de l'aérodrome, SO : 3 km, ☎ 72462, Télex 56059, ≤ – TV ⇌wc ☎ Ⓟ – 🏛. AE ⓓ E
R carte 25 à 45 – **61 ch** ☕ 114/119.

à Geverik SO : 1 km – ☎ 0 4402 :

X **Bistro Le Pierrot,** Geverikerstraat 42, ✉ 6191 RP, ☎ 74727 – Ⓟ. AE ⓓ E
fermé lundi, 21 fév.-7 mars et 28 août-13 sept. – **R** carte 37 à 58.

à Ulestraten S : 4 km – ☎ 0 43 :

X **Aub. du Cheval,** Beekerweg 57, ✉ 6235 CB, ☎ 642126, Aménagé dans une ferme – Ⓟ. AE ⓓ E
fermé sam.midi, dim.midi, lundi et juil. – **R** 33/48.

BRITISH LEYLAND Pr. Mauritslaan 97 ☎ 75945
FORD Weth. Sangersstraat 7 ☎ 75353
MAZDA Maastrichterlaan 22 ☎ 71920
MITSUBISHI Hubertusstraat 49 à Genhout ☎ 71054
NISSAN Stationsstraat 115 ☎ 71727
PEUGEOT, TALBOT D.S.M. straat 7 ☎ 71243
TOYOTA Langs de Gervannen 8 à Ulestraten ☎ (043) 642703
VAG Pr. Mauritslaan 171 ☎ 72882

BEEK Gelderland 211 ⑰ et 408 ⑲ – voir à Zeddam.

BEEK Gelderland 211 ⑯ et 408 ⑲ – voir à Berg en Dal.

BEEKBERGEN Gelderland 211 ⑯⑰ et 408 ⑫ – voir à Apeldoorn.

BEEK EN DONK Noord-Brabant 212 ⑧ et 408 ⑱ – 8 706 h. – ☎ 0 4929.

♦Amsterdam 116 – ♦Eindhoven 20 – ♦Nijmegen 54.

XX **Woo Ping,** Piet van Thielplein 10 (à Donk), ✉ 5741 CP, ☎ 2213, Rest. chinois – ▤. AE. ✻
fermé lundi – **R** 25/49.

TALBOT Orchideestraat 3 ☎ 1206

BEETSTERZWAAG Friesland 210 ⑦ et 408 ⑤ – 3 416 h. – ☎ 0 5126.

⛳ van Harinxmaweg 8a ☎ (0 5126) 2594.

♦Amsterdam 143 – ♦Leeuwarden 34 – ♦Groningen 43.

🏨 **Lauswolt** ⛰, Van Harinxmaweg 10, ✉ 9244 CJ, ☎ 1245, « Château avec vaste parc », 🎾 – 🚗 Ⓟ – 🏛. AE ⓓ E. ✻ rest
R carte 67 à 100 – **22 ch** ☕ 108/195.

à Olterterp NE : 2 km – ☎ 0 5126 :

XX **Witte Huis** avec ch, Van Harinxmaweg 20, ✉ 9246 TL, ☎ 1262, 🌳 – Ⓟ. AE ⓓ E
fermé lundi – **R** carte 49 à 79 – **5 ch** ☕ 35/70 – P 60.

FIAT Hoofdstraat 110 ☎ 1323

BEILEN Drenthe 210 ⑱ et 408 ⑥ – 13 474 h. – ☎ 0 5930.

♦Amsterdam 169 – Assen 17 – ♦Groningen 44 – ♦Leeuwarden 70 – ♦Zwolle 59.

🏨 **Prakken,** Brinkstraat 63, ✉ 9411 KL, ☎ 2346 – ⋒wc ☎ Ⓟ – 🏛. ⓓ E. ✻ rest
R *(fermé dim. d'oct. à avril et après 20 h 30)* 28/45 – **12 ch** ☕ 33/100 – P 60/80.

FIAT De Zuidmaten 1c ☎ 3261
GM (OPEL) Makkum 1 ☎ 4041
PEUGEOT, TALBOT Asserstraat 54 ☎ 2839
RENAULT De Zuidmaten 4 ☎ 5000
VAG Kanaalweg 1 ☎ 2243
VOLVO Kanaalweg 11 ☎ 2432

BEMELEN Limburg 212 ① et 408 ㉖ – 419 h. – ☎ 0 4407.

♦Amsterdam 216 – ♦Maastricht 6 – Aachen 28.

🏠 **Bergrust,** Bemelerberg 6, ✉ 6268 NA, ☎ 1214, « Terrasse et ≤ campagne » – ⋒ Ⓟ. ✻
mars-oct. – **R** (pens. seult) – **14 ch** ☕ 33/75 – P 50/55.

BENNEBROEK Noord-Holland 211 ② et 408 ⑩ – 5 766 h. – ☎ 0 2502.

Voir Vogelenzang : Tulipshow★ N : 1,5 km.

♦Amsterdam 30 – ♦Den Haag 37 – ♦Haarlem 8 – ♦Rotterdam 62.

XXX ✿ **Oude Geleerde Man,** Rijksstraatweg 51, ✉ 2121 AB, ☎ 6990, « Intérieur élégant » – ▤ Ⓟ. AE ⓞ E
fermé sam. midi et dim. midi – **R** 68/98
Spéc. Pâté de foie de canard, Petite marmite du pêcheur, Gigot et côtelette d'agneau (janv.-juil.).

XX **Les Jumeaux,** Bennebroekerlaan 19b, ✉ 2121 GP, ☎ 6334 – ▤. AE ⓞ E
R (dîner seult) carte 42 à 68.

X **Berg en Dal,** Rijksstraatweg 91, ✉ 2121 AD, ☎ 6201 – Ⓟ
fermé du 15 au 30 juin, sam. et après 20 h – **R** 30/65.

BENNEKOM Gelderland 211 ⑯ 408 ⑫ – 13 435 h. – ☎ 0 8389.

♦Amsterdam 83 – ♦Arnhem 22 – ♦Apeldoorn 45 – ♦Utrecht 45.

Keltenwoud ⛰, Dikkenbergweg 28, ✉ 6721 AC, ☎ 4219 – |♦| ⋒wc Ⓟ. ✻ rest
R 23/63 – **22 ch** ☕ 50/150 – P 75.

dans les bois E : 3 km :

XXX **Koetshuis,** Panoramaweg 23a, ✉ 6721 MK, ☎ 7370, « Intérieur rustique » – Ⓟ. AE ⓞ E
fermé du 10 au 24 mars et lundi en hiver – **R** carte 41 à 82.

X **Panorama Hoeve,** Panoramaweg 23, ✉ 6721 MK, ☎ 4396, Crêperie – Ⓟ
fermé lundi et après 20 h – **R** 17.

BRITISH LEYLAND Dorpsstraat 23 ☎ 4234
HONDA Schoolstraat 33 ☎ 6962
TOYOTA Kierkamperweg 10 ☎ 3741

BENTVELD Noord-Holland 211 ② – voir à Zandvoort.

Prévenez immédiatement l'hôtelier si vous ne pouvez pas occuper la chambre que vous avez retenue.

BERGEN Noord-Holland 210 ⑬ et 408 ⑩ – 14 300 h. – ☎ 0 2208.

ℹ Plein 1, ✉ 1861 JX, ☎ 3100 (sera 13100).

♦Amsterdam 45 – Alkmaar 6 – ♦Haarlem 38.

Elzenhof ⛰, Dorpsstraat 78, ✉ 1861 KZ, ☎ 2401 (sera 12401) – TV ⛀wc ⋒wc. AE. ✻ rest
R (1/2 pens. seult) – **30 ch** ☕ 63/85 – ½ p 48/60.

Marijke, Dorpsstraat 23, ✉ 1861 KT, ☎ 2381 (sera 12381) – ⋒wc Ⓟ. ✻
R (pens. seult) – **46 ch** ☕ 30/75 – P 48/59.

Parkhotel, Breelaan 19, ✉ 1861 GC, ☎ 2223 (sera 12223) – ⋒wc Ⓟ
R carte 23 à 53 – **26 ch** ☕ 40/88 – P 66/72.

Dorpshoeve, Dorpsstraat 46, ✉ 1861 KX, ☎ 2923 (sera 12923) – ⛀wc ⋒wc Ⓟ. ✻ rest
avril-nov. – **R** *(fermé après 18 h 30)* (pens. seult) – **37 ch** ☕ 35/75 – ½ p 51/53.

Duinpost ⛰, Kerkelaan 5, ✉ 1861 EA, ☎ 2150 (sera 12150) – ⋒wc Ⓟ. ✻
avril-oct. – **R** *(fermé après 20 h)* (dîner seult) 18/25 – **16 ch** ☕ 53/80 – ½ p 55.

Zee-Bergen ⛰ Wilhelminalaan 11, ✉ 1861 LR, ☎ 7241 (sera 97241) – TV ⛀wc ⋒wc ☎. ✻ rest
R (dîner seult) 18/26 – **23 ch** ☕ 61/126 – P 84/99.

Zonnetij sans rest, Russenweg 3, ✉ 1861 JN, ☎ 2861 (sera 12861) – ⋒wc. ✻
avril.-sept. – **15 ch** ☕ 45/105.

Viersprong ⛰, Prinsesselaan 50, ✉ 1861 EP, ☎ 7341 (sera 97341) – TV ⋒wc ☎ Ⓟ. ✻
fermé 15 déc.-14 janv. – **R** (1/2 pension seult) – **10 ch** ☕ 80/120 – ½ p 80/85.

Zilverspar, Breelaan 21, ✉ 1861 GC, ☎ 6009 (sera 96009) – ⋒wc Ⓟ. ⓞ. ✻ rest
R carte 32 à 70 – **8 ch** ☕ 35/90.

XX **Gasterie de Liefhebber,** Prinsesselaan 22, ✉ 1861 EN, ☎ 2108 (sera 12108) – ▤. AE ⓞ E
fermé lundi – **R** (dîner seult) carte 38 à 59.

X **Jager** avec ch, Breelaan 130, ✉ 1861 GH, ☎ 2828 (sera 12828) – AE
avril-sept. ; fermé lundi, mardi, merc. midi, jeudi midi et vend. midi – **R** carte 31 à 63 – **4 ch** ☕ 45 – P 58.

X **La Terrazza,** Breelaan 7, ✉ 1861 GC, ☎ 3541 (sera 13541), Cuisine italienne
R carte 20 à 49.

X **Pepermolen,** Breelaan 2, ✉ 1861 GE, ☎ 2562 (sera 12562) – Ⓟ
R (dîner seult) carte 32 à 56.

X **Slavija,** Van Reenenpark 24, ✉ 1861 EL, ☎ 2841 (sera 12841), Cuisine balkanique
fermé lundi et mardi de sept. à juin – **R** (dîner seult) 28/35.

X **Bistro de Kleine Prins,** Oude Prinsweg 29, ✉ 1861 CS, ☎ 6969 (sera 96969) – ▤
fermé du 12 au 25 sept., mardi de sept. à juil. et lundi – **R** (dîner seult) carte 46 à 68.

VAG Breelaan 52 ☎ 2200 (sera 12200)

BERGEN AAN ZEE Noord-Holland 210 ⑬ et 408 ⑩ – 360 h. – ☎ 0 2208 – Station balnéaire.

Van der Wijckplein 8, ✉ 1865 AP, ☎ 3173 (sera 13173).

Amsterdam 50 – Alkmaar 11.

Nassau Bergen, Van der Wijckplein 4, ✉ 1865 AP, ☎ 7541 (sera 97541), ≤, chauffée – TV P – . rest
fermé 24 déc.-5 janv. – **R** *(fermé après 20 h 30)* 50/53 – **45 ch** 81/208 – P 105/133.

Prins Maurits, Van Hasseltweg 7, ✉ 1865 AL, ☎ 2364 (sera 12364) – wc P. rest
avril-oct. – **R** (1/2 pens. seult) – **24 ch** 65/106 – ½ p 55/70.

Victoria, Zeeweg 33, ✉ 1865 AB, ☎ 2358 (sera 12358) – wc P
R 18/60 – **28 ch** 35/90.

BERG EN DAL Gelderland 211 ⑯ et 408 ⑲ – 2 506 h. – ☎ 0 8895.

Amsterdam 132 – Arnhem 24 – Nijmegen 6.

Voir plan d'Agglomération de Nijmegen

Parkhotel Val Monte , Oude Holleweg 5, ✉ 6572 AA, ☎ 1704, Télex 48428, « Jardin et ≤ Rijndal (vallée du Rhin) », – TV P – . AE E. X **y**
R (Groene Lantaarn) (dîner seult) carte 30 à 53 – **90 ch** 80/143 – P 88.

Hamer et Rest. Roger, Oude Kleefsebaan 82, ✉ 6571 BJ, ☎ 1493 – TV wc P – . AE X **z**
R carte 35 à 63 – **21 ch** 85/110.

Erica, Molenbosweg 17, ✉ 6571 BA, ☎ 1955, Télex 48121, Jardin de jeux pour enfants, « Au milieu des bois » – wc wc P – . AE E X **x**
R *(fermé après 20 h)* carte 34 à 55 – **57 ch** 75/120 – P 100/110.

à Beek SE : 1 km – 4 210 h. – ☎ 0 8895 :

Spijker, Rijksstraatweg 191, ✉ 6573 CP, ☎ 1295 – wc wc.
fermé 27 déc.-1er janv. – **R** (pens. seult) – **19 ch** 42/88 – P 54/64.

BERG EN TERBLIJT Limburg 212 ① et 408 ㉖ – 4 527 h. – ☎ 0 4406.

Amsterdam 217 – Maastricht 7 – Aachen 30.

Holland, Rijksweg 65, ✉ 6325 AB, ☎ 40525 – wc P. AE
R 19/37 – **27 ch** 43/80 – P 51/58.

PEUGEOT Rijksweg 167 ☎ 13700
VOLVO Rijksweg 24 ☎ 40574

BERGEN OP ZOOM Noord-Brabant 212 ⑭ et 408 ⑯ – 45 052 h. – ☎ 0 1640.

Voir Markiezenhof* AY M1.

Zoomvlietweg 66 à Wouwse Plantage : 9 km par ② ☎ (0 1657) 593.

Hoogstraat 2, ✉ 4611 MT, ☎ 35660.

Amsterdam 143 ② – 's-Hertogenbosch 90 ② – Antwerpen 39 ③ – Breda 40 ② – Rotterdam 70 ②.

Plan page suivante

Gouden Leeuw sans rest, Fortuinstraat 14, ✉ 4611 NP, ☎ 35000, Télex 78265 – TV wc wc . AE E. AY **c**
16 – **29 ch** 53/120.

Draak, Grote Markt 37, ✉ 4611 NT, ☎ 33661 – wc wc – . AE AY **a**
fermé 27 déc.-1er janv. – **R** 45/98 – **21 ch** 39/100.

XXX **La Bonne Auberge** avec ch, Grote Markt 3, ✉ 4611 NR, ☎ 54452 – rest TV . AE AY **f**
R *(fermé dim.)* carte 38 à 96 – **4 ch** 65/150.

XX **Moby Dick,** Kremerstraat 33, ✉ 4611 TP, ☎ 35798 – . AE E. AY **u**
fermé lundi et 3 sem. en janv. – **R** 33/70.

X **Bloemkool,** Wouwsestraatweg 146 par ②, ✉ 4623 AS, ☎ 33045 – P. AE E
fermé sam. midi et mardi – **R** 45/85.

au Nord : 2 km par Ravelstraat BY :

XXX **La Pucelle,** Moerstraatsebaan 164, ✉ 4614 PM, ☎ 40893, « Élégante installation dans un cadre de verdure » – P. AE E.
R 48/99.

ALFA-ROMEO Moerstraatsebaan 50 ☎ 36285
BMW Abr. de Haanstraat 9 ☎ 36952
BRITISH LEYLAND Antwerpsestraat 18 ☎ 33250
CITROEN Ravelstraat 10 ☎ 42050
FIAT Halsterseweg 318 ☎ 41924
FORD Bredasestraat 25 ☎ 50200
GM (OPEL) Erasmuslaan 6 ☎ 50011
LADA Meeussenstraat 14 ☎ 35295
MAZDA Pieter Breughelstraat 19 ☎ 34254
MITSUBISHI Konijnenburgweg 8 ☎ 33798
NISSAN, MERCEDES-BENZ G. Gezellelaan 40 ☎ 36918
PEUGEOT, TALBOT Antwerpsestraatweg 322 ☎ 43950
RENAULT van Heelulaan 81 ☎ 41150
TOYOTA Edisonlaan 7 ☎ 41250
VAG Rooseveltlaan 196 ☎ 33910
VOLVO Kastanjelaan 65 ☎ 35155

BERGEN OP ZOOM

Fortuinstr. AY 13
Kortemeestr. AY 23
Kremerstr. AY 24
Zuivelstr. BY 43

Antwerpsestraatweg BZ 3
Arn. Asselbergsstr. BY 4
Auvergnestr. AZ 6
Blauwehandstr. BY 7
Boutershemstr. AZ 8
Burg. Stulemeijerlaan AY 9
Burg. van Hasseltstr. BZ 10
Glymesstr. AZ 14
Grote Markt AY 15
Halsterseweg AY 16
Kerkstr. BZ 20
Kloosterstr. BZ 22
Lange Parkstr. BY 25
Lieve Vrouwestr. AY 26
Minderbroedersstr. ABY 28
van Overstratenlaan AY 30
van de Rijtstr. BY 32
St. Josephstr. BYZ 34
Stationsstr. BY 36
Steenbergsestr. AY 37
Rooseveltlaan BZ 39
Wouwsestraatweg BY 41

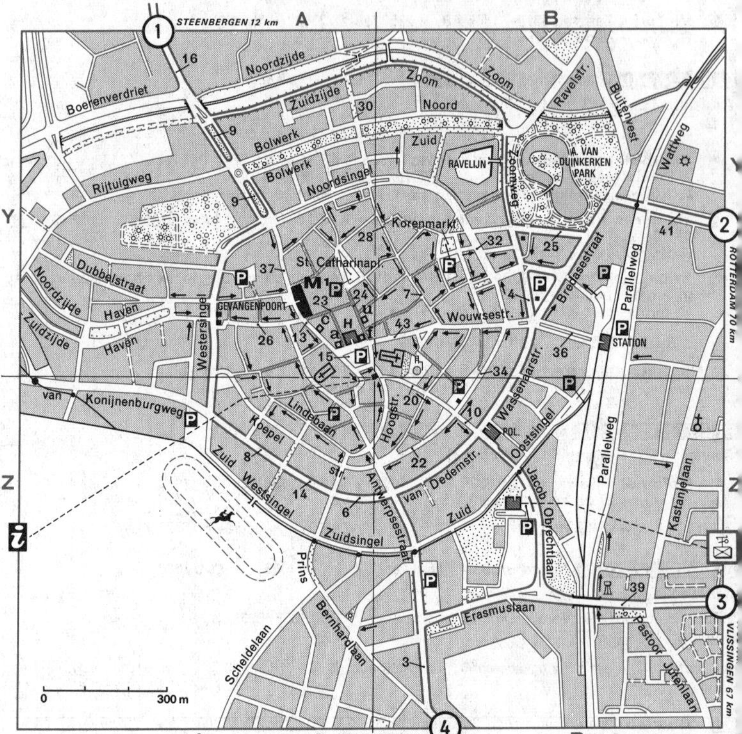

Lärmen Sie nicht im Hotel! Ihre Nachbarn werden Ihnen dankbar sein.

BERGENTHEIM **Overijssel 211 ⑧ et 408 ⑬ – voir à Hardenberg.**

BEST **Noord-Brabant 212 ⑧ et 408 ⑱ – 18 930 h. – ☎ 0 4998.**

♦Amsterdam 111 – ♦'s-Hertogenbosch 22 – ♦Breda 53 – ♦Eindhoven 11.

- **Der Kinderen,** Stationsstraat 19, ✉ 5683 BA, ☎ 71230 – Ⓟ. ✂ rest
  R 20/28 – **19 ch** ☕ 40/80.
- **Quatre Bras** avec ch, Nieuwstraat 79, ✉ 5683 KB, ☎ 71450 – Ⓟ. E
  R *(fermé dim.)* carte 27 à 50 – **13 ch** ☕ 28/85 – P 60/80.

MAZDA Spoorstraat 25 ☎ 71657
PEUGEOT, TALBOT Eindhovenseweg 5 ☎ 71320

BEVERWIJK **Noord-Holland 211 ② et 408 ⑩ – 35 534 h. – ☎ 0 2510.**

ℹ Stationsplein 26, ✉ 1948 LC, ☎ 24982.

♦Amsterdam 26 – Alkmaar 22 – ♦Haarlem 13.

- XXX **'t Gildehuys,** Baanstraat 32, ✉ 1942 CJ, ☎ 21515, « Terrasse » – AE ① E
  fermé lundi – **R** carte 42 à 65.
- XXX **Wijcker Herberg,** Zeestraat 77, ✉ 1942 AL, ☎ 23335 – AE ① E
  fermé merc. – **R** carte 42 à 72.

ALFA-ROMEO Meerstraat 41 ☎ 29150
BMW Rietlanden 16 ☎ 22050
BRITISH LEYLAND Büllerlaan 6 ☎ 41664
CITROEN Laan der Nederlanden 1 ☎ 36051
FORD Wijkermeerweg 99 ☎ 29055
GM (OPEL) Koningstraat 40 ☎ 29162
HONDA Alkmaarseweg 119 ☎ 23191
MERCEDES-BENZ Alkmaarseweg 65 ☎ 29187
MITSUBISHI Hoflanderweg 27 ☎ 24596
NISSAN Schouwenaarstraat 1 ☎ 35513
RENAULT Brink 9 ☎ 27475
TALBOT, PEUGEOT Jan de Windstraat 2 ☎ 42324
TOYOTA Wijkermeerweg 39 ☎ 25391
VAG Hilbersplein 7 ☎ 44844
VOLVO Zuiderkade 29 ☎ 29177

BIDDINGHUIZEN Gelderland (Oostelijk Flevoland) **211** ⑥ et **408** ⑪⑫ – 5 841 h. – ✆ 0 3211.
♦Amsterdam 70 – ♦Apeldoorn 58 – ♦Utrecht 74 – ♦Zwolle 41.

au lac de Veluwe SE : 8 km :

XX **Klink,** Bremerbergdijk 27, ✉ 8256 RD, ☎ 1465, ≤ – Ⓟ
avril-sept.; fermé lundi en avril, mai et sept. – **R** 25/45.

FORD Baan 41 ☎ 1279

De BILT Utrecht **211** ⑭ et **408** ⑪ – 32 106 h. – ✆ 0 30.
♦Amsterdam 49 – ♦Utrecht 6 – ♦Apeldoorn 65.

X **De Biltsche Hoek,** De Holle Bilt 1, ✉ 3732 HM, ☎ 760285 – Ⓟ. AE
R carte 23 à 39.

BRITISH LEYLAND, FORD Utrechtseweg 337 ☎ 762811
GM (OPEL) Hessenweg 200 ☎ 762332
HONDA Dorpsstraat 59 ☎ 765058
TOYOTA Dorpsstraat 41 ☎ 760994
VAG Hessenweg 8 ☎ 764816
VOLVO Utrechtseweg 420 ☎ 764848

BILTHOVEN Utrecht **211** ⑭ et **408** ⑪ – 16 295 h. – ✆ 0 30.
♦Amsterdam 48 – ♦Utrecht 9 – ♦Apeldoorn 65.

Heidepark, Jan Steenlaan 22, ✉ 3723 BV, ☎ 782477 – ▤ rest TV ⇔wc ⋒wc ☎ Ⓟ – ⚲. AE ⓓ E. ✻
fermé dim. – **R** 35/75 – **18 ch** ☐ 60/120.

FIAT Leyenseweg 16 ☎ 783923
MAZDA Spoorlaan 20 ☎ 780810
PEUGEOT, TALBOT Emmaplein 10 ☎ 782274
RENAULT Pr. Hendriklaan 28 ☎ 782105

BLADEL Noord-Brabant **212** ⑰ et **408** ⑱ – 9 505 h. – ✆ 0 4977.
ℹ Marktstraat 7, ✉ 5531 AR, ☎ 3300.
♦Amsterdam 141 – ♦'s-Hertogenbosch 52 – ♦Antwerpen 67 – ♦Eindhoven 21.

XXX **Hofstee,** Sniederslaan 121, ✉ 5531 EK, ☎ 1500, « Aménagé dans une ferme avec terrasse et jardin fleuri » – Ⓟ. AE ⓓ
fermé lundi et 24 fév. – **R** 45/70.

XX **Royal** avec ch, Europalaan 75, ✉ 5531 BE, ☎ 3319 – ⋒wc ☎. ⓓ
fermé 27 déc.-10 janv. – **R** carte 46 à 67 – **10 ch** ☐ 59/93 – P 85.

XX **Toren van Bladel,** Sniederslaan 42, ✉ 5531 EL, ☎ 3501 – E
fermé jeudi – **R** carte 38 à 60.

PEUGEOT, TALBOT Bleijenhoek 32 ☎ 1691
TOYOTA Industrieweg 6a ☎ 5252

BLARICUM Noord-Holland **211** ④ et **408** ⑪ – 11 477 h. – ✆ 0 2153.
♦Amsterdam 30 – ♦Apeldoorn 63 – ♦Utrecht 27.

XX Merpatis, Achterom 7, ✉ 1261 EE, ☎ 11133, Aménagé dans une ferme, Rest. indonésien.

BRITISH LEYLAND Naarderweg 17 ☎ 10428
PEUGEOT, TALBOT Torenlaan 12 c ☎ 14090

BLOEMENDAAL Noord-Holland **211** ② et **408** ⑩ – 17 597 h. – ✆ 0 23.
18 (abonnement) Kennemerweg 78 à Zandvoort SO : 12 km ☎ (0 2507) 12836.
♦Amsterdam 23 – ♦Haarlem 4.

Voir plan d'Agglomération de Haarlem

Rusthoek, Bloemendaalseweg 141, ✉ 2061 CJ, ☎ 257050 – ⋒. ✻ ch — AX c
25 ch ☐ 35/70.

XX **Uitkijk,** Hoge Duin en Daalseweg 6, ✉ 2061 AG ('t Kopje van Bloemendaal), ☎ 251162, « Terrasse avec ≤ dunes » – ▤ Ⓟ. AE ⓓ E — AX s
fermé lundi – **R** carte 53 à 77.

X **Aub. Le Gourmand,** Brederodelaan 80, ✉ 2061 JS, ☎ 251107 — AX a
fermé lundi et 1re quinz. janv. – **R** carte 42 à 71.

X **Bistinguette,** Kerkplein 16a, ✉ 2061 JD, ☎ 257736 — AX p
fermé lundi – **R** (dîner seult) carte 47 à 67

sur la route d'Aerdenhout S : 2 km – ✆ 0 23 :

X **Kraantje Lek,** Duinlustweg 22, ✉ 2051 AB, ☎ 241266, « Auberge rustique en lisière des dunes » – Ⓟ. AE ⓓ E — AY x
R 55/76.

dans les dunes par ① : 3 km – ✆ 0 23 :

XXX ❀ **Bokkedoorns,** Zeeweg 53, ✉ 2051 EB, ☎ 263600, ≤, « Élégante installation dans les dunes » – ▤ P. AE ⓞ E
fermé sam. midi, lundi et 27 déc.-2 janv. – **R** carte 63 à 110
Spéc. Carré d'agneau aux graines de moutarde (mars-sept.), Emincé de lapereau au basilic (sept.-janv.).

XX **Les Pyramides,** Zeeweg 80, ✉ 2051 EC, ☎ 257325, ≤ – P. AE ⓞ E. ✻
R carte 53 à 73.

FIAT Bloemendaalseweg 52 ☎ 263350
MITSUBISHI Bloemendaalseweg 329 à Overveen ☎ 326250

BLOKZIJL Overijssel 210 ⑰ et 408 ⑫ – 1 420 h. – ✆ 0 5272.
ℹ (juin-août) Kerkstraat 12, ✉ 8356 DP, ☎ 414.
♦Amsterdam 102 – ♦Zwolle 33 – Assen 66 – ♦Leeuwarden 65.

XX ❀ **Kaatje bij de Sluis,** Brouwerstraat 20, ✉ 8356 DV, ☎ 577 – AE ⓞ E
fermé sam. midi, dim. midi, lundi, mardi, 30 janv.-fév. et 25, 26 déc. – **R** 40/110
Spéc. Quenelles de homard, Anguilles au persil, Grand dessert.

X **'t Weesmeisje,** Brouwerstraat 2, ✉ 8356 DV, ☎ 222 – AE ⓞ E
fermé mardi, merc. et 28 déc.-11 fév. – **R** (dîner seult) carte 52 à 76.

BOEKEL Noord-Brabant 212 ⑨ et 408 ⑲ – 8 445 h. – ✆ 0 4922.
♦Amsterdam 119 – ♦'s-Hertogenbosch 31 – ♦Eindhoven 31 – ♦Nijmegen 43.

sur la route d'Erp O : 1 km :

XX **Brabants Hof,** Erpseweg 16, ✉ 5427 PG, ☎ 2003, Aménagé dans une ferme du 18e s. – P AE ⓞ. ✻
R carte 39 à 80.

CITROEN Wilhelminastraat 2 ☎ 1365
MITSUBISHI van der Hortstraat 1 ☎ 1875
VOLVO Kennedystraat 20 ☎ 1875

BOEKELO Overijssel 211 ⑨ et 408 ⑬ – 2 195 h. – ✆ 0 5428.
♦Amsterdam 160 – ♦Zwolle 76 – ♦Enschede 7 – Hengelo 14.

🏨 Boekelo Ⓜ, Oude Deldenerweg 203, ✉ 7548 PM, ☎ 1444, Télex 44301, « Au milieu des bois », 🏊, 🌳, 🎾 – ▤ rest 📺 ☎ ♿ P – 🏛
78 ch.

BOLSWARD Friesland 210 ⑤ et 408 ④ – 9 819 h. – ✆ 0 5157.
Voir Hôtel de ville★ (Stadhuis) – Stalles★ et chaire★ de l'église St-Martin (St. Martinikerk).
Exc. SO : Digue du Nord★★ (Afsluitdijk).
ℹ (fermé sam.) Broereplein 1, ✉ 8701 JC, ☎ 2727.
♦Amsterdam 114 – ♦Leeuwarden 30 – ♦Zwolle 85.

🏨 **Wijnberg,** Marktplein 5, ✉ 8701 KG, ☎ 2220 – 🛗 ⛀wc 🚿wc ♿ – 🏛. AE ⓞ E
R 17/38 – **37 ch** ☕ 37/96 – P 67/80.

sur l'autoroute A 7 SE : 1 km :

XX **In die Stadt Bolswerd,** Kloosterlaan 24, ✉ 8701 PD, ☎ 3543 – P. ⓞ
fermé 5 et 31 déc. – **R** carte 36 à 60.

CITROEN Sneekerstraat 8 ☎ 2224
FORD Harlingerstraat 1 ☎ 2550
GM (OPEL) K. Heeresweg 16 ☎ 4545
NISSAN, VOLVO Hichtumerweg 11 ☎ 3545
RENAULT Sneekerstraat ☎ 3570
TALBOT, PEUGEOT Laag Bolwerk 75 ☎ 3500
VAG Sneekerstraat 9 ☎ 4915

BORCULO Gelderland 211 ⑱ et 408 ⑬ – 10 280 h. – ✆ 0 5457.
ℹ Hofstraat 5, ✉ 7271 AP, ☎ 1966.
♦Amsterdam 134 – ♦Arnhem 61 – ♦Apeldoorn 48 – ♦Enschede 34.

XX **Stenen Tafel,** Het Eiland 1, ✉ 7271 BK, ☎ 2030, « Aménagé dans un moulin à eau du 17e s. » – AE ⓞ E
fermé sam. midi et dim. midi – **R** 48/95.

GM (OPEL) Needseweg 55 ☎ 2683
HONDA Deugenweerd 2 a ☎ 1517
LADA Lochemseweg 59 ☎ 1341

BORGER Drenthe 210 ⑲ et 408 ⑥ – 12 474 h. – ✆ 0 5998.
Voir Hunebed★ (dolmen).
ℹ (juin-août) Grote Brink 2a, ✉ 9531 AL, ☎ 4855.
♦Amsterdam 198 – Assen 22 – ♦Groningen 39.

🏨 **Bieze,** Hoofdstraat 21, ✉ 9531 AA, ☎ 4321 – 📺 P – 🏛. AE ⓞ E. ✻ rest
fermé 1er janv. – **R** *(fermé après 20 h 30)* carte 35 à 72 – **27 ch** ☕ 55/103 – P 82/86.

BORN Limburg 212 ① et 408 ㉖ – 13 196 h. – ☎ 0 4498.
♦Amsterdam 190 – ♦Maastricht 28 – Aachen 43 – ♦Eindhoven 62 – Roermond 23.

près de l'autoroute A 2 E : 2 km :

🏨 **Crest H. Born,** Langereweg 21, ✉ 6121 SB, ☎ 51666, Télex 36048 – 🛗 📺 🅿 – 🏛. AE ⓓ E
R 30/50 – **49 ch** ☕ 94/128 – P 90/110.

à Grevenbicht NO : 2 km – ☎ 0 4497 :

XX **Schlössli,** Oude Kerkstraat 2, ✉ 6124 BD, ☎ 1265, Cuisine suisse – ⓓ
fermé merc. et 1 sem. en fév. – **R** (dîner seult) carte 39 à 66.

HONDA Sittarderweg 10 ☎ 53434

BORNE Overijssel 211 ⑨ et 408 ⑬ – 19 085 h. – ☎ 0 74.
♦Amsterdam 144 – ♦Zwolle 56 – Almelo 8 – ♦Enschede 19.

à Hertme N : 3 km – 442 h. – ☎ 0 74 :

🏠 **Jachtlust,** Weerselosestraat 6, ✉ 7626 LJ, ☎ 661665 – 🛁wc 🚿wc 🅿. ✗
R 25/60 – **12 ch** ☕ 38/50.

PEUGEOT Industriestraat 20 ☎ 668359

Den BOSCH P Noord-Brabant – voir 's-Hertogenbosch.

BOSCH EN DUIN Utrecht 211 ⑭ – voir à Zeist.

BOSKOOP Zuid-Holland 211 ⑫⑬ et 408 ⑩ – 13 767 h. – ☎ 0 1727.
ℹ Rozenlaan 9, ✉ 2771 DB, ☎ 4644 – ♦Amsterdam 42 – ♦Den Haag 29 – ♦Rotterdam 28 – ♦Utrecht 40.

🏠 **Neuf,** Barendstraat 10, ✉ 2771 DJ, ☎ 2031 – 📺 🚿wc 🅿
R carte env. 54 – **12 ch** ☕ 55/93 – P 80/95.

MERCEDES-BENZ Plankier 22 ☎ 2110
RENAULT Linnaeusweg 4 ☎ 3268
TALBOT, PEUGEOT Zijde 450 ☎ 2538
VOLVO Koninginneweg 1a ☎ 5396

BOUKOUL Limburg 212 ⑳ et 408 ⑲ – voir à Roermond.

BOVENKARSPEL Noord-Holland 210 ⑭ et 408 ⑪ – 19 132 h. – ☎ 0 2285.
♦Amsterdam 62 – Hoorn 18.

XX **Roode Hert** avec ch, Hoofdstraat 235, ✉ 1611 AG, ☎ 11412, « Auberge du 16e s., collection d'horloges françaises » – 📺 🛁wc 🅿. AE ⓓ E
fermé 1er janv. – **R** carte 38 à 74 – **13 ch** ☕ 38/70 – P 75.

BOVENKERK Noord-Holland 211 ③ – voir à Amstelveen.

BOXMEER Noord-Brabant 212 ⑨⑩ et 408 ⑲ – 14 066 h. – ☎ 0 8855.
♦Amsterdam 139 – ♦'s-Hertogenbosch 57 – ♦Eindhoven 46 – ♦Nijmegen 31.

🏠 **Riche,** Steenstraat 51, ✉ 5831 JB, ☎ 1803 – 🛁wc 🚿wc 🚗 🅿 – 🏛. AE ⓓ E
fermé sam., dim. et jours fériés – **R** 22 – **20 ch** ☕ 45/140.

FIAT Sambeekseweg 8 ☎ 1816
FORD Spoorstraat 73 ☎ 1151
VAG Stationsweg 16 ☎ 1381

BOXTEL Noord-Brabant 212 ⑧ et 408 ⑱ – 24 242 h. – ☎ 0 4116.
♦Amsterdam 101 – ♦'s-Hertogenbosch 12 – ♦Breda 48 – ♦Eindhoven 21.

XX **Paviljoen Molenwijk,** Molenwijk 2, ✉ 5282 SH, ☎ 72302, « Au milieu d'un parc avec ≤ étang » – 🅿. AE ⓓ E. ✗
fermé sam. et 16 juil.-2 août – **R** carte 46 à 61.

sur l'ancienne route 's-Hertogenbosch-Eindhoven E : 1 km :

XX **Ceulse Kaar,** Eindhovenseweg 41, ✉ 5283 RA, ☎ 76282, Aménagé dans une auberge du 18e s. – 🅿. AE ⓓ E
fermé dim. et du 9 au 28 juil. – **R** carte 53 à 72.

FORD Ladonkseweg 34 ☎ 75985
GM (OPEL) Industrieweg 3 ☎ 75534
LADA Van Hornstraat 23 ☎ 73589
RENAULT Schijndelseweg 61 ☎ 75218
TALBOT, PEUGEOT Clarissenstraat 33 ☎ 74905
VAG Molenpad 9 ☎ 72959
VOLVO Bosscheweg 36 ☎ 72589

Verwechseln Sie nicht :

Komfort der Hotels : 🏨🏨 ... 🏠, ⌂
Komfort der Restaurants : XXXXX ... X
Gute Küche : ✿✿✿, ✿✿, ✿

BREDA Noord-Brabant 212 ⑥ et 408 ⑰ – 117 754 h. – ☎ 0 76.

Voir Carnaval★ – Grande église ou Église Notre-Dame★ (Grote- of Lieve Vrouwe Kerk) : clocher★, tombeau★ d'Englebert II de Nassau C **B** – **Valkenberg★** D.

Env. N : Nationaal Park De Biesbosch★ (promenade en bateau★) par ①.

18 Veenstraat 89 à Molenschot par ② ☎ (0 1611) 1200.

☐ et Fédération provinciale, Willemstraat 17, ⊠ 4811 AJ, ☎ 225733, Télex 54396.

♦Amsterdam 103 ① 52 ③ – ♦Antwerpen 57 ⑤ – ♦Rotterdam 52 ⑦ – ♦Tilburg 29 ③ – ♦Utrecht 72 ①.

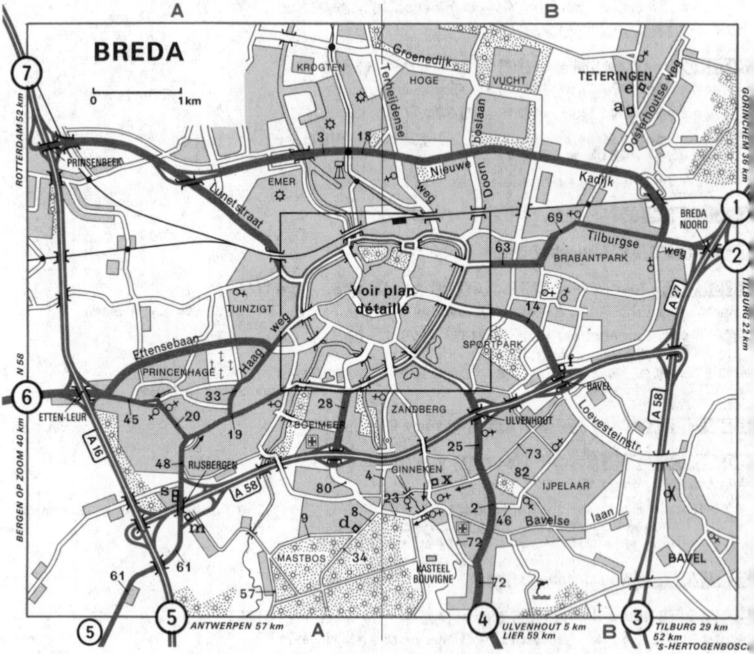

Allerheiligenweg	B	2	Dreef	A	20	Overaseweg	A	57
Backer en Ruebweg	A	3	Duivelsbruglaan	B	23	Rijsbergseweg	A	61
Baronielaan	AB	4	Fatimastr.	B	25	St. Ignatiusstr.	B	63
Burg. Kerstenslaan	A	8	Graaf Hendrik III laan	A	28	Teteringsedijk	B	69
Burg. de Manlaan	A	9	Heuvelstr.	A	33	Ulvenhoutselaan	B	72
Claudius Prinsenlaan	B	14	Huisdreef	A	34	Valkenierslaan	B	73
Crogtdijk	A	18	Liesboslaan	A	45	Willem van Oranjelaan	A	80
Dr. Struyckenstr.	A	19	Marialaan	B	46	Zwijnsbergenstr.	B	82
			Mastbosstr.	A	48			

XXX **Les Quatre Saisons,** Schoolstraat 2, ⊠ 4811 WB, ☎ 144601 – ▤. AE ⓓ E — C u
R 45/98.

XXX **Turfschip,** Chasséveld, ⊠ 4811 DH, ☎ 222888 – ▤ – ♿. AE ⓓ E. ✻ — D
fermé dim. et 16 juil.-12 août – **R** carte 46 à 88.

XX **New China Garden,** Grote Markt 45, ⊠ 4811 XP, ☎ 143750, Rest. chinois – ▤. AE ⓓ E
R 55. — C v

XX **Bali,** Markendaalseweg 68, ⊠ 4811 KD, ☎ 133206, Rest. indonésien – AE ⓓ E. ✻ — C t
R 24/29.

X **Pepermolen,** Korte Boschstraat 8, ⊠ 4811 ES, ☎ 137374 – AE ⓓ E. ✻ — D r
fermé merc. et 2 sem. en juil. – **R** carte 43 à 70.

X **Walliser Stube,** Grote Markt 44, ⊠ 4811 XS, ☎ 135027, Cuisine suisse — C
fermé mardi et du 22 au 27 fév. – **R** (dîner seult) carte 45 à 79.

X **Aub. du Campagnard,** Kasteelplein 2, ⊠ 4811 XC, ☎ 147216 – AE. ✻ — CD y
fermé lundi et juil. – **R** (dîner seult) carte 34 à 70.

X **Wan Foo,** Grote Markt 26, ⊠ 4811 XR, ☎ 223998, Rest. chinois – AE ⓓ E — C s
R 18/35.

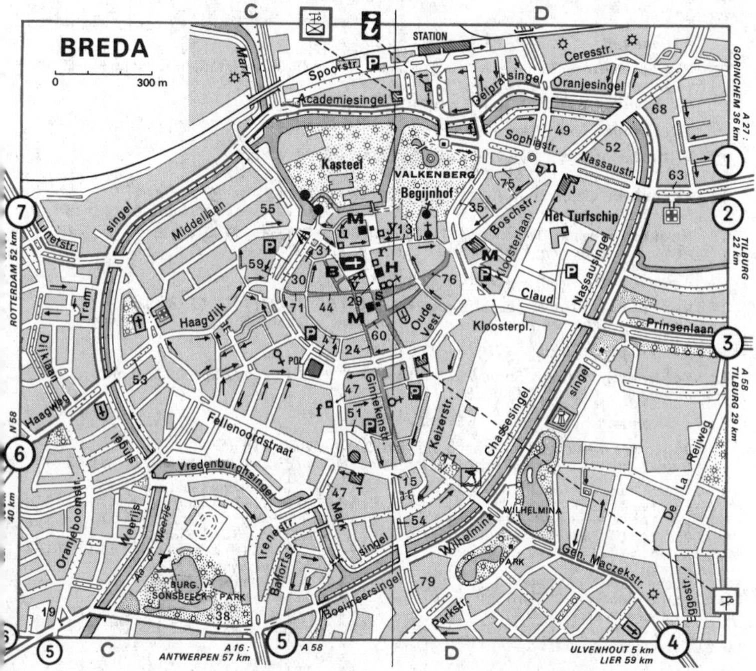

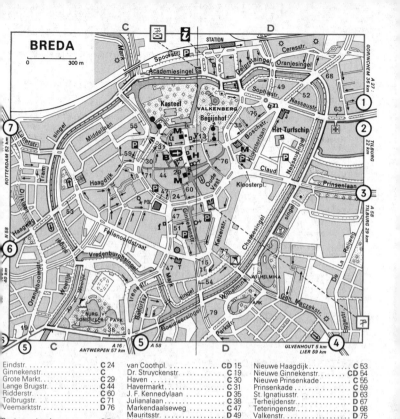

au bord du Mastbos :

Mastbosch, Burg. Kerstenslaan 20, ✉ 4837 BM, ☎ 650050, Télex 54406 – |♦| – ♣. AE ⓓ E. ✂ rest
R 35/125 – **40 ch** ☕ 63/177. A **d**

Huis Den Deijl ♨, Marellenweg 8, ✉ 4836 BH, ☎ 653616, « Au milieu des bois » – ⌂wc Ⓟ. ✂
S : 3 km par Overaseweg A
fermé 24, 25, 26 et 31 déc. – **R** 28/44 – 8 ch ☕ 38/70.

près de la route de Bavel :

Motel Brabant, Heerbaan 4, ✉ 4817 NL, ☎ 224666, Télex 54263, ⛱ – |♦| TV ⌂wc ⌂wc ☎ Ⓟ. AE ⓓ E. ✂ B **f**
R 25/53 – **78 ch** ☕ 87/105.

près de la route Breda - Etten-Leur N 58 par ⑥ : 8 km :

Boswachter Liesbosch, Nieuwe Dreef 4, ✉ 4839 AJ, ☎ 132736, « Au milieu des bois » – Ⓟ. AE ⓓ E. ✂
fermé lundi et 27 déc.-9 janv. – **R** carte 41 à 80.

près de l'autoroute Rotterdam - Antwerpen A 16 :

Motel Breda, Roskam 20, ✉ 4813 GZ, ☎ 222177, Télex 54126, ⛱ – |♦| TV ⌂wc ⌂wc ☎ Ⓟ – ♣. AE ⓓ E. ✂ ch A **s**
R carte 38 à 70 – **128 ch** ☕ 53/127 – P 72/84.

Novotel Breda, Dr. Batenburglaan 74, ✉ 4837 BR, ☎ 659220, Télex 74016, ⛱ chauffée, ✂ – |♦| ≡ rest TV ⌂wc ☎ ♿ Ⓟ – ♣. AE ⓓ E A **m**
R carte 20 à 56 – ☕ 12 – **80 ch** 100/113.

Mirabelle, Dr. Batenburglaan 76, ✉ 4837 BR, ☎ 652738 – Ⓟ. AE ⓓ E A **m**
R 40/75.

Turfvaart, Roskam 2, ✉ 4813 GZ, ☎ 135419 – Ⓟ A **s**
fermé du 1er au 22 fév. – **R** carte 39 à 77.

à Ginneken :

XXX **Vijf Lantaarns,** Ginnekenweg 309, ✉ 4835 NC, ☏ 652042, « Intérieur rustique » – AE ① E. ✱ B x
fermé lundi, mardi et après 20 h – **R** carte 45 à 84.

à Teteringen NE : 2,5 km – ✪ 0 76 :

XXX **Withof,** Hoolstraat 86, ✉ 4847 AD, ☏ 713381 – Ⓟ. AE ① E B a
fermé lundi, mardi et du 1er au 18 juil. – **R** 39/98.

XX **Boschlust,** Oosterhoutseweg 139, ✉ 4847 DB, ☏ 713383 – ▤ Ⓟ. AE ①. ✱
fermé sam. midi, dim. et du 1er au 16 août – **R** carte 63 à 93. par Oosterhoutseweg B

XX **Heestermans,** A. Oomenstraat 1a, ✉ 4847 ZH, ☏ 713259 – Ⓟ. AE ① E B e
fermé sam. midi, dim. midi, lundi et du 15 au 31 juil. – **R** 45/68.

à Bavel par ③ : 5 km – 4 661 h. – ✪ 0 1613 :

XX **Vanouds de Brouwers,** Gilzeweg 24, ✉ 4854 SG, ☏ 2272 – Ⓟ. AE ①. ✱
fermé dim., lundi, 1re quinz. sept. et 1re quinz. janv. – **R** carte 41 à 85.

à Dorst par ② : 5 km – 2 790 h. – ✪ 0 1611 :

X **Bokkewei,** 1er étage, Suraeweg 1, ✉ 4849 PK, ☏ 1264, ≤, « Au milieu des bois » – Ⓟ. AE
fermé lundi d'oct. à avril – **R** 28/80.

à Ulvenhout par ④ : 5 km – 5 513 h. – ✪ 0 76 :

X **Jagthuys** avec ch, Dorpsstraat 3, ✉ 4851 CJ, ☏ 612632 – Ⓟ. AE
fermé lundi et du 15 au 30 sept. – **R** *(fermé après 20 h)* 23/31 – **3 ch** ☕ 45/70 – ½ p 52.

ALFA-ROMEO Speelhuislaan 156 a ☏ 812750
BMW Ettensebaan 19 ☏ 133186
BRITISH LEYLAND Regenbeemd 23 ☏ 870591
BRITISH LEYLAND Marksingel 35 ☏ 224031
CITROEN Spinveld 74 ☏ 222371
FIAT Crogtdijk 79 ☏ 810411
FORD Boeimeersingel 6 ☏ 224400
GM (OPEL) Biesdonkweg 31 ☏ 877950
HONDA Ginnekenweg 340 ☏ 653231
LADA Groot Ypelaardreef 14 ☏ 655987
MAZDA Deinzestraat 385 ☏ 875137
MAZDA Gen. Maczekstraat 8 ☏ 133825
MERCEDES-BENZ Wilhelminasingel 42 ☏ 223611
MITSUBISHI Konijnenberg 45 ☏ 225011
NISSAN Spinveld 37 ☏ 223166
PEUGEOT, TALBOT Loevesteinstraat 20 ☏ 659211
RENAULT Beverweg 4 ☏ 222533
TOYOTA Speelhuislaan 156 ☏ 712000
VAG Ginnekenweg 11 ☏ 222488
VAG Backer en Ruebweg 2 ☏ 879320
VOLVO Ettensebaan 17 c ☏ 223344

BRESKENS Zeeland 212 ⑫ et 408 ⑮ – 4 935 h. – ✪ 0 1172.

♦Amsterdam 205 – ♦Middelburg 8 – ♦Antwerpen 87 – ♦Brugge 41.

De Milliano sans rest, Promenade 4, ✉ 4511 RB, ☏ 1855, ≤ embouchure de l'Escaut, 🐎 – Ⓟ. AE ① E
6 ch et **18** appartements ☕ 128/180.

Scaldis, Langeweg 3, ✉ 4511 GA, ☏ 2420, 🐎 – 🛁wc ☎ Ⓟ. ✱ ch
R carte 35 à 63 – **13 ch** ☕ 40/100 – P 60/70.

Wapen van Breskens, Grotekade 33, ✉ 4511 AT, ☏ 1401 – TV 🚿wc Ⓟ. AE ① E. ✱ ch
fermé 27 déc.-13 janv. – **R** *(fermé lundi midi de nov. à mars)* 18/43 – **16 ch** ☕ 35/110 – P 55/74.

XX **De Milliano,** Scheldekade 27, ✉ 4511 AW, ☏ 1812, Produits de la mer – Ⓟ. AE ① E
R 53/63.

au débarcadère :

X **De Milliano,** Veerplein 1, ✉ 4511 AR, ☏ 1687, Avec rest. libre service – Ⓟ. AE ① E
R 30/48.

BMW Spuiplein 43 ☏ 1723
FORD Mercuriusstraat 11 ☏ 1729
GM (OPEL) Weijkmanlaan 7 ☏ 1473

BREUKELEN Utrecht 211 ⑭ et 408 ⑩ – 10 371 h. – ✪ 0 3462.

Env. S : route ≤ ★.

♦Amsterdam 27 – ♦Utrecht 14.

XX **L'Escargot,** Karel Doormanweg 10, ✉ 3621 JX, ☏ 3222 – E
fermé merc. et du 1er au 22 juil. – **R** (dîner seult) carte 44 à 79.

X **Bistro Bisantiek,** Stationsweg 14, ✉ 3621 LL, ☏ 3440
fermé mardi – **R** (dîner seult) carte 33 à 49.

sur la route de Nieuwersluis N : 2 km :

X **Motel Noord** avec ch, Straatweg 246, ✉ 3621 BZ, ☏ 1684 – 🚿wc ☎ Ⓟ. AE
R *(fermé merc. et après 20 h 30)* carte 28 à 70 – 8 ch ☕ 50/90 – P 90/110.

sur la route de Maarssen SE : 3 km – ✪ 0 3465 :

X **Oliphant,** Straatweg 1, ✉ 3621 BG, ☏ 61478 – Ⓟ
fermé lundi – **R** carte 29 à 65.

MAZDA Karel Doormanweg 47 ☏ 2435
TOYOTA Straatweg 100 ☏ 1884

BREUKELEVEEN Utrecht 211 ⑭ et 408 ⑪ – 410 h. – ☎ 0 2158.
♦Amsterdam 33 – ♦Utrecht 15 – Hilversum 10.

- **Faroeta,** Herenweg 41a, ✉ 3625 AB, ☎ 4224, ← – wc P
  R *(fermé lundi)* carte 48 à 58 – **22 ch** ☕ 50/90.
- **Veenhoeve,** Herenweg 37, ✉ 3625 AB, ☎ 4399 – ▤. AE ⓓ E
  fermé merc. – **R** (dîner seult) 41/67.

BRIELLE Zuid-Holland 212 ④ et 408 ⑯ – 15 219 h. – ☎ 0 1810.
Oude Veerdam 14 à Rozenburg, recreatieschap Brielse Maas ☎ (0 1810) 4225.
Venkelstraat 3, ✉ 3231 XT, ☎ 3333.
♦Amsterdam 100 – ♦Den Haag (bac) 37 – ♦Breda 75 – ♦Rotterdam 34.

- **Zalm,** Voorstraat 6, ✉ 3231 BJ, ☎ 3388 – wc ☎ P. AE E
  R carte 30 à 60 – **30 ch** ☕ 45/125 – P 75/100.
- **Carillon,** Voorstraat 41, ✉ 3231 BE, ☎ 5230 – AE ⓓ E
  R carte 36 à 58.
- **Pablo,** Voorstraat 89, ✉ 3231 BG, ☎ 2960, Rest. indonésien – ▤
  fermé lundi et 24 sept.-22 oct. – **R** carte 19 à 51.

CITROEN Thoelaverweg 2 ☎ 2455
HONDA Slagveld 19 ☎ 3005

BRONKHORST Gelderland 211 ⑰ et 408 ⑫ – 175 h. – ☎ 0 5755.
♦Amsterdam 119 – ♦Arnhem 28 – ♦Apeldoorn 33 – ♦Enschede 67.

- **Herberg de Gouden Leeuw** avec ch, Bovenstraat 2, ✉ 7226 LM, ☎ 1231, Intérieur vieil hollandais – P
  R *(fermé lundi et après 20 h)* carte 28 à 43 – **7 ch** ☕ 30/60.
- **Wapen van Bronkhorst,** Gijsbertplein 1344 n° 1, ✉ 7226 LJ, ☎ 1265, Intérieur vieil hollandais – P
  R carte 25 à 40.

BROUWERSHAVEN Zeeland 212 ③ et 408 ⑯ – 3 507 h. – ☎ 0 1119.
♦Amsterdam 143 – ♦Middelburg 57 – ♦Rotterdam 79.

- **De Brouwerie,** Molenstraat 31, ✉ 4318 BS, ☎ 1880. AE ⓓ E
  fermé mardi et jeudi du 15 nov. à avril, merc. et 22 oct.-14 nov. – **R** (dîner seult) carte 40 à 59.

VAG Poortdijkstraat 61 ☎ 1344

BRUNSSUM Limburg 212 ② et 408 ㉖ – 29 971 h. – ☎ 0 45.
Lindenplein 5c, ✉ 6444 AT, ☎ 256811.
♦Amsterdam 211 – Aachen 25 – ♦Maastricht 26.

- **Heidezicht,** Akerstraat 132, ✉ 6445 CT, ☎ 258017 – AE ⓓ
  fermé merc. – **R** carte 29 à 55.

à Amstenrade O : 3 km – 3 575 h. – ☎ 0 45 :

- **Schikan,** Allée 11, ✉ 6446 RA, ☎ 221921 – P. ✻
  R 29/53 – **8 ch** ☕ 42/84.

BRITISH LEYLAND, FIAT Tegelstraat 3 ☎ 250675
CITROEN Jeugrubbenweg 20 à Amstenrade ☎ 216262
GM (OPEL) Haefland 2 ☎ 259497
HONDA Haefland 15 ☎ 252244
LADA Trichterweg 122 ☎ 212843
NISSAN Rembrandtstraat 64 ☎ 250715
RENAULT Akerstraat 128 ☎ 251644

BUDEL Noord-Brabant 212 ⑱ et 408 ⑱ – 11 544 h. – ☎ 0 4958.
♦Amsterdam 152 – ♦'s-Hertogenbosch 63 – Aachen 87 – ♦Eindhoven 24 – Roermond 34.

à Gastel NO : 2 km – ☎ 0 4958 :

- **Garde,** De Dijk 8, ✉ 6028 RJ, ☎ 3990, « Aménagé dans une ferme » – P. AE ⓓ E
  fermé lundi – **R** (dîner seult sauf dim.) carte 47 à 85.

MAZDA Nieuwstraat 104 ☎ 2366
RENAULT Nieuwstraat 15 ☎ 1207
TALBOT, PEUGEOT Deken van Baarstraat 23 ☎ 1712
VAG Burg. van Houtstraat 27 ☎ 1622

BUNNIK Utrecht 211 ⑭ et 408 ⑪ – 13 533 h. – ☎ 0 3405.
♦Amsterdam 49 – ♦Arnhem 52 – ♦Utrecht 8.

- **Rhijnauwen,** Rhijnauwenselaan 16, ✉ 3981 HH, ☎ 61285, Crêperie, « Parc au bord du Kromme Rijn (méandre du Rhin) » – P
  fermé du 9 au 23 janv., lundi et après 20h30 – **R** 17/22.

sur l'autoroute A 12 :

- **Postiljon Motel Utrecht-Bunnik,** Motorestoweg 8, ✉ 3981 AJ, ☎ 69222, Télex 70298 – ▤ rest wc wc ☎ P – AE ⓓ E
  R 25/33 – ☕ 9 – **84 ch** 87/100.

PEUGEOT, TALBOT Groeneweg 3 ☎ 61583

BUNSCHOTEN-SPAKENBURG Utrecht 211 ⑤ et 408 ⑪ – 17 754 h. – ☎ 0 3499.

Voir Costumes traditionnels★.

ℹ Kerkstraat 104, ✉ 3751 AT, ☎ 82156.

♦Amsterdam 46 – ♦Utrecht 36 – Amersfoort 12 – ♦Apeldoorn 52.

à Spakenburg :

XX **Mandemaaker,** Kerkstraat 103, ✉ 3751 AT, ☎ 81615, Intérieur vieux Spakenburg – E
fermé dim. – **R** carte 42 à 88.

LADA Zuidwenk 43 ☎ 1663
MERCEDES-BENZ Dorpsstraat 137 ☎ 1204
RENAULT Nieuwe Schans 12 ☎ 3398
VAG Amersfoortseweg 16 ☎ 2500

BUREN Friesland 210 ⑥ et 408 ⑤ – voir à Waddeneilanden (Ameland).

BUREN Gelderland 212 ⑧ et 408 ⑱ – 8 979 h. – ☎ 0 3447.

♦Amsterdam 74 – ♦Nijmegen 48 – ♦'s-Hertogenbosch 29 – ♦Utrecht 42.

XX **Gravin van Buren,** Kerkstraat 4, ✉ 4116 BL, ☎ 1663 – AE ⓓ E. ✻
fermé sam. midi, dim. midi, lundi et du 1er au 15 août – **R** carte 59 à 81.

TOYOTA Tielseweg 6 ☎ 1745

Den BURG Noord-Holland 210 ③⑬ et 408 ③ – voir à Waddeneilanden (Texel).

BUSSUM Noord-Holland 211 ④ et 408 ⑪ – 34 252 h. – ☎ 0 2159.

⛳18 Soestdijkerstraatweg 172 à Hilversum S : 7 km ☎ (0 35) 857060.

ℹ Wilhelminaplantsoen 6, ✉ 1404 JB, ☎ 30264.

♦Amsterdam 21 – ♦Apeldoorn 66 – ♦Utrecht 30.

XXX **Stoverij,** Dr. A. Kuyperlaan 3 (dans le théâtre 't Spant), ✉ 1402 SB, ☎ 34302 – Ⓟ. AE ⓓ E
fermé sam. midi, dim. midi, lundi et 2 juil.-6 août – **R** carte 39 à 67.

X **Deli,** Stationsweg 12, ✉ 1404 AN, ☎ 40931, Rest. indonésien – ▤. ⓓ
fermé lundi – **R** (dîner seult) 17/21.

BMW Slochterenlaan 5 ☎ 47644
BRITISH LEYLAND Huizerweg 14 ☎ 17957
FORD Vlietlaan 62 ☎ 18651
GM (OPEL) Noorderweg 2 ☎ 13364
HONDA Albrechtlaan 13a ☎ 48214
MAZDA Landstraat 102 ☎ 14528
MERCEDES-BENZ, ALFA-ROMEO Amersfoortsestraatweg 43 ☎ 33524
MITSUBISHI Landstraat 55 ☎ 16170
NISSAN De Peppels 38 ☎ 30048
RENAULT Huizerweg 84 ☎ 34047
VAG Landstraat 116 ☎ 13713
VOLVO Landstraat 90 ☎ 14373

CADZAND Zeeland 212 ⑫ et 408 ⑮ – 955 h. – ☎ 0 1179.

ℹ Boulevard De Wielingen 17a, ✉ 4506 JH, ☎ 1298.

♦Amsterdam 218 – ♦Middelburg (bac) 21 – ♦Brugge 23 – ♦Gent 53 – Knokke-Heist 12.

à Cadzand-Bad NO : 3 km :

🏨 **De Wielingen** Ⓜ ⛱, Haventje 1, ✉ 4506 KM, ☎ 1511, ≤ – |♦| TV ☎ ♿ Ⓟ. E. ✻ rest
R 30 – **17 ch** et **14** appartements ▭ 120/210 – ½ p 78/125.

XXX **Blanke Top** ⛱ avec ch, Boulevard De Wielingen 1, ✉ 4506 JH, ☎ 2040, ≤ – ▤ rest TV ⌂wc ⌂wc ☎ Ⓟ. AE ⓓ E
fermé jeudis non fériés du 15 nov. au 15 fév. – **R** 30/85 – 12 ch ▭ 80/130.

X **Italia,** Boulevard De Wielingen 3, ✉ 4506 JH, ☎ 1362, Cuisine italienne
fermé merc., 15 sept.-15 oct. et 15 déc.-15 janv. – **R** carte 25 à 41.

CAPELLE AAN DEN IJSSEL Zuid-Holland 211 ⑫ et 408 ⑰ – 46 204 h. – ☎ 0 10.

♦Amsterdam 84 – ♦Den Haag 33 – Dordrecht 23 – ♦Rotterdam 8 – ♦Utrecht 50.

XX **Dorsvlegel,** 's-Gravenweg 178, ✉ 2902 LG, ☎ 503060, « Aménagé dans une ferme » – ▤ Ⓟ. AE ⓓ E
R 50/98.

XX **Johannahoeve,** 's-Gravenweg 347, ✉ 2905 LB, ☎ 503800, « Aménagé dans une ferme du 17e s. » – Ⓟ
R carte 62 à 89.

ALFA-ROMEO, RENAULT Wormerhoek 12 ☎ 518811
BMW Wormerhoek 16 ☎ 580544
BRITISH LEYLAND Kanaalweg 2 ☎ 506180
CITROEN Kompasstraat 4 ☎ 508900
FORD Schermerhoek 523 ☎ 513833
NISSAN Bermweg 296 ☎ 506666
VAG Wormerhoek 5 ☎ 519888
VOLVO A. van Nesstraat 1 ☎ 508580

CASTRICUM Noord-Holland 211 ② et 408 ⑩ – 22 638 h. – ☎ 0 2518.

ℹ Stationsweg 6, ✉ 1901 AA, ☎ 52009 – ♦Amsterdam 32 – Alkmaar 11 – ♦Haarlem 21.

X **Kornman** avec ch, Mient 1, ✉ 1901 AB, ☎ 52251 – ▤ rest Ⓟ. E
fermé 1er janv. – **R** carte 29 à 55 – **8 ch** ▭ 32/63.

FIAT Stetweg 66 ☎ 54917
GM (OPEL) Stetweg 37 ☎ 59017
RENAULT Soomerweg 1 ☎ 55050
VOLVO Kooiplein 2 ☎ 51301

CHAAM Noord Brabant 212 ⑯ et 408 ⑰ – 3 477 h. – ☎ 0 1619.

ℹ Dorpsstraat 66, ✉ 4861 AP, ☎ 1812.

♦Amsterdam 112 – ♦'s-Hertogenbosch 43 – ♦Antwerpen 66 – ♦Breda 14 – ♦Eindhoven 54.

sur la route d'Alphen SE : 1 km :

XX **Albert-Ville,** Alphensebaan 14, ✉ 4861 RA, ☎ 1586, Intérieur rustique – Ⓟ. AE ⓓ E
fermé lundi et mardi d'oct. à mai – **R** 28/60.

sur la route de Breda NO : 3 km :

XX **Huis ten Bosch,** Bredaseweg 64, ✉ 4861 TD, ☎ 1275, « Intérieur vieil hollandais » – Ⓟ
fermé lundi et mardi – **R** carte 31 à 77.

MAZDA Dorpsstraat 41 ☎ 1228
VOLVO Dorpsstraat 15 ☎ 1551

CHAMPS DE FLEURS ★★★ 211 ②⑫ et 408 ⑩ G. Hollande.

DE COCKSDORP Noord-Holland 210 ③ et 408 ③ – voir à Waddeneilanden (Texel).

COEVORDEN Drenthe 210 ⑲ et 408 ⑬ – 13 877 h. – ☎ 0 5240.

♦Amsterdam 163 – Assen 54 – ♦Enschede 72 – ♦Groningen 75 – ♦Zwolle 53.

Talens, Sallandsestraat 51, ✉ 7741 HN, ☎ 6251 – wc wc ☎ – . rest
R *(fermé sam. de sept. à juin)* carte 41 à 89 – **22 ch** 55/95 – P 75/90.

XX **Gasterie Kasteel,** Kasteel 30, ✉ 7741 GD, ☎ 2170, Dans une cave voûtée – ⓓ
fermé dim., lundi, 1re sem. janv. et du 9 au 27 juil. – **R** carte 48 à 89.

CITROEN Monierweg 1 ☎ 4100
FIAT Krimweg 22 ☎ 3141
FORD Europaweg 2 ☎ 4555
GM (OPEL) Sallandsestraat 57 ☎ 3641
LADA Parallelweg 15 ☎ 3334
PEUGEOT, TALBOT Wilhelminasingel 38 ☎ 2434
VAG Monierweg 5 ☎ 5131

CULEMBORG Gelderland 211 ⑭ et 408 ⑱ – 19 300 h. – ☎ 0 3450.

♦Amsterdam 60 – ♦Breda 67 – ♦'s-Hertogenbosch 35 – ♦Utrecht 28.

XX ✿ **Binnen den Poort** (Claesen), Everwijnstraat 27, ✉ 4101 CE, ☎ 13627 – AE ⓓ E
fermé sam. midi, dim. midi, lundi et 25 juin-6 juil. – **R** carte 59 à 84
Spéc. Mosaïque de légumes, Truite farcie à la ciboulette, Sorbet au miel.

ALFA-ROMEO, PEUGEOT, TALBOT, MITSUBISHI A. van Diemenstraat 40 ☎ 14545
BRITISH LEYLAND Rijksstraatweg 12 ☎ 12614
FIAT Industrieweg 11 ☎ 13475
FORD Weth. Schoutenweg 1 ☎ 15757
GM (OPEL) Vianenstraat 1 ☎ 14241
HONDA Randweg 12 ☎ 13650
NISSAN Plantijnweg 7 ☎ 12134
RENAULT Plantijnweg 16 ☎ 13600
VAG A. van Diemenstraat 6 ☎ 16211
VOLVO Plantijnweg 31 ☎ 16613

CUIJK Noord-Brabant 212 ⑨ et 408 ⑲ – 16 502 h. – ☎ 0 8850.

♦Amsterdam 126 – ♦'s-Hertogenbosch 44 – ♦Nijmegen 15 – Venlo 54.

X **Beurs,** Grotestraat 26, ✉ 5431 DK, ☎ 13069 – AE ⓓ E
fermé sam. midi, merc. et 1re quinz. juil. – **R** carte 28 à 55.

BMW Lange Beyerd 6 ☎ 13035
CITROEN, MITSUBISHI Lange Beyerd 2 ☎ 12990
FIAT Stationsplein 3 ☎ 12126
GM (OPEL) Beerseweg 3 ☎ 13003
NISSAN Lange Beyerd 1 ☎ 13071
PEUGEOT, TALBOT, MERCEDES-BENZ Zwaanstraat 16 ☎ 12198
RENAULT Molenstraat 43 ☎ 12636
TOYOTA Koebaksestraat 4 ☎ 12696

DALFSEN Overijssel 211 ⑦ et 408 ⑫ – 14 665 h. – ☎ 0 5293.

ℹ Kerkplein 26, ✉ 7721 AD, ☎ 3711 – ♦Amsterdam 127 – ♦Apeldoorn 60 – Assen 78 – ♦Zwolle 11.

X **In den Brinkhof,** Wilhelminastraat 19, ✉ 7721 CD, ☎ 1282 – ⓓ.
fermé mardi – **R** (dîner seult) 20/50.

FIAT Welsummerweg 11 ☎ 1200
RENAULT Wilhelminastraat 76 ☎ 1319
TALBOT, PEUGEOT Bloemendalstraat 8 ☎ 1237

De – voir au nom propre.

DELDEN Overijssel 211 ⑨ et 408 ⑬ – 7 380 h. – ☎ 0 5407.

ℹ Langestraat 61, ✉ 7491 AB, ☎ 2205 – ♦Amsterdam 144 – ♦Zwolle 60 – ♦Apeldoorn 59 – ♦Enschede 17.

✿ **Carelshaven,** Hengelosestraat 30, ✉ 7491 BR, ☎ 1305, « Terrasse et jardin fleuri » – ☎ Ⓟ. AE ⓓ E.
fermé 21 déc.-1er janv. et dim. soir de nov. à avril – **R** carte 46 à 84 – **25 ch** 70/155 – P 110/120
Spéc. Tartare de saumon et coquille St-Jacques, Médaillon de ris de veau aux morilles, Sorbet aux fruits.

Zwaan, Langestraat 2, ✉ 7491 AE, ☎ 1206, chauffée – Ⓟ. ch
R *(fermé après 20 h)* 25/35 – **18 ch** 54/117 – P 70/95.

X **Groene Brug** avec ch, Vossenbrinkweg 78, ✉ 7491 DE, ☎ 1385, « Terrasse et jardin fleuri » – Ⓟ
R carte 30 à 52 – **4 ch** 37/73 – P 56.

DELFT Zuid-Holland **211** ⑪⑫ et **408** ⑩ – 85 268 h. – ✆ 015.

Voir Nouvelle église★ (Nieuwe Kerk) : mausolée de Guillaume le Taciturne★, de la tour ✳★ CY **A** – Oude Delft★ (Vieux canal) CYZ – Pont de Nieuwstraat ≤★ CY – Oostpoort★ (Porte de l'Est) DZ **R** – Promenade sur les canaux★ CZ. Musées : Prinsenhof★ CY **M¹** – Huis Lambert van Meerten : collection de carreaux de faïence★ CY **M³**. N

ℹ et Fédération provinciale, Markt 85, ✉ 2611 GS, ☎ 126100.

♦Amsterdam 58 ④ – ♦Den Haag 13 ④ – ♦Rotterdam 15 ② – ♦Utrecht 62 ④.

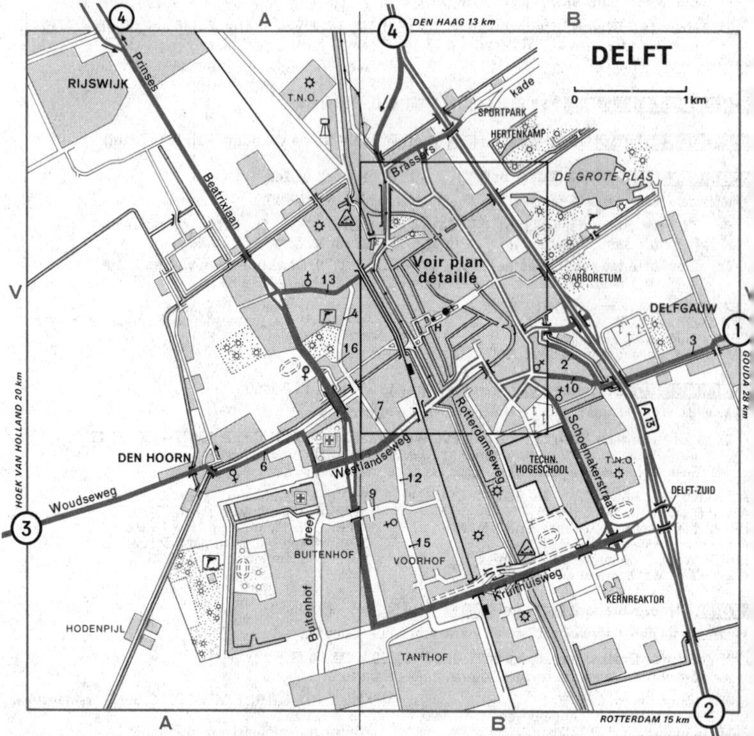

Delfgauwseweg .... **BV** 2	Krakeelpolderweg .... **BV** 7	Ruys de Beerenbrouckstr. .... **AV** 13
Delftsestraatweg .... **BV** 3	Martinus Nijhofflaan .... **BV** 9	Voorhofdreef .... **BV** 15
Hof van Delftlaan .... **AV** 4	Nassaulaan .... **BV** 10	Westplantsoen .... **AV** 16
Hoornseweg .... **AV** 6	Papsouwselaan .... **BV** 12	

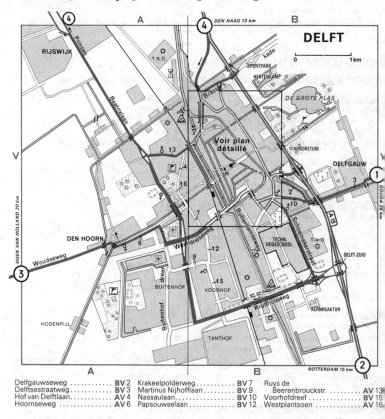

Ark sans rest, Koornmarkt 65, ✉ 2611 EC, ☎ 140552 – TV wc wc ☎. AE E — CZ **a**
18 ch 98/140.

Leeuwenbrug sans rest, Koornmarkt 16, ✉ 2611 EE, ☎ 123062 – TV wc wc ☎. ◑ E — CZ **r**
29 ch 100/155.

Vlaming sans rest, Vlamingstraat 52, ✉ 2611 KZ, ☎ 132127 – TV wc wc ☎ — CY **f**
7 ch 85/125.

XXX ✿ **Le Chevalier,** Oude Delft 125, ✉ 2611 BE, ☎ 124621 – AE ◑ E — CZ **m**
fermé sam. midi, dim. et du 6 au 19 août – **R** carte 57 à 104
Spéc. Bouillon de homard, Lotte aux courgettes et queues d'écrevisses, Ragoût de ris de veau.

XXX **Straatje van Vermeer,** Molslaan 18, ✉ 2611 RM, ☎ 126466 – AE ◑ E — CZ **d**
fermé lundi – **R** (dîner seult) carte 46 à 82.

XX **Rôtiss. het Fornuis,** Beestenmarkt 30, ✉ 2611 GC, ☎ 142302 – AE ◑ E — DY **y**
R (dîner seult) carte 38 à 68.

XX **Solmar,** Verwersdijk 124, ✉ 2611 NL, ☎ 125974, Cuisine espagnole et portugaise – ▤. E — CY **n**
fermé lundi et mardi – **R** (dîner seult) carte 33 à 61.

XX **Prinsenkelder,** Schoolstraat 11 (dans le musée M¹), ✉ 2611 HS, ☎ 121860, Grande salle voûtée – AE ◑ E — CY
fermé sam. midi, dim. et dern. sem. juil.-1re sem. août – **R** carte 48 à 79.

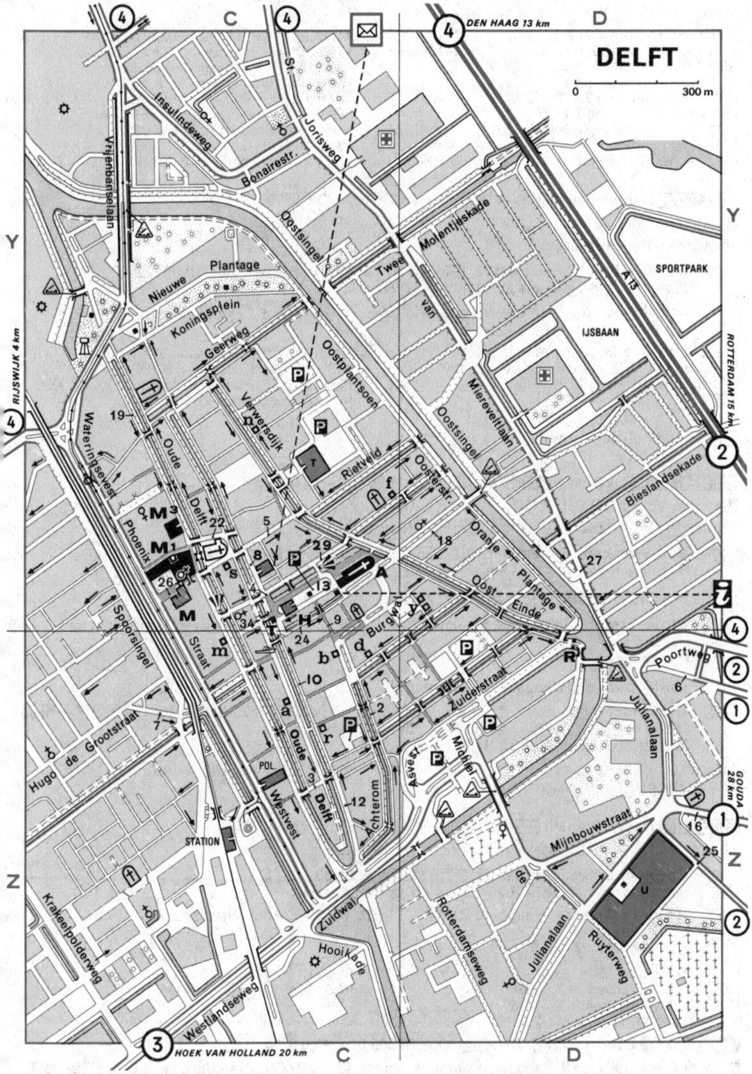

Choorstr.	CY 5	Brabantse Turfmarkt	CZ 2	Nassaulaan	DZ 16
Hippolytusbuurt	CY 8	Breestr.	CZ 3	Nieuwe Langendijk	DY 18
Jacob Gerritstr.	CY 9	Camaretten	CY 4	Noordeinde	CY 19
Markt	CY 13	Delfgauwseweg	DZ 6	Oude Kerkstr.	CY 22
Oude Langendijk	CZ 24	Havenstr.	CZ 7	Schoemakerstr.	DZ 25
Voldersgracht	CY 29	Koornmarkt	CZ 10	St. Agathapl.	CY 26
Wijnhaven	CY 34	Lange Geer	CZ 12	Stalpaert v.d. Wieleweg	DY 27

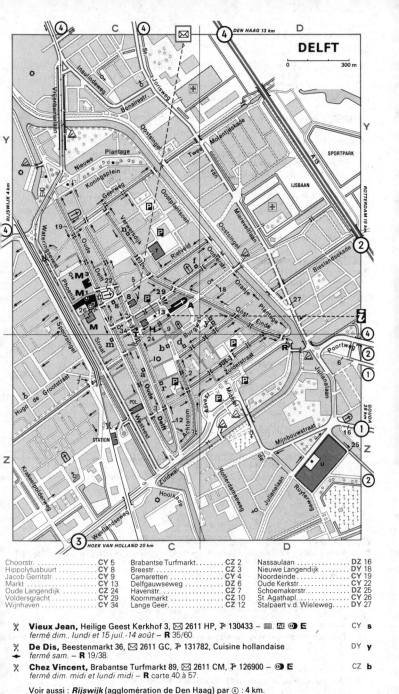

X **Vieux Jean,** Heilige Geest Kerkhof 3, ✉ 2611 HP, ☏ 130433 – ▤. AE ⓓ E — CY **s**
fermé dim., lundi et 15 juil.-14 août – **R** 35/60.

X **De Dis,** Beestenmarkt 36, ✉ 2611 GC, ☏ 131782, Cuisine hollandaise — DY **y**
fermé sam. – **R** 19/38.

X **Chez Vincent,** Brabantse Turfmarkt 89, ✉ 2611 CM, ☏ 126900 – ⓓ E — CZ **b**
fermé dim. midi et lundi midi – **R** carte 40 à 57.

Voir aussi : ***Rijswijk*** (agglomération de Den Haag) par ④ : 4 km.

BMW Hermesstraat 65 ☏ 569393
BRITISH LEYLAND Surinamestraat 1 ☏ 120115
BRITISH LEYLAND Spoorsingel 23 ☏ 121772
CITROEN Papsouwselaan 1 ☏ 613087
FORD Vulcanusweg 281 ☏ 616464
GM (OPEL) Schieweg 3 ☏ 569007
HONDA Abtswoudseweg 4c ☏ 135328
LADA Nassaulaan 23 ☏ 568779
MAZDA, MERCEDES-BENZ Zuideinde 106 ☏ 569201
MERCEDES-BENZ Rotterdamseweg 144 ☏ 567598
MITSUBISHI Houttuinen 4 ☏ 122775
NISSAN Motorenweg 31 ☏ 569325
RENAULT Motorenweg 25 ☏ 570621
TALBOT, PEUGEOT Rotterdamseweg 374 ☏ 569306
TOYOTA Wateringsevest 26 ☏ 140416
VAG Phoenixstraat 10 ☏ 130002
VAG van Foreestweg 2 ☏ 124586
VOLVO Koornmarkt 24 ☏ 123900

DELFZIJL Groningen **210** ⑨ et **408** ⑥ – **25 379 h.** – **0 5960.**

Landstraat 10, ✉ 9934 BL, ☏ 12261.

♦**Amsterdam 213** – ♦**Groningen 30.**

Du Bastion, Waterstraat 78, ✉ 9934 AX, ☏ **18771** – wc wc Ⓟ. AE ⓓ E
R carte 36 à 67 – **43 ch** 50/90 – P 70/80.

Eemshotel, avec ch, **Kustweg 3,** ✉ **9933 AA,** ☏ **12636,** ≤ – wc Ⓟ
10 ch.

ALFA-ROMEO Europaweg 34 ☏ 15253
BRITISH LEYLAND Rondeboslaan 4a ☏ 12907
CITROEN Europaweg 32 ☏ 15752
FORD Venjelaan 4 ☏ 17340
GM (OPEL) Rondeboslaan 5 ☏ 14545
NISSAN Rondeboslaan 1 ☏ 18570
PEUGEOT, TALBOT Piet Heinstraat 41 ☏ 13021
VOLVO Wegastraat 23 ☏ 13106

Den – voir au nom propre.

DENEKAMP Overijssel **211** ⑩ et **408** ⑭ – **11 962 h.** – **0 5413.**

Kerkplein 2, ✉ 7591 DD, ☏ 1205.

♦**Amsterdam 169** – ♦**Zwolle 77** – ♦**Apeldoorn 85** – ♦**Enschede 19.**

Van Blanken, Grotestraat 10, ✉ 7591 DL, ☏ 1308 – wc Ⓟ.
R *(fermé merc. de nov. à avril et après 20 h)* 17/42 – **9 ch** 43/85 – P 63.

près du château Singraven NO : 1,5 km :

Watermolen, Schiphorstdijk 4, ✉ 7591 PS, ☏ 1372, « Terrasse avec ≤ moulin à eau » – Ⓟ AE ⓓ E
R carte 64 à 94.

sur la route d'Oldenzaal SO : 2 km :

Dinkeloord (annexe), Denekamperstraat 48, ✉ 7573 GD, ☏ 1387, , « Terrasse e jardin », – – wc ☎ Ⓟ – . AE ⓓ E. rest
R carte 35 à 58 – **36 ch** 84/147 – P 73/95.

GM (OPEL) Kloppendijk 44 ☏ 2152
PEUGEOT, TALBOT Brandlichterweg 1 ☏ 1495
VOLVO Oranjestraat 7 ☏ 1666

DEURNE Noord-Brabant **212** ⑲ et **408** ⑲ – **28 079 h.** – **0 4930.**

♦**Amsterdam 136** – ♦**'s-Hertogenbosch 51** – ♦**Eindhoven 25** – **Venlo 33.**

Goossens, Stationsplein 30, ✉ 5751 JN, ☏ 12530 – AE E
fermé sam. et 24 fév. – **R** 20/50 – **9 ch** 32/64 – P 54.

Hof van Deurne, Haageind 29, ✉ 5751 BB, ☏ 12141, Aménagé dans une ferme – Ⓟ. AE ⓓ E.
fermé lundi – **R** 25/50.

FORD Tramstraat 65 ☏ 16865
HONDA Milhezerweg 38 ☏ 12331
NISSAN Mesdagstraat 1 ☏ 17816
RENAULT Voltstraat 1 ☏ 12626
VAG Vlierdenseweg 8 ☏ 13421

DEVENTER Overijssel **211** ⑦ et **408** ⑫ – **64 505 h.** – **0 5700.**

(avril-nov.) Golfweg 2, de Hoek à Diepenveen N : 4 km par Laan van Borgele X ☏ (0 5709) 1214.

Brink 55, ✉ 7411 BR, ☏ 16200.

♦**Amsterdam 106** ④ – ♦**Zwolle 38** ② – ♦**Apeldoorn 16** ⑤ – ♦**Arnhem 40** ④ – ♦**Enschede 59** ④.

Plans page ci-contre

't Arsenaal, Nieuwe Markt 33, ✉ 7411 PC, ☏ 16495 – AE ⓓ E Z u
fermé sam.midi, dim.midi, lundi et 27 déc.-1er janv. – **R** carte 36 à 60.

sur l'autoroute A 1 par ④ : 2 km :

Postiljon Motel Deventer, Deventerweg 121, ✉ 7418 DA, ☏ 24022, Télex 49028 – wc wc ☎ Ⓟ –
100 ch.

à Twello par ⑤ : 4 km – **0 5712** :

Petit Gourmet, Dorpsstraat 12, ✉ 7391 DD, ☏ 1610 – Ⓟ
fermé du 6 au 27 juil. – **R** carte 34 à 50.

DEVENTER

Brink . . . . Z 15
Broederenstr. . . . . Z 18
Engestr. . . . . Z 23
Grote Poot . . . . Z 30
Kleine Poot . . . . Z 42
Korte Bisschopstr. . . . . Z 47
Lange Bisschopstr. . . . . Z 48
Nieuwstr. . . . . YZ 56

Amstellaan. . . . . X 2
Bagijnenstr. . . . . Y 4
Bergkerkpl. . . . . Z 5
Bergstr. . . . . Z 8
Binnensingel . . . . Y 9
Bokkingshang . . . . Z 12
Boxbergerweg. . . . . X 14
Brinkgreverweg. . . . . X 16
Brinkpoortstr. . . . . Y 17
Deensestr. . . . . X 20
Europapl. . . . . X 22
Graven. . . . . Z 25
Grote Kerkhof. . . . . Z 27
Grote Overstr. . . . . Z 28
Henri Dunantlaan . . . . X 31
Herman Boerhaavelaan . . . . X 32
Hofstr. . . . . Z 33
Hoge Hondstr. . . . . Y 35
Houtmarkt . . . . Z 36
Joh. van Vlotenlaan . . . . . . X 38
Kapjeswelle . . . . Y 40
Kerksteeg . . . . Z 41
Koningin Wilhelminalaan . . . . X 45
Lebuïnuslaan. . . . . X 49
Margijnenenk . . . . X 50
Menstr. . . . . Z 51
Mr. H. F. de Boerlaan. . . . XZ 52
Noordenbergstr. . . . . Z 58
van Oldenielstr. . . . . X 59
Oosterwechelsweg . . . . . . X 61
Ossenweerdstr. . . . . Y 62
Pontsteeg . . . . Z 65
Roggestr. . . . . Z 67
Snipperlingsdijk. . . . . XZ 69
Spijkerboorsteeg . . . . Z 70
Stationsstr. . . . . Y 72
Stromarkt. . . . . Z 73
T. G. Gibsonstr. . . . . Y 76
van Twickelostr. . . . . Y 78
Verlengde Kazernestr. . . . . . Z 79
Verzetslaan . . . . Y 82
Zamenhofpl. . . . . X 84
Zandpoort . . . . Z 85
Zutphenselaan . . . . XZ 87
Zutphenseweg . . . . X 88

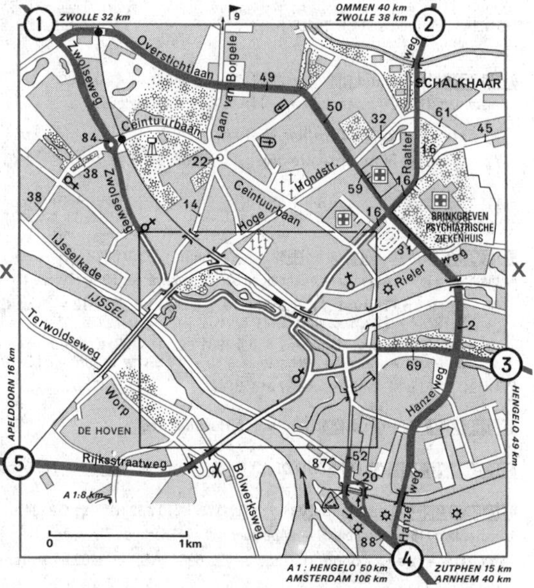

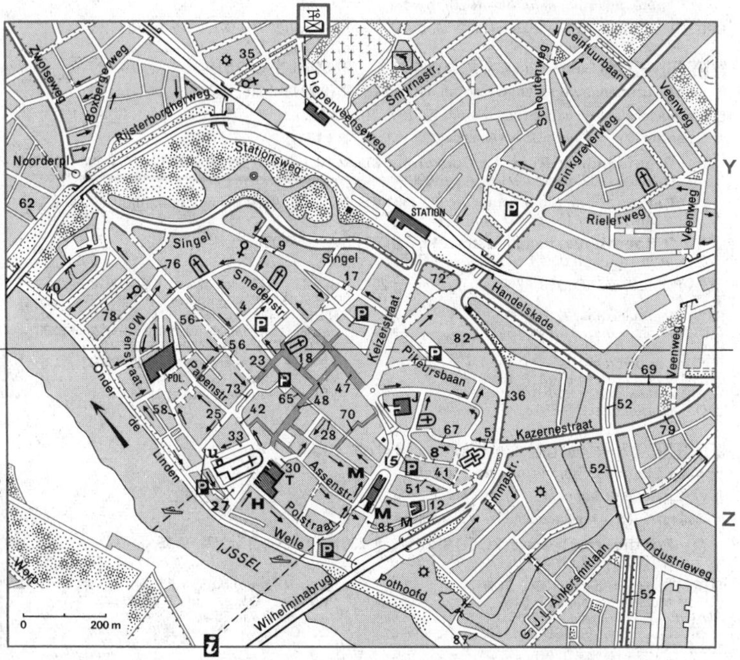

BMW Boxbergerweg 140 ☎ 28414
BRITISH LEYLAND Venlostraat 36005 ☎ 32907
CITROEN Industrieweg 11002 ☎ 21483
FIAT Gen. Gibsonstraat 6 ☎ 13945
FORD Zwolseweg 99 ☎ 14711
GM (OPEL) Diepenveenseweg 84 ☎ 28081
HONDA Ceintuurbaan 209 ☎ 33555
LADA Brink 34 ☎ 19197
MAZDA Erasmusstraat 2 ☎ 12820
MITSUBISHI Brinkgreverweg 5 ☎ 21410
NISSAN Holterweg 85 ☎ 51371
PEUGEOT, TALBOT Zwolseweg 156 ☎ 12550
RENAULT Hanzeweg 19047 ☎ 26263
VAG J. van Vlotenlaan 2 ☎ 43333
VAG Zutphenselaan 14 ☎ 20633
VOLVO Hoge Hondstraat 176 ☎ 22587

DIEREN Gelderland **211** ⑰ et **408** ⑫ – 15 888 h. – ✆ 0 8330.
♦Amsterdam 117 – ♦Arnhem 19 – ♦Apeldoorn 25 – ♦Enschede 72.

sur la route de Zutphen N : 1 km :

XX **Luchte,** Zutphensestraatweg 45, ✉ 6953 CH, ☎ 14255 – ▤ Ⓟ. AE
R 29/55.

FIAT Zutphensestraatweg 1B-3 ☎ 14165
LADA Ambachtstraat 38 ☎ 22015
MITSUBISHI Spoorstraat 5 ☎ 14181
PEUGEOT, TALBOT Lagestraat 90 ☎ 15286

DIEVER Drenthe **210** ⑱ et **408** ⑤ – 3 456 h. – ✆ 0 5219.
♦Amsterdam 159 – Assen 27 – ♦Groningen 52 – ♦Leeuwarden 69 – ♦Zwolle 49.

Berk en Heuvel ⛰, Bosweg 19, ✉ 7981 LE, ☎ 1312 – ⋒wc Ⓟ. E
R 19/37 – **22 ch** ☕ 45/90 – P 68.

De Walhof ⛰, Hezenes 6, ✉ 7981 LC, ☎ 1793, « Jardin et terrasse » – ⋒wc. ⓓ
R *(fermé après 20 h 30)* carte 28 à 45 – **17 ch** ☕ 38/95 – P 52/70.

PEUGEOT, TALBOT Moleneinde 37 ☎ 1351

DIFFELEN Overijssel **211** ⑧ – voir à Hardenberg.

DIGUE DU NORD (AFSLUITDIJK) ** **210** ④⑭ et **408** ④ G. Hollande.

DOESBURG Gelderland **211** ⑰ et **408** ⑫ – 10 462 h. – ✆ 0 8334.
♦Amsterdam 118 – ♦Arnhem 20 – ♦Apeldoorn 30 – ♦Enschede 77.

XXX **De Waag,** Koepoortstraat 2, ✉ 6981 AS, ☎ 2462, « Aménagé dans un Poids Public du 15e s. » – AE ⓓ E
fermé dim. midi et lundi – **R** 50/75.

BRITISH LEYLAND Koepoortstraat 38 ☎ 2704
RENAULT Nieuwstraat 3 ☎ 2365

DOETINCHEM Gelderland **211** ⑱ et **408** ⑫⑬ – 37 855 h. – ✆ 0 8340.
⛳9 Oude Zutphenseweg à Laag Keppel, NO : 6 km ☎ (0 8348) 1416.
ℹ Walmolen, IJsselkade (Corresp. : PB 104, ✉ 7000 AC) ☎ 23355.
♦Amsterdam 130 – ♦Arnhem 32 – ♦Apeldoorn 43 – ♦Enschede 60.

Graafschap et Rest. La Couronne, Markt 10, ✉ 7001 BJ, ☎ 24541 – ⋒ – 🏊. AE ⓓ E
R 18/28 – **32 ch** ☕ 40/105 – P 65/90.

XX **Balkan,** Hoge Molenstraat 25, ✉ 7001 AS, ☎ 33870, Avec cuisine balkanique – ▤. AE E
fermé dim. et 17 déc.-11 janv. – **R** carte 35 à 57.

X **'t Raedthuys,** Raadhuisstraat 14, ✉ 7001 EW, ☎ 25037
fermé lundi et du 14 au 28 janv. – **R** 35/85.

ALFA-ROMEO, MERCEDES-BENZ Keppelseweg 20 ☎ 25941
BMW Meestersstraat 22 ☎ 26351
CITROEN Plakhorstweg 8 ☎ 30841
FIAT Grutstraat 13 ☎ 26345
FORD Edisonstraat 1 ☎ 33250
GM (OPEL) Plakhorstweg 1 ☎ 41600
HONDA Havenstraat 52 ☎ 44000
LADA Missetstraat 5 ☎ 33626
MAZDA Varseveldseweg 186 ☎ 26225
MITSUBISHI Vlijtstraat 17 ☎ 30927
NISSAN Plakhorstweg 14 ☎ 33055
PEUGEOT, TALBOT Terborgseweg 20 ☎ 32851
RENAULT Plein 40-45 nr 2 ☎ 32644
TOYOTA Wijnbergseweg 39 ☎ 40000
VAG Grutbroek 16 ☎ 23441
VOLVO Houtmolenstraat 41 ☎ 34451

DOKKUM Friesland **210** ⑦ et **408** ⑤ – 12 217 h. – ✆ 0 5190.
Env. SE : Fermes★ sur la route de Twijzel.
ℹ Waag, Grote Breedstraat 1, ✉ 9101 KH, ☎ 3800.
♦Amsterdam 163 – ♦Leeuwarden 24 – ♦Groningen 58.

Posthoorn, Diepswal 21, ✉ 9101 LA, ☎ 2301 – 🛁wc ⋒wc. AE ⓓ E
R 16/45 – **32 ch** ☕ 40/125 – P 70/90.

CITROEN Holwerderweg 30 ☎ 3139
FORD Mockemastraat 35 ☎ 5455
GM (OPEL) Oranjewal 2 ☎ 2418
MERCEDES-BENZ, PEUGEOT, TALBOT Rondweg W 160 ☎ 2303
NISSAN Energieweg 4 ☎ 6056
RENAULT Dongeradijk ☎ 3158
VAG Rondweg 88 ☎ 2941
VOLVO Holwerderweg 32 ☎ 3101

DOMBURG Zeeland 212 ② et 408 ⑮ – 3 902 h. – ☎ 0 1188 – Station balnéaire.

Schelpweg 26 ☎ (0 1188) 1573.

Badhuisweg 1a, ✉ 4357 AV, ☎ 1342.

♦Amsterdam 190 – ♦Middelburg 16 – ♦Rotterdam 111.

- **The Wigwam**, Herenstraat 12, ✉ 4357 AL, ☎ 1275, – wc. *30 mars-21 oct.* – **R** (1/2 pension seult) – **29 ch** 36/116 – ½ p 53/75.
- **Wilhelmina,** Noordstraat 20, ✉ 4357 AP, ☎ 1262 – wc. AE E *4 mars-5 nov.* – 16 ch (1/2 pension seult) – ½ p 75/195.
- **Duinheuvel,** Badhuisweg 2, ✉ 4357 AV, ☎ 1282 – wc wc *Pâques-oct.* – 16 ch (1/2 pension seult) – ½ p 70/95.
- **De Burg,** Ooststraat 5, ✉ 4357 ZG, ☎ 1337 – wc wc. ch *mars-oct.* – **R** *(fermé jeudi)* carte 25 à 47 – **23 ch** 48/85 – ½ p 58/60.
- **D'n Roemer,** Stationstraat 11, ✉ 4351 CC, ☎ 2948 – AE *fermé mardi et 15 janv.-14 fév.* – **R** (dîner seult) carte 45 à 78.
- **Juliana,** Ooststraat 9, ✉ 4357 BE, ☎ 1309 – *15 mars-14 oct. ; fermé merc.* – **R** 20/45.

DONGEN Noord-Brabant 212 ⑥ et 408 ⑰ – 20 434 h. – ☎ 0 1623.

♦Amsterdam 97 – ♦'s-Hertogenbosch 39 – ♦Breda 17 – ♦Tilburg 11.

- **La Bonne Chère,** Hoge Ham 105, ✉ 5104 JC, ☎ 12772, « Intérieur rustique » – AE E *fermé sam. midi, dim. midi, lundi et du 1er au 21 juil.* – **R** carte 50 à 82.

ALFA-ROMEO Hoge Ham 39 ☎ 12186
GM (OPEL) Steenstraat 15 ☎ 14200
LADA Tramstraat 37 ☎ 12619
PEUGEOT, TALBOT Vennen 62 ☎ 14230

DOORN Utrecht 211 ⑮ et 408 ⑪ – 10 691 h. – ☎ 0 3430.

Voir Collection d'objets d'art★ dans le château.

(avril-sept.) Dorpsstraat 45, ✉ 3941 JK, ☎ 12015.

♦Amsterdam 59 – ♦Utrecht 21 – Amersfoort 14 – ♦Arnhem 45.

sur la route de Leersum SE : 3 km :

- **Wapen van Sandenburg,** Sandenburgerlaan 2, ✉ 3941 ME, ☎ 2127, Rustique – AE E *fermé mardi et Noël-Nouvel An* – **R** carte 34 à 64.

à Maarn N : 4 km – ☎ 0 3432 :

- **Gadellaa,** Amersfoortseweg 28, ✉ 3951 LB, ☎ 1203 – *fermé lundi et mardi* – **R** 28/70.

FORD Dorpsstraat 30 ☎ 12385
GM (OPEL) Dorpsstraat 73 ☎ 13241
MAZDA Amersfoortseweg 10 à Maarn ☎ 1816
RENAULT Amersfoortseweg 18 à Maarn ☎ 1983
VAG Dorpsstraat 6 ☎ 13441

DOORWERTH Gelderland 211 ⑯ et 408 ⑫ – 6 864 h. – ☎ 0 8373.

♦Amsterdam 98 – ♦Arnhem 8.

- **Kievitsdel,** Utrechtseweg 454, ✉ 6865 CP, ☎ 13702 – wc. AE E. *fermé 27 déc.-7 janv.* – **R** *(fermé après 20 h 30)* 30/100 – **17 ch** 62/107 – ½ p 80.
- **Kasteel Doorwerth,** Fonteinallee 4, ✉ 6865 ND, ☎ (085) 333420, « Dans les dépendances du château Doorwerth » – AE E *fermé mardi* – **R** carte 60 à 93.

MAZDA W. Piermontlaan 14 ☎ (0 85) 333774
RENAULT v. d. Molenallee 6 ☎ (0 85) 335590

DORDRECHT Zuid-Holland 212 ⑤⑥ et 408 ⑰ – 108 576 h. – ☎ 0 78.

Voir La Vieille Ville★ – Grande Église ou église Notre-Dame★ (Grote- of O.L. Vrouwekerk) : stalles★, de la tour ≤★★ C B – Groothoofdspoort : du quai ≤★ D.

Musée : Mr. Simon van Gijn★ C M1.

à Rotterdam-Zestienhoven NO : 23 km par ④ ☎ (0 10) 157633 (renseignements) et (0 10) 372745, 155430 (réservations).

Stationsweg 1, ✉ 3311 JW, ☎ 132800.

♦Amsterdam 95 ① – ♦Den Haag 53 ④ – ♦Arnhem 106 ① – ♦Breda 29 ② – ♦Rotterdam 23 ④ – ♦Utrecht 58 ①.

Plans pages suivantes

- **Bellevue-Groothoofdspoort,** Boomstraat 37, ✉ 3311 TC, ☎ 137900, Télex 38014, ≤ – wc wc. AE E — D c **R** 50/59 – **18 ch** 53/120 – P 93/100.
- **Dordrecht,** Achterhakkers 12, ✉ 3311 JA, ☎ 136011, – wc wc. AE E. rest — C d **R** (dîner seult) carte 35 à 63 – **22 ch** 50/113.
- **Klarenbeek** sans rest, Joh. de Wittstraat 35, ✉ 3311 KG, ☎ 144133 – wc — D s **22 ch** 35/80.

DORDRECHT

Brouwersdijk . . . . **AZ** 8
Burgemeester
Jaslaan . . . . **BZ** 9
Dubbelsteynlaan . . . . **BZ** 12
Jan Vethkade . . . . **AZ** 18
Kapteynweg . . . . **BZ** 22
Kotterstr. . . . . **AZ** 23
Krispijnseweg . . . . **AZ** 24
Laan der Verenigde Naties . . . . **AZ** 27
Maarten Harpertszoon
Trompweg . . . . **AZ** 28

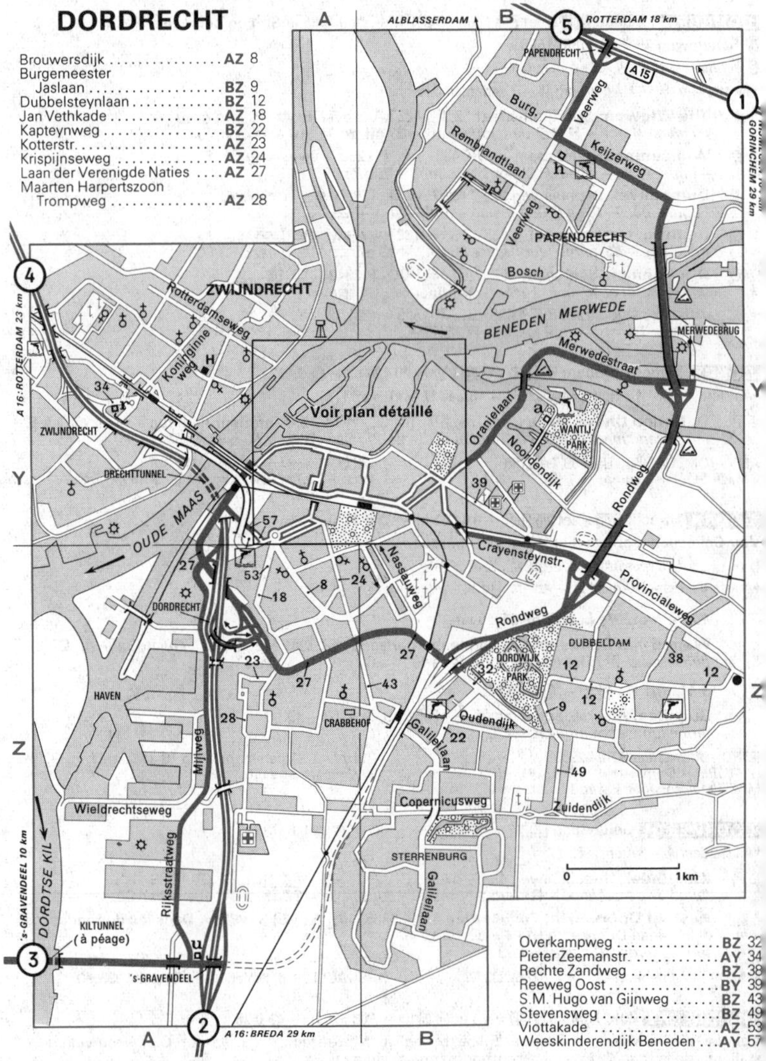

Overkampweg . . . . **BZ** 32
Pieter Zeemanstr. . . . . **AY** 34
Rechte Zandweg . . . . **BZ** 38
Reeweg Oost . . . . **BY** 39
S.M. Hugo van Gijnweg . . . . **BZ** 43
Stevensweg . . . . **BZ** 49
Viottakade . . . . **AZ** 53
Weeskinderendijk Beneden . . . **AY** 57

XX **Camelot,** Singel 389, ✉ 3311 HG, ☎ 144929 – AE ⓓ E — C **b**
fermé sam. midi, dim. midi et lundi – **R** 50/89.

XX **Miroir,** Vrieseplein 11, ✉ 3311 NK, ☎ 137593 – AE ⓓ — D **v**
fermé sam. midi, dim. midi, lundi et 23 juil.-12 août – **R** 28/60.

XX **Wantijpaviljoen,** Wantijpark, ✉ 3312 AW, ☎ 141306, « Au milieu d'un parc » – Ⓟ — BY **a**
fermé mardi – **R** 33/68.

X **Jongepier** 1er étage, Groothoofd 8, ✉ 3311 AG, ☎ 130616, ≤ — D **r**
R carte 37 à 53.

près de l'autoroute de Breda A 16 S : 4 km :

Postiljon Motel Dordrecht Ⓜ, Rijksstraatweg 30, ✉ 3316 EH, ☎ 184444, Télex 20478 –
▤ ♿ Ⓟ – 🏛. AE ⓓ E. ✻ rest — AZ **u**
R 25/55 – ☕ 9 – **96 ch** 87/100.

Voir aussi : ***Zwijndrecht*** NO : 4 km.

DORDRECHT

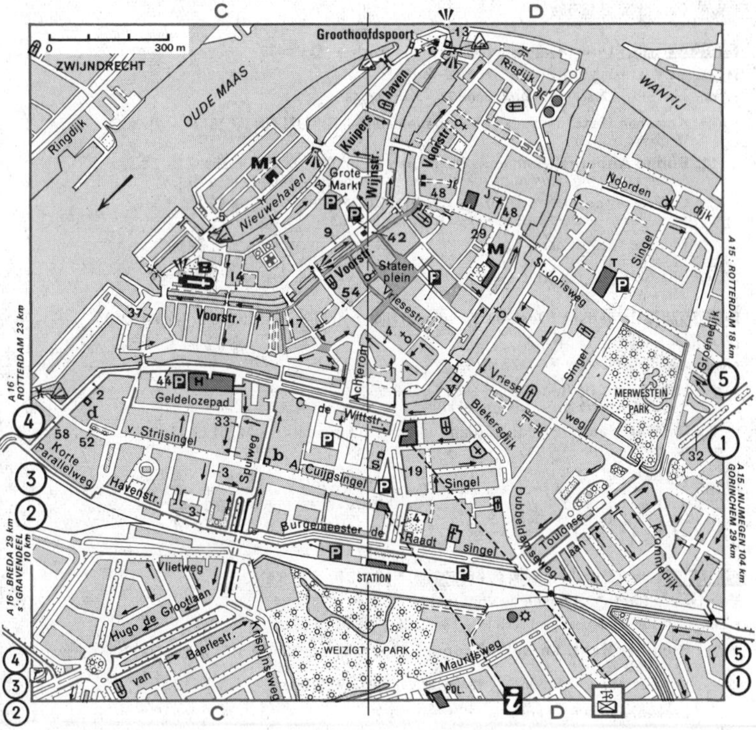

ALFA-ROMEO Nijverheidsstraat 65 ℱ 139931
BMW Dubbelsteynlaan 51 ℱ 161155
BRITISH LEYLAND Marconiweg 12 ℱ 149000
CITROEN Nijverheidsstraat 20 ℱ 141458
FIAT Vrieseweg 2 ℱ 138977
FORD Blekersdijk 96 ℱ 143088
GM (OPEL) Spuiweg 182 ℱ 132155
HONDA Thorbeckeweg 176 ℱ 174442
LADA Daltonstraat 8 ℱ 179789
MAZDA, MERCEDES-BENZ Mijlweg 81 ℱ 177000
MITSUBISHI Troelstraweg 197 ℱ 176492
NISSAN Weeskinderendijk 5 ℱ 137777
PEUGEOT, TALBOT Albert Cuypsingel 296 ℱ 142044
RENAULT Copernicusweg 1 ℱ 171633
TOYOTA Nijverheidsstraat 95 ℱ 131822
VAG Joh. de Wittstraat 162 ℱ 143322
VOLVO Lorentzstraat 10 ℱ 148988

DORST Noord-Brabant **212** ⑥ et **408** ⑰ – voir à Breda.

DRACHTEN Friesland **210** ⑦ et **408** ⑤ – **40 688 h.** – **0 5120.**

(fermé sam.) Moleneind z.z. 71, ✉ 9203 ZW, ℱ 17771.

•Amsterdam 147 – •Leeuwarden 27 – •Groningen 36 – •Zwolle 85.

près de la route de Heerenveen à Groningen A 7 :

Crest H. Drachten M, Zonnedauw 1, ✉ 9202 PE, ℱ 20705, Télex 46693 – ⊡ TV ☎ P – AE
◑ E
R 20/65 – **48 ch** ☕ 94/144.

Servotel sans rest, Haverstuk 75, SE : 1 km, ✉ 9203 JD, ℱ 16555 – WC ☎ P E
11 ch ☕ 67/108.

Wilgenhoeve, de Warren 2, SE : 1 km, ✉ 9203 HT, ℱ 12510, « Aménagé dans une ferme »
– P AE ◑ E
R 35/85.

DRACHTEN

ALFA-ROMEO Omloop 50 ☎ 18716
BMW M.L. Kingsingel 1 ☎ 19065
BRITISH LEYLAND van Haersmasingel 17 ☎ 10125
CITROEN De Roef 8 ☎ 11335
FIAT Zuiderdwarsvaart 61 ☎ 15555
FORD De Roef 19 ☎ 11165
GM (OPEL) De Knobben 25 ☎ 14455
HONDA De Roef 4 ☎ 11200
LADA De Giek 22 ☎ 13713
MAZDA Omloop 44 ☎ 13300
MITSUBISHI De Hemmen 17 ☎ 16126
NISSAN De Hemmen 1 ☎ 12100
PEUGEOT Roef 17 ☎ 20555
RENAULT Burg. Wuiteweg 136 ☎ 15615
TALBOT Het Blauwgras 2a ☎ 16615
VAG De Lange West 98 ☎ 14040
VOLVO De Roef 21 ☎ 11255

DRIEBERGEN Utrecht **211** ⑭ et **408** ⑪ – 17 052 h. – ☎ 0 3438.

(fermé sam.) Hoofdstraat 87 a, ✉ 3971 KE, ☎ 13162.

♦Amsterdam 54 – ♦Utrecht 16 – Amersfoort 22 – ♦Arnhem 49.

Koperen Ketel sans rest, Welgelegenlaan 28, ✉ 3971 HN, ☎ 16174 – wc Ⓟ
15 ch 63/125.

XXX **Bonne Auberge,** Arnhemse Bovenweg 46, ✉ 3971 MK, ☎ 16858 – AE ⓞ E
fermé sam. midi, dim. midi, lundi et du 1er au 15 juil. – **R** carte 46 à 79.

XX **La Provence,** Hoofdstraat 109, ✉ 3971 KG, ☎ 12920 – AE ⓞ E
fermé merc. et du 1er au 29 juil. – **R** carte 66 à 103.

CITROEN Traaij 170 ☎ 12260
GM (OPEL) Traaij 181 ☎ 17336
MERCEDES-BENZ St. Hubertuslaan 1 ☎ 17744
PEUGEOT, TALBOT Loolaan 70 ☎ 12337
TOYOTA Traaij 153 A ☎ 14774
VAG Hoofdstraat 100 ☎ 12941

DRONTEN Gelderland (Oostelijk Flevoland) **211** ⑥ et **408** ⑪ – 20 879 h. – ☎ 0 3210.

De Rede 1, ✉ 8251 ER, ☎ 8250.

♦Amsterdam 73 – ♦Arnhem 75 – ♦Zwolle 30.

't Galjoen, De Rede 52, ✉ 8251 EW, ☎ 2584
fermé dim. – **R** 25/50 – **8 ch** 40/80 – P 70.

X **De Meerpaal,** De Rede 82 (dans un bâtiment récréatif), ✉ 8251 EX, ☎ 2987
R 21/65.

BMW Havenweg 27 ☎ 2024
BRITISH LEYLAND, HONDA Houtwijk 1 ☎ 4390
CITROEN Giekstraat ☎ 3090
FIAT, MERCEDES-BENZ De Oost 6 ☎ 2324
PEUGEOT, TALBOT De Noord 63 ☎ 2831
RENAULT Houtwijk 45 ☎ 5252
TOYOTA Houtwijk 2 ☎ 3768
VAG De Noord 30 ☎ 3964
VOLVO Installatieweg 41 ☎ 2317

DRUNEN Noord-Brabant **212** ⑦ et **408** ⑱ – 15 873 h. – ☎ 0 4163.

Voir Lips Autotron★★ (musée de voitures).

♦Amsterdam 101 – ♦'s-Hertogenbosch 15 – ♦Breda 34 – ♦Rotterdam 73.

Royal et Rest. La Belle Époque, Raadhuisplein 13, ✉ 5151 JH, ☎ 72381 – wc wc
Ⓟ. AE ⓞ E
fermé le 24 fév. – **R** 30/75 – **13 ch** 41/100 – P 69/80.

près du canal S : 2 km :

XXX **Rôtiss. Duinrand,** Steegerf 2, ✉ 5151 RB, ☎ 72498, ←, « Intérieur rustique » – Ⓟ. AE
ⓞ E.
fermé sam.midi, lundi et 27 déc.-1er janv. – **R** 50/88.

FIAT Stationsstraat 2 ☎ 72159

Den DUNGEN Noord-Brabant **212** ⑧ et **408** ⑱ – 4 064 h. – ☎ 0 4194.

♦Amsterdam 91 – ♦'s-Hertogenbosch 6.

Boer Goossens, Heilig Hartplein 2, ✉ 5275 BM, ☎ 1291 – wc
fermé 10 juil.-3 août – **R** *(fermé sam. midi, dim. midi et après 20 h 30)* carte 27 à 58 – **15 ch**
37/76 – P 69/76.

DWINGELOO Drenthe **210** ⑱ et **408** ⑫⑬ – 3 558 h. – ☎ 0 5219.

♦Amsterdam 158 – Assen 30 – ♦Groningen 50 – ♦Leeuwarden 70 – ♦Zwolle 50.

Wesseling, Brink 26, ✉ 7991 CH, ☎ 1544 – wc wc ☎. AE ⓞ E
fermé nov.-14 déc. et janv.-fév. – **R** *(fermé après 20 h)* 25/53 – **23 ch** 63/120 – ½ p 80.

X **In de Zaagkoele,** Brink 36, ✉ 7991 CJ, ☎ 1952, Crêperie
Pâques-sept.; fermé mardi et après 20 h – **R** carte 18 à 38.

à Lhee SO : 1,5 km – ☎ 0 5219 :

Börken, Lhee 76, ✉ 7991 PJ, ☎ 7200, Parc avec cerfs – wc wc Ⓟ. ⓞ.
fermé 30 déc.-1er janv. – **R** carte 36 à 78 – **24 ch** 35/70.

FIAT Brink 46 ☎ 1389
GM (OPEL) Heuvelenweg 20 ☎ 1216
LADA Eemster 10 ☎ 1217

ECHT Limburg 212 ⑲ et 408 ⑲ – 17 048 h. – ☎ 0 4754.
♦Amsterdam 182 – Aachen 51 – ♦Eindhoven 54 – ♦Maastricht 34 – Roermond 15.

De Vos, Stationsweg 4, ✉ 6101 HK, ☎ 1438 – **P**.
fermé dim. et 21 juil.-5 août – **R** *(fermé sam., dim., et après 20 h)* carte 28 à 49 – **6 ch** ☐ 35/60.

CITROEN Weidestraat 8 ☎ 2336
FIAT Rijksweg Z. 1b ☎ 1324
FORD Schoolstraat 34 ☎ 1800
GM (OPEL) Edisonweg 5 ☎ 3555
HONDA Voltaweg 5 ☎ 3889
RENAULT Rijksweg N. 3 ☎ 1250
VOLVO Rijksweg Z. 80 ☎ 1938

EDAM Noord-Holland 211 ④ et 408 ⑪ – 23 520 h. – ☎ 0 2993.
♦Amsterdam 22 – Alkmaar 28 – ♦Leeuwarden 116.

Damhotel, Keizersgracht 1, ✉ 1135 AZ, ☎ 71766 – AE
avril-sept. – **R** *(fermé mardi)* 20/46 – **12 ch** ☐ 35/65 – P 55.

NISSAN Math. Tinxgracht 7 ☎ 71626
TOYOTA Oosthuizerweg 7 ☎ 71802

EDE Gelderland 211 ⑯ et 408 ⑪⑫ – 85 025 h. – ☎ 0 8380.
Env. Parc National de la Haute Veluwe★★ (Nationaal Park de Hoge Veluwe) : Musée Kröller-Müller★★★ – Parc de sculptures★ (Beeldenpark) NE : 13 km.
Achterdoelen 1, ✉ 6711 AV, ☎ 14444.
♦Amsterdam 81 – ♦Arnhem 19 – ♦Apeldoorn 32 – ♦Utrecht 43.

La Façade, Notaris Fischerstraat 31, ✉ 6711 BB, ☎ 16254 – **P**. AE ⓓ E
fermé sam. midi, dim. midi, lundi et 23 juil.-12 août – **R** carte 41 à 73.

Reehorst-Inn, Bennekomseweg 24 (à l'intérieur du centre culturel), ✉ 6717 LM, ☎ 33611 – **P** – AE ⓓ E
fermé dim. – **R** carte 33 à 56.

Het Boterlam, Stationsweg 117, ✉ 6711 PN, ☎ 10546 – **P**. AE ⓓ E
fermé lundi, 1re quinz. janv. et 1re quinz. août – **R** (dîner seult) carte 41 à 54.

Gea, Stationsweg 2, ✉ 6711 PP, ☎ 10000
R 20/33.

sur la route d'Arnhem :

Bergerie, Verlengde Arnhemseweg 99, E : 5 km, ✉ 6718 SM, ☎ 18697, « Intérieur rustique » – **P**. AE ⓓ E
fermé dim. – **R** carte 38 à 58.

Planken Wambuis, Verlengde Arnhemseweg 146, E : 10 km, ✉ 6718 SM, ☎ (0 8308) 1251 – **P**
fermé lundi et mardi – **R** carte 24 à 39.

sur la route d'Otterlo :

Driesprong, Wekeromseweg 1, NE : 3 km, ✉ 6718 SC, ☎ 10473 – **P**
fermé lundi et fin déc.-mi janv. – **R** carte 36 à 64.

sur la route de Veenendaal SO : 7 km :

De Klomp, De Klomp 3, ✉ 6745 WB, ☎ (0 8387) 1244, Avec bistro-fondue rest. – **P**
fermé lundi et du 9 au 22 juil. – **R** 20/80.

ALFA-ROMEO Amsterdamseweg 1 ☎ 25941
BMW, VOLVO Stationsweg 54 ☎ 19037
BRITISH LEYLAND Schaapsweg 55 ☎ 11012
CITROEN Veenderweg 31 ☎ 19069
FIAT Stationsweg 113 ☎ 14257
FORD Klaphekweg 30 ☎ 30201
GM (OPEL) Stationsweg 124a ☎ 14441
HONDA Verl. Maanderweg 97 ☎ 14551
LADA Parkweg 90 ☎ 32418
MAZDA Molenstraat 85 ☎ 19125
MERCEDES-BENZ, TOYOTA Klaphekweg 18 ☎ 31700
MITSUBISHI Telefoonweg 40 ☎ 10368
NISSAN Molenstraat 202 ☎ 11194
PEUGEOT, TALBOT Stationsweg 113 ☎ 14255
RENAULT Proosdijweg 1 ☎ 36710
VAG Verl. Parkweg 83 ☎ 30271

EELDE Drenthe 210 ⑧ et 408 ⑥ – 9 862 h. – ☎ 0 5907.
Burg. Legroweg ☎ (0 5907) 2220.
♦Amsterdam 206 – Assen 19 – ♦Groningen 11.

Luchthaven Eelde, Burg. Legroweg 59, ✉ 9761 TB, ☎ 1328, ← – **P**. AE ⓓ E
R carte 26 à 54.

VAG Hoofdweg 59 ☎ 1379

EEN Drenthe 210 ⑧ et 408 ⑤ – voir à Norg.

EENRUM Groningen 210 ⑧ et 408 ⑥ – 2 414 h. – ☎ 0 5959.
♦Amsterdam 203 – ♦Groningen 20.

Tivoli, Hereweg 10, ✉ 9967 PP, ☎ 1275 – **P**. rest
fermé dim. en hiver – **R** *(fermé après 20 h)* 24/35 – **7 ch** ☐ 38/70.

PEUGEOT, TALBOT Raadhuisstraat 15 ☎ 1270

EERNEWOUDE Friesland 210 ⑥ et 408 ⑤ – 360 h. – ☎ 0 5117.

ℹ Wiidswei 10, ✉ 9264 TL, ☎ 9222.

♦Amsterdam 164 – ♦Leeuwarden 18 – ♦Groningen 53.

Princenhof ⛵, P. Miedemaweg 15, ✉ 9264 TJ, ☎ 9206, « Au bord du lac » – P. AE
avril-14 oct. – **R** 33/48 – **43 ch** 58/139 – P 80/98.

EERSEL Noord-Brabant 212 ⑰⑱ et 408 ⑱ – 11 725 h. – ☎ 0 4970.

♦Amsterdam 136 – ♦'s-Hertogenbosch 47 – ♦Antwerpen 72 – ♦Eindhoven 16.

XXX ✿ **Acht Zaligheden** (van Tuijl), Markt 3, ✉ 5521 AJ, ☎ 2811 – ⓓ E. ✗
fermé 30 juin-21 juil., 22 déc.-1er janv., sam. midi, dim. et jours fériés – **R** 70/95
Spéc. Blanc de turbot à l'oseille, Foie d'oie au porto, Filet d'agneau à l'estragon (mars-août).

X **Herberg,** Markt 33, ✉ 5521 AK, ☎ 2144 – AE E
fermé lundi, mardi et sam. midi – **R** carte 44 à 55.

FIAT Ganzenstaartsedijk 1 ☎ 3416
GM (OPEL) Nieuwstraat 4 ☎ 2222
NISSAN Mgr. de Haasstraat 75 ☎ 2176
VAG Nieuwstraat 28 ☎ 2981
VOLVO Nieuwstraat 79 ☎ 2052

EGMOND AAN ZEE Noord-Holland 211 ② et 408 ⑩ – 5 549 h. – ☎ 0 2206.

ℹ Voorstraat 82a, ✉ 1931 AN, ☎ 1362.

♦Amsterdam 41 – Alkmaar 10 – ♦Haarlem 34.

Bellevue, Boulevard A 7, ✉ 1931 CJ, ☎ 1025, ← – |‡| ▤ rest TV ⌂wc ⌂wc ☎ – 🏊. ⓓ E
R carte 35 à 78 – **55 ch** 45/164 – P 81/118.

Golfzang, Boulevard Ir. de Vassy 19, ✉ 1931 CN, ☎ 1516 – ⌂wc. ✗
fermé déc.-14 janv. – **R** (1/2 pens. seult) – **20 ch** 40/90 – ½ p 65/68.

XX **Altenburg,** Boulevard 7, ✉ 1931 CJ, ☎ 1352, ←, Cadre rustique – AE ⓓ E
fermé lundi – **R** 30/75.

XX **D'Oude Clipper,** Smidstraat 3, ✉ 1931 EX, ☎ 1600, « Intérieur évoquant un ancien quai »
R (dîner seult) carte 49 à 79.

XX **La Châtelaine,** Smidstraat 7, ✉ 1931 EX, ☎ 2355 – AE ⓓ
fermé jeudi – **R** (dîner seult) 40/50.

BRITISH LEYLAND, NISSAN Trompstraat 17 ☎ 1250
PEUGEOT, TALBOT Wilhelminastraat 71 ☎ 1979

EINDHOVEN Noord-Brabant 212 ⑱ et 408 ⑱ – 195 599 h. – ☎ 0 40.

Voir Evoluon★ AV – Musée Van Abbe★ (Stedelijk Van Abbemuseum) BZ M1.

⛳18 Eindhovenseweg 300 à Valkenswaard : 11 km par ④ ☎ (0 4902) 12713.

✈ Welschap : 5 km par Noord Brabantlaan AV ☎ 516142.

🚌 (départs de 's-Hertogenbosch) ☎ (0 40) 448940.

ℹ Stationsplein 17, ✉ 5611 AC, ☎ 449231.

♦Amsterdam 122 ⑦ – ♦'s-Hertogenbosch 35 ⑦ – ♦Antwerpen 86 ④ – Duisburg 99 ③ – ♦Maastricht 86 ③ – ♦Tilburg 36 ⑥.

Plans page ci-contre

Cocagne et Rest. Etoile M, Vestdijk 47, ✉ 5611 CA, ☎ 444755, Télex 51245 – |‡| ▤ rest TV ☎ 🚗 – 🏊. AE ⓓ E BY **h**
R *(fermé sam. midi, dim. et 9 juil.-1er août)* carte 54 à 75 – **205 ch** 136/212.

Holiday Inn Eindhoven M, Veldm. Montgomerylaan 1, ✉ 5612 BA, ☎ 433222, Télex 51775, 🏊 – |‡| ▤ TV ♿ P – 🏊. AE ⓓ E. ✗ rest BY **t**
R carte 50 à 74 – **200 ch** 140/200.

Mandarin H. et Rest. Mandarin Garden M, Vestdijk 88, ✉ 5611 CE, ☎ 125055 et 119955 (rest.), Télex 51124, Avec rest. chinois, « Intérieur bien aménagé » – |‡| ▤ ch TV ☎ P. AE ⓓ E. ✗ ch BZ **y**
R 30/75 – **49 ch** 150/185.

Parkhotel, Alberdinck Thijmlaan 18, ✉ 5615 EB, ☎ 114100 – TV ⌂wc ☎ P – 🏊. AE E
R carte 30 à 52 – **44 ch** 85/100 – P 102. BX **k**

De Ridder sans rest, Hertogstraat 15, ✉ 5611 PA, ☎ 120767 – TV. ✗ BZ **z**
fermé 3 sem. en nov. – **9 ch** 40/72.

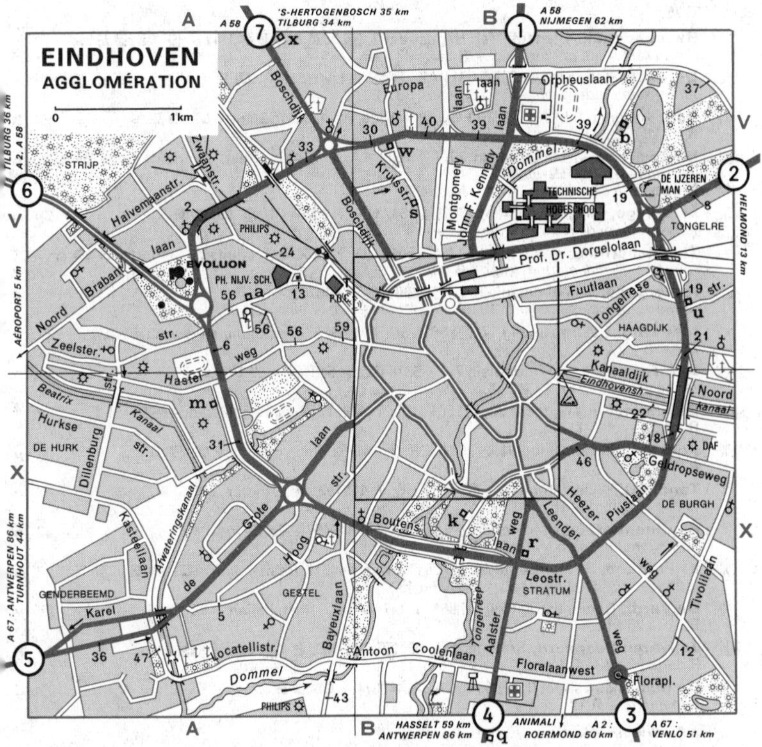

EINDHOVEN
AGGLOMÉRATION
0
1 km
'S-HERTOGENBOSCH 35 km
A 58 TILBURG 34 km
A 58
NIJMEGEN 62 km
TILBURG 36 km
A 2, A 58
HELMOND 13 km
AÉROPORT 5 km
A 67 : ANTWERPEN 86 km
TURNHOUT 44 km
HASSELT 59 km
ANTWERPEN 86 km
ANIMALI
A 2 :
ROERMOND 50 km
A 67 :
VENLO 51 km
STRIJP
EVOLUON
PHILIPS
PH. NIJV. SCH.
P.D.C.
TECHNISCHE HOGESCHOOL
DE IJZEREN MAN
TONGELRE
HAAGDIJK
DE HURK
GENDERBEEMD
GESTEL
STRATUM
DE BURGH
DAF
Orpheuslaan
Europa laan
Boschdijk
Kruisstr.
Montgomery laan
John F. Kennedy laan
Dommel
Prof. Dr. Dorgelolaan
Fuutlaan
Tongelrese str.
Kanaaldijk
Eindhovensch
Noord kanaal
Geldropseweg
Piuslaan
Heezer weg
Leender weg
Tivolilaan
Boutens laan
Aalster weg
Tongelreep
Leostr.
Floralaanwest
Florapl.
Antoon Coolenlaan
Bayeuxlaan
Locatellistr.
Karel de Grote laan
Hoog str.
Afwateringskanaal
Kastellaan
Dillenburg str.
Hurkse str.
Beatrix Kanaal
Hastel weg
Zeelster.
Noord Brabant laan
Halvemaanstr.
Zwaanstr.

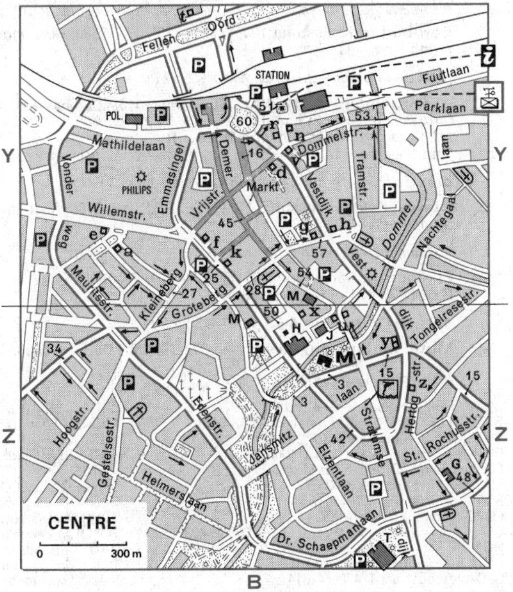

CENTRE
0
300 m
STATION
POL.
PHILIPS
Fellen Oord
Futlaan
Parklaan
Mathildelaan
Vonder weg
Emmasingel
Demer
Vrijstr.
Markt
Dommelstr.
Vestdijk
Tramstr.
Dommel
Nachtegaal laan
Willemstr.
Mauritsstr.
Kleineberg
Grotebeg
Tongelresestr.
Hoogstr.
Gestelsestr.
Edenstr.
Jansmitz
Helmerslaan
Elzentlaan
Stratumse dijk
Hertog str.
St. Rochusstr.
Dr. Schaepmanlaan

XXX **Ravensdonck,** 1er étage, Ten Hagestraat 2, ✉ 5611 EG, ☎ 443142 – Ⓟ. AE ① E. ✻
fermé sam. midi et dim. midi – **R** carte 43 à 83. BY **g**

XXX **De Vest,** Stationsplein 7, ✉ 5611 AB, ☎ 449194 – ▤ – 🏔. AE E BY **r**
fermé sam. midi et dim. midi – **R** carte 38 à 90.

XX **Bali,** Keizersgracht 13, ✉ 5611 GC, ☎ 445649, Rest. indonésien – AE ① E. ✻ BY **k**
R 23/28.

XX **Blauwe Lotus,** Limburglaan 20, ✉ 5652 AA, ☎ 514876, Rest. chinois, « Belle décoration intérieure » – ▤. AE ① E AX **m**
R carte 37 à 81.

XX **Le Village,** Tongelresestraat 255, ✉ 5642 NA, ☎ 813444 – Ⓟ. AE ① E BV **u**
fermé sam. midi et dim. midi – **R** carte 46 à 67.

XX **The Fisherman,** Aalsterweg 117, ✉ 5615 CD, ☎ 123699, Produits de la mer – AE ① E
fermé sam. midi et lundi midi – **R** 40/53. BX **r**

XX **Aubergade,** Wilhelminaplein 9, ✉ 5600 AS, ☎ 446709 – ▤. E BY **a**
fermé sam. midi, dim. midi, 18 juil.-8 août et 19 déc.-2 janv. – **R** 28/48.

XX **Mei-Ling,** Geldropseweg 17, ✉ 5611 SC, ☎ 119955, Rest. chinois – ▤. AE ① E BZ **y**
R 30/75.

XX **Van Turnhout,** St. Trudoplein 7, ✉ 5616 GZ, ☎ 518458 – AE E AV **a**
fermé 24 déc.-7 janv. – **R** 25/85.

X **Belgrado,** Keizersgracht 9b, ✉ 5611 GC, ☎ 448622, Cuisine balkanique – AE ① E BY **f**
R (dîner seult) 27/70.

X **Pom Lai,** Stratumseind 91, ✉ 5611 ER, ☎ 444752, Rest. chinois – AE ① E BZ **u**
R 25/60.

X **Tandoori,** Willemstraat 43a, ✉ 5611 HC, ☎ 445452, Rest. indien – AE ① E. ✻ BY **e**
fermé dim. midi – **R** 25/43.

X **Begijnenhof,** Begijnenhof 35, ✉ 5611 EK, ☎ 449457 – AE E BZ **x**
fermé dim. et 3 sem. en juil. – **R** carte env. 61.

X **La Fontana,** Stratumseind 50, ✉ 5611 EV, ☎ 444617, Rest. italien – AE ① E BZ **u**
fermé jeudi – **R** (dîner seult) carte 27 à 49.

X **Da Verdi,** Dommelstraat 29, ✉ 5611 CJ, ☎ 448722, Rest. italien – AE ① E BY **v**
R carte 26 à 56.

X **Tsilveren Seepaerd,** Stationsplein 33, ✉ 5611 BC, ☎ 450128 – AE E BY **n**
R carte 26 à 53.

X **De Bus,** Nieuwstraat 9, ✉ 5611 DA, ☎ 449074 – AE ① E BY **d**
fermé dim. – **R** 17/35.

à Eindhoven-Nord :

X **Monastère,** Kloosterdreef 104, ✉ 5612 CT, ☎ 432667 – AE ① E BV **w**
fermé merc., dern. sem. juil. et 1re sem. août – **R** (dîner seult) carte 36 à 66.

X **Borobudur,** Kruisstraat 103, ✉ 5612 CE, ☎ 439589, Rest. indonésien – AE E. ✻ BV **s**
fermé lundi – **R** 17/35.

près de la piscine IJzeren Man NE : 2 km :

XXX ✿ **Karpendonkse Hoeve,** Sumatralaan 3, ✉ 5631 AA, ☎ 813663, « Intérieur rustique, terrasse couverte et chauffée » – Ⓟ. AE ① E. ✻ BV **b**
fermé sam. midis et dim. non fériés – **R** carte 58 à 100
Spéc. Suprême de canard aux petits oignons (août-oct.). Saumon frais à la ciboulette.

près de la route de 's-Hertogenbosch NO : 3 km :

X **Djawa,** Keldermansstraat 58, ✉ 5622 PJ, ☎ 443786, Rest. indonésien – ✻ AV **x**
fermé merc. – **R** 17/38.

sur la route d'Aalst S : 2 km :

⌂ **Eikenburg,** Aalsterweg 281, ✉ 5644 RD, ☎ 110957 – ⇔wc ☏ Ⓟ. ✻ ch BX **q**
R carte 25 à 51 – **12 ch** ☕ 39/89.

près de l'autoroute A 67 par ④ : 3 km :

⌂ **Motel Eindhoven,** Aalsterweg 322, ✉ 5644 RL, ☎ 116033, Télex 51999, ▣, ✂ – ▤ ♿ Ⓟ – 🏔
R 18/50 – ☕ 8 – **180 ch** 60/100.

BMW Hondsruglaan 99 ☎ 413615
BRITISH LEYLAND Huizingalaan 8 ☎ 424055
CITROEN G. Metsulaan 53 ☎ 110869
CITROEN Huizingalaan 4 ☎ 411065
FIAT K. Karel V singel 57 ☎ 518402
FIAT Pisanostraat 49 ☎ 433887
FORD Aalsterweg 135 ☎ 116444
FORD Vestdijk 27 ☎ 444550
GM (OPEL) Veldm. Montgomerylaan 669 ☎ 433755
HONDA Huizingalaan 6 ☎ 412265
HONDA Ulenpas 56a ☎ 518970
LADA Hoogstraat 114 ☎ 441614
LADA Zernikestraat 14 ☎ 440728
MERCEDES-BENZ Limburglaan 30 ☎ 513530
MITSUBISHI Ruysdaelbaan 43 ☎ 446355
MITSUBISHI, ALFA-ROMEO Pietersbergweg 29 ☎ 422335
PEUGEOT, TALBOT Geldropseweg 191 ☎ 122445
RENAULT Europalaan 2 ☎ 450055
TOYOTA Mercuriuslaan 62a ☎ 418802
TOYOTA Zeelsterstraat 20 ☎ 514616
VAG Brussellaan 7 ☎ 433500
VAG Marconilaan 1 ☎ 433500
VOLVO Hugo van der Goeslaan 4 ☎ 116400

ELBURG Gelderland 211 ⑥ et 408 ⑫ – 19 477 h. – ✆ 0 5250.

🅸 van Kinsbergenstraat 5, ✉ 8081 CL, ☎ 1520.

♦Amsterdam 99 – ♦Apeldoorn 34 – ♦Zwolle 21.

Het Smeede H. sans rest, Smedestraat 5, ✉ 8081 EG, ☎ 3877 – TV wc wc ☎. AE ⓓ
13 ch ☕ 55/90.

Bistro 't Herdertje, Vischpoortstraat 15, ✉ 8081 EP, ☎ 1292 – ⓓ
30 mars-4 nov.; fermé merc. en juil.-août et jeudi – **R** carte 43 à 54.

MAZDA Oostendorperstraatweg 1a ☎ 1391
PEUGEOT, TALBOT Zuiderzeestraatweg Oost 17 ☎ 1438
RENAULT Zuiderzeestraatweg Oost 89 ☎ 1413
VOLVO Havenkade 2 ☎ 1568

ELST Gelderland 211 ⑯ et 408 ⑲ – 16 831 h. – ✆ 0 8819.

♦Amsterdam 108 – ♦Arnhem 9 – ♦Nijmegen 12.

Wapen van Elst, Dorpsstraat 28, ✉ 6661 EL, ☎ 1496 – wc. ch
fermé 20 déc.-2 janv. – **R** *(fermé dim. midi)* 17/31 – **24 ch** ☕ 38/85 – P 58/68.

HONDA, VOLVO Eshofsestraat 7 ☎ 1338
LADA Industrieweg Oost 3 ☎ 1359
PEUGEOT, TALBOT Industrieweg Oost 1 ☎ 1064
VAG Rijksweg Z. 52 ☎ 1400

EMMELOORD Overijssel (Noord-Oost-Polder) 210 ⑯ et 408 ⑪⑫ – 19 892 h. – ✆ 0 5270.

🅸 Lange Nering Promenade 12c, ✉ 8302 EC, ☎ 12000.

♦Amsterdam 89 – ♦Zwolle 36 – ♦Groningen 94 – ♦Leeuwarden 66.

't Voorhuys, De Deel 20, ✉ 8302 EK, ☎ 12441, Télex 42429 – wc wc ☎ – ⓓ E
R carte 31 à 65 – **32 ch** ☕ 40/105.

Luifel avec ch, Lange Nering 39, ✉ 8302 EA, ☎ 12870 – ⓓ E
R *(fermé dim. et après 20 h)* carte 31 à 42 – **8 ch** *(mai-août)* ☕ 28/65.

ALFA-ROMEO Industrieweg 28 ☎ 16642
BRITISH LEYLAND Kampwal 50 ☎ 13545
BMW Constructieweg 5 ☎ 12042
CITROEN Noordzijde 4 ☎ 98935
FIAT Nagelerweg 6 ☎ 98331
FORD Meeuwenkant 12 ☎ 13836
GM (OPEL) Produktieweg 12 ☎ 98131
HONDA Landbouwkade 3 ☎ 16734
MAZDA, MERCEDES-BENZ Corn. Dirkszplein 12 ☎ 13522
MITSUBISHI Randweg 29 ☎ 16640
NISSAN Nagelerstraat 39 ☎ 16685
PEUGEOT, TALBOT Traktieweg 4 ☎ 13635
RENAULT Marknesserweg 3 ☎ 14601
TOYOTA Zuiderkade 4 ☎ 14204
VAG Veerplein 2 ☎ 12047
VOLVO Traktieweg 2 ☎ 13631

Dans ce guide
un même symbole, un même mot,
*imprimés en **noir** ou en rouge, en maigre ou en **gras***
n'ont pas tout à fait la même signification.
Lisez attentivement les pages explicatives (p. 12 à 19).

EMMEN Drenthe 210 ⑲⑳ et 408 ⑬ – 90 662 h. – ✆ 0 5910.

Voir Hunebed d'Emmerdennen★ (dolmen) – Jardin zoologique★ (Noorder Dierenpark).

Env. Noordsleen : Hunebed★ (dolmen) O : 6,5 km.

⛳9 à Aalden (Zweeloo) O : 12 km ☎ (0 5917) 1784.

🅸 Raadhuisplein 2, ✉ 7811 AP, ☎ 13000.

♦Amsterdam 180 – Assen 44 – ♦Groningen 57 – ♦Leeuwarden 97 – ♦Zwolle 70.

Ten Cate, Noordbargerstraat 44, ✉ 7812 AB, ☎ 17600 – wc ☎ P – AE ⓓ E. ch
fermé 24 déc.-1er janv. – **R** *(fermé dim.)* 30/60 – **29 ch** ☕ 38/98 – P 65/78.

Drommedaar, Hoofdstraat 18, ✉ 7811 EP, ☎ 13512, « A l'entrée d'un zoo » – P. AE ⓓ E
avril-oct.; fermé lundi – **R** 25/65.

ALFA-ROMEO Ph. Foggstraat 10 ☎ 18128
BMW Houtweg-Het Weeld 218 ☎ 25740
BRITISH LEYLAND Odoornerweg 4 ☎ 18288
CITROEN Statenweg 5 ☎ 22330
FIAT Statenweg 1 ☎ 22234
FORD Kapt. Nemostraat 2 ☎ 14040
GM (OPEL) Ph. Foggstraat 33 ☎ 31000
HONDA Magelhaenstraat 1 ☎ 30848
LADA Meerstraat 165 ☎ 12859
MAZDA Westerstraat 7 ☎ 12721
MERCEDES-BENZ Albatrosstraat 8 ☎ 18456
NISSAN Hesselterbrink 2 ☎ 19218
PEUGEOT, TALBOT M. Strogoffstraat 3 ☎ 14545
RENAULT Noordbargerstraat 7 ☎ 17944
TOYOTA Roswinkelerweg 36 ☎ 10654
VAG Noordeinde 88 ☎ 18464
VOLVO Ph. Foggstraat 22 ☎ 14850

ENKHUIZEN Noord-Holland 210 ⑮ et 408 ⑪ – 15 600 h. – ✆ 0 2280.

Voir La vieille ville★ – Jubé★ dans l'église de l'Ouest ou de St-Gommaire (Westerkerk of St.Gommaruskerk) AB – Drommedaris★ : du sommet ☼★, du quai ≤★ B **B** – Musée du Zuiderzee★ (Zuiderzeemuseum : Binnen- en Buitenmuseum) B.

🅸 Stationsplein 1, ✉ 1601 EN, ☎ 13164.

♦Amsterdam 62 ③ – ♦Leeuwarden 113 ① – Hoorn 19 ③.

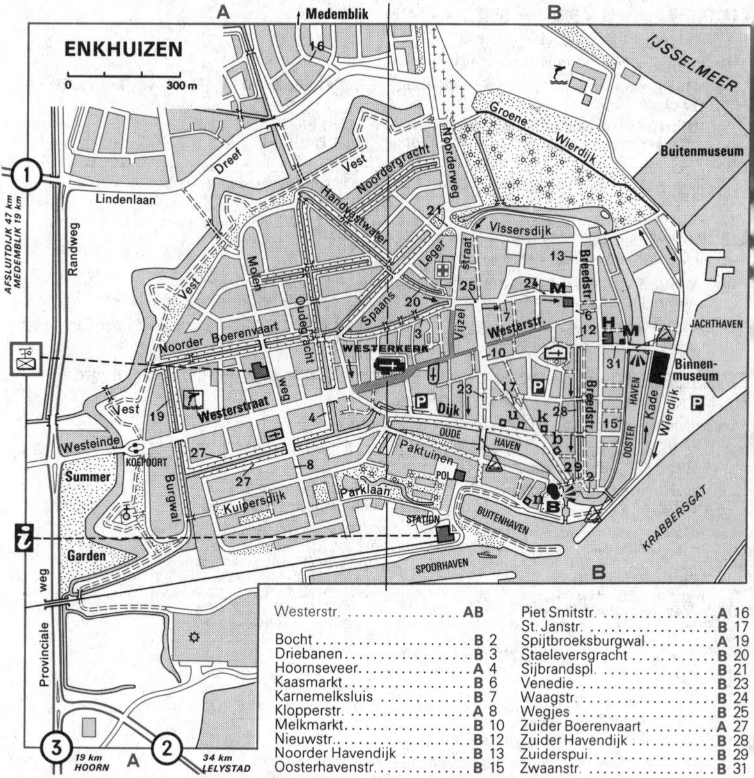

Westerstr.	AB	Piet Smitstr.	A 16
		St. Janstr.	B 17
Bocht	B 2	Spijtbroeksburgwal	A 19
Driebanen	B 3	Staeleversgracht	B 20
Hoornseveer	A 4	Sijbrandspl.	B 21
Kaasmarkt	B 6	Venedie	B 23
Karnemelksluis	B 7	Waagstr.	B 24
Klopperstr.	A 8	Wegjes	B 25
Melkmarkt	B 10	Zuider Boerenvaart	A 27
Nieuwstr.	B 12	Zuider Havendijk	B 28
Noorder Havendijk	B 13	Zuiderspui	B 29
Oosterhavenstr.	B 15	Zwaanstr.	B 31

Die Port van Cleve, Dijk 74, ✉ 1601 GK, ☎ 12510 – wc wc 19 ch. — B **u**

Richard's, 1er étage, Havenweg 4, ✉ 1601 GA, ☎ 16975 – AE ⓞ E *avril-15 oct.* – **R** 25/75. — B **n**

Veerman, Schimmelstraat 10, ✉ 1601 HS, ☎ 12557 – . AE ⓞ E *fermé lundi et du 2 au 16 janv.* – **R** (dîner seult) 40/45. — B **k**

Markerwaard, Dijk 62, ✉ 1601 GK, ☎ 13792 — B **u**

Die Drie Haringhe, 1er étage, Dijk 28, ✉ 1601 GJ, ☎ 18610, ≤, Aménagé dans un ancien entrepôt – AE ⓞ. *fermé mardi* – **R** carte 48 à 59. — B **b**

ALFA-ROMEO, MITSUBISHI Olifantsteiger 4 ☎ 16702
CITROEN P. Smitstraat 73 ☎ 15863
FIAT Venedie 7 ☎ 12709
FORD Westerstraat 273 ☎ 12708
GM (OPEL) Het Rode Paard 1 ☎ 16464
RENAULT Westerstraat 38 ☎ 12632
TALBOT, PEUGEOT Het Rode Paard 3 ☎ 13583
VAG Het Rode Paard 5 ☎ 18644

ENSCHEDE Overijssel **211** ⑨ et **408** ⑬ – 144 590 h. – ☎ 0 53.

Voir Musée de la Twente★ (Rijksmuseum Twenthe) V M1.

Enschedesestraat 381 à Hengelo (Ov.) par ③ ☎ (0 74) 912773.

Twente, Vliegveldweg 333, ☎ (0 53) 352086.

Markt 31, ✉ 7511 GB, ☎ 323200.

♦Amsterdam 160 ② – ♦Zwolle 72 ③ – ♦Apeldoorn 73 ② – Düsseldorf 141 ① – ♦Groningen 148 ④ – Münster 64 ⑤.

Plans page ci-contre

Memphis, M.H. Tromplaan 55, ✉ 7513 AB, ☎ 318244, « Jardin et terrasse » – wc wc ☎ **P** – AE ⓞ **R** *(fermé sam. et dim.)* carte 40 à 60 – **36 ch** 54/134. — X **a**

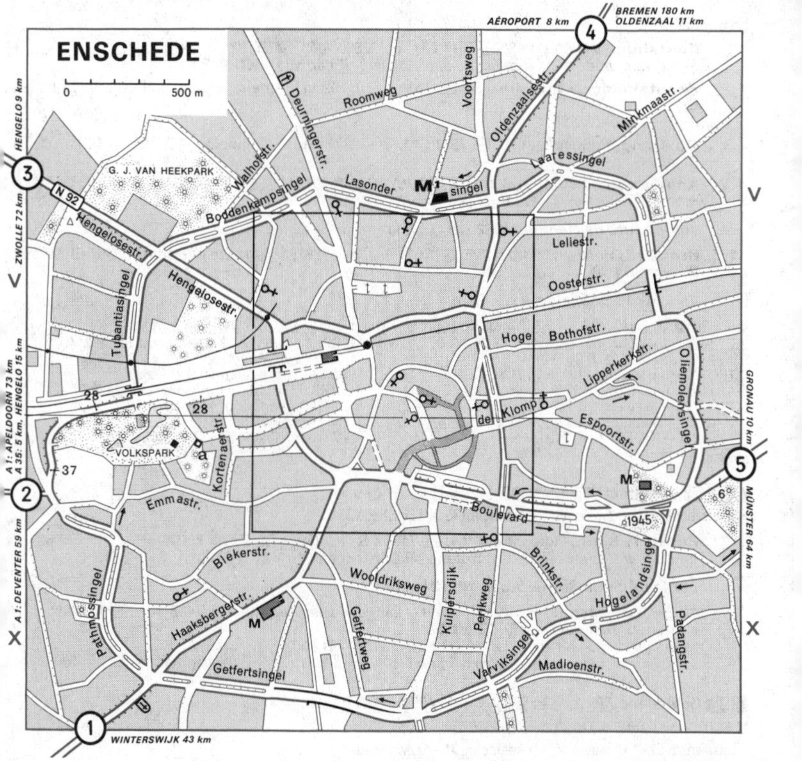
ENSCHEDE
0
500 m
BREMEN 180 km
OLDENZAAL 11 km
AÉROPORT 8 km
HENGELO 9 km
ZWOLLE 72 km
A 1: APELDOORN 73 km
A 35: 5 km, HENGELO 15 km
A 1: DEVENTER 59 km
GRONAU 10 km
MÜNSTER 64 km
WINTERSWIJK 43 km
G. J. VAN HEEKPARK
VOLKSPARK
Roomweg
Voortsweg
Deurningerstr.
Oldenzaalsestr.
Minkmaastr.
Laaressingel
Lasonder
singel
Walhofstr.
Boddenkampsingel
Hengelosestr.
Tubantiasingel
Leliestr.
Oosterstr.
Hoge
Bothofstr.
Lipperkerkstr.
Oliemolensingel
de Klomp
Espoortstr.
Kortenaerstr.
Emmastr.
Boulevard
1945
Blekerstr.
Wooldriksweg
Kuipersdijk
Perkweg
Brinkstr.
Hogelandsingel
Padangstr.
Pathmossingel
Haaksbergerstr.
Getfertweg
Varviksingel
Madioenstr.
Getfertsingel
N 92

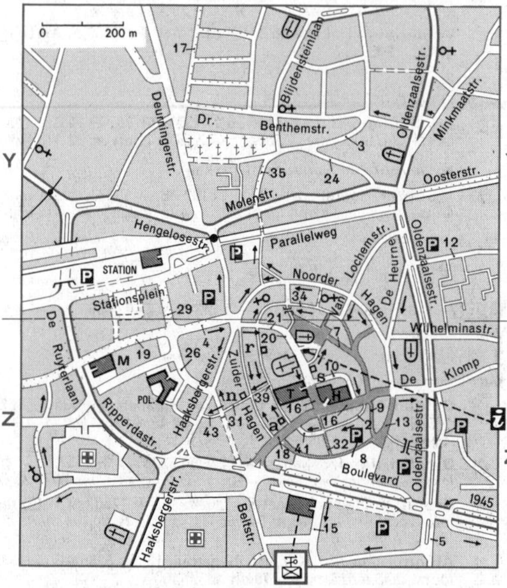
0
200 m
Deurningerstr.
Blijdensteinlaan
Oldenzaalsestr.
Minkmaastr.
Dr.
Benthemstr.
Oosterstr.
Molenstr.
Hengelosestr.
Parallelweg
Lochemstr.
De Heurne
STATION
Noorder
Van
Hagen
Stationsplein
Wilhelminastr.
De Ruyterlaan
Zuider
Hagen
De
Klomp
Ripperdastr.
Haaksbergerstr.
Boulevard
POL.
Beltstr.
1945

XX **Koetshuis,** Walstraat 48, ✉ 7511 GH, ☎ 322866 – AE ⓓ E. ✻ Z r
fermé sam. midi, dim., lundi et du 9 au 30 juil. – **R** carte 53 à 100.

XX **Raedtskelder,** Langestraat 54, ✉ 7511 HC, ☎ 324467, Aménagé dans une cave – ▤. AE ⓓ E Z s
R (dîner seult) 50/85.

X **Ou Kiang,** Pijpenstraat 20, ✉ 7511 GM, ☎ 323971, Cuisine chinoise – ▤. AE ⓓ E Z n
R carte 37 à 51.

X **Kaatje van de Wal,** Walstraat 9, ✉ 7511 GE, ☎ 301744 – ▤. AE ⓓ E Z a
fermé 20 avril-4 mai – **R** (dîner seult) carte 32 à 49.

sur la route de Hengelo N 92 par ③ : 3 km :

XXX **Broeierd,** Hengelosestraat 725, ✉ 7521 PA, ☎ 359882, « Terrasse et jardin » – ▤ Ⓟ. AE ⓓ
R carte 46 à 78.

Voir aussi : ***Boekelo*** par ① : 7 km.

ALFA-ROMEO Deurningerstraat 101 ☎ 355000
BRITISH LEYLAND Buurserstraat 216 ☎ 765500
BMW Europalaan 23 ☎ 310961
CITROEN Getfertsingel 162 ☎ 319109
FIAT Deurningerstraat 103 ☎ 337755
FORD Oldenzaalsestraat 137 ☎ 354555
GM (OPEL) Boddenkampsingel 2 ☎ 353131
HONDA De Reulver 30 ☎ 770077
LADA Sumatrastraat 81 ☎ 312905
MAZDA Blekerstraat 69 ☎ 321233
MERCEDES-BENZ Espoortstraat 165 ☎ 314000
MITSUBISHI Hogelandsingel 49 ☎ 323330
NISSAN Nic. Beetstraat 9 ☎ 358585
PEUGEOT, TALBOT Buurserstraat 194 ☎ 770000
RENAULT Parkweg 143 ☎ 316135
TOYOTA Oldenzaalsestraat 276 ☎ 354535
VAG Hengelosestraat 32 ☎ 356635
VOLVO Gronausestraat 216 ☎ 311011

ENTER Overijssel 211 ⑧ et 408 ⑬ – 5 137 h. – ☎ 0 5478.

♦Amsterdam 131 – ♦Zwolle 45 – ♦Apeldoorn 45 – ♦Enschede 33.

X **Bistro T. Bone,** Dorpsstraat 154, ✉ 7468 CS, ☎ 1259 – Ⓟ. AE ⓓ E. ✻
fermé mardi, merc. et 23 déc.-5 janv. – **R** (dîner seult) carte 50 à 70.

par la route de Bornerbroek NE : 2 km :

XXX ✿ **De Twentsche Hoeve** (Brandt), Langevoortseweg 12, ✉ 7468 RP, ☎ (0 5408) 441, « Intérieur rustique » – Ⓟ. AE ⓓ E
fermé lundi d'oct. à avril, dim. et 20 août-3 sept. – **R** carte 54 à 81
Spéc. Saumon tiède aux lardons, Marbré de turbotin aux légumes, Agneau à l'estragon (mars-juil.).

EPE Gelderland 211 ⑥⑦ et 408 ⑫ – 33 409 h. – ☎ 0 5780.

ℹ Past. Somstraat 6, ✉ 8162 AK, ☎ 12696.

♦Amsterdam 97 – ♦Arnhem 44 – ♦Apeldoorn 21 – ♦Zwolle 25.

XX **Hof van Gelre,** Hoofdstraat 46, ✉ 8162 AK, ☎ 12232 – Ⓟ
fermé lundi de nov. à avril – **R** carte 29 à 64.

XX **Veldhoeve,** Dellenweg 1, ✉ 8161 AH, ☎ 15000, « Aménagé dans une ferme du 18e s. » – Ⓟ. AE ⓓ E
fermé lundi – **R** carte 46 à 83.

sur la route de Zwolle N : 2 km :

🏠 **Dennenheuvel,** Heerderweg 27, ✉ 8161 BK, ☎ 12326 – ▤ rest ⛀wc ⛆wc Ⓟ. AE ⓓ E
fermé 31 déc.-2 janv. – **R** carte 47 à 64 – **11 ch** ☕ 60/118 – ½ p 65/80.

sur la route de Nunspeet O : 6 km :

XXX **'t Soerel,** Soerelseweg 22, ✉ 8162 PB, ☎ 88276, « Intérieur rustique » – ▤ Ⓟ. AE ⓓ E
fermé dim., lundis non fériés et 20 sept.-11 oct. – **R** carte 53 à 88.

FIAT Lange Veenteweg 31 ☎ 13167
FORD Hammerstraat 5 ☎ 12251
GM (OPEL) Paasvuurweg 16 ☎ 12456
LADA Wisselseweg 72 ☎ 13035
PEUGEOT, TALBOT Hoofdstraat 4 ☎ 12474

EPEN Limburg 212 ② et 408 ㉖ – 1 143 h. – ☎ 0 4455.

Voir Route de Epen à Slenaken ≤★.

ℹ Wilhelminastraat 48, ✉ 6285 AW, ☎ 1346.

♦Amsterdam 235 – ♦Maastricht 25 – Aachen 15.

🏨 **Golden Tulip H. Zuid Limburg,** Julianastraat 23a, ✉ 6285 AH, ☎ 1818, Télex 56731, ≤, ⛹, 🌳 – ▤ rest 📺 ♿ Ⓟ – 🏛. AE ⓓ E. ✻ rest
R carte 42 à 74 – **48 ch** ☕ 138/175 – ½ p 99.

🏨 **Ons Krijtland,** Julianastraat 22, ✉ 6285 AJ, ☎ 1557, ≤ – 🛗 Ⓟ. E. ✻ ch
Pâques-oct. et week-ends – **R** *(fermé lundi et après 20 h)* 20/55 – **31 ch** ☕ 65/115.

🏨 **Kroon,** Wilhelminastraat 8, ✉ 6285 AV, ☎ 1250, 🌳 – 📺 ⛆wc ☎ Ⓟ. E. ✻ rest
fermé fin fév.-mi-mars et 30 déc.-1er janv. – **R** *(fermé merc. et après 20 h 30)* 25/50 – **20 ch** ☕ 40/105 – P 55/70.

🏨 **Alkema** sans rest, Kap. Houbenstraat 12, ✉ 6285 AB, ☎ 1335 – 🛗 ⛀wc ⛆wc Ⓟ. E
fermé du 3 au 10 mars – **19 ch** ☕ 65/100.

Creusen sans rest, Wilhelminastraat 50, ✉ 6285 AW, ☎ 1215, « Terrasse et jardin » – TV wc wc.
fermé déc.-janv. – **18 ch** 66.

Aurora, Wilhelminastraat 24, ✉ 6285 AV, ☎ 1293, « Terrasse et jardin » – wc P.
12 ch 50/100.

Berghoeve, Julianastraat 20, ✉ 6285 AJ, ☎ 1248 – wc wc P.
avril-oct. – **R** (pens. seult) – **20 ch** 50/95 – P 70/85.

Berg en Dal, Roodweg 18, ✉ 6285 AA, ☎ 1383 – wc wc P. rest
R *(fermé après 20 h 30)* 17/33 – **32 ch** 43/95 – P 60.

Os Heem, Wilhelminastraat 19, ✉ 6285 AS, ☎ 1623 – TV wc. AE E
R (pens. seult) – **10 ch** 38/85 – P 58/68.

Peerboom, Wilhelminastraat 11, ✉ 6285 AS, ☎ 2121 – TV wc P. AE E
R *(fermé mardi)* 22/40 – **7 ch** 63/95.

De Pannekoek, Julianastraat 26, ✉ 6285 AJ, ☎ 2024, Crêperie – P
fermé 25, 26 déc., 1er janv., 24 fév. et après 19 h – **R** carte env. 17.

ESBEEK Noord-Brabant 212 ⑰ et 408 ⑱ – voir à Hilvarenbeek.

ETTEN-LEUR Noord-Brabant 212 ⑤ et 408 ⑰ – 29 696 h. – 0 1608.
♦Amsterdam 115 – ♦'s-Hertogenbosch 63 – ♦Antwerpen 59 – ♦Breda 13 – ♦Rotterdam 56.

Zwaan, Markt 7, ✉ 4875 CB, ☎ 12696, « Collection de tableaux » – . AE E
fermé dim. midi, lundi et 16 juil.-1er août – **R** 45/68.

De Ruytenborgh, Baai 27, ✉ 4871 BA, ☎ 13345, Aménagé dans une ferme du 18e s. – P. AE E
fermé lundi – **R** carte 35 à 64.

FIAT Nijverheidsweg 3 ☎ 37088
FORD Mon Plaisir 100 ☎ 34450
GM (OPEL) Mon Plaisir 22 ☎ 20652
HONDA Mon Plaisir 45 ☎ 16054
MAZDA Oude Bredaseweg 35 ☎ 12289
NISSAN Penningweg 1 ☎ 16150
PEUGEOT, TALBOT Lange Brugstraat 53 ☎ 13151
RENAULT van Bergenplein 60 ☎ 13181
VAG Nijverheidsweg 33 ☎ 13535

EIJS Limburg 212 ② et 408 ㉖ – voir à Gulpen.

EIJSDEN Limburg 212 ① et 408 ㉖ – 10 680 h. – 0 4409.
♦Amsterdam 222 – ♦Maastricht 12 – ♦Liège 24.

Portovino, Bat 9, ✉ 6245 BM, ☎ 2162, ≤ – P.
fermé lundi et du 1er au 17 janv. – **R** 20/50.

FIAT Stationsstraat 1 ☎ 1433
PEUGEOT, TALBOT Withuis 6 ☎ 1451

FRANEKER Friesland 210 ⑤ et 408 ④ – 12 754 h. – 0 5170.
Voir Hôtel de Ville★ (Stadhuis).
♦Amsterdam 122 – ♦Leeuwarden 17.

Doelen, Breedeplaats 6, ✉ 8801 LZ, ☎ 2261
fermé dim. – **R** *(fermé après 20 h)* carte 26 à 40 – **11 ch** 40/95.

CITROEN, MAZDA Marconistraat 5 ☎ 6761
FIAT Hertog van Saxenlaan 36 ☎ 2778
FORD L. Homanstraat 50 ☎ 3746
GM (OPEL) Edisonstraat 1 ☎ 5665
MITSUBISHI Leeuwarderend 8 ☎ 2023
NISSAN Lycklamastraat 17 ☎ 2718
RENAULT Leeuwarderweg 11 ☎ 5055
VAG Leeuwarderweg 12 ☎ 4044

FREDERIKSOORD Drenthe 210 ⑰ et 408 ⑤ – 332 h. – 0 5212.
♦Amsterdam 154 – Assen 37 – ♦Groningen 62 – ♦Leeuwarden 62 – ♦Zwolle 44.

Frederiksoord, van Swietenlaan 20, ✉ 8382 CG, ☎ 1234, – wc
fermé merc. d'oct. à mars – **R** *(fermé après 20 h)* 17/30 – **11 ch** 38/85 – P 63/70.

GARDEREN Gelderland 211 ⑥ et 408 ⑪⑫ – 1 795 h. – 0 5776.
♦Amsterdam 72 – ♦Arnhem 44 – ♦Apeldoorn 20 – ♦Utrecht 54.

Speulderbos M, Speulderbosweg 54, ✉ 3886 AP, ☎ 1541, Télex 49268, « Au milieu des bois », , – TV P – . AE rest
fermé 31 déc.-1er janv. – **R** 53/105 – **79 ch** 125/205.

Anastasius, Speulderweg 40, ✉ 3886 LB, ☎ 1254, – wc P. E
R (pens. seult) – **16 ch** 35/85 – P 63.

Achter de Kuule, Putterweg 59, ✉ 3886 PB, ☎ 1388 – P. E
fermé mardi d'oct. à avril, lundi et 27 déc.-18 janv. – **R** 32/71.

sur la route d'Apeldoorn S : 2 km :

Zondag, Apeldoornsestraat 163, ✉ 3886 MN, ☎ 1251 – P. AE E
fermé jeudi, 29 déc.-5 janv. et après 20 h – **R** 28/40.

GASTEL Noord-Brabant 212 ⑱ – voir à Budel.

GEERTRUIDENBERG Noord-Brabant 212 ⑥ et 408 ⑰ – 6 566 h. – ☎ 0 1621.
♦Amsterdam 90 – ♦Breda 20 – ♦Rotterdam 55 – ♦'s-Hertogenbosch 36.

✗ **Weeshuys,** Markt 52, ✉ 4931 BT, ☎ 13698, Aménagé dans une chapelle du 15e s. – AE ⓓ E
fermé 27 déc.-1er janv. – **R** 23/88.

GEERVLIET Zuid-Holland 211 ⑪ et 408 ⑯ – 1 973 h. – ☎ 0 1887.
♦Amsterdam 91 – ♦Den Haag 40 – ♦Breda 64 – ♦Rotterdam 23.

✗✗ **Bernisse Molen,** Spuikade 1, ✉ 3211 BG, ☎ 1292, Aménagé dans un moulin – Ⓟ. AE ⓓ E
fermé dim. – **R** 36/63.

GEESTEREN Overijssel 211 ⑨ et 408 ⑬ – 1 557 h. – ☎ 0 5492.
♦Amsterdam 158 – Almelo 10 – Oldenzaal 22 – ♦Zwolle 56.

✗✗ **Erve Booijman,** Booijmansweg 14, ✉ 7678 RZ, ☎ 1133, « Aménagé dans une ferme du 18e s. » – Ⓟ. AE ⓓ. ✻
fermé lundi, mardi et 27 déc.-15 janv. – **R** 30/52.

FIAT Breemhaarsweg 4 ☎ 1666

GELDERMALSEN Gelderland 211 ⑭ et 408 ⑱ – 20 668 h. – ☎ 0 3455.
♦Amsterdam 69 – ♦Arnhem 55 – ♦Rotterdam 66 – ♦'s-Hertogenbosch 24.

⌂ **Gentel,** Genteldijk 34, ✉ 4191 LE, ☎ 2661 – ⌂wc – ♣. ✻
R carte 34 à 51 – **14 ch** ☕ 45/90.

à Tricht NO : 2 km – ☎ 0 3455 :

✗ **Batouwe,** Kerkstraat 19, ✉ 4196 AA, ☎ 4777 – AE ⓓ
fermé dim. et du 16 au 29 juil. – **R** carte 39 à 70.

PEUGEOT, TALBOT Industrieweg 6 ☎ 1784
RENAULT Gerdina's Hof 1 a ☎ 5141
VAG D.J. van Wijkstraat 9 ☎ 1900

La carte Michelin 408 à 1/400 000 (1 cm = 4 km),
donne, en une feuille, une image complète des Pays-Bas.
Elle présente en outre deux agrandissements détaillés
des régions d'Amsterdam et de Rotterdam
et une nomenclature des localités.

GELDROP Noord-brabant 212 ⑱ et 408 ⑱ – 26 572 h. – ☎ 0 40.
♦Amsterdam 137 – ♦'s-Hertogenbosch 49 – Aachen 106 – ♦Eindhoven 6 – Venlo 48.

⌂ **Gouden Leeuw** sans rest, Korte Kerkstraat 44, ✉ 5664 HH, ☎ 862393 – ⌂wc Ⓟ. ✻
13 ch ☕ 35/70.

✗✗✗ ✿ **Rôtiss. den Hoppenhof** (Zéguers), Stationsstraat 25, ✉ 5664 AP, ☎ 867611, ⌂, Intérieur moderne, « Terrasse et jardin fleuri » – Ⓟ. AE ⓓ E. ✻
fermé sam. midi et dim. midi – **R** carte 59 à 85
Spéc. Symphonie de mer au coulis de tomates, Pâté de foie de volaille, Râble de lièvre (oct.-déc.).

sur l'autoroute A 67 : S : 2 km :

⌂ **Sheraton Inn Geldrop** Ⓜ, Bogardeind 219, ✉ 5664 EG, ☎ 867510, Télex 51983, ⌂, ✻ – |♦| ▤ rest TV ☎ ♿ Ⓟ – ♣. AE ⓓ E. ✻ rest
R 25/65 – **128 ch** ☕ 120/160 – P 98/165.

FIAT Bogardeind 15 ☎ 862210
FORD Eindhovenseweg 6 ☎ 863552
GM (OPEL) Bogardeind 199 ☎ 862483
HONDA Bogardeind 138 ☎ 855719
VAG Hoog Geldrop 26 ☎ 857575

GELEEN Limburg 212 ① et 408 ㉖ – 35 803 h. – ☎ 0 4494.
♦Amsterdam 202 – ♦Maastricht 20 – Aachen 33 – ♦Eindhoven 74.

⌂ **Riche et Rest. Richelieu** Ⓜ, Geleenbeeklaan 100, ✉ 6166 GR, ☎ 40040, Télex 36057 – |♦| TV Ⓟ – ♣. AE ⓓ. ✻
R 35/50 – **48 ch** ☕ 93/116 – P 103/115.

⌂ **Normandie** sans rest, Wolfstraat 7, ✉ 6162 BB, ☎ 45883 – TV ⌂wc ☎. AE ⓓ E. ✻
14 ch ☕ 58/90.

⌂ **Corner House,** Markt 2, ✉ 6161 GE, ☎ 47474 – ✻
fermé dim. – **R** carte 33 à 53 – **7 ch** ☕ 50/120.

✗✗✗ **Rôtiss. de Lijster,** Rijksweg Z. 172, ✉ 6161 BV, ☎ 43957 – Ⓟ. AE ⓓ E
fermé sam. midi, mardi et du 9 au 28 juil. – **R** 50/80.

✗ **Le Pistolet,** Markt 113a, ✉ 6161 GN, ☎ 45030 – ✻
fermé merc. – **R** (dîner seult) carte 27 à 67.

à Munstergeleen NE : 3 km – 5 100 h. – ☎ 0 4490 :

XXX **Van Abshoff,** Geleenstraat 16, ✉ 6151 EX, ☎ 15841 – Ⓟ. AE ⓓ E. ⚘
fermé merc. et du 9 au 30 juil. – **R** carte 48 à 66.

BMW Daalstraat 38 ☎ 47676
FORD Fr. Erenslaan 103 ☎ 43013
HONDA Rijksweg C. 97 ☎ 43175
MERCEDES-BENZ, RENAULT Rijksweg N. 125 ☎ 46333
PEUGEOT, TALBOT Mauritslaan 53 ☎ 45800
VOLVO Pastoor Vonckenstraat 5 ☎ 42719

GEMERT Noord-Brabant 212 ⑨ et 408 ⑲ – 16 515 h. – ☎ 0 4923.
♦Amsterdam 122 – ♦'s-Hertogenbosch 37 – ♦Eindhoven 25 – ♦Nijmegen 44.

X **Sleutelbos,** St. Annastraat 15, ✉ 5421 KA, ☎ 4898 – AE E
fermé lundi – **R** carte 29 à 73.

X **Keizer** avec ch, Ridderplein 3, ✉ 5421 CV, ☎ 1252. AE
R 18/60 – **10 ch** ☐ 35/70.

FIAT Kruiseind 13 ☎ 1345
FORD Molenstraat 18 ☎ 1462
PEUGEOT, TALBOT Vondellaan 133 ☎ 1155
RENAULT Komweg 41 ☎ 1472
VAG Nieuwstraat 50 ☎ 1344

GENNEP Limburg 212 ⑩ et 408 ⑲ – 15 743 h. – ☎ 0 8851.
♦Amsterdam 148 – ♦Eindhoven 56 – ♦Nijmegen 21 – Venlo 40.

à Milsbeek NO : 3 km – ☎ 0 8851 :

XX **Kerselaer,** Rijksweg 14, ✉ 6596 AB, ☎ 3703 – Ⓟ. AE E
fermé merc. – **R** carte 31 à 57.

GM (OPEL) Spoorstraat 122 ☎ 1545
NISSAN Hoogveld 1 à Heijen ☎ 2074
VOLVO, HONDA Heijenseweg 55 ☎ 1166

GEVERIK Limburg 212 ① – voir à Beek.

GIETEN Drenthe 210 ⑨⑲ et 408 ⑥ – 5 681 h. – ☎ 0 5926.
♦Amsterdam 199 – Assen 14 – ♦Groningen 29.

Braams, Brink 7, ✉ 9461 AR, ☎ 1241, Télex 77018, « Jardin fleuri » – |$| Ⓟ – 🏊. AE ⓓ E. ⚘ rest
fermé 31 déc.-1er janv. – **R** carte 43 à 70 – **45 ch** ☐ 65/75 – P 88/98.

FIAT Bloemakker 11 ☎ 2928
PEUGEOT, TALBOT Schoolstraat 16 ☎ 1560

GIETHOORN Overijssel 210 ⑰ et 408 ⑫ – 2 491 h. – ☎ 0 5216.
Voir Village lacustre★★.
ℹ (bateau) Beulakerweg, ✉ 8355 AM, ☎ 1248.
♦Amsterdam 135 – ♦Zwolle 28 – Assen 63 – ♦Leeuwarden 63.

à Giethoorn-Nord N : 4 km :

De Jonge, Beulakerweg 30, ✉ 8355 AH, ☎ 1360, 🚗 – Ⓟ
R 25/60 – **10 ch** ☐ 45/80 – P 50/60.

GILZE-RIJEN Noord-Brabant 212 ⑥ et 408 ⑰ – 21 129 h. – ☎ 0 1615.
♦Amsterdam 99 – ♦'s-Hertogenbosch 40 – ♦Breda 11 – ♦Tilburg 13.

Herbergh, Rijksweg 202 (à Rijen), ✉ 5121 RC, ☎ (0 1612) 4318 – 🛁wc 🚿wc Ⓟ. ⚘
R carte 27 à 60 – **30 ch** ☐ 40/75 – P 58.

X **Bistro Le Menton,** Stationsstraat 83 (à Rijen), ✉ 5121 EC, ☎ (0 1612) 2232 – ▤ Ⓟ. AE ⓓ E. ⚘
fermé merc., 1re quinz. juil. et après 20 h – **R** 23/60.

GM (OPEL) Lange Wagenstraat 19 ☎ 1303

GLIMMEN Groningen 210 ⑧ et 408 ⑥ – voir à Haren.

GOEDEREEDE Zuid-Holland 212 ③ et 408 ⑯ – 10 225 h. – ☎ 0 1879.
♦Amsterdam 118 – ♦Den Haag 66 – ♦Middelburg 76 – ♦Rotterdam 49.

Motel Koningspleisterplaats, Provincialeweg 47 n° 18, ✉ 3252 LR, ☎ 1223, 🏊 chauffée – 🚿wc Ⓟ – 🏊
R 18/85 – **16 ch** ☐ 40/70.

X **Gouden Leeuw** avec ch, Markt 11, ✉ 3252 BC, ☎ 1371
fermé lundi – **R** carte 29 à 54 – **9 ch** ☐ 33/80.

GOES Zeeland **212** ⑬ et **408** ⑯ – 31 038 h. – ☎ 0 1100.

ℹ (fermé sam. hors saison) Grote Markt 23 (Stadhuis), ✉ 4461 AH, ☎ 20577.

♦Amsterdam 165 ② – ♦Middelburg 22 ③ – ♦Antwerpen 68 ② – ♦Breda 78 ② – ♦Rotterdam 87 ①.

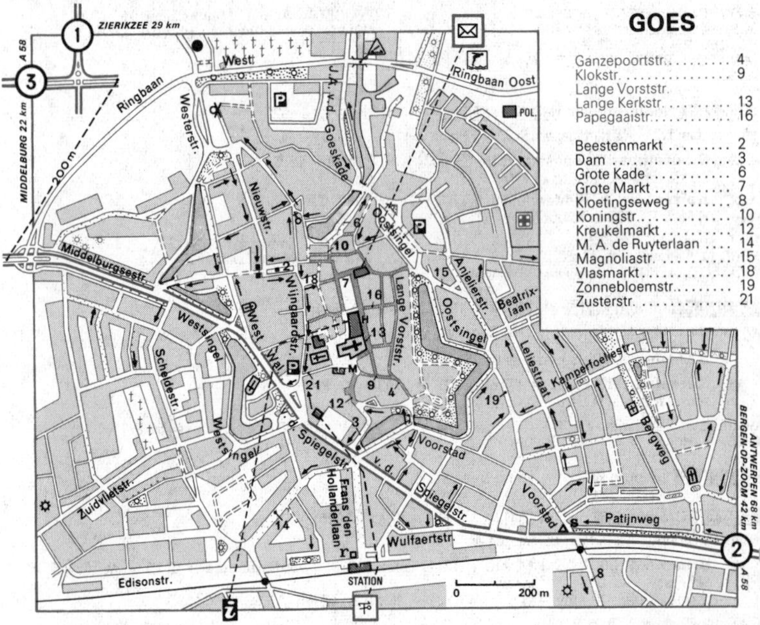

🏨 **Terminus,** Frans den Hollanderlaan 37, face à la gare, ✉ 4461 HM, ☎ 27501 – Ⓟ. AE ⓓ E r
R 17/35 – **21 ch** ☕ 55/100.

XXX **Ockenburgh** avec ch, van de Spiegelstraat 104, ✉ 4461 LN, ☎ 16303, « Intérieur bien aménagé » – ▤ rest 📺 wc ☎ Ⓟ. ⓓ E s
fermé dim. et 24 déc.-13 janv. – **R** carte 39 à 98 – **6 ch** ☕ 38/100.

BMW M. A. de Ruijterlaan 8 ☎ 28545
BRITISH LEYLAND, ALFA-ROMEO Verrijn Stuartweg 10 ☎ 28751
CITROEN Voorstad 79 ☎ 27353
FIAT Kuyperlaan 287 ☎ 31280
FORD Westhavendijk 150 ☎ 20440
GM (OPEL) Klein Frankrijk 31 ☎ 16210
MAZDA, VOLVO Anjelierstraat 5 ☎ 16810
MERCEDES-BENZ A. Plesmanweg 2 ☎ 12730
MITSUBISHI, HONDA Verrijn Stuartweg 14 ☎ 23520
NISSAN Fruitlaan 12 ☎ 16235
RENAULT Marconistraat 3 ☎ 12320
TALBOT, PEUGEOT Westhavendijk 148 ☎ 20620
TOYOTA van Hertumweg 7 ☎ 14810
VAG van de Spiegelstraat 92 ☎ 14840

GOIRLE Noord-Brabant **212** ⑦ et **408** ⑱ – voir à Tilburg.

GORINCHEM Zuid-Holland **212** ⑥⑦ et **408** ⑰⑱ – 28 484 h. – ☎ 0 1830.

ℹ Groenmarkt 13, ✉ 4201 EE, ☎ 31525.

♦Amsterdam 74 – ♦Den Haag 68 – ♦Arnhem 78 – ♦Breda 41 – ♦'s-Hertogenbosch 40 – ♦Rotterdam 42 – ♦Utrecht 41.

X **Merwezicht,** Eind 19, ✉ 4201 CP, ☎ 31361, ← – ▤. AE
fermé lundi, mardi, 24 déc.-3 janv. et après 20 h – **R** carte 55 à 73.

près de l'échangeur NO : 2,5 km :

🏨 **Motel Gorinchem,** Van Hogendorpweg 10, ✉ 4204 XW, ☎ 22400 – wc ☎ Ⓟ – 🏛. AE ⓓ E
R carte 32 à 61 – **15 ch** ☕ 82/130.

BMW Kleine Haarsekade 12 ☎ 24011
BRITISH LEYLAND Tiende Penninglaan 1a ☎ 23432
FIAT Don Antoniostraat 4 ☎ 24314
FORD Concordiaweg 33 ☎ 24455
GM (OPEL) van Hogendorpweg 6 ☎ 32622
MERCEDES-BENZ, ALFA-ROMEO Avelingenweg 10 ☎ 31466
MITSUBISHI Banneweg 1 ☎ 32344
NISSAN Schelluinsestraat 34 ☎ 32176
PEUGEOT, TALBOT Avelingenweg W. 4 ☎ 33733
RENAULT Gildenweg 68 ☎ 32316
TOYOTA Schelluinsestraat 8 ☎ 32889
VAG Melkpad 7 ☎ 31388
VOLVO Banneweg 5 ☎ 22722

GOUDA Zuid-Holland 211 ⑬ et 408 ⑩ – 59 212 h. – ☎ 0 1820.

Voir Vitraux*** de l'église St-Jean* (St. Janskerk) BY **A** – Hôtel de Ville* (Stadhuis) BY **H** – Musée municipal Het Catharina Gasthuis* BY **M¹**.

Env. Étangs de Reeuwijk* (Reeuwijkse Plassen) par Zwarteweg BY – de Gouda à Oudewater route de digue ≤* par Nieuwe Veerstal BZ.

🅸 (fermé sam. après-midi) Waag, Markt 36, ✉ 2801 JK, ☎ 13298.

•Amsterdam 53 ④ – •Den Haag 30 ④ – •Rotterdam 23 ③ – •Utrecht 36 ①.

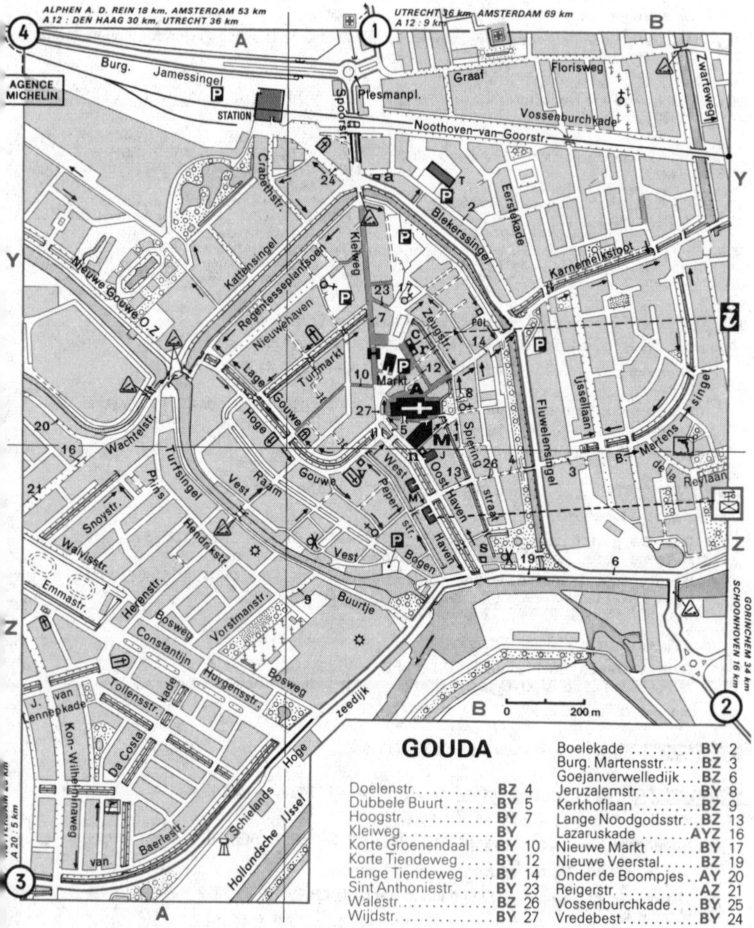

GOUDA

Doelenstr.	BZ	4
Dubbele Buurt	BY	5
Hoogstr.	BY	7
Kleiweg	BY	
Korte Groenendaal	BY	10
Korte Tiendeweg	BY	12
Lange Tiendeweg	BY	14
Sint Anthoniestr.	BY	23
Walestr.	BZ	26
Wijdstr.	BY	27
Boelekade	BY	2
Burg. Martensstr.	BZ	3
Goejanverwelledijk	BZ	6
Jeruzalemstr.	BY	8
Kerkhoflaan	BZ	9
Lange Noodgodsstr.	BZ	13
Lazaruskade	AYZ	16
Nieuwe Markt	BY	17
Nieuwe Veerstal	BZ	19
Onder de Boompjes	AY	20
Reigerstr.	AZ	21
Vossenburchkade	BY	25
Vredebest	BY	24

🏨 **Zalm,** Markt 34, ✉ 2801 JJ, ☎ 12344, Avec crêperie – 🛗 ☎. AE E. ⨯ rest BY **c**
fermé 1er janv. – **R** carte 31 à 62 – **21 ch** ☕ 60/90.

XXX **Mallemolen,** Oosthaven 72, ✉ 2801 PG, ☎ 15430, « Intérieur vieil hollandais » – AE ⓓ E. ⨯ BZ **s**
fermé jeudi et 19 juin-9 juil. – **R** (dîner seult) carte 54 à 72.

XX **Rôtiss. Etoile,** Blekerssingel 1, ✉ 2806 AA, ☎ 12253 – AE ⓓ E BY **a**
fermé 3 dern. sem. juil.-1re sem. août, dim. de mai à sept. et lundi – **R** 35/75.

XX **La Grenouille,** Oosthaven 20, ✉ 2801 PC, ☎ 12731 BZ **n**
fermé lundi – **R** (dîner seult) 45/63.

tourner →

✕ **Julien,** Hoge Gouwe 23, ✉ 2801 LA, ☎ 23338 – ⓓ E — BZ **v**
fermé dim. – **R** (dîner seult) carte 37 à 52.

✕ **Old Dutch,** Markt 25, ✉ 2801 JJ, ☎ 21347 — BY **r**
fermé merc. et jeudi – **R** (dîner seult) 43/73.

✕ **Zes Sterren,** Achter de Kerk 14, ✉ 2801 JX, ☎ 16095, Dans le musée municipal M¹ –
fermé lundi et du 1er au 22 août – **R** 40/60. — BY

✕ **'t Swijnshooft,** Markt 30, ✉ 2801 JJ, ☎ 25677 – AE E — BY **c**
fermé lundi, mardi et 1re quinz. juin – **R** carte 42 à 61.

à Reeuwijk par ① : 6 km – ☏ 0 1829 :

✕✕ **D'Ouwe Stee,** 's-Gravenbroekseweg 80, ✉ 2811 GG, ☎ 4008, « Intérieur vieil hollandais » – Ⓟ. AE ⓓ E
fermé mardi – **R** carte 58 à 89.

MICHELIN, Agence régionale, Stavorenweg 1 – ✉ 2803 PT – (Industrie-terrein Den Uitert) par ④, ☎ (0 1820) 25455

ALFA-ROMEO Spoorstraat 2 ☎ 13877
ALFA-ROMEO van Staverenstraat 39 à Reeuwijk ☎ (0 1829) 3142
BMW Antwerpseweg 11 ☎ 13000
BRITISH LEYLAND Groningerweg 4 ☎ 16680
CITROEN Raam 184 ☎ 17795
FIAT Burg. van Reenensingel 45 ☎ 21455
FORD Burg. Jamessingel 2 ☎ 12977
GM (OPEL) Fluwelensingel 59a ☎ 17122
HONDA Achter Willenseweg 142 ☎ 15716
LADA C. Huygensstraat 110 ☎ 17367
MAZDA Nijverheidsstraat 79 ☎ 15917
MERCEDES-BENZ, MITSUBISHI Burg. van Reenensingel 49 ☎ 13016
NISSAN Antwerpseweg 16 ☎ 13933
PEUGEOT, TALBOT Ridder van Catsweg 681 ☎ 32000
RENAULT Joubertstraat 34 ☎ 14266
TOYOTA Blekerssingel 66 ☎ 24922
VAG Burg. van Reenensingel 117 ☎ 16644
VOLVO Voorwillenseweg 19a ☎ 11400

GRAVE Noord-Brabant 212 ⑨ et 408 ⑲ – 10 301 h. – ☏ 0 8860.

♦Amsterdam 115 – ♦'s-Hertogenbosch 33 – ♦Eindhoven 47 – ♦Nijmegen 15.

✕✕ **Hampoort,** avec ch, St. Elisabethstraat 27, ✉ 5361 HJ, ☎ 4150 – ⋔wc
12 ch.

✕ **Wapen van Grave,** Arnaud van Gelderweg 61, ✉ 5361 CV, ☎ 3268 – Ⓟ. ⓓ E
fermé lundi, 27 août-11 sept. et 18 fév.-3 mars – **R** carte 30 à 46.

PEUGEOT, TALBOT Koninginnedijk 34 ☎ 3083

's-GRAVELAND Noord-Holland 211 ④ et 408 ⑪ – 8 987 h. – ☏ 0 35.

♦Amsterdam 28 – Hilversum 5.

🏠 **Drie Dorpen,** Cannenburgerweg 51, ✉ 1244 RG, ☎ 61187 – ⋔wc Ⓟ. E. ⛌
R *(fermé après 20 h)* (dîner seult) carte 28 à 40 – **27 ch** ☕ 40/65.

✕✕ **Wapen van Amsterdam** avec ch, Noordereind 129, ✉ 1243 JL, ☎ 61661, « Intérieur rustique, terrasse fleurie » – TV ⌂wc ⋔wc Ⓟ. AE E. ⛌
fermé 31 déc. – **R** 20/39 – **12 ch** ☕ 56/110.

à Ankeveen NO : 3 km – ☏ 035 :

✕ **Grill 't Vierde,** Stichts End 9, ✉ 1244 PK, ☎ 61305 – Ⓟ. AE ⓓ E. ⛌
fermé mardi et du 25 au 31 déc. – **R** (dîner seult) carte 46 à 67.

VAG Koninginneweg 63 ☎ 62804

's-GRAVENHAGE Ⓟ Zuid-Holland – voir Den Haag.

's-GRAVENZANDE Zuid-Holland 211 ⑪ et 408 ⑨ – 17 242 h. – ☏ 0 1748.

♦Amsterdam 77 – ♦Den Haag 17 – ♦Rotterdam 30.

✕✕ Spaansche Vloot, Langestraat 137, ✉ 2691 BD, ☎ 2495, « Intérieur vieil hollandais » – Ⓟ.

sur la route de Hoek van Holland SO : 1 km :

✕ **Hoeve de Viersprong,** Nieuwlandsedijk 10, ✉ 2691 KW, ☎ 3322 – ▤ Ⓟ. AE ⓓ E
R carte 45 à 76.

BRITISH LEYLAND Wattstraat 2 ☎ 2466
CITROEN Dresdenweg 20 ☎ 5601
FIAT Edisonstraat 9 ☎ 2995
GM (OPEL) Sand Ambachtstraat 40 ☎ 2251
MITSUBISHI Edisonstraat 1 ☎ 3371
RENAULT Naaldwijkseweg 90 ☎ 6081
TOYOTA van de Horstweg 1 ☎ 2492
VAG van de Kasteelestraat 36b ☎ 3431

GREVENBICHT Limburg 212 ① et 408 ㉖ – voir à Born.

GROEDE Zeeland 212 ⑫ et 408 ⑮ – 1 310 h. – ☏ 0 1171.

♦Amsterdam 209 – ♦Middelburg (bac) 12 – ♦Antwerpen 89 – ♦Brugge 33 – Knokke-Heist 22.

🏠 **Vlaemsche Duyn** ⛰, Gerard de Moorsweg 4, ✉ 4503 PD, ☎ 1210, ≤, Parc à cerfs, ⛌ – ⋔wc Ⓟ. AE ⓓ
R *(fermé merc. du 1er sept. au 15 juin)* 24/48 – **14 ch** ☕ 39/77 – ½ p 62.

GROESBEEK Gelderland 212 ⑨ et 408 ⑲ – 18 585 h. – ☎ 0 8891.
ℹ De Ruyterstraat 44, ✉ 6562 ZD, ☎ 1557.
♦Amsterdam 135 – ♦Arnhem 30 – ♦Nijmegen 9 – Venlo 59.

Wolfsberg ⑤, Mooksebaan 12, ✉ 6562 KB, ☎ 1327, ≤, « Au milieu des bois » – wc Ⓟ –
mars-oct. – **R** *(fermé après 19 h 30)* 25/30 – **20 ch** 40/93.

sur la route de Nijmegen NO : 5 km – ☎ 0 80 :

Sionshof, Nijmeegsebaan 53, ✉ 6564 CC, ☎ 227727, ≤ – ☎ Ⓟ – AE E. ch
R *(fermé après 20 h 30)* carte 35 à 69 – **22 ch** 70/129 – P 78/110.

FIAT Dorpsstraat 28a ☎ 2244

GROET Noord-Holland 210 ⑬ et 408 ⑩ – voir à Schoorl.

In deze gids
heeft een zelfde letter of teken, ***zwart*** *of* ***rood,***
dun of ***dik*** *gedrukt niet helemaal dezelfde betekenis.*
Lees aandachtig de bladzijden met verklarende tekst (blz. 20 t/m 27).

GRONINGEN P 210 ⑧ et 408 ⑥ – 165 146 h. – ☎ 0 50.
Voir Goudkantoor★ Z **A** – Martinitoren★ Z **B.**
Musée : Nouveau Musée★ Z **M²**.
Env. par ② : Les églises rurales★ : Loppersum (fresques★ dans l'église) – Zeerijp (coupoles★ dans l'église) – Uithuizen★ : château Menkemaborg★ – par ⑥ Leens : buffet d'orgues★ dans l'église St-Pierre (Petruskerk).
Pollselaan 5 à Glimmen (Haren) par ④ : 12 km ☎ (0 5906) 1275.
Burg. Legroweg à Eelde par ④ : 12 km ☎ (0 5907) 2220.
(départs de 's-Hertogenbosch) ☎ (0 50) 122755.
ℹ et Fédération provinciale, Grote Markt 23, ✉ 9712 HR, ☎ 139700.
♦Amsterdam 179 ⑤ – Bremen 181 ③ – ♦Leeuwarden 59 ⑥.

Plans page suivante

Doelen sans rest, Grote Markt 36, ✉ 9711 LV, ☎ 127041 – wc Ⓟ – AE ⓓ E — Z **n**
46 ch 49/110.

XXX **Rôtiss. Le Mérinos d'Or,** A-straat 1, ✉ 9718 CP, ☎ 137770 – AE ⓓ — Z **c**
fermé lundi – **R** (dîner seult) 50/85.

XX **Crémaillère,** Gedempte Zuiderdiep 58, ✉ 9711 HK, ☎ 124466 – AE ⓓ E — Z **d**
fermé sam. midi, dim. et 1re sem. janv. – **R** 50/78.

XX **The Mandarin,** Noorderhaven 63, ✉ 9712 VJ, ☎ 127062, Rest. chinois – AE ⓓ E. — Z **f**
fermé lundi et 19 juil.-7 août – **R** 27/37.

X **Pieter van Aemstel,** Sluiskade, ✉ 9718 AA, ☎ 131025, Bateau amarré – AE ⓓ E — Z **s**
fermé dim. – **R** carte 44 à 81.

X **Salle à manger,** Poelestraat 41, ✉ 9711 PK, ☎ 181114 – AE ⓓ E — Z **x**
fermé 31 déc. et 1er janv. – **R** (dîner seult) carte 43 à 56.

X **La Coquille,** Oosterstraat 39, ✉ 9711 NP, ☎ 134194 – AE ⓓ E — Z **r**
R (dîner seult) carte 39 à 73.

X **'t Wad,** A-Kerkhof 27, ✉ 9712 BB, ☎ 130383, Produits de la mer – — Z **w**
fermé dim. midi – **R** carte 26 à 50.

près de la route de Drachten N 7 S : 2 km :

Euromotel Groningen, Expositielaan 7, ✉ 9727 KA, ☎ 258400, Télex 53795, – TV Ⓟ – AE ⓓ E — X **v**
R carte 34 à 70 – **155 ch** 83/120 – P 119/129.

Crest H. Groningen, Donderslaan 156, ✉ 9728 KX, ☎ 252040, Télex 53394 – TV wc wc Ⓟ – AE ⓓ E — X **y**
R 30/35 – **59 ch** 112/132.

Voir aussi : ***Paterswolde*** par ④ : 10 km, ***Eelde*** par ④ : 11 km.

MICHELIN, Agence régionale, Adm. de Ruijterlaan 5a Z – ✉ 9726 GN, ☎ (0 50) 142000

ALFA-ROMEO, MITSUBISHI Helperwestsingel 19 ☎ 250012
BMW Antillenstraat 1 ☎ 777879
BRITISH LEYLAND Spieghelstraat 14 ☎ 250325
CITROEN Duinkerkenstraat 38 ☎ 183366
FIAT Hoornsediep 89 ☎ 255129
FIAT Hereweg 122 ☎ 255833
FORD Rijksweg 130 à Oosterhoogebrug ☎ 411552
GM (OPEL) Hereweg 36 ☎ 255888
GM (OPEL) Oosterhamrikkade 114 ☎ 771811
HONDA Friesestraatweg 22 ☎ 120012
HONDA Protonstraat 20 ☎ 122938
LADA Osloweg 2 ☎ 183121
MAZDA Geulstraat 3 ☎ 261515
MERCEDES-BENZ Gideonweg 5 ☎ 182218
NISSAN Protonstraat 6 ☎ 139025
PEUGEOT, TALBOT Energieweg 11 ☎ 181846
PEUGEOT, TALBOT Pop Dijkemaweg 38 ☎ 411544
PEUGEOT, TALBOT Oosterhamrikkade 86 ☎ 771023
RENAULT Friesestraatweg 231 ☎ 775010
TOYOTA Protonstraat 12 ☎ 182223
VAG Paterswoldseweg 139 ☎ 255858
VOLVO Pop Dijkemaweg 2 ☎ 410028
VOLVO Helperoostsingel 15 ☎ 263555

GRONINGEN

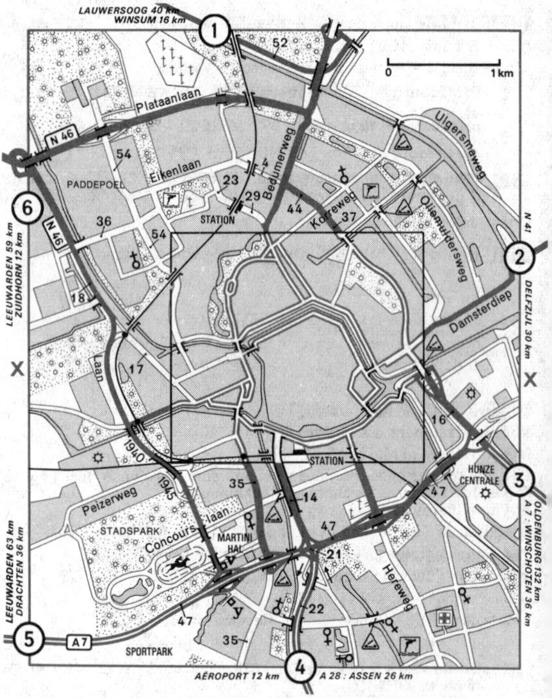

LAUWERSOOG 40 km
WINSUM 16 km
0
1 km
Plataanlaan
N 46
PADDEPOEL
Eikenlaan
Bedumerweg
STATION
Korreweg
Uilgersmaweg
Oliemuldersweg
N 41
DELFZIJL 30 km
Damsterdiep
LEEUWARDEN 59 km
ZUIDHORN 12 km
X
Laan
1940
1945
STATION
HUNZE CENTRALE
Peizerweg
STADSPARK
Concourslaan
MARTINI HAL
Hereweg
OLDENBURG 132 km
A 7 : WINSCHOTEN 36 km
LEEUWARDEN 63 km
DRACHTEN 36 km
A7
SPORTPARK
AÉROPORT 12 km
A 28 : ASSEN 26 km

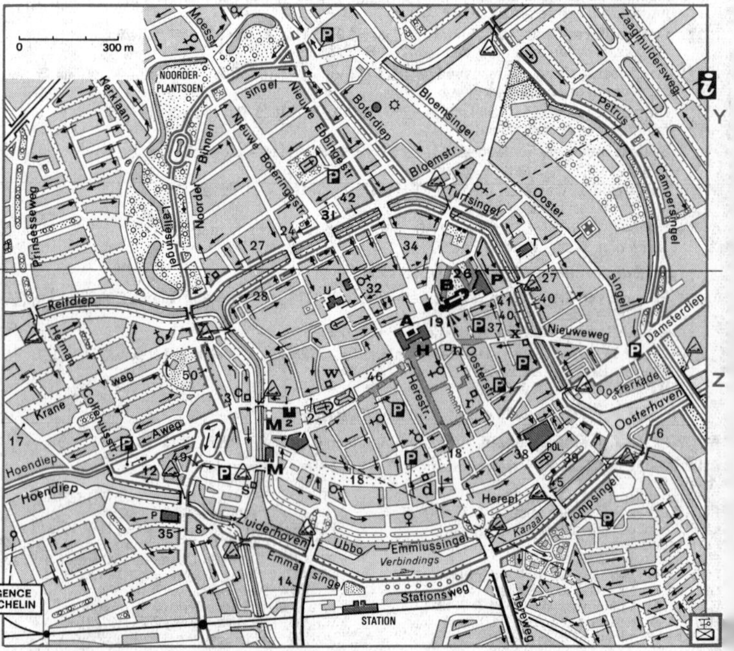

0
300 m
Moesstr.
NOORDER-PLANTSOEN
Kerklaan
Prinsesseweg
Leliesingel
Noorder
Binnen
singel
Nieuwe
Boteringestr.
Nieuwe Ebbingestr.
Boterdiep
Bloemsingel
Bloemstr.
Turfsingel
Zaagmuldersweg
Petrus
Campersingel
Ooster
singel
Y
Reitdiep
Herman
Colleniusstr.
Krane
weg
Aweg
Hoendiep
Herestr.
Oosterstr.
Nieuweweg
Damsterdiep
Oosterkade
Oosterhaven
Z
Herepl.
Trompsingel
Kanaal
Zuiderhaven
Ubbo
Emmiussingel
Verbindings
Emma
singel
Stationsweg
STATION
Hereweg
POL.
AGENCE MICHELIN

GRONSVELD Limburg 212 ① et 408 ㉖ – 3 570 h. – ☎ 0 4408.

🅸 Steenstraat 7, ✉ 6247 ED, ☏ 1338.

♦Amsterdam 217 – Aachen 31 – ♦Maastricht 7.

XX **Bistro de Keizerskroon,** Rijksweg 129, ✉ 6247 AD, ☏ 1532 – ▤. AE ⓓ. ※
fermé merc. et du 9 au 30 juil. – **R** 24/68.

X **Candle,** Stationsstraat 42, ✉ 6247 BL, ☏ 1886 – AE ⓓ E. ※
fermé mardi et juil. – **R** (dîner seult) 30/48.

GROUW Friesland 210 ⑥ et 408 ⑤ – 5 000 h. – ☎ 0 5662.

🅸 (fermé sam. hors saison) Doorbraak 4, ✉ 9001 AL, ☏ 1333.

♦Amsterdam 140 – ♦Leeuwarden 15 – ♦Zwolle 79.

🏨 **Oostergoo,** Nieuwe Kade 1, ✉ 9001 AE, ☏ 1309, « Au bord du lac » – ⛀wc ⋔wc ☎ Ⓟ
R (1er étage) carte 31 à 57 – **19 ch** ☕ 53/105 – P 85.

BRITISH LEYLAND J.W. de Visserweg 3 ☏ 1691 GM (OPEL) Stationsweg 86 ☏ 2355

GRUBBENVORST Limburg 212 ⑳ et 408 ⑲ – 6 684 h. – ☎ 0 77.

♦Amsterdam 179 – ♦Maastricht 83 – ♦Eindhoven 54 – ♦Nijmegen (bac) 60 – Venlo (bac) 8.

XX **Chalet Breidenbach** avec ch, Pastoor Vullinghsplein 6, ✉ 5971 CB, ☏ 61202 – ⛀wc ⋔wc ☎ Ⓟ. AE ⓓ E. ※ rest
R carte 50 à 115 – **12 ch** ☕ 50/90.

MAZDA Kloosterstraat 69 ☏ 61373

GULPEN Limburg 212 ①② et 408 ㉖ – 6 944 h. – ☎ 0 4450.

⛳ Dal-Bissenweg 22 à Mechelen ☏ (0 4455) 1397.

♦Amsterdam 227 – ♦Maastricht 17 – Aachen 15.

X **Belge,** Rijksweg 20, ✉ 6271 AE, ☏ 1414 – E. ※
◆ *fermé mardi, 24 sept.-13 oct.* – **R** 23/30.

au Sud-Ouest : 1 km par route de Maastricht :

🏨 **Kasteel Neubourg** ⛰, Rijksweg 1, ✉ 6271 AB, ☏ 1222, « Château au milieu d'un parc » – ⛀wc ☎ Ⓟ – 🏛. ※
Pâques-Noël – **R** (dîner seult) 65 – **20 ch** ☕ 83/175.

XXX **Truite d'Or,** Euverum 7, ✉ 6271 PJ, ☏ 1500, « Terrasse chauffée avec ≤ bassins » – Ⓟ. AE ⓓ E. ※
fermé sam. midi et lundi midi – **R** 55/85.

à Wittem E : 1,5 km – 7 050 h. – ☎ 0 4450 :

🏨 **In den Roden Leeuw van Limburg** sans rest, Wittemer allee 28, ✉ 6286 AB, ☏ 1274 – ⛀wc ⋔wc Ⓟ. ※
fermé lundi sauf en juil.-août – **9 ch** ☕ 38/83.

XXX ✿ **Kasteel Wittem** ⛰ avec ch, Wittemer allee 3, ✉ 6286 AA, ☏ 1208, « Aménagé dans un château du 15e s. avec jardin fleuri » – ⛀wc ☎ Ⓟ. AE ⓓ E. ※
R 68/95 – **12 ch** ☕ 167
Spéc. Caille farcie de ris de veau au jus de truffes, Biscuit de sandre à la crème de truite fumée, Agneau aux aromates.

à Wahlwiller E : 3 km – 547 h. – ☎ 0 4451 :

XXX **Der Bloasbalg,** Einderstraat 37, ✉ 6286 BJ, ☏ 1364, « Intérieur rustique » – ▤ Ⓟ. AE ⓓ E. ※
fermé sam. midi, mardi et 30 juil.-14 août – **R** 55/95.

XXX **'t Klauwes,** Oude Baan 1, ✉ 6286 BD, ☏ (0 4451) 1548, « Aménagé dans une ferme du 18e s. » – Ⓟ. AE ⓓ E
fermé sam. midi, lundi, du 3 au 18 juil. et du 24 au 27 fév. – **R** carte 57 à 88.

à Eijs NE : 5 km – 1 725 h. – ☎ 0 4451 :

XX **Aub. la Provence** avec ch, Kelderweg 1, ✉ 6287 CE, ☏ 1707 – AE E. ※
R *(fermé dim.)* (dîner seult) carte 50 à 68 – 4 ch ☕ 40/80.

CITROEN Rijksweg 113 ☏ 1450

Les Bonnes Tables (voir page 15)

Gourmets...

Nous distinguons à votre intention

certains hôtels et restaurants par ✿, ✿✿ ou ✿✿✿

Den HAAG ou **'s-GRAVENHAGE** P Zuid-Holland 211 ⑪ et 408 ⑨ – 454 300 h. – 0 70.

Voir Scheveningen** (p. 7) – Binnenhof* : salle des Chevaliers* (Ridderzaal) (p. 6) JV **A** – Hofvijver (Étang de la Cour) ≤* (p. 6) JV – Lange Voorhout* (p. 6) JV – Panorama Mesdag* (p. 6) HV **B** – Madurodam* (p. 4) ES.

Musées : Mauritshuis*** (p. 6) JV – Municipal** (Gemeentemuseum) (p. 4) DES – Bredius* (p. 6) HX **M¹** – Mesdag* (p. 6) HU **M²**.

18 Gr. Haesebroekseweg 22 à Wassenaar N : 4 km par ① (0 1751) 79607.

Amsterdam-Schiphol NE : 37 km (0 70) 648030, (0 20) 5110432 (renseignements) et (0 20) 434242 (réservations) – Rotterdam-Zestienhoven SE : 17 km (0 10) 157633 (renseignements) et (0 10) 372745, 155430 (réservations).

(départs de 's-Hertogenbosch) (0 70) 824141.

Groenmarkt et Kon. Julianaplein 7 (près de la gare centrale), ✉ 2595 AA – Zwolsestraat 30 (Scheveningen), ✉ 2587 VJ, 546200.

♦Amsterdam 60 ② – ♦Bruxelles 177 ④ – ♦Rotterdam 26 ④ – Delft 13 ④.

Plans : sauf indication spéciale voir p. 6

Promenade et Rest. Cigogne M, van Stolkweg 1, ✉ 2585 JL, 574121, Télex 31162, « Élégante installation, collection de peintures modernes » – rest – . AE E — plan p. 4 ES **w**
R 45/110 – 16 – **97 ch** 170/185.

Babylon et Rest. Alexander M, Koningin Julianaplein 35, ✉ 2595 AA, 814901, Télex 34001 – – . AE E. rest — plan p. 5 GS **u**
R *(fermé sam. midi et dim. midi)* 57/88 – **143 ch** 180/215.

Des Indes et Le Restaurant, Lange Voorhout 54, ✉ 2514 EG, 469553, Télex 31196 – rest – . AE E — JV **s**
R carte 52 à 91 – **77 ch** 171/275.

Central et Rest. Sir Edward, Lange Poten 6, ✉ 2511 CL, 469414, Télex 32000 – – . AE E. rest — JV **g**
R *(fermé vend. et sam.)* carte 32 à 57 – **137 ch** 105/183 – P 130/144.

Bel Air, Johan de Wittlaan 30, ✉ 2517 JR, 572011, Télex 31444, – – . AE E. rest — plan p. 4 ES **a**
R carte 60 à 93 – 13 – **349 ch** 123/164 – P 162/209.

Parkhotel-De Zalm sans rest (annexe), Molenstraat 53, ✉ 2513 BJ, 624371, Télex 33005 – . AE E — HV **a**
132 ch 56/176.

Esquire sans rest, Van Aerssenstraat 59, ✉ 2582 JG, 503840 – wc wc . AE E — plan p. 7 KZ **k**
15 ch 58/106.

Corona, Buitenhof 42, ✉ 2513 AH, 637930 – wc wc . AE — HV **v**
R carte 30 à 63 – **23 ch** 70/145 – P 85/155.

Excelsior et Bistro Excoin, Stationsweg 133, ✉ 2515 BM, 883632 – . rest — JX **e**
R *(fermé dim.)* (dîner seult) 25/65 – **32 ch** 45/90 – P 75/95.

Forest sans rest, Adelheidstraat 39, ✉ 2595 EA, 837379 – — plan p. 5 GS **a**
8 ch 45/85.

XXXX **Royal,** Lange Voorhout 44, ✉ 2514 EG, 600772 – AE . — JV **t**
fermé dim. – **R** 43/50.

XXX ✻ **Saur,** 1er étage, Lange Voorhout 51, ✉ 2514 EC, 463344, Produits de la mer – . AE E. — JV **h**
fermé sam. midi, dim. et jours fériés – **R** carte 98 à 142
Spéc. Turbot en papillote, Homard nonante-huit, Sole Lafayette.

XXX **House of Lords,** Hofstraat 4, ✉ 2511 CN, 644771 – AE E. — JV **g**
fermé dim. et lundi – **R** carte 71 à 125.

XXX **Bajazzo,** Vos in Tuinstraat 2a, ✉ 2514 BX, 659567, « Intérieur en style 1900 » – AE E — JV **y**
fermé dim. et lundi – **R** 55/68.

XXX **Raden Ajoe,** Lange Poten 31, ✉ 2511 CM, 644592, Rest. indonésien – . AE E. — JV **a**
R carte env. 46.

XX **Gemeste Schaap,** Raamstraat 9, ✉ 2512 BX, 639572, Intérieur vieil hollandais – AE E — HX **y**
fermé du 16 au 31 juil. et jeudi d'avril à sept. – **R** (dîner seult) carte 42 à 85.

XX **Aubergerie,** Nieuwe Schoolstraat 19, ✉ 2514 HT, 648070 – AE — JV **b**
fermé mardi – **R** (dîner seult) 50/70.

XX **Hof van Brederode,** Grote Halstraat 3, ✉ 2513 AX, 646455, « Aménagé dans la cave d'un hôtel de ville du 16e s. » – AE E — HV **s**
fermé sam. midi et dim. – **R** carte 48 à 92.

XX **Garoeda,** Kneuterdijk 18a, ✉ 2514 EN, 465319, Rest. indonésien – AE E — HV **e**
fermé dim. midi – **R** carte 36 à 70.

XX **La Grande Bouffe,** Maziestraat 10, ✉ 2514 GT, 654274 – AE E — HV **k**
fermé sam. midi, dim. et du 1er au 24 août – **R** 57/83.

XX **Pêcherie,** Nieuwe Schoolstraat 11, ✉ 2514 HT, ☎ 645975 – AE ⓓ E JV **b**
R (dîner seult) 30/60.

XX **Gondola,** Noordeinde 196, ✉ 2514 GS, ☎ 464977, Rest. italien – AE HV **k**
fermé sam. midi, dim. midi et mardi – **R** carte 56 à 65.

XX **Table du Roi,** Prinsestraat 130, ✉ 2513 CH, ☎ 461908 – AE ⓓ. ✻ HV **g**
fermé lundi, mardi et 3 sem. en juil. – **R** carte 46 à 71.

XX **Mata Hari,** Koningin Julianaplein 35 (dans le drugstore Babylon), ✉ 2595 AA, ☎ 851268, Rest. indonésien – ▤. AE ⓓ. ✻ GS **u**
fermé dim. et jours fériés – **R** (avec cuisine chinoise) 20/60.

X **Oesterbar-Saur,** Lange Voorhout 47, ✉ 2514 EC, ☎ 462565, Produits de la mer – ▤. AE ⓓ E. ✻ JV **h**
fermé dim. et jours fériés – **R** carte 98 à 131.

X **Goude Hooft,** 1er étage, Groenmarkt 13, ✉ 2513 AL, ☎ 469713 – AE ⓓ E HV **d**
◆ **R** 17/30.

X **Ramayana,** Hooistraat 5, ✉ 2514 BM, ☎ 648335, Rest. indonésien – AE ⓓ JV **q**
fermé sam. midi, dim. midi et mardi – **R** carte 34 à 66.

X **Roma,** Papestraat 22, ✉ 2513 AW, ☎ 462345, Rest. italien – AE ⓓ E HV **r**
fermé dim. midi, mardi et août – **R** carte 32 à 57.

X **La Grange,** Frederikstraat 36, ✉ 2514 LK, ☎ 604482 – AE E HJU **t**
fermé sam. midi, dim. midi et lundi – **R** carte 37 à 58.

X **Tequila,** Noordeinde 160, ✉ 2514 GR, ☎ 655222 – ▤. AE ⓓ E HV **p**
R carte 34 à 68.

X **Bistroquet,** Lange Voorhout 98, ✉ 2514 EJ, ☎ 601170. ⓓ E JV **v**
fermé dim., jours fériés et 25 déc.-1er janv. – **R** carte 48 à 77.

X **Tin-On,** Herengracht 54, ✉ 2511 EJ, ☎ 648545, Rest. chinois – AE ⓓ JV **n**
R 17/29.

X **Chalet Suisse,** Noordeinde 123, ✉ 2514 GG, ☎ 463185 – AE ⓓ E HV **k**
fermé dim. – **R** carte 45 à 74.

à Den Haag-Ouest : *plan p. 2 :*

XXX **Le Coq d'Or,** Leyweg 533, ✉ 2545 GG, ☎ 664407 – ▤. ⓓ E AR **a**
fermé lundi – **R** carte 42 à 70.

à Scheveningen – ⊛ 0 70 :.

⛴ vers Great Yarmouth : Liaison de bateaux de la Cie Norfolk Line, Kranenburgweg 211 ☎ (0 70) 514601.

ℹ Zwolsestraat 30, ✉ 2587 VJ, ☎ 546200.

plan p. 7

🏨 **Kurhaus et Rest. La Coquille,** Gevers Deijnootplein 30, ✉ 2586 CK, ☎ 520052, Télex 33295, ≤, Casino au rez-de-chaussée – 🛗 ▤ rest 📺 ☎ ♿ – 🏛. AE ⓓ E. ✻ rest LY
R 85 – **254 ch** ☕ 169/272.

🏨 **Europa H.,** Zwolsestraat 2, ✉ 2587 VJ, ☎ 512651, Télex 33138, 🏊 – 🛗 📺 ☎ – 🏛. AE ⓓ E LY **z**
R (dîner seult) carte 41 à 59 – **174 ch** ☕ 137/215.

🏨 **Badhotel,** Gevers Deijnootweg 15, ✉ 2586 BB, ☎ 512221, Télex 31592 – 🛗 🛁wc 🚿wc ☎ – 🏛. AE ⓓ E KY **b**
R (dîner seult) 37/53 – **96 ch** ☕ 77/130.

🏨 **Eurotel,** Gevers Deijnootweg 63, ✉ 2586 BJ, ☎ 512821, Télex 32799 – 🛗 ▤ rest 🛁wc 🚿wc ☎ Ⓟ – 🏛. AE ⓓ E KY **q**
fermé 23 déc.-1er janv. – **R** 30/85 – **82 ch** ☕ 101/196 – P 145/148.

XXX **Paddock,** Strandweg 155, ✉ 2586 JM, ☎ 541154, ≤ – ▤ Ⓟ. AE ⓓ E LY **f**
fermé sam. midi et dim. midi – **R** carte 43 à 107.

XXX **Raden Mas,** Gevers Deijnootplein 125, ✉ 2586 CR, ☎ 545432, Rest. indonésien – ▤. AE ⓓ E. ✻ LY **v**
R carte env. 50.

XXX **Seinpost,** Zeekant 60, ✉ 2586 AD, ☎ 555250, ≤ – AE ⓓ E KY **y**
fermé sam. midi, dim., lundi et fin juil.-mi-août – **R** 80.

XX **Bali** avec ch, Badhuisweg 1, ✉ 2587 CA, ☎ 503500, Rest. indonésien – 🛁wc ☎ Ⓟ. AE ⓓ. ✻ ch LY **e**
R 25/40 – **34 ch** ☕ 38/86.

XX **Dionysos,** Gevers Deijnootplein 223, ✉ 2586 CT, ☎ 501419, Rest. grec – AE ⓓ KLY **n**
R (dîner seult) carte 37 à 73.

XX **Les Pieds dans l'Eau,** Dr. Lelykade 33, ✉ 2583 CL, ☎ 550040 – AE ⓓ KZ **p**
fermé jeudi – **R** (dîner seult) carte 58 à 73.

XX **Terrasse du Port,** 1er étage, Dr. Lelykade 34 a, ✉ 2583 CM, ☎ 520404, ≤ – AE ⓓ E KZ **g**
fermé mardi – **R** (dîner seult) 37/74.

DEN HAAG
('s-GRAVENHAGE)
AGGLOMÉRATION

Binckhorstlaan .... BR 9
Burg. Elsenlaan .... BR 18
Geestbrugweg .... BR 30
de Genestetlaan .... BR 31
Goeverneurlaan .... BR 35
Groen van Prinstererlaan.... AR 38
Heuvelweg .... CQ 44
Hildebrandstr. .... BR 46
Houtwijklaan .... AR 49
Jan van den Heydenstr. ...... BR 55
Jan Thijssenweg .... CR 56
Juliana
van Stolberglaan .... BQR 58
Koningin Julianalaan .... CR 63
Koningin Julianaweg .... CQ 65
Kijkduinsestr. .... AR 74
Laan van Nieuw
Oost Einde .... CR 78
Laan van Nieuw
Oost Indië .... BQ 81
Landscheidingsweg .... BQ 82
Leidsestraatweg .... CQ 86
Lindelaan .... BR 87
Lisztstr. .... AR 89
Maanweg .... CR 91
Machiel
Vrijenhoeklaan .... AR 94
Middachtenweg .... BR 96
Nieboerweg .... AQ 103
Ockenburghstr. .... AR 109
Oosteinde .... CR 110
Oude Trambaan .... CQ 113
Oude Waalsdorperweg..... BQ 114
Parkweg .... CR 117
Pisuissestr. .... AR 120
Pompstationsweg .... BQ 125
Potgieterlaan .... CR 126
Prins Bernhardlaan .... CR 127
Prinses Beatrixlaan .... BR 130
Prinses Mariannelaan ...... CR 131
de Savornin
Lohmanlaan .... AR 139
Schenkkade .... BR 143
Thorbeckelaan .... AR 151
Troelstrakade .... BR 155
Voorburgseweg .... CQ 162
Vreeswijkstr. .... AR 163
Waalsdorperweg .... BQ 164
Westeinde
(VOORBURG) .... CR 167

Répertoire des Rues
voir Den Haag p. 7

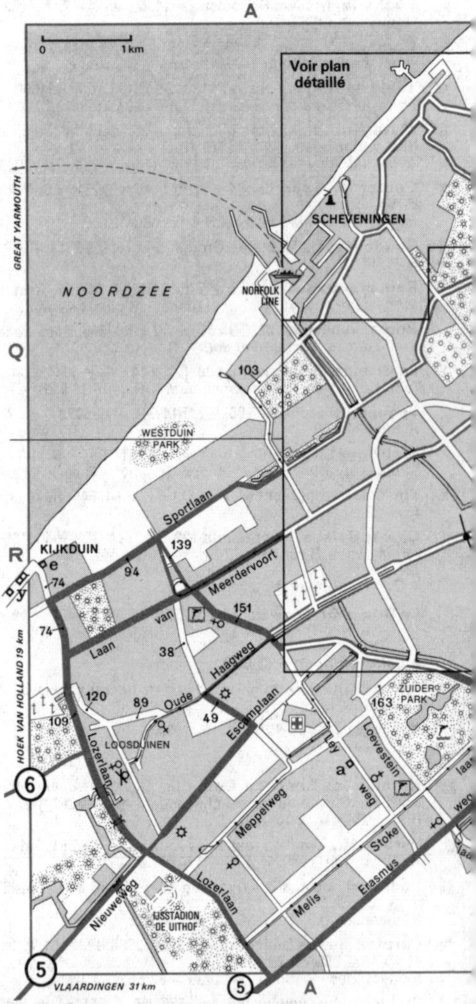

X **Ducdalf,** Dr. Lelykade 5, ✉ 2583 CL, ☎ 557692, Poisson seult – AE ① E — KZ
fermé lundi – **R** carte 35 à 70.

X **Golden Duck,** Dr. Lelykade 29, ✉ 2583 CL, ☎ 541095, Rest. chinois – AE ① E — KZ
fermé mardi et du 24 au 31 déc. – **R** carte 27 à 52.

X **Bistro Le Bon Mangeur,** Wassenaarsestraat 119, ✉ 2586 AM, ☎ 559213 – AE ① E. ✻ — KY
fermé dim., lundi et 24 juin-16 juil. – **R** (dîner seult) 50/65.

X **La Galleria,** Gevers Deynootplein 120, ☎ 521156, Cuisine italienne — LY
R carte 27 à 60.

dans le parc Westbroek : *plan p. 7 :*

X **Westbroekpark,** Kapelweg 35, ✉ 2587 BK, ☎ 546072, « Au milieu d'un parc fleuri » – Ⓟ
AE ① E — LZ
fermé lundi de sept. à juil. – **R** carte 33 à 66.

sur la route de Wassenaar : **3 km** : *plan p. 3 :*

XXX **Boerderij De Hoogwerf,** Zijdelaan 20, ✉ 2594 BV, ☎ 475514, « Ferme du 17e s. » – Ⓟ. AE
E. ✻ — CQ
fermé dim. – **R** carte 63 à 81.

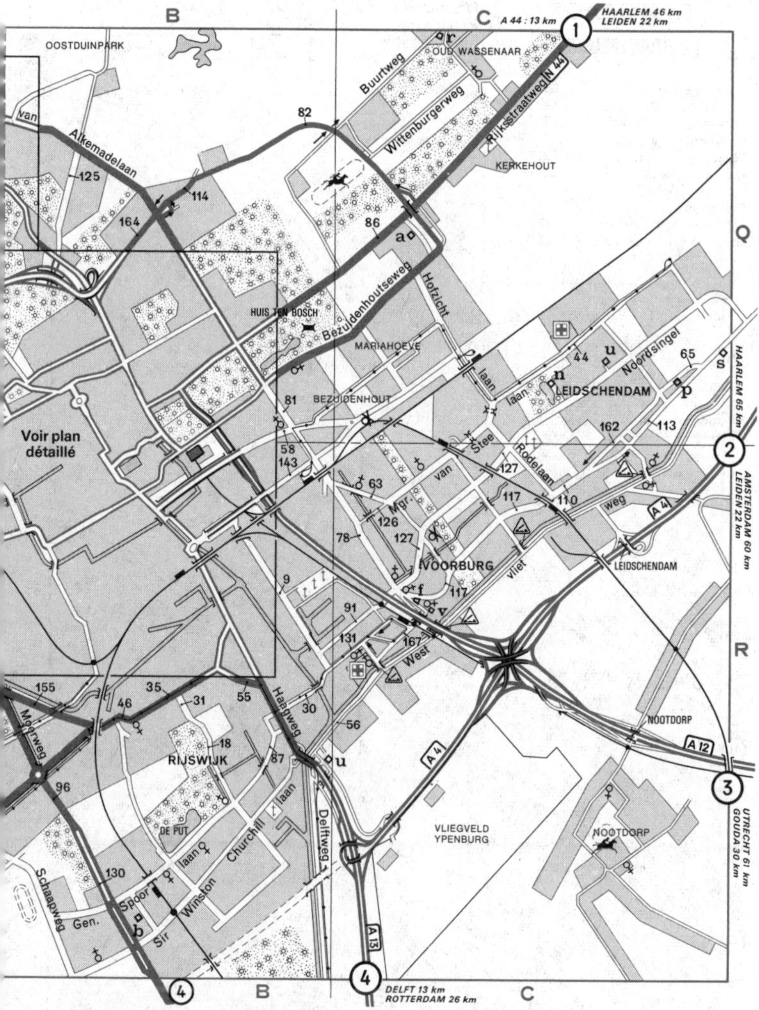

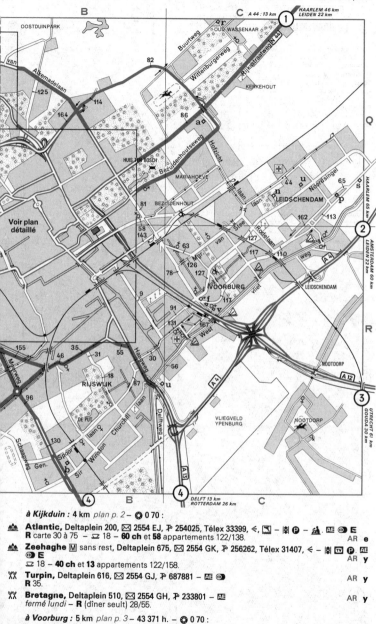

à Kijkduin : 4 km *plan p. 2* – ✆ 0 70 :

Atlantic, Deltaplein 200, ✉ 2554 EJ, ✆ 254025, Télex 33399, ←, ▢ – 🛗 **P** – 🏋. AE ⓓ E
R carte 30 à 75 – ☕ 18 – **60 ch** et **58** appartements 122/138. AR **e**

Zeehaghe Ⓜ sans rest, Deltaplein 675, ✉ 2554 GK, ✆ 256262, Télex 31407, ← – 🛗 TV **P**. AE ⓓ E AR **y**
☕ 18 – **40 ch** et **13** appartements 122/158.

XX **Turpin,** Deltaplein 616, ✉ 2554 GJ, ✆ 687881 – AE ⓓ AR **y**
R 35.

XX **Bretagne,** Deltaplein 510, ✉ 2554 GH, ✆ 233801 – AE AR **y**
fermé lundi – **R** (dîner seult) 28/55.

à Voorburg : 5 km *plan p. 3* – 43 371 h. – ✆ 0 70 :

XX **Canterbury,** Parkweg 2, ✉ 2271 AJ, ✆ 863426 – AE E. ✻ CR **f**
fermé dim. midi – **R** carte 45 à 75.

X **Barbaars,** Kerkstraat 52, ✉ 2271 CT, ✆ 864206 – AE ⓓ E CR **v**
fermé sam. midi et dim. midi – **R** 44/80.

DEN HAAG

('s-GRAVENHAGE)

Répertoire des Rues
voir Den Haag p. 7

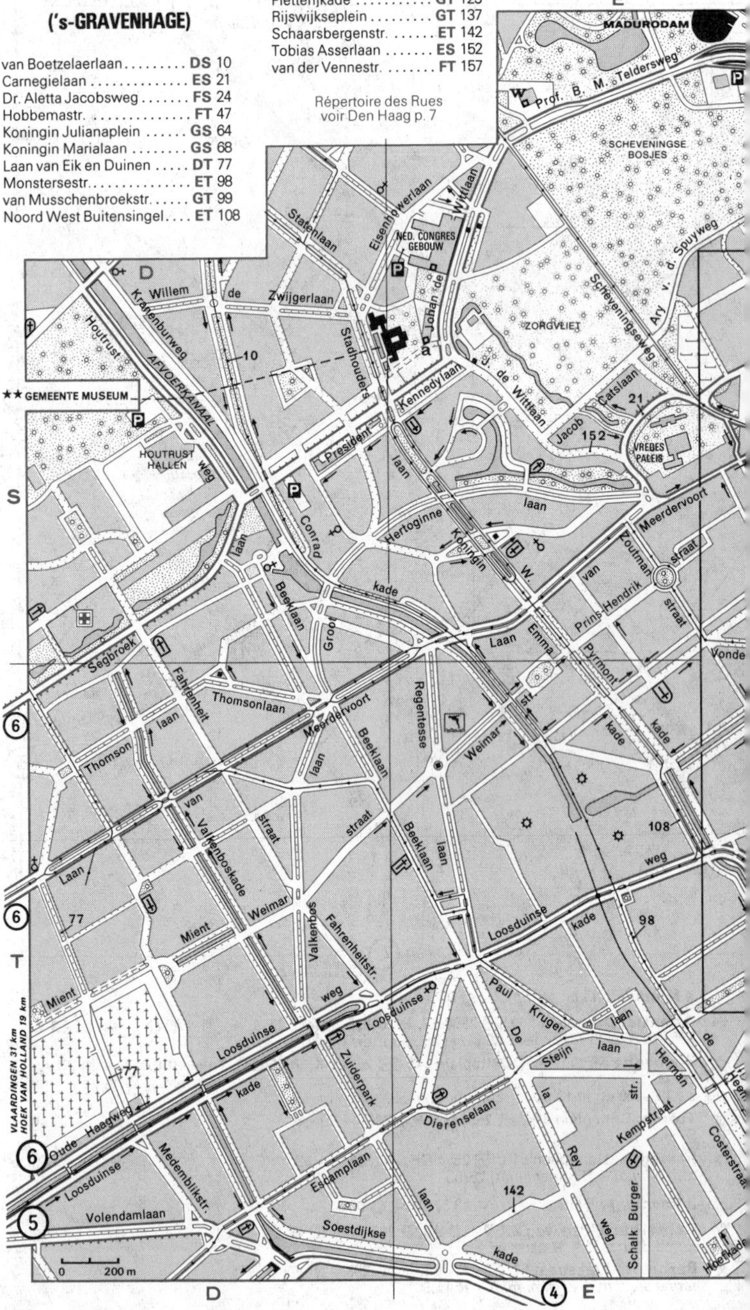

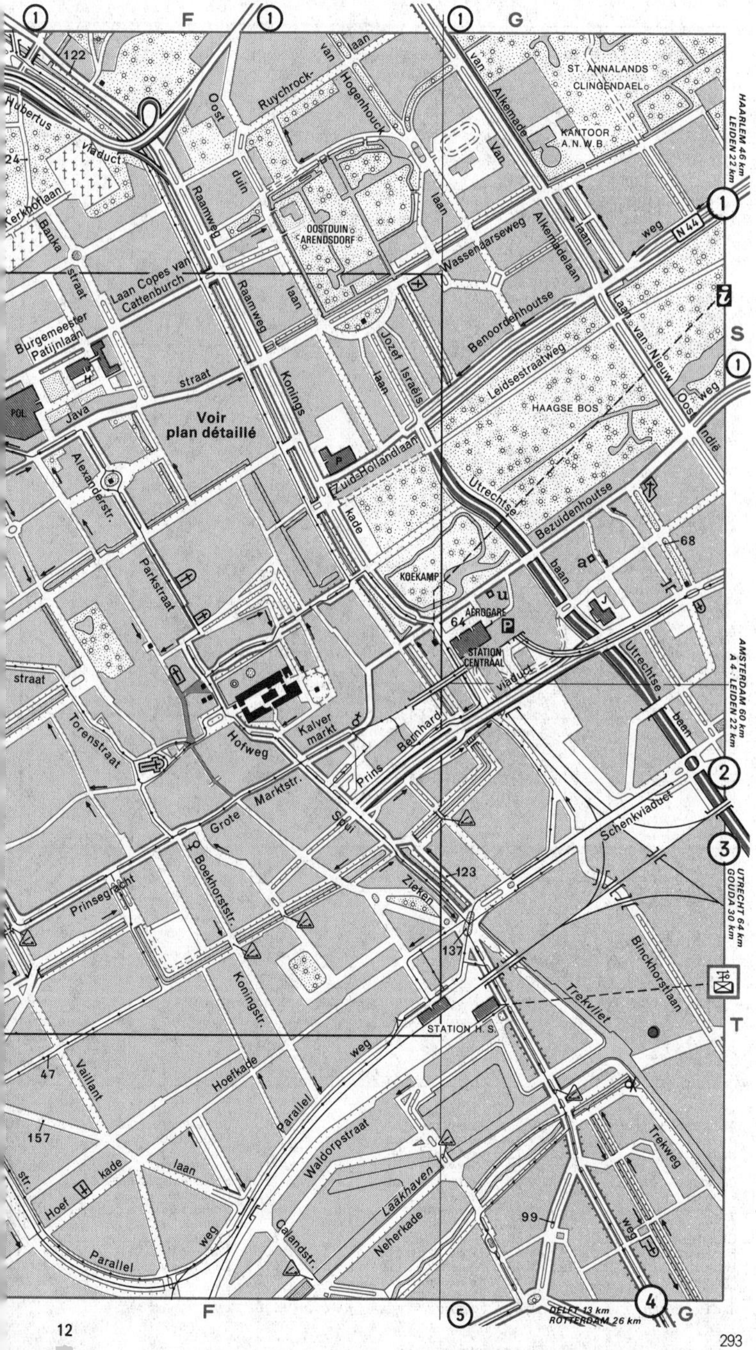
F
G
ST. ANNALANDS
CLINGENDAEL
KANTOOR
A.N.W.B.
HAARLEM 46 km
LEIDEN 22 km
Hubertus
viaduct
Kerkhoflaan
Banka
straat
Oost
duin
Raamweg
Ruychrock-
van
Hogenhouck
laan
OOSTDUIN
ARENDSDORF
van
Alkemade
Van
Alkemadelaan
laan
weg
N 44
Wassenaarseweg
Laan Copes van Cattenburch
Burgemeester
Patijnlaan
Benoordenhoutse
Laan van Nieuw Oost Indië
Leidsestraatweg
HAAGSE BOS
Jozef Israëls
Konings
straat
Java
POL.
Voir
plan détaillé
Zuid-Hollandlaan
Alexanderstr.
Parkstraat
kade
Utrechtse
Bezuidenhoutse
68
baan
KOEKAMP
AERQGARE
64
STATION
CENTRAAL
viaduct
Utrechtse
baan
AMSTERDAM 60 km
A 4 : LEIDEN 22 km
straat
Torenstraat
Hofweg
Kalver
markt
Bernhard
Prins
Marktstr.
Grote
Spui
Schenkviaduct
UTRECHT 64 km
GOUDA 30 km
Boekhorststr.
Prinsegracht
Zieken
123
137
Binckhorstlaan
Trekvliet
Koningstr.
STATION H. S.
S
T
47
Vaillant
Hoefkade
weg
Parallel
157
laan
Waldorpstraat
Laakhaven
str.
Hoef
kade
Parallel
weg
Calandstr.
Neherkade
99
Trekweg
weg
DELFT 13 km
ROTTERDAM 26 km
122
24
1
2
3
4
5

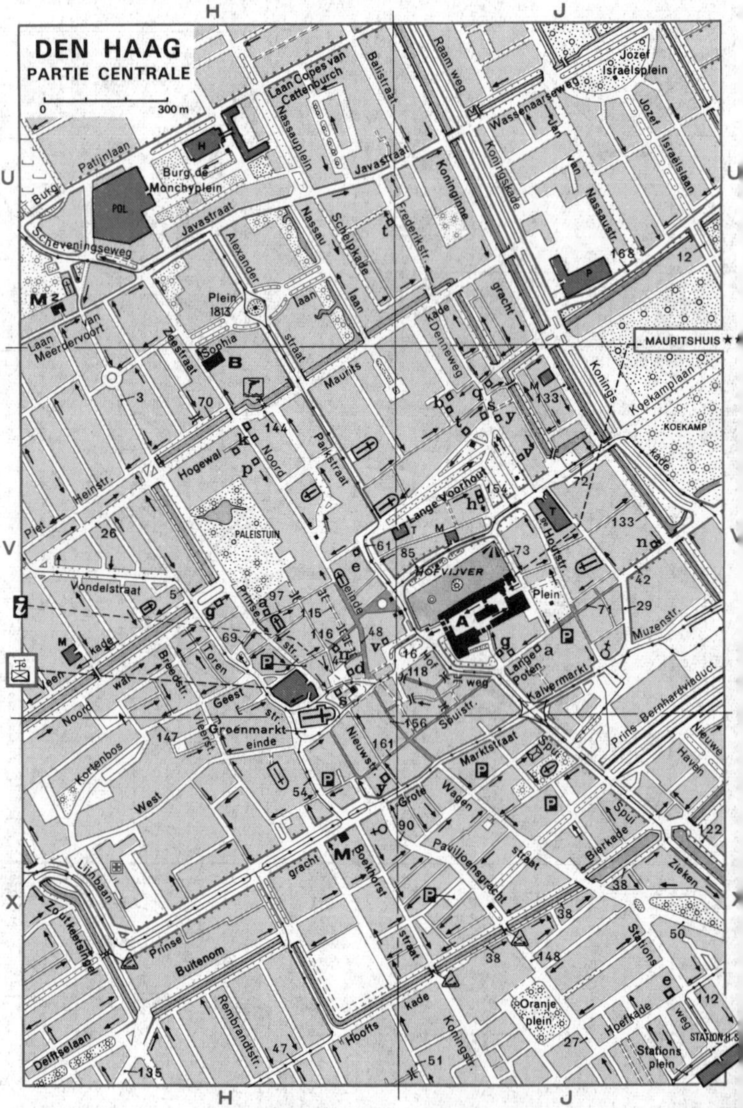

Répertoire des Rues
voir Den Haag p. 7

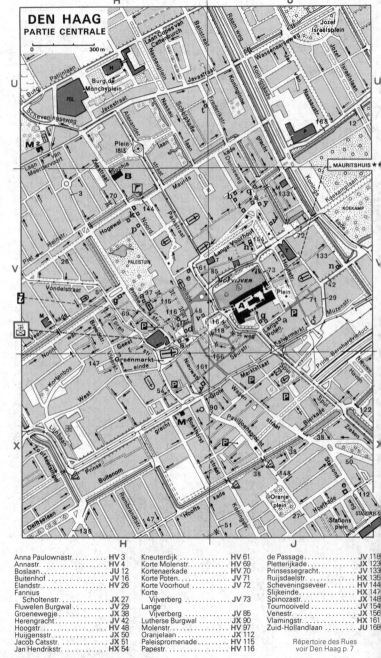

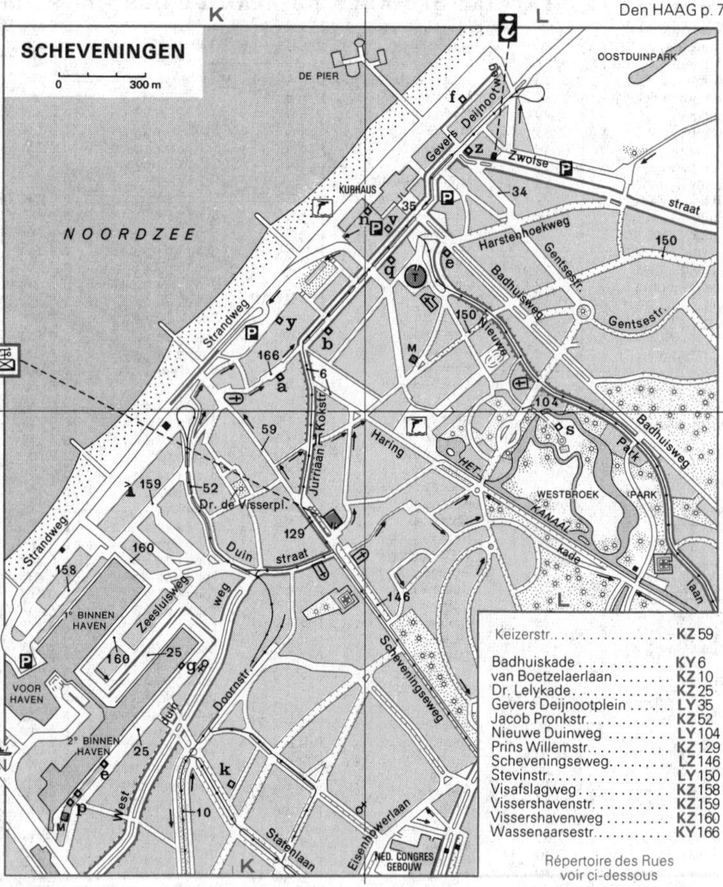

Keizerstr.	KZ 59
Badhuiskade	KY 6
van Boetzelaerlaan	KZ 10
Dr. Lelykade	KZ 25
Gevers Deijnootplein	LY 35
Jacob Pronkstr.	KZ 52
Nieuwe Duinweg	LY 104
Prins Willemstr.	KZ 129
Scheveningseweg	LZ 146
Stevinstr.	LY 150
Visafslagweg	KZ 158
Vissershavenstr.	KZ 159
Vissershavenweg	KZ 160
Wassenaarsestr.	KY 166

Répertoire des Rues voir ci-dessous

RÉPERTOIRE DES RUES DU PLAN DE DEN HAAG

Suite du Répertoire voir p. 8

RÉPERTOIRE DES RUES DU PLAN DE DEN HAAG (fin)

à Rijswijk : 5 km *plan p. 3* – 51 378 h. – ☎ 0 70 :

Motel et Taverne Hoornwijck, Jan Thijssenweg 2, ✉ 2289 AA, ☎ 903130, Télex 32538 – wc ☎ P – AE O E BCR u
R (dîner seult week-ends et jours fériés) 39/53 – **70 ch** 80/120.

Tropic Paradise, 1er étage, Steenvoordelaan P 14, ✉ 2284 CW, ☎ 941300, Rest. indonésien – AE O. BR b
R carte 30 à 71.

Voir aussi : ***Leidschendam*** par ② : 9 km, ***Wassenaar*** par ① : 4 km.

ALFA-ROMEO Laan van Nieuw Oosteinde 115 à Voorburg ☎ 874600
ALFA-ROMEO Verrijn Stuartlaan 50 à Rijswijk ☎ 906782
ALFA-ROMEO, MERCEDES-BENZ Frankenstraat 73 ☎ 558021
BMW, MERCEDES-BENZ Binckhorstlaan 255 ☎ 857500
BMW 2e Schuytstraat 290 ☎ 469703
BRITISH LEYLAND Zuiderparklaan 28 ☎ 873233
BRITISH LEYLAND Ant.Duyckstraat 36 ☎ 542700
CITROEN Sinaasappelstraat 125 ☎ 685252
CITROEN Binckhorstlaan 95 ☎ 814441
CITROEN Waldorpstraat 160 ☎ 889200
FIAT Binckhorstlaan 170 ☎ 824791
FIAT van Beverningkstraat 199 ☎ 540900
FORD Waldorpstraat 36b ☎ 889388
FORD Pr. Margrietplantsoen 10 ☎ 814131
GM (OPEL) Torenstraat 142 ☎ 469494
GM (OPEL) Akeleistraat 35 ☎ 686260
HONDA Scheldestraat 1 ☎ 476171
HONDA Treilerweg 74 ☎ 503200
HONDA Sav. Lohmanplein 5 ☎ 685854
LADA Schelpkade 39 ☎ 603913
LADA Saturnusstraat 3 ☎ 814211
LADA Westduinweg 214 ☎ 512941
MAZDA Balistraat 53 ☎ 462686
MAZDA Mandarijnstraat 48 ☎ 684477
MAZDA Rijswijkseweg 6 ☎ 891225
MERCEDES-BENZ Verrijn Stuartlaan 50 à Rijswijk ☎ 905750
MERCEDES-BENZ Beukstraat 27a ☎ 655944
MITSUBISHI Laan van Meerdervoort 438 ☎ 659830
MITSUBISHI Miquelstraat 17 ☎ 993757
NISSAN Jan Wapstraat 9 ☎ 930893
NISSAN Fynjekade 16 ☎ 882700
PEUGEOT, TALBOT Fahrenheitstraat 343 ☎ 468989
PEUGEOT, TALBOT Maanweg 68 ☎ 814671
PEUGEOT, TALBOT Gevers Deynootstraat 72 ☎ 542400
RENAULT Loosduinseweg 1 ☎ 643830
RENAULT Callandplein 2 ☎ 889255
TOYOTA Nieuwe Schoolstraat 73 ☎ 466508
TOYOTA Binckhorstlaan 172 ☎ 475421
VAG Fahrenheitstraat 198 ☎ 633900
VAG Bierbrouwersgaarde 24 ☎ 672891
VAG Loosduinseweg 621 ☎ 633900
VOLVO Wegastraat 16 ☎ 814941
VOLVO Alexanderplein 23 ☎ 633940

En dehors des établissements désignés par XXXXX ... X, il existe, dans de nombreux hôtels, un restaurant de bonne classe.

HAAKSBERGEN Overijssel 211 ⑲ et 408 ⑬ – 21 963 h. – ☎ 0 5427.
Von Heijdenstraat 3, ✉ 7481 EC, ☎ 12811.
♦Amsterdam 152 – ♦Zwolle 70 – ♦Enschede 15.

Morssinkhof, Molenstraat 51, ✉ 7481 GK, ☎ 14040 – rest wc P. AE O E.
R *(fermé mardi d'oct. à mai)* 20/50 – **28 ch** 58/95 – P 70.

Centraal, Markt 23, ✉ 7481 HS, ☎ 11252 – O
fermé du 1er au 6 janv. – **R** carte 43 à 78.

au Sud-Ouest : 1 km :

't Hagen, Scholtenhagenweg 36, ✉ 7481 VP, ☎ 16768, « Aménagé dans une ferme » – P. AE O E
fermé mardi de nov. à avril et lundi – **R** 23/40.

CITROEN Kruislandsingel 46 ☎ 13725
FIAT Geukerdijk 87 ☎ 11455
HONDA Blankenburg 20 ☎ 11440
NISSAN Goorsestraat 217 ☎ 11348
RENAULT Enschedesestraat 47 ☎ 11260
TALBOT, PEUGEOT, VOLVO Eibergsestraat 73 ☎ 11298
VAG Industriestraat 1 ☎ 11345

HAAMSTEDE Zeeland 212 ②③ et 408 ⑯ – 32 195 h. – ☎ 0 1115.
♦Amsterdam 142 – ♦Middelburg 59 – ♦Rotterdam 74.

Haamstede, Hogezoom 1, ✉ 4328 EE, ☎ 1485 – wc P
fermé dim en hiver – **R** carte 29 à 56 – **5 ch** 85/110.

Bom, Noordstraat 2, ✉ 4328 AL, ☎ 2229 – wc. ch
fermé 16 déc.-3 janv. et dim. de sept. à avril – **R** carte 26 à 42 – **11 ch** 33/90 – P 55/65.

TOYOTA Zuidstraat 10 ☎ 1446

HAARLE Overijssel 211 ⑧ et 408 ⑬ – 156 h. – ☎ 0 5485.
♦Amsterdam 134 – ♦Zwolle 29 – ♦Apeldoorn 45 – ♦Enschede 45.

Haarlerberg, Kerkweg 18, ✉ 7448 AD, ☎ 254 – wc wc P
R *(fermé après 20 h)* 17/50 – **18 ch** 33/90 – P 53/68.

HAARLEM P Noord-Holland 211 ② et 408 ⑩ – 156 025 h. – ☎ 0 23.

Voir Grand-Place★ (Grote Markt) BY – Grande église ou église St-Bavon★ (Grote- of St. Bavokerk) : grille du choeur★, orgues★ BY A – Hôtel de Ville★ (Stadhuis) BY H – Halle aux viandes★ (Vleeshal) BY B.

Musées : Frans Hals (Frans Halsmuseum)★★★ BZ M² – Teyler (Teylers Museum) : dessins★ CY M¹.

Env. Champs de fleurs★★★ par ③ : 7,5 km – Parc de Keukenhof★★★ (fin mars à mi-mai), passerelle du moulin ≤★★ par ③ : 13 km – Ecluses★ d'IJmuiden : N : 16 km par ⑦.

18 9 Buitenhuizerweg 13 a, Recreatiegebied Spaarnwoude par ⑦ ☎ (0 23) 383739.

✈ à Amsterdam-Schiphol SE : 14 km par ⑤ ☎ (0 20) 5110432 (renseignements) et 434242 (réservations).

🚗 (départs de 's-Hertogenbosch) ☎ (0 23) 323551.

ℹ Stationsplein 1, ✉ 2011 LR, ☎ 319059.

♦Amsterdam 23 ⑥ – ♦Den Haag 69 ⑤ – ♦Rotterdam 79 ⑤ – ♦Utrecht 54 ⑤.

HAARLEM

Anegang .... BY 4
Barteljorisstr. .... BY 8
Grote Houtstr. .... BYZ
Kruisstr. .... BY 49
Zijlstr. .... BY

Amsterdamse Vaart .... AY 3
Bakenessergracht .... CY 6
Barrevoetestr. .... BY 7
Binnenweg .... AZ 10
Bloemendaalseweg .... AXY 12
Botermarkt .... BY 13
César Francklaan .... AZ 17
Cruquiusweg .... AZ 18
Damstr. .... CY 21
Duinlustweg .... AY 22
Europaweg .... AZ 23
Fonteinlaan .... AZ 26
Frans Halsstr. .... CX 27
Gasthuisvest .... BZ 28
Ged. Voldersgracht .... BY 29
Groot Heiligland .... BZ 31
Grote Markt .... BY 32
Hagestr. .... CZ 34
Hartenlustlaan .... AX 35
Hoge Duin en Daalseweg .... AX 36
Hoofdstr. .... AX 37
Hoogstr. .... CZ 38
Jacobstr. .... BY 39
Julianapark .... AX 40
Kamperlaan .... AZ 42
Kampervest .... BZ 43
Keizerstr. .... BY 44
Kennemerweg .... AX 45
Kleine Houtweg .... BZ 46
Klokhuispl. .... CY 47
Koningstr. .... BY 48
Lanckhorstlaan .... AZ 51
Lorentzpl. .... BZ 52
van Merlenlaan .... AZ 54
Nassaustr. .... BZ 55
Oostvest .... CY 56
Oude Groenmarkt .... BY 57
Paviljoenslaan .... AZ 58
Prins Bernhardlaan .... AY 60
Raadhuisstr. .... AZ 61
Raaks .... BY 62
Ridderstr. .... BY 64
Schalkwijkerstr. .... CZ 66
Schoterweg .... AY 67
Smedestr. .... BY 68
Spanjaardslaan .... AZ 69
Tuchthuisstr. .... BYZ 70
Verspronckweg .... AY 71
Verwulft .... BYZ 72
Westergracht .... AY 73
Zandvoortselaan .... AZ 74
Zomerzorgerlaan .... AX 77
Zuiderhoutlaan .... AZ 78
Zijlsingel .... BY 80
Zijlweg .... AY 81

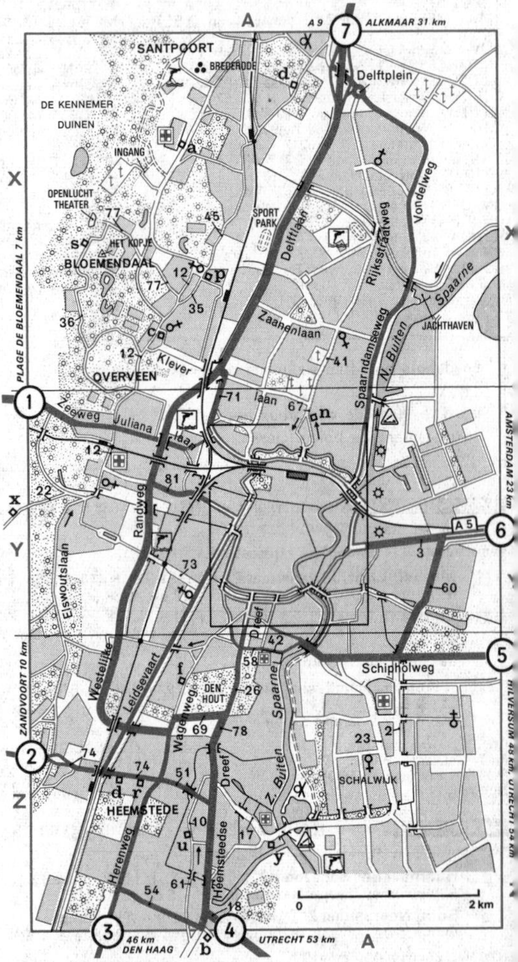

🏨 **Lion d'Or,** Kruisweg 34, ✉ 2011 LC, ☎ 321750, Télex 71101 – |⧫| ⇔wc ☎ – 🅰. AE ⓓ E. ✂ rest BX d
R carte 23 à 56 – **33 ch** ☕ 115/155 – P 130/181.

🏨 **Die Raeckse,** Raaks 1, ✉ 2011 VA, ☎ 326629 – ⇔wc ⩫wc – 🅰. AE. ✂ rest BY n
R *(fermé dim. d'oct. à avril)* 29 – 29 ch ☕ 52/104.

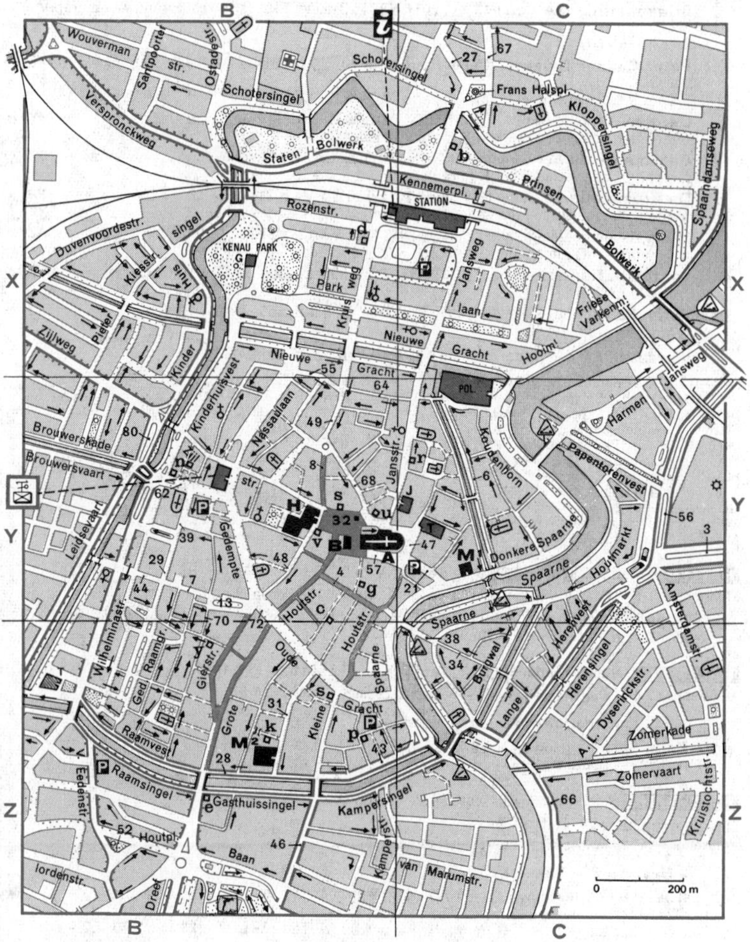

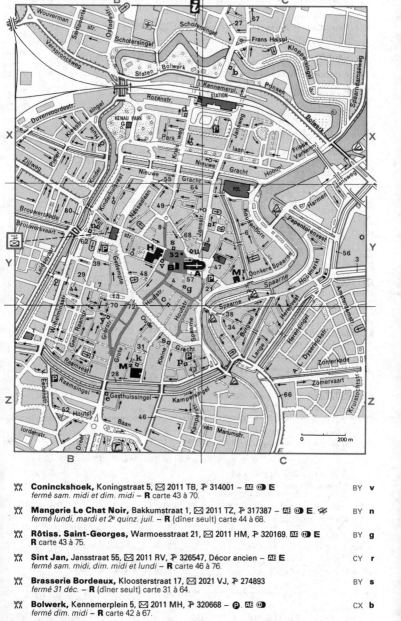

XX Coninckshoek, Koningstraat 5, ⊠ 2011 TB, ☏ 314001 – AE ① E — BY **v**
fermé sam. midi et dim. midi – **R** carte 43 à 70.

XX Mangerie Le Chat Noir, Bakkumstraat 1, ⊠ 2011 TZ, ☏ 317387 – AE ① E. ✻ — BY **n**
fermé lundi, mardi et 2ᵉ quinz. juil. – **R** (dîner seult) carte 44 à 68.

XX Rôtiss. Saint-Georges, Warmoesstraat 21, ⊠ 2011 HM, ☏ 320169. AE ① E — BY **g**
R carte 43 à 75.

XX Sint Jan, Jansstraat 55, ⊠ 2011 RV, ☏ 326547, Décor ancien – AE E — CY **r**
fermé sam. midi, dim. midi et lundi – **R** carte 46 à 76.

XX Brasserie Bordeaux, Kloosterstraat 17, ⊠ 2021 VJ, ☏ 274893 — BY **s**
fermé 31 déc. – **R** (dîner seult) carte 31 à 64.

XX Bolwerk, Kennemerplein 5, ⊠ 2011 MH, ☏ 320668 – Ⓟ. AE ① — CX **b**
fermé dim. midi – **R** carte 42 à 67.

XX Napoli, Houtplein 1, ⊠ 2012 DD, ☏ 324419, Cuisine italienne – AE ①. ✻ — BZ **e**
R carte 32 à 59.

tourner →

🍴 **Brinkmann,** Grote Markt 13, ✉ 2011 NZ, ☎ 315224, Brasserie-restaurant, Avec crêperie – ▤ AY **n**
R carte 35 à 67.

🍴 **Peter Cuyper Taverne,** Kleine Houtstraat 70, ✉ 2011 DR, ☎ 320885, Demeure du 17e s. – AE ①. ✂ BZ **s**
fermé sam. midi, dim. et lundi – **R** carte 37 à 70.

🍴 **Carillon,** Grote Markt 27, ✉ 2011 RC, ☎ 310591, Taverne-restaurant – E. ✂ BY **u**
fermé merc. de sept. à mars – **R** carte 33 à 59.

🍴 **Gekroonde Hamer,** Breestraat 24, ✉ 2011 ZZ, ☎ 312243 – ▤ BZ **y**
fermé dim. et jours fériés – **R** (dîner seult) carte 36 à 55.

🍴 **De Vrome Poort,** Nieuw Heiligland 10, ✉ 2011 EM, ☎ 317285 – AE ① E BZ **k**
fermé lundi, mardi, 23 juil.-14 août et 27 déc.-8 janv. – **R** (dîner seult) 35/55.

🍴 **Hilda,** 1er étage, Wagenweg 214, ✉ 2012 NM, ☎ 312871, Rest. indonésien – ▤ AZ **f**
fermé lundi – **R** (dîner seult) carte 23 à 32.

🍴 **Lantaern,** Frankestraat 33, ✉ 2011 HT, ☎ 321033, Maison du 17e s. – AE E BYZ **c**
fermé lundi – **R** 17/35.

🍴 **Joris,** Haasstraat 14, ✉ 2011 DW, ☎ 312384, Décor rétro – ✂ BZ **p**
R (dîner seult) carte 40 à 61.

Voir aussi : ***Bloemendaal*** N : 4 km AX, ***Heemstede*** S : 4 km AZ

ALFA-ROMEO Delftstraat 50 ☎ 319138
BRITISH LEYLAND Schipholweg 5 ☎ 339069
BRITISH LEYLAND Parklaan 129 ☎ 312450
CITROEN Grijpensteinweg 10 ☎ 248221
FIAT Wagenweg 72 ☎ 319306
FIAT Spoorwegstraat 1 ☎ 319049
FORD Wagenweg 166 ☎ 319265
GM (OPEL) Houtplein 25 ☎ 319374
HONDA Delftstraat 34 ☎ 319349
LADA Joh. de Breukstraat 1 ☎ 250500
MAZDA Koninginneweg 48 ☎ 314275
MAZDA Spaarndamseweg 380 ☎ 276464
MERCEDES-BENZ Waarderweg 45 ☎ 323240
MERCEDES-BENZ, MITSUBISHI Amsterdamsevaart 114 ☎ 352450
NISSAN Houtplein 18 ☎ 319195
PEUGEOT, TALBOT Munterslaan 2 ☎ 249201
RENAULT Karel Doormanlaan 3 ☎ 259181
RENAULT Floraplein 25 ☎ 324920
VAG Leidsevaart 10 ☎ 319118
VAG Vondelweg 540 ☎ 383934
VOLVO Leidsevaart 592 ☎ 248141

HAELEN Limburg 212 ⑳ et 408 ⑲ – 5 834 h. – ☎ 0 4759.

•Amsterdam 176 – •Maastricht 54 – •Eindhoven 48 – Roermond 10 – Venlo 23.

🍴🍴🍴 **Vogelmolen,** Kasteellaan 17, ✉ 6081 AN, ☎ 4200, « Intérieur élégant » – P. AE ① E
fermé sam. midi et lundi – **R** carte 40 à 72.

HALSTEREN Noord-Brabant 212 ④⑭ et 408 ⑯ – 12 543 h. – ☎ 0 1641.

•Amsterdam 136 – •'s-Hertogenbosch 95 – Bergen op Zoom 5 – •Rotterdam 57.

sur la route de Steenbergen N : 1 km :

🏨 **Ram,** Steenbergseweg 1, ✉ 4661 RJ, ☎ 2350 – 🚿 ☎ P. AE
R 20/70 – **12 ch** ☕ 45/90 – P 76.

HARDENBERG Overijssel 211 ⑧ et 408 ⑬ – 31 643 h. – ☎ 0 5232.

ℹ Havenweg 2, ✉ 7770 AC, ☎ 62000.

•Amsterdam 149 – •Zwolle 39 – Assen 59 – •Enschede 58.

à Heemse SO : 1 km – ☎ 0 5232 :

🏨 **Koeslag** M, Hessenweg 7, ✉ 7771 CH, ☎ 61504, 🌳, 🌴 – 🛗 🛁wc 🚿wc ☎ P – 🏛. ① ✂ ch
fermé 25 déc.-1er janv. – **R** *(fermé dim. d'oct. à avril)* carte 38 à 77 – **23 ch** ☕ 70/100 – P 80.

à Diffelen SO : 7 km – ☎ 0 5235 :

🍴 **Gloepe,** Rheezerweg 84a, ✉ 7771 TH, ☎ 231, Aménagé dans une ferme – P
fermé mardi de nov. à mars et lundi – **R** carte 28 à 49.

à Bergentheim S : 6 km – 2 900 h. – ☎ 0 5233 :

🍴🍴 **Canneberge,** Sportlaan 65, ✉ 7691 BK, ☎ 2144, « Chalet dans une région boisée » – P. ①
fermé dim. de nov. à avril, lundi, 31 janv.-12 fév. et 17 juil.-6 août – **R** carte 48 à 75.

FORD Ir. J.C. Kellerlaan 18 ☎ 62777
GM (OPEL) Brink 7 ☎ 61513
HONDA, VOLVO Gramsbergerweg 62 ☎ 63500
MITSUBISHI Haardijk 1 ☎ 67000
NISSAN Handelsstraat 51 ☎ 61789
PEUGEOT, TALBOT Bruchterweg 104 ☎ 63344
RENAULT Bruchterweg 82 ☎ 61817
VAG Bruchterweg 73 ☎ 61620

Verwar niet :

Comfort van de hotels : 🏨🏨🏨🏨🏨 ... 🏨, 🏠
Comfort van de restaurants : 🍴🍴🍴🍴🍴 ... 🍴
Kwaliteit van de keuken : ✿✿✿, ✿✿, ✿

HARDERWIJK Gelderland 211 ⑤ et 408 ⑪ – 31 485 h. – 0 3410.

Voir Dolfinarium★

Exc. Polders de l'Est et Sud Flevoland★ (Oostelijk en Zuidelijk Flevoland).

Havendam 56, ✉ 3841 AA, ☎ 12929.

♦Amsterdam 72 – ♦Arnhem 71 – ♦Apeldoorn 32 – ♦Utrecht 54 – ♦Zwolle 42.

Baars, Smeepoortstraat 52, ✉ 3841 EJ, ☎ 12007 – wc wc P. AE ⊙ E
R *(fermé dim. du 15 sept. à avril)* 27/50 – **17 ch** 40/93 – P 70/85.

Marktzicht, Markt 6, ✉ 3841 CE, ☎ 12155 – ch
R 22/36 – **24 ch** 35/90 – P 65.

XX **Zeezicht,** Strandboulevard 2, ✉ 3841 CS, ☎ 12058
R carte 33 à 72.

X **'t Nonnetje,** Vismarkt 38, ✉ 3841 BG, ☎ 15848. ⊙.
fermé mardi et 26 sept.-13 oct. – **R** (dîner seult) carte 44 à 66.

X **Rôtiss. De Mandenmaker,** Vismarkt 6, ✉ 3841 BG, ☎ 20364 – AE ⊙ E
fermé mardi et 23 août-9 sept. – **R** (dîner seult) carte 47 à 61

à Hierden NE : 3 km – 0 3413 :

XXX **Zwaluwenhoeve,** Zuiderzeestraatweg 108, ✉ 3848 RG, ☎ 1993, « Aménagé dans une ferme du 18e s. » – P. AE ⊙ E
fermé sam. midi, dim. midi et lundi – **R** carte 44 à 78.

BRITISH LEYLAND Snelliusstraat 2 ☎ 16565
CITROEN Scheepssingel 4 ☎ 15000
FIAT Boerhaavelaan 4a ☎ 13559
FORD Handelsweg 4 ☎ 17374
GM (OPEL), VOLVO Lorentzstraat 17 ☎ 20114
MERCEDES-BENZ Thorbeckelaan 47 ☎ 14255
MITSUBISHI Lorentzstraat 27 ☎ 16333
PEUGEOT, TALBOT Snelliusstraat 9 ☎ 22444
RENAULT Pr. Mauritslaan 45 ☎ 12919
VAG Flevoweg 75 ☎ 15064

HARDINXVELD-GIESSENDAM Zuid-Holland 212 ⑥ et 408 ⑰ – 16 005 h. – 0 1846.

♦Amsterdam 78 – ♦Den Haag 58 – ♦Arnhem 87 – ♦Breda 45 – ♦Rotterdam 32.

XXX **Kampanje,** Troelstrastraat 5, ✉ 3371 VJ, ☎ 2613, – P. AE ⊙ E
fermé dim. – **R** 32/88.

PEUGEOT, TALBOT Industriestraat 8 ☎ 2899
RENAULT Nieuweweg 101 ☎ 3566
VAG Damstraat 34 ☎ 3154

HAREN Groningen 210 ⑧ et 408 ⑥ – 18 995 h. – 0 50.

Pollselaan 5 à Glimmen, ☎ (0 5906) 1275.

♦Amsterdam 207 – ♦Groningen 8 – ♦Zwolle 99.

De Horst, Rijksstraatweg 127, ✉ 9752 BC, ☎ 345943 – wc P. AE ⊙ E
fermé dim. – **R** 25/45 – **13 ch** 50/80 – P 73.

sur l'autoroute Groningen-Assen A 28 SO : 1 km :

Postiljon Motel Haren M, Emmalaan 33, ✉ 9752 KS, ☎ 347041, Télex 53688 – P – . AE ⊙ E
R 25/33 – 9 – **97 ch** 70/100.

sur la route de Paterswolde O : 2 km :

XXX **Herberg de Rietschans,** Meerweg 221, ✉ 9752 XC, ☎ (0 5907) 1365, « Terrasse au bord du lac » – P. AE ⊙ E
fermé dim., lundi et du 8 au 31 juil. – **R** carte env. 55.

à Glimmen S : 2 km – 0 5906 :

XX **Aub. Le Grillon,** Rijksstraatweg 10, ✉ 9756 AE, ☎ 1392 – P. AE ⊙ E
fermé dim. – **R** carte 57 à 88.

XX **De Kastanje Hoeve,** Zuidlaarderweg 4, ✉ 9756 CH, ☎ 1281, Aménagé dans une ferme – P
fermé dim. – **R** carte 47 à 66.

à Onnen SE : 3 km – 0 5906 :

XX **De Thijbult,** Dorpsweg 20, ✉ 9755 PD, ☎ 2348 – P. AE ⊙ E
fermé lundi et mardi – **R** (dîner seult) 55/93.

MAZDA Rijksstraatweg 50 à Glimmen ☎ (0 5906) 1364
NISSAN Jachtlaan 4 ☎ 344813
RENAULT Rijksstraatweg 115 ☎ 349444
VAG Vondellaan 18 ☎ 346591

HAREN Noord-Brabant 212 ⑧ et 408 ⑱ – voir à Oss.

HARLINGEN Friesland 210 ⑤ et 408 ④ – 15 663 h. – 0 5178.

Voir Noorderhaven★ (bassin portuaire).

vers Terschelling et vers Vlieland : Cie Terschellinger Stoomboot Mij. (T.S.M.) à West Terschelling ☎ (0 5620) 2141 et pour réservation autos ☎ (0 5620) 6111.

Voorstraat 37, ✉ 8861 BD, ☎ 2276 – ♦Amsterdam 113 – ♦Leeuwarden 28.

Anna Casparii, Noorderhaven 67, ✉ 8861 AL, ☎ 2065 – ⇔wc ⫩wc ☎ **P**. AE ① E
R carte 37 à 70 – **15 ch** ⊒ 70/110.

Zeezicht, Zuiderhaven 1, ✉ 8861 CJ, ☎ 2536 – ⫩wc **P**. AE ① E
fermé 23 déc.-6 janv. – **R** carte 25 à 80 – **18 ch** ☕ 35/90 – P 65/75.

Neptunus, Oude Ringmuur 3, ✉ 8861 NZ, ☎ 2123, ≤ – ①
fermé après 19 h 30 – **R** 24/40.

FIAT Grote Bredeplaats 26 ☎ 2882
FORD Heiligeweg 54 ☎ 2925
HONDA Grensweg 2 ☎ 4069
NISSAN Lanen 75 ☎ 2581

HARMELEN Utrecht 211 ⑬⑭ et 408 ⑩ – 7 541 h. – ⊛ 0 3483.

Parkweg 5 à Haarzuilens N : 7 km ☎ (0 3407) 2860.

♦Amsterdam 44 – ♦Utrecht 11 – ♦Den Haag 54 – ♦Rotterdam 49.

Wapen van Harmelen, Dorpsstraat 14, ✉ 3481 EK, ☎ 1203 – ⇔wc ⫩wc **P**. AE ①
R *(fermé dim. et 25, 26 déc.)* carte env. 26 – **28 ch** ☕ 50/100.

Kloosterhoeve, Kloosterweg 2, ✉ 3481 XC, ☎ 1561, « Ferme du 13e s. » – ▤ **P**. AE ① E
fermé dim., lundi et 15 juil.-5 août – **R** carte 51 à 97.

GM (OPEL) Dorpsstraat 2 ☎ 1353
MAZDA Leidsestraatweg 32 ☎ 1791
VOLVO Dorpsstraat 152 ☎ 2544

HATTEM Gelderland 211 ⑦ et 408 ⑫ – 11 401 h. – ⊛ 0 5206.

(abonnement) Veenwal 11 ☎ (0 5206) 41909.

Kerksteeg 1, ✉ 8051 GP, ☎ 42967 et 43131.

♦Amsterdam 108 – ♦Arnhem 60 – ♦Apeldoorn 37 – ♦Zwolle 7.

De Zon, Kerkstraat 2, ✉ 8051 GL, ☎ 45077 – ① E
fermé sam. midi, dim. et jours fériés – **R** carte 47 à 76.

dans les bois **SO : 1 km :**

Herberg Molecaten avec ch, Molecaten 7, ✉ 8051 PN, ☎ 42606, « Au milieu des bois »
– TV ⫩wc ☎ **P** – ⛺. AE ① E. ✂ ch
fermé lundi et 27 déc.-22 janv. – **R** 33/90 – **7 ch** ☕ 83.

FIAT Dorpsweg 21 ☎ 42447
RENAULT Nieuweweg 101 ☎ 41651
TOYOTA Dorpsweg 108 ☎ 41993

HAVELTE Drenthe 210 ⑰ et 408 ⑫ – 5 766 h. – ⊛ 0 5214.

Voir Hunebedden★ (Dolmens).

(juin-août) Veldkamp 77, ✉ 7971 BX, ☎ 1222.

♦Amsterdam 145 – Assen 37 – ♦Groningen 61 – ♦Zwolle 35.

De Hilde, Kosterijstraat 2, ✉ 7971 CK, ☎ 1514, « Aménagé dans une ferme du 19e s. » – **P**.
AE ① E
fermé lundi et du 7 au 31 janv. – **R** carte 29 à 55.

Hoffmann's Vertellingen avec ch, Dorpsstraat 16, ✉ 7971 CR, ☎ 2306 – **P**. ✂
fermé du 15 au 31 oct. – **R** *(fermé après 20 h)* 26/38 – **7 ch**.

LADA Egginklaan 22 ☎ 1292

HAZERSWOUDE-RIJNDIJK Zuid-Holland 211 ⑫ et 408 ⑩ – 10 960 h. – ⊛ 0 1714.

♦Amsterdam 48 – ♦Den Haag 25 – ♦Rotterdam 22 – ♦Utrecht 47.

Groenendijk, Rijndijk 96, ✉ 2394 AJ, NO : 5 km, ☎ 9006 – ▤ rest ⫩wc ♿ **P** – ⛺. AE E
R *(fermé 25 déc.)* carte 22 à 43 – 55 ch ⊒ 50/145.

PEUGEOT, TALBOT W. Kloosstraat 3 ☎ 2704
VOLVO Oude Gemeneweg 1a ☎ (0 1728) 9129

HEELSUM Gelderland 211 ⑯ et 408 ⑫ – voir à Renkum.

HEEMSE Overijssel 211 ⑧ et 408 ⑬ – voir à Hardenberg.

HEEMSTEDE Noord-Holland 211 ② et 408 ⑩ – 26 044 h. – ⊛ 0 23.

♦Amsterdam 23 – ♦Den Haag 41 – ♦Haarlem 4.

Voir plan d'Agglomération de Haarlem

Aelen, Wilhelminaplein 4, ✉ 2103 GS, ☎ 285110 – AE ① E AZ **b**
fermé juil. – **R** (dîner seult) 17/55.

Tai-Hao, Binnenweg 91, ✉ 2101 JE, ☎ 289639, Cuisine chinoise – ▤. ✂ AZ **u**
R 25/38.

sur la route de Zandvoort NO : 1 km :

XX **Pourquoi,** Zandvoortselaan 125, ✉ 2106 CM, ☎ 282371 – AE ⓓ E — AZ **d**
fermé merc. – **R** carte 45 à 62.

X **Mangerie Ferdinand,** Zandvoortselaan 75, ✉ 2106 CK, ☎ 285444 – ▤. ⓓ. ✂ — AZ **r**
fermé lundi – **R** carte 30 à 52.

BMW R. Visscherplein 19 ☎ 249141
BRITISH LEYLAND Zandvoortselaan 131 ☎ 286870
FIAT, MITSUBISHI Koediefslaan 1 ☎ 289250
FORD Zandvoortselaan 4 ☎ 285540
GM (OPEL) Heemsteedse Dreef 261 ☎ 281550
MERCEDES-BENZ Gruquiusweg 35 ☎ 288851
NISSAN Raadhuisstraat 15 ☎ 289846
PEUGEOT, TALBOT Achterweg 38 ☎ 285402
TOYOTA Zandvoortselaan 158 ☎ 242250
VAG Industrieweg 6 ☎ 280751

HEERDE Gelderland **211** ⑦ et **408** ⑫ – 17 826 h. – ☎ 0 5782.
♦Amsterdam 106 – ♦Apeldoorn 26 – ♦Zwolle 19.

XX **'t Olde Posthuus,** Dorpsstraat 47, ✉ 8181 HN, ☎ 1260 – Ⓟ
R carte 37 à 55.

BMW Zwolseweg 19 ☎ 1565
BRITISH LEYLAND Bonenburgerlaan 50 ☎ 1526
RENAULT Stationsstraat 29 ☎ 1598
TALBOT, PEUGEOT Stationsstraat 9 ☎ 1650
VAG Zwolseweg 80a ☎ 1636
VOLVO Molenweg 5 ☎ 1724

's-HEERENBERG Gelderland **211** ⑰⑱ et **408** ⑲ – 7 803 h. – ☎ 0 8346.
♦Amsterdam 129 – ♦Arnhem 31 – Bocholt 30.

Heitkamp, Oudste Poortstraat 2, ✉ 7041 AR, ☎ 1209 – Ⓟ
fermé lundi midi et du 14 au 30 oct. – **R** 19/26 – **10 ch** ☕ 33/65 – P 50.

LADA Plantsoensingel Z. 22a ☎ 2681
VOLVO Lengelseweg 40 ☎ 1733

HEERENVEEN Friesland **210** ⑯⑰ et **408** ⑤ – 37 353 h. – ☎ 0 5130.
ℹ Schans 65a, ✉ 8441 AC, ☎ 25555.
♦Amsterdam 129 – ♦Leeuwarden 30 – ♦Groningen 58 – ♦Zwolle 62.

XX **Azië,** Dracht 126, ✉ 8442 BX, ☎ 24372, Rest. chinois – ▤. AE ⓓ E
fermé dim., lundi et 24 juin-8 juil. – **R** carte 32 à 47.

X **Grietenije,** Achter de Kerk 4, ✉ 8441 ET, ☎ 29618 – AE ⓓ E
fermé merc. – **R** carte 36 à 55.

sur la rotonde - croisement A 7 N : 2 km :

Postiljon Motel Heerenveen, Schans 65, ✉ 8441 AC, ☎ 24041, Télex 46591 – ♿ Ⓟ – 🏛. AE ⓓ E
R 25/33 – ☕ 9 – **61 ch** 65/100.

à Oranjewoud SE : 2 km – ☎ 0 5130 :

XX **Tjaarda,** Koningin Julianaweg 98, ✉ 8453 WH, ☎ 36251 – Ⓟ AE ⓓ E
R 25/38.

ALFA-ROMEO 't Meer 161 ☎ 23054
BMW K.R. Poststraat 44 ☎ 20700
BRITISH LEYLAND Herenwal 130 ☎ 28855
CITROEN Uraniumweg 10 ☎ 32455
FIAT Kon. Julianaweg 34 ☎ 36201
FORD Kattebos 148 ☎ 23415
GM (OPEL) Kattebos 162 ☎ 22100
LADA van der Sluislaan 1 ☎ 36597
MAZDA Rotstergaastweg 27 ☎ 32333
MERCEDES-BENZ Jachtlustweg 9 ☎ 36271
MITSUBISHI Schans 48 ☎ 23130
PEUGEOT, TALBOT, HONDA De Kuinder 8 ☎ 32805
RENAULT Chroomweg 4 ☎ 32725
VAG Zilverweg 5 ☎ 33054
VOLVO Chroomweg 6 ☎ 32424

HEEREWAARDEN Gelderland **212** ⑧ et **408** ⑯ – 1 160 h. – ☎ 0 8877.
♦Amsterdam 84 – ♦Arnhem 55 – ♦'s-Hertogenbosch 22 – ♦Rotterdam 78.

sur la route Zaltbommel-Nijmegen :

XX **Buke,** van Heemstraweg 1, ✉ 6624 KJ, ☎ 1375 – Ⓟ. ⓓ
fermé lundi et 20 août-3 sept. – **R** 23/40.

HEERHUGOWAARD Noord-Holland **210** ⑬ et **408** ⑩ – 34 382 h. – ☎ 0 2207.
♦Amsterdam 47 – Alkmaar 7 – ♦Haarlem 38.

XX **D'Olifant,** Middenweg 55, ✉ 1703 RB, ☎ 11818, « Aménagé dans une ferme du 19e s. ». AE ⓓ E
fermé lundi et du 5 au 31 déc. – **R** 37/75.

CITROEN Nijverheidsstraat 16 ☎ 10399
FIAT Albert Soncklaan 8 ☎ 12710
FORD Edisonstraat 8 ☎ 17344
GM (OPEL) Albert Sonclaan 2 ☎ 17264
HONDA Nijverheidsstraat 4 ☎ 16940
LADA Pascalstraat 13 ☎ 17762
MAZDA Marconistraat/Stevinstraat-Industrieterrein ☎ 15406
MITSUBISHI Albert Soncklaan 5 ☎ 18116
PEUGEOT Pascalstraat 6 ☎ 18288
RENAULT Pascalstraat 2 ☎ 18055
TOYOTA Albert Soncklaan 4 ☎ 15043
VAG Nijverheidsstraat 11 ☎ 10967

HEERLEN Limburg 212 ② et 408 ㉖ – 91 291 h. – ✆ 0 45.

ℹ Stationsplein 4, ✉ 6411 NE, ℡ 716200.

♦Amsterdam 214 – ♦Maastricht 22 – Aachen 18 – Roermond 47.

Grand Hotel et Park Rest. Ⓜ, Groeneboord 23, ✉ 6411 GE, ℡ 713846, Télex 56920 – rest – AE E
R 30 – **105 ch** 103/165 – P 120/140.

De la Station Ⓜ, Stationstraat 16, ✉ 6411 NH, ℡ 719063, Télex 56809 – – AE E
R *(fermé sam. midi et dim. midi)* carte 49 à 73 – **38 ch** 83/135 – P 115.

City H. Ⓜ, Wilhelminaplein 17, ✉ 6411 KW, ℡ 711878, Télex 56809 – wc wc – AE E
R carte 46 à 85 – **62 ch** 70/160 – P 95/110.

Sporthotel Ⓜ, Spoorsingel 46 a-c, ✉ 6412 AC, ℡ 724635, Télex 56809 – wc wc AE E
R (dîner seult) 20 – **21 ch** 65/90.

Spinnewiel, Spoorsingel 10, ✉ 6412 AA, ℡ 725660
R 25/40 – **15 ch** 50/80.

La Couronne, Wilhelminaplein 20, ✉ 6411 KW, ℡ 714300 – AE E
fermé sam. midi, dim., lundi, 17 juil.-7 août et 31 déc. – **R** 33/45.

Bon Appétit, Geleenstraat 56, ✉ 6411 HT, ℡ 717086
fermé lundi – **R** carte 27 à 54.

à Schaesberg E : 2 km – ✆ 0 45 :

Chapeau Melon, Kampstraat 37, ✉ 6173 AA, ℡ 322068 – AE E
fermé lundi – **R** (dîner seult) carte 38 à 66.

't Grilke, Streeperstraat 48, ✉ 6371 GN, ℡ 315248 –
fermé mardi – **R** (dîner seult sauf dim.) carte 26 à 57.

sur l'autoroute d'Eindhoven A 76 O : 3 km :

Motel Heerlen, Terworm 10, ✉ 6411 RV, ℡ 719450, Télex 56759 –
R carte 19 à 37 – 8 – **78 ch** 60/85.

ALFA-ROMEO Edisonstraat 23 à Schaesberg ℡ 321088
BRITISH LEYLAND Kasteellaan 1 ℡ 721541
CITROEN Wijngaardsweg ℡ 223300
FIAT Kruisstraat 12 ℡ 714524
FORD Schandelerboord 25 ℡ 721152
GM (OPEL) Valkenburgerweg 34 ℡ 718040
HONDA Heerlerbaan 229 ℡ 416900
MAZDA Palemigerboord 401 ℡ 722451
MERCEDES-BENZ Heerlerbaan 233 ℡ 414646
MITSUBISHI Passartweg 35a ℡ 212035
NISSAN Spoorsingel 50 ℡ 724141
PEUGEOT, TALBOT Schelsberg 45 ℡ 720202
PEUGEOT, TALBOT Kerkraderweg 15 ℡ 714717
RENAULT Franckenlaan 1 à Welten ℡ 713600
TOYOTA Baanstraat 105 à Schaesberg ℡ 318888
VAG Heesbergstraat 60 ℡ 412641

HEEZE Noord-Brabant 212 ⑱ et 408 ⑱ – 8 605 h. – ✆ 0 4907.

♦Amsterdam 139 – ♦'s-Hertogenbosch 50 – ♦Eindhoven 11 – Roermond 42 – Venlo 50.

✿ **Host. du Château** avec ch, Kapelstraat 48, ✉ 5591 HE, ℡ 3515, « Terrasse et jardin » – wc wc AE E
fermé 19 fév.-4 mars – **R** *(fermé sam. midi)* 38/98 – 15 – **13 ch** 80/130 – ½ p 118
Spéc. Porcelet au Brouilly, Terrine de homard aux petits légumes.

D'n Doedelaer, Jan Deckersstraat 7, ✉ 5591 HN, ℡ 3232, – AE E
fermé du 5 déc., 24 déc., du 27 au 31 déc. et lundi – **R** (dîner seult) 33/83.

PEUGEOT, TALBOT Kapelstraat 35 ℡ 1403
RENAULT Geldropseweg 22 ℡ 3848

HEILLE Zeeland 212 ⑫ – voir à Sluis.

HEILOO Noord-Holland 211 ③ et 408 ⑩ – 21 036 h. – ✆ 0 72.

ℹ (juin-15 sept.) Heerenweg 167, ✉ 1851 KG, ℡ 331969.

♦Amsterdam 34 – Alkmaar 5 – ♦Haarlem 27.

Motel Heiloo, Kennemerstraatweg 425, ✉ 1851 PD, ℡ (0 2205) 1340 – rest wc –
22 ch.

à Limmen S : 2 km – ✆ 0 2205 :

✿ **Glastronome,** Rijksweg 100, ✉ 1906 BK, ℡ 1296, – AE E
fermé sam. midi, dim. midi et mardi – **R** carte 63 à 90
Spéc. Salade de magret de canard fumé, Solettes sauce blonde et brune, Côte de boeuf au thym.

BRITISH LEYLAND Zevenhuizen 40 ℡ 333466
RENAULT Westerweg 226 ℡ 331133
TOYOTA Kennemerstraatweg 189 ℡ 331818
VAG Rijksweg 87 a Limmen ℡ 2144

Als U in een afgelegen hotel wilt blijven logeren, telefoneer dan van tevoren, vooral in het seizoen.

HELDEN-PANNINGEN Limburg 212 ⑳ et 408 ⑲ – 16 655 h. – ☎ 0 4760.

♦Amsterdam 174 – ♦Maastricht 68 – ♦Eindhoven 46 – Roermond 24 – Venlo 15.

XX **Antique,** Mariaplein 1, ✉ 5988 CH, ☎ 1352 – ✂
fermé du 15 au 31 juil., sam. midi et lundi – **R** carte 35 à 79.

BMW Steenstraat 1 ☎ 1253
BRITISH LEYLAND Steenstraat 93 ☎ 4206
FIAT Beekstraat 27 ☎ 1975
PEUGEOT Kievit 4 ☎ 1986
PEUGEOT, TALBOT Roggelseweg 12 ☎ 2077
VAG Kerkstraat 43 ☎ 2345

Den HELDER Noord-Holland 210 ⑬ et 408 ③ – 63 364 h. – ☎ 0 2230.

Nieuwe Haven ☎ (0 2230) 25120.

et vers île de Texel : Cie T.E.S.O. à 't Horntje (Texel) ☎ (0 2226) 441.

Bernhardplein 10, ✉ 1781 HH, ☎ 14888.

♦Amsterdam 79 – Alkmaar 40 – ♦Haarlem 72 – ♦Leeuwarden 90.

X **Visrestaurant Kalkman,** 1er étage, Het Nieuwe Diep 27b, ✉ 1781 AD, ☎ 12785, ≤, Poisson seult
fermé sam., dim. et jours fériés – **R** carte 24 à 59.

à Nieuw-Den Helder SO : 2 km – ☎ 0 2230 :

Motel Den Helder sans rest, Marsdiepstraat 2, ✉ 1784 AP, ☎ 22333 – wc Ⓟ. ✂
8 – **74 ch** 41/56.

à Huisduinen O : 2 km – 586 h. – ☎ 0 2230 :

Beatrixhotel Ⓜ, Badhuisstraat 2, ✉ 1783 AK, ☎ 14800, Télex 57360, ≤, – TV ☎
Ⓟ – AE ⓓ E. ✂ rest
fermé sam. midi – **R** carte 57 à 84 – **35 ch** 115/150.

ALFA-ROMEO, MAZDA Industrieweg 2 ☎ 34934
BMW Ambachtsweg 4 ☎ 35744
BRITISH LEYLAND Californiastraat 37 ☎ 12710
CITROEN Industrieweg 15 ☎ 34700
FIAT Molenstraat 134 ☎ 13100
FORD Pr. Hendriklaan 45 ☎ 15441
GM (OPEL) Fazantenstraat 71p ☎ 17100
HONDA Roompotstraat 1 ☎ 30248
LADA C. de Houtmanstraat 6 ☎ 22820
MERCEDES-BENZ Ambachtsweg 19 ☎ 33244
NISSAN Ruyghweg 101 ☎ 119986
PEUGEOT, TALBOT Baljuwstraat 139, de Schooten ☎ 30000
RENAULT Middenweg 127 ☎ 12953
TOYOTA Wingerdstraat 79 ☎ 15418
VAG Kanaalweg 175 ☎ 24541
VOLVO Bedrijfsweg 6 ☎ 33434

HELLENDOORN Overijssel 211 ⑧ et 408 ⑬ – 33 242 h. – ☎ 0 5486.

Schapenmarkt, ✉ 7447 CV, ☎ 54848.

♦Amsterdam 142 – ♦Zwolle 35 – ♦Enschede 42.

Bergzicht , Joh. van Burenstraat 9, ✉ 7447 HB, ☎ 54390 – wc wc. AE ⓓ E. ✂ rest
fermé 30 déc.-4 janv. – **R** carte 38 à 68 – **20 ch** 53/90 – P 68/73.

Uitkijk , Bergweg 8, ✉ 7447 PA, ☎ 54117, « Au milieu des bois », – rest wc Ⓟ.
✂ rest
Pâques-sept. – **R** *(fermé après 19 h 30)* 18/35 – **22 ch** 33/53 – P 55/70.

BRITISH LEYLAND Dorpsstraat 60 ☎ 54298
FIAT Reggeweg 10 ☎ 54568
MAZDA Kluversweg 4 ☎ 54270
PEUGEOT, TALBOT Reggeweg 6a ☎ 54127

HELLEVOETSLUIS Zuid-Holland 212 ④ et 408 ⑯ – 26 000 h. – ☎ 0 1883.

Env. Barrage du Haringvliet** (Haringvlietdam) O : 10 km.

Industriehaven 8, ✉ 3221 AD, ☎ 12318.

♦Amsterdam 101 – ♦Den Haag 51 – ♦Breda 74 – ♦Rotterdam 33.

X **Hazelbag,** Rijksstraatweg 151, ✉ 3222 KC, ☎ 12210 – AE ⓓ E. ✂
fermé mardi et fév. – **R** 37/82.

GM (OPEL) Moriaanseweg W. 62 ☎ 12955
LADA Smitsweg 51 ☎ 12611
MERCEDES-BENZ, PEUGEOT, TALBOT Rijksstraatweg 36 ☎ 12311
TALBOT Rijksstraatweg 34 ☎ 12188
TOYOTA Rijksstraatweg 247 ☎ 12177
VAG Moriaanseweg O. 120 ☎ 14380

HELMOND Noord-Brabant 212 ⑲ et 408 ⑲ – 58 787 h. – ☎ 0 4920.

Voir Château* (Kasteel).

Parkweg 15, ✉ 5701 PS, ☎ 43155.

♦Amsterdam 124 – ♦'s-Hertogenbosch 39 – ♦Eindhoven 13 – Roermond 47.

West-Ende, Steenweg 1, ✉ 5707 CD, ☎ 24151 – TV Ⓟ – AE E
fermé 24 déc.-1er janv. – **R** *(fermé dim.)* carte 41 à 67 – 14 – **46 ch** 60/135.

St. Lambert, Markt 2, ✉ 5701 RK, ☎ 25562 – wc. AE ⓓ E
fermé 25, 26 et 31 déc. – **R** *(fermé dim.)* carte 25 à 55 – **25 ch** 39/115 – P 64/70.

dans le parc Warande NO : 1 km :

XXX **Hoefslag,** Warande 2, ✉ 5707 GP, ☎ 36361, « Terrasse avec ≤ parc » – 🅿. AE ⓓ E. ✂
fermé sam. midi, dim. et 1re quinz. juil. – **R** carte 49 à 89.

près de l'autoroute d'Eindhoven O : 2 km :

XX **Briketterie,** Steenovenweg 21, ✉ 5708 HN, ☎ 47777, 🌳, Exposition de tableaux, « Aménagé dans une vieille briqueterie » – 🅿. AE ⓓ E
fermé dim. et du 16 au 30 juil. – **R** carte 37 à 56.

sur la route de Deurne E : 3 km :

XX **De Berckt,** Deurneseweg 7, ✉ 5703 AA, ☎ 25254 – 🅿. AE ⓓ E. ✂
fermé lundi et 16 juil.- 2 août – **R** carte 48 à 80.

ALFA-ROMEO, MERCEDES-BENZ Hoofdstraat 181 ☎ 35855
BMW Engelseweg 202 ☎ 42505
BRITISH LEYLAND Gerwenseweg 31 ☎ 42645
CITROEN Engelseweg 220 ☎ 39670
FIAT Lagedijk 4 ☎ 33727
FORD Trambrugweg 2 ☎ 48580
GM (OPEL), HONDA Europaweg 150 ☎ 38818
MERCEDES-BENZ Hortsedijk 106 ☎ 36363
MITSUBISHI Lagedijk 4a ☎ 44765
NISSAN Kerkstraat 16 ☎ 22380
RENAULT Europaweg 124 ☎ 36888
TALBOT, PEUGEOT Engelseweg 129 ☎ 36805
VAG Europaweg 16 ☎ 34503
VOLVO Noord Koninginnewal 28 ☎ 44765

HELVOIRT Noord-Brabant 212 ⑦ et 408 ⑱ – 4 423 h. – ☎ 0 4118.

♦Amsterdam 98 – ♦'s-Hertogenbosch 9 – ♦Eindhoven 36 – ♦Tilburg 13.

XX **Zwarte Leeuw,** Oude Rijksweg 18, ✉ 5268 BT, ☎ 1266 – 🅿. AE ⓓ E. ✂
fermé merc. et du 15 au 31 juil. – **R** 26/48.

sur la route Distelberg-Giersbergen NO : 6 km :

XX **Bistro Bos en Hei,** Margrietweg 9, ✉ 5268 LW, ☎ 1661 – 🅿. AE E. ✂
fermé lundi et du 7 au 22 sept. – **R** carte 49 à 74.

HENDRIK-IDO-AMBACHT Zuid-Holland 211 ⑫ et 408 ⑰ – 17 900 h. – ☎ 0 1858.

♦Amsterdam 96 – Dordrecht 7 – ♦Rotterdam 17.

XX **In den Braven Hendrik,** Kerkstraat 7, ✉ 3341 LC, ☎ 6565 – AE ⓓ E
fermé sam. midi, dim. et 23 juil.-5 août – **R** carte 48 à 83.

HENGELO Overijssel 211 ⑨ et 408 ⑬ – 76 399 h. – ☎ 0 74 – Ville industrielle.

⛳9 Enschedesestraat 381, ☎ (0 74) 912773.

✈ Twente Vliegveldweg 333 à Enschede par ② : 6 km, ☎ (0 53) 352086.

ℹ Enschedesestraat 45, ✉ 7551 EJ, ☎ 919161.

♦Amsterdam 149 ⑤ – ♦Zwolle 61 ① – ♦Apeldoorn 62 ② – ♦Enschede 9 ③.

Plan page ci-contre

🏨 **'t Lansink,** C.T. Storkstraat 18, ✉ 7553 AR, ☎ 910066 – 🛁wc 🚿wc ☎ 🅿 – 🏛. ✂ AZ **a**
fermé sam. et dim. – **R** 29 – ☕ 9 – **24 ch** 52/93.

🏨 **Kroon,** Deldenerstraat 62, ✉ 7551 AG, ☎ 912872 – 🚿wc. E AY **n**
R 17/100 – **32 ch** ☕ 38/123 – P 59/100.

XX **Veldhof,** Drienerstraat 29, ✉ 7551 HK, ☎ 426622 – AE BY **s**
fermé lundi – **R** carte 33 à 59.

X **Dragonder,** Spoorstraat 7, ✉ 7551 CA, ☎ 434777 – ⓓ BZ **r**
fermé mardi et du 6 au 21 fév. – **R** carte 34 à 61.

à Beckum par ④ : 7 km – ☎ 0 5406 :

XXX **Wapen van Beckum,** Beckumerkerkweg 20, ✉ 7554 PV, ☎ 234, « Ensemble reproduisant une ancienne ferme saxonne » – 🅿. AE ⓓ E
fermé lundi – **R** carte 26 à 70.

Voir aussi : *Boekelo* par ④ : 7 km.

MICHELIN, Agence régionale, Binnenhavenstraat 57 AZ – ✉ 7553 GH, ☎ **(074) 914634**

ALFA-ROMEO Pr. Beatrixstraat 3 ☎ 916367
BMW Diamantstraat 11 ☎ 424400
BRITISH LEYLAND Breemarsweg 140 ☎ 913901
CITROEN Geerdinksweg 187 ☎ 422325
FIAT Beekweg 17 ☎ 424645
FORD Oldenzaalsestraat 19 ☎ 914444
GM (OPEL) Deldenerstraat 4 ☎ 919444
HONDA Industriestraat 234 ☎ 428200
LADA Binnenhavenstraat 107 ☎ 910515
MERCEDES-BENZ Oldenzaalsestraat 203 ☎ 912719
MITSUBISHI, VOLVO Robynstraat 2 ☎ 422966
NISSAN Bothastraat 16 ☎ 913061
PEUGEOT, TALBOT Beitelstraat 6 ☎ 421500
RENAULT Vosboerweg 10 ☎ 430055
TOYOTA Boekeloseweg 44 ☎ 916556
VAG Deldenerstraat 134 ☎ 919666

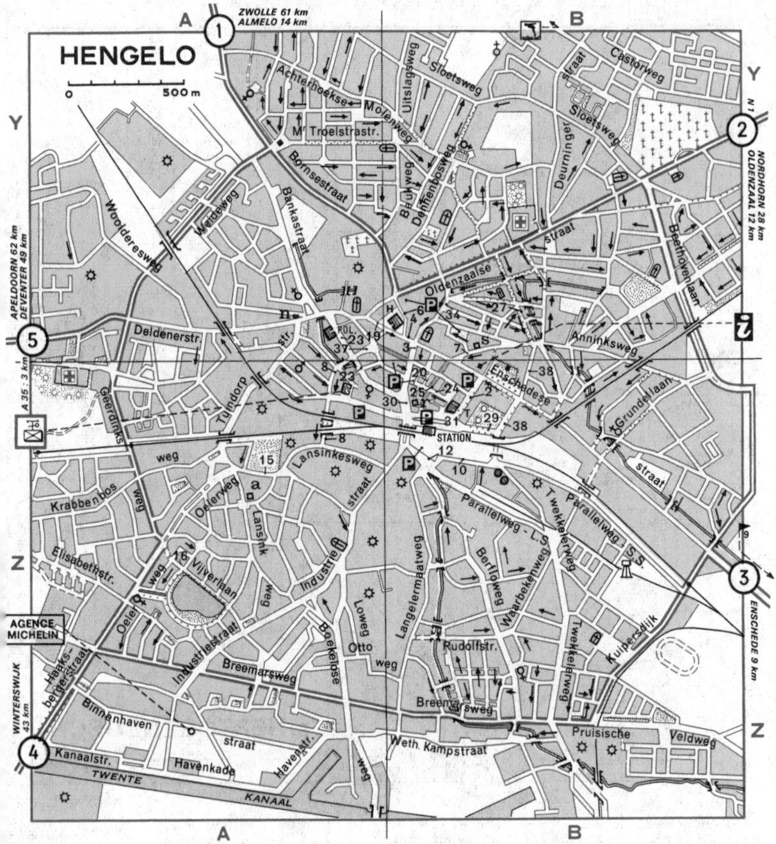

Brinkstr.	BY 3	Beursstr.	BZ 2	Langestr.	AY 19		
Drienerstr.	BY 7	Burg. Jansenpl.	BY 4	Marskant	AYZ 23		
Enschedesestr.	BZ	Burg. Jansenstr.	BY 6	Molenstr.	BZ 24		
Markt	BZ 20	Emmaweg	AZ 8	Paul Krügerstr.	BY 27		
Nieuwstr.	BZ 25	Gieskesstr.	BZ 10	Pr. Bernhardplantsoen	BZ 29		
Weemenstr.	BY 34	Industriepl.	BZ 12	Spoorstr.	BZ 30		
Willemstr.	AY 37	Julianalaan	AZ 15	Stationspl.	BZ 31		
		Kettingstr.	AZ 16	Wolter ten Catestr.	BZ 38		

HERTME Overijssel 211 ⑨ – voir à Borne.

's-HERTOGENBOSCH ou **Den BOSCH** P Noord-Brabant 212 ⑦⑧ et 408 ⑱ – 89 601 h. – ☎ 0 73.

Voir Cathédrale St-Jean** (St. Janskathedraal) : retable* Z **B**.

Musée : du Brabant Septentrional* (Noordbrabants Museum) Z **M¹**.

Zegenwerp 12 à St-Michielsgestel : 10 km par ④ ☎ (0 4105) 2316.

à Eindhoven-Welschap par ④ : 32 km ☎ (0 40) 516142.

lignes directes France, Suisse, Italie, Autriche, Yougoslavie et Allemagne ☎ (0 20) 238383 et (0 30) 315814.

Markt 77, ✉ 5211 JX, ☎ 123071.

•Amsterdam 82 ⑦ – •Breda 52 ⑤ – •Eindhoven 35 ④ – •Nijmegen 47 ② – •Tilburg 23 ⑤ – •Utrecht 51 ⑦.

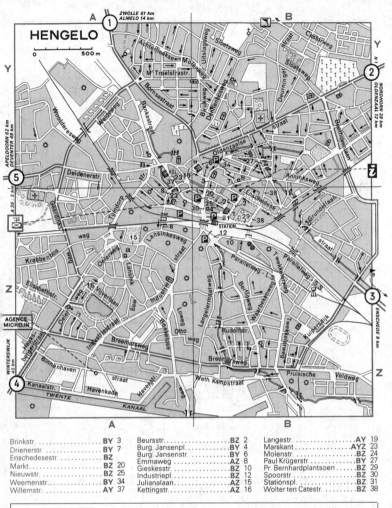

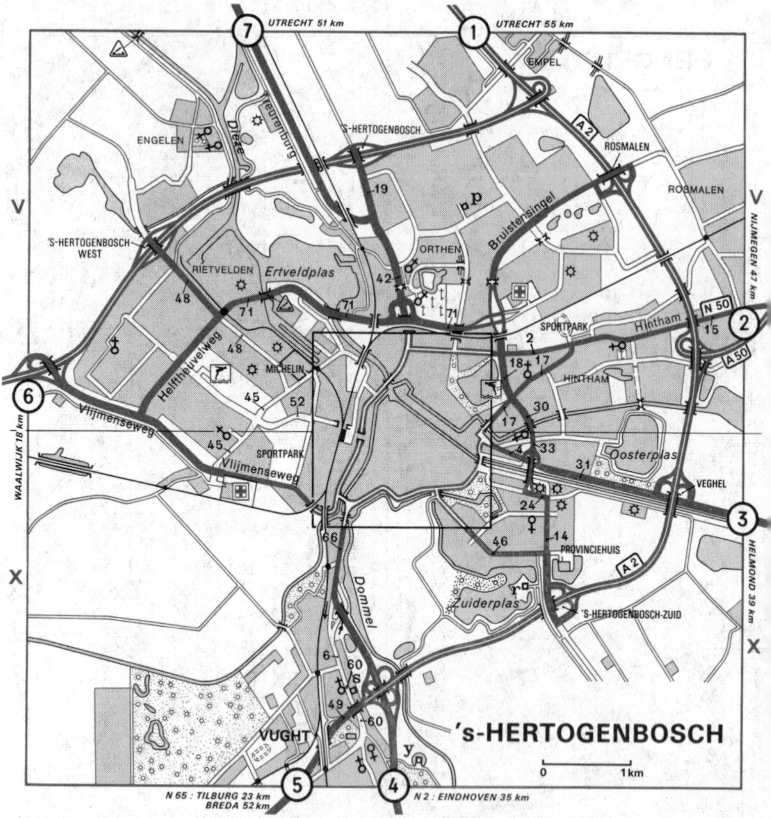

Central et Rest. Leeuwenborgh (annexe), Burg. Loeffplein 98, ✉ 5211 RX, ☎ 125151, Télex 50252 – rest – . AE ① E. rest — Z **s**
R carte 35 à 58 – 17 – **75 ch** 71/142 – P 108/125.

Eurohotel sans rest, Hinthamerstraat 63, ✉ 5211 MG, ☎ 137777 – wc – . AE ① E — Z **x**
fermé 1er janv. – **47 ch** 71/142.

XXXX **Chalet Royal,** Wilhelminaplein 1, ✉ 5211 CG, ☎ 135771, « Intérieur élégant » – ⓟ. AE ① E — Z **n**
fermé sam. midi et dim. midi – **R** carte 58 à 95.

XX ✿ **'t Misverstant,** Snellestraat 28, ✉ 5211 EN, ☎ 134281 – AE ① E — Z **e**
fermé du 9 au 21 août – **R** 50/93.

XX **Raadskelder,** Markt 1a, ✉ 5211 JV, ☎ 136919, « Aménagé dans la cave d'un hôtel de ville du 16e s. » – AE ① E. — Z **a**
fermé dim. et lundi – **R** carte 38 à 62.

XX **Aub. La Duchesse,** Hinthamerstraat 210, ✉ 5211 MX, ☎ 139190 – AE ① E — Z **v**
fermé 16 juil.-5 août – **R** 42/63.

XX **De Veste,** Uilenburg 2, ✉ 5211 EV, ☎ 144644 – AE ① E — Z **g**
fermé mardi – **R** 45/65.

X **Aub. de Koets,** Korte Putstraat 21, ✉ 5211 KP, ☎ 132779 – AE ① E. — Z **d**
R (dîner seult) carte 47 à 72.

X **Bois-Le-Duc,** Kerkstraat 54, ✉ 5211 KH, ☎ 130371 – . AE ① E — Z **c**
fermé 31 déc.-1er janv. – **R** (dîner seult) carte 45 à 68.

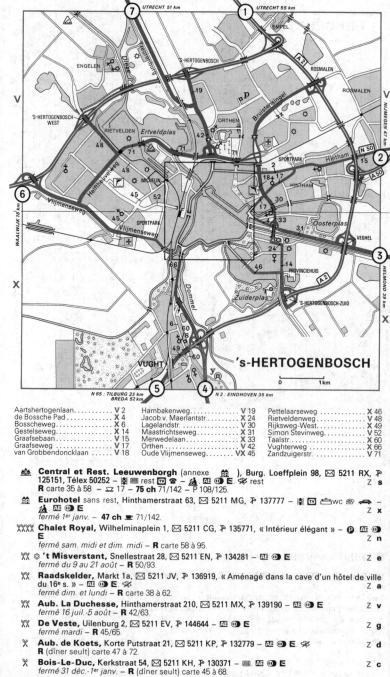

'S-HERTOGENBOSCH

Hinthamerstr. .... Z
Hoge Steenweg .... Z 23
Schapenmarkt .... Z 51
Visstr. .... Z 63
Vughterstr. .... Z

Bethaniestr. .... Z 3
de Bossche Pad .... Z 4
Burg. Loeffpl. .... YZ 7
Emmaplein .... Y 8
Geert van Woustr. .... Y 10
Graafseweg .... Y 17
Hinthamereinde .... Z 21
Jan Heinsstr. .... Y 26
Kerkstr. .... Z 27
Koninginnenlaan .... Y 28
Muntelbolwerk .... Y 34
van Noremborghstr. .... Y 35
Oostwal .... Z 38
Oranje Nassaulaan .... Z 39
Orthenstr. .... Y 43
St. Jacobstr. .... Z 54
St. Josephstr. .... Z 55
Spinhuiswal .... Z 57
Stationsweg .... YZ 58
Torenstr. .... Z 61
Vlijmenseweg .... Z 64
Vughterweg .... Z 66
van der Weeghensingel .... Y 67
Wilhelminaplein .... Z 69

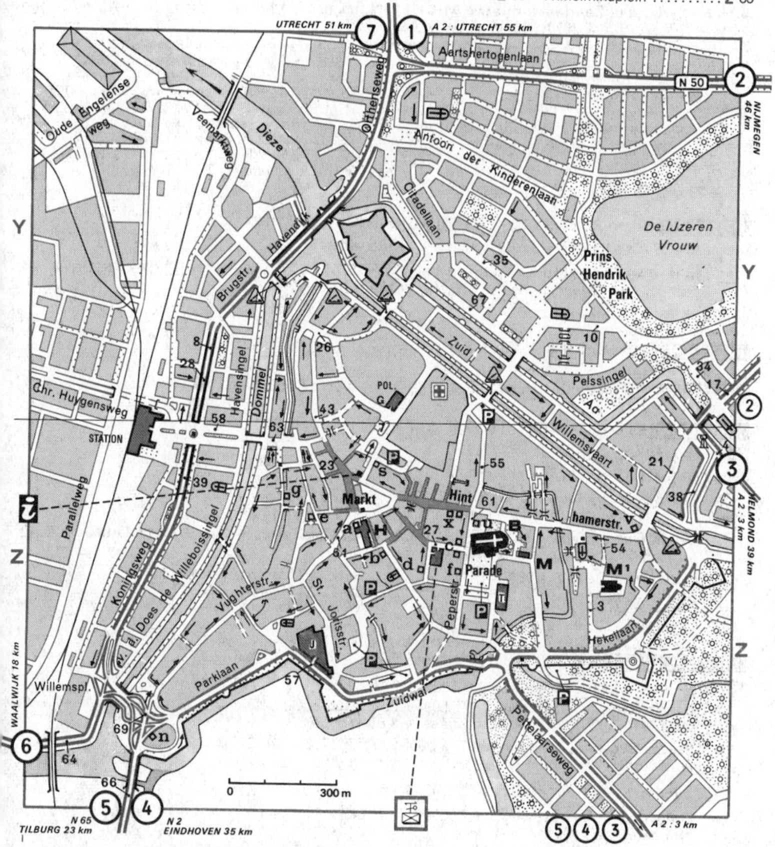

✗ **Erwtenman,** Torenstraat 14a, ✉ 5211 KK, ☎ 137067 — Z **u**
fermé sam. et dim. midi – **R** carte 29 à 45.

✗ **Kikvorsch,** Parade 6, ✉ 5211 KL, ☎ 141619 – AE E — Z **f**
R carte 37 à 60.

✗ **Da Peppone,** Kerkstraat 77, ✉ 5211 KE, ☎ 147894, Rest. italien – AE ① E. ✻ — Z **c**
R (dîner seult) carte 33 à 60.

✗ **De Dry Hamerkens,** Hinthamerstraat 57, ✉ 5211 ME, ☎ 141856 – AE ① E — Z **x**
fermé mardi et 20 juin-12 juil. – **R** carte 38 à 74.

✗ **Usküdar,** Verwersstraat 3, ✉ 5211 HS, ☎ 140575, Rest. turc – AE ① E — Z **b**
fermé lundi midi – **R** 17/32.

De Rompert N : 2 km :

✗✗ **Het Nieuwe Oosten,** Rompertcentrum 7, ✉ 5233 RG, ☎ 412315, Rest. chinois – ▤. AE — V **p**
R 48.

à Rosmalen par ② : 2 km – 24 000 h. – ☎ 0 4192 :

✗✗ **Die Heere Sewentien,** Sparrenburgstraat 9, ✉ 5244 JC, ☎ 17744, 🏡, « Terrasse » – Ⓟ. ① E
fermé lundi – **R** 20/40.

sur la route de St. Michielsgestel SE : 3 km :

XXXX ✿ **Pettelaar,** Pettelaarseschans 1, ✉ 5216 CG, ☎ 137351, « Aménagé dans une ferme » – Ⓟ. AE ⓓ E X r
fermé sam. midi, dim. et 24 fév. – **R** carte 54 à 102
Spéc. Salade des pêcheurs, Suprême de poulet au foie gras, Filet de chevreuil.

Voir aussi : ***Vught*** S : 4 km X.

N.V. Nederlandse Banden-Industrie MICHELIN, usine à 's-Hertogenbosch, Oude Vlijmenseweg 208 V – ✉ 5201 AE, ☎ **(073) 219111**, Télex 50365

ALFA-ROMEO, BRITISH LEYLAND Hervensebaan 13 ☎ 413897
BMW Rietveldenweg 40 ☎ 217435
CITROEN Rietveldenweg 58a ☎ 219023
FIAT Rietveldenweg 34 ☎ 211355
FORD Sigarenmakerstraat 1 ☎ 421515
GM (OPEL) Pettelaarseweg 180 ☎ 123151
HONDA, MERCEDES-BENZ Jagersheuvelstraat 2 ☎ 219100
LADA Maastrichtseweg 19 ☎ 137156
MAZDA Zandzuigerstraat 16 ☎ 218763
MITSUBISHI Weerdskampweg 17 ☎ 218425
NISSAN Hervensebaan 15 ☎ 413897
PEUGEOT, TALBOT Rietveldenweg 38 ☎ 219104
RENAULT Rietveldenweg 36 ☎ 216111
TOYOTA Hervensebaan 11 ☎ 417755
VAG Jac. van Maerlantstraat 86 ☎ 124251
VAG Balkweg 1 ☎ 417065
VOLVO Rijnstraat 427 ☎ 122011

HEUSDEN Noord-Brabant 212 ⑦ et 408 ⑱ – 5 694 h. – ☎ 0 4162.

♦Amsterdam 96 – ♦'s-Hertogenbosch 19 – ♦Breda 43 – ♦Rotterdam 67.

In den Verdwaalde Koogel, Vismarkt 1, ✉ 5256 BC, ☎ 1933, ☂ – TV ⎍wc ☎. AE ⓓ. ✂
fermé du 2 au 21 janv. – **R** carte 52 à 77 – **12 ch** ☐ 65/135.

PEUGEOT, TALBOT Steenweg 1 ☎ 1165

HIERDEN Gelderland 211 ⑤ – voir à Harderwijk.

HILLEGERSBERG Zuid-Holland 211 ⑫ et 408 ⑰ – voir à Rotterdam.

HILLEGOM Zuid-Holland 211 ② et 408 ⑩ – 18 694 h. – ☎ 0 2520.

ℹ Weth Bolverskade 15, ✉ 2181 AM, ☎ 15772.

♦Amsterdam 30 – ♦Den Haag 33 – ♦Haarlem 12.

X **Flora** avec ch, Hoofdstraat 55, ✉ 2181 EB, ☎ 15100 – Ⓟ
fermé dim. midi et 24 déc.-1er janv. – **R** 17/60 – **13 ch** ☕ 40.

X **Dirck Dirckz,** Vosselaan 15, ✉ 2181 CA, ☎ 15347, « Terrasse avec ≤ jardin fleuri » – ▤ Ⓟ
fermé 5, 24 et 31 déc. – **R** carte 24 à 33.

FIAT van den Endelaan 17 ☎ 15086
FORD Raadhuisstraat 1 ☎ 15575
HONDA Meerstraat 108 ☎ 15685
PEUGEOT, TALBOT O. van Noortstraat 8 ☎ 18253
RENAULT Meerlaan 91 ☎ 17097
TOYOTA Marconistraat 25 ☎ 15329
VAG Weeresteinstraat 131 ☎ 29423

HILVARENBEEK Noord-Brabant 212 ⑰ et 408 ⑱ – 9 028 h. – ☎ 0 4255.

♦Amsterdam 120 – ♦'s-Hertogenbosch 31 – ♦Eindhoven 30 – ♦Tilburg 12 – ♦Turnhout 33.

Ouwe Kuyp, Gelderstraat 1, ✉ 5081 AA, ☎ 2166 – ⎍wc. ✂ ch
fermé 1re quinz. janv. – **R** carte 27 à 45 – **8 ch** ☕ 55/85.

X **Pieter Bruegel,** Gelderstraat 7, ✉ 5081 AA, ☎ 1758 – ▤. AE ⓓ E
fermé lundi – **R** carte 44 à 64.

à Esbeek S : 4 km – 923 h. – ☎ 0 4246 :

X **Dalan,** Lage Mierdseweg 3, ✉ 5085 NC, ☎ 243 – AE. ✂
fermé du 1er au 10 janv. – **R** carte 55 à 83.

ALFA-ROMEO Doelenstraat 42 ☎ 2901
HONDA Bukkumweg 15a ☎ 2951

HILVERSUM Noord-Holland 211 ④ et 408 ⑪ – 90 883 h. – ☎ 0 35.

Voir Hôtel de ville★ (Stadhuis) Y H. Env. Étangs de Loosdrecht★★ par ④ : 7 km.

18 Soestdijkerstraatweg 172 X ☎ (0 35) 857060.

ℹ Stationsplein 1, ✉ 1211 EX, ☎ 11651.

♦Amsterdam 34 ⑤ – ♦Apeldoorn 65 ① – ♦Utrecht 20 ③ – ♦Zwolle 87 ①.

Plans page ci-contre

Hof van Holland, Kerkbrink 1, ✉ 1211 BW, ☎ 46141, Télex 43399 – |‡| TV Ⓟ – 🏛. AE ⓓ E. ✂ ch Z a
R carte 43 à 86 – ☐ 18 – **59 ch** 115/275.

Hilfertsom, Koninginneweg 30, ✉ 1217 LA, ☎ 232444 – ⛀wc ⎍wc ☎ Ⓟ. AE ⓓ E Y u
R *(fermé dim. et après 20 h 30)* 20/30 – **37 ch** ☕ 50/125 – P 77/118.

XX **Nusantara,** 1er étage, Havenstraat 2, ✉ 1211 KL, ☎ 232367, Rest. indonésien – ▤. ✂ Z f
R carte 25 à 53.

XX **Boeddha,** Soestdijkerstraatweg 42a, ✉ 1213 XD, ☎ 833233, Rest. chinois – ▤ Ⓟ. AE ⓓ E X b
R carte 36 à 72.

HILVERSUM

Groest. . . . . Z
Havenstr. . . . . Z
Kerkstr. . . . . YZ
Leeuwenstr. . . . . Y 28
Schoutenstr. . . . . Y 47

Achterom. . . . . Z 2
Berkenlaan . . . . X 3
Bosdrift . . . . X 4
Bussumergrintweg . . . V 7
Eikenlaan. . . . . X 8
Geert van
Mesdagweg . . . . V 9
van Ghentlaan. . . . . X 12
Godelindeweg . . . . V 13
Hilvertsweg. . . . . X 14
Hoge Naarderweg . . . . Y 17
Insulindelaan . . . . V 18
Jan
van der Heydenstr. . V 19
Kolhornseweg . . . . X 22
Krugerweg. . . . . V 23
Lage Naarderweg . . . . V 24
Langestr. . . . . Z 26
Larenseweg . . . . V 27
Loosdrechtse bos . . . . X 29
Loosdrechtseweg . . . . X 32
Minckelersstr. . . . . V 34
Noorderweg . . . . Y 37
Oostereind . . . . X 38
Oosterengweg . . . . X 39
Prins Bernhardstr. . . . . Z 42
Prof. Kochstr. . . . . Y 43
Schapenkamp . . . . . . YZ 44
Soestdijkerstraatweg . X 48
Spoorstr. . . . . Z 49
Stationsstr. . . . . Y 52
Vaartweg . . . . V 53
Veerstr. . . . . Z 54
Vreelandseweg . . . . . . X 57
Zuiderweg . . . . YZ 58

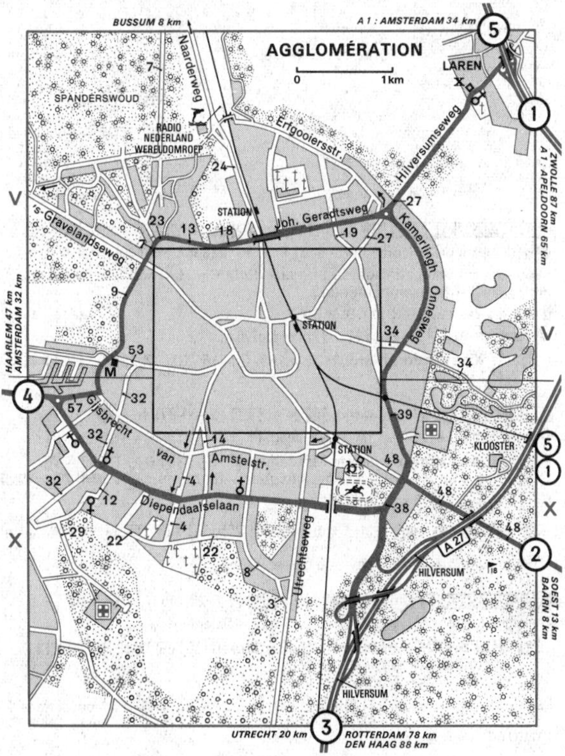

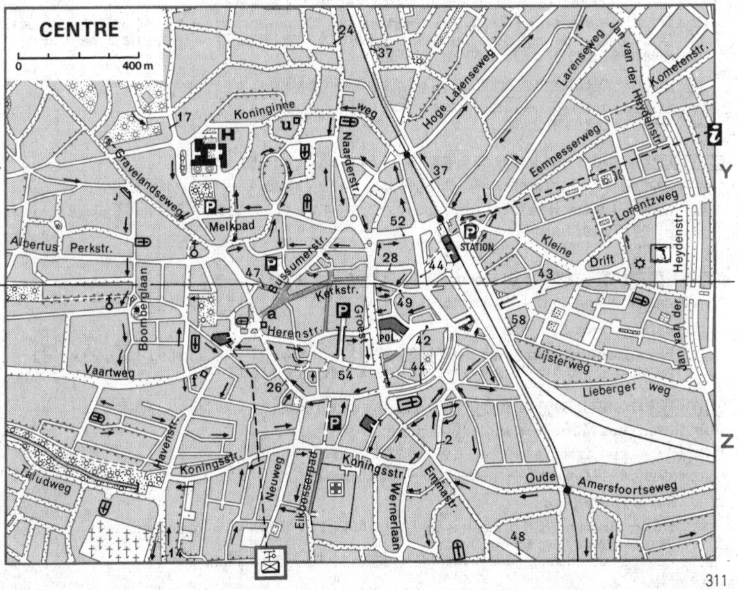

ALFA-ROMEO Loosdrechtseweg 28 ☎ 41054
BMW Langestraat 42 ☎ 41156
BRITISH LEYLAND Soestdijkerstraatweg 66 ☎ 855151
CITROEN Franciscusweg 2 ☎ 13484
FIAT Bussummergrintweg 12 ☎ 17455
FORD Zeverijnstraat 2 ☎ 47841
GM (OPEL) Zeverijnstraat 16 ☎ 15151
HONDA Achterom 187 ☎ 18941
LADA Eikbosserweg 240a ☎ 45267
MAZDA 's-Gravenlandseweg 16 ☎ 48575
MERCEDES-BENZ A. Perkstraat 33 ☎ 12254
MITSUBISHI Lage Naarderweg 52 ☎ 45401
NISSAN Herenstraat 73 ☎ 46450
PEUGEOT, TALBOT Melkpad 2c ☎ 10953
PEUGEOT, TALBOT Neuweg 9 ☎ 46912
RENAULT Bosdrift 140a ☎ 44255
TOYOTA Koninginneweg 83 ☎ 14449
VAG Jac. Pennweg 14 ☎ 44956
VOLVO Hoge Naarderweg 53 ☎ 47855

HOEK VAN HOLLAND Zuid-Holland 211 ⑪ et 408 ⑨ – 8 185 h. – ☎ 0 1747.

(départs de 's-Hertogenbosch) ☎ (0 20) 238383 et (0 30) 315814.

vers Harwich : liaison de bateaux de la Cie Harwich Ferry Argentuur ☎ (0 1747) 4140 (réservations) et 2351 (renseignements).

Hoekse Brink 23, ✉ 3151 GB, ☎ 2446.

♦Amsterdam 80 – ♦Den Haag 24 – ♦Rotterdam 26.

't Koetshuis, Rietdijkstraat 108, ✉ 3151 GH, ☎ 2817 – AE ⓓ E
R 17/43.

HOENDERLOO Gelderland 211 ⑯ et 408 ⑫ – 1 679 h. – ☎ 0 5768.

♦Amsterdam 90 – ♦Arnhem 18 – ♦Apeldoorn 14.

Boern'kinkel avec ch, Middenweg 7, ✉ 7351 BA, ☎ 256 – Ⓟ
fermé lundi, mardi de nov. à Pâques – **R** *(fermé après 20 h)* 26 – **10 ch** 29/67 – ½ p 50/65.

sur la route d'Apeldoorn NE : 2 km :

Uilenest sans rest, Otterloseweg 255, ✉ 7351 TB, ☎ 396, « Au milieu des bois », – TV wc Ⓟ.
fermé du 2 au 31 janv. – **6 ch** 70/95.

HOENSBROEK Limburg 212 ② et 408 ㉖ – 22 745 h. – ☎ 0 45.

♦Amsterdam 210 – ♦Maastricht 22 – Aachen 27 – Sittard 11.

Kasteel Hoensbroek, Klinkertstraat 110, ✉ 6433 PB, ☎ 213976, « Dans les dépendances du château » – Ⓟ. AE ⓓ E
fermé lundi – **R** 35/68.

RENAULT Amstenraderweg 81b ☎ 213068
TALBOT Kouvenderstraat 135 ☎ 213636
TALBOT, PEUGEOT De Kouwen 7 ☎ 222455
VAG Economiestraat 47 ☎ 220955
VOLVO Kastanjelaan 82 ☎ 220055

HOEVELAKEN Gelderland 211 ⑮ et 408 ⑪ – 7 656 h. – ☎ 0 3495.

♦Amsterdam 50 – ♦Arnhem 57 – Amersfoort 8 – ♦Apeldoorn 42 – ♦Zwolle 66.

De Klepperman et Rest. De Gasterie Ⓜ, Oosterdorpstraat 11, ✉ 3871 AA, ☎ 34120, « Rest. aménagé dans une ferme du 19e s. » – TV ☎ Ⓟ – . AE ⓓ E. rest
R carte 57 à 98 – 15 – **37 ch** 135/150.

près de l'échangeur O : 1 km :

Schep, Amersfoortsestraat 10, ✉ 3871 BS, ☎ 34225 – Ⓟ
fermé 25 déc. – **R** 20/40.

HOEVEN Noord-Brabant 212 ⑤ et 408 ⑰ – 7 443 h. – ☎ 01659.

♦Amsterdam 118 – ♦'s-Hertogenbosch 66 – Bergen op Zoom 27 – ♦Breda 16 – ♦Rotterdam 59.

Gasterije De Hoefstal, St. Janstraat 3, ✉ 4741 AL, ☎ 2305, « Dans une vieille forge » – AE ⓓ E
fermé sam. midi, dim. midi, merc. et 15 juil.-14 août – **R** carte 48 à 70.

HOLLANDSCHE RADING Utrecht 211 ⑭ et 408 ⑪ – 1 303 h. – ☎ 0 2157.

♦Amsterdam 38 – ♦Utrecht 12 – Hilversum 5.

dans la forêt SE : 2 km :

Fazantenhof, Karnemelksweg 1, ✉ 3739 LA, ☎ 1464, , « Au milieu des bois » – Ⓟ
fermé lundi, 28 déc.-16 janv. et après 20 h 30 – **R** carte 32 à 79.

HOLTEN Overijssel 211 ⑧ et 408 ⑬ – 8 683 h. – ☎ 0 5483.

Voir Musée (Bos Museum)★ sur le Holterberg.

(fermé sam. hors saison) Keizersweg 2, ✉ 7451 CS, ☎ 1533.

♦Amsterdam 124 – ♦Zwolle 40 – ♦Apeldoorn 40 – ♦Enschede 42.

sur le Holterberg :

Hoog Holten , Forthaarsweg 7, ✉ 7451 JS, ☎ 1306, « Au milieu des bois », , – rest wc wc Ⓟ.
Pâques-oct. et week-ends – **R** 46/65 – **22 ch** 58/116 – P 69/86.

XXX **Lösse Hoes** avec ch, Holterbergweg 14, ✉ 7451 JL, ☎ 1353, ≤, , « Intérieur rustique » – TV wc wc P – . AE O E. rest
R carte 72 à 157 – **12 ch** et **16** appartements 58/85 – ½ p 60/83.

GM (OPEL) Oranjestraat 82 ☎ 1292
TOYOTA Oranjestraat 30 ☎ 1363
VOLVO Dorpsstraat 26 ☎ 1226

HOLWERD Friesland 210 ⑥ et 408 ⑤ – 1 962 h. – ☎ 0 5197.

Env. Armoiries funéraires★ dans l'église de Hoogebeintum, SO : 10 km.

et vers île de Ameland (Nes) : Cie Wagenborg Passagiersdiensten à Nes ☎ (0 5191) 6111.

♦Amsterdam 165 – ♦Leeuwarden 26 – ♦Groningen 67.

au départ du bateau vers Ameland N : 4 km :

X **Land-en Zeezicht,** Grândijk 2, ✉ 9151 AE, ☎ 1406, ≤ – P
R carte 20 à 61.

HOOGERHEIDE Noord-Brabant 212 ⑭⑮ et 408 ⑯⑰ – 9 868 h. – ☎ 0 1646.

♦Amsterdam 148 – ♦'s-Hertogenbosch 96 – ♦Antwerpen 33 – Bergen op Zoom 10 – ♦Breda 46.

sur la route d'Antwerpen :

Pannenhuis, Antwerpsestraatweg 100, ✉ 4631 RB, ☎ 4552 – wc ☎ P – .
fermé 22 déc.-1er janv. – **R** carte 26 à 47 – **21 ch** 37/90.

HOOGEVEEN Drenthe 210 ⑱ et 408 ⑬ – 44 995 h. – ☎ 0 5280.

(fermé sam. après-midi hors saison) Raadhuisplein 3, ✉ 7901 BP, ☎ 63003.

♦Amsterdam 155 – Assen 34 – Emmen 32 – ♦Zwolle 45.

XX **Tamboer,** Hoofdstraat 17, ✉ 7902 EA, ☎ 64633 – – . AE O E
fermé dim. et jours fériés – **R** 24/55.

X **Huis met de Duivegaten,** Alteveerstraat 1, ✉ 7906 CA, ☎ 63372 – O
fermé lundi – **R** carte 39 à 58.

dans les bois N : 2 km :

X **Spaarbankhoeve** avec ch, Hoogeveenseweg 5, ✉ 7931 TD, ☎ 62189, , Parc avec cerfs en liberté – P. O E
R carte 27 à 42 – **6 ch** 40/70 – P 68.

sur l'autoroute d'Assen A 28 SO : 2 km :

Motel Hoogeveen M, Mathijsenstraat 1, ✉ 7909 AP, ☎ 63303, Télex 42639 – P – . AE O E
R carte 22 à 51 – 9 – **39 ch** 65/80 – P 74.

à Pesse NO : 7 km – 1 548 h. – ☎ 0 5281 :

XX **Oude Jachthuis,** Eursinge 2, ✉ 7933 TX, ☎ 333, « Vieille auberge » – P. AE O
fermé sam. midi, dim., lundi, 30 déc.-14 janv., 31 mai et 17 juin-2 juil. – **R** 68/85.

ALFA-ROMEO Galvanistraat 1 ☎ 71456
BMW de Vos van Steenwijklaan 5 ☎ 63000
BRITISH LEYLAND Het Haagje 145 ☎ 65666
CITROEN Schutstraat 187 ☎ 63811
FIAT Edisonstraat 32 ☎ 64055
FORD van Limburg Stirumstraat 1 ☎ 66666
GM (OPEL) Hoofdstraat 30 ☎ 62541
HONDA Grote Kerkstraat 94 ☎ 62483
LADA van Echtenstraat 22 ☎ 65530
MAZDA P. Mauritsplein 14 ☎ 63404
MAZDA Industrieweg 68 ☎ 67425
MERCEDES-BENZ Weth. Robaardstraat 17 ☎ 65041
MITSUBISHI Voltastraat 51 ☎ 66611
NISSAN Alteveerstraat 134 ☎ 63846
PEUGEOT, TALBOT Schutstraat 91 ☎ 63687
RENAULT Industrieweg 66 ☎ 74499
TOYOTA Willemskade 43 ☎ 62458
VAG Edisonstraat 30 ☎ 62845
VOLVO Willemskade 51 ☎ 67551

HOOGEZAND Groningen 210 ⑨ et 408 ⑥ – 35 215 h. – ☎ 0 5980.

♦Amsterdam 215 – ♦Groningen 16 – Assen 28.

Faber, Meint Veningastraat 123, ✉ 9601 KE, ☎ 93336 – wc ☎ P – . AE O
fermé dim. – **R** carte 24 à 66 – **17 ch** 35/90.

CITROEN Kerkstraat 40 ☎ 92014
GM (OPEL) Ambachtsweg 4 ☎ 95700
HONDA Kalkwijk 97 ☎ 26595
LADA P. Langedijkstraat 52 ☎ 23661
MAZDA Productieweg 7 ☎ 94343
RENAULT Burg. van Royenstraat O. 50 ☎ 23457
TALBOT Hoofdstraat 83 ☎ 96868
VAG Noorderstraat 239 ☎ 92582
VOLVO Hoofdstraat 181 ☎ 92456

HOOGMADE Zuid-Holland 211 ⑫ et 408 ⑩ – 1 710 h. – ☎ 0 1712.

♦Amsterdam 37 – ♦Den Haag 26 – ♦Rotterdam 39.

Van der Ploeg, Kerkstraat 37, ✉ 2355 AE, ☎ 8000 – wc wc P. O E
fermé 25 déc. – **R** carte 25 à 57 – **42 ch** 45/88 – P 66/78.

HOOG-SOEREN Gelderland 211 ⑥ et 408 ⑫ – voir à Apeldoorn.

HOORN Noord-Holland 210 ⑭ et 408 ⑪ – 44 003 h. – ☎ 0 2290.

Voir Le vieux quartier★ YZ – **Rode Steen★** Z – **Façade★** du musée de la Frise Occidentale (Westfries Museum) Z **M¹** – **Veermanskade★** Z – Rode Steen 2, ✉ 1621 CV, ☎ 18193.

♦Amsterdam 43 ② – Alkmaar 26 ② – Enkhuizen 19 ① – Den Helder 52 ③.

HOORN

Breed . . . . Y
Gedempte Turfhaven . . . . . . Y 10
Gouw . . . . Y
Grote Noord . . . . YZ
Lange Kerkstr. . . . . Z 24
Nieuwsteeg . . . . Y 30

Achterstr. . . . . Y 2
Berkhouterweg . . . . X 4
Bierkade . . . . Z 6
Breestr. . . . . Z 7
van Dedemstr. . . . . X 8
Joh. Messchaertstr. . . . . Y 12
Joh. Poststr. . . . . X 14
Keern . . . . Y 15
Kerkpl. . . . . Z 16
Kerkstr. . . . . Z 18
Koepoortspl. . . . . Y 19
Koepoortsweg . . . . X 20
Korenmarkt . . . . Z 21
Korte Achterstr. . . . . Y 22
Liornestr. . . . . X 25
Muntstr. . . . . Y 27
Nieuwendam . . . . Z 28
Nieuwstr. . . . . YZ 31
Noorderstr. . . . . Y 33
Onder de Boompjes . . . . Y 34
Oude Doelenkade . . . . Z 35

Scharloo . . . . Y 38
Slapershaven . . . . Z 40
Spoorsingel . . . . Y 41
Stationspl. . . . . Y 42
Vale Hen . . . . Y 44

Veermanskade . . . . Z 45
Vismarkt . . . . Z 47
Westerdijk . . . . Z 48
Wijdebrugsteeg . . . . Z 49
Zon . . . . Z 51

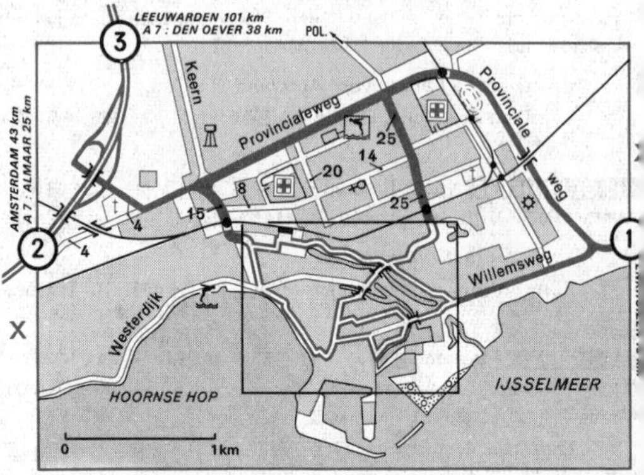

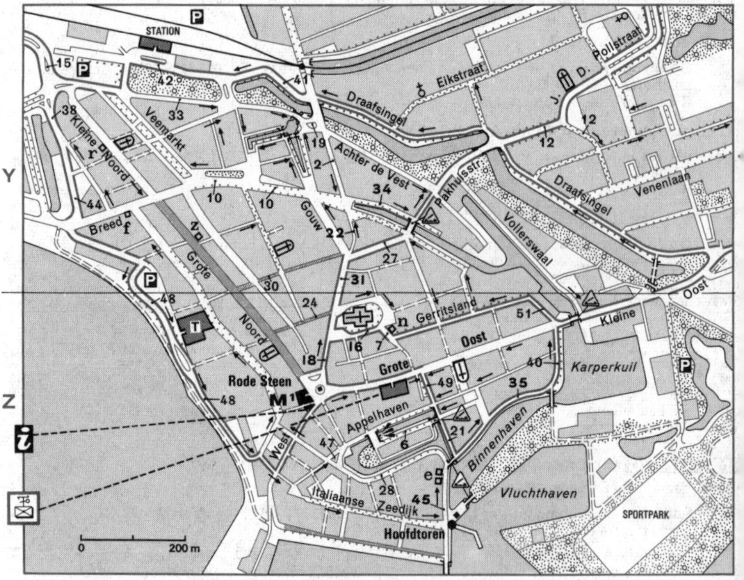

🏨 **Petit Nord** Ⓜ, Kleine Noord 53, ✉ 1621 JE, ☎ 12750 – 🛗 ☎. AE ⓓ E   Y
R 32/45 – **34 ch** ☕ 98.

✗✗ **Oude Rosmolen,** Duinsteeg 1, ✉ 1621 ER, ☎ 14752 – ▤. AE ⓓ E. ✻   Y
fermé lundi et 27 déc.-2 janv. – **R** (dîner seult) carte 48 à 86.

✗✗ **Alpino,** Breed 32, ✉ 1621 KC, ☎ 18567 – AE ⓓ E   Y
fermé sam. midi, dim. midi et jeudi – **R** carte 40 à 76.

✗✗ **Bontekoe,** 1er étage, Nieuwendam 1, ✉ 1621 AP, ☎ 17324, Aménagé dans un entrepôt d
17e s. – AE ⓓ E   Z
fermé lundi – **R** carte 34 à 70.

✕ **Kod Nikole,** 1er étage, Nieuwendam 2, ✉ 1621 AP, ✆ 19309, Aménagé dans un entrepôt du 17e s., Cuisine yougoslave Z **e**
fermé mardi et merc. – **R** (dîner seult) 29/59.

✕ **Bistro de Eenhoorn,** Breestraat 10, ✉ 1621 CG, ✆ 11084 – AE ⓓ E Z **n**
fermé mardi de sept. à mai et lundi – **R** (dîner seult) carte 33 à 53.

✕ **Java,** 1er étage, Westerdijk 1, ✉ 1621 LC, ✆ 17619, Rest. indonésien Y **d**
R (dîner seult) 17/36.

à Wijdenes par ① : 5 km – 977 h. – ☎ 0 2293 :

✕ **Wapen van Wijdenes** avec ch, Kerkbuurt 71, ✉ 1608 EL, ✆ 1290, ⛱ – Ⓟ. AE ⓓ
fermé lundi – **R** carte 31 à 66 – **6 ch** ☕ 57/63 – P 70/85.

BRITISH LEYLAND Keern 197 ✆ 34367
FIAT Veemarkt 6 ✆ 18141
FORD Keern 21 ✆ 12744
GM (OPEL) Berkhouterweg 11 ✆ 36464
HONDA Dampten 5 ✆ 35011
MAZDA Elektronweg 11 ✆ 18741
MERCEDES-BENZ Protonweg 2 ✆ 17541
MITSUBISHI, VOLVO Kernweg 8 ✆ 14040
NISSAN Kernweg 15 ✆ 11441
PEUGEOT, TALBOT Dampten 6 ✆ 35544
RENAULT Elektronweg 14 ✆ 10835
TALBOT Pakhuisstraat 18 ✆ 14104
TOYOTA Kernweg 29 ✆ 10527
VAG Dr. van Aalstweg 1 ✆ 30884

HOORN Friesland 210 ⑤ et 408 ④ – voir à Waddeneilanden (Terschelling).

HOORNAAR Zuid-Holland 211 ⑬ et 408 ⑰ – 1 496 h. – ☎ 0 1838.
♦Amsterdam 67 – ♦Den Haag 75 – ♦Breda 46 – ♦Rotterdam 49 – ♦Utrecht 34.

✕✕ **Gouden Leeuw,** Dorpsweg 40, ✉ 4223 NC, ✆ 1334, « Vieille auberge » – Ⓟ. AE
fermé sam. midi, dim. midi, lundi et mardi – **R** 45/90.

HORST Limburg 212 ⑳ et 408 ⑲ – 17 092 h. – ☎ 0 4709.
♦Amsterdam 160 – ♦Maastricht 86 – ♦Eindhoven 53 – Roermond 41 – Venlo 13.

✕✕ **Groene Woud,** Jacob Merlostraat 6, ✉ 5961 AB, ✆ 3820 – AE E
fermé merc. et du 15 au 31 janv. – **R** 35/65.

✕ **Oude Lind,** Venrayseweg 93, ✉ 5961 AE, ✆ 1370 – Ⓟ. AE. ✻
fermé dim. et jours fériés – **R** 19/60.

MITSUBISHI Gebr. van Doornelaan 29 ✆ 3378
RENAULT van Douverenstraat 5 ✆ 3755
VOLVO Venrayseweg 29 ✆ 1400

HOUTHEM Limburg 212 ① et 408 ㉖ – voir à Valkenburg.

HUISDUINEN Noord-Holland 210 ⑬ – voir à Den Helder.

HUISSEN Gelderland 211 ⑯ et 408 ⑲ – 14 347 h. – ☎ 0 85.
♦Amsterdam 113 – ♦Arnhem 7 – ♦Nijmegen 15.

✕ **Boerderij de Zilverkamp,** Loostraat 58, ✉ 6851 MT, ✆ 253381, Aménagé dans une ferme – Ⓟ. AE E. ✻
fermé sam. midi, dim. et lundi – **R** carte 40 à 68.

✕ **Aub. de Keulse Pot,** Vierakkerstraat 42, ✉ 6851 BG, ✆ 252295
R (dîner seult) carte 40 à 66.

FIAT Karstraat 23 ✆ 250684
MAZDA Gochsestraat 14 ✆ 259031
MERCEDES-BENZ Handelstraat 37 ✆ 259111
VAG Nijverheidsstraat 1 ✆ 259121

HULST Zeeland 212 ⑭ et 408 ⑯ – 18 616 h. – ☎ 0 1140.

🅸 (fermé sam.) Stadhuis, Grote Markt 21, ✉ 4561 EA, ☎ 13755.

♦Amsterdam (bac) 183 – ♦Middelburg (bac) 52 – ♦Antwerpen 32 – Sint-Niklaas 16.

- **Korenbeurs** Ⓜ, Grote Markt 10, ✉ 4561 EB, ☎ 12213 – wc wc. ch
  R 45/60 – **6 ch** 65/130.
- **Tiffany,** 1er étage, Vismarkt 1, ✉ 4561 AZ, ☎ 14871, Taverne-restaurant – AE ⓪ E
  fermé mardi – **R** carte 54 à 73.

à Sint-Jansteen S : 2 km – ☎ 0 1140 :

- **Thermidor,** Gentsevaart 2, ✉ 4565 EV Kapellebrug, ☎ 13269 – Ⓟ. AE ⓪ E
  fermé merc. – **R** 35/95.

CITROEN Oude Zoutdijk 2 ☎ 12058
FORD Hemelstraat 20, St. Jansteen ☎ 13041
GM (OPEL) Absdaalseweg 41 ☎ 13451
HONDA, LADA Stationsplein 9 ☎ 14485
MAZDA Zoutestraat 176 ☎ 12104
NISSAN Kleine Bagijnestraat 25 ☎ 12600
RENAULT Absdaalseweg 1 ☎ 13524
TALBOT, PEUGEOT Steensedijk 108 ☎ 12878
VOLVO Stationsweg 6 ☎ 13191

HUMMELO Gelderland 211 ⑰ et 408 ⑫ – 4 369 h. – ☎ 0 8348.

🏌9 Oude-Zutphenseweg à Laag-Keppel SO : 2 km ☎ (0 8348) 1416.

♦Amsterdam 126 – ♦Arnhem 28 – ♦Apeldoorn 37.

- **Gouden Karper** avec ch, Dorpsstraat 9, ✉ 6999 AA, ☎ 1214 – wc wc Ⓟ. AE
  R carte 31 à 57 – **15 ch** 43/80.

HONDA Dorpsstraat 27 ☎ 1660

IJ... – voir à Y.

JOURE Friesland 210 ⑯ et 408 ⑤ – 10 842 h. – ☎ 0 5138.

♦Amsterdam 122 – ♦Leeuwarden 37 – Sneek 14 – ♦Zwolle 67.

- **Grietman,** Midstraat 173, ✉ 8500 AD, ☎ 5426, « Aménagé dans une ferme du 19e s. » – Ⓟ. AE ⓪ E
  fermé mardi de sept. à avril – **R** carte 35 à 88.

sur la rotonde SE : 2 km :

- **Motel Joure,** Klokmakkerij 1, ✉ 8501 ZS, ☎ 3555 – wc wc Ⓟ – . AE ⓪
  R 19/49 – **20 ch** 50/95 – P 75/100.

FORD Industrieweg 2 ☎ 5700
PEUGEOT, TALBOT Scheen 51 ☎ 3355
RENAULT Vegelinsweg 8 ☎ 3126
TOYOTA Tolhuisweg 12 ☎ 3775

KAATSHEUVEL Noord-Brabant 212 ⑦ et 408 ⑰⑱ – 13 190 h. – ☎ 0 4167.

Voir De Efteling★ (parc récréatif).

♦Amsterdam 101 – ♦'s-Hertogenbosch 25 – ♦Rotterdam 70 – ♦Tilburg 15.

- **'t Arendsnest,** Gasthuisstraat 53, ✉ 5171 GD, ☎ 73754, Poisson seult – AE ⓪ E
  fermé lundi – **R** (dîner seult) carte 22 à 60.

FIAT Erasstraat 1 ☎ 72053
MITSUBISHI Marktstraat 38 ☎ 74040
RENAULT Roestenbergstraat 70 ☎ 72125

KAMPEN Overijssel 211 ⑥ et 408 ⑫ – 30 989 h. – ☎ 0 5202.

Voir Rive droite (Rechter oever) ≤★ Y – Ancien hôtel de ville (Oude Raadhuis) : cheminée★ dans la salle des échevins★ (Schepenzaal) Y H – Hanap★ dans le musée municipal Y M.

🅸 Oudestraat 160, ✉ 8261 CZ, ☎ 13500.

♦Amsterdam 115 ③ – ♦Zwolle 14 ② – ♦Leeuwarden 86 ①.

Plan page ci-contre

- **Stadsherberg,** IJsselkade 48, ✉ 8261 AE, ☎ 12645, Télex 42110, ≤ – wc wc – . AE ⓪ E — Y a
  R carte 41 à 66 – **16 ch** 53/101 – P 74/82.
- **Van Dijk** sans rest, IJsselkade 30, ✉ 8261 AC, ☎ 14925 – wc — Y r
  22 ch 48/95 – P 58/75.

à l'écluse Roggebotsluis par ④ : 5 km :

- **Zuiderzee Lido,** Flevoweg 85, ✉ 8264 PA, ☎ 15358, ≤ – Ⓟ
  R 25/60.

FIAT Loriestraat 4 ☎ 16161
FORD Nijverheidsstraat 35 ☎ 12241
GM (OPEL) Industrieweg 15 ☎ 14555
HONDA, LADA Graafschap 23 ☎ 13819
MAZDA Industrieweg 10 ☎ 14701
MERCEDES-BENZ, PEUGEOT, TALBOT Industrieweg 14 ☎ 15333
MITSUBISHI IJsseldijk 37 ☎ 17595
TOYOTA IJsseldijk 2 ☎ 13386
VAG Rondweg 10 ☎ 12605
VOLVO Energiestraat 17 ☎ 16174

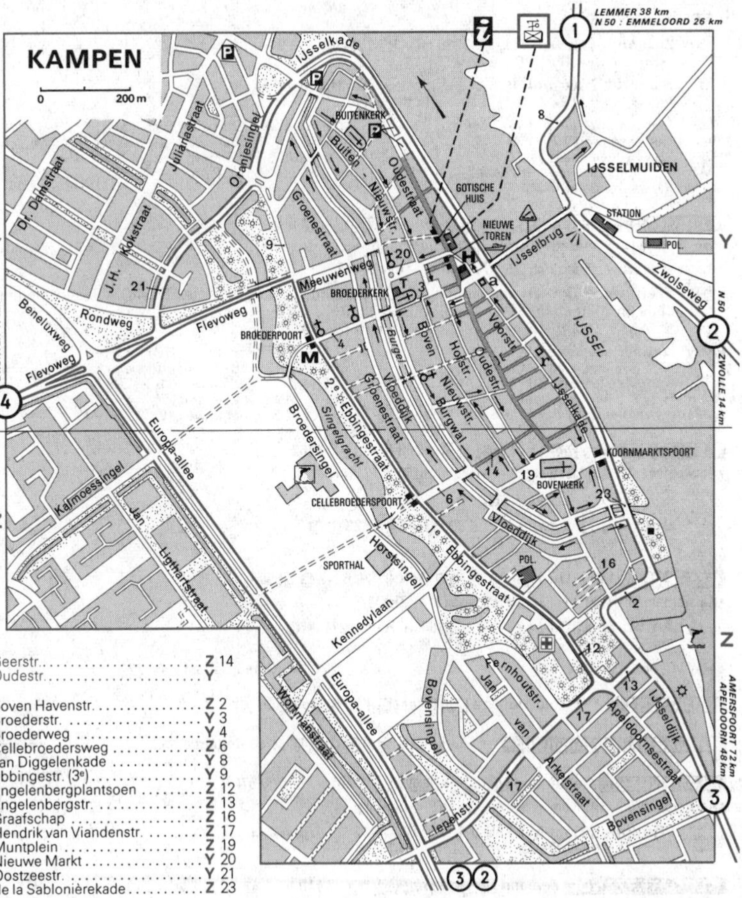

Geerstr. . . . . Z 14
Oudestr. . . . . Y

Boven Havenstr. . . . . Z 2
Broederstr. . . . . Y 3
Broederweg . . . . Y 4
Cellebroedersweg . . . . Z 6
van Diggelenkade . . . . Y 8
Ebbingestr. (3e) . . . . Y 9
Engelenbergplantsoen . . . . Z 12
Engelenbergstr. . . . . Z 13
Graafschap . . . . Z 16
Hendrik van Viandenstr. . . . . Z 17
Muntplein . . . . Z 19
Nieuwe Markt . . . . Y 20
Oostzeestr. Y 21
de la Sablonièrekade . . . . Z 23

KAMPERLAND Zeeland 212 ② et 408 ⑮⑯ – 1 714 h. – ☎ 0 1107.

♦Amsterdam 172 – ♦Middelburg 19 – Goes 18 – Zierikzee 27.

sur la route de Vrouwenpolder O : 3 km :

Kamperduin, Patrijzenlaan 1 (lieu-dit De Banjaard), ✉ 4493 RA, ☎ 1466 – ▤ rest ⇔wc ♿ ⇆ Ⓟ. AE ⓓ E
R *(fermé dim. et jours fériés de nov. à mars)* 17/55 – **26 ch** ☕ 25/100 – ½ p 40/65.

KAPELLE-BIEZELINGE Zeeland 212 ⑬ et 408 ⑯ – 9 485 h. – ☎ 0 1102.

♦Amsterdam 177 – ♦Middelburg 28 – Bergen op Zoom 37 – Goes 7.

Zwaan, Kerkplein 47, ✉ 4421 AB, ☎ 1214 – ▤ rest ⩉wc. ✂
fermé après 20 h et dim. du 2 oct. au 26 fév. – **R** 28/62 – **13 ch** ☕ 35/82.

ALFA-ROMEO Stationssingel 12 ☎ 1416

KATWIJK AAN ZEE Zuid-Holland 211 ⑫ et 408 ⑨⑩ – 38 494 h. – ☎ 0 1718.

i Vuurbaakplein 11, ✉ 2225 JB, ☎ 75444.

♦Amsterdam 44 – ♦Den Haag 19 – ♦Haarlem 34.

Noordzee, Boulevard 72, ✉ 2225 AG, ☎ 13450, ←, Avec crêperie – |⇕| ⇔wc
fermé janv. – **R** 25/60 – **44 ch** ☕ 48/135 – P 85/105.

Parlevliet sans rest, Boulevard 50, ✉ 2225 AD, ☎ 14055 – ⇔wc ⩉wc. ✂
mars-14 oct. – **16 ch** ☕ 30/90.

X **Zwaan,** Boulevard 111, ✉ 2225 HC, ☎ 12064, < – ⓓ
fermé lundi – **R** 31/36.

X **Pizzeria Giovanni,** Boulevard 145, ✉ 2225 HE, ☎ 74860
fermé lundi et 24 déc.-1er janv. – **R** carte 42 à 52.

BMW Ambachtsweg 14 ☎ 26161
FIAT Drieplassenweg 7 ☎ 71644
FORD Kon. Wilhelminastraat 16 ☎ 72743
GM (OPEL) Ambachtweg 1 ☎ 29203
LADA Blokmakerstraat 13 ☎ 20842
MITSUBISHI Sluisweg 29 ☎ 72344
PEUGEOT, TALBOT Kon. Julianalaan ☎ 28554
RENAULT Valkenburgseweg 2 ☎ 71704
VAG Zeeweg 61 ☎ 15141

KERKRADE Limburg 212 ② et 408 ㉖ – 53 177 h. – ✪ 0 45.
Voir Abbaye de Rolduc★ (Abdij Rolduc) : chapiteaux★ de la nef.
♦Amsterdam 225 – ♦Maastricht 32 – Aachen 12 – Heerlen 12.

Erenstein, Oud Erensteinerweg 6, ✉ 6468 PC, ☎ 461333, Télex 56348, « Rest. aménagé dans un château du 13e s. » – TV wc ☎ P. AE ⓓ E
fermé sam. midi – **R** 55/99 – ☕ 16 – **45 ch** 80/150 – P 150/175.

BMW Kerkradersteenweg 5 ☎ 452121
CITROEN Strijthagenweg 129 ☎ 453355
FIAT Kaalheidersteenweg 185 ☎ 413916
GM (OPEL) O.L. Vrouwestraat 89 ☎ 453030
MAZDA Langheckweg 2 ☎ 457976
MITSUBISHI Locht 193 ☎ 411561
PEUGEOT, TALBOT Eijgelshovergracht 64 ☎ 460500
RENAULT D. Mijnstraat 25 ☎ 453801
VAG Kloosterraderstraat 50 ☎ 453837
VOLVO Strijthagenweg 123 ☎ 458000

KESSEL Limburg 212 ⑳ et 408 ⑲ – 3 788 h. – ✪ 0 4762.
♦Amsterdam 178 – ♦Maastricht 65 – ♦Eindhoven 50 – Roermond 21 – Venlo 14.

sur la route de Baarlo NE : 2 km :

X **Houtsnip,** Rijksweg 49, ✉ 5995 NT, ☎ 1620 – P
fermé mardi et merc. – **R** 20/45.

KESTEREN Gelderland 211 ⑮ et 408 ⑱ – 8 926 h. – ✪ 0 8886.
♦Amsterdam 81 – ♦Arnhem 34 – ♦Nijmegen 31 – Tiel 13.

X **Ambtshuis,** Dorpsplein 6, ✉ 4041 GH, ☎ 1271 – P
fermé 2e quinz. et après 20 h 30 – **R** 29/58.

BMW Spoorstraat 59 ☎ 1251
MAZDA Stationsstraat 1 ☎ 1224

KEUKENHOF ★★★ Zuid-Holland 211 ② et 408 ⑩ **G. Hollande.**

KINDERDIJK (Moulins de) ★★ Zuid-Holland 211 ⑫ 408 ⑰ **G. Hollande.**

KLARENBEEK Gelderland 211 ⑰ et 408 ⑫ – 2 231 h. – ✪ 0 5761.
♦Amsterdam 95 – ♦Arnhem 25 – ♦Apeldoorn 9 – Deventer 14.

XXX **Pijnappel,** Hoofdweg 55, ✉ 7382 BE, ☎ 1242 – P. ⓓ E
fermé lundi, 25, 26 déc. et 1er janv. – **R** 17/38.

KLOOSTERZANDE Zeeland 212 ⑬⑭ et 408 ⑯ – 3 110 h. – ✪ 0 1148.
♦Amsterdam 173 – ♦Antwerpen 48 – ♦Breda 69 – ♦Middelburg 40.

XX **Hof te Zande,** Hulsterweg 47, ✉ 4587 EA, ☎ 1320 – ▤ P. AE ⓓ E
fermé lundis non fériés et 27 déc.-7 janv. – **R** 35/55.

VAG Hof te Zandeplein 17 ☎ 1412

De KOOG Noord-Holland 210 ③ et 408 ③ – voir à Waddeneilanden (Texel).

KOOG AAN DE ZAAN Noord-Holland C Zaanstad 211 ③ et 408 ⑩ – 13 289 h. – ✪ 0 75.
♦Amsterdam 17 – Alkmaar 23 – ♦Haarlem 27.

XX Tijl Uilenspiegel, Raadhuisstraat 2, ✉ 1541 JC, ☎ 164752 – ▤ P.

PEUGEOT, TALBOT Zuideinde 85 ☎ 163844

KORTENHOEF Noord-Holland 211 ④ et 408 ⑪ – 9 107 h. – ✪ 0 35.
♦Amsterdam 25 – Hilversum 7.

X **Rechthuis** avec ch, Kortenhoefsedijk 157, ✉ 1241 LZ, ☎ 60214 – TV wc ☎ P. AE ⓓ E
R *(fermé après 19 h 30)* carte 56 à 92 – **8 ch** ☕ 75/135.

BRITISH LEYLAND Kortenhoefsedijk 180 ☎ 60919

KOUDEKERKE Zeeland 212 ⑫ et 408 ⑮ – 3 713 h. – ✪ 0 1185.
ℹ Duinstraat 2, ✉ 4371 AZ, ☎ 1444 – ♦Amsterdam 206 – ♦Middelburg 5 – Vlissingen 6.

XX **Bonne Auberge,** Biggekerksestraat 3, ✉ 4371 EW, ☎ 1526 – ▤. AE ⓓ. ✻
fermé 15 janv.-14 fév. – **R** (dîner seult) carte 45 à 79.

KOUDUM Friesland 210 ⑮ et 408 ④ – 2 579 h. – ☎ 0 5142.
♦Amsterdam 128 – ♦Leeuwarden 48 – Bolsward 20 – ♦Zwolle 74.

XX **Galamadammen** avec appartements, Galamadammen 1, ✉ 8723 CE, ☎ 1346, ≤ lac, « Terrasse au bord du lac » – TV wc P. ① E
fermé lundi d'oct. à mars – **R** carte 25 à 65 – ☕ 13 – **5** appartements 65/130 – P 75/85.

LADA Nieuweweg 10 ☎ 1436

KRAGGENBURG Overijssel (Noord-Oost-Polder) 210 ⑯⑰ et 408 ⑫ – 1 612 h. – ☎ 0 5275.
♦Amsterdam 96 – ♦Zwolle 32 – Emmeloord 16.

Saaze, Dam 16, ✉ 8317 AV, ☎ 2353 – P
fermé dim. en hiver – **R** carte 33 à 58 – **10 ch** ☕ 35/70 – P 55.

KRÖLLER-MÜLLER (Musée) *** Gelderland 211 ⑱ et 408 ⑫ G. Hollande.

KRUININGEN Zeeland 212 ⑬⑭ et 408 ⑯ – 3 591 h. – ☎ 0 1130.
♦Amsterdam 169 – ♦Middelburg 34 – ♦Antwerpen 56 – ♦Breda 67.

à l'Ouest : 1 km :

XXX ✿✿ **Rôtiss. Inter Scaldes** (Boudeling), Zandweg 2, ✉ 4416 NA, ☎ 1753, ≤, « Villa aménagée dans le cadre champêtre des polders » – P. AE ① E
fermé lundi et mardi – **R** carte 65 à 115
Spéc. Selle d'agneau (fév.-sept.), Canard au Porto (août-15 oct.).

KUDELSTAART Noord-Holland 211 ③ – voir à Aalsmeer.

KIJKDUIN Zuid-Holland 211 ⑪ et 408 ⑨ – voir à Den Haag.

LAAG-KEPPEL Gelderland 211 ⑰ et 408 ⑫ – 741 h. – ☎ 0 8348.
9 Oude Zutphenseweg ☎ (0 8348) 1416.
♦Amsterdam 125 – ♦Arnhem 27 – Doetinchem 5.

XX **Gouden Leeuw** avec ch, Rijksweg 91, ✉ 6998 AG, ☎ 1252 – wc P. ch
R 40 – **6 ch** ☕ 75 – P 90.

LAGE VUURSCHE Utrecht 211 ⑭ et 408 ⑪ – voir à Baarn.

LANDSMEER Noord-Holland 211 ③ et 408 ⑩ – voir à Amsterdam.

LANGWEER Friesland 210 ⑯ et 408 ④ – 974 h. – ☎ 0 5138.
♦Amsterdam 123 – ♦Leeuwarden 46 – ♦Zwolle 68.

X **'t Jagertje,** Buorren 7, ✉ 8525 EB, ☎ 9297 – AE ① E
fermé lundi et mardi du 15 oct. au 15 mars – **R** carte 32 à 72.

LAREN Noord-Holland 211 ④ et 408 ⑪ – 12 560 h. – ☎ 0 2153.
Env. O : Le Gooi* (Het Gooi).
18 Soestdijkerstraatweg 172 à Hilversum SO : 6 km ☎ (0 35) 857060.
♦Amsterdam 29 – ♦Apeldoorn 61 – Hilversum 6 – ♦Utrecht 25.

Voir plan d'Agglomération de Hilversum

XX **De Knipscheer,** Krommepad 5, ✉ 1251 HP, ☎ 10427, – AE ① E
fermé mardi, merc. et 20 déc.-4 janv. – **R** (dîner seult) carte 51 à 83.

XX **Vrije Heere,** Naarderstraat 46, ✉ 1251 BD, ☎ 86858, Ferme aménagée – P
fermé lundi – **R** (dîner seult) carte 38 à 63.

X **Gouden Leeuw,** Brink 20, ✉ 1251 KW, ☎ 83357 – AE ① E
fermé lundi, 22 juil.-11 août et 2e quinz. janv. – **R** carte 37 à 80.

sur la route de Hilversum SO : 1 km :

XXX ✿ **Aub. Postillon de la Provence** (de Wijs), Westerheide 2, ✉ 1251 ET, ☎ 87974, ≤, « Intérieur élégant » – P. AE ① E. V x
fermé sam. midi, dim. midi et 16 juil.-3 août – **R** carte 65 à 114
Spéc. Huîtres au champagne (sept.-avril), Homard gratiné aux champignons, Sole farcie en croûte.

sur l'autoroute d'Amersfoort A 1 S : 2 km :

Motel Witte Bergen, Rijksweg 2, ✉ 3755 MV Eemnes, ☎ 86754, Télex 73041 – wc wc ☎ P – . E
R carte 20 à 47 – ☕ 9 – **62 ch** 51/67.

TOYOTA Eemneserweg 3 ☎ 82200 VOLVO St. Janstraat 26 ☎ 82933

LATTROP Overijssel 211 ⑨⑩ et 408 ⑬ – voir à Ootmarsum.

LEENDE Noord-Brabant 212 ⑱ et 408 ⑱ – 3 924 h. – ☎ 0 4906.

⛳9 Maarheezerweg N. 11, ☎ (0 4904) 6200.

♦Amsterdam 139 – ♦'s-Hertogenbosch 51 – ♦Eindhoven 12 – Roermond 38 – Venlo 54.

- **Schammert,** Kerkstraat 2, ✉ 5595 CX, ☎ 1590 – ▤ rest ⛀wc Ⓟ. AE E
fermé sam. midi – **R** 30/55 – **6 ch** ☕ 40/75 – P 75.
- XX **De Scheuter,** Dorpsstraat 52, ✉ 5595 CJ, ☎ 1686 – AE E
fermé lundi – **R** carte 36 à 45.
- X **Kempenland** avec ch, Dorpsstraat 34, ✉ 5595 CH, ☎ 2161 – Ⓟ. AE E
R carte 29 à 66 – **10 ch** ☕ 65/80.

près de l'autoroute Eindhoven-Roermond A 2 :

- XXX **Jagershorst,** Valkenswaardseweg 44, ✉ 5595 XB, ☎ 1386 – Ⓟ – 🏛. AE E
R 30/90.
- X **Twee Zalmen,** Valkenswaardseweg 33, ✉ 5595 XB, ☎ 1396 – Ⓟ. ✂
fermé lundi – **R** 20/60.

NISSAN Dorpsstraat 136 ☎ 1246

LEERSUM Utrecht 211 ⑮ et 408 ⑪ – 6 426 h. – ☎ 0 3434.

ℹ (mai-sept.) Rijksstraatweg 42, ✉ 3956 CR, ☎ 54777.

♦Amsterdam 67 – ♦Utrecht 29 – ♦Arnhem 42.

- XXX Darthuizen, Rijksstraatweg 315, ✉ 3956 CP, ☎ 53041 – Ⓟ – 🏛.
- XX **Donderberg** avec ch, Maarsbergseweg 2, ✉ 3956 KW, ☎ 51379 – ▤ rest ⛆wc – 🏛. AE ⓪ E
fermé du 27 au 31 déc. – **R** 35/88 – **14 ch** ☕ 40/100.

LEEUWARDEN 🅿 Friesland 210 ⑥ et 408 ⑤ – 84 689 h. – ☎ 0 58.

Voir Musées : Frison★★ (Fries Museum) YZ **M³** – **Municipal (Gemeentelijk Museum) Het Princessehof★★** Y **M²**.

ℹ et Fédération provinciale (fermé sam. après-midi hors saison), Stationsplein 1, ✉ 8911 AG, ☎ 132224.

♦Amsterdam 137 ③ – ♦Groningen 59 ① – Sneek 24 ②.

Plans page ci-contre

- **Oranje H. et Rest. L'Orangerie,** Stationsweg 4, ✉ 8911 AG, ☎ 126241, Télex 46528 – |‡| 📺 ⛀wc ⛆wc ☎ 🚗 – 🏛. AE ⓪ E — Z a
fermé 25 et 26 déc. – **R** 29/59 – **80 ch** ☕ 56/200 – P 104/175.
- XX **La Spunta,** Eewal 50, ✉ 8911 GT, ☎ 138372 – AE ⓪ E — Y e
fermé sam. midi et dim. midi – **R** 38/68.
- X **Kota Radja,** Groot Schavernek 5, ✉ 8911 BW, ☎ 133564, Rest. chinois – ▤. AE ⓪ E — Z s
R 17/35.
- X **Le Dindon,** Nieuwestad 65, ✉ 8911 CK, ☎ 122522 — Z c
fermé lundi – **R** carte 35 à 56.

sur la rotonde NO : 1 km :

- **Eurohotel,** Europaplein 20, ✉ 8915 CL, ☎ 131113 – |‡| ⛀wc ⛆wc ☎. AE ⓪ E — V t
fermé du 24 au 31 déc. – **R** 20/39 – **60 ch** ☕ 47/115 – P 76.

sur la route de Groningen N 41 par ① : 7 km – ☎ 0 5118 :

- **Motel E 10 - Zwartewegsend,** Rijksstraatweg 17, ✉ 9254 ZG, ☎ 1345, 🏊 – ⛆wc – 🏛 ✂
fermé 25 et 26 déc. – **R** 23 – **28 ch** ☕ 55/110.

à Roodkerk par ① : 14 km – 218 h. – ☎ 0 5103 :

- XXX Herberge de Trochreed, Bosweg 25, ✉ 9067 DM, ☎ 2266, « Aménagé dans une ferme » – Ⓟ.

à Weidum par ② : 9 km – 578 h. – ☎ 0 5106 :

- X **Bistro de Vijf Sinnen,** Hegedijk 2, ✉ 9024 EA, ☎ 217 – Ⓟ. AE ⓪ E
fermé lundi, mardi et du 9 au 27 juil. – **R** (dîner seult) carte 40 à 65.

MICHELIN, Agence régionale, James Wattstraat 1a X – ✉ 8912 AR, ☎ **(0 58) 121076**

ALFA-ROMEO Heliconweg 57 ☎ 133449
BMW W. de Geeststraat 28 ☎ 126165
BRITISH LEYLAND Harlingerstraatweg 80 ☎ 120066
CITROEN Tramstraat 1 ☎ 127077
CITROEN Prof. Gerbrandyweg 50 ☎ 664000
FIAT Uiterdijksterweg 2 ☎ 884646
FORD Valeriusstraat 2 ☎ 131444
GM (OPEL) L. Twijnstrastraat 2 ☎ 666255
HONDA Harlingerstraatweg 8 ☎ 120066
LADA Jupiterweg 12 ☎ 881828
MAZDA W. de Geeststraat 44 ☎ 130141
MERCEDES-BENZ Lorentzskade 5a ☎ 132221
MITSUBISHI Jupiterweg 1 ☎ 883900
NISSAN Jupiterweg 3 ☎ 882425
PEUGEOT, TALBOT Tesselschadestraat 3 ☎ 138345
RENAULT P.C. Hooftstraat 4 ☎ 153636
TOYOTA Keidam 2 ☎ 661115
VAG Jupiterweg 15 ☎ 881717
VOLVO Julianalaan 5 ☎ 884755

LEEUWARDEN

Naauw .... Z 29
Nieuwestad .... Z
Over de Kelders .... Z 33
Peperstr. .... Z 34
Voorstreek .... Y
Wirdumerdijk .... Z 54

Alma Tademastr. .... Z 2
Bote van Bolswertstr. ...... Z 3
de Brol .... Z 4
Drachtsterpl. .... X 7
Drachtsterweg .... X 8
Druifstreek .... Z 9
Europapl. .... V 12
Franklinstr. .... X 13
Groningerstraatweg .... V 14
Harlingerstraatweg .... V 17
Hoeksterend .... Y 18
Hofpl. .... YZ 19
Julianastr. .... X 22
Keizersgracht .... Z 23
Kleine Kerkstr. .... Z 24
Monnikemuurstr. .... Y 27
Mr. P. J. Troelstraweg ...... V 28
Nieuwe Kade .... Y 32
Pieter Stuyvesantweg ...... X 37
Prof. Mr. Gerbrandweg ..... V 38
Schoenmakersperk .... Y 39
St. Jacobsstr. .... Z 40
Stephenson Viaduct .... X 42
Tesselschadestr. .... X 43
Torenstr. .... Z 44
Turfmarkt .... Y 47
Tweebaksmarkt .... Z 48
Vredeman de Vriesstr. ...... Z 49
Vijzelstr. .... Y 52
Westerplantage .... Z 53

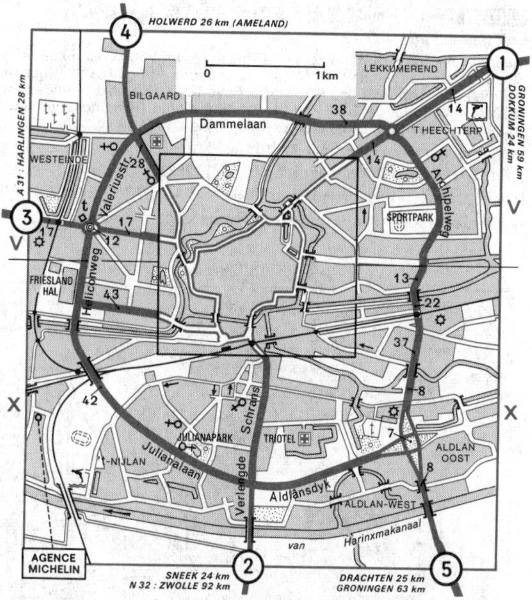

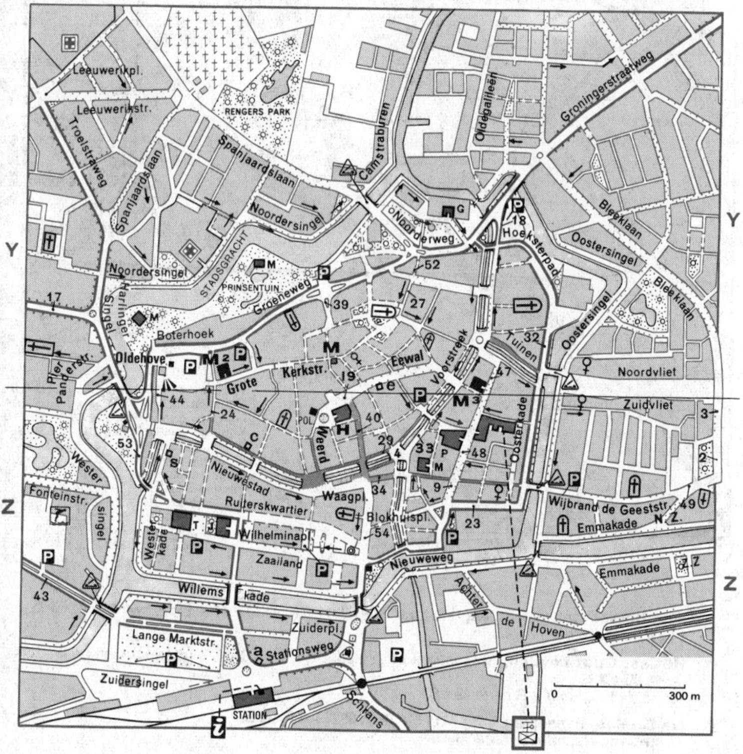

LEIDEN Zuid-Holland 211 ⑫ et 408 ⑩ – 103 457 h. – ☎ 0 71.

Voir Rapenburg★ CYZ

Musées : National d'Ethnologie★★ (Rijksmuseum voor Volkenkunde) CY **M⁴** – Municipal (Stedelijk Museum) De Lakenhal★★ CY **M⁵** – National des Antiquités★★ (Rijksmuseum van Oudheden) CZ **M⁶** – Royal de l'Armée et des Armes des Pays-Bas★ (Koninklijk Nederlands Leger en Wapenmuseum) AV **M¹** – National de Géologie et de Minéralogie (Rijksmuseum van Geologie en Mineralogie) – collection★ de météorites, pierres précieuses DY **M²**.

Env. Champ de fleurs★★★ par ⑥ : 10 km.

(départs de 's-Hertogenbosch) ☎ (0 71) 125890.

☐ (fermé sam. après-midi hors saison), Stationsplein 210, ✉ 2312 AR, ☎ 146846.

♦Amsterdam 41 ⑤ – ♦Den Haag 19 ② – ♦Haarlem 32 ⑥ – ♦Rotterdam 34 ②.

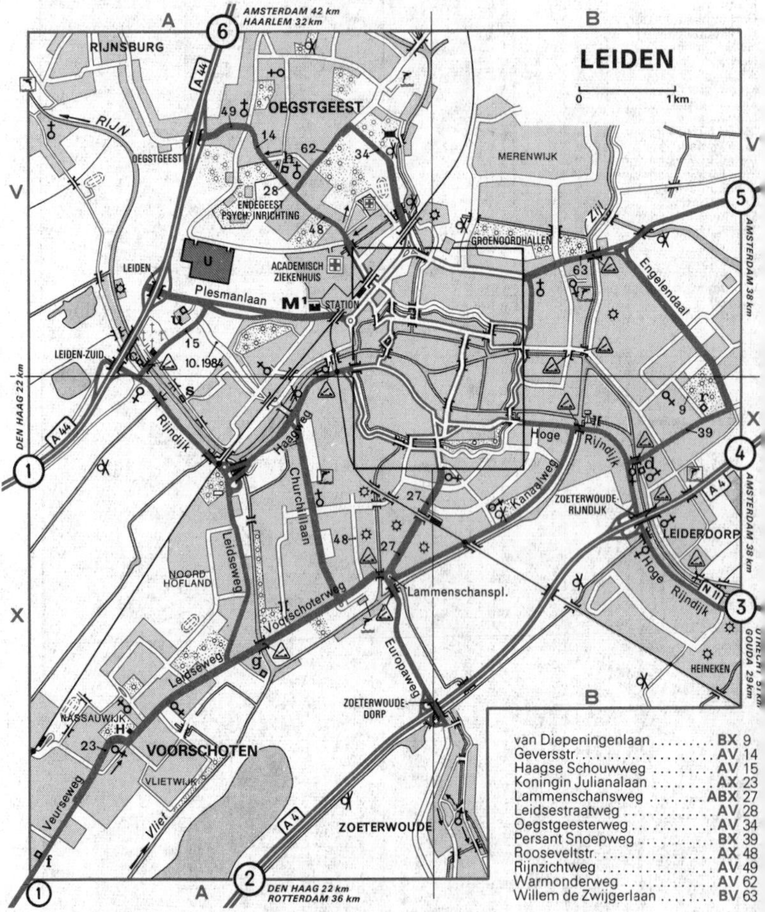

van Diepeningenlaan	BX	9
Geversstr.	AV	14
Haagse Schouwweg	AV	15
Koningin Julianalaan	AX	23
Lammenschansweg	ABX	27
Leidsestraatweg	AV	28
Oegstgeesterweg	AV	34
Persant Snoepweg	BX	39
Rooseveltstr.	AX	48
Rijnzichtweg	AV	49
Warmonderweg	AV	62
Willem de Zwijgerlaan	BV	63

Mayflower sans rest, St. Aagtenstraat 5, ✉ 2312 CA, ☎ 142641 – TV ⇔wc ☎. AE ⓓ E
10 ch ☕ 90/130. CY **f**

Rôtiss. Oudt Leyden, Steenstraat 51, ✉ 2312 BV, ☎ 133144, « Intérieur vieil hollandais » – ▤. AE ⓓ E CY **a**
fermé dim. et lundi – **R** carte 49 à 85.

De Doelen, Rapenburg 2, ✉ 2311 EV, ☎ 120527 – AE ⓓ E CY **e**
fermé sam. et dim. – **R** carte 38 à 57.

LEIDEN

Breestr. .... CYZ
Donkersteeg .... CY 12
Haarlemmerstr. .... CDY

Aalmarkt .... CY 2
Apothekersdijk .... CY 3
Beestenmarkt .... CY 4
Binnenvestgracht .... CY 7
Burgsteeg .... DZ 8
Geregracht .... DZ 13
Hooglandse Kerkgracht ..... DY 17
Hoogstr. .... CY 18
Houtstr. .... CZ 19
Kloksteeg .... CZ 22
Kort Rapenburg .... CY 24
Maarsmansteeg .... CYZ 29
Nieuwe Beestenmarkt .... CY 32
Nieuwsteeg .... CZ 33
Oude Herengracht .... DY 37
Papengracht .... CYZ 38
Pieterskerkgracht .... CZ 40
Pieterskerkhof .... CY 42
Pieterskerkkoorsteeg ...... CZ 43
Plantagelaan .... DZ 44
Plesmanlaan .... CY 46
Prinsessekade .... CY 47
Steenstr. .... CY 52
Turfmarkt .... CY 53
Utrechtsebrug .... DZ 54
Varkenmarkt .... CY 55
Vismarkt .... CZ 57
Voldersgracht .... DY 58
Volmolengracht .... DY 59

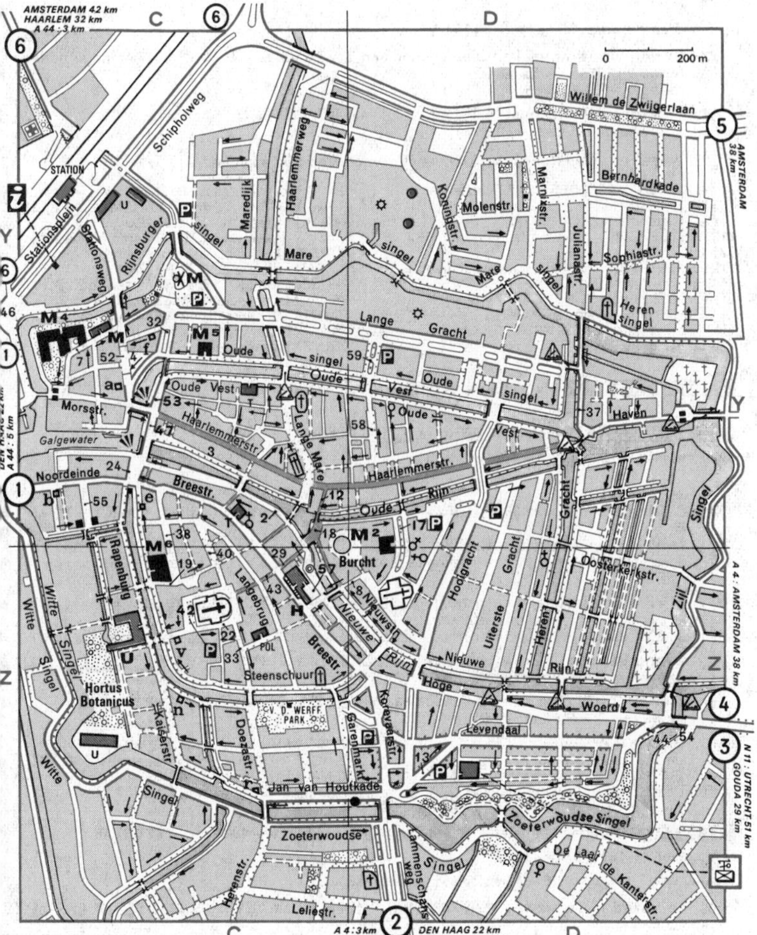

X **Le Forestier,** Rembrandtstraat 2, ✉ 2311 VW, ☏ 122115 – AE ⓓ — CY **b**
R (dîner seult) carte 35 à 68.

X **Bistro La Cloche,** Kloksteeg 3, ✉ 2311 SK, ☏ 123053 – AE ⓓ E — CZ **v**
fermé lundi – **R** (dîner seult) carte 43 à 73.

X **Chez Gianni,** Doezastraat 43, ✉ 2311 HA, ☏ 133672, Avec cuisine italienne – AE E — CZ **r**
fermé lundi midi, mardi midi, sam. midi et dim. midi – **R** carte 30 à 58.

X **In den Gapenden Eter,** Rapenburg 97, ✉ 2311 GL, ☏ 122176 – AE ⓓ — CZ **n**
R (dîner seult) carte 32 à 60.

tourner →

près de l'autoroute de Wassenaar A 44 O : 4 km :

Holiday Inn, Haagse Schouwweg 10, ✉ 2332 KG, ☎ 769310, Télex 39213, ▢, ✂ – ▯ ▤ TV ▭wc ☎ & ℗ – ⛰. AE ⓓ E AV **u**
R carte 28 à 64 – **189 ch** ☕ 155/220.

XXX **Engelberthahoeve,** Hoge Morsweg 140, ✉ 2332 HN, ☎ 765000, « Aménagé dans une ferme du 18e s. » – ℗. AE AX **s**
R 47/96.

X **Haagsche Schouw,** Haagse Schouwweg 14, ✉ 2332 KG, ☎ 763880 – ℗ AV **c**
R 23/55.

à Leiderdorp SE : 2 km – ⊕ 071 :

XX **In den Houtkamp,** Van Diepeningenlaan 2, ✉ 2352 KA, ☎ 891288, « Aménagé dans une ferme du 19e s. » – AE ⓓ E BX **r**
fermé lundi – **R** 50/85.

X **Elckerlyc,** Hoofdstraat 14, ✉ 2351 AJ, ☎ 411407 – AE ⓓ E BX **d**
fermé lundi – **R** carte 47 à 86.

Voir aussi : ***Oegstgeest*** N : 3 km AV, ***Voorschoten*** SO : 4 km AX.

ALFA-ROMEO, MERCEDES-BENZ Vondellaan 45 ☎ 769303
BMW Hogerijndijk 278 ☎ 896000
BRITISH LEYLAND Lammenschansweg 132 ☎ 721008
BRITISH LEYLAND van Oldenbarneveldtstraat 37 ☎ 154909
CITROEN Zijlsingel 36 ☎ 120342
CITROEN Kennedylaan 118 ☎ 769322
FIAT Korevaarstraat 19 ☎ 142146
FORD Rooseveltstraat 19 ☎ 310031
GM (OPEL) Vondellaan 80 ☎ 769313
HONDA, LADA Touwbaan 18 à Leiderdorp ☎ 895000
LADA Potgieterlaan 32 ☎ 310800
MAZDA Weversbaan 27 à Leiderdorp ☎ 899349
MITSUBISHI Levendaal 136 ☎ 149341
NISSAN Herengracht 79 ☎ 133861
PEUGEOT, TALBOT Zoeterwoudseweg 23 ☎ 766700
RENAULT Haarlemmerweg 2 ☎ 213341
TOYOTA Haarlemmerweg 49a ☎ 142855
VAG Boumanweg 2 à Leiderdorp ☎ 899212
VOLVO Hogerijndijk 352 ☎ 899307

LEIDERDORP Zuid-Holland 211 ⑫ et 408 ⑩ – voir à Leiden.

LEIDSCHENDAM Zuid-Holland 211 ⑫ et 408 ⑩ – 30 140 h. – ⊕ 0 70.

♦Amsterdam 51 – ♦Den Haag 6 – ♦Rotterdam 23.

Voir plan d'Agglomération de Den Haag

XXX ✿ **Chagall,** Weigelia 20, ✉ 2262 AB, ☎ 276910, « Au bord d'une pièce d'eau » – ▤. AE ⓓ E CQ **n**
fermé dim. midi et lundi – **R** 68/83
Spéc. Terrine de foie gras de canard aux raisins, Queues d'écrevisses au gratin d'orange, Gigot d'agneau à l'ail doux.

XXX ✿ **Villa Rozenrust,** Veursestraatweg 104, ✉ 2265 CG, ☎ 277460 – ℗. AE ⓓ E CQ **s**
fermé sam. midi, dim. midi et 2 sem. en juil. – **R** carte 55 à 95
Spéc. Mousse de homard et turbot, Morilles farcies sur lits de nouilles, Filet de veau au vinaigre balsamico.

XX **Grand William,** Veursestraatweg 10, ✉ 2265 CD, ☎ 273479 – AE ⓓ E CQ **p**
fermé lundi – **R** (dîner seult) 50/63.

X **Tinnen Bord,** Burg. van Duyvendijklaan 124, ✉ 2262 CH, ☎ 272354 – ⓓ E CQ **u**
fermé mardi – **R** (dîner seult) carte 36 à 57.

BMW Vlietweg 8 ☎ 273916
FIAT Damstraat 46 ☎ 275100
GM (OPEL) Oude Raadhuisstraat 1 ☎ 276601
MERCEDES-BENZ Ambachtsstraat 3 ☎ 279300
MITSUBISHI Damlaan 17 ☎ 273509
PEUGEOT, TALBOT Pr. Carolinalaan 2 ☎ 209315
RENAULT De Star 9 ☎ 273459
VOLVO Veursestraatweg 4 ☎ 270102

LELYSTAD Gelderland (Oostelijk Flevoland) 211 ⑤ et 408 ⑪ – 48 177 h. – ⊕ 0 3200.

ℹ Agorahof 2, ✉ 8224 BZ, ☎ 43444.

♦Amsterdam 57 – ♦Arnhem 96 – Amersfoort 55 – ♦Zwolle 49.

Lelystad Ⓜ, Agoraweg 11, ✉ 8224 BZ, ☎ 42444, Télex 70311 – ▯ ▤ rest TV ☎ ℗ – ⛰. AE ⓓ E
R 23/35 – **86 ch** ☕ 92/143 – P 88/94.

XX **Koopmanshof,** Koopmanstraat 16 (Centre Commercial), ✉ 8223 AG, ☎ 42243 – ▤
fermé dim. – **R** carte 36 à 100.

X **Raedtskelder,** Maerlant 14 (Centre Commercial), ✉ 8224 AC, ☎ 22325 – AE ⓓ
fermé sam. midi, dim. midi, 15 juil.-14 août et 23 déc.-2 janv. – **R** carte 43 à 95.

ALFA-ROMEO Bouwweg 1b ☎ 44933
CITROEN Kempenaar ☎ 40437
FIAT, MERCEDES-BENZ Schroefstraat 13, Gildenhof ☎ 21915
FORD Kempenaar 01 ☎ 41111
GM (OPEL) Kempenaar 01-01 ☎ 40175
MAZDA Sol 11-17 ☎ 47500
MITSUBISHI Zuiveringsweg 83 ☎ 60400
NISSAN De Jol 11-01 ☎ 47374
PEUGEOT, TALBOT Jol 1302 ☎ 48884
RENAULT Schroefstraat 34, Gildenhof ☎ 21709
TOYOTA Wigstraat 22 ☎ 45922
VAG Schroefstraat 1, Gildenhof ☎ 21300

LEMMER Friesland 210 ⑯ et 408 ⑪ – 8 394 h. – ✆ 0 5146.

Nieuwburen 1, ✉ 8530 AA, ✆ 1619.

•Amsterdam 106 – •Leeuwarden 49 – •Zwolle 51.

Wildeman, Schulpen 6, ✉ 8531 HR, ✆ 1270 – rest wc. AE E
fermé dim. de nov. à mars – **R** carte 26 à 61 – **19 ch** 33/95 – P 58/73.

HONDA Melkweg 1 ✆ 1616 RENAULT Lemsterpad 52 ✆ 2663

LEUSDEN Utrecht 211 ⑮ et 408 ⑪ – 21 397 h. – ✆ 0 33.

•Amsterdam 62 – Amersfoort 4 – •Utrecht 23.

Voir plan d'Agglomération d'Amersfoort

XXX **Ros Beyaart,** Hamersveldseweg 55, ✉ 3833 GL, ✆ 943127 – Ⓟ. AE E. BY t
fermé sam. midi et dim. midi – **R** carte 54 à 85.

au Sud-Est : 1 km :

XXX **Van der Wiel,** Hamersveldseweg 124, ✉ 3833 GT, ✆ 947479, « Aménagé dans une ferme du 19e s. » – Ⓟ. AE E
fermé sam. midi et dim. midi – **R** 60/73.

au Sud-Ouest : 5 km :

Den Treek, Trekerweg 23, par ③, ✉ 3832 RS, ✆ (0 3498) 1425, ←, « Résidence au milieu des bois », – Ⓟ. AE. rest
fermé 24 déc.-1er janv. – **R** 59/85 – **19 ch** 48/140.

XXX **Rôtiss. Waterloo,** Doornseweg 18, ✉ 3832 RL, ✆ (0 33) 15177, « Évocation historique » – Ⓟ par Doornseweg AY
fermé lundi et 1re quinz. janv. – **R** 35/60.

RENAULT Hamersveldseweg 14 ✆ 941243

LEUVENUM Gelderland 211 ⑥ et 408 ⑪⑫ – 104 h. – ✆ 0 5770.

•Amsterdam 80 – •Arnhem 46 – •Apeldoorn 24 – •Zwolle 38.

Roode Koper, Jhr. Sandbergweg 82, ✉ 3852 PV Ermelo, ✆ 7393, Télex 49633, « Jardin fleuri au milieu des bois », chauffée, – wc wc Ⓟ. . rest
R *(fermé après 20 h 30)* carte 41 à 84 – **25 ch** 51/158 – P 91/133.

Zwarte Boer, Jhr. Sandbergweg 67, ✉ 3852 PT Ermelo, ✆ 7395 – Ⓟ. rest
fermé 25, 26 et 31 déc. – **R** *(fermé après 20 h)* carte 37 à 81 – **13 ch** 43/85 – ½ p 60.

LHEE Drenthe 210 ⑱ et 408 ⑬ – voir à Dwingeloo.

LIMMEN Noord-Holland 211 ② et 408 ⑩ – voir à Heiloo.

LISSE Zuid-Holland 211 ② et 408 ⑩ – 19 901 h. – ✆ 0 2521.

Voir Parc de Keukenhof* (fin mars à mi-mai), passerelle du moulin ←**.**

Grachtweg 53a, ✉ 2161 HM, ✆ 14262.

•Amsterdam 34 – •Den Haag 29 – •Haarlem 16.

Duif, Westerdreef 17, ✉ 2161 EN, ✆ 10076 – wc Ⓟ. AE
R (dîner seult) 23/33 – **21 ch** 65/130.

XX **Aub. Le Barbeau,** Grachtweg 11, ✉ 2161 HL, ✆ 10389 – . AE
fermé mardi – **R** (dîner seult) carte 48 à 73.

X **Coq d'Or,** Heereweg 234, ✉ 2161 BR, ✆ 11665. AE
fermé lundi – **R** carte 39 à 67.

à Lisserbroek E : 1 km – 1 947 h. – ✆ 0 2521 :

XXX **Oude Dijkhuijs,** Lisserdijk 567, ✉ 2165 AL, ✆ 13905 – Ⓟ. AE E.
fermé mardi et mi-juil.-1re sem. août – **R** 70/80.

sur la route de Hillegom N : 2 km :

Nachtegaal van Lisse, Heereweg 10, ✉ 2161 AG, ✆ 14447, Télex 41122 – TV wc wc Ⓟ – . AE E. rest
R 50/100 – **147 ch** 95/150 – P 88/98.

BRITISH LEYLAND Nassaustraat 6 ✆ 10350
FIAT Grachtweg 24 ✆ 13839
GM (OPEL) Heereweg 130 ✆ 12150
MAZDA Westerdreef 5 ✆ 14757
MITSUBISHI Heereweg 50 ✆ 15947
NISSAN Oranjelaan 74 ✆ 14616
VAG Gladiolenstraat 39 ✆ 13045
VOLVO Heereweg 247 ✆ 10650

LISSERBROEK Noord-Holland 211 ② – voir à Lisse.

De Michelinkaarten worden steeds bijgewerkt.
Zij voorkomen onbekendheid met de weg.

LOCHEM Gelderland 211 ⑱ et 408 ⑬ – 17 842 h. – ☎ 0 5730.

i (fermé sam. hors saison) Oosterwal 15, ✉ 7241 AR, ☎ 1898.

♦Amsterdam 121 – ♦Arnhem 49 – ♦Apeldoorn 37 – ♦Enschede 42.

Hof van Gelre, Nieuweweg 38, ✉ 7241 EW, ☎ 3351, « Jardin fleuri », – 🅿 – AE ⓓ E. rest
R 38/65 – **59 ch** 65/155 – P 78/93.

Lochemse Berg, Lochemseweg 42, ✉ 7244 RS, ☎ 1377, – 🚿wc 🅿. rest
15 mars-oct. et du 18 au 31 déc. – **R** (pens. seult) – **15 ch** 43 – P 67/77.

Vijverhof, Mar. Naefflaan 11, ✉ 7241 GC, ☎ 1024 – TV 🚿wc 🅿.
avril-27 déc. – **R** (pens. seult) – **23 ch** 46/139 – P 70/97.

Hoog Langen, Barchemseweg 85, ✉ 7241 JC, ☎ 1532 – 🚿wc. rest
fermé janv.-fév. – **R** *(fermé lundi et après 20 h)* (dîner seult) 20/40 – **13 ch** 35/90 – P 60/70.

X **'t Ländeke**, Graaf Ottoweg 6, ✉ 7241 DG, ☎ 3977 – 🅿. E
fermé mardi et mi-sept.-3 oct. – **R** (dîner seult) carte env. 45.

sur le Paasberg SO : 1 km :

Adbo, Paasberg 3, ✉ 7241 JR, ☎ 4051, « Au milieu des bois », – 🚿wc 🅿 – AE.
fermé 4 janv.-1er mars – **R** *(fermé après 20 h)* 33 – **35 ch** 57/134.

Alpha, Paasberg 2, ✉ 7241 JR, ☎ 4751, «, – 🚿wc ☎ 🅿 – AE ⓓ E. rest
fermé 6 janv.-fév. – **R** *(fermé après 20 h)* 30/34 – **42 ch** 37/114 – P 70/108.

BRITISH LEYLAND Tramstraat 36 ☎ 1652
FIAT Zwiepseweg 25 ☎ 1480
FORD Graaf Ottoweg 17 ☎ 2241
GM (OPEL), MITSUBISHI Tramstraat 13 ☎ 2555
HONDA, MERCEDES-BENZ Hanzeweg 27 ☎ 4055
PEUGEOT, TALBOT Kwinkweerd 15 ☎ 2441
RENAULT Oosterbleek 27 ☎ 2471
VAG Tramstraat 43 ☎ 4191

LOENEN AAN DE VECHT Utrecht 211 ④ et 408 ⑩ – 6 966 h. – ☎ 0 2943.

♦Amsterdam 22 – ♦Utrecht 23 – Hilversum 14.

X **Tante Koosje**, Kerkstraat 1, ✉ 3632 EL, ☎ 3201
fermé merc., fév. et sept. – **R** (dîner seult) carte 45 à 60.

X **Vriens**, Oud Over 13, ✉ 3632 VA, ☎ 1286, Avec crêperie – 🅿. AE ⓓ E
R carte 29 à 46.

PEUGEOT, TALBOT Rijksstraatweg 141 ☎ 1476

LOOSDRECHT Utrecht 211 ④⑭ et 408 ⑪ – 8 357 h. – ☎ 0 2158.

Voir Étangs**.

i (avril-septembre) Oud Loosdrechtsedijk 198 à Oud Loosdrecht, ✉ 1231 NG, ☎ 3958.

♦Amsterdam 27 – ♦Utrecht 27 – Hilversum 7.

à Nieuw-Loosdrecht :

XX Rietschans, Nieuw Loosdrechtsedijk 290, ✉ 1231 LJ, ☎ 3556, « – 🅿.

à Oud-Loosdrecht :

Loosdrecht et Rôtiss. De Waterwolf, Oud Loosdrechtsedijk 253, ✉ 1231 LZ, ☎ 4904, 1571 (rest), Télex 73128 – rest TV 🛁wc ☎ 🅿 – AE ⓓ E. ch
fermé 27 déc.-1er janv. – **R** *(fermé sam. midi et dim. midi)* carte 40 à 64 – **68 ch** 110/140.

XX **Aub. De Vier Linden**, Oud Loosdrechtsedijk 226, ✉ 1231 NG, ☎ 3570, « Intérieur vieil hollandais » – 🅿
R (dîner seult) 27/69.

XX **Kompas** avec ch, Oud Loosdrechtsedijk 203, ✉ 1231 LW, ☎ 3200, Télex 43160 – TV 🛁wc 🚿wc ☎ 🅿. AE ⓓ E
fermé du 25 au 31 déc. – **R** carte 61 à 92 – **21 ch** 117/149.

XX **Driesprong**, Veendijk 1, ✉ 1231 PB, ☎ 3230, « – 🅿
R carte 35 à 65.

ALFA-ROMEO Oud Loosdrechtsedijk 290 ☎ 1299

LOSSER Overijssel 211 ⑩ et 408 ⑬⑭ – 21 766 h. – ☎ 0 5423.

♦Amsterdam 169 – ♦Zwolle 80 – ♦Enschede 9 – Nordhorn 24.

X **Marktzicht** avec ch, Martinusplein 25, ✉ 7581 AK, ☎ 1282 – AE ⓓ E. rest
fermé mardi – **R** 23/53 – **6 ch** 33/65.

RENAULT Enschedesestraat 30 ☎ 1331
VAG Gronaustraat 152 ☎ 1275
VOLVO Oldenzaalsestraat 27 ☎ 2382

LUNTEREN Gelderland 211 ⑮ et 408 ⑪ – 11 554 h. – ☎ 0 8388.

i Dorpsstraat 60, ✉ 6741 AM, ☎ 2586 – ♦Amsterdam 69 – ♦Arnhem 24 – ♦Apeldoorn 43 – ♦Utrecht 46.

XXX **Host. Lunterse Boer** avec ch, Boslaan 87, ✉ 6741 KD, ☎ 3657, « Au milieu des bois » – TV 🛁wc 🚿wc ☎ 🅿. AE ⓓ E
fermé du 1er au 10 janv. – **R** *(fermé lundi)* carte 42 à 70 – **14 ch** 80/135.

FIAT Dorpsstraat 107 ☎ 2200
PEUGEOT, TALBOT Postweg 65 ☎ 2558

De LUTTE Overijssel 211 ⑩ et 408 ⑭ – 3 230 h. – ☎ 0 5415.
♦Amsterdam 165 – ♦Zwolle 78 – ♦Enschede 15.

't Kruisselt (annexe), Kruisseltlaan 3, ✉ 7587 NM, ☏ 1567, « Terrasse avec ≤ bois », – wc ☎ Ⓟ – . AE ⓓ E. ✻ rest
R 23 – **24 ch** 48/98 – P 83.

Berg en Dal, Bentheimerstraat 34, ✉ 7587 NH, ☏ 1202, – Ⓟ. ⓓ. ✻ ch
R carte 37 à 64 – **8 ch** 50/100 – P 75/85.

sur la route de Denekamp NE : 1 km :

Bloemenbeek, Beuningerstraat 6, ✉ 7587 LD, ☏ 1224, Intérieur rustique, « Terrasse et jardin », , , – ▤ rest wc wc . Ⓟ. AE ⓓ E. ✻
fermé du 1er au 17 janv. – **R** 35/50 – **21 ch** 85/160.

De Lutt, Beuningerstraat 20, ✉ 7587 LD, ☏ 1309, , « Jardin et parc » – wc wc Ⓟ – . AE ⓓ E. ✻
R *(fermé après 20 h)* 25/55 – **19 ch** 78/155.

MAARN Utrecht 211 ⑮ et 408 ⑪ – voir à Doorn.

MAARSBERGEN Utrecht 211 ⑮ et 408 ⑪ – 1 187 h. – ☎ 0 3433.
♦Amsterdam 63 – ♦Utrecht 25 – Amersfoort 12 – ♦Arnhem 38.

sur l'autoroute A 12 :

Motel Maarsbergen, Woudenbergseweg 44, ✉ 3953 MH, ☏ 341, Télex 47986 – ▤ rest wc ♿ Ⓟ – . AE ⓓ E
R 17/48 – 8 – **11 ch** 48/60.

MAARSSEN Utrecht 211 ⑭ et 408 ⑪ – 31 006 h. – ☎ 0 3465.
♦Amsterdam 32 – ♦Utrecht 9.

XX Prins te Paard, Breedstraat 16, ✉ 3603 BA, ☏ 63747 – ▤.

X **Le Marron,** Bolensteinsestraat 27, ✉ 3603 AX, ☏ 61166, Avec fondue restaurant
fermé lundi et mardi – **R** (dîner seult) carte 35 à 59.

X **Nonnerie,** Lange Gracht 51, ✉ 3601 AK, ☏ 62201
fermé lundi et après 20 h 30 – **R** carte 54 à 70.

sur la route de Tienhoven SE : 2 km :

XXX **Wilgenplas,** Maarsseveensevaart 7a, ✉ 3601 CC, ☏ 61590 – Ⓟ. AE ⓓ E
fermé lundi et du 9 au 28 juil. – **R** 50/85.

BRITISH LEYLAND, FIAT Straatweg 138 ☏ 64000
CITROEN Straatweg 1 ☏ 68224
FORD Binnenweg 4 ☏ 62541
GM (OPEL) Maarssenbroeksedijk 59 ☏ (0 30) 436214
LADA Binnenweg 20 ☏ 61410
PEUGEOT, TALBOT Dr. Ariënslaan 2 ☏ 61885
RENAULT Sterrebaan 8 ☏ (0 30) 434214
VAG Breedstraat 21 ☏ 61256

MAARTENSDIJK Utrecht 211 ⑭ et 408 ⑪ – 9 120 h. – ☎ 0 3461.
♦Amsterdam 41 – ♦Utrecht 9 – Hilversum 8.

XX **Martinique,** Dorpsweg 153, ✉ 3738 CD, ☏ 2627 – Ⓟ. AE
fermé lundi, mardi et 30 déc.-26 janv. – **R** (dîner seult) carte 49 à 92.

sur la route d'Achtienhoven SO : 1 km :

X **'t Braadspit,** Kon. Wilhelminaweg 126, ✉ 3738 MC, ☏ 1799, Volailles seult – Ⓟ
fermé lundi et mardi – **R** (dîner seult) carte 30 à 47.

MAASSLUIS Zuid-Holland 211 ⑪ et 408 ⑯ – 33 241 h. – ☎ 0 1899.
ℹ (fermé sam.) Stadhuis (mairie), Koningshoek 93, 050, ✉ 3144 BA, ☏ 19111.
♦Amsterdam 81 – ♦Den Haag 26 – ♦Rotterdam 17.

XX **Ridderhof,** Sportlaan 2, ✉ 3141 XN, NE : 1 km, ☏ 11211, « Ferme du 17e s. » – Ⓟ. AE ⓓ E
fermé dim. et lundi – **R** 33.

X **De la Poste,** Koningshoek 92 n° 385, ✉ 3144 BA, ☏ 10939 – ▤. AE ⓓ. ✻
fermé dim. et 2 dern. sem. août – **R** carte 19 à 58.

BMW P.C. Hooftlaan 11 ☏ 19588
BRITISH LEYLAND 's-Heerenstraat 56 à Maasland ☏ 12432
GM (OPEL) P.J. Troelstraweg 2 ☏ 12922
MITSUBISHI Haven 45 ☏ 13221
NISSAN Marelstraat 19 ☏ 12356
RENAULT Mozartlaan 334 ☏ 20066
TOYOTA Vermeerlaan 30 ☏ 12303
VAG Noordvliet 85 ☏ 14782

MAASTRICHT [P] Limburg 212 ① et 408 ㉖ – 111 487 h. – ☎ 0 43.

Voir Église St-Servais★★ (St. Servaaskerk) : chapelle du Trésor★★, choeur★, chapiteaux★, Portail royal★ CY – Basilique Notre-Dame★ (Onze Lieve Vrouwebasiliek) : choeur★★ CZ **A** – Remparts sud★ (Walmuur) CZ – Carnaval★ – St. Pietersberg★ S : 2 km AX.

Musée : des Bons Enfants★ (Bonnefantenmuseum) CY **M**[1].

✈ à Beek par ① : 11 km ⇞ (0 4402) 472640.

(départs de 's-Hertogenbosch) ⇞ (0 43) 14563.

ℹ Vissersmaas 5, ⊠ 6211 EV, ⇞ 19363.

♦Amsterdam 213 ① – Aachen 36 ② – ♦Bruxelles 123 ⑤ – ♦Liège 33 ⑤ – Mönchengladbach 81 ①.

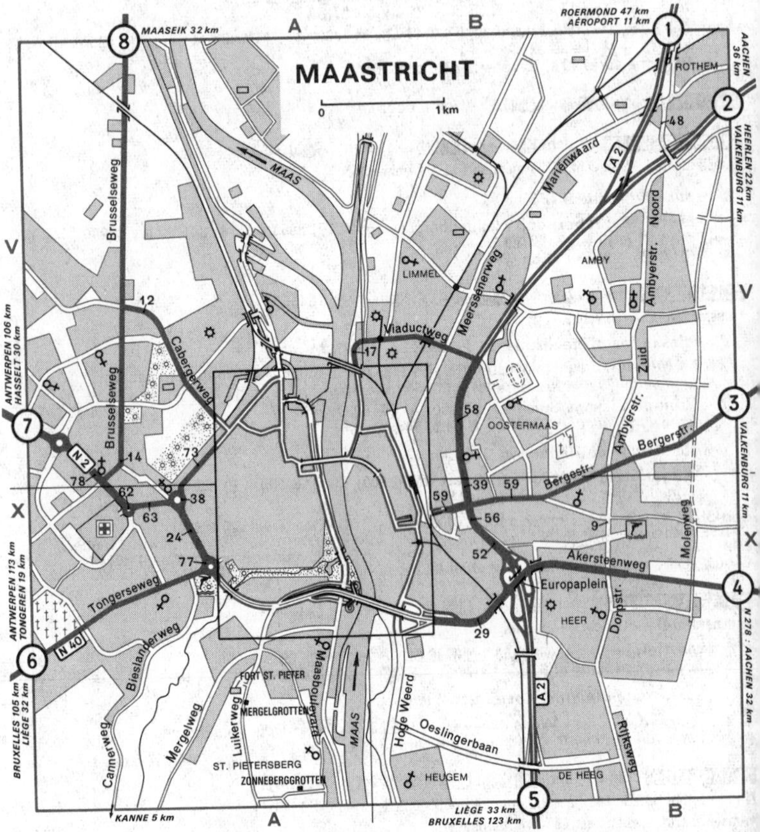

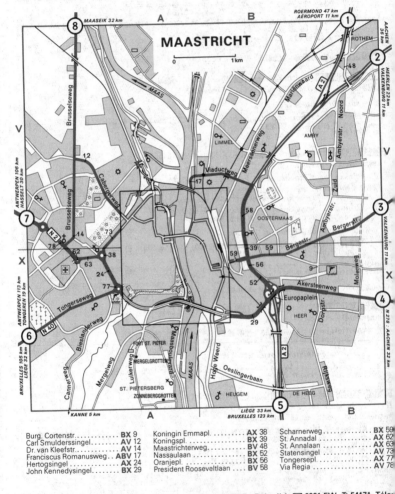

Burg. Cortenstr. . . . . **BX** 9
Carl Smulderssingel. . . . . **AV** 12
Dr. van Kleefstr. . . . . **AV** 14
Franciscus Romanusweg. . **ABV** 17
Hertogsingel . . . . **AX** 24
John Kennedysingel. . . . . **BX** 29
Koningin Emmapl. . . . . **AX** 38
Koningspl. . . . . **BX** 39
Maastrichterweg. . . . . **BV** 48
Nassaulaan . . . . **BX** 52
Oranjepl. . . . . **BX** 56
President Rooseveltlaan . . . . **BV** 58
Scharnerweg. . . . . **BX** 59
St. Annadal . . . . **AX** 62
St. Annalaan . . . . **AX** 63
Statensingel . . . . **AV** 73
Tongersepl. . . . . **AX** 77
Via Regia . . . . **AV** 78

Maastricht et Rest. Au Bord de la Meuse [M], De Ruiterij 1, ⊠ 6221 EW, ⇞ 54171, Téle 56822, ≤ – [lift] [grill] rest [TV] ☎ ♿ [P] – [meeting]. [AE] [credit] E. ✱ rest DZ
R (dîner seult sauf dim.) carte 50 à 90 – **111 ch** et **23** appartements ☕ 156/441 – P 225/290.

De l'Empereur, Stationstraat 2, ⊠ 6221 BP, ⇞ 13838, Télex 56416 – [lift] [TV] ☎ [garage]. [AE] [credit] DY
R *(fermé dim. midi)* 39/65 – **35 ch** ☕ 93/140 – P 106/136.

Du Casque, Vrijthof 52, ⊠ 6211 LE, ⇞ 14343, Télex 56657 – [lift] ☎ [garage] – [meeting]. [AE] [credit] CY
✱ rest
R 35/75 – **40 ch** ☕ 65/155.

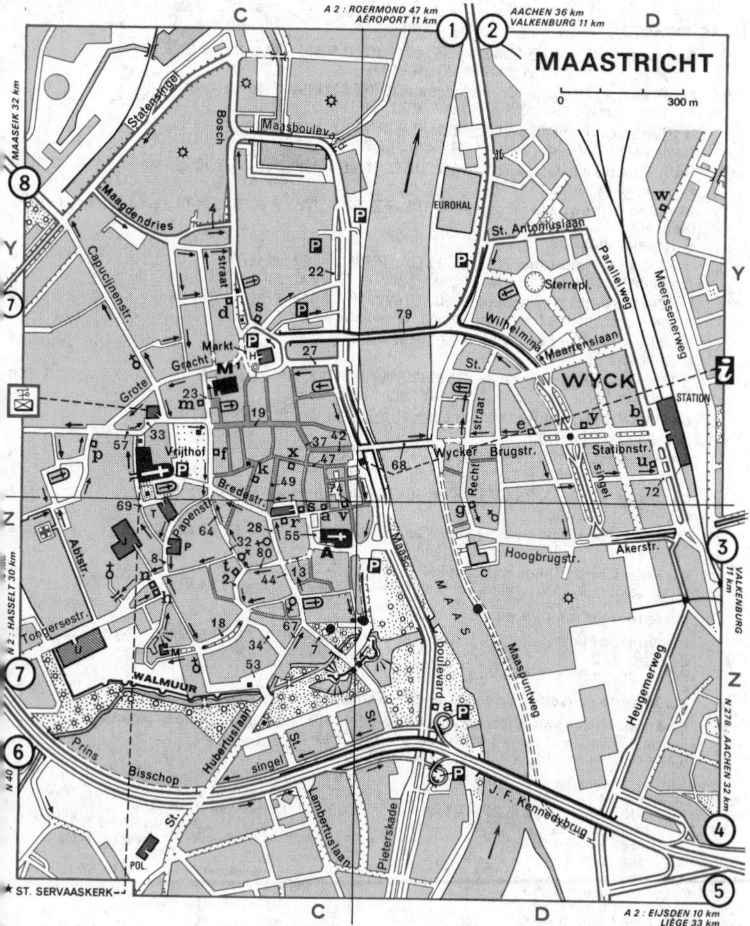

Grote Staat . . . . **CY** 19	Grote Looiersstr. . . . . **CZ** 18	Nieuwenhofstr. . . . . **CZ** 53
Kleine Staat . . . . **CY** 37	van Hasseltkade . . . . **CY** 22	Onze Lieve Vrouweplein . . . . **CZ** 55
Maastr. Smedenstr. . . . . **CY** 47	Helmstr. . . . . **CY** 23	Oude Tweebergenpoort . . . . **CY** 57
Stokstr. . . . . **CY** 74	Hoenderstr. . . . . **CY** 27	St. Jacobstr. . . . . **CY** 64
Wycker Brugstr. . . . . **DY**	Hondstr. . . . . **CZ** 28	St. Pieterstr. . . . . **CZ** 67
Achter de Molens . . . . **CZ** 2	Kapoenstr. . . . . **CZ** 32	St. Servaasbrug. . . . . **DY** 68
A. D. Barakken. . . . . **CY** 4	Keizer Karelpl. . . . . **CY** 33	St. Servaasklooster. . . . . **CZ** 69
Begijnenstr. . . . . **CZ** 7	Kleine Looiersstr. . . . . **CZ** 34	Spoorweglaan. . . . . **DY** 72
Bouillonstr. . . . . **CZ** 8	Maastr. Brugstr. . . . . **CY** 42	Wilhelminabrug . . . . **DY** 79
Cortenstr. . . . . **CZ** 13	Maastr. Heidenstr. . . . . **CZ** 44	Witmakersstr. . . . . **CZ** 80
	Minckelersstr. . . . . **CY** 49	

Beaumont, Stationstraat, ✉ 6221 EC, ☎ 54433 – 🛗 wc wc – 🏋. AE ◑ E. ✂ rest
fermé 31 déc. et 1er janv. – **R** *(fermé dim. midi)* 17/55 – **75 ch** ☕ 45/105 – P 76/104. DY **e**

Stijns, Stationstraat 40, ✉ 6221 BR, ☎ 14973 – wc. ✂
R *(fermé après 19 h 30)* (dîner seult) 25/30 – **17 ch** ☕ 50/90 – P 60/67. DY **y**

Du Chêne, Boschstraat 104, ✉ 6211 AZ, ☎ 13523 – wc. AE E. ✂ CY **d**
fermé sam. midi, dim. et 26 déc.-2 janv. – **R** *(fermé après 20 h 30)* 25/48 – **21 ch** ☕ 38/100 – P 75/88.

XXX **Au Coin des Bons Enfants,** Ezelmarkt 4, ✉ 6211 LJ, ☎ 12359, « Vieille auberge » – AE ◑ – *fermé sam. midi, dim. et 2 sem. en juil.* – **R** 65/75. CZ **h**

XXX **Old Hickory** avec ch, Meerssenerweg 372, ✉ 6224 AL, ☎ 620548 – ▤ rest TV wc P. AE ◑ E DY **w**
fermé du 7 au 30 juil. et 1 sem. en fév. – **R** *(fermé sam. et dim.)* 30/85 – **8 ch** ☕ 50/135 – P 79/120.

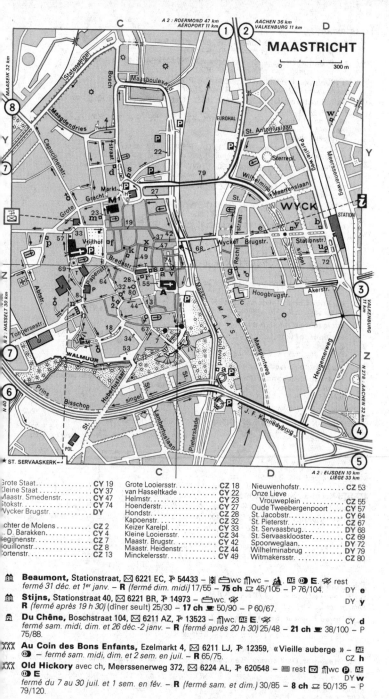

XX **'t Gevelke,** Achter de Molens 2, ✉ 6211 JC, ☎ 50401, 🏠 – AE ⓓ E — CZ **t**
fermé sam. midi, dim. et lundi midi – **R** 45/65.

XX **Au Premier,** 1er étage, Brusselsestraat 15, ✉ 6211 PA, ☎ 19761 – ⚘ — CY **p**
fermé sam. midi, dim. midi et lundi – **R** 33/48.

XX **'t Plenkske,** Plankstraat 6, ✉ 6211 GA, ☎ 18456 – ▤. AE ⓓ E — CZ **v**
fermé dim. et 20 déc.-1er janv. – **R** carte 31 à 73.

XX **Bali,** Rechtstraat 73, ✉ 6221 EH, ☎ 15582, Rest. indonésien – AE ⓓ E. ⚘ — DYZ **g**
R (dîner seult sauf dim.) 18/48.

XX **Maaspaviljoen,** Maasboulevard 101, ✉ 6211 JW, ☎ 54361, « Terrasse au bord de la Meuse » – AE ⓓ E — DZ **a**
R (Ingelsenhoof) 17/110.

X **'t Klaöske,** Plankstraat 20, ✉ 6211 GA, ☎ 18118 – AE ⓓ E — CZ **a**
fermé dim., lundi, jours fériés, 22 juil.-6 août et 19 fév.-6 mars – **R** 35/45.

X **La Basilique,** O.L.Vrouweplein 30, ✉ 6211 HE, ☎ 11587, 🏠 – ⓓ. ⚘ — CZ **s**
fermé mardi, merc. et du 5 au 19 juil. – **R** carte 38 à 73.

X **Steakhouse Rachel,** Vrijthof 12, ✉ 6211 LD, ☎ 12407 – ⚘ — CY **f**
R carte 41 à 70.

X **'t Hegske,** Heggenstraat 3a, ✉ 6211 GW, ☎ 51762, 🏠 – AE ⓓ E — CY **k**
fermé mardi et 2 prem. sem. déc. – **R** (dîner seult) 27/66.

X **La Poule d'Or,** Achter het Vleeshuis 13, ✉ 6211 GR, ☎ 15879 – ▤. AE E — CY **x**
fermé mardi – **R** 35/60.

X **Sagittarius,** Bredestraat 7, ✉ 6211 HA, ☎ 11492 – AE E — CZ **r**
fermé dim. et lundi – **R** (dîner seult) carte 50 à 60.

X **La Chine,** Markt 33, ✉ 6211 CK, ☎ 16123, Rest. chinois – AE ⓓ E — CY **s**
R 17/40.

X **Taverne Jean,** Spoorweglaan 6, ✉ 6221 BS, ☎ 12591 – ▤. AE ⓓ E — DY **u**
fermé vend. et du 1er au 20 oct. – **R** 19/40.

X **Au Four Carré,** Tongersestraat 5, ✉ 6211 LL, ☎ 15131 – AE ⓓ — CZ **n**
fermé sam. midi, dim., 2 sem. en juil. et 2 sem. en fév. – **R** carte 33 à 58.

sur la route d'Aachen par ④ : 2 km :

In den Hoof (annexe), Akersteenweg 218, ✉ 6227 AE, ☎ 610600 – TV ⇔wc ⋒wc ☎ Ⓟ – 🚴. AE E
R 27 – **28 ch** ☕ 50/150 – P 70.

sur la route de Nedercanne-Kanne S : 5 km par Cannerweg

XXX **Château Neercanne,** Cannerweg 800, ✉ 6213 ND, ☎ 51359, « Château aménagé ; terrasses fleuries, ≤ vallée et campagne belge » – Ⓟ. AE ⓓ E
fermé dim., lundi et 15 juil.-6 août – **R** 68/90.

ALFA-ROMEO Scharnerweg 137 ☎ 627241
BMW Calvariestraat 22 ☎ 54101
BRITISH LEYLAND Spoorweglaan 20 ☎ 16253
CITROEN Wilhelminasingel 58 ☎ 18848
FIAT Dr. Bakstraat 82 ☎ 70200
FORD Korvetweg 20 ☎ 16755
GM (OPEL) T. van de Schuerlaan 122 ☎ 76000
HONDA Steegstraat 8 ☎ 613500
LADA Bloemenweg 2 ☎ 15938
MAZDA Galjoenweg 73 ☎ 54654
MERCEDES-BENZ De Griend 2 ☎ 16655
MITSUBISHI Bergerstraat 11, Amby ☎ 626970
NISSAN Duitse Poort 15 ☎ 14175
PEUGEOT, TALBOT Scharnerweg 66b ☎ 620004
PEUGEOT, TALBOT Via Regia 169 ☎ 337333
RENAULT 1 Juliweg 2 ☎ 613838
TOYOTA Bergerstraat 68, Amby ☎ 627760
VAG Via Regia 170 ☎ 34500
VOLVO Malbergsingel 6 ☎ 33225

MADE Noord-Brabant 212 ⑥ et 408 ⑰ – 11 497 h. – ☎ 0 1626.

♦Amsterdam 94 – ♦'s-Hertogenbosch 40 – Bergen op Zoom 45 – ♦Breda 13 – ♦Rotterdam 46.

Korenbeurs, Kerkstraat 13, ✉ 4921 BA, ☎ 2150, 🏠 – ▤ rest ⇔wc ⋒wc ☎ – 🚴. AE ⓓ E
R carte 23 à 60 – **15 ch** ☕ 43/95.

't Trefpunt, Raadhuisplein 1a, ✉ 4921 ZJ, ☎ 4000 – ⇔wc ⋒wc. ⚘
R 17/55 – **10 ch** ☕ 45/75 – P 60/65.

FIAT Adelstraat 1c ☎ 2952
RENAULT Adelstraat 47 ☎ 2973

MARKELO Overijssel 211 ⑧ et 408 ⑬ – 6 982 h. – ☎ 0 5476.

ℹ Burg. de Beaufortplein 8, ✉ 7475 AG, ☎ 1555.

♦Amsterdam 125 – ♦Zwolle 50 – ♦Apeldoorn 41 – ♦Arnhem 59 – ♦Enschede 34.

XXX **In de Kop'ren Smorre** avec ch, Holterweg 20, ✉ 7475 AW, ☎ 1344, « Aménagé dans une ferme ancienne » – ▤ rest ⇔wc ⋒wc Ⓟ. AE ⓓ E. ⚘
R *(fermé dim. midi et lundi)* 33/90 – **8 ch** ☕ 38/100.

près de la route de Rijssen NE : 4 km :

XX **Herbergh De Kemper,** Kemperweg 4, ✉ 7475 SX, ☎ 1327, « Aménagé dans une ferme d 19e s. » – Ⓟ. AE. ⚘
fermé lundi, mardi et après 20 h 30 – **R** carte 43 à 73.

HONDA Noordachteresweg 10 ☎ 1619
LADA Herikerweg 21 ☎ 1652
MAZDA Holterweg 2 ☎ 2454

MECHELEN Limburg 212 ② et 408 ㉖ – 2 107 h. – ☎ 0 4455.
Dal Bissenweg 22, ☎ (0 4455) 1397.
♦Amsterdam 235 – ♦Maastricht 21 – Aachen 14.

Brull, Hoofdstraat 26, ✉ 6281 BD, ☎ 1263, – wc wc P. rest
avril-oct. – **R** (pens. seult) – **32 ch** 32/80 – P 52/60.

VAG Hilleshagerweg 33a ☎ 1592

MEDEMBLIK Noord-Holland 210 ⑭ et 408 ⑪ – 6 937 h. – ☎ 0 2274.
Voir Oosterhaven★.
Breedstraat 6, ✉ 1670 AB, ☎ 2852.
♦Amsterdam 58 – Alkmaar 36 – Enkhuizen 21 – Hoorn 19.

Wapen van Medemblik, Oosterhaven 1, ✉ 1671 AA, ☎ 3844 – TV wc ☎. AE ⓓ E
R 17/55 – **24 ch** 65/110.

Twee Schouwtjes, Oosterhaven 27, ✉ 1671 AB, ☎ 1956, « Aménagé dans une maison du 16e s. » – AE ⓓ
fermé lundi – **R** (dîner seult) carte 43 à 68.

BRITISH LEYLAND Randweg 13 ☎ 1497
RENAULT Breek 1 ☎ 4438
TOYOTA Randweg 1 ☎ 1462
VAG Westerdijk ☎ 2150

MEGEN Noord-Brabant 212 ⑧ et 408 ⑱ – 2 901 h. – ☎ 0 4122.
♦Amsterdam (bac) 103 – ♦'s-Hertogenbosch 30 – ♦Nijmegen 28.

Den Uiver, Torenstraat 3, ✉ 5366 BJ, ☎ 548, Aménagé dans une ferme du 19e s.
fermé dim., juil. et du 11 au 19 mars – **R** carte 40 à 77.

MEPPEL Drenthe 210 ⑰ et 408 ⑫ – 22 516 h. – ☎ 0 5220.
Kleine Oever 6, ✉ 7941 BK, ☎ 52888.
♦Amsterdam 135 – Assen 55 – ♦Groningen 82 – ♦Leeuwarden 68 – ♦Zwolle 25.

Worst, Steenwijkerstraatweg 10, ✉ 7942 HP, ☎ 51753 – P. ⓓ
fermé dim. midi et après 20 h 30 – **R** carte 38 à 58.

Drentse Heerlijkheid, Prinsengracht 1, ✉ 7941 KD, ☎ 51630 – ⓓ
fermé lundi et du 1er au 14 sept. – **R** carte 32 à 64.

Schellinkje, Zuideinde 70 (à l'intérieur du théâtre Ogterop), ✉ 7941 GK, ☎ 52720
fermé dim. – **R** 30/80.

à De Wijk E : 6 km – 2 000 h. – ☎ 0 5224 :

Havixhorst avec ch, Schiphorsterweg 34, ✉ 7957 NV, ☎ 1487, « Jardin » – P. AE ⓓ E
R *(fermé sam. midi et dim. midi)* 48/98 – **8 ch** 48/130 – P 68.

BMW, MAZDA Steenwijkerstraatweg 23 ☎ 52028
CITROEN Industrieweg 13 ☎ 51927
FIAT Zuideinde 84 ☎ 51843
FORD Ceintuurbaan 100 ☎ 53147
GM (OPEL) Industrieweg 3 ☎ 53636
LADA Pr. Hendrikkade 2 ☎ 53140
MERCEDES-BENZ, HONDA Werkhorst 26 ☎ 52712
MITSUBISHI Parallelweg 23 ☎ 55636
PEUGEOT, TALBOT Industrieweg 23 ☎ 53423
RENAULT J. van Oldenbarneveldtstraat 2 ☎ 53292
VAG Rembrandtlaan 82 ☎ 51700

MEIJEL Limburg 212 ⑲ et 408 ⑲ – 5 319 h. – ☎ 0 4766.
♦Amsterdam 162 – ♦Eindhoven 38 – Roermond 24 – Venlo 31.

Ketels, Raadhuisplein 4, ✉ 5768 AR, ☎ 2455 – wc wc. AE ⓓ E. ch
R 17/32 – **19 ch** 30/75 – P 40/50.

GM (OPEL) Donk 43 ☎ 1309
NISSAN Kalisstraat 30 ☎ 1449

MIDDELBURG P Zeeland 212 ⑫ et 408 ⑮ – 38 655 h. – ☎ 0 1180.
Voir Hôtel de ville★ (Stadhuis) A **H** – **Abbaye★ (Abdij)** B **D** – **Miniatuur Walcheren★** B – **Musée de Zélande★ (Zeeuws Museum)** B **M1**.
Lammerensteeg 5, ✉ 4331 MB, ☎ 16851.
♦Amsterdam 202 ② – ♦Antwerpen 91 ② – ♦Breda 99 ② – ♦Brugge (bac) 50 ③ – ♦Rotterdam 106 ②.

Plan page suivante

Nieuwe Doelen, Loskade 3, ✉ 4331 HV, ☎ 12121, – TV wc ☎ – ⓓ E B **s**
R 35/50 – **25 ch** 50/125.

Commerce et Rest. De Twee Compagnieën, Loskade 1, ✉ 4331 HV, ☎ 36051 et 28837 (rest) – TV wc wc ☎. B **s**
fermé 24 déc.-4 janv. – **R** *(fermé vend.midi, sam.midi et dim.)* carte 33 à 72 – **39 ch** 88/250 – P 131.

Roelant sans rest, Koepoortstraat 10, ✉ 4331 SL, ☎ 33309 B **e**
11 ch 40/90.

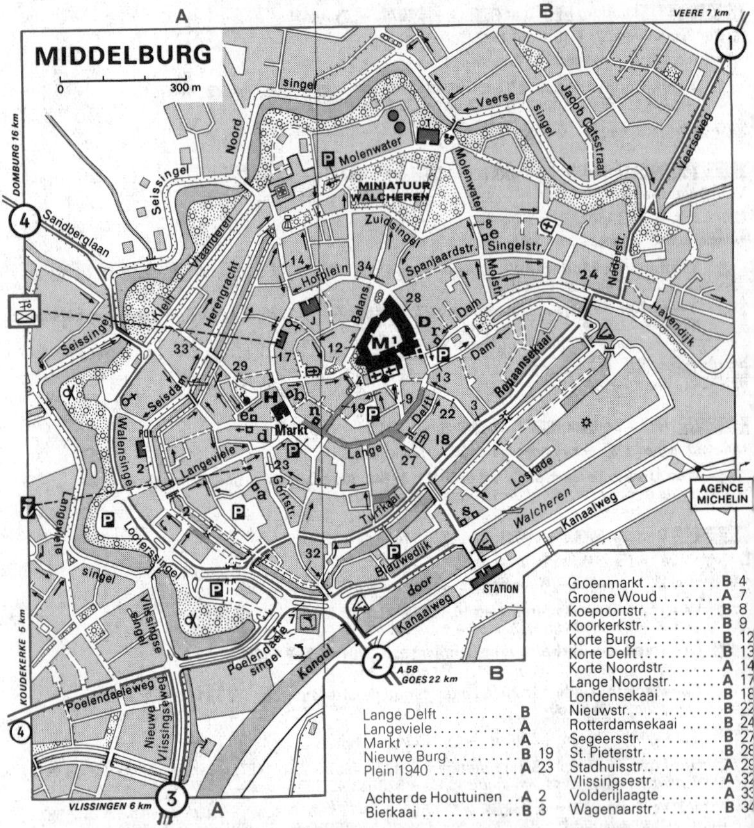

Lange Delft .... B
Langeviele .... A
Markt .... A
Nieuwe Burg .... B 19
Plein 1940 .... A 23

Achter de Houttuinen .. A 2
Bierkaai .... B 3

Groenmarkt .... B 4
Groene Woud .... A 7
Koepoortstr. .... B 8
Koorkerkstr. .... B 9
Korte Burg .... B 12
Korte Delft .... B 13
Korte Noordstr. .... A 14
Lange Noordstr. .... A 17
Londensekaai .... B 18
Nieuwstr. .... B 22
Rotterdamsekaai .... B 24
Segeersstr. .... B 27
St. Pieterstr. .... B 28
Stadhuisstr. .... A 29
Vlissingsestr. .... A 32
Volderijlaagte .... A 33
Wagenaarstr. .... B 34

XX **Het Groot Paradijs,** Damplein 13, ⊠ 4331 GC, ☎ 26764, Rustique. AE ⓓ E — B
fermé merc., sam.midi, dim.midi, 1 sem. en oct. et fin janv.-début fév. – **R** carte 47 à 77.

XX **Michel,** Korte Geere 19, ⊠ 4331 LE, ☎ 11596 – AE E — A
fermé dim., lundi et du 1er au 15 janv. – **R** carte 41 à 66.

XX **Den Gespleten Arent,** Vlasmarkt 25, ⊠ 4331 PC, ☎ 36122 – AE ⓓ E — A
fermé sam.midi, dim.midi, mardi et du 3 au 9 mars – **R** carte 39 à 85.

XX **La Castelière,** Vlasmarkt 18, ⊠ 4331 PE, ☎ 16098 – AE ⓓ E — A
fermé dim. et du 1er au 15 janv. – **R** (dîner seult) 50/83.

XX **Huifkar,** Markt 19, ⊠ 4331 LJ, ☎ 12998, Taverne-restaurant – AE ⓓ — A
R 17/80.

X **Visrestaurant Bij het Stadhuis,** Lange Noordstraat 8, ⊠ 4331 CD, ☎ 27058, Produits de la mer – ▤ — A
fermé mardi de sept. à juin, lundi, 3 sem. en nov. et après 20 h 30 – **R** 25/50.

MICHELIN, Agence régionale, Grenadierweg 1 – ⊠ 4338 PG – par Kanaalweg B, ☎ (0 1180) 27955

CITROEN Veerseweg 104 ☎ 29955
FIAT Herculesweg 12 ☎ 12918
GM (OPEL) Kalverstraat 1 ☎ 25851
LADA Noordmonsterweg 4 ☎ 36815
RENAULT Seisplein 5 ☎ 33003
TOYOTA Klein Vlaanderen 97 ☎ 12865
VOLVO Oude Vlissingseweg 40b ☎ 25521

Bedienungsgeld und Gebühren

In Belgien, im Großherzogtum Luxemburg und in den Niederlanden gelten Inklusivpreise, sie enthalten Bedienungsgeld und MWSt.

MIDDELHARNIS Zuid-Holland 212 ④ et 408 ⑯ – 14 831 h. – ☎ 0 1870.

♦Amsterdam 133 – ♦Den Haag 83 – ♦Breda 65 – ♦Rotterdam 54 – Zierikzee 22.

- **Van Marion,** Vingerling 51, ✉ 3241 EB, ☎ 2004, ← – 🛗 wc. ✗ ch
  fermé dim. – **R** carte 27 à 58 – **21 ch** 50/85 – P 83/88.
- XXX ✿ **De Hooge Heerlijkheid** (Kern), Voorstraat 21, ✉ 3241 EE, ☎ 3264, « Intérieur vieil hollandais » – AE ⓓ E
  fermé mardi, dern. sem. juil. et 2ᵉ quinz. fév. – **R** 65/100
  Spéc. Lotte façon du chef, Foie d'oie chaud au miel, Saumon frais sabayon au cerfeuil.

FORD Zandpad 13 ☎ 2644
GM (OPEL) Langeweg 113 ☎ 2222
HONDA West Achterweg 3 ☎ 2555
MITSUBISHI Donkereweg 2 ☎ 2537
PEUGEOT, TALBOT Kastanjelaan 41 ☎ 3094
TOYOTA Dorpsweg 28 ☎ 4466

MIDLAREN Drenthe 210 ⑨ et 408 ⑥ – voir à Zuidlaren.

MIDSLAND Friesland 210 ④ et 408 ④ – voir Waddeneilanden (Terschelling).

MIDWOLDA Groningen 210 ⑩ et 408 ⑥ – voir à Winschoten.

MIERLO Noord-Brabant 212 ⑲ et 408 ⑱ – 9 525 h. – ☎ 0 4927.

♦Amsterdam 129 – ♦'s-Hertogenbosch 44 – ♦Eindhoven 12 – Helmond 5.

- **De Brug** Ⓜ ⛰, Arkweg 3, ✉ 5730 AB, ☎ 8911, Télex 59423, 🏊, 🎾 – 🛗 ▤ rest 📺 ☎ Ⓟ – 🏛. AE ⓓ E
  R carte 42 à 78 – **149 ch** 90/149 – P 133/143.
- **Anker,** Vesperstraat 8, ✉ 5731 GS, ☎ 1272 – 🛁wc 🚿wc Ⓟ. ✗ ch
  fermé juil. – **R** *(fermé dim. et après 20 h)* 17/24 – **18 ch** 38/80.
- X **Die Almhütte,** Burg. Verheugtstraat 67, ✉ 5731 AJ, ☎ 1495, Aménagé dans une ferme du 19ᵉ s., Parc à cerfs – Ⓟ. AE E. ✗
  R carte 33 à 54.
- X **De Cuyt,** Burg. Termeerstraat 50, ✉ 5731 SE, ☎ 1323 – Ⓟ. E. ✗
  fermé dim.et lundi – **R** carte 26 à 43.

PEUGEOT, TALBOT Dorpsstraat 81 ☎ 1805
TOYOTA Brugstraat 26 ☎ 1471

MILL Noord-Brabant 212 ⑨ et 408 ⑲ – 10 077 h. – ☎ 0 8859.

♦Amsterdam 123 – ♦'s-Hertogenbosch 41 – ♦Eindhoven 48 – ♦Nijmegen 25.

- XX **Aub. de Stoof,** Kerkstraat 14, ✉ 5451 BM, ☎ 1137 – AE
  fermé merc. – **R** carte 29 à 50.
- X **Centrum** avec ch, Kerkstraat 4, ✉ 5451 BM, ☎ 1904 – E
  fermé sam. – **R** 23/50 – **7 ch** 30/60 – P 50.

FIAT Schoolstraat 42 ☎ 1621
LADA Spoorstraat 24 ☎ 1616

MILSBEEK Limburg 212 ⑨ et 408 ⑲ – voir à Gennep.

MONNICKENDAM Noord-Holland 211 ④ et 408 ⑪ – 9 463 h. – ☎ 0 2995.

Env. Marken : village★, costumes traditionnels★ E : 8 km.

i (à côté du pont-levis), Loswal, ✉ 1140 AA, ☎ 1998.

♦Amsterdam 16 – Alkmaar 34 – ♦Leeuwarden 122.

- XX **Posthoorn,** Noordeinde 41, ✉ 1141 AG, ☎ 1471, « Intérieur vieil hollandais » – ▤ Ⓟ. ✗
  fermé lundi – **R** carte 39 à 78.
- XX **De Roef,** Noordeinde 40, ✉ 1141 AN, ☎ 1860 – ▤. AE ⓓ E. ✗
  R carte 34 à 72.
- X **Nieuw Stuttenburgh,** Haringburgwal 4, ✉ 1141 AX, ☎ 1398, Collection de boîtes à musique
  fermé 31 déc. – **R** 17/45.
- X **Halte,** Noordeinde 46, ✉ 1141 AN, ☎ 1672
  fermé mardi en hiver – **R** carte 28 à 53.

MOOK Limburg 212 ⑨ et 408 ⑲ – 6 725 h. – ☎ 0 8896.

♦Amsterdam 129 – ♦Maastricht 133 – ♦'s-Hertogenbosch 48 – ♦Nijmegen 12 – Venlo 54.

- **Plasmolen,** Rijksweg 170, ✉ 6586 AB, ☎ 1444, « Jardins au bord de l'eau », 🎾 – Ⓟ – 🏛. AE ⓓ
  R carte 41 à 54 – **29 ch** 44/113 – ½ p 77/90.
- X **Plasmolense Hof,** Rijksweg 203, ✉ 6586 AA, ☎ 1597 – Ⓟ
  fermé lundi et mi-sept.-mi-oct. – **R** (dîner seult) carte 45 à 60.
- X **Schans** avec ch, Rijksweg 95, ✉ 6585 AB, ☎ 1209 – 🚿wc Ⓟ. E
  R 17/35 – **8 ch** 28/85 – P 65.

VAG Middelweg 76 ☎ 3952

MUIDEN Noord-Holland 211 ④ et 408 ⑪ – 7 134 h. – ☎ 0 2942.
Voir Château★★ (Muiderslot).
ℹ Naarderstraat 10, ✉ 1398 XR, ☎ 1413.
♦Amsterdam 13 – Hilversum 22.

XX **De Doelen,** Sluis 1, ✉ 1398 AR, ☎ 3200 – ▤. AE ⓓ E. ✻
fermé sam. midi et dim. midi – **R** 45/62.

XX **Muiderhof,** Herengracht 75, ✉ 1398 ZH, ☎ 4507 – ▤. AE ⓓ E
fermé sam. midi et dim. midi – **R** carte 46 à 77.

VAG Zuidpolderweg 7 ☎ 1282

MUNSTERGELEEN Limburg 212 ① – voir à Geleen.

MIJDRECHT Utrecht 211 ③ et 408 ⑩ – 14 100 h. – ☎ 0 2979.
♦Amsterdam 25 – ♦Utrecht 27 – ♦Den Haag 57 – ♦Haarlem 28.

XX **Paddestoel,** Hofland 37, ✉ 3641 GA, ☎ 6529 – AE ⓓ E. ✻
fermé du 27 au 30 déc. – **R** carte 40 à 89.

GM (OPEL) Energieweg 9 ☎ 2046
HONDA Bozenhoven 36 ☎ 1708
MITSUBISHI Constructieweg 2 ☎ 4610
NISSAN Handelsweg 2 ☎ 5948
PEUGEOT Handelsweg 4 ☎ 1634
RENAULT Ondernemingsweg 6 ☎ 4133
TOYOTA Industrieweg 48 ☎ 2308
VOLVO Hofland 154 ☎ 5231

NAARDEN Noord-Holland 211 ④ et 408 ⑪ – 16 533 h. – ☎ 0 2159.
Voir Fortifications★.
ℹ (fermé mardi après-midi) A.Dorstmanplein 1b, ✉ 1411 RC, ☎ 42836.
♦Amsterdam 21 – ♦Apeldoorn 66 – ♦Utrecht 30.

XX **Auberge le Bastion,** St. Annastraat 3, ✉ 1411 PE, ☎ 46605 – AE ⓓ E
fermé lundi – **R** 25/80.

X **Melati,** 1er étage, Pastoorstraat 2, ✉ 1411 SE, ☎ 47549, Rest. indonésien – AE ⓓ E
R (dîner seult) 25/48.

X **Bistro De Oude Smidse,** Marktstraat 30, ✉ 1411 EA, ☎ 43795 – AE ⓓ E
R (dîner seult) carte 36 à 52.

CITROEN Amsterdamsestraatweg 3 ☎ 48114
FIAT Amersfoortsestraatweg 108 ☎ 45234
FORD Rijksweg 1 ☎ 43853
PEUGEOT, TALBOT Cort van de Lindenlaan 46 ☎ 47614
PEUGEOT, TALBOT Cattenhagestraat 45 ☎ 43486
TOYOTA Churchillstraat 42 ☎ 45595

NECK Noord-Holland 211 ③ – voir à Purmerend.

NEDERWEERT Limburg 212 ⑲ et 408 ⑲ – voir à Weert.

NES Friesland 210 ⑥ et 408 ④ – voir à Waddeneilanden (Ameland).

NIEUW-Den HELDER Noord-Holland 210 ⑬ – voir à Den Helder.

NIEUWEGEIN Utrecht 211 ⑭ – 53 323 h. – ☎ 0 3402.
♦Amsterdam 50 – ♦Rotterdam 65 – ♦Utrecht 17.

à Vreeswijk

XX **La Colombe,** Dorpsstraat 9, ✉ 3433 CH, ☎ 61967 – AE E
fermé sam. midi, dim. midi, lundi et 2e quinz. août – **R** carte 41 à 71.

NIEUWESCHANS Groningen 210 ⑩ et 408 ⑦ – 1 896 h. – ☎ 0 5972.
♦Amsterdam 243 – ♦Groningen 47 – Leer 24.

⌂ **Leeuwerik,** Oude Zijl 2, ✉ 9692 PA, ☎ 1282 – ✻ ch
fermé dim. et jours fériés – **R** (déjeuner seult) carte 22 à 37 – **7 ch** ☕ 25/50.

NIEUWKOOP Zuid-Holland 211 ⑬ et 408 ⑩ – 9 614 h. – ☎ 0 1724.
♦Amsterdam 49 – ♦Den Haag 47 – ♦Rotterdam 43 – ♦Utrecht 40.

à Noorden E : 5 km – 2 500 h. – ☎ 0 1724 :

X **De Watergeus** avec ch, S. van Capelweg 10, ✉ 2431 AG, ☎ 8398, ≤, « Au bord de l'eau » – wc Ⓟ. AE E
fermé lundi et mi-janv.-mi-fév. – **R** carte 51 à 81 – **5 ch** ☕ 53/96.

FORD Nieuwveenseweg 7 ☎ 9200
VAG Nieuwveenseweg 21 a ☎ 1656

NIEUW-LOOSDRECHT Utrecht 211 ④⑭ – voir à Loosdrecht.

NIEUW-SCHOONEBEEK Drenthe 210 ⑳ et 408 ⑬⑭ – 1 572 h. – ☎ 0 5244.

♦Amsterdam 181 – Assen 63 – Emmen 22 – Meppel 24 – ♦Zwolle 71.

✗ **Zwarte Racker,** Europaweg 132, ✉ 7766 AP, ☎ 1333 – Ⓟ. AE ⓓ E
fermé sam. et après 19 h – carte 27 à 48.

NIEUW-VENNEP Noord-Holland 211 ② et 408 ⑩ – 16 301 h. – ☎ 0 2526.

♦Amsterdam 28 – ♦Den Haag 36 – ♦Haarlem 17.

De Rustende Jager, Venneperweg 471, ✉ 2153 AD, ☎ 87351 – ▤ rest TV ⌂wc ⌂wc ☎ Ⓟ – 🚶. AE ⓓ E
fermé 25 déc. – **R** carte 34 à 67 – **29 ch** ☕ 68/91 – P 73/95.

✗ **D'Oude Molen,** Madeliefstraat 1, ✉ 2153 EV, ☎ 74104, Aménagé dans un moulin – ▤ Ⓟ
fermé lundi, 25 et 31 déc. – **R** (dîner seult) 30/65.

LADA Kerkstraat 11 ☎ 75000
MAZDA Hoofdweg 1193 ☎ 72375
VAG Hoofdweg 1157 ☎ 72812

NOORBEEK Limburg 212 ① et 408 ㉖ – 1 112 h. – ☎ 0 4457.

ℹ Dorpstraat 17, ✉ 6255 AN, ☎ 1206 – ♦Amsterdam 225 – ♦Maastricht 15 – Aachen 26.

Bon Repos, Bovenstraat 17, ✉ 6255 AT, ☎ 1338, « Terrasse et jardin », – ⌂wc Ⓟ. ✂
15 avril-oct., 25 et 26 déc. – **R** *(fermé après 20 h)* 20/40 – **26 ch** ☕ 38/90 – P 46/60.

NOORDELOOS Zuid-Holland 211 ⑬ et 408 ⑰ – 1 548 h. – ☎ 0 1838.

♦Amsterdam 66 – ♦Eindhoven 84 – ♦Rotterdam 50.

✗✗✗ **Boterhoeve,** Botersloot 1a, ✉ 4225 PR, ☎ 1969, « Ferme aménagée » – Ⓟ. AE ⓓ E
fermé dim. et lundi – **R** carte 51 à 98.

TOYOTA Botersloot 17 ☎ 1304

NOORDEN Zuid-Holland 211 ⑬ et 408 ⑩ – voir à Nieuwkoop.

NOORDWIJK AAN ZEE Zuid-Holland 211 ② et 408 ⑩ – 23 716 h. – ☎ 0 1719.

18 (abonnement) Randweg 25 à Noordwijkerhout ☎ (0 2523) 3761.

ℹ de Grent 8, ✉ 2202 EK, ☎ 19321 – ♦Amsterdam 40 – ♦Den Haag 26 – ♦Haarlem 28.

Noordzee, Koningin Wilhelmina bd 8, ✉ 2202 GS, ☎ 19205, Télex 39206, ≤, ⛱ – 🛗 TV ⌂wc ⌂wc ☎ – 🚶. AE ⓓ E. ✂ rest
R 25/55 – **88 ch** ☕ 108/206 – P 132/152.

Marie-Rose 🐚, Emmaweg 25, ✉ 2202 CP, ☎ 12697 – 🛗 ⌂wc Ⓟ. ✂
fermé 24 déc.-9 janv. – **R** (1/2 pens. seult) – **27 ch** ☕ 53/110 – ½ p 55/65.

Astoria 🐚, Emmaweg 13, ✉ 2202 CP, ☎ 13484 – ⌂wc Ⓟ. ✂
fermé 20 déc.-9 janv. – **R** (1/2 pens. seult) – **26 ch** ☕ 53/110 – ½ p 55/65.

Alwine, Jan van Henegouwenweg 7, ✉ 2202 HZ, ☎ 12213, ⛱ – 🛗 TV ⌂wc ☎
mars-oct. – **R** (1/2 pens. seult) – **27 ch**.

✿ **Badhotel Zeerust et Rest. Graaf van het Hoogveen,** Quarles van Uffordstraat 103, ✉ 2202 NE, ☎ 12723, ⛱ – ⌂wc Ⓟ. AE ⓓ E. ✂ rest
fermé 24 déc.-3 janv. – **R** *(fermé lundi et 16 juil.-7 août)* (dîner seult) carte 63 à 96 – **26 ch** ☕ 69/132
Spéc. Soufflé de homard au coulis d'écrevisses, Noix de St-Jacques au caviar (oct.-avril), Boudin noir en feuilleté.

Huis ter Duin, Koningin Astrid bd 5, ✉ 2202 BK, ☎ 19220, Télex 39101, ≤ – TV ⌂wc ⌂wc ☎ Ⓟ. AE. ✂ rest
3 avril-déc. – **R** 18/43 – **89 ch** ☕ 89/188 – P 135/145.

Belvedere 🐚, Beethovenweg 5, ✉ 2202 AE, ☎ 12929, ≤ – ⌂wc. ✂ rest
avril-14 sept. – **R** *(fermé après 19 h 30)* 20/35 – **38 ch** ☕ 50/115.

Fiankema, Julianastraat 32, ✉ 2202 KD, ☎ 13684 – ⌂wc. ✂
R (1/2 pens. seult) – **30 ch** ☕ 60/100 – ½ p 60/75.

Zonne, Rembrandtweg 17, ✉ 2202 AT, ☎ 14815, ⛱ chauffée, 🎾 – ⌂wc Ⓟ – 🚶. AE ⓓ E. ✂
fermé 28 déc.-7 janv. – **R** (1/2 pens. seult) – **25 ch** ☕ 53/73 – ½ p 74/80.

Clarenwijck, Koningin Astrid bd 46, ✉ 2202 BE, ☎ 12727, ≤ – ⌂wc ⌂wc Ⓟ. ✂ rest
fermé 20 déc.-4 janv. – **R** (1/2 pens. seult) – **25 ch** ☕ 35/100 – ½ p 73.

Op de Hoogte sans rest (dîner pour résidents), Prins Hendrikweg 19, ✉ 2202 EC, ☎ 12489 – ⌂wc Ⓟ. ✂ rest
fermé 20 déc.-14 janv. – **26 ch** ☕ 35/94.

✗✗✗ **Le Diplomate,** Parallel bd 2, ✉ 2202 HP, ☎ 15620 – ▤. AE ⓓ E
fermé jeudi – **R** (dîner seult) carte 60 à 103.

✗✗ **Herbergh,** Hoofdstraat 129, ✉ 2202 EX, ☎ 13900 – AE ⓓ E
fermé lundi – **R** (dîner seult) carte 39 à 83.

✗ **Zuidwester,** 1er étage, Parallel bd 2, ✉ 2202 HP, ☎ 14087, Grillades – AE ⓓ E
fermé lundi et mardi – **R** (dîner seult) carte 33 à 52.

✗ **Gouden Spit,** Hoofdstraat 63, ✉ 2202 EV, ☎ 14191
fermé merc. – **R** (dîner seult) carte 32 à 62.

à Noordwijk-Binnen SE : 3 km – ☎ 0 1719 :

XX **Cleyburch,** Herenweg 225, ✉ 2201 AG, ☎ 12966, « Ferme du 17e s. aménagée » – P. AE ⓓ E
fermé dim. midi et 31 déc.-1er janv. – **R** carte 58 à 78.

XX **Hof van Holland** avec ch, Voorstraat 79, ✉ 2201 HP, ☎ 12255, Décor ancien – wc P. AE ⓓ E
R carte 52 à 103 – **12 ch** 90/135 – P 85/100.

à Noordwijkerhout NE : 5 km – ☎ 0 2523 :

Witte Raaf M, Duinweg 117, O : 2 km, ✉ 2204 AT, ☎ 5984, Télex 41189, ←, « Terrasse et jardin », – TV ☎ P – . AE ⓓ E.
R 23/75 – **37 ch** 47/144 – P 81/131.

X **Zegers,** Herenweg 78 (rte Noordwijk-Haarlem), ✉ 2211 CD, ☎ 2588 – P
fermé mardi du 27 sept. au 27 mars, lundi et du 2 au 15 janv. – **R** 28/50.

BRITISH LEYLAND, CITROEN van de Mortelstraat 250 ☎ 19303
FIAT Golfweg 19 ☎ 19213
FORD Beeklaan 5 ☎ 14300
GM (OPEL) Huis ter Duinstraat 50 ☎ 11202
NISSAN Nieuwe Offemweg 2 ☎ 13150
RENAULT Quarles van Uffordstraat 37 ☎ 12472
TALBOT, PEUGEOT Herenweg 236, Noordwijkerhout ☎ (0 2523) 2859

NORG Drenthe 210 ⑧ et 408 ⑥ – 6 373 h. – ☎ 0 5928.
Brink 1, ✉ 9331 AA, ☎ 2244.
♦Amsterdam 197 – Assen 14 – ♦Groningen 24.

Karsten, Brink 6, ✉ 9331 AA, ☎ 2216 – wc wc ☎ P. AE ⓓ E. rest
R carte 29 à 63 – **18 ch** 60/130 – ½ p 88.

à Een O : 4 km – ☎ 0 5928 :

XX **Herberg van Een** avec ch, Haulerwijksterweg 6, ✉ 9342 TK, ☎ 6270 – P. AE E
fermé lundi – **R** (dîner seult) 65/85 – **6 ch** 43/80.

MAZDA Eenerstraat 57 ☎ 2598

NULAND Noord-Brabant 212 ⑧ et 408 ⑱ – 3 881 h. – ☎ 0 4102.
♦Amsterdam 94 – ♦'s-Hertogenbosch 12 – ♦Nijmegen 36.

Motel Nuland M, Rijksweg 25, ✉ 5391 LH, ☎ 2231, Télex 50448, – ☎ P – .
R 18/55 – 8 – **75 ch** 55/110.

NUNSPEET Gelderland 211 ⑥ et 408 ⑫ – 22 743 h. – ☎ 0 3412.
Stationsplein 1, ✉ 8071 CH, ☎ 53041.
♦Amsterdam 84 – ♦Arnhem 59 – ♦Apeldoorn 36 – ♦Utrecht 66 – ♦Zwolle 28.

Roode Wold, Elspeterweg 24, ✉ 8071 PA, ☎ 52641, « Terrasse et jardin » – rest wc wc P – . AE ⓓ E. rest
R carte 33 à 66 – **18 ch** 53/136.

XX **Schouw,** Harderwijkerweg 85, ✉ 8071 EN, ☎ 52829 – P. AE ⓓ E
fermé lundi et du 1er au 14 janv. – **R** carte 27 à 49.

X Le Coq Hardi, Harderwijkerweg 8, ✉ 8071 GA, ☎ 54445
R (dîner seult).

GM (OPEL) Spoorlaan 3 ☎ 52252
HONDA Voltweg 11 ☎ 53033
NISSAN Laan 35 ☎ 52256
PEUGEOT, TALBOT F.A. Molijnlaan 192 ☎ 52016
RENAULT Bergakkerweg 28 ☎ 52501
VAG Elspeterweg 26 ☎ 53140

NUTH Limburg 212 ① et 408 ㉖ – 17 223 h. – ☎ 0 45.
Wilhelminastraat 1, ✉ 6361 CA, ☎ 242749.
♦Amsterdam 207 – ♦Maastricht 18 – Aachen 24 – Heerlen 8.

X **Pingerhof,** Pingerweg 11, ✉ 6361 AL, ☎ 241799, Aménagé dans une ferme du 18e s. – P. E
fermé merc. et sept. – **R** 38/50.

à Wijnandsrade S : 2 km – ☎ 0 45 :

XX **D'Ouwe Smidse,** Brommelaan 16 (Swier), ✉ 6363 CS, ☎ 243497 – P.
fermé lundi – **R** carte 30 à 63.

MICHELIN, Agence régionale, Stationstraat 42d – ✉ 6361 BH, ☎ (0 45) 242747
LADA Pastorijweg 65 ☎ 241904
MERCEDES-BENZ Thermiekstraat 8 ☎ 242525

NIJMEGEN Gelderland 211 ⑯ et 408 ⑲ – 147 172 h. – ☎ 0 80.
Voir Poids public★ (Waag) Y B – Chapelle St-Nicolas★ (St. Nicolaaskapel) Y R.
(départs de 's-Hertogenbosch) ☎ (0 80) 222430.
Sint Jorisstraat 72, ✉ 6511 TD, ☎ 225440.
♦Amsterdam 118 ① – ♦Arnhem 19 ① – Duisburg 114 ②.

NIJMEGEN

Augustijnenstr. . . . . Y 2
Bloemerstr. . . . . Y
Broerstr. . . . . Y
Burchstr. . . . . Y
Lange Hezelstr. . . . . Y
Molenstr. . . . . YZ
Passage Molenpoort YZ 29
Plein 1944 . . . . Y 32
Ziekerstr. . . . . Y

Bisschop
Hamerstr. . . . . Z 3
v. Broeckhuysenstr. . . . Z 4
Doddendaal . . . . Y 7
Graafseweg. . . . . X 12
Groesbeekseweg. . . . . X 13
Grote
Markt. . . . . Y 14
Industrieweg. . . . . X 17
Keizer Karelpl. . . . . . . Z 18
Kwakkenbergweg . . . . X 19
Mariënburg. . . . . Y 22
Mr. Franckenstr. . . . . . Z 24
Nieuwe
Ubbergseweg . . . . . . X 25
v. Oldenbarneveltstr. . . Z 27
Oude Kleefse Baan . . . X 28
Prins Hendrikstr. . . . . . Z 33
v. Schevichavenstr. . . . Z 34
Sionsweg . . . . X 37
Slotemaker
de Bruïneweg. . . . . . X 38
Stikke Hezelstr. . . . . . . Y 42
v. Trieststr. . . . . Z 43
Voerweg . . . . Y 44

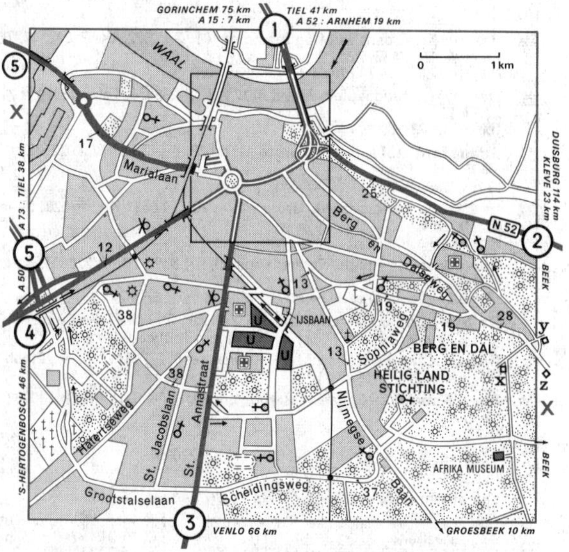

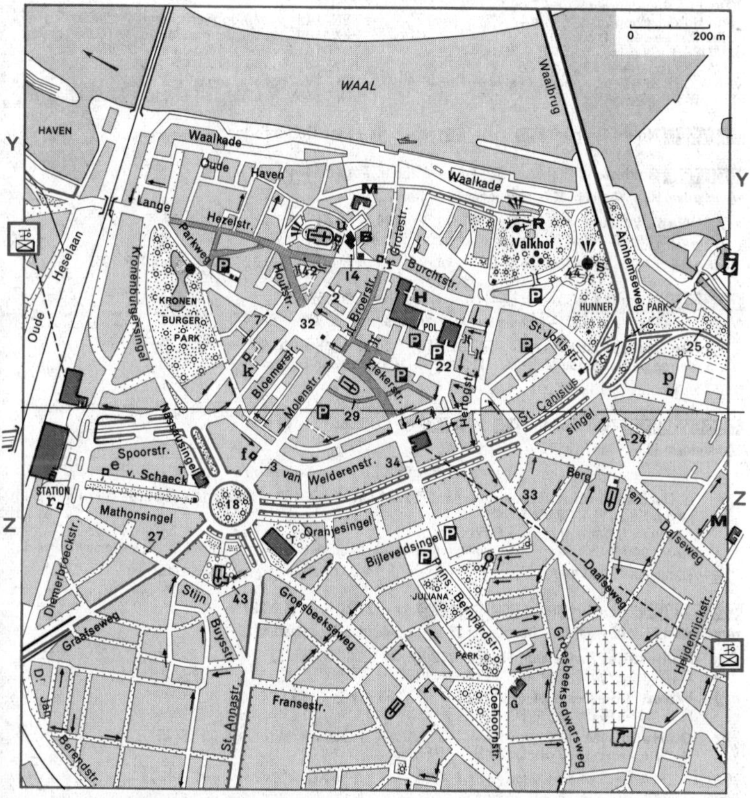

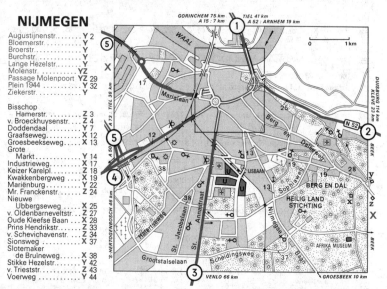

Belvoir M, Graadt van Roggenstraat 101, ✉ 6522 AX, ☎ 232344, Télex 48781, – ⇅ TV ☎ P – 🏊. AE ⓓ E — Y p
R carte 42 à 72 – **74 ch** 110/250 – P 165.

Etap H. M, Stationsplein 29, ✉ 6512 AB, ☎ 238888, Télex 48670 – ⇅ TV wc ☎ ♿ P – 🏊. AE ⓓ E — Z r
100 ch 83/105.

Schaeferhotel sans rest, Grote Markt 39, ✉ 6511 KB, ☎ 225322 – ⇅ TV wc wc ☎. AE ⓓ E — Y r
17 ch 80/125.

In d'Oude Laeckenhal, Grote Markt 23, ✉ 6511 KA, ☎ 229113, Intérieur vieil hollandais – ▤. AE ⓓ E — Y u
R carte 39 à 70.

Belvédère, 1er étage, Kelfkensbos 60, ✉ 6511 TB, ☎ 226861, ≤, « Aménagé dans une tour du 16e s. » – AE ⓓ E — Y s
fermé lundi, mardi et 28 sept.-11 oct. – **R** carte 55 à 74.

De Steiger, Regulierstraat 59, ✉ 6511 DP, ☎ 229077, Poisson seult – ⓓ — Y k
fermé lundi et 19 déc.-1er janv. – **R** (dîner seult) carte 35 à 61.

Rôtiss. Claudius, Bisschop Hamerstraat 8, ✉ 6511 NB, ☎ 221456 – AE — Z f
R (dîner seult) carte 47 à 61.

Fong Shou, Van Schaeck Mathonsingel 16, ✉ 6512 AR, ☎ 230002, Rest. chinois – ▤ P. AE ⓓ E — Z e
R 17/30.

Station, Stationsplein 5, ✉ 6512 AB, ☎ 226961 — Z
fermé après 19 h 30 – **R** 17/27.

Voir aussi : ***Berg en Dal*** SE : 4 km X, ***Groesbeek*** SE : 10 km X

ALFA-ROMEO, HONDA Waterstraat 108 ☎ 774163
BMW Berg en Dalseweg 20 ☎ 232014
BRITISH LEYLAND Mariënburgsestraat 59 ☎ 220913
CITROEN Weurtseweg 90 ☎ 773004
FIAT Hulzenseweg 22 ☎ 565254
FORD Tarweweg 1 ☎ 563244
GM (OPEL) St. Annastraat 196 ☎ 558055
LADA Tooropstraat 119 ☎ 238238
MERCEDES-BENZ Nijverheidsweg 74 ☎ 771046
MITSUBISHI Graafseweg 250 ☎ 770421
NISSAN Hatertseweg 615 ☎ 558100
PEUGEOT Hatertseweg 160 ☎ 550444
PEUGEOT, TALBOT D. van Poldersveldtweg 19 ☎ 223444
RENAULT v. d. Brugghenstraat 8 ☎ 224800
RENAULT Winkelsteegseweg 150 ☎ 563664
TOYOTA Berg en Dalseweg 34 ☎ 220801
TOYOTA Beurtvaartweg 7 ☎ 775995
VAG Heyendaalseweg 96 ☎ 220720
VOLVO Weg door Jonkerbos 10 ☎ 552850

NIJNSEL Noord-Brabant 212 ⑧ et 408 ⑱ – voir à Sint-Oedenrode.

OCHTEN Gelderland 211 ⑮ et 408 ⑱ – 4 250 h. – ☎ 0 3444.

♦Amsterdam 90 – ♦Arnhem 34 – ♦Nijmegen 30 – Tiel 12.

Waal, Waalbandijk 37, ✉ 4051 CJ, ☎ 1290, ≤ – P
fermé lundi, 15 déc.-15 janv. et après 20 h – **R** carte 23 à 36.

BRITISH LEYLAND Liniestraat 36 ☎ 1473
PEUGEOT, TALBOT Molendam 1 ☎ 1263

ODOORN Drenthe 210 ⑲ et 408 ⑥ – 12 203 h. – ☎ 0 5919.

♦Amsterdam 185 – Assen 32 – Emmen 8 – ♦Groningen 49.

De Stee, Hoofdstraat 24, ✉ 7873 BC, ☎ 2263 – wc P. ✻
fermé sam. de nov. à mars – **R** 19/65 – **16 ch** 33/75.

NISSAN Hoofdstraat 18 ☎ 2291

OEGSTGEEST Zuid-Holland 211 ⑫ et 408 ⑩ – 15 565 h. – ☎ 0 71.

♦Amsterdam 40 – ♦Den Haag 17 – ♦Haarlem 29.

Voir plan d'Agglomération de Leiden

✿ **De Beukenhof,** Terweeweg 2, ✉ 2341 CR, ☎ 173188, « Ancienne auberge au milieu d'un jardin fleuri » – AE ⓓ E. ✻ — AV h
fermé sam. midi et dim. – **R** 68/98
Spéc. Fricassé de St-Jacques à la vinaigrette tiède, Salade riche Beukenhof, Aiguillettes de canard au Pommard.

FORD Dahlialaan 2 ☎ 175176
VAG Geversstraat 30 ☎ 173414

Den OEVER Noord-Holland 210 ⑭ et 408 ③ – 2 621 h. – ☎ 0 2271.

♦Amsterdam 77 – Alkmaar 49 – Den Helder 25 – ♦Leeuwarden 67 – Haarlem 80.

Zomerdijk, Zwinstraat 65, ✉ 1779 BE, ☎ 1206 – wc P
R *(fermé 1er janv.)* 23/65 – **11 ch** 40/75 – P 60/65.

Wiron, Voorstraat 24, ✉ 1779 AD, ☎ 1255 – wc P
R 17/41 – **18 ch** 33/80.

De Haan avec ch, Oeverdijk 4, ✉ 1779 AA, ☎ 1205 – ▤ rest P. AE ⓓ E
R carte 41 à 61 – **6 ch** 28/55 – P 55/65.

BRITISH LEYLAND Gemenelandsweg 57 ☎ 1200
RENAULT Zwinstraat 81 ☎ 1333

OIRSCHOT Noord-Brabant 212 ⑦ et 408 ⑱ – 10 699 h. – ☎ 0 4997.

♦Amsterdam 117 – ♦'s-Hertogenbosch 28 – ♦Eindhoven 17 – ♦Tilburg 21.

XXX **Zwaan,** Markt 4, ✉ 5688 AJ, ☎ 1312, Intérieur rustique – AE ⓓ E. ✂
fermé merc. – **R** 50/95.

XX **De Beurs,** Sint Odulphusstraat 5, ✉ 5688 BA, ☎ 1225 – ⓓ E
fermé lundi – **R** carte 31 à 44.

GM (OPEL) Rijkesluisstraat 67 ☎ 2325
LADA De Stad 6a ☎ 2294
VAG De Stad 1a ☎ 1505

OISTERWIJK Noord-Brabant 212 ⑦ et 408 ⑱ – 16 796 h. – ☎ 0 4242.

Voir Site★.

ℹ De Lind 57, ✉ 5061 HT, ☎ 82345 – ♦Amsterdam 106 – ♦'s-Hertogenbosch 17 – ♦Tilburg 10.

Bosrand sans rest, Gemullehoekenweg 60, ✉ 5062 CE, ☎ 19015, – ☎ ♿ P – AE ⓓ E
fermé 28 déc.-2 janv. – **28 ch** ☐ 60/100.

Bosrand, Gemullehoekenweg 127, ✉ 5062 CC, ☎ 19015 – wc ☎ P. AE ⓓ E. ✂ rest
fermé 28 déc.-2 janv. – **R** 21 – **18 ch** ☐ 35/74 – P 63/66.

XXXX ✿✿ **De Swaen** avec ch, De Lind 47, ✉ 5061 HT, ☎ 19006, Télex 52617, « Terrasse et jardin fleuri » – TV wc ☎ – AE ⓓ E. ✂
fermé du 2 au 24 juil., 31 déc. et du 2 au 14 janv. – **R** *(fermé dim. midi et lundi)* carte 67 à 128 – **19 ch** ☐ 183
Spéc. Symphonie de salades De Swaen, Coquelet à la vapeur de truffes.

X **Het Kleine Verschil,** De Lind 59, ✉ 5061 HT, ☎ 84410 –
fermé du 9 au 17 avril, 17 sept.-1er oct., 25 déc. et lundi – **R** carte 33 à 43.

sur la route de Moergestel SO : 3 km :

XX **Jonge Hertog,** Moergestelseweg 123, ✉ 5062 SP, ☎ 82220, « Au milieu des bois » – P. AE ⓓ E. ✂
R 40/75.

près de la route d'Oirschot SE : 3 km :

Blauwe Kei , Rosepdreef 4, ✉ 5062 TB, ☎ 82314, « Au milieu des bois » – wc P. ✂
fermé 3 sem. en fév. – **R** *(fermé lundi et après 20 h 30)* (dîner seult) carte env. 48 – **11 ch** ☐ 58/105.

FIAT Sprendlingenstraat 10 ☎ 83568
GM (OPEL) Boxtelsebaan 24 ☎ 16081
NISSAN Beneluxstraat 6 ☎ 15931
PEUGEOT, TALBOT Sprendlingenstraat 5 ☎ 82429
RENAULT Beneluxstraat 8 ☎ 83905
TOYOTA Tilburgseweg 111 ☎ 85015
VAG Sprendlingerstraat 12 ☎ 83226

OLDENZAAL Overijssel 211 ⑨ et 408 ⑬ – 23 626 h. – ☎ 0 5410.

ℹ (fermé sam.) St. Plechelmusplein 3, ✉ 7573 GH, ☎ 14023.

♦Amsterdam 161 – ♦Zwolle 74 – ♦Enschede 11.

Kroon, Steenstraat 17, ✉ 7571 BH, ☎ 12402 – wc wc. AE ⓓ E
R *(fermé après 20 h)* 18/40 – **35 ch** ☐ 38/117 – P 64/88.

Ter Stege, Marktstraat 1, ✉ 7571 ED, ☎ 12102 – ✂ ch
R carte 23 à 41 – **9 ch** ☐ 35/79 – P 53.

XX **Wessels,** Markt 15, ✉ 7571 EC, ☎ 12550 – . AE ⓓ E
fermé lundi – **R** 24/50.

CITROEN Kleibultweg 40 ☎ 14138
FIAT Burg. Wallerstraat 39 ☎ 13100
FORD Enschedesestraat 50 ☎ 14363
GM (OPEL) Vos de Waelstraat 20 ☎ 14461
HONDA Molenkampstraat 34 ☎ 14147
MAZDA Molenstraat 33 ☎ 13806
MERCEDES-BENZ Schelmaatstraat 10 ☎ 15113
MITSUBISHI Ainsworthstraat 26 ☎ 22152
NISSAN Newtonstraat 6 ☎ 15128
RENAULT Oliemolenstraat 4 ☎ 15661
TALBOT, PEUGEOT Nieuwstraat 22 ☎ 13471
TOYOTA Essenlaan 19 ☎ 15260
VAG Eekboerstraat 66 ☎ 13262
VOLVO Spoorstraat 22 ☎ 12514

OLTERTERP Friesland 210 ⑦ – voir à Beetsterzwaag.

OMMEN Overijssel 211 ⑧ et 408 ⑬ – 17 313 h. – ☎ 0 5291.

ℹ Kerkstraat 10, ✉ 7731 CX, ☎ 1638 – ♦Amsterdam 134 – ♦Zwolle 24 – Assen 59 – ♦Enschede 59.

Paping, Stationsweg 29, ✉ 7731 AX, ☎ 1945, , – wc wc ☎ P –
fermé 31 déc. et 1er janv. – **R** *(fermé après 20 h 30)* 26/53 – **39 ch** ☐ 40/96 – P 77/93.

XXX **Zon** avec ch, Voorbrug 1, ✉ 7731 BB, ☎ 1141, « Terrasse avec ≤ riv. Vecht » – wc wc P. AE ⓓ E
fermé 31 déc.-9 janv. – **R** carte 41 à 75 – **16 ch** ☐ 58/95.

au Sud : 5 km :

X **Nieuwe Brug,** Lemelerweg 13, ✉ 7731 PR, ☎ 1723 – P
fermé jeudi de sept. à Pâques et après 19 h 30 – **R** carte 33 à 49.

FIAT Haven Oost 36 ☎ 1261
GM (OPEL) Schurinkstraat 36 ☎ 2550
HONDA, VOLVO Schurinkstraat 40 ☎ 1216
PEUGEOT, TALBOT Patrijsstraat 1 ☎ 1471
RENAULT Stationsweg 24 ☎ 3649
VAG Den Oordt 3 ☎ 1565

OMMOORD Zuid-Holland 212 ⑤ – voir à Rotterdam.

ONNEN Groningen 210 ⑧ et 408 ⑥ – voir à Haren.

OOSTBURG Zeeland 212 ⑫ et 408 ⑮ – 18 461 h. – ☎ 0 1170.

♦Amsterdam (bac) 217 – ♦Middelburg (bac) 20 – ♦Brugge 29 – Knokke-Heist 18.

Commerce et Rest. Brussels, Markt 24, ✉ 4501 BJ, ☎ 2912 – wc wc
R carte 35 à 59 – **20 ch** 45/100 – P 85.

Eenhoorn, Markt 1, ✉ 4501 CJ, ☎ 2728 – AE
fermé sam. d'oct. à mars – **R** 30/80.

FORD Bredestraat 64 ☎ 5071
HONDA Nieuwstraat 60 ☎ 2996
MERCEDES-BENZ, PEUGEOT, TALBOT Bredestraat 23a ☎ 2255
NISSAN Baljuw Veltersweg 1 ☎ 2679
RENAULT Industrieweg 8 ☎ 4171
VAG Industrieweg 6 ☎ 3751

OOSTERBEEK Gelderland 211 ⑯ et 408 ⑫ – 12 136 h. – ☎ 0 85.

(mai-15 sept.) Utrechtseweg 216, ✉ 6862 AZ, ☎ 333172.

♦Amsterdam 97 – ♦Arnhem 4.

Bilderberg M, Utrechtseweg 261, ✉ 6862 AK, ☎ 340843, Télex 45484, « Au milieu d'un parc », – – AE E rest
R 30/53 – **146 ch** 92/190 – P 140.

Strijland, Stationsweg 6, ✉ 6861 EG, ☎ 332136, Télex 16443, – wc wc – AE E rest
R *(fermé après 20 h 30)* 27/35 – **31 ch** 59/140 – P 86/175.

Dreyeroord, Graaf van Rechterenweg 12, ✉ 6861 BR, ☎ 333169, « Terrasse et jardin » – rest wc wc
R *(fermé après 19 h)* (dîner seult) 25 – **28 ch** *(fermé dim.)* 98/150 – P 100/110.

ALFA-ROMEO, NISSAN Veritasweg 1 ☎ 332660
PEUGEOT, TALBOT Jhr. Nedermeyer van Rosenthalweg 87 ☎ 335251
RENAULT Utrechtseweg 198 ☎ 332615

OOSTEREND Friesland 210 ⑤ et 408 ④ – voir Waddeneilanden (Terschelling).

OOSTEREND Noord-Holland 210 ③ et 408 ③ – voir à Waddeneilanden (Texel).

OOSTERHOUT Noord-Brabant 212 ⑥ et 408 ⑰ – 44 994 h. – ☎ 0 1620.

Arendshof 42, ✉ 4901 LH, ☎ 54459.

♦Amsterdam 92 – ♦Breda 8 – ♦'s-Hertogenbosch 38 – ♦Rotterdam 58.

Mooie Keetje, Markt 19, ✉ 4901 EP, ☎ 32306 – AE E
fermé sam. midi, dim. et du 15 au 25 août – **R** 53/75.

Le Bouc, Markt 3, ✉ 4901 EP, ☎ 50888 – AE E
fermé sam.midi, dim.midi et 27 déc.-8 janv. – **R** 58/85.

Monnikhof, Bredaseweg 20a, ✉ 4901 LC, ☎ 31109 – AE E
fermé sam. midi, dim. midi, lundi et 16 juil.-3 août – **R** 35/60.

CITROEN Europaweg 15 ☎ 55850
FIAT Keiweg 57 ☎ 31331
FORD Beneluxweg 5 ☎ 32930
GM (OPEL) St. Antoniusstraat 55 ☎ 55455
MAZDA, ALFA-ROMEO Houtduifstraat 26 ☎ 58506
MITSUBISHI Vondellaan 13 ☎ 55081
NISSAN Houtduifstraat 24 ☎ 60520
RENAULT Tilburgseweg 43 ☎ 31450
TALBOT, PEUGEOT Beneluxweg ☎ 22150
VAG Wisselaar 3 ☎ 59300

OOSTERWOLDE Friesland 210 ⑰⑱ et 408 ⑤ – 9 493 h. – ☎ 0 5160.

♦Amsterdam 194 – ♦Leeuwarden 46 – Assen 30.

De Zon, Stationsstraat 1, ✉ 8431 ET, ☎ 2430 – wc wc E
R carte 35 à 59 – **14 ch** 43/95 – P 65/75.

Kienstobbe, Houtwal 4, ✉ 8431 EW, ☎ 5555, Intérieur rustique – E
fermé lundi et mardi – **R** carte 60 à 78.

PEUGEOT 't Oost 37 ☎ 2070
RENAULT Hornleger 32a ☎ 3966
TOYOTA Venekoterweg 21 ☎ 3939
VAG Venekoterweg 1 ☎ 2161
VOLVO Dertien Aprilstraat 1 ☎ 2400

OOSTKAPELLE Zeeland 212 ② et 408 ⑮ – 2 415 h. – ☎ 0 1188.

Duinweg 2a, ✉ 4356 AS, ☎ 1425.

♦Amsterdam 186 – ♦Middelburg 12.

Zeelandia, Dorpsstraat 39, ✉ 4356 AH, ☎ 1366 – wc ch
R *(fermé dim. et merc. midi d'oct. à Pâques)* carte 24 à 41 – **18 ch** *(15 fév.-oct.)* 32/87.

VOLVO Dertien Aprilstraat 1 ☎ 2400

OOST-VLIELAND Friesland 210 ④ et 408 ③ – voir à Waddeneilanden (Vlieland).

OOSTVOORNE Zuid-Holland 212 ④ et 408 ⑯ – 6 397 h. – ☎ 0 1815.

Oude Veerdam 14 à Rozenburg, Recreatieschap Brielse Maas ☎ (0 1810) 4225.

Stationsweg 55, ✉ 3233 CS, ☎ 2749 – ♦Amsterdam 106 – ♦Den Haag 43 – Brielle 6 – ♦Rotterdam 41.

Duinoord, Zeeweg 23, ✉ 3233 CV, ☎ 2044 – wc wc ☎ P. AE E. ch
R *(fermé après 20 h 30)* carte 33 à 58 – **28 ch** 48/115.

Parkzicht, Stationsweg 61, ✉ 3233 CS, ☎ 2284 – AE
fermé lundi et 28 fév.-10 mars – **R** carte 35 à 70.

BMW De Ruy 20 ☎ 2485
FIAT De Ruy 3 ☎ 2548
HONDA, ALFA-ROMEO Laan van Nieuw Blankenburg à Rozenburg ☎ (0 1819) 16555
MITSUBISHI Voorweg 57 ☎ 3959
RENAULT Voorweg 27 ☎ 2887

OOTMARSUM Overijssel 211 ⑨ et 408 ⑬ – 4 292 h. – ☎ 0 5419.

Voir Village★ – (fermé sam.) Gemeentehuis (Mairie) Markt 1, ✉ 7631 BW, ☎ 2183.

♦Amsterdam 165 – ♦Zwolle 67 – ♦Enschede 28.

Van der Maas, Grotestraat 7, ✉ 7631 BT, ☎ 1281 – TV wc wc. ch
fermé du 10 au 30 nov. – **R** *(fermé après 20 h)* 17/55 – **20 ch** 50/88 – ½ p 63/69.

Vos (annexe), Almelosestraat 1, ✉ 7631 CC, ☎ 1277 – TV wc wc P. E. rest
R *(fermé après 20 h)* 17/48 – **19 ch** 40/80.

Jolanda, Westwal 1, ✉ 7631 BM, ☎ 1728 – wc wc. E. ch
25 fév.-14 nov. et Noël-Nouvel An – **R** *(fermé après 20 h)* 17/20 – **34 ch** 40/70.

De la Poste, Marktstraat 5, ✉ 7631 BX, ☎ 1212 – wc wc. AE E.
mars-oct. – **R** *(fermé après 20 h)* 17 – **14 ch** 38/76.

De Wanne, Stobbenkamp 2, ✉ 7631 CP, ☎ 1270, « Aménagé dans une ferme » – P. AE E
fermé lundi – **R** 45/85.

Kuiperberg avec ch, Almelosestraat 63, ✉ 7631 CD, ☎ 1331, « Intérieur rustique et jardin avec terrasse chauffée », chauffée, – TV wc wc P. AE E. ch
fermé du 2 au 25 janv. – **R** 35/70 – **12 ch** et **8** appartements 145/170.

Twents Ethoes avec ch, Molenstraat 22, ✉ 7631 AZ, ☎ 1306, – wc wc ☎ P. AE E. ch
R 23/40 – **26 ch** 68/110.

près de la route de Denekamp E : 1 km :

De Wiemsel M, Winhofflaan 2, ✉ 7631 HX, ☎ 2155, Télex 44667, « Terrasse et jardin fleuri », – rest TV ☎ P – AE E
R 45/85 – 15 – **4 ch** et **45** appartements 95/150 – P 148/158.

sur la route de Rossum SE : 2 km :

't Bosch, Rossumerstraat 5, ✉ 7636 PK, ☎ 1208 – wc wc P.
fermé fév. – **R** *(fermé après 20 h)* (pension seult) – **45 ch** 40/100 – P 53/68.

à Lattrop NE : 6 km – 260 h. – ☎ 0 5412 :

Herbergh de Holtweijde avec appartements, Spiekweg 7, ✉ 7635 LP, ☎ 9234, « Aménagé dans une ferme », – TV wc ☎ P – AE E.
R carte 44 à 73 – 16 – **22** appartements 80/140.

GM (OPEL) Denekamperstraat 6 ☎ 1577
MITSUBISHI Denekamperstraat 37a ☎ 2152

ORANJEWOUD Friesland 210 ⑯⑰ et 408 ⑤ – voir à Heerenveen.

OSS Noord-Brabant 212 ⑧, 211 ⑮ et 408 ⑱ – 48 830 h. – ☎ 0 4120.

(fermé sam. après-midi) Burgwal 11, ✉ 5341 CP, ☎ 33604.

♦Amsterdam 102 – ♦'s-Hertogenbosch 20 – ♦Eindhoven 51 – ♦Nijmegen 29.

City Hotel, Raadhuislaan 43, ✉ 5341 GL, ☎ 33375, Télex 37470 – TV ☎ P – AE E
R carte 43 à 67 – **30 ch** 83/106.

Wilhelmina, Spoorlaan 56, ✉ 5348 KC, ☎ 22123 – wc
R carte 28 à 49 – **8 ch** 68/75.

De Pepermolen, Peperstraat 22, ✉ 5341 CZ, ☎ 25699 – AE E
fermé sam. midi, dim. midi, merc. et du 15 au 30 juil. – **R** carte 37 à 56.

Die Cortvourt, Hescheweg 25, ✉ 5342 CE, ☎ 46799 – P. E
fermé jeudi et mi-juil.-mi-août – **R** carte 31 à 67.

au Nord-Ouest : 3 km :

Amsteleindse Hoeve, Amsteleindstraat 15, ✉ 5345 HA, ☎ 32600, « Aménagé dans une ferme » – P. AE E.
fermé du 2 au 16 juil., du 22 au 28 fév., sam. midi et dim. – **R** 38/75.

à Haren NE : 6 km – 705 h. – ☎ 0 4122 :

Peppelen, Dorpenweg 6, ✉ 5368 LG, ☎ 460 – P
fermé lundi, mardi et mi-août-début sept. – **R** carte 37 à 63.

BMW Euterpelaan 11 ℱ 22842
BRITISH LEYLAND Hertogensingel 87 ℱ 34304
CITROEN Berghemseweg 26 ℱ 33906
FIAT Hescheweg 13 ℱ 22957
FORD Gotenweg 3 ℱ 37555
GM (OPEL) Oude Molenstraat 27 ℱ 46925
HONDA Euterpelaan 5 ℱ 24670
LADA Spoorlaan 140 ℱ 31175
MAZDA Palestrinastraat 9 ℱ 32194
MERCEDES-BENZ Parallelweg 16 ℱ 37090
MITSUBISHI Lekstraat 11 ℱ 34006
NISSAN Euterpelaan 7 ℱ 40125
PEUGEOT, TALBOT Havenstraat 28 ℱ 32933
RENAULT Griekenweg 29 ℱ 40662
TOYOTA Orlando di Lassostraat 8 ℱ 22212
VAG Prof. Regoutstraat 27 ℱ 23156
VOLVO Molenstraat 183a ℱ 46451

OTTERLO Gelderland 211 ⑯ et 408 ⑫ – 1 943 h. – 0 8382.

Voir Parc National de la Haute Veluwe★★ (Nationaal Park De Hoge Veluwe) : Musée Kröller -Müller★★★ – Parc de sculptures★ (Beeldenpark) E : 1 km.

Arnhemseweg 14, ✉ 6731 BS, ℱ 1254.

♦Amsterdam 79 – ♦Arnhem 29 – ♦Apeldoorn 22.

Sterrenberg, Houtkampweg 1, ✉ 6731 AV, ℱ 1228, – wc – . E
fermé 27 déc.-1er janv. – **R** carte 33 à 67 – **26 ch** 80/135 – P 98/108.

Jagersrust, Dorpsstraat 19, ✉ 6731 AS, ℱ 1231 – wc wc . rest
R *(fermé après 20 h)* carte 29 à 51 – **16 ch** 65/125 – P 75/90.

Witte Hoes, Dorpsstraat 35, ✉ 6731 AS, ℱ 1392 – . rest
15 mars-14 nov. – **R** *(fermé après 20 h)* 20/36 – **12 ch** 40/70.

Wever, Onderlangs 35, ✉ 6731 BK, ℱ 1220, ← – wc .
17 mars-27 oct. – **R** *(fermé après 19 h)* (pens. seult) – **12 ch** 35/85 – P 58/63.

OUDDORP Zuid-Holland 212 ③ et 408 ⑯ – 5 321 h. – 0 1878.

Hofdijksweg 30 a, ✉ 3253 KB, ℱ 1789.

♦Amsterdam 121 – ♦Den Haag 70 – ♦Rotterdam 53 – Zierikzee 28.

't Schouwtje, Weststraat 19, ✉ 3253 AR, ℱ 1456 – E.
fermé jeudi et janv. – **R** carte 47 à 63.

OUDENBOSCH Noord-Brabant 212 ⑤ et 408 ⑰ – 12 331 h. – 0 1652.

♦Amsterdam 128 – Bergen op Zoom 20 – ♦Breda 20 – ♦Rotterdam 52.

Tivoli, St. Bernaertstraat 36, ✉ 4731 GP, ℱ 2412. E
R carte 29 à 54 – **10 ch** 38/65 – P 57/64.

Kroon, Markt 35, ✉ 4731 HM, ℱ 2535 – wc
fermé sam. et du 15 au 30 juil. – **R** *(fermé après 20 h 30)* 23/29 – **7 ch** 30/100.

CITROEN, MAZDA Bosschendijk 195 ℱ 2393
MITSUBISHI Bosschendijk 201 ℱ 4622

OUDERKERK AAN DE AMSTEL Noord-Holland 211 ③ et 408 ⑩ – 5 924 h. – 0 2963.

♦Amsterdam 10 – ♦Den Haag 58 – ♦Haarlem 24 – ♦Utrecht 31.

Voir plan d'Agglomération d'Amsterdam

Paardenburg, Amstelzijde 55, ✉ 1184 TZ, ℱ 1210, « Vieille Auberge » – . AE E — CS **y**
fermé merc. et du 1er au 15 janv. – **R** 68/98.

Het Kampje, Kerkstraat 56, ✉ 1191 JE, ℱ 1943 — CS **e**
fermé merc., sam. midi, dim. midi et 23 avril.-8 mai – **R** 40/50.

Bistro Klein Paardenburg, Amstelzijde 59, ✉ 1184 TZ, ℱ 1335 — CS **y**
fermé sam. midi, dim., lundi et 23 déc.-1er janv. – **R** 85.

De Oude Smidse, Achterdijk 2, ✉ 1191 JK, ℱ 1262, Aménagé dans une ancienne forge
fermé lundi, mardi et 16 juil.-7 août – **R** 35/70. — CS **s**

au Sud-Est : 3 km par Ronde Hoep Oost :

Voetangel, Ronde Hoep Oost 3, ✉ 1191 KA, ℱ (0 2946) 1373 –
fermé merc. et jeudi – **R** carte 39 à 60.

MERCEDES-BENZ Holendrechterweg 21B ℱ 3513
TOYOTA Aart van der Neerweg 1 ℱ 1325

OUDEWATER Utrecht 211 ⑬ et 408 ⑩ – 7 051 h. – 0 3486.

IJsselveere 17, ✉ 3421 BV, ℱ 1453.

♦Amsterdam 55 – ♦Utrecht 22 – ♦Den Haag 44 – ♦Rotterdam 37.

Stadswapen, Rodezand 42, ✉ 3421 BB, ℱ 1414 – AE E
fermé lundi – **R** carte 40 à 65.

Seelt, IJsselveere 17, ✉ 3421 BV, ℱ 1453 – . AE E
fermé dim. et merc. soir – **R** carte 29 à 51.

De Roos, Havenstraat 1, ✉ 3421 BS, ℱ 1323 – AE E
fermé fin sept.-mi-oct. – **R** carte 40 à 83.

BRITISH LEYLAND Utrechtsestraatweg 39 ℱ 1259
MAZDA Goudsestraatweg 20 ℱ 2109
NISSAN Goudsestraatweg 10 ℱ 1273
RENAULT Molenstraat 9 ℱ 1259

OUD-LOOSDRECHT Utrecht 211 ④ et 408 ⑪ – voir à Loosdrecht.

OUWERKERK Zeeland 212 ③ et 408 ⑯ – 610 h. – ✆ 0 1114.

♦Amsterdam 145 – ♦Middelburg 48 – ♦Rotterdam 66 – Zierikzee 8.

✕ **Aub. la Butte,** Ring 39, ✉ 4305 AG, ☎ 1241 – AE ⓓ E
fermé mardi – **R** carte 48 à 62.

BMW Kon. Julianastraat 5 ☎ 1473

OVERLOON Noord-Brabant 212 ⑨⑩ et 408 ⑲ – 3 246 h. – ✆ 0 4788.

♦Amsterdam 157 – ♦'s-Hertogenbosch 72 – ♦Eindhoven 47 – ♦Nijmegen 42.

✕ **'t Aaw Pastorieke,** Venrayseweg 5, ✉ 5825 AA, ☎ 1733 – Ⓟ. AE ⓓ E. ✻
fermé du 8 au 23 fév., du 18 au 26 août et lundi – **R** 42/60.

GM (OPEL) Irenestraat 10 ☎ 1312

PAPENDRECHT Zuid-Holland 212 ⑤⑥ et 408 ⑰ – 25 058 h. – ✆ 0 78.

♦Amsterdam 90 – ♦Den Haag 48 – ♦Rotterdam 22 – ♦Utrecht 57.

Voir plan d'Agglomération de Dordrecht

près de l'autoroute Rotterdam-Gorinchem A 15 NE : 1 km :

Crest H. Papendrecht, Lange Tiendweg 2, ✉ 3353 CW, ☎ 152099, Télex 29331 – |♦| TV
⇔wc ⌂wc ☎ Ⓟ – 🏛. AE ⓓ E BY **h**
R carte 31 à 68 – **83 ch** ☕ 115/187.

GM (OPEL) Rembrandtlaan 1 ☎ 155500
MITSUBISHI, RENAULT Veerweg 175 ☎ 150611
NISSAN Lange Tiendweg 4 ☎ 151971
PEUGEOT, TALBOT Geulweg 12 ☎ 151428
TOYOTA Noordhoek 51 ☎ 157300
VAG Burg. Keyzerweg 1 ☎ 152455

PATERSWOLDE Drenthe 210 ⑧ et 408 ⑥ – 4 473 h. – ✆ 0 5907.

ℹ Gemeentehuis, Irenelaan 1 a, ✉ 9765 AL, ☎ 1231.

♦Amsterdam 206 – Assen 19 – ♦Groningen 10.

Familie H. Paterswolde et Rest. Merle Blanc, Groningerweg 19, ✉ 9765 TA, ☎ 1831,
Télex 77157, ✕ – TV Ⓟ – 🏛. AE ⓓ E. ✻ rest
R carte 43 à 85 – **56 ch** ☕ 87/156 – ½ p 84/100.

HONDA Groningerweg 6 ☎ 1283
LADA Groningerweg 8 ☎ 2449
PEUGEOT, TALBOT Hooiweg 161 ☎ 1775
TOYOTA Hoofdweg 202 ☎ 3026

PESSE Drenthe 210 ⑱ et 408 ⑬ – voir à Hoogeveen.

PHILIPPINE Zeeland 212 ⑬ et 408 ⑯ – 2 075 h. – ✆ 0 1159.

♦Amsterdam (bac) 204 – ♦Middelburg (bac) 34 – ♦Gent 35 – Sint-Niklaas 43.

✕✕ **Auberge des Moules,** Visserslaan 3, ✉ 4553 BE, ☎ 265, Produits de la mer – Ⓟ. AE ⓓ E
fermé lundi, 3 prem.sem.juin et 20 déc.-3 janv. – **R** carte 34 à 60.

✕ **Fijnproever,** Visserslaan 1, ✉ 4553 BE, ☎ 313, Moules en saison – Ⓟ. AE
fermé jeudi et 15 mai-6 juin – **R** 49/64.

PIAAM Friesland 210 ⑮ – voir à Workum.

PLAN DELTA (Travaux du) ** 212 ② à ⑤, ⑫ à ⑭ et 408 ⑮ à ⑰, ㉒㉕ G. Hollande.

PURMEREND Noord-Holland 211 ③ et 408 ⑩ – 38 166 h. – ✆ 0 2990.

ℹ Kaasmarkt 3, ✉ 1441 BG, ☎ 23054 (le sam. ☎ 32331).

♦Amsterdam 24 – Alkmaar 25 – ♦Leeuwarden 117.

Waterlandhotel sans rest, Herengracht 1, ✉ 1441 EV, ☎ 23981 – ⇔wc ⌂wc ☎
9 ch ☕ 62/70.

✕✕ **Bellevue,** Tramplein 9, ✉ 1441 GP, ☎ 26450 – AE ⓓ E
fermé lundi – **R** 19/80.

à Neck SO : 2 km – 757 h. – ✆ 0 2990 :

✕ **Mario,** Neck 15, ✉ 1456 AA, ☎ 23949, Cuisine italienne – Ⓟ
fermé lundi, mardi et 15 août-4 sept. – **R** (dîner seult sauf dim.) carte 44 à 62.

BMW, FIAT Purmerenderweg 103 ☎ 27251
BRITISH LEYLAND Flevostraat 66 ☎ 27257
CITROEN Zuiderweg 114 ☎ 27651
FORD Nieuwstraat 24 ☎ 23891
GM (OPEL) Purmerenderweg P2 ☎ 28152
HONDA, ALFA-ROMEO Kwadijkerkoogweg 6 ☎ 33551
LADA van IJsendijkstraat 413 ☎ 21351
MAZDA, VOLVO van IJsendijkstraat 178 ☎ 30251
MERCEDES-BENZ Kwadijkerkoogweg 8 ☎ 21100
NISSAN van IJsendijkstraat 385 ☎ 32027
MITSUBISHI Wagenweg 10g ☎ 23741
RENAULT Purmerenderweg 169 ☎ 23127
TALBOT, PEUGEOT Purmerenderweg 113 ☎ 27151
TOYOTA van IJsendijkstraat 393 ☎ 26494
VAG Burg. D. Kooimanweg 14 ☎ 25751

PUTTEN Gelderland 211 ⑤ et 408 ⑪ – 19 351 h. – ☎ 0 3418.

Dorpsstraat 18, ✉ 3881 BD, ☎ 51777.

♦Amsterdam 66 – ♦Arnhem 52 – ♦Apeldoorn 41 – ♦Utrecht 48 – ♦Zwolle 49.

X **'t Puttertje** avec ch, Poststraat 17, ✉ 3881 BM, ☎ 51305 – P.
fermé sam. et dim. en hiver – **R** *(fermé après 20 h)* 17/43 – **5 ch** 48/70.

sur l'autoroute A 28 O : 4 km :

Postiljon Motel Nulde-Putten M, Strandboulevard 3, ✉ 3882 RN, ☎ 56464, Télex 47867, wc wc P – AE E
R 17/33 – 9 – **38 ch** 55/100.

CITROEN Dorpsstraat 68 ☎ 51351
FIAT Stationsstraat 44 ☎ 53141
FORD Voorthuizerstraat 90 ☎ 51496
LADA Nijkerkerstraat 54 ☎ 51323
RENAULT Achterstraat 20 ☎ 53838
TALBOT, PEUGEOT Lage Engweg 6 ☎ 52436

PUTTERSHOEK Zuid-Holland 212 ⑤ et 408 ⑰ – 5 773 h. – ☎ 0 1856.

♦Amsterdam 103 – Dordrecht 17 – ♦Rotterdam 21.

X **De Wijnzolder,** 1er étage, Schouteneinde 60, ✉ 3297 AV, ☎ 1832, Intérieur rustique – P. AE E
fermé sam. midi, dim. midi, mardi et 21 juil.-12 août – **R** 42/105.

MAZDA P. Repelaarstraat 68 ☎ 1718
MITSUBISHI Sportlaan 1 ☎ 1630

RAALTE Overijssel 211 ⑦ et 408 ⑫ – 25 101 h. – ☎ 0 5720.

(fermé sam. après-midi) Koestraat 2, ✉ 8102 CA, ☎ 2406.

♦Amsterdam 124 – ♦Zwolle 21 – ♦Apeldoorn 35 – ♦Enschede 50.

Zwaan et Rest. Fontaine, Kerkstraat 2, ✉ 8102 EA, ☎ 3122, – rest wc wc P – . AE E
R 25/45 – **19 ch** 38/95 – P 73/83.

sur la route d'Almelo E : 3 km :

XX **Bagatelle,** Nijverdalseweg 10, ✉ 8106 AC, ☎ 1551, , Intérieur rustique – P
fermé mardi du 2 oct. au 5 mai et 27 déc.-5 janv. – **R** carte 36 à 85.

FIAT Kanaalstraat O.Z. 15a ☎ 1876
FORD, VOLVO Stationsstraat 32 ☎ 4200
GM (OPEL) Heesweg 21 ☎ 6263
NISSAN Westdorplaan 126 ☎ 1806
PEUGEOT, TALBOT Lifgerusstraat 1 ☎ 2323
RENAULT Zwolsestraat 6 ☎ 1360
TOYOTA Keizersveldweg 8 ☎ 1361
VAG Acacialaan 2 ☎ 1121

RAAMSDONKSVEER Noord-Brabant 212 ⑥ et 408 ⑰ – 12 327 h. – ☎ 0 1621.

♦Amsterdam 86 – ♦'s-Hertogenbosch 34 – ♦Breda 18 – ♦Rotterdam 55.

Huis ten Deijl, Wihelminalaan 6, ✉ 4941 GK, ☎ 12441 – wc. AE E
fermé 24 déc.-3 janv. – **R** *(fermé sam. et dim.)* 20/37 – **12 ch** 35/75 – P 60/65.

LADA Lange Broekstraat 5 ☎ 13338
MAZDA Luiten Ambachtstraat 41 ☎ 12991
VOLVO Bergsedijk 2 ☎ 13650

RAVENSTEIN Noord-Brabant 212 ⑧ et 408 ⑱ – 7 686 h. – ☎ 0 8867.

♦Amsterdam 110 – ♦Nijmegen 17 – ♦'s-Hertogenbosch 31.

XX **Rôtiss. De Ravenshoeve,** Grotestraat 5, ✉ 5371 BV, ☎ 2803, « Aménagé dans une ferme du 19e s. » – P. AE E.
fermé lundi – **R** (dîner seult) carte 44 à 72.

REEUWIJK Zuid-Holland 211 ⑬ et 408 ⑩ – voir à Gouda.

RENESSE Zeeland 212 ③ et 408 ⑯ – 1 511 h. – ☎ 0 1116.

De Zoom 17, ✉ 4325 BG, ☎ 2120.

♦Amsterdam 140 – Goes 38 – ♦Rotterdam 68.

Zeeuwse Stromen , Motelweg 5, ✉ 4325 GL, ☎ 2040, Télex 55604, « A la lisière des dunes », , – wc wc P – . AE E. rest
fermé 20 déc.-4 janv. – **R** carte 46 à 63 – **80 ch** 87/165.

X **Rietnisse,** Oude Moolweg 9, ✉ 4325 EA, ☎ 1215 – P. AE E
fermé lundi et nov. – **R** (dîner seult sauf en saison) carte 36 à 63.

MERCEDES-BENZ, HONDA Hogezoom 202 ☎ 1370

Les hôtels ou restaurants agréables sont indiqués dans le guide par un signe rouge.

Aidez-nous en nous signalant les maisons où, par expérience, vous savez qu'il fait bon vivre.

Votre guide Michelin sera encore meilleur.

...

XXXXX ... X

RENKUM Gelderland 211 ⑯ et 408 ⑫ – 34 009 h. – ☎ 0 8373.
•Amsterdam 90 – •Arnhem 13 – •Utrecht 52.

XX **Campman,** Rijksweg 188, ✉ 6871 AX, ☎ 12221 – Ⓟ. AE ⓓ E. ✻
fermé 31 déc. – **R** 22/40.

à Heelsum E : route d'Arnhem – ☎ 0 8373 :

Klein Zwitserland et Rest. de Kriekel ⑤, Klein Zwitserlandlaan 5, ✉ 6866 DS, ☎ 19104, Télex 45627, <, ⑤, ✻ – |₿| TV ☎ Ⓟ – ♣. AE ⓓ E. ✻ rest
R 48 – **62 ch** ▭ 117/200 – P 150.

XXX ✿ **Kromme Dissel,** Klein Zwitserlandlaan 5, ✉ 6866 DS, ☎ 13118, « Aménagé dans une ferme » – Ⓟ. AE ⓓ E. ✻
fermé lundi – **R** carte 65 à 88
Spéc. Soupe de homard, Selle d'agneau, Selle de chevreuil.

FIAT Groeneweg 73a ☎ 13400
HONDA Utrechtseweg 43 à Heelsum ☎ 12157

RETRANCHEMENT Zeeland 212 ⑪ et 408 ⑮ – voir à Sluis.

REUVER Limburg 212 ⑳ et 408 ⑲ – 5 637 h. – ☎ 0 4704.
•Amsterdam 190 – •Maastricht 60 – Roermond 13 – Venlo 12.

sur la route de Swalmen SO : 2 km :

XXX **Kasteel Waterloo** avec ch, Rijksweg 12, ✉ 5953 AE, ☎ 3030, ✻, « Château dans un parc », ✻ – TV ⇔wc ⋒wc ☎ Ⓟ. AE ⓓ E
R 35/68 – **10 ch** ▭ 70/125 – P 85/113.

RHEDEN Gelderland 211 ⑰ et 408 ⑫ – 48 755 h. – ☎ 0 8309.
•Amsterdam 110 – •Arnhem 12 – •Apeldoorn 34 – •Enschede 80.

XX **Bronckhorst,** Arnhemsestraatweg 105, ✉ 6991 JJ, ☎ 2207 – Ⓟ. AE ⓓ E
fermé sam. midi et dim. midi – **R** 25/40.

sur la route de Posbank NO : 1 km :

XXX **De Wildwal,** Schietbergseweg 28, ✉ 6991 JD, ☎ 1655, « Terrasse avec < bois » – Ⓟ. AE
fermé mardi du 1er oct. au 30 avril – **R** 25/50.

Si vous écrivez à un hôtelier à l'étranger,
joignez à votre lettre un coupon-réponse international.
(disponible dans les bureaux de poste).

RHENEN Utrecht 211 ⑮ et 408 ⑪ – 17 123 h. – ☎ 0 8376.
ℹ Fred.v.d.Paltshof 46, ✉ 3911 LB, ☎ 2333.
•Amsterdam 79 – •Utrecht 41 – •Arnhem 24 – •Nijmegen 33.

X Stichtse Oever, avec ch, Veerplein 1, ✉ 3911 TN, ☎ 2777, <, Collection de poupées – Ⓟ
mars-oct. – 5 ch.

sur la colline du Grebbeberg :

't Paviljoen, Grebbeweg 105, ✉ 3911 AV, ☎ 9003, < – |₿| ⇔wc ⋒wc Ⓟ. AE ⓓ E
R 22/79 – ▭ 11 – **37 ch** 45/90.

XX **Grebbeberg,** Grebbeweg 101, ✉ 3911 AV, ☎ 2163, < – Ⓟ. AE ⓓ E
R carte 37 à 70.

au Nord-Ouest : 1 km :

Koerheuvel, Koerheuvelweg 5, ✉ 3911 XE, ☎ 2435, < – |₿| ⇔wc ⋒wc Ⓟ – ♣. AE ⓓ E
fermé 31 déc. – **R** 29/35 – **18 ch** ▭ 43/73 – P 68.

sur la route d'Elst NO : 2 km :

XX **'t Kalkoentje,** Utrechtsestraatweg 143, ✉ 3911 TS, ☎ 2344, < – Ⓟ. AE ⓓ. ✻
fermé lundi midi, sam. midi, dim. et 28 déc.-14 janv. – **R** carte 42 à 90.

FIAT Herenstraat 22 ☎ 2484
FORD Grebbeweg 3 ☎ 2100
TOYOTA Valleiweg 16 ☎ 2181
VAG Nieuwe Veenendaalseweg 118 ☎ 3093

RHOON Zuid-Holland 212 ⑤ et 408 ⑰ – 7 045 h. – ☎ 0 1890.
⛳ Nieuwe Polder, Veerweg, ☎ (0 1890) 8058.
•Amsterdam 86 – •Den Haag 36 – •Breda 52 – •Rotterdam 11.

Voir plan d'Agglomération de Rotterdam

XX **Kasteel van Rhoon,** Dorpsdijk 63, ✉ 3161 KD, ☎ 8896, Aménagé dans la dépendance du château – Ⓟ. AE ⓓ AT **b**
fermé sam. midi – **R** 39/91.

CITROEN Dorpsdijk 204 ☎ 5800

ROCKANJE Zuid-Holland 212 ③④ et 408 ⑯ – 5 794 h. – ✆ 0 1814.

Dorpsplein 16 a, ✉ 3235 AD, ☎ 1600.

♦Amsterdam 111 – ♦Den Haag 48 – Hellevoetsluis 10 – ♦Rotterdam 46.

sur la route de la plage O : 1 km :

Badhotel Rockanje, Tweede Slag 1, ✉ 3235 CR, ☎ 1755, Télex 26075, chauffée – rest wc wc – . AE E. ch
R *(fermé 1er janv.)* 28/55 – 10 – **57 ch** 75/110.

't Golfie, Swinsedreef 22, ✉ 3235 AR, ☎ 1214, Avec crêperie – AE E
fermé lundi, mardi et 20 déc.-4 janv. – **R** 28/80.

ALFA-ROMEO Molendijk 22 ☎ 1981
BRITISH LEYLAND Middeldijk 8 ☎ 2355
VOLVO Molendijk 18 ☎ 1255

RODEN Drenthe 210 ⑧ et 408 ⑥ – 17 126 h. – ✆ 0 5908.

♦Amsterdam 205 – ♦Groningen 15 – ♦Leeuwarden 56 – ♦Zwolle 94.

Bitse, Schoolstraat 2, ✉ 9301 KC, ☎ 16452 – AE E
fermé sam. midi, lundi et 21 sept.-4 oct. – **R** carte 48 à 79.

Brinkhoeve, Brink 19, ✉ 9301 JK, ☎ 14166 – . AE E
R (dîner seult) carte 40 à 72.

FORD Produktieweg 20 ☎ 16855
HONDA 1e Energieweg 18 ☎ 19229
PEUGEOT, TALBOT Kastelaan 24 ☎ 19691
RENAULT Ceintuurbaan Noord 122 ☎ 16474
TOYOTA Nieuweweg 28 ☎ 18353
VAG Energieweg 17 ☎ 19793
VOLVO Leeksterweg 22 ☎ 19503

Die im Michelin-Führer
*verwendeten Zeichen und Symbole haben - **fett** oder dünn gedruckt, in Rot oder **Schwarz** - jeweils eine andere Bedeutung. Lesen Sie daher die Erklärungen (S. 28-35) aufmerksam durch.*

In this guide,
*a symbol or a character, printed in red or **black**, in **bold** or light type, does not have the same meaning. Please read the explanatory pages carefully (pp. 36 to 43).*

ROERMOND Limburg 212 ⑳ et 408 ⑲ – 38 192 h. – ✆ 0 4750.

à Beek par ④ : 34 km ☎ (0 4402) 72640.

Markt 24, ✉ 6051 EM, ☎ 33205.

♦Amsterdam 178 ⑤ – ♦Maastricht 47 ④ – Düsseldorf 65 ② – ♦Eindhoven 50 ⑤ – Venlo 25 ①.

Plan page ci-contre

De la Station M, Stationsplein 9, ✉ 6041 GN, ☎ 16548 – wc wc – . AE E — Z n
fermé sam. midi et dim. midi – **R** carte 47 à 83 – **20 ch** 61/122.

La Cascade, Koolstraat 3 (dans le passage), ✉ 6041 EJ, ☎ 19274 — Y r
fermé lundi et 23 déc.-7 janv. – **R** carte 48 à 75.

Kraanpoort, Kraanpoort 1, ✉ 6041 EG, ☎ 32621, Intérieur vieil hollandais – — Y s
fermé lundi et 2e quinz. juil. – **R** 33/50.

Tin-San, Varkensmarkt 1, ✉ 6041 ET, ☎ 32679, Rest. chinois – — Y a
R 17/33.

à Boukoul par ① : 6,5 km – 1 205 h. – ✆ 0 4740 :

Graeterhof avec ch, Graeterweg 23, ✉ 6071 ND, ☎ 1340 – wc . AE E. rest
R carte 40 à 69 – **9 ch** 58/90 – P 85/93.

au passage frontière par ② : 7 km :

Cox, Maalbroek 102, ✉ 6042 KN, ☎ 21154 – wc . AE E
R *(fermé 25 et 26 déc.)* 17/30 – **14 ch** 40/100.

ALFA-ROMEO Raadhuisstraat 16 ☎ 21092
BMW Bredeweg 18 ☎ 30440
BRITISH LEYLAND Keulsebaan 501 ☎ 23923
CITROEN Bredeweg 369 ☎ 10033
FIAT Hendriklaan 2 ☎ 18170
FORD Godsweerdersingel 27 ☎ 16161
GM (OPEL), VOLVO Oranjelaan 802 ☎ 23351
LADA Gebroeklaan 29 ☎ 22634
MERCEDES-BENZ Molengriendweg 7 ☎ 15342
MITSUBISHI Wilhelminalaan 5 ☎ 29346
PEUGEOT, TALBOT Mijnheerkensweg 29 ☎ 17352
RENAULT Oranjelaan 10 ☎ 15541
VAG Minderbroedersingel 2a ☎ 16461

ROERMOND

Bergstr.	Y	2
Brugstr.	Y	
Hamstr.	Z	
Markt	Y	
Munsterpl.	Z	
Neerstr.	Z	
Steenweg	Y	32
Varkensmarkt	Y	35
Dr. Leursstr.	Z	5
Julianalaan	Y	6
Kapellerpoort	Z	7
Kloosterwandstr.	Z	9
Kraanpoort	Y	10
Leliestr.	YZ	12
Lindanusstr.	Y	14
Marktstr.	Y	15
Molenstr.	Z	16
Mgr. Driessenstr.	Z	18
Mgr. Evertsstr.	Z	19

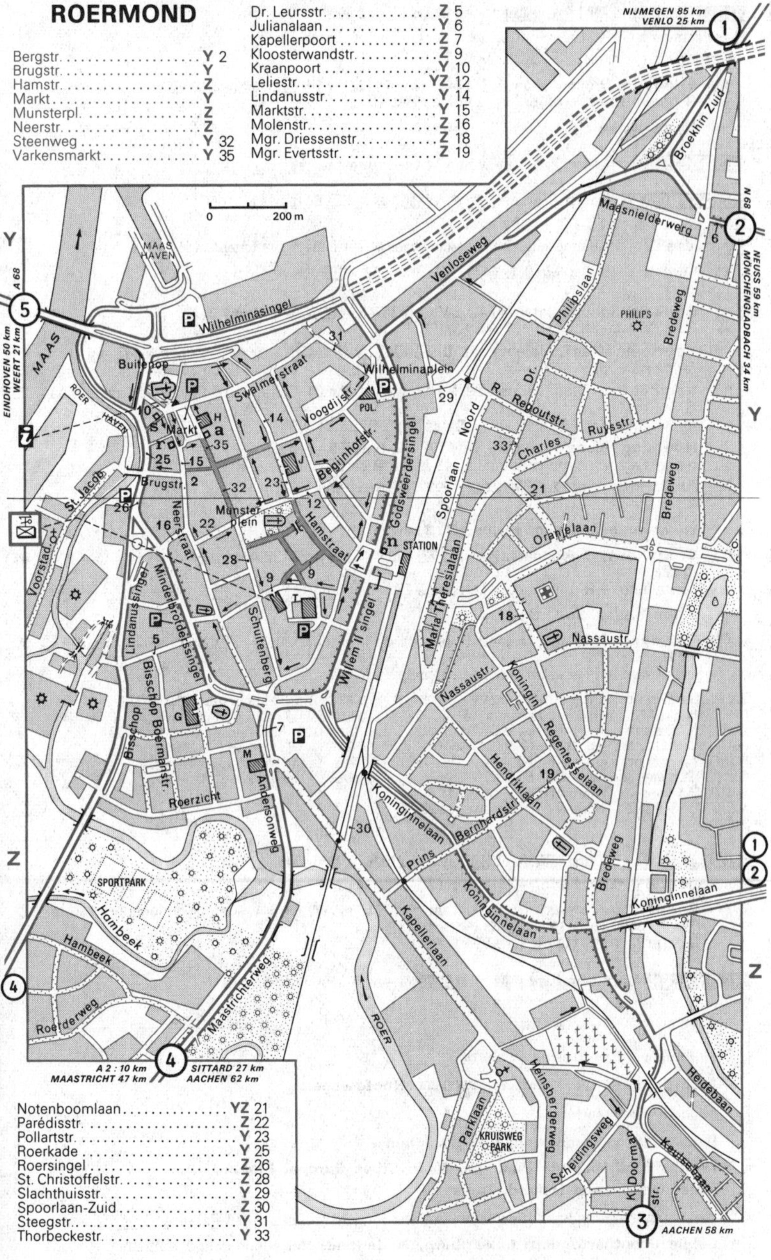

Notenboomlaan	YZ	21
Parédisstr.	Z	22
Pollartstr.	Y	23
Roerkade	Y	25
Roersingel	Z	26
St. Christoffelstr.	Z	28
Slachthuisstr.	Y	29
Spoorlaan-Zuid	Z	30
Steegstr.	Y	31
Thorbeckestr.	Y	33

Die **Michelin-Karten** werden laufend auf dem neuesten Stand gehalten.

ROLDE Drenthe 210 ⑲ et 408 ⑥ – 5 863 h. – ✆ 0 5924.

Gieterstraat 1, ✉ 9451 AR, ✆ 1375.

♦Amsterdam 191 – Assen 6 – ♦Groningen 33.

Erkelens, Grolloerstraat 1, ✉ 9451 KA, ✆ 1221 – TV wc wc ✆ P. AE
R *(fermé après 20 h)* 18/28 – **23 ch** 65/120.

TOYOTA Grolloerstraat 46 ✆ 1293

ROODKERK Friesland 210 ⑥ – voir à Leeuwarden.

ROOSENDAAL Noord-Brabant 212 ⑤ et 408 ⑰ – 55 754 h. – ✆ 0 1650.

Dr. Braberstraat 9, ✉ 4701 AT, ✆ 41850.

♦Amsterdam 127 – ♦'s-Hertogenbosch 75 – ♦Antwerpen 44 – ♦Breda 25 – ♦Rotterdam 56.

Central, Stationsplein 9, ✉ 4702 VZ, ✆ 35657 – TV wc wc
20 ch.

Goderie, Spoorstraat 6, ✉ 4702 VK, ✆ 35745 – wc . AE ⓓ E
R 18/65 – **26 ch** 50/105 – P 85/105.

Poort van Kleef, Molenstraat 70, ✉ 4701 JV, ✆ 34713 – wc wc ✆. E. ✻ ch
fermé sam., dim. midi et du 11 au 31 juil. – **R** 35/48 – 10 – **12 ch** 29/75.

Van der Put, Bloemenmarkt 9, ✉ 4701 JA, ✆ 33504, Collection de pendules anciennes – AE E
fermé lundi et du 8 au 22 juil. – **R** carte 48 à 91.

Hoefslag, Bloemenmarkt 3, ✉ 4701 JA, ✆ 33755 – ⓓ E
fermé sam. midi, merc. et du 4 au 19 juil. – **R** carte 31 à 76.

Azië, Brugstraat 12, ✉ 4701 LE, ✆ 37237, Rest. chinois
R 19/22.

sur la route de Steenbergen NO : 3 km :

Vroenhout, Vroenhoutseweg 21, ✉ 4703 SG, ✆ 32632, « Aménagé dans une ferme » – P. AE
fermé lundi – **R** (dîner seult) carte 49 à 73.

à Roosendaal Sud : S : 4 km :

Catszand, 1er étage, 't Zand 10 (à côté de la piscine), ✉ 4707 VX, ✆ 36629, ≤ – P. AE ⓓ E
fermé sam.midi et lundi – **R** carte 41 à 83.

BMW Burg. Prinsensingel 101 ✆ 39324
BRITISH LEYLAND van Beethovenlaan 9 ✆ 36566
CITROEN Burgerhoutsestraat 194 ✆ 52688
FIAT Burg. Freyterslaan 130 ✆ 37355
FORD Adm. Lonckestraat 1 ✆ 36924
GM (OPEL) van Beethovenlaan 6 ✆ 36750
LADA Wouwseweg 11 ✆ 40110
MERCEDES-BENZ, NISSAN Bredaseweg 223 ✆ 37990
MITSUBISHI Spoorstraat 108 ✆ 33722
PEUGEOT, TALBOT Bredaseweg 67 ✆ 36328
RENAULT Rucphensebaan 1 ✆ 49130
TOYOTA Rechtzaad 1 ✆ 32050
VAG Laan van België 53 ✆ 34964
VOLVO Gastelseweg 147 ✆ 53040

ROOSTEREN Limburg 212 ⑲ et 408 ⑲ – 1 720 h. – ✆ 0 4745.

♦Amsterdam 186 – ♦Eindhoven 57 – ♦Maastricht 31 – Roermond 18.

Roosterhoeve avec ch, Hoekstraat 29, ✉ 6116 AW, ✆ 641, Aménagé dans une ferme – TV wc wc ✆ P – E. ✻ rest
R carte 34 à 76 – **14 ch** 60/95 – P 90.

ROSMALEN Noord-Brabant 212 ⑧ et 408 ⑱ – voir à 's-Hertogenbosch.

ROTTERDAM Zuid-Holland 211 ⑫ et 408 ㉔㉕ – 568 167 h. – ☎ 0 10.

Voir Le port*** (Haven) (p. 6) KZ – Lijnbaan* (p. 6) JKY – Église St-Laurent (Grote- of St. Laurenskerk) : intérieur* (p. 6) KY D – Euromast* (※**, ≤*) (p. 6) JZ.

Musées : Boymans van Beuningen*** (p. 6) JZ – Historique* "De Dubbelde Palmboom" (p. 4) EV M¹.

Kralingseweg 200 (p. 3) DS ☎ (0 10) 527646.

Zestienhoven (p. 2) BR ☎ (0 10) 157633 (renseignements) et (0 10) 155430, 372745 (réservations).

(départs de 's-Hertogenbosch) ☎ (0 10) 117100.

Europoort vers Kingston-upon-Hull : liaison de bateaux de la Cie Noordzee Veerdiensten (North Sea Ferries) ☎ (0 1819) 62077.

Stadhuisplein 19, ✉ 3012 AR, ☎ 136000, Télex 21228 et Centraal Station ☎ 136006.

♦Amsterdam 76 ② – ♦Den Haag 26 ② – ♦Antwerpen 103 ④ – ♦Bruxelles 149 ④ – ♦Utrecht 57 ③.

Sauf indication spéciale voir emplacements p. 6

Hilton International Rotterdam, Weena 10, ✉ 3012 CM, ☎ 144044, Télex 22666 – rest – AE E. rest — JKY a
R *(fermé sam. midi et dim. midi)* carte 40 à 86 – 22 – **259 ch** 200/340.

Parkhotel, Westersingel 70, ✉ 3015 LB, ☎ 363611, Télex 22020 – rest – AE E. — JZ a
R carte 40 à 72 – **95 ch** 112/227 – P 150.

Atlanta, Aert van Nesstraat 4, ✉ 3012 CA, ☎ 110420, Télex 21595 – – AE E — KY e
R 38 – 16 – **170 ch** 124/183 – P 185.

Central et Rest. Alexander, Kruiskade 12, ✉ 3012 EH, ☎ 140744, Télex 24040 – rest – AE E. rest — KY u
R carte 31 à 74 – **64 ch** 107/193 – P 135/175.

Rijnhotel et Rest. Falstaff, Schouwburgplein 1, ✉ 3012 CK, ☎ 333800, Télex 21640 – – AE E — JY e
140 ch 101/202 – P 164/246.

Emma sans rest, Nieuwe Binnenweg 6, ✉ 3015 BA, ☎ 365533, Télex 25320 – wc . AE E — JZ w
26 ch 140/150.

Savoy, Hoogstraat 81, ✉ 3011 PJ, ☎ 139280, Télex 21525 – wc wc . AE E. rest — KY n
R *(fermé sam. et dim.)* (dîner seult) carte 33 à 55 – **94 ch** 107/141.

Pax sans rest, Schiekade 658, ✉ 3032 AK, ☎ 653107 – wc. AE E — JY m
45 ch 51/108.

Van Walsum, Mathenesserlaan 199, ✉ 3014 HC, ☎ 363275 – wc wc . AE E. rest — JZ e
R *(fermé après 20 h)* 25 – **18 ch** 50/100 – P 75/90.

Baan sans rest, Rochussenstraat 345, ✉ 3023 DH, ☎ 770555 – wc. plan p. 4 EV z
fermé 15 juil.-14 août et 15 déc.-4 janv. – **14 ch** 45/88.

Breitner sans rest, Breitnerstraat 23, ✉ 3015 XA, ☎ 360262 – wc . AE E — JZ d
14 ch 40/90.

Holland sans rest, Provenierssingel 7, ✉ 3033 ED, ☎ 653100 – AE E — JY n
24 ch 48/80.

Heemraad sans rest, Heemraadssingel 90, ✉ 3021 DE, ☎ 775461 – wc. E. — plan p. 4 EUV e
5 – **10 ch** 40/80.

XXX ❀ **Coq d'Or,** 1er étage, van Vollenhovenstraat 25, ✉ 3016 BG, ☎ 366405, (bar avec repas rapide) – . AE — KZ a
fermé sam., dim. et jours fériés – **R** carte 48 à 85
Spéc. Suprême de turbot moscovite, Selle d'agneau, Saumon mariné à l'aneth.

XXX **Old Dutch,** Rochussenstraat 20, ✉ 3015 EK, ☎ 360242, « Intérieur vieil hollandais » – . AE E — JZ r
fermé sam., dim., Pâques et Pentecôte – **R** carte 66 à 117.

XXX **La Vilette,** Westblaak 160, ✉ 3012 KM, ☎ 148692 – . AE E — JZ t
fermé sam. midi, dim., jours fériés et 16 juil.-5 août – **R** carte 83 à 115.

XXX **Euromast** (Rest. The Balloon à mi-hauteur d'une tour de 180 m - Entrée : 6 Fl), Parkhaven 20, ✉ 3016 GM, ☎ 364811, ※ ville et port – . AE E — JZ
fermé lundi et mardi du 15 oct. à mars – **R** carte 55 à 88.

XXX **Archipel,** Westblaak 82, ✉ 3012 KM, ☎ 116533, Rest. indonésien – . AE E — JKZ v
R 24/40.

XX **Beef Eater,** Stationsplein 45, ✉ 3013 AK, ☎ 119551, Pub rest. anglais – . AE E — JY v
R carte 17 à 34.

XX **Chez François,** Stationsplein 45, ✉ 3013 AK, ☎ 119551, Bistro-restaurant – . AE E — JY v
R carte 17 à 34.

XX **Don Quijote,** Stationsplein 45, ✉ 3013 AK, ☎ 119551, Rest. espagnol – . AE E — JY v
R carte 17 à 34.

tourner →

ROTTERDAM
AGGLOMÉRATION

Adriaan Volkerlaan	DS	3
Bergse Dorpsstr.	CR	4
Boezembocht	CR	7
Boezemlaan	CR	8
Boszoom	DR	10
Broersvest	AS	13
Burg. van Haarenlaan	AS	14
Burg. Knappertlaan	AS	15
G. K. van Hogendorpweg	BR	26
Gordelweg	CR	30
s-Gravelandseweg	AS	32
Groene Hilledijk	CT	34
Jasonweg	CR	46
Korperweg	BT	55
Kralingse Zoom	DS	58
Kreekhuizenlaan	DT	59
Marathonweg	DS	63
Melanchtonweg	BR	69
Molenlaan	CR	75
Oranjestr.	AS	79
Rotterdamsedijk	AS	87
Rozenlaan	CR	88
Schiedamseweg	AS	90
Stadionweg	DS	96
Terbregseweg	DR	102
Vinkenbaan	CT	112
Vlaardingerdijk	AS	115
Weissenbruchlaan	CR	125
Zuiderparkweg	CT	131

Répertoire des Rues
voir Rotterdam p. 7

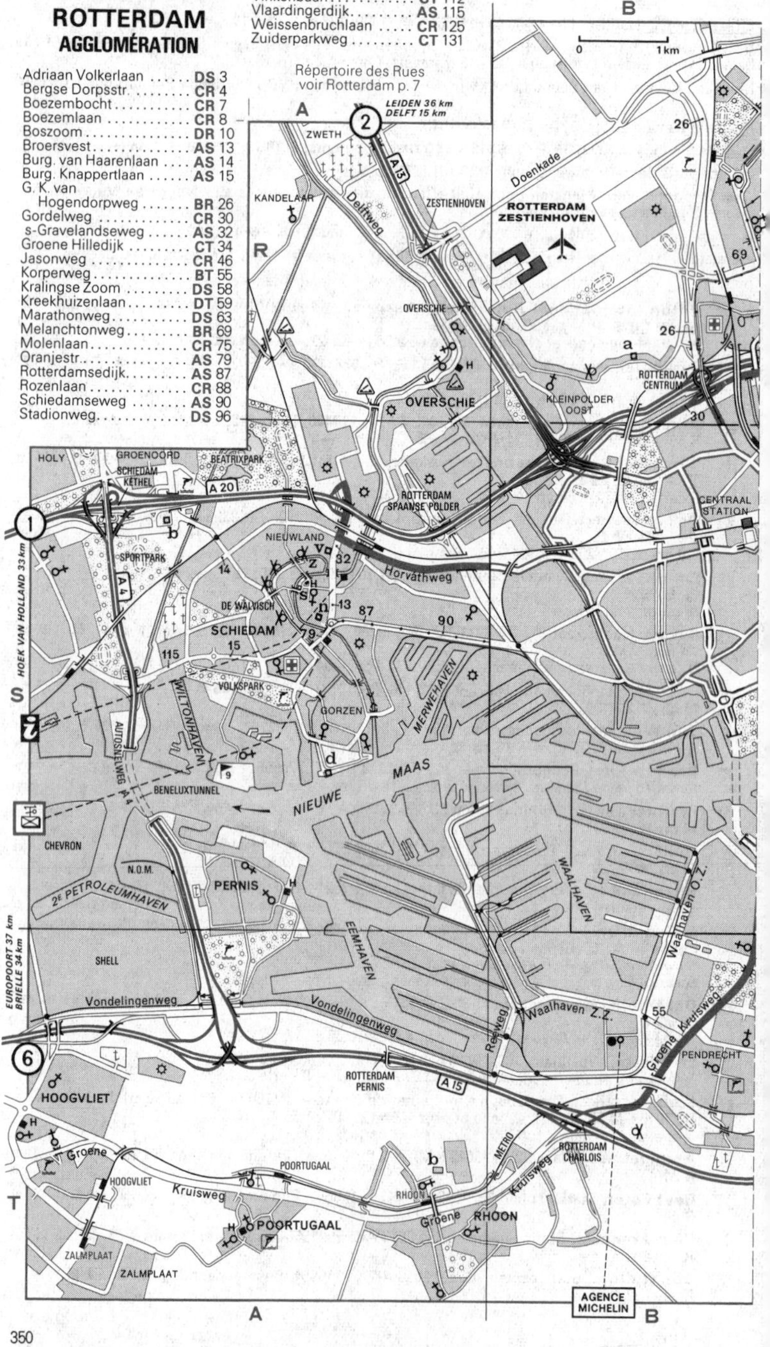

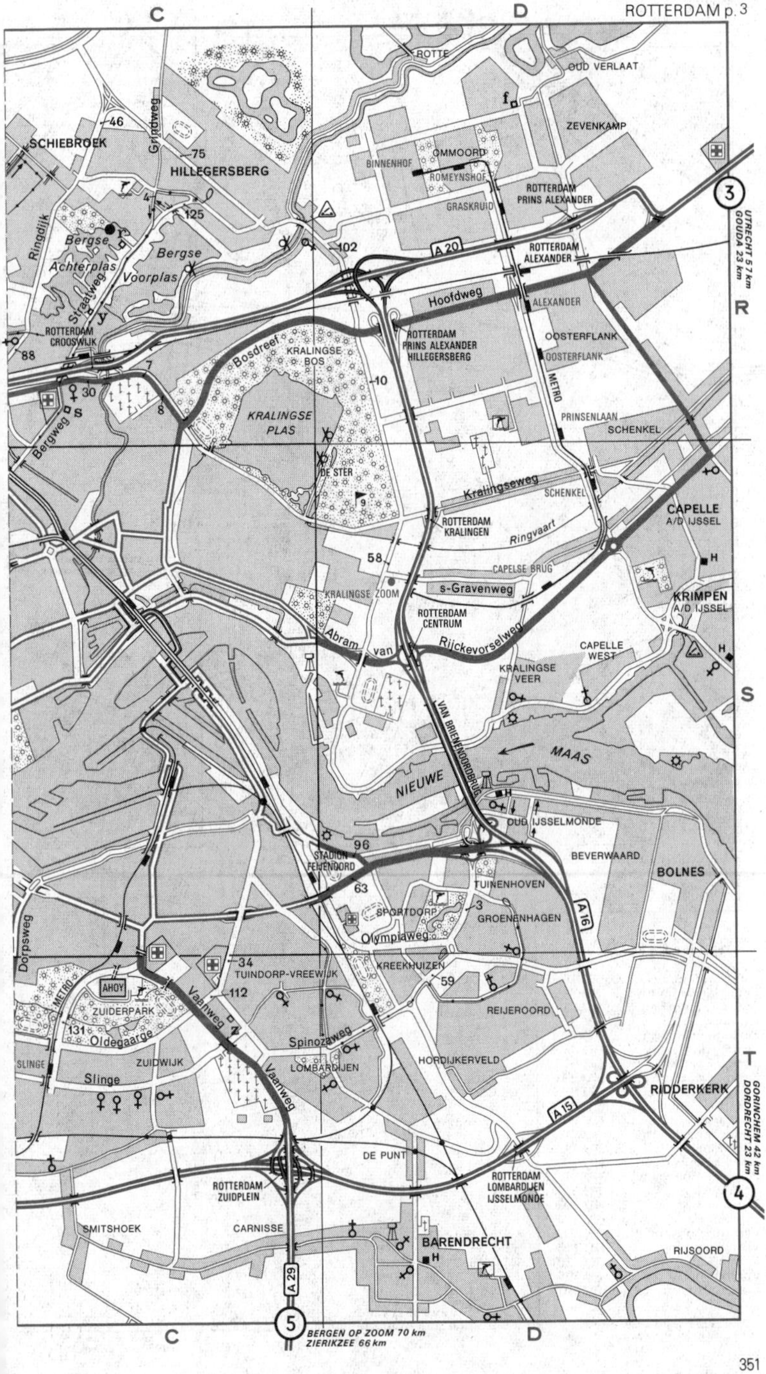
C
D
ROTTE
OUD VERLAAT
ZEVENKAMP
SCHIEBROEK
HILLEGERSBERG
Grindweg
Ringdijk
Bergse
Achterplas
Straatweg
Bergse
Voorplas
BINNENHOF
OMMOORD
ROMEYNSHOF
GRASKRUID
ROTTERDAM
PRINS ALEXANDER
ROTTERDAM
ALEXANDER
A 20
Hoofdweg
ALEXANDER
OOSTERFLANK
OOSTERFLANK
ROTTERDAM
PRINS ALEXANDER
HILLEGERSBERG
ROTTERDAM
CROOSWIJK
Bosdreef
KRALINGSE
BOS
KRALINGSE
PLAS
DE STER
METRO
PRINSENLAAN
SCHENKEL
SCHENKEL
Kralingseweg
Bergweg
ROTTERDAM
KRALINGEN
Ringvaart
CAPELLE
A/D IJSSEL
CAPELSE BRUG
s-Gravenweg
KRALINGSE ZOOM
ROTTERDAM
CENTRUM
KRIMPEN
A/D IJSSEL
Abram van Rijckevorselweg
CAPELLE
WEST
KRALINGSE
VEER
VAN BRIENENOORDBRUG
MAAS
NIEUWE
OUD IJSSELMONDE
BEVERWAARD
BOLNES
STADION
FEIJENOORD
TUINENHOVEN
SPORTDORP
GROENENHAGEN
A 16
Olympiaweg
KREEKHUIZEN
Dorpsweg
METRO
AHOY
TUINDORP-VREEWIJK
ZUIDERPARK
Oldegaarde
Vaanweg
Spinozaweg
REIJEROORD
HORDIJKERVELD
SLINGE
ZUIDWIJK
Slinge
LOMBARDIJEN
Vaanweg
RIDDERKERK
A 15
DE PUNT
ROTTERDAM
ZUIDPLEIN
ROTTERDAM
LOMBARDIJEN
IJSSELMONDE
SMITSHOEK
CARNISSE
BARENDRECHT
RIJSOORD
A 29
3
UTRECHT 57 km
GOUDA 23 km
R
S
T
GORINCHEM 42 km
DORDRECHT 23 km
4
5
BERGEN OP ZOOM 70 km
ZIERIKZEE 66 km
C
D

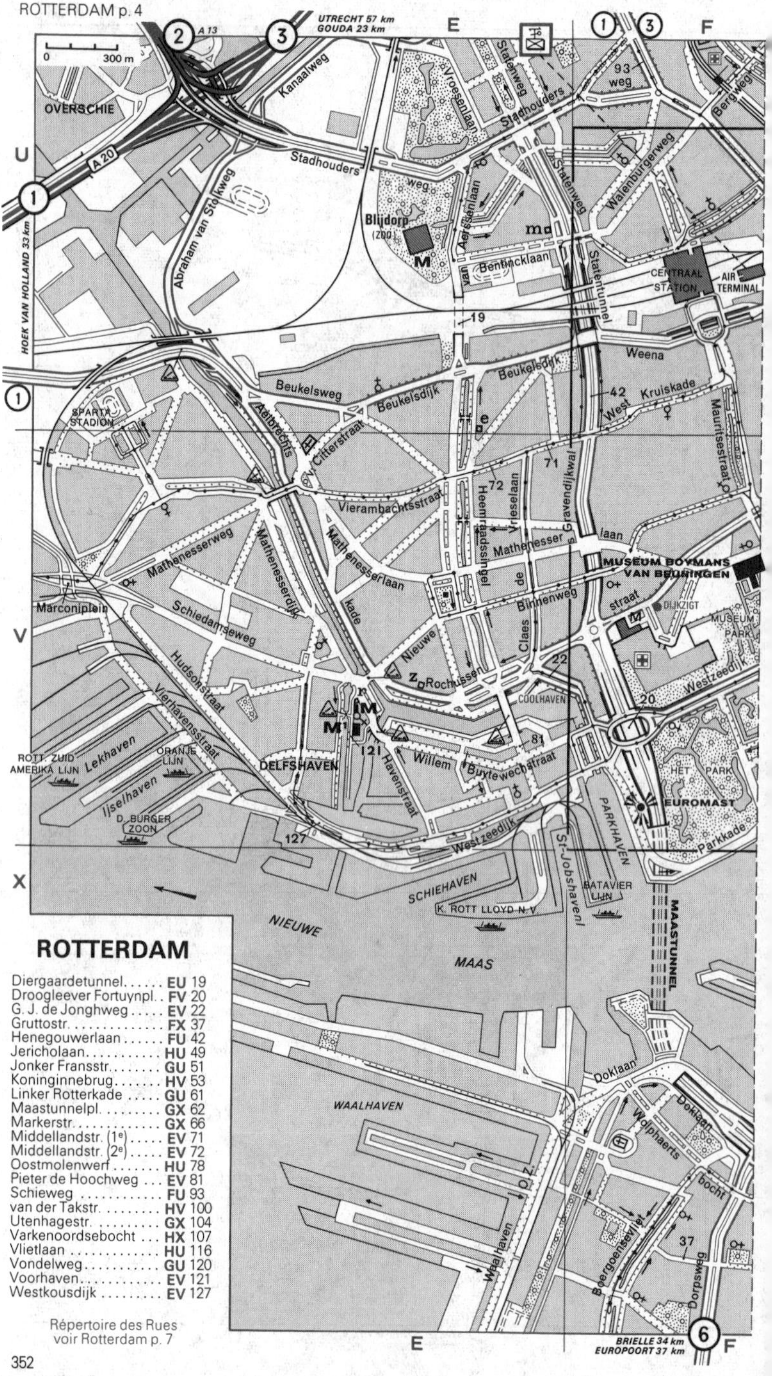

ROTTERDAM

Diergaardetunnel. . . . . . EU 19
Droogleever Fortuynpl. . FV 20
G. J. de Jonghweg . . . . . EV 22
Gruttostr. . . . . FX 37
Henegouwerlaan . . . . . . FU 42
Jericholaan. . . . . HU 49
Jonker Fransstr. . . . . . . GU 51
Koninginnebrug. . . . . . . HV 53
Linker Rotterkade . . . . . GU 61
Maastunnelpl. . . . . GX 62
Markerstr. . . . . GX 66
Middellandstr. (1e) . . . . . EV 71
Middellandstr. (2e) . . . . . EV 72
Oostmolenwerf . . . . HU 78
Pieter de Hoochweg . . . EV 81
Schieweg . . . . FU 93
van der Takstr. . . . . HV 100
Utenhagestr. . . . . GX 104
Varkenoordsebocht . . . HX 107
Vlietlaan . . . . HU 116
Vondelweg. . . . . GU 120
Voorhaven. . . . . EV 121
Westkousdijk . . . . EV 127

Répertoire des Rues
voir Rotterdam p. 7

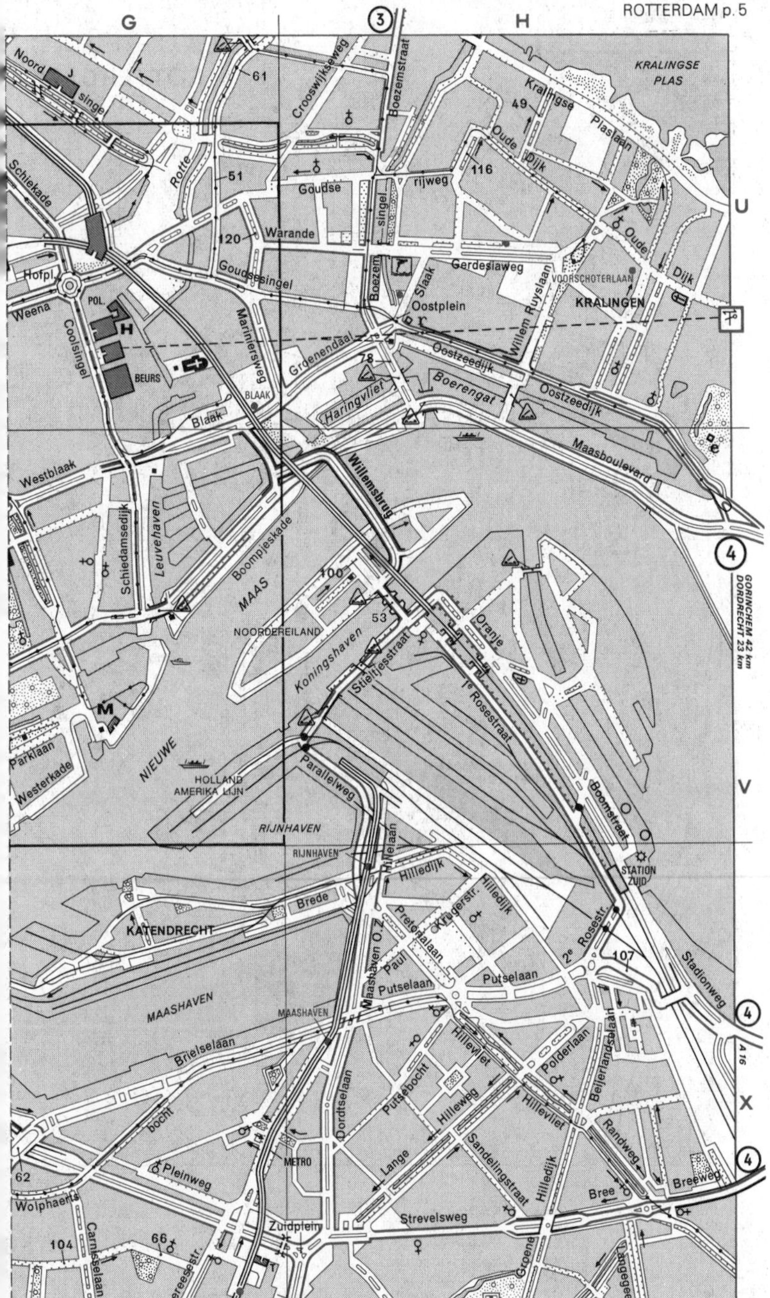
G
H
3
KRALINGSE PLAS
Noord
singel
61
Crooswijkseweg
Boezemstraat
Kralingse
Plaslaan
49
Oude
Dijk
116
Schiekade
Rotte
51
Goudse
rijweg
Warande
120
Boezem
singel
Slaak
Gerdesiaweg
Willem Ruyslaan
VOORSCHOTERLAAN
Oude
Dijk
U
Hofpl.
Weena
POL.
H
Goudsesingel
Oostplein
KRALINGEN
Coolsingel
Mariniersweg
Groenendaal
78
Oostzeedijk
BEURS
BLAAK
Blaak
Haringvliet
Boerengat
Oostzeedijk
Maasboulevard
Westblaak
Willemsbrug
Schiedamsedijk
Leuvehaven
Boompjeskade
MAAS
4
GORINCHEM 42 km
DORDRECHT 23 km
100
53
NOORDEREILAND
Oranje
Koningshaven
Stieltjesstraat
1e Rosestraat
M
Parklaan
Westerkade
NIEUWE
HOLLAND
AMERIKA LIJN
Parallelweg
Boomstraat
V
RIJNHAVEN
RIJNHAVEN
Hillelaan
Hilledijk
STATION
ZUID
Brede
Krugerstr.
Hilledijk
KATENDRECHT
Pretorialaan
Paul
Rosestr.
2e Rosestr.
107
Maashaven O.Z.
Putselaan
Putselaan
Stadionweg
MAASHAVEN
MAASHAVEN
4
A 16
Brielselaan
Hillevliet
Polderlaan
Beijerlandselaan
Dordtselaan
Putsebocht
Hilleweg
Hillevliet
X
bocht
Randweg
62
METRO
Lange
Sandelingstraat
4
Pleinweg
Hilledijk
Bree
Breeweg
Wolphaerts
Strevelsweg
Zuidplein
104
Carnisselaan
66
Goereesestr.
Groene
Langegeer
ZUIDPLEIN
A 29
5
BERGEN OP ZOOM 70 km
ZIERIKZEE 66 km

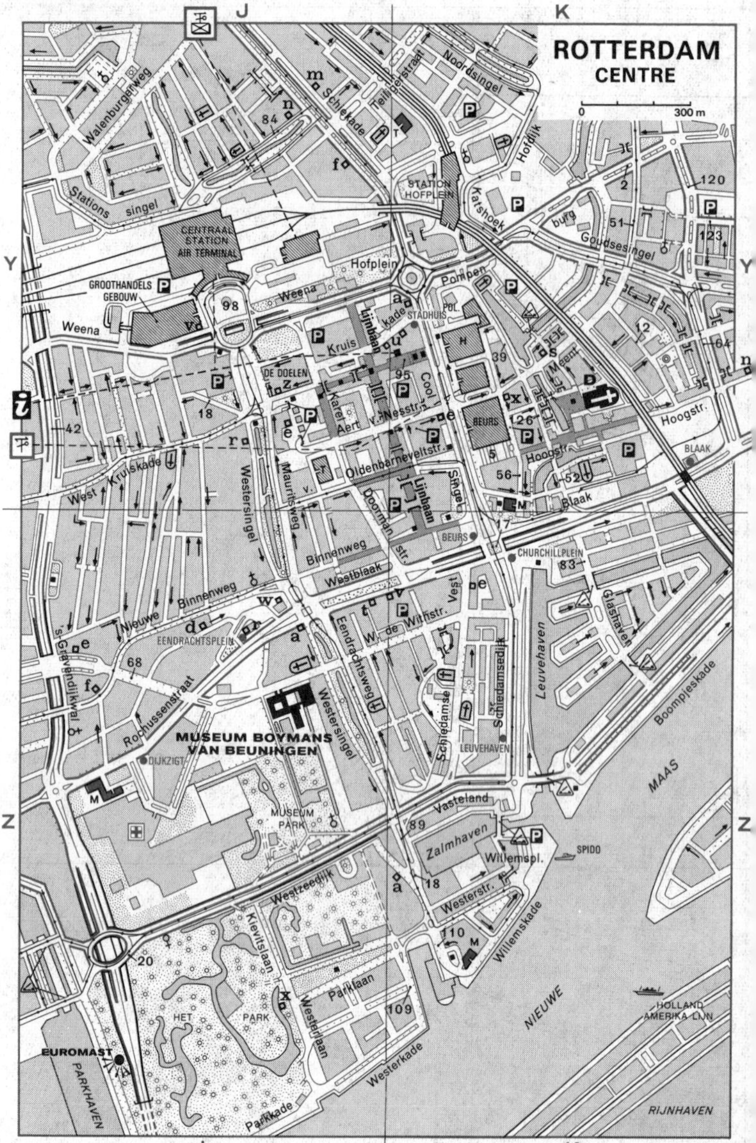

Adm. de Ruyterweg **KY**2
Beurspl. **KY**5
Botersloot **KY**12
Churchillpl. **KZ**17
Diergaardesingel. **JY**18
Droogleever Fortuynpl. **JZ**20
Haagseveer **KY**39
Henegouwerlaan. **JY**42
Jonker Fransstr. **KY**51
Keizerstr. **KY**52
Korte Hoogstr. **KY**56
Mariniersweg **KY**64
Mathenesserlaan. **JZ**68
Posthoornstr. **KZ**83
Provenierssingel **JY**84
Scheepstimmermanslaan ... **KZ**89
Stadhuispl. **KY**95
Stationspl. **JY**98
Veerhaven **KZ**109
Veerkade **KZ**110
van Vollenhovenstr. **KZ**118
Vondelweg **KY**120
Warande **KY**123
Westewagenstr. **KY**126

Répertoire des Rues
voir Rotterdam p. 7

RÉPERTOIRE DES RUES DU PLAN DE ROTTERDAM

Beurspl.	p. 6	**KY**	5
Binnenweg	p. 6	**JZ**	
Hoogstr.	p. 6	**KY**	
Karel Doormanstr.	p. 6	**JY**	
Korte Hoogstr.	p. 6	**KY**	56
Lijnbaan	p. 6	**KYZ**	
Stadhuispl.	p. 6	**KY**	95
Abraham van Stolkweg	p. 4	**EU**	
Abram van Rijckevorselweg	p. 3	**DS**	
Adm. de Ruyterweg	p. 6	**KY**	2
Adriaan Volkerlaan	p. 3	**DS**	3
Aelbrechtskade	p. 4	**EV**	
van Aerssenlaan	p. 4	**EU**	
Aert van Nesstr.	p. 6	**JKY**	
Bentincklaan	p. 4	**EU**	
Bergse Dorpsstr.	p. 3	**CR**	4
Bergweg	p. 4	**FU**	
Beukelsdijk	p. 4	**EU**	
Beukelsweg	p. 4	**EU**	
Beurspl.	p. 6	**KY**	5
Beijerlandselaan	p. 5	**HX**	
Binnenweg	p. 6	**JZ**	
Blaak	p. 6	**KY**	
Boergoensevliet	p. 4	**FX**	
Boezembocht	p. 3	**CR**	7
Boezemlaan	p. 3	**CR**	8
Boezemstr.	p. 5	**HU**	
Boezemsingel	p. 5	**HU**	
Bommpjeskade	p. 6	**KZ**	
Bosdreef	p. 3	**CR**	
Boszoom	p. 3	**DR**	10
Botersloot	p. 6	**KY**	12
Brede Hilledijk	p. 5	**HX**	
Bree	p. 5	**HX**	
Breeweg	p. 5	**HX**	
Brielselaan	p. 5	**GX**	
v. Brienenoordbrug	p. 3	**DS**	
Broersvest	p. 2	**AS**	13
Burg. van Haarenlaan	p. 2	**AS**	14
Burg. Knappertlaan	p. 2	**AS**	15
Carnisselaan	p. 5	**GX**	
Churchillpl.	p. 6	**KZ**	17
van Cittersstr.	p. 4	**EV**	
Claes de Vrieselaan	p. 4	**EV**	
Coolsingel	p. 6	**KY**	
Crooswijkseweg	p. 5	**HU**	
Delftweg	p. 2	**AR**	
Diergaardesingel	p. 6	**JY**	18
Diergaardetunnel	p. 4	**EU**	19
Doenkade	p. 2	**BR**	
Doklaan	p. 4	**FX**	
Dordtselaan	p. 5	**HX**	
Dorpsweg	p. 4	**FX**	
Droogleever Fortuynpl.	p. 6	**JZ**	20
Eendrachtsweg	p. 6	**JZ**	
Gerdesiaweg	p. 5	**HU**	
G. J. de Jonghweg	p. 4	**EV**	22
G. K. van Hogendorpweg	p. 2	**BR**	26
Glashaven	p. 6	**KZ**	
Goereesestr.	p. 5	**GX**	
Gordelweg	p. 3	**CR**	30
Goudserijweg	p. 5	**HU**	
Goudsesingel	p. 6	**KY**	
's-Gravelandseweg	p. 2	**AS**	32
's-Gravendijkwal	p. 6	**JZ**	
's-Gravenweg	p. 3	**DS**	
Grindweg	p. 3	**CR**	
Groene Hilledijk	p. 3	**CT**	34
Groene Kruisweg	p. 2	**ABT**	
Groenendaal	p. 5	**HU**	
Gruttostr.	p. 4	**FX**	37
Haagseveer	p. 6	**KY**	39
Havenstr.	p. 4	**EV**	
Heemraadssingel	p. 4	**EV**	
Henegouwerlaan	p. 6	**JY**	42
Hilledijk	p. 5	**HX**	
Hillelaan	p. 5	**HX**	
Hillevliet	p. 5	**HX**	
Hofdijk	p. 6	**KY**	
Hofpl.	p. 6	**JY**	
Hoofdweg	p. 3	**DR**	
Hoogstr.	p. 6	**KY**	
Horvathweg	p. 2	**AS**	
Hudsonstr.	p. 4	**EV**	
Jasonweg	p. 3	**CR**	46
Jericholaan	p. 5	**HU**	49
Jonker Fransstr.	p. 6	**KY**	51
Kanaalweg	p. 4	**EU**	
Karel Doormanstr.	p. 6	**JY**	
Katshoek	p. 6	**KY**	
Keizerstr.	p. 6	**KY**	52
Kievitslaan	p. 6	**JZ**	
Koninginnebrug	p. 5	**HV**	53
Korperweg	p. 2	**BT**	55
Korte Hoogstr.	p. 6	**KY**	56
Kralingse Plaslaan	p. 5	**HU**	
Kralingseweg	p. 3	**DS**	
Kralingse Zoom	p. 3	**DS**	58
Kreekhuizenlaan	p. 3	**DT**	59
Kruiskade	p. 6	**JY**	
Langegeer	p. 5	**HX**	
Lange Hilleweg	p. 5	**HX**	
Linker Rottekade	p. 5	**GU**	61
Lijnbaan	p. 6	**KYZ**	
Maasboulevard	p. 5	**HU**	
Maashaven O. Z.	p. 5	**HX**	
Maastunnel	p. 4	**FX**	
Maastunnelpl.	p. 5	**GX**	62
Marathonweg	p. 3	**DS**	63
Marconipl.	p. 4	**EV**	
Mariniersweg	p. 6	**KY**	64
Markerstr.	p. 5	**GX**	66
Mathenesserdijk	p. 4	**EV**	
Mathenesserlaan	p. 6	**JZ**	68
Mathenesserweg	p. 4	**EV**	
Mauritsweg	p. 6	**JYZ**	
Meent	p. 6	**KY**	
Melanchtonweg	p. 2	**BR**	69
Middellandstr. (1^{e})	p. 4	**EV**	71
Middellandstr. (2^{e})	p. 4	**EV**	72
Molenlaan	p. 3	**CR**	75
Nieuwe Binnenweg	p. 4	**EV**	
Noordsingel	p. 5	**GU**	
Oldegaarde	p. 3	**CT**	
van Oldenbarneveltstr.	p. 6	**JKY**	
Olympiaweg	p. 3	**DS**	
Oostmolenwerf	p. 5	**HU**	78
Oostpl.	p. 5	**HU**	
Oostzeedijk	p. 5	**HU**	
Oranjeboomstr.	p. 5	**HV**	
Oranjestr.	p. 2	**AS**	79
Oude Dijk	p. 5	**HU**	
Parallelweg	p. 5	**HV**	
Parkkade	p. 6	**JZ**	
Parklaan	p. 6	**JZ**	
Paul Krugerstr.	p. 5	**HX**	
Pieter de Hoochweg	p. 4	**EV**	81
Pleinweg	p. 5	**GX**	
Polderlaan	p. 5	**HX**	
Pompenburg	p. 6	**KY**	
Posthoornstr.	p. 6	**KZ**	83
Pretorialaan	p. 5	**HX**	
Provenierssingel	p. 6	**JY**	84
Putsebocht	p. 5	**HX**	
Putselaan	p. 5	**HX**	
Randweg	p. 5	**HX**	
Reeweg	p. 2	**BT**	
Ringdijk	p. 3	**CR**	
Rochussenstr.	p. 6	**JZ**	
Rosestr. (1^{e})	p. 5	**HV**	
Rosestr. (2^{e})	p. 5	**HX**	
Rotterdamsedijk	p. 2	**AS**	87
Rozenlaan	p. 3	**CR**	88
Sandelingstr.	p. 5	**HX**	
Scheepstimmermanslaan	p. 6	**KZ**	89
Schiedamsedijk	p. 6	**KZ**	
Schiedamsevest	p. 6	**KZ**	
Schiedamseweg	p. 2	**AS**	90
Schiekade	p. 6	**JY**	
Schieweg	p. 4	**FU**	93
Slaak	p. 5	**HU**	
Slinge	p. 3	**CT**	
Spinozaweg	p. 3	**CT**	
Stadhoudersweg	p. 4	**EU**	
Stadhuispl.	p. 6	**KY**	95
Stadionweg	p. 3	**DS**	96
Statentunnel	p. 4	**FU**	
Statenweg	p. 4	**EU**	
Stationspl.	p. 6	**JY**	98
Stationssingel	p. 6	**JY**	
Stieltjesstr.	p. 5	**HV**	
Straatweg	p. 3	**CR**	
Strevelsweg	p. 5	**HX**	
van der Takstr.	p. 5	**HV**	100
Teilingerstr.	p. 6	**JKY**	
Terbregseweg	p. 3	**DR**	102
Utenhagestr.	p. 5	**GX**	104
Vaanweg	p. 3	**CT**	
Varkenoordsebocht	p. 5	**HX**	107
Vasteland	p. 6	**KZ**	
Veerhaven	p. 6	**KZ**	109
Veerkade	p. 6	**KZ**	110
Vierambachtsstr.	p. 4	**EV**	
Vierhavensstr.	p. 4	**EV**	
Vinkenbaan	p. 3	**CT**	112
Vlaardingerdijk	p. 2	**AS**	115
Vlietlaan	p. 5	**HU**	116
van Vollenhovenstr.	p. 6	**KZ**	118
Vondelingenweg	p. 2	**AT**	
Vondelweg	p. 6	**KY**	120
Voorhaven	p. 4	**EV**	121
Vroesenlaan	p. 4	**EU**	
Waalhaven O. Z.	p. 4	**EX**	
Waalhaven Z. Z.	p. 2	**BT**	
Walenburgerweg	p. 6	**JY**	
Warande	p. 6	**KY**	123
Watergeusstr.	p. 4	**EV**	
Weena	p. 6	**JY**	
Weissenbruchlaan	p. 3	**CR**	125
Westblaak	p. 6	**JKZ**	
Westerkade	p. 6	**KZ**	
Westerlaan	p. 6	**JZ**	
Westersingel	p. 6	**JZ**	
Westerstr.	p. 6	**KZ**	
Westewagenstr.	p. 6	**KY**	126
Westkousdijk	p. 4	**EV**	127
West-Kruiskade	p. 6	**JY**	
Westzeedijk	p. 4	**EV**	
Willem Buytewechstr.	p. 4	**EV**	
Willem Ruyslaan	p. 5	**HU**	
Willemsbrug	p. 5	**HV**	
Willemskade	p. 6	**KZ**	
Willemspl.	p. 6	**KZ**	
Witte de Withstr.	p. 6	**KZ**	
Wolphaertsbocht	p. 5	**GX**	
Zuiderparkweg	p. 3	**CT**	131
Zuidpl.	p. 5	**HX**	

XX **New Yorker,** Stationsplein 45, ⊠ 3013 AK, ☎ 119551, Counter-restaurant – ▤. AE ⓓ E
R carte 17 à 34. JY **v**

XX **Tokaj,** Stationsplein 45, ⊠ 3013 AK, ☎ 119551, Rest. hongrois – ▤. AE ⓓ E JY **v**
R carte 17 à 34.

XX **Viking,** Stationsplein 45, ⊠ 3013 AK, ☎ 119551, Rest. scandinave – ▤. AE ⓓ E JY **v**
R carte 17 à 34.

XX **Harmonie,** Schouwburgplein 53, ⊠ 3012 CL, ☎ 333888 – AE ⓓ E JY **z**
fermé sam., dim. et mi-juil.-mi-août – **R** carte 51 à 71.

XX **Indonesia,** 1er étage, Rodezand 34, ⊠ 3011 AN, ☎ 148588, Rest. indonésien – AE ⓓ E
R 23/30. KY **x**

XX **Aub. Marie Louise,** Bergweg 64, ⊠ 3036 BC, ☎ 671919 – AE ⓓ E plan p. 3 CR **s**
fermé lundi – **R** carte 60 à 90.

XX **Statenhof,** Bentinckplein 1, ⊠ 3039 KL, ☎ 661508 – E plan p. 4 EU **m**
R 33/80.

XX **Bistrocôte,** Havenstraat 9, ⊠ 3024 SE, ☎ 778083 – AE ⓓ E plan p. 4 EV **r**
fermé sam. midi, dim. midi et merc. – **R** carte 47 à 74.

XX **Nieuwe Plas,** Oostplein 27, ⊠ 3061 CG, ☎ 146688 plan p. 5 HU **r**
◆ **R** 23/85.

XX **Chalet Suisse,** Kievitslaan 31, ⊠ 3016 CG, ☎ 365062, « Chalet à la lisière d'un parc » – ▤. AE ⓓ E JZ **x**
fermé sam. et dim. – **R** carte 44 à 87.

X **La Toscana,** Schiekade 135, ⊠ 3033 BL, ☎ 661411, Rest. italien – AE ⓓ E JY **f**
fermé sam. midi et dim. midi – **R** carte 37 à 53.

X **Napoli,** Meent 81a, ⊠ 3011 JG, ☎ 148467, Rest. italien – ▤. AE ⓓ E KY **s**
fermé 25 et 31 déc. – **R** carte 31 à 71.

X **Portofino,** Nieuwe Binnenweg 151, ⊠ 3014 GK, ☎ 365163, Rest. italien – AE ⓓ E JZ **f**
fermé 25 déc. – **R** carte 29 à 72.

X **Ben Kei,** Kruiskade 26, ⊠ 3012 EH, ☎ 332979, Rest. japonais – ▤. AE ⓓ E JKY **u**
R 48/88.

X **Orient,** Westersingel 4, ⊠ 3014 GM, ☎ 360019, Rest. chinois – ▤. AE ⓓ E. ✻ JY **r**
R 21/45.

X **China-City,** Schiedamsevest 50, ⊠ 3011 BC, ☎ 121220, Rest. chinois – ⓓ E KZ **e**
R 20/36.

Sauf indication spéciale voir emplacement p. 2 et 3

à Rotterdam-Nord :

XXX **Herberg,** Overschiese Kleiweg 591, ⊠ 3045 LJ, ☎ 652471, « Auberge du 19e s., collection de vieilles pendules » – Ⓟ. AE. ✻ BR **a**
fermé lundi et mardi – **R** (dîner seult) 68/88.

à Rotterdam-Est :

XXX **In den Rustwat,** Honingerdijk 96, ⊠ 3062 NX, ☎ 134110, « Aménagé dans une maison du 16e s. » – ▤ Ⓟ. AE ⓓ E plan p. 5 HV **e**
fermé dim. et jours fériés – **R** carte 55 à 81.

à Rotterdam-Sud :

🏨 **Zuiderparkhotel,** Dordtsestraatweg 285, ⊠ 3083 AJ, ☎ 850055, Télex 28755 – ⇕ 📺 ☎ Ⓟ – 🏛. AE ⓓ E CT **z**
R carte 42 à 79 – **75 ch** ☕ 105/145.

à Hillegersberg – ⊛ 0 10 :

XX **Lommerrijk,** Straatweg 99, ⊠ 3054 AB, ☎ 220011, ← – ▤ Ⓟ. AE ⓓ E CR **y**
fermé lundi midi et du 9 au 31 juil. – **R** 32/79.

X **Plaswijck,** C.N.A. Looslaan 9, ⊠ 3054 BN, ☎ 181288, ← – Ⓟ CR **r**
◆ **R** 18/55.

à Ommoord NE : 7 km – ⊛ 0 10 :

XXX **Keizershof,** Martin Luther Kingweg 7, ⊠ 3069 EW, ☎ 551333, « Reconstitution d'une ancienne ferme saxonne » – ▤ Ⓟ. AE ⓓ E DR **f**
R 38/135.

Voir aussi : ***Schiedam*** par ⑤ : 5 km, ***Vlaardingen*** par ⑤ : 10 km.

MICHELIN, Agence régionale, Soerweg 7 BT – ⊠ 3088 GR, ☎ **(0 10) 297288**

ALFA-ROMEO Hondiusstraat 47 ☎ 760449
ALFA-ROMEO B. de Haanweg 25 ☎ 196916
BMW Schiestraat 24 ☎ 122310
BMW Batterijstraat 23 ☎ 854473
BMW A. van Solmslaan 9 ☎ 122135
BRITISH LEYLAND Wolphaertsbocht 180 ☎ 848255
BRITISH LEYLAND Boezemsingel 12 ☎ 144644
BRITISH LEYLAND Kleiweg 35 ☎ 225029
CITROEN Dynamostraat 16 ☎ 841100
CITROEN Bredestraat 13 ☎ 144400
FIAT Katendrechtse Lage Dijk 1 ☎ 843688
FIAT Koperstraat 18 ☎ 216044
FIAT Conradstraat 65 ☎ 136045
FORD Graafstroomstraat 25 ☎ 376011
FORD Stadhoudersplein 135 ☎ 673066
GM (OPEL) Aristotelesstraat 34 ☎ 196311
GM (OPEL) Straatweg 45 ☎ 181810
HONDA Lijsterlaan 65 ☎ 227420
HONDA Noordplein 29-41 ☎ 661830
HONDA, MITSUBISHI Baarlandhof 17 ☎ 801166
LADA Brielselaan 142 ☎ 846766
LADA Voetiushof 22 ☎ 220722
MAZDA Struitenweg 15 ☎ 293388
MAZDA Sonoystraat 3 ☎ 671800
MERCEDES-BENZ, HONDA Schuttevaerweg 116 ☎ 620088
MERCEDES-BENZ Alb. Plesmanweg 29 ☎ 294866
MERCEDES-BENZ Bergweg Zuid 96 ☎ 180400
MITSUBISHI Westplein 3 ☎ 115555
MITSUBISHI Noordplein 5 ☎ 661444
NISSAN Gordelweg 243 ☎ 664011
NISSAN Bree 13 ☎ 194443
NISSAN Goudsewagenstraat 10 ☎ 110535
PEUGEOT, TALBOT Wolphaertsbocht 246 ☎ 852833
PEUGEOT, TALBOT Dijkstraat 1 ☎ 132670
RENAULT Gordelweg 40 ☎ 654444
RENAULT Schiemond 30 ☎ 761966
RENAULT Bosland 15 ☎ 129916
TOYOTA Korte Kade 63 ☎ 526380
TOYOTA Meidoornhof 7 ☎ 189776
TOYOTA Krabbendijkehof 60 ☎ 801252
VAG Vlambloem 42 ☎ 207111
VAG Goudsewagenstraat 27 ☎ 114030
VAG Riekeroord 1 ☎ 823333
VOLVO Schere 6 ☎ 808066
VOLVO Jongejanstraat 1 ☎ 163301
VOLVO F. Bekkerstraat 41a ☎ 290716

ROZENDAAL **Gelderland 211 ⑯⑰ et 408 ⑫ – voir à Velp.**

RUINEN **Drenthe 210 ⑱ 408 ⑫ – 6 650 h. – ☎ 0 5221.**

ℹ Brink 3, ✉ 7963 AA, ☎ 1700.

♦Amsterdam 150 – Assen 32 – Hoogeveen 13 – Meppel 16 – ♦Zwolle 39.

à Ansen NO : 2 km – 292 h. – ☎ 0 5221 :

✕ **'t Spinnewiel,** Kerkdijk 2, ✉ 7964 KB, ☎ 1280 – **P**. **E**
fermé 27 déc.-27 janv., jeudi d'oct. à avril et merc. – **R** (dîner seult) 37/70.

RUURLO **Gelderland 211 ⑱ et 408 ⑬ – 7 279 h. – ☎ 0 5735.**

ℹ Dorpsstraat 5, ✉ 7261 AT, ☎ 1419.

♦Amsterdam 127 – ♦Arnhem 55 – ♦Apeldoorn 42 – ♦Enschede 40.

Avenarius, Dorpsstraat 2, ✉ 7261 AW, ☎ 1403 – wc wc **P**. AE. ch
fermé 31 déc. – **R** carte 44 à 81 – **15 ch** 38/111.

CITROEN Borculoseweg 21 ☎ 1753
FIAT Stationsstraat 18 ☎ 1426
VAG Dorpsstraat 14 ☎ 1325
VOLVO Nijverheidsstraat 3 ☎ 2743

RIJNSBURG **Zuid-Holland 211 ⑫ et 408 ⑩ – 11 786 h. – ☎ 0 1718.**

♦Amsterdam 42 – ♦Den Haag 20 – ♦Haarlem 35.

De Monyé sans rest, **Sandtlaan 21,** ✉ **2231 CB,** ☎ **21753** – wc **P**
31 ch 40/90.

MERCEDES-BENZ Rijnsburgerweg 132 ☎ 22500
PEUGEOT, TALBOT Rijnsburgerweg 152 ☎ 25564
TOYOTA Oegstgeesterweg 17 ☎ 20500
VOLVO Rijnsburgerweg 86 ☎ 29302

De RIJP **Noord-Holland 211 ③ et 408 ⑩ – 5 567 h. – ☎ 0 2997.**

♦Amsterdam 34 – Alkmaar 17.

✕✕ **Rijperwapen,** Oosteinde 33, ✉ 1483 AC, ☎ 1523, , **Intérieur vieil hollandais** – .
fermé lundi et mardi – **R** (dîner seult) carte 44 à 76.

✕ **De Blaasbalg,** Grote Dam 2, ✉ 1483 BK, ☎ 1350, – AE **E**
fermé lundi et mardi – **R** (dîner seult) carte 45 à 72.

RIJS **Friesland 210 ⑮ et 408 ④⑪ – 345 h. – ☎ 0 5148.**

♦Amsterdam 124 – ♦Leeuwarden 50 – Lemmer 18 – Sneek 26.

Gaasterland, Marderleane 21, ✉ 8572 WG, ☎ 741 – wc wc **P** – . **E**
fermé lundi de nov. à avril – **R** *(fermé après 20 h)* carte 36 à 60 – **24 ch** 39/110.

RIJSOORD **Zuid-Holland 211 ⑫ et 408 ⑰ – 3 437 h. – ☎ 0 1804.**

♦Amsterdam 90 – ♦Den Haag 40 – ♦Breda 39 – ♦Rotterdam 14.

✕✕✕ **Wapen van Rijsoord,** Rijksstraatweg 67, ✉ 2988 BB, ☎ 20996, « **Vieille auberge** » –
P. AE **E**
fermé dim., jours fériés, 23 juil.-4 août et 25 déc.-1er janv. – **R** carte 51 à 92.

BMW Rijksstraatweg 36 ☎ 20111
NISSAN Pruimendijk 19 ☎ 22111

14

RIJSSEN Overijssel 211 ⑧ et 408 ⑬ – 21 963 h. – ☎ 0 5480.

Enterstraat 10, ✉ 7461 CH, ☎ 12303.

♦Amsterdam 131 – ♦Zwolle 40 – ♦Apeldoorn 45 – ♦Enschede 36.

XX **Brods Hoes,** Bouwstraat 41, ✉ 7462 AX, ☎ 13888 – Ⓟ. AE ⓓ
fermé sam.midi, dim.midi, lundi et du 9 au 24 juil. – **R** 33/53.

sur la route de Markelo S : 2 km :

Rijsserberg et Rest. Koperen Schouw M, Burg. Knottenbeltlaan 77, ✉ 7461 PA, ☎ 16900, Télex 44249, « Au milieu des bois », 🏊, – 🛗 ▤ rest TV Ⓟ – 🏃. AE ⓓ E. ✻ rest
R carte 62 à 100 – **58 ch** 150/194 – P 105/125.

ALFA-ROMEO W. Zeeuwstraat 2 ☎ 12376
BRITISH LEYLAND Nijverheidstraat 1 ☎ 14900
FIAT Boomkamp 27 ☎ 13105
LADA Daltonstraat 18 ☎ 14561
MERCEDES-BENZ Provincialeweg 2 ☎ 13070
MITSUBISHI Molendijk 64a ☎ 12565
NISSAN Jutestraat 3 ☎ 14414
RENAULT Stationsdwarsweg 10 ☎ 12255
VAG Holterstraatweg 85 ☎ 14225

RIJSWIJK Zuid-Holland 211 ⑪⑫ et 408 ⑨ – voir à Den Haag.

SANTPOORT Noord-Holland 211 ② et 408 ⑩ – 11 453 h. – ☎ 0 23.

♦Amsterdam 24 – Alkmaar 26 – ♦Haarlem 6.

Voir plan d'Agglomération de Haarlem

XX **Chalet de Uilenboom,** Wüstelaan 75, ✉ 2082 AB, ☎ 372226, Cadre rustique – AE ⓓ
fermé lundi – **R** carte 38 à 72. AX d

BRITISH LEYLAND van Dalenlaan 171 ☎ 378550
FIAT Hagelingerweg 132 ☎ 377757
GM (OPEL) Hoofdstraat 262 ☎ 375241
HONDA Hoofdstraat 203 ☎ 378230
MAZDA Wüstelaan 99 ☎ 378025
TOYOTA Hoofdstraat 189 ☎ 378345

SASSENHEIM Zuid-Holland 211 ② et 408 ⑩ – 12 865 h. – ☎ 0 2522.

♦Amsterdam 32 – ♦Den Haag 25 – ♦Haarlem 20.

sur l'autoroute de Den Haag A 44 SE : 3 km :

Motel Sassenheim, Warmonderweg 8, ✉ 2171 AH, ☎ 19019 – 🛗 wc ☎ Ⓟ
R 18/55 – 8 – **57 ch** 60/90.

ALFA-ROMEO, MERCEDES-BENZ Hoofdstraat 81 ☎ 19124
CITROEN Hoofdstraat 133 ☎ 11427
HONDA Hoofdstraat 349 ☎ 12413
MAZDA Essenlaan 36 ☎ 12231
NISSAN Hoofdstraat 158 ☎ 12921
RENAULT Concordiastraat 3 ☎ 11981
TALBOT, PEUGEOT Oude Haven 7 ☎ 12922

SAS VAN GENT Zeeland 212 ⑬ et 408 ⑯ – 9 353 h. – ☎ 0 1158.

♦Amsterdam (bac) 202 – ♦Middelburg (bac) 49 – ♦Antwerpen 49 – ♦Brugge 46 – ♦Gent 25.

Royal, Gentsestraat 12, ✉ 4551 CC, ☎ 1853 – TV wc ☎. AE ⓓ E
fermé 26 déc.-7 janv. – **R** *(fermé sam.)* 23/49 – **22 ch** 40/90 – P 60/73.

SCHAARSBERGEN Gelderland 211 ⑯ et 408 ⑫ – voir à Arnhem.

SCHAESBERG Limburg 212 ② et 408 ㉖ – voir à Heerlen.

SCHAGEN Noord-Holland 210 ⑬ et 408 ⑩ – 16 891 h. – ☎ 0 2240.

Rensgars 10, ✉ 1741 BR, ☎ 98311.

♦Amsterdam 64 – Alkmaar 19 – Den Helder 23 – Hoorn 29.

Roode Leeuw, Markt 15, ✉ 1741 BS, ☎ 12537 – ⋒. ✻
fermé 24, 25 déc. et 1er janv. – **R** *(fermé après 20 h)* carte 24 à 56 – **16 ch** 33/84 – P 53/62.

XX **Igesz,** Markt 22, ✉ 1741 BS, ☎ 14824 – AE ⓓ E. ✻
R carte 48 à 61.

BRITISH LEYLAND Welmolen 2 ☎ 12950
CITROEN Sportlaan 5 ☎ 13000
FIAT Fok 15 ☎ 12608
FORD Witte Paal 6 ☎ 16644
GM (OPEL) Loet 45 ☎ 15844
MAZDA Fok 13 ☎ 98600
MITSUBISHI, VOLVO Fok 11 ☎ 12871
NISSAN Fok 2 ☎ 98143
PEUGEOT, TALBOT, HONDA Fok 7 ☎ 15017
PEUGEOT, TALBOT Fok 10 ☎ 98765
RENAULT Fok 8 ☎ 16464
VAG Langestraat 9 ☎ 14700

SCHAIJK Noord-Brabant 212 ⑧⑨ et 408 ⑱ – 7 290 h. – ☎ 0 8866.

♦Amsterdam 109 – ♦Eindhoven 44 – ♦'s-Hertogenbosch 26 – ♦Nijmegen 21.

XX **Netje's Hof,** Runstraat 8, ✉ 5374 AC, ☎ 3000, « Aménagé dans une ferme du 19e s. »
fermé sam. midi, lundi et du 2 au 27 mars – **R** carte 38 à 64.

MAZDA Rijksweg 42 ☎ 1317

SCHEVENINGEN Zuid-Holland 211 ⑪ et 408 ⑨ – voir à Den Haag (Scheveningen).

SCHIEDAM Zuid-Holland 211 ⑫ et 408 ⑰ – 72 903 h. – ☎ 0 10.

Buitenhavenweg 9, ✉ 3113 BC, ☎ 733000.

♦Amsterdam 73 – ♦Den Haag 23 – ♦Breda 62 – ♦Rotterdam 6.

Voir plan d'Agglomération de Rotterdam

XXX **La Duchesse,** Maasboulevard 7, ✉ 3114 HB, ☎ 264626, ≤ Nieuwe Maas (Meuse) – Ⓟ. AE ⓓ E AS d
R 60/98.

XXX **Aub. Hosman Frères,** 1er étage, Korte Dam 10, ✉ 3111 BG, ☎ 264096 – ▤. AE E AS s
fermé sam. midi, dim., lundi et jours fériés – R 50/85.

XX **Gasterij de Kleine Visser,** 1er étage, Lange Haven 26, ✉ 3111 CG, ☎ 263898, Aménagé dans une maison du 18e s. – ▤. AE ⓓ AS n
fermé dim. – R 45/75.

XX In de Gouwe Geit, 's-Gravenlandseweg 622, ✉ 3119 NA, ☎ 733426 AS v

X **Noordmolen,** Noordvest 38, ✉ 3111 PH, ☎ 263104, Aménagé dans un moulin du 19e s.
fermé dim. et jours fériés – R 30/50. AS z

près de l'autoroute Rotterdam-Vlaardingen A 20 :

Novotel Schiedam, Hargalaan 2, ✉ 3118 JA, ☎ 713322, Télex 22582, chauffée, – ▤ rest TV ☎ & Ⓟ – . AE ⓓ E AS b
R 25 – 15 – **138 ch** 109/122.

ALFA-ROMEO 's-Gravelandseweg 408 ☎ 378444
BMW Nieuwe Haven 233 ☎ 731155
BRITISH LEYLAND Bettoweg 27 ☎ 152066
CITROEN Bokelweg 88 ☎ 153655
FIAT Overschieseweg 150 ☎ 156277
FORD Stadhouderslaan Z.Z. 11 ☎ 264690
GM (OPEL) 's-Gravelandseweg 383 ☎ 621033
HONDA, MITSUBISHI 's-Gravelandseweg 373 ☎ 620055
MAZDA Noordmolenstraat 17 ☎ 266233
MERCEDES-BENZ Strickledeweg 99 ☎ 155255
NISSAN Nieuwe Haven 7 ☎ 262868
PEUGEOT, TALBOT Fokkerstraat 576 ☎ 622022
RENAULT Stationsplein 2 ☎ 377099
TOYOTA Laan van Bol'es 2 ☎ 710643
VAG van Deventerstraat 15 ☎ 766644
VOLVO Burg. H. Gretelaan 273 ☎ 738222

SCHIERMONNIKOOG (Ile de) Friesland 408 ⑤ – voir à Waddeneilanden.

SCHIN OP GEUL Limburg 212 ① et 408 ㉖ – 1 789 h. – ☎ 0 4459.

♦Amsterdam 217 – ♦Maastricht 15 – Aachen 20 – Valkenburg 4.

Funcken, Strucht 22, ✉ 6305 AH, ☎ 1271, – wc Ⓟ.
15 avril-24 oct. – R *(fermé après 20 h)* (pens. seult) – **20 ch** 32/75 – P 53/58.

Salden, Kerkplein 7, ✉ 6305 BB, ☎ 1282, « Jardin avec ≤ vallée de Geul », – wc.
avril-oct. – R *(fermé après 19 h 30)* carte 26 à 49 – **21 ch** 40/60 – P 62.

Waterval, Graafstraat 41, ✉ 6305 BD, ☎ 1375, « Terrasse avec ≤ vallée de Geul » – Ⓟ
mars-oct. – R (pens. seult) – **19 ch** 33/66 – P 46/50.

SCHINVELD Limburg 212 ② et 408 ㉖ – 4 773 h. – ☎ 0 45.

♦Amsterdam 207 – ♦Maastricht 30 – Aachen 29.

XX **Landgraaf,** Bouwbergstraat 124, ✉ 6451 GR, ☎ 252829 – Ⓟ. E
fermé lundi et du 2 au 17 janv. – R carte 27 à 53.

SCHIPHOL Noord-Holland 211 ③ et 408 ⑩ – voir à Amsterdam.

SCHOONHOVEN Zuid-Holland 211 ⑬ et 408 ⑰ – 10 630 h. – ☎ 0 1823.

Voir Collection d'horloges murales* dans le musée d'orfèvrerie et d'horlogerie.

Stadhuisstraat 1, ✉ 2871 BR, ☎ 5009.

♦Amsterdam 62 – ♦Den Haag 55 – ♦Rotterdam 28 – ♦Utrecht 29.

près de la route Gouda-Gorinchem E : 1 km :

XX **Hooijberch,** Van Heuven Goedhartweg 1, ✉ 2870 AC, ☎ 3601, Intérieur rustique – Ⓟ. AE ⓓ E
fermé sam. midi, dim. midi et lundi – R carte 44 à 85.

FORD C. G. Roosweg 4 ☎ 2425
MITSUBISHI, VOLVO Bergambachterstraat 5 ☎ 3367
NISSAN Kruispoortstraat 2 ☎ 2546
PEUGEOT, TALBOT Beneluxlaan 62 ☎ 3186
RENAULT Lopikersingel 11 ☎ 2805
VAG Lopikerstraat 79 ☎ 2296

SCHOORL Noord-Holland 210 ⑬ et 408 ⑩ – 6 674 h. – ☎ 0 2209.

Duinvoetweg 1, ✉ 1871 EA, ☎ 1504.

♦Amsterdam 49 – Alkmaar 10 – Den Helder 32.

Schoorl, Laanweg 24, ✉ 1871 BH, ☎ 3555, – wc wc Ⓟ. AE E. rest
R carte 23 à 50 – **25 ch** 38/53 – P 90/108.

X **Rustende Jager,** Heereweg 18, ✉ 1871 EH, ☎ 1263 – E
fermé lundi – R 17/39.

à Groet NO : 2 km – ☎ 0 2209 :

✗ **Bokkesprong,** à l'entresol, Heereweg 337, ✉ 1873 GC, ☎ 1254, Aménagé dans une ferme du 19e s. – Ⓟ. AE E
fermé lundi et mardi du 15 sept. à juil. – **R** (dîner seult) carte 42 à 64.

CITROEN Duinweg 24 ☎ 1724
TALBOT Voorweg 83 ☎ 1313

SCHUDDEBEURS Zeeland 212 ③ – voir à Zierikzee.

SEROOSKERKE Zeeland (Schouwen-Duiveland) 212 ③ et 408 ⑯ – 1 974 h. – ☎ 0 1117.
♦Amsterdam 137 – ♦Middelburg 54 – ♦Rotterdam 69.

sur la route de Zierikzee-Haamstede :

✗✗✗ **Schelphoek,** Serooskerkseweg 24, ✉ 4327 SE, ☎ 1212 – Ⓟ. AE
fermé lundi – **R** 35/70.

SINT-JANSTEEN Zeeland 212 ⑬⑭ et 408 ⑯ – voir à Hulst.

SINT-MAARTENSDIJK Zeeland 212 ④ et 408 ⑯ – 3 362 h. – ☎ 0 1666.
♦Amsterdam 150 – ♦Middelburg 83 – Bergen op Zoom 20 – ♦Breda 60 – ♦Rotterdam 71.

Stadsherberg, Markt 39, ✉ 4695 CG, ☎ 2731 – wc
R *(fermé lundi)* 25/55 – **6 ch** 43/100.

RENAULT Molenstraat 8 ☎ 2370

SINT-OEDENRODE Noord-Brabant 212 ⑧ et 408 ⑱ – 15 964 h. – ☎ 0 4138.
Schootse Dijk 18 ☎ 73011.
St. Paulusgasthuis, Kerkstraat 20, ✉ 5492 AH, ☎ 74100.
♦Amsterdam 107 – ♦Eindhoven 15 – ♦Nijmegen 48.

✗✗ **De Rooise Boerderij,** Schijndelseweg 2, ✉ 5491 TB, ☎ 74901, Aménagé dans une ferme – Ⓟ AE ⓓ E
fermé lundi et du 9 au 16 juil. – **R** carte 39 à 80.

à Nijnsel SE : 2 km – ☎ 0 4138 :

✗✗ **'t Leeuwke,** Sonseweg 3, ✉ 5492 HK, ☎ 72671 – Ⓟ. AE ⓓ E
fermé merc. – **R** carte 28 à 65.

BRITISH LEYLAND Lindendijk 2 ☎ 72527
CITROEN Borchmolendijk 50 ☎ 75912
MAZDA Industrieweg 1 ☎ 74000
MITSUBISHI Industrieweg 2 ☎ 74251
VAG Odalaan 2 ☎ 73969

SITTARD Limburg 212 ① et 408 ㉖ – 43 856 h. – ☎ 0 4490.
✈ à Beek S : 8 km ☎ (0 4402) 72640.
Wilhelminastraat 18, ✉ 6131 KP, ☎ 12823.
♦Amsterdam 194 – ♦Maastricht 23 – Aachen 36 – ♦Eindhoven 66 – Roermond 27.

Prins, Rijksweg Z. 25, ✉ 6131 AL, ☎ 15041 – wc Ⓟ. AE ⓓ E. rest
R carte 25 à 73 – **25 ch** 46/104 – P 79/110.

Limbourg sans rest, Markt 22, ✉ 6131 EK, ☎ 18151 – wc wc. AE ⓓ E.
fermé 24 et 25 déc. – **12 ch** 43/100.

✗✗ **Le Caribou,** Molenweg 56 (près du parc public), ✉ 6133 XN, ☎ 10365, « Aménagé dans les dépendances d'un ancien moulin à eau » – Ⓟ. AE ⓓ E.
fermé sam. midi, dim. midi, lundi et 2 sem. en juil. – **R** 48/65.

✗ **Gouden Gans,** Putstraat 32, ✉ 6131 HL, ☎ 23935 – AE ⓓ E
fermé mardi, 1re quinz. sept. et 2e quinz. fév. – **R** (dîner seult) carte 55 à 70.

✗ **'t Wit Paerd,** Rijksweg N. 6, ✉ 6131 CL, ☎ 12117 – ⓓ E
fermé vend. soir et sam. midi – **R** 18/34.

✗ **Steakhouse Rachel,** Markt 4, ✉ 6131 EK, ☎ 16815 –
R 38/59.

✗ **Wapen van Sittard,** Paardestraat 14, ✉ 6131 HC, ☎ 17121 – AE ⓓ E
fermé merc. et 1re quinz. juil. – **R** carte 40 à 61.

✗ **Fong Shou,** Markt 28, ✉ 6131 EL, ☎ 21683, Rest. chinois – . AE
R carte 21 à 30.

ALFA-ROMEO Rijksweg Z 212 ☎ 23888
BRITISH LEYLAND Rijksweg Z. 216 ☎ 20840
CITROEN Industriestraat 14 ☎ 11051
FIAT Pres. Kennedysingel 8 ☎ 17544
FORD Rijksweg Z. 92 ☎ 15200
FORD Mgr. Vranckenstraat 20 ☎ 16046
GM (OPEL) Haspelsestraat 20 ☎ 16565
LADA Rijksweg Z. 208a ☎ 15900
MAZDA Bornerweg 8 à Limbricht ☎ 15838
MERCEDES-BENZ Rijksweg Z. 208 ☎ 23888
MITSUBISHI Tunnelstraat 2a ☎ 25794
NISSAN Geerweg 14 ☎ 12814
TOYOTA Rijksweg Z. 212 ☎ 21000
VAG Leijenbroekerweg 27 ☎ 15777
VOLVO Industriestraat 3 ☎ 10342

SLENAKEN Limburg 212 ① et 408 ㉖ – 713 h. – ✆ 0 4456.

ℹ Dorpsstraat 5, ✉ 6277 NC, ☎ 304.

•Amsterdam 230 – •Maastricht 20 – Aachen 20.

Bonne Auberge, Waterstraat 7, ✉ 6277 NH, ☎ 541 – wc wc P. AE ⓓ E. rest
fermé 9 janv.-18 fév. – **R** 25/75 – **20 ch** 69/150.

Klein Zwitserland, Grensweg 10, ✉ 6277 NA, ☎ 291, ≤, – wc wc P. ch
mars-14 nov. – **R** (pens. seult) – **10 ch** 47/114 – P 75.

Ardennenzicht, Grensweg 6, ✉ 6277 NA, ☎ 259, ≤, – wc.
Pâques-oct. – **R** (pension seult) – **8 ch** 38/45 – P 63.

Berg en Dal, Dorpstraat 18, ✉ 6277 NE, ☎ 201 – P. AE.
fermé 25 sept.-14 oct., 24, 25 déc. et merc. de nov. à avril – **R** *(fermé après 19 h)* 20/30 – **18 ch** 28/56.

SLIEDRECHT Zuid-Holland 212 ⑥ et 408 ⑰ – 22 826 h. – ✆ 0 1840.

•Amsterdam 83 – •Den Haag 53 – •Breda 50 – •Rotterdam 27 – •Utrecht 50.

XX **Bellevue,** Merwestraat 55, ✉ 3361 HK, ☎ 12237, « Terrasse avec ≤ fleuve Merwede » –
fermé mardi soir, dim., 29 juil.-12 août et après 20 h 30 – **R** carte 55 à 75.

BRITISH LEYLAND Rivierdijk 765 ☎ 12322
CITROEN Vierlinghstraat 8 ☎ 12100
GM (OPEL) Rembrandtlaan 200 ☎ 13500
HONDA Lelystraat 97 ☎ 12796
PEUGEOT, TALBOT Middeldiepstraat 60 ☎ 14597
VAG Stationsweg 70 ☎ 16500

SLUIS Zeeland 212 ⑪⑫ et 408 ⑮ – 3 030 h. – ✆ 0 1178.

ℹ (fermé sam.) Stadhuis (Mairie), Grote Markt 1, ✉ 4524 CD, ☎ 1200.

•Amsterdam (bac) 225 – •Middelburg (bac) 29 – •Brugge 20 – Knokke-Heist 9.

XX **Provençal** avec ch, Kade 42, ✉ 4524 CK, ☎ 1224 – wc P. AE ⓓ E
fermé 31 déc.-janv. et vend. de nov. à avril – **R** 35/75 – **23 ch** 40/120 – P 65/75.

X **Lindenhoeve,** Beestenmarkt 4, ✉ 4524 ZH, ☎ 1810, « Terrasse et jardin » – P
R carte 39 à 60.

X **Oud Sluis,** Beestenmarkt 2, ✉ 4524 EA, ☎ 1269 – E
fermé vend. et du 8 au 23 oct. – **R** carte 38 à 55.

à Heille SE : 5 km – ✆ 0 1177 :

XX **De Schaapskooi,** Zuiderbuggeweg 23, ✉ 4524 KG, ☎ 1600, « Aménagé dans une ancienne bergerie, cadre champêtre » – P. ⓓ E
fermé lundi soir, mardi et du 1er au 17 oct. – **R** 30/90.

à Retranchement N : 6 km – 450 h. – ✆ 0 1179 :

X **De Witte Koksmuts,** Kanaalweg 8, ✉ 4525 NA, ☎ 1687 – P
fermé jeudi et 15 nov.-9 déc. – **R** carte 36 à 60.

VOLVO Nieuwstraat 6 ☎ 1327

SNEEK Friesland 210 ⑥⑯ et 408 ④ – 28 431 h. – ✆ 0 5150.

Voir Porte d'eau★ (Waterpoort) A A.

Exc. Circuit en Frise Méridionale★ : Sloten (ville fortifiée★) par ④.

ℹ (fermé sam. hors saison) Weide Noorderhorne 6, ✉ 8601 EB, ☎ 14096.

•Amsterdam 125 ④ – •Leeuwarden 24 ① – •Groningen 78 ② – •Zwolle 74 ③.

Plan page suivante

Wijnberg, Marktstraat 23, ✉ 8601 CS, ☎ 12421 – rest wc wc. AE ⓓ E — AB **d**
fermé dim. d'oct. à juin – **R** carte 35 à 83 – **22 ch** 42/118 – P 75/85.

Bonnema, Stationsstraat 66, ✉ 8601 GG, ☎ 13175 – rest — A **n**
R *(fermé dim.)* 23/35 – **18 ch** 40/110 – P 58/65.

XX **Hanenburg** avec ch, Wijde Noorderhorne 2, ✉ 8601 EB, ☎ 12570 – wc. AE ⓓ E — A **e**
fermé dim. – **R** carte 30 à 62 – **12 ch** 57/100 – P 80.

X **Van der Wal,** Leeuwenburg 5, ✉ 8601 CG, ☎ 13863 — AB **r**
fermé dim. – **R** carte 25 à 54.

X **Onder de Linden,** Marktstraat 30, ✉ 8601 CV, ☎ 12654 – ⓓ — B **b**
fermé lundi – **R** 17/28.

BMW Leeuwarderweg 2b ☎ 12270
CITROEN Kaatsland 2 ☎ 17150
FIAT, MERCEDES-BENZ Marie-Louisestraat 20 ☎ 12220
FORD Akkerwinde 1 ☎ 13344
GM (OPEL) Edisonstraat 1 ☎ 12834
LADA Martiniplein 4 ☎ 13091
MERCEDES-BENZ Lemmerweg 47 ☎ 14004
NISSAN Lemmerweg 16 ☎ 21212
PEUGEOT, TALBOT Westhemstraat 52 ☎ 18000
RENAULT 2e Oosterkade 26 ☎ 13291
TOYOTA Westhemstraat 52 ☎ 13992
VAG Alexanderstraat 12 ☎ 15825
VOLVO Trekdijk 1 ☎ 19155

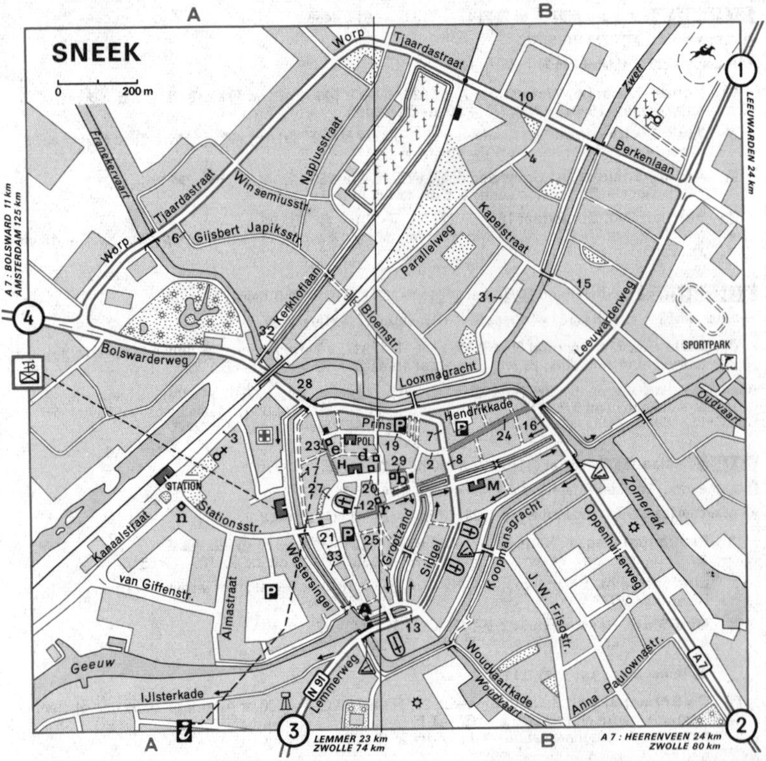

Grootzand . . . . . B
Noorderhorne . . . . . A 23
Oosterdijk . . . . . B 24
Peperstr. . . . . . B 29

Burgstr. . . . . . B 2
Dr. Boumaweg . . . . . A 3
Dr. Kuyperlaan . . . . . B 4
Dr. P. Sipmastr. . . . . . A 6

Gedempte Pol . . . . . B 7
Gedempte Poortezijlen . . . . . B 8
Goeman Borgesiuslaan . . . . . B 10
Grote Kerkstr. . . . . . A 12
Hoogend . . . . . B 13
Jachthavenstr. . . . . . B 15
Jousterkade . . . . . B 16
Kerkgracht . . . . . A 17

Kruizebroederstr. . . . . . B 19
Marktstr. . . . . . A 20
Martinipl. . . . . . A 21
Oude Koemarkt . . . . . A 25
Oudkerkhof . . . . . A 27
Parkstr. . . . . . A 28
Steenklipstr. . . . . . B 31
Tranendal . . . . . A 32
Waterpoortsgracht . . . . . A 33

SOEST Utrecht **211** ⑭⑮ et **408** ⑪ – **40 670 h.** – ⊚ **0 2155.**

i (fermé sam. matin hors saison) Steenhoffstraat 9a, ⊠ 3764 BH, ☎ 12886.

♦Amsterdam 42 – ♦Utrecht 23 – Amersfoort 7.

✗✗ **Van den Brink,** Soesterbergsestraat 122, ⊠ 3768 EL, ☎ 12706 – Ⓟ. AE ⓓ E
fermé dim. et lundi – **R** carte 40 à 86.

✗✗ **Darthuizen,** Prins Hendriklaan 1, ⊠ 3761 DS, ☎ 13807 – Ⓟ. AE ⓓ E
fermé lundi et 23 juil.-15 août – **R** carte 40 à 76.

✗✗ **'t Hoogje,** Kerkstraat 10, ⊠ 3764 CT, ☎ 15660, « Aménagé dans une ferme du 19e s. » – AE ⓓ E
fermé lundi – **R** carte 46 à 60.

✗ **De Dissel,** Burg. Grothestraat 16, ⊠ 3761 CM, ☎ 17249 – ▤. AE ⓓ E
fermé lundi – **R** (dîner seult) 30.

✗ **Korte Duinen,** Birkstraat 108, ⊠ 3768 HL, ☎ 13720 – Ⓟ. AE
fermé après 20 h 30 – **R** carte 30 à 41.

à Soestdijk – ⊚ 0 2155 :

✗✗ **'t Spiehuis,** Biltseweg 45, ⊠ 3763 LD, ☎ (0 2156) 236 – Ⓟ. AE E
fermé mardi et 25 juil.-10 août – **R** carte 35 à 79.

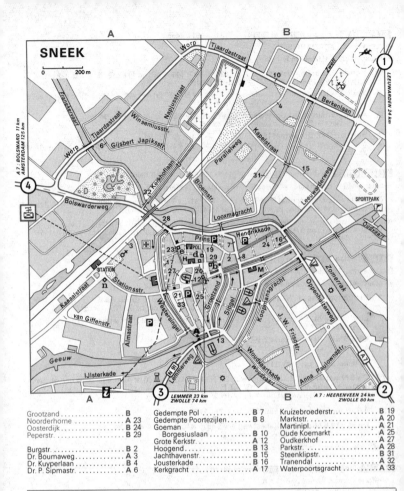

à Soestduinen S : 2 km – ☎ 0 2155 :

✗ **Soesterduinen,** Soesterbergsestraat 188, ✉ 3768 MD, ☎ 12739 – Ⓟ. AE ⓓ E
R carte 31 à 45.

à Soesterberg S : 4 km – ☎ 0 3463 :

✗✗ **'t Zwaantje,** Rademakerstraat 2, ✉ 3769 BD, ☎ 1423 – Ⓟ. AE ⓓ E
fermé lundi – **R** carte 27 à 84.

✗✗ **Tuin,** Rademakerstraat 6, ✉ 3769 BD, ☎ 1273 – Ⓟ. AE ⓓ E
fermé merc. – **R** carte 41 à 61.

ALFA-ROMEO van Weedestraat 53 ☎ 12334
BMW Rademakerstraat 31 à Soesterberg ☎ 1496
CITROEN Korte Brinkweg 36 ☎ 16215
FIAT Koningsweg 14 ☎ 13317
FORD Beukenlaan 80 ☎ 12643
LADA Stationsweg 6 ☎ 16410
MAZDA Kostverlorenweg 1 ☎ 13865
MITSUBISHI Koningsweg 14 ☎ 13227
PEUGEOT, TALBOT Kerkstraat 62 ☎ 13898
RENAULT Nieuwerhoekplein 1 à Soestdijk ☎ 18850
TOYOTA Burg. Grothestraat 68 à Soestdijk ☎ 12330
VAG Soesterbergsestraat 2 ☎ 19064
VOLVO Kerkstraat 58 ☎ 12500

SOMEREN Noord-Brabant 212 ⑲ et 408 ⑲ – 16 192 h. – ☎ 0 4937.
♦Amsterdam 151 – ♦'s-Hertogenbosch 52 – ♦Eindhoven 23 – Helmond 13 – Venlo 37.

✗ **Zeuve Meeren** avec ch, Wilhelminaplein 14, ✉ 5711 EK, ☎ 2728 – TV ⇔wc ☎. AE ⓓ E
fermé lundi et du 2 au 17 janv. – **R** carte 31 à 69 – ☕ 9 – **5 ch** 49/97 – P 90.

au Nord-Ouest : 4 km – ☎ 0 4926 :

✗ **Den Hoyse Hoeve,** Hoyserstraat 20, ✉ 5711 PV, ☎ 1475, Aménagé dans une ferme, Avec crêperie – Ⓟ. E. ✻
fermé lundi – **R** carte 32 à 74.

PEUGEOT, TALBOT ter Hofstadlaan 140 ☎ 1400
RENAULT Nieuwendijk 57 ☎ 1700
TOYOTA Boerenkamplaan 113a ☎ 1388

SON EN BREUGEL Noord-Brabant 212 ⑧ et 408 ⑱ – 14 787 h. – ☎ 0 4990.
♦Amsterdam 114 – ♦'s-Hertogenbosch 27 – ♦Eindhoven 8.

🏨 **Gouden Leeuw,** Nieuwstraat 30 (à Son), ✉ 5691 AD, ☎ 71935 – Ⓟ. E. ✻ ch
fermé sam. et du 1er au 21 juil. – **R** 17/60 – **8 ch** ☕ 30/60.

✗✗ **Gertruda Hoeve,** Van den Elsenstraat 23 (à Breugel), ✉ 5694 ND, ☎ 71037, « Aménagé dans une ferme du 17e s. » – Ⓟ. AE ⓓ E. ✻
fermé lundi et du 9 au 31 juil. – **R** carte 53 à 65.

HONDA Wilhelminalaan 4 ☎ 72072
VAG Esp 1 ☎ 74522

SPAARNDAM Noord-Holland 211 ②③ et 408 ⑩ – ☎ 0 23.
18 9 Buitenhuizerweg 13 a, Recreatieschap Spaarnwoude, ☎ (0 23) 383739.
♦Amsterdam 18 – Alkmaar 28 – ♦Haarlem 11.

✗ **'t Stille Water,** Oostkolk 19, ✉ 2026 JV, ☎ 371394 – AE ⓓ E
fermé lundi, mardi et du 12 au 18 sept. – **R** (dîner seult) carte 50 à 66.

SPAKENBURG Utrecht 211 ⑤ et 408 ⑪ – voir à Bunschoten-Spakenburg.

SPIERDIJK Noord-Holland 210 ⑬ et 408 ⑩ – 1 943 h. – ☎ 0 2296.
♦Amsterdam 41 – Alkmaar 22 – Hoorn 12.

✗ **Karrewiel,** Noord Spierdijkerweg 173, ✉ 1643 NM, ☎ 201, Vieille auberge – AE ⓓ E
fermé 31 déc. – **R** 30/60.

BRITISH LEYLAND Noord Spierdijkerweg 137 ☎ 235
PEUGEOT, TALBOT Zuid Spierdijkerweg 46 ☎ 297

STADSKANAAL Groningen 210 ⑲ et 408 ⑥ – 34 334 h. – ☎ 0 5990.
♦Amsterdam 205 – Assen 31 – Emmen 33 – ♦Groningen 38.

🏨 **Dopper,** Hoofdstraat 33, ✉ 9501 CM, ☎ 12008 – ⇔wc ⋔wc ☎ Ⓟ – 🏛. ⓓ E
fermé dim. – **R** carte 27 à 40 – **11 ch** ☕ 50/100 – P 75.

ALFA-ROMEO, BRITISH LEYLAND Stationsstraat 1 ☎ 14980
FORD Hoofdstraat 69 ☎ 13655
GM (OPEL) Veenstraat 1 ☎ 10000
HONDA Ceresstraat 15 ☎ 12615
PEUGEOT, TALBOT Poststraat 21 ☎ 12305
RENAULT Handelsstraat 62 ☎ 13380
VOLVO Ceresstraat 11 ☎ 13405

STAPHORST Overijssel 210 ⑰ et 408 ⑫ – 12 837 h. – ☎ 0 5225.
Voir Ville typique★ : Les fermes★, Costume traditionnel★.
♦Amsterdam 128 – ♦Zwolle 18 – ♦Groningen 83 – ♦Leeuwarden 74.

🏨 **Motel Waanders,** Rijksweg 12, ✉ 7951 DH, ☎ 1888 – |‡| ▤ rest TV ☎ Ⓟ – 🏛. ✻ ch
R 24/95 – ☕ 7 – **29 ch** 37/100.

PEUGEOT, TALBOT Oude Rijksweg 59 ☎ 1221

STAVOREN Friesland 210 ⑮ et 408 ④ – 981 h. – ☎ 0 5149.

♦Amsterdam 135 – ♦Leeuwarden 55 – Bolsward 27 – ♦Zwolle 81.

De Vrouwe van Stavoren, Havenweg 1, ✉ 8715 EM, ☎ 1202 – wc Ⓟ
mars-oct. – **R** carte 30 à 58 – **15 ch** 35/90.

STEENBERGEN Noord-Brabant 212 ④ et 408 ⑯ – 13 627 h. – ☎ 0 1670.

♦Amsterdam 130 – ♦'s-Hertogenbosch 81 – Bergen op Zoom 12 – ♦Breda 41 – ♦Rotterdam 51.

Van Tilburg, Burg. van Loonstraat 87, ✉ 4651 CC, ☎ 63550 – wc Ⓟ
R carte 32 à 78 – **13 ch** 33/80.

GM (OPEL) Pr. Reinierstraat 14 ☎ 65050
MAZDA Pr. Reinierstraat 6 ☎ 63291
PEUGEOT, TALBOT Pr. Reinierstraat 3 ☎ 66721
RENAULT Nassanlaan 6 ☎ 64150
VAG van Bredastraat 1 ☎ 64250

STEENSEL Noord-Brabant 212 ⑱ et 408 ⑱ – 1 405 h. – ☎ 0 4970.

♦Amsterdam 132 – ♦'s-Hertogenbosch 43 – ♦Eindhoven 12 – Roermond 60 – ♦Turnhout 32.

Motel Steensel, Eindhovenseweg 43a, ✉ 5524 AP, ☎ 2316 – rest TV wc Ⓟ – . AE Ⓓ E
R 23/35 – **39 ch** 50/83 – P 80.

STEENWIJK Overijssel 210 ⑰ et 408 ⑫ – 21 386 h. – ☎ 0 5210.

(fermé sam.) Burg. G. Borgesiusstraat 25, ✉ 8331 JZ, ☎ 12010.

♦Amsterdam 148 – ♦Zwolle 38 – Assen 55 – ♦Leeuwarden 54.

Gouden Engel avec ch, Tukseweg 1, ✉ 8331 KZ, ☎ 12436 – wc wc . AE Ⓓ E
R 23/50 – **10 ch** 63/145.

BMW, MAZDA Groot Verlaat 89 ☎ 13655
CITROEN Produktieweg 30 ☎ 13313
FORD Meppelerweg 32 ☎ 12325
GM (OPEL) Tukseweg 19 ☎ 12841
HONDA Groot Verlaat 28 ☎ 11035
LADA Scheerwolderweg 6 ☎ 318
PEUGEOT, TALBOT Produktieweg 32 ☎ 13265
RENAULT Stationsstraat 13 ☎ 14141
TOYOTA Groot Verlaat 59 ☎ 15660
VAG Tukseweg 132 ☎ 12152

STEIN Limburg 212 ① et 408 ㉖ – 26 308 h. – ☎ 0 4495.

♦Amsterdam 197 – ♦Maastricht 18 – Aachen 36 – Roermond 30.

François, Mauritsweg 96, ✉ 6171 AK, ☎ 1452 – AE Ⓓ E
fermé merc. – **R** carte 35 à 55.

CITROEN Mauritsweg 126 ☎ 4221
FIAT Houterend 52 ☎ 1374
PEUGEOT Heerstraat Centrum 9 ☎ 1940

STOMPETOREN Noord-Holland 211 ③ – voir à Alkmaar.

SUSTEREN Limburg 212 ① et 408 ⑲ – 12 453 h. – ☎ 0 4499.

♦Amsterdam 184 – ♦Maastricht 32 – Aachen 47 – ♦Eindhoven 58 – Roermond 19.

Molenbron, Rijksweg Noord 21, ✉ 6114 JA, ☎ 3150, « Intérieur élégant » – Ⓟ. AE Ⓓ E.
fermé lundi – **R** 43/75.

BRITISH LEYLAND Rijksweg N. 16 ☎ 1549

SWIFTERBANT Gelderland (Oostelijk Flevoland) 211 ⑤ et 408 ⑪ – 3 828 h. – ☎ 0 3212.

♦Amsterdam 73 – ♦Arnhem 85 – ♦Leeuwarden 86 – ♦Zwolle 36.

Kombuis, De Poort 23, ✉ 8255 AA, ☎ 1450 – Ⓟ –
fermé dim. et après 20 h – **R** 25/35.

LADA Industrieweg 58 ☎ 1683

TER APEL Groningen 210 ⑳ et 408 ⑦ – 9 580 h. – ☎ 0 5995.

Markt 30, ✉ 9561 KB, ☎ 2525.

♦Amsterdam 208 – Emmen 18 – ♦Groningen 61.

Boschhuis , Boslaan 6, ✉ 9561 LH, ☎ 1208, « Au milieu d'un parc » – wc Ⓟ. AE Ⓓ
fermé 2 sem. en janv. – **R** 25/50 – **12 ch** 37/74 – P 58.

FIAT Viaductstraat 1 ☎ 1593
HONDA Oosterstraat 4 ☎ 1970

TERBORG Gelderland 211 ⑱ et 408 ⑳ – 5 414 h. – ☎ 0 8350.

♦Amsterdam 135 – ♦Arnhem 37 – ♦Enschede 58.

Roode Leeuw avec ch, St. Jorisplein 14, ✉ 7061 CN, ☎ 25246 – wc Ⓟ. AE
R 18/70 – **12 ch** 48/80.

RENAULT Laan van Wisch 6 ☎ 23218

TERNEUZEN Zeeland 212 ⑬ et 408 ⑯ – 35 606 h. – ☎ 0 1150.

ℹ (fermé sam.) Burg. Geillstraat 2, ✉ 4531 EB, ☎ 95976.

♦Amsterdam (bac) 196 – ♦Middelburg (bac) 39 – ♦Antwerpen 56 – ♦Brugge 58 – ♦Gent 39.

- **L'Escaut, Scheldekade 65, ✉ 4531 EJ, ☎ 94855** – ⋒wc ☎. AE ⓓ E. ⚹
  R *(fermé dim.)* – **14 ch** ☐ 75/145.
- **De Milliano** sans rest, **Nieuwstraat 11, ✉ 4531 CV, ☎ 12342** – ⋒wc ☎. AE E
  19 ch ☐ 55/80.
- XXX **De Milliano, Noteneeweg 28 (Othenesche Kreek), ✉ 4535 AS, ☎ 20817, ≤, « Au bord de l'eau »** – Ⓟ. AE E
  R 35/100.

ALFA-ROMEO Mr. F.J. Haarmanweg 49a ☎ 97458
BMW, VOLVO Industrieweg 37 ☎ 13451
BRITISH LEYLAND Mr. F.J. Haarmanweg 4 ☎ 13690
CITROEN Mr. F.J. Haarmanweg 55 ☎ 94300
FIAT Alvarezlaan 145 ☎ 94564
FORD Axelsestraat 165 ☎ 13857
GM (OPEL) Rooseveltlaan 2 ☎ 13553
HONDA Mr. F.J. Haarmanweg 56 ☎ 18888
LADA Mr. F.J. Haarmanweg 19 ☎ 12210
MAZDA, MERCEDES-BENZ Lange Reksestraat 11 ☎ 20400
MITSUBISHI Transportstraat 1 ☎ 12321
NISSAN Mr. F.J. Haarmanweg 5 ☎ 96568
PEUGEOT Mr. F.J. Haarmanweg 49 ☎ 97455
RENAULT Mr. F.J. Haarmanweg 58 ☎ 17751
TALBOT Mr. F.J. Haarmanweg 21 ☎ 12035
TOYOTA Lange Reksestraat 13 ☎ 12258
VAG Fred. van Eedenstraat 1 ☎ 13456
VOLVO Industrieweg 37 ☎ 13451

TERSCHELLING (Ile de) Friesland 210 ④⑤ et 408 ④ – voir à Waddeneilanden.

TETERINGEN Noord-Brabant 212 ⑥ et 408 ⑰ – voir à Breda.

TEXEL (Ile de) Noord-Holland 210 ③⑬ et 408 ③ – voir à Waddeneilanden.

THORN Limburg 212 ⑲ et 408 ⑲ – 2 603 h. – ☎ 0 4756.

Voir Bourgade★.

♦Amsterdam 172 – ♦Maastricht 44 – ♦Eindhoven 44 – Venlo 35.

- **Thorn, Hoogstraat 2, ✉ 6017 AR, ☎ 2341** – |♦| Ⓟ – 🏃. AE ⓓ E. ⚹ rest
  R 37/120 – **19 ch** ☐ 90/140.

MAZDA Meers 1 ☎ 1216

TIEL Gelderland 212 ⑧ et 408 ⑱ – 29 614 h. – ☎ 0 3440.

ℹ Stationsstraat 37, ✉ 4001 CD, ☎ 16441.

♦Amsterdam 80 – ♦Arnhem 44 – ♦'s-Hertogenbosch 38 – ♦Nijmegen 41 – ♦Rotterdam 76.

- XX **Parkzicht** avec ch, **Kalverbos 1, ✉ 4001 AJ, ☎ 13651** – TV ⌂wc ⋒wc ☎. ⚹ rest
  fermé dim. et du 24 au 31 déc. – **R** carte 35 à 69 – **9 ch** ☐ 80/130 – P 105/155.
- X **Maaike en Kriekske, Stationsweg 10, ✉ 4001 CH, ☎ 13709** – E
  15 avril-déc. ; fermé lundi et mardi – **R** (dîner seult) carte 34 à 62.

à Zoelen NO : 3 km – ☎ 0 3448 :

- X **Zoelensche Brug, Achterstraat 2, ✉ 4011 EP, ☎ 1292, Vieille auberge** – Ⓟ. ⓓ E
  fermé lundi – **R** 33/77.

BMW Lingeweg 7 ☎ 13758
CITROEN Fabriekslaan 14 ☎ 12544
FIAT Lutterveldsedwarsweg 5 ☎ 17000
FORD Edisonstraat 2 ☎ 13929
GM (OPEL) Franklinstraat 2 ☎ 16147
HONDA Kellenseweg 24 ☎ 15640
MERCEDES-BENZ Lingeweg 4 ☎ 12877
NISSAN Nieuwe Tielseweg 126 ☎ 18818
PEUGEOT, TALBOT Stationsweg 1 ☎ 12291
RENAULT Grote Brugse Grintweg 160 ☎ 13452
VAG Marconistraat 13 ☎ 13211
VOLVO Dr. Kuyperstraat 24 ☎ 14501

TILBURG Noord-Brabant 212 ⑦ et 408 ⑱ – 153 957 h. – ☎ 0 13.

Voir Domaine récréatif de Beekse Bergen★ S : 3 km X.

✈ à Eindhoven-Welschap par ② : 32 km ☎ (0 40) 516142.

ℹ Spoorlaan 416 a, ✉ 5038 CG, ☎ 351135.

♦Amsterdam 110 ① – ♦'s-Hertogenbosch 23 ① – ♦Breda 29 ④ – ♦Eindhoven 36 ②.

Plans page suivante

- **Lindeboom** Ⓜ, **Heuvelring 126, ✉ 5038 CL, ☎ 351355, Télex 52858** – |♦| TV ⌂wc ☎ Ⓟ. ⚹
  R 30/100 – **18 ch** ☐ 89/115. Y **v**
- **Heuvelpoort** sans rest, **Heuvelpoort 300, ✉ 5038 DT, ☎ 354675, Télex 52722** – |♦| TV ⌂wc ☎ – 🏃. AE ⓓ E Y **b**
  63 ch ☐ 118/125.
- **Postelse Hoeve, Dr. Deelenlaan 10, ✉ 5042 AD, ☎ 636335, Télex 52788** – TV ⌂wc ⋒wc ☎ Ⓟ – 🏃. AE ⓓ V **v**
  R carte 45 à 53 – **23 ch** ☐ 73/100.

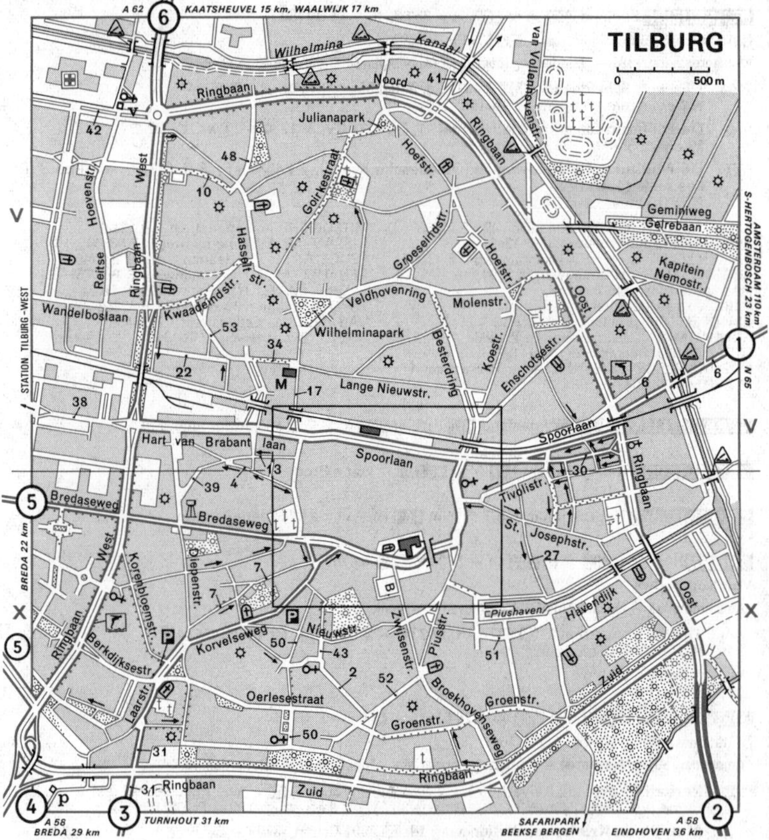

- Heuvelstr. . . . . Y
- Juliana van Stolbergstr. . . . . Y 21
- Koningspl. . . . . Z 24
- Piuspl. . . . . Z 37
- Schouwburgring . . . . Z

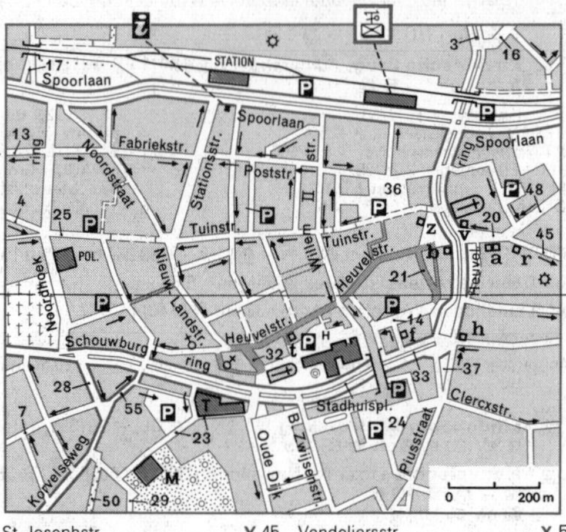

- Abel Tasmanstr. . . . . X 2
- Besterdring. . . . . Y 3
- Boomstr. . . . . Y 4
- Capucijnenstr. . . . . Z 7
- Dillenburglaan . . . . V 10
- Elzenstr. . . . . VY 13
- Emmastr. . . . . Z 14
- Enschotsestr. . . . . Y 16
- Gasthuisring . . . . VY 17
- Heuvel . . . . Z 20
- Keldermansstr. . . . . V 22
- Kloosterstr. . . . . Z 23
- Korte Schijfstr. . . . . Y 25
- Lanciersstr. . . . . X 27
- Lange Schijfstr. . . . . Z 28
- Nazarethstr. . . . . Z 29
- Nieuwe Bosscheweg . . . . V 30
- Oude Goirleseweg . . . . X 31
- Oude Markt. . . . . Z 32
- Paleisring . . . . Z 33
- Philips Vingboonstr. . . . . . . V 34
- Pieter Vreedepl. . . . . Y 36
- Prof. Cobbenhagenlaan . . . . . V 38
- Prunusstr. . . . . VX 39
- Quirijnstoklaan . . . . V 41
- Rueckertbaan. . . . . V 42
- de Ruijterstr. . . . . X 43
- St. Josephstr. . . . . Y 45
- Textielpl. . . . . Y 48
- Tivolistr. . . . . Y 49
- Trouwlaan . . . . X 50
- Vendeliersstr. . . . . X 51
- Voltstr. . . . . X 52
- Waterhoefstr. . . . . V 53
- Zomerstr. . . . . Z 55

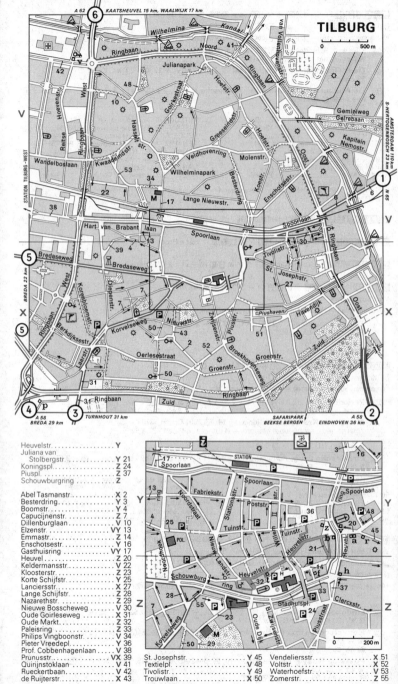

XXX **Gouden Zwaan,** Monumentenstraat 6, ✉ 5038 AR, ☎ 362987 – ✻ Z t
fermé lundi – **R** 35/73.

XX **Bali,** Piusplein 55, ✉ 5038 WP, ☎ 436790, Rest. indonésien – AE ⓓ E. ✻ Z h
R 24/29.

XX **Den Schout,** 1er étage, Oranjestraat 4, ✉ 5038 WC, ☎ 434512 – ▤. AE ⓓ E. ✻ Z f
fermé jeudi et du 15 au 31 juil. – **R** 55.

XX **Korenbeurs,** 1er étage, Heuvel 24, ✉ 5038 CP, ☎ 423660, Intérieur rustique – AE ⓓ Y z
fermé 25, 26 déc. et 1er janv. – **R** 28/87.

XX **La Petite Suisse,** Heuvel 41, ✉ 5038 CS, ☎ 426731, Cuisine suisse – ▤. AE Y a
R 43/75.

XX **La Colline,** Heuvel 39, ✉ 5038 CS, ☎ 431132 – AE ⓓ E Y a
fermé merc. – **R** carte 39 à 76.

X **Lotus,** Heuvel 49, ✉ 5038 CS, ☎ 422870, Rest. chinois – Ⓟ Y r
R 17/23.

à la gare Tilburg-West O : 2 km par Prof. Cobbenhagenlaan :

XX **Boerke Mutsaers,** Vijverlaan 2, ✉ 5042 PZ, ☎ 675278 – Ⓟ. ✻
fermé 1er janv. – **R** carte 27 à 71.

près de l'échangeur SO : 1,5 km :

🏨 **Ibis Tilburg,** Dr. Hub. van Doorneweg 105, ✉ 5026 RA, ☎ 636465, Télex 52756 – |≑| TV ⇔wc ☎ ♿ Ⓟ – 🎤. AE ⓓ E X p
R 22/45 – ☕ 8 – **83 ch** 65/78 – P 82/91.

à Goirle par ③ : 3 km – 17 602 h. – ✆ 0 13 :

XX **Boschlust,** Tilburgseweg 193, ✉ 5051 AE, ☎ 423095, « Terrasse et jardin » – Ⓟ. ⓓ E. ✻
R 33/75.

XX **De Hovel,** Tilburgseweg 37, ✉ 5051 AA, ☎ 345474 – AE ⓓ E
fermé lundi – **R** carte 54 à 79.

sur la route de Hilvarenbeek par ② : 4 km :

X **Safari-Restaurant,** Beekse Bergen 1, ✉ 5080 AA, ☎ 358225, ≤ – Ⓟ. AE ⓓ. ✻
R (déjeuner seult) carte 17 à 47.

MICHELIN, Agence régionale, Swaardvenstraat 45 – ✉ 5048 AV – (Industrieterrein Noord par ⑥ : 6 km), ☎ **(0 13) 675961**

BMW Spoordijk 72 ☎ 422134
BRITISH LEYLAND Hart van Brabantlaan 100 ☎ 422600
CITROEN Geminiweg 39 ☎ 423030
FIAT Ringbaan West 210 ☎ 681911
FORD Spoorlaan 175 ☎ 350045
GM (OPEL) Ringbaan Oost 102a ☎ 434655
HONDA Hart van Brabantlaan 1800 ☎ 681914
LADA Brücknerlaan 14 ☎ 550723
MAZDA Winkler Prinsstraat 24 ☎ 420143
MERCEDES-BENZ Molenbochtstraat 19 ☎ 435423
MITSUBISHI Goirkestraat 144a ☎ 421820
NISSAN Burg. Jansenstraat 52 ☎ 683911
PEUGEOT, TALBOT Lage Witsiebaan 78 ☎ 634355
RENAULT Goirkestraat 25 ☎ 364011
TOYOTA Ringbaan Noord 95 ☎ 431720
VAG Ringbaan Noord 65 ☎ 321411

TRICHT Gelderland **211** ⑭ – voir à Geldermalsen.

TUBBERGEN Overijssel **211** ⑨ et **408** ⑬ – 17 498 h. – ✆ 0 5493.
♦Amsterdam 162 – ♦Zwolle 65 – ♦Enschede 28 – Nordhorn 28.

sur la route de Mander NE : 2 km :

🏨 **Droste,** Uelserweg 95, ✉ 7651 KV, ☎ 1264, 🐎 – ⇔wc ⋒wc Ⓟ. ✻
R 23/50 – **14 ch** ☕ 45/110 – P 60/70.

PEUGEOT, TALBOT Almeloseweg 7 ☎ 1314

TWELLO Gelderland **211** ⑦ et **408** ⑫ – voir à Deventer.

UDDEL Gelderland **211** ⑥ et **408** ⑫ – 2 060 h. – ✆ 0 5770.
♦Amsterdam 80 – ♦Arnhem 46 – ♦Apeldoorn 16 – ♦Zwolle 42.

XX **Uddelermeer,** Uddelermeer 5, ✉ 3852 NR, ☎ 1202 – Ⓟ. ⓓ
fermé lundi, 24 déc.-1er janv. et après 20 h 30 – **R** 35/45.

MAZDA Elspeterweg 32 ☎ 1402

In addition to establishments indicated by
XXXXX ... X,
many hotels possess
good class restaurants.

UDEN Noord-Brabant 212 ⑧ et 408 ⑱⑲ – 33 415 h. – ☎ 0 4132.
♦Amsterdam 113 – ♦'s-Hertogenbosch 28 – ♦Eindhoven 30 – ♦Nijmegen 33.

🏨 **Arrows,** St. Janstraat 14, ✉ 5401 BB, ☎ 68555 – TV ⇔wc ☎ P. AE ⊙ E. 🚫
fermé sam. et 20 juil.-12 août – **R** (dîner seult) 30 – ☕ 13 – **24 ch** 85/135.

à Volkel SE : 3 km – 4 216 h. – ☎ 0 4132 :

XX **Rôtiss. De Druiventros,** Heiveldenstraat 6, ✉ 5408 PC, ☎ 72297, « Aménagé dans une ferme » – P. AE ⊙ E. 🚫
fermé sam. midi, dim. et du 10 au 31 juil. – **R** 54/79.

CITROEN Bitswijk 1 ☎ 69115
FIAT P. van Milstraat 17 ☎ 62800
HONDA Udenseweg 21 a ☎ 69473
MAZDA Hoevenseweg 33 ☎ 63796
PEUGEOT, TALBOT Loopkantstraat 12 ☎ 64055
RENAULT Violierstraat 13 ☎ 63033
TOYOTA Oude Udenseweg 25 ☎ 62887
VAG Kornetstraat 60a ☎ 63281

UITHOORN Noord-Holland 211 ③ et 408 ⑩ – 24 012 h. – ☎ 0 2975.
♦Amsterdam 19 – ♦Den Haag 54 – ♦Haarlem 23 – ♦Utrecht 31.

X **Rechthuis,** Schans 32, ✉ 1421 BB, ☎ 61380, ≤ – ▤
fermé 5, 24 et 31 déc. – **R** 30.

sur la route Aalsmeer-Vinkeveen :

🏨 **Motel Uithoorn** M, Thamerhorn 1, ✉ 1421 CE, ☎ 68131, Télex 12965 – ▤ ▤ rest TV ⇔wc ☎ ♿ P – 🏊. AE ⊙ E
R carte 44 à 60 – **22 ch** ☕ 100/130.

BMW Zijdelweg 49 ☎ 63044
FIAT A. Philipsweg 13 ☎ 62020
FORD Dorpsstraat 7 ☎ 66977
MAZDA Wiegerbruinlaan 73 ☎ 62055
VAG Amsterdamseweg 9 ☎ 63418

ULESTRATEN Limburg 212 ① – voir à Beek.

*Wenn Sie eine Stadt in den Niederlanden oder Belgien suchen, hilft Ihnen das alphabetische Ortsverzeichnis der **Michelin-Karten** 408 und 409.*

*To locate a Belgian or Dutch town refer to the indexes of places which accompany the **Michelin Maps** 408 and 409*

ULFT Gelderland 211 ⑱ et 408 ⑳ – 10 124 h. – ☎ 0 8356.
♦Amsterdam 140 – ♦Arnhem 42 – Deventer 48.

XX **Smithuus,** Bongersstraat 90, ✉ 7071 CR, ☎ 81319 – ▤ P. AE. 🚫
fermé mardi – **R** carte 33 à 49.

FORD F. Daamenstraat 37 ☎ 81729
VAG Ambachtstraat 7 ☎ 81045
VOLVO Industrieweg 17 ☎ 81064

ULVENHOUT Noord-Brabant 212 ⑥ et 408 ⑰ – voir à Breda.

URK Overijssel (Noord-Oost-Polder) 210 ⑮⑯ et 408 ⑪ – 10 696 h. – ☎ 0 5277.
Voir Site*.
♦Amsterdam 84 – ♦Zwolle 42 – Emmeloord 12.

X Havenzicht, 1er étage, Bootstraat 65, ✉ 8321 EM, ☎ 1283, ≤.

X **Kaap,** Wijk 1 n° 5, ✉ 8321 EK, ☎ 1509, ≤, Poissons
R carte 40 à 68.

TOYOTA Rif 1 ☎ 1583

UTRECHT P 211 ⑭ et 408 ⑪ – 234 543 h. – ☎ 0 30.
Voir La vieille ville** – Tour de la Cathédrale** (Domtoren) ✵** BY – Ancienne cathédrale* (Domkerk) BY **A** – Oudegracht* (Vieux canal) ABXYZ – Bas reliefs* et crypte* dans l'église St-Pierre (St. Pieterskerk) BY **B**.

Musées : Central** (Centraal Museum) BZ – National "de l'horloge musicale à l'orgue de barbarie"* (Nationaal museum van Speelklok tot Pierement) – BY **M¹** – Het Catharijneconvent** BZ **M²**.

Env. Château de Haar : collections* (mobilier, tapisseries, peinture) par ⑥ : 10 km.

⛳18 (abonnement) Amersfoortseweg 1 à Bosch en Duin par ② : 13 km, ☎ (0 3404) 55223.

✈ à Amsterdam-Schiphol par ⑥ : 37 km ☎ (0 20) 5110432 (renseignements) et (0 20) 434242 (réservations) – **Aérogare** : Jaarbeursplein, ☎ (0 30) 314132 et (0 20) 495575.

🚗 (départs de 's-Hertogenbosch) ☎ (0 30) 315814.

ℹ Vredenburg 90, ✉ 3511 BD, ☎ 314132 et kiosque Stationstraverse 5, Hoog Catharijne (à la gare centrale).
♦Amsterdam 35 ⑥ – ♦Den Haag 61 ⑤ – ♦Rotterdam 57 ⑤.

UTRECHT
VOIES D'ACCÈS ET DE CONTOURNEMENT

Ahornstr. .... FU 5
Antonius Matthaeuslaan.... GU 7
Biltse Rading .... GU 9
Biltsestraatweg............ GU 10
Blauwkapelseweg .... GU 13
Brailledreef .... GU 17
Burg. van Tuyllkade......... FU 19
Carnegiedreef............. GU 20
Cartesiusweg............... FU 21
Damstr. .... FUV 24
Darwindreef .... GU 25
Ds. Martin Luther Kinglaan .. FV 29
't Goy-laan .... GV 32
Graadt van Roggenweg ..... FV 34
Herculeslaan .... GV 36
van Hoornekade .... FU 37
J. M. de Muinck Keizerlaan .. FU 38
Joseph Haydnlaan .... FV 41
Koningin Wilhelminalaan.... FV 47
Laan van Chartroise .... FU 53
Lessinglaan .... FV 60
Marnixlaan .... FU 65
Omloop .... GU 78
Oudenoord .... GU 80
Overste den Oudenlaan ..... FV 83
Pieter Nieuwlandstr. .... GU 88
Pijperlaan .... FV 91
Prins Bernhardlaan .... FU 96
Rio Brancodreef .... FU 97
Royaards van den Hamkade .... FU 99
St. Josephlaan............. FU 100
Socrateslaan.............. GV 104
Spinozaweg................ FU 105
Sweder van Zuylenweg .... FU 108
Talmalaan .... GU 110
Thomas à Kempisweg ...... FU 112
Verlengde Vleutenseweg .. FU 120
Vultostr. .... GV 123
Weg der Verenigde Naties . FV 125
Weg tot de Wetenschap ... GV 126
Zamenhofdreef............. GU 132

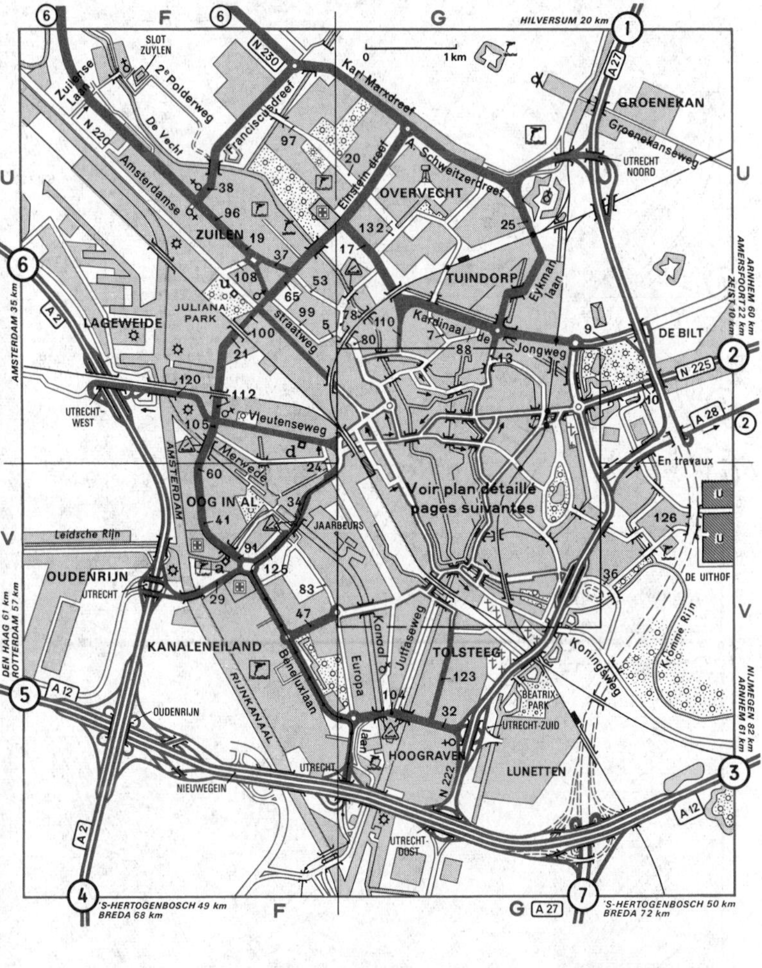

Schrijf ons uw oordeel over de restaurants die wij aanbevelen, en over hun specialiteiten.
Zie blz. 44 t/m 46.

UTRECHT
PARTIE CENTRALE

Lange Viestr. . . . . AX 57
Nachtegaalstr. . . . . CY
Oudegracht. . . . . BXYZ
Steenweg . . . . ABY
Voorstr. . . . . BX
Vredenburg . . . . AY

Abstederdijk . . . . BCZ
Achter de Dom . . . . BY 2
Achter St. Pieter . . . . BY 3
Adelaarstr. . . . . ABX
Adriaen van Ostadelaan . . . . CZ
Agnietenstr. . . . . BZ

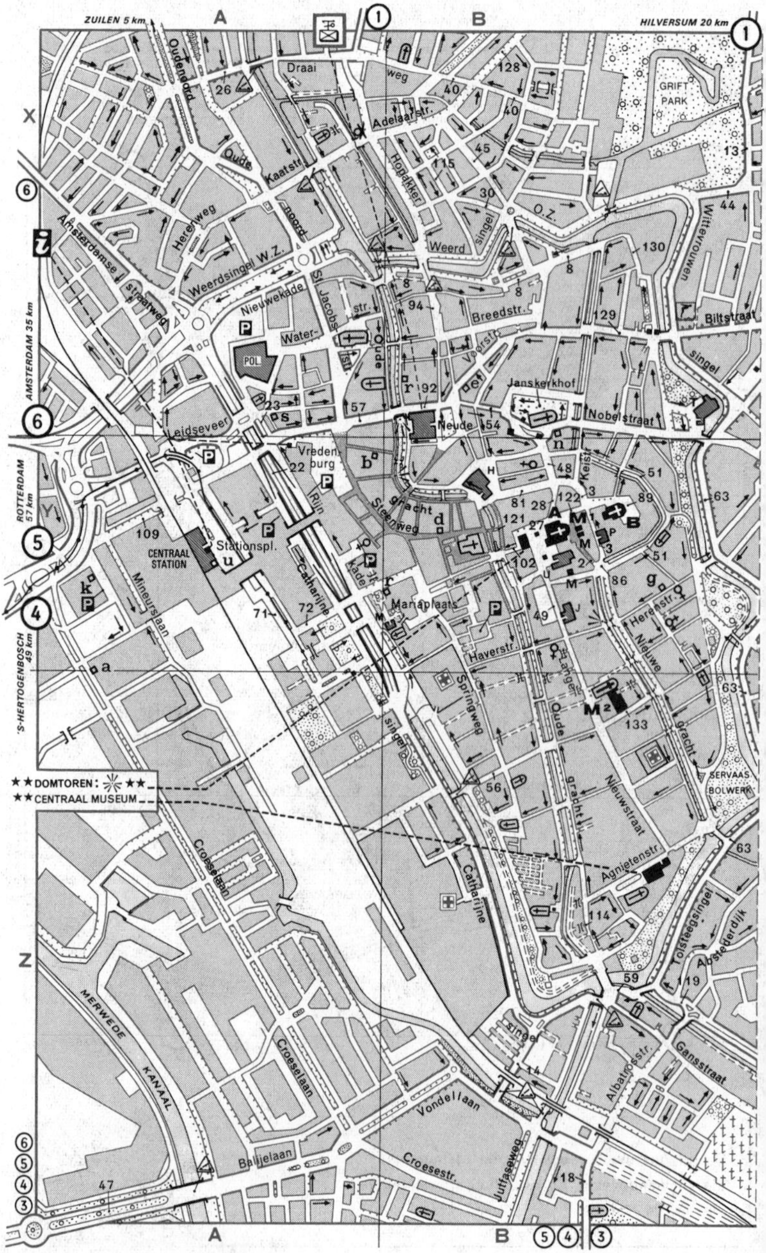

Albatrosstr. BZ
Alexander Numankade CX
Amsterdamsestraatweg AX
van Asch van Wijckskade BX 8
Balijelaan AZ
Bekkerstr. CX
Biltstr. BCX
Blauwkapelseweg BX 13
Bleekstr. BZ 14
Bosboomstr. CZ 16
Breedstr. BX
Briljantlaan BZ 18

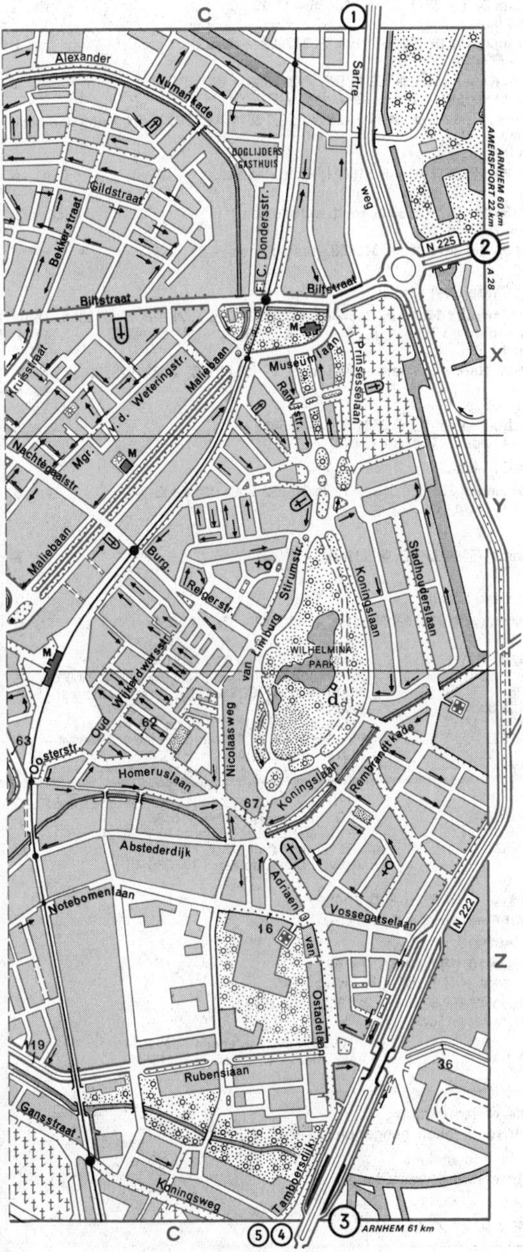

Burg. Reigerstr. CY
Catharijnebaan AY 22
Catharijnekade AX 23
Catharijnesingel ABXZ
Croeselaan AZ
Croesestr. BZ
Dav. van Mollemstr. AX 26
Domplein BY 27
Domstr. BY 28
F.C. Dondersstr. CX
Draaiweg ABX
Duifstr. BX 30
Gansstr. BCZ
Gildstr. CX
Haverstr. BY
Herculeslaan CZ 36
Herenstr. BY
Herenweg AX
Homeruslaan CZ
Hopakker BX
Janskerkhof BX
Johannes de Bekastr. BX 40
Jutfaseweg BZ
Kaatstr. AX
Keistr. BY
Kleinesingel BX 44
Koekoekstr. BX 45
Koningin Wilhelminalaan AZ 47
Koningslaan CYZ
Koningsweg CZ
Korte Jansstr. BY 48
Korte Nieuwstr. BY 49
Kromme Nieuwegracht BY 51
Kruisstr. CX
Lange Jansstr. BX 54
Lange Nieuwstr. BYZ
Lange Smeestr. BZ 56
Ledig Erf BZ 59
Leidseveer AY
van Limburg Stirumstraat CY
Maliebaan CXY
Maliesingel BCYZ 63
Mariaplaats BY
Mecklenburglaan CZ 67
Mineurslaan AY
Mgr. v.d. Weteringstr. CXY
Moreelselaan AY 71
Moreelsepark AY 72
Museumlaan CX
Neude BX
Nicolaasweg CZ
Nieuwegracht BYZ
Nieuwekade AX
Nobelstr. BX
Notebomenlaan CZ
Oosterstr. CZ
Oudenoord AX
Oudwijkerdwarsstr. CYZ

Pausdam BY 86
Pieterskerkhof BY 89
Potterstr. BX 92
Predikherenkerkhof BX 94
Prinsesselaan CX
Ramstr. CX
Rembrandtkade CZ
Rubenslaan CZ
Sartreweg CX
Servetstr. BY 102
St. Jacobsstr. AX
Springweg BZ
Stadhouderslaan CY
van Sijpesteijnkade AY 109
Tamboersdijk CZ
Tolsteegsingel BZ
Twijnstr. BZ 114
Valkstr. BX 115
Venuslaan BCZ 119
Vismarkt BY 121
Voetlusstr. BY 122
Vondellaan BZ
Vossegatselaan CZ
Waterstr. AX
Weerdsingel O. Z. BX
Weerdsingel W. Z. AX
Willem van Noortstr. BX 128
Wittevrouwensingel BX
Wittevrouwenstr. BX 129
Wolvenpl. BX 130
Zuilenstr. BZ 133

🏨 **Pays-Bas,** Janskerkhof 10, ⊠ 3512 BL, ✆ 333321, Télex 47485 – |♦| – 🚗. AE ⓓ E BXY **n**
R carte 64 à 91 – **47 ch** 95/230 – P 148/185.

XX **Wilhelminapark,** Wilhelminapark 65, ⊠ 3581 NP, ✆ 510693 – Ⓟ. AE E. ✻ CZ **d**
fermé sam. et du 9 au 27 juil. – **R** carte 39 à 94.

XX **Glazen Huis,** Mariaplaats 24, ⊠ 3511 LL, ✆ 318485 – AE E BY **r**
fermé lundi – **R** carte 35 à 53.

XX **Café de Paris,** Drieharingstraat 16, ⊠ 3511 BG, ✆ 317503 – ▤. AE AY **b**
fermé sam. midi et dim. – **R** carte 39 à 56.

X **Chez Jacqueline,** Korte Koestraat 3, ⊠ 3511 RP, ✆ 311089 – ▤ AX **s**
fermé dim., lundi et dern. sem. juil. - 2 prem. sem. août – **R** 17/30.

X **Mangerie Méditerranée,** Oude Gracht 88 a/d Werf, ⊠ 3511 AV, ✆ 328707, Dans une cave – E BX **r**
fermé lundi – **R** (dîner seult) carte 45 à 60.

X **La Pizzeria,** Voorstraat 23, ⊠ 3512 AH, ✆ 316021, Rest. italien BX **e**
R carte 30 à 55.

X **Deli,** Herenstraat 38, ⊠ 3512 KD, ✆ 313365, Rest. indonésien BY **g**
fermé lundi – **R** (dîner seult) 17/34.

X **Kota Radja,** Steenweg 37, ⊠ 3511 JL, ✆ 319468, Rest. chinois – ▤ BY **d**
R carte 25 à 46.

à Utrecht-Ouest (Hoog Catharijne) :

🏨 **Holiday Inn et Rest. Utrecht House,** Jaarbeursplein 24, ⊠ 3521 AR, ✆ 910555, Télex 47745, ≤, Bar avec repas rapide au 21ᵉ étage, ▣ – |♦| ▤ TV ☎ ♿ – 🚗. AE ⓓ E AY **k**
R carte 49 à 105 – **280 ch** 165/205.

XXX **Hoog Brabant,** 1ᵉʳ étage, Radboudkwartier 23 (gare), ⊠ 3511 CC, ✆ 331525, Avec grill – ▤. AE ⓓ E AY **u**
fermé dim. – **R** carte 43 à 100.

X **Bistro Boekanier,** Jaarbeursplein 1, ⊠ 3521 AL, ✆ 955413 AYZ **a**
fermé sam., dim. et 7 juil.-11 août – **R** carte 43 à 58.

sur la route de Vleuten E : 1 km :

XX **Jean d'Hubert,** Vleutenseweg 228, ⊠ 3532 HP, ✆ 945952 – ▤. AE ⓓ E. ✻ FU **d**
fermé sam. midi et dim. – **R** carte 47 à 72.

à l'Ouest : 2 km :

XX **Den Hommel,** Pijperlaan 1, ⊠ 3533 KB, ✆ 931400 – ▤ Ⓟ FV **a**
fermé sam. et dim. – **R** 40/100.

au Nord-Ouest (Juliana Park) : 2 km :

XXX **Juliana,** Amsterdamsestraatweg 464, ⊠ 3553 EL, ✆ 440032 – Ⓟ. AE ⓓ E FU **u**
R 35/75.

ALFA-ROMEO Weerdsingel OZ. 42 ✆ 719111
ALFA-ROMEO Franciscusdreef 56 ✆ 623004
BMW Prof. M. Treublaan 11 ✆ 713625
BRITISH LEYLAND Zeelantlaan 31 ✆ 881512
BRITISH LEYLAND Nicolaasweg 42 ✆ 516164
CITROEN Aquamarijnlaan 61 ✆ 882993
FIAT Leidseweg 117 ✆ 949141
FIAT Mississippidreef 12 ✆ 615600
FORD Savannahweg 9 ✆ 432614
FORD Leidseweg 128 ✆ 931744
GM (OPEL) Adm. Helfrichlaan 6 ✆ 948941
HONDA Weerdsingel O.Z. 42 ✆ 719111
HONDA Drommedarislaan 25 ✆ 888234
LADA Billitonkade 26 ✆ 930404
MAZDA Gildstraat 63 ✆ 713114
MITSUBISHI Wittevrouwensingel 85 ✆ 730060
NISSAN, MERCEDES-BENZ Franciscusdreef 68 ✆ 627833
PEUGEOT, TALBOT Biltstraat 106 ✆ 714344
PEUGEOT, TALBOT Winthontlaan 4 ✆ 888494
RENAULT Maliebaan 71 ✆ 333435
RENAULT Franciscusdreef 10 ✆ 611441
TOYOTA v.d. Goesstraat 52 ✆ 934613
TOYOTA, MERCEDES-BENZ Keulsekade 5 ✆ 910210
VAG Franciscusdreef 46 ✆ 618810
VAG van Starkenborghhof 140 ✆ 943241
VOLVO Gildstraat 73 ✆ 713114
VOLVO Dickensplaats 10 ✆ 936442

VAALS Limburg **212** ② et **408** ㉖ – 10 496 h. – ✪ 0 4454.
Voir Drielandenpunt★, de la Tour Baudoin ✻★ S : 1,5 km.
♦Amsterdam 229 – ♦Maastricht 28 – Aachen 4.

🏠 **Hollande,** Maastrichterlaan 10, ⊠ 6291 ES, ✆ 1083
fermé lundi et fin août-mi-sept. – **R** 17/68 – **15 ch** 34/67.

X **Gillissen,** Maastrichterlaan 48, ⊠ 6291 ES, ✆ 1961 – Ⓟ. E
fermé mardi soir, merc. et 20 sept.-8 oct. – **R** 17/50.

FIAT Maastrichterlaan 85 ✆ 2121
GM (OPEL) Sneeuwberglaan 34 ✆ 3141
VOLVO Maastrichterlaan 74 ✆ 1014
VAG Maastrichterlaan 39 ✆ 1166

Bijzonder aangename hotels of restaurants worden in de gids met een rood teken aangeduid.

U kunt helpen door ons attent te maken op bedrijven, waarvan U uit ervaring weet dat zij uitstekend zijn.

Uw Michelingids zal dan nog beter zijn.

🏨 ... 🏠

XXXXX ... X

VAASSEN Gelderland 211 ⑥ et 408 ⑫ – 14 153 h. – ☎ 0 5788.

Dorpsstraat 74, ✉ 8171 BT, ☎ 2200.

♦Amsterdam 98 – ♦Arnhem 36 – ♦Apeldoorn 10 – ♦Zwolle 33.

XXX **'t Koetshuis,** Maarten van Rossumplein 1, ✉ 8171 EB, ☎ 1501, « Aménagé dans les dépendances du château » – Ⓟ.
fermé lundi, Noël et Nouvel An – **R** 39/60.

XX **De Leest,** Kerkweg 1, ✉ 8171 VT, ☎ 1382 – E
fermé merc. – **R** carte 45 à 72.

VALBURG Gelderland 211 ⑯ et 408 ⑲ – 11 525 h. – ☎ 0 8883.

♦Amsterdam 108 – ♦Arnhem 23 – ♦Nijmegen 19.

Zwartkruis, Reethsestraat 1, ✉ 6675 CE, ☎ 234 – Ⓟ.
R *(fermé après 20 h)* carte 27 à 45 – **8 ch** 50/80.

Au moment de chercher un hôtel ou un restaurant, soyez efficace.
Sachez utiliser les noms soulignés en rouge sur les cartes Michelin nos 408 *et* 409
Mais ayez une carte à jour.

VALKENBURG Limburg 212 ① et 408 ㉖ – 17 290 h. – ☎ 0 4406.

Voir Musée de la mine★ (Steenkolenmijn Valkenburg) Z.

Th. Dorrenplein 5, ✉ 6300 AV, ☎ 13364.

♦Amsterdam 212 ① – ♦Maastricht 14 ① – Aachen 26 ① – ♦Liège 40 ③.

Plan page suivante

✿✿ **Prinses Juliana,** Broekhem 11, ✉ 6301 HD, ☎ 12244, « Terrasse et jardin fleuri » – Ⓟ – AE E. rest — Y **m**
R *(fermé sam. midi)* 68/98 – **34 ch** 75/195 – ½ p 110/140
Spéc. Salade gourmande, Queues de langoustines aux nouilles fraîches, Selle d'agneau au thym et romarin.

Parkhotel Rooding, Neerhem 68, ✉ 6301 CJ, ☎ 13241, « Terrasse et jardin » – Ⓟ – AE E. — Z **n**
20 avril-sept. – **R** *(fermé après 20 h)* (dîner seult) 30/55 – **92 ch** 66/135 – P 74/113.

La Résidence, Nieuweweg 42, ✉ 6301 EV, ☎ 12068, Télex 56354, – Ⓟ. AE E. rest — Y **w**
R 25/55 – **29 ch** 78/155 – P 88/105.

Schaepkens van St. Fijt sans rest, Nieuweweg 44, ✉ 6301 EV, ☎ 12000, Télex 56354 – Ⓟ – AE E — Y **w**
99 ch 58/115.

Gd. H. Voncken, Walramplein 1, ✉ 6301 DC, ☎ 12841 – – AE E — Z **s**
Pâques-janv. – **R** 40/48 – **51 ch** 58/135 – P 84/95.

Walram-Germania, Walramplein 37, ✉ 6301 DC, ☎ 13047 – – AE E. — Z **x**
15 mars-14 nov. – **R** *(fermé après 19 h 30)* 17/45 – **75 ch** 50/96 – P 63/67.

Atlanta sans rest, Neerhem 20, ✉ 6301 CH, ☎ 12193, « Terrasse et jardin » – wc wc Ⓟ — Z **r**
36 ch 59/84.

Riche, Neerhem 26, ✉ 6301 CH, ☎ 12965, « Terrasse et jardin » – wc Ⓟ. — Z **e**
avril-oct. – **R** (pens. seult) – **44 ch** 49/72 – P 65.

Lennards et Rest. Op den Ouwe Mert, Walramplein 31, ✉ 6301 DC, ☎ 13855 – wc. AE E. rest — Z **x**
avril-oct. – **R** *(fermé après 20 h)* 25/35 – **55 ch** 35/95 – P 53/65.

Palanka, Walramplein 9, ✉ 6301 DC, ☎ 12030, – wc wc Ⓟ. rest — Z **y**
15 avril-sept. – **R** 35/50 – **29 ch** 50/110.

Gd. H. Berg en Dal, Plenkertstraat 50, ✉ 6301 GM, ☎ 12741 – wc Ⓟ. AE E — Z **v**
Pâques-sept. – **R** *(fermé lundi)* 24/73 – **26 ch** 60/210.

Monopole, Nieuweweg 22, ✉ 6301 ET, ☎ 13545 – wc wc Ⓟ. — Y **k**
avril-sept. – **R** (dîner seult) 20/28 – **50 ch** 53/95.

Eurlings, De Guascostraat 16, ✉ 6301 CT, ☎ 12326 – wc. rest — Z **u**
fermé nov. – **R** (pens. seult) – **26 ch** 35/84 – P 48/58.

Kasteelsteeg sans rest, Grendelplein 15, ✉ 6301 BS, ☎ 12820 – wc wc. AE E. — Z **z**
avril-oct. – **13 ch** 50/92.

Monument, Grendelplein 20, ✉ 6301 BS, ☎ 12064 – wc. AE E — Z **p**
R *(Pâques-oct.)* 17/28 – **11 ch** 80.

De la Ruine, Neerhem 2, ✉ 6301 CH, ☎ 12992 – . ch — Z **q**
avril-22 oct. – **R** carte 23 à 42 – **9 ch** 29/58 – P 48/52.

Huize Philips sans rest, Koningin Julianalaan 1, ✉ 6301 GT, ☎ 12700 – Ⓟ. — Y **f**
Pâques-oct. – **10 ch** 40/70.

VALKENBURG

Berkelstr. . . . . Z 3
Grendelpl. . . . . Z 8
Grotestr. . . . . Z 9
Louis van der
Maessenstr. . . . . Y 20
Muntstr. . . . . Z 21
Plenkertstr. . . . . YZ
Theodoor Dorrenpl. . . . . Z 35
Wilhelminalaan . . . . . . YZ 39

Berkelpl. . . . . Z 2
Burgemeester
Henssingel . . . . Z 4
Dr. Erensstr. . . . . Z 6
Emmalaan . . . . Z 7
Halderstr. . . . . Z 10
Hekerbeekstr. . . . . Y 12
Jan Dekkerstr. . . . . Z 13
Kerkstr. . . . . Z 15
Kloosterweg . . . . Y 16
Koningin Julianalaan . . . Y 17
Lindelaan. . . . . Y 19
Oranjelaan. . . . . Y 23
Palankastr. . . . . Z 24
Poststr. . . . . Y 25
Prins Bernhardlaan. . . . . Y 26
Prinses
Beatrixsingel. . . . . Y 27
Prinses Margrietlaan . . . Y 28
Reinaldstr. . . . . Y 29
St. Pieterstr. . . . . Z 31
Sittarderweg . . . . Y 32
Stationstr. . . . . Y 33
Walrampl. . . . . Z 36
Walravenstr. . . . . Z 37
Wehryweg. . . . . Y 38

Michelin n'accroche pas de panonceau aux hôtels et restaurants qu'il signale.

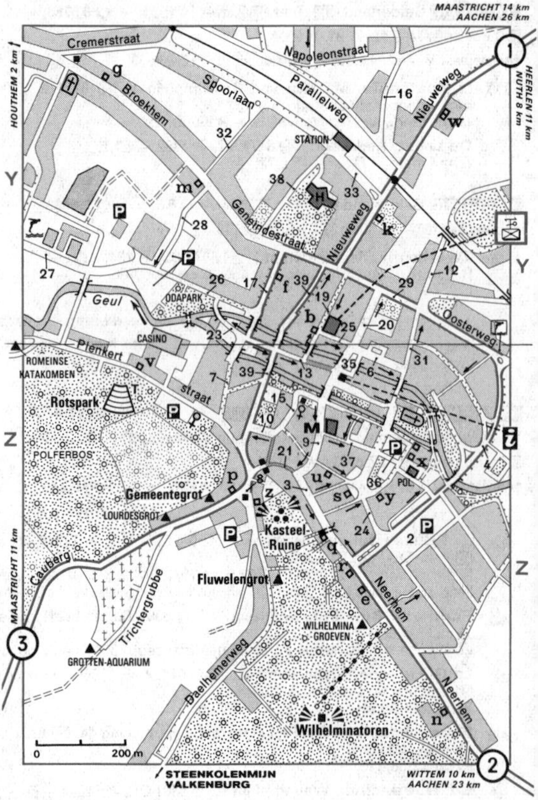

XXX ✽ **Lindenhorst** (Van den Hurk), Broekhem 130, ⊠ 6301 HL, ☎ 13444, « Aménagé avec recherche » – ▤. AE ⓓ E. ✻ — par Broekhem — Y
fermé juil. et du 1er au 15 janv. – **R** *(fermé lundi et mardi)* (dîner seult) 65/110
Spéc. Ragoût de coquilles St.Jacques aux huîtres (oct.-15 avril), Turbot au beurre de champagne, Canard sauvage Lindenhorst (août-déc.).

XXX **Le Jardin,** Odapark 1 (dans le casino : entrée 7,50 fl.), ⊠ 6301 GZ, ☎ 15550 – ▤ Ⓟ. AE ⓓ E. ✻ — Y
fermé 4 mai et 31 déc. – **R** (dîner seult) 44/65.

X **De Fransche Molen,** Lindenlaan 32, ⊠ 6301 HB, ☎ 12797, Aménagé dans un moulin à eau du 14e s. avec exposition au 1er étage – AE ⓓ E — Y **b**
fermé lundi, mardi, 31 oct.-17 nov. et du 4 au 9 avril – **R** 34/60.

X **Gasthuis Verhoef,** Broekhem 42, ⊠ 6301 HJ, ☎ 12497 — Y **g**
fermé sam. midi, lundi et du 11 au 25 mars – **R** carte 40 à 60.

à Houthem O : 3 km – ⊗ 0 4406 :

⌂ **De Ruiter,** St. Gerlach 43, ⊠ 6301 JA, ☎ 40318, « Terrasse et jardin » – ⋔wc. ✻ rest
R (1/2 pens. seult) – **12 ch** ⊒ 30/70 – ½ p 50/55.

FIAT Emmalaan 20 ☎ 12089
GM (OPEL) Rijksweg 61 ☎ 40595
RENAULT Wilhelminalaan 29 ☎ 12514
VAG Neerhem 25 ☎ 15041

Außer den mit XXXXX ... X gekennzeichneten Häusern haben auch viele Hotels ein gutes Restaurant.

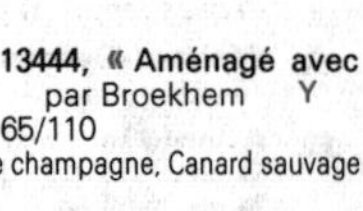

VALKENSWAARD Noord-Brabant 212 ⑱ et 408 ⑱ – 27 446 h. – ☎ 0 4902.

Eindhovenseweg 300 ☎ (0 4902) 12713.

♦Amsterdam 135 – ♦'s-Hertogenbosch 46 – ♦Eindhoven 9 – ♦Turnhout 41 – Venlo 58.

XX **Heerlijkheid,** Markt 16, ✉ 5554 CC, ☎ 15176 – AE ⓓ E
fermé lundi, sam. midi et dim. midi – **R** 38/65.

FIAT van Linschotenstraat 1 ☎ 12449
GM (OPEL) Parallelweg N. 10 ☎ 15830
LADA Dommelseweg 77 ☎ 13626
MERCEDES-BENZ, HONDA, ALFA-ROMEO Luikerweg 38 ☎ 15810
MITSUBISHI van Linschotenstraat 3 ☎ 12308
PEUGEOT, TALBOT, BRITISH LEYLAND Waalreseweg 3 ☎ 12000
RENAULT van Linschotenstraat 6 ☎ 13633
TOYOTA Waalreseweg 128 ☎ 13675
VAG Geenhovensedreef 24 ☎ 14125
VOLVO J. F. Kennedylaan 13 ☎ 14840

VARSSEVELD Gelderland 211 ⑧ et 408 ⑬ – 5 811 h. – ☎ 0 8352.

Spoorstraat 32, ✉ 7051 CJ, ☎ 2641.

♦Amsterdam 143 – ♦Arnhem 45 – ♦Enschede 50.

X **Kroon** avec ch, Kerkplein 6, ✉ 7051 CX, ☎ 1271 – rest wc
fermé dim. – **R** *(fermé après 20 h)* carte 36 à 64 – **5 ch** 45/70.

X **Ploeg,** Kerkplein 17, ✉ 7051 CZ, ☎ 2841 – P
fermé dim. midi – **R** carte 34 à 43.

VAG Spoorstraat 17 ☎ 2045

VASSE Overijssel 211 ⑨ et 408 ⑬ – 480 h. – ☎ 0 5418.

♦Amsterdam 163 – Almelo 15 – Oldenzaal 16 – ♦Zwolle 62.

Tante Sien, Denekamperweg 210, ✉ 7661 RM, ☎ 208, – wc wc P – .
R 36/50 – **12 ch** 68/129.

☛ *Om in de* ***Michelingids*** *vermeld te worden :*
– *geen voorspraak*
– *geen steekpenningen !*

VEENDAM Groningen 210 ⑨ et 408 ⑥ – 28 499 h. – ☎ 0 5987.

♦Amsterdam 215 – ♦Groningen 28 – Assen 35.

XX **Veenlust** avec ch, Beneden Oosterdiep 13, ✉ 9641 JA, ☎ 17811 – wc wc ☎ – . AE ⓓ E.
fermé dim. – **R** carte 35 à 51 – **10 ch** 45/75.

ALFA-ROMEO Dr. Bosstraat 71 ☎ 12288
BMW Beneden Oosterdiep 177 ☎ 22400
FIAT Beneden Oosterdiep 186 ☎ 15100
FORD Lloydsweg 39 ☎ 17944
GM (OPEL) Drieborgweg 1 ☎ 18000
MERCEDES-BENZ, TOYOTA Boven Oosterdiep 143 ☎ 18968
MITSUBISHI Boven Oosterdiep 5 ☎ 17466
NISSAN Boven Westerdiep 17 ☎ 13976
PEUGEOT, TALBOT Lloydsweg 5 ☎ 15570
RENAULT De Zwaaikom 20 ☎ 15529
VAG De Zwaaikom 6 ☎ 22112
VOLVO van Stolbergweg 24 ☎ 17777

VEENENDAAL Utrecht 211 ⑮ et 408 ⑪ – 41 401 h. – ☎ 0 8385.

(fermé sam. après midi) Raadhuisplein 39, ✉ 3901 GB, ☎ 10848.

♦Amsterdam 74 – ♦Utrecht 36 – ♦Arnhem 29.

Vonk, Kerkewijk 13, ✉ 3901 EA, ☎ 12832 – P
fermé Noël – **R** *(fermé dim. et après 20 h)* 22 – **17 ch** 35/70.

sur l'autoroute Utrecht-Arnhem A 12 N : 1 km – ☎ 0 8385 :

Ibis, Vendelier 8, ✉ 3905 PA, ☎ 22222, Télex 37210 – TV wc P – . AE ⓓ E
R 17/55 – 8 – **41 ch** 68/80.

sur la route d'Ederveen N : 1,5 km – ☎ 0 8385 :

XX **Gasterie 't Teisterbant,** Nieuweweg Noord 267, ✉ 3905 LW, ☎ 16797 – P. AE ⓓ E
fermé sam. midi, dim. et du 14 au 30 juil. – **R** 50/70.

sur la route de Rhenen SO : 2 km – ☎ 0 8385 :

XX **Rôtiss. La Montagne,** Kerkewijk Zuid 115, ✉ 3904 JA, ☎ 12936 – P – . AE ⓓ
R carte 53 à 63.

MICHELIN, Agence régionale, Standaardruiter 8 – ✉ 3905 PW, ☎ **23830**

ALFA-ROMEO Industrielaan 2 ☎ 19172
BRITISH LEYLAND Zandstraat 117 ☎ 12129
CITROEN Industrielaan 1a ☎ 19041
FIAT Nieuweweg 190 ☎ 12536
FORD Kerkewijk 128 ☎ 19155
GM (OPEL) Industrielaan 12 ☎ 23456
HONDA Ambachtstraat 17 ☎ 20722
LADA Hofstede 27 ☎ 25777
MAZDA Industrielaan 2 ☎ 19020
MERCEDES-BENZ Turbinestraat 2 ☎ 18300
NISSAN Accustraat 16 ☎ 23145
PEUGEOT, TALBOT Pr. Bernhardlaan 114 ☎ 19063
RENAULT Nieuweweg 212 ☎ 19124
VAG Wageningselaan 20 ☎ 10285
VOLVO, MITSUBISHI Schoonbekestraat 1 ☎ 22112

VEERE Zeeland 212 ② et 408 ⑮ – 4 641 h. – ☎ 0 1181.

Voir Maisons écossaises★ (Schotse Huizen) A – Ancien hôtel de ville★ (Oude stadhuis) B.

ℹ Markt 21, ✉ 4351 AG (sept.-mai), ☎ 365 – Oudestraat 28, ✉ 4351 AV (juin-août), ☎ 365.

♦Amsterdam 181 ② – ♦Middelburg 7 ① – Zierikzee 38 ②.

Waepen van Veere, Markt 23, ✉ 4351 AG, ☎ 231 – wc. AE ⓓ E
mars-nov. – **R** 30/43 – **14 ch** ☕ 37/95. **d**

XXX **D'Ouwe Werf,** Bastion 2, ✉ 4351 BG, ☎ 493, ≤ – ▤. AE ⓓ E **b**
fermé lundi sauf en juil.-août, mardi de nov. à mars et 16 janv.-2 fév.. – **R** 50/90.

XX **Campveerse Toren** avec ch, Kade 2, ✉ 4351 AA, ☎ 291, ≤, « Aménagé dans une tour du 15e s. » – wc. AE ⓓ E
R *(fermé lundi, mardi, merc., jeudi du 9 janv. au 5 mars)* 50/90 – 17 ch ☕ 40/130 – P 90/120. **a**

X **In den Struyskelder,** Kade 27, ✉ 4351 AA, ☎ 392, Aménagé dans une cave – AE ⓓ E **A**
Pâques-oct. – **R** 29/55.

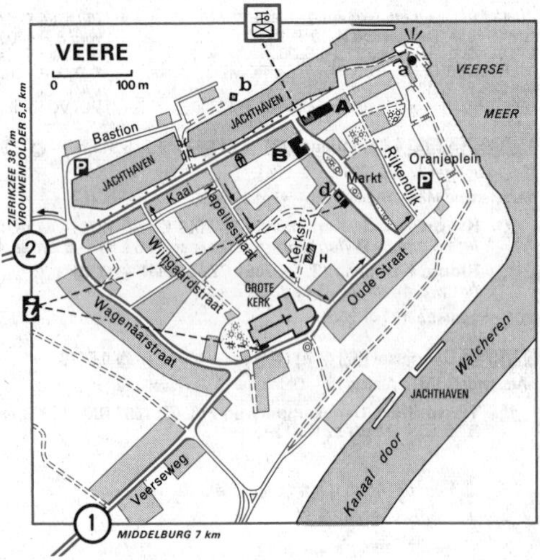

VELDEN Limburg 212 ⑳ et 408 ⑲ – 4 555 h. – ☎ 0 4702.

♦Amsterdam 181 – ♦Maastricht 82 – ♦Eindhoven 53 – ♦Nijmegen 59 – Venlo 7.

Van den Hombergh, Rijksweg 104, ✉ 5941 AH, ☎ 1291 – wc
fermé 24 déc.-3 janv. – **R** *(fermé sam. de nov. à avril)* 20/45 – **12 ch** ☕ 30/70 – P 55/60.

XX **Taurus,** Rijksweg 181, ✉ 5941 AD, ☎ 2274 – Ⓟ. AE ⓓ E
R carte 46 à 65.

VELP Gelderland 211 ⑰ et 408 ⑫ – 21 038 h. – ☎ 0 85.

♦Amsterdam 105 – ♦Arnhem 5 – Zutphen 29.

Voir plan d'Agglomération de Arnhem

sur la rotonde S : 1 km :

Crest H. Velp Ⓜ, Pres. Kennedylaan 102, ✉ 6883 AX, ☎ 629210, Télex 45527 – ▤ rest TV Ⓟ – 🏃. AE ⓓ E. ✻ rest BX **z**
R carte 50 à 71 – **74 ch** ☕ 122/146.

à Rozendaal N : 2 km – ☎ 0 85 :

Résidence Roosendael ⛰, Beekhuizenseweg 1, ✉ 6891 CZ, ☎ 629123, ≤ – TV wc ☎ Ⓟ. ✻ rest BV **r**
fermé 27 déc.-1er janv. et dim. de nov. à mars – **R** *(fermé sam.midi et lundi midi)* 45/85 – **16 ch** ☕ 55/185 – ½ p 115/125.

BMW Hoofdstraat 13 ☎ 618321
FIAT Th. Dobbeweg 3 ☎ 619853
LADA Arnhemsestraatweg 2 ☎ 635800
MAZDA Zuid Parallelweg 50 ☎ 646852
NISSAN Kerkallee 8a ☎ 619090
VAG, VOLVO Parkstraat 2 ☎ 629169

VELSEN Noord-Holland 211 ② et 408 ⑩ – 59 779 h. – ☎ 0 2550.

⛳18 ⛳9 Buitenhuizerweg 13 a (Recreatieoord Spaarnwoude), ☎ (0 23) 378669.

♦Amsterdam 24 – Alkmaar 22 – ♦Haarlem 11.

à Velsen-Zuid sortie A 9 – IJmuiden :

X **Taveerne Beeckestijn,** Rijksweg 136, ✉ 1981 LD, ☎ 14469, ≤, « Aménagé dans les dépendances d'une résidence du 18e s., parc » – Ⓟ. AE ⓓ E. ✻
fermé lundi et mardi – **R** 34/88.

BMW Driehuizerkerkweg 77 à Driehuis ☎ 14044
MAZDA Min. van Houtenlaan 10 ☎ 16245
PEUGEOT, TALBOT 's-Gravenlust 37 ☎ 13811

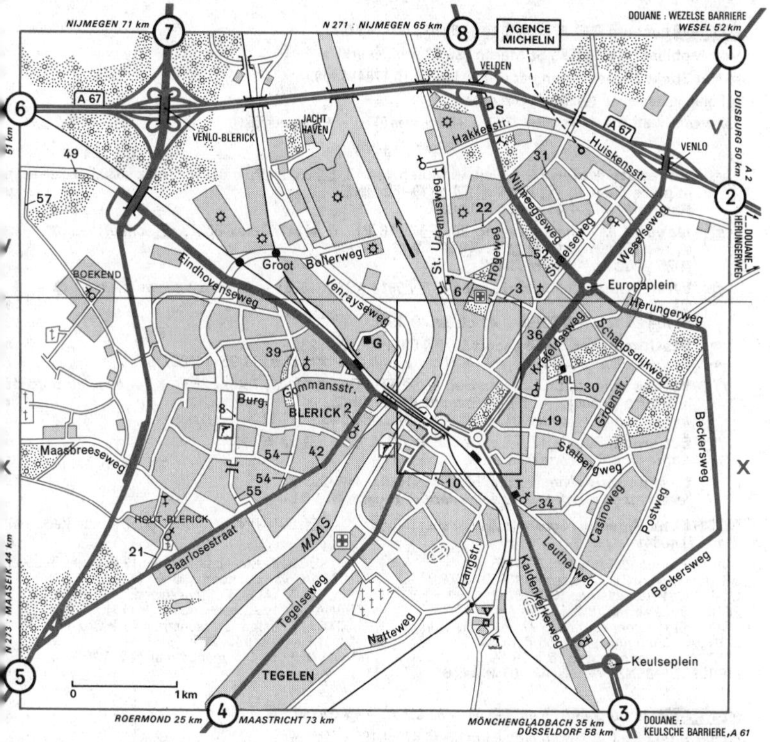

VENLO

Gasthuisstr.	Y	12
Grote Kerkstr.	Y	16
Klaasstr.	Z	24
Koninginnesingel	Z	27
Lomstr.	Y	33
Parade	Z	
St. Jorisstr.	Y	51
Vleesstr.	Z	
Antoniuslaan	X	2
Bisschop Schrijnenstr.	V	3
van Cleefstr.	Y	5
Dr. Blumenkampstr.	V	6
Drie Decembersingel	X	8
Eindhovensestr.	Z	9
Emmastr.	X	10
Goltziusstr.	Y	13
Grote Beekstr.	Z	14
Havenkade	Z	18
Hertog Reinoudsingel	X	19
Holleweg	X	21
Karbindersstr.	V	22
Koninginnepl.	Z	25
Laaghuissingel	X	30
L. Janszoon Costerstr.	V	31
Maagdenbergweg	X	34
Molenstr.	X	36
Nassaustr.	Z	37
Nieuwborgstr.	X	39
Peperstr.	Y	40
Pontanusstr.	X	42
Prinsessesingel	Z	43
Puteanusstr.	Y	45
Roermondsepoort	Z	46
Roermondsestr.	Z	48
Sevenumseweg	V	49
Veldenseweg	V	52
Vliegenkampstr.	X	54
Willem de Zwijgerstr.	X	55
2e Romerweg	V	57

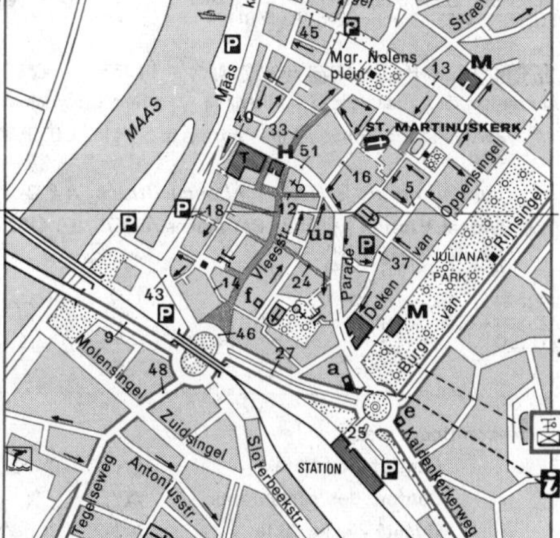

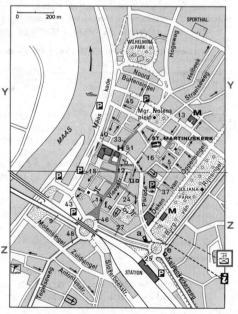

VENLO Limburg 212 ⑳ et 408 ⑲ – 62 495 h. – ☎ 0 77.

Voir Mobilier* de l'église St-Martin (St. Martinuskerk) Y.

Het Spekt 2 à Geysteren par ⑥ : 30 km, ☎ (0 4784) 1809.

Koninginneplein 2, ✉ 5911 KK, ☎ 43800.

♦Amsterdam 181 ⑥ – ♦Maastricht 73 ④ – ♦Eindhoven 51 ⑥ – ♦Nijmegen 65 ⑧.

Plans page précédente

- **Bovenste Molen** M, Bovenste Molenweg 12, ✉ 5912 TV, ☎ 41045, Télex 58393, « Terrasse et pièce d'eau », – ☎ P. AE ⓓ E — X v
  R carte 40 à 72 – **65 ch** 110/180.
- **Novotel** M, Nijmeegseweg 90, ✉ 5916 PT, ☎ 44141, Télex 58229, chauffée, – rest wc ☎ P – AE ⓓ E. rest — V s
  R 25 – 16 – **88 ch** 88/103.
- **Wilhelmina,** Kaldenkerkerweg 1, ✉ 5913 AB, ☎ 16251 – rest wc wc ☎ P – . AE ⓓ E — Z e
  fermé 25 déc. – **R** 25/95 – **41 ch** 40/130.
- **Stationshotel,** Keulsepoort 16, ✉ 5911 BZ, ☎ 18230 – wc — Z a
  fermé dim. et 24 déc.-1er janv. – **R** carte 20 à 42 – **30 ch** 36/95 – P 60/75.
- **Valuas** avec ch, St. Urbanusweg 9, ✉ 5914 CA, ☎ 41141, Télex 58598, « Terrasse au bord de la Meuse (Maas) » – wc ☎ P. AE ⓓ E. — V r
  fermé 17 juil.-1er août – **R** 58/85 – **17 ch** 83/143 – P 140.
- **Escargot,** Parade 42, ✉ 5911 CD, ☎ 12112 – . AE ⓓ E. — Z u
  fermé dim. – **R** carte 45 à 61.
- **La Mangerie,** Nieuwstraat 58, ✉ 5911 JV, ☎ 17993 — Z f
  fermé lundi, mardi et du 3 au 23 sept. – **R** carte 48 à 69.

MICHELIN, Agence régionale, Huiskensstraat 57 V – ✉ 5916 PN – (Industrieterrein de Veegtes), ☎ (0 77) 40841

BMW Roermondsestraat 36 ☎ 17958
BRITISH LEYLAND Tegelseweg 136 ☎ 12458
CITROEN Ferd. Bolstraat 10 ☎ 16752
FORD Straelseweg 18 ☎ 11441
GM (OPEL) Kaldenkerkerweg 97 ☎ 17575
HONDA Koninginnesingel 56 ☎ 13344
MAZDA Boerendansweg 15 ☎ 18955
MERCEDES-BENZ Weselseweg 53 ☎ 96666
MITSUBISHI Maasbreesestraat 19 à Blerick ☎ 20685
NISSAN van Cochoornstraat 3 ☎ 48764
PEUGEOT, TALBOT Straelseweg 52 ☎ 12474
RENAULT H.J. Costerstraat 3 ☎ 41545
TOYOTA Pastoor Stassenstraat 49 ☎ 23051
VAG Panhuisstraat 21 ☎ 15151
VOLVO Burg. Bloemartsstraat 30 ☎ 10455

VENRAY Limburg 212 ⑩ et 408 ⑲ – 33 605 h. – ☎ 0 4780.

Het Spekt 2 à Geysteren NE : 6 km, ☎ (0 4784) 1809.

Henseniusplein 1 (près du théâtre), ✉ 5801 BB, ☎ 82468.

♦Amsterdam 147 – ♦Maastricht 97 – ♦Eindhoven 40 – ♦Nijmegen 53 – Venlo 25.

- **Zwaan,** Grote Markt 2a, ✉ 5801 BL, ☎ 86969 – wc wc ☎ – . AE ⓓ E. rest
  R 17 – **16 ch** 73/105 – P 105.
- **Vlakwater,** Kempweg 162, ✉ 5801 VV, ☎ 82318 – P. AE ⓓ E
  fermé merc. – **R** 25/50.

CITROEN Horsterweg 10a ☎ 86825
FORD Raadhuisstraat 38 ☎ 85300
GM (OPEL) Oude Oostrumseweg 4 ☎ 86200
PEUGEOT, FIAT Stationsweg 183 ☎ 81154
PEUGEOT, TALBOT Zuidsingel 10 ☎ 81683
RENAULT Langstraat 78 ☎ 82037
VAG Leunseweg 47a ☎ 83535

VIANEN Zuid-Holland 211 ⑭ et 408 ⑪ – 14 757 h. – ☎ 0 3473.

♦Amsterdam 48 – ♦Den Haag 66 – ♦Breda 56 – ♦'s-Hertogenbosch 40 – ♦Rotterdam 59 – ♦Utrecht 15.

- Zwijnshoofd, Prinses Julianastraat 6, ✉ 4132 CB, ☎ 71286 – wc ☎ P –
  8 ch.

sur l'autoroute 's-Hertogenbosch-Utrecht A 2 O : 1 km :

- **Motel Vianen** M, Prins Bernhardstraat 75, ✉ 4132 XE, ☎ 72484, Télex 70295 – P – . AE ⓓ E. ch
  R carte 36 à 63 – **54 ch** 68/75.

GM (OPEL) Sportlaan 7 ☎ 71248
LADA, MAZDA Sportlaan 5 ☎ 71986
PEUGEOT, TALBOT Eendrachtsweg 3 ☎ 74014
TOYOTA Stuartweg 7 ☎ 73245
VOLVO Stalstraat 5 ☎ 71241

Ne confondez pas :

Confort des hôtels	: ...
Confort des restaurants	: XXXXX ... X
Qualité de la table	: ✿✿✿, ✿✿, ✿

VIERHOUTEN Gelderland 211 ⑥ et 408 ⑫ – 857 h. – ☎ 0 5771.

♦Amsterdam 88 – ♦Arnhem 53 – ♦Apeldoorn 27 – ♦Zwolle 34.

Mallejan, Nunspeterweg 70, ✉ 8076 PD, ☎ 241, – – AE E. rest
R *(fermé après 20 h 30)* 40/60 – **41 ch** 73/145 – ½ p 100/120.

De Kleine Stee, Gortelseweg 1, ✉ 8076 PR, ☎ 335 –
fermé merc. – **R** (dîner seult) carte 41 à 64.

Le Guéridon, Elspeterbosweg 5, ✉ 8076 RA, ☎ 200 – . AE E
fermé lundi – **R** carte 36 à 61.

Veluwse Albatros, Elspeterbosweg 45, ✉ 8076 RA, ☎ 333, Intérieur vieil hollandais – .
AE
R 28/65.

Eekhoorn, Nunspeterweg 21, ✉ 8076 PC, ☎ 205 –
R *(fermé après 20 h 30)* 25/47.

LADA Nunspeterweg 3 ☎ 204

VILSTEREN Overijssel 211 ⑧ – 320 h. – ☎ 0 5291.

♦Amsterdam 139 – Deventer 46 – ♦Zwolle 20.

Klomp, Vilsterseweg 10, ✉ 7734 PD, ☎ 8262 – . .
fermé lundi sauf en juil.-août – **R** carte 27 à 36.

VINKEVEEN Utrecht 211 ③ et 408 ⑩ – 8 625 h. – ☎ 0 2972.

♦Amsterdam 21 – ♦Utrecht 22 – ♦Den Haag 61 – ♦Haarlem 32.

Rôtiss. Buitenlust, Herenweg 75, ✉ 3645 DG, ☎ 1360 – AE E
fermé dim. et 2e quinz. juil. – **R** (dîner seult) carte 56 à 94.

au bord du lac NE : 3 km :

Belle Rive, Baambrugse Zuwe 127, ✉ 3645 AD, ☎ 4333 – . AE E
fermé sam. midi, dim. midi et mardi – **R** carte 68 à 100.

près de l'autoroute A 2 E : 3 km :

Vinkeveen et Rest. Canard Sauvage M, Groenlandsekade 1, ✉ 3645 BA, ☎ (0 2949) 3066, Télex 10217, , – rest – . AE E. rest
R *(fermé sam. midi et dim. midi)* carte 75 à 106 – **60 ch** 180/250 – P 210/265.

FIAT Demmerik 26 ☎ 1285

VLAARDINGEN Zuid-Holland 211 ⑪⑫ et 408 ⑯ – 78 124 h. – ☎ 0 10.

Watersportweg, ☎ (0 10) 750011.

(fermé sam. après-midi) Westhavenplaats 37, ✉ 3131 BT, ☎ 346666.

♦ Amsterdam 78 – ♦Den Haag 28 – ♦Rotterdam 12.

Crest Delta H, Maasboulevard 15, ✉ 3133 AK, ☎ 345477, Télex 23154, ≤ Maas (Meuse), – – . AE E
R carte 38 à 73 – **78 ch** 127/176 – P 138/177.

BRITISH LEYLAND Industrieweg 29 ☎ 354755
CITROEN van Hogendorplaan 139 ☎ 144400
FIAT Ged. Biersloot 37 ☎ 351377
FORD Boslaan 12 ☎ 344144
GM (OPEL) Burg. de Bordesplein 19 ☎ 340722
HONDA Veerplein 8 ☎ 359888
LADA 5e Industriestraat 39 ☎ 348157
MAZDA 4e Industriestraat 38 ☎ 343119
MERCEDES-BENZ van Beethovensingel 140 ☎ 346305
MITSUBISHI Nijverheidsstraat 10 ☎ 342762
PEUGEOT, TALBOT van Beethovensingel 124 ☎ 357900
RENAULT James Wattweg 12 ☎ 353533
TOYOTA 4e Industriestraat 48 ☎ 347413
VAG Dr. W. Beckmansingel 8 ☎ 341244
VOLVO Dirk de Derdelaan 18 ☎ 350055

VLIELAND (Ile de) Friesland 210 ③④ et 408 ③ – voir à Waddeneilanden.

VLISSINGEN Zeeland 212 ⑫ et 408 ⑮ – 46 348 h. – ☎ 0 1184.

vers Sheerness : liaison de bateaux de la Cie Olau Line, Buitenhaven ☎ (0 1184) 65400. Réservations : (0 1184) 641000.

(fermé sam. après-midi hors saison) Walstraat 91, ✉ 4381 GG, ☎ 12345.

♦Amsterdam 205 – ♦Middelburg 6 – ♦Brugge (bac) 43 – Knokke-Heist (bac) 32.

Strandhotel, bd Evertsen 4, ✉ 4382 AD, ☎ 12297, Télex 37878, ≤ – . AE E
R 30/95 – **39 ch** 80/155.

Piccard M, Badhuisstraat 178, ✉ 4382 AR, ☎ 13551, Télex 37885, – rest wc –
R carte 38 à 74 – **44 ch** 90/150.

Britannia, bd Evertsen 244, ✉ 4382 AG, ☎ 13255, Télex 36219, ≤ – rest wc – . AE E
R 17/80 – **35 ch** 104/140 – P 113/145.

De Schorpioen, Nieuwendijk 23, ✉ 4381 BV, ☎ 15387 – . E
fermé janv. – **R** carte 37 à 67 – **11 ch** 65/140 – P 78/93.

X **Noordzee,** 1er étage, Beursplein 1, ✉ 4381 CA, ☎ 13891 – ▤. AE ⓓ E
fermé sam. midi, dim. midi, lundi et 2e quinz. sept. – **R** carte 40 à 75.

X **Gevangentoren,** bd de Ruyter 1a, ✉ 4381 KA, ☎ 17076, Dans une tour du 15e s. – AE ⓓ E
fermé mardi – **R** (dîner seult) 45/85.

ALFA-ROMEO Industrieweg 17 ☎ 13434
BMW Industrieweg 27 ☎ 14400
FIAT Industrieweg 19 ☎ 17736
FORD Gildeweg 20 ☎ 19420
GM (OPEL) Pres. Rooseveltlaan 772 ☎ 17100
HONDA Gildeweg 21 ☎ 13995
MAZDA, VOLVO Pres. Rooseveltlaan 768 ☎ 17610
MERCEDES-BENZ Mercuriusweg 25 ☎ 18351
MITSUBISHI Mercuriusweg 29 ☎ 19051
PEUGEOT, TALBOT Pres. Rooseveltlaan 745 ☎ 12008
RENAULT Gildeweg 16 ☎ 17130
TOYOTA Gildeweg 13 ☎ 12916
VAG Gildeweg 22 ☎ 19610

VLIJMEN Noord-Brabant 212 ⑦ et 408 ⑱ – 14 040 h. – ☏ 0 4108.
♦Amsterdam 94 – ♦'s-Hertogenbosch 8 – ♦Breda 40.

Prinsen, Julianastraat 21, ✉ 5251 EC, ☎ 9131, – TV ⇔wc ⋒wc Ⓟ.
R carte 39 à 70 – **14 ch** 40/85.

MAZDA Wolput 18 ☎ 2251

VOLENDAM Noord-Holland 211 ④ et 408 ⑪ – 16 405 h. – ☏ 0 2993.
Voir Costume traditionnel★ – ♦Amsterdam 21 – Alkmaar 33 – ♦Leeuwarden 121.

Spaander, Haven 15, ✉ 1131 EP, ☎ 63595, Télex 13141, Collection de tableaux – ⋒wc Ⓟ.
AE ⓓ E
fermé 25 déc. – **R** *(fermé après 20 h 30)* 21/60 – **80 ch** 40/150 – P 75/115.

XXX **Van Diepen** avec ch, Haven 35, ✉ 1131 EP, ☎ 63705 – ⋒wc. AE ⓓ
fermé lundi et mardi de nov. à avril – **R** carte 50 à 70 – **18 ch** 43/95 – P 88/100.

sur la route d'Edam O : 3 km – ☏ 0 2993 :

Motel Katwoude, Wagenweg 1, ✉ 1145 PW, ☎ 65656 – ⇔wc ☎ Ⓟ – . AE
R carte 32 à 52 – 6 – **24 ch** 50/55.

FIAT Julianaweg 192 ☎ 63268
MAZDA Julianaweg 96 ☎ 63416
RENAULT Chr. van Abcoudestraat 2 ☎ 65551
TALBOT Julianaweg 1 ☎ 63225
VAG Julianaweg 129 ☎ 63972

VOLKEL Noord-Brabant 212 ⑧ et 408 ⑱ ⑲ – voir à Uden.

VOLLENHOVE Overijssel 210 ⑰ et 408 ⑫ – 6 220 h. – ☏ 0 5274.
ℹ Kerkplein 15, ✉ 8325 BN, ☎ 1315 – ♦Amsterdam 103 – ♦Zwolle 26 – Emmeloord 14.

XX **Seidel,** Kerkplein 3, ✉ 8325 BN, ☎ 1262, « Dans l'ancien hôtel de ville du 17e s. » – ⓓ
fermé lundi – **R** carte 41 à 83.

LADA Kerkstraat 82 ☎ 1296
PEUGEOT, TALBOT Weg van Rollecate 11 ☎ 1321

VOORBURG Zuid-Holland 211 ⑪ et 408 ⑨⑩ – voir à Den Haag.

VOORSCHOTEN Zuid-Holland 211 ⑫ et 408 ⑩ – 21 746 h. – ☏ 0 1717.
♦Amsterdam 46 – ♦Den Haag 13 – ♦Haarlem 38 – Leiden 5.

Voir plan d'Agglomération de Leiden

sur la route de Leiden N : 3 km :

XX **Allemansgeest,** Hofweg 55, ✉ 2251 LP, ☎ (0 71) 764175, ←, « Vieille auberge » – Ⓟ. AE
fermé dim., lundi et 24 déc.-1er janv. – **R** 56/79. AX **g**

sur la route de Leidschendam SO : 3 km :

Motel de Gouden Leeuw, Veurseweg 180, ✉ 2252 AG, ☎ 5916 – TV ⇔wc ☎ Ⓟ –
R carte 31 à 48 – 8 – **32 ch** 60. AX **f**

XXX **Knip,** Kniplaan 22, ✉ 2251 AK, ☎ 2573, ← – Ⓟ. par Veurseweg AX
fermé dim. et lundi – **R** carte 47 à 64.

GM (OPEL) Kon. Julianalaan 46 ☎ 2236
MAZDA Leidseweg 89 ☎ 6464
RENAULT Leidseweg 422 ☎ (0 71) 763854
VAG Hofweg 39 ☎ (0 71) 769307
VOLVO Gerard Douplantsoen 22 ☎ 4455

VOORTHUIZEN Gelderland 211 ⑮ et 408 ⑪ – 8 313 h. – ☏ 0 3429.
♦Amsterdam 61 – ♦Arnhem 43 – Amersfoort 19 – ♦Apeldoorn 32.

X **Punt,** Baron van Nagellstraat 2, ✉ 3781 AR, ☎ 1782 – Ⓟ. ⓓ
R 20/65.

par la route d'Apeldoorn NE : 3 km :

X **Edda Huzid,** Hunnenweg 16 (Ruitercentrum), ✉ 3780 BA, ☎ 1661, ← – Ⓟ. AE ⓓ
fermé mardi – **R** carte 22 à 44.

NISSAN Kerkstraat 32 ☎ 1508
PEUGEOT, TALBOT Hoofdstraat 60 ☎ 1414
TOYOTA Apeldoornsestraat 43 ☎ 1413

VORDEN Gelderland 211 ⑯ et 408 ⑫⑬ – 7 272 h. – ☎ 0 5752.
•Amsterdam 117 – •Arnhem 44 – •Apeldoorn 31 – •Enschede 51.

Bloemendaal, Stationsweg 24, ✉ 7251 EM, ☎ 1227 – ✻
fermé dim. – **R** (1/2 pens. seult) – **10 ch** ☕ 35/68 – ½ p 57.

Bakker avec ch, Dorpsstraat 24, ✉ 7251 BB, ☎ 1312, – Ⓟ. AE
R carte 37 à 56 – **13 ch** ☕ 34/72.

PEUGEOT, TALBOT Zutphenseweg 85 ☎ 1256

VREELAND Utrecht 211 ④ et 408 ⑩⑪ – 2 295 h. – ☎ 0 2943.
•Amsterdam 21 – •Utrecht 22 – Hilversum 11.

Aub. De Nederlanden, Duinkerken 3, ✉ 3633 EM, ☎ 1576 – Ⓟ. AE ⓓ E. ✻
fermé lundi – **R** carte 71 à 102.

LADA Raadhuislaan 5 ☎ 1867

VRIES Drenthe 210 ⑧ et 408 ⑥ – 9 590 h. – ☎ 0 5921.
•Amsterdam 196 – Assen 9,5 – •Groningen 17.

Sint Nicolaas, Brinkstraat 1, ✉ 9481 BJ, ☎ 1228, – Ⓟ – . ✻ ch
fermé 1er janv. – **R** *(fermé après 20 h)* 23 – **8 ch** ☕ 40/79.

BRITISH LEYLAND, NISSAN Asserstraat 9 ☎ 1317

VROUWENPOLDER Zeeland 212 ② et 408 ⑮ – 1 047 h. – ☎ 0 1189.
Dorpsdijk 19, ✉ 4354 AA, ☎ 1577 – •Amsterdam 178 – •Middelburg 12 – Zierikzee 33.

Resto Vrouwenpolder, Veersegatdam 81, ✉ 4354 ND, ☎ 1900, ← – Ⓟ
R carte 22 à 45.

VUGHT Noord-Brabant 212 ⑦ et 408 ⑱ – 23 429 h. – ☎ 0 73.
•Amsterdam 93 – •'s-Hertogenbosch 4 – •Eindhoven 30 – •Tilburg 18.

Voir plan d'Agglomération de 's-Hertogenbosch

Van Ouds Gans Oyen, Taalstraat 64, ✉ 5261 BG, ☎ 563909 – ▤ Ⓟ. AE ⓓ E X s
fermé merc. – **R** carte 40 à 80.

sur l'autoroute 's-Hertogenbosch-Eindhoven A 2 :

Kasteel Maurick (Rôtisserie dans la dépendance du château), Maurick 3, ✉ 5261 NA, ☎ 579108, « Terrasse et jardin fleuri » – Ⓟ. AE ⓓ X y
fermé dim., jours fériés, 23 déc.-1er janv. et du 7 au 31 juil. – **R** 38/93.

sur la route de Tilburg N 65 SO : 4 km :

Vier Kolommen, Helvoirtseweg 166, ✉ 5263 EJ, ☎ 561207 – Ⓟ
fermé sam. midi – **R** 21/58.

Vossenklem, Helvoirtseweg 233, ✉ 5263 LT, ☎ (0 4118) 1295 – ▤ Ⓟ. E. ✻
fermé lundi et du 18 au 31 juil. – **R** 28/53.

BMW Helvoirtseweg 170 ☎ 560124
BRITISH LEYLAND, NISSAN Helvoirtseweg 151 ☎ 564485
CITROEN Helvoirtseweg 132 ☎ 561912
GM (OPEL) Wolfskamerweg 28 ☎ 568133
PEUGEOT, TALBOT Kempenlandstraat 19 ☎ 561043
TOYOTA Molenstraat 4 ☎ 579123

De WAAL Noord-Holland 210 ③ – voir à Waddeneilanden (Texel).

WAALWIJK Noord-Brabant 212 ⑦ et 408 ⑱ – 29 059 h. – ☎ 0 4160.
(fermé sam. hors saison) Grotestraat 245, ✉ 5141 JS, ☎ 32228.
•Amsterdam 100 – •'s-Hertogenbosch 18 – •Breda 30 – •Tilburg 17.

Moonen, Burg. van de Klokkenlaan 55, ✉ 5141 EG, ☎ 36045 – TV wc wc ☎ Ⓟ – . AE ⓓ E. ✻
R 20/50 – **32 ch** ☕ 80/125.

ALFA-ROMEO, MAZDA Laageindestoep 1 ☎ 36905
BMW Stationsstraat 95 ☎ 32443
BRITISH LEYLAND Grotestraat 88 ☎ 32054
CITROEN Zanddonkweg 2 ☎ 33321
FIAT Tuinstraat 22a ☎ 34583
FORD Grotestraat 349 ☎ 32113
GM (OPEL) Marijkestraat 1 ☎ 36031
HONDA Grotestraat 109 ☎ 32561
LADA Burg. Smeelelaan 37 ☎ 34487
NISSAN Reigerbosweg 12 ☎ 32316
PEUGEOT, TALBOT Laageinde 103 ☎ 37986
RENAULT Laageinde 39 ☎ 38193
VAG Grotestraat 358 ☎ 34961

WADDENEILANDEN (ILES DES WADDEN) ★★ **Friesland - Noord-Holland 210 ③ à ⑥ et 408 ③ à ⑥ G. Hollande – 22 234 h.**

AMELAND

et vers Holwerd (Frise), départs de Nes. Durée de la traversée : 45 min. Réservation pour auto : Wagenborg passagiersdiensten, Reeuweg 9, Nes-Ameland, ☎ (0 5191) 6111. Prix : 9,75 Fl par pers. - voiture 48,50 Fl (- de 4 m), 68,50 Fl (+ de 4 m).

•Amsterdam (bac) 169 – •Leeuwarden (bac) 30 – Dokkum (bac) 14.

Nes – ✆ 0 5191.

ℹ Rixt van Doniaweg 2, ✉ 9163 GR, ✆ 2020.

Hofker, Johannes Hofkerweg 1, ✉ 9163 GW, ✆ 2002, chauffée, – wc ℗. rest
mars-29 oct. – **R** *(fermé après 19 h)* (dîner seult) 23 – 10 – **36** appartements 44/100.

sur la route de la plage **N : 1 km :**

Ameland, Strandweg 48, ✉ 9163 GN, ✆ 2150 – wc wc ℗. rest
avril-oct. – **R** *(fermé après 20 h)* 18 – **22 ch** 42/88 – P 49/66.

Noordzee, Strandweg 42, ✉ 9163 GN, ✆ 2228, chauffée – wc ℗. rest
fermé 20 déc.-fév. – **R** (pens. seult) – **21 ch** 35/90 – P 45/55.

CITROEN Reeweg 1 ✆ 2300

Buren – ✆ 0 5191.

Klok, Hoofdweg 11, ✉ 9164 KL, ✆ 2181 – rest
R *(fermé après 20 h)* 20 – **30 ch** 29/58 – P 46.

SCHIERMONNIKOOG

Voir Het Rif★, ≤★.

vers Lauwersoog : Cie Wagenborg Passagiersdiensten BV à Lauwersoog ✆ (0 5193) 9079. Prix : 9,75 Fl.

♦Amsterdam (bac) 181 – ♦Leeuwarden (bac) 42 – ♦Groningen (bac) 42.

Schiermonnikoog – ✆ 0 5195.

ℹ (fermé l'après-midi hors saison) Reeweg 15, ✉ 9166 PW, ✆ 1233.

Duinzicht, Badweg 17, ✉ 9166 ND, ✆ 1218 – wc wc.
R 18/50 – **20 ch** 46/125 – P 64/86.

TERSCHELLING

Voir Site★ – De Boschplaat★ (réserve d'oiseaux).

Accès - ***Service de bateaux de la Cie T.S.M., Willem Barentszkade 21 à West-Terschelling, ✆ (0 5620) 2141 reliant l'île à Harlingen (Frise). Durée de la traversée : 1 h 45. Prix : 26,20 Fl, voitures 117,50 Fl (14,65 Fl par 0,50 m de longueur). Pendant la saison touristique, retenir une place pour la voiture plusieurs semaines à l'avance, réservations voitures : ✆ (0 5620) 6111.***

Service rapide (3 traversées; durée : 3/4 h) sans réservation (170 places) par vedette Koegelwieck. Prix : 32,20 Fl.

Met vers Harlingen : Cie T.S.M. (Terschellinger Stoomboot Mij.) à West-Terschelling ✆ (0 5620) 2141 et réservation voitures ✆ 6111.

♦Amsterdam (bac) 115 – ♦Leeuwarden (bac) 28 – (distances de West-Terschelling).

West-Terschelling – ✆ 0 5620.

ℹ Willem Barentszkade 19 a, ✉ 8881 BC, ✆ 3000.

Nap, Torenstraat 55, ✉ 8881 BH, ✆ 2004 – wc wc ℗. AE E. rest
R 17/72 – **33 ch** 52/110 – P 81/87.

Oepkes et Rest. Schoener, De Ruijterstraat 3, ✉ 8881 AM, ✆ 2005 – wc. AE E. rest
fermé 10 janv.-14 fév. – **R** carte 37 à 60 – **25 ch** 41/120 – P 69/82.

Brandaris, Boomstraat 3, ✉ 8881 BS, ✆ 2554 –
fermé jeudi du 22 oct. au 28 mars – **R** 18/30.

Hoorn – ✆ 0 5620.

Millem, Dorpsstraat 58, ✉ 8896 JG, ✆ 8424, Aménagé dans une ferme du 19e s. – ℗
avril-oct. et week-ends; fermé janv.-fév. – **R** 29/58.

Midsland – ✆ 0 5620.

ℹ Midslanderhoofdweg 1, ✉ 8891 GG, ✆ 8800.

Drie Grapen, Dorreveldweg 2, ✉ 8891 HN, ✆ 8975, Aménagé dans une ancienne ferme – ℗
avril-21 oct.; fermé lundi – **R** (dîner seult) carte 25 à 59.

Oosterend – ✆ 0 5620.

Oude Jutter, Dorpstraat 43, ✉ 8897 HX, ✆ 8499, Aménagé dans une ferme – ℗.
avril-oct.; fermé mardi – **R** 35/60.

FIAT, TALBOT Oosterenderweg 52 ✆ 396

TEXEL

Voir Site** – Réserves d'oiseaux* – De Slufter ≤*.

Accès de Den Helder. - *Toutes les heures de 6 h (8 h les dimanches et fêtes) à 21 h de fin septembre à début juin ; le reste de l'année départ toutes les demi-heures de 8 h 30 à 16 h (week-ends de 9 h 30 à 21 h) et toutes les heures de 16 h à 21 h. Durée de la traversée 20 min. Prix : 7,50 Fl, voitures 33,50 Fl..*

et vers Den Helder : Cie T.E.S.O. à 't Horntje ☎ (0 2226) 441.

♦Amsterdam (bac) 85 – ♦Haarlem (bac) 78 – ♦Leeuwarden (bac) 96 – (distances de Den Burg).

Den Burg – 0 2220.

Groeneplaats 9, ✉ 1791 CC, ☎ 4741.

Lindeboom, Groeneplaats 14, ✉ 1791 CC, ☎ 2041 – wc. E.
R 17/40 – **16 ch** 45/110.

Den Burg, Emmalaan 2, ✉ 1791 AV, ☎ 2106 – wc wc.
R (pens. seult) – **18 ch** 45/65 – P 58.

Raadskelder, Vismarkt 6, ✉ 1791 CD, ☎ 2235 – E
R 17/35.

à l'Ouest : 3,5 km :

Bos en Duin, Bakkenweg 16, ✉ 1790 AA, ☎ 2569 – wc wc. rest
13 avril-22 oct. – **R** 22/52 – **44 ch 12** appartements 45/110 – P 67/80.

à 't Horntje (au débarcadère) S : 7 km – 0 2226 :

Havenrestaurant Texel, Pontweg 3, ✉ 1797 SN, ☎ 310, ≤ –
R carte 38 à 68.

BMW, MERCEDES-BENZ Pr. Bernhardlaan 178 ☎ 2345
NISSAN Spinbaan 13 ☎ 3808
VAG Schildereind 56 ☎ 2151
VOLVO Pr. Bernhardlaan 170 ☎ 2200

De Koog – 0 2228.

Dorpsstraat, ✉ 1796 BB, ☎ 541 (saison).

Opduin (annexe), Ruijslaan 22, ✉ 1796 AD, ☎ 445, Télex 57555, , – . rest
fermé 10 janv.-9 fév. – **R** *(fermé après 20 h 30)* carte 41 à 83 – **56 ch** 66/255 – P 94/157.

Alpha sans rest, Boodtlaan 54, ✉ 1796 BG, ☎ 677 – wc .
12 ch 105.

Beatrix sans rest, Kamerstraat 5, ✉ 1796 AM, ☎ 207, , – wc . E
15 ch et **12** appartements 39/69.

Zwaluw, Kamperfoelieweg 1, ✉ 1796 MT, ☎ 329, – wc . rest
2 janv.-oct. – **R** *(fermé après 19 h 30)* (1/2 pens. seult) – **14 ch** et **7** appartements 74/94 – ½ p 48/62.

Dijkstra, Nikadel 3, ✉ 1796 BP, ☎ 357 – . E.
15 mars-oct. – **R** (1/2 pens. seult) – **15 ch** 34/63 – ½ p 46.

Strandplevier, Dorpsstraat 39, ✉ 1796 BA, ☎ 348 – wc . rest
15 fév.-oct. – **R** (1/2 pens. seult) – **20 ch** 40/105 – ½ p 50/63.

Gouden Boltje sans rest, Dorpsstraat 44, ✉ 1796 BC, ☎ 755, – wc .
mars-sept. – **14 ch** 38/105.

au Sud : 3 km :

Pelikaan, Pelikaanweg 18, ✉ 1796 NR, ☎ 202 – wc . rest
fermé 31 déc.-2 janv. – **R** carte env. 49 – **32 ch** 53/140 – P 75/90.

BRITISH LEYLAND Nikadel 23 ☎ 841
CITROEN, TOYOTA Ruigendijk 2 ☎ 567

De Waal – 0 2220.

De Weal, Hogereind 28, ✉ 1793 AH, ☎ 3282 – wc . rest
R (pens. seult) – **16 ch** 53/95 – P 63.

Oosterend – 0 2223.

Rôtiss.'t Kerckeplein, Oesterstraat 6, ✉ 1794 AR, ☎ 950
fermé lundi – **R** (dîner seult du 26 oct. à avril) carte 42 à 77.

De Cocksdorp – 0 2222.

(fermé après-midi) Kikkertstraat 2, ✉ 1795 AD, ☎ 233.

Visman's Eethuisje, Kikkertstraat 7, ✉ 1795 AA, ☎ 232 – E
fermé mardi d'oct. à avril et après 20 h – **R** 20/37.

VLIELAND

Accès - *Service de bateaux quotidien entre Oost Vlieland et Harlingen (Frise), ne passent pas les voitures. Durée de la traversée : 1 h 30. Prix : 26,20 Fl.*

vers Harlingen : Cie T.S.M. (Terschellinger Stoomboot Mij.) à West-Terschelling (Ile de Texel) ☎ (0 5620) 2141.

(fermé sam. et dim. hors saison) Havenweg 10, ✉ 8899 BB, ☎ 357.

♦Amsterdam (bac) 115 – ♦Leeuwarden (bac) 28.

Oost Vlieland – **0 5621.**

Voir Phare (Vuurtoren) ≤★.

Sporthotel et Austria Grill, Dorpsstraat 11, ✉ 8899 AA, ☎ 492 – TV wc. rest
mars-oct. – **R** (dîner seult) carte 26 à 68 – **19 ch** 123/134.

Wadden, Dorpsstraat 63, ✉ 8899 AD, ☎ 298 – TV wc . AE E. ch
avril-oct. et Noël – **R** (dîner seult) 26/66 – **17 ch** 65/139.

Bruin, Dorpsstraat 88, ✉ 8899 AL, ☎ 301 – wc wc. AE E. rest
R carte 26 à 58 – **33 ch** 40/109.

Kaap-Oost, Willem de Vlaminghweg 2, ✉ 8899 AV, ☎ 370 – .
avril-oct. – **R** *(fermé après 19 h)* 23 – **32 ch** 70/110.

WADDINXVEEN **Zuid-Holland 211 ⑫ et 408 ⑩ – 21 911 h. – 0 1828.**

♦Amsterdam 46 – ♦Den Haag 29 – ♦Rotterdam 24 – ♦Utrecht 37.

XXX **De Gouwe Dis,** Zuidkade 22, ✉ 2741 JB, ☎ 12026, **« Intérieur vieil hollandais »** – AE E
fermé dim., lundi et fin juil.-début août – **R** carte 52 à 84.

BRITISH LEYLAND Zuidelijke Dwarsweg 1b ☎ 17713
CITROEN Staringlaan 4 ☎ 15788
FIAT Dorpsstraat 72 ☎ 12792
GM (OPEL) Dorpsstraat 59 ☎ 12787
MITSUBISHI Noordkade 18 ☎ 19285
PEUGEOT, TALBOT Oranjelaan 21 ☎ 12344
TOYOTA Plasweg 16 ☎ 16333
VAG Brederolaan 1 ☎ 14377

WAGENINGEN **Gelderland 211 ⑯ et 408 ⑪ – 31 212 h. – 0 8370.**

Stationsstraat 3, ✉ 6701 AM, ☎ 10777.

♦Amsterdam 85 – ♦Arnhem 17 – ♦Utrecht 47.

au Nord-Est : 2 km – **0 8373 :**

Nol in't Bosch, Hartenseweg 60, ✉ 6704 PA, ☎ 19101, **« Au milieu des bois »**, – rest
– . AE E. rest
R 23/40 – **30 ch** 38/116 – P 65/85.

ALFA-ROMEO, LADA Haverlanden 199 ☎ 10143
FIAT Rouwenhofstraat 23 ☎ 12585
FORD Stationsstraat ☎ 19055
GM (OPEL) Ritzema Bosweg 1 ☎ 11498
PEUGEOT, TALBOT Ritzema Bosweg 58 ☎ 19033
RENAULT Nude 57 ☎ 12781
VAG Churchillweg 146 ☎ 19030

WAHLWILLER **Limburg 212 ② – voir à Gulpen.**

WANSSUM **Limburg 212 ⑩ et 408 ⑲ – 1 821 h. – 0 4784.**

♦Amsterdam 156 – ♦Maastricht 102 – ♦Eindhoven 47 – ♦Nijmegen 44 – Venlo 27.

XX **Den Schellaert, Venrayseweg 2, ✉ 5861 BD, ☎ 1694, ≤, « Intérieur rustique » – .**

WAPSERVEEN **Drenthe 210 ⑰ et 408 ⑫ – 695 h. – 0 5213.**

♦Amsterdam 154 – Assen 33 – Steenwijk 11 – ♦Zwolle 44.

Blok, Midden 202, ✉ 8351 HM, ☎ 212 – wc .
fermé dim. d'oct. à juin – **R** *(fermé après 20 h 30)* 18/30 – **9 ch** 30/70.

WARMOND **Zuid-Holland 211 ⑫ et 408 ⑩ – 5 039 h. – 0 1711.**

♦Amsterdam 39 – ♦Den Haag 20 – ♦Haarlem 25.

X **De Stad Rome,** Baan 4, ✉ 2361 GH, ☎ 10144 – AE E
fermé lundi – **R** (dîner seult) carte 42 à 76.

WASSENAAR Zuid-Holland 211 ⑫ et 408 ⑨ – 27 031 h. – ☎ 0 1751.

Gr. Haesebroekseweg 22 ☎ (0 1751) 79607.

♦Amsterdam 46 – ♦Den Haag 11 – ♦Haarlem 36.

Bianca, Gravestraat 1, ✉ 2242 HX, ☎ 19206 – ⋔ ☎ Ⓟ. ✻
R *(fermé après 20 h 30)* (dîner seult) 23/38 – **11 ch** 55/95.

sur la route des dunes O : 3 km :

Duinoord ⛰, Wassenaarse Slag 26, ✉ 2242 PJ, ☎ 12961, « Au milieu des dunes » – TV wc ☎ Ⓟ. AE E
fermé 31 déc. et 1er janv. – **R** 28/75 – **19 ch** 64/132.

Voir plan d'Agglomération de Den Haag

au Sud-Ouest : 2 km :

XXXX ✿ **De Kieviet** avec ch, Stoeplaan 27, ✉ 2243 CX, ☎ 79403, « Terrasse fleurie, au milieu des bois » – wc ☎ Ⓟ. AE ⓓ E. ✻ CQ **r**
fermé lundi – **R** 65/140 – **6 ch** 125/190
Spéc. Homard à la nage, Blanc de turbot aux fruits de mer et truffes.

ALFA-ROMEO, MAZDA, MERCEDES-BENZ Starrenburglaan 37 ☎ 19311
BRITISH LEYLAND Oostdorperweg 29 ☎ 12405
CITROEN van Zuylen van Nijeveltstraat 372 ☎ 19221
FORD Rijksstraatweg 761 ☎ 78641
RENAULT Stadhoudersplein 47 ☎ 17400
VAG Rijksstraatweg 773 ☎ 79941

WEERT Limburg 212 ⑨ et 408 ⑲ – 38 982 h. – ☎ 0 4950.

ℹ (fermé sam.) Waag, Langpoort 1, ✉ 6001 CL, ☎ 36800.

♦Amsterdam 156 – ♦Maastricht 57 – ♦Eindhoven 28 – Roermond 21.

Jan van Weert Ⓜ, Nieuwstraat 1, ✉ 6001 TV, ☎ 39655 – |♦| TV wc ☎ Ⓟ. AE ⓓ E. ✻ rest
R *(fermé dim.)* (dîner seult) 26/54 – **38 ch** 68/100 – P 98.

XX **Juliana** avec ch, Wilhelminasingel 76, ✉ 6001 GV, ☎ 32189, 🌳 – ⋔wc ☎. AE ⓓ E
R *(fermé sam.)* 40/65 – **12 ch** 43/90.

XX **L'Auberge,** Parallelweg 102, ✉ 6001 HM, ☎ 31057 – AE ⓓ E
fermé du 24 fév., 26 sept.-9 oct., sam. midi, dim. midi et mardi – **R** carte 62 à 93.

X **Taverne de Oude Munt,** Muntpromenade 7, ✉ 6001 EH, ☎ 21635, Taverne avec repas rapide, « Dans une maison du 16e s. »
R carte 30 à 63.

au bord du lac SO : 2 km :

X **IJzeren Man,** Geurtsvenweg 5, ✉ 6006 SN, ☎ 20789, « Terrasse au bord du lac » – Ⓟ. AE E. ✻
fermé lundi, sam. en hiver et 14 janv.-fév. – **R** carte 38 à 61.

à Nederweert NE : 5 km – 14 576 h. – ☎ 0 4951 :

XX **Koetsier,** Brugstraat 28, ✉ 6031 EG, ☎ 25000 – Ⓟ. AE ⓓ E
R 25/60.

ALFA-ROMEO Graafschap Hornelaan 137 ☎ 34900
CITROEN Oudenakkerstraat 59 ☎ 35194
FIAT Ringbaan Zuid 25 ☎ 36817
FORD Ringbaan West 15 ☎ 35281
GM (OPEL) Ringbaan Oost 20 ☎ 38515
HONDA Kerkstraat 70 ☎ 32185
MAZDA Kevelaerstraat 3 ☎ 35274
MERCEDES-BENZ Roermondseweg 121 ☎ 34338
MITSUBISHI Graafschap Hornelaan 7 ☎ 31937
NISSAN Roermondseweg 58 ☎ 36187
PEUGEOT, TALBOT Maaspoort 54 ☎ 37593
RENAULT Roermondseweg 87 ☎ 33816
TOYOTA Rietstraat 43 ☎ 35585
VAG Graafschap Hornelaan 136 ☎ 34866
VOLVO Roermondseweg 38 ☎ 32059

WEHE-DEN HOORN Groningen 210 ⑧ et 408 ⑤ – 1 116 h. – ☎ 0 5957.

♦Amsterdam 205 – ♦Groningen 22.

X **Aub. St-Hubert,** Warfhuisterweg 17, ✉ 9964 AX, ☎ 1473, Intérieur rustique – Ⓟ. E
fermé sam. midi, dim. et lundi – **R** 28.

NISSAN Mernaweg 5 ☎ 1214

WEIDUM Friesland 210 ⑥ et 408 ④⑤ – voir à Leeuwarden.

WELL Limburg 212 ⑩ et 408 ⑲ – 2 496 h. – ☎ 0 4783.

♦Amsterdam 156 – ♦Maastricht 99 – ♦Eindhoven 50 – ♦Nijmegen 42 – Venlo 24.

XXX **Aub. de Grote Waay** avec ch, Kevelaersedijk 1, rte Nijmegen-Venlo, ✉ 5855 GC, ☎ 1641, « Aménagé dans une ferme du 17e s. » – wc ⋔wc ☎ Ⓟ. AE ⓓ E
fermé 28 déc.-9 janv. – **R** *(fermé jeudi de sept. à avril)* 28/65 – **9 ch** 88/118 – ½ p 83/93.

WELLERLOOI Limburg 212 ⑩ et 408 ⑲ – 1 248 h. – ☎ 0 4703.
♦Amsterdam 160 – ♦Maastricht 95 – ♦Eindhoven 54 – ♦Nijmegen 46 – Venlo 20.

XXX ❀ **Host. de Hamert** avec ch, Hamert 2, rte Nijmegen-Venlo, ✉ 5856 CL, ☏ 1260, « Au bord de la Meuse » – wc P. AE ⓓ E. ✻
fermé mardi et merc. d'oct. à avril – **R** 68/105 – **5 ch** 65/115
Spéc. Foie d'oie frais, Asperges à la façon du chef (mai-juin), Cailles à la normande.

X **Jachthut op den Hamer,** Twistedenerweg 2, rte Nijmegen-Venlo, ✉ 5856 CK, ☏ 1618, Crêperie – P
fermé lundi et après 19 h 30 – **R** carte 17 à 42.

WEMELDINGE Zeeland 212 ⑬ et 408 ⑯ – 2 604 h. – ☎ 0 1192.
♦Amsterdam 182 – Bergen op Zoom 42 – Goes 12 – ♦Middelburg 33.

Vredebest, Noordelijke Achterweg 62, ✉ 4424 EG, ☏ 1551 – ♿ P – ✻ rest
R 18/60 – **27 ch** 55.

WERKENDAM Noord-Brabant 212 ⑥ et 408 ⑰ – 17 167 h. – ☎ 0 1835.
♦Amsterdam 76 – ♦'s-Hertogenbosch 43 – ♦Breda 35 – ♦Rotterdam 46 – ♦Utrecht 43.

Maasdam, Nieuweweg 2a, ✉ 4251 AG, ☏ 1388 – ✻
fermé dim. et 2e quinz. sept. – **R** 23/50 – **6 ch** 40/79.

près du Kop van 't Land SO : 10 km :

XX **Brabantse Biesbosch,** Spieringsluis 4, ✉ 4251 MR, ☏ 1218 – P. ✻
fermé lundi d'oct. à mars et après 20 h – **R** 25/48.

RENAULT Sasdijk 77 ☏ 1304

WESSEM Limburg 212 ⑲ et 408 ⑲ – 2 166 h. – ☎ 0 4756.
♦Amsterdam 173 – Aachen 55 – ♦Eindhoven 45 – ♦Maastricht 41.

XX **Stad Wessem,** Marktstraat 16a, ✉ 6019 BD, ☏ 1819 – ⓓ
fermé lundi – **R** 35.

WESTERBORK Drenthe 210 ⑱⑲ et 408 ⑥ – 7 455 h. – ☎ 0 5933.
Voir Orvelte★ : village typique E : 2 km.
♦Amsterdam 183 – Assen 25 – Emmen 22 – ♦Zwolle 73.

Ruyghe Venne, Beilerstraat 24a, ✉ 9431 TA, ☏ 1444, – wc P. ✻ rest
R *(fermé mardi de nov. à mars et après 20 h)* carte 23 à 49 – **5 ch** 40/80 – P 64.

X **Westerburcht** avec ch, Hoofdstraat 7, ✉ 9431 AB, ☏ 1238 – wc P. AE
R *(fermé après 20 h)* carte 18 à 80 – **8 ch** 30/100 – P 53/68.

RENAULT De Noesten 6 ☏ 2132 VAG Westeinde 37 ☏ 1228

WESTERBROEK Groningen 210 ⑨ et 408 ⑥ – 1 084 h. – ☎ 0 5904.
♦Amsterdam 193 – ♦Groningen 11.

Motel Westerbroek, Rijksweg W. 11, ✉ 9608 PA, ☏ 2205 – wc wc ☎ P – . E
R carte 20 à 47 – 8 – **46 ch** 50/55.

WESTKAPELLE Zeeland 212 ⑫ et 408 ⑮ – 2 558 h. – ☎ 0 1187.
Markt 69a, ✉ 4361 AE, ☏ 1281.
♦Amsterdam 219 – ♦Middelburg 18.

X **Badmotel Westkapelle,** Grindweg 2, ✉ 4361 JG, ☏ 1358, ←, « Au bord de l'eau » – P
Pâques-oct.; fermé lundi – **R** 25/55.

au Sud : 3 km :

Zuiderduin M, De Bucksweg 2, ✉ 4361 SM, ☏ (0 1186) 1810, Télex 37753, chauffée, – TV ☎ ♿ P – . AE ⓓ. ✻
R 30/75 – **68 ch** 165.

WEST-TERSCHELLING Friesland 210 ④ et 408 ④ – voir Waddeneilanden (Terschelling).

WESTZAAN Noord-Holland C Zaanstad 211 ③ et 408 ⑩ – 4 678 h. – ☎ 0 75.
♦Amsterdam 20 – Alkmaar 22 – ♦Haarlem 20.

Prins, Kerkbuurt 31, ✉ 1551 AB, ☏ 281972 – wc. AE ⓓ E
R carte 37 à 69 – **15 ch** 50/73.

WEZEP Gelderland 211 ⑧ et 408 ⑫ – 9 712 h. – ☎ 0 5207.
♦Amsterdam 101 – ♦Apeldoorn 35 – ♦Zwolle 7,5.

XX **Coelenhage,** Zuiderzeestraatweg 486, ✉ 8091 CS, ☏ 1213 – P. ⓓ
fermé dim. – **R** 37/75.

HONDA Zuiderzeestraatweg 469 ☏ 1611
MITSUBISHI Zuiderzeestraatweg 522 ☏ 2073
PEUGEOT, TALBOT Stationsweg 34 ☏ 1841

WIERINGERWERF Noord-Holland 210 ⑭ et 408 ③ – 5 095 h. – ☎ 0 2272.

♦Amsterdam 65 – ♦Haarlem 68 – Alkmaar 37 – Den Helder 35 – ♦Leeuwarden 75.

XXX **Friesland,** Terpstraat 49, ✉ 1771 AC, ☎ 1717 – Ⓟ. AE E
R 17/68.

FORD Havenweg 2 ☎ 1200
GM (OPEL) Terpstraat 29 ☎ 1387

WILHELMINADORP Zeeland 212 ⑬ et 408 ⑯ – 566 h. – ☎ 0 1100.

♦Amsterdam 163 – Goes 3,5 – ♦Middelburg 27.

au Nord-Ouest : 2,5 km - près du barrage :

XX **Katseveer,** Katseveerweg 2, ✉ 4475 PB, ☎ 27955, ← – Ⓟ. AE
fermé mardi, merc. et fév. – **R** carte 54 à 60.

WILLEMSTAD Noord-Brabant 212 ⑤ et 408 ⑰ – 3 238 h. – ☎ 0 1687.

♦Amsterdam 117 – ♦'s-Hertogenbosch 97 – Bergen op Zoom 29 – ♦Breda 45 – ♦Rotterdam 38.

XX **Wapen van Willemstad** avec ch, Benedenkade 12, ✉ 4797 AV, ☎ 2475 – TV wc wc ☎. AE ⓓ E
fermé 27 déc.-20 janv. – **R** 26/69 – **6 ch** 75/130.

X **Bellevue,** Bovenkade 1, ✉ 4797 AT, ☎ 2355 – AE ⓓ E
fermé 25 déc. et 1er janv. – **R** carte 37 à 66.

MAZDA Pr. Beatrixstraat 31 ☎ 2403

WINSCHOTEN Groningen 210 ⑩ et 408 ⑥ – 20 824 h. – ☎ 0 5970.

ℹ (fermé sam.) Torenstraat 26, ✉ 9671 EE, ☎ 12255.

♦Amsterdam 230 – ♦Groningen 36 – Assen 49.

Royal York, Stationsweg 21, ✉ 9671 AL, ☎ 14300 – wc Ⓟ. AE ⓓ E
R 25/48 – **29 ch** 40/125.

à Midwolda NO : 5 km – ☎ 0 5975 :

XX **Koetshuys,** Hoofdweg 96, ✉ 9681 AJ, ☎ 1424, « Intérieur rustique » – Ⓟ
fermé lundi, mardi et 15 juil.-14 août – **R** carte 41 à 81.

BMW Papierbaan 8 ☎ 21888
CITROEN Beersterweg 18 ☎ 22448
FORD Papierbaan 5 ☎ 13792
GM (OPEL) Transportbaan 1 ☎ 16810
LADA, MITSUBISHI Hofstraat 29 ☎ 14070
MAZDA Julianastraat 3 ☎ 13715
NISSAN Papierbaan 4 ☎ 23400
RENAULT Vondellaan 73 ☎ 12633
VAG Burg. Schonfeldplein 11 ☎ 13300
VOLVO Venne 118 ☎ 13550

WINTERSWIJK Gelderland 211 ⑲ et 408 ⑬ – 27 554 h. – ☎ 0 5430.

ℹ Torenstraat 3, ✉ 7101 DC, ☎ 12302.

♦Amsterdam 152 – ♦Arnhem 67 – ♦Apeldoorn 66 – ♦Enschede 43.

Centraal, Misterade 68, ✉ 7101 EZ, ☎ 12229 –
fermé dim. midi et 19 déc.-2 janv. – **R** *(fermé après 20 h)* 19/33 – **14 ch** 35/75 – P 62/66.

X **Koperen Pan,** Markt, ✉ 7101 NV, ☎ 17211 – AE ⓓ E
R carte 34 à 65.

X **Zwaan et Janochek,** Wooldstraat 6, ✉ 7101 NP, ☎ 12300, Avec cuisine balkanique
R carte 26 à 60.

sur la route de Groenlo NO : 2 km :

Frerikshof Ⓜ, Frerikshof 2, ✉ 7103 CA, ☎ 17755, – TV ☎ Ⓟ – . AE ⓓ E
R carte 51 à 78 – 13 – **31 ch** 85/130 – P 100.

sur la route de Kotten SE : 4 km – ☎ 0 5433 :

Lindeboom, Brinkheurne 34, ✉ 7115 SC, ☎ 360 – TV wc wc Ⓟ. AE ⓓ E
fermé 25 déc. – **R** carte 36 à 62 – **20 ch** 58/105.

ALFA-ROMEO Wooldseweg 13 ☎ 12328
BRITISH LEYLAND Misterweg 106 ☎ 12217
CITROEN Groenloseweg 10 ☎ 16061
FIAT Koningsweg 48 ☎ 13898
FORD Tuunterstraat 42 ☎ 12150
GM (OPEL) Waliensestraat 4 ☎ 13846
MAZDA Misterweg 118 ☎ 12701
MITSUBISHI Narcisstraat 2 ☎ 16000
NISSAN Ravenhorsterweg 2 ☎ 14361
PEUGEOT, TALBOT Haitsma Mulierweg 22 ☎ 12630
RENAULT Kottenseweg 11 ☎ 13157
TOYOTA Misterweg 132 ☎ 19696
VAG Europalaan 15 ☎ 18085

WITTEM Limburg 212 ② et 408 ㉖ – voir à Gulpen.

Zoek een aangenaam en rustig hotel niet op goed geluk, maar raadpleeg de kaarten blz. 44 t/m 46.

Ne cherchez pas au hasard un hôtel agréable et tranquille, mais consultez les cartes p. 44 à 46.

WOERDEN Zuid-Holland 211 ⑬ et 408 ⑩ – 24 600 h. – ✆ 0 3480.

♦Amsterdam 52 – ♦Den Haag 46 – ♦Rotterdam 41 – ♦Utrecht 19.

Eenhoorn, Utrechtsestraatweg 33, ✉ 3445 AM, ☎ 12515, Télex 76151 – wc wc ☎. AE ⓓ E
R carte 42 à 78 – **69 ch** 80/125.

Smidse, Havenstraat 12, ✉ 3441 BJ, ☎ 17777, Dans une ancienne forge – AE E
fermé lundi et mardi – **R** (dîner seult) carte 40 à 55.

BRITISH LEYLAND Hoge Rijndijk 13 ☎ 20288
CITROEN Leidsestraatweg 52 ☎ 12416
FIAT Meulmansweg 35 ☎ 21234
FORD Wagemakersweg 1 ☎ 10004
GM (OPEL) Plantsoen 9 ☎ 13646
HONDA Marconiweg 2 ☎ 18777
LADA Geestdorp 4 ☎ 12856
MERCEDES-BENZ Rietdekkersweg 2 ☎ 14216
NISSAN Bierbrouwersweg 2 ☎ 11888
PEUGEOT, TALBOT Barnwoudswaarde 17 ☎ 18022
RENAULT Ampèreweg 2 ☎ 12419
TOYOTA Utrechtsestraatweg 10 ☎ 12951
VAG Leidsestraatweg 132 ☎ 15344
VOLVO J. Israëlslaan 2 ☎ 13200

WOLFHEZE Gelderland 211 ⑯ et 408 ⑫ – 2 327 h. – ✆ 0 8308.

♦Amsterdam 93 – ♦Arnhem 8 – Amersfoort 41 – ♦Utrecht 57.

Wolfheze Ⓜ, Wolfhezerweg 17, ✉ 6874 AA, ☎ (0 85) 337852, Télex 45063, « Au milieu des bois », , – rest ☎ Ⓟ – . AE ⓓ E. rest
R 43/85 – 16 – **66 ch** 113/190 – P 145.

Buunderkamp Ⓜ, Buunderkamp 8, ✉ 6874 NC, ☎ 1166, Télex 45571, « Au milieu des bois », , – ☎ Ⓟ – . AE ⓓ E. rest
R carte 48 à 101 – **55 ch** et **25** appartements 118/196.

Wolvenbosch, Wolfhezerweg 87, ✉ 6874 AC, ☎ 1202 – Ⓟ.
fermé lundi, mardi soir et après 20 h 30 – **R** carte 38 à 67.

WOLPHAARTSDIJK Zeeland 212 ⑬ et 408 ⑯ – 2 123 h. – ✆ 0 1198.

♦Amsterdam 186 – ♦Middelburg 26 – Goes 6.

au bord du lac de Veere N : 2 km :

✿ **'t Veerhuis** (Van Mierlo), Wolphaartsdijkseveer 1, ✉ 4471 ND, ☎ 1326, ≤ – Ⓟ. AE ⓓ E
fermé jeudi sauf en juil.-août, lundi et 21 déc.-19 janv. – **R** carte 75 à 98
Spéc. Salade de homard aux champignons crus, Suprême de turbot au fumet de Chablis, Truffes au chocolat blanc.

WORKUM Friesland 210 ⑮ et 408 ④ – 4 472 h. – ✆ 0 5151.

Env. Hindeloopen : Musée★ (Hidde Nijland Stichting) SO : 6 km.

ℹ (juin-août) Merk 4, ✉ 8711 CL, ☎ 1300.

♦Amsterdam 124 – ♦Leeuwarden 41 – Bolsward 12 – ♦Zwolle 83.

Waegh, Merk 18, ✉ 8711 CL, ☎ 1900, Intérieur rustique – AE ⓓ E
fermé mardi et 25 oct.-19 nov. – **R** carte 42 à 72.

Petiele, Noard 13, ✉ 8711 AA, ☎ 1616
fermé jeudi sauf de mi-juil. à mi-août – **R** carte 29 à 58.

à Piaam N : 8 km – 69 h. – ✆ 0 5158 :

Nijnke Pleats, Buren 25, ✉ 8756 JP, ☎ 1707 – Ⓟ. AE ⓓ E.
Pâques-oct. ; fermé lundi – **R** carte 38 à 68.

BMW, FIAT Trekweg 7 a ☎ 1232
MAZDA Sud 22 ☎ 1439
VAG Spoordijk 70 ☎ 2525

WORMERVEER Noord-Holland Ⓒ Zaanstad 211 ③ et 408 ⑩ – 13 457 h. – ✆ 0 75.

♦Amsterdam 20 – Alkmaar 20 – ♦Haarlem 24.

Huis te Zaanen avec ch, Zaanweg 93, ✉ 1521 DN, ☎ 281740 – wc. ⓓ.
fermé dim. – **R** carte 30 à 85 – **4 ch** 60/75 – P 73/98.

FIAT Markstraat 32 ☎ 210000
GM (OPEL), MITSUBISHI Oost-Indische Kade 7 ☎ 286656
LADA Markstraat 70 ☎ 283655
PEUGEOT, TALBOT Industrieweg 14 ☎ 288051
VAG Esdoornlaan 40 ☎ 281343

WOUDRICHEM Noord-Brabant 211 ⑭ et 408 ⑰⑱ – 12 935 h. – ✆ 0 1833.

♦Amsterdam 79 – ♦Breda 40 – ♦'s-Hertogenbosch 32 – ♦Rotterdam 48 – ♦Utrecht 46.

't Oude Raedthuys, 1er étage, Hoogstraat 47, ✉ 4285 AG, ☎ 1883, « Aménagé dans un hôtel de ville du 16e s. » – AE ⓓ E
fermé dim. – **R** (dîner seult) carte 50 à 100.

NISSAN Burg. van de Lelystraat 21 ☎ 1457

WIJDENES Noord-Holland 210 ⑭ et 408 ⑪ – voir à Hoorn.

DE WIJK Drenthe 210 ⑱ et 408 ⑫ – voir à Meppel.

WIJK AAN ZEE Noord-Holland 211 ② et 408 ⑩ – 2 589 h. – ☎ 0 2517.

(fermé sam. hors saison) Julianaplein 3, ✉ 1949 AT, ☎ 4253.

♦Amsterdam 31 – Alkmaar 27 – ♦Haarlem 18.

- **Hoge Duin,** Rijckert Aertszweg 50, ✉ 1949 BD, ☎ 5943, ← – rest wc ☎ P –
R *(fermé 5, 24 et 31 déc.)* 30 – 9 – **27 ch** 59/79.
- **Klughte** sans rest, Van Ogtropweg 2, ✉ 1949 BA, ☎ 4304, « Intérieur bien aménagé » – wc P
20 ch 35/100.
- X **Aub. Le Cygne,** De Zwaanstraat 8, ✉ 1949 BC, ☎ 4287 – AE ⓓ E
fermé lundi – **R** (dîner seult) carte 51 à 69.
- X **Berg en Dal,** Bosweg 6 (dans les dunes), ✉ 1949 AZ, ☎ 4225, ← –
fermé lundi – **R** (dîner seult) 30/64.

MAZDA Voorstraat 9 ☎ 4242

WIJK BIJ DUURSTEDE Utrecht 211 ⑭⑮ et 408 ⑪ – 11 985 h. – ☎ 0 3435.

Markt 24, ✉ 3961 BC, ☎ 75995.

♦Amsterdam 62 – ♦Utrecht 24 – ♦Arnhem 54 – ♦'s-Hertogenbosch 48.

- **Oude Lantaarn** sans rest, Markt 2, ✉ 3961 BC, ☎ 71372 – wc
fermé lundi – **15 ch** 38/80 – P 58/63.
- XX ✿ **Duurstede** (Fagel), Maleborduurstraat 7, ✉ 3961 BE, ☎ 72946, « Aménagé dans un ancien entrepôt » – AE ⓓ E
fermé dim., lundi et 25 déc.-1er janv. – **R** (dîner seult - nombre de couverts limité, prévenir) carte 63 à 100
Spéc. Ris de veau aux morilles à la crème, Canard aux olives (août-déc.), Grand dessert.

RENAULT Zandweg 12 ☎ 71286

WIJLRE Limburg 212 ①② et 408 ㉖ – 3 697 h. – ☎ 0 4450.

♦Amsterdam 229 – ♦Maastricht 19 – Aachen 17 – Valkenburg 6.

- **Heiligers,** Dorpsstraat 19, ✉ 6321 AD, ☎ 1385, « Terrasse ombragée » – P
19 avril-sept. – **R** 20/43 – **23 ch** 33/70 – P 49/53.

WIJNANDSRADE Limburg 212 ① et 408 ㉖ – voir à Nuth.

YERSEKE Zeeland 212 ⑭ et 408 ⑯ – 6 005 h. – ☎ 0 1131.

♦Amsterdam 173 – ♦Middelburg 35 – Bergen op Zoom 35 – Goes 14.

- XXX ✿ **Nolet-Reijmerswale,** 1er étage, Burg. Sinkelaan 5, ✉ 4401 AL, ☎ 1642, Huîtres, produits de la mer, « Aquarium avec faune de la mer du Nord » – AE ⓓ E
fermé mardis, merc. non fériés, du 1er au 13 oct. et 27 déc.-20 janv. – **R** 89/129
Spéc. Huîtres au champagne (sept.-juin), Homard chaud à la ciboulette, Turbot grillé.
- XX **Nolet,** Lepelstraat 7, ✉ 4401 EB, ☎ 1309, Huîtres, produits de la mer – AE
fermé lundis non fériés – **R** 55/81.
- XX **Wapen van Yerseke,** Wijngaardstraat 16, ✉ 4401 CS, ☎ 1442, Huîtres, produits de la mer
fermé mardi et 11 juin-3 juil. – **R** carte 38 à 77.

VAG Damstraat 85 ☎ 1609

IJSSELSTEIN Utrecht 211 ⑭ et 408 ⑪ – 16 790 h. – ☎ 0 3408.

♦Amsterdam 47 – ♦Utrecht 14 – ♦Breda 61 – ♦'s-Hertogenbosch 45 – ♦Rotterdam 60.

- **Epping,** Utrechtsestraat 44, ✉ 3401 CW, ☎ 83114 – rest wc ☎. AE E
fermé dim. et du 24 au 27 déc. – **R** *(fermé après 20 h 30)* 17/38 – **25 ch** 43/90 – P 65/93.
- XXX **Les Arcades,** Weidstraat 1, ✉ 3401 DL, ☎ 83901, « Aménagé dans une cave voûtée d'un hôtel de ville du 16e s. » – AE ⓓ E
fermé sam. midi, dim. et 23 juil.-5 août – **R** carte 46 à 77.
- X **Ridder St. Joris,** Weidstraat 2, ✉ 3401 DL, ☎ 81321
fermé lundi et après 20 h – **R** carte 37 à 67.

FIAT Eiteren 30 ☎ 82602
FORD Eiteren 29 ☎ 81666
GM (OPEL) Industrieweg 1 ☎ 82404
NISSAN Achthoven 60 ☎ 81325
PEUGEOT Zomerweg 4 ☎ 81288
RENAULT Utrechtseweg 24 ☎ 81277

IJZENDIJKE Zeeland 212 ⑫ et 408 ⑮ – 2 325 h. – ☎ 0 1176.

Markt 8, ✉ 4515 BA, ☎ 1287.

♦Amsterdam (bac) 218 – ♦Middelburg (bac) 21 – ♦Brugge 40 – Terneuzen 19.

- XX **Hof van Koophandel** avec ch, Markt 23, ✉ 4515 BB, ☎ 1234 – wc. ch
fermé lundi – **R** 25/60 – **10 ch** 35/75 – P 75/100.

PEUGEOT, TALBOT Landpoortstraat 4 ☎ 1409

ZAANDAM Noord-Holland © Zaanstad 211 ③ et 408 ⑩ – 66 923 h. – ☎ 0 75.
Voir La région du Zaan★ (Zaanstreek) – La redoute Zanoise★ (De Zaanse Schans).
ℹ (fermé sam.) Stationstraat 89b, ✉ 1506 DE, ☎ 162221.
♦Amsterdam 16 – Alkmaar 28 – ♦Haarlem 27.

XX **Auberge sans Pareil,** Westzijde 328, ✉ 1506 GK, ☎ 178205 – AE E
fermé lundi, mardi, 23 juil.-4 août et du 16 au 29 janv. – **R** carte 50 à 95.

XX **Kwakende Eend,** Dam 6, ✉ 1506 BD, ☎ 355946 – AE. ✻
fermé lundi, mardi et 20 juil.-11 août – **R** carte 38 à 76.

X **Westside Grill,** Westzijde 52, ✉ 1506 EG, ☎ 164492
fermé 24 déc.-1er janv. – **R** 25/64.

BMW Dr. H.G. Scholtenstraat 45 ☎ 351901
CITROEN Paltrokstraat 17 ☎ 178051
FIAT Aris van Broekweg 2 ☎ 168455
FORD Zeemansstraat 43 ☎ 172751
GM (OPEL) Provincialeweg 188 ☎ 123177
LADA P.J. Troelstralaan 147 ☎ 164400
MAZDA Houthavenkade 50 ☎ 123205
MERCEDES-BENZ Westzijde 320 ☎ 313031
MITSUBISHI De Weer 30 ☎ 171931
NISSAN Ankersmidplein 9 ☎ 174950
RENAULT De Weer 83 ☎ 171051
VAG Hof van Zaenden 230 ☎ 123110
VOLVO Oostzijde 192 ☎ 164543

ZAANDIJK Noord-Holland © Zaanstad 211 ③ et 408 ⑩ – 6 149 h. – ☎ 0 75.
♦Amsterdam 18 – Alkmaar 23 – ♦Haarlem 23.

XXX **De Hoop op d'Swarte Walvis,** Kalverringdijk 15 (Zaanse Schans), ✉ 1509 BT, ☎ 165629, « Aménagé dans une maison typique du 18e s. » – Ⓟ. AE ⓓ E
fermé dim. – **R** carte 60 à 107.

X **Loggen's Eethuisje,** Lagedijk 172, ✉ 1544 BL, ☎ 282385, ← – ✻
fermé dim. et 16 juil.-7 août – **R** carte 29 à 50.

ALFA-ROMEO, BRITISH LEYLAND Guisweg 85 ☎ 212601
HONDA Guisweg 14 ☎ 281293

ZALTBOMMEL Gelderland 212 ⑦ et 408 ⑱ – 8 798 h. – ☎ 0 4180.
ℹ Nonnenstraat 5 (Musée M. van Rossum), ✉ 5301 BE, ☎ 2617.
♦Amsterdam 73 – ♦Arnhem 64 – ♦'s-Hertogenbosch 15 – ♦Utrecht 40.

XX **De la Provence,** Gamersestraat 81, ✉ 5301 AR, ☎ 4070 – Ⓟ. AE ⓓ E
fermé dim., lundi, 1 sem. en fév. et du 9 au 31 juil. – **R** 55/85.

près de l'autoroute 's-Hertogenbosch-Utrecht A 2 E : 1,5 km :

XX **Den Boogerd,** Koningin Wilhelminaweg 85, ✉ 5301 GG, ☎ 2319 – Ⓟ. AE ⓓ E
fermé 1er janv. – **R** 21/95.

FORD Vergtweg 60 ☎ 2085
MAZDA Oliestraat 50 ☎ 2382
PEUGEOT, TALBOT Nieuw Tijningen 2 ☎ 2218
RENAULT Oenselsestraat 46 ☎ 2276
VAG van Heemstraweg 3 ☎ 2365
VOLVO Schimmink 23 ☎ 5172

ZANDVOORT Noord-Holland 211 ② et 408 ⑩ – 16 119 h. – ☎ 0 2507 – Station balnéaire★.
⛳18 (abonnement) Kennemerweg 78 par ② ☎ (0 2507) 12836.
ℹ Schoolplein 1, ✉ 2042 VD, ☎ 17947.
♦Amsterdam 30 ① – ♦Den Haag 49 ② – ♦Haarlem 11 ①.

Plans page ci-contre

🏨 **Bouwes,** Badhuisplein 7, ✉ 2042 JB, ☎ 12144, Télex 41096, ←, Casino en sous-sol – 🛗 ▤ rest 📺 – 🏊. AE ⓓ E — AX **a**
R carte 36 à 66 – **54 ch** ☕ 85/170.

🏨 **Hoogland** sans rest, Westerparkstraat 5, ✉ 2042 AV, ☎ 15541 – 🚿wc ☎. E. ✻ — AX **b**
15 fév.-oct. – **26 ch** ☕ 55/135.

🏠 **Zuiderbad,** bd Paulus Loot 5, ✉ 2042 AD, ☎ 12613, ← – 🚿wc — BY **e**
15 janv.-14 nov. – **R** *(fermé après 20 h 30)* 23/28 – **23 ch** ☕ 44/115 – ½ p 65/85.

🏠 **Noordzee** sans rest, Hogeweg 15, ✉ 2042 GD, ☎ 13127 — AX **f**
13 ch ☕ 35/70.

XX **Queenie** avec ch, Kerkplein 8, ✉ 2042 JH, ☎ 13599 – ▤ rest 🛁wc 🚿wc. AE ⓓ E. ✻
R carte 47 à 77 – **7 ch** ☕ 45/85. — AX **h**

XX **La Reine,** Kerkstraat 15, ✉ 2042JD, ☎ 12253 – ▤. AE ⓓ E — AX **k**
fermé 19 déc.-4 janv. et merc. d'oct. à avril – **R** carte 37 à 64.

X **Visrestaurant Schut,** Kerkstraat 21, ✉ 2042 JD, ☎ 12121, Produits de la mer – ▤. AE E. ✻ — AX **k**
fermé mardi – **R** (dîner seult) carte 44 à 88.

X **Meerpaal,** Haltestraat 61, ✉ 2042 LL, ☎ 12171, Produits de la mer – ▤ — AX **r**
fermé lundi d'oct. à avril – **R** (dîner seult) carte 23 à 54.

X **Duivenvoorden,** Haltestraat 49, ✉ 2042 LK, ☎ 12261, Produits de la mer – AE ⓓ E — AX **m**
fermé 25 déc – **R** carte 38 à 69.

X **Bella Italia,** Haltestraat 46, ✉ 2042 LN, ☎ 16810, Cuisine italienne – ✻ — AX **v**
fermé merc. de sept. à mai – **R** carte 32 à 62.

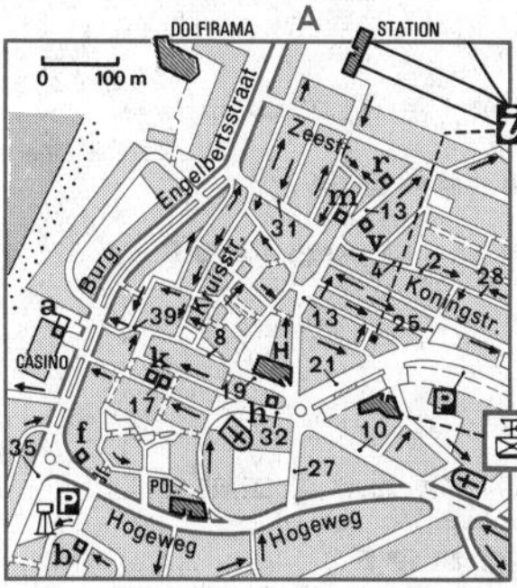

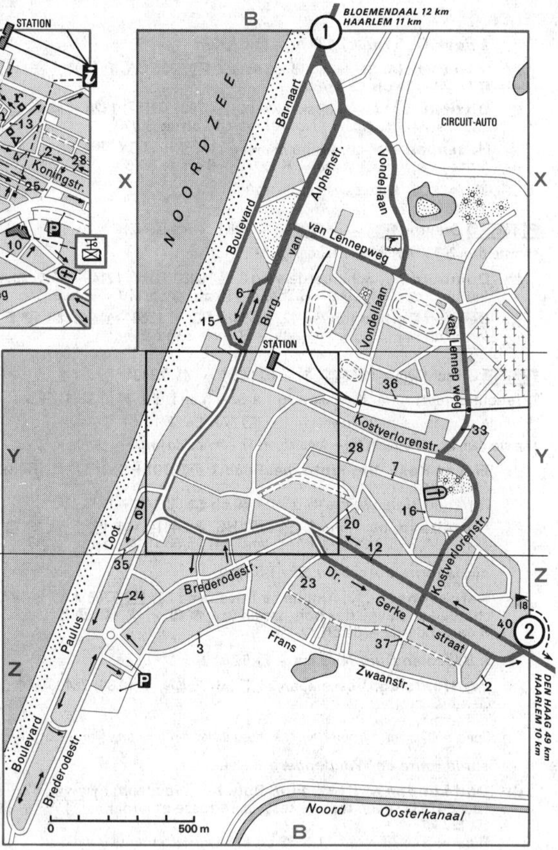

ZANDVOORT

Grote Krocht . . . . . . AX 10
Haltestr. . . . . AX 13
Kerkstr. . . . . AX 17

Corn. van der Werfstr. . BZ 2
Cort van den Lindenstr. . . . BZ 3
Diaconiehuisstr. . . . AX 4
Dr. J. G. Mezgerstr. . BX 6
Emmaweg . . . . BY 7
Gasthuispl. . . . . AX 8
Haarlemmerstr. . . . . BY 12
J. van Heemskerckstr. . BX 15
Julianaweg . . . . BY 16
Kleine Krocht . . . . . . AX 19
Koninginneweg . . . . BY 20
Louis Davidsstr. . . . AX 21
Lijsterstr. . . . . BZ 23
Marisstr. . . . . BZ 24
Oosterstr. . . . . AX 25
Oranjestr. . . . . AX 27
van Ostadestr. . . . . . AX 28
Prinsenhofstr. . . . . . AX 31
Raadhuispl. . . . . AX 32
Sophiaweg . . . . BY 33
Thorbeckestr. . . . . . . AX 35
Tollensstr. . . . . BY 36
Tolweg . . . . BZ 37
Wagenmakerspad . AX 39
Zandvoortselaan . . . BZ 40

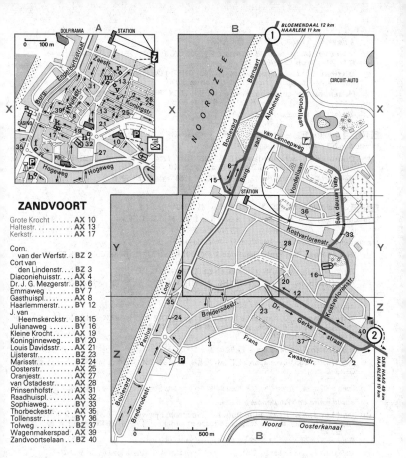

à Bentveld par ② : 3 km – 1 347 h. – ☎ 0 23 :

XX **Klein Bentveld,** Zandvoortselaan 363, ✉ 2116 EN, ☎ 240029, Vieille auberge – ▤ Ⓟ. AE
fermé lundi – **R** carte 46 à 82.

FIAT Kamerling Onneslaan 23 ☎ 14580
PEUGEOT, TALBOT Pakveldstraat 21 ☎ 12345
RENAULT Curiestraat 10 ☎ 12323
VAG Burg. van Alphenstraat 102 ☎ 14565
VOLVO Brederodestraat 8 ☎ 13242

Orte mit ruhigen und abseits gelegenen Hotels finden Sie auf der Karte S. 44 - 46; die ruhigen Hotels sind im Text durch das Zeichen ⚘ gekennzeichnet.

ZEDDAM Gelderland **211** ⑰ et **408** ⑲ – 2 602 h. – ☎ 0 8345.
♦Amsterdam 129 – ♦Arnhem 31 – Doetinchem 8 – Emmerich 8.

- **'t Heem,** Kilderseweg 17, ✉ 7038 EH, ☎ 1327 – Ⓟ. ✻
  avril-oct. – **R** *(fermé après 20 h)* 23/30 – **18 ch** ☕ 35/70.
- **Wapen van Zeddam,** 's-Heerenbergseweg 3, ✉ 7038 CA, ☎ 1238 – Ⓟ. ✻ ch
  R 17/28 – **15 ch** ☕ 33/66 – P 50.
- XX **Bascule** avec ch, Terborgseweg 2, ✉ 7038 EW, ☎ 1336, ← – ▤ rest wc Ⓟ. AE ⓪
  R *(fermé mardi)* carte 35 à 57 – **9 ch** ☕ 33/80 – P 53/63.

sur le Montferland :

- **Montferland** ⚘, Montferland 1, ✉ 7038 EB, ☎ 1444, « Au milieu des bois » – Ⓟ –
  ⚐. ⓪. ✻
  R carte 43 à 60 – ☕ 11 – **12 ch** 28/65 – P 60/70.

à Beek O : 5 km – 2 138 h. – ☎ 0 8363 :

- **'t Heuveltje,** St. Jansgildestraat 27, ✉ 7037 CA, ☎ 1200 – wc. AE. rest
  R 17/28 – **14 ch** 33/80.
- **Uitzicht** sans rest, Peeskesweg 1, ✉ 7037 CH, ☎ 1320 – wc Ⓟ.
  Pâques-24 oct., Noël et Nouvel An – **19 ch** 30/70.
- **Hazenpad** avec ch, Arnhemseweg 11, ✉ 7037 CX, ☎ 1250 – rest Ⓟ. AE ⓓ E.
  fermé mardi d'oct. à mai – **R** 22/75 – **8 ch** 30/60 – P 60.

PEUGEOT, TALBOT Kilderseweg 9b ☎ 1428

ZEEGSE Drenthe 210 ⑨ et 408 ⑥ – 328 h. – ☎ 0 5921.

♦Amsterdam 203 – Assen 16 – ♦Groningen 21.

- **Duinoord** ⛰, Schipborgerweg 8, ✉ 9483 TL, ☎ 1214 – ☎ Ⓟ – 🏛. AE ⓓ E
  fermé 29 déc.-14 janv. – **R** 25/95 – **16 ch** 55/110 – P 72/96.
- **Berg en Dal,** Hoofdweg 42, ✉ 9483 PC, ☎ 1360 – Ⓟ. AE ⓓ E
  fermé lundi et 27 déc.-1er janv. – **R** carte 39 à 66.

ZEIST Utrecht 211 ⑭ et 408 ⑪ – 62 055 h. – ☎ 0 3404.

18 (abonnement) Amersfoortseweg 1 à Bosch en Duin, ☎ (0 3404) 55223.

ℹ (fermé sam. après-midi) Steynlaan 19a, ✉ 3701 EA, ☎ 19164.

♦Amsterdam 55 – ♦Utrecht 10 – Amersfoort 17 – ♦Apeldoorn 66 – ♦Arnhem 50.

- **Figi et Rest. Vigilante,** het Rond 3, ✉ 3701 HS, ☎ 17211, Télex 47953 – TV Ⓟ – 🏛. AE ⓓ E. ch
  R *(fermé 31 déc.)* carte 47 à 75 – **50 ch** 68/143 – P 98/150.
- **Hermitage,** het Rond 7, ✉ 3701 HS, ☎ 24414 – TV wc ☎ Ⓟ – 🏛. AE E
  fermé 24, 25, 26, 30 déc. et 1er janv. – **R** 25/86 – **14 ch** 79/133.

sur la route d'Arnhem SE : 1,5 km :

- **Kerckebosch** ⛰, Arnhemse Bovenweg 31, ✉ 3708 AA, ☎ 14734, Télex 40827, « Dans un château au milieu des bois, jardin » – ☎ Ⓟ – 🏛. AE ⓓ E
  R carte 56 à 92 – **31 ch** 132/187.

à Bosch en Duin N : 2 km – ☎ 0 30 :

- ✿✿ **Hoefslag,** Vossenlaan 28, ✉ 3735 KN, ☎ (0 30) 784395, ≤, « Intérieur rustique » – Ⓟ. AE ⓓ E
  fermé dim. et lundi – **R** carte 78 à 111
  Spéc. Bouillabaisse à notre façon, Agneau de lait aux aromates (janv.-août), Marbré de turbot aux légumes.

sur la route de Woudenberg E : 3 km :

- **Oud London et Rest. Fine Bouche,** Woudenbergseweg 52, ✉ 3707 HX, ☎ (0 3439) 1245, Télex 47898, Avec fondue rest., « Terrasse et jardin », – rest TV ☎ Ⓟ – 🏛. AE ⓓ E.
  R carte 50 à 78 – 11 – **39 ch** et **54** appartements 98/163.

ALFA-ROMEO 2e Hogeweg 109 ☎ 18041
BMW Montaubanstraat 19 ☎ 25872
BRITISH LEYLAND 1e Hogeweg 4 ☎ 17081
CITROEN, VOLVO Utrechtseweg 87 ☎ 24644
FIAT 1e Dorpsstraat 18 ☎ 13444
FORD 1e Dorpsstraat 9 ☎ 20811
GM (OPEL) Oude Arnhemseweg 201 ☎ 52554
HONDA Slotlaan 219 ☎ 25224
LADA Ds. Nahuyslaan 1 ☎ 60000
MAZDA Pr. Alexanderweg 16 ☎ 31427
MITSUBISHI Lageweg 10 ☎ 13456
NISSAN Laan van Vollenhove 826 ☎ 57788
PEUGEOT, TALBOT Hoog Kanje 108 ☎ 19524
RENAULT Julianalaan 59 ☎ 17011
TOYOTA Laan van Cattenbroeck 21 ☎ 14529
VAG Sanatoriumlaan 37 ☎ 54844
VOLVO 1e Hogeweg 27 h ☎ 14501

ZENDEREN Overijssel 211 ⑨ et 408 ⑬ – 1 327 h. – ☎ 0 74.

♦Amsterdam 153 – ♦Zwolle 52 – Almelo 4 – Hengelo 10.

- **'t Loar,** Hoofdstraat 26, ✉ 7625 PE, ☎ 661707 – Ⓟ. AE ⓓ
  R carte 50 à 71.

ZEVENAAR Gelderland 211 ⑰ et 408 ⑲ – 27 236 h. – ☎ 0 8360.

♦Amsterdam 114 – ♦Arnhem 16 – Emmerich 21.

- **Doelen,** Markt 19b, ✉ 6901 AG, ☎ 30719 – AE ⓓ E
  fermé mardi – **R** 31/71.

sur la route de Babberich SE : 1 km :

- **Poelwijk,** Babberichseweg 2, ✉ 6901 JW, ☎ 23420 – Ⓟ
  fermé 27 déc.-7 janv. – **R** carte 38 à 76.

à Babberich SE : 4 km – 1 994 h. – ☎ 0 8364 :

- **De Grens,** Emmerichseweg 4 (à la frontière), ✉ 6909 DE, ☎ 7202 – Ⓟ
  fermé lundi – **R** carte 35 à 65.

ALFA-ROMEO Ampèrestraat 6 ☎ 31427
BRITISH LEYLAND Zuiderlaan 28 ☎ 25495
CITROEN Ampèrestraat 10 ☎ 31951
FIAT J. Wattstraat 10 ☎ 31371
FORD Nobelstraat 1 ☎ 24398
GM (OPEL) J. Wattstraat 20 ☎ 31941
MITSUBISHI Ampèrestraat 2 ☎ 31866
PEUGEOT, TALBOT Delweg 12 ☎ 31155
RENAULT Arnhemseweg 3 ☎ 24638
VAG Doesburgseweg 37 ☎ 26981
VOLVO Celciusstraat 7 ☎ 33344

ZEVENBERGEN Noord-Brabant 212 ⑤ et 408 ⑰ – 15 440 h. – ✆ 0 1680.
•Amsterdam 111 – Bergen op Zoom 30 – •Breda 17 – •Rotterdam 43.

XXX **7 Bergsche Hoeve,** Schansdijk 3, ✉ 4761 RH, ☎ 24166, « Dans une ferme » – ℗. AE ⓓ
fermé sam. midi, dim. midi et lundi – **R** carte 45 à 99.

BRITISH LEYLAND Industrieweg 10 ☎ 25554
PEUGEOT, TALBOT Oranjelaan 20 ☎ 23380
RENAULT Huizersdijk 19 ☎ 28040
TOYOTA De Hil 2 ☎ 24150

ZEVENBERGSCHEN HOEK Noord-Brabant 212 ⑥ et 408 ⑰ – 2 501 h. – ✆ 0 1685.
•Amsterdam 105 – •'s-Hertogenbosch 69 – •Breda 17 – •Rotterdam 36.

sur l'autoroute Breda-Rotterdam A 16 NO : 1 km :

X **Brabant,** Oude Rijksweg 20, ✉ 4765 SN, ☎ 2450 – ℗
R carte 28 à 40.

ZIERIKZEE Zeeland 212 ③ et 408 ⑯ – 9 594 h. – ✆ 0 1110.
Voir Noordhavenpoort★ Z B – Pont de Zélande★ (Zeelandbrug) par ③.
i (fermé sam. hors saison) Havenpark 29, ✉ 4301 JG, ☎ 2450.
•Amsterdam 149 ② – •Middelburg 44 ③ – •Breda 81 ② – •Rotterdam 66 ②.

ZIERIKZEE

Appelmarkt Z 2
Dam Z 5
Meelstr. Z 23
Melkmarkt Z 24
Poststr. Z 31

Balie Z 3
Calandweg Y 4
Fonteine Z 6
Gravenstr. Z 7
Havenpl. Z 8
Hofferstr. Y 10
Hoofdpoortstr. Z 12
Julianastr. Z 13
Karnemelksvaart Z 15
Karsteil Z 16
Kerkhof Z. Z. Z 17
Klokstr. Z 18
Korte Nobelstr. Y 20
Lange Nobelstr. Y 21
Mol Z 25
Oude Haven N. Z. Z 27
Oude Haven Z. Z. Z 28
P. D. de Vosstr. Y 29
Ravestr. Z 32
Regenboogstr. Z 33
Schuithaven Z 36
Schuurbeque Boeyestr. Y 37
Sint Anthoniesdam Y 38
Verrenieuwstr. Y 39
Watermolen Y 40
Wevershoek Z 41
Zevengetijstr. Y 43
Zuidwellestr. Y 44

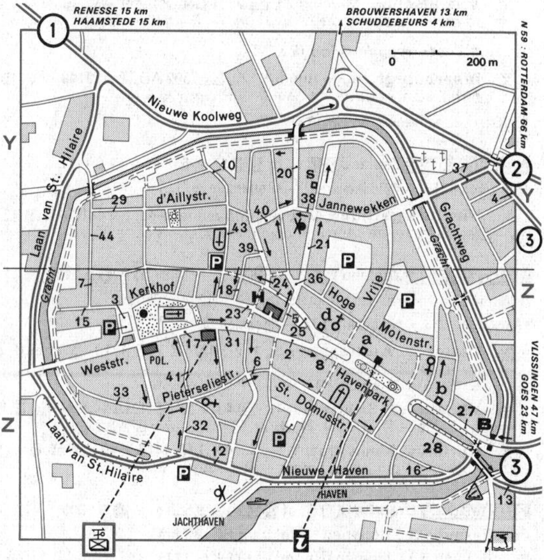

🏨 **Mondragon** sans rest, Havenpark 21, ✉ 4301 JG, ☎ 3051 – TV ⇔wc ⋒ ☎. AE ⓓ E — Z a
fermé 15 déc.-14 janv. – **9 ch** ☕ 60/135.

🏨 **Monique** 🐕 sans rest, Driekoningenlaan 7, ✉ 4301 HK, ☎ 2323 – ⋒wc. AE ⓓ E — Y s
14 ch ☕ 65/85.

XX **Mondragon,** Oude Haven 13, ✉ 4301 JJ, ☎ 2670 – 🏞. AE ⓓ E — Z b
R carte 35 à 73.

XX **Poorthuys,** Havenplein 7, ✉ 4301 JD, ☎ 2584 – AE ⓓ E — Z d
fermé lundi, déc. et après 20 h 30 – **R** carte 50 à 66.

à Schuddebeurs N : 4 km – 260 h. – ✆ 0 1110 :

🏨 **Schuddebeurs,** Donkereweg 35, ✉ 4317 NL, ☎ 5651 – 🛗 TV ⇔wc ☎ ℗ – 🏞. AE ⓓ E
fermé 23 déc.-janv. – **R** *(fermé lundi)* 35/70 – **23 ch** ☕ 85/135.

ALFA-ROMEO, MAZDA Boerenweg 2 ☎ 2686
CITROEN Korte Nobelstraat 39 ☎ 4951
FIAT Driekoningenlaan 1 ☎ 2212
FORD Lange Nobelstraat 28 ☎ 2281
PEUGEOT, TALBOT Oudeweg 2 ☎ 4453
RENAULT Grevelingenstraat 1 ☎ 2529

ZOELEN Gelderland 212 ⑧ et 408 ⑱ – voir à Tiel.

ZOETERMEER Zuid-Holland 211 ⑫ et 408 ⑩ – 71 742 h. – 079.

♦Amsterdam 64 – ♦Den Haag 14 – ♦Rotterdam 25.

près de l'autoroute Utrecht - Den Haag A 12 :

City Hotel M, Boerhaavelaan, ✉ 2713 HB, ☎ 219228, Télex 36726 – AE E. rest
R carte 33 à 79 – **60 ch** et **39** appartements 98/165.

sur la route de Stompwijk NO : 2 km :

XX **Hoeve De Sniep,** Broekwegschouw 211, ✉ 2726 LC, ☎ 310887, Aménagé dans une ferme – AE E
fermé lundi – **R** carte 41 à 65.

BMW Da Costastraat 40 ☎ 165330
BRITISH LEYLAND Ambachtsherenlaan 103 ☎ 416015
CITROEN Zalkerbos 1 ☎ 219302
FIAT C. van Eerdenstraat 53 ☎ 168841
FORD Zwaardslootweg 3 ☎ 217000
GM (OPEL) Kadelaan 2 ☎ 415151
HONDA Rokkeveenseweg 58 ☎ 163827
LADA Kerkenbos 9 ☎ 216700
MAZDA Akkerdreef 383 ☎ 319209
MERCEDES-BENZ, NISSAN Muziekl aan 50 ☎ 216600
MITSUBISHI Fokkerstraat 42 ☎ 315705
PEUGEOT, TALBOT Vlamingstraat 1 ☎ 167700
RENAULT van Aalstlaan 10 ☎ 316600
TOYOTA Abdissenbos 3 ☎ 212637
VAG Industrieweg 2 ☎ 314300
VOLVO Kerkenbos 11 ☎ 511404

ZOETERWOUDE Zuid-Holland 211 ⑫ et 408 ⑩ – 7 714 h. – 01715.

♦Amsterdam 42 – ♦Den Haag 22 – Leiden 3.

X **Vriendschap,** Miening 25, ✉ 2381 GN, ☎ 1289 –
fermé lundi soir et du 27 au 31 déc. – **R** 40/70.

à Zoeterwoude-Rijndijk :

X **Meerbourgh,** Hoge Rijndijk 123, ✉ 2382 AD, ☎ 410148 – E
fermé sam. et du 1er au 22 août – **R** carte 35 à 74.

TOYOTA Schenkelweg 109 ☎ 1220

ZONNEMAIRE Zeeland 212 ③ et 408 ⑯ – 632 h. – 01112.

♦Amsterdam 158 – ♦Middelburg 53 – ♦Rotterdam 75.

X **Vier Jaargetijden,** Dijk van Bommenede 40, ✉ 4316 AT, ☎ 1317 – AE
fermé merc. de sept. à juin, jeudi et oct. – **R** carte 30 à 74.

ZOUTELANDE Zeeland 212 ⑫ et 408 ⑮ – 1 597 h. – 01186.

(fermé sam., nov. et déc.) Ooststraat 19, ✉ 4374 AE, ☎ 1818.

♦Amsterdam 213 – ♦Middelburg 12 – Vlissingen 13.

Distel M, Westkapelseweg 1, ✉ 4374 ZG, ☎ 1210, chauffée – rest wc wc AE E
R 18/45 – **31 ch** 80/130 – P 115.

Willebrord, Smidsstraat 17, ✉ 4374 AT, ☎ 1215 – wc E. rest
avril-oct. – **R** 17/80 – **21 ch** 57/109 – ½ p 67/72.

X **Kurhaus,** Nieuwstraat 1, ✉ 4374 ZG, ☎ 1415 – AE E
15 avril-14 oct. ; fermé merc. – **R** 20/35.

ZUIDLAREN Drenthe 210 ⑨ et 408 ⑥ – 9 582 h. – 05905.

Env. Eexterhalte : Hunebed★ (dolmen) SE : 13 km.

Pollselaan 5 à Glimmen (Haren) ☎ (0 5906) 1275.

(juin-août) Ter Borch 4, ✉ 9776 PB, ☎ 2333.

♦Amsterdam 207 – Assen 18 – Emmen 42 – ♦Groningen 19.

Brink, Brink OZ 6, ✉ 9470 AC, ☎ 1261 – wc – AE E
R 17/57 – **20 ch** 35/90 – P 63/73.

XXX ❁ **Les Quatre Saisons** (Boomgaardt), Stationsweg 41, ✉ 9471 GK, ☎ 3288, « Aménagé dans une ferme du 18e s. » – AE E
fermé lundi – **R** 43/98
Spéc. Consommé de bœuf au turbot, Selle de mouton, Pâtisseries.

à Midlaren N : 2 km – 424 h. – 05905 :

X **Hunebedden,** Groningerstraat 31, ✉ 9475 PA, ☎ 1462 –
fermé lundi et après 20 h – **R** carte 29 à 67.

FIAT Stationsweg 91 ☎ 2698
TOYOTA Verl. Stationsweg 26 ☎ 1307
VOLVO Stationsweg 19 ☎ 1444

ZUIDWOLDE Drenthe 210 ⑱ et 408 ⑬ – 9 110 h. – ☎ 0 5287.
♦Amsterdam 157 – Assen 38 – Emmen 38 – ♦Zwolle 36.

sur la route de Ten Arlo N : 2 km :

XXX **In de Groene Lantaarn,** Hoogeveenseweg 17, ✉ 7921 PC, ☎ 2938, « Aménagé dans une ferme du 18e s. » – P
fermé lundis non fériés – **R** carte 41 à 55.

BRITISH LEYLAND Meppelerweg 3 ☎ 1227 FIAT Hoofdstraat 113 ☎ 1252

ZUTPHEN (ZUTFEN) Gelderland 211 ⑰ et 408 ⑫ – 31 919 h. – ☎ 0 5750.
Voir La vieille ville★ – Bibliothèque★ (Librije) et lustre★ dans l'église Ste-Walburge (St. Walburgskerk) – Drogenapstoren★ – Martinetsingel ≤★.
ℹ (fermé sam. après-midi hors saison) Wijnhuis, Markt 40, ✉ 7201 AZ, ☎ 19355.
♦Amsterdam 112 – ♦Arnhem 31 – ♦Apeldoorn 21 – ♦Enschede 58 – ♦Zwolle 53.

XXX **'s-Gravenhof** avec ch, Kuiperstraat 11, ✉ 7201 HG, ☎ 18222, « Terrasse et jardin » – wc wc ☎ – 🚶. AE ⓓ E
fermé dim. et 29 déc.-2 janv. – **R** 35/75 – ☕ 13 – **12 ch** 67/126 – P 90.

XX **André,** IJsselkade 22, ✉ 7201 HD, ☎ 14436 – AE ⓓ E
fermé sam. et 15 juil.-5 août – **R** carte 38 à 75.

X **Schavuit,** Sprongstraat 16, ✉ 7201 KS, ☎ 17053, Aménagé dans une cave – ✼
fermé lundi et mardi – **R** (dîner seult) 35/65.

sur la route d'Arnhem A 48 SE : 1 km :

🏨 **Ibis,** De Stoven 14, ✉ 7206 AX, ☎ 25555, Télex 49701, ✼ – wc ☎ P – 🚶. AE ⓓ E
R carte 29 à 42 – 30 ch ☕ 73/93.

BRITISH LEYLAND Spittaalstraat 34 ☎ 15257
FIAT H. Dunantweg 2 ☎ 12537
FORD Stationsplein 25 ☎ 10711
GM (OPEL) Vispoortplein 4 ☎ 16646
LADA Berkelsingel 38 a ☎ 12551
MERCEDES-BENZ, HONDA De Stoven 1 ☎ 20344
NISSAN De Stoven 6 ☎ 23055
PEUGEOT, TALBOT De Stoven 5 ☎ 22181
RENAULT De Stoven 9 ☎ 24455
TOYOTA Bernerstraat 13 ☎ 14976
VAG Emmerikseweg 7 ☎ 26677
VOLVO Warnsveldseweg 112 ☎ 14680

ZWARTSLUIS Overijssel 210 ⑰ et 408 ⑫ – 4 337 h. – ☎ 0 5208.
ℹ Stationsweg 32, ✉ 8064 DG, ☎ 67453.
♦Amsterdam 123 – ♦Zwolle 16 – Meppel 12.

🏨 **Motel Zwartewater,** De Vlakte 20, ✉ 8064 PC, ☎ 66444, ≤ – TV wc ☎ P – 🚶. AE ⓓ E
R 17/45 – **22 ch** ☕ 65/75.

🏨 **Roskam,** Stationsweg 1, ✉ 8064 DD, ☎ 67070 – wc ☎ P. AE ⓓ E
fermé dim. – **R** 28/66 – **10 ch** ☕ 49/77 – P 58/63.

RENAULT Grote Kranerweerd 1 ☎ 68038

ZWOLLE P Overijssel 211 ⑦ et 408 ⑫ – 85 135 h. – ☎ 0 38.
Voir Hôtel de ville (Stadhuis) sculptures★ du plafond dans la salle des Échevins YZ **H**.
Musée : de l'Overijssel★ (Provinciaal Overijssels Museum) Y **M**1.
⛳9 (abonnement) Veenwal 11 à Hattem par ④ : 7 km ☎ (0 5206) 1909.
ℹ Grote Kerkplein 14, ✉ 8011 PK, ☎ 213900.
♦Amsterdam 111 ⑥ – ♦Apeldoorn 44 ⑥ – ♦Enschede 72 ② – ♦Groningen 101 ① – ♦Leeuwarden 93 ①.

Plans page suivante

🏨 **Wientjes,** Stationsweg 7, ✉ 8011 CZ, ☎ 211200, Télex 42640, « Quelques chambres originales » – ♿ TV ♿ P – 🚶. AE ⓓ E — Z **s**
fermé sam. midi et dim. – **R** carte 42 à 76 – **49 ch** ☕ 103/205.

XX **Koningshof,** Koningsplein 8, ✉ 8011 TD, ☎ 218702 – ▤. AE ⓓ E. ✼ — Y **t**
fermé mardi – **R** carte 37 à 70.

XX **Librije,** Broerenkerkplein 13, ✉ 8011 TW, ☎ 212083, Dans une cave voûtée – AE ⓓ E
fermé sam. midi et dim. – **R** carte 49 à 92. — Y **z**

X **Barbara,** Ossenmarkt 7, ✉ 8011 MR, ☎ 211948 – ▤. AE ⓓ E. ✼ — Y **e**
fermé dim. – **R** carte 39 à 60.

X **Shanghai,** Eiland 42, ✉ 8011 XR, ☎ 213575, Rest. chinois – AE ⓓ E — Y **d**
R carte 29 à 43.

X **Poppe,** Luttekestraat 66, ✉ 8011 LS, ☎ 213050, Aménagé dans une ancienne forge – ▤. AE ⓓ E — Z **r**
fermé lundi et 2e quinz. juil. – **R** carte 29 à 44.

X **Suisse,** Luttekestraat 15, ✉ 8011 LN, ☎ 212000 — Z **u**
fermé dim. – **R** 22/59.

près de l'autoroute A 28 SO : 2 km :

🏨 Postiljon Motel Zwolle, Hertsenbergweg 1, ✉ 8041 BA, ☎ 216031, Télex 42180 – ♿ ▤ rest wc wc ☎ P – 🚶 – 72 ch. — X **a**

ZWOLLE

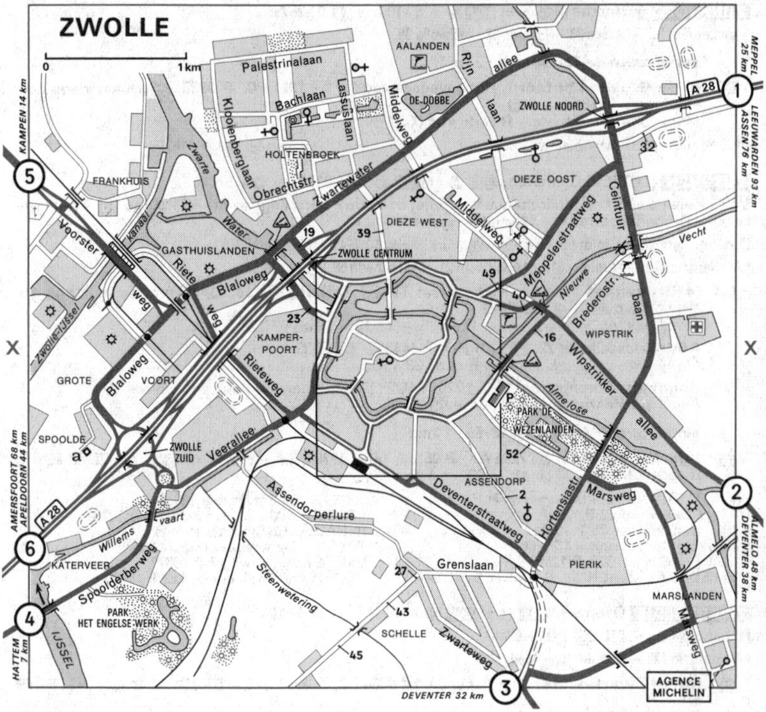

- Diezerstr. . . . . Y
- Grote Kerkpl. . . . . Y 13
- Luttekestr. . . . . Y 28
- Roggenstr. . . . . Y 41
- Sassenstr. . . . . YZ 42

- Assendorperstr. . . . . X 2
- Bagijnesingel . . . . Y 3
- Buitenkant . . . . Y 4
- Burg. van Roijensingel . . . . . Z 6
- Diezerkade . . . . Y 7
- Diezerpoortenplas . . . . . . Y 8
- Dijkstr. . . . . Y 10
- Gasthuispl. . . . . Y 12
- Grote Markt . . . . Y 15
- Hanekamp . . . . X 16
- Harm Smeengekade . . . . Y 17
- Industrieweg . . . . Y 19
- Jufferenwal . . . . Y 20
- Kamperstr. . . . . YZ 21
- Katerdijk . . . . X 23
- Kerkstr. . . . . Y 24
- Korte Kamperstr. . . . . . . Y 25
- van Laersweg . . . . X 27
- Nieuwe Haven . . . . Y 29
- Nieuwe Markt . . . . Y 30
- Oosterlaan . . . . Z 31
- Oude Meppelerweg . . . . X 32
- Oude Vismarkt . . . . Y 34
- Potgietersingel . . . . Z 35
- Rodetorenpl. . . . . Y 38
- Rembrandtlaan . . . . X 39
- Rhijnvis Feithlaan . . . . . . X 40
- Schellerallee . . . . X 43
- Schellerbergweg . . . . X 45
- Stationsweg . . . . Z 46
- Ter Pelkwijkstr. . . . . Y 47
- Thomas à Kempisstr. . . . . XY 49
- Weth. Alferinkweg . . . . . X 52
- Wilhelminasingel . . . . . YZ 53
- Willemskade . . . . Z 54

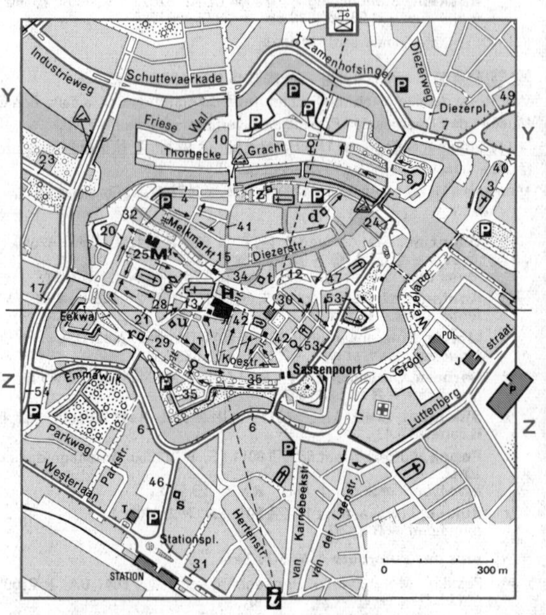

sur la route de Deventer par ③ : 3 km :

XXX **De Handschoen,** Nieuwe Deventerweg 103, ✉ 8014 AE, ☎ 650437, « Aménagé dans une ferme du 18e s. » – ▤ Ⓟ. AE ⓞ E
fermé sam. midi, dim. midi et lundi – **R** carte 42 à 89.

au Nord par Oude Meppelerweg X : 3,5 km :

XX **Toerist,** Kranenburgweg 10, ✉ 8024 AC, ☎ 531064 – Ⓟ. AE ⓞ E
fermé 25 déc. et 1er janv. – **R** carte 19 à 31.

MICHELIN, Agence régionale, Ampèrestraat 22 – ✉ 8013 PV – (Industrie terrein Marslanden, par Molenweg B), ☎ **(0 38) 655733**

ALFA-ROMEO Ampèrestraat 30 ☎ 655233
BMW Porporastraat 50 ☎ 215488
BRITISH LEYLAND Curieweg 2 ☎ 655504
CITROEN Marconistraat 17 ☎ 656333
FIAT Obrechtstraat 30 ☎ 540141
FORD Oude Meppelerweg 2 ☎ 533131
GM (OPEL) Ceintuurbaan 3 ☎ 532555
HONDA Faradaystraat 19 ☎ 651586
LADA Meenteweg 30 ☎ 218075
MAZDA Ceintuurbaan 7 ☎ 542300
MERCEDES-BENZ Russenweg 8 ☎ 219425
MITSUBISHI Assendorperdijk 44 ☎ 213183
NISSAN Willemsvaart 16 ☎ 224466
PEUGEOT, TALBOT Willemsvaart 18 a ☎ 217100
RENAULT Vechtstraat 56 ☎ 534933
TOYOTA Bankastraat 1 ☎ 531444
VAG Mozartlaan 2 ☎ 538717
VOLVO Ceintuurbaan 50 ☎ 530707

ZWIJNDRECHT Zuid-Holland 1 ⑤ et 408 ⑰ – 39 382 h. – ☎ 0 78.

♦Amsterdam 96 – ♦Den Haag 46 – ♦Breda 33 – Dordrecht 5 – ♦Rotterdam 20.

Voir plan d'Agglomération de Dordrecht

XX **Swindregt** avec ch, Pieter Zeemanstraat 47, ✉ 3331 ER, rte Breda-Den Haag, ☎ 127877 – ⋔wc ☎ Ⓟ. AE ⓞ E. ✻ AY **r**
R *(fermé dim.)* carte 44 à 82 – ☕ 11 – **7 ch** 58/102.

BRITISH LEYLAND Lindelaan 14 ☎ 128323
CITROEN H.A. Lorentzstraat 6 ☎ 129106
GM (OPEL) Koninginneweg 115 ☎ 127177
MITSUBISHI W. van Hallstraat 4 ☎ 191000
RENAULT Molenvliet 83 ☎ 100426
TOYOTA Ringdijk 16 ☎ 129130
VAG Langeweg 350 ☎ 126755

LEXIQUE

WOORDENLIJST

LEXIKON

LEXICON

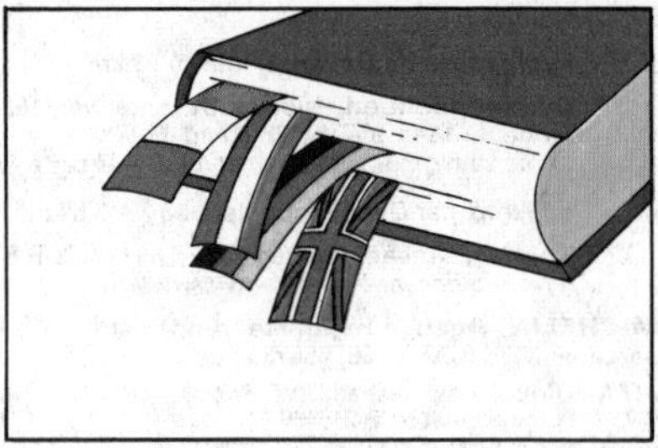

OP DE WEG	SUR LA ROUTE	AUF DER STRASSE	ON THE ROAD
aan de uitgang van...	à la sortie de...	am Ausgang von...	on the way out from...
afdaling	descente	Gefälle	steep hill
afgesloten rijweg	route barrée	gesperrte Straße	road closed
alleen voor voetgangers	réservé aux piétons	nur für Fußgänger	pedestrians only
autoweg	autoroute	Autobahn	motorway
benzine-station	station d'essence	Tankstelle	petrol station
doorgaand verkeer	rue de traversée	Durchgangsverkehr	through traffic
door vorst veroorzaakte schade	dégâts causés par le gel	Frostschäden	road damage due to frost
douane, tol	douane	Zoll	customs
dijk	digue	Damm	dike
eerste hulp bij ongevallen	poste de secours	Unfall-Hilfsposten	first aid station
eigen weg	chemin privé	Privatweg	private road
geopend	ouvert	offen	open
gesloten	fermé	geschlossen	closed
gevaar !	danger !	Gefahr !	danger !
gevaarlijke afdaling	descente dangereuse	gefährliches Gefälle	dangerous hill
gevaarlijke bocht	virage dangereux	gefährliche Kurve	dangerous bend
gladde weg	chaussée glissante	Rutschgefahr	slippery road
grens	frontière	Grenze	frontier
halte	arrêt de tram	Haltestelle	tram stop
ingang	entrée	Eingang	entrance
inhaalverbod	défense de doubler	Überholen verboten	no overtaking
lager dan	en dessous	unter	below
langzaam rijden	roulez prudemment	vorsichtig fahren	drive carefully
let op ! gevaar !	attention ! danger !	Achtung ! Gefahr !	caution ! danger !
links	à gauche	nach links	to the left
mist	brouillard	Nebel	fog
onbewaakte overweg	passage à niveau non gardé	unbewachter Bahnübergang	unattended level crossing
overstekende wielrijders	traversée de piste cyclable	Radweg kreuzt	cycle track crossing
parkeren verboden	stationnement interdit	Parkverbot	no parking
plaats	localité	Stadt	town
rechts	à droite	nach rechts	to the right
rijksweg	route nationale	Staatsstraße	State road
slecht wegdek	chaussée déformée	schlechte Wegstrecke	road subsidence
slechte weg over 1 km	route mauvaise sur 1 km	schlechte Wegstrecke auf 1 km	bad road for 1 km

slop-doodlopende weg	impasse	Sackgasse	no through road
smalle brug	pont étroit	enge Brücke	narrow bridge
sneeuw	neige	Schnee	snow
steenslag	gravillons	Rollsplitt	gravel
toegang	accès	Zugang	access to...
tol	péage	Wegegebühr	toll
tweesprong	bifurcation	Gabelung	road fork
uitgang	sortie	Ausgang	exit
uitrit vrachtwagens	sortie de camions	Lkw-Ausfahrt	truck exit
verbindingsweg	raccordement	Zufahrtsstraße	access road
verboden	interdit	verboten	prohibited
voorrang geven	cédez le passage	Vorfahrt beachten	give way
weg, straat met slecht wegdek	route, rue en mauvais état	Weg, Straße in schlechtem Zustand	road, street in bad condition
werk in uitvoering	travaux en cours	Straßenbauarbeiten	road works
zachte berm	bas-côté non stabilisé	nicht befestigter Seitenstreifen	soft shoulder

GEBRUIKELIJKE WOORDEN	MOTS USUELS	GEBRÄUCHLICHE WÖRTER	COMMON WORDS
aangetekend	recommandé	Einschreiben	registered
altaarstuk	retable	Altaraufsatz	altarpiece, retable
anti-vries	antigel	Frostschutzmittel	antifreeze
apotheker	pharmacien	Apotheker	chemist
april	avril	April	April
archipel	archipel	Inselgruppe	archipelago
augustus	août	August	August
autorenbaan	autodrome	Autorennbahn	car racetrack
avond	soir	Abend	evening
baai	baie	Bucht	bay
badkamer	salle de bain	Badezimmer	bathroom
bagage	bagages	Gepäck	luggage
bed	lit	Bett	bed
bedieningsgeld inbegrepen	service compris	Bedienung inbegriffen	service included
beeldhouwkunst	sculptures	Schnitzwerk	carvings
begraafplaats	cimetière	Friedhof	cemetery
bergengte, kloof	gorge	Schlucht	gorge
betalen	payer	bezahlen	to pay
binnenplaats	cour	Hof	courtyard
bioscoop	cinéma	Kino	cinema
bloemen	fleurs	Blumen	flowers
boekhandel	librairie	Buchhandlung	bookshop, news agent
boot, roeiboot	barque, canot	Ruderboot	rowing boat
bos	forêt, bois	Wald, Wäldchen	forest, wood
briefkaart	carte postale	Postkarte	postcard
bron	source	Quelle	source, stream
brug	pont	Brücke	bridge
bijgebouw	annexe	Nebengebäude	annex
bijstand	bureau d'assistance	Hilfe	assistance board
café	brasserie	Gastwirtschaft	pub
chasseur	chasseur	Hotelbote	pageboy
collegiale kerk	collégiale	Stiftskirche	collegiate church
dagelijks	quotidien	täglich	daily
december	décembre	Dezember	December
deken	couverture	Decke	blanket

dieet	régime	Diät	diet
dienst voor toerisme	office de tourisme	Verkehrsverein	tourist information centre
dinsdag	mardi	Dienstag	Tuesday
dokter	docteur	Arzt	doctor
donderdag	jeudi	Donnerstag	Thursday
doopvont	fonts baptismaux	Taufbecken	font
doorsmeren, wassen	graissage, lavage	Abschmieren, Waschen	greasing, car wash
dorp	village	Dorf	village
drinkgeld, fooi	pourboire	Trinkgeld	tip
dwarsschip	transept	Querschiff	transept
eetzaal	salle à manger	Speisesaal	dining room
eigenaar	patron	Besitzer	owner
eiland	île	Insel	island
enveloppen	enveloppes	Briefumschläge	envelopes
februari	février	Februar	February
feestdag	jour férié	Feiertag	holiday
fiets	bicyclette	Fahrrad	bicycle
fles	bouteille	Flasche	bottle
fontein	fontaine	Brunnen	fountain
fresco's	fresques	Fresken	frescoes
gebouw	édifice	Bauwerk	building
gehucht	hameau	Weiler	hamlet
gerechtshof	palais de justice	Gerichtsgebäude	Law Courts
gevel	façade	Fassade	façade
gewelf	voûte	Gewölbe, Wölbung	arch
gisteren	hier	gestern	yesterday
glas	verre	Glas	glass
goed	bien, bon	gut	good, well
graf	tombeau	Grabmal	tomb
groententuin-moestuin	potager	Gemüsegarten	kitchen garden
grot	grotte	Höhle	cave
grote markt	grand'place	Hauptplatz	main square
haven	port	Hafen	harbour
havenhoofd, kade	môle, quai	Mole, Kai	mole, quay
heiligdom, gedenkteken	sanctuaire, mémorial	Heiligtum, Gedenkstätte	shrine, memorial
helling	montée	Steigung	hill
herfst	automne	Herbst	autumn
hoeveel ?	combien ?	wieviel ?	how much ?
hof, tuin, park	jardin, parc	Garten, Park	garden, park
hoofdbureau van politie	commissariat	Polizeistation	police headquarters
houtsnijwerk	sculptures sur bois	Holzschnitzereien	wood carvings
huis	maison	Haus	house
in aanbouw	en construction	im Bau	under construction
in de openlucht	en plein air	im Freien	outside
inlichtingen	renseignements	Auskünfte	information
jaarbeurs	foire	Messe, Markt	...show, exhibition
januari	janvier	Januar	January
juli	juillet	Juli	July
juni	juin	Juni	June
kapel	chapelle	Kapelle	chapel
kapper	coiffeur	Friseur	hairdresser, barber
kant, oever	rive, bord	Ufer	shore
kas	caisse	Kasse	cash desk
kasteel	château	Burg, Schloß	castle
kerk	église	Kirche	church
kerkraam	verrière, vitrail	Kirchenfenster	stained glass window

Kerstmis	Noël	Weihnachten	Christmas
kinderbed	lit d'enfant	Kinderbett	child's bed
klok	horloge	Uhr	clock
klooster	monastère	Kloster	monastery
koninklijk paleis	palais royal	Königsschloß	royal palace
kopen	acheter	kaufen	to buy
koor	chœur	Chor	choir
koorbanken	stalles	Chorgestühl	choirstalls
krant	journal	Zeitung	newspaper
kruier	porteur	Gepäckträger	porter
kunstwerk	œuvre d'art	Kunstwerk	work of art
Kursaal	casino	Kurhaus	casino
kussen	oreiller	Kopfkissen	pillow
kust	côte	Küste	coast
laan	boulevard, avenue	Boulevard, breite Straße	boulevard, avenue
landelijk	rustique	ländlich	rustic
landschap	site, paysage	Landschaft	site, landscape
lekke band	crevaison	Reifenpanne	puncture
lente	printemps	Frühling	spring (season)
lommerrijk	ombragé	schattig	shady
lucifers	allumettes	Zündhölzer	matches
lunapark	parc d'attractions	Vergnügungspark	amusement park
lunch, diner	déjeuner, dîner	Mittag-, Abendessen	lunch, dinner
maandag	lundi	Montag	Monday
maaltijd	repas	Mahlzeit	meal
maart	mars	März	March
marktplein	place du marché	Marktplatz	market place
meer	lac	See	lake
mei	mai	Mai	May
middeleeuws	médiéval	mittelalterlich	mediaeval
molen	moulin	Mühle	windmill
mooi	beau	schön	fine, lovely
morgen	demain	morgen	tomorrow
motorboot	vedette	Motorboot	motorboat
nabijheid	proximité	Nähe	proximity
niet inbegrepen	exclus, non compris	nicht inbegriffen	excluded
nooduitgang	sortie de secours	Notausgang	emergency exit
november	novembre	November	November
ober ! serveerster !	garçon ! serveuse !	Ober ! Fräulein !	waiter ! waitress !
oktober	octobre	Oktober	October
omgeving	environs	Umgebung	surroundings
ongeveer... km	environ... km	etwa... km	approx... km
ontbijt	petit déjeuner	Frühstück	breakfast
opgravingen	fouilles	Ausgrabungen	excavations
op verzoek	sur demande	auf Verlangen	on request
originele doeken	toiles originales	Originalgemälde	original paintings
oud	ancien, antique	alt, ehemalig	old
Pasen	Pâques	Ostern	Easter
pech	panne	Panne	breakdown
plafond	plafond	Zimmerdecke	ceiling
platteland	campagne	Land	country
plantentuin	jardin botanique	botanischer Garten	botanical garden
plein	place publique	Platz	square
politiebureau	bureau de police	Polizeibüro	police station
pont	bac	Fähre	ferry
poste restante	poste restante	postlagernd	poste restante
postzegel	timbre-poste	Briefmarke	stamp

preekstoel	chaire	Kanzel	pulpit
priester	prêtre	Geistlicher	priest
reisbureau	bureau de voyages	Reisebüro	travel bureau
rekening	note, addition	Rechnung	bill, check
repareren	réparer	reparieren	to repair
rivier	rivière	Fluß	river
rondrit	circuit	Rundfahrt	round tour
rondvaartboot	bateau d'excursions	Ausflugsdampfer	pleasure boat
rôtisserie	rôtisserie	Rotisserie	grilled meat restaurant
rots	roches, rochers	Felsen	rocks
schat	trésor	Schatz	treasure, treasury
schilderachtig	pittoresque	malerisch	picturesque
schilderijen	peintures, tableaux	Malereien, Gemälde	paintings
schilderijengalerij	pinacothèque	Gemäldegalerie	picture gallery
schip	navire	Schiff	ship
schip v.e. kerk	nef	Kirchenschiff	nave
schrijfpapier	papier à lettres	Briefpapier	writing paper
september	septembre	September	September
sigarenwinkel	bureau de tabac	Tabakladen	tobacconist
slecht	mauvais	schlecht	bad
sleutel	clé	Schlüssel	key
slot	manoir	Herrensitz	manor house
spelen	jeux	Spiele	games
spits	flèche	Spitze	spire
stadhuis	hôtel de ville	Rathaus	town hall
station	gare	Bahnhof	station
stoomboot	bateau à vapeur	Dampfer	steamer
straat	rue	Straße	street
strand	plage	Strand	beach
stroom	fleuve	Fluß	river
strijkerij	repassage	Büglerei	pressing, ironing
tandarts	dentiste	Zahnarzt	dentist
te huur	à louer	zu vermieten	for hire
tentoonstelling	exposition	Ausstellung	exhibition
toegangsbewijs	billet d'entrée	Eintrittskarte	admission ticket
toren	tour	Turm	tower
tram	tramway	Straßenbahn	tram
trein	train	Zug	train
uitstapje	excursion	Ausflug	excursion
vandaag	aujourd'hui	heute	today
verboden te roken	défense de fumer	Rauchen verboten	no smoking
verboden toegang	défense d'entrer	Zutritt verboten	no admittance
verdieping	étage	Stock, Etage	floor
vertrek	départ	Abfahrt	departure
verzameling	collection	Sammlung	collection
vesting	forteresse	Festung	fortress
vliegveld	aéroport	Flughafen	airport
vliegtuig	avion	Flugzeug	plane
vloer	pavement	Ornament-Fußboden	ornamental paving
voetgangers	piétons	Fußgänger	pedestrians
vragen	demander	bitten, fragen	to ask for
vrijdag	vendredi	Freitag	Friday
vuurtoren	phare	Leuchtturm	lighthouse
wandeling	promenade	Spaziergang, Promenade	walk, promenade
wandtapijten	tapisseries	Wandteppiche	tapestries
warenhuis	grand magasin	Kaufhaus	department store
watertoren	château d'eau	Wasserturm	water tower
wasserij	blanchisserie	Wäscherei	laundry

weide	plaine verdoyante, pré	grüne Ebene, Wiese	green open country, meadow
wegslepen	remorquer	abschleppen	to tow
wekelijks	hebdomadaire	wöchentlich	weekly
winkel	boutique	Laden	shop
winter	hiver	Winter	winter
wisselen	change	Geldwechsel	exchange
woensdag	mercredi	Mittwoch	Wednesday
wordt verbouwd	en cours d'aménagement	im Umbau	in course of rearrangement
wijngaarden	vignes, vignobles	Reben, Weinberg	vines, vineyard
zaterdag	samedi	Samstag	Saturday
zee	mer	Meer	sea
ziekenhuis	hôpital	Krankenhaus	hospital
zomer	été	Sommer	summer
zondag	dimanche	Sonntag	Sunday
zijrivier	affluent	Nebenfluß	tributary

SPIJZEN EN DRANKEN	**NOURRITURE ET BOISSONS**	**SPEISEN UND GETRÄNKE**	**FOOD AND DRINKS**
aalbessen	groseilles	Johannisbeeren	currants
aardappelen (gebakken)	pommes de terre (sautées)	Kartoffeln (gebraten)	potatoes (fried)
aardbeien	fraises	Erdbeeren	strawberries
amandelen	amandes	Mandeln	almonds
ananas	ananas	Ananas	pineapple
ansjovis	anchois	Anchovis	anchovies
appels	pommes	Äpfel	apples
artisjok	artichaut	Artischocke	artichoke
asperges	asperges	Spargel	asparagus
azijn	vinaigre	Essig	vinegar
banket	pâtisseries	Feingebäck, Süßigkeiten	pastries
beschuit	biscotte	Zwieback	rusk
biefstuk	bifteck	Beefsteak	beefsteak
bier	bière	Bier	beer
biet	betterave	rote Rübe	beetroot
bloemkool	chou-fleur	Blumenkohl	cauliflower
bonen	fèves	dicke Bohnen	broad beans
boter	beurre	Butter	butter
bout	cuissot	...keule	haunch (of venison)
braadspit	brochette	kleiner Bratspieß	on a skewer
brood	pain	Brot	bread
champignons	champignons	Pilze	mushrooms
citroen	citron	Zitrone	lemon
dadels	dattes	Datteln	dates
doperwten	petits pois	junge Erbsen	green peas
droge witte wijn	vin blanc sec	herber Weißwein	dry white wine
druiven	raisin	Traube	grapes
duif	pigeon	Taube	pigeon
eend	canard	Ente	duck
fazant	faisan	Fasan	pheasant
forel	truite	Forelle	trout
gans	oie	Gans	goose
ganzeleverpastei	pâté de foie gras	Gänseleberpastete	goose liver pâté
garnalen	crevettes	Garnelen	shrimps
gebak	gâteau	Kuchen	cake
gebakken	frit	gebraten (Pfanne)	fried

gebraden (in oven)	rôti (au four)	gebraten (Backofen)	roasted (in oven)
gehakt	hachis	gehackt	chopped
gember	gingembre	Ingwer	gringer
gerookt	fumé	geräuchert	smoked
gerookte paling	anguille fumée	Räucheraal	smoked eel
geroosterd	grillé	gegrillt	grilled
gestoofd, met saus	en daube, en sauce	geschmort, mit Sauce	stewed, with sauce
gevuld	farci	gefüllt	stuffed
goud brasem	daurade	Goldbrassen	dory
groene amandelen	pistaches	Pistazie	pistachio
haas	lièvre	Hase	hare
ham (rauwe of gekookte)	jambon (cru ou cuit)	Schinken (roh oder gekocht)	ham (raw or cooked)
hard gekookt ei	œuf dur	hartes Ei	hard-boiled egg
haring (nieuwe)	hareng (frais)	Hering (grün)	herring (fresh)
hazelnoten	noisettes	Haselnüsse	hazelnuts
heldere soep	bouillon	Fleischbrühe	clear soup
hert	cerf	Hirsch	deer
honing	miel	Honig	honey
houtsnip	bécasse	Waldschnepfe	woodcock
jam	confiture	Konfitüre	jam
jenever	genièvre	Schnaps	juniper, gin
kaas	fromage	Käse	cheese
kabeljauw	morue fraîche, cabillaud	Kabeljau, Dorsch	cod
kalfskotelet	côte de veau	Kalbskotelett	veal chop
kalfslever	foie de veau	Kalbsleber	calf's liver
kalfszwezerik	ris de veau	Kalbsmilcher	sweetbread
kalkoen	dinde	Truthenne	turkey
kappers	câpres	Kapern	capers
karper	carpe	Karpfen	carp
kersen	cerises	Kirschen	cherries
kip	poulet	Hühnchen	chicken
knoflook	ail	Knoblauch	garlic
knorhaan	rouget	Barbe, Rötling	red mullet
koffie met melk	café au lait	Milchkaffee	coffee and milk
koffie met room	café crème	Kaffee mit Sahne	coffee and cream
komkommer	concombre	Gurke	cucumber
konijn	lapin	Kaninchen	hare, rabbit
kool	chou	Kraut, Kohl	cabbage
korstjes	croûtons	geröstetes Brot	croûtons
korstpastei	pâté en croûte	Pastete	meat pie
kotelet	côtelette	Kotelett	chop, cutlet
kreeft	homard	Hummer	lobster
kropsla	laitue	Kopfsalat	lettuce
lamsbout	gigot	Lammkeule	leg of mutton
lamsvlees	agneau	Lamm	lamb
makreel	maquereau	Makrele	mackerel
mandarijnen	mandarines	Mandarinen	tangerines
melk	lait	Milch	milk
mineraalwater	eau minérale	Mineralwasser	mineral water
mosselen	moules	Muscheln	mussels
mosterd	moutarde	Senf	mustard
nieren	rognons	Nieren	kidneys
noorse zeekreeften	langoustines	Langustinen	crayfish
noten	noix	Nüsse	walnuts
oesters	huîtres	Austern	oysters
olie	huile	Öl	olive oil
ossehaas	filet de bœuf	Filetsteak	fillet of beef

paling (gestoofd)	anguille (à l'étuvée)	Aal (gedünstet)	eel (stewed)
pantserkreeft-langoest	langouste	Languste	spiny lobster
parelhoen	pintade	Perlhuhn	guinea-hen
patrijs	perdrix, perdreau	Rebhuhn	partridge
peper	poivre	Pfeffer	pepper
peren	poires	Birnen	pears
perziken	pêches	Pfirsiche	peaches
prei	poireau	Lauch	leek
pruimen	prunes	Pflaumen	plums
rauwkost	crudités	Rohkost	raw vegetables
ree	chevreuil	Reh	venison
rode wijn, rosé	vin rouge, rosé	Rotwein, Rosé	red wine, rosé
rog	raie	Rochen	skate, ray-fish
room	crème	Sahne	cream
rozijnen	raisins secs	Rosinen	raisins
rundvlees soep	pot-au-feu	Rindfleischsuppe	boiled beef
russisch ei	œuf à la russe	Russisches Ei	Russian egg
rijst	riz	Reis	rice
saucijs	saucisse	Würstchen	sausage
schelpdieren	coquillages	Schalentiere	shell-fish
schelvis	aiglefin	Schellfisch	haddock
schol	carrelet	Scholle	plaice
selderie	céleri	Sellerie	celery
sinaasappels	oranges	Orangen	oranges
sla	salade	Salat	green salad
slagroom	crème fouettée	Schlagsahne	whipped cream
slakken	escargots	Schnecken	snails
sperciebonen	haricots verts	grüne Bohnen	French beans
spinazie	épinards	Spinat	spinach
spruitjes	choux de Bruxelles	Rosenkohl	Brussels sprouts
stokvis	morue séchée	Stockfisch	dried cod
suiker	sucre	Zucker	sugar
taart	tarte	Torte	tart
tarbot	turbot	Steinbutt	turbot
thee	thé	Tee	tea
tong	langue	Zunge	tongue
tong (vis)	sole	Seezunge	sole
tonijn	thon	Thunfisch	tunny-fish
truffel	truffe	Trüffel	truffle
tussenrib	entrecôte	Rumpsteak	rib steak
uien	oignon	Zwiebel	onion
varkenshaasje	filet de porc	Schweinefilet	fillet of pork
varkensrib	côte de porc	Schweinekotelett	pork chop
vleeswaren	charcuterie	Aufschnitt	pork - butchers' meats
vroege groenten	primeurs	Frühgemüse	early vegetables
vruchtensap	jus de fruit	Fruchtsaft	fruit juice
wienerschnitzel	escalope panée	Wiener Schnitzel	escalope in bread-crumbs
witlof	chicorée, endive	Endivie	endive
witte bonen	haricots blancs	weiße Bohnen	haricot beans
worst	saucisson	Wurst	salami sausage
wortelen	carottes	Karotten	carrots
wijting	merlan, colin	Weißling, Kohlfisch	whiting, coal fish
ijs	glace	Speiseeis	ice-cream
zacht gebakken	saignant	englisch gebraten	rare
zacht gekookt ei	œuf à la coque	weiches Ei	soft-boiled egg
zalm	saumon	Lachs	salmon
zout	sel	Salz	salt
zuurkool	choucroute	Sauerkraut	sauerkraut

MICHELIN

Cartes | Kaarten

BELGIQUE
PAYS-BAS
LUXEMBOURG

BELGIË
NEDERLAND
LUXEMBURG

ATTENTION: changement de numéro à la prochaine édition.

LET OP: de kaarten krijgen bij de volgende editie een ander nummer.

1/200000

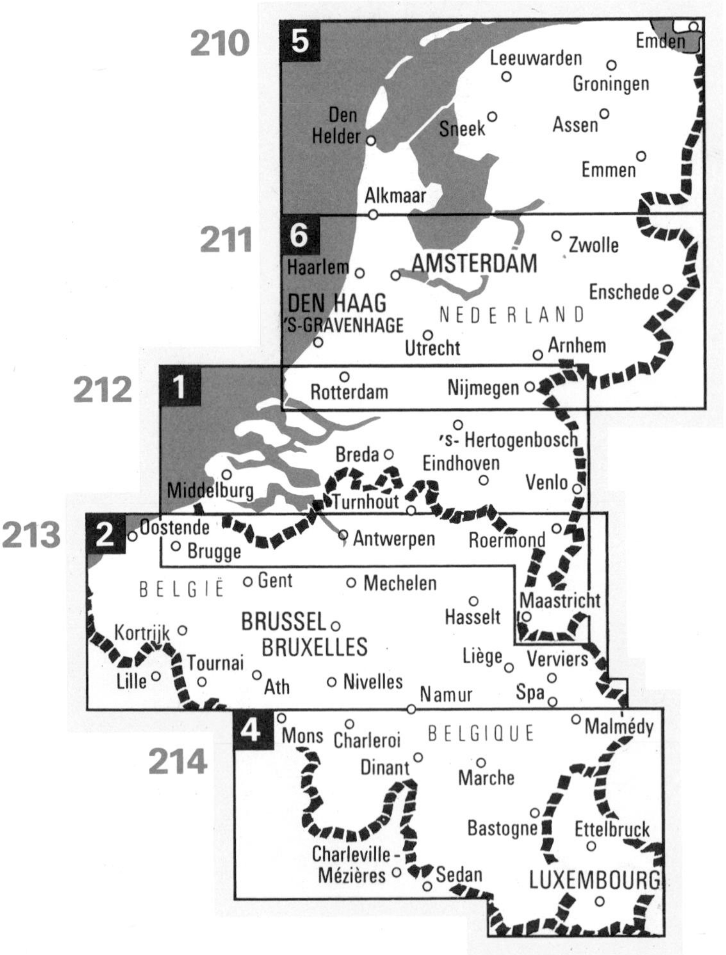